U0142451

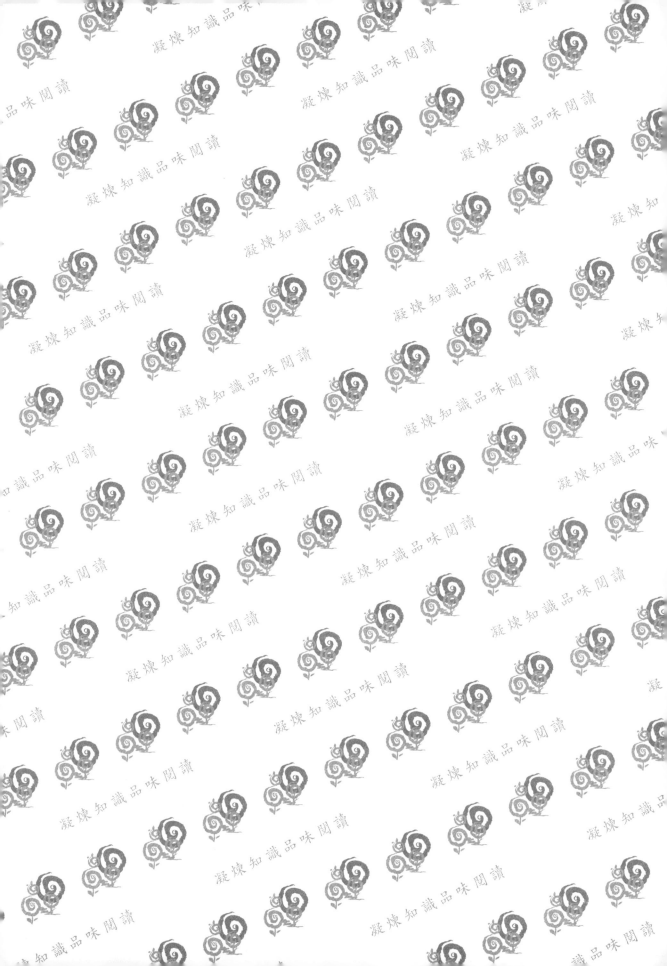

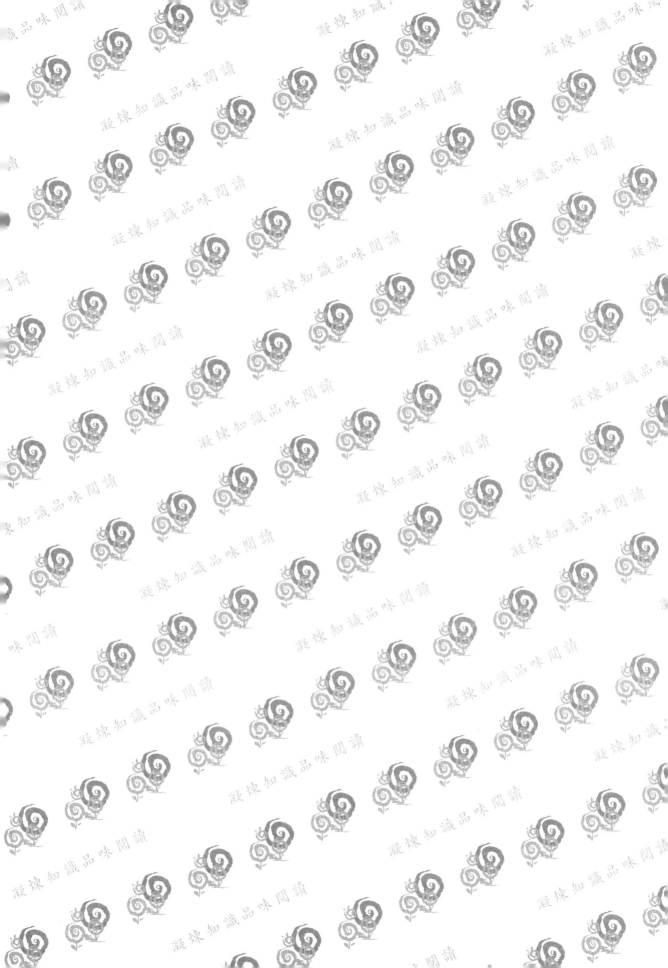

中國思想文情要 先秦至南北朝

李宗定

著

五南圖書出版公司 印行

自序

　　在臺灣的大學中文系課程中，「中國思想史」是研究所考試必考的專業科目，相較於另外兩個專業科目「中國文學史」與「小學」（文字學、聲韻學），一般認為思想史的難易介於這兩科。文學史雖然範圍廣泛，但相對容易，因為從小的語文教育，幾乎都從文學的角度選文與授課，對文學史自然有幾分親切感。而小學最難，因為有許多專有名詞，陌生難解。反觀「中國思想史」，看似相對熟悉，但大多僅限於先秦諸子，早期中學時有《中國文化基本教材》，但是一度被改為選修，甚至被改名，大概就是對中國哲學的認識。然而「中國思想史」不只是先秦，兩漢之後還有諸多論題，相關文獻龐雜，年輕學子大多不識。而且思想史著重文獻解讀，涉及提問、分析與論證，思考判斷能力雖為社會所重，但是現今的義務教育未有哲學思辨訓練，在升學主義的壓力下，獨立思考只能淪於口號。

　　學生不懂哲學思考方法，也沒有讀過相關文獻，對於進入「中國思想史」有一定障礙，教師授課必須帶領學生克服這個困難。課程有一定的進度，教師設計教材教法，而課後的進修就需要一部適合的《中國哲學史》。目前所見前輩學者的《中國哲學史》或《中國思想史》各有所長，也各有觀點立場，但是在學術與教材之間，似乎難以兼顧平衡。在多年教學過程中，起心動念撰寫一部「中國思想史」，能作為教材，又能讓學生自修。在嘗試寫作第一編先秦之後，又因為自我要求與論證所需，更改為思想史的學術專著。教材與學術專著，兩者的形式和內容大不相同，後者對於各種文獻與學術專著，都必須經過嚴謹的論證，更必須對文獻進行考察解讀，進而提出觀點，並非僅是彙集資料而已。然而心目中的學術專著，又不只是學術研究，還得有流暢的行文，以及清楚的章節與重點，讓每個專題都能簡潔完整的呈現，這是本書努力的目標。

　　幾經嘗試，數易其稿，最後立定幾項原則。其一，以文獻為主，理解與詮釋皆依文獻，儘量讓文獻自我解釋，近於「以孔解孔」、「以莊解莊」，其後再舉證後世注解與現代詮釋，並提出個人觀點。其二，章節標題盡可能以文獻中的原文標示，可以突顯文獻的關鍵詞，也方便讀者掌握重點。其三，引用論著多置於註腳，除了使本文簡明，也能區別原始文獻與學界的詮釋論述。其四，徵引出土文獻，藉由考古研究，補充各個專題的文獻資料，更全然地展示思想史的面貌。第五，把握思想史的歷時性與共時性，敘述學派與概念的前後發展，也比較同時期的相異觀點。思想史是流動且交錯進行的，涉及歷史、地理以及政治等背景，各個領域相互關聯與影響，思想家對人生與現實問題提出的解答，本書寫

作時盡可能加以呈現。牟宗三先生曾論及為什麼研究中國哲學需特重文獻，他認為相較於西方哲學，中國古代哲學家「不是很注重系統，並不是邏輯的入路，他們的著作文獻，固然蘊涵很深刻的見解，但因為不重系統，不是問題性的思考入路，則他們的見解必須對文獻作正確的了解，然後可以見到。……所以寫一本中國哲學史必須引證相當多的文獻，而且扣緊文獻來疏解。」（〈研究中國哲學之文獻途徑〉）牟先生之說，是本書寫作的宗旨，引證文獻，依文獻疏解，務求論述有所憑據。

思想是文化的根基，中國文化有獨特的哲學思想，古代哲人關注人生、天地與社會，提出各種問題，也進行思辨，形成中國文化的內涵。今日的科技與經濟發展，影響對文史的評價，尤其是哲學。除了大學哲學系，幾乎未有哲學專業課程，「中國哲學」無關謀生技能，也沒有相關證照，為何讀「哲學」，一直是大眾的疑惑。其實，古代哲人提出許多問題和解決方法，對於現代社會具有相當啟示，這些內容是文化的根本。學習中國哲學或許不能增加謀生技能，也無關金錢收入，卻能反省自己，了解自己，認識自己的文化，進而發現安身立命之道。人要活下去，也需要知道為什麼而活，如何活得幸福有意義，需要經過思考探索才能領悟。本書試圖引領讀者進入中國思想史的殿堂，從中國哲學思考生命的價值與意義，不只是學習知識，還能體會古代哲人對生命的觀照，如宋代哲人張載所言：「富貴福澤，將厚吾之生也；貧賤憂戚，庸玉汝於成也。存，吾順事；沒，吾寧也。」（〈西銘〉）不論富貴窮達，都應一本初衷，不隨波逐流，才不致於喪失自我。中國哲學中的人生啟事，是現代價值混亂的社會，最好的心靈治療。

本書之所以名為「中國思想史精要」，在於「哲學史」較著重理論體系與思辨，而「思想史」則更留意時空背景，重視理論的發展與流動。本書試圖在「思想史」的架構中論及社會整體的思想面貌，如兩漢時的生死觀，魏晉時期的佛道思想，除了官方學術，還觸及民間。為避免論題過於龐大而成為文化史，本書把握各個時期的「思想」主題，先秦以諸子論述為主，兩漢則為氣論與陰陽五行，以及儒學的發展，而魏晉則是玄學以及佛道思想，各個時期選擇重要的思想家、經典文獻與重要的論題，針對思想的發展與演變安排章節。由於篇幅所限，仍多有疏漏，如兩漢未論揚雄，東晉未述張湛，之後若有機會再行增補。本書寫作立基於原始文獻，徵引學界研究成果，資料龐大，耗費心神無數，自草擬初稿至今，歷時十載，字數篇幅不斷增加，遠遠超過預期。原本計畫完整呈現先秦至清代的思想史，不得不在主客觀因素下先行折半。然而行百里者半九十，目前行至魏晉南北朝，只是中繼站，之後仍將繼續朝百里的目標前進。

　　學問之路，孤獨而漫長，相較於專題研究，中國思想史更為廣泛，瀏覽研讀各類文獻，查證資料出處，是十年寒窗的日常。由於書海浩瀚，相關文獻資料與研究論著繁多，個人所見難及萬一，是以本書徵引必多有疏漏，論述亦囿於成見或有偏頗，若有未盡之處，還請讀者給予指正，俾能再做修訂。寫作之時，數度進入一種冥想狀態，仿佛穿越時空，和古代哲人進行對話，感受他們的心靈，有時針對議題討論，有時暢談理想抱負，有時是把酒宣洩胸中塊壘。孟子訴說在齊宣王前滔滔雄辯，只為說服君王關照百姓；看到墨子在簷下的孤獨身影，散發為天下人的大愛精神；莊子不多話，安靜地擺蕩著一葉扁舟。王充博學，天南地北閒聊，時時透露懷才不遇的感慨。嵇康冷靜，思路清晰，阮籍熱情，絕無冷場，然而私下無人時，嵇康有著誠摯的真情，阮籍則會自顧自的喃喃自語。古代哲人住在字裡行間，靜待有緣人登門到訪。

　　本書獻給啟蒙恩師唐亦男教授，猶記年少時於大學課堂聽講「中國思想史」的震撼，哲學是生命的學問，唐老師身體力行，是為哲人典範，雖然她在天上，爽朗笑聲仍不時迴盪心中。業師林安梧教授，包容溫暖，能與林老師談學論道，是人生莫大福分。感謝給予許多幫助的陳昌明教授，點滴在心頭。還有王偉勇教授，元亨書院的師友，年邁雙親，以及人生中的許多貴人，銘感在心。最後感謝莊小芩老師的題字，以及買欣鴻小姐的詩經窗花設計，為本書增色不少，也感謝五南圖書公司，在當今艱困的圖書市場，出版學術書籍，不啻為善行義舉。

　　期許本書能為學術傳承，略盡綿薄之力，是為序。

凡例

1. 因本書大量徵引古典文獻，為免注釋龐雜，部份引文未加註腳，請查閱「引用文獻」所列舉之書目資訊。

2. 為使行文簡潔，正文以古典文獻為主，近現代學者論述，多於註腳徵引，並加以評論說明。

3. 引用古典文獻，依徵引書目之點校，少部分文句的標點有所調整。

4. 文中各章節標題多依所論思想家之著作摘出，近似「關鍵字」，藉以闡明各家思想重點。

5. 本書將古代哲人思想以系統化的方式梳理論述，為本書作者之理解與詮釋，並不意謂所論思想家的認知已有條理，也不必然具有系統層次。

目錄

自序………………………………………………………… i

凡例………………………………………………………… iv

第一章　緒論…………………………………………… 2

　第一節　中國哲學史與中國思想史………………………… 2

　　一、「哲學」、「哲學史」與「思想史」………………… 3

　　二、「中國哲學史」課程與專著……………………… 7

　　三、「中國哲學史」與「中國思想史」……………… 9

　第二節　中國思想史的分期…………………………… 14

　第三節　中國思想史的起源…………………………… 17

　　一、軸心突破…………………………………………… 17

　　二、天人合一…………………………………………… 19

　　三、儒、道思想源頭………………………………… 21

　小結…………………………………………………… 26

先秦

第二章　仁禮合一 ——孔子…………………………… 28

　第一節　仁………………………………………………… 30

　　一、性相近…………………………………………… 31

　　二、推己及人………………………………………… 33

　　三、為仁由己………………………………………… 36

　第二節　禮………………………………………………… 38

一、禮之本..38

二、因革損益..41

三、禮法之別..42

第三節　道德政治..45

小結..47

第三章　由仁義行——孟子..**49**

第一節　性善..51

一、性..51

二、心..54

三、知言養氣..57

第二節　孟學三辨..59

第三節　仁政..62

一、仁者無敵..62

二、民貴君輕..64

小結..66

第四章　性惡善偽——荀子..**69**

第一節　人之性惡..71

一、性惡..71

二、化性起偽..74

第二節　知道之心..75

第三節　天人之分..80

第四節　仁義之政..83

一、尊君隆禮..83

二、從道不從君..85

三、王霸之別 86

小結 88

第五章　道法自然——老子 **91**

第一節　有無相生 96

第二節　有生於無 98

第三節　道法自然 100

第四節　無為而無不為 103

第五節　小國寡民 105

小結 108

第六章　逍遙乎無為之業——莊子 **110**

第一節　得意忘言 112

第二節　無所逃於天地 116

第三節　道通為一 118

第四節　物我兩忘 120

　　一、心齋 120

　　二、坐忘 122

第五節　死生一體 123

第六節　逍遙乎無為之業 125

小結 128

第七章　兼愛交利——墨子 **130**

第一節　三表法 133

第二節　兼以易別：兼愛與非攻 135

第三節　天之欲義：天志與明鬼 137

第四節　上下齊同：尚同與尚賢 139

第五節　興天下之利：節用、節葬與非樂 141

小結 142

第八章　正名實以化天下──惠施與公孫龍 144

第一節　惠施：合同異 146

一、天地一體 147

二、方生方死 147

三、天與地卑 148

四、至大至小 150

第二節　公孫龍：離堅白 151

一、白馬非馬 151

二、離堅白 153

三、指非指 154

第三節　墨辯 155

小結 158

第九章　因道全法──韓非子 161

第一節　因道全法 163

第二節　人性「好利惡害」 167

第三節　重「法」、「術」以立「勢」 170

一、法 171

二、術 172

三、勢 174

第四節　明主「不道仁義」 175

小結 179

兩漢

第十章　秦漢之際思想趨勢....................**182**

第一節　「定於一」的期望 185

第二節　諸子思想合流 187

一、《呂氏春秋》................................ 189

二、《淮南子》.................................. 193

第三節　諸子思想興衰 197

一、儒家——陸賈、賈誼 198

二、道家（黃老道家）............................ 202

三、陰陽家以及「陰陽」觀念的起源與變化 203

小結 206

第十一章　黃老學——《黃帝四經》.................**208**

第一節　「黃老」釋義 209

一、黃老思想文獻 211

二、黃老思想與稷下學宮 214

第二節　治身與治國合一 216

第三節　道體法用 218

第四節　審其形名 220

第五節　陽德陰刑 223

第六節　「因天」與「尊君」 225

小結 227

第十二章　陰陽儒學——董仲舒.................**229**

第一節　天人相應（人副天數）.................... 233

一、天數 235

二、陰陽 236

三、五行（四時） 238

第二節 天正王政 242

一、災異遣告 242

二、陽德陰刑 244

第三節 三綱五紀 245

第四節 仁貪兩性 249

小結 251

第十三章　經學、讖緯與孝道 253

第一節 兩漢博士與經學 254

一、「博士」淵源與含意 254

二、兩漢博士設置與經學關係 256

第二節 今古文經學之別 259

一、五經傳承 260

二、今古文經之別 261

第三節 讖緯學 263

一、讖 264

二、緯 266

三、讖緯之興衰 268

四、讖緯與術數 271

第四節 《孝經》之「事君」同「事父」 275

小結 281

第十四章 辨偽疾虛之學——王充......**284**

第一節 疾虛妄.. 286

第二節 證驗實然...................................... 287

　　一、實核事理...................................... 288

　　二、推類驗之...................................... 291

　　三、推此以論...................................... 294

第三節 天道自然...................................... 297

　　一、福禍無應...................................... 299

　　二、祥瑞無徵...................................... 301

　　三、天不言（譴告、寒溫、卜筮）.................. 303

第四節 生死與鬼神.................................... 304

第五節 性成命定...................................... 309

　　一、命定不移...................................... 309

　　二、性分三品...................................... 313

　　三、國命在數...................................... 315

小結.. 316

第十五章 兩漢死亡觀、鬼神信仰與神仙方術.............. **319**

第一節 兩漢死亡觀.................................... 321

第二節 鬼神信仰...................................... 326

　　一、「鬼」、「神」釋義............................ 327

　　二、鬼神形象...................................... 332

第三節 長生成仙...................................... 336

　　一、不死願望...................................... 337

　　二、仙人形象...................................... 340

三、元氣始生 344

四、成仙方術 349

小結 368

魏晉南北朝

第十六章　魏晉玄學釋義與分期 **372**

第一節　玄學興起的歷史背景 373

一、孝心與孝行 374

二、人物品評 378

第二節　魏晉玄學的分期 382

第三節　魏晉玄學的論題 384

小結 389

第十七章　以無為本的崇本息末之學——王弼 **392**

第一節　詮釋方法——「崇本息末」 395

一、以無為本 396

二、崇本息末 398

第二節　得意忘言 401

第三節　仁義本於自然 406

一、《老子道德經注》 407

二、《周易注》 409

三、《論語釋疑》 411

小結 413

第十八章　越名教而任自然的竹林玄風──嵇康、阮籍 415

第一節　「越名教而任自然」的自然觀 417

第二節　音聲論 422

第三節　養生論 433

小結 437

第十九章　適性逍遙的玄冥之境──郭象 439

第一節　自生獨化 443

第二節　性各有分 448

第三節　適性逍遙 450

第四節　迹冥圓融 452

　　一、任性忘迹 453

　　二、外內相冥 455

小結 459

附論：裴頠〈崇有論〉 462

第二十章　道教興起、傳播與清整 466

第一節　道教的興起與發展 467

第二節　成仙理論與方術 472

　　一、成仙的可能 475

　　二、成仙的方法 480

第三節　道教戒律：出世與入世的辨證 495

第四節　道佛交涉 508

　　一、夷夏之爭 509

　　二、承負報應 514

小結 520

第二十一章　佛教東傳與中國化 **524**

第一節　原始佛教發展與概念 526

一、佛教傳法歷程 526

二、佛教基本教義──「緣起性空」 528

第二節　魏晉南北朝佛教的傳播與發展 535

一、格義佛教 538

二、六家七宗 547

三、佛性論 554

第三節　佛教傳法中國的挑戰 564

一、孝道 564

二、輪迴報應 567

三、形盡神不滅 571

小結：佛教與儒道的交流與會通 576

引用文獻 **580**

緒

論

第一章 緒論

　　深夜仰望穹蒼，星空浩瀚，宇宙的寬廣映照人類的渺小。生命從何而來？死後往何處去？關於生命的思索，縈繞所有人心中。既然生命有限，則生命的意義為何？人們為何而活？短暫的生命如何具有價值？古今中外的哲學家，試著提出關於生命、生活與生存的解答。生命中的偶然與必然，巧合與注定，何者為真？有個主宰萬物的神，設計安排所有萬物？還是人類有自我意識，能夠決定自己的人生？哲學始於思索，思索生命的問題，生命的種種可能，在哲學中，生命有了深度，從生存的欲望走向追尋生命的價值。生命有了價值，就有目標，成為至人、真人、神人或聖人，生命不只是活著，在追求目標的過程中成就生命的意義。生命雖是個人，但是生命的意義關乎群體，在人與人，人與物的關係之中。歷來中國哲人對於生命的思索，留下許多發人深省的論述，這些論述是思想的結晶，涓滴成中國思想史長流，研讀中國思想史，便是在文獻中尋思字裡行間的生命意義，設身處地體會哲人的心靈。欲進入中國思想史，得先了解何謂「思想史」，以下析論「中國哲學史」與「中國思想史」的異同，再說明中國思想史的分期與起源。

第一節　中國哲學史與中國思想史

　　目前臺灣各個大學的中文系開設「中國思想史」課程，哲學系為「中國哲學史」，而歷史系也多有「中國思想史」，[1] 不同課名與各學系的專業，以及學科歷史延革有關。「中國思想史」與「中國哲學史」的性質、範疇與研究方法，實有所別。然而在實際研究與教學時，卻又大多不分，之所以如此，為兩學科雖各有所長，但是在教學時常相互援引，討論的對象也多有重疊。辨析兩者異同，以及相關專著，是進入「中國思想史」的第一步，以下就名稱、專著與課程分述之。

---

[1] 中文系開設「中國思想史」與哲學系開設「中國哲學史」，是臺灣各大學的中文系與哲學系的必修課程，而早期歷史系亦開設「中國思想史」，近年則調整為「中國學術思想史」、「中國思想與文化史」或以斷代區分的思想史。「中國哲學史」與「中國思想史」於大學成為專門的學科，與清末西方哲學傳入中國，以及學系的學術專業有關，相關歷史源流與發展，可參考拙著：〈「中國思想史」課程源流考察──兼論中文系「中國思想史」的教材〉，《興大中文學報》第 46 期，2019.12，頁 175-212。本文部份改寫成本章內容。

一、「哲學」、「哲學史」與「思想史」

　　「哲學」（Philosophy）一詞，是日本明治初期教育家西周（Nishi Amane），根據中國《說文解字》：「哲，知也。」以及《爾雅・釋言》：「智，智也。」將「Philosophy」譯為「哲學」。[2]「哲學」原義為「愛智之學」，此字源於希臘文，譯成拉丁文為「Philosophia」。「Philos」之義為「愛」，「Sophia」為「智慧」，即「愛好智慧之學」。追溯哲學最早譯名，應是明末清初義大利傳教士艾儒略於《西學凡》介紹西方學科時，稱為「理學」，並音譯「斐祿所費亞」。「理學」之義，艾儒略定為「義理之大學也」，其內容包含邏輯、物理、形上、倫理與數學。此譯名與中國宋明盛行之「理學」同名，但兩者內容並不相同。以「理學」為「philosophy」之譯名，至清末仍為學術界所使用，此譯名亦傳至日本，之後日本使用「哲學」譯名，而「理學」則逐漸成為自然科學之專稱。

　　中國學術界本有「理學」之譯名，又有「格學」、「智學」、「愛智學」等名，唯民國初年自日本引進「哲學」譯名之後，在梁啟超、蔡元培、王國維等學者大力推廣下，逐漸為中國學術界使用。[3]國民政府於 1913 年頒行〈大學令〉、〈大學規程令〉，明定大學分為文、理、法、商、醫、農、

---

[2] 西周翻譯「Philosophy」為「哲學」，歷經一個漫長而複雜的過程，他考慮「希哲學」、「斐鹵蘇比」、「ヒロソヒー」以及「哲學」諸譯名，於明治七年出版的《百一新論》確定為「哲學」。（孫彬：〈論西周從 "philosophy" 到 "哲學" 一詞的翻譯過程〉，《清華大學學報》（哲學社會科學版），2010 年第 5 期，第 25 卷，2010.09，頁 122-131）西周之所以不使用當時已甚為流行的「理學」譯名，而自鑄新譯，應是日本於明治維新時期，重新審視中日關係，試圖建立日本文化主體，乃至重建東亞秩序。因此西周以「哲學」區別中國學術，同時獲得日本政府採納，以「哲學」作為大學教則中的課程名稱。（林美茂、趙淼：〈為什麼是 "哲學" ？——關于西周的選擇與追求探因〉，《中國人民大學學報》，2022 年第 1 期，2022.1，頁 55-66）陳瑋芬認為西周乃至日本學界對於「Philosophy」譯名的思考與論辯，涉及對西洋哲學的理解，以及對日本自己學術的反省。（陳瑋芬：〈「哲學」之創譯與演繹——兼論「哲學」與「理學」之辨〉，《臺灣東亞文明研究學刊》，第 9 卷第 2 期（總第 18 期），2012.12，頁 1-43）

[3] 清末民初，中國學術界有通過日本譯介西學，以及自主直譯西學兩種主張，嚴復可為後者代表。他認為日人譯「philosophy」為「哲學」並不恰當，應譯為「理學」或「愛智學」。他說：「理學，其西文本名，謂之出形氣學，與格物諸形氣學為對，故亦翻神學、智學、愛智學。顧晚近科學，獨有愛智以名其全，而一切性靈則歸於心學，哲學之名似尚未安也。」（《穆勒名學》「按語」，嚴復譯，見《嚴復集》第四冊，北京：中華書局，1986.1，頁 1029）嚴復所言或有其理，然而學術界仍多採「哲學」此一譯名，並延用至今。

工七科。[4] 這個學科架構基本延續清末〈奏定大學堂章程〉，然廢止經學科，十三經散入改制後的大學文科。[5] 文科下設哲學、文學、歷史學、地理學四門，哲學門有「中國哲學類」，其中有「中國哲學史」科目，另有「外國哲學類」；文學門則有「中國文學類」和細分的各外國語文類，「中國文學類」以文學和語言學為主，且有「哲學概論」課。[6] 基本上，「文科」所分四個學門，已具後來大學文學院之哲學系、中文系、外文系、歷史系與地理系的雛型。而且「中國哲學史」已做為一個學科的課名，歸屬於哲學門，之後也一直是哲學系的重要學科；至於「中國文學類」以文學和語言為兩大主軸，也成了後來中文系授課的重要方向。

從學科角度視之，西方「哲學」有其研究範疇、歷史與方法，「哲學」的定義、內容與方法，是哲學概論或哲學史討論的起點。若以西方哲學的理論架構或論證方式討論中國學術，就會引發「中國是否有哲學」的疑問。此一疑問是民初學界爭論的焦點，為西學東漸的時代背景之下，帶有民族主義的中西對抗所致。若不以西方哲學規範其他文化，「哲學」應可視為人類求知的文明發展，各個文化都有自己的「哲學」。此一論題可以牟博（Mou Bo）編《中國哲學史》的說法為參考，他對「哲學」的認定為：「哲學對世界和人類的根本性問題探究，可以有不同的關注。在這個意義上，哲學所具有的批判性，使其不是一門封閉的學科，也沒有一個絕對的路徑或方法。基本上，只要能通過論證，辯論和解釋，對結論加以討論，就可視之為哲學。」[7] 所以他編著以《中國哲學史》為書名，而非「中國思想史」或「中國宗教史」。這種對哲學的定義，不以哲學為西方所獨有，可使「中國哲學」乃至「中國哲學史」得以成立。

一般來說，西方哲學大致可區分為三大範疇，其一，「知識論」（Epistemology）或「方法論」（Methodology），討論認識與知識的問題，

---

[4] 〈大學規程令〉，《中華民國教育新法令》第四冊，上海：商務印書館，1913，頁 4-6。

[5] 民國元年，教育總長蔡元培在全國臨時教育會議中提出「普通教育，廢止讀經；大學校，廢經科。」（蔡元培：〈對教育宗旨案之說明〉，《蔡元培全集》，臺南：王家出版社，1968.2，頁 117）這個構想，獲得政府支持。除了袁世凱稱帝時曾短暫恢復，此後中小學廢經學，大學也不再有經學獨立設科。

[6] 相較於文學、地理、歷史，哲學獨立成科的時間最晚，從哲學的名稱與內容之爭議，以及其與經學所代表的「新舊」與「中西」之爭，都顯示「中國哲學」此一學科的成立，標識大學學科制度的現代化（西化）走向的完成。可參考劉青峰、金觀濤：〈觀念轉認與中國現代人文學科的建立〉，《二十一世紀》127 期，2011.10，頁 77-89。

[7] Bo Mou, On some methodological issues concerning Chinese philosophy: an introduction, *History of Chinese philosophy, (Routledge History of World Philosophies VOLUME 3)*, editor, Bo Mou. Routledge, London and New York, 2009, p.2-3.

包含「邏輯」（Logic）與「論證」（Argument）。其二，「形上學」（Metaphysics），討論關於宇宙、本源與存有諸問題，包含「宇宙論」（Cosmology）與「本體論」（Ontology）。其三，「倫理學」（Eethics），研究道德、價值與人生議題。另外，還有「美學」（Esthetics）、「宗教哲學」（Philosophy of Religion）、「社會哲學」（Philosophy of Society）、「政治哲學」（Political Philosophy）以及許多學科進行哲學分析與討論的各個哲學分支。中國哲學因語言、歷史與文化之故，討論議題與內容有別於西方，大致可區分為道論、天論、氣論、名論、心性論與政治論等範疇。而中國思想三大主流儒、釋、道的理論思辨與交融，從先秦時諸子便討論有關於人與人，人與自然，人與社會的關係，乃至如何建立一個理想的社會秩序，都是中國哲學探討的論題。

至於在「哲學」之後加「史」字，使成「哲學史」一詞，即關聯「時間」，不僅是哲學問題，還有哲學的發展。論者除了敘述各個哲學家的學說外，還須以「歷時」及「共時」為軸，呈現彼此差異之「共時」關係，以及互相影響與繼承發展之「歷時」關係。[8]「哲學史」與「哲學」所討論的重心不同，哲學史必須涉及每一個哲學家的思想及論點，期能忠實呈現出一個時期的哲學現象；同時，藉由陳述個別哲學家的思想，釐清某一個問題或概念的發展與轉變。由於哲學史的重心在呈現哲學的發展，必須儘量客觀「如實」地說出文獻與論題，又必須梳理各個論述，有所評論，哲學史應於客觀與主觀間取得平衡。[9] 雖然哲學史不是哲學，哲學也不是哲學史，但是兩者卻又不能截然二分，哲學史由哲學論題發展而成，哲學思辨則立基於哲學史，從理解歷代哲學家討論問題的過程，才能建構哲學觀點。

---

[8] 「共時研究」（synchronic study）與「歷時研究」（diachronic study）是語言學家索緒爾（Ferdinand de Saussure）所提出，原是語言學的研究方法，在於區分複雜的語言現象中，語言系統和語言演化的關係。（索緒爾：《普通語言學教程》，高名凱譯，北京：商務印書館，1980.11）而此方法可延伸到人類學、心理學、社會學，甚至哲學的研究。在哲學史中，可藉梳理關於某個哲學論題形成的前因後果，以及某個哲學家在時代潮流中所造成的影響及其地位。

[9] 勞思光先生曾指出哲學史的主觀性及客觀性，認為哲學史一方面涉及哲學層面，一方面則涉及史學層面；而哲學與史學在意義結構（meaning structure）上是兩個不同的文脈（context）。而當兩者結合成「哲學史」時，除了哲學理論的展示與歷史定點之確定外，還有歷史圖像（historical image）展示的問題。勞先生區分了「哲學」與「史」，並論及兩者結合為「哲學史」後的寫作概念及方法。（勞思光：〈哲學史的主觀性與客觀性〉，《中國文哲研究通訊》，1：2，1991.6，頁3-14）此說是為其《中國哲學史》所受到的批評所做的回應，不過以「主觀性／客觀性」呈現哲學史的性質，確實點明「哲學」與「史」的結合之意義。

　　「哲學史」不同於「哲學」，與「思想史」（history of thought；Intellectual history）的關係也很複雜。人類歷史的發展，「思想」佔有重要地位，近代英國史學家柯靈烏（R. G. Collingwood）曾提出「一切歷史都是思想史」，著重於深入歷史發展中的「內在」思想理路，方能把握連續性的歷史真相。[10] 然而歷史事件中的「思想」，與哲學史討論的哲學家之「思想」，兩者有所不同，思想史關心哲學家所處的時代社會環境，哲學史則關注哲學家所論如何成為思想體系。[11]「思想史」與「哲學史」雖可研究同一對象，但研究方法與著重點不同。奧地利史學家希爾（Friedrich Heer）寫作《歐洲思想史》（Europäische Geistesgeschichte），承繼近代德國哲學家狄爾泰（W. Dilthey）對歷史理性的批判，反省傳統史學。其「思想史」呈現「上層文化」與「下層文化」的對立又連結的關係，也強調歐洲歷史並非線性的，而是一種類似螺旋與輻射式的進展。中譯者趙復三指出本書特點時，言及思想史與哲學史不同，其云：

> 哲學研究通常限於高層次文化的小圈子，不是大眾的事業（雖然大眾並不是沒有哲學思想），因此哲學史的著述通常著重不同時代，從思想到思想的繼承、發展，比較抽象。思想史卻必須探求每個時代思想與社會之間的交互作用，這既是思想史與一般哲學史的區別，又是和一般歷史著作不同的地方。[12]

---

[10] 柯靈烏此一命題廣為人知，他試圖建立經過哲學思辨的歷史知識論，其意為歷史「不是單純事件的過程，而是行為的過程，這些行為有一由思想過程所形成的內在層面；歷史家努力尋索的就是這些思想的過程。」也就是「整個歷史就是思想史，就是過去的思想在歷史家的心中重演。」（柯靈烏：《歷史的理念》（The Idea of History），黃宣範譯，臺北：聯經，1981.3，頁 287、288）柯靈烏認為歷史學家必須進入歷史事件的內在思想過程，此說開啟了歐美史學界對於思想史研究的兩種思路，一是採內在研究法，如美國歷史學家洛夫喬伊（Arthur O. Lovejoy）開創「觀念史」（history of ideas），著重從歷史文獻中解讀一個相對穩的觀念，在不同時期的演變。（Arthur O. Lovejoy, *The Great Chain of Being: A Study of the History of an Idea*, Transaction Pub, 2009）另一個方法強調歷史的外緣性，即著重於思想家所身處的歷史環境，以及思想在同或不同時空所構成的關係，可以美國史學家布林頓（Crane Brinton）和漢學家史華慈（Benjamin I. Schwartz）為代表。（史華慈：《思想的跨度與張力——中國思想史論集》，王中江編，鄭州：中州古籍出版社 2009.5）

[11] 關於「思想史」與「哲學史」的分別，黃俊傑曾指出：「『思想史』雖與一般所謂之『哲學史』範圍有重疊之處。然兩者間亦有其分野在。哲學史研究之對象為某一哲學傳統之持續與變遷，其分析之重點尤在於某一哲學體系內在之邏輯關係。而思想史所研究之對象則為思想經驗之持續與變遷，其重點尤在於透過通史以把握此思想變遷之歷史意義。（黃俊傑：〈思想史方法論的兩個側面〉，收入黃俊傑編譯：《史學方法論叢》，臺北：臺灣學生書局，1981.10，頁 245）

[12] 弗里德里希・希爾（Friedrich Heer）：《歐洲思想史》（The intellectual history of Europe），〈中譯者前言〉，趙復三譯，香港：香港中文大學，2003.3，頁 vii。

此論指出「思想史」研究的範圍較「哲學史」寬，研究對象也不盡相同。對於「中國哲學史」與「中國思想史」的區分，學界也如是觀。[13] 一般來說，「思想史」的名稱較「寬」，涵蓋面較廣，涉及社會文化各領域；「哲學史」的名稱較「嚴」，涵義較窄，為抽象問題的探討。在「中國思想史」領域，可借鑑西方思想史的討論，呈現歷史中各個時期的思想潮流，在不同層面的交互影響與發展。

二、「中國哲學史」課程與專著

「哲學」在清末民初的中國學術界有諸多討論，當民國初年「中國哲學史」正式成為大學課程時，其教材教法皆前無所承。北京大學文科哲學門於 1914 年成立招生，據馮友蘭在《三松堂自序》回憶，他於 1915 年入學，聽陳黻宸講中國哲學史，從三皇五帝講起，講了半年才講到周公，學生如墮五里霧，亦抓不到重點。[14] 另一位學生顧頡剛，追述聽陳漢章講中國哲學史，仍是從伏羲講起，一年下來只講到商朝的〈洪範〉。隔年自美歸國的胡適在北大講授這門課，帶給學生極大震撼。顧頡剛在《古史辨・自序》與日記中都提及，胡適截斷眾流，「用《詩經》作時代的說明，丟開唐、虞、夏、商，徑從周宣王以後講起。這一改把我們一般人充滿著三皇五帝的腦筋驟然作一個重大的打擊，駭得一堂中舌撟而不能下。」[15] 這段往事，說明西方「哲學史」傳入中國，對中國傳統學術產生衝擊。胡適也因授課方式不同以往，引發學生興趣，之後中文系開設「哲學概論」，也由胡適授課。

胡適於 1919 年出版《中國哲學史大綱》（上卷），可說是中國近代史上第一部以西方哲學的研究方法所寫作的中國哲學史，雖然這部書引發許多

---

[13] 中央研究院文哲所於一九九一年四月所舉辦兩場學術討論會，針對勞思光先生《中國哲學史》進行討論，楊祖漢先生提出：「哲學史與思想史的寫作不同，思想史的研究重點是思想的歷史發展，而不重思想概念本身的意義之研究，而後者則是哲學史所重視的。」林慶彰先生也說：「哲學史應該是比較強調抽象問題的探討，思想史的範疇應該是思想家就整個社會、政治、經濟環境之關係所做的探討，它是比較平面的，哲學史則比較具歷史性、抽象性。」（韋政通、楊祖漢：〈勞思光《中國哲學史》的檢討〉，《中國文哲研究通訊》，1：2，1991.6，頁 103-131）可見「思想史」與「哲學史」有所不同，思想史著重於思想形成的背景，即歷史中的社會各個層面，如政治、經濟、教育與宗教等活動所互相交織影響的關係；而哲學史則是針對哲學系統本身的問題、意義與流變的探討。

[14] 馮友蘭：《三松堂自序》，北京：人民出版社，1998.11，頁 204。

[15] 顧頡剛：《古史辨・自序》，上海：上海古籍出版社，1982.3，頁 36。

批評和非難，但余英時認為「中國哲學史」的基本形式和方法是胡適所立下的「典範」（paradigm）。[16] 在胡適之前，雖有謝无量的《中國哲學史》，但謝著以學案體的方式，羅列上古三代至清末一百多位人物加以評述，仍屬中國傳統紀傳史學。然而胡適之作，僅至先秦為止，之後一直未能續寫完成，因此本書之後改名《中國古代哲學史》。晚於胡著十年，馮友蘭在1931 年出版《中國哲學史》上冊，1934 年全書完成出版。馮著一出，在中國學術界引起震動，也引發學界對「中國哲學史」應為何種型式的討論。其時陳寅恪與金岳霖兩位先生對馮著進行〈審查報告〉，皆予以讚譽推崇，也間接對胡適作品有所批評。[17] 胡適與馮友蘭的《中國哲學史》代表兩人對「哲學」、「中國哲學」與「中國哲學史」的不同理解，不論是孔老先後或哲學立場的差異，皆各持己見。儘管如此，兩書都成為「中國哲學史」此一學科的經典之作。

1949 年後，馮友蘭留在中國大陸，依馬克思主義重寫《中國哲學史》，而有《中國哲學史新編》之作，馮氏的新著，正可代表 49 年之後大陸學界服膺政治的哲學史觀，時至今日，仍多有從唯物史觀論中國哲學者。至於海外中文學術界遲至 80 年代始有另一部中國哲學史經典面世，即臺北三民書局自 1984 年至 1986 年陸續出版勞思光先生的《新編中國哲學史》三卷四冊。勞思光先生認為中國哲學屬「引導性的哲學」（orientative philosophy），以達成自我與社會轉化為目的；西方哲學屬「認知性的哲學」（cognitive philosophy），以建立客觀知識為宗旨，[18]「中國哲學史」的首要在於突顯中國哲學的特質與價值。因此，勞先生檢討胡適、馮友蘭的《中國哲學史》，提出中國哲學中非常重要的「自我」或「主體性」觀念，在哲學史寫作方法上還提出「基源問題研究法」，創立其中國哲學史的經典地位。在前輩學者的努力之下，逐漸建立「中國哲學史」的學術專業性，深化論述的方法與內容，並且透過學術專著，使「中國哲學史」在大學課程中具有相當的重要性。

---

[16] 余英時認為，胡適的《中國哲學史大綱》是在中國清代考證學的延續上所發展出來的，故其在中國哲學史具有「革命」與「典範」的意義，並非純然引進國外理論而已。（余英時：〈《中國哲學史大綱》與史學革命〉，收入《重尋胡適歷程：胡適生平與思想再認識》（增訂版），臺北：中研院、聯經，2014.8）

[17] 見馮友蘭：《中國哲學史》（下）「附錄」，臺灣：臺灣商務印書館，1993.4，頁 1193-1208。

[18] 勞思光：〈論儒學在中國現代化運動中之正反作用〉，收入《虛境與希望——論當代哲學與文化》，劉國英編，香港：中文大學出版社，2003，頁 149。

三、「中國哲學史」與「中國思想史」

由於「中國哲學史」與「中國思想史」的學科內涵有所不同，從檢視相關著作，可以明白不同學者對「哲學史」與「思想史」的理解與定位，得以對這兩個學科有更深入的理解。以下依書名分類，並加以析論。

（一）以「中國哲學史」為名

哲學探討的問題具有普遍性，若強調哲學是人類文明所共有，不分地域文化，則「中國哲學史」旨在突顯「中國」的文明特色，應可成立之。但現今以「中國哲學史」為名者，多著重於使用「哲學」的「方法」，探究中國哲學問題。然而此「方法」仍是西方哲學的學科內涵，但是近代學者有意識地避免直接移植西方哲學的方法，甚至創立屬於中國哲學史的研究方法。以勞思光先生的《新編中國哲學史》為例，勞先生在該書序言一再表示，在他之前雖有一些中國哲學研究的成果，但是在「中國哲學史」則沒有相關研究。如胡適先生的《中國哲學史大綱》只完成了上冊，而且全書多在考訂史實，對哲學思想或理論內容未能深入，其問題不在全書完成與否，若完成仍難符合一部哲學史的要求。而馮友蘭先生的《中國哲學史》最大的問題，在於其不了解中國哲學的特性所在，雖較胡書為勝，但仍是失敗之作。[19] 勞先生以自己的「基源問題研究法」檢視胡書與馮書，以哲學方法為衡量哲學史的標準。

勞先生的作品也有值得討論之處，他在《新編中國哲學史》第一冊後序中再度提及馮友蘭哲學史的問題，認為馮氏的哲學觀念是新實在論與早期柏拉圖的形上學觀念，柏拉圖的學說不是不能用，「可是當某一學派或個人，所面對的哲學問題並非這一範圍時，如果解釋者也要用這個思路來解釋，便不能揭示所關問題的真面目及真意義。」[20] 勞先生花了很多的篇分析一般研究中國哲學問題所用的方法，即「系統研究法」、「發生研究法」與「解析研究法」，分別指出個別缺失，最後提出自創的「基源問題研究法」。他說這個方法有三項特色：一、以邏輯意義的理論還原為始點，注意它的邏輯理論部分。二、同時也以史學考證為助力，既注意理論一面，也注意歷史的一面。三、最重要的是找到基源問題，並以統攝個別

---

[19] 勞思光：《新編中國哲學史‧序言》（一），臺北：三民書局，1991.1 增訂六版，頁 4。

[20] 勞思光：《新編中國哲學史‧後序》（一），前引書，頁 402。

活動於一定設準之下。因此，他所寫的哲學史，自必有其一貫的判斷原則和基本識見。勞先生的論述看來清楚可行，但問題就在於實際寫作不易運用。勞先生在論述儒家哲學時以「道德主體性」為其「基源問題研究法」之所見，但於兩漢、隋唐以及清代儒學的發展，便有所偏頗，明顯重先秦、宋明，而輕其他時期儒學。另外，勞先生論先秦道家為肯定「生」之「情意我」，[21] 這個判準也有討論空間，將自我境界分為「德性我」、「認知我」與「情意我」是否恰當？就此三我而言，老莊的異同該如何分辨？至於魏晉時期，玄學的發展與先秦道家的差異，以及道教的興起產生了什麼樣的變化，勞先生並未論述。除此之外，學者亦論及勞先生的作品主觀性太強、史的脈絡沒有掌握，以及全面判斷設準的統一而削弱了各時期不同理論的差異性。[22] 雖然勞先生的《新編中國哲學史》有諸多可討論之處，仍不失為一部重要的中國哲學史，至少此書依循一定的哲學方法，建構出屬於勞先生的中國哲學史。

另外，目前流通甚廣的《中國哲學史》（王邦雄等著），亦有專章討論中國哲學史的研究方法。要言之，西方哲學的方法或概念，有其歷史文化脈絡，雖然在中國哲學的研究可適度採用，但要避免以之為唯一標準。「中國哲學史必須能充分展示出中國哲學有別於西洋哲學的特色。……一部成功的中國哲學史，不應該只是將中國思想史中屬於哲學的部份加以說明，而應該充分展示『中國哲學』特殊性之所在。」[23] 方法的使用，通常預設了目的與結論，同時也產生了限制，如何在方法的使用上運用得當，是影響一部中國哲學史成敗的關鍵。從此點審視「中國哲學史」，當可確認若稱之為《中國哲學史》的作品，應深入分析文獻中的命題、概念與論證諸問題，進而展示哲學思潮的前因後果，而非常識性地介紹說明而已。

（二）以「中國思想史」為名

由於「哲學」一名譯自日本，又專指西方的學科，為避免混淆，有學者主張中國並無西方式的「哲學」，僅能以「思想」說之，錢穆先生的《中國思想史》可為代表。他在該書序言提到：「若以西方哲學繩律中國

---

[21] 勞思光：《新編中國哲學史》第四章〈道家學說〉，前引書。

[22] 見韋政通、楊祖漢：〈勞思光《中國哲學史》的檢討〉一文，《中國文哲研究通訊》，1：2，1991.6，頁 103-131。

[23] 見《中國哲學史》（上），王邦雄、岑溢成、楊祖漢、高柏園合著，臺北：里仁，2005.9，頁 14。本書屬四人合著，第一章〈總論〉由高柏園執筆，故引文應是高先生之語。

思想，縱謂中國並未有純正哲學，亦非苛論。」[24] 以西方哲學的角度看中國，本就不會有符合「哲學」的「中國哲學」，若從內容的差異辨析兩者，方可看出中西之異。錢先生認為中國思想以人為本，真理內在於人生，不假外求；西方則認為真理是超越的外在者，故需向外求索。錢先生對東西哲學思想的分判，實為民國初年西方文化對中國造成衝擊時，中國知識份子對中西文化差異的反思。因此在中西文化比較之下，錢先生選擇以「思想」言「中國」，避免「中國哲學」之名引發的「哲學」誤解。

除了從中西文化差異分別「思想／哲學」，亦有從研究範疇分辨之，一般認為思想史的範圍較哲學史為大，如果論述較廣，自然選擇以「中國思想史」書名為佳。如侯外廬先生編著的四卷本《中國思想通史》，他在其書的序言：「這部《中國思想通史》是綜合了哲學思想、邏輯思想和社會思想在一起編著的，所涉及的範圍顯得比較廣泛；它論述的內容，由於著重了基礎、上層建築和意識形態的說明，又顯得比較複雜。」[25] 此書名的成因，顯然與錢穆先生不同，錢先生針對中西文化不同的特點，強調中國文化的主體性，故以「思想」區別「哲學」。而侯先生則是著眼於兩者範圍不同，認為「思想」論述內容較廣，故用「中國思想史」的名稱。然而，範圍的「廣」，也同時意味著範圍不明，若是綜合「哲學」、「邏輯」與「社會思想」，又包括「基礎」、「上層」和「意識形態」，就會包羅萬象，無一不是思想了。

如果認定「思想」比「哲學」含蓋範圍廣，就會將討論的對象從文獻擴及生活日常，將思想史所關注的論題，延續並作用在歷史的社會生活中，一般性的普遍知識與思想。提出這種觀點的是葛兆光《中國思想史》，他將原本寫在書前的〈導論〉，擴充獨立成一部《思想史的寫法——中國思想史導論》，葛先生反省了「思想史」寫作的對象、範圍、材料與方法，提出「思想史」所描述的是「一般知識、思想與信仰的歷史」，其義為「最普遍的、也能被有一定知識的人所接受、掌握和使用對宇宙間現象與事物的解釋，……是一種『日用而不知』的普遍知識和思想」。[26] 其《中國思想史》兩卷的書名，已反映出這個看法，第一卷為「七世紀前中國的知識、思想與信仰世界」，第二卷為「七世紀至十九世紀中國的知識、思想與信仰」。有別於與「哲學史」混同的「思想史」，也不同於近乎

---

[24] 見錢穆：《中國思想史》自序，臺灣：臺灣學生書局，1988.2。

[25] 見《中國思想通史》侯外廬、趙紀彬、杜國庠著，北京：人民出版社，1957.3。

[26] 葛兆光：《思想史的寫法——中國思想史導論》，上海：復旦大學出版社，2004.7，頁15。

文化史的思想史，這兩卷本《中國思想史》呈現對「思想史」的反省與深思，也引發學界熱議。

（三）以「哲學思想史」為名

中國的「哲學」雖與西方不盡相同，但是言「思想」又太過廣泛，因此有將「哲學思想」合稱者，可以徐復觀先生為代表。徐先生雖無一部正式的「中國哲學思想史」，但其《中國人性論史・先秦篇》，便是所謂「中國哲學思想史」的一部分。他在是書序言提及西方哲學除了討論知識之外，多以人生價值為主；而中國文化主流亦以人生道德為探索主題，及其所得結論，當然也可稱之為「哲學」。他認「思想史」的「思想」一語，涵義太泛，故保留「哲學」一詞，而稱之為「哲學思想史」。他更說道：「在原用的『哲學史』中加入『思想』一詞，不是表示折衷，而是表示謹慎。」[27] 徐先生雖謂中國所討論的人生問題，與西方哲學並無不同，故以「哲學」名之並無不可，然而，中國與西方在面對人生問題所採用的討論方式，卻是大不相同的。他說：「思考力的培養，讀西方哲學家的著作，較之讀線裝書，得來比較容易。……我們是要拿西方的砥石磨快了的刀來分解我國思想史的材料，順著材料中的條理來構成系統；但並不是要搭上西方某種哲學的架子來安排我們的材料。」[28] 徐先生的說法確有其理，也指出學術界的問題，就是許多論述往往以西方某些學派之說為準，將中國的材料支解納入其中，便成論文。以這種方式處理中國哲學固然不妥，可是要做到徐先生融通兩者又談何容易。由此觀之，徐先生在面對中西哲學時，也清楚明白其間的不同，故主張保留「哲學」一詞之外，另將「哲學」與「思想」合用。

（四）以「學術思想史」為名

不論「哲學」或「思想」，似乎都難以合適對應於中國傳統學術之經學，於是亦有「學術思想史」一名，可以林啟彥《中國學術思想史》及鄺士元《中國學術思想史》為代表。[29] 林書在序言有云：「學術思想史的範圍

---

[27] 參見徐復觀：《中國人性論史・先秦篇・序》，臺北：臺灣商務印書館，1969.1。

[28] 參見徐復觀：《中國思想史論集》代序〈我的若干斷想〉，臺北：臺灣學生書局，1993.9。

[29] 林啟彥與鄺士元兩先生皆任教香港大學、香港中文大學，由於香港大學與香港中文大

相當廣,所涉及的問題,主要包括經學史、哲學史、思想史三方面。」[30]
顯然區分「經學史」、「哲學史」與「思想史」三者各有不同,又以「學
術」為含攝三者的總名,可見「學術」的範圍更廣。然而本書欲涵蓋的範
圍雖廣,但受限於篇幅及讀者對象,其內容反顯得簡要,有如一部中國文
化史的重點摘錄。至於鄺書所包括的內容更多,還兼及史學、宗教(傳教
過程)。唯本書為其中國通史之分冊,有別於政治經濟,著重在學術文化
範圍,亦為中國文化史的重點整理。

　　根據以上對中國思想史與中國哲學史名稱的討論,就書名所涉及的範
疇言,「思想史」論述的範圍較廣,其義與「學術史」相近,與「哲學
史」較遠。不論書名為何,所有著作都隱含了「中國／西洋」相對之意。
以「中國思想史」為名,似有與「西洋哲學史」相抗衡的意味,即中國自
有一套獨特的思想體系,與西方不同。而不管是大學不同的課名或已成書
的書名,皆是如此。以「中國哲學史」為名,表示中國亦有「哲學」,對
於形上學、人生哲學及認識論皆有論述,只是與西方所重不同,中西哲學
各有所長,馮友蘭先生一直強調此點。[31] 勞思光先生也認為中國哲學有其
特點,故需以相應的方式寫作中國哲學史,唐君毅先生也說:「治中國哲
學史當重中國哲學之特質,其持西哲以較論之處,於其同點外,當更重其
異點。」[32] 中西哲學之相異處,便是中國哲學的獨特所在,是故中國哲學
史應呈現中國哲學的特質,不以西方哲學為框架。

　　在寫作中國思想史或哲學史時,往往必須藉助西方哲學的方法、理論
及組織架構,不管是不自覺或不得不如此,西方哲學幾乎在所有中國哲學
史著作中出現。弔詭的是,寫作中國哲學史的主要目的,在於展現中國的
哲學思想內容,藉以突顯與西方不同;但是在哲學問題的研究上,卻又深

學中國語言文學系皆有開設「中國學術思想史」,故兩書皆為課堂講授所編寫,並以
之為書名。

[30] 林啟彥:《中國學術思想史》,臺北:書林,1994.1,頁 iii。

[31] 馮友蘭強調中國哲學有其系統,他說:「所謂哲學系統之系統,即指一個哲學之實質
的系統也。中國哲學家之哲學之形式上的系統,雖不如西洋哲學家,但實質上的系
統,則同有也。講哲學史之一要義,即是在形式上無系統之哲學中,找出其實質的系
統。」(馮友蘭:《中國哲學史・序》,前引書,頁 14)馮先生認為中國哲學表現的形
式或許與西方不同,但是「中國哲學史是中國哲學的歷史,中國哲學,就其內容說,
和其他民族的哲學是一樣的。」(馮友蘭:《中國哲學史新編》(第一冊),臺北:藍燈
文化,1991.12,頁 36)

[32] 唐君毅:〈略論作中國哲學史應持之態度及其分期〉,收入《中國思想史方法論文選
輯》,韋政通編,臺北:水牛出版社,2006.3,頁 111。唐先生提出治中國哲學史應有
四種態度,其餘三點為注重中國哲學與其他學術文化影響,注重哲學問題的演變,以
及注重中國儒家思想之傳統。

受西方哲學的影響。本書以「中國思想史」為名，一方面呼應中文系看待中國傳統哲學的角度，一方面避免因「哲學」一詞造成的理論、範疇與方法的爭議。雖然以「思想」名之，非謂中國沒有「哲學」，而是希望能以「思想」之名區別西方「哲學」。在論述時儘量呈現社會各個層面的思想，不局限於上層菁英的論述與文獻，並且留意哲學概念的源流與發展，並比較不同思想家的論點，盡可能展示思想的脈絡與各個時期的思潮。

第二節　中國思想史的分期

說明哲學思想的源流與發展，以年代作為分期的依據，是哲學史或思想史最常使用的方式。這種分期法的好處可將時代思潮歸類，便於對比與理解，亦有助於記憶。然而，以年代分期，使得思想傳承被切割，造成片段的印象。此外，因撰述者不同的研究方法與史觀，分期的時間點差異，可能形成分期的重心不同，呈現出的時代思潮也有所不同。

若歸納目前通行的中國哲學史或思想史的分期，大多以歷史上政權轉移的朝代為分割點，再輔以該朝代的代表思潮，大致呈現為：「先秦諸子」、「兩漢經學」、「魏晉玄學」、「隋唐佛學」、「宋明理學」、「清代樸學」、「近現代哲學」。這樣的分法看似清楚，但這樣的分期只能呈現哲學史的部份，也就是以「上層」（high culture）思想做為時代思潮的代表，而未能觸及「下層」（low culture）的思想；或者以「學術傳統」（academic tradition）作為思想史的主軸，而未及於「意識型態」（ideology）。[33] 然而思想史的發展，常可見上層文化「滲透」（seeping down）至下層文化，或是下層文化對上層文化的曲解與普遍化。如兩漢時發展出的「三綱五常」之說，是對先秦儒學的調整，引入法家、陰陽家的論述，在官方的推動下，成為社會普遍的認知。又如魏晉時興起的道教，其義理與發展，吸收融合了先秦道家、西漢黃老以及神仙方術，在士族與民間各有發展，由於混合原始宗教與巫術，被學術界視為不具哲學論證，或者非主要的學術思想，難以進入哲學史的視野。再者，哲學思想有其承襲的脈絡，若以朝代分期，顯得斷裂，不易呈現連貫發展的情形，如魏晉玄學思潮上承先秦道

---

[33] 近代關於「上層文化／下層文化」或「菁英文化」／「大眾文化」的區分，與馬克思（Karl Marx）提出意識型態（ideology）以及階級觀有密切關係，其後法蘭克福學派（Frankfurt School）有許多討論。基本上，將文化區分為兩種體系，上層為高雅的、菁英的，具學術論述的文化型態；下層則為大眾的、流行的，具普及性的文化型態。兩者常有相互影響，甚至移轉的情形。其發生的原因與型式多樣，在中國思想史的討論，本文引自余英時：〈意識形態與學術思想〉，收入《中國思想傳統的現代詮釋》，臺北：聯經，1987.3，頁 53-73。

家，並歷經西漢黃老思想以及兩漢方術的發展，至魏晉時期方有「新道家」之興，前後相承，多有因果關係。如果只著重於各朝代，較難掌握思想潮流的來龍去脈。

胡適曾將中國文化（思想）傳統發展分為六個階段：一、上古的「中國教時代」；二、中國固有哲學思想的「經典時代」；三、秦漢大一統帝國的歷史大進化；四、佛教傳入引發的思想革命；五、對佛教的反抗，包括道教的推廣與佛教內部（如禪宗）的變革；六、中國的文藝復興。[34] 這六個時期的分法是立基於中國文化不斷地變動革新，因此面對西方文化也有很強的調整適應能力。之後胡適又簡化為上古、中古和近世三階段。中古時期又分第一期，從漢至東晉；第二期自東晉至北宋初。上、中、近三期的分法，對應西方哲學史。胡適早期的中國文化六階段說，應承自梁啟超，梁氏曾提出中國思想分成八個時代，為「胚胎時代」（春秋以前）、「全盛時代」（春秋末至戰國）、「儒學統一時代」（兩漢）、「老學時代」（魏晉）、「佛學時代」（南北朝）、「儒佛混合時代」（宋元明）、「衰落時代」（近二百五十年）、「復興時代」（今日）。[35] 這樣的分期方式，基本上以朝代為斷限，並標舉各個時期的主要思潮，為後來的中國哲學史立下一個基本分期法的「典範」。

馮友蘭於其《中國哲學史》，分為「子學時代」和「經學時代」，前者為春秋戰國時期，後者則從漢至清朝。馮氏的分期法參照西方哲學史，以「子學時代」比擬古典希臘時代，經學時代則類比中世紀，而中國無西方近代哲學的啟蒙與理性的發展。這樣的觀點，遭到不少學者的批評和質疑。雖然馮友蘭分「子學」與「經學」兩期，但在經學時代仍以朝代為分章，歷述「漢代經學」、「兩漢讖緯與象數」、「南北朝玄學」、「南北朝佛學」、「隋唐佛學」、「宋代道學」、「明代心學」以及「清代道學」，以朝代分期，並標識各時期的代表思潮。勞思光《新編中國哲學史》分三個時期。「初期」：先秦時期之古代中國思想，為中國哲學思想之發生期。「中期」：兩漢至隋唐之哲學思想，此時一面有古學失傳之問題，另一面又有外來思想（佛教）侵入之問題，為中國哲學之衰亂期。「晚期」：宋代至明清，儒學力圖重振，一面抗拒佛教，一面擺脫漢儒傳統，遂有宋明新儒學出現，然此一思潮至清代而大衰，故「晚期」乃由振興而轉入僵化之時

---

[34] 胡適：〈中國傳統與將來〉，收入《胡適文集》第 12 冊，北京：北京大學出版社，1998.11。

[35] 梁啟超儘管將中國學術思想史如此分期，但也指出「其間時代與時代之相嬗，界限常不能分明，非特學術思想有然，即政治史亦莫不然也。一時代中或含有過去時代之餘波，與未來時代之萌蘖，則舉其重者也。」（梁啟超：《中國學術思想變遷之大勢》，臺北：中華書局，2018.11，頁 3，據 1956 年 10 月台一版復刻重製）

代。勞先生之分期法，有一個孔孟儒學的道德本體論中心貫穿其中，故其「中期」實為儒學之衰亂期，「晚期」則是儒學的振興與衰落。若以此而論，勞先生此著或可以「中國儒學發展史」名之。至於王邦雄等人合著的《中國哲學史》，亦以朝代分期，分為：先秦哲學、漢代哲學、魏晉玄學、隋唐佛學、宋明理學、清及現代哲學等六期。作者陳述，將中國哲學史分期，是「一種方法上的方便，一種暫時性的做法，它是因著某種需要而展開。」[36] 分期是哲學史不得不然的方式，有助於疏理歷史脈絡，為了突顯不同時期的特色，並對比先後發展的關係。

綜觀目前學界對於中國哲學史的分期，或有分期名稱不一，但是大抵仍以朝代為界，將各個朝代冠以一個思潮之名，成了學界看待中國哲學史分期的通例。針對這種分期方式，仍有許多值得討論的空間。葛兆光分析現行中國思想史（哲學史）多按時間順序，選取代表思想家與著作，編排章節，使得思想史的連續性因此斷裂，只能是便於記憶考試的教科書。[37]這個反省提出以斷代分期造成的影響，歷史具有延續性，前因後果，相互關聯。而且思想史並非只由歷史上一些思想家所構成，思想史的範圍、選材、解釋，以及思想的延續、變革、轉折與影響，都是值得留意並深入思考的問題。葛兆光為此而重新安排中國思想史的分期與章節，其《中國思想史》書名附標為：「七世紀前中國的知識、思想與信仰世界」（第一卷），「七世紀至十九世紀中國的知識、思想與信仰」（第二卷）這個看似無明確分期的作法，一方面打破以朝代分期的方式，一方面擴大傳統思想史的視野，以「知識」、「思想」與「信仰」為討論對象。這樣的分法固有其獨到處，亦有欲突破傳統的目的，但是並不太適合初學者。依學習的次序，如能從較明確的朝代分期入手，可以較快地建立起中國思想史的架構，對歷史思潮有一定認識之後，才能再進一步突破這個架構。本書基於精簡思想史的考量，仍循傳統分期法，但於選材及論述上，儘量放寬視野，全面呈現每一個時期的思想面貌。

---

[36] 王邦雄等著《中國哲學史》（上）第二章〈中國哲學史之分期及其特色〉，臺北：里仁書局，2006.9，頁21。

[37] 葛兆光認為傳統依時間順序，將歷史上的思想家安排於各分章之中，是屬於「教科書」的寫法。「當思想史的結構被寫作中的《思想史》著作安排為若干章節時，前一『思想史』即真正存在於歷史中的思想的歷史就被隱沒，而代之以後一《思想史》即寫作者理解視野中思想的歷史。於是，章節就把歷史切割開來，連續性在這些章節中消失了。」（葛兆光：《思想史的寫法——中國思想史導論》，上海：復旦大學出版社，2004.7，頁60）

第三節　中國思想史的起源

關於上古歷史，固然可以從考古器物、文獻資料乃至於神話傳說重建古代社會圖像，但不能否認的，仍有許多未知遺落在荒煙蔓草間。而思想既是個連續發展的過程，又是多元交錯的複雜網絡，所謂的源頭與最初，若不是想像或傳說，很難讓人相信有什麼思想是一夕之間突然降臨。然而為了便於進入中國思想史，又得避免在考證古代歷史中打轉，以下以「天人關係」做為理解中國思想的一把鑰匙，以此打開中國思想史殿堂大門。

一、軸心突破

從比較文明的角度來看，中國（東亞，孔子、老子）與古希臘（歐陸，希臘三哲）、印度（中亞，奧義書、佛陀）、以色列（中東，舊約聖經、索羅亞斯德）等地，在西元前八百年至兩百年間，人對於天、宇宙和人生等，都發生了超越前人思維和體認的革命式跳躍。近代德國哲學家雅斯培（Karl Jaspers）將這個時期稱為「軸心時代」（axial age），這個現象稱之為「軸心突破」（axial breakthrough）。[38] 他認為，在這個時期裡，開始有了哲學家，人類發現可以提升自我以超越個體和世界限制，此力量之根源即在自我內心中。這個突破形成了各個地區的精神方向與文明，其間又有伊斯蘭文明的興起，四大古文明的發展延續至今。

中國文明所經歷的軸心突破，即為「天人關係」的重大變革。在此哲學突破前，人與天的關係是斷裂的，必須透過「巫」，憑藉其能力做為人與天的中間人。原始宗教中的「巫」因具有溝通天神的力量，與部落領袖的政治權力相結合，形成部落的統治階層，尤其在占卜盛行的商代，「巫」使神民相隔，而統治者與人民各司其職。上古可能曾有一個「絕地天通」的故事流傳，《國語‧楚語下》記曰：

> 昭王問於觀射父，曰：「周書所謂重、黎寔使天地不通者，何也？若無然，民將能登天乎？」對曰：「非此之謂也。古者民神不雜。民之精爽不攜貳者，而又能齊肅衷正，其智能上下比義，其聖能光遠宣朗，其明能光照之，其聰能聽徹之，如是則明神降之，在男曰覡，在女曰巫。是使制神之處位次主，而為之牲器時服，而後使先

[38] [德]卡爾‧雅斯貝斯：《歷史的起源與目標》，李夏菲譯，桂林：灕江出版社，2019.05。

聖之後之有光烈，而能知山川之號，……而敬恭明神者，以為之
祝。使名姓之後，能知四時之生，……而心率舊典者為之宗。於是
乎有天地神民類物之官，是謂五官，各司其序，不相亂也。民是以
能有忠信，神是以能有明德，民神異業，敬而不瀆，故神降之嘉
生，民以物享，禍災不至，求用不匱。及少皞之衰也，九黎亂德，
民神雜糅，不可方物。夫人作享，家為巫史，無有要質。民匱於
祀，而不知其福。烝享無度，民神同位。民瀆齊盟，無有嚴威。神
狎民則，不蠲其為。嘉生不降，無物以享。禍災薦臻，莫盡其氣。
顓頊受之，乃命南正重司天以屬神，命北正黎司地以屬民，使復舊
常，無相侵瀆，是謂絕地天通。其後，三苗復九黎之德，堯復育
重、黎之後，不忘舊者，使復典之。以至於夏、商，故重、黎氏世
敘天地，而別其分主者也。其在周，程伯休父其後也，當宣王時，
失其官守，而為司馬氏。寵神其祖，以取威於民，曰：『重寔上
天，黎寔下地。』遭世之亂，而莫之能禦也。不然，夫天地成而不
變，何比之有？」

楚昭王提出「重、黎寔使天地不通」之因，以及人民是否能「登天」兩問，
楚大夫觀射父答以一個近似神話傳說的三個階段：第一為上古之時「民神
不雜」；其次為九黎亂德而「民神雜糅」；最後是顓頊重整民神秩序，使兩
者「絕地天通」而「復舊常」。此一過程雖不必然為歷史之真實，但反映
原始巫文化的部落社會中，巫師的能力不容混亂，部落的統治者（王）通
過巫術的祭祀與占卜，獲得統治的權力基礎，並以「群巫之長」的角色壟
斷與天的交通。從宗教發展的歷程而言，絕地天通是宗教改革，將人人為
巫覡變革為人神分離，巫覡專職而使神權穩定，另從政治的角度解讀，亦
可視為政治權力的集中。[39] 絕地天通的意義，並非使人與神斷絕往來，而

---

[39] 徐旭生認為這是古代宗教發展的三個階段，而「絕地天通」是使宗教權力集中的改
革，亦是生產方式的改變。（徐旭生：《中國古史的傳說時代》，臺北：里仁書局，
1999.1，頁 86-99）勞思光先生則從政治革新解讀絕地天通，既然與天的溝通為顓頊帝
負責，顓頊帝變成為天的代理人，亦是當時候部落氏族之間的共主。（勞思光：《新編
中國哲學史》（一），前引書，頁 39）楊向奎認為帝王就是眾巫的首領，他說此一神話
的特徵，即是「國王們斷絕了天人的交通，壟斷了交通上帝的大權。」（楊向奎：《中
國古代社會與古代思想研究》（上冊），上海：上海人民出版社，1962.2，頁 164）關
於學界對這個神話的解讀與評論，可參考張京華：〈古史研究的三條途徑——以現代
學者對「絕地天通」一語的闡釋為中心〉，《漢學研究通訊》，26 卷 2 期，2007.5，頁 1-
10。此外，對比《舊約聖經·創世紀》中「巴別塔」（Tower of Babel）的故事，上帝
懲罰人類妄想通天，所以打亂了人類的語言，使彼此不能溝通。林師安梧比較兩者，認
為中國文化中的絕地天通神話，並非真正的天人分離，所指為「絕限的絕」而不是一
「斷絕的絕」，也就是從天地中各安人類之職份，強調的民神異業，敬而不瀆，為
「存在之連續」，是「因道以立教」的型態。至於「巴別塔」則指向「存在的斷裂」，
因而締造的是「立教以宣道」之宗教型態。（林安梧：《中國宗教與意義治療》第一章

是人與神的交流必須透過巫覡，此一中介即為社會的分工，意味社會秩序必須建立在職權分立之上。由於楚昭王之時，諸侯稱王，周天子分封爵位的制度逐漸名存實亡，觀射父藉絕地天通神話，勸諫楚昭王應遵守祭祀的規範，同時也促成「宗教─政治」的結合，即掌握人神溝通的能力，便成為天之代言，亦是權力的來源，「民神不雜」為國君的統治取得合法與權力的基礎。

「絕地天通」傳說所呈現的「民神不雜」，具有政治權力的階級意義。與此相較，周代的「軸心突破」的另一個發展層面，則是將「宗教─政治」的關係，轉移至「倫理─社會」的層次，人與天的關係發生重大改變，提高人的自我精神價值。先秦儒道皆提出個人可以透過自我精神修養，最終與「天」合而為一的哲學意義。「民神不雜」的「絕地天通」至此又發生一次重大變革，人可以直接通達於天，不需巫的媒介。儒道思想中所建立的「天人合一」，其「天」為一具哲學普遍義的形上天，與「絕地天通」神話中的「天」為一巫傳統的人格天，兩者並不相同。原本屬於鬼神世界的「天」（帝），另有一個生命原始與價值之源的「天」，至於具神性的「天」另在民間與宗教中延續。由於先秦儒道所開啟的「天」概念之轉變，「天道」向「人道」轉移，人之重要性於此確立。

二、天人合一

「天人合一」向來被視為是中國傳統思想的重要概念，甚至常被標舉為中國哲學思想的代表，藉以區別西方哲學與思想。[40] 當此一概念在此情

〈「絕地天之通」與「巴別塔」──中西宗教的一個對比切入點之展開〉，臺北：明文書局，1996.4，頁 1-20）

[40] 如張其鈞於《孔學今義》言孔子思想是天人合一，融為一體；西方宗教則天人對立。（收於《中華百科全書》，台北：中國文化大學出版社，1981，頁 574）錢賓四於晚年提到「天人合一」觀，「實是整個中國傳統文化思想之歸宿處」，「是中國文化對人類最大的貢獻」，並對比西方將「天命」與「人生」劃分對立，不如中國「天人合一」能得「宇宙人生會通合一之真相」。（《中國文化對人類未來可有的貢獻》，原載《中國文化》第四期，1991，8 月，頁 93-96；收入《錢賓四先生全集》第 43 卷，台北：聯經出版公司，1998，頁 419-423）季羨林認為「天人合一」不但是中國古代哲學的基調，還進一步擴及印度哲學，認為是東方綜合式思考模式最高體現，藉以對比西方對天人關係分析式的對立思考。（季羨林：〈「天人合一」新解〉，收入《禪和文化與文學》，台北：臺灣商務印書館，2003，頁 148-197）余英時於「天人合一」議題亦有專論，他認為從古至今，「天人合一」對中國知識份子具有重大意義，因中國文化傳統之故。其云：「從先秦諸子到宋、明理學和心學，『天人合一』在每一時代的主流思潮中都構成了懷德海所謂『基本預設』（fundamental assumptions）之一。我們也可以說，『天人合一』是中國思想史上一個重要的基調。」（余英時：《論天人之際：中國

境使用時，其主要意義在呈現「天」與「人」的關係並無距離，或者「人」與「自然」為一個整體，兩者無分別。故中國哲學的「天人合一」，對比西方哲學的「天／人」相對，突顯西方對「天」、「人」關係的分析式思考，或者「天」與「人」關係的斷裂。

在中國哲學的脈絡中，「天」的概念在儒家、道家並不相同，於先秦與兩漢亦出有出入，「合一」的目的與方法也有很大的差別。在中國傳統哲學文獻中，「天人合一」之名，出現於宋代張載《正蒙・乾稱》。橫渠先生為突顯儒與釋、道之別，言「儒者則因明致誠，因誠致明，故天人合一」，從孟子「盡心知性知天」的進程，結合《大學》、《中庸》「誠」的工夫，明言「人」得以因「誠」而致「天」。明道先生也有「天人一也，更不分別」（《程氏遺書》）之用語，甚至說「天人本無二，不必言合」。若言兩者之別，或可說「合一」仍是在分別的情況下言之，而明道不贊同橫渠「天人合一」的說法，去掉「合」字以明天人無別。[41] 然不論「天人合一」或「天人本無二」，都為了說明儒家在道德實踐的最終目的，是達到民胞物與，泛愛萬物的境界。若不細究宋明理學家在理論或方法上的差異，「天人合一」是共同的理想。如朱熹在解釋《大學》首章，回答問者關於「天未始不為人，而人未始不為天」之問，答云：「天即人，人即天。人之始生，得於天也；既生此人，則天又在人矣。」（《朱子語類・大學四或問上》）清楚明白地以「即」之一字說明天人關係，還詳加解釋：「只是言人之性本無不善，而其日用之間莫不有當然之則。則，所謂天理也。人若每事做得是，則便合天理。天人本只一理。若理會得此意，則天何嘗大，人何嘗小也！」朱子以人倫日用，言天人一理，以「理」之同結合天人。王陽明則不從「理」之思路，而延伸孟子「大人」之精神，言：「大人者，以天地萬物為一體者也。」（《大學問》）以「仁」之無分彼此，證成人與天地萬物得以為一體，能與天地萬物一體，是仁者，是大人，是儒家理想的人格典型。

宋明儒學如此論天人關係，實可溯源至先秦儒學，孔子肯定「我」於「仁」之自覺，孟子更確認「萬物皆備於我」，（《孟子・盡心上》）開啟儒家以「我」（人）證天的「天人合一」之路。孔子以「仁」說「禮」，說「天命」，代表人於內心自覺的道德實踐得以上通天命，有別於周公以「德」說「禮」，更突破遠古巫文化中人格神的「天」以巫師為中介，從王朝集體的天命轉變為個人內在精神的超越，標示著天人關係的重大變

古代思想起源試探》，台北：聯經出版公司，2014.1，頁172）

[41] 唐君毅先生認為橫渠是「以人道合天道」，而明道則是「無內外徹上下之天人不二之道」。明道言「仁」與萬物同體，故「由明道以觀橫渠，則將不免視橫渠為支離。」（唐君毅：《中國哲學原論（原教篇）》，台北：臺灣學生書局，1990.9，頁126-129）

化。余英時先生從比較文化的角度稱此為中國哲學的「軸心突破」，孔子扮演一個重要的承先啟後角色，他與周初以來的禮樂傳統之間存在既「推陳」又「出新」的雙重關係，為中國軸心突破的第一位哲人。孔子引領的軸心突破使「天人合一」發生重大變化，突破前的「天」是鬼神世界，突破後的「天」是「道—氣」世界，此一轉變對先秦諸子產生很大影響，尤其是儒、道、墨三家，各自發展出對禮樂傳統的不同回應，而有不同的實踐方法，但余英時認為墨家未與傳統決裂，道家也仍屬中國式的「內在超越」（inward transcendence）格局，諸子的「道」在內涵上雖各有所偏，但做為價值根源的所在仍是同一的。[42] 換言之，諸子所關心的，是人自身如何擴大與提升精神修養，最後得與宇宙萬物發生聯繫並合而為一。

　　中國哲學的「天人合一」具有獨特的內在超越進路，若細究中國哲學各家所論述天人合一，在理論架構上又有可分別處，張亨歸納為三種模型，即「天人合德」（儒家）、「天人為一」（道家）、「天人感應」（陰陽家與董仲舒）。[43] 張亨認為「天人感應」模型之「天」，雜揉了氣化天、神性天與民間信仰的天而成，最無理論依據，但又影響最大，一般人所謂之「天人合一」，實是「天人感應」。從哲學的角度說，儒、道所代表的兩種「天人合一」型態，確立人的自我主體性，能經過修養直接上通於天，而天也不以人格神的姿態出現，純化為「道」的理想，故儒家式的合德於天，或道家式的忘我於天，都被視為中國哲學「天人合一」的理想型範。張亨以哲學理論的完整區別「天人合一」的類型，若從思想史的角度觀之，民間信仰的天人感應，實有氣化論為基礎，並非無理論依據。不論儒、道與陰陽，都是中國文化中的思想型態，對天人關係論述「合一」的理想，是為中國哲學的特色。

三、儒、道思想源頭

　　「軸心突破」是中國哲學起源時之重大事件，在這個過程中，可以從「天人關係」中發現先秦儒、道兩家思想的起源，也可以說是整個中國哲學的基礎由此奠基。就儒家思想言，從殷商至周，「天」的概念產生轉變，周人以「德」配天，使「天」從原本的宗教人格天，轉變為道德根源的形上天。而個人自我意識的覺醒，使德行獲得實踐的意義，同時以行德

---

[42] 余英時：《論天人之際：中國古代思想起源試探》，台北：聯經出版公司，2014，頁 109-110、120。

[43] 張亨：〈「天人合一觀」的原始及其轉化〉，收入《思文之際論集：儒道思想的現代詮釋》，台北：允晨文化，1997.11，頁 249-284。

連結天道，產生「天人合一」的新義，並強調統治者「敬德」、「保民」的施政主軸。「敬德」的思想在《詩經》、《尚書》多可見得，成為孔孟思想的重要源頭。

上古先民畏於「天」的神秘，以祭祀事天以求平安，以卜筮預測吉凶，而在貞卜未來的過程中，逐漸發展出對天地宇宙運行的規律性認知，掌握天地變化的原則，人就能依此原則行事，進而達到「天人合一」的境界，此思想的起源在《易經》可以見得。上古人民從各種占卜尋求規律以預測未來，歷經了一段漫長的過程，今日所見之《易經》卦爻辭，為後人整理，上古可能有許多不同形式的卜辭。《周禮·春官·大卜》云：「大卜……掌三易之法，一曰《連山》，二曰《歸藏》，三曰《周易》。其經卦皆八，其別皆六十有四。」相傳《連山易》成書於夏朝，《歸藏易》成書於殷商，然皆亡佚。雖然《易經》八卦與六十四重卦的作者無法確定，但是從陰陽符號的運用與組成，已顯示一種天地變化的抽象規則與象徵意義。以陰陽變化為天地宇宙的基礎，可視為先秦老莊思想的源頭。

（一）天命靡常

「天命靡常」語出《詩經·大雅·文王》，此一觀念出現，代表受「天命」而成為統治者的身份不再永久，「天命」既然可以轉移，就不會有永遠的統治者。因意識到天命轉移，周人提出此說，一方面解釋能取殷商而代的原因，另一方面也提醒自己，既然殷商不受天之眷顧而喪失政權，周代也可能重蹈覆轍。是故，在《詩經》與《書經》中，屢屢可見周人以殷為鑑的文字，如「宜鑑於殷，駿命不易。」（《詩經·大雅·文王》）在歌頌文王之德時，也時時提醒獲得天命不易。而「殷鑒不遠」（《詩經·大雅·蕩》）一句，更成為後世引用成語，可見周人以殷之覆滅為借鑑，時時警惕。周公憂周成王年幼即位，恐耽溺於飲酒，鑑於殷人「惟荒腆於酒」，而「早墜厥命」，故作〈酒誥〉予以勸勉，文中亦處處可見以殷人為鑑之意。

周人對天命無常所懷抱的戒慎恐懼心理，徐復觀先生稱之為「憂患意識」。[44] 從殷周之際開始，憂患意識顯示了早期中國人文精神的躍動。但是

---

[44] 徐復觀先生說：「周人革掉了殷人的命（政權），成為新地勝利者；但通過周初文獻所看出的，並不像一般民族戰勝後的趾高氣揚的氣象，而是《易傳》所說的「憂患」意識。……所以憂患意識，乃人類精神開始直接對事物發生責任感的表現，也即是精神上開始有了人地自覺的表現。」（徐復觀：《中國人性論史·先秦篇》，臺北：臺灣商務，199.9，頁 20-21）牟宗三先生以「恐怖意識」、「苦業意識」與「憂患意識」對比

這種人文精神還在萌發期，主要著眼於行為的實際效果，藉由利害比較而產生指導行為的規範。在周初文獻中，特別強調殷革夏命，以及周革殷命的經驗教訓，顯示了深刻的反省，「憂患意識」就是這種反省的結果。在「憂患意識」的作用下，不單是憂慮未來，更重要的是如果將未來訴諸於天，仍有可能和殷商一樣下場。於是周人訴諸於己，發揚自我意識，從神的手上取得自主權。能以自身德行主宰自己命運，這種自覺，乃產生敬德精神。

（二）敬德保民

　　政權不再憑依天命，須由統治者負責，因此對自我德行的要求便應運而生。周人認為之所以能代商而立，在於文王之德，由於敬德方能受天命，《尚書‧召誥》中言「惟王其疾敬德，王其德之用，祈天永命。」即為此意。敬德，得受天命；不敬德，即使已承天命亦無法保之，以是否行德為「天命」的依據。至於「敬德」之表現，在於統治者修己之德，使四方來歸，於是人民對統治者的評價，就是天命的顯現。「天視自我民視，天聽自我民聽。」（《尚書‧泰誓》）已清楚地將「天命」與「民心」連結。《尚書‧蔡仲之命》亦言：「皇天無親，惟德是輔。民心無常，惟惠之懷。」天之「無親」，即天命不常保，天命無私，故有德者方受上天眷顧；民心亦常無，端視統治者是否有德惠於民。重視人民，以民心之趨向為天命，以民心之向背決定統治者的去留。《尚書》中之〈虞書‧皋陶謨〉有云：「天聰明，自我民聰明；天明畏，自我民明威。」已言天意以民意為徵，統治者當體察民意。而〈周書〉中的〈大誥〉：「天棐忱辭，其考我民。」〈康誥〉：「天畏棐忱，民情大可見。」〈酒誥〉：「人無於水監，當於民監。」都將「民情（心）」與天命等同，這是周人從「天道」轉移至「人道」在政治上的重要表現。如此一來，統治者對天命的重視轉移至人民，人民的地位也隨之上升，這是早期民本思想的發展，孟子「民為貴」之說承繼並發揚之。然而，必須要注意的是，《詩經》與《尚書》所展現的重視人民思想，仍是站在統治者的角度，以維繫天命，使政權長久為依據。

耶、佛、儒之不同，認為「中國哲學的形態與特質，用一句最具概括性的話來說，就是中國哲學特重『主體性』與『內在道德性』。」而「中國哲學之重道德性是根源於憂患意識。中國人的憂患意識特別強烈，由此種憂患意識可以產生道德意識。」（牟宗三：《中國哲學的特質》，臺北：臺灣學生書局，1998.5，頁 17）徐、牟兩先生以心裡憂患意識的發動，論證周人自我精神覺醒，依文獻所見，應有一定說服力。

　　《詩經》中多頌文王之德，也可見此「天命」與「德」之連結，如「維天之命，於穆不已。於乎不顯，文王之德之純。」（《詩經‧周頌‧維天之命》）天命不止，於文王之德顯現。周公在〈康誥〉中勸諫康叔封於殷之舊地，一定要效法文王以德服人，不得任意刑殺，實有深意。同樣的，文王之德所顯示的天命，即是民心所本，故「天生烝民，有物有則。民之秉彝，好是懿德。」（《詩經‧大雅‧烝民》）這裡已透顯出「天」之常規，為民所本之德，孟子亦引此詩，說解其四端之心為人生而本有。[45]既是常規律則，「天」已不同於上古宗教將天視為「人格天」，而具有常道之本體意味，勞思光先生謂此為中國哲學「形上天」概念形成的初始。[46]「天」的概念從具有超自然力量的神，轉變為道德源頭，天道、天德成為「天命」，即上天賦予人成就道德的使命，這個觀念為先秦儒家繼承。

（三）易與不易

　　《易經》本為卜筮之書，預言人事吉凶，然預言即預設一種人事的變化規則可由占卜窺之，其由陽爻與陰爻所組成的基本八卦，再重為六十四卦，其排列組合實已顯示一種宇宙秩序觀。由宇宙的日月盈虧，相應於人間的禍福吉凶，建構出天道與人事相應的連結。六十四重卦以乾、坤為首，以既濟、未濟為終，乾坤顯示天地運行之始，「既濟」似已完成，但宇宙無窮，故以「未濟」為終。「既濟」（☲☵）與「未濟」（☵☲）是一對反卦，「既濟」之為名，其爻皆當位、相應，陽爻都在陽位，陰爻都在陰位；初九和六四相應、六二和九五相應、九三和上六相應。下卦中的主爻六二（柔）居中，當位又承剛，上卦中的主爻九五（剛）居中，當位又乘柔。然而過於完美，其危險亦在於此，之所以不將「既濟」排於六十四卦之最後，因萬物不可窮盡，天道循環不已，並無完美句點。故「既濟」之後為「未濟」，代表另一個循環的開始。既濟與未濟是成對的綜卦（反對卦），也是錯卦（旁通卦），兩卦彼此相互顛倒，水火相對，每個爻位的陰陽也都相反。此兩卦象徵物極必反，陰陽交替之理。在《易經》中尚有

---

[45] 見《孟子‧告子上》，孟子引本詩說明「仁義禮智，非由外鑠我也，我固有之也。」上天給予人形體和規範，此常道內在人心，方使人人好德。

[46] 勞思光先生認為《詩經》對「天」的觀念除指物質之天，多指主宰之天或人格天，但已有些篇章透顯「形上天」的意味，具有哲學意義的天，如《大雅‧文王之什‧文王》：「上天之載，無聲無臭，儀刑文王，萬邦作孚。」以「無聲無臭」描寫「天」之無意願性，與擬人化之「帝命」、「帝謂」等詞語互別，下接「儀刑文王，萬邦作孚」則言文王法天之效果。（勞思光：《中國哲學史》（一），前引書，頁75-77）

「泰／否」、「剝／復」、「損／益」等卦之對反，說明「否極泰來」、「泰極否來」之反覆循環規律。

　　就卦爻之排列所顯示的宇宙萬物變化，此即「易」之名，而此一變化又有著一定的規律，此為「不易」之概念。易能化繁為簡，以卦爻形象化約宇宙萬物，又有「簡易」之形。易之三名，謂簡易、變易、不易也。漢代緯書《易緯‧乾鑿度》云：「易一名而含三義，所謂易也，變易也，不易也。」又云：「易者，其德也；變易者，其氣也；不易者，其位也。」鄭玄依此義作〈易贊〉及〈易論〉，其云：

> 易一名而函三義。易簡，一也；變易，二也；不易，三也。故繫辭云：「乾坤其易之蘊邪」又云：「易之門戶邪。」又云：「夫乾確然示人易矣；夫坤隤然示人簡矣。易則易知；簡則易從。」此言其易簡之法則也。又云：「為道也屢遷，變動不居，周流六虛，上下無常，剛柔相易，不可為典要，唯變所適。」此言順時變易，出入移動者也。又云：「天尊地卑，乾坤定矣；卑高以陳，貴賤位矣；動靜有常，剛柔斷矣。」此言其張設布列，不易者也。據此三義，而說易之道廣大矣。[47]

就鄭玄所注，「三易」之名與概念於東漢已然明確。易以陰、陽概括萬物，《易‧繫辭傳》所謂「一陰一陽之謂道」，以其道簡而易明，故為「簡易」。而陰陽相變，陰陽流轉，所謂「為道也屢遷」，意謂現象世界時時變化，此即變易。然歸納變易現象，可得不易之定理，所謂「動靜有常」，此原理具有本體之意，此即「形而上者謂之道」，這個形而上之常道，為不易者也。

　　對宇宙的掌握以明人事，是卜筮的根源，亦是《易》之基礎，此即「易與天地準」（《易‧繫辭上》）。對於天地賦予陰陽變化，相對相成的解釋，可視為老子思想的源頭，並進一步發展成道家式的宇宙生成論。至於《易傳》解釋「作易者，其有憂患乎？」（《易‧繫辭下》）又以為「其出入以度，外內使之懼，又明於憂患與故。」（《易‧繫辭下》）此說已是周人克商之後的憂患意識顯現。至於將宇宙變動不居，生生不息之動能視為君子為善的根源，已是後來儒者作《易傳》的詮釋了。

---

[47] 鄭玄兼通今古文經，晚年通注群經，今日大多亡佚，宋代王應麟，清人丁杰、張惠言等均有輯佚。所引〈易傳〉、〈易論〉，據《周易鄭注》，[漢]鄭玄注，[宋]王應麟輯，丁杰等校訂，北京：中華書局，1985，頁139。

小結

從殷之「敬天」至周之「敬德」，「天」的人格形態轉為形上的意義，人的自覺意識提高，且人能通過德行的實踐以通天命。雖然此時的「敬德」、「民本」觀皆從統治者的角度而言，但孔孟承之並發揚為人的精神，確立了人的道德價值意義。孔孟將天視為道德根源，是為「道德天」，但天沒有神性，不會賞善罰惡，道德實踐是人的自覺與意識。另外，另一種思路，視「天」為普遍的規律原則，降低了天的神性與人格神的意味，甚至發展出人能自決，不受天的影響。這種「自然天」的想法，是將天視為萬物運行的原理，人效法之，但不將天視為神，老子論天已啟端倪，至荀子更明確主張「天行有常」的天道觀，這一條發展的線索亦應注意。

至於所謂的「軸心突破」，只可視為暗夜中的一道燭光，其影響可能只是星火，不必然在先秦已燎原。哲學思想的突破或轉變，並非從零到壹的突然變化，而是漸進式的逐步發生。換言之，先秦當時普遍的思想觀念，仍延續上古原始宗教對天地鬼神的崇敬與畏懼，而非孔子、老子提出不同論點就完全取而代之。朱熹贊「天不生仲尼，萬古如長夜」，雖然肯定孔子的貢獻，然而就思想史的發展歷程而言，孔子所論確實開啟了人的道德自覺，但長夜仍持續，只是指引之光已現。思想史並非線性延續，而是多元交錯進行，改變也非一時，而是漸進式的慢慢變化，多元與漸進，才是思想發展的歷程。

胡適在《中國哲學史大綱》中提到哲學史的三個目的：「明變」、「求因」與「批判」，於今日視之，仍具啟發意義。[48] 研讀哲學史，必須明白古今思想的延革與變遷，還得明白變遷的原因，最後才能分判各家學說。要能對古代思想家的論述有所理解，最重要的是在基本文獻下工夫，切莫只求速成而人云亦云，更不該在一知半解下評斷古人。批判必須奠基於理解，明變與求因根植於累積。千里之行，始於足下。張載曾言：「讀書少則無由考校得義精，蓋書以維持此心，一時放下則一時德性有懈，讀書則此心常在，不讀書則終看義理不見。」(《經學理窟》)橫渠先生強調以「心」解經，讀書當用心體會，用心的基礎在考校多方。學問由積累而成，而用心方能體會先哲心靈，進而反省人生，悟得安身立命之道。

---

[48] 見胡適：《中國哲學史大綱》（外一種）第一篇〈導言〉，石家莊：河北教育出版社，2001.11，頁 8-9。

先秦

第二章　仁禮合一──孔子

身為「至聖先師」，孔子在中國文化中的的地位，已成為重要的象徵與代表。也因如此，近代中國在面對西方文化的衝擊，以及政治立場所引發對傳統文化論述的差異，孔子都首當其衝，或褒或貶，或讚譽，或曲解，各種論述盡皆有之。孔子是否應承受近代歷史各種事件的責任，貼上守舊頑固的標誌？還是在文化復興與國族主義的視野下，成為具有正面意義的「至聖先師」？對孔子評價的兩極，顯然帶有詮釋角度或各取所需的「成見」，這是進入本章理解孔子思想前，應該先行留意的背景。孔子思想不僅是中華文化的內容，還流傳於東亞，對日本、韓國的社會文化亦有重大影響，形成東亞「儒家文化圈」。[1] 這麼一個重要的歷史人物，孔子思想理應是眾人最為熟悉者，然而他也可能是後世誤解最多的古代哲人。尤其是在當今教育體制中，孔子思想淪為升學考試的重點時，對孔子的認識也隨之簡化成背誦記憶的片段。執此之故，如何理解孔子思想，把握孔子學說，應盡可能直接從《論語》與相關文獻著手，回到孔子話語。

由於孔子並未留下自著文章，雖相傳《易傳》、《禮記》為孔子所作，但無確切證據，而《詩經》與《春秋》的編訂或經孔子之手，亦屬「述而不作」，難見孔子思想全貌。另外，《禮記》中有許多孔子對禮制的解說，然而這些篇章混合孔子學生以及儒者的論述，作者大多不明，流傳於先秦，漢代才編輯成書，作為教授《儀禮》的參考。理解孔子思想最可靠的文獻，應為孔子弟子與後人共同記載編纂而成的《論語》。《漢書・藝文志》簡述《論語》成書過程，文曰：

---

[1] 「儒家文化圈」（The Confucian cultural circle）是指受中國文化影響的國家與民族，生活中的各種禮儀規範，源自中國文化中的儒家思想。漢字、儒學、技藝、禮制與佛教，是這個文化圈共通的文化特徵，範圍包含越南、朝鮮半島與日本，由於各民族的語言文字與漢語關係密切，故又名「漢字文化圈」（Sino sphere）、「東亞文化圈」。「文化圈」是十九世紀末德國民族學家利奧（Leo Viktor Frobenius）最早提出，根據一定數量的特定的文化特質進行劃分，多側重「歷史發展」與「地域統合」，日本學界在二十世紀引用，並建構「東亞」的概念，與「西洋」相對。（子安宣邦：〈「東亞」概念與儒學〉，《東亞文化圈的形成與發展──儒家思想篇》，童長義譯，臺北：國立臺灣大學出版中心，2008.12，頁 35-54）由於「東亞」範圍內有許多共通的文化內涵，但是又涉及複雜的歷史與國族糾葛，若以中國文化為主體看待「東亞文化圈」、「漢字文化圈」，則易形成漢人中心的視角，反之，則呈現這個文化圈的多元性，如日本學者金文京便認為雖然受到漢文化影響而使用漢字，但各民族卻有著各自不同的語言觀、國家觀乃至世界觀，即使都使用漢字，並不表示漢字就將東亞世界同化了。（金文京：《漢文與東亞世界：從東亞視角重新認識漢字文化圈》，金文京譯，臺北：衛城出版，2022.5）從不同角度審視「儒家文化圈」，其界定將有所不同，但是至少反映出漢文化在歷史中的擴散與影響。

《論語》者，孔子應答弟子時人及弟子相與言而接聞於夫子之語也。
當時弟子各有所記。夫子既卒，門人相與輯而論纂，故謂之《論
語》。漢興，有齊、魯之說。傳《齊論》者，昌邑中尉王吉、少府宋
畸、御史大夫貢禹、尚書令五鹿充宗、膠東庸生，唯王陽名家。傳
《魯論語》者，常山都尉龔奮、長信少府夏侯勝、丞相韋賢、魯扶
卿、前將軍蕭望之、安昌侯張禹，皆名家。張氏最後而行於世。

本段述及《論語》的編者是孔子弟子與再傳弟子，書中內容為孔子言行，以
及與弟子的對答。至於《論語》在漢初有《齊論》、《魯論》與《古論》的傳
承，西漢成帝時，張禹合齊、魯論而成《張侯論》，為世所貴。[2] 東漢末鄭玄
以張侯論為底本，參考《齊論》、《古論》，作《論語注》，是為《論語》定
本。曹魏時，何晏搜集各家論點，編成《論語集解》，至南朝梁皇侃兼存疑
說，使用新的「義疏」注解方式，分章段疏解和自設問答，編成《論語義
疏》。鄭玄注、何晏集解與皇侃義疏，是唐代理解《論語》的重要注解。南
宋朱熹以二程學為主，兼採時人之說，改易古注，通經求理，著成《論語集
注》，成為後世研讀《論語》的重要著作。雖然今日所見《論語》歷經長時
間的編纂，以及流傳過程中受到戰亂與秦代焚書令的影響，未必是原始的完
整對話，但是本書在漢初的傳承記錄相對完整，形式、篇章與內容應已定
型，與今本差異不大，故能作為理解孔子思想的基本文獻。

　　由於《論語》為語錄體，雖然顯示出孔子生活化的教育方式，但畢竟非
孔子自著，而記錄者為孔子弟子，又經諸多弟子整理編集，未必能呈現孔子
說話時的情境。此外，論語既是一部孔子言行的紀錄彙集，便不是有系統地
論證，更何況孔子對於弟子提問，常常對於同一問題給出不同的回答，使得
本書許多篇章固然精簡，但也因而出現各種解釋的可能。至於歷代對於《論
語》的注解極多，觀點與立場各不相同，現代更有大量的翻譯與說解，看似
容易了解孔子思想，但是繁多的注解反而可能造成更多的障礙。如何恰當地
理解文意，避免過度創造與開放的解釋，應適度還原孔子說話的語境與時空

---

[2] 西漢初年廢秦朝焚書令，號召百姓獻書，魯、齊各有師傳，形成不同的《論語》「師
法」，武帝末，魯恭王劉餘壞孔子宅，欲以廣其宮，而得《古文論語》。至元成之時，張
禹以《魯論》為主，《齊論》為從，而成《張侯論》。《漢書·張禹傳》有云：「初，禹為
師，以上難數對己問經，為論語章句獻之。始魯扶卿及夏侯勝、王陽、蕭望之、韋玄成
皆說《論語》，篇第或異。禹先事王陽，後從庸生，采獲所安，最後出而尊貴。諸儒為
之語曰：『欲為論，念張文。』由是學者多從張氏，餘家寖微。」安昌侯張禹本學《魯
論》，又從王陽（字子陽，即王吉）、庸生學《齊論》，最後折衷兩者成《張侯論》，大行
於世。關於《論語》成書，以及後世注解與流傳，可參考松川健二編：《論語思想史》，
林慶彰等合譯，臺北：萬卷樓，2006.2。

背景，綜合全書章句相互參閱，避免斷章取義。本章論述以《論語》為主，輔以其他文獻，[3] 闡述孔子思想。

　　孔子生當春秋末年，其時周天子地位低落，周代封建秩序面臨崩解。孔子面對「禮壞樂崩」的情勢，以學習傳承周禮為一生之志。孔子想解決的根本問題，在於禮壞樂崩造成社會失序，該如何回復並重拾安定祥和的社會？他提出「復禮」，並不是守舊地恢復周禮，而是於周禮所建立的社會秩序之中，啟發人的價值與主體性。人之所以為人，在於「仁」，孔子賦予並提升「仁」的意義，使其成為突破性的哲學概念，甚至可說孔子之學為「仁學」。當「仁」成為人之內在的精神，結合行為儀節的「禮」，便構成一個整全的人。「仁」以「禮」而立，「禮」依「仁」而行。若能言行一致，表面如一，進而影響他人，達成社會的和諧，便是「仁者」，甚至是「聖者」，成為理想的統治者。以下便分述孔子思想的核心概念「仁」、「禮」，以及孔子以仁為基礎的道德政治理想。

第一節　仁

　　如前章所言，孔子之前已出現人之精神自覺，如周代鑑於殷之衰亡而興起的憂患意識，已開啟重德之源。孔子承之，並明確以「仁」做為道德的根源，「仁」是孔子理論的核心，也是理解孔子思想的關鍵字。孔子之前，「仁」字已有美善之意，如《詩經・國風・叔于田》有云：「叔于田，巷無居人。無居人，不如叔也，洵美且仁。」讚美此「叔」之人格。由於「仁」對應「居人」，本詩後兩句之「好」對應「飲酒」，「武」對應「服馬」，可見得「仁」涉及人際關係，或是對待他人的態度，可理解為溫婉和善。另外，《尚書・太甲下》云：「嗚呼！惟天無親，克敬惟親。民罔常懷，懷于有仁。」伊尹勸誡太甲，說明民心（天命）無常，以仁政為常，也就是統者必須敬天愛民。可見孔子之前，「仁」字已有美好慈愛的意思。

---

[3] 孔子弟子眾多，應有大量關於孔子言行的紀錄，今本《論語》只是少部份，其他各種先秦文獻尚可見得。郭沂將這些西漢以前的「《論語》類文獻」分為七類：1.今本和帛書本《易傳》中的有關文獻；2.《孝經》；3.大小戴《禮記》中的有關文獻；4.上海博物館藏戰國竹簡中的有關文獻；5.定縣竹簡《儒家者言》和《哀公問五義》；6.《荀子》中的有關文獻；7.《孔子家語》和《孔叢子》中的有關文獻。（郭沂：〈《論語》・《論語》類文獻・孔子史料——從郭店簡談起〉，收入《郭店竹簡與早期儒學》，龐樸等著，臺北：臺灣古籍，2002.5，頁 25-60）從流傳至今的文獻和考古資料，可以見得許多孔子言行紀錄，對於理解孔子思想以及其後儒學的演變，都是重要的資料。唯各種文獻各需考證辨析，限於篇幅，本章徵引與討論仍以《論語》為主，各《論語》相關文獻為輔。

　　唯此字雖有美善之意，但孔子為何取「仁」為其學說的關鍵字？或可從「仁」之字形尋思。《說文解字》謂「仁，親也。从人从二。」許慎在漢代所見之「仁」，其義或已受先秦儒家影響，故以「親」解仁，「親」是親近，需要兩人以上，方能為之。從字形而言，不論「二」是重文或數量，都是指兩個人，為會意字。「仁」必得兩個人才得以顯現，即人與人之間的關係，「仁」不是一個人，而是群居社會必然產生之人際關係，當人一出生，便與父子、兄弟建立親屬關係；成長過程中，將有師友關係；成家立業時，又有夫妻與君臣（職場）關係。依此而衍，這些不同的人際關係即倫理，因倫理而有不同之「禮」，「禮」即相應於不同的人倫對象。換言之，孔子重視由血緣開始延伸至社會的倫理關係，並以此倫理關係為社會秩序的基礎，「仁」最能突顯人在社會中的人倫關係與秩序。換言之，從個人延伸至社會，從私人的血緣擴大至群體的公義關係，孔子將其視為一個整體，具有內在的連結，這個連結就是「仁」。孔子賦予「仁」深刻的意涵，從美善之意深化為道德的核心，從而確立人之本質與意義，影響後世深遠。

　　《論語》中諸弟子向孔子「問仁」，孔子回答各有不同。並非「仁」無法定義，而是孔子因問者性情能力而相應指點，通過這些不同的指點，更可以呈現「仁」的豐富意涵。由於「仁」立基於血緣關係，是維繫社會和諧最重要的核心，是美好良善行為的根源，但是如何確立人有「仁」之心？「仁」是人的本性，還是後天學習所得？孔子如何論「性」？以下分述「仁」的意義與實踐。

一、性相近

　　人對於其他人與物的反應為何會表現出良善的行為？對於這個問題，孔子的思路指向人對他人有情感的感受能力，情感使人與人的關係有內在的連結，是自覺的，而這種感受能力是先天的，是人之所以為人的特質，亦是人性所在。然而，孔子對於「性」的說明並不多，引發後世許多爭議，《論語》中有兩處提及「性」，其一在〈陽貨〉，孔子說：「性相近也，習相遠也。」在這個章句中，「相近」與「相遠」對比，而「性」與「習」兩者亦相對。「性」字在先秦時通「生」字，指生命，可解為生而即有。[4] 至於

---

[4] 傅斯年先生考辨古文獻，認為「性」本當作「生」，「生之本義為表示出生之動詞，而所生之本，所賦之質亦謂之生。」由於古人認為萬物之生由天，故生來所賦皆為天生。「故後人所謂性之一詞，在昔僅表示一種具體動作所產生之結果，孟、荀、呂子之言性，皆不脫生之本義。」（傅斯年：《性命古訓辨證》，臺北：五南，2013.6，頁 133-134）「性」之本義為「生」，再證諸郭店楚墓竹簡《性自命出》：「喜怒哀悲之氣，性也。」、「性自命出，命自天降。」、「好惡，性也。」（《郭店楚墓竹簡‧性自命出》，「簡

「習」則為練習、學習之意，因此孔子認為每個人天生相近，生下來都差不多，但是經過後天的學習便產生差距，表現出不同的行為，而有君子、小人之別。

然而，孔子為何言「性」是「近」，而不言「同」？若為「同」，便是孟子對「性」的認定，所有人天生本有四端之心，人人相同而無例外，顯然孔子論「性」不同於其後的孟子。至於孔子為何言性是相近？曹魏時王弼於此釋為：「今云近者，有同有異。取其共是無善無惡則同也，有濃有薄則異也。雖異未相遠，故曰『近』也。」[5] 王弼解為人性無善惡，但稟氣有別，故言近而不言同，此說承兩漢氣論，有氣性論的源頭，甚至到南宋朱熹也以氣質之性釋之，其注云：

> 此所謂性，兼氣質而言也。氣質之性固有美惡不同矣，然以其初而言，則皆不甚相遠也。但習於善則善，習於惡則惡，於是始相遠耳。程子曰：「此言氣質之性，非言性之本也。若言其本，則性即理。理無不善，孟子之言性善是也，何相近之有哉？」（《論語集釋》，頁1183）

程頤以孟子批評孔子，性即是理，理是善，故不得言「相近」，於是朱熹緩頰地指出孔子所言之性兼有氣質之性，在形成之初有美惡不同，但不同甚小，故言相近，這是宋儒以「性即理」為標準進行評論。[6] 不論以氣質論

帛書法選」編輯組編，北京：文物出版社，2002.12，頁68）學界多認為此竹簡為戰國中後期的儒家思想，從竹簡內容可以顯示戰國後期的學術已有混合之勢，竹簡中以氣言性，氣是情緒的發動，而使人有好惡，這個看法即以生言性，應是當時普遍的看法。傅斯年先生認為孔子的人性論，更多從生命的本質而論，故有上智、下愚之別，是以「後人以尊德性、道問學分朱陸，其實此分辯頗適用於孟子、荀卿，若孔子，與其謂為尊德性，勿寧謂之為道問學耳。」（《性命古訓辯證》，前引書，頁221）此一分判著重於「性」之本義，以及孔子重視學習，或許能解釋「性相近」之章句，然而《論語》中尚有大量孔子論「仁」所透顯出人的自覺精神，其中實涵蘊善的本質。此外，傅斯年先生判定孔子之人性論為中性，絕無性善成分，故言孟子之說與孔子相背，反而受墨子影響，此說有待商榷。孔子看待人性，已非生命的生物性，而是突顯人性的良善與自覺。

5 《論語集釋》，程樹德撰；程俊英、蔣見元點校，北京：中華書局，1990.8，頁1182。本章所引《論語》注釋依據本書者，僅標注書名與頁碼。

6 徐復觀先生反駁朱熹將「性」視為氣質之性，認為僅從血氣心知論性，有狂狷之別，難以言「相近」，只有從血氣之性中顯現的善，才能說性。他說：「把性與天命連在一起，性自然是善的。所以《論語》上的兩個性字，實際只有一種意義，這是通過孔子下學而卜達的實踐才得出來的結論。」（徐復觀：《中國人性論史》，臺北：臺灣商務印刷館，1999.9，頁89）這個論證認為孔子言「性」並非指初始，而是就性的本身，即生即有的東西。其次，若以氣質言性，氣質便應含有美惡不同，不能言「相近」。然而，孔子以「性／習」相對，實有次序之別，就人生成長的學習過程而言，「性」為生之初始亦可說解。至於「性」若只是氣質之性，便是善惡混或是無善無惡，在還未表現出善惡的明

性，或以善惡論性，都是孔子之後形成的論述。如果不摻雜後來的注解，孔子可能在本章想表達學習的重要，強調「學而時習之」（〈學而〉），因為學習、復習與練習，在成長過程中實踐所學，便會形成人格差異。至於所學，並非局限於滿足生理的技能，而是六藝之學，從生物本能走向人文化成。這樣解釋，或許符合孔子重學之論，但孔子言「性相近」，難道只是簡單地說明人之初生並無太大分別，嬰兒只有生物本能，成長之後才愈來愈不一樣，「性」只是「生」，沒有更多的意義？

　　《論語》另一處言「性」者，是子貢說：「夫子之文章，可得而聞也；夫子之言性與天道，不可得而聞也。」（〈公冶長〉）的確在《論語》中並未見孔子論「性」，但是卻多論「天」、「天命」，對天的敬畏，在於「天生德於予」（〈述而〉），孔子自覺「德」來自於天，是以將實踐仁德視為「天命」，並為傳道的使命。孔子上承周初「天命靡常」的敬德觀念，畏天命，是擔憂自己無法完成上天的使命，因此時時惕勵自己。若然，孔子已非常清楚體認到人之所以為人，必須以道德實踐成就人格，是生命的責任也是價值所在，而這麼做的行動力來自於天，是為「天命」，《中庸》首句為「天命之謂性」，呈現孔子的想法，將「性」與「天命」連結一起，只能是道德的美善。至於子貢為何提出「不可得而聞」，歷來各有解釋，然而就此語相對於「文章」而發，應可理解為子貢讚美孔子言行踏實。孔子並非不言「性」與「天道」，而是以行動實踐，讓「性」除了生物的本能，還賦有上天給予的道德使命。儘管從字源可解釋「性」字為「生」，生命本就有著生殖、生成與生長，但是孔子在思索「生」之意義時，突顯人的生命並非僅有生物的一面，還有自我意志與自覺精神，尤其是在對待他人的行為，顯現「仁」的特質，是同理心的同情共感，此即「推己及人」。所以孔子說「性相近」，為觀察現實而指出生命在嬰兒時並無太大分別，但是在成長中逐漸顯現人之「仁」，而顯現的程度分別，就在於自覺、學習與實踐，學習六藝不僅只是學會技能，而是在學習過程中體會仁義禮智，於是「性」（生）除了生命，還有道德內涵，其後孟子突顯此意而發揮之。

二、推己及人

　　《論語》中所記孔子之言，並未特別論人之「性」，但是卻有大量對「仁」的討論，而且將「仁」定義為人之所以為人的特質，即「仁」具有內

顯行為時，眾人是「相近」的，這是王弼的說法，朱熹只能以「兼」言性有氣質。孔子言「性」，很難只以氣質之性視之，而是從「生命」看待「性」，此「生命」不僅只有氣質，還有道德意識的自覺於其中，詳下文。

在人格的普遍意義。孔子說：「人而不仁，如禮何？人而不仁，如樂何？」（〈八佾〉）此章句明顯將「仁」與禮樂相對，著重於「仁」的內在性。這個內在性的「仁」根植於人性，以內在而言，便是自覺地意識仁心所在，以此為基礎而發動為外在的行為，《中庸》釋之為「成己成物」，即為此意。此外，《中庸》還記有孔子說：「仁者人也，親親為大。」也可以旁證孔子在《論語・顏淵》以「愛人」答樊遲問仁，仁者之所以為人，因為展現了親愛之心，此愛人之心從內在情感的發動，對於親人乃至天下人的仁愛之情，這就是推己及人。

孔子並未將「仁」視為理論或知識，而是生活的教育與實踐。以「愛人」釋「仁」，直指「仁」的實踐精神，一是「愛」，二是「愛『人』」。仁心的發出與表現，就在愛的不捨、同理與包容；而愛的對象在人，非己。因此，孔子心目中的「仁者」，在人我之間，有著層次與次序。〈雍也〉有則對話，文曰：

> 子貢曰：「如有博施於民而能濟眾，何如？可謂仁乎？」子曰：「何事於仁，必也聖乎！堯舜其猶病諸！夫仁者，己欲立而立人，己欲達而達人。能近取譬，可謂仁之方也已。」

孔子認為能做到「博施濟眾」，已是「聖人」之境，看似「聖人」在「仁者」之上，其實這是「仁之方」的進程，由己而人，最終能安百姓，使民心歸焉。「立人」、「達人」，來自於自己之「欲立」與「欲達」，由己而人，己未立則無以立人，己未達則無以達人；僅己立己達，而不能立人達人，非「仁者」，孔子言「能近取譬」，即是此義。這個過程，另可見孔子與子路的問答，文曰：

> 子路問君子。子曰：「脩己以敬。」曰：「如斯而已乎？」曰：「脩己以安人。」曰：「如斯而已乎？」曰：「脩己以安百姓。脩己以安百姓，堯舜其猶病諸！」（〈憲問〉）

從「敬」到「安人」，再到「安百姓」，即是己立立人的修養之道。子路問「君子」，孔子則是以「聖者」為最終的目標，之所以說堯舜都還做不到，並非貶低之，而是強調達到天下太平並不容易，修養德行乃是任重道遠，必須持之以恆。

既然「仁者」需由己身而達於人，又該如何明白仁心之擴展即是他人欲求？也就是仁心的行動或許只是自以為「安」人，卻可能適得其反？孔子於此有一極為重要的論述，即答仲弓問仁時所言之「己所不欲，勿施於人。」文曰：

> 仲弓問仁。子曰：「出門如見大賓，使民如承大祭。己所不欲，勿施
> 於人。在邦無怨，在家無怨。」仲弓曰：「雍雖不敏，請事斯語
> 矣。」（〈顏淵〉）

蓋我欲善他人，當以自我之感受為判準，而自我之感受為何也是他人感受？
此即為人同此心之預設，所欲或所不欲，並非純然個人主觀感受，而是視人
若己，己之不欲，即是他人之不欲，感同身受，如此才具有共通性。子貢於
此有所體會，曾言：「我不欲人之加諸於我也，吾亦欲無加諸人。」（〈公冶
長〉）我之欲與不欲，在人我共通之心，由此而決定是否加諸於人。此說為
儒家論人我關係立下重要基礎，仁者之所以能達人，能安百姓，皆由此一心
之感通。孟子發揮為「不忍人之心」，以「惻隱之心」為人皆有之的肯定，
即由此而來。另外，〈衛靈公〉亦記有相同之語，文曰：

> 子貢問曰：「有一言而可以終身行之者乎？」子曰：「其恕乎！己所不
> 欲，勿施於人。」

「己所不欲，勿施於人」兩見於《論語》，另一則在〈顏淵〉，答仲弓問仁。
上引章句中，孔子回答子貢提問，明確以「恕」為終身奉行之一言，為何不
是「忠」、「仁」或「禮」？其關鍵在於「行」，孔子回答聚焦於具體的行
為，而這個行為必然涉及人我的倫理關係，歸結之，即為「恕」。「恕」從己
心之不欲，延伸至他人之不欲，將所有人視為共感的連結，故而「勿施」方
有著落。「恕」是對他人寬容，要能放下怨念，鬆開人我的緊張關係，非常
不容易，這就是孔子一直強調的推己及人。因此《說文解字》解釋「恕」為
「仁也」，將「恕」理解為「仁」，是「仁」的具體表現。寬恕他人，就是放
開自己。孔子以己立立人，己達達人，建立「仁」的次序與過程，而以己之
不欲推導於他人之不欲，建立「仁」的人我連結，豐富「仁」的內涵。

　　孔子曾說「吾道一以貫之」，曾子解之為「忠恕」，以為「夫子之道，忠
恕而已矣。」（〈里仁〉）以「忠恕」說明孔子一貫之道，除了孔子自言之
「恕」，還標舉「忠」。「忠」字於《說文解字》解為「敬」，「敬」是一種態
度，在《論語》中尤其用於做事情，如孔子答樊遲問仁，便說：「居處恭，
執事敬，與人忠。」（〈子路〉）做事以敬，與人以忠，忠敬是從心發動，誠
心誠意，表現出對人對事的忠誠恭敬。「忠」和「恕」都是由心而起，進而
成為對待人事的「忠恕」之道，即是孔子論「仁」的己立而立人。然而朱熹
注「忠恕而已矣」云：「盡己之為忠，推己之為恕。」另於注《中庸》云：
「盡己之心為忠，推己及人為恕。」[7]注文以「盡己」與「推己」分別兩個

──────────
[7]《中庸》「忠恕違道不遠，施諸己而不願，亦勿施於人。」句下注，引文見《四書章句集
　注》，[宋]朱熹，臺北：國立臺灣大學出版中心，2016.6，頁 31。朱熹對此解釋：「施諸

層次與順序，雖然強調「忠」與「恕」的對象與作用，但卻將兩者分別論之，反而可能限制其意義。孔子言仁，從修己開始，進而及於人，始成仁道，「忠」不僅是「盡己」而已，還著重於對人的誠信，是以《論語》中常以「忠信」連用，表示「忠」是堅守言行。此忠恕之道，於孔子為「一」，區分層次與順序只方便說明與實行，非忠恕兩分。蓋僅「盡己」不為仁，只「及人」亦不為仁，必須人我皆得顯揚，忠恕皆得實踐，才能謂「仁」。

尚值得注意的是，孔子所謂欲與不欲，並非個人的好惡，而是從道德的普遍性言之。個人喜好並不相同，若漫無準則，便會淪為一己之私，故孔子以「公／私」之別言：「君子周而不比，小人比而不周。」（〈為政〉）因此，「己所不欲」並非順於個人情感上的喜好，而是在道德層次所言之公義（周）。仁者之推己及人，是立基於普遍的公義而非私利，因此「唯仁者，能好人，能惡人。」（〈里仁〉）若好惡隨個人喜好，是私利，為小人，而仁者公正無私，不以私情待人，故其能分判好惡。是故以實踐的過程言，仁者修己而至安百姓；以內外的人我而言，仁者忠恕一體，一以貫之。

三、為仁由己

「仁」之完整在於「立」與「達」，「忠」與「恕」，對於「仁」的實踐發動者在於己，換言之，是否能實踐「仁」，關鍵仍在於個人的決定。要不要做，在自己的一念之間，是由自我意志發動，並非外力約束，不為他人，也非畏天。這個肯定，在思想史上是個重要突破，原本受制於天，祈求於天，非人所能掌控的授福或降災，轉變成以人的意志為決定者，且將此自由意志的決定確定於道德的範圍。周公制禮作樂，明確地將原本宗教形態的人格天意志，移轉為統治者有德才得天命之必然保證。孔子上承周公，更將德行實踐擴大為普遍性的人格精神意義，肯定人的主體性與存在價值。孔子曾說：「仁遠乎哉？我欲仁，斯仁至矣。」（〈述而〉）此語即清楚地指出「我」

己而不願亦勿施於人，忠恕之事也。以己之心度人之心，未嘗不同，則道之不遠於人者可見。故己之所不欲，則勿以施之於人，亦不遠人以為道之事。」己之不願能等同人之不願，朱熹釋為以己心度人之心。這個連結預設了情感的同通性，就是孟子認為人人皆有惻隱之心，故能人同此心，心同此理。朱熹在注《論語》之〈學而〉，以及注《孟子·梁惠王》，都有「盡己之謂忠」的注文，只是朱熹以「盡己」釋「忠」，強調「忠」在於內向於己的「盡」，用以區別及人的「恕」，可能局限了「忠」的內涵。雖然朱熹與門人論學時，強調忠恕一體，但在解說時，一再申述「忠是一，貫是恕。」（《朱子語類（二）》，《朱子全書》，鄭明等校點，上海：上海古籍出版社、合肥：安徽教育出版社，2002.12，頁 967）從朱熹的談話，明顯可見加強了「忠」之重要，他將「一以貫之」拆分為「一／貫」，並且將「忠」與「恕」套於「體／用」、「內／外」與「理一分殊」等模型，這是朱熹的詮釋方式，也反映出宋代理學的思路。

之主體意義，而「欲」則是主體的發動，「人」（我）具有發動的決定權。而另一方面，此語還透顯「仁」之內在性，開啟孟子道德內在之論述。雖然「遠」、「至」的語詞似可解為「仁」並非內在，而是向外求取，但是仁之得在於一己之念，此念頭之發動純然在我，發動即得。[8] 如此一來，若「仁」是外在，又難以解釋，故孟子領會於此，明確地以「四端之心」言「仁」之內在本有，發揮孔子之意。

還可引孔子答顏淵問仁之語證之。孔子以「為仁由己，而由人乎哉？」之反詰，清楚顯示實踐仁之主動性操之在己，既是操之在己而不由人，就很難說「仁」是外在。凡是外在者，皆有條件，皆需隨順因緣，非一己之念可得。孔子的學生子夏曾引所聞之言：「死生有命，富貴在天。」（〈顏淵〉）答司馬牛憂無兄弟之慨。所聞雖未明言得自孔子，但可以確定的是在孔門中已區分可操之在己的「仁」，與不可確定的「命」（死生富貴），此「命」在天不在己。這個區分非常重要，顯示孔子確立「仁」為內在德性，且為自我實踐的價值意義。孟子承之，並發揮為「求在我者」（仁義禮知）與「求在外者」（死生富貴）的分別，清楚地說出「仁義內在」。[9] 也明確指出「仁義禮知，非由外鑠我也，我固有之也。」（《孟子·告子》）只有內義內在，我固有之，方得以說解孔子之「為仁由己」。是以「仁」的本義為人與人的倫理關係，而能實現這個人倫關係的發動者，是每一個人的自由意志，在自己，不在別人。

「為仁由己」確立了踐仁的屬己性，孔子更進一步以實踐仁德為終身之責，曾子直言：「士不可以不弘毅，任重而道遠。仁以為己任，不亦重乎？死而後已，不亦遠乎？」（〈泰伯〉）此「任重道遠」之語，意味「仁」不是掛空之語，更顯示「仁」的實踐不是一時片刻。換言之，不是做到某一件事，或某一個行為，便可稱之為「仁」，必須一輩子，終身力行。執此之故，是否有須臾片刻離之，也成為君子與小人的區分。孔子曾說：「君子無終食之間違仁，造次必於是，顛沛必於是。」（〈里仁〉）君子不得片刻違

---

[8] 東漢包咸注曰：「仁道不遠，行之則至是也。」（《論語集釋》，頁 495）此注隨孔子原文而說，但未將行仁由己之自我主宰說出，皇侃於《論語義疏》也順原文字而說，然又進一步指出：「但行之由我，我行即是，此非出自遠也。」（《論語義疏》，[梁]皇侃撰，高尚榘校點，北京：中華書局，2013.6，頁 176）已點出「我」之關鍵。朱熹對此句注云：「仁者，心之德，非在外也。放而不求，故有以為遠者；反而求之，則即此而在矣，夫豈遠哉？程子曰：『為仁由己，欲之則至，何遠之有？』」（《四書章句集注》，頁 134）朱熹更清楚說出「非在外也」，如此方能顯豁孔子此言之意。

[9] 孟子所言為：「求則得之，舍則失之，是求有益於得也，求在我者也。求之有道，得之有命，是求無益於得也，求在外者也。」（《孟子·盡心》）孟子區分我之主動與被動，前者是孔子「為仁由己」的自我意志，後者則將富貴歸之於無從掌握的祿命，從而確立良知的先天內在性。

仁，並非突顯踐仁之難，而是強調一念心動的真誠性，不因環境處境而有任何改變。此說從時間而言，其後衍為「慎獨」之說，荀子、《大學》、《中庸》都傳「慎獨」之意。《禮記・大學》：「道也者，不可須臾離也，可離非道也。是故君子戒慎乎其所不睹，恐懼乎其所不聞，莫見乎隱，莫顯乎微，故君子慎其獨也。」「慎獨」之「慎」，為個人精神之自覺，以及對內在仁德的要求。愈是無人所見之時，愈是無人所聞之處，必須愈加警醒自覺，戒慎恐懼，不得有絲毫違仁之念。於是乎，孔子提出一生不違仁，在任何時間，任何地點，都得發自內心實踐仁也。這個論述，清楚指明「仁」是內在的自覺，自我要求，自我意識的堅持，不是外在規範，也不是外在力量的約束，更無涉鬼神的超自然力量，純然為自我為之。

第二節 禮

「仁」既是內在於自我的道德本源，在發動之時，就必然涉及如何做的問題。孔子以「禮」做為「仁」的實踐形式，是人倫社會關係的具體表現。於是，因倫理對象的差異，而展現不同的行為時，就形成了「禮」。孔子承周公，對於「禮樂」制度所建立的社會秩序，心嚮往之。春秋之時，禮壞樂崩，原本的社會秩序瓦解，孔子遂力倡禮樂的精神，欲使社會重新回復倫理。禮樂的精神，即「仁」，而「禮」之發生與實踐，在於每個人在社會中與他人相處的「仁」之作用。孔子所倡者，並非僅僅回復禮樂的形式，而是通過內在的仁心發動，自覺地實踐禮樂。禮，不是形式，若只有外在的形式規範，是「儀」。行禮如儀，「禮」就只是一種規範下的機械式行為，並非孔子所言之「禮」。換言之，遵行禮樂制度，不是被動地奉行規約而已，必須做到內外一致。仁是禮的基礎，仁藉由禮而顯現；禮是仁的實踐，禮因為仁而具有意義。孔子的理想，是達到仁禮一體，如此才是真正的禮樂社會，這也是禮制與法制最大的差別。

一、禮之本

周公制禮作樂，於《周禮》與《儀禮》可見，彼時國家制度、政府組織，乃至宮室、服飾、飲食、喪葬各項生活禮節均有規範。社會依禮之運作而有秩序，遵守禮制才能保證社會整體和諧，禮儀所示者，似乎是行為的準則，依禮而行即可。然而，孔子卻時有提醒，行禮不是照著做，而是必須發自內心的體會與感受，此即為「禮之本」。

孔子弟子林放問「禮之本」，孔子答：「大哉問！禮，與其奢也，寧儉；喪，與其易也，寧戚。」（〈八佾〉）古注「易」，或作「和易」解，即平易之意；或作「治理」，即處理規劃；亦有作「簡易」解。[10] 這些注解都各有其理，然而孔子針對何為「禮之本」而答，分成兩組，前一句的「奢／儉」為對比，從禮之儀式而論；後一句的「易／戚」應也是一組對比詞，從禮之內容與情感而論。顯然從儉、戚，是孔子論禮的「本」，儉者，意為勿重排場，因為把重心放在禮制的花費，就容易忽略行禮的本質，同樣的，喪禮如果僅是行禮如儀，就會忽略內心的感受，失去喪禮中懷念逝者的本質。至於「與其」與「寧」的構句，顯示孔子強調不應只重形式而忽略禮之所從出，就算合乎禮儀，仍不算真正的「禮」。《禮記・檀弓》記子路之言，發揮此意，其言：「吾聞諸夫子：喪禮，與其哀不足而禮有餘也，不若禮不足而哀有餘也。祭禮，與其敬不足而禮有餘也，不若禮不足而敬有餘也。」子路聽聞的孔子說法，就是喪禮寧哀，祭禮寧敬，哀與敬，便是禮制的本質。雖然孔子理想中的「禮」，是內容與形式的統一，但是就「禮之本」而言，是指發自內心，如果非得有所選擇時，孔子更重視內心情感。如無仁心，不但禮樂只是儀式，禮樂甚至可任意調整更動，內外均失，社會就會混亂失序。

針對「禮之本」，孔子還說過：「禮云禮云，玉帛云乎哉？樂云樂云，鐘鼓云乎哉？」（〈陽貨〉）這兩句非常清楚地說出實行禮樂時，「玉帛」與「鐘鼓」只是禮器與樂器，玉帛鐘鼓並非禮樂，器物不會傳達訊息，真正重要的是行禮的人，關鍵在於人的「仁心」。禮樂儀式，不能沒有禮樂之器，但徒有禮器、樂器，並不是真正的「禮樂」。另可證孔子說：「人而不仁，如禮何？人而不仁，如樂何？」（〈八佾〉）在這個反詰語句之中，孔子清楚地將「禮樂」定義為必須具有「仁」才是禮樂，若無仁，則禮不成其為禮，樂不成其為樂。順著這個論述，似乎可以得到「不仁，即無禮」的推論，依換質換位律，同於「有禮，則有仁」，這個論述依邏輯學，可以解釋為「仁」是「禮樂」的必要條件，「禮樂」是「仁」的充份條件。[11] 這樣的推論，固然

---

[10] 東漢包咸注云：「易，和易也。言禮之本意失於奢，不如儉；喪失於和易，不如哀戚。」（《論語集釋》，頁 145）朱熹則注云：「易，治也。孟子曰：『易其田疇。』在喪禮，則節文習熟，而無哀痛慘怛之實者也。戚則一於哀，而文不足耳。禮貴得中，奢易則過於文，儉戚則不及而質，二者皆未合禮。然凡物之理，必先有質而後有文，則質乃禮之本也。」（《四書章句集注》，頁 82）另外，《經典釋文》則引鄭玄注，釋「易」為「簡」。程樹德另立四個別解，各有所論。（《論語集釋》，頁 146）簡言之，若將本章句分為前後對比，則如包咸、朱熹注解；若視為層層遞進，則如鄭玄注，從奢、儉、易而戚。

[11] 梁家榮將學界對仁禮關係的討論，分為三種，其一，仁本說，以仁為主，禮只是仁的表達。其二，禮本說，孔子學說的中心是禮，仁附庸於禮。其三，仁禮並重說，仁禮同等重要。而這三種說法，梁家榮認為各有缺點，並從邏輯分析指出「仁是禮的必要條件」，有禮則必有仁，有仁不一定有禮，「如果一個人能夠守禮，即已經表示這個人具有

可以解釋沒有仁就沒有禮，但守禮是否即是仁者，實可再行深思。此外，若再審視前引孔子答樊遲問仁，「居處恭，執事敬，與人忠。」此三事雖是表明待人處事的態度，亦是指仁者依禮而行。[12] 故仁者於行為之守禮，則可得「有仁，則有禮」之推論，這樣一來，「禮」就是「仁」的必要條件，而「仁」是「禮」的充分條件。與前論相合之，則「仁」、「禮」互為充分且必要條件。簡言之，孔子定義的「禮」必須發自仁心，否則看似禮，只是儀，並非「禮」。然而仁禮的關係並非只是邏輯論證的條件滿足，而是生活世界中個人與群體的連結，既是一以貫之，則分析式的拆解與分別，或許只是方便學理的論述而已。

　　以邏輯推論「仁／禮」關係，是論證兩者是否相互為條件的方法，然而就邏輯學而言，如果前提為真，形式推理亦真確，那麼得出的結論就是必然真實的，但是問題就在於這只是在假設前提確實為真的情況。孔子談論「仁」、「禮」，並非定義式的嚴謹論述，而多是生活中的感受與經驗，從《論語》中的話語與紀錄，可見得孔子的學問是在生活中的實踐，如〈鄉黨〉記載孔子在各個場合的禮儀動作，除了儀式中的細節規範，還有容色神情，情感的流露，不只是行禮如儀。是以，孔子答顏淵問仁，就可以從這個角度體會，文云：

> 顏淵問仁。子曰：「克己復禮為仁。一日克己復禮，天下歸仁焉。為仁由己，而由人乎哉？」顏淵曰：「請問其目。」子曰：「非禮勿視，非禮勿聽，非禮勿言，非禮勿動。」顏淵曰：「回雖不敏，請事斯語矣。」（〈顏淵〉）

仁了」。（梁家榮：《仁禮之辨：孔子之道的再釋與重估》，北京：北京大學出版社，2010.4，頁 28-46）此說立基於邏輯推論，提出仁禮關係認的解釋，然而孔子所論是否即為「仁是禮的必要條件」，而「禮是仁的充分條件」，恐未盡然。事實上，守禮之人，不一定是仁者。梁文推論固然嚴謹，但立論基礎在於孔子反對不守禮，批評混亂禮制的人，故而得出守禮者就有仁，但是還有一種情形，就是僅管言行均能守禮，但並非發自內心，只是行為依循禮制而已，照著做，卻不知所以然，甚至可能還另有目的，是假意守禮。孔子對於守禮是否發自內心非常在意，這也就是他為何批評宰我「不仁」，此外，仁心的實踐必須終身奉行，並非行禮當下即是，所以他稱許顏回「三月不違仁」，其他則日月而已。就孔子所論，仁不僅是禮的必要條件，禮也是仁的必要條件。孔子所謂的「禮」，必須發自仁心，如果只是形式，就不是「禮」，必須在孔子界定「禮」的意義之下，才能說「仁是『禮』的必要條件，『禮』是仁的充分條件。」否則易生誤解。孔子希望人人都守禮，所以才說「一日克己復禮，天下歸仁焉。」「仁」既是「仁心」，也是「仁者」，亦是理想社會的基礎，是以孔子理想的仁禮關係是緊密連結的。

[12] 此章出自《論語‧子路》，包咸注云：「雖之夷狄無禮儀之處，猶不可棄去而不行也。」（《語語集釋》，頁 927）而皇侃疏「執事敬」，云：「謂行禮執事時，禮主於敬也。」（《論語義疏》，頁 339）恭、敬與忠，皆是仁心發而為禮的表現。

「克己復禮」是孔子回答的關鍵句，後世於本句各有注解，「克」或解為克制，或解為克勝，而「克己」的對象則解為身體、行為或私欲，爭論不休。然而順全文而觀之，孔子解釋「仁」，著落於「自己」而言，其一，闡明為仁的主動與自覺，是自我意識決定，非由他人，更不是超自然的力量；其二，「仁」必須於作為、行為顯現，在生活中依禮而行。其言「復禮」，在於春秋時代的禮制趨於崩解，孔子希望禮制能回復之，而且不是單純的復古，更在意行禮時仁心。不行禮，或僭越禮，孔子批判之；若心中無仁，徒具形式的禮樂，孔子亦撻伐之。是以，仁禮一體，「禮之本」在「仁」。

二、因革損益

由於「禮」以「仁」為基礎，禮之的行儀是否可以改變調整？時空不同，禮儀是否隨之而變？子張曾問：「十世可知也？」孔子回答：「殷因於夏禮，所損益，可知也；周因於殷禮，所損益，可知也。其或繼周者，雖百世，可知也。」（〈為政〉）孔子回答有兩個關鍵，其一，「禮」會隨著時代而因革損益，即制度會有所調整；其二，禮制雖會改變，但仁的精神不變，所以百世之後仍可知前世的禮。孔子尚周禮，但絕非食古不化，一味復古而已。

孔子雖然明白禮制可以調整，因時地而制宜，但是他憂心當時禮制敗壞，多所批評，看似嚴格堅守禮制，其實更重視行禮時的仁心。孔子認為禮制雖然可變，卻不能任意為之，也並非各隨己意，否則社會秩序將全無著落。因此，孔子對於魯卿季孫氏僭用天子的禮樂，舞八佾於庭的行為，「是可忍也，孰不可忍也？」（〈八佾〉）「禮」既是從仁心而發，而仁心又是共通的，因此禮制便具有倫理關係下須共同遵守的道德普遍性。孔子之所以重責宰我「不仁」，便是基於此，此事原文如下：

> 宰我問：「三年之喪，期已久矣！君子三年不為禮，禮必壞；三年不為樂，樂必崩。舊穀既沒，新穀既升；鑽燧改火，期可已矣。」子曰：「食夫稻，衣夫錦，於女安乎？」曰：「安！」「女安，則為之！夫君子之居喪，食旨不甘，聞樂不樂，居處不安，故不為也。今女安，則為之！」宰我出。子曰：「予之不仁也！子生三年，然後免於父母之懷。夫三年之喪，天下之通喪也；予也，有三年之愛於其父母乎？」（〈陽貨〉）

既然「禮」是可變的，會「因革損益」的，為何在本章中，當宰我提出對「三年之喪」之三年應減為一年之議，孔子的反應竟如此激烈，斥宰我為「不仁」？其因在於宰我提出的理由，無關乎喪禮的核心意義，即服喪是發

自對父母的情感，宰我只考慮自己，以為學習會因此中斷，完全忽略喪禮的意義在於回報父母三年之懷，這是孔子對宰我之議的不滿。由於孔子了解宰我的個性和想法，並沒有針對禮樂學習是否中斷而答，反而直接詢問宰我於居喪期間食稻服錦是否心安，宰我既答「安」，孔子也不再多說。而這也是孔子批評宰我「不仁」的關鍵，孔子以「通喪」對其他弟子解釋服喪三年之因，表示禮具有普遍性，所有人都得面對這個來自於血緣的親子關係。至於為何是「三年」而不是其他的時間限制？因為此三年是基於每個人於初生後都必須由扶養者三年之懷抱，服喪三年正是對養育之恩最直接的回報。是以，了解孔子重視「禮」必須是發自內心的「仁」，就會明白孔子堅持三年之喪的原因。

前已說明，孔子並非食古不化，禮可以隨時空環境而變革，孔子其實並不否認「舊穀既沒，新穀既升」的自然規律，他曾說過：「四時行焉，百物生焉」（〈陽貨〉），但禮之變革與否，並非隨意而變，至於何時該變？該如何變？孔子並沒有明說，畢竟禮制的訂定，以及與仁心的關係，並非學理的論述，或契約的制定，而是在生活中的實行與感受。《禮記‧檀弓》記錄一則故事，可供參考，原文如下：

> 魯人有朝祥而莫歌者，子路笑之。夫子曰：「由，爾責於人，終無已夫？三年之喪，亦已久矣夫。」子路出，夫子曰：「又多乎哉！逾月則其善也。」

除喪之祭為祥，魯國有人剛除喪，晚上就唱起歌來，子路嘲笑這個人急切想要放鬆，但是孔子卻提出服喪三年實在很久，可以理解這個人的心情與作法。孔子之所以有這樣的反應，一是指點子路訕笑他人可能流於刻薄，二是孔子明白守喪之不易。但是孔子仍對魯人的行為提出異議，認為過一個月後再唱歌就好了，這是兼顧情理的考量。至於孔子自己除喪，也見於《禮記‧檀弓》：「孔子既祥，五日彈琴而不成聲，十日而成笙歌。」孔子守喪期滿，尚有餘哀，隨著時間，才能慢慢恢復，這是人情之常。是以遵守三年之喪，實發自內心對父母感懷，有所哀戚，方成其禮。

三、禮法之別

自形式而言，禮與法皆為規約。然而，禮發自內心，是由內而外的道德規範；法則為外力要求，依國君所需，以富國強兵為目的，以嚴刑峻罰為手段。所以，「禮／法」看似相似，卻有實質的區別，孔子主張為政以禮，反對以法為治。〈為政〉有言：「道之以政，齊之以刑，民免而無恥；道之以德，齊之以禮，有恥且格。」為使人民行為有所規範，以「政」、「刑」為

之,立竿見影,民有所懼,但結果是人民只知守法,不知自己行為對錯之所由。若以「德」、「禮」為政,人民受道德教化,其效甚緩,然而於潛移默化之中,人民知行為所由,不但得免於刑,而且有向善且格正自我行為的心。此「格」字之義,歷來或作「至」、「正」與「恪」等不同解釋,亦可參照《禮記・緇衣》:「夫民,教之以德,齊之以禮,則民有格心;教之以政,齊之以刑,則民有遯心。」應可解「格心」為親近、歸服,此處指人民歸順於行德的君王,也可指向善之心。是以人民「有恥」,相對於「無恥」,就是以「禮/法」為政的結果。

孔子比較道德禮教與政令刑法的差別,兩者都有約束之效,也都有規範形式,但其本質不同,故效果亦有所不同。可再證於葉公與孔子辯「直」之異,原文如下:

> 葉公語孔子曰:「吾黨有直躬者,其父攘羊,而子證之。」孔子曰:「吾黨之直者異於是,父為子隱,子為父隱,直在其中矣。」(〈子路〉)

葉公站在統治者的立場,要求全國人民行為一致,不得因身份而有差別。此說可視為早期法家的主張,韓非子便承襲而論:「法不阿貴,繩不撓曲。法之所加,智者弗能辭,勇者弗敢爭。刑過不避大臣,賞善不遺匹夫。」(《韓非子・有度》)以統治者的角度言,刑罰的度量必須一致,不容例外,才能使律法有效,就算親如父子,也須遵守。[13] 然而看似公平正直的標準,卻忽略了人倫關係中的差異性,當社會因齊頭式的外力規範而達到整體一致,同時也失去了人與人的信任與和善。孔子考慮到親子關係是人倫秩序的基礎,若違反了這個基本人性而以外力扭曲,會從根本上斲傷人的價值。孔子與葉公爭論的「直」,葉公認為必須由外在的強制規範而達成,勢必造成「民免而無恥」,至於孔子所言的「直」,其意為深入內心的情感,是一種為親人犯錯行為的承擔與同感,故「隱」不僅只是隱匿,尚有惻隱,方為「直」。[14]

---

[13] 韓非子亦引此例並評論之,《韓非子・五蠹》云:「楚之有直躬,其父竊羊而謁之吏,令尹曰:『殺之。』以為直於君而曲於父,報而罪之。以是觀之,夫君之直臣,父之暴子也。」這個引述是批評令尹殺了舉報父親的楚人,與下文孔子讚賞孝親卻背離軍人職責的魯人,合而言之儒家公私相背,違法亂政。韓非子論法之原則,在於所有人都必須遵守,執行者依法而行,不容例外。至於《呂氏春秋・當務》亦引用這個故事,但是改寫結果,其子代父受誅,然楚王以其能孝,故赦免之。看似法外開恩,兩全齊美,卻偏離原本主題,不過也反映戰國後期的思想融合趨向,欲以融通的方式處理親情與法令的衝突。

[14] 關於「隱」字意義,傳統注疏多釋為「隱匿」,認為父子相隱方顯人倫之情,如皇侃疏:「孔子所舉異者,言為風政者,以孝悌為主。父子天性,率由自然至情,宜應相隱。若隱惜則自不為非,故云『直在其中矣。』若不知相隱,則人倫之義盡矣。」(《論語義

這個主張與葉公形成對比，同謂「直」，孔子論其意為「隱」，而葉公為「證」，除了行為之不同，其內涵也有別。

近代因「法治」的要求，對孔子多有批評，然不明孔子之時的「法」與現代的「法治」並不相同，現代民主政體的法律，於立法的來源、法律的審判與執行，均不同於孔子拒斥的「法」，若不明於此，徒以孔子不言法而批評之，實張冠李戴，毫不相應。孔子主張父子相隱，並非包庇，也非不明是非，否則就不須「隱」了。孔子並非主張不守法，或是可以違反紀律，他並不是同意偷竊的行為，而是將焦點置於面對親人犯法該如何回應。事實上，就實務而言，若強制親子為證，其證據效力亦多可議，因此「親親相隱」的概念，歷代律法皆有相應的規範，[15] 就是為了避免親人必須為證的惡果。由

疏》，頁 339）而當代學界亦有訓「隱」為「檃」，將原文釋意為父子糾正所犯錯誤。王慶節將兩者分別歸結為「隱藏說」和「隱矯說」，認為兩說都有論證的困難，也許可以解釋「子為父隱」，但無法合理說明「父為子隱」，因此提出「隱痛說」，認為「隱藏、隱匿是第一義，隱痛、痛惜是第二義、衍生義。前者是實實在在的行為，後者是伴隨著此行為而衍生的感受或感覺。」因此，孔子之「直」不是表面的行為，而是心靈「深處」的痛惜。（王慶節：〈親親相隱，正義與儒家倫理中的道德兩難〉，《中國文哲研究集刊》第五十一期，2017.9，頁 39-64）王文所論可與本章從「禮之本」所分辨的禮法之別相互參照，但是將「親親相隱」比擬西方倫理學的電車兩難，必須於「孝」與「義」這兩種道德價值做抉擇，這個類比或可再行商榷。

[15] 孔子與葉公對於親子是否為證的爭論，顯示在春秋時期已經以此為案例討論證人身份，如果主張法規的統一與強制性，必然挑戰親子關係。在孔子之前，《國語‧周語》記載周襄王說：「君臣皆獄，父子將獄，是無上下也。」周襄王拒絕晉文公誅殺衛成公的請求，以「君臣無獄」為辭，這個理由立基於倫理關係的等差，雖然這個事件背後有著複雜的權力糾葛，但是君臣與親子如果興訟，的確會破壞倫理關係的穩定。然而此例與孔子所論又有不同，周襄王著重於倫理之差等，其目的在維護階級之別，孔子則從倫理之情申述父子相隱。至於戰國後期法家將倫理關係中的情感抽離，以強制律法區分上下，鞏固君權，韓非子論「忠孝」，釋為「人主雖不肖，臣不敢侵也。」（《韓非子‧忠孝》）此論可證之出土文獻中的秦代律法，《法律答問》有一簡云：「子告父母，臣妾告主，非公室告，勿聽。可（何）謂『非公室告』？主擅殺、刑、髡其子、臣妾，是謂『非公室告』，勿聽。而行告，告者罪。告[者]罪已行，它人有（又）襲其告之，亦不當聽。」（《睡虎地秦墓竹簡》，睡虎地秦墓竹簡整理小組編著，北京：文物出版社，1990.9，頁118）此意為子告父、奴告主的案件不予受理，如有行告者，還得被處罰，「非公室告」禁止子女對父母，奴婢對主人提出控告。秦簡中所見案例，只有父告子的記錄，這可印證法家的主張在律法中的執行情形，透過執行法令，鞏固上下階級。到了漢代以「孝」立國，「親親相隱」納入漢律之中，漢宣帝甚至下詔曰：「父子之親，夫婦之道，天性也。雖有患禍，猶蒙死而存之。誠愛結於心，仁厚之至也，豈能違之哉！自今子首匿父母，妻匿夫，孫匿大父母，皆勿坐。其父母匿子，夫匿妻，大父母匿孫，罪殊死，皆上請廷尉以聞。」（《漢書‧宣帝紀》）此詔明定至親隱匿無罪，然其中的主體在於下對上的隱匿無罪，至於上對下的隱匿則只有死罪再議，其他則未予免除。雖然尚未完全符合「親親相隱」，但已啟後世律法對於親等相隱的考量。而再證之出土文獻中的司法實例，兩漢時犯罪親屬欲免除連坐，還需要一些特定條件，蔣波指出漢代律法，既有先秦法家的忠孝，又有儒家化的演變，「在實際的政權運作中，兩漢王朝的上層統治者從務

此可見，現實的法規仍慮及人倫關係，以不違反人性為原則，法若不通情理，便是「惡法」。孔子所論，反映嚴刑峻法泯滅人性，極易造成獨裁統治，最終人人禁聲，人性之美善將蕩然無存。

第三節 道德政治

孔子主張禮治的社會，反對以「法」的強制性管理約束群體，因此對政治的理想藍圖，是一個實施道德政治的社會。至於道德政治能否落實，孔子認為關鍵在於統治者，以及掌握政治權力的人，如果在上位者有仁德，方能教化眾人，使四方來歸。統治者為政以德，社會秩序依禮而建立，於是眾人各得其所，各盡其職，成為一個和諧的社會。

孔子認為政治問題的根源在統治者，為改變當時禮壞樂崩的社會，必須冀望統治者有所作為。他說：「為政以德，譬如北辰，居其所而眾星共之。」（〈為政〉）國君如同北極星，眾星環繞，這個比喻顯示出國君的地位與重要，但是更重要的是國君必須以道德為政，也就是只有以道德施政，才能發揮潛移默化的力量。這個論點，在《論語》中多所見得，如：

> 季康子問政於孔子。孔子對曰：「政者，正也。子帥以正，孰敢不正？」（〈顏淵〉）

> 季康子問孔子曰：「如殺無道，以就有道，何如？」孔子對曰：「子為政，焉用殺？子欲善，而民善矣。君子之德風，小人之德草。草上之風，必偃。」（〈顏淵〉）

> 子曰：「其身正，不令而行；其身不正，雖令不從。」（〈子路〉）

季康子為魯國權臣，孔子告誡他要以身作則，必須行正道。故以「正」訓「政」，指明為政以「正」為本，唯有己身正，他人方得隨之，若人主正己，令得以行之。這個正身之論，同於孔子論「仁」之推己及人，道德實踐與實政方式是一致的，以德化民的出發點，來自於統治者。而孔子主張禮教勝於法治，故比較兩者，若以「殺」（刑）為政，人民將恐懼而不敢犯法，但只是治標而不能治本；若以道德教化，以禮治國，即能使人民「有恥且

實的態度，實行禮、刑並用的『霸王道雜之』的施政方針。」（蔣波：《簡牘與秦漢民法研究》，北京：中國社會科學出版社，2015.11，頁 207）至於現代刑法亦考量「親親相隱」，規定人民有為證人的義務，但三等親以內關係者，得拒絕證言。（《刑事訴訟法》第 180 條）「親親相隱」是人倫情感與律法規範的辨證，孔子與葉公的對話的章句聊聊數字，唯其中對於倫理與律法的論辨，實意涵豐富，影響深遠。

格」。上引章句中以「風行草偃」為喻，以風比君子，草比小人，清楚地顯示德行之風所造成的影響。

　　孔子對於政治的規畫，最重要也是最先要做的事，為「正名」。正名，即針對彼時禮壞樂崩，倫理秩序混亂的情況而言。孔子與子路的對話，說明的非常清楚，原文如下：

> 子路曰：「衛君待子而為政，子將奚先？」子曰：「必也正名乎！」子路曰：「有是哉，子之迂也！奚其正？」子曰：「野哉由也！君子於其所不知，蓋闕如也。名不正，則言不順；言不順，則事不成；事不成，則禮樂不興；禮樂不興，則刑罰不中；刑罰不中，則民無所措手足。故君子名之必可言也，言之必可行也。君子於其言，無所苟而已矣。」（〈子路〉）

孔子認為施政最優先者，在於「正名」。此處論述名若不正所造成的後果，因此名實必須相符，而且言行必得一致，方得取信於民。至於名不正將造成禮樂不興，以及刑罰不中，禮樂與刑罰皆須著重名實相合，孔子並未完全廢止刑罰不用，只是從教化的次序言，禮樂為先，指明刑罰的基礎在禮樂教化，而非徒行法令而已。然而孔子所論為政必須「正」者，是倫理關係的身份，也就是政治的基礎實為禮制，孔子答齊景公問政，有對話如下：

> 齊景公問政於孔子。孔子對曰：「君君，臣臣，父父，子子。」公曰：「善哉！信如君不君，臣不臣，父不父，子不子，雖有粟，吾得而食諸？」（〈顏淵〉）

「正名」即正每個人的「身份」（名），任何一個因倫理關係所形成的「身份」，皆有其應盡的責任與義務（實），不得混亂。這個論述聚焦於倫理關係形成的身份與相互對待的關係，也就是孔子一再強調的禮制，如果不守禮，就會造成社會混亂。在一個失序的社會，哪還能飲食？此意為人類將退化至茹毛飲血的爭搶，既然只是動物，就沒有什麼好在意了。

　　由倫理關係所形成的禮制，是孔子理想的社會制度，相對於絕對上下關係的法制，禮制中的君臣關係是相對的。定公問：「君使臣，臣事君，如之何？」孔子對曰：「君使臣以禮，臣事君以忠。」（〈八佾〉）在倫理關係中，君臣是相對的，以「禮」、「忠」相互對待，是發自內心的。然而，若君使臣不以禮，臣是否仍以忠事君？孟子則發揮此義，直言曰：「君之視臣如手足，則臣視君如腹心；君之視臣如犬馬，則臣視君如國人；君之視臣如土芥，則臣視君如寇讎。」（《孟子‧離婁下》）孟子第一句延續孔子從正面立說君臣相對，但第二、三句則說出孔子沒說的，從反面回應國君若不以禮使臣，臣也不以忠事君，此說更進一步提出不以禮相待的後果。至於兩漢之後推行三綱五常，則將君臣關係由相對轉為絕對，君命不敢違。此為君權政治

下的必然，但是受孔子影響，歷代臣子仍有一定勸諫國君的職責，國君也時有戒慎恐懼之意，君臣關係不必然全是肅殺的上下權力結構，雖然國君仍是君臣關係的主宰者。中國的君權政治，士大夫仍具有一定的道統傳承與制衡力量，是為特殊之處。

小結

　　孔子之所以成為中國文化中的重要代表人物，除了學問，更重要的是精神，他周遊列國，充分展現淑世的理想抱負，這種「知其不可而為之」的傳道力量，如同宗教家，不計個人得失，故為後世所景仰。先秦時，孔子的弟子推廣師說，儒學的聲勢極大，墨子、莊子以及韓非子皆對孔子有所批評，可以見得儒學的影響力。除了先秦諸子爭論的時代背景，儒學立基於人倫的論述，建立社會良善風俗，重視學習，確立自我意志的作用，是儒學能夠深入人心的關鍵。至漢代尊崇儒學，固有政治因素，但是孔子被尊為「素王」，[16] 其評價與歷史地位並非偶然。司馬遷對孔子有如此贊語：

> 太史公曰：《詩》有之：「高山仰止，景行行止。」雖不能至，然心鄉往之。余讀孔氏書，想見其為人。適魯，觀仲尼廟堂車服禮器，諸生以時習禮其家，余祇回留之不能去云。天下君王至於賢人眾矣，當時則榮，沒則已焉。孔子布衣，傳十餘世，學者宗之。自天子王侯，中國言六藝者折中於夫子，可謂至聖矣！（《史記·孔子世家》）

太史公的慨嘆非常傳神，他到訪魯國的孔子廟堂，見諸生學習禮儀，油然而生崇敬之心，這是學術傳承的力量，超越時空。太史公一生作史，眼見多少君王將相於歷史中飛灰煙滅，孔子傳六藝之學，文化得以延續，在這樣的對比下，不禁歎服孔子為「至聖」，給予至高的評價。

---

[16] 「素王」意為具帝王之德而未居帝王之位者，兩漢時尊孔子為素王，如《淮南子·主術訓》贊孔子「勇力不聞，伎巧不知，專行教道，以成素王。」董仲舒於上武帝之對策云：「孔子作春秋，先正王而繫萬事，見素王之文焉。」（《漢書·董仲舒傳》）董仲舒以《春秋》公羊學言大一統，提高公子地位。東漢《論衡》、《中論》都可見得稱孔子為素王之語，可見得至東漢時已非常普遍。至於《孔子家語·本姓解》記齊太史子與到魯國，孔子為其說道，子與對魯國大夫南宮敬叔稱讚孔子傳先王之道，「或者天將欲與素王之乎？」將「素王」之稱上推至孔子在世時，此說未可盡信，然而從先秦至兩漢，孔子的地位提升，西漢公羊學推崇孔子，並藉由大量緯書將孔子神化，日本學者淺野裕一對這個過程有詳細考證，可參考之。（淺野裕一：《孔子神話：宗教としての儒教の形成》，東京：岩波書店，1997.2）自西漢以降，孔子形象除了聖人、先知，在民間還被神化為祭祀的神明，孔子之學還流傳域外，對東亞文化圈造成深遠影響，本文無法盡述，可參考《東亞視域中孔子的形象與思想》，伍振勳等著，臺北：國立臺灣大學出版中心，2015.12。

太史公尊孔，將孔子傳記歸於「世家」，為其著《史記》分類的特例，此外，還將孔子事蹟作為繫年之用，如「孔子相魯」、「孔子卒」，頻繁出現於不同世家與列傳，這樣的記事方式，突出孔子的重要與影響。[17] 司馬遷以史家之筆，整合各種文獻資料，形塑孔子聖人形象，不論這是歸納後的結論，還是在敘事時便已有定見，《史記》是孔子於漢代神聖化的重要關鍵。若從先秦文獻考察，孔子具有「聖賢」、「老師」與「良臣」的身份，[18] 這些從不同角度對孔子的描述，或是對孔子言行的記錄，都是孔子形象具體化的素材。對於是否為「聖人」，孔子是自謙的，《論語》有一段紀錄，文云：

> 子曰：「若聖與仁，則吾豈敢？抑為之不厭，誨人不倦，則可謂云爾已矣。」公西華曰：「正唯弟子不能學也。」（〈述而〉）

孔子不敢自居聖人或仁者，只自認在修養與教學不敢懈怠，然而為仁必須堅持，正是孔子自勉且勉人的。在《論語》中，孔子對於「仁者」以及「聖人」的設定，在於推己及人，乃至於安天下，這就是孔子所追求的目標，也是一生的志業，公西華讚嘆孔子，自認弟子不能學。事實上，並非不能學，而是孔子的精神與實踐，已達到聖人的高度。孔子是個歷史人物，亦有喜怒的情緒，然其傳道授業，致力於文化傳承的行誼，實已為後人樹立典範，有為者亦若是矣。

---

[17] 清代趙翼指出：「孔子無公侯之位，而《史記》獨列於世家，尊孔子也。凡列國世家與孔子毫無相涉者，亦皆書『是歲孔子相魯』、『孔子卒』，以其繫天下之重輕也。」（《陔餘叢考》卷五，[清]趙翼撰，欒保群點校，北京：中華書局，2019.11，頁 102）近人張大可認為：「司馬遷三次書孔子相魯，八次書孔子卒，重複累書以突出孔子天下第一人的歷史地位，這是運用互見法來寓論於敘事。」（張大可：《史記研究》，北京：華文出版社，2002.1，頁 283）《史記》敘事記人常見「互見法」之運用，但以個人事蹟繫年，並重複於不同篇章出現，孔子實為第一，可見得司馬遷對孔子的崇敬。

[18] 孔子被紀錄於先秦各種文獻，若再參照出土文獻，可見不同紀錄各有所重，李隆獻歸納為「聖賢」、「老師」與「良臣」三種形象，說明孔子形象的發展與嬗變。（李隆獻：〈先秦漢初文獻中的「孔子形象」〉，《文與哲》，第 25 期，2014.12，頁 21-76）不同文獻的內容與紀錄方式，涉及紀錄者的詮釋角度，也影響後人從這些文獻再進行詮釋而形成的孔子形象，引用文獻時應留意不同記錄所著重之處。

第三章　由仁義行——孟子

　　司馬遷作〈孟子荀卿列傳〉，對於孟子學說相當推崇。[1] 傳中提到孟子受業於子思門人，唯其私淑孔子，承繼孔子論仁以及道德政治的理想。孟子也周遊列國，推廣仁政，可惜未獲任何國君重用，因而退隱著述。孟子之學於其歿後，流傳於世，戰國晚期至漢初文獻多有引用。漢文帝曾立孟子為博士，後雖於武帝時被黜免，[2] 然孟子學仍具影響，兩漢已有為《孟子》作注者，東漢趙岐之《孟子章句》，是傳世最早注本。孟子著述七篇，趙岐於每篇分上下，共十四篇。趙注重字詞訓釋，依《孟子》原文順說，並於每章末作〈章指〉說明各章主旨。宋明儒者因漢宋學不同立場，對趙注多所批評，然趙岐隨文注解，對孟子文意仍有一定把握。

　　孟學於中古時期沈寂，至中唐韓愈大力推崇孟子，並建立儒學道統傳承。[3] 道統說為孟子所發，孟子自覺繼承之，然直至千年後韓愈以孟子得道

---

[1] 太史公將孟子與荀子合傳，傳中還有多位先秦諸子，襯托孟子承孔子之學，不為個人私利。本傳首段即為太史公慨歎之語，為列傳之特例，文曰：「太史公曰：余讀孟子書，至梁惠王問『何以利吾國』，未嘗不廢書而歎也。曰：嗟乎，利誠亂之始也！夫子罕言利者，常防其原也。故曰『放於利而行，多怨。』自天子至於庶人，好利之弊何以異哉！」《史記》中另於〈自序〉、〈魏世家〉均記孟子答梁惠王問利之事。清代陳澧已指出：「《史記‧孟子列傳》先述梁惠王問何以利吾國云云，然後云『孟子，鄒人也。』此於列傳為變體。蓋以〈梁惠王〉第一章，為七篇之大義，故揭而出之，且又於〈魏世家〉載之，又於〈自序〉云：『絕惠王利端』，作〈孟子列傳〉。太史公之於此章，可謂三致意者。(《東塾讀書記》，[清]陳澧，臺北：臺灣商務印書館，1997.6，頁 41) 除了這三段，《史記‧六國年表》之梁惠王三十五年記：「孟子來，王問利國，對曰：『君不可言利。』」可見太史公非常重視此事，藉由一再提及，以示贊同孟子之義利觀，認為國君應以義為先。

[2] 東漢趙岐於〈孟子題辭〉中提到：「孝文皇帝欲廣遊學之路，《論語》、《孝經》、《孟子》、《爾雅》皆置博士。後罷傳記博士，獨立五經而已。」(《孟子正義》，[清]焦循撰；沈文倬點校，北京：中華書局，1987.10，頁17。本章所引趙岐、焦循注文，皆據本書，僅標明頁碼。至於《孟子》本文亦據本書，僅標注篇名) 文帝所立為傳記博士，為廣開學術，立諸子書為博士，至武帝時以五經博士各專其職，遂廢止其他諸博士。

[3] 韓愈於〈原道〉定義「仁義道德」為先王之教，並述傳承之序，自堯舜禹湯，文武周公與孔子，而「孔子傳之孟軻，軻之死，不得其傳焉。」(《五百家注韓昌黎集》，[唐]韓愈著，[宋]魏仲舉集注，郝潤華、王東峰整理，北京：中華書局，2019.6，頁 676) 又於〈送王季才序〉言孔門弟子未能傳孔子之道，只有孟子得傳其宗。又於〈與孟尚書書〉云：「然向無孟氏，則皆服左衽而言侏離矣。故愈嘗推尊孟氏，以為功不在禹下，為此也。……韓愈之賢不及孟子，孟子不能救之於未亡之前，而韓愈乃欲全之於已壞之後。」(前引書，頁 931) 韓愈不但推崇孟子，還以自己為繼承者，其言雖謙，其志則顯。韓愈以儒家的「道」對抗佛道二教，以道統傳承提升孟子地位，以「孔孟」連結突

統之真傳，提升孟子地位。晚唐皮日休上書請將《孟子》列為科舉考試之明
經科目，取代《莊子》、《列子》，然未獲採納。北宋時孟子學興起，王安石
自比孟子，為《孟子》作注，然其新法變革的立場，引發新舊學對孟子詮釋
的爭論，但《孟子》仍獲官方肯定，正式入於經部，並成為科舉之考科。南
宋朱熹作《孟子集注》，以〈大學〉之「格物致知」釋《孟子》，融會《四
書》建立以「理」為中心的思想體系，《四書》地位上升，取《五經》而代
之。其後，元文宗封孟子為「鄒國亞聖公」，再於明世宗詔為「亞聖」，確立
孟子地位。清代孟學仍盛，戴震著《孟子字義疏證》，以「自然之極則」釋
孟子性善論，與宋學相抗衡。清代尚有焦循《孟子正義》為善，廣納諸家，
融考證義理於一爐，是清代孟子學的扛鼎之作。

　　孟子思想不僅在中國思想史具有重要地位，對近現代的日、韓文化皆有
影響，尤其是心性論與政治論，這也是孟子學的獨特之處。[4] 孟子學源於孔
子，然於「性善」、「仁義」與「仁政」等論述，闡發孔子所未言，《孟子》
中之「三辨」——人禽之辨、義利之辨與王霸之辨，最能看出孟子思想的重
心與獨特性。孟子之時，政治混亂較孔子尤甚，孔子力求恢復周代禮樂之
制，而孟子對於周禮崩壞，道德價值失落感受尤深，[5] 是以引發強烈的危機
與使命感。他說：「予豈好辯哉？予不得已也。」（〈滕文公下〉）透過論辯，
明聖王之道，距楊、墨邪說，並說服國君行仁義之政。孟學的重心在於證成
行仁政之必要，從人性具善端的論述，建立良知良能的普遍性，以本有之善
端確立人之所以為人，再推展至道德行為的分判與選擇，最後將道德實踐引
入政治，使個人與社會連結為整體，最終成為孟子理想的「仁政」，此為三

顯儒家以道德為核心的思想體系，也依此為標準，論曰：「孟氏，醇乎醇者也；荀與
揚，大醇而小疵。」（〈讀荀子〉，前引書，頁 702）此一評價為宋儒所承，尊孟而抑荀。
道統之說，為孟子所立，孟子曰：「由堯舜至於湯，五百有餘歲，若禹、皋陶，則見而
知之；若湯，則聞而知之。……由孔子而來至於今，百有餘歲，去聖人之世，若此其未
遠也；近聖人之居，若此其甚也，然而無有乎爾，則亦無有乎爾。」（《孟子·盡心
下》）孟子以「五百年」為世代週期，藉此建立一個傳承的連結，他在答充虞之問時，
曰：「五百年必有王者興，其間必有名世者。……夫天，未欲平治天下也；如欲平治天
下，當今之世，舍我其誰也？」（《孟子·公孫丑下》）孟子並非自居為王，而是將復興
先王之道視為自己的使命。應注意的是，道統只是一種精神、文化與價值傳承的連結，
並非歷史發展，也不能以之簡化為思想史

[4] 黃俊傑分析韓日學界對孟子學的論辯，一方面有中國宋明儒的心學與理學之別，一方面
也關注自身的文化主體性，相關論述見黃俊傑：《孟學思想史論（卷三）》，臺北：中央
研究院中國文哲研究所，2022.4。

[5] 孟子思想的成因，有其歷史背景，黃俊傑曾歸納三種現象：其一，急功近利的社會風
氣；其二，王道政治的失落；其三，攻伐征戰的頻繁。（黃俊傑：《孟子》，臺北：東大
圖書公司，1993.2，頁 13-17）孟子有深切的時代感，他的論辯都針對當時社會問題，希
望導正社會風氣，尤其是期許國君能行「仁政」，為民謀福。

辨之層次關係。本章先分析孟子之「性善」與修養工夫，再論述「三辨」與仁政。

第一節 性善

　　孟子思想源於孔子，但是關於人性的論述，較孔子更為明確。孔子言為仁由己，既然為仁由自己決定，非由外力影響，實已蘊含人性具有善的性質，驅動自我意志，決定為善。孟子順著這個思路，更進一步言性「善」，以「善」標舉人性。孟子論證人之善行，為善之意念發動，而善念不但有其根源，還是每個人都具備，只要是人，無一例外，是人之所以為人的特徵。以「善」論「性」，不同於當時以經驗認知的人性，獨樹一幟，引發各家的反駁爭論。[6] 孟子提出「性善」的論斷，涉及「性」的範圍與定義，以及屬於價值判斷的「善」，如何能成為具有形上學意義的概念？此論與其他諸子的差異何在？有何特殊與重要性？以下論述之。

一、性

　　孟子論「性善」，在先秦人性論中極具特色，他藉由與告子論辯，闡明人之所以為人，在於「人性」具有純善之本質，孟子稱此為「善端」，名之

---

[6] 孟子提出「性善」的人性論，其論述承孔子而發揮之，徐復觀先生認為孔子之後對性與天道的論述可分為三派，從曾子、子思到孟子言道德內在，由盡心而知性知天，此為孔門的正統派。徐先生雖以孟子為正統，但他指出另一派以《易傳》為中心，因陰陽觀念而擴充，於漢代為主流。另一派則是以禮的傳承為中心，荀子為代表。（徐復觀：《中國人性論史・先秦篇》，臺北：臺灣商務印書館，1999.9，頁 199-201）就道統而言，孟子所論確實合於孔子思想，然而在先秦思想史中，性善論反而是獨特的少數。與孟子論辯的告子，以及老子道家之學，都屬於「生之謂性」的自然人性論，當時另一顯學墨子，則以情言性，應去情為善，荀子亦是將性視為自然之性，再證之出土文獻，先秦時期普遍以自然為性。陳來先生論述郭店竹簡〈性自命出〉的人性論，認為是孔子與孟、荀之間發展的形態，接近自然人性論，以生之自然為性。他說：「這種看法其實是先秦思想的主流，也是先秦儒家的主流。孔子的性相近說，明顯地不是指性善而言。」至於「孟子的性善論，在先秦儒學中反而是獨特而少有的。」（陳來：〈荊門竹簡之《性自命出》篇初探〉，《中國哲學》第二十輯，瀋陽：遼寧教育出版社，2000.1，頁304）以竹簡推論孔子並非性善論，或可商榷，竹簡反映先秦流傳的一種儒學思想，應該也是當時普遍的人性論，但只能說是孔門之後所發展的一種人性論，至於孟子所論，與孔子仁學的思路相近，實能發他人所未發。梁濤認為孟子論人禽之辨，從初生言四心之端，與即生言性傳統有一複雜連繫，故而孟子以心言性，「並非一概否定即生言性傳統，而毋寧說是超越、發展了即生言性傳統。」（梁濤：《郭店竹簡與思孟學派》，北京：中國人民大學出版社，2008.5，頁335）孔子之後的儒學發展複雜多元，思孟學派只是其中之一，甚至思孟學派也並非單線進行，然而孟子明確指出「性善」，確實是發前人所未發。

為四端之心——仁、義、禮、智。告子則謂：「食色，性也。」（〈告子上〉）從生物的繁殖與生存看待人性，就「性」字之本為「生」而言，將人之性定義為生物性，與孟子論「性」之範圍與對象有所不同。孟子並不否認人有生存欲望，但孟子認為人之所以異於禽獸，在於具有「人性」，此「人性」專指「四端之心」，能發揮而成善行，故言其為「善」，此與告子論人之生物性並無善惡，兩者形成對比。此段論辯，引之如下：

> 公都子曰：「告子曰：『性無善無不善也。』或曰：『性可以為善，可以為不善。是故文武興，則民好善；幽厲興，則民好暴。』或曰：『有性善，有性不善。是故以堯為君而有象，以瞽瞍為父而有舜；以紂為兄之子且以為君，而有微子啟、王子比干。』今曰『性善』，然則彼皆非與？」

> 孟子曰：「乃若其情，則可以為善矣，乃所謂善也。若夫為不善，非才之罪也。惻隱之心，人皆有之；羞惡之心，人皆有之；恭敬之心，人皆有之；是非之心，人皆有之。惻隱之心，仁也；羞惡之心，義也；恭敬之心，禮也；是非之心，智也。仁義禮智，非由外鑠我也，我固有之也，弗思耳矣。故曰：『求則得之，舍則失之。』或相倍蓰而無算者，不能盡其才者也。《詩》曰：『天生蒸民，有物有則。民之秉彝，好是懿德。』孔子曰：『為此詩者，其知道乎！故有物必有則，民之秉彝也，故好是懿德。』」[7]

公都子述告子之論「性無善無不善」，舉歷史人物為證，說明有善人亦有惡人，就算親如父子，也有截然不同的行為表現。告子論人之初生，如水無定向，為善為惡，取決於後天環境的影響。孟子駁之，認為現實所見行為善惡，並不能證成原初之性是否無善惡，反而就人可以為善，正說明人性具有為善的本質。兩人論點的差異在於對行為善惡的溯源，以及對性的界定，告子既然以生物論性，所重者在後天環境，而孟子於生物性之外，另立四端之心為人性，既然人有善端之性，故可以發揚之為善行。孟子針對告子所論，言：「乃若其情，則可以為善矣，乃所謂善也。若夫為不善，非才之罪也。」其意為如果就人情而言，可以成為善行，這個從原初之性發展而成的

---

[7] 引文為《孟子‧告子上》第六章。本篇共二十章，前後義理相貫，孟子人性論之相關命題皆有申述，首章為孟子駁斥告子之仁義後天論；第二章駁告子之性無定向，申述人性向善；第三章駁告子「生之謂性」，以為人性不同於生物；第四章駁告子「仁內義外」，主張仁義內在；第五章再申論義內在之旨，第六章論述四端之心。前六章與告子論辯，尤可為本篇精華。歷代諸儒於本篇多所著墨，除了詮釋孟子學，亦對人性論有所發揮。牟宗三先生於《圓善論》疏解〈告子上〉諸篇，能顯豁孟子之意，可參考之。（牟宗三：《圓善論》，臺北：臺灣學生書局，1985.7）黃俊傑亦就〈告子上〉諸篇，錄趙岐、朱熹、焦循，以及中日韓當代學者論述，評論順通各章義理，亦可參考之。（黃俊傑：《孟子思想史論（卷一）》，臺北：東大圖書，1991.10，頁 209-334）

善行，就是孟子所謂的善。後人注解本句之「情」，論辯是否為「性」，實則孟子於後文舉「牛山之木」為例，有言：「人見其禽獸也，而以為未嘗有才焉者，是豈人之情也哉？」可見孟子並未刻意區分「性」、「情」，而是著重於「才」，即人之初始，[8] 此初始即仁義禮智。孟子並引《詩經・大雅・蒸民》以及孔子之語，說明人之向善，是萬物運行的規律，而向善是源自於本性之善端，故曰：「仁義禮智，非由外鑠我也，我固有之也。」此說承孔子所言：「為仁由己，而由人乎哉？」（《論語・顏淵》）內在之四端，是天生本有，「人皆有之」，此一全稱肯定的命題，是孟子肯定人能為善的根本。

　　仁義禮智，所有人皆生而有之，然於初生之時僅為「端」，只是善行的開始，此四端之心猶如種子，修養功夫則是使種子長大成實之動力，必得擴而充之，才有善行，最終成為聖人，達到善果。從善果論，必得有善種子，故四端之心必得為善。既然人皆有善端，則孟子勸說國君行政，便以此為基礎，孟子論曰：

> 人皆有不忍人之心。先王有不忍人之心，斯有不忍人之政矣。以不忍人之心，行不忍人之政，治天下可運之掌上。所以謂人皆有不忍人之心者，今人乍見孺子將入於井，皆有怵惕惻隱之心。非所以內交於孺子之父母也，非所以要譽於鄉黨朋友也，非惡其聲而然也。由是觀之，無惻隱之心，非人也；無羞惡之心，非人也；無辭讓之心，非人也；無是非之心，非人也。惻隱之心，仁之端也；羞惡之心，義之端也；辭讓之心，禮之端也；是非之心，智之端也。人之有是四端也，猶其有四體也。有是四端而自謂不能者，自賊者也；謂其君不能者，賊其君者也。凡有四端於我者，知皆擴而充之矣，若火之始然，泉之始達。苟能充之，足以保四海；苟不充之，不足以事父母。（〈公孫丑上〉）

孟子將人性論延伸至政治論，從人性具有善端之肯定，訴求國君能行仁政，其關鍵便在於「不忍人之心」。此「不忍人之心」以感同身受為理論基礎，因同情而起的善念，是直覺的反應，不涉及行為的利益與後果。孟子以孺子將入於井為例，論證每個人都會心生惻隱之心，「惻隱之心」的生起與救助對象無關，也不是衡量救人的行為能造成多少效益，這是孟子之所以肯定人性為「善」的理論基礎。儘管以經驗事實證明抽象概念有論證方法的問題，[9]

---

[8] 《說文解字》：「才，艸木之初也。」孟子以「才」喻人性之初始，即四端之心如同種子，指善的根源，此「心」以「不忍人」之情感為起點，對他人而起的善念，故「可以為善」。

[9] 舉生活經驗的實例類比，易於理解與說明，於先秦兩漢是普遍的論證思維方式，孟子尤為擅長。黃俊傑指出孟子在論證抽象原理時，常以具體事實或行為論證，其方法有二，一是類推法，將具體事物分類，並以類比的性質相比擬而推論；一是歷史論證法，引用

但是孟子強調道德的實踐，尤其是「擴而充之」的工夫，四端之心並不能停止於念頭，更重要的是起而力行之，道德是在實踐中顯現。

孟子突出人性具有四端之心，分辨人與禽獸之別，還將「性」與「命」對舉。以感官功能欲求，視為人之「命」，此欲求是否能得到滿足，並非主動求取可得，視各人命運之不同。至於仁義禮智，於初始本具，故能成聖，不假外求。他說：

> 口之於味也，目之於色也，耳之於聲也，鼻之於臭也，四肢之於安佚也，性也，有命焉，君子不謂性也。仁之於父子也，義之於君臣也，禮之於賓主也，智之於賢者也，聖人之於天道也，命也，有性焉，君子不謂命也。（〈盡心下〉）

本章論述即分別「命」與「性」，孟子指出君子與一般人的看法不同，不以生理欲望為「性」，而謂此為「命」。至於一般人對於倫理關係視為「命」，孟子卻言其為「性」，即四端之心的內在本有。孟子論「性」為本有，故得以推論成聖在己，而生理之欲為「命」，所得為外，故孟子曰：「求則得之，舍則失之，是求有益於得也，求在我者也。求之有道，得之有命，是求無益於得也，求在外者也。」（〈盡心上〉）「求在我者」，即是孔子所言之「為仁由己」，而「求在外者」，即是子夏所言之「死生有命，富貴在天。」孟子區分「性」與「命」，辨明君子有所為與有所不為，將人之「性」從生理感官獨立出來，成為具有善端的性，是其人性論的特色。

二、心

孟子人性論的獨特之處，在於以心言性，人性具有「惻隱」、「羞惡」、「辭讓」、「是非」四種心，分別對應「仁、義、禮、智」，名為「四端」。「仁」是孔子論述倫理的核心，是禮樂的根源，然而孟子將「禮」收攝為四端之一，其意為禮制源自於「辭讓」（恭敬），是因內心的謙讓恭謹而為禮，相較於孔子，孟子提升「心」的重要性，並具賦予更多的內涵。孟子還將具有公正、合宜的「義」，收攝於心之本，認為正道與公義出自於心，並據以駁斥告子的「義外」之論。至於學習認知的「智」（知），孟子則從分辨是非

古人事例或言論為證。儘管經驗事實有其時空限制的「歷史性」，與概念的「超越性」有所對立，然而孟子透過「氣」貫通自然與人文範疇，並將個人與社會視為連續體，藉以達成人與天道合一的境界，這是孟子「連繫性思維方式」的展現。（黃俊傑：〈孟子思維方式的特徵〉，《孟子思想史論（卷一）》，臺北：東大圖書，1991.10，頁 3-27）雖然歷史性與超越性是否能夠統一，存在方法論的問題，但就孟子而言，正是其現實關懷的實踐精神，使得「怵惕惻隱之心」能擴充為「不忍人之政」，以仁心行仁政，是連貫一體的。

而論，意謂人心具有判斷的能力，亦為內在本有。此四心發動便是具體的禮樂與善行，孟子云：

> 仁之實，事親是也；義之實，從兄是也。智之實，知斯二者弗去是也；禮之實，節文斯二者是也；樂之實，樂斯二者，樂則生矣；生則惡可已也，惡可已，則不知足之蹈之、手之舞之。（〈離婁上〉）

本段以「實」說明人倫日用，即「心」是念頭，發其端而落實於事，仁義之心表現於奉事父母與敬順兄長，至於智之心則能明白仁義必須力行之，禮之心則是能行禮得宜，而樂於此仁義之道發自於心，故能悅樂之。趙岐於本章之〈章指〉云：「仁義之本，在於孝弟；孝弟之至，通於神明；況於歌舞，不能自知，蓋有諸中形諸外也。」（《孟子正義》，頁 534）孝弟為仁之本，出於《論語·學而》，通於神明則出自《孝經·感應》，至於樂之歌舞出自《禮記·樂記》，趙岐結合諸文獻，申論本章論心有所感而形於外，然而在這個解釋中，突顯孝弟的重要，此有漢代重孝的思想史背景，孟子本章所論在於四端之心發動而成為具體的行為，是一種自發性的油然心生，不是命令與規範所致。此外，孟子著重由內心而至禮樂之實的自發自律，孔子則是從親情論仁之本，兩者論述對象並不相同，然而對於禮樂由內心所發，孝弟當感於心，孔孟所論一致，皆重視內外一貫。

孟子以四端之心為人之性，善行有其根源，善端至善行的自為，雖是自然一貫，然而人卻仍有惡行，孟子於此強調心具有主宰性，是具體行為的發動者，與身體其他感官相較，主導行為，因此孟子以「心」為「大」，其他感官為「小」。人之所以為惡，是「心」為物欲蒙蔽，孟子云：

> 耳目之官不思，而蔽於物。物交物，則引之而已矣。心之官則思，思則得之，不思則不得也。此天之所與我者。先立乎其大者，則小者不能奪也，此為大人而已矣。（〈告子上〉）

本章論述「大人／小人」之別，「大人」為從其「大體」者，「小人」則是從其「小體」者，孟子以「大體」為心，「小體」為耳目。這個區別，將「心」與「耳目」分而論之，心為仁義之源，具有是非的分辨能力，故以「思」言之，[10] 至於耳目則指生物的欲望。如果僅為滿足生理，或是因為物

---

[10] 孟子謂「心之官則思」，藉以區別「耳目之官不思」，而「思」為心的能力，是促使四端之心發展成具體行為，並非指學習認知的思辨能力。孟子云：「故誠者，天之道也；思誠者，人之道也。」（〈離婁上〉）誠者，是仁義理智之心；思誠者，是實踐誠心的工夫。牟宗三先生指出，四端之心皆有思明之作用在其中，並藉康德哲學用語，謂此思「是實踐理性中之思，非知解理性中之思。」（牟宗三：《圓善論》，臺北：臺灣學生書局，1985.7，頁 52）康德認為道德實踐是自律的，道德的行為著重於動機而非效果，故以「實踐理性」（Practical Reason）名之。康德所論有其西方哲學發展的背景，與孟子不必然相同，然而對於德道實踐中所顯現人的自由意志，確實與孟子思路有可相參之處。

質豐厚而背棄仁義，孟子謂此為「失其本心」，這個價值分判的取捨，孟子多論之。至於人能夠「先立乎其大者」，除了突顯心之重要，亦指明人有選擇的能力，此能力即為心能「思」之。而此一思辨的能力，是上天所賦予，也是人之所以為人的關鍵，立其心，即能抵禦耳目受外在事物的誘惑，不讓耳目感官凌駕於心之上，即為「大人」。

心有思辨的能力，能引領決定是否順應天命而成為大人，然而心之思辨判斷，若非純然從心之本，而是衡量行為的後果，以效益目的為考量，就算表面所見仍為善行，只是偽善，最終仍會敗亡。孟子以「天爵」與「人爵」分別之，他說：

> 有天爵者，有人爵者。仁義忠信，樂善不倦，此天爵也；公卿大夫，此人爵也。古之人修其天爵，而人爵從之。今之人修其天爵，以要人爵；既得人爵，而棄其天爵，則惑之甚者也，終亦必亡而已矣。（〈告子上〉）

「爵」是身份地位，亦可視為成就，孟子將「爵」與道德修養連結，以「天爵」與「人爵」分別道德行為與政治官位等第之不同，並且辨明「天爵」在於道德動機的純正不雜。此論的關鍵，在於道德行為由心而發動，其根源為四端之心，不為任何目的。同樣是修「天爵」，古之人與今之人不同，實已辨明今之人是以「人爵」為目的，其所修者並非真的「天爵」，若是為了功利而有道德之行，孟子警示終會敗亡，也否定這些虛假的行為。是以道德行為並不依附於政治，乃人格之獨立價值，若有仁德之行，人間的聲譽與功名隨之，可成為聖王，然而並非「天爵者」之目的，若無人間的爵位，亦無礙道德之實踐。孟子此論將行善確立於為善的動機，是源自於善端之心，在此基礎所顯現的情感是真誠的，也是君子對待他人的態度。萬章以象與舜為例，質疑舜明知象要殺他，卻又表達手足親愛之情，是否只是假裝的「偽喜」？孟子以子產得魚卻為校人欺瞞為例，說：「故君子可欺以其方，難罔以非其道。彼以愛兄之道來，故誠信而喜之，奚偽焉？」（〈萬章上〉）君子待人是真誠的，以己心度之，發自內心的回應。換言之，如果是有意作偽者，其心不正，其行亦不正。孟子言「誠」，論曰：「是故誠者，天之道也；思誠者，人之道也。至誠而不動者，未之有也；不誠，未有能動者也。」（〈離婁上〉）至誠者能「動」人，可謂誠心的影響力，《禮記・中庸》亦有此文，可見得重視「誠」的工夫於儒學之傳承。

孟子重視「心」的自主性，強調心有分析思辨的能力，這個能力是「心」之本有，是善行的起源，不同於荀子論心能學習禮樂而做出善惡判斷。至於後天環境並不能改變心之本然，也就是環境的影響只是一時，無損於四端之心，孟子舉例論說云：

富歲，子弟多賴；凶歲，子弟多暴。非天之降才爾殊也，其所以陷溺其心者然也。今夫麰麥，播種而耰之，其地同，樹之時又同，浡然而生，至於日至之時，皆熟矣。雖有不同，則地有肥磽，雨露之養，人事之不齊也。故凡同類者，舉相似也，何獨至於人而疑之？聖人與我同類者。（〈告子上〉）

孟子以大麥為喻，播種之後生長而熟成，就算受到環境影響而良莠不同，仍是大麥，並以此說明收成之豐凶造成少年子弟的性情不同，但是這個不同只是表面的差異，一時的「陷溺其心」，並不因此而改變其心。孟子並非環境決定論者，反而藉此例更加強調心之所同然，聖人與眾人皆同，其差別就在於是否能發揮心之自覺。由於「心」具有普遍義，故孟子將「心」賦予超越性的意義，透過「誠」之修養工夫，將四端之心擴而充之，不僅於社會政治成就聖人之德業，還能同於天德，成就天命。這個從心之修養工夫有其進程，孟子言：

盡其心者，知其性也。知其性，則知天矣。存其心，養其性，所以事天也。殀壽不貳，修身以俟之，所以立命也。（〈盡心上〉）

孟子以性說命，人性中的四端之心是天生而有，此上天賦予人之性，是為天德，修養實踐此天德，便是證成天命。這個從「心」→「性」→「天」的修養證成過程，意指人可通過修身而「知」天德，此「知」為心在道德實踐中的領會體悟，肯定人能上通於天，是為天人合德。[11] 是以，孟子心學有三層意義，其一，普遍性，人皆有之；其二，內在性，我固有之；其三，超越性，盡心能知天。此三個層次相互關聯，並以修身之道德實踐，將蘊含善端的自我主體之心，擴展至社會群體，進而成就人性之價值，得以彰顯天命。

三、知言養氣

孟子思想關鍵在於「心」，人之所以異於禽獸，在於有四端之心，此四端之心並非靜態的存有者，而是於心思的運作，使良善之心具體成為良善之行。在實踐的過程中，心有自主與自發性，能自由決定是否行善。然而心之自主只是善念至善行的第一步，如何持續前行，擴而充之，不因險阻而放棄退縮，是君子的修養工夫，孟子以「存心」、「養心」論述「心」必須存養，

---

[11] 牟宗三先生認為盡心知性則知天，「天是客觀地、本體宇宙論地言之，心性則是主觀地、道德實踐地言之。即心性顯其絕對普遍性，則即與天為一矣。」（牟宗三：《心體與性體》第一冊，臺北：正中書局，1968.5，頁 27）牟先生認為孟子將存有之性攝於道德實踐，而使本心即性，心與性為一，此為儒家「逆覺體證」的工夫，並據以分判宋明儒學為三系，呈現宋明儒者對孟子心學的詮釋樣貌。

而具體的做法便是「知言」與「養氣」。此論見於孟子弟子公孫丑的對話，並涉及孟子與告子兩人對於「不動心」論述的差異，原文對話如下：

> （公孫丑）曰：「敢問夫子之不動心，與告子之不動心，可得聞與？」「告子曰：『不得於言，勿求於心；不得於心，勿求於氣。』不得於心，勿求於氣，可；不得於言，勿求於心，不可。夫志，氣之帥也；氣，體之充也。夫志至焉，氣次焉。故曰：『持其志，無暴其氣。』」「既曰『志至焉，氣次焉』，又曰『持其志無暴其氣』者，何也？」曰：「志壹則動氣，氣壹則動志也。今夫蹶者趨者，是氣也，而反動其心。」「敢問夫子惡乎長？」曰：「我知言，我善養吾浩然之氣。」「敢問何謂浩然之氣？」曰：「難言也。其為氣也，至大至剛，以直養而無害，則塞于天地之閒。其為氣也，配義與道；無是，餒也。是集義所生者，非義襲而取之也。行有不慊於心，則餒矣。我故曰，告子未嘗知義，以其外之也。必有事焉而勿正，心勿忘，勿助長也。無若宋人然：宋人有閔其苗之不長而揠之者，芒芒然歸。謂其人曰：『今日病矣，予助苗長矣。』其子趨而往視之，苗則槁矣。天下之不助苗長者寡矣。以為無益而舍之者，不耘苗者也；助之長者，揠苗者也。非徒無益，而又害之。」「何謂知言？」曰：「詖辭知其所蔽，淫辭知其所陷，邪辭知其所離，遁辭知其所窮。生於其心，害於其政；發於其政，害於其事。聖人復起，必從吾言矣。」（〈公孫丑上〉）

孟子與告子兩人皆達到「不動心」，然而其內涵與修養工夫並不相同。告子論：「不得於言，勿求於心；不得於心，勿求於氣。」分別訴諸言、心與氣，以求不動心。孟子同意後者，其意為心有不安，控制氣的發作，不以相應之氣而產生情緒，但是孟子反對於「言」有所不得，卻不用心思辨。孟子主張「知言」，即必須能知「詖辭」、「淫辭」、「邪辭」與「遁辭」，這些不當的言辭生於其心，必須求於心，方能明辨是非。「知言」以正心為出發，得以辨明各種淫邪之辭。此亦因孟子處於聖人之道不明，楊墨學說盛行，故有恢復堯舜周孔仁德之道的使命，此其好辯之不得已，能「知言」，即可抵禦各種不當言論。告子則將一切事物阻絕於心靈之外，其「不動心」是控制身體（氣）不受外物影響，是在身體下工夫，孟子則認為「不動心」必須於心下工夫，因為心為氣之統帥，由心而生之正道，方能不受外物影響，才是真正「不動心」。此外，告子主張「仁內義外」，將義理視為外在客觀的存在，其意為社會的倫理是形式規範，不同國家有所差異，因而各國之人各守其規範即可，然而孟子反駁其說，認為「仁義內在」，義理由心所生，因此必須由心正之。

　　孟子在「知言」（持其志）的基礎上，養其「浩然正氣」（無暴其氣），以心御氣，能至大至剛，不畏邪說暴行。而培養浩然之氣，必須從自身之仁義初心為發動，且需要時時刻刻，不斷累積才能有所成，此與孔子論踐仁之工夫一致。孟子並以「揠苗助長」寓言，說明貪快求得則適得其反。是以，環境之險逆，為自我成長之試煉，須「動心忍性」，方得增益並擴充浩然之氣。孟子將「氣」賦予道德意義，使生理自然之氣，與心連結而使身心一如，即生命之源的氣，兼有創生與倫理的雙重性質。因此形成生命的氣，經由養氣的工夫，擴而充之，成為至大至剛的浩然之氣，「君子所性，仁義禮智根於心。其生色也，睟然見於面，盎於背，施於四體，四體不言而喻。」（〈盡心上〉）此外，因欲望會使人心蒙蔽，良心亦會因而放失，故孟子倡「寡欲」。若說養氣是積極的修養工夫，則寡欲便是消極的節制工夫。由知言、養氣與寡欲，君子得以使心不放失。故孟子云：「學問之道無他，求其放心而已矣。」（〈告子上〉）四端之心既本有，故後天學問之道，即透過不斷修養自省，不讓欲望蒙蔽本有之善性（心），最終得以成德成聖。

第二節　孟學三辨

　　孟子與其時各種學說抗辯，藉由駁難他人論點，突顯自己的主張。例如前述與告子論辯人性，告子主張「性無善無不善」，孟子則反駁曰「性善」，又告子認為「仁內義外」，孟子則云「仁義內在」。孟子批評楊墨之徒，他說：「楊氏為我，是無君也；墨氏兼愛，是無父也。無父無君，是禽獸也。」（〈滕文公下〉）孟子認為楊朱主張為我，與墨子提倡兼愛，皆為偏頗極端，不符人性。孟子認為人倫有所差等，過份強調個人或強行抹除倫理之別，皆違逆人情，是以批評楊墨為淫辭邪說。此外，孟子還批評許行主張「賢者與民並耕而食」，而謂：「勞心者治人，勞力者治於人；治於人者食人，治人者食於人。」（〈滕文公上〉）孟子認為社會依百工之各司其職而運作，國君為勞心者，不必也不應從事百工之事。孟子批評各家學說，於論辯內容與技巧皆有可觀之處，並能在論辯中宣揚己說，歸納《孟子》書中的論辯，可以「孟學三辨」為代表，分別為「人禽之辨」、「義利之辨」與「王霸之辨」。[12]「人禽之辨」是人性論，「義利之辨」為倫理學，「王霸之辨」則是政治論。

---

[12] 孟子建立心性之學，宋儒於此多有討論，並從心學延伸至倫理與政治層面，此亦為孟子學說著重之處。朱熹與學生論學，曾討論到《孟子‧梁惠王》中孟子見齊宣王，有云：「見孟子於義利之辨，王霸之辨，其剖判為甚嚴。」（《朱子語類》（二），《朱子全書》，鄭明等校點，上海：上海古籍出版社、合肥：安徽教育出版社，2002.12，頁1687）宋儒討論孟子學，已明確指出「義利之辨」、「王霸之辨」的論題。蔡仁厚曾指出孟子對於文化學術的貢獻，其中有「提揭人禽、義利、夷夏之辨。」（蔡仁厚：《孔孟荀哲學》，臺

　　「人禽之辨」強調人與禽獸的區別，關鍵為人有四端之善心（人性），而動物只有求生存之生物本能（動物性）。孟子說：

> 人之所以異於禽於獸者幾希，庶民去之，君子存之。舜明於庶物，察於人倫，由仁義行，非行仁義也。（〈離婁下〉）

人與動物都有生存繁衍的欲望，只有一點點不同，這個不同就在於四端之心，然這個微小的不同，卻是人與動物的巨大分野。上引孟子論先王有不忍人之心，明言此心人之所同，若無，則「非人也」，即為禽獸。是人，非人，標準明確。然而人雖有四端之心，一般人卻無自覺，甚至捨棄之，此處言「去」，並非真能丟掉四端之心，而是為物欲所蒙蔽，故捨去此心能發動為善的能力。孟子認為一般人的自覺能力不足，如先民「飽食、煖衣、逸居而無教，則近於禽。」（〈滕文公上〉）故先王教民以人倫，使人民行禮樂，社會因而有秩序，以別於禽獸，為求生存而爭奪殺戮。最後，孟子以舜為例，對比「仁義行」與「行仁義」，清楚呈現仁義之行是由內心自發，並非為了行仁義而行仁義，也就是不為任何目的，也不因外在的規範才行仁義。是以聖人教化，在於「由行義行」，感而化之，並非強迫，也不是命令，啟發每個人內心之善性，發揚實踐之。

　　「義利之辨」是公義與私利的區別，孟子見梁惠王，國君關心如何富國強兵，孟子以此問為「利」，此「利」於個人、諸侯、君王，皆是一己之私。以私利為出發，自然會相互爭奪，彼此殺伐以獲得利益，如果「上下交征利」，國家就危險了。至於「義」則立基於彼此同理，相互共感的普遍人性，故「仁義」是關懷他人，彼此互助扶持。言利必為己，為「私利」；說義則為人，即「公義」。孟子的「義／利」之別，延續孔子：「君子喻於義，小人喻於利。」（《論語‧里仁》）孟子從君子與小人的義利之分，擴展至社會，對比個人欲望與群體和諧，使「義利之辨」從倫理價值的分判連結社會政治，是仁心能行仁政的關鍵。須注意的是，孟子並不反對國君享樂（利），但須全民共享，他在回答齊宣王自陳「好貨」與「好色」時，答曰：「王如好貨，與百姓同之，於王何有？」以及「王如好色，與百姓同之，於王何有？」（〈梁惠王下〉）同樣的方式，孟子勸齊宣王與其獨樂樂，不如眾樂樂，「今王與百姓同樂，則王矣！」（〈梁惠王上〉）孟子借力使力，讓宣王明白與民同享，是國君的責任，當個人之「利」轉化為人民共同分

北：臺灣學生書局，1984.12，頁 187）夷夏之辨著重於禮制，然而孟子的王霸之辨，更關注國君是否施行仁政，而仁政根植於「不忍人之心」，源於人禽之辨。袁保新說明蔡仁厚先生所說「夷夏之辨」是「王霸之辨的文化涵義」，此解仍未能明晰。（袁保新：《孟子三辨之學的歷史省察與現代詮釋》，臺北：文津出版社，1992.2，頁 3）孟子論政的重心，在於王者與霸者之別，故應以「人禽之辨」、「義利之辨」與「王霸之辨」為孟子三辨之學。至於孟子為何以此三辨為學說重心，除了當時社會政治的亂象，更有孟子自覺承繼道統的使命感，從而能充滿浩然之氣，雖千萬人而勇往矣。

享，便成為「義」，就不再是一己之私。可見孟子於義利之別，關鍵在於「公」，當國君以仁義之心關懷人民，財貨為天下百姓共享之，便是仁君，所行即為仁政。

除了政治上的「私利／公義」之別，孟子將「義」視為人之所以人的重要價值，在面對「義／利」相對立時，必須有所取捨，當以正當合理的「義」為先。「義」不但先於「利」，甚至重於生命，孟子說：

> 魚，我所欲也；熊掌，亦我所欲也。二者不可得兼，舍魚而取熊掌者也。生，亦我所欲也；義，亦我所欲也。二者不可得兼，捨生而取義者也。……一簞食，一豆羹，得之則生，弗得則死。呼爾而與之，行道之人弗受；蹴爾而與之，乞人不屑也。萬鍾則不辨禮義而受之。萬鍾於我何加焉？為宮室之美、妻妾之奉、所識窮乏者得我與？鄉為身死而不受，今為宮室之美為之；鄉為身死而不受，今為妻妾之奉為之；鄉為身死而不受，今為所識窮乏者得我而為之。是亦不可以已乎？此之謂失其本心。（〈告子上〉）

故當「義」與「生命」相衝突，孟子做出「捨生取義」之抉擇，縱使犧牲生命亦不惜，若苟活而不義，則餘生必然受到良心譴責。換言之，眾人多視富貴名利為要，並且看重生命，然這些與「義」相較，皆可捨棄，以維護人性尊嚴。孟子還舉乞食為例，施捨亦須顧及尊嚴，否則寧可餓死而不受，此論雖從受施者而言，也涉及贈予者。贈予者見乞食而興惻隱之心，然而施捨之態度輕賤，此仁心便無法以義行呈現，便非真正的惻隱之心，而乞食之人不受，為其羞惡之心。孟子所論之「義」為公平、尊重與合理的行為，故其舉宮室之美、妻妾之奉、所識窮乏者等，是否受之，關鍵不在於事物之貴賤，而是經由心之思辨是否合義，若是出於利祿之私，便是「失其本心」。

「王霸之辨」以國君是否行仁政為分野，孟子將國君分為「王」與「霸」，前者以德服人，後者以力服人。以德服人者，心服也；以力服人者，屈服也。孟子云：

> 以力假仁者霸，霸必有大國，以德行仁者王，王不待大。湯以七十里，文王以百里。以力服人者，非心服也，力不贍也；以德服人者，中心悅而誠服也，如七十子之服孔子也。（〈公孫丑上〉）

以德服人，無關國土大小，人民自然感召而來；而以力服人，就得使用武力，同時奪取他人所有。等而下之的是「以力假仁」，非真誠施行仁政，只是表面工夫，實際上仍以威勢權力欺壓人民。孟子認為，行仁義而成王，是自然而然之事，人民心悅誠服，國祚得以長久；但以武力稱霸者，只是暫時的壓制，人民表面上順服，但仍隨時準備起而反抗，霸者不能長久。孟子理

想的國君是「王」而非「霸」，他所嚮往的先王之道，便是以仁者為君，施行仁政。

第三節 仁政

孟子學說之重心，在於證成統治者須以民意為依歸，民心為天命之所託，故行仁政而得民心。孟子一方面要求國君行仁政，一方面抬高人民的重要性，甚至以民心向背做為國君是否得其位之依據，建立以民為本的政治思想。孟子論政治以其性善論為基礎，從「不忍人之心」的感通申論「仁政」之理想。以下分從「仁者無敵」與「民貴君輕」論述孟子政治論。

一、仁者無敵

孟子勸說國君行仁政，甚至以「仁者無敵」回應梁惠王，蓋彼時各諸侯國皆相互爭伐，意圖稱霸，如何富國強兵是國君最為關心之事，孟子力陳王霸之別，也對王者如何施政有具體論述，他說：

> 地方百里而可以王。王如施仁政於民，省刑罰，薄稅斂，深耕易耨。壯者以暇日修其孝悌忠信，入以事其父兄，出以事其長上，可使制梃以撻秦楚之堅甲利兵矣。彼奪其民時，使不得耕耨以養其父母，父母凍餓，兄弟妻子離散。彼陷溺其民，王往而征之，夫誰與王敵？故曰：「仁者無敵。」王請勿疑！（〈梁惠王上〉）

梁惠王承魏國分晉，猶自謂晉國，早年短暫稱霸，晚年則剛愎自用，國勢衰弱，孟子勸以仁義之政，未獲採納，但是在許多對話中，孟子陳述其仁政之旨。本段歸結仁政的具體作法，在於「省刑罰，薄稅斂，深耕易耨。」此三者針對當時法家強調嚴刑峻法，徵稅勞役的施政，對比兩者差異。孟子所言仁政，以「不忍人之心」為源，設身處地為民著想，使人民能著重農事，得到溫飽，再教以人倫，人人守禮有節，自然民富國強。孟子並以他國奪民時，而無暇農耕，致使妻離子散相對照，意指行仁政能得民心，人民心服的力量可抵抗他國被強迫的軍隊。這個論述呈現仁政的具體措施有其次序，即先養民再教民，孟子另於答梁惠王如何吸引人民之問，再申述之，其云：

> 不違農時，穀不可勝食也；數罟不入洿池，魚鼈不可勝食也；斧斤以時入山林，材木不可勝用也。穀與魚鼈不可勝食，材木不可勝用，是使民養生喪死無憾也。養生喪死無憾，王道之始也。五畝之宅，樹之以桑，五十者可以衣帛矣；雞豚狗彘之畜，無失其時，七十者可以食

肉矣；百畝之田，勿奪其時，數口之家可以無飢矣；謹庠序之教，申之以孝悌之養，頒白者不負戴於道路矣。七十者衣帛食肉，黎民不飢不寒，然而不王者，未之有也。(〈梁惠王上〉) [13]

照顧人民要做到「養生喪死無憾」，無論老幼皆得溫飽，亦不必擔心基本的生活日用，這是「王道之始」。衣食無缺之餘，家庭也得以安穩平和，於是再興辦教育，[14] 修養禮樂，社會方得以穩定祥和，這是孟子仁政的理想。

孟子以民生為重，與孔子論政以信為本有所不同，[15] 孔子答子貢問政曰：「足食，足兵，民信之矣。」(《論語‧顏淵》) 其排序以「民信」最為重要，國君獲得人民的信任重於「食」、「兵」，孔子之意在於經濟與軍事力量的強大，可以通過強制的手段達成，但是「信」則必須建立在國君的德性，在潛移默化中使人民信服，誠信是立國的基礎。孔子對於道德政治的訴求在於國君之身正，有德之君方能感化人民，至於孟子亦要求國君行仁政，唯其立基於「不忍人之心」，體察百姓所需，因感同身受而能推己及人，此即孟子勸說齊宣王推恩於四海，「老吾老以及人之老，幼吾幼以及人之幼，天下

---

[13] 本段內容重出於孟子見齊宣王之對答，趙岐注云：「孟子所以重言此者，乃王政之本，常生之道，故為齊、梁之君各具陳之。當章究義，不嫌其重也。」(《孟子正義》，頁 96) 若非後世傳抄重文，孟子在面見不同君王時申述相同的內容，確如趙岐所說此為王政之本，相近內容還另見於孟子論文王行仁政，老者煖飽，故「天下有善養老，則仁人以為己歸矣。」(〈盡心上〉) 孟子重視老人的安養，由於老人已無生產能力，如果國君施政能使老者衣食無缺，便意味人民皆能獲得充份照顧。

[14] 滕文公問國政，孟子對於學校教育如此論述：「設為庠序學校以教之：庠者，養也；校者，教也；序者，射也。夏曰校，殷曰序，周曰庠，學則三代共之，皆所以明人倫也。人倫明於上，小民親於下。有王者起，必來取法，是為王者師也。」(〈滕文公上〉) 人民生活安定後，設立學校，教之以人倫。孟子曾舉上古之時，后稷教民種五穀，衣食足而教以人倫：「父子有親，君臣有義，夫婦有別，長幼有序，朋友有信。」(〈滕文公上〉) 倫理關係各有其別，各有所重。在孟子的仁政規畫中，學校教育是促使社會群體能夠和諧的重要進程，通過教育，每個人內心的善端將會成長茁壯，進而使人倫關係連結而成的社會網絡，能以良善的行為維繫之。

[15] 蕭公權認為孟子與孔子不同之因有二，其一為孟子取「衣食足，知榮辱」之義，以充裕的物質生活為必要條件。其二為孟子親歷戰爭殺戮之事，故有所感。「孟子本不忍人之心，欲矯當時虐政之弊，故於民生之塗炭，再三致意而發為『保民』之論。此殆深受時代之影響，非孟子立意求改仲尼之道也。」(蕭公權：《中國政治思想史》(上)，臺北：聯經，1982.6，頁 94) 此說從時代環境立論，固然可為孔孟不同之因，然從理論而言，孔子以信為先，是針對國君的德性立論，孔子重視政治制度的禮樂與法治對比；而孟子以民為貴，著重於百姓的生活，更關心人民的生存，並以民心向背為衡量國君的標準。孔孟皆主張仁政，然孟子在孔子的基礎上，更進一步深化道德政治，以普遍的民心(人心)為政治的基礎，藉善性的擴充使社會群體形成一個道德的場域，而國君是促成這個道德場域的關鍵，但不是以權力強迫推行，而是以感受人民疾苦的仁心為施行仁政的動力，若國君不以人民為重，則國君便失去其身份，政權的移轉在民不在君，此為孟子政治理論的獨特之處。

可運於掌。」（《孟子・梁惠王》）擴充仁心及於百姓，即須使人民溫飽，生活穩定。孟子仍承孔子論政之道德教化，要求國君以身做則，他說：「君仁莫不仁，君義莫不義，君正莫不正。一正君而國定矣。」（《孟子・離婁上》）孟子理想的國君，是個立「大體」的「大人」，一個行仁義的聖王，其心正則臣民皆隨之而正。孟子也同於孔子所說國君須得民心，他說：

> 桀紂之失天下也，失其民也；失其民者，失其心也。得天下有道：得其民，斯得天下矣；得其民有道：得其心，斯得民矣；得其心有道：所欲與之聚之，所惡勿施爾也。（〈離婁上〉）

此論即言得民心之重要，而「民心」為民之好惡，此好惡從「不忍人之心」便可感通明白。孟子此說亦可謂得民心是得人民信任，然其著重於滿足人民衣食需求為根本，實為戰國時期的社會動盪較孔子之時猶盛，各國皆以富國強兵為務，連年爭戰，孟子感受人民流離失所，妻離子散的痛苦，使其遊說國君行仁政時，屢言人民之慘狀，他說：「民之憔悴於虐政，未有甚於此時者也。飢者易為食，渴者易為飲。」（〈公孫丑上〉）人民死傷流亡的情境，使孟子有解救人民苦難的急迫感，故云：「當今之時，萬乘之國行仁政，民之悅之，猶解倒懸也。」是以施行仁政最優先者，在於使人民養生喪死無憾，生活安定為第一要務，是以孟子所謂的「民心」，在於人民的生命與生活，國君必須體察於此，苦民所苦，才能得天下。

二、民貴君輕

孟子既以人民生計為仁政之首，便是提高百姓之重要，甚至直接申論「民貴君輕」，將人民、社稷與國君三者分別輕重，排列次序，其云：

> 民為貴，社稷次之，君為輕。是故得乎丘民而為天子，得乎天子為諸侯，得乎諸侯為大夫。諸侯危社稷，則變置。犧牲既成，粢盛既潔，祭祀以時，然而旱乾水溢，則變置社稷。（〈盡心下〉）

本章強調「民為貴」，清楚明白地突顯人民的重要，相對人民與社稷，以「君為輕」。孟子如此排序，從現實考量，國以民為本，若人民流離失所，移居或死傷，則一國無民，國不成國。梁惠王擔心其國之民未增加，即是著眼於此，故孟子以此勸諫國君不要只考量自己的私利，應以百姓為重。然而孟子還更進一步，以得民心與否為「諸侯」、「天子」是否變置的判斷標準，故言「諸侯危社稷，則變置。」趙岐注本句為：「諸侯為危社稷之行，則變更立賢諸侯也。」（《孟子正義》，頁 974）此注文依原文說解，朱熹則注云：

「諸侯無道,將使社稷為人所滅,則當更立賢君,是君輕於社稷也。」[16] 注文指諸侯無道會造成社稷覆亡,使國君更易,其因在於諸侯,然而孟子本章以社稷可因水旱災而變置,直指天子也可更替,用以突顯「民為貴」,其意為國君若不得民心便應變置。「民貴君輕」的關鍵在於以民心決定國君的更替,此為民本思想的展現。

在「民為貴」的基礎上,孟子將國君的統治正當性,從原本的上天轉移到人民。國君得「天命」而為天子,此為君權神授,周初在政權轉移時,興起天命靡常,唯德是依的觀念,已將超自然力量的天命轉化成自我得以掌握的道德實踐,然此觀念仍以維繫天命為論。孟子更進一步將「天命」連結民心,直接論述君之所以為君,在於行仁政、得民心,若否,則喪失國君身份,有德者將取而代之。孟子與齊宣王關於「臣弒君」的討論,明指此意,文云:

> 齊宣王問曰:「湯放桀,武王伐紂,有諸?」孟子對曰:「於傳有之。」曰:「臣弒其君可乎?」曰:「賊仁者謂之賊,賊義者謂之殘,殘賊之人謂之一夫。聞誅一夫紂矣,未聞弒君也。」(〈梁惠王下〉)

孟子以民心向背決定國君是否為君,同時也為人倫秩序之「臣弒君」解套,若君已非君,便不存在「臣弒君」的問題。孟子指出無道之君是殘賊仁義者,不仁不義,便不是國君,換言之,孟子以是否行仁義之政為國君身份的判準,而行仁政取決於得民心,因此國君的易立已不再是由上天為之,而是由人民百姓決定。至於為人臣者當尊君,然而國君若殘賊仁義,臣子應立於仁義公理,更替無道之君。孟子答齊宣王問卿,說:「君有大過則諫,反覆之而不聽,則易位。」(〈萬章下〉)孟子雖分別「貴戚之卿」與「異姓之卿」,然從齊宣王聽問此言而「勃然變乎色」,[17] 顯見孟子此說已具有「革命」之雛形,國君已無永久的天命,人民可依國君是否行仁政而易立之。

---

[16] 朱注見《四書章句集注》,[宋]朱熹著,臺北:臺大出版中心,2016.6,頁 516。朱熹並於「民為貴,社稷次之,君為輕。」注云:「蓋國以民為本,社稷亦為民而立,而君之尊,又係於二者之存亡,故其輕重如此。」從現實層面觀之,若一國無民,則君亦無用,故朱子言「君之尊」是建立於人民與社稷之存。其後朱注言:「丘民,田野之民,至微賤也。然得其心,則天下歸之。天子至尊貴也,而得其心者,不過為諸侯耳,是民為重也。」本條注文明確將「丘民」與「天子」分別為微賤與尊貴,這是就身份地位而言,其後言得民心而天下歸之,順孟子之意。注文將「民為貴」改釋為「民為重」,以輕重詮釋孟子,其意為國君應以民為重,但國君仍是最尊貴者。這是從國君的角度看待人民,與孟子從人民角度提出可更易國君有所不同。

[17] 孟子以民為本的政治思想,與君主專制的中央集權相互衝突,而易立無道之君的主張,更不見容於漢代之後的君主政體,孟子長期未受重視,此或為原因之一。後代針對孟子思想採取禁絕手段最激烈者,莫過於明太祖朱元璋之黜孟子祀,《明史·錢唐傳》記:「(明太祖)帝嘗覽《孟子》,至『草芥』『寇仇』語,謂:『非臣子所宜言』,議罷其配

　　孟子對於國君的標準既明定為行仁政，則從仁心而擴及的倫理關係，亦是孟子所看重者，他論述君臣必須相互尊重，講道義而合禮，兩者關係是相對的，而非絕對的權力關係。他對齊宣王如此論說：

> 君之視臣如手足，則臣視君如腹心；君之視臣如犬馬，則臣視君如國人；君之視臣如土芥，則臣視君如寇讎。（〈離婁下〉）

這三個排比句皆以「君視臣」為前提，「臣視君」為後果，並且由善待至鄙夷，呈現三種不同的君臣對待方式，孟子發揮孔子所論：「君使臣以禮，臣事君以忠。」（《論語·八佾》）將君臣關係清楚地界定為相互對待，孟子續論只有國君對臣子「三有禮」，臣子才會「為舊君有服」。孟子之意為禮制所定，緣於內心情感，君臣以禮相待，方得彼此敬重信賴。倘若國君不行仁義，就喪失其為君的身份，當君不再是君，君臣關係也隨之瓦解。

小結

　　孟子自居孔子傳人，其人性論與心學，可謂建立在孔子仁學的基礎而進一步發展，就理論而言，可歸結為三點，其一，孔子明確指出「仁」是發自於「心」，孟子據此而申論「心」有四端，確立善行有其根源，並申論性善。其二，孔子確立行仁由自我意志決定，孟子據此而肯定心志之自律，為善與否為一念而定。其三，孔子指出行仁是終身之事，不可須臾離之，孟子據此而開展為知言養氣的工夫，並建立盡心知天的修養論，使人性的價值得以顯現。孟子論述人皆有四端之心，此一全稱肯定命題得以保證「聖人與我同類」，（〈告子上〉）既然每個人都有成為聖人的本質，於是「人皆可以為堯舜」。（〈告子下〉）聖人不是遙不可及，而是與眾人相同，此一論述確立行善的動力與目標，孟子引顏淵之語：「舜何人也？予何人也？有為者亦若是。」（〈滕文公上〉）此語鏗然，擲地有聲，孟子人性論不僅只是理論，更具有行善的力量，此力量發自內心，是持義而發之大勇，「雖千萬人，吾往矣。」[18] 保持心志專一，勇氣就能源源不絕，故能浩然盛大。孟子人性論將

享。詔：『有諫者以大不敬論。』唐抗疏入諫曰：『臣為孟軻死，死有餘榮。』時廷臣無不為唐危。帝鑒其誠懇，不之罪。孟子配享亦旋復。然卒命儒臣修《孟子節文》云。」從這段紀錄，可見明太祖之所以黜孟子於孔廟祠祀，因孟子思想挑戰國君的地位與權力。雖經錢唐死諫而免其詔，然仍命大學士劉三吾刪《孟子》書中民本思想文字，而成《孟子節文》，並不得為科舉考試之命題內容，可見孟子思想與君王權力的緊張對立。

[18] 此語出自《孟子·公孫丑上》，孟子回答公孫丑問「不動心」，舉北宮黝、孟施舍與曾子相較，認為北宮黝不屈服於外力，是睚眥必報的剛勇；孟施舍不以外在事物為懼，為專注於自身氣盛之英勇；曾子則是內心誠明，經由自省而發之大勇。曾子謂子襄曰：「子好勇乎？吾嘗聞大勇於夫子矣：自反而不縮，雖褐寬博，吾不惴焉；自反而縮，雖千萬

「仁義禮智」皆收攝為人性之根源，保證善行的必然，使後天修養有其源頭，牟宗三先生歸結孟子思想綱領是「仁義內在，性由心顯」，[19]前者為孟子與告子論辯的核心議題，後者為其人性論以「心」為本源的論述，是孟子心學的基礎。

孟子繼承孔子仁學，深化「愛人」的意義。孔子以推己及人論「仁」之實踐，此實踐過程以孝弟為根本，從血緣關係的親情倫理擴展為普遍性的社會倫理，使禮樂有仁心為基礎，仁於禮樂中呈現。孟子對於「仁」之愛人，將「仁」、「禮」存於一心，「仁」具有普遍性，超越血緣之親愛，為仁民愛物的博愛；「禮」則有等差性，為人倫關係中的身份所形成的差別，這個差別以親愛與敬重為基礎，是社會之所以有其秩序的根源。孟子對此有所論述，其云：

> 君子所以異於人者，以其存心也。君子以仁存心，以禮存心。仁者愛人，有禮者敬人。愛人者人恆愛之，敬人者人恆敬之。（〈離婁下〉）

孟子立基於「仁者愛人」，但是更進一步將「愛」置於人我的互動，此一論述極為關鍵，是孟子人性論的重點。在互動中反省，即為「存心」，人性的四端之心，在與他人互動中呈現，而這個互動即是仁、禮表現之「愛人」、「敬人」。是以父慈子孝，兄友弟恭，都不是單向的情感與行為，而是彼此相互連結，君臣關係亦然。這是孟子所論「仁者愛人」，不同於墨子「兼愛」之所在，每個人於自身延伸至群體，不同的倫理構成等差秩序，而有相應的情感反應。是以君子施德於民，即由己而推至於人，孟子云：

> 君子之於物也，愛之而弗仁；於民也，仁之而弗親。親親而仁民，仁民而愛物。（〈盡心上〉）

親，對應於親人；仁，對應於人民；愛，對應於物事。君子於物於人，各有所宜，而仁民愛物是仁愛之心的擴而充之。國君仁愛其民，人民禮敬國君，各人皆於自己的身份，發自內心的相互對待，便是「存其心」的工夫，得以「養其性」，進而「事天」。

孟子提出性善說，不僅只是一種人性理論，最重要的是開展生命的意義與價值，活著的目的不全然是延續生命，為了成就「義」可以放棄生命，將生命的價值提升於道德層次，唯有以人性自身善端為本，才能使生命的價值

人，吾往矣。」孟子贊許曾子之勇，即其長養浩然之氣的不動心，亦是孟子以仁心為本之大勇。

[19] 牟先生說此八字為孟子思想的綱領，見劉述先記錄。（劉述先：〈孟子心性論的再反思〉，《中國文哲研究通訊》，第四卷第二期，1994.6，頁14）牟宗三先生於《圓善論》闡釋孟子「仁義內在」與「性由心顯」，並引陸象山之「孟子十字打開，更無隱遁」，謂儒家圓教義理於此顯露。

有其意義。孟子以善念的共感為人性基礎，故以此理說服國君行仁政，將道德延伸至政治領域。孔子已啟仁政之端，孟子更進一步將個人之仁心擴大為涵蓋群體的仁政，即國君是仁政的施行者，然而人民全體才是仁政是否成立的受予者和參與者。孟子描述人民衣食無慮，彼此有禮和善，禮尚往來，人倫秩序於四端之心的發動而有孝弟之行，這樣的社會樣貌，是孟子理想的國度，也是仁政的具體呈現。孟子致力發揚孔子思想，也如孔子周遊列國，遊說各國君主實行仁政，雖未獲重用，卻也顯示其學說的理想性格，為先秦時期繼孔子之後的儒學重要發展。

第四章　性惡善偽——荀子

　　荀子生處戰國末期，曾於齊國稷下學宮學習並擔任三次「祭酒」，又赴楚國蘭陵講學，[1] 其門生韓非、李斯為秦國一統天下的關鍵人物。荀子自居孔子、仲弓的繼承者，[2] 斥子張、子游、子夏等為「賤儒」，亦批評子思、孟子是「略法先王而不知其統」。[3] 荀子在〈非十二子〉一文中，以「禮」為準，評論諸子雖然言之成理，但是欺惑愚眾，並批評許多儒者未能傳承孔子之道。荀子批評的對象可分為儒者與非儒者，對儒者的評論為突顯自己是傳承孔子學說的正統，斥責非儒者為「邪說」、「姦言」則顯示他自己所謂的孔子思想才是使天下得以為治的真理。

　　從思想史的角度觀之，〈非十二子〉有三個重點，其一，荀子非議的諸子涵蓋漢人分類的先秦各家學派，但與《莊子・天下》相較，可見得先秦諸子的「身份」不必然得依漢人之分，如荀子將宋鈃與墨翟並稱，〈天下〉中的宋鈃與尹文同列，宋鈃主張容辱不爭，可為墨家，亦有道家之風。諸子如何分家，其標準依分類者之視角而定，同理可證，後世爭議荀子是否為儒者，亦是分判標準所致。其二，諸子相互批評為戰國時期的普遍現象，藉由

---

[1] 關於荀子的姓名，《史記》稱「荀卿」，《韓非子》、《戰國策》與漢人著作多稱為「孫卿」，至於《荀子》書中多稱「孫卿」，僅〈彊國〉有「荀卿子說齊相」稱「荀卿」。「孫」、「荀」之別，前人或謂避漢宣帝諱「詢」，故改「荀」為「孫」，清代謝墉考辨之，認為是古音相近而通假。（謝墉：〈荀子箋釋序〉，收於《荀子集解》，北京：中華書局，1992.2，頁14）另外，荀子的生平於《史記》本傳中非常簡略，《史記》其他傳記也有提及荀子之處，而劉向《敘錄》以《史記》為基礎加以擴充，還有《韓詩外傳》與《鹽鐵論》中有關荀子的生平與言論，這些記錄是後世建立荀子生平的基本文獻，然這些記錄彼此間有所衝突，是以荀子的生卒年以及生平事蹟多有異說。據佐藤將之推斷，荀子約於西元前 316 年生於趙國，在齊國稷下學宮學習，一度居於楚國，其後任稷下學宮的祭酒。五十過後與趙孝成王議兵，又會見秦昭王，其後接受楚國春申君的邀請，任蘭陵令。（佐藤將之：《荀學與荀子思想研究》第二章〈荀子的生平〉，臺北：萬卷樓，2015.12，頁 61-91）荀子活動年代在戰國晚期，卒於秦國統一之前。

[2] 《荀子》書中有四處將「子弓」與仲尼並列，楊倞注〈非相〉云：「子弓，蓋仲弓也，言子者，著其為師也。《漢書・儒林傳》馯臂字子弓，江東人，受《易》者也。然馯臂傳《易》之外，更無所聞，荀卿論說，常與仲尼相配，必非馯臂也。」（《荀子集解》，[清] 王先謙撰，沈嘯寰、王星賢點校，北京：中華書局，1992.2，頁 73）仲弓的生平未詳，謹於《論語》中載其為「德行」科，孔子並贊其「可使南面」，（《論語・雍也》）可見仲弓有君人之德。

[3] 引文出自《荀子・非十二子》。（《荀子集解》，同上註引書，本章所引《荀子》皆同，僅標注篇名）

否定他人說法以證成自己學說為確，〈非十二子〉亦是如此。然而荀子又有所不同，他於批評中吸收融合諸子，有集大成之勢。其三，荀子推崇孔子，認為孔子所傳聖王之道，能使天下太平，另證〈解蔽〉評論諸子皆得道之一隅，只有孔子「仁知且不蔽，故學亂術，足以為先王者。一家得周道，舉而用之，不蔽於成積也。故德與周公齊，名與三王並。」孔子之所以「不蔽」，以其「仁知」，孔子雖未居王位，仍其能明道之周全，與周公三王並稱。荀子對孔子的讚譽，著重於其博學重禮，知道而無私，與其說是荀子眼中的孔子，毋寧是荀子認為的王者之道。

荀子從學問傳承樹立正統，據此批評其他孔子之後的儒者，一如孟子自比承繼聖人道統，兩人於此出現歧異，也使後世爭論不斷。今日所見《荀子》與《孟子》的論述，兩人皆能自成體系，孟子以「性善」為立論基礎，於此擴展至工夫論與政治論，可謂孟子顯揚孔子「仁」學；而荀子以「性惡」為基礎，以「化性起偽」宣揚禮制與教育的重要，並以此建立其政治論。荀子與孟子最大不同處，在於荀子之學本諸孔子，於「禮」與「學」最為突出，但又融會諸子學說，將老子自然之道引為天論，吸收告子以生物論性，還採用名家與墨家的名實論辨方法，與管子法治思想亦有關係。《荀子·非十二子》表面上雖是評論其他諸子，但荀子也在批判否定中受到影響。[4] 由於荀子思想的多元性，後世論者對荀子評價各有不同，從各自立場加以褒貶，尤以宋明時期尊孟抑荀，視荀子為雜學。雖然詮釋之前見難免，但仍應回到《荀子》文本，依《荀子》論荀子，而非劃定標準再進行詮釋。今日所見《荀子》，經歷兩次重要編輯，其一為西漢劉向編《孫卿新書》，將西漢前期流傳的《荀子》篇章加以刪訂而成三十二篇。[5] 其二為唐朝憲宗時

---

[4] 關於荀子思想與先秦諸子的關係，佐藤將之認為《荀子》援用《墨子》的「兼」，《莊子》的「道德」，《管子》的「禮制」，以及《呂氏春秋》的「理」（理義），綜合並轉化各家思想而建立其禮治思想，其主旨在於栽培能以禮治天下的君王。（佐藤將之：：《荀子禮治思想的淵源與戰國諸子之研究》，臺北：國立臺灣大學出版中心，2013.12）荀子的確吸收各家思想，經過轉化而為其所用，如荀子嚴厲批評墨子，但是荀子也多論「兼利」，認為君王對人民應「兼而覆之，兼而愛之，兼而制之。」（《富國》）統治者必須兼顧天下百姓事物，然荀子很清楚的說：「兼足天下之道在明分。」（《富國》）荀子將墨子的「兼」統合於其禮治之論，呈現儒墨匯流的思想樣貌。

[5] 《荀子》書中一些文字段落重出於《韓詩外傳》、《禮記》、《史記》與《大戴禮記》等漢初文獻，而《荀子》篇章中亦多見重文，顯示秦漢之際流傳的荀子篇章，經歷傳抄引用的過程。（《〈荀子〉與先秦兩漢典籍重見資料彙編》，何志華等編，香港：香港中文大學出版社，2005.4）西漢劉向編定《荀卿新書》，於書錄云：「所校讎中《荀書》凡三百二十二篇，以相校除復重二百九十篇，定著三十二篇。」（《荀子集解》，前引書，頁557）從劉向所言，可知漢初流傳「荀卿」所著的文獻，數量龐大，劉向刪除重複者高達九成，可見秦漢之際傳抄者眾，亦可旁證荀子重視禮樂，強調學習，以及論政的思想，於秦漢之際廣為流傳。

楊倞訂正文句，調整篇章次序，再加以注解，重新命名《荀子》。清代許多學者進行校勘，並且反對宋明抑荀之說，清末王先謙匯集各家，編成《荀子集解》，可為清學之集大成者。

　　本章論述以《荀子》為本，先申述其人性論，說明荀子標舉「性惡」為其視「性」為動物之性，如依本能行事，必將造成社會混亂，故由惡之果而定人性為「惡」。為避免因人性導致之惡果，故需以禮樂為節制，並行教化，方能「化性起偽」。至於禮樂出自聖人制定，聖人依社會秩序的需求，以認知之心制作禮樂，而人亦具有此「心」，故能習禮樂以正其行。由於禮樂之執行需有強制力，荀子尊君隆禮，並以天人分立，不以天之意志為人事，以此建立其理想的政治體制。以下分述之。

第一節　人之性惡

　　孔子對人性未有明確論述，然而後繼者孟子與荀子皆於人性論多所著墨，甚至成為學說的核心。這個變化並非偶然，就學術發展脈絡而言，孔子確立「仁」、「禮」為儒學的重要概念，用以建構倫理關係與社會秩序的論述，而行為造成的善惡結果，勢必涉及動機與目的。是以孟荀兩人爭論人性，實則處理生命的意義與價值問題，乃至群體的相互關係以及社會政治的運作。若從戰國的情勢而言，諸侯放恣與處士橫議，諸子盡力說服國君實施各自的政治主張，促使孟荀兩人以儒學之德政對抗各家，在論辯德政之必要時，便得闡明人之「性」、「情」，並以此為基礎而開展德政的論述。以下分述荀子「性惡」，以及「化性起偽」之說。

一、性惡

　　荀子論人性，其「性惡」主張最廣為人知。荀子明言「人之性惡」，此「性」指人生而有之的動物本能，為生理感官欲求，人人皆同，無一例外。其云：

> 凡人有所一同。飢而欲食，寒而欲煖，勞而欲息，好利而惡害。是人之所生而有也，是無待而然者也，是禹桀之所同也。目辨白黑美惡，而耳辨音聲清濁，口辨酸鹹甘苦，鼻辨芬芳腥臊，骨體膚理辨寒暑疾養。是又人之所常生而有也，是無待而然者也，是禹桀之所同也。（〈榮辱〉）

荀子認為所有人都有生存的欲望，以及感官的欲求，不論是好人或壞人，盡皆相同。從感官論述人之所同，就是以生物視之，故於此言人之「性」，此「性」指生物性，其〈性惡〉首段論云：

> 人之性惡，其善者偽也。今人之性，生而有好利焉，順是，故爭奪生而辭讓亡焉；生而有疾惡焉，順是，故殘賊生而忠信亡焉；生而有耳目之欲，有好聲色焉，順是，故淫亂生而禮義文理亡焉。然則從人之性，順人之情，必出於爭奪，合於犯分亂理，而歸於暴。故必將有師法之化，禮義之道，然後出於辭讓，合於文理，而歸於治。用此觀之，人之性惡明矣，其善者偽也。

荀子以「惡」描述「性」，屢言「人之性惡」，此「性」既是天生所具的生物性，就其指稱的對象與範疇，與告子言「生之謂性」、「食色性也」其實一致，就是自然之性，荀子何不以無善無惡言之？荀子之所以用「惡」言「性」，其一，此生物性若不加以節制，必然爭奪淫亂，故以三個「順是」論之，「惡」是任「性」為之的結果。其二，「善」是後天之「偽」，聖人制禮樂，使人學之而後節制此性，方得善行。荀子從行為造成混亂的結果，判定先天本性會導致惡果，故從果惡推論因惡，直言「性惡」，這個推論以「順是」為其關鍵。然而這個推論有因果謬誤，從現實的暴行推因「從人之性」，從而判定人之性惡，其因果關係未必如此，而且強調後天環境與教育能約束人性而生善行，同樣可證先天之性因後天學習而擴充為善，如孟子所論，或是先天之性無善惡，如告子之言。荀子其實已意識於此，故而將「初生」定為行為分別的時間點，也就是一生下來就開始學習，所以用後天之「偽」矯正先天之性。

　　然而如此論述，仍無法充分證成先天之性為惡，荀子甚至也以質樸言性，取消對「性」之價值論斷。荀子駁斥孟子性善，在〈性惡〉中論云：「今人之性，生而離其樸，離其資，必失而喪之，由此觀之，然則人之性惡明矣。」此論看似在初生之前，人性尚有質樸的時期，待初生之後而喪失此質樸。此說與荀子強調人之性惡，顯然有所不同，〈禮論〉尚云：「性者，本始材樸也；偽者，文理隆盛也。」以「性／偽」對比是荀子反覆持論者，然言「本始材樸」，卻可見得荀子論「性」為生理欲望，此生物本能難以用善惡評判，故其於〈性惡〉以「陶人埏埴」、「工人斲木」證明器具是經過人工成型，是生於人之偽，而非生於人之性，這兩個例子只能突顯加工之「偽」，而無法證明材質為「惡」，甚至只能以材質是中性質樸視之。荀子指出「生之所以然者謂性」，（〈正名〉）實與告子的「生之謂性」近似，既然以生論性，就不得不以質樸論生理之性，畢竟生物本能無法以價值判斷的善惡論之。然而荀子論「性」言「惡」，又言「樸」，這個看似自我矛盾的論述，實則荀子為了突顯禮義之重要，社會秩序必須以禮義維繫，故而從行為的結

果強調「順是」之危,並從而言「性惡」。若然,與其說荀子思想的核心是性惡,毋寧說是重禮,禮樂教化才是荀子思想最重要者。

由於荀子強調後天可見之惡行是出自於先天本性,然而先天生物性又實難以價值判斷之善惡論之,荀子只能以「偽」之人為,對比「性」之本始,不斷申述禮義皆人為,先天之「性」在人為的禮義規範下受到約束,才能呈現善行。其舉證云:

> 今人之性,飢而欲飽,寒而欲煖,勞而欲休,此人之情性也。今人見長而不敢先食者,將有所讓也;勞而不敢求息者,將有所代也。夫子之讓乎父,弟之讓乎兄,子之代乎父,弟之代乎兄,此二行者,皆反於性而悖於情也;然而孝子之道,禮義之文理也。故順情性則不辭讓矣,辭讓則悖於情性矣。用此觀之,人之性惡明矣,其善者偽也。(〈性惡〉)

本段說明人之「情性」是滿足生理需求,此為天生的自然之性,由此論證人之所以有背於本性之行為,在於後天學習禮義所致,此處也指出孝道是後天禮義所成,並非出自於本性。荀子常將「情性」並稱,視「性」、「情」與「欲」為同一事物的不同層次關係,其云:「性者,天之就也;情者,性之質也;欲者,情之應也。」(〈正名〉)「性」是天生所具之動物性,此動物性的本質為感官功能的欲求,而對事物的欲求,內心將產生相應之情感。在「情性」中,「心」扮演重要角色,〈正名〉論云:

> 生之所以然者謂之性。性之和所生,精合感應,不事而自然謂之性。性之好惡喜怒哀樂,謂之情。情然而心為之擇,謂之慮。心慮而能為之動,謂之偽。慮積焉,能習焉,而後成,謂之偽。

從天生而成之性,由性而生情,情與物相應而有滿足欲望之需求,此時「心」便會有所選擇,能思考判斷。就因為人心具有思考的能力,才能學習,才能制作禮樂,才能控制生理欲望。

荀子從分配與職分論「禮」,因此強調禮的合宜,不應過度繁複或減省,而過與不及的標準在於禮須合乎「情」。「禮」既是聖人依人之性(情)制定,在執行時就須「合情合禮」,即情禮相稱,荀子論云:「文理情用相為內外表裡,並行而雜,是禮之中流也。」(〈禮論〉)此意為禮文與內心的情感,兩者必須相稱,文過於情或情勝於文,皆有所偏頗,只有內外表裡一致,才是行禮合宜。荀子與孔孟從內在之仁心言禮不同,僅言行禮須與「情」相稱,此因荀子以情言性,禮文所對治約束者為情性。禮文與情感相稱,便意謂情感能受到禮文的規範,至於人能習禮,為心能思慮之故,由此可言化性起偽。

二、化性起偽

　　既然縱容人性會造成嚴重後果，故荀子重視禮樂教化，強調禮樂能節制人性欲望。是以荀子論述施政時，主張設置學校，教民以禮，藉由教育引導人民的行為，他說：

> 不富無以養民情，不教無以理民性。故家五畝宅，百畝田，務其業，而勿奪其時，所以富之也。立大學，設庠序，修六禮，明七教，所以道之也。《詩》曰：「飲之食之，教之誨之。」王事具矣。（〈大略〉）

此處與孟子論王道幾乎一致，同樣是養民以五畝之宅，百畝之田，勿奪其時，「謹庠序之教，申之以孝悌之義。」（《孟子・梁惠王》）養民教民，使民不饑不寒，再教之以禮，使人民知禮而長幼有序，荀子所論亦是如此，人民依時序耕種，富足而習禮。然而此論看似與孟子相同，實則有別，荀子認為禮樂由聖人制作，其目的在於使人性被規範而不至於做亂，禮樂是純然的外在規範，至於孟子所論之教化，是啟發善端之性，禮樂雖也是先王所定，卻是根源於內在善性。荀子立論與孟子不同，雖然都論及政施以養民教民為務，也都有設學校的具體措施，但是荀子在論及教育時，更著重於「分」，依政令建立教育制度，中央與地方各有其責，如〈王制〉中論及地方教育屬於「鄉師之事」，其職責是「順州里，定廛宅，閑樹藝，勸教化，趨孝弟，以時順修，使百姓順命，安樂處鄉。」教化人民從基本的民生著手，至於「辟公之事」，則是「論禮樂，正身行，廣教化，美風俗，兼覆而調一之。」諸侯所為之教化是以身作則，地方官員以「勸」，而中央諸侯為「廣」，至於國君為「全道德，致隆高，綦文理，一天下，振毫末，使天下莫不順比從服。」國君的職責在齊一天下，即是推動道德教化，實施德政，天下歸服而成為聖王。荀子詳細列出各級官員的職責，可見其重視制度，凡事依規範而行，偏重於禮的「分」之性質。[6] 禮能確立萬物分別，以及眾人

---

[6] 荀子對於禮的性質、範圍與效用多有討論，其中最為關鍵的是以「分」言禮。事物各有所別，必須以合理的規範使萬物和諧，是以「宇中萬物生人之屬，待聖人然後分也。」（〈禮論〉）聖人見萬物的差異，制禮以別其分，眾人依禮而行，社會才有秩序，這是荀子一再強調者，如：「先王惡其亂也，故制禮義以分之，使有貧富貴賤之等，足以相兼臨者，是養天下之本也。」（〈王制〉）「先王惡其亂也，故制禮義以分之，以養人之欲，給人之求。使欲必不窮乎物，物必不屈於欲。」（〈禮論〉）「先王惡其亂也，故修其行，正其樂，而天下順焉。」（〈樂論〉）荀子以「分」言「禮」，包含人倫關係，工百職責，以及政治分職，在萬物分別、分立的基礎上，社會才能有效運行。李哲賢指出荀子「以分言禮，將道德規範之禮，擴及於治道，乃是荀子言禮之勝義。」（李哲賢：《荀子之核心思想——「禮義之統」及其時代意義，臺北：文津，1994.8，頁 163）荀子反覆申論「分」之重要，並以此駁斥墨子「兼愛」之無差等，評其「有見於齊，無見於畸。」

職分，由此分別所形成的人倫關係，才能秩序井然，這是荀子論禮的基礎，也是其重視教育與學習的關鍵所在。

荀子認為人的初生本性只是生物本能，因此一切的禮義教化，皆是人類用以節制此生物本性。然而，所有人初生時都是質樸的自然之性，每個人都為了生存而爭奪，則禮節規範從何而來？荀子面對這個問題，答以「凡禮義者，是生於聖人之偽，非故生於人之性也。」（〈性惡〉）這個回答有兩個重點，其一，禮義是由聖人制作，非一般人所能為。其二，聖人與一般人的「性」皆同，但聖人所不同者，在於「偽」。「偽」不是先天本有，是後天學習思考後所得，是以「慮積焉，能習焉，而後成，謂之偽。」（〈正名〉）聖人之所以為聖人，在於其「偽」，「故聖人化性而起偽，[7] 偽起而生禮義，禮義生而制法度。然則禮義法度者，是聖人之所生也。」（〈性惡〉）禮義法度，由聖人所制定，為了「化性起偽」，建立社會秩序。「化性」之意，並非「性」可改變，荀子一再強調「性」是天生而成，不可改易，無法變化，然而荀子又謂：「性也者，吾所不能為也，然而可化也。」（〈儒效〉）可化者，不是本性，而是行為，「化性」之「化」為教化，是禮義法度能「起偽者」。荀子於〈正名〉已釋曰：「狀變而實無別，而為異者，謂之化。有化而無別，謂之一實。」外表改變而本質無別，便是「化性」，此即荀子主張禮樂的作用，能有效的約束本性，質樸生理之性未變，但是能表現出人為教化後的善行。

第二節 知道之心

眾人之性既然皆同，則禮樂從何而來？荀子答曰：「聖人積思慮，習偽故，以生禮義而起法度，然則禮義法度者，是生於聖人之偽，非故生於人之性也。」（〈性惡〉）禮樂是聖王制作，然而聖王之「性」與眾人同，何以聖王能而眾人不能？此外，人之性既為生理本能，為何能接受並學習禮樂？當荀子以「慮積」、「能習」解釋「偽」時，實已答之。即聖王具有思考的能

（〈天論〉）以「齊」強制弭平差異，反而造成爭奪，荀子論曰：「分均則不偏，埶齊則不壹，眾齊則不使。」（〈王制〉）此處以「分／齊」相對，突顯儒墨之別，故荀子以分言禮，當眾人依禮而行，社會方能井然有序。在「分」的基礎上，才能使萬物平衡，達到「兼之」的整體性和諧，也就是上引〈王制〉所言先王制禮以別其分，方能「相兼臨」之，萬物各安其分，各得其宜。以禮之分為治，荀子稱之為「養天下之本」。

[7] 楊倞注本句云：「言聖人能變化本性而興起矯偽也。」注文將「化性」釋為「變化本性」，容易造成誤解，畢竟荀子已明言：「凡性者，天之就也，不可學，不可事。」（〈性惡〉）可學可事者為禮樂，可改變者為「偽」，故本性是無法變化的，只能靠後天禮義偽飾之。

力，知道不能任由情性氾濫，是故想到必須制作禮義以約束眾人，即聖王能「慮」。只是這樣的解釋，仍無法避免為什麼聖人能思考，而眾人不能思考的質疑。由於荀子堅持「性」為生理本能，人人皆同，在此前提下，他不得不引入「心」，即人除了有天性，亦有「心」，此「心」具有思考判斷的能力，如此一來，禮樂學習方為可能。

荀子將「心」視為形體的主宰，其云：「心者，形之君也，而神明之主也，出令而無所受令。」（〈解蔽〉）「心」是感官情性的控制者，能指揮形體，而且不受外物役使。這樣的「心」不是一般的器官，不同於「性」，與耳目口鼻的層次不同，具有思慮的能力。當本性因應外物而生出喜怒各種情緒，此時心思活動而判斷選擇，約束調整情緒，以免造成不當的行為。荀子云：「情然而心為之擇，謂之慮。心慮而能為之動，謂之偽。」（〈正名〉）「心」能思考判斷，故能以心治性。荀子還將「心」喻為水，以為「人心譬如槃水，正錯而勿動，則湛濁在下，而清明在上，則足以見鬚眉，而察理矣。」（〈解蔽〉）心既然如水，只是客觀地映照外物，學習禮樂，因而做出判斷。此心是認知學習的心，能知道，明事理，荀子論云：

> 人何以知道？曰：心。心何以知？曰：虛壹而靜。心未嘗不臧也，然而有所謂虛；心未嘗不兩也，然而有所謂壹；心未嘗不動也，然而有所謂靜。人生而有知，知而有志。志也者，臧也，然而有所謂虛，不以所已臧害所將受，謂之虛。心生而有知，知而有異；異也者，同時兼知之。同時兼知之，兩也，然而有所謂一。不以夫一害此一，謂之壹。（〈解蔽〉）

荀子以「虛壹而靜」說明「心」能「知道」，此能力生而本有。耳目感官會被外在事物牽引，被吸引而趨向事物，這種被外物役使為生物的本能，是往外的；而「心」不同於感官，能控制念頭，保持平靜的狀態，唯有如此，才能「虛心」地吸收知識，學習禮義，是向內的。荀子論心之「靜」，近似告子「不動心」，可以不受外力影響，又類似莊子論心之「虛靜」。[8] 只是莊子所論為「忘心」的工夫，破除自我的成見而與物同體，荀子論心之虛靜，則

---

[8] 莊子論聖人心靜，法天地之淡漠無為，其云：「聖人之靜也，非曰靜也善，故靜也；萬物無足以鐃心者，故靜也。水靜則明燭鬚眉，平中準，大匠取法焉。水靜猶明，而況精神。聖人之心靜乎，天地之鑑也，萬物之鏡也。夫虛靜恬淡，寂漠無為者，天地之平而道德之至，故帝王聖人休焉。」（《莊子・天道》）聖人法天地，以虛靜之心觀照萬物，如同水靜之映照。老子也有近似之論，其云：「致虛極，守靜篤。萬物並作，吾以觀復。」（《老子》第十六章）以己心之虛靜，照見萬物生長，而明其往復循環，此為老莊道家對於萬物的認知，以不知為知。荀子亦以心之虛靜論知，透過保持心思的專一虛靜，不被外物蒙蔽，方能得知先王之道。荀子取老莊虛心之功夫，然不同於老莊之靜觀萬物，而是以虛心專一，明萬物之理。

是為了「知道」，必須保持心的清明，才能認知學習，不受外物與欲望的蒙蔽，也能虛心學習與理解不同的觀點。

　　既然心能學習認知，也可能被蒙蔽，於是荀子提出「養心」的工夫，使心能保持認知的能力，並且從「知道」，進一步「體道」。養心的工夫為「誠」與「治氣」，其云：

> 君子養心莫善於誠，致誠則無它事矣。唯仁之為守，唯義之為行。誠心守仁則形，形則神，神則能化矣。誠心行義則理，理則明，明則能變矣。變化代興，謂之天德。天不言而人推高焉，地不言而人推厚焉，四時不言而百姓期焉。夫此有常，以至其誠者也。君子至德，嘿然而喻，未施而親，不怒而威：夫此順命，以慎其獨者也。善之為道者，不誠則不獨，不獨則不形，不形則雖作於心，見於色，出於言，民猶若未從也；雖從必疑。天地為大矣，不誠則不能化萬物；聖人為知矣，不誠則不能化萬民；父子為親矣，不誠則疏；君上為尊矣，不誠則卑。夫誠者，君子之所守也，而政事之本也，唯所居以其類至。操之則得之，舍之則失之。操而得之則輕，輕則獨行，獨行而不舍，則濟矣。濟而材盡，長遷而不反其初，則化矣。（〈不苟〉）

本段為以誠養心的重要論述，由於其中有「誠」、「慎其獨」的關鍵字，部份文句與《中庸》相近，又似有《大學》中「誠其意」的修身而至天下的進程，而《孟子‧離婁》亦有論誠者，荀子與思孟學派的論述看似一致，甚至楊倞直接以《中庸》注解文中「慎其獨者也」。[9] 荀子思想自成體系，儘管本

---

[9] 楊倞注云：「人所以順命如此者，由慎其獨所致也。慎其獨，謂戒慎乎其所不睹，恐懼乎其所不聞。至誠不欺，故人亦不違之也。」楊倞直接引《中庸》文句為注，將荀子的「順命」以《中庸》的「天命」釋之，亦改本文之「致誠」為《中庸》的「至誠」。清末郝懿行《荀子補注》謂楊倞據《中庸》為非，應釋「慎」為「誠」，而非謹慎，郝說從文字訓詁批評楊注為非，然未能深究《荀子》此論之意。然而這個段落的內容，引發學者關注荀子與《大學》、《中庸》，以及孟子的關係，黃俊傑指出：「荀子以誠心為『慎獨』的一部分，此與《大學》、《中庸》同一思想脈絡。」（黃俊傑：《孟學思想史論》（卷一），臺北：東大圖書，1991.10，頁 87）黃俊傑主要討論孟子心學的影響，認為「慎獨」是孟子後學在工夫論的新發展，荀子吸收之。陳昭瑛認為荀子發揮並吸收孟子的誠論，再影響《中庸》，彼此間存在系譜關係。（陳昭瑛：《荀子的美學》第三章〈《荀子》與〈易傳〉、《中庸》的系譜關係〉，臺北：臺大出版中心，2016.8，頁 139-184）學界多認為《禮記》是漢代彙編戰國晚期儒者的論文集，伍振勳則提出不同於論點，認為《中庸》是儒學前期文本，以修身為政治基礎，孟子則以其心性論強調存心養性的工夫，至於荀子則著重於仁義之統的體制，三者各自面對所處時代提出不同旨趣的誠論，不必然有繼承的譜系。（伍振勳：〈《中庸》「誠」論的思想史意義——兼論《中庸》、孟、荀「誠」論系譜〉，《臺大中文學報》第六十六期，2019.9，頁 1-42）事實上，戰國後期的思想發展有合流趨勢，由於荀子思想以禮治為基礎，匯合諸子之論，「慎獨」不僅見於《中庸》與《大學》，出土文獻中的馬王堆帛書與郭店竹簡中皆有《五行》篇，

段文句有相近於《中庸》之處，但立論不同，《中庸》所言「至誠之道」，是以「慎其獨」的戒慎惕厲，使德性於至誠中成己成物，實踐天命而贊天地之化育。至於孟子著重於「反身而誠」，在自省中彰顯本性之四端，故「思誠」、「反身」皆是自覺的工夫。再深究荀子的論述，其論「誠」於養心，具體的作為是「誠心守仁」與「誠心守義」，前者化形神，後者變理明。「化神」之「化」是轉化，可以改變行為，亦可釋為教化，指心智的思慮能做出合「禮」的行為；「變明」之「變」是改變，即於「理」能明晰，心智能經由學習而做出正確的判斷，足以移風易俗。至於世間看似有所變化者，是四時寒暑的代興，而天地的本質不變，即「有常以至其誠」，此可參照荀子論：「天有常道，地有常數，人有常體。」（〈天論〉）四時雖有變換，循環不已是常道，人事雖有各種變化，仁義是常道，為荀子思想中的最高道德價值，透過禮制實現之。[10]「誠心」是心能認知與學習仁義，約束本性而有仁義之行，不僅是個人的行為能因誠心而有「偽」，更能影響百姓。故本段之末將「誠」視為「政事之本」，至此君子之至德與天德相應連結。是以荀子言「順命以慎其獨」之「順命」是順應天地四時的常道，而「慎其獨」則著重於心思的真誠，近於虛靜之心，沒有算計心機，心誠之，則見於色，出於

兩者文句近似，皆有「君子慎其獨也」的文句，慎獨是「能為一」，意指君子將「五行」（仁義禮智聖）調和為一體，集中於「心」，心不受五官干擾，而具有主宰作用，此說與荀子相同，可見得早期儒家學派有不同於《中庸》的「慎獨」之說。然而竹帛《五行》又有以「心」為主體，並言「慎其獨也者，言舍夫五而慎其心之謂也。」似乎意指「心」捨棄身體感官而獨立存在，池田知久認為這是受到道家的影響。（池田知久：《馬王堆漢墓帛書五行研究》，王啟發譯，北京：中國社會科學出版社，2005.4，頁122）《五行》不必然是受到道家影響，「舍五」並非捨棄感官，而是指「心」為五官之「君」，發揮「心」的主宰與知道的能力，此說與荀子主張相近，荀子所言「慎獨」不同於《中庸》與《孟子》，從出土文獻可證其有所承。陳來指出「唐宋以來儒者論慎獨，多以《中庸》為說，竹簡《五行》提供了子思學派早期的另一種理解。」（陳來：〈竹簡《五行》與子思思想研究〉，《竹帛〈五行〉與簡帛研究》，北京：三聯書店，2009.4，頁141）學界多認為竹簡《五行》是子思學派的文獻，荀子既批評子思，但又引用子思學派的《五行》，或許子思學派可能有多重的發展。荀子以儒學正統自居，顯示荀子除了傳承孔子學說，又吸收各家思想而成其一家之言，從「慎獨」之說，也可見得思想傳承的複雜關係。至於學統或系譜的建立，雖有助於梳理思想傳承的線索，但也可能造成局限，應慎而論之。

[10] 孔子建立「仁」學，雖亦論「義」，但「義」的概念化為具有公正、合理的意義，是在孔子之後。「義」在墨家思想中成為核心價值，其後孟子也提升「義」的重要性，並收攝為人性之善端，至於荀子雖重禮，常以「禮義」並列，然而《荀子》中論「仁」與「仁義」，並不亞於孟子。荀子理想中的聖王是「仁人」，行仁義之政才是王道，荀子對於王道的理想同於孟子。佐藤將之指出：「在荀子的思想中，『仁義』實為『禮義』的基礎。甚至可以說，『仁』概念即為荀子倫理學說中最終極的價值。」（佐藤將之：《參於天地之治：荀子禮治政治思想的起源與構造》，臺北：國立臺灣大學出版中心，2016.9，頁263）荀子倡言「仁義之統」，從禮之「分」落實仁義，這是荀學的核心，也是荀子繼承孔子的重要論述。

言，方能化民。誠心之所以為政事之本，在於「聖人為智」、「父子為親」與「君上為尊」，此意為倫理關係在誠心中展現，亦是荀子一直申論的禮義之治。至於心誠之「誠」，尚有「專心」之意，即「用心一也」。（〈勸學〉）所有人不論何種身份，皆應專心一意，各行各業如此，學習與修身亦如此。本段論養心以誠，從修身擴及政事，此一架構與孔孟結合修養論與政治論相同，所不同者在於荀子之心僅為認知主體，養心之「誠」在於心智的虛靜專一，與孟子強調四端之心的自覺而擴充有所不同。

荀子提出養心以誠，誠心能達到「化神」與「變明」，他說：「公生明，偏生闇；端愨生通，詐偽生塞；誠信生神，夸誕生惑。」（〈不苟〉）公正、端謹、誠信，此三者為君子之行，其中「神」為上引文之「守仁」，而「明」為「守義」，皆是誠心的工夫。〈解蔽〉言心為「神明之主」，「神明」若分而論之，「神」是心靈，能觀照萬物，荀子釋曰：「盡善挾治之謂神。」（〈儒效〉）聖人能專心一志，善天下之民；「明」則是能清楚地分辨是非，表現為道德行為，荀子釋曰：「行之，明也。明之為聖人。」（〈儒效〉）因此養心能通神明，內外合一。對於養心，荀子尚論以「治氣」，他說：

> 扁善之度，以治氣養生，則後彭祖，以脩身自名，則配堯禹。宜於時通，利以處窮，禮信是也。凡用血氣、志意、知慮，由禮則治通，不由禮則勃亂提僈。……治氣養心之術：血氣剛強，則柔之以調和。……凡治氣養心之術，莫徑由禮，莫要得師，莫神一好。夫是之謂治氣養心之術也。（〈修身〉）

本段言「治氣」，荀子以「血氣」釋「氣」，指身體與生命，「治氣」能養生，但就算壽如彭祖，不如修身而與聖人齊名。此處分別「治氣」有養生與養心，養心者，即依禮而行，此說可相參於《禮記·樂記》：「夫民有血氣心知之性」，故聖王制禮樂以教化，其意為人心能應物而感，聖人以樂教之以善民心。荀子於〈樂論〉多申此意，且《禮記·樂記》文句多同於〈樂論〉，亦可見兩者關係。[11] 至於「治氣養心」有三種具體做法，一是禮，二

---

[11] 《荀子·樂論》與《禮記·樂記》有大篇幅文字雷同，且〈樂論〉末段同於《禮記·鄉飲酒義》之其中一個段落，學界多爭論兩者的先後與襲取的問題。就《禮記》篇章而言，其來源複雜，非成於一時一人，從〈樂記〉的內容段落亦可見之。《漢書·藝文志》記云：「武帝時，河間獻王好儒，與毛生等共采周官及諸子言樂事者，以作〈樂記〉。」若據此說，〈樂記〉是漢初採輯先秦文獻中關於音樂的論述而成篇。王禕比較〈樂記〉與〈樂論〉，認為兩者雖有共同通，卻又有各自著重的論點，並無抄襲的問題，然其考辨相關史料，一方面提出「《樂記》作者不可能僅僅是公孫尼子一人，《樂記》吸取了《荀子》的內容。」又說：「《荀子》對《樂記》的部份內容進行了改造和化用，在一些重要觀點上二者有細緻的差別。」（王禕：《《禮記·樂記》研究論稿》，上海：上海人民出版社，2011.7，頁 57、101）若比較〈樂記〉與〈樂論〉，兩者最大的差異是〈樂論〉多處提及「墨子非之」，並引墨子之語，加以批判，而〈樂記〉則盡皆刪

是師，三是「神一好」。荀子多論師法的重要，師者能引導端正禮法，意指養心需有恰當合適的師者。而「神」需「一好」，即專心一志，好道為學而無旁騖。荀子未如孟子將「養氣」之「氣」賦予道德修養的意涵，只以當時普遍的血氣視之，故「治氣」只是透過心智的思慮抑制血氣的活動，即以柔調和血氣之剛強，不使行為被生理欲望控制。

雖然荀子將「性」界定為生物本能，但為了解決學習與禮樂由來的問題，不得不引入能知道的「認知心」，這樣一來，「認知心」也成為一個普遍性的先天存在，人人皆有。依此而言，聖人具有此認知心，故得以知道明理，制定禮樂。若然，一般人也可成為聖人。荀子有一重要命題：「塗之人可以為禹」，即一般人也如同禹，具有「可以知仁義法正之質，皆可以能仁義法正之具。」（〈性惡〉）人人皆有「認知心」，故可以通過學習成為聖人。荀子此說，看似與孟子主張「人皆可以為堯舜」（《孟子·告子》）相同，實則荀子的認知學習來自外在的要求，仁義禮法皆是後天學習而得，「可以知」、「可以能」都只是可能；而孟子的成聖成仁來自內心的道德根源，其動力是自覺，非外在所迫。荀子的「心」是被動地學習接受外在的禮義，而孟子的「心」則是主動地興起道德行為的根源。是以，孟子可以很肯定的用「皆」來保證成為聖人，但荀子只能用「可以」、「可能」說明成為聖人的不確定性。另外，孟子理想的聖人是「堯舜」，荀子則是「禹」，前者是行仁義的典範，後者則是禮制規範的制定者，由此亦可見兩者之別。

第三節 天人之分

荀子既然論人性為生物性，則人的各種感官，以及感受外在事物所生成的反應，都是天生而成，耳目口鼻為「天官」，喜怒哀樂為「天情」，順應上天生長萬物的原則而施政謂之「天政」，如此方能使百姓與萬物和諧生長，得成「天功」。荀子將「天」視為客觀存在的自然天，是萬物得生長的根本，而人與萬物相同，都由天的自然運行下生成，故人事也應效法這個自然運行的原則。既然天的運行是獨立客觀的原則，則人與天的關係便是各有職分，各行其事而無相應或連繫。荀子論云：

去。從行文觀之，〈樂論〉是反駁墨子「非樂」之論，首尾一貫，荀子〈樂論〉應是獨立成文，而〈樂記〉則是不斷增刪，至漢編輯而定。此外，〈樂論〉論證音樂具有教化的力量，其云：「樂者，聖王之所樂也，而可以善民心，其感人深，其移風易俗。故先王導之以禮樂，而民和睦。」荀子以人有歡欣之樂，解釋音樂能感染人心，先王為避免人民受淫聲邪音所惑，故制定雅正之樂，使有引導教化之效。荀子還論及「樂合同，禮別異，禮樂之統，管乎人心矣。」雅樂為中正平和，能使社會和諧，故言「同」，而禮則強調各別的身份職分，故言「異」，兩者皆能導正行為，使天下順焉。

> 天行有常，不為堯存，不為桀亡。應之以治則吉，應之以亂則凶。彊
> 本而節用，則天不能貧；養備而動時，則天不能病；脩道而不貳，則
> 天不能禍。故水旱不能使之飢，寒暑不能使之疾，祅怪不能使之凶。
> 本荒而用侈，則天不能使之富；養略而動罕，則天不能使之全；倍道
> 而妄行，則天不能使之吉。故水旱未至而飢，寒暑未薄而疾，祅怪未
> 至而凶。受時與治世同，而殃禍與治世異，不可以怨天，其道然也。
> 故明於天人之分，則可謂至人矣。（〈天論〉）

本段為〈天論〉首段，開宗明義論述「天」為獨立自存，其意為天只是自然
天，不具神性，並不決定人事，也不相應人事而有變化。天之運行有一定規
律，此規律不受人事影響，反之亦然，人間諸事皆無關乎天，不可怨天。是
以，明「天人之分」者為「至人」。天人既各有職分，則天之運行自有常
道，人毋須對天敬畏或讚頌。是以人事由人的意志決定，與天無關，一切吉
凶禍福，都是人造成的，得由人承擔自己行為的後果。荀子強調人的責任，
突顯人的自決意志，他說：

> 若夫志意脩，德行厚，知慮明，生於今而志乎古，則是其在我者也。
> 故君子敬其在己者，而不慕其在天者；小人錯其在己者，而慕其在天
> 者。君子敬其在己者，而不慕其在天者，是以日進也；小人錯其在己
> 者，而慕其在天者，是以日退也。（〈天論〉）

本段藉由君子與小人的對比，論述君子能反躬自省，敬其在己，小人則反
之，慕其在天。荀子進一步強化孔孟本就強調的為仁由己，然而孔孟論述道
德的根源為天，故言天德，受天命而為之，修養的工夫在於「知天」，而荀
子則將道德禮法全然歸諸於人之偽，與天無關。荀子如此論天，近於老子論
天道，亦是自然運行的天，但老子認為有一個創生萬物的道體，荀子則不從
此論，僅言天地運行為常道。[12] 荀子否認天有神性，不是人格神或具有超自
然力量的主宰者，天地只是萬物活動的場所，以及提供生命所需而已。

　　天人各有其分，則天與人的地位相對平等，荀子言天地運行有其規律，
也明白指出天地的運行「不為」、「不求」，此與老子論天之「無為」相近。
但是荀子不同於老子論「法天地」與「法自然」，人對於天地運行不是學習
效法，而是「參天地」，參與加入天地之中，荀子論曰：

---

[12] 老子所云的「天之道」是無為不爭，這是天地運行的原則，荀子論天地「不為而成」，與
老子相近。然而老子論天地萬物由「道」所生，講述道生萬物的宇宙論，荀子雖有言
「天地者，生之始也。」（〈王制〉）此處並非從創生而論，而是謂天地是生命的根本，
也就是有天時地利，萬物才得以生長。若再將荀子與其他諸子相較，墨子視天有神性，
具賞罰能力，為宗教意義的人格天。孟子以天為道德之源，人之行德即為達成天命，故
天為道德天。至於荀子論天與老子之自然天相近。

不為而成，不求而得，夫是之謂天職。如是者雖深，其人不加慮焉；
雖大，不加能焉；雖精，不加察焉。夫是之謂不與天爭職。天有其
時，地有其財，人有其治，夫是之謂能參。舍其所以參，而願其所
參，則惑矣。（〈天論〉）

天地與人各有其職，故人不與天爭，即人不能取代天，也毋須取代天，而是
參與之，此即「通於神明，參於天地矣。」（〈性惡〉）荀子論述只要專心一
志，積善向學，就能「參天地」，而所以參者，在於人以禮義之治維持社會
秩序，而不是惑於天地之時與財。是以國君治國以禮，便是參天地，此論亦
見於《禮記》，但荀子論天地之變化為常道，而人之道德為聖王制禮而得，
並非從天而來，這是荀子獨特之處。[13] 除了參天地，荀子還提出「制天命而
用之」，似乎有人定勝天，改變自然的意思，[14] 實則荀子真正要表明的是
「錯人而思天，則失萬物之情。」（〈天論〉）「制天命」並非改造自然，只是
提醒眾人要將眼光放在人事，而非祈求於想像中有神性的天。

　　荀子雖斷絕天人關聯，但還是論及祭天之禮。他說：「禮上事天，下事
地，尊先祖而隆君師，是禮之三本。」（〈禮論〉）天地、先祖與君師為禮之
「三本」因為天地長養萬物，人需依賴天地方得生存，天子祭天，是對天地
的尊敬；先祖為人之過往，無祖先即無今人；君師則是禮義教化之訂定與執
行者，禮既是社會秩序維繫的重要力量，此三者亦為禮的重要內容，故天、

---

[13] 《禮記‧孔子閒居》記「子夏曰：『三王之德，參於天地。敢問：何如斯可謂參於天地
矣？』孔子曰：『奉三無私以勞天下。』」孔子答三王無私，其德配天地。此處之「參天
地」之「參」為參照相配之意，讚美聖王之德如天地無私。此外，《禮記‧經解》云：
「天子者，與天地參。故德配天地，兼利萬物。」能行德政之君王，得與天地並列為
三。以上兩章的「參天地」皆是贊聖王，亦有效法天地無私之意。此外，《禮記‧中
庸》：「唯天下至誠，為能盡其性；能盡其性，則能盡人之性；能盡人之性，則能盡物之
性；能盡物之性，則可以贊天地之化育；可以贊天地之化育，則可以與天地參矣。」本
章之「與天地參」，是從「至誠」為先，逐次推衍「盡性」，從人至物，乃至天地。這個
過程意謂人與天地相通，所通者為德性，即《中庸》首章言：「天命之謂性，率性之謂
道，修道之謂教。」荀子言性與之不同，雖亦云「至誠」，但荀子所論為心之學習認知
的專一，不同於《中庸》所論之「至誠」為品德修養之誠心。至於《中庸》所言德性修
養能達到「與天地參」，是以「至誠」貫穿天地，為天人合德，然而荀子雖有言天地無
私，但與天地的關係更著重於相互配合，各得其宜。

[14] 荀子言：「大天而思之，孰與畜而制之？從天而頌之，孰與制天命而用之？」（〈天論〉）
此論看似對天以「制」、「用」，然從全文觀之，荀子反對以天為神明，將禍福寄寓於
天，因此以反詰語氣質問對天的態度，而非掌控天地。趙士林指出荀子的「制天而用
之」是一種超前進步的思想，「實際上就是宣示了『人定勝天』。」（趙士林：《荀子》，
臺北：東大圖書，1999.6，頁 86）若以人定勝天解釋荀子的天論，似有誇大之嫌，畢竟
荀子更多論順天，「聖人為不求知天」，也多處論及「上得天時，下得地利，中得人
和。」（〈富國〉）人能順應天地，參與天地，才能各得其宜。

祖與君師之禮便極為重要。僅管重視祭天之禮，但荀子對於此禮只視為教化的一種方式，並非對天賦予宗教意義，故祭祀之禮，「在君子以為人道也，其在百姓以為鬼事也。」（〈禮論〉）祭天是人道成文之事，如此而已。相較於祭天，荀子更詳論喪禮與祭禮，他說：「喪禮者，以生者飾死者也，大象其生以送死也。故如死如生，如亡如存，終始如一也。」（〈禮論〉）生死是人之必然，喪禮是人倫的重要表現，荀子既不以天為神，也未言鬼事，著重於人道，多論政事。

第四節 仁義之政

孔子論「為政以德」，以統治者的德性為政治核心，強調國君之身正以教化人民。孟子推衍為「仁政」，從仁心關懷人民，提升人民的重要性，認為以德行仁者為王。荀子則以「禮」為政治的核心，由於禮涵蓋社會各個層面，故以禮之所分維繫社會秩序，統治者必須實施禮治，富民教民，使道德於禮治中實踐。荀子論政雖有其著重者，但整體而言，仍與孔子、孟子一致，標舉道德政治，並延續王道政治的理想。以下分論尊君隆禮，以及君臣關係，最後再論述荀子理想的國君。

一、尊君隆禮

由於眾人之性皆同，對於禮之起於何人的追問，荀子申論是聖人製作，用以約束管制人之「性」，是以「禮」是後天之「偽」。其云：

> 禮起於何也？曰：人生而有欲，欲而不得，則不能無求。求而無度量分界，則不能不爭；爭則亂，亂則窮。先王惡其亂也，故制禮義以分之，以養人之欲，給人之求。使欲必不窮乎物，物必不屈於欲。兩者相持而長，是禮之所起也。（〈禮論〉）

「禮」是因應人性爭奪的本能而定，以外在的力量抑制欲求，使事物得到合理分配，成為社會穩定的主要依據。故荀子將「禮」定義為：「禮者，法之大分，類之綱紀也。」（〈勸學〉）「禮者，人道之極也。」（〈禮論〉）「禮者，貴賤有等；長幼有差，貧富輕重皆有稱者也。」（〈富國〉）統而言之，「禮」是分別人倫、職業身份、貴賤貧富的規則，使人不因本能的欲望爭奪強盜，而能依禮而行。由於禮樂能約束與引導人性，是以荀子反覆強調禮的重要性，如其云：「人無禮則不生，事無禮則不成，國家無禮則不寧。」（〈修身〉）禮的規範含蓋人生各個階段，也包羅個人至國家各個層面。

　　荀子重視聖王訂定之禮，然於執行時必得有所依循，故荀子言「禮」之「三本」，謂「君師者，治之本」。（〈禮論〉）依此言之，君與師，就是帶領者，引領百姓遵行禮義。但這也同時加強了「君」之權勢，趨向君權集中的政治型態。荀子非常重視由禮制所建構的社會秩序，此社會結構如同金字塔，故以君王為穩定社會的中心，必須予以統治的權力。他說：「君者，國之隆也；父者，家之隆也。隆一而治，二而亂。自古及今，未有二隆爭重而能長久者。」（〈致士〉）國君須有尊隆之位，國家方得穩固。荀子尚云：「天子者，勢位至尊，無敵於天下，夫有誰與讓矣？道德純備，智惠甚明，南面而聽天下，生民之屬莫不震動從服以化順之。」（〈正論〉）荀子一再強調君位至尊，固有其主張禮制之不得不然，但也因為國君責任重大，道德智慧皆得為生民表率。荀子雖言「尊君」，仍不忘勸說國君要愛民重民，任用賢能，修身行禮，〈君道〉一文中諄諄善誘，可見其苦心。

　　荀子一方面強調「禮」之重要性，一方面又重視「師」於禮的傳授中的地位。荀子勸勉眾人努力為學，方法在誦經讀禮，透過詩書禮樂的學習，得以正身，而學習非獨學，必須有賢師的指引。他說：「學之經，莫速乎好其人，隆禮次之。」（〈勸學〉）「好其人」即親近有道的賢者，以賢者為師，其重要性更甚於「隆禮」。荀子對此有詳細申論，其云：

> 禮者，所以正身也；師者，所以正禮也。無禮何以正身？無師吾安知禮之為是也？禮然而然，則是情安禮也；師云而云，則是知若師也。情安禮，知若師，則是聖人也。故非禮，是無法也；非師，是無師也。……夫師，以身為正儀，而貴自安者也。（〈修身〉）

禮的作用在約束情性，導正行為，而師能「正禮」，意謂為師者能以身作則，故學者以師為效法學習的對象。禮能使「情」有所「安」，即情禮相稱，於禮合情；師能使「知」得以「若」，即從師之言行得以同於所學，於師明知。荀子屢言師法之要，「故人無師無法而知，則必為盜。」（〈儒效〉）此意為無師法亦能知，但所知必興亂為盜賊，可見得荀子重視禮的規範功能，更強調老師的身教，即師者所傳在於「以身為正儀」，肩負示範之責。

　　荀子視「隆禮義」為儒者的重要工作，「隆」為重視之意，他將儒者分為三種：俗儒、雅儒與大儒。他所稱頌的「大儒」能「法先王，統禮義，一制度；以淺持博，以古持今，以一持萬。」（〈儒效〉）國君如能任用之，將可王天下，他以周公為大儒之例。至於「雅儒」則是「法後王，一制度，隆禮義而殺詩書。」（〈儒效〉）「殺」字義為殺戮貶抑，本句應解為崇禮義而抑詩書，[15] 從〈禮論〉言禮者，「以隆殺為要。」可知「隆／殺」為對比，荀

---

[15] 清人郝懿行曰：「殺，蓋『敦』字之誤，下同。楊氏無注，知唐本猶未誤。」然近人多認

子認為那些以禮義為尊，以詩書為次的「雅儒」，已可治千乘之國。至於「俗儒」只能「略法先王，而足亂世術，繆學雜舉，不知法後王而一制度，不知隆禮義而殺詩書。」這一類的儒者只能勉強遵循先王的仁義之道，而不知法後王。依荀子的分別，先王見人情之欲，故「為之制禮義以分之」，形成「先王之道，仁義之統，詩書禮樂之分。」（〈榮辱〉）先王建立制度，以「仁義」為統，「禮樂」為分，使人類社會井然有序，而後王承襲之，「欲觀聖王之跡，則於其粲然者矣，後王是也。」（〈非相〉）後王之道，具體可察，是先王仁義之統的體現。是以荀子理想的國君，能法先王之道，亦能觀後王之跡，統天下於仁義，明職分於禮樂。

二、從道不從君

　　禮法規範社會秩序，眾人各有其分，尊君有其必要。然而國君若是暴虐無道，臣子該如何？荀子將國君分為三種，臣子的應對也有所不同。他說：「事聖君者，有聽從無諫爭；事中君者，有諫爭無諂諛；事暴君者，有補削無撟拂。」（〈臣道〉）聖君既為聖，聽令遵從即可。事中君便得有所堅持，勸諫而不奉承，因為中君於是非尚有不明之處，聖臣便如中流砥柱，矯正國君之失。然而，事暴君便不能只是規勸，必須「調而不流，柔而不屈，寬容而不亂，曉然以至道而無不調和也，而能化易，時關內之，是事暴君之義也。」（〈臣道〉）謙遜有耐心，不正面衝突，適時感化國君。荀子要求臣子必須在禮制之下善盡為人臣之責，亦即尊君而不違逆，努力教化指引國君之失。然而，荀子並非一味以君為尊，他引古書言：「從道不從君」，意味「道」高於「君」，為人臣者，即使尊君，但不得盲從國君，不曲意迎合國君，若國君有過，必勸而改之。國君之位雖尊，卻不是無條件的權力中心，荀子仍依循孔子「君君、臣臣」，以身份權責區分君臣關係，君臣以禮待之，而非絕對的上下服從關係。

　　倘若仍無法教化暴君，荀子贊同「奪然後義，殺然後仁，上下易位然後貞，功參天地，澤被生民，夫是之謂權險之平，湯武是也。」（〈臣道〉）商湯伐桀與武王伐紂之事，為孔孟所稱道，荀子亦從之。荀子論「弒君」議題，謂桀紂不行禮義，自失天下。他說：

> 夫桀紂何失？而湯武何得也？曰：是無它故焉，桀紂者善為人所惡
> 也，而湯武者善為人所好也。人之所惡何也？曰：汙漫、爭奪、貪利

為「殺」字不誤，如劉師培指出「殺詩書」即孔子刪詩書，鍾泰以「殺」謂卑抑之，梁啟雄則解「殺」為差，省也。（《荀子校釋》，[周]荀況著，王天海校釋，上海：上海古籍出版社，2009.10，頁 317）

> 是也。人之所好者何也？曰：禮義、辭讓、忠信是也。今君人者，譬
> 稱比方則欲自並乎湯武，若其所以統之，則無以異於桀紂，而求有湯
> 武之功名，可乎？故凡得勝者，必與人也；凡得人者，必與道也。道
> 也者，何也？曰：禮義、辭讓、忠信是也。（〈彊國〉）

荀子以湯武對比桀紂，論述行禮義之道，天下從而歸焉，不行禮義者，失天
下人心。此一來一往，自然造成政權轉移。荀子非常明確地回應湯武是否篡
奪人君之位的問題，他認為桀紂已失國君之位，為一「獨夫」，弒之而救天
下，毫無疑義。他說：「湯武之誅桀紂也，拱挹指麾，而強暴之國莫不趨
使，誅桀紂若誅獨夫。故泰誓曰：『獨夫紂。』此之謂也。」（〈議兵〉）此論
至為重要，意味有一高於國君之位的道德判準，當國君不行禮義之政，即失
其位。換言之，能行禮義，以天下為念者，即可為王。他說：

> 能用天下之謂王。湯武非取天下也，脩其道，行其義，興天下之同
> 利，除天下之同害，而天下歸之也。桀紂非去天下也，反禹湯之德，
> 亂禮義之分，禽獸之行，積其凶，全其惡，而天下去之也。天下歸之
> 之謂王，天下去之之謂亡。故桀紂無天下，湯武不弒君，由此效之
> 也。湯武者，民之父母也；桀紂者，民之怨賊也。今世俗之為說者，
> 以桀紂為君，而以湯武為弒，然則是誅民之父母，而師民之怨賊也，
> 不祥莫大焉。以天下之合為君，則天下未嘗合於桀紂也。然則以湯武
> 為弒，則天下未嘗有說也，直墮之耳。（〈正論〉）

荀子論湯武誅桀紂的立場，與孟子相同，皆盛讚湯武，謂其行仁義，也明確
指出「桀紂無天下，湯武不弒君」，即暴君已非君，故無弒君的問題。荀子
對於改朝換代之「革命」設有相當條件，即非得更換國君之時，必須是無道
的暴君，取而代之則者是具有道德高度的聖人。荀子並不否認湯武革命的合
法性，但也嚴格制約了革命的適用性，若非以聖王代暴君，則天下仍不免於
爭奪之亂。

三、王霸之別

荀子以尊君隆禮為其政論之要，由於禮制明定職分，國君為一國之尊，
其地位重要，然而國君為民之表率，必須修德重禮，又要保民養民，責任重
大。先王建立禮樂之分，制度應為客觀之規範，依禮而行，理當能治天下。
但荀子雖力陳禮法，似乎有別於孟子訴諸仁心，然而為政在人，統治者仍是
政治的主導者，國君所見者為權勢與利益，如何要求國君施行道德政治，終
究只能從結果說服國君。孟子言「仁者無敵」，行仁政得以成就古代聖王之

功，從「王霸之辨」分別以德行者，以及以力假仁者，著眼於兩者最終的成就。荀子也是如此，論曰：

> 故用國者，義立而王，信立而霸，權謀立而亡。三者，明者之所謹擇也，仁人之所務白也。(〈王霸〉)

荀子以義為王者，強調國君行禮修德，能公正無私；霸者則是政令齊一，不欺於民；若以權謀治國，則終將敗亡。此論亦見於〈彊國〉：「人君者，隆禮尊賢而王，重法愛民而霸，好利多詐而危，權謀傾覆幽險而亡。」荀子以「禮／法」區別「王／霸」，與孟子立論雖有所不同，但仍可見得兩者皆嚮往道德政治，希望國君能以百姓為先。荀子政論雖強調禮治，然而禮樂教化所由者為國君，是否有聖明的國君，反而成為禮治的關鍵。[16] 他對於天子的要求更甚於孟子，除了聖人，無人能擔起治天下之大任，他說：

> 故天子唯其人。天下者，至重也，非至彊莫之能任；至大也，非至辨莫之能分；至眾也，非至明莫之能和。此三至者，非聖人莫之能盡。故非聖人莫之能王。聖人備道全美者也，是縣天下之權稱也。(〈正論〉)

天下至重、至大、至眾，與之相應為至彊、至辨與至明的德行與能力，能符合這個標準而任天子之位者，只能是聖人。荀子申論國君的條件，不斷論述為君之道，要求國君行王者之制，希望能說服國君，成就其理想的政治。

　　荀子於政論一再強調禮治，雖也有云：「王者先仁後禮，天施然也。」(〈大略〉)然此「仁」並非孟子所言的仁心，只是對百姓的仁愛之情，其所重者仍在於禮。相較於孔孟重仁義，輕法治，荀子雖強調禮治，但也不廢刑罰，他說：「以善至者待之以禮，以不善至者待之以刑。」(〈王制〉)對於不肖之民，「職而教之，須而待之，勉之以慶賞，懲之以刑罰。」(〈王制〉)先教之，再罰之，此為禮先刑後，以刑為輔。〈成相〉有云：「治之經，禮與刑，君子以脩百姓寧。明德慎罰，國家既治，四海平。」荀子以「禮」與

---

[16] 荀子對於國君與制度有所論述，他說：「有亂君，無亂國；有治人，無治法，羿之法非亡也，而羿不世中；禹之法猶存，而夏不世王。故法不能獨立，類不能自行；得其人則存，失其人則亡。法者，治之端也；君子者，法之原也。故有君子，則法雖省，足以遍矣；無君子，則法雖具，失先後之施，不能應事之變，足以亂矣。不知法之義，而正法之數者，雖博臨事必亂。」(〈君道〉)本段明確申論「人」比「法」重要，其理據在於法是固定的規範，而人才能掌握情境變化，施法者是否為君子才是成敗的關鍵，此論亦見於〈致士〉：「有良法而亂者有之矣。有君子而亂者，自古及今，未嘗聞也。」荀子以「人」為先，「法」為後，其意近似於孟子曰：「徒善不足以為政，徒法不能以自行。」(《孟子‧離婁》)孟子強調聖王以仁心及於百姓，再以仁政施於民。荀子雖一再強調禮法的重要，然而其論述仍為人重於法，此為荀子論政仍屬於儒家道德政治，而不同於法家為法重於人，重視法之獨立性。

「刑」為政治制度，並言「明德慎罰」，而荀子之所以將刑罰列為禮治之輔，實源自其性惡論，禮、刑皆是先王所制，用以引導與壓抑生物的本能，其云：

> 古者聖人以人之性惡，以為偏險而不正，悖亂而不治，故為之立君上之勢以臨之，明禮義以化之，起法正以治之，重刑罰以禁之，使天下皆出於治，合於善也。（〈性惡〉）

禮義、法正與刑罰，約束人性趨向自私爭奪，防止社會混亂，以禮義教化，用刑罰禁止，是荀子重禮卻不廢刑的施政主張。《荀子》書中多為論政篇章，可見荀子對於社會政治的關注，雖然是戰國後期的環境所致，但究其所論，仍可見得傳承孔子道德政治的理想，聖王統治，禮義為先，是為人民安居樂業的禮治社會。

小結

綜觀荀子之學，以性惡為其理論基礎，進而強調以禮制約情性，從而要求國君實行禮治。在禮制的規範下，國君必須是一個有德者，能教化人民，而臣民對國君以禮尊之，荀子雖不廢法治刑罰，但仍強調國君之德行，其理想的政治型態仍是道德政治。然而荀子對於「性」以情性詮釋之，同於告子的「生之謂性」，將「性」視為生理欲望的本能，這個論點與孟子相悖，也是引發後世對荀子是否為儒家的爭議所在。姑且不論「儒家」的界定與範疇，從思想史而言，孟子與荀子分別承繼孔子之學，孟子發揚孔子仁學，將仁義收攝於心性；而荀子則承孔子禮學，重視傳經與教育，兩者各有所傳，又分別有所創新，並自成一家之言。

西漢司馬遷於《史記》中將荀子與孟子合傳，雖然文中表露對孟子的推崇，但也注意到荀子於戰國晚期批判各家，著書立說以「推儒墨道德之行事興壞」。[17] 荀子思想中的人性論與天人觀近於道家，重視禮制與教育承襲孔子，在批判孟子理論中建立其隆禮義的學說，於批判名家時申論其知識論，又於評論墨家節用以及法家重賞罰的法術思想之中，完善其富國王霸的政治理論。荀子兼論各家之學，在批判中有所吸收，反映戰國晚期學術與政治有逐漸融合的趨勢。由於荀學中的天人觀不同於兩漢，漢儒雖亦有將荀子與孟

---

[17] 《史記・孟子荀卿列傳》中除了將孟子、荀子合傳，還包含陰陽、道、法、名、墨各家共十二人，以眾人之行事風格與學說主張，襯托開篇對孟子的讚賞，篇末記荀子事蹟。司馬遷評荀子能推論「儒」、「墨」與「道家」思想的興衰，已意謂荀子思想於批判各家的同時，又吸收融會諸子之論。

子並稱者，但仍以孟學影響較大。西漢初年荀子未如孟子立於博士學官，兩漢亦無注荀者，雖然有司馬遷將荀子與孟子並列，但於本傳中還是尊孟抑荀。儘管荀子的地位不及孟子，漢人仍視荀子為儒家，西漢劉向於其所校讎《孫卿書錄》中有言：「惟孟軻、孫卿能尊仲尼。」並歎曰：「觀孫卿之書，其陳王道甚易行，疾世莫能用。其言悽愴，甚可痛也。嗚呼！使斯人卒終於閭巷，而功業不得見於世，哀哉！可為霣涕。」[18] 劉向引用《史記》本傳，著重於荀子事蹟，未論及荀子理論，其慨歎之詞，亦是針對荀子於齊楚各國講學，申述王道之論，卻未獲重用，有感而發。東漢班固於《漢書‧儒林傳》提及「至於威、宣之際，至於威、宣之際，孟子、孫卿之列，咸遵夫子之業而潤色之，以學顯於當世。」文中將荀子與孟子並列為共傳孔子學說。漢代推廣儒學，以經學為基礎，對於荀子尊君隆禮之論，仍有一定回應。

　　荀子論性惡不同於兩漢善惡混之氣化論，與孟子性善論呈現對立之勢，孟子與荀子雖同為孔子傳承者，兩人的差異成為唐代之後學界討論的議題。唐代韓愈推崇孟子，喻為「醇儒」，而荀子之言則為「大醇小疵」，甚至「語焉不詳」，開啟荀子非醇儒之論。[19] 宋代之後，孟荀地位消長之勢更為明顯，宋代學界多尊孟抑荀，以孟子為孔子思想的繼承者，孟學興而荀學衰。朱熹將《孟子》列為《四書》，並成為科舉考科，元代甚至將孟子加封為「亞聖」，被視為繼承孔子道統之傳人，在官方與民間的崇祀也達於極盛。至於荀子則備受批評，宋儒多反對其性惡說，甚至視為申、韓法家一路。[20]

---

[18] 引文見《荀子集解》書末附錄，前引書，頁 559。

[19] 韓愈著〈原道〉，建立儒學道統傳承，藉以排斥佛老，而其論儒家仁義之道，自堯舜至孔子傳孟子，孟子之後不得其傳。至於荀子，韓愈評為：「荀與揚也，擇焉而不精，語焉而不詳。」又於〈讀荀子〉云：「考其辭，時若不醇粹；要其歸，與孔子異者鮮矣，抑猶在軻、雄之間乎？……孟氏，醇乎醇者也；荀與揚，大醇而小疵。」（《五百家注韓昌黎集》，[唐]韓愈著；[宋]魏仲舉集注；郝潤華、王東峰整理，北京：中華書局，2019.6，頁 676、701-702）韓愈評論荀子之學不醇，甚至不列於儒學道統的傳承，這個論斷影響宋明理學。韓愈所論固有影響，然其時與韓愈論辯天人關係的柳宗元，其天人相分的主張同於荀子，中晚唐的劉禹錫、呂溫、楊倞與杜牧，都稱道荀子。馬積高整理唐代諸儒論述，稱此時期為「荀學的閃耀」，至宋元則走向衰微。（馬積高：《荀學源流》，上海：上海古籍出版社，2000.9）

[20] 朱熹曾論曰：「荀卿則全是申韓，觀〈成相〉一篇可見。」（《朱子語類》（伍），《朱子全書》，鄭明等校點，上海：上海古籍出版社、合肥：安徽教育出版社，2002.12，頁4237）朱熹如此論斷在於荀子之明法制、執賞罰，然而荀子雖言賞罰，卻只是禮治的輔助，並非如法家以賞罰為鞏固君權之術。林啟屏曾針對此點分析荀子所論君人術在「宣」不在「周」，與法家主張國君之陰陽不測的治術不同，而賞罰是就名實的公平而論，亦與法家不同。（林啟屏：〈歧出的孤獨者：《荀子‧正論》與儒學意識〉，《從古典到正典：中國古代儒學意識之形成》，臺北：臺大出版中心，2007.7，頁 221-253）歸結荀子政論，他對於道德優先的主張，仍屬於先秦儒家的道德政治論述。

直至清代，學界方重估荀子，然而批判之聲仍持續不絕。[21] 歷史上的孟荀之爭，大多以儒學正統的繼承為論述標準，當代學者延續儒學道統的論述，對荀子多有批評，如勞思光先生認為荀子之學為「儒學之歧途」，因為荀子倡性惡而言師法，未能延續孟子心性之學，是「失敗之儒者」。[22] 若從「正統」而論，只能從孟子與荀子中擇一，然而這樣的論斷，也許有助於建立道統論，但同時也局限了傳承的多元與開創的可能，至於從學術以外的觀點，或帶有目的的評論，已非闡述荀子思想。[23] 本章闡釋荀子思想，視荀子為整全的思想體系，其性惡說的立論基礎，基本同於先秦流行的自然之性，荀子再以心之知道學習的能力，建立禮論，將孔子對於仁禮的論述，整合於禮治的道德政治理論。荀子承繼孔子思想，又吸收其他各家融合之，開創儒學的思想，是為戰國晚期的大儒。

---

[21] 清代荀學雖呈現復興之勢，但集中於文本的整理，以及關於荀子生平等問題的考據，至於義理的論述則相對薄弱。關於清代荀學的發展，可參考康廷山：《清代荀學史略》，北京：中華書局，2020.9。

[22] 勞思光先生論云：「荀子倡性惡而言師法，盤旋衝突，終墮入權威主義，遂生法家，大悖儒學之義。」（勞思光：《中國哲學史》（卷一），臺北：三民書局，2010.3，頁316）勞先生判定荀子論禮義只有工具價值，背儒而近墨，又重視君權而轉向為法家權威主義，雖然勞先生仍認為荀子還不是法家，「法家為價值否定論者，而荀子則為失敗之儒者。」（前引書，頁 329）勞先生對荀子的論斷有許多可商議之處，蔡錦昌加以反駁，認為勞思光以孟學為儒學正統分別孟荀差異，此一分判有誤。（蔡錦昌：《拿捏分寸的思考：荀子與古代思想新論》，臺北：唐山出版社，1996.9，頁 126）勞思光先生的分析有其立場，可從中發現傳統儒家道統論的影響，也有更深層的中華文化復興意識，與近現代的政治社會變動有關。

[23] 近現代對荀子的評論，除了延續傳統的孟荀分判，還有研究方法與政治立場的各種因素影響，甚至將荀子視為法家、雜家，或自成一家。王軍整理各家說法，提出荀子是與孟子不同類型的儒者，亦是「先秦思想的總結者」，而不是「集大成」者。（王軍：《荀子思想研究：禮樂重構的視角》，北京：中國社會科學出版社，2010.6，頁 231）學界並未嚴格區分「總結」、「綜合」與「集大成」，就語意而言，這些語詞並沒有概念上的分別。荀子思想呈現吸收各家的樣貌，但其主張王道的政治論，以及重視仁義與禮樂，皆延續孔子之教，並豐富儒學的理論。

第五章　道法自然──老子

　　關於「老子」其人其書，老子之身世，以及《老子》一書的作者與內容，歷來爭議不斷，學界並無定論。《史記》所記老子生平，看似身世明確，但關於老子生平，僅有孔子問禮與著書出關兩事，行文間留下諸多疑點。其文曰：

> 老子者，楚苦縣厲鄉曲仁里人也，姓李氏，名耳，字聃，周守藏室之史也。孔子適周，將問禮於老子。……老子修道德，其學以自隱無名為務。居周久之，見周之衰，乃遂去。至關，關令尹喜曰：「子將隱矣，彊為我著書。」於是老子乃著書上下篇，言道德之意五千餘言而去，莫知其所終。或曰：老萊子亦楚人也，著書十五篇，言道家之用，與孔子同時云。蓋老子百有六十餘歲，或言二百餘歲，以其修道而養壽也。自孔子死之後百二十九年，而史記周太史儋見秦獻公曰：「始秦與周合，合五百歲而離，離七十歲而霸王者出焉。」或曰儋即老子，或曰非也，世莫知其然否。老子，隱君子也。……世之學老子者則絀儒學，儒學亦絀老子。道不同不相為謀，豈謂是邪？李耳無為自化，清靜自正。（《史記‧老子韓非列傳》）

老子是否真有其人？太史公雖言其姓名，甚至記錄其子孫之名，然而本傳中又以「或曰」另記老萊子與太史儋，而其出生地「苦縣厲鄉曲仁里」，看似地點清楚，但此地名卻顯然意有所指，是否名稱經後人更動？既然後世「莫知其所終」，又「莫知其然否」，可見漢初時流傳不同的老子傳說。司馬遷為老子作傳，儘可能羅列資料，以最可信者述之，而以「或曰」記錄不同說法，然也因為如此，引發後世對於老子身世的考證與爭論。[1] 本傳中記載孔

---

[1] 魏晉時期崇尚老莊之學，然亦有懷疑反對者，如北魏史官崔浩博覽群書，卻「性不好老莊之書，每讀不過數十行，輒棄之曰：『此矯誣之說，不近人情，必非老子所作。老聃習禮，仲尼所師，豈設敗法之書，以亂先王之教。』」（《魏書‧崔浩傳》）崔浩持的理由為孔子曾向老子問禮，故《老子》書中棄絕仁義之論，必非老子之言。這個論斷以問禮之事為基礎，只是此事並不表示兩人對於禮的看法相同，這種具有情緒的批判，為論者的立場與價值取向。唐代韓愈反對問禮之事，因事涉道統，宋代學者對老子多所批評，也對老子其人有所懷疑，如北宋陳師道撰〈理究〉云：「世謂孔老同時，非也。孟子闢楊墨而不及老，荀子非墨老而不及楊。」（《後山集》卷二十二）陳師道認為老子的年代在孟荀之間。清代考據之風盛行，畢沅、汪中、崔述對於老子其人其書多有考證，其論證方法較前代精詳，但也引發更多爭論。民國初年，學界針對老子身世，以及《老子》成書年代，還有老子與其他諸子關係，進行多方辨證，論點略分為二，其一，老子長於孔子，曾為孔子師，是《老子》作者，可以胡適、唐蘭為代表；其二，老子在孔子後，並無問禮之事，《老子》成書晚於孔子，可以馮友蘭、錢穆與張壽林為代表。還有其他

子問禮一事，意謂老子與孔子同時，而且年長於孔子，此事亦見於《史記·孔子世家》，孔子適周見老子。此外，《莊子》多篇記有老子與孔子的問答，《禮記·曾子問》也有四處記錄孔子引述老子的話。然而，《莊子》一書多寓言，是否能作為信史看待？《禮記》的成書年代也有爭議，是否能據以為證？另外，成書於戰國末期的《呂氏春秋·當染》也有「孔子學於老聃」之語。僅管此事徵諸文獻，但這些記錄都有可議之處，於是論者各從不同角度，解讀此事真偽。若從思想史的角度觀之，問禮是否為事實或許次要，重要的是在戰國中後期流傳孔子見過老子的傳說，這個會面的故事，可以視為儒道關係的起源。不論這個會面的故事是否為真，至少可以見得在傳說中已顯示老子與孔子的思路有所不同，雖不必然是完全對立，但是對於人事、政事的觀點，兩者明顯有別。

就《史記》中所載，孔子問禮於老子，老子勸告孔子數事，其一，孔子傳古人之言，然去古已遠，不必以此教人。其二，君子應韜光養晦，去除驕氣與欲望。其三，視時運行事，隨遇而安。證諸今本《老子》的思想，這三點與老子人生觀相近，但是《論語》中所見孔子思想，也不必然與這三點相左，如謙虛不爭，亦是孔子主張的君子德性，至於孔子對於道之不行，亦有所感歎，將乘桴浮于海。不過，孔子畢竟有其傳道使命，以行仁為己任，知其不可而為之者。老子對孔子的勸告，基本上呈現一個與孔子思想相左的人生觀，就現今所見《老子》文本，大致上是清靜無為，自然不爭的觀點，對於儒家主張的仁義有所批評。[2] 尤其老子論述萬物生成的過程，道生萬物，

___

觀點，如羅根澤認為老子即太史儋，《老子》成書於孔墨之後，孟莊之前，而顧頡剛更認為老子在楊朱、宋鈃之後，《老子》成書於戰國晚期。（《古史辨》第四冊、第六冊，羅根澤編著，上海：上海書店，1992，據 1933、1938 年樸社版影印）民國初年的爭論雖未有定論，但是對傳統文獻已多方查考，至 1973 年漢代帛書《老子》甲、乙本出土，證明戰國中後期已有近於今本《老子》的版本流傳，關於帛書以及前述民國初年的爭論，可參考《二十世紀中國老學》，熊鐵基等著，福州：福建人民出版社，2002.1。至 1993 年考古出土戰國竹簡《老子》，更將《老子》成書上推至戰國中期，至少春秋後期已有《老子》文字流傳，老子思想起源甚早。

[2] 今本《老子》有一些篇章批評仁義，呈現與儒家對立之勢，如第 18、19 章，歷來皆認為老子否定儒家。然而出土文獻關於這兩章的文字與今本不同，引發學界討論，認為早期道家與儒家並沒有後世的水火不容。劉晗認為竹簡本呈現早期儒道關係不似後世尖銳對立，但兩者的價值理念仍有明顯差異，「道家崇尚自然，儒家崇尚仁義；道家重視人與自然的關係，儒家則著重人與人之間的理道德關係。」（劉晗：《〈老子〉文本與道儒關係演變研究》，北京：人民出版社，2010.5，頁 124）劉笑敢認為孔子與老子思想有相通之處，如內在根源皆為自然和諧，對於改善社會混亂失序的目標也大體一致，但兩者的路線和方法有所不同，他藉用中醫的「補法」說明孔子用仁學重建社會秩序，而老子則是採用「瀉法」，以自然價值與無為的方法取消統治者的干預限制。（劉笑敢：《老子古今：五種對勘與析評引論》，北京：中國社會科學出版社，2006.5，頁 240）中醫以氣論為基礎，著重陰陽平衡，以補益正氣，疏瀉病邪，調節身心狀況，可藉以理解孔子與老子的思路。然而孔老對於自然和諧的認知並不相同，也就是兩人的思想核心不同，作法

由簡而繁，還有天地運行的原則，此為中國古代思想中重要的宇宙觀。老子以其所觀察的宇宙論，作為人生的引導，將人視為萬物之一，同為宇宙運行的一部份。這樣的思想內容，與孔子大異其趣，若論其源，老子思想與《易經》以「陰／陽」架構宇宙人事有密切關聯，[3]這個宇宙論與人生觀對後世造成重大影響，也豐富了中華文化的內涵。

　　《老子》的作者是否為老子？老子是李耳還是太史聃？目前仍難有定論。但是無論老子身世為何，至少可知在戰國中期已流傳老子思想的文字記錄，文字版本可能有數種，這個在戰國時期流傳的老子思想，漢初稱為《老子》，景帝時尊為《道德經》。自唐至今有兩個普及的注本，一是自西漢流傳的《老子河上公章句》，此注本宣揚養生修煉，強調治身治國合一，反映漢代黃老學；另一個是漢末魏時王弼的注本，以「本／末」、「無／有」架構解釋老子，著重道論的形上與現象的關係。這兩個注本，可視為老子思想在先秦之後的兩個發展脈絡，一是韓非子以法家解老，影響戰國黃老之學的發展，使老子成為治國權謀之術；另一個則是發揮老子道論的本體意義，著重個人精神修養，乃至社會群體關係，這個發展脈絡可將莊子、王弼納入。[4]

才有所差異。孔子主張「仁」，以立人、達人為目標，採取積極的「補法」教化人民，仁治的和諧是根植於愛；老子則論「道」，以小國寡民為目標，採取自然無為的「瀉法」減損文明巧偽，道治的和諧是根植於無。從出土文獻的《老子》文本觀之，儘管早期儒道關係較為平和，不似後世激烈對立，然而兩者思路與解決問題的方式實有不同。

[3] 《周易》卦象呈現出的對反與規律，與老子道論中的正反相對與往復的論述，有許多相通之處，陳鼓應先生認為老子引易入道，將先秦易學提升至形上層次，「建立中國哲學史上第一個系統性的辯證法思想。」（陳鼓應：《道家易學建構》，臺北：臺灣商務印書館，2003.7，頁2）老子的辯證論述，是其思想的獨特之處，以之解讀《周易》卦象與卦爻辭，確實可見得兩者關係密切。然而《周易》卦爻名稱與題辭，以及《老子》文本，皆有其發展的過程，究竟是老子引易入道，還是先秦易學引道入易，或者老子道學與易學在發展中交互影響，是論述老子與易學關係可深思之處。

[4] 戰國後期至漢初黃老學，雖然吸收法家治術的論點，但是兩者立論根據與論述方式大不相同，《老子河上公章句》以氣論為基礎，強調「自然長生之道」，連結「經術政教之道」，使成治身與治國合一。韓非子援引道論闡釋其治國之術，強調國富兵強，漢初司馬遷視韓非子、申不害皆源自老子，有其歸屬分家之理據。然而以脈絡說明老子思想的發展，充其量只一種方便說法，本章認同黃老學與韓非子皆與老子有關，但異大於同。至於莊子雖可以視為開展老子思想，但是莊子自成體系，而王弼注老也與莊子思路不同，兩人歸於同一個脈絡，只是方便區別法家與黃老學。如果論述老子學的發展，預設有一個老子思想的源頭，便需要確定《老子》原本，如楊穎詩以注疏老子為對象，選定韓非、嚴遵、河上公與王弼，論述老子思想的開展。（楊穎詩：《老子思想詮釋的開展：從先秦到魏晉階段》，臺北：文史哲，2017.3）以注疏論述老子，固然可以突顯作為起點的《老子》，但是老子思想亦有所源，例如從《易》之卦象的正反循環，以及萬物本源與天地運行，可能是老子思想源頭，熊鐵基便認為《老子》對於古代思想有所繼承和發展，《老子》是一部「承先啟後」的著作。（《中國老學史》，熊鐵基等著，福州：福建人民出版社，1995.7，頁 61）若老子思想前有所承，便意味這些上古思想也影響著先秦諸子，老子思想中所呈現的天道自然觀，可以在《管子》、《荀子》以及出土文獻的《黃帝

韓非子著有〈解老〉、〈喻老〉，是目前所見最早的《老子》註解，然而韓非子將老子清靜無為的治國方法，轉變為國君御臣之術，透過有意的創造性詮釋，將老子思想化為己用。[5] 司馬遷於《史記》將老子與莊子、韓非、申不害合傳，即顯示漢初對老子思想的評斷，司馬遷曰：「老子所貴道，虛無，因應變化於無為，故著書辭稱微妙難識。莊子散道德，放論，要亦歸之自然。申子卑卑，施之於名實。韓子引繩墨，切事情，明是非，其極慘礉少恩。皆原於道德之意，而老子深遠矣。」（《史記‧老子韓非列傳》）老子主張的「道德」，成為申不害與韓非重法術的思想源頭，對黃老之學有所影響，但是漢代黃老學又更著重自然長生之道，將治國收攝其中，此為河上公注本所強調。至於老子思想的另一個發展脈絡，則是莊子以無為自然為基礎，超越世俗的對立與認知，提升精神境界，達到逍遙理想。莊子承襲老子又開創出自己的思想體系，也是對老子的創造性詮釋，《淮南子》將「老莊」並稱，為漢初對於莊子與老子關係的確認。漢末王弼注老子，以「有／無」解老，清理老子與法家關係，呈現老子思想中「道」之本體意義，有別於黃老學的老子思想發展脈絡。

老子思想於先秦形成，漢代文獻多有論及老子其人，引用《老子》或引述老子思想。由於漢初黃老思想盛行，老子與黃帝並稱，使得老子其人逐漸神化，司馬遷記載老子歲數至二百餘年，已可見得漢初流傳老子異於常人的高壽，這也增加後世對老子生卒年代考證的困難。對老子其人，以及《老

四經》中見得，甚至孔子也流露對天地運行的理解，如其云：「天何言哉？四時行焉，百物生焉，天何言哉？」（《論語‧陽貨》）因此，老子思想的源頭，《老子》文本的形成，以及注解《老子》與詮釋老子，雖有時序先後，但其關係並非線型的單向流動，而是動態的彼此交錯關聯，老子思想發展脈絡，也應如是觀。

[5] 今本《韓非子》卷六收有〈解老〉、〈喻老〉兩篇解釋《老子》的文章，筆者曾指出這兩篇是現存最早的《老子》注疏文獻，於先秦諸子中最顯特別之處，「在於其主題是針對一個文本進行有計畫、有系統的詮釋，而非隨意徵引一兩句，或大段抄錄，或引申論述的文章可以比擬。」（拙著：《老子道的詮釋與反思：從韓非、王弼注老之溯源考察》，新北市：花木蘭文化，2008.9，頁 72）由於解讀的角度不同，學界或質疑這兩篇並非韓非所作，或認為這兩篇並非韓非子思想的主要文獻，甚至認為這兩篇曲解老子而否定之。事實上，除了這兩篇直接解釋《老子》，《韓非子》中的〈難三〉、〈主道〉、〈楊榷〉與〈大體〉諸篇，均有直接引用或化用《老子》文句，更重要的是韓非子藉用虛靜無為做為君主執守之道術，承接老子又創造老子。這個創造性詮釋並非任意為之，畢竟老子思想對於儒家有所批評，韓非子反對仁義而主張以法術為政，在反對儒家德政的立場與老子一致，只是老子不講法術治國，而韓非置換老子「無為」的概念內涵，此為韓非不同於老子的關鍵所在。王曉波曾指出：「〈解老〉、〈喻老〉當然可能是不老子的本意，但不可能不是韓非對老子理解，詮釋的本身也可以是一種再創造。〈解老〉、〈喻老〉可以不是老子《道德經》的『解』和『喻』，但卻可以是韓非的道德論，而形成韓非思想的哲學基礎。」（王曉波：〈論「歸本於黃老」：韓非子論「道」〉，《道與法：法家思想和黃老哲學解析》，臺北：臺灣大學出版中心，2007.5，頁 434）韓非子對老子思想的引申與詮釋，使得老子與法家關係密切，亦可置於黃老思想的發展脈絡觀之。

子》成書年代的爭論，近代考古學的發現，解決了一些問題。1973 年長沙馬王堆漢墓出土帛書《老子》甲本、乙本，由兩本的抄寫字體與避諱用字，應可認定兩本為不同《老子》傳本，而且在戰國中晚期已然成書。通過帛書與今本的校勘，可以了解今本的來源，考訂文句的增刪情形，而且帛書不分章，只有上、下篇，「德經」在前，「道經」在後，可見從戰國至兩漢，有個重新編排的過程。帛書的出土，對於老子研究提供重要的材料，其後 1993 年湖北荊門郭店一號楚墓出土《老子》甲、乙、丙三組竹簡，簡文約為今本字數的三分之一，這是今日所能見到最早的《老子》文字，由於三組竹簡各有主題，[6] 應可推論戰國中期流傳不同編選傳抄的文本，而《老子》的原始文字，更可上推於春秋後期便已出現。從思想史的發展而言，大約於春秋後期已出現老子思想，與孔子主張的禮樂教化有所區別，老子思想形諸文字而流傳，並於戰國時期為諸子引用，形成先秦時期重「道」的思想流派。

　　雖然考古學發現許多早期《老子》的版本，然而曹魏時王弼對《老子》的注解本，對於後世影響極大，而且不僅是注文，《老子》文字也經過王弼整理，六朝以後對老子的理解，基本建立於王弼的注本，不論其他版本是否更接近戰國老子思想原貌，王弼本皆無法繞過不談。從今本進入老子，下可延續至今，上可溯及先秦。今日所見王弼本雖已不是魏晉時期原貌，但是通過比對今本、傳世古本與出土古本，可以了解版本的變化，以及這些改變的思想史意義。[7] 本章討論老子思想，以今本《老子》為主，旁及帛書本與竹

---

[6] 郭店楚墓增多次被盜，出土竹簡已殘損，其中《老子》竹簡經整理編排為甲、乙、丙三組，三組竹簡的型制與字體各異，三組簡文應為摘抄本，而且各有主題，丙組的主題是治國，核心方法是自然無為；乙組的主題是修道，核心方法是損；甲組的第一部份與丙組相近，第二部份關於道與修身。三組各有主題，意指編抄者有意選錄，而主題關於治身與治國，只有甲組有少數道論，可見得抄錄者著重於解決現實問題，或許也反映出老子思想中的道論，較不受到重視。（王博：〈關於郭店楚墓竹簡《老子》結構與性質——兼論其與通行本《老子》的關係〉，《道家文化研究》第 17 輯，北京：三聯書店，1999.8，頁 149-166）

[7] 劉笑敢選取五個版本《老子》加以比較，第一種是古本的竹簡本與帛書本，第二種是定型於唐代的《正統道藏》的傅奕本，第三種是通行本的河上公注本與王弼注本，歸納論述《老子》的「版本歧變」（versional divergence）現象。先後版本中出現明顯的文本改善，後人對文本進行加工以符合理想中的形式與內容，此一改善是發自於文本自身原有的特點，而非外在的加工。就文本的語言形式，有「語言趨同」現象，包括句式整齊化，章節之間的重複，以及排比句式強化。就思想內容，有增加核心概念的「思想聚焦」現象。（劉笑敢：《老子古今：五種對勘與析評引論》，北京：中國社會科學出版社，2006.5，頁 1-42）對文本進行加工，本是中國傳統學術常見現象，但是《老子》有出土文獻以及多個傳世版本，能從中觀察古人對文本加工的方式，也可以確定《老子》文本雖有所調整更動，但基本思想並未有極大的改變，比如 19 章貶斥儒家的批仁義，竹簡本的文句與後出版本不同，應是受到戰國中期儒道紛爭的影響，但是這個更動也並非無中生有，只是強化與放大了原本老子思想中對儒家的批評態度。

簡本，呈現老子思想的論點。[8] 老子觀察自然，認為宇宙萬物本有一種自然和諧的運作方式，但人類因為自我意識，將世間萬物區分相對屬性，又據以發展為社會的秩序規範。老子指出這種區分皆是後天人為，雖然事物看似有相對性，但在相對性之上，有一個創造事物的「道」。「道」既無相對性，又兼含相對性，超越現象界，不能以語言名之，故能長養萬物，且為天地運行之則。老子明指道體運行是自然無為，依此而論其理想的君主，並規劃一個理想的烏托邦世界。以下依序說明老子的道論，人生觀，以及政治論。

第一節 有無相生

老子思想的核心觀念，在於提出「相對性」，一方面直指人類的價值判斷造成事物的對立，並從「反面」思考，破除既定成見；另一方面，老子觀察天地運行，發現事物變化有一定的循環規律，萬物活動皆依循此一規律。由於萬物變化呈現相對性的循環，從靜態觀之，遂有「高／低」、「快／慢」的相對性樣貌，而事物這種相對性的呈現，使人類對於事物的認知採取比較方式，區分事物的屬性與價值。然而人為訂定的標準，尤其是具有價值意義的「美／醜」、「善／惡」，區分的標準既是比較而得，標準便可能有所變動，亦即價值判斷並非事物本身，若以此為對人事的認知，或是社會的規範，不啻為混亂的根源，造成社會失序。對於相對性的論述，《老子》第二章可為代表，章句為：

> 天下皆知美之為美，斯惡已。皆知善之為善，斯不善已。故有無相生，難易相成，長短相較，高下相傾，音聲相和，前後相隨。是以聖人處無為之事，行不言之教。萬物作焉而不辭，生而不有，為而不恃，功成而弗居。夫唯弗居，是以不去。[9]

本章開頭說明「美／惡」的相對性，每個相對性的概念是對立的存在狀態，兩者成對出現。更深一層分析相對性，可知相對關係由人為的界定而產生，即有所喜好之美善，便形成厭惡之醜陋，相對性有相生的關係。然而這兩句

---

[8] 以王弼本為基礎，並非忽視出土文獻較近於早期老子思想的樣貌，而是竹簡本與帛書本皆有缺漏，而且今本的文字雖有改動，但仍未偏離出土文獻所見老子思想，故本章論述老子思想以王弼本為基礎，對於個別章句再申論與竹簡本、帛書本之異同。

[9] 本章所引《老子》原文據《老子道德經注校釋》，[魏]王弼注，樓宇烈校釋，北京：中華書局，2008.12，王弼注文亦據之，以下所引皆同，僅標《老子》章數，不另注出處與頁碼。此外，本章所引帛書本，據《帛書老子校注》，高明校注，北京：中華書局，1996.5。另校對《長沙馬王堆漢墓簡帛集成》，裘錫圭主編，湖南省博物館，復旦大學出土文獻與古文字研究中心編纂，北京：中華書局，2014.6。至於竹簡本則據《郭店楚墓竹簡》，荊門市博物館編，北京：文物出版社，1998.5，其中的《老子》釋文。

的文意可以釋為：天下都認為某些事物是美好的，但這些事物也因為眾人的認定為美好，就會成為醜惡的，而對於良善的認定亦然。此意謂當社會形成群體認定，通常會造成風潮或習俗，但是這種認知所引發的「從眾行為」（Conformity），可能造成個人的人格泯滅，甚至形成集體虛假的社會。[10] 老子批評從眾而形成的美善，並非真正的「美善」，即人為的價值判斷，往往具有利益性的目的，使事物喪失其真實樣貌，被貼上人為的價值標籤。於是本章後段指出聖人「處無為之事，行不言之教」，「無為」是老子思想中的重要概念，是順應自然而不妄為，「不言」相對於「有言」。儒墨諸家皆力陳其言，強調言行教化，老子則反對有為與有言之規範性，故以此標舉聖人之治，同時回應本章開頭所論，當美善成為規範的標準時，就會造成醜惡的後果。章末言聖人之無為與不言，能使萬物興榮，而聖人不居功，不自恃。末句猶為關鍵，聖人心無所恃，無私無我，順成天下之功方能「不去」，其意為國君若以己利，或誇己功，則陷入盲目的自我認知而獨斷獨行，必將造成虛假的社會而走向毀滅。

　　老子第二章中段舉出六組相對的語詞，長短、高下與前後等三組是形式或方位的相對；難易則為價值判斷，涉及主客觀的條件；音聲為對應關係，可理解為聲響與樂音相應和；至於有無則是事實判斷，兩者相反。若再考量首段的「美／惡」、「善／不善」的價值判斷，可見得老子從觀察事物而立論，試圖呈現各種不同的相對情況。這些相對的關係，又有著相互依存、轉化與生成的關係，可分為「正反相依」（「長短相較，高下相傾」）、「正反相生」（「有無相生，難易相成」）與「正反相轉」（「曲則全，枉則直」）三種形式。[11] 這三種形式，顯示出事物相互關係的動態運作，也是「道」運行的三

---

[10] 「從眾行為」（Conformity）是社會心理學家提出社會對個人的影響，當個人為符合團體規範，改變自我的知覺、意見和行為。而人之所以從眾的原因，一是訊息性影響（informational influence），即相信其他人的判斷是正確的；一是規範性影響（normative influence），即害怕因為偏離常態而遭受社會排斥的負面結果。（《社會心理學》（Social Psychology 11/E），Saul Kassin, Steven Fein, Hazel Rose Markus，洪光遠等譯，臺北：雙葉書廊，2022.9，頁 306-329）從眾行為的極端是盲目的服從（obedience），接受權威者的命令改變行為，甚至蒙蔽人性而造成集體暴行。從社會心理學的研究，可以理解老子對群體規範的批判，尤其是針對禮樂與法令，有其警覺與省思，是為老子思想深刻之處。

[11] 通行本之「長短相較」，帛書、竹簡本均作「長短相形」。通行本之「高下相傾」，帛書甲乙本作「盈」，竹簡本作「涅」，整理者釋為「盈」，通行本改「盈」為「傾」，應是避惠帝劉盈之諱，「傾」字與「生」、「成」為韻。「高下」是相對的方位關係，兩者連結能構成盈滿的狀態，而「長短」則是彼此形成整體，同理可釋「前後」。至於「有無」之「生」，以及「難易」之「成」，皆為相輔相成的活動狀態，而彼此相對的往復動態，還進一步表現為彼此轉換，即「曲則全，枉則直。」（二十二章）帛書本、傅奕本作「枉則正」，朱謙之考釋謂：「直、正可互訓。」（朱謙之：《老子校釋》，北京：中華書局，1984.11，頁92）老子突出相對性的彼此相互反轉運行，即萬物並非靜止於相對的一面，而是反覆的活動著，宇宙萬物，乃至人生社會皆是如此。

個層次。「正／反」以相對性言之，是一體兩面的「正反相依」；一體兩面具有互助性，相輔相成，是「正反相生」；當「正／反」發展至極，彼此相互翻轉，正而反，反而正，是為「正反相轉」。是以，老子認為這是「道」之所以能長久運行的原因，其云：「反者，道之動。」（四十章）明確指出「反」是「道」的運作關鍵，「反」既是相對，也是往復（返），「道」具有或正或反的可能，也得以使事物在正反的往復中運行不已。

　　人為的價值判斷往往有其目的，設定區分事物的標準，反而造成局限束縛，陷入自我設限的認知盲點。老子從「道」的相生相轉解釋人生，其云：「禍兮福之所倚，福兮禍之所伏。孰知其極？其無正？正復為奇，善復為妖。」（五十八章）就循環而言，事物既會相反互轉，對於禍福判定不能只著眼於當下，若從「道」觀之，禍福並非絕對的片面認定，而是持續運行，在「極」之處翻轉。這層論述，如同《易》之「否」與「泰」卦，陰陽兩氣於不通至交會，終將否極泰來。人生的「禍／福」既是伴隨而生，便沒有絕對的「禍」與「福」，禍福相倚之意，在於兩者並非獨存，而具有相互轉化的變因。《淮南子·人間》化用老子之意，而有「塞翁失馬」之寓言，並謂：「故福之為禍，禍之為福，化不可極，深不可測也。」從道論之「正反相轉」觀人事，可對人生有所提醒，此即「金玉滿堂，莫之能守。富貴而驕，自遺其咎。功遂身退，天之道。」（九章）既然天地宇宙有著變動的運行規律，老子對於「功成」有所警示，從道之運行破除人們執著於眼前的「功」或「福」，此論並非只是修養的謙虛不居功，「功遂身退」是以「天之道」為基礎，此為老子道論之要旨。

第二節　有生於無

　　老子道論中的「有無相生」，說明事物於天地運行的轉換原則，有無關係是相對變動的。至於老子論述「有生於無」，則是陳述萬物生成的由來與過程，其云：「天下萬物生於有，有生於無。」（四十章）從「無」——「有」——「萬物」，構成一個萬物生成的過程，並且明指萬物之源為「無」。現象界的萬物是為「有」，而「有」則源於「無」，老子將「無」概念化，成為創造萬物的起源，屬於宇宙論的範疇。「有生於無」是個從「一」至「多」，由簡而繁的創生過程，老子云：「道生一，一生二，二生三，三生萬物。」（四十二章）本章中的「道」生「萬物」，可與四十章並觀。「道」為「無」，是萬物源頭，而「有」則是從一至三的具象化過程，老子並未明指數字所對應者為何，亦毋須過多比附。這個宇宙創生的過程，應是老子觀察天地，並經由推論所得，若是有生於有，必然會陷入無窮後退，只能得出「有生於無」，而「無」涵蘊著「有」，是個混沌的存有狀態。

　　老子所論的「無」並非空無一物，如果什麼都沒有，無法憑空出現新的事物。老子以「無」為「道」，此「道」為創生本源，具有所有事物發生的因子。既為創生之源，此創生者就不可能是萬物（有），因為被生者不得又是創生者，故老子認為「道」必須超越經驗界，不得為現實世界中的萬物形態。老子對「道」的描述，指出其超越時空的特殊性，其云：

> 視之不見名曰夷，聽之不聞名曰希，搏之不得名曰微。此三者不可致詰，故混而為一。其上不皦，其下不昧。繩繩不可名，復歸於無物。是謂無狀之狀，無物之象，是謂惚恍。迎之不見其首，隨之不見其後。執古之道，以御今之有。能知古始，是謂道紀。（十四章）[12]

> 孔德之容，唯道是從。道之為物，唯恍唯惚。忽兮恍兮，其中有象；恍兮忽兮，其中有物。窈兮冥兮，其中有精；其精甚真，其中有信。自古及今，其名不去，以閱眾甫。吾何以知眾甫之狀哉？以此。（二十一章）

由於「道」超越感官，既不能用認識現實萬物的方式去了解「道」，也無法用描述經驗界的語言去說明「道」，只能以「視之不見」、「聽之不聞」、「搏之不得」的否定句式，用以呈現感官功能之有限。此外，以「無」為「道」，是相對於萬物的「有」，感官所認識的萬物為「有」，超越感官的萬物之始為「無」，此「無」為「無狀之狀，無物之象。」對於「道」的形狀，無法以任何現有的經驗語詞說之，故使用「恍惚」、「窈冥」等描述模糊的語詞解說。老子區分形上的「道」與萬物所在的現象界，如此方能將「道」視為創生萬物之源，並且超越時空，不受時空所限。此外，「道」生萬物，萬物於變動運行體現「道」的作用，「道」自身無可捉摸，但是「道」的顯現為「德」，「道」生成作用於物為「德」，因而可以肯定「道」的存在。

　　老子雖然確立「道」的形上意義，但並未將「道」視為一個獨立高懸的形上實體，或是創生萬物的主宰者，其中的關鍵在於「道」不具有神性。就「有生於無」而言，道是萬物的起源，然而道生萬物，卻不宰制萬物，道成萬物，卻不專斷居功。老子分從「道」的作用與性質，闡釋「大道」的特性，其云：

---

[12] 本章傳世諸本大抵相同，竹簡本無本章，帛書本的文字句式稍有出入，首三句作：「視之而弗見，名之曰微。聽之而弗聞，名之曰希。搨之而弗得，名之曰夷。」與通行本相較，視與搨搭配的微與夷對調，然而「夷」、「希」、「微」皆意為非常少，幾近於無，視覺、聽覺與觸覺等感官皆無法掌握「道」的訊息，也就是「道」幽微不顯，超越感官所能及。

> 大道氾兮，其可左右。萬物恃之而生而不辭，功成不名有。衣養萬物
> 而不為主，常無欲，可名於小；萬物歸焉，而不為主，可名為大。以
> 其終不自為大，故能成其大。（三十四章）[13]

> 道生之，德畜之，物形之，勢成之。是以萬物莫不尊道而貴德。道之
> 尊，德之貴，夫莫之命常自然。故道生之，德畜之；長之育之；亭之
> 毒之；養之覆之。生而不有，為而不恃，長而不宰，是謂玄德。（五
> 十一章）[14]

就「道」之長養萬物，使萬物生生不息，其作用廣大，故言其為「大」；就
「道」之功成而不居，功成而退，無爭而不為主，於此言其為「小」。由於
「大道」之無為不恃，才能成為萬物的依歸，這是其辯證思維的結論，若大
道不但生長萬物，又主宰萬物，則這種強勢的有為，必然導致反抗，乃至於
毀滅。是以老子展現一種無為方能使萬物生息的思辨論述，也將其連結至謙
退不居功的聖人治世，以及無欲不爭的人生態度。為了完善「道」與萬物的
連結，除了從無到有，由簡而繁的提示，老子還提出了「德」的作用。
「道」是萬物源頭，在形成萬物的具象化過程中，「德」便是「道」顯現於
萬物的具體原則，此一原則便是「生而不有，為而不恃，長而不宰。」於是
「道」生萬物，「德」畜養萬物，畜養是個漫長的過程，萬物自然繁衍而興
盛，故「德」是「道」的體現，聖人體現道於其德，此「玄德」之「玄」意
為不著痕跡，即為「自然」。

第三節 道法自然

「自然」是老子思想的核心概念，「自」是副詞，「然」是副詞詞尾，兩
者合成為「自然」，意為自己本來如此。[15]「自然」在《老子》中出現五

---

13 本章末段，帛書本作「是以聖人之能成大也，以其不為大也，故能成大。」河上公本與
傅奕本皆「聖人」句，王弼本刪節本句，使末段描述之主詞為開頭之「大道」。就文意
而言，應是前文描述「大道」，末段為聖人能承大道，文意方有進展，而非重複。

14 本章末段重出於第二、第十章，對校通行本與古本，可見得通行本修改文句，使文字與
句式相同。如此修改，顯然為了強化老子思想，但是重複性的強調，也同時失去了不同
章節各有其文意的行文方式。

15 「然」本義為燃燒，引申為明白，也作指示性形容詞，有這樣、如此之意，上古漢語本
為實詞，其後虛字化，成為副詞詞尾。（周法高：《中國古代語法：構詞編》，臺北：中
央研究院歷史語言研究所，1962.8，頁 270-290）「然」字於西漢之後逐漸成為詞綴，與
副詞相配而失去「這樣、如此」的意思，但是「自然」的「然」仍然保留如此之意，而
且經老子使用成為重要哲學概念，在魏晉時期與「名教」相對，是為玄學的主要論題。

次，已作為名詞之用，並有判斷與說明的意義，能代表老子思想，成為一個哲學概念。[16] 其中「道法自然」，明確將「自然」標舉為「道」之運行方式，原文為：

> 有物混成，先天地生。寂兮寥兮，獨立不改，周行而不殆，可以為天下母。吾不知其名，字之曰道，強為之名曰大。大曰逝，逝曰遠，遠曰反。故道大，天大，地大，王亦大。域中有四大，而王居其一焉。人法地，地法天，天法道，道法自然。（二十五章）

本章描述道的性質與運作，「有物混成」指明「道」是個渾然之物，前文分析其為超越感官的存有物，而「先天地生」意指在時序上先於天地，也是萬物的源頭。由於道是萬物的本源，因此具有「獨立不改」的絕對性，與萬物的相對性不同，道體本身就蘊涵正反相轉的能動性，故能「周行而不殆」，[17] 其作用無所不在，故以「道」、「大」、「逝」、「遠」與「反」描述道的運行，周流不息。[18] 至於域中有四大，此「大」如同描述「道」為「大」，表示空

---

[16] 「自然」於先秦早期經典之《詩經》、《尚書》、《周易》等皆未見，《老子》應是最早使用，並將其概念化的文獻，是為老子思想中的重要術語。劉笑敢針對「自然」是否為哲學概念，提出普遍性、固定形式、名詞，以及作為判斷的賓語或主詞，而判定「自然」在《老子》中有「四次可能是作為名詞使用，其中兩次可能是作為判斷的賓詞使用的，因此我們可以說，老子已經把自然當作哲學概念來使用了。」（劉笑敢：《老子——年代新考與思想新詮》，臺北：東大圖書，2005.2，頁79）由於現代漢語的「自然」意為大自然，然而古代漢語的「自然」並無此意，劉笑敢提出以「人文自然」定義老子的「自然」，突顯老子主要關心的是人類社會的生存狀態，並且反省老子的「道」不同於西方哲學中的形上學，而同時具有應然與實然，兩者可以相通。「道既是宇宙起源之實然，又是人之價值之應然的根源。」（劉笑敢：《老子古今：五種對勘與析評引論》，前引書，頁294）

[17] 帛書本與竹簡本皆無「周行而不殆」，通行本出現本句，應是後人為了對偶與句式整齊所加。高明認為「駢體偶文，乃六朝盛行文體。驗之帛書足以說明，類似這種偶體對文，非《老子》原有，皆六朝人增入。」（高明：《帛書老子校注》，前引書，頁494）王弼注本句云：「周行無所不至而免殆，能生全大形也。」（《老子道德經注校釋》，前引書，頁63）「周行」與「獨立」對偶，其意為全面周遍，即道之作用遍照萬物，運行不輟。

[18] 筆者曾藉用海德格（Martin Heidegger）的「大道」（Ereignis）一詞，以「緣構」譯名描述老子的「道—德」之域，此道域中的人、地、天、道「並非四個在世界上最大可稱者，而是藉由相互依傍所構成存有開顯之境域，此相互影響之發生可視為因『緣』而生，故此構成可稱之為『緣構』的境域。」（拙作：《老子道的詮釋與反思：從韓非、王弼注老之溯源考察》，前引書，頁127）在「道—德」形成的境域中，「道」不是有無的綜合體，也並非有無相對的一體兩面，「道」既「若有似無」，又以「有無相生」運行顯現。傅偉勳先生曾提出「整全的多層遠近觀」（holistic multiperspectivism）說明老子哲學的六個層面，即老子的道論「經由日常經驗與觀察的層層深化（即形上學化），為了整全的地洞視宇宙的奧秘與人生的真諦而形所形成的高低遠近的各種觀點之故。」（傅偉勳：《從西方哲學到禪佛教》，臺北：東大圖書，1986.6，頁404）傅偉勳先生認為老子既有「超形上學」（transmetaphysics）的不可言說，又有形上學的道體，此為老子形上學的

間中的四個具有廣遠意義之物，「王居其一」之「王」，不僅是指統治者為大，亦是老子理想中的聖人。本章末段藉層遞語句，明指「道法自然」，即道之運行為自然而然，任自然而行。本章後半段之所以提出域之四大，實則闡釋自然是人、地、天、道運行之理，周遍宇宙天下。老子雖言道之先天地生，但並沒有將道隔絕於現象世界，而是周行於天下，呈現形上與形下既分又不分的「道」之境域。

「道」為萬物生成的根源，也作用於萬物之中，此為大道之「周行」與「氾兮」。由於「道」之廣泛流行，萬物得道而生，故「道」雖超越感官功能，但仍可體會，可以效法，尤其是人事的運作。老子云：

> 吾言甚易知，甚易行。天下莫能知，莫能行。言有宗，事有君。夫唯無知，是以不我知。知我者希，則我者貴。是以聖人被褐懷玉。（七十章）

老子所言大道之「自然」，釋放萬物自性而不受拘束，做自己本非難事，然而天下人受到文明與社會的制約，以追求名利為務，故莫能知自然之理。老子反覆提醒人的自然之性，是質樸的不爭、虛靜、柔和、功遂身退，是以聖人「被褐懷玉」，與眾人同形，卻能體會自然之性。此言與儒家面對出處進退的選擇不同，[19] 老子並不在意個人的為官與否，也不會執著於理想抱負的實現，他強調「自然」，則所有人為的名利，皆當捨棄。老子從「道」的運行觀照人生，人是萬物之一，亦順應「自然」之道，政治也當如此。他說：

> 太上，下知有之；其次，親而譽之；其次，畏之；其次，侮之。信不足，焉有不信焉。悠兮，其貴言。功成事遂，百姓皆謂我自然。（十七章）[20]

獨特之處。此說可參證老子之「道論」不同於西方哲學的形上學，至少老子思想中的形上與形下並非截然二分，於「道隱無名」中靜默地說出道自身。

[19] 漢人編寫的《孔子家語‧三恕》記云：「子路問於孔子曰：『有人於此，披褐而懷玉，何如？』子曰：『國無道，隱之可也；國有道，則袞冕而執玉。』」子路所言「披褐懷玉」，孔子釋為國君無道，則披褐隱之，若得明君，則袞冕執玉，其意同於孔子自言：「天下有道則見，無道則隱。」（《論語‧泰伯》）然而老子所言「披褐懷玉」不同於孔子論進退出處，而是指聖人形貌與眾人無異，卻內涵如玉，亦指其言雖簡，其旨甚深。王弼注本句云：「被褐者，同其塵；懷玉者，寶其真也。聖人之所以難知，以其同塵而不殊，懷玉而不渝，故難知而為貴也。」（《老子道德經注校釋》，前引書，頁 176）王弼釋聖人同於其所論聖人有情，然應物而無累於物。老子雖未言聖人是否有情，但從其言「聖人方而不割，廉而不劌，直而不肆，光而不燿。」（五十八章）可知聖人內斂不外露，是為被褐懷玉。

[20] 「下知有之」一句，竹簡本、帛書本均同於王弼本，然後世流傳諸本有改為「不知有之」，此一更動為突顯上古之時的理想政治，人民不知有統治者。然而早期版本皆作「下知有之」，此意為人民知道有統治者，但不會對其有所讚美，藉以對比其次的「親

本章區分不同的政治型態，對比無為之治、禮樂之治、法術之治，以及暴虐之政，百姓隨之對統治者有不同的態度。最美好的政治型態是太上之時，聖人「貴言」，即行不言之教，而且功成不居，功遂身退，百姓對聖人論曰：「自然」，若將「自然」視為是百姓的評語，亦可見其重要性，是為老子理想的政治型態。

第四節 無為而無不為

道的運作是「自然」，萬物能於自然而然的狀態中生長不息，則統治者的治理方式就得順應自然，這種方式老子稱之為「無為」。「無為」一詞中的「無」是否定語，否定的對象是「為」，此「為」泛指一切帶有目的施政，不論是富國強兵或禮樂教化。老子反對強加於人民的有為之政，此一辨證的基礎在於有為即有目的，有目的則有目標，而設立目標意謂建立標準，當標準訂定，依標準而區分的價值與群體便引發爭奪。老子反對「有為」，故「無為」即「無有為」，「無」是否定詞，不要有為，老子明確指出「聖人處無為之事，行不言之教。」（二章）此處之「無為」並非「不為」，不是無所做為或什麼都不做，什麼都不做是消極的不為，老子所言之「無為」是「為而不恃」（二章）與「為而不爭」（八十一章），統治者的「為」不是一般意義的「有為」，一般人認為的「有為」必須依恃權力、勢力與武力，也必須面對挑戰與競爭，這些都是老子所反對的，會造成社會混亂與爭執。是以老子所言的「無為」，是反對「有為」，以不把持、不爭奪、不居功，不擴張自己的欲望，順其自然而為之。「無為」在《老子》中是個關鍵術語，集中於論政，尤其是聖王之治，徵引其中兩章如下：

> 以正治國，以奇用兵，以無事取天下。吾何以知其然哉？以此。天下多忌諱，而民彌貧；民多利器，國家滋昏；人多伎巧，奇物滋起；法令滋彰，盜賊多有。故聖人云：我無為，而民自化；我好靜，而民自正；我無事，而民自富；我無欲，而民自樸。（五十七章）

> 其安易持，其未兆易謀。其脆易泮，其微易散。為之於未有，治之於未亂。合抱之木，生於毫末；九層之臺，起於累土；千里之行，始於足下。為者敗之，執者失之。是以聖人無為故無敗，無執故無失。民之從事，常於幾成而敗之。慎終如始，則無敗事。是以聖人欲不欲，不貴難得之貨；學不學，復眾人之所過。以輔萬物之自然，而不敢為。（六十四章）

之譽之」。蓋老子並未否定統治者，反而力陳「聖人」之治應當如何，也就是需要一個無為的統治者，至於百姓雖知之，卻恍若不知，沒有任何反應，此為老子理想的聖人。

老子對於社會混亂的現象，究其因皆在於人為的價值、器具、謀略與法律，而這些都是「有為」，是故聖人之治為「無為」、「好靜」、「無事」與「無欲」，這種施政方式，不干涉百姓，使民「自化」、「自正」、「自富」與「自樸」，人民的富足由其「自」，而非君王。統治者所行無為之政，是「輔萬物之自然」，聖人施政的對象是人民，但是其效果卻能擴大至萬物，使人與物之整體和諧，此即「無為而無不為」，「無為」是方法，「無不為」是結果。另外，六十四章還強調起始之重要，防患於未然，若能在起始便順應自然而行，其後就不須因應過錯和混亂而施行補救措施，畢竟任何補救都是有為，除了開始，結束前也保持不變，此「慎終如始」意指勿於事成之前又起心動念，或貪求更多，是以聖人無為無執，始終一致。

聖人以「無為」治天下，能使萬物自然生長，此一結果就是「無不為」，「無為而無不為」是老子辨證思考下的重要命題。因為任何「有為」皆有對象，因應而生成各種順逆反應，故無法周全，必得統治者「無為」，無所偏私，萬物方能「無不為」。通行本兩見之，援引如下：

> 道常無為而無不為。侯王若能守之，萬物將自化。化而欲作，吾將鎮之以無名之樸。無名之樸，夫亦將無欲。不欲以靜，天下將自定。（三十七章）[21]

> 為學日益，為道日損。損之又損，以至於無為。無為而無不為。取天下常以無事，及其有事，不足以取天下。（四十八章）[22]

通行本這兩章皆有「無為而無不為」的命題，[23] 四十八章見於竹簡本，而竹簡本僅有前五句。「為學」與「為道」是針對兩個不同對象所下的工夫，前者為益，後者為損，益者為累積增加，損者為減少去除，兩者相對。老子不必然反對學習，但顯然老子更加重視「為道」，故下文接續「損之又損，以至於無為。」本句說明為道是個逐漸減少的過程，意味放下私心、欲望，以

---

[21] 本章首句之「道常無為而無不為」，帛書甲、乙本均作「道恆無名」，竹簡本作「道恆亡為也」。「道恆無名」重出於三十二章，而「道恆亡為」則指道之運行是「無為」，就文意而言，「道恆亡為」描述道體之作用，下文接續「侯王能守之」，直承首句，突顯「無為」之旨。至於通行本作「道常無為而無不為」，應是據四十八章而改。

[22] 本章之「無為而無不為」，帛書本殘損，竹簡本作「亡為而亡不為」，從竹簡本可證戰國時流傳的老子文本，已有「無為而無不為」的論述。另外，本句於《莊子·知北遊》引用之，全同於通行本。莊子從認知反省語言造成的障礙，故從「不言」說明去除語言才能復歸其根，回歸於死生同狀，萬物為一的境界。

[23] 除了三十七、四十八章，通行本第三十八章「上德無為而無以為」一句，傅奕本作「上德無為而無不為」，後世諸多刊本據之，然而帛書本同王弼本、河上公本，作「無以為」。若依文意，本句敘述「上德」的動機，而非結果，應作「無以為」較合理。通行本雖有三章可見「無為而無不為」，但以四十八章是早期老子文本中最為明確者。

及名利、權力等各種作為的目的，最終至於「無為」。此「無為」並非無所事事，而是以「輔」萬物之自然的「無有為」，針對一般統治者的積極作為而否定，故統治者「無為」，方能使萬物「無不為」。聖人從旁建立萬物生長發展的良好條件，萬物便能欣欣向榮，百姓能夠安居樂業。通行本增加末段，又更進一步說明以「無事」取天下，聖人不以取天下為目的，當無心於爭天下，不以爭為爭，自然而天下所歸，此即「夫唯不爭，故天下莫能與之爭。」（二十二章）聖人不爭，「終不為大，故能成其大。」（六十三章）而聖人不為大，在於「為無為，事無事。」（六十三章）至於今本三十七章首句改「道恆無名」為「道常無為而無不為」，加強「無為」的效果，全章提示「靜」、「樸」、「不欲」都是「無為」的內涵，統治者若能以「無為」治天下，則萬物將「自化」。統治者自然無為，萬物就能自我化育，當統治者去除各種標準與有為的作法，人民也不因而爭奪，返回自然純樸的狀態，社會才能安定太平。

第五節 小國寡民

老子理想的「聖人」以「無為」、「不言」施政，人民得以不受政府干擾，而人與人，國與國的關係，也因而保持一種平靜淡陌的狀態。老子描述了一個「小國寡民」的烏托邦，自然純樸，安居樂俗，沒有稅負勞役，不必禮尚往來，無戰爭之侵擾，免遷徙之繁勞。其云：

> 小國寡民。使有什伯之器而不用；使民重死而不遠徙。雖有舟輿，無所乘之，雖有甲兵，無所陳之。使民復結繩而用之。甘其食，美其服，安其居，樂其俗。鄰國相望，雞犬之聲相聞，民至老死，不相往來。（八十章）[24]

本章開頭的「小國寡民」，標誌老子對於政治型態的理想，這個理想並非政治制度的設計，也就是本句不一定是實指的「國」（邦）必小，人口少，而是對於國君發動戰爭擴大領土與權力的反省。全章以「小國寡民」為題綱，

---

[24] 本章各本文字有些許差異，帛書甲乙本於「使民重死而不遠徙」均無「不」字，與傳世本不同。高明認為老子主張安居而不徙，故「遠徙」之「遠」非遠近之遠，而是「疏」、「離」之意，「遠徙」即「不徙」。（高明：《老子帛書校釋》，前引書，頁 152）從文字的差異，可見得通行本為避免誤會而增「不」字。此外，本章首句「小國寡民」，帛書甲本作「小邦寡民」，今本改「邦」為「國」，應是避漢高祖劉邦之諱。「邦」是古代分封制度的行政區，而「國」則是分封瓦解後興起，老子以「小邦」呈現其「復古」的理想。

之後的「使」與「雖」表述期望假設，「什伯之器」、[25]「舟輿」、「甲兵」皆是器物工具，這些發明對生活帶來「進步」，但也相對衍生更多問題。老子對於社會混亂，價值失序，歸因於所謂的文明進步，他說：「不尚賢，使民不爭；不貴難得之貨，使民不為盜；不見可欲，使心不亂。」（三章）禮樂的目的是藉由訂定次序，使社會依規範運行，然而老子認為這種作法反而造成社會更嚴重的對立衝突，所以不斷告誡統治者必須無心、無欲與無為。相對於經由戰爭而獲得領土擴增的「大國」，老子更希望建立一個素樸式的生活型態，人民自給自足，各邦國相聞而不往來，正是對應「禮尚往來」的生活型態。[26]老子並非無政府主義者，邦國仍有聖人執政，只是「聖人無常心，以百姓心為心。」（四十九章）聖人為而不恃、不執，依自然而行，不誇言個人功名或國家強盛，「小國寡民」的理想才得以實現。

《老子》一書多論政治，實為當時社會環境使然，老子面對禮壞樂崩，反對儒家倡言復禮，認為禮樂帶來人類行為的虛矯。老子看到文明（器物）進步造成的混亂後果，戰爭更激烈，死傷更慘重，於是藉由正言若反的辨證方法提出解決之道，他說：「大道廢，有仁義；智慧出，有大偽。」（十八章）這是透過辨證得到的結論。[27]人為的價值分判是造成社會混亂的原因，一但有了仁義，就有不仁不義，也跟著出現假仁假義，各種紛擾由此而生，釜底抽薪的方法，就是去除這個原因。是以，老子倡言「絕聖棄智」、「絕仁棄義」（十九章），看似離經叛道，卻是對人類文明最深沉的反省。這個減少

---

[25] 「什伯之器」，清代俞樾釋為「兵器」，清末奚侗則認為是計數單位，朱謙之認為兩說皆可通。（朱謙之：《老子校釋》，前引書，頁 308）高明則據帛書甲乙本均作「十百人器」，而認為其意為「十倍百倍人工之器，非如俞樾獨謂兵器。」（高明：《帛書老子校注》，前引書，頁 152）由於本章已言「甲兵」，釋「什伯之器」為兵器，文意重複，故本句應指器物的發明與使用，呈倍數長成趨勢。

[26] 儒家重視禮樂的作用，尤其是人際關係，如《禮記・曲禮上》記云：「太上貴德，其次務施報。禮尚往來。往而不來，非禮也；來而不往，亦非禮也。人有禮則安，無禮則危。故曰：禮者不可不學也。」禮制建立於往來，無往來，禮便無用。值得注意的是，本段首句言「太上貴德」，區別其次的「務施報」，意味在禮制建立之前，有個「貴德」的時期，此時以內心誠意為重，這是儒家更為推崇的價值。鄭玄注云：「太上，帝皇之世。其民施而不為報。」儒家重德，其後有禮，這個原初「貴德」而「無禮」的生活型態，可與老子嚮往的質樸社會比並觀之，至於儒道的差異則在於面對文明發展與禮樂規範所採取的應對方式，儒家強調禮樂之治為加法，則道家嚮往無為而治便是減法。

[27] 本章之「大道廢，有仁義。」竹簡本與帛書本皆作「故大道廢，安有仁義？」早期版本以反詰句式，質疑仁義，而通行本則改為肯定句式，語氣與批判性更為強烈。雖然後世於文句有所更改，然而早期版本中對仁義的質疑，仍是以「大道」為第一序，已顯示老子對於仁義的反省，而這個思路於後世更為強化。竹簡本並無「智慧出，有大偽」，帛書本則為「智慧出，安有大偽？」將「智慧」與「大偽」相對，顯示對人為的虛假進一步反省，也隱含「大道」為「智慧」，「仁義」則為「大偽」的分判。

文明影響的說法，似有引發反智與愚民的疑慮，[28] 因為老子直言「愚之」，
其云：

> 古之善為道者，非以明民，將以愚之。民之難治，以其智多。故以智
> 治國，國之賊；不以智治國，國之福。知此兩者亦稽式。常知稽式，
> 是謂玄德。玄德深矣，遠矣，與物反矣，然後乃至大順。（六十五
> 章）

本章以「愚之」與「明民」對比，意謂教人民仁義禮樂，乃至巧智詐偽，是
引發社會混亂之因，就是下文所言「以智治國」，此為老子所批判者。另證
諸二十章之「我愚人之心也哉」，「愚」是真誠純樸，故「愚人」是超越世俗
之人的修養境界。是以老子所言的「愚之」，並非蒙蔽人民，而是要求統治
者勿以智教人，愈是教民以智，愈容易衍生各種虛假詐偽。另外，老子有
言：「常使民無知無欲，使夫知者不敢為也。」（三章）[29] 本章所言使民「無

---

[28] 余英時先生曾申論老子理論中的「反智」傾向，認為「老子在此是公開地主張『愚民』，因為他深切地瞭解，人民一旦有了充分的知識就沒有辦法控制了。……『聖人』卻絕不允許人民有自由的思想（「虛其心」）和堅定的意志（「弱其志」），因為有了這兩樣精神的武器，人民便不會輕易地奉行『聖人』所訂下的政策或路線了。」（余英時：〈反智論與中國政治傳統——論儒、道、法三家政治思想的分野與匯流〉，《歷史與思想》，臺北：聯經，1976.9，頁 11）余先生此論將老子連結法家與黃老之學的治術，視其為一脈發展，然而對老子的理解或未能明之。由於《老子》六十五章直言以「愚」治民，故後世多將老子視為權謀之術，宋儒批判尤其嚴厲，如程頤謂：「老氏之學，更挾些權詐。……又大意在愚其民而自智，然則秦之愚黔首，其術蓋亦出於此。」（《二程集》，[宋]程顥、程頤著，王孝魚點校，北京：中華書局，2008.7，頁 152）朱熹承之，批評老子是權詐之術。陳榮捷先生澄清云：「老子『古之善為道者，非以明民，將以愚之。』最受人攻擊。朱子亦非例外。然此實斷章取義。老子下文即云：『民之難治，以其治多。以智治國國之賊，不以智治國國之福。』此所謂智，即權術之智。是以聖人之治，『使夫智者不敢為』，而聖人本人亦『我愚人之心也哉』。且老子云：『聖人無常心，以百姓心為心。』安得愚民乎？」（陳榮捷：《朱學論集》，臺北：臺灣學生書局，1988.4，頁 105）老子於本章所言之「愚」，並非欺瞞愚弄，而是藉由「愚」之削減虛偽狡詐，使民真誠。「愚」對應「明」之治國方式，王弼注云：「明，謂多智巧詐，蔽其樸也。愚，謂無知守真，順自然也。」（《老子道德經注校釋》，前引書，頁 167）王弼已清楚區分「愚」與「明」，老子反對多智巧詐，不同篇章多見之，且本章下文明確反對「以智治國」，老子要求統治者必須純樸誠正，不以智巧治國，人民才能隨之質樸。老子要求統治者「自愚」，再「愚民」，是為去除機巧詐偽，並非權詐之術，也與「愚民主義」（Obscurantism）封閉人民訊息與知識的統治方式無關。

[29] 通行本的章句為：「不尚賢，使民不爭；不貴難得之貨，使民不為盜；不見可欲，使心不亂。是以聖人之治，虛其心，實其腹，弱其志，強其骨。常使民無知無欲。使夫知者不敢為也。為無為，則無不治。」（三章）帛書本後半章作：「是以聖人之治也，虛其心，實其腹，弱其志，強其骨，恆使民无知无欲也。使夫知不敢，弗為而已，則无不治矣。」使人民「無知無欲」是「聖人之治」的收結，說明聖人為政依循自然，行無為之事，不立定價值標準，既是自然無為，人民就不會被強迫「有知」、「有欲」。通行本將本章末句改成「為無為，則無不治。」強化「無為」的概念，帛書本的文意則是使為政

知」、「無欲」，是延續前文論不尚賢、不貴難得之貨與不見可欲，針對在上位者「有為」的施政方式，由於劃分標準引發名利的爭奪，因而告誡統治者不該以一己之標準行事，仍是體現老子一貫的思路。使民無知無欲，是「無治之治」的結果，「無知」並非耍弄權術不讓人民知曉施政措施，否則「無欲」便難以解釋，之所以使民純樸無欲，是為了提醒統治者不應自以為是，更不該以「知」為藉口控制人民。老子理想中的「聖人之治」，關鍵在「無為」，從根本消解人民的巧詐造偽，根除貪欲，至於「復結繩而用之」之語，不完全指捨棄語言文字而不用，「結繩」更含有和諧、平安與純樸的象徵意義。當人民毋須耗費心思於生存競爭，不必處心積慮於各種爭奪手段，生活才能平靜安詳，樸實自然。

小結

老子思想的核心概念為「自然」、「無為」，返回自然純樸，無欲無爭，不同於禮樂制度的人生與政治觀。老子既然對當時各種規範不以為然，對於語言文字也有所反省，語言指稱事物，但也在稱名之時，限制了所指之對象，尤其是老子提出超越感官的「道」，為了避免語言造成的局限，特意說明「吾不知其名，字之曰道，強為之名曰大。」（二十五章）強為之，即勉強使用語言表示，以「道」、「大」名之，前者藉用道路之意，說明通達於原初以及四方，而後者則意為廣袤無際，即道的作用無所不在。雖然如此，老子還是不斷提醒「道常無名」（三十二章），「道」之「無名」，無定型亦無所指，因而能為天地之始。然而萬物又自道而生，故「有名」亦從之，老子於此言「此兩者，同出而異名，同謂之玄。玄之又玄，眾妙之門。」（一章）章句中的「兩者」，應是「無名」與「有名」，即道雖無名，但又蘊含有名，因此以「玄」言之，說明道的雙重性。

老子為了回應語言文字之實指與限制，使用「正言若反」（七十八章）的行文方式，即「大Ａ若Ｂ」的構句，藉由「Ｂ」為「Ａ」之對反，形成「大成若缺，其用不弊。大盈若沖，其用不窮。大直若屈，大巧若拙，大辯若訥。」（四十五章）此「Ａ」與「Ｂ」如從對立的角度言，不能同時是「Ａ」

者「不敢」、「弗為」，相對於前文之「無知」、「無欲」，意味人民的「無知」來自於統治者之「不敢有知」，「無欲」則是統治者之「弗為有欲」。陳鼓應先生解說云：「所謂『無知』，並不是愚民政策，乃是消解巧偽的心智。所謂『無欲』，並不是要消除自然的本能，而是消解貪欲的擴張。」（陳鼓應：《老子今註今譯及評介》，臺北：臺灣商務印書館，1997.1，頁63）「無知」是指沒有勾心鬥角，虛偽詭詐，使民「無知」的前提是國君無為無欲，因此人民純樸無欲，不必有矯偽之「知」。至於通行本將帛書「使夫知不敢，弗為而已」修改成「使夫知者不敢為也」，將原本是對著所有人而論其「不敢」，變成有部分「知者」的「不敢」，若從上下文意，應是帛書本為佳。

又同時是「B」的情況，此亦為邏輯的矛盾律，但是老子以「大」釋「A」，將「大 A」提昇至「道」的層次，從境界差異形成「大道」與現象的關係，也得以重新反省語言文字的意義。又如「大方無隅，大器晚成，大音希聲，大象無形。」（四十一章）亦是採用正言若反的形式，使語言文字原本正向的指稱，產生特殊的自我否定，此即「道隱無名」的意義。正言若反之行文，也顯示老子對人為文明的回應，《老子》中常以「水」為喻，讚揚「柔弱」，又以「嬰兒」為例，稱道赤子的質樸狀態，故有「弱之勝強，柔之勝剛」（七十八章）的說法，對比先秦諸子於政治主張有影響力的王者、霸者，亦是正言若反所突顯的相對與反面思考。一般人習慣從正向的價值看待事物，依「美」、「善」、「強」、「有用」、「有為」的標準區分人事，唯老子從反向的角度打破制約與框架，企圖回歸事物的本質。他使用「大道」、「上善」等語詞，超越對立造成的限制，是正言若反行文方式的最終目的。

從通行本與古本所見，《老子》的文體相當特別，類似詩化的文句，近於格言，而且使用「正言若反」的句式，其目的為突顯語言的限制，乃至於仁義禮樂都是對人性自然的局限。這樣的語言風格，與其內在思想連結，促使讀者思考人類社會的標準與文明，似乎為了更美好的生活，但也許反而是限制，甚至造成爭奪，使社會更加混亂。也因為格言式的行文，造成詮釋的開放空間，致使後世對老子的解讀，可能是解說者的開創性詮釋。戰國後期韓非子已對老子思想進行創造性解讀，使老子的道論成為統治者的權術，用以鞏固君權，掌控臣民。韓非子的解釋，使老子思想蒙上權謀的外衣。另外戰國時齊國的稷下學宮，促使黃老道家的興起，老子思想也與權術治道更形密切。然而從《老子》各個篇章所呈現的思想觀之，實與權謀相去甚遠。這個以「老子」稱之的道家思想，以「道」（「無」）為宇宙起源，萬物生成的源頭，又是萬物運行的規則，作為事物的本體。雖然《老子》著重政治，但他申述事物的相對性，從天地運行的規律反省人事，提出「素樸」、「無欲」的處世觀，並質疑禮樂文明，提倡「自然」、「無為」的為政方式與生活態度。儘管早期流傳的老子思想是一種減法思路，但是後世運用老子思想開啟許多新的老子面貌，除了韓非子的法家權術，黃老思想的治國道術，還有黃老思想中對於治身的修煉方術，以及漢末奉行《老子》的五斗米道，都是老子在後世的不斷開展，甚至《老子道德經》成為道教主要經典，「老子」也神格化為「太清」道德天尊。於是老子在一次又一次的被創造中，成為中國文化的重要內容，代表道家的老子也與儒家分庭抗禮，為中國哲學思想的主要內涵，影響後世深遠。

第六章　逍遙乎無為之業——莊子

　　依《史記・老子韓非列傳》所記，莊子是戰國中期宋國人，約與孟子同時。關於莊子生平事跡，文獻中少有記載，太史公敘述楚威王曾邀莊子為相，莊子以烏龜寧於泥中嬉戲為喻，拒絕入仕，此事亦見於《莊子・秋水》。可見莊子的人生態度，應符合其書所示之忘我無待，不求世俗功名，達於精神逍遙的境界。荀子曾謂：「莊子蔽於天而不知人。」（《荀子・解蔽》）荀子以其關注人性以及禮治的立場，批評莊子有所偏，然而也可看出莊子思想的恢宏。莊子並非不知人，而是與其他諸子著重於人性與政治有所不同，他從認知的進路，思考人與天地萬物的關係，進而以遺忘的修養工夫，達到天人合一的境界。

　　現今流傳的《莊子》由西晉時郭象編定並為之注，包括內篇七、外篇十五、雜篇十一，共三十三篇。《漢書・藝文志》著錄《莊子》五十二篇，《隋書・經籍志》則列有《莊子》二十卷，題為向秀注，又有題為郭象注的《莊子》三十卷，以及題為司馬彪注的《莊子》十六卷，還有其他注解與釋義者，卷數與篇數均不相同。魏晉時期盛行老莊玄學，討論莊子思想者眾，而莊子思想也影響佛道兩教，因此有各種不同注解傳抄的《莊子》版本流傳於世。然而《隋書》僅著錄卷數，篇數不明。唐代陸德明《經典釋文・序錄》則標注篇數，記向秀注有二十六篇，司馬彪注五十二篇，郭象注三十三篇，又注明內篇七篇，外篇和雜篇則篇數不一。陸德明認為《漢書》所言「《莊子》五十二篇」，即司馬彪所注，篇章內容雜亂，經郭象刪修編排，後世皆依郭本，其他傳本漸次亡佚。由於現今所見《莊子》經郭象刪修，關於全書的分章與內容，自唐代起就有學者質疑真偽，使得辨偽成為莊學的重要內容。[1] 一般而言，學者多認為內七篇的結構有

---

[1] 陸德明於《經典釋文・序錄》著錄晉代注莊者的篇數，並云：「莊生宏才命世，辭趣華深，正言若反，故莫能暢其宏致。後人增足，漸失其真。故郭子玄云：『一曲之才，妄竄奇說，若〈閼奕〉、〈意脩〉之首，〈危言〉、〈遊鳧〉、〈子胥〉之篇，凡諸巧雜，十分有三。』《漢書・藝文志》：『《莊子》五十二篇。』即司馬彪、孟氏所注是也。言多詭誕，或似《山海經》，或類占夢書，故注者以意去取。其內篇眾家並同，自餘或有外而無雜。惟子玄所《注》，特會莊生之旨，故為世所貴。徐仙民、李弘範作《音》，皆依郭本。今以郭為主。」（[唐]陸德明：《經典釋文》卷一，北京：中華書局，1985，頁 55）陸德明引郭象言，並提及諸多今本未見篇名，顯見晉代所見《莊子》，已混雜許多後人增補的文字。經過多位注者的整理，內七篇是諸家皆同，而且以郭象的注文為後世所重。然而注者「以意去取」，卻也引發學者的質疑，由於《史記》本傳列〈漁父〉、〈盜跖〉、〈胠篋〉等篇為莊子所作，宋明學者多批評這些篇章譏侮列聖，皆非莊子所作，然亦有駁斥者。關於《莊子》篇章辨偽論證者眾，文繁不擬

其系統，可以代表莊子思想。至於外、雜篇則思想內容駁雜，有部分闡釋內七篇理論，有些近於老子思想的段落，亦有發揮黃老之說，應可視為莊子後學或有志於道論的學者，持續增補所致。雜篇最後之〈天下〉篇，歷敘先秦道家思想發展，評論諸子百家，不僅是莊子思想綜論，亦是了解先秦學術史的重要文獻。

自西晉郭象整理注解《莊子》，郭象注本成為理解莊子的重要門徑，然而，郭象以「獨化」、「跡冥」注莊，強調適性逍遙，不同於莊子以無待忘我之超越工夫，最終得以物我合一的逍遙。郭象對莊子的創造性註釋，有其調合儒道的玄學背景，看似「郭注莊」，或可視為「莊注郭」。[2] 唐代道士成玄英作《南華真經註疏》，多依郭象所論，又以「重玄」之論，引入佛教思維。郭注成疏是閱讀《莊子》的重要注解，然而其注解是否能恰當理解莊子，至今仍有爭議。除了郭注成疏，宋代林希逸以「禪宗解數」注解《莊子》，明代釋德清《莊子內篇注》以佛學思想解《莊子》，是為「以佛解莊」。[3] 此外，明代亦出現「以儒解莊」的著作，如沈一貫《莊子

詳引，崔大華整理歷來各家考辨，以思想內容為據，認為《莊子》內篇「是莊子思想的核心部分」，「幾乎在外、雜篇的每一篇中，都可以找到數量不等的、顯然是源自內篇的思想、命題、概念和術語等。」（崔大華：《莊學研究》，北京：人民出版社，1997.5，頁 89）本章所論莊子思想，以《莊子》內篇為主。

[2] 郭象藉由注莊，建構「適性逍遙」的論述，試圖解決兩晉士人在自然與名教的衝突中，無法調合理想與現實的焦慮。郭象的注解，引發後世對莊子解讀的論辯，即「郭注莊」與「莊注郭」之思辨，如明代郭良翰於《南華經薈解》云：「蓋自《南華》之尊為經也，解者無慮數十家，愈解愈不可解也。則不解之解，解而不解微乎，微乎蓋難言之。於是世始盡詘諸子，孤行郭子玄之說。昔之人至謂非郭注莊，乃莊注郭。」（[明]郭良翰：《南華經薈解·南華經薈解說》，收入《無求備齋莊子集成初編》第 13 冊，嚴靈峯編，臺北：藝文印書館，1972，頁 17）郭良翰指出郭象注莊為後人所依循，但也有人認為是「莊注郭」而非「郭注莊」。此意為郭象的注解影響後世對莊子的理解，但是郭象自成一家之言的解釋，偏離莊子思想，是為「莊注郭」。

[3] 「以佛解莊」是為解釋者從佛學解釋莊子思想，然而佛學內容複雜，三乘觀點各異，邱敏捷分為「以空解莊」、「以禪解莊」與「以唯識解莊」三大模式。（邱敏捷：《以佛解莊：以〈莊子〉註為線索之考察》，臺北：秀威資訊科技，2019.8）如此區分的標準不一定明確，此外，解釋者不必然是佛教學者，如成玄英、陸西星皆是道教中人，將其歸於「以空解莊」，或有待商榷。不過從佛學的角度解讀莊子，可溯源自佛教傳入中土，其時正逢玄學興起，莊子思想與佛教有相近之處。從認識論而言，莊子破除成心造成偏見的認知方式，而佛教則從因緣觀視萬物非表象所見；從生命論而言，莊子超越生死而與天地一體，佛教則解脫生死輪迴成就究竟涅槃；從工夫論而言，莊子提出心齋、坐忘的修養方式，而佛教則以禪定、觀想為收攝意念的修行方式。佛教與莊子有許多可相參之處，儘管兩者思路與終極目標並不相同，然而許多士人從莊子理解佛法，而佛教法師則藉莊子傳法，莊子思想是佛教能深入中國文化，同時也是促使佛教中國化的關鍵。

通》以為「莊子本淵源孔氏之門」，[4] 其注解以所謂「中庸」之道會通莊子與儒家。不論是藉莊子以抒己意，或援引佛教或儒家注解莊子，雖然是解釋莊子思想，但看似為理解莊子的橋樑，同時也構築了障礙。至於清人考據風盛，清末郭慶藩著《莊子集釋》，輯錄多家注解，辨析歷代各本異文，引用增補明清學者的訓詁和校勘，是近代研究《莊子》的集大成者。

　　莊子同於老子，皆以「道」為萬物的本源，也是天地運行的原理，然而相較於老子論人應法天道，建立道的境域，關心政治，莊子則著重個人的精神自覺與超越，破除時空的限制，達到物我兩忘，與天地合一的境界。本章以《莊子》內七篇為主，採取「以莊解莊」的方式，各篇段落相互參照，申述莊子思想。首先說明莊子的語言文字觀，以「得意忘言」闡釋「意／言」的對比，以及莊子行文的特色。其次論述莊子對人生的理解，由於人以自我為中心，必然陷入被外物役使的困局中。莊子清楚人生的現實處境，也明白生命的無可奈何，因此必須面對人生的困境，而非避世逃離。其次申論莊子的修養工夫，透過「心齋」、「坐忘」，消除自我成見。唯有無心，才能進入「大知」，沒有物我分別的「道通為一」。最後闡釋莊子的養生論與生命觀，莊子的修養論是積極超越的進化過程，只有由技進於道，物我兩忘，才能逍遙於江湖，自在於無何有之鄉。對於生死，莊子視為自然循環，是天地運行之常道，生死僅是形體的變化，生死無別，毋須悅生惡死。是以莊子的養生觀，是以全然無心、無待的狀態，超越生命的限制，於生死兩忘而化其道，進而全生，此為其養生之旨。

第一節　得意忘言

　　《莊子》一書的語言風格鮮明獨特，不論字句結構或文章組織，與先秦諸子皆不相同，甚至自鑄新詞，恣意行文，全書皆為「謬悠之說，荒唐之言，無端崖之辭。」[5]（《莊子·天下》）其設立文字障之因，蓋天下皆從一己成見論事，語言文字亦是制定規則的產物。莊子的文字似遊戲，破除文法，並且大量使用反詰語句，不斷以自我發問的「後設」（meta-）方式，通過質疑的自我質疑，跳出論述框架，迫使讀者思考語言文字於認知的意義，也呼應其質疑「意」與「言」的關係。莊子更自創「三言」——寓言、重言與卮言，闡明其行文的特色，他說：

[4] [明]沈一貫：《莊子通·序》，收入《無求備齋莊子集成續編》第 9 冊，嚴靈峯編，臺北：藝文印書館，1974。

[5] 《莊子集釋》，[周]莊周，[清]郭慶藩集釋，王孝魚點校，北京：中華書局，2012.2。本章所引《莊子》原文皆同，僅標篇名，不另注出處。

寓言十九，重言十七，卮言日出，和以天倪。寓言十九，藉外論
之。……重言十七，所以已言也，是為耆艾，年先矣。……卮言日
出，和以天倪，因以曼衍，所以窮年。不言則齊，齊與言不齊，言
與齊不齊也，故曰無言。言無言，終身言，未嘗言；終身不言，未
嘗不言。有自也而可，有自也而不可；有自也而然，有自也而不
然。惡乎然？然於然。惡乎不然？不然於不然。惡乎可？可於可。
惡乎不可？不可於不可。物固有所然，物固有所可，無物不然，無
物不可。非卮言日出，和以天倪，孰得其久！萬物皆種也，以不同
形相禪，始卒若環，莫得其倫，是謂天均。天均者，天倪也。(〈寓
言〉)

「寓言」是以文字寄託意義，既是寄寓，便非直言，是為意在言外。「重
言」為引用先賢用語，重複前人所言，以示重要，然而莊子許多引述卻是
自創之詞，引述本是強調有所本，亦可藉前人之言強化論點，但是莊子卻
虛擬許多先人言行，看似「重言」，實為「新言」，此舉亦反諷論文寫作的
引用方法。至於「卮言」則是莊子自鑄新詞，「卮」是一種圓柱狀酒器，
取其圓形若環，得以無窮，故能日出無盡，「和以天倪，因以曼衍，所以
窮年」此三句引自〈齊物論〉，且〈齊物論〉釋「天倪」為「是不是，然
不然。」有是就有不是，有然就有不然，有所分別，就有所辯，只有以
「天倪」和之，即從天道所見，然與不然，是與不是，皆是萬物變化，無
所別，亦毋須別。故「卮言」雖言，亦未嘗言。〈寓言〉本段說明「卮
言」，實為〈齊物論〉的注解，末云萬物皆有其種，亦有不同形狀，此為
萬物各因其自然，若有心言之，便陷入自我的成見而有所蒙蔽，也因此產
生是非爭論。故以「天均」均之，「天倪」倪之，方得大道。

　　莊子視語言文字為達「道」的一種方式，而不是「道」自身。《莊
子‧外物》有云：「荃者所以在魚，得魚而忘荃；蹄者所以在兔，得兔而
忘蹄；言者所以在意，得意而忘言。吾安得忘言之人而與之言哉？」荃蹄
之喻，即明指「言／意」的關係，言者非不言，然言之為言，僅為達意。
意不在言中，若已得意，就毋須執著於言。莊子顯有輕言重意的傾向，換
言之，「言」是得意的方法之一，而非唯一的方法，更毋須執著於言，這
便是「得意忘言」。故《莊子‧天道》藉輪扁之口，以「古人之糟魄」謂
古代經典，諷世人只重文字，讀書誦經，徒重其形卻不明其意。莊子於此
辨明「意」非具象之形，超越人的感官認知能力，故「不可以言傳也」。
此說闡發老子「知者不言，言者不知。」(五十六章) 不言，既是修行的
方式或表現，亦是對認知能力與對象的反思。若「言」有所指，有所指即
有對象，有對象即有所限制。若然，當「言」已成言，已是經驗世界的實
指，有其對象，便無法指涉超經驗的「意」(道)。莊子既論「得意忘
言」，故警醒讀者勿以言說為辯，他說：

> 夫隨其成心而師之，誰獨且無師乎？奚必知代而心自取者有之？愚
> 者與有焉。未成乎心而有是非，是今日適越而昔至也。是以無有為
> 有。無有為有，雖有神禹，且不能知，吾獨且奈何哉！夫言非吹
> 也。言者有言，其所言者特未定也。果有言邪？其未嘗有言邪？其
> 以為異於鷇音，亦有辯乎，其無辯乎？道惡乎隱而有真偽？言惡乎
> 隱而有是非？道惡乎往而不存？言惡乎存而不可？道隱於小成，言
> 隱於榮華。故有儒、墨之是非，以是其所非，而非其所是。欲是其
> 所非而非其所是，則莫若以明。(〈齊物論〉)

「言」之所由為「成心」，即以自我中心認知萬物，既是一己之偏，就是
自以為是，把沒有說成有，把黑的說成白的。這樣的言論，當然各說各
話，肯定自己，否定對方，以致於爭論不休。是以有言論就有所分別，有
了分別就會造成好惡而毀滅，即「其分也，成也；其成也，毀也。」(〈齊
物論〉) 當言論因成心而起，「大道」便隱而不顯；當浮華的言辭盛行，
「大言」亦隱蔽於其中。故莊子不斷強調以虛心之「明」觀照萬物，去除
自我成心，以「不言」為言，方能泯是非。

　　「言」是「知」的一種方式，卻也同時造成了「知」的限制。相對先
秦儒墨各家多言雄辯，莊子屢屢闡釋「不言」、「無言」，否定語言與問
答。〈齊物論〉中齧缺三問王倪，王倪皆答曰：「吾惡乎知之！」此處之
「不知」，並非無知，而是不強以知為知。莊子欲藉不言，突顯世俗諸人
論述之言，皆有所偏，故謂之「成心」(〈齊物論〉) 與「小知」(〈逍遙
遊〉)。簡言之，任何言論皆出自成心，各從自己的觀點論辯，不論輸贏，
皆是一偏。〈齊物論〉從言論之所由，瓦解論辯，以語言發生的過程為
據，說明大道之時無別，其後因語言而有分別，也助長論辯之風。其云：

> 夫道未始有封，言未始有常，為是而有畛也。請言其畛：有左，有
> 右，有倫，有義，有分，有辯，有競，有爭，此之謂八德。六合之
> 外，聖人存而不論；六合之內，聖人論而不議。春秋經世，先王之
> 志，聖人議而不辯。故分也者，有不分也；辯也者，有不辯也。
> 曰：何也？聖人懷之，眾人辯之以相示也。故曰：辯也者，有不見
> 也。夫大道不稱，大辯不言，大仁不仁，大廉不嗛，大勇不忮。道
> 昭而不道，言辯而不及，仁常而不成，廉清而不信，勇忮而不成。
> 五者園而幾向方矣。故知止其所不知，至矣。孰知不言之辯，不道
> 之道？若有能知，此之謂天府。注焉而不滿，酌焉而不竭，而不知
> 其所由來，此之謂葆光。(〈齊物論〉)

此段論述「道」之初沒有界線，「言」之初未有定說，但是發生人為爭辯
「是」，故有所分別。此論針對諸子各言其是，既言其是，則他人為非，
爭辯因之而起。聖人相應的態度是「存（不論）」——「論（不議）」——

「議（不辯）」，當有所「辯」時，即是眾人之言辯，自此陷入混亂而永無止息。莊子所言的「大辯」相對於「小辯」（言辯），「大辯」無言，超越語言；「小辯」則為一般的言說，從自我成見劃分彼此之別。莊子此論，一如其分別「小知」與「大知」，言辯即是「小知」，局限於自我。

言辯者，皆自以為是求知，為真理而辯，莊子則視其為「小知」，與「大知（不知）」對比，而謂「小知不及大知」（〈逍遙遊〉），又言「大知閑閑，小知閒閒；大言炎炎，小言詹詹。」（〈齊物論〉）「小知」即是世俗之言所建立的各種論述，在「小知」的範疇中，彼此相互論難爭勝，既是爭論，便囿於己見，無法了解超越「小知」的「大知」層次，是「無言」、「不言」與「不知」的境界。[6] 只有達於「大知」，才能消弭因言論爭辯所造成的斲傷與混亂，莊子自況之：「寥已吾志，無往焉而不知其所至；去而來而不知其所止，吾已往來焉而不知其所終；彷徨乎馮閎，大知入焉而不知其所窮。」（〈知北遊〉）不知所來，不知所往；已而來往，復忘其來往。莊子將「大知」視為一種無始無終，忘始忘終的境界，如此一來，所有人類的知識與認知，都被化解於無形，何況是語言文字。〈逍遙遊〉中三述鯤化為鵬的寓言，即是指明從「小知」進化於「大知」的過程，唯有超越己見，以「忘」的無心工夫，進入「吾喪我」的狀態，方得達於大知，得聞天籟。

「大知」的境界是生命與天地萬物合一，在生活中恬然自適，不與物爭，無物我之別。這種知，並非人為經驗開展的社會風俗，也不是以事物為研究對象的科學之知，而是將人視為與宇宙同一的精神絕對自由。認知的過程，即是生命覺醒與精神提升，最終得以同於古之至人，聖人，神人。莊子以是否有待區分境界層次，他說：

---

[6] 《莊子·逍遙遊》言：「小知不及大知，小年不及大年。」明顯區別「小知／大知」，並說明小知、小年受限於自身的時空條件，無法理解大知、大年。〈逍遙遊〉三述鯤鵬寓言，後兩次提及蜩、學鳩與斥鴳嘲笑大鵬南飛之舉，莊子明言「此小大之辯也」。然而郭象注「不及」句云：「物各有性，性各有極，皆如年知，豈跂尚之所及哉！」注「小大之辯」句云：「今言小大之辨，各有自然之素，既非跂慕之所及，亦各安其天性，不悲所以異，故再出之。」郭象注莊，反覆申述物各有性，安於其性，即是逍遙。郭象注解明顯與莊子不同，清代郭慶藩引其父之語云：「注謂小大殊，逍遙一也，似失莊子之恉。」（《莊子集釋》，前引書，頁2）莊子以鯤化為鵬的寓言，意指不斷進化超越自我的局限，蜩與學鳩是「小知」，大鵬是「大知」，唯有從小知進化為大知，才能如大鵬飛翔九萬里，所見天色蒼蒼，自非小鳥所能得見，也就是在高空之中，才有不同於地面的視野。一如〈養生主〉之「庖丁解牛」寓言，超越是「進乎技也」，由技進於道，方得無待逍遙。郭象之所以注為「適性逍遙」，意欲調合自然與名教的衝突，為士人尋求安身立命之道，然而此解影響後世深遠。關於郭象注莊的論述，可參考本書魏晉篇之郭象專章。

> 故夫知效一官，行比一鄉，德合一君而徵一國者，其自視也亦若此
> 矣。而宋榮子猶然笑之。且舉世而譽之而不加勸，舉世而非之而不
> 加沮，定乎內外之分，辯乎榮辱之竟，斯已矣。彼其於世，未數數
> 然也。雖然，猶有未樹也。夫列子御風而行，泠然善也，旬有五日
> 而後反。彼於致福者，未數數然也。此雖免乎行，猶有所待者也。
> 若夫乘天地之正，而御六氣之辯，以遊無窮者，彼且惡乎待哉！故
> 曰：至人無己，神人無功，聖人無名。（〈逍遙遊〉）

一般人的認知，是將自我置於社會文化所定的標準之中，以行為符合為
善。而宋榮子不在意眾人的褒貶，不以讚譽或非難而受影響，但仍是以外
在標準為衡量者。至於列子能御風而行，更顯自在不受拘束，但仍得依靠
風力，猶為有所待。相較於依外物而引發的「有待」，必得「無待」，才不
受外物所累，才是真正得於大知。「大知」亦名「真知」，當天人和諧乃至
合一，即古之「真人」達於「天與人不相勝也」（〈大宗師〉），方為「真
知」。若明於此，則可知〈養生主〉開篇之「吾生也有涯，而知也無涯」，
此「知」並非只是「知識」或「俗學」，[7] 而是以「生」的有限對比「知」
的無限，「知」是指認知對象、方式與過程，因此世人以一般的「隨」與
「為」的方式求「知」，就會造成「殆」的後果，使生命受到傷害。對於
「知」，並不是向外追求，以為有所增益，而是內省的自覺減損，返樸歸
真。是以「小知」以言辯，「大知」則忘言，欲得「大知」者，必須以
「忘」的工夫，無心於物我，忘卻語言文字，漸次擺脫語言的局限與束
縛，方得通於大道。

第二節 無所逃於天地

　　對世界的認知，從自我出發，而向外探索，最終仍得回到自己。想要
認識理解這個世界，實則希望在這個世界尋找自我的定位，想知道自己是

---

[7] 〈逍遙遊〉與〈齊物論〉皆以「知」為核心議題，〈逍遙遊〉分別「小知」與「大
知」，論述兩者的差異；〈齊物論〉則論述個人成心所見區分物我，致使蔽於成見而陷
於蒙昧。〈養生主〉於此為基礎，申述養生之道，故首句以「生／知」對比，意謂以
生命追求無窮的「知」，違失養生之旨。郭象注此「知」為「尚名好勝，雖復絕聖，
猶未足以慊其顧，此知之無涯也。」將「知」釋為對世俗名利的追求。而成玄英疏
云：「所稟形性，各有限極，而分別之智，徇物無涯。遂使心困形勞，未慊其顧，不
能止分，非養生之主也。」（《莊子集釋》，前引書，122）成疏將「知」釋為世俗的學
問，為「分別之智」。陳鼓應先生依林希逸與宣穎之說，釋「知」為「心思」。（陳鼓
應：《莊子今注今譯》，北京：中華書局，2009.2，頁 104）莊子論「知」，包含欲念和
欲念的對象，以及因此而生的各種偏見，因此養生必須轉化「知」的方式，從目視而
至神遇，此即「庖丁解牛」所論述的進化過程。

誰，想明白自我的價值，想發掘生命的意義。莊子對認知的思考，對於人的渺小，生命的困頓與無奈，認識極為深刻，但他並非一個消極避世，自絕於社會之外的隱士。事實上，莊子思想的出發，來自於對現實世界的理解，只有認清現實，知道實際的處境，才能反省自我，尋求精神超越。〈人間世〉有段著名論述：

> 天下有大戒二：其一，命也；其一，義也。子之愛親，命也，不可解於心；臣之事君，義也，無適而非君也，無所逃於天地之間。是之謂大戒。是以夫事其親者，不擇地而安之，孝之至也；夫事其君者，不擇事而安之，忠之盛也；自事其心者，哀樂不易施乎前，知其不可奈何而安之若命，德之至也。

莊子清楚知道每個人都「無所逃於天地之間」，出生於世，便在此世間，無處可逃，無處可躲。無所逃，並不僅是空間的侷限，還有人生於世，必須面對的人際關係。莊子舉出「命」與「義」兩者，「命」是血緣關係，出生時便已注定，無法改變；而「義」則指社會關係，只要是群體生活，便無可避免。「知」人生處境是第一步，唯有認清現實環境之無可奈何，正視無所逃這個事實，才能積極面對各種艱困處境。接著放下自我認知的執著，以「安」的心態，隨時隨地皆能處之，順遂其勢，無所憂慮。

　　莊子明白人生於世，如同投入一個永無止息的修羅場，無法另覓淨土於他處，沒有一個理想的世界存在於此世之外。楚狂接輿歌孔子云：「來世不可待，往世不可追也。」（〈人間世〉）已明確指出人在「此世」的不可變性，過去或未來，都無法改變此世這個事實。無所逃既是事實，就不可能在人世之外尋找隱藏之地。由於此世的限制，又沒有另一個不存在的他世，勢必得面對自己與這個世界，無法逃避。人生必須面對許多限制，從出生之所，形體資質，生命長短，乃至人際關係所形成的社會網路，都是無法選擇，不能控制的。而這些限制，都是外在的，所有變化轉換都是大自然的運行，非人力所能及。莊子藉孔子之口，有此論述：

> 死生存亡，窮達貧富，賢與不肖，毀譽、饑渴、寒暑，是事之變，命之行也；日夜相代乎前，而知不能規乎其始者也。故不足以滑和，不可入於靈府。使之和豫，通而不失於兌，使日夜無郤而與物為春，是接而生時於心者也。是之謂才全。（〈德充符〉）

「才全」之人，不受外在環境與條件的限制，所有外在的變化皆不會影響內心。 換言之，內心能通達萬物，沒有一己之成心，保持虛無的狀態，才得以不隨外物變化起舞，不因外在環境改變而影響情緒。「才全」者，不以物喜，不以己悲，故亦為「德不形」。莊子論云：「平者，水停之盛也。其可以為法也，內保之而外不蕩也。德者，成和之修也。德不形者，物不

能離也。」（〈德充符〉）「不形」，即「忘形」、「無形」，唯不存一己之形，方得與萬物同體，不離於物而獨存，是「德不形」也。

莊子在〈德充符〉中，創造出一些外貌奇醜，形體殘缺不全的人，但是這些人不以外表為缺陷，反因「德」之於「忘情」與「忘形」中，突破一般人以為的天生限制，使寵辱、貴賤、好惡與是非，皆化為無形。〈人間世〉中有位支離疏者得享天年，莊子謂：「支離其形者，猶足以養其身，終其天年，又況支離其德者乎！」「支離其形」即「忘形」，得以存生，若再能「支離其德」（忘情），就得與天地同體，不受時空所限。是以，莊子正視世間的艱難與限制，知道人無法離開這個世間，因此以「藏舟於壑」為喻，謂「藏天下於天下，而不得所遯，是恆物之大情也。」（〈大宗師〉）無論如何躲藏，都有被發現的風險，想躲想逃，實則無所遁逃，最好的方式就是「藏天下於天下」，以不藏為藏，而忘其所藏。如此一來，人世間的限制就不再是限制，也無「限制」可言。

第三節　道通為一

莊子理想的境界，就是超越時空限制。超越，即消弭時空界限，消弭之法，在於破除人為的界定，解放人類社會所定義的時空。他說：「天下莫大於秋豪之末，而大山為小；莫壽乎殤子，而彭祖為夭。天地與我並生，而萬物與我為一。」（〈齊物論〉）人們習慣從視覺區分大小，以秋毫為小，大山為大；從生命歷程區分長短，以彭祖為壽，殤子為夭。莊子偏偏顛覆這樣的界定，使這兩句看似矛盾不可解。[8] 然而，若以無限大的空間看大山與秋毫，實無大小之別；從無限長的時間看彭祖與殤子，已無夭壽之分。如此一來，大小夭壽的區別便無意義。破除自我認知所形成的分別，消去時空的界定，便能達到與天地萬物合一。這是莊子的理想，與天地並生，便無時間的長短；與萬物為一，沒有空間的區隔。看似玄妙的「天人合一」，是通過忘我的修養工夫，從「小知」提升至「大知」，從鯤變為鵬，由技進於道，超越人為構築的限制，臻於道通為一的境界。

---

[8] 郭象注此兩句，仍發揮其適性之說，其注云：「若各據其性分，物冥其極，則形大未為有餘，形小不為不足。…… 大山為小，則天下無大矣；秋毫為大，則天下無小也。無小無大，無壽無夭，是以蟪蛄不羨大椿而欣然自得，斥鴳不貴天池而榮願以足。苟足於天然而安其性命，故雖天地未足為壽而與我並生，萬物未足為異而與我同得。則天地之生又何不並，萬物之得又何不一哉！」（《莊子集釋》，前引書，頁 87）郭象先論事物各盡其性為足，既已足矣，便毋須區別小大與壽夭，於是可與天地並生，與萬物同得。莊子從認知為論，消除對萬物的區分，破除物我界線，解放心靈的桎梏；而郭象以性分與獨化為論，著重安適其性，使心思自足而沉寂。

　　打破時空，就是將原本被人類劃分為是非對錯的世界，重新返還萬物自然的狀態。齧缺問王倪判斷萬物的標準，王倪回曰「惡乎知之」，因為根本無法將萬物分類，當然沒有標準可言。而齧缺一再追問，王倪答曰：

> 吾惡乎知之！雖然，嘗試言之。庸詎知吾所謂知之非不知邪？庸詎知吾所謂不知之非知邪？且吾嘗試問乎女：民溼寢則腰疾偏死，鰌然乎哉？木處則惴慄恂懼，猨猴然乎哉？三者孰知正處？民食芻豢，麋鹿食薦，蝍且甘帶，鴟鴉耆鼠，四者孰知正味？猨，猵狙以為雌，麋與鹿交，鰌與魚游。毛嬙、麗姬，人之所美也，魚見之深入，鳥見之高飛，麋鹿見之決驟。四者孰知天下之正色哉？自我觀之，仁義之端，是非之塗，樊然殽亂，吾惡能知其辯！（〈齊物論〉）

人類從感官接受外物，以是否滿足自我的喜好而定出標準，藉以評定事物的好壞，然而從萬物的角度而言，根本不值一哂，所謂正處、正味與正色，皆無所定。若有所謂正者，必是人類強行區分。萬物已然如此，更何況人世之是非善惡，都是出自成心，人人皆站在各自立場而自我辯護，豈有標準可言。莊子說物我關係，亦同時論人我關係。人以自我為中心，對他人有所喜好，故有分別，因分別心而生愛好，此愛好不但不會增進彼此情感，反而會造成毀滅。[9] 好惡如此，是非如此，由其是自以為「仁義」者，標榜自我為是，便批評他人為非。莊子反覆申述因偏見而造成的危害，直指諸子言論而生是非，是社會混亂之源。

　　〈齊物論〉指出是非無所定，人我彼此無所別，任何區分與界線，都是有所偏，既有所偏，所有爭論皆是徒勞而無謂。自「道」觀之，物無所別，莊子言：

> 道行之而成，物謂之而然。惡乎然？然於然。惡乎不然？不然於不然。物固有所然，物固有所可。無物不然，無物不可。故為是舉莛與楹，厲與西施，恢恑憰怪，道通為一。其分也，成也；其成也，毀也。凡物無成與毀，復通為一。（〈齊物論〉）

---

[9] 莊子認為好惡之情會造成毀滅的結果，舉例而言：「夫愛馬者，以筐盛矢，以蜄盛溺。適有蚉虻僕緣，而拊之不時，則缺銜、毀首、碎胸。意有所至而愛有所亡，可不慎邪！」（〈人間世〉）愛馬者將注意力都放在馬身上，給予最好的照顧，然而溺愛過盛，反而驚嚇馬匹而造成傷亡。郭象注為馬匹死亡，成玄英疏為愛馬者遭馬蹄蹋而亡。不論是何者傷亡，都是不好的結果，此即愛之適足以害之。老子亦有言及此，「名與身孰親？身與貨孰多？得與亡孰病？是故甚愛必大費；多藏必厚亡。知足不辱，知止不殆，可以長久。」（《老子》第44章）因有所愛，故花費精神力氣，付出愈多，耗損愈多，對生命造成斲傷。從養生觀之，老莊直指人心對外物的好惡欲望有害身心，是以老子說「少私寡欲」，莊子言「無情」，皆為了對治情感欲望。

萬物無所謂然與不然，也沒有可與不可，人類世界中的大小美醜，皆無意義。此即「自其異者視之，肝膽楚越也；自其同者視之，萬物皆一也。」（〈德充符〉）當人從「分」的角度看待萬物，必然區別物我，一有分別心，有所好惡，就是萬物毀滅的開始。因此，莊子不斷以反詰的方式，質疑人對萬物的定義與價值判斷，這些都是成見，並非事物本身。只有認清畫分的無意義，放棄無謂的論辯，才能避免分別造成的危害。當萬物回復自然的狀態，消解人為的分別，方能「道通為一」，達到與天地並生，與萬物合一的境地。

第四節 物我兩忘

要達到與天地萬物合一，就必須通過一定的修養工夫。莊子對於得道的說明，展示出一個由外而內，而內而全的過程。從忘形到忘心，心形兩忘，消弭物我的界限，就不再有限制與困境，從而進入一個絕對逍遙自由的境界，此為物我兩忘，道通為一。以下分舉「心齋」與「坐忘」，說明莊子的工夫論。

一、心齋

在〈人間世〉中，顏回欲往衛國勸諫無德之國君，孔子阻止他前去，與其討論問答。顏回是勇於匡正天下的儒者，但其提出「端虛勉一」、「內直外曲」與「成而上比」之法，孔子認為皆不足以感化衛君，反而會遭致殺身之禍。顏回無計可施，孔子最後指點「心齋」之法，兩人對話如下：

> 顏回曰：「吾无以進矣，敢問其方。」仲尼曰：「齋，吾將語若！有而為之，其易邪？易之者，皞天不宜。」顏回曰：「回之家貧，唯不飲酒、不茹葷者數月矣。若此，則可以為齋乎？」曰：「是祭祀之齋，非心齋也。」回曰：「敢問心齋。」仲尼曰：「若一志，无聽之以耳而聽之以心，无聽之以心而聽之以氣。聽止於耳，心止於符。氣也者，虛而待物者也。唯道集虛。虛者，心齋也。」顏回曰：「回之未始得使，實自回也；得使之也，未始有回也。可謂虛乎？」夫子曰：「盡矣。吾語若！若能入遊其樊而无感其名，入則鳴，不入則止。无門无毒，一宅而寓於不得已，則幾矣。絕迹易，无行地難。為人使，易以偽；為天使，難以偽。聞以有翼飛者矣，未聞以无翼飛者也；聞以有知知者矣，未聞以无知知者也。瞻彼闋者，虛室生白，吉祥止止。夫且不止，是之謂坐馳。夫徇耳目內通

> 而外於心知，鬼神將來舍，而況人乎！是萬物之化也，禹、舜之所
> 紐也，伏戲、几蘧之所行終，而況散焉者乎！」(〈人間世〉)

孔子要顏回先「齋」，再告訴他。顏回誤以不茹葷為「齋」，對於戒除僅論及形體，以為只是儀式行為，而不解「心齋」。莊子創造了「心齋」一詞，直指人生問題的根源於「心」，心是各種欲念的發動之處，因為「有心」，心念不止，故生焦慮煩擾。[10] 唯有「無心」、「虛心」，不受外物影響，忘卻一切有為的動機與目的，方得解開人世的艱難。人生已「入其樊」，在罟網中還得以「遊」，其功夫就在於「虛」其心，虛心方得遊心。無翼能飛，無知能知，虛室而能生白，都是「耳目內通而外於心知」的作用。若心思意念浮動不止，是為「坐馳」，外表看似平靜，但內心思緒翻騰，焦慮不已，心猿意馬而無所定止。有心而為之，諸事不成；無心而為之，自然而成。

　　顏回是自投羅網，自以為能淑世濟民，最終無功。〈人間世〉尚舉兩則故事，葉公子高使齊，然而不論事成與否，皆會危及性命，因此焦慮「內熱」不已。至於顏闔為衛靈公太子傅，無論是直言極諫或虛與委蛇，皆有所不妥，前者招致殺身之禍，後者又難以為教。蘧伯玉答顏闔之問，饒有深意，其云：「形莫若就，心莫若和。雖然，之二者有患。就不欲入，和不欲出。形就而入，且為顛為滅，為崩為蹶。心和而出，且為聲為名，為妖為孽。」(〈人間世〉)若是將就於外在形式，不過於計較，而內心保持平和，不與對方衝突，這樣看似能維持和諧，隨時伺機而教之。然而「形就心和」並非好方法，因為一旦將就，就可能入戲太深，假戲真作；一旦平和，則和為之出，反而為外在名聲蒙蔽。換言之，不論是形就或是心和，仍是有心為之。莊子認為人生的煩惱，皆是意念所生，顏回欲淑世天下，主動赴衛國，自尋死路。至於葉公子高受命出使，顏闔受邀赴衛，雖非主動，而是身不由己，但也因此更為煩惱。人事之艱難，不論是主動或被動，皆得面對。然而若是從結果或效益考量，必然陷入選擇的煎熬，無論如何選擇，都得承受選擇的後果。莊子指點無心之要，不設定目的，不以結果為念，才可「乘物以遊心，託不得已養中」。唯有無心，才能不受外物役使。因無心，顯無用之相，方得全生而遊。

---

[10] 莊子之「心」具有感知能力，兼有思辨與直覺，〈齊物論〉論「成心」為是非之源，此「心」能認知判斷，分辨事物，而〈大宗師〉舉數人相與為友，是為「相視而笑，莫逆於心」，這是心的感應相契，捨棄語言的交流方式。〈德充符〉首段為常季與仲尼對話，討論魯國兀者王駘吸引眾人追隨，能行「不言之教，無形而心成」，王駘正與孔子對比，孔子以言教和身教傳其道，王駘不言，然眾人從之，以其「不知耳目之所宜，而遊心乎德之和。」因無心於物，視萬物皆一，既不以物為事，故得為萬物之宗。孔子用心於仁，孟子盡心於性，王駘虛其心，無心而得以遊心。莊子與孔孟論心之不同，於此可見。

二、坐忘

　　莊子虛構許多孔子與顏回的對話，藉孔子指點顏回，讓孔子成為莊子的代言人，顛覆儒道分野，有時又是顏回指點孔子，翻轉師生關係，以悟道為旨。〈大宗師〉中有一段顏回與孔子的對話，顏回指出「坐忘」的修道方式，原文如下：

> 顏回曰：「回益矣。」仲尼曰：「何謂也？」曰：「回忘禮樂矣。」
> 曰：「可矣，猶未也。」他日復見，曰：「回益矣。」曰：「何謂
> 也？」曰：「回忘仁義矣。」曰：「可矣，猶未也。」他日復見，
> 曰：「回益矣。」曰：「何謂也？」曰：「回坐忘矣。」仲尼蹴然
> 曰：「何謂坐忘？」顏回曰：「墮肢體，黜聰明，離形去知，同於大
> 通，此謂坐忘。」仲尼曰：「同則無好也，化則無常也。而果其賢
> 乎！丘也請從而後也。」[11]

　　「仁義」與「禮樂」皆是儒家所論，顏回忘之，即去除外在人為的束縛。禮樂有形，先忘之；仁義無形，次之。然忘此兩者仍未達道，關鍵在於僅去「仁義」，仍於人世的文字障與知識障中，唯有「黜聰明」（「去知」），才能泯除物我之分。萬物同一，則無所偏好；大化無形，則不滯於常。

　　此處之「坐忘」對比「坐馳」（〈人間世〉），常人持坐，看似寧靜，內心卻心猿意馬，如野馬奔馳不定，而「坐忘」則是解脫人事的束縛，尤其是內心的意念。得道有其過程，並非一蹴可幾。「心齋」、「坐忘」雖是在「心」下工夫，卻有一個由外而內，由內而全的進程，此過程為領悟與體會，即由技進於道。〈養生主〉中庖丁自述解牛的進程，開始時見全牛，

---

[11] 今本先忘「仁義」，再忘「禮樂」，成玄英疏云：「禮者，荒亂之首，樂者，淫蕩之具，為累更重，次忘之。」其意為禮樂較仁義造成社會混亂更甚，故次忘之。然而《淮南子・道應》抄引之，卻先忘禮樂，再忘仁義。劉文典認為：「禮樂有形，固當先忘。仁義無形，次之。坐忘最上。今仁義禮樂互倒，非道家之指矣。」（劉文典：《莊子補正》，《無求備齋子集成初編》（二十八），嚴靈峯編輯，臺北：藝文印書館，1973，頁 293）就文意而言，顏回云：「離形去知」，先遺忘外在形式，再去除內心認知，由外而內，進而泯滅內外之別，這是莊子論述遺忘的次序，本文據以改之。至於對仁義禮樂的批判，老子之「絕聖棄智」、「絕仁棄智」，便是對禮樂規範的反省，去除人為的形式而回復本真自然之性。莊子思想中亦可見得延續這種批判的思路，如〈駢拇〉言：「性情不離，安用禮樂。」批評仁義禮樂是統治者的工具，欲以之導正人性，反而扭曲束縛天性。〈胠篋〉甚至直言：「聖人不死，大盜不止。」後世儒者多斥莊子此語，然而老莊對社會制度的批判是一種逆向型思維模式，對於戰亂爭執採取減法方式，去除制度的束縛，而非儒家積極引導的加法方式，用禮樂教化人民。兩者思辨方式有別，是為儒道之異。

只是外在形體；三年之後專注於解剖的部位，逐漸能夠集中注意力；最後「以神遇而不以目視，官知止而神欲行」，忘卻官感功能，以精神解牛，順乎牛隻的天生結構，輕鬆完成工作。運刀僅是助力，每一隻牛都有其獨特之處，所以庖丁雖然經驗豐富，仍在解牛前屏息凝神，精神流轉，與牛隻交會之後，迅速完成解牛工作。從全牛，到半牛，再到無牛；從目視、觸摸到神遇，這就是「忘」的過程。

〈應帝王〉中有一個壺子四示的故事，壺子顯其不同樣態，讓鄭國神巫季咸落荒而逃。季咸能預言吉凶，世人敬畏若神。然此預知能力僅是外在的觀看，遠不如能自主調整自己的形態，任意流轉，無形無相。所以壺子從死相、生相、死生不齊，到無相，無相之相，無心無己，能應一切世事，又不受世俗所限。此四示的次序，亦可視為修道的進程，知死生，忘死生。不以死生為念，進而超越死生。必須注意的是，修道有進程，有方法，得一步一步，由外而內，尤重心領神會。否則以管窺天，就會如〈秋水〉中所言學行於趙國邯鄲之燕國人，學步不成，連走路都不會，最後只好匍匐而歸。〈逍遙遊〉之鯤魚化為鵬鳥的寓言，是一個變化與超越的過程。鯤已極大，於海中無能出其右者，但鯤仍化而為鵬，從海而天，視野轉變，境界亦別。雖已為大鵬，仍將從北冥遷徙至南冥，繼續超越已有的形體。〈大宗師〉中，女偊向南伯子葵說明得道的過程，從「外天下」到「不死不生」，死生一如，不受時空所限。所以，得道須努力進化，不是剎那間的體悟，境界有其層次，在一層又一層的超越中，最終才能得道。

第五節 死生一體

要消解人世間的種種艱難與困頓，不能以硬碰硬的方式，強行切斷斬除，必須了解問題徵兆，明其所由，順應其理，方得順利解決。〈養生主〉的庖丁，之所以能讓刀子使用十九年還全然如新，在於不用「割」與「折」的方式，順應牛隻的骨肉結構間隙，使得游刃有餘，刀子自然不鈍，否則快刀雖能斬亂麻，但是再快的刀也經不起一再切斬。牛隻如同人生面對的各種複雜難題，刀則喻人之生命，養生之道在於順應自然，文惠君從庖丁解牛的過程，了解養生的道理。

莊子以無心的方式，通達萬物，藉此泯滅因人我之別所生起的各種欲望，在無我之中，生命自然得以保養。〈人間世〉中的支離疏者，因支離其形而得終其天命，但莊子不僅只於保全生命，更進一步強調「支離其德」，以無心得養其神。依養生的層次與進程，養神較養形為難，但莊子認為養生之道，必須身心兩全，形神兼養。〈養生主〉云：「緣督以為經，

可以保身，可以全生，可以養親，可以盡年。」[12] 在「督」的空虛自然狀態，方得以保全生命。莊子並不認同養形之法，在〈刻意〉言「養形之人」以呼吸吐納之術延年益壽，但莊子更重視「純粹而不雜，靜一而不變，惔而無為，動而以天行」的「養神之道」。養形有其目的性，延年益壽與莊子論忘形相牴觸，真正的養形，並不會刻意用特定方式延長壽命，而是在養神的境界中，與天地同一。換言之，若無生命，養神便落空，但只言養形，終究無法在精神層次超越。

由於形體與精神構成生命，「忘形」與「忘神（心）」雖有其層次，但在最終的境界已無形神之別，是以莊子強調「無情」。莊子於人我關係，屢屢申明無心故無分別，既無分別，便無偏私。故惠施問：「人故無情乎？」莊子肯定回答「然」。並解釋其所謂「無情」，「言人之不以好惡內傷其身，常因自然而不益生也。」（〈德充符〉）莊子之意為順應自然，沒有好惡，此為「天情」，而不該有「人情」，否則便會傷身，因為分別心造成毀壞。莊子既言無心，必然走向無情，人我關係勢必淡然，與其相濡以沫而近於死，不如相忘於江湖。淡薄乃至全然無人之情感，並將其提升至「天情」，他說：「有人之形，無人之情。有人之形，故群於人，無人之情，故是非不得於身。眇乎小哉！所以屬於人也。謷乎大哉！獨成其天。」（〈德充符〉）形體為上天所賦予，無所更改，但「情」能捨離，忘其好惡，不以情感內傷於身。故老聃死，秦失弔之，僅三號而出，因其明白哭泣是「遁天倍情」，生死本是自然，不應牽動情緒。故「適來，夫子時也；適去，夫子順也。安時而處順，哀樂不能入也。」（〈養生主〉）人

---

[12] 郭象注「養親」為「養親以適」，仍是適性之論，然未解釋「親」。成玄英疏云：「外可以孝養父母，大順人倫，內可以攝衛生靈，盡其天命。」（《莊子集釋》，前引書，頁123）成玄英將「養親」釋為「孝養父母」，此解不妥，莊子論孝不同於儒家從血緣關係建立的孝道，而是摒棄人為的倫理框架，回復自然狀態的人倫關係。〈天運〉中商太宰蕩與莊子論「仁」，太宰認為「無親則不愛，不愛則不孝」，而莊子則主張「至仁無親」，從「忘親」、「忘我」至「忘天下」，說明「至仁」並非世俗的仁愛，故「孝悌仁義，忠信貞廉，此皆自勉以役其德者也，不足多也。」簡言之，當心中有孝順仁愛之念，就非仁愛。莊子並非捨棄雙親，不講孝道，他藉孔子言：「子之愛親，命也，不可解於心。」故「夫事其親者，不擇地而安之，孝之至也。」（〈人間世〉）命與義，無所逃於天地之間，是以莊子論「至孝」，並非解除與父母關係，而是「安之」，安之之法，在於「不擇地」，即無心於時間地點，不囿於仁義禮樂。莊子主張「至仁無親」，同於老子之「天道無親」，天道無所偏私，至仁亦是如此。至於莊子為何於論述「緣督以為經」可以「養親」？之所以特別強調「養親」，重點在養，不在親。「親」之本義為探視與親近，可視為親近之人，也包含父母，即從保全自身、生命，以至於「親」。與親近之人相處，易生偏私溺愛之情，即愈是親近之人，愈容易發生磨擦爭執，因此更需無偏無私，以「督」為常。此近於老子所云：「多言數窮，不如守中。」（《老子》第5章）「守中」即「緣督」，保持沖虛，不以己意度人，亦不強加成心於他人，無好惡，故無是非，尤其是對親近之人，更得如此。

之生死，來去自如，能「安」而「順」之，自然無所哀樂，不因生而喜，也不為死而悲。莊子妻死，箕踞鼓盆而歌，惠子不解而責之，莊子自云：「察其始而本無生，非徒無生也，而本無形，非徒無形也，而本無氣。雜乎芒芴之間，變而有氣，氣變而有形，形變而有生，今又變而之死，是相與為春秋冬夏四時行也。」（〈至樂〉）生死來去，皆氣之聚散，來時無形，去時亦無。莊子面對自己的死亡，亦豁然大度，他說「吾以天地為棺槨，以日月為連璧，星辰為珠璣，萬物為賷送。」（〈列御寇〉）視死如生，死生一如，生時無欲無求，死時亦無所依戀。如同〈齊物論〉的南郭子綦進入「吾喪我」的無待境界，不生不死，方生方死，若已是無心，便無死生。亦如〈大宗師〉中的女偊所論不死不生的「攖寧」狀態，當生死無別，就不會悅生惡死，也不會追求生命永恆，此時死生已為一體，是為莊子養生之旨。

第六節　逍遙乎無為之業

莊子從消解時空解開了人生的限制，人世間的一切不再具有對比的分別，死生雖為人生之至大者，也因無心而不再悅生惡死，既將死生置之度外，生命自然能豁然開朗。莊子回答惠施有大樹而不知何用之提問，描繪了一幅逍遙自在的畫面，他說：

> 今子有大樹，患其無用，何不樹之於無何有之鄉，廣莫之野，彷徨乎無為其側，逍遙乎寢臥其下？不夭斤斧，物無害者，無所可用，安所困苦哉！（〈逍遙遊〉）

「無何有之鄉」，似有若無，虛實交錯，是莊子的想像，也是一個理想的安身之所。寬廣沒有限制，能彷徨逍遙於大樹之下，沒有人為干擾，不為名利奔忙，自由自在。〈應帝王〉中，無名人斥天根於治國之問，也言其「出六極之外，而遊無何有之鄉，以處壙埌之野。」對於居廟堂之上，毫無興趣，至於如何治天下，答曰：「汝遊心於淡，合氣於漠，順物自然，而無容私焉，而天下治矣。」莊子於政治並不關心，此處告訴統治者要「順物自然」且「無私」，同於老子論聖人應無為自然。然而莊子並無太多論政之言，相較於政治，莊子更嚮往個人精神的絕對自由。

莊子賦予「逍遙」豐富的意涵，「逍遙」為連綿詞，本意為慢步徐行，《詩經》、《楚辭》中所用皆為此義，莊子則引申為精神自由的象徵。且「逍遙」與「遊」連用而成篇名〈逍遙遊〉，更使「逍遙」具有遨遊的想像。若拆字觀之，「逍」可假借「消」，具消解對立界限的意思；「遙」則有遠意，具有空間感，「遊」則有閒適自在之意。莊子喜用「遊」字，

呈現不受拘束的意象，也為突顯自由自在之意。許由告訴意而子：「齏萬物而不為義，澤及萬世而不為仁，長於上古而不為老，覆載天地、刻彫眾形而不為巧。此所遊已。」（〈大宗師〉）不為義、仁、老與巧，反而能超越時空限制，自由自在，無所待而遊。在〈大宗師〉中，孔子遣子貢弔子桑戶之死，結果其友人臨尸而歌，子貢告孔子此事，孔子自歎不如，謂：

> 彼遊方之外者也，而丘游方之內者也。外內不相及，而丘使女往弔之，丘則陋矣。彼方且與造物者為人，而遊乎天地之一氣。彼以生為附贅縣疣，以死為決疣潰癰。夫若然者，又惡知死生先後之所在！假於異物，託於同體，忘其肝膽，遺其耳目，反覆終始，不知端倪，芒然彷徨乎塵垢之外，逍遙乎無為之業。彼又惡能憒憒然為世俗之禮，以觀眾人之耳目哉！

方內、方外之別，正是境界的差異，孔子以世俗之禮待之，受禮之羈絆，而方外之人「遊乎天地之一氣」，已無人間禮俗，甚至無生死之別，正是「逍遙乎無為之業」，只有「無為之業」才能真正逍遙，自由自在，無所待之。子貢復問修道之法，孔子答曰：「魚相忘乎江湖，人相忘乎道術。」相忘江湖之說，〈大宗師〉另有一段，如下：

> 泉涸，魚相與處於陸，相呴以溼，相濡以沫，不如相忘於江湖。與其譽堯而非桀，不如兩忘而化其道。

當魚面臨泉水乾涸的生死存亡關頭，雖能相互吐沫延長生命，但最終仍會死亡。死前的溫馨與相互取暖，無法改變即將死亡的事實，不如遊於江湖之無所為，彼此相忘，而毋需相親相愛。〈德充符〉中莊子答惠施之問，認為人是「無情」的，即就此而論，若「有情」，必然陷於情愛糾葛，〈人間世〉言「意有所至，而愛有所亡。」當愛意發動之時，便走向死亡。

　　莊子看似無情冷漠，其實是忘卻人為桎梏，不受情感束縛。尤其是情愛，為人生中最難割捨，最易被牽動者，情感愈深，傷痛愈重。當有所欲，愈是陷入紛爭，糾葛於情感，最後終日惶惶，汲汲一生。人生之難，莫此為甚。〈齊物論〉末段有則「莊周夢蝶」寓言：

> 昔者莊周夢為胡蝶，栩栩然胡蝶也，自喻適志與！不知周也。俄然覺，則蘧蘧然周也。不知周之夢為胡蝶與，胡蝶之夢為周與？周與胡蝶，則必有分矣。此之謂物化。

這個寓言看似朦朧美麗，莊周夢蝶，或蝶夢莊周，兩相不知。然而，莊周最後還是夢醒，知道周與蝴蝶必有所分。莊子真正在意的是「夢／覺」之別，在夢中不知是蝶是莊，即喻世人皆於夢中，醉生夢死而不自知。但是夢醒而覺，覺知夢中的周蝶不分，是未明境界之別，必得大覺而後乃得以

「大知」。[13] 莊周夢蝶的寓言即呼應〈齊物論〉中所論,「方其夢也,不知其夢也。夢之中又占其夢焉,覺而後知其夢也。且有大覺而後知此其大夢也,而愚者自以為覺,竊竊然知之。」(〈齊物論〉)須有「大覺」,才能明白往昔皆無意義,都是「大夢」。過去追逐名利,或陷於情感漩渦,皆斲傷生命。唯有真正覺醒者,才能解離時空所限,達於逍遙之境。

　　老子建構「道—德」的境域,「道」既超越萬物,又作用於萬物,萬物依「道」而生,而「道」之「自然」、「無為」為聖人所體會,以不治而治天下。若從老子的道論看莊子思想,老子著重於道之「自然」,是天地運行的原理與動力,莊子則著眼於物我關係,發揮老子道論中的不可言說,從「道」的超驗性反省認知的局限,進而消弭物我界限。莊子追求超越,超越時空限制,於忘我的工夫中消除限制,最終達到逍遙之境。此逍遙之境必須經歷轉變進化的過程,如庖丁之由技進於道,大鵬之由鯤而化,覺醒而後知此其為大夢,經過不斷地提升進化,達到與天地萬物合一。莊子看似追求一個超越人世的道境,實則此境界與天地相合,並非在人世之上另有道之樂土,庖丁由技進於道,仍是在解牛的過程中體現道境,藏天下於天下,人間即是道境。至於進化的過程是艱辛的,如櫟社樹託夢匠石言:「且予求無所可用久矣,幾死,乃今得之,為予大用。」(〈人間世〉)櫟社樹終得無所可用,是經過不斷進化,其間歷經險阻,並非一蹴可幾,也不是初生便得。庖丁亦非初始便能以神遇,也是從族庖、良庖而層層進化,終能進入神遇之化境。莊子於境界的提升深有所感,只能意會,不能言傳,只能自我覺醒,無法學習而得,當遺忘有用之束縛而入於無用之境,就能逍遙於無何有之鄉。無何有之鄉,在心中,在人間,在天下,無時無地,無有無何有。

---

[13] 郭象解此寓言,仍以其適性之說,認為不知夢蝶與不知夢莊周,皆為「各適一時之志」,並將此寓言連結生死,謂「覺夢之分,無異於生死之辯也。」以為生死為物之變化,若能各極於生與死之性,便無生死之別。郭象此論影響後世注解此寓言,然而本寓言於文末明確指出「周與胡蝶,則必有分矣。」既然夢醒時,能覺之與夢不同,便是針對夢境中的周蝶不分,夢境之所以矇矓模糊,因陷入自我認知的限制,故「不知周也」,必待夢醒後才能知周與蝶必有分,從大夢」至「大覺」,是莊子強調的境界超越。故「物化」不僅僅是變化,而有三層意涵,夢中周蝶無所分,此為事物的「變化」;於夢中覺醒,遺忘自我,為形體的「消化」;至於夢醒而覺,周蝶二分,是為境界提昇的「進化」。「莊周夢蝶」寓言中之「物化」,寄寓物我關係之變化、消化與進化。相關論述,可參考拙作:〈自彼則不見,自知則知之——從「莊周夢蝶」的詮釋與翻譯析論莊子之「物化」觀〉,《成大中文學報》第 80 期,2023.3,頁 1-40。

小結

　　莊子於漢代的流傳，大致分為兩個脈絡，其一將莊子視為黃老治國之術，如司馬遷將莊子與老子、韓非同傳，以為莊子源於老子道德之說，與申不害、韓非相同，然而《淮南子・要略》將「老莊」並稱，推崇「無為而治」的道術，與申韓法家之嚴刑峻法有所區別。另一脈絡則視之為養身修煉方法，與漢代流行的神仙方術有所關聯，其後為道教繼承，發展為長生求仙之法。至魏晉時期，《莊子》對於人生的思考，以及人與自然關係之論題，在玄學中得以顯豁，也提供當時士人於面對現實與理想衝突時，一個可供調適身心的安身立命之道。莊子思想中反省認知，強調必須破除成見對事物的蒙蔽，還原萬物的自然本真，此論與佛教論萬物無自性，事物表象僅是暫時假合，兩者有相似之處。雖然佛教的思路不同於老莊，但魏晉時期玄學興盛，老莊言無，佛教說空，似可相通，故佛教多有藉用老莊用語以迻譯佛經，或是藉老莊思想釋佛學。尤其是莊子對人事的捨棄，以及超越生死是非的論述，為佛教法師傳法所用，許多法師精通老莊。[14]此外，莊子論述修養工夫為「心齋」、「坐忘」，遺忘心念欲望，以無心為其旨，此法與佛教禪定之數息內觀法門，著重於攝心、止心，兩者似有相近之處。是以莊子思想成為嫁接佛教進入中國文化的重要連結，也影響佛教中國化，如唐代禪宗的形成便與莊子思想有密切關聯。

　　除了對佛教的影響，莊子在道教中也有一席之地，然而莊子超越生死之論，與道教長生成仙有所出入，葛洪對莊子多有批評，認為莊子否定悅生惡死，去神仙之道千里遠，[15]是以傳為葛洪所編著的《神仙傳》未列莊

---

[14] 南朝梁僧人慧皎所著《高僧傳》中，便有多位法師精通《莊子》，如東晉高僧支道林曾與士人談論莊子「逍遙」義，東晉盧山慧遠法師引《莊子》連類般若實相之義，被譽為「解空第一」的僧肇法師，亦善老莊，其他於傳中提及善「莊老」、「三玄」之法師者眾，可見得佛教法師善談老莊是當時普遍情形。

[15] 葛洪論老子五千言簡略，但至少主張長生久視，但後繼言道者，卻不信長生之事，其云：「文子、莊子、關令尹喜之徒，其屬文筆，雖祖述黃老，憲章玄虛，演其大旨，永無至言。或復其生死，謂無異以存活為徭役，以殂歿為休息，其去神仙已千億里矣，豈足躭玩哉？」（《抱朴子內篇・釋滯》）葛洪認為莊子等人以生為役，而死為息，不追求長生成仙，所論不足取。葛洪未能把握莊子思想，唯莊子確實未有求仙之論，其養生非長生，故葛洪以長生成仙否定莊子，其來有自。若以此為據，則舊題葛洪所撰《元始上真眾仙記》，應非葛洪所作，書中記云：「莊周為太玄博士，治在荊山。」（《道藏》第 3 冊，頁 271）葛洪既然反對莊子思想，亦未將莊子列為仙人，故可證本書非葛洪撰，《道藏提要》稱此書應是六朝上清派之書，「內容與陶弘景《真誥》、《洞玄靈寶真靈位業圖》有某些雷同之處，或為同一時期作品。」（《道藏提要》，任繼愈主編，北京：中國社會科學出版社，1991.7，頁 121）

子。然而莊子於魏晉玄學中具有重要地位，士人多好莊子思想，南朝齊梁道士陶弘景於《洞玄靈寶真靈位業圖》將「韋編郎莊周」與「老聃」列為第三中位，[16] 北朝北周武帝敕纂《無上秘要》，列莊子為「太極真仙」，並云：「韋編郎莊周，受長桑微言，作內外篇，隱抱犢山，服火丹，白日昇天。」[17] 可見得在南北朝時期，莊子已位列道教神仙譜系，服食火丹而昇仙。雖然葛洪否認莊子為神仙，然而上清派的仙譜列入莊子，應是莊子思想盛行的影響，而且道教仙譜廣納歷史與傳說人物，《莊子》書中虛構的人物亦皆入仙譜，此舉能使世人堅定修道成仙的信心。

　　唐代崇奉道教，莊子與《莊子》皆有提升，唐玄宗天寶元年（742）詔封莊周為南華真人，尊其書為《南華真經》，甚至將《莊子》與《道德經》、《列子》等書並列，成為科舉中的「道舉」考科。其後雖廢考，但已顯示《莊子》的重要。由於莊子安時處順的人生觀，對中國士人影響深遠，在入仕致仕，進退出處之間，為精神寄託所在，並從莊子逍遙思想中療癒心靈。莊子思想還開啟許多文學藝術創作之源，六朝隱逸文學深受莊子啟發，唐代詩歌多見莊子典故，宋代文學藝術皆可見莊子身影。《莊子》一書即為風格獨特的文學作品，非論非散，文字縱橫跌宕，宏肆奇麗，藉寓言論述而無論，引重言申論而無重，以卮言曼衍而無際。明末清初金聖歎列《莊子》為「六才子書」，[18] 以六才子對比六經，提升文學的地位，可見《莊子》為世所重，不唯於思想史，於文學史亦有一席之地。《莊子》傳世至今，其忘我無己的人生觀，吸引現實中遭逢困頓的士人，其崇尚自然，嚮往精神自由的理想，療癒無數受傷的心靈。

---

[16] [南朝梁]陶弘景：《洞玄靈寶真靈位業圖》，《道藏》第 3 冊，頁 276。

[17] 《無上秘要》卷之八十四，《道藏》第 25 冊，頁 243。

[18] 金聖歎自云：「聖歎本有才子書六部，《西廂記》乃是其一。」又云：「如讀《西廂記》，實是用《莊子》、《史記》手眼讀得。」（金聖歎：〈讀第六才子書《西廂記》讀法〉，《金聖歎全集》（貳），（清）金聖歎著，陸林輯校，南京：鳳凰出版社，2008.12，頁 855）其所謂的六部才子書，散見文集中諸文所述，廖燕〈金聖歎先生傳〉云：「所評《離騷》、《南華》、《史記》、杜詩、《西廂》、《水滸》，以次序定為『六才子書』，俱別出手眼。」（前引書（陸），頁 158）可惜金聖歎僅詳評《水滸》、《西廂》，便因冤獄而枉死，未及評《南華》，殊為憾事。金聖歎將《莊子》評為六才子書之一，突出其文學特色，可見得莊子寓人生哲理於文字之中。清代《紅樓夢》中賈寶玉嗜讀《莊子》，以莊子思想解釋人生，若藉用余英時先生論《紅樓夢》創造了烏托邦和現實的「兩個世界」，（余英時：《紅樓夢的兩個世界》，臺北：聯經，1978.1）或可比擬莊子以「大夢」與「大覺」，對比「小知」與「大知」的兩個世界。《紅樓夢》中的兩個世界密切地糾纏在一起，兩者相互映照，在對比中又顯露理想的失落與無奈。最後賈寶玉出家，看似感悟，實與莊子不契，莊子之「大覺」非出家離世，而是自覺所見之小，醒悟天下之大，破除執著於情之局限，方得與天地萬物合一。

第七章　兼愛交利——墨子

　　在戰國時影響廣遠之思想家，墨子佔有一席之地。春秋至戰國時期的社會政治變局，禮壞樂崩導至社會秩序瓦解，諸侯間的攻伐兼併，戰爭頻仍，人民流離失所。墨子面對這樣的社會情況，提出「兼愛」以化解人倫中的偏私之情，呼籲「非攻」以消弭戰爭，並以「天」為價值根源，兼愛貴利皆是奉行「天志」。墨子組織弟子，奔波各國，倡導兼愛、非攻之學，阻止戰爭，這種具苦行之宗教家精神，感召許多追隨者，使墨學盛極一時。孟子有云：「楊朱墨翟之言盈天下，天下之言，不歸楊則歸墨。」（《孟子‧滕文公下》）而韓非子亦將儒、墨並稱為「世之顯學」。（《韓非子‧顯學》）墨子有眾多弟子，並有社團組織，其學理簡明，又具實踐性，孟子儘管批評墨子的「兼愛」之論，但也稱其「摩頂放踵，利天下為之。」（《孟子‧盡心下》）墨子鍥而不捨的人格特質，與孔子知其不可而為之，以及孟子浩然正氣之勇，皆具有宗教精神，能引領天下，並為顯學。

　　墨子提倡仁義，其學與孔子有關，[1] 然具體的主張又幾乎與孔子相左，於是引發孟子與荀子的批評，儒墨間的對立與論辯，甚為激烈。《莊子》書中多言儒墨之爭，也批判儒墨，至於韓非則視儒墨皆主張仁義，並加以批評，[2] 從這些對墨學的評論，可見得墨子的影響力。墨子故後，天下墨者分

---

[1] 《淮南子‧要略》記：「墨子學儒者之業，受孔子之術，以為其禮煩擾而不說，厚葬靡財而貧民，服傷生而害事，故背周道而行夏政。」這段記載說明墨子之學源於孔子，然而反對儒家「其禮煩擾」、「厚葬靡財」與「久服傷生」，並提出相反的論點，以因應社會政治，這些論述皆為墨學的理論，於今本《墨子》皆可印證。唯「背周道而行夏政」的判斷，將墨子歸為夏，與孔子從周對立，然而墨子自認其學承繼先王，「子墨子之所謂兼者，於文武取法焉。」（《墨子‧兼愛下》）雖然墨子曾駁公孟：「且子法周而未法夏也，子之古非古。」（《墨子‧公孟》）此文意是批評公孟之古非古，並非自言法夏，以夏周區分墨儒，似有不確。清人汪中曾析論之，認為「墨子固非儒，而不非周也。」又云：「謂墨子背周而從夏者，非也。」（汪中：《述學‧墨子後序》，北京：中華書局，1991，頁 50）近人方授楚從汪中之說，更進一步強調「墨學為墨子獨創」。（方授楚：《墨學源流》，臺北：臺灣中華書局，1979.9，頁74）陳問梅駁之，認為墨子好學，其源多方。（陳問梅：《墨學之省察》，臺北：臺灣學生書局，1988.5，頁 70）馮成榮考諸家之說，認為墨學之源有三，其一，效法大禹的思想與精神，其二，對儒學的革命，其三，為時代所需而創。（馮成榮：《墨子行教事蹟考》，臺北：文史哲，1980.5，頁 113-128）諸子之說，皆有其源，亦有開創，墨學也當如是觀之。

[2] 莊子常自鑄新詞，文中所述難為信史，然而莊子多言儒墨相辯，並批評皆為一偏，顯見儒墨之爭的影響。至於莊子則從自然之道批評儒墨，如《莊子‧盜跖》中藉滿苟得與子張的論辯，指出儒墨的虛偽，其云：「儒者偽辭，墨者兼愛，五紀六位將有別乎？」此論意謂不論儒墨，都是違自然天性，造成社會混亂。儒墨之論有別，但是從老莊道論的

化，東方有田襄子之墨，西方有秦墨，其後有相里勤之墨與南方之墨的競
爭，至戰國後期，墨學約分化為三支，「自墨子之死也，有相里氏之墨，有
相夫氏之墨，有鄧陵氏之墨。」（《韓非子‧顯學》）韓非所見墨家的不同派
別，應為不同時期逐漸分化。這些墨學的傳承者各有所偏，有著重於論辯
者，批駁儒家、名家之命題，其論可見於《墨辯》，又有重義者，為戰國後
期的游俠之士，還一些墨子之徒積極入仕，宣揚墨子學說，重施政實務。[3]
《莊子‧天下》評墨子後學，曰：

> 使後世之墨者多以裘褐為衣，以跂蹻為服，日夜不休，以自苦為極，
> 曰：「不能如此，非禹之道也，不足謂墨。」相里勤之弟子五侯之
> 徒，南方之墨者苦獲、已齒、鄧陵子之屬，俱誦《墨經》，而倍譎不
> 同，相謂別墨，以堅白、同異之辯相訾，以觭偶不仵之辭相應，以巨
> 子為聖人，皆願為之尸，冀得為其後世，至今不決。

墨子後學承繼墨子勤儉刻苦，以救世為任，亦有尚名實之辯者，各有用心。
墨子社團組織的領導者為「巨子」，以身作則，推行墨子學說，並率領團員
從事各種服務工作。唯墨子弟子雖多，卻無一後繼者能深化墨子理論，無人
能積極有效地擴大墨子學說的響力，致使墨學盛極而衰。

　　墨學雖然顯赫一時，漢代卻未受到太多關注。[4] 司馬遷並沒有為墨子立
傳，僅在《史記‧孟子荀卿列傳》中，以簡略數語記載：「蓋墨翟宋之大

角度，又常將兩者等同。另外，韓非從法家的角度，批評儒墨主張行仁義有礙法令推
行，其言：「今儒、墨皆稱先王兼愛天下，則視民如父母。」（《韓非子‧五蠹》）韓非將
儒墨歸於以仁義治民，雖是駁斥仁義無益於政事，但將儒墨同列，應非籠統為之，而是
一種批評策略的運用，在這種分類以別之的情況下，儒墨的差異便被忽略。至漢初更多
儒墨並舉，孔墨同稱的現象，《淮南子》多見之，如《淮南子‧俶真》云：「孔、墨之弟
子，皆以仁義之術教導於世。」文中發揮黃老道論，批評儒墨之仁義背離天道，應返性
存真，才能體道。儘管《淮南子》主旨偏向以道統儒，對儒墨多所批評，但也有記述儒
墨之異，如《淮南子‧氾論》論上古聖王以道為治，後世以法古為名，卻墨守舊法，文
中批評儒墨，其言：「今儒、墨者稱三代、文武而弗行，是言其所不行也；非今時之世
而弗改，是行其所非也。」儒墨稱美三代，將儒墨並舉，又於後文評論孔子修禮厚葬，
墨子非之。可見當時學者並非不明白儒墨有別，只是在行文立論時，依所需非議儒墨。

[3] 清人孫詒讓曾考墨學傳授情形，集文獻中所見，僅得三十餘人。（見《墨子閒詁‧墨學傳
授考》，[清]孫詒讓：《墨子閒詁》，孫啟治點校，北京：中華書局，2001.4，頁706-722。
本章所引《墨子》原文亦據本書，僅標篇名，不另作註）另外，從出土文獻的秦簡與漢
簡中關於《墨子》者，可知墨子後學於戰國後期在各地活動的概況，史黨社認為睡虎地
秦簡中多篇與《墨子》城守諸篇相似，反映墨學傳至秦國的秦墨，吸收秦國法家思想，
而銀雀山漢簡中《守法》諸篇，可能是東方齊墨著作，但是在墨學發展的過程中，又吸
收法家的賞罰法令，而有法家化的趨勢，在今本《墨子》城守諸篇可以見得。（史黨
社：《〈墨子〉城守諸篇研究》，北京：中華書局，2011.1，頁187-253）

[4] 墨學的傳授在漢代式微，儘管漢初文獻皆有論及，但難以藉此而言「墨學有相當學術地

夫，善守禦，為節用，或曰並孔子時，或曰在其後」。這樣短的篇幅，於《史記》記載先秦人物並不尋常，尤其是墨學曾流行約兩百年之久。太史公為何於儒墨兩家厚此薄彼？若非《史記》原文亡佚，可能與墨學的主張有關，司馬談〈論六家要旨〉言及墨家，可一窺其由，其云：

> 墨者亦尚堯舜道，言其德行曰：「堂高三尺，土階三等，茅茨不翦，采椽不刮。食土簋，啜土刑，糲粱之食，藜藿之羹。夏日葛衣，冬日鹿裘。」其送死，桐棺三寸，舉音不盡其哀。教喪禮，必以此為萬民之率。使天下法若此，則尊卑無別也。夫世異時移，事業不必同，故曰「儉而難遵」。要曰彊本節用，則人給家足之道也。此墨子之所長，雖百長弗能廢也。（《史記·太史公自序》）

墨子雖言仁義，然其主張「兼愛」，認為尊卑無別，人皆相愛之，此與儒家重視人倫有根本衝突。漢初雖行黃老，但是儒學的重要性漸增，強調倫理關係所建立的社會秩序，在此思潮下，墨子之說難行。至於依兼愛之說的節用薄葬，司馬談有所肯定，以為是墨子之所長，然而過於刻苦，亦不符百姓日用，故「儉而難遵」，此又道出墨學不傳的另一原因。

現存《墨子》有53篇，為墨家學說總集。可別為三，其一為墨子後學討論名實，具邏輯思辨，有〈經〉上下，〈經說〉上下與〈大取〉、〈小取〉等六篇可另集為《墨辯》；其二則是記載與說明墨家守城防禦技術，自〈備城門〉以下11篇；其三為其餘36篇，記錄墨子言行，其中有十篇可稱為「墨子十論」，《墨子·魯問》記云：

> 子墨子游，魏越曰：「既得見四方之君子，則將先語？」子墨子曰：「凡入國，必擇務而從事焉。國家昏亂，則語之尚賢、尚同；國家貧，則語之節用、節葬；國家憙音湛湎，則語之非樂、非命；國家淫僻無禮，則語之尊天、事鬼；國家務奪侵凌，即語之兼愛、非攻，故曰擇務而從事焉。」

位」、「此時期墨家思想學說影響頗大」。（鄭杰文：《中國墨學通史》，北京：人民出版社，2006.1，頁 176、181）漢初文獻中引述墨子與論及墨子者，顯然對墨子學說有所理解，但是多所批判，墨學並無學術地位。至於鄭文認為漢初有輕省賦役之政，是受到墨學影響，亦待商榷，蓋漢初行黃老之政，為道法之治，並非墨子主張。近年考古出土山東銀雀山漢墓竹簡，其中有近於《墨子》城守諸篇，論者謂：「足以證實《墨子》盛行於西漢。」（羅福頤：〈臨沂漢簡概述〉，《文物》，1974 年第 2 期，頁 35）此論似嫌專斷，墨學於漢初未絕，學界能知曉其內容主張，然並不意味墨學盛行，反而因為清楚儒墨之別，多明指墨學滯礙難行。如東漢王充言：「儒家之宗，孔子也；墨家之祖，墨翟也。且案儒道傳而墨法廢者，儒之道義可為，而墨之法議難從也。」（《論衡·案書》）王充反對厚葬，從其所論反映出漢人重死，厚葬之風盛，社會並不從墨子主張。

魏越問墨子施政的優先順序，墨子回答針對這個國家的問題而給予解方，歸納言之，尚賢、尚同為政治思想；兼愛、非攻為社會倫理；節用、節葬與非樂為經濟學說；至於尊天（天志）、事鬼（明鬼）與非命則為其宗教理論。文中言及的十論，正是今本《墨子》十篇的篇名，為墨學思想的主要內容。

墨子學說以「兼愛」為中心，將人世的混亂歸咎於人人皆以自我為中心，自私自利，因而世間多有不公不義之事。針對這個問題，須以平等無差別的愛對待所有的人。而兼愛為何得以實行呢？因為兼相愛是「天志」，人必須順行天之意志，否則將招致懲罰。然則，天之意志又如何實施？墨子認為關鍵在於天子，天以其志選立賢者為天子，天子為遂行天之意志的人，故天子須統一天下思想，此為「尚同」於天。政治同一於天子，故人民才能兼相愛，而「節用」、「節葬」也得以執行，於是財貨平均，消除貧富差距。墨子的主張，以損己利人，社會平等為要，主張公義，具有宗教情懷。此外，墨子為論辯之故，意識到論證的方法，已具方法論的雛型，其後學承襲發揚之。以下先闡釋墨子論證之法，再明其兼愛諸理。

第一節 三表法

墨子認為論辯必須有一個標準，藉以判斷言論是否正確。他在是否有「命」的論題上，提出「三表」的驗證標準。「三表」，即三種表述的方法，或是三種做為標準的方法。其言：

> 何謂三表？子墨子言曰：「有本之者，有原之者，有用之者。於何本之？上本之於古者聖王之事。於何原之？下原察百姓耳目之實。於何用之？廢（發）以為刑政，觀其中國家百姓人民之利。此所謂言有三表也。」（〈非命上〉）

「三表」即「本之」、「原之」與「用之」。所謂「本之」，為「本之古者聖王之事」，古代聖王的事跡言行，均為學習效法的對象，立論若是古之聖王已明，便確信無疑。「原之」是「原察百姓耳目之實」，以耳目感官經驗為判斷依據，眼見為信，耳聽為憑，凡未見未聞之事，皆不可信。至於「用之」，則是在實際政治運作中，觀「國家百姓人民之利」，合於眾人之利者為可信，不合者則不信。

墨子認為不論任何奇辭怪說，任意更改名稱，還是無法改變「事實」，所以他說：「非以其名也，亦以其取也。」（〈貴義〉）「名」是依「實」而定的。問題是，這個「事實」該如何確認？三表法中的第一表訴諸歷史，以為詩書中的先王言行，便是事實，特言「聖王」，強調神聖不可疑。而第二表依感官判斷，以定事物的真偽，以「百姓」之名，強調普遍的認知經驗。依

這兩種方式就能準確判定是否真實，如墨子認為鬼神存在，在〈明鬼下〉中，他徵引《春秋》中杜伯死後為鬼之事，謂「以若書之說觀之，則鬼神之有，豈可疑哉？」又舉上古三代聖王祭祀之儀，說明鬼神為有，符合三表法的第一項。由於「自古以及今，生民以來者，亦有嘗見鬼神之物，聞鬼神之聲，則鬼神何謂無乎？若莫聞莫見，則鬼神可謂有乎？」民間多有鬼神傳說，多有見聞鬼神者，這是三表法的第二項。至於鬼神能賞善罰暴，維持社會公義，故「今天下之王公大人士君子，中實將欲求興天下之利，除天下之害，當若鬼神之有也，將不可不尊明也，聖王之道也。」鬼神存在，是興天下之利者，此為三表法之第三項，故墨子判定鬼神是確實存在的。

墨子以三表法為其判定事實的標準，並於其論述中加以運用。唯其第三項以是否符合國家人民之利為判準，此為墨子言「利」之特殊處，蓋墨子常以「利人」、「相利」合於「愛人」、「相愛」，其思路是對待他人給予關愛，施以好處，在付出中建立無私的「公利」。墨子反對「私利」，他認為天下之亂，皆起於「不相愛」，其因就在於「自利」，也就是每個人都考量自己的好處，只從自身的利益著眼，必然阻斷公平正義。墨子認為只要放棄「自利」，改變「利」的對象，就可以達到互惠公平，翻轉自利造成的亂象。他說：「夫愛人者，人必從而愛之；利人者，人必從而利之；惡人者，人必從而惡之；害人者，人必從而害之。」（〈兼愛中〉）墨子將「利」視為行為的誘因，可以選擇「自利」，也可以「利人」，但是兩者的結果不同，自利雖使個人得到好處，卻加深社會的猜忌混亂，自利的好處反而不能維持，利人則可以互惠，使天下太平，故而力陳國君必須「興天下之利」，要求眾人「交相利」。墨子直接以「利」釋「義」，謂：「此仁也，義也，愛人利人，順天之意，得天之賞者也。」（〈天志中〉）「仁，愛也；義，利也。」（〈經說下〉）墨子將「公利」視為判斷事實的標準，列為三表法之一，可見其理論的重心所在。墨子主張之「兼愛」、「非攻」、「節用」皆明示為「義」，有利於天下人民，符合其所謂之「公利」，故能驗證而為事實。[5] 墨子自訂三表法作為檢驗各家論述的標準，而其理論又皆符合之，故為事實真理，加強其論述的有效性。三表法並非僅止於知識的判準，還運用於倫理學與政治論，不

---

[5] 墨子三表法中，最關鍵者在於第三項，有利於百姓人民，而其「利」者為「義」。雖然先秦諸子多能著眼於民生經濟，也多主張照顧人民，特別是儒家重視民生，孟子甚至有「民為貴」之論，然而孟子將「利」視為私利，言「利」便無「義」，此與墨子相對。高亨解說《墨辨》之「義，利也」（〈經上〉）指出：「儒家以義利為相反之物，墨家以義利為相成之物者，蓋儒家所謂利，乃一人之私利，墨家所謂利，乃天下之公利也。」（高亨：《墨經校詮》，臺北：世界書局，1981.3，頁35）儒墨兩家論「義」與「利」的觀點有所不同，差別甚明，然而高亨對於「仁，體愛也。」（〈經上〉）釋為「墨家對於仁之觀點有二：其一，仁是體愛，不是兼愛；其二，仁者之愛人，其動機不是為私。」（前引書，頁35）此說有誤。墨子視「愛」為內心的情感，故言「仁」是「體愛」，而此愛能於相互交流擴大為「兼愛」，「體愛」是「兼愛」的基礎，兩者並非對立的觀念。

論此法是否客觀合理，至少墨子試圖建立一個能衡量事物的標準，已有論證方法的型態。

第二節 兼以易別：兼愛與非攻

　　「兼愛」是墨子最重要的主張，也是墨子思想的代表。他認為天下動亂的根源，起於人與人的「不相愛」。而人為何不能相愛？墨子認為是人人「自愛」、「自利」。他說：「凡天下禍篡怨恨，其所以起者，以不相愛生也。」（〈兼愛中〉）人之「不相愛」，出於「自利」，此處已透顯墨子對人性的看法，人是自私自利的，而且人性「欲福祿而惡禍祟」。（〈天志上〉）人之「欲福惡禍」，近於荀子與韓非論人性之趨利避害，雖然墨子未明言人性惡，也沒有在人性問題上加以著墨，但是人性的取向是其立論的基礎。由於禍亂的根源在於人之自利而不相愛，所以墨子提出的解決方式就是人與人必須相愛，而此相愛不分遠近親疏，一視同仁。他說：

> 若使天下兼相愛，愛人若愛其身，猶有不孝者乎？視父兄與君若其身，惡施不孝？猶有不慈者乎？視弟子與臣若其身，惡施不慈？故不孝不慈亡有。猶有盜賊乎？故視人之室若其室，誰竊？視人身若其身，誰賊？故盜賊亡有。猶有大夫之相亂家，諸侯之相攻國者乎？視人家若其家，誰亂？視人國若其國，誰攻？故大夫之相亂家，諸侯之相攻國者亡有。若使天下兼相愛，國與國不相攻，家與家不相亂，盜賊無有，君臣父子皆能孝慈，若此則天下治。故聖人以治天下為事者，惡得不禁惡而勸愛？故天下兼相愛則治，交相惡則亂。故子墨子曰：「不可以不勸愛人者，此也。」（〈兼愛上〉）

墨子提倡的「兼愛」在於「愛人若愛其身」、「視父兄與君若其身」、「視弟子與臣若其身」，愛人的對象沒有階級，不分彼此，視人如己。如此一來，人不以己為利，而相互為利，就能家國安定，沒有盜賊與戰爭，天下太平。墨子認為推動「兼愛」得以消除自利造成的社會混亂，而成功的關鍵在於相互愛之能得到最大的「利」，墨子的推論是：「夫愛人者，人必從而愛之；利人者，人必從而利之。」（〈兼愛中〉）此論證認為人既是自利，要轉換自利就必須使人能從利人獲得好處，而這個好處大於自利，即兼愛的互蒙其利大於自私自利，利人能維持共利的好處。換言之，愛人者之所以能被愛，利人者能被利，在於能得到群體共愛共利，大於個人的自愛自利。「兼愛」與「交利」的關鍵在於「兼」與「交」，彼此相互的平等，行為的雙方必須都能得到關愛與好處，進而擴及於社會整體。這就是墨子強調「兼愛」是「為彼猶為己也」，之所以能做到視人如己，就在於「利」，「必曰從愛人利人生。」（〈兼愛下〉）只有愛人、利人，才能產生天下之利。

　　墨子為證明「兼愛」之必須，前述能得天下之利，是其三表法之三的論證，而其引文王、武王之政，「此聖王之法，天下之治道也，不可不務為也。」（〈兼愛中〉）又引《書》、《詩》以證其說，[6] 此為其三表法之一。他又以古聖王行兼愛，使老弱皆有依傍，百姓安居樂業，藉以證之，此為三表法之二。因「兼相愛」、「交相利」，則社會將得以安定詳和。墨子從「利」的角度言「愛」，與儒家發自內心的情感不同，故孟子強烈批評之，直言：「墨氏兼愛，是無父也。無父無君，是禽獸也。」（《孟子・滕文公下》）孟子強調愛有等差，社會秩序依人倫建立，若視人父如己父，人倫不存，故斥墨子倡「兼愛」為禽獸。此外，孟子延續孔子「義／利」之別，以「利」為「私利」，「義」為「公義」，兩者對立，故其見梁惠王，否定言利，而談仁義，又勸宋牼遊說秦楚，應說之以仁義。孟子視仁義為內在德性，應去利而懷仁義，此為王道。然而墨子以「利」釋「義」，將天下之利視為「公利」，等同於「義」，並以仁義說之，此與孟子所論不同。

　　墨子既然提倡兼愛，自然反對戰爭，尤其是國與國為了各自利益的「不義」之戰。墨子批評戰爭是「不義」且「不利」的，「不義」者，為戰爭必死人，殺一人已不義，戰爭則「殺百人，百重不義，必有百死罪矣。」（〈非攻上〉）至於戰爭能獲得土地人民，戰勝國似乎有利可圖，但是墨子站在天下人整體利益來衡量戰爭的得失，謂：「計其所自勝，無所可用也。計其所得，反不如所喪者之多。」（〈非攻中〉）因此，墨子譴責戰爭，主張「非攻」。〈非攻〉共有三篇，除了第一篇以「不義」論戰爭，其餘皆以「不利」說明戰爭的後果，著眼於戰爭結果的「效益」，從「功利」的角度說服國君止戰。[7] 另外，墨子還言「天之意不欲大國之攻小國也，大家之亂小家

---

[6] 墨子引《尚書・洪範》：「王道蕩蕩，不偏不黨。」說明先王行事無所偏私，此為兼愛天下。又引《詩・大雅・抑》：「投我以桃，報之以李。」解釋兼愛不違孝道，反而能使雙親有所利之。孫中原稱墨子將此詩句看作「兼愛」思想的「本原」，是為「對等互報的原則。」（孫中原：《墨子的智慧：墨子說粹》，北京：三聯，1995.9，頁 198）墨子認為平等互惠是必然發生的，姑且不論對詩書的解釋是否望文生義，至少符合其自訂的三表法。嚴靈峰認為「兼相愛」是「手段」，「交相利」是「目的」，兩者相互為用，不可分開。（嚴靈峰：《墨子簡編》，臺北：臺灣商務印書館，1995.2，頁35）除了從手段、目的釋之，「交相利」亦可視為「兼相愛」的誘因，以利誘之，使人為之。

[7] 墨子衡量行為多言「利」，從結果的好壞申論不同選擇的後果，可與西方哲學「效益主義」（Utilitarianism）相參照。「效益主義」以追求幸福快樂為行為之利，此論起源甚早，可追溯自古希臘伊比鳩魯學派 （Epicurean school），認為認為最大的善是驅逐恐懼，追求快樂。十八世紀英國哲學家邊沁（Jeremy Bentham）指出以「效益原則」為道德基礎，揭出「最大幸福」原則，藉由計算效益數值，判定行為傾向。密爾（John Stuart Mill）繼之並修正，在計算行動苦樂時，不僅須考慮「量」，也應注重「質」，並且認為人生應追求他人乃至全體人類的幸福，不能只局限於謀求一己幸福，於是將「自利原則」轉為「自我犧牲原則」。墨子以天下百姓的「義」為「利」，經由自我犧牲，以及「兼愛」的互利原則，追求整體的幸福，與「效益主義」相較，多有相似之處，自民初

也。」（〈天志中〉）人必須順天之意志，不得逆天，故攻伐他國絕不可取。以神性的天做為止戰的依據，也是墨子立論「非攻」的一大關鍵。

第三節 天之欲義：天志與明鬼

墨子主張以「兼愛」消除人間戰亂，但是要求眾人愛人如己，並非易事。為了讓兼愛可以實現，墨子訴諸超自然力量，以上天為萬物主宰，天有意志，能賞善罰惡。「天」是「兼愛」得以實現的保證，也是價值的根源，因為天主生，生命是一切價值得以成立的基礎，人民最看重的是生命，其云：「民生為甚欲，死為甚憎，所欲不得而所憎屢至，自古及今未嘗能有以此王天下、正諸侯者也。」（〈尚賢中〉）照顧人民，使其生存無虞，是國君能王天下之最重要者。墨子將人民求生存，視為是天的意志，其云：

> 然則何以知天之欲義而惡不義？曰：天下有義則生，無義則死；有義則富，無義則貧；有義則治，無義則亂。然則天欲其生而惡其死，欲其富而惡其貧，欲其治而惡其亂，此我所以知天欲義而惡不義也。（〈天志上〉）

本段論述天欲義而惡不義，由於墨子所言之「義」為「公利」，故而以天所欲之「義」為「生」、「富」、「治」，而「生」是最重要者。墨子還指出人民的三種憂慮，即「飢者不得食，寒者不得衣，勞者不得息，三者民之巨患也。」（〈非樂上〉）墨子將人民擔憂生存與生活，解釋為是上天之所欲者，則「義」出於天，服從上天的意志，遵循並實現之，便無可懷疑，成為真理與信仰。

墨子以天志為其兼愛的保證，賦予「天」有三種意義，其一，主宰性，天有賞罰的能力，百民乃至國君都必須服從，人間的行為訴諸上天的權威，以超自然的力量控制人事。其二，規範性，天訂定規範，使人事有所依循，墨子稱之為「法儀」，其云：「然則奚以為治法而可？故曰莫若法天。」（〈法儀〉）「順天意者，義之法也」（〈天志中〉）天意是仁義的源頭，也是衡量言論與是非的標準。其三，價值性，將行為的價值歸之於天，從而獲得實踐的意義，能被眾人稱頌，傳之後世，墨子云：「將以識夫愛人利人，順天之

梁啟超、胡適稱墨子思想為「實利主義」，此說不絕，如勞思光先生稱「墨子之文化觀，純屬功利主義及實用主義之立場。」（勞思光：《新編中國哲學史》（一），臺北：三民，1990.1，頁 305）由於西方「效益主義」有其發展背景以及不同派別，論述各有不同，而墨子所論亦有其所重者，如此相較，僅是籠統言之。然而可比較之處，在於兩者皆從結果的利害做為行為判準，墨子反覆申論「利民」、「利人」、「利天下」，立定「利」的標準，追求社會整體的幸福快樂，是為墨子的理想。

意，得天之賞者。」（〈天志中〉）順從天意而愛人利人，不僅是從利人而得天下之利，更重要的是能成就個人的名聲，墨子不諱言兼愛者得上天之賞，能「聚斂天下之美名而加之焉。」（〈天志中〉）墨子雖是從結果能得上天獎賞而論，並非鼓勵眾人為得名聲而行兼愛，但是這種說法不免帶有利誘的成份，甚至是一種條件交換，促使行為的發動是考量行為的後果，衡量效益而為之。墨子將人的行為訴諸於「天志」，必然導向超自然力量的掌控，使墨學具有宗教的意味，其組識與傳播亦可以宗教觀之。

上天有仁義，反對戰爭，賞善罰惡，這些都是上天意志的展現。由於上天愛天下百姓，給予人民生活所需，於是連結於政治，「順天意者，義政也。反天意者，力政也。」（〈天志上〉）國君必須順天而行，順應天意與否，便成為分判施政是為善政或暴政，而上天也將有所賞罰。故「天子為善，天能賞之。天子為暴，天能罰之。」（〈天志中〉）以天之力量約束國君的行為，要求天子順天意。其云：

> 天子者，天下之窮貴也，天下之窮富也，故於富且貴者，當天意而不可不順，順天意者，兼相愛，交相利，必得賞。反天意者，別相惡，交相賊，必得罰。（〈天志上〉）

墨子論述順天意的重要，並且以賞罰為手段，帶有警告的意味。至於人間以天子為上天的代理人，應將天意欲「義」落實於政，如同三代聖王，「欲以天之為政於天子，明說天下之百姓。」（〈天志上〉）天子率百姓敬天事神，也代表天子享有上天賦予的權力。然而天子既為人間最高的統治者，得負應有之責，即天子必須受上天檢驗，以其施政是否順天意而為賞罰。上天是全知全能的神，其賞罰必公正無私，而且無法逃避，其云：「今人處天下而事天，得罪於天，將無所避逃之者矣。」（〈天志下〉）無所逃於天的懲罰，具有強烈的恐嚇意味，以天的力量約束人的行為，尤其是萬人之上的國君。

墨子尊天，還肯定鬼神的存在。墨子有意以鬼神為天之輔佐，藉鬼神執行天的意志，監督人事的運作。他說：「鬼神之能賞賢如罰暴也。」（〈明鬼下〉）天意不可違，鬼神更是無所不在，故「鬼神之明，不可為幽閒廣澤，山林深谷，鬼神之明必知之。鬼神之罰，不可為富貴眾強，勇力強武，堅甲利兵，鬼神之罰必勝之。」（〈明鬼下〉）人無法和鬼神對抗，也無處可躲。藉由鬼神的力量，威嚇人必須行善，兼愛他人。墨子另著有〈非命〉三篇，否定先天命運，以三表法論證「命」之不可信、不可取，故人必須努力行善戒惡，不可相信命運已注定。墨子既以「天志」勸人行善，倡「明鬼」以戒人為惡，故須「非命」，藉以保證天與鬼神之意志，不因先天命定禍福而失效。此外，墨子言「非命」亦針對儒家「天命」說，斥儒家「壽夭貧富，安危治亂，固有天命，不可損益。」（〈非儒下〉）然而，墨子所非議者，卻是孔孟不在意的死生富貴之命，儒家的「天命」是道德實踐之使命，是必須身

體力行，不得須臾違之。不論墨子是否有意曲解儒家，先秦諸子論辯常以己意取捨對方論述，雖得以突顯自己的論點，但常常流於各說各話，是為無效的論辯。

第四節 上下齊同：尚同與尚賢

上天規範兼愛，眾人必須遵守，不可更改。然而墨子認為天下之亂還有一個主要原因，就是大家各有主張，各自為政。改善之法，就是由上而下，齊一觀點。齊一觀點，就是「尚同」，即向上學習，向上認同，要落實「尚同」就必須「尚賢」，統治者任用賢能，賢人能公平無私的執行職務，貫徹政令，舉國齊一，則天下治。「尚同」是「尚賢」的理論指引，「尚賢」是「尚同」的具體作法。其論云：

> 子墨子曰：「方今之時，復古之民始生，未有正長之時，蓋其語曰『天下之人異義』。是以一人一義，十人十義，百人百義，其人數茲眾，其所謂義者亦茲眾。是以人是其義，而非人之義，故相交非也。內之父子兄弟作怨讎，皆有離散之心，不能相合。至乎舍餘力不以相勞，隱匿良道不以相教，腐朽餘財不以相分，天下之亂也，至如禽獸然，無君臣上下長幼之節，父子兄弟之禮，是以天下亂焉。（〈尚同中〉）

墨子觀察天下混亂的情況，指出原因在於「天下之人異義」，人人各持己意，相互非難，致使社會失序。於是解決的方法便是「尚同」，墨子說：「唯以其能一同天下之義，是以天下治。」（〈尚同中〉）此論與其論述「兼愛」如出一轍，天下混亂在於不相愛，故倡「兼愛」，天下異議而交相非難，故倡「尚同」。墨子觀察現實情況，提出直接對應的解決方式，面對戰爭頻仍，就倡言「非攻」；針對奢侈之風，就宣導「節用」；相信命運而不為，就提出「非命」。對於言論之異議，便以「尚同」平息之。

至於如何落實「尚同」，墨子提出各級官員層層上報，所報者為政令的執行，使統治者能掌握下情，他說：「上之為政，得下之情則治，不得下之情則亂。」（〈尚同下〉）在上位者必須清楚知道各級執行政令的情況，才能準確判斷，並公平地施以賞罰，賞罰明確，才能使天下尚同，不致混亂。墨子將天下異議歸咎於賞罰不公，而賞罰不公，在於上層未能掌握實情，同時下層未能清楚說明政令之賞罰。依這個思路，墨子認為要做到「尚同」，就必須使各層級官員公正無私的宣導政令，上報輿情，如何使官員無私，解決之法就是「尚賢」。墨子論云：

> 古者天子之立三公、諸侯、卿之宰、鄉長家君，非特富貴游佚而擇之
> 也，將使助治亂刑政也。故古者建國設都，乃立后王君公，奉以卿士
> 師長，此非欲用說也，唯辯而使助治天明也。（〈尚同下〉）

從天子至各級官員，都是選擇賢者擔任，天子選賢人任三公，再封建諸侯，
選賢人任宰相，依此而由上級選任下級。至於選任的條件以賢能為準，而非
家世背景，若各級任職的官員皆是賢能者，就能矯正任官唯親的現象，而賢
能之人才能公正執行政令，並且層層上報而無隱匿之事。如此一來，便能達
到「尚同義其上，而毋有下比之心。」（〈尚同中〉）對上無所隱匿，使
「義」（議）齊同，是非標準同一，不徇私舞弊；對下則客觀公正，不結黨
營私，便能上下齊同。

　　由於「尚同」是為解決天下異議，墨子從政治制度著手，以各級官員
「尚賢」，便可使「尚同」落實。然而這個觀點齊一的方式，有個關鍵之
處，就在於令從天子出，天下人「尚同」於天子。這個主張蘊含了兩個意
義，其一為思想的統一，言談必須一致；其二為權力的集中，以天子為尊。
然而以天子為尊，容易形成絕對的權威中心。墨子為免於此，訴諸一個更高
的「天」，並藉助鬼神的力量，強調天子也必須遵從於天，否則將會遭受懲
罰。他說：「夫既尚同乎天子，而未上同乎天者，則天菑將猶未止也。」
（〈尚同中〉）墨子既以天為尊，故上天選擇天下之賢者為天子。既為天子，
就必須順天意，愛天下，行仁政，若違天意則天將罰之。反之，若天子不愛
惜百姓，則天將降災懲罰之。墨子藉助天的權威以約束天子，似乎也具有選
立天子之意，但是以天意為之，天子之更替並無客觀具體的標準，以賢人為
天子，只能是個理想。墨子亦知尚同於天子，並不恰當，故一再強調天子並
非法規的源頭，天子仍須順服於天，其云：

> 父母、學、君三者，莫可以為治法。然則奚以為治法而可？故曰莫若
> 法天。天之行廣而無私，其施厚而不德，其明久而不衰，故聖王法
> 之。既以天為法，動作有為，必度於天，天之所欲則為之，天所不欲
> 則止。然而天何欲何惡者也？天必欲人之相愛相利，而不欲人之相惡
> 相賊也。奚以知天之欲人之相愛相利，而不欲人之相惡相賊也？以其
> 兼而愛之，兼而利之也。奚以知天兼而愛之，兼而利之也？以其兼而
> 有之，兼而食之也。（〈法儀〉）

墨子以「天—天子—民」的連結，構成一個由上至下的權力結構，天子必須
法天。然而「天」就算有神性，能行賞罰，畢竟仍是個虛構的對象，不論如
何加強天威，將國君置於天之下，天子還是實質的權力中心。相較於孟子將
權力訴諸於民，以行仁政與否為天子身份的依據，墨子雖進行各種約束天子

的論述，也明白政治權力集中於天子，恐有集權之失，[8] 但此為其理論架構所致，「尚同」必導致集權。

　　墨子為避免國君權力集中，除了以天之賞罰進行控制，還另外還提出「己有善，謗薦之；上有過，規諫之。」（〈尚同中〉）希望藉由臣子的規勸，以正天子之過。為了調節「尚同」可能造成的盲從，墨子又強調「尚賢」，云：「尚賢者，政之本也。」（〈尚賢上〉）主張任官的條件須為有德之賢人，不問階級出身。至於賢者的標準，墨子定出「義」與「能」，符合者便舉而用之。任用之後，還依其表現進行賞罰與官職調整，「故官無常貴，而民無終賤，有能則舉之，無能則下之，舉公義，辟私怨，此若言之謂也。」（〈尚賢上〉）進任官職依賢能而定，並有考核與獎懲機制，已是完整的人才任用辦法，以賢者治國，「故國家治則刑法正，官府實則萬民富。」（〈尚賢中〉）尚賢能使社會安定，國家富足。墨子對於國君要求尚賢，依然以天志論之，其云：「古之聖王審以尚賢使能為政，而取法於天。」（〈尚賢中〉）若能尚賢則得賞，反之則罰。禮賢之說於先秦諸子多有，唯墨子的主張是以「天志」為基礎，以天意欲賢，天子必須順從之。表面上看來，此說打破階級的限制，強調用人唯賢，但用人之權力在於天子，「尚賢」仍從屬於「尚同」。天子握有實權，不論以天神之力壓抑，或者臣子進行規諫，都薄弱無力，難免君權集中之實。

第五節　興天下之利：節用、節葬與非樂

　　在「尚同」的要求下，墨子提出具體的「節用」措施，其積極意義在於限制上位者的奢侈浪費；消極意義在於平時節省，累積財富以備不時之需。墨子認為：「當今之主，其為宮室則與此異矣。必厚作斂於百姓，暴奪民衣食之財，以為宮室，臺榭曲直之望，青黃刻鏤之飾。為宮室若此，故左右皆法象之，是以其財不足以待凶饑、振孤寡，故國貧而民難治也。」（〈辭過〉）君王的開銷徵自人民，愈是鋪張浪費，人民愈窮困，故國君應當改變奢侈的日用。當國君節用，人民也也當仿效，避免浪費，日常節儉，就是為日後累積財富。墨子認為：「先民以時生財，固本而用財，則財足。故雖上

---

[8] 墨子論「尚同」，著重於統一標準，從刑政、選才、稅制、勞役等各個層面，皆須同一標準，由地方而中央，由中央至上天，層層統一，雖根源於天，實為天子統一發令施政。如此一來，「尚同」是為防止言論與行為的偏差，但在政治運作上，實為中央集權。王讚源論云：「理論方面，尚同論頗具人道主義，但實質上是屬於極權思想。實踐方面，尚同論必然走上極權政治。」（王讚源：《墨子》，臺北：東大圖書，1996.9，頁 177）墨子一再強調「尚同」是以愛民為基礎，使人人平等，為了賞罰公平，實現公義。然而當「尚同」是以天子為同之者，則眾人平等，消除貧富，都只能是難以實現的理想。

世之聖王豈能使五穀常收而旱水不至哉？然而無凍餓之民者，何也？其力時急而自養儉也。」（〈七患〉）富自儉來，「其生財富，其用之節也」。墨子言「利」，於民生為具體的財富，節用即是節流，控管金錢預算，樽節開支，是有效累積財富的方法。

君王於宮室、衣服、飲食、舟車都須節用，墨子還特別提出「節葬」。墨子此說針對儒家，他批評儒家厚葬之論是浪費，人死後簡單入葬即可，也不必長期服喪，儘早投入勞動生產。墨子尚提出「非樂」之論，以為製作樂器浪費民財，學習演奏音樂將荒廢勞動，且音樂不足以止暴制亂，故為樂無用。墨子甚至擴大「樂」的範圍，將「鍾鼓琴瑟竽笙之聲」、「刻鏤文章之色」、「芻豢煎炙之味」等藝文生活都認定為奢侈之事，全然反對之。蓋墨子的立足點，在於以功利的角度，強調這些事物「上考之不中聖王之事，下度之不中萬民之利。」（〈非樂上〉）勤檢節用，是墨子的基本理論。只是，墨子反對奢侈浪費，以儒家為批評對象，似是有意曲解。蓋孔子以行禮之仁心為重，而不在排場形式，孔子強調節儉，孟子亦主張耕作生產，並無「厚葬」之論，至於樂之教化，其重心亦不在於樂器之華美，或者廢農事以為樂。孟子與荀子都有明確的經濟規畫，孟子有不違農時的養民之論，荀子亦論「彊本而節用，則天不能貧。」（《荀子‧天論》）墨子就算針對孔子後學而不及於孟荀，然孔子弟子未有奢華之論，就算民間有之，亦非儒者主張，墨子將儒家視為對手，故而藉由批評，重塑儒家形象，是為論辯的策略。

小結

墨子之學在於因應周文疲倦，提出匡正之道，強調以「質」救「文」。其兼愛非攻之說，本為天下蒼生著想，與孔子倡仁愛之用心皆同，然其主張矯枉過正，忽略人情，甚至欲重建賞善罰惡的鬼神宗教意識，與周孔禮樂之治背道而馳。由於孔子強調人之道德意識，將宗教的神鬼崇拜轉為禮樂祭祀，對於道德行為訴諸於人的精神自覺，而非鬼神之外力，此與墨子主天志之說，兩者根本不同。至於墨子非樂，從社會財富的利益角度反對音樂，還批評孔子繁文縟禮，是以荀子評墨子「蔽於用而不知文」（〈解蔽〉），顯示儒墨兩者差異。墨子亦有平天下之志，《韓非子‧顯學》謂：「孔子、墨子俱道堯舜，而取捨不同，皆自謂真堯舜，堯舜不復生，將誰使定儒墨之誠乎？」韓非子藉儒墨之論，批評復古之不切實際，雖是闡述其重視當下，但也點出儒墨之爭。

從理論層面言，墨子思想能自成體系，簡明清楚；就實踐層面言，墨子的苦行精神頗不近人情，尤其是兼愛的理想，必須有著極為強大的精神力量，否則難以實踐。墨子訴諸天志，藉由超自然力量促使信徒奉行，但是對

於人格成就的理想失之過簡，僅以能獲得財富名聲為賞。墨子在世時，尚能以一己精神為感召，然其後學無其精神氣質，難以當此大任。《莊子‧天下》評曰：

> 今墨子獨生不歌，死不服，桐棺三寸而無槨，以為法式。以此教人，恐不愛人；以此自行，固不愛己。未敗墨子道，雖然，歌而非歌，哭而非哭，樂而非樂，是果類乎？其生也勤，其死也薄，其道大觳，使人憂，使人悲，其行難為也，恐其不可以為聖人之道，反天下之心，天下不堪。墨子雖能獨任，奈天下何！離於天下，其去王也遠矣。

儉樸節用，固然有其積極意義，但墨子過於苛求，背離人心與先王之道，才是墨學難以持續之因。「雖然，墨子真天下之好也，將求之不得也，雖枯槁不舍也，才士也！」（《莊子‧天下》）墨子堅持理想，捨身不悔的精神，仍令人推崇，在先秦諸子中，具宗教家的理想情懷與實踐精神，獨樹一幟。

墨子建立社團組識，吸收信眾，並以實際行動實踐其論述。墨子聽聞楚國欲攻宋，立即從齊國兼程趕赴楚國阻止，除了說服公輸盤和楚王，還進行兵推，九次守住公輸盤的進攻，最後甚至以命博之，方使楚王放棄攻宋。此事盡顯墨子論「非攻」不是紙上談兵，而能付諸實踐，更重要的是墨子嫻熟守城的方法，才得以阻止戰爭。《墨子‧公輸》記載墨子這次奔赴楚國，力行止戰之事，唯其成功阻止楚國攻宋，故事的結尾卻有深意，文云：

> 子墨子歸，過宋，天雨，庇其閭中，守閭者不內也。故曰：「治於神者，眾人不知其功，爭於明者，眾人知之。」

墨子不惜以生命阻止楚國攻宋，事成後過宋，遇大雨，守門人並未開門讓墨子入內躲雨。守門人顯然不知墨子剛剛力阻一場大戰，避免生靈塗碳，是宋國大恩人，只當他是個落魄路人，故而態度冷淡。評論者謂墨子之善行不欲人知，亦諷刺享有名聲者，是圖個人私利。墨子所為者，是「義」，大利於天下，非一己私利，也不求名聲，正是墨子所謂「有力者疾以助人」（〈尚賢下〉）。這是墨子之勇，為天下人而憤不顧身的俠義者，一個站在屋簷下避雨的孤獨身影。

第八章　正名實以化天下——惠施與公孫龍

　　戰國中期，論辯之風漸盛，諸子相互辯駁論難，為推銷個人主張，說服國君任用。彼時諸子，莫不以己說為正，他人為非，莊子言此為「成心」，以此非彼，紛爭不絕。莊子後學感歎當時學者「多得一察焉以自好」，「不幸不見天地之純，古人之大體，道術將為天下裂。」（《莊子·天下》）道術分裂，使天地之美，道體之純，隱而不顯，但也顯示彼時諸子各有所見，觀點多元。

　　在這個大型論辯潮流中，諸子多關注於時局紛擾，因此集中討論幾個論題，如君臣關係，施政方法，以及政治制度的設計。由於政治關乎眾人，對於人性為何？何為人的價值？如何成就之？何為「命」，何為「天」？以及如何安身立命？這些都是關於「人」的論題。至於人從何而來，以及人與天地萬物的關係，還有建立知識的過程，語言文字，乃至文化的發展，這些是關涉「物」的論題。討論這些論題，形成先秦諸子學說的內容，由於問答論說必須涉及辯論的技巧與方法，因此也有學者意識於此，形成邏輯論證與分析。關注於語言分析與邏輯論證者，主要是名家與後期墨家，然而，問題意識雖已形成，但目前所見名家之論，並沒有完整的系統，只留下一些簡略命題，或是對語言的反省。由於未能概念化與符號化，行文也多有各種論述不清的問題，更重要的是，當時諸子集中討論人、社會與政治，名家的論述更像是語言遊戲。因此荀子評惠施、鄧析，云：「不法先王，不是禮儀，而好治怪說，玩琦辭，甚察而不惠，辯而無用，多事而寡功。然而其持之有故，其言之成理，足以欺惑愚眾，是惠施鄧析也」（《荀子·非十二子》）荀子的評論有其立場，但也可見名家重視言辯的技巧，以及創造命題的方式，被視為虛華而無用，荀子甚至認為名家造成社會混亂，應該加以禁止。[1] 不僅荀子批評，莊子多次反駁惠施的言論，而莊子後學也批評惠施、公孔龍與墨子之後的傳承者只著重於論辯形式，逞口舌之能，無益於世道人心。[2] 由於諸

---

[1] 荀子論及以禮正身，強調守正道，持續不懈的重要，批評名家的言論會阻礙前行，他說：「夫堅白、同異、有厚無厚之察，非不察也，然而君子不辯，止之也。」（《荀子·脩身》）堅白與同異之論，正是惠施與公孫龍的命題，荀子認為君子不應參與討論。他還歸納名家命題為：用名以亂名、用實以亂名、用名以亂實，這些命題惑亂名實，是以「凡邪說辟言之離正道而擅作者，無不類於三惑者矣。故明君知其分而不與辨也。夫民易一以道，而不可與共故。故明君臨之以勢，道之以道，申之以命，章之以論，禁之以刑。」（《荀子·正名》）對於這些惑亂人心之論，荀子不但反對，還申述明君必須禁止。

[2] 《莊子》書中有多處記錄莊子與惠施的論辯，除了兩人的論點不同，也顯示莊子對惠施

子所關心者多為實際事功效用，視名家所論為小道而無用；其次，名家的命題多半不符經驗事實，亦為其他各家批評；又或如莊子從大道消弭物我分別，視語言文字為障礙，思路有別，目的相異，此為諸子批判名家之故。

名家關心「名／實」問題，先秦諸子也都有論及，然而切入的角度與論述重點各有不同。孔子論政時，以「正名」為施政之首要，強調「名正言順」，其所針對者為禮壞樂崩而造成的名實混亂，正名即為糾正改善僭越之風，使倫理關係依禮而別，社會秩序才能回復。墨子也重視名實關係，他認為經驗實證是認識事物的依據，以其「三表法」確認施政之法，避免戰爭並維持社會穩定。墨子對於名實的討論已啟論證方法之門，其後學更進一步發展為具邏輯的認識理論，認為辯者須「察名實之理」、「以名舉實」。（《墨子·小取》）延續墨子經驗論證的走向，建立名實論辯的方法。至於韓非主張形名相參，名實相符，他說：「人主誠明於聖人之術，而不苟於世俗之言，循名實而定是非，因參驗而審言辭。」（《韓非子·姦劫弒臣》）韓非所論的「循名實」，是其法術之用，明確分立權責，百官各司其職，依法行事，國君以賞罰控制群臣，以收統治之效。對於「名實」論題，除名家與墨家後學，其餘諸子所論皆從政治立說，多認為必須名實相符，方能使政治有效運作。

先秦諸子屬名家者，應有公孫龍、宋鈃、尹文、鄧析、惠施等人，《漢書·藝文志》著錄名家七部作品，今日僅見得《鄧析子》、《尹文子》和《公孫龍子》，然而前兩部應為後人偽作，[3] 且其論形名近於道法合流的黃老思

言論的不以為然。至於名家的各種命題，《莊子·天下》也記錄批評墨子後學的不當，文云：「相里勤之弟子五侯之徒，南方之墨者苦獲、已齒、鄧陵子之屬，俱誦《墨經》，而倍譎不同，相謂別墨，以堅白、同異之辯相訾，以觭偶不仵之辭相應，以巨子為聖人，皆願為之尸，冀得為其後世，至今不決。」今日《墨經》中有堅白、同異等命題，為墨子後學所論，擾亂天下而無益於治。此外，莊子批評名家這些言論「好知」，其云：「知詐漸毒、頡滑堅白、解垢同異之變多，則俗惑於辯矣。故天下每每大亂，罪在於好知。」（《莊子·胠篋》）莊子認為「知」是造成精神障蔽的主因，要去除人為認知的主觀與偏見，名家論述的方式，只會造成嚴重的知識障，莊子藉公孫龍問魏牟的寓言，說明名家圍於口舌之辯，未見大道，文云：「公孫龍問於魏牟曰：『龍少學先生之道，長而明仁義之行，合同異，雜堅白，然不然，可不可，困百家之知，窮眾口之辯，吾自以為至達已。今吾聞莊子之言，汒焉異之，不知論之不及與，知之弗若與？今吾無所開吾喙，敢問其方。』」（《莊子·秋水》）魏牟說公孫龍是坎井之蛙，以管窺天，意指公孫龍困於語言文字之中，難以明白大道。

3　《鄧析子》於歷代史志和私家目錄均有著錄，然而今本《鄧析子》內容雜湊，前後章節之文意不連貫，文句多重出於歷代著作，自宋明已疑其偽，近人羅根澤於〈鄧析子探源〉羅列諸多文句同於他書者，以證今本《鄧析子》駁雜不純。而孫次舟於〈鄧析子偽書考〉認為《漢書》著錄已非鄧析所著，今本復為後人依託偽作。（以上兩文收錄於《古史辨》第六冊，據開明書店 1938 年版影印，上海：上海書店，1992）今本《鄧析子》有〈無厚〉、〈轉辭〉兩篇，文句為語錄體，多論治國，近於法家與黃老思想。至於

想，與韓非援道入法的觀點亦可相參，可視為先秦黃老思想，不同於惠施、
公孫龍著重於邏輯思辨。至於今本《公孫龍子》之五篇論文，應是公孫龍所
著。[4] 由於文獻不足徵，本章僅就《莊子・天下》所記惠施命題，以及《公
子龍子》，再析論《墨子》中反駁同異與堅白命題的「墨辯」篇章，分為惠
施的「合同異」、公孫龍「離堅白」與「墨辯」三類，藉以管窺名家所論。
以下分述之。

第一節 惠施：合同異

　　惠施與莊子交遊，相互論辯，當惠施去世，莊子歎曰：「視自夫子之死
也，吾無以為質矣，吾無與言之矣。」（《莊子・徐無鬼》）莊子與惠施雖於
論述思路與學術心靈皆大異其趣，然而兩人友情深厚，也相互論辯激盪，是
論學之友。惠施著作已不傳，今於《莊子・天下》記其「歷物之意」，有十
個命題，可以「歷物十事」稱之。徵引如下：

> 惠施多方，其書五車，其道舛駁，其言也不中。歷物之意，曰：「至
> 大無外，謂之大一；至小無內，謂之小一。無厚不可積也，其大千
> 里。天與地卑，山與澤平。日方中方睨，物方生方死。大同而與小同
> 異，此之謂小同異；萬物畢同畢異，此之謂大同異。南方無窮而有
> 窮。今日適越而昔來。連環可解也。我知天下之中央，燕之北，越之
> 南是也。氾愛萬物，天地一體也。」[5]

《尹文子》於歷代史志於私人目錄均有著錄，然自唐代已有疑其偽者，近人唐鉞〈尹文
和《尹文子》〉和羅根澤〈《尹文子》探源〉考證今本《尹文子》為六朝時人偽作。（以
上兩文收錄於《古史辨》第六冊，前引書）今本《尹文子》有〈大道上〉、〈大道下〉兩
篇，內容論述治國方法、形名關係、行為與處世之道，近於黃老之說。綜觀今本《鄧析
子》與《尹文子》論形名，皆著重於施政之「正名」，如「循名責實，察法立威，是明
王也。」（《鄧析子・無厚》）「明君之督大臣，緣身而責名，緣名而責形，緣形而責
實。」（《鄧析子・轉辭》）「今萬物具存，不以名正之，則亂；萬名具列，不以形應之，
則乖。故形名者，不可不正也。」此為法家「循名責實」之論，至於《尹文子》言形名
相稱，亦多從治國的法術而論，如「人君有術，而使群下得窺非術之奧者；有勢，使群
下得為非勢之重者，大要在乎先正名分，使不相侵雜，然後術可秘，勢可專。」（《尹文
子・大道上》）人君有術與勢，是法家之說，然《尹文子》中屢言以「大道」為治，法
不離道，形名由道而生，此論又近於黃老思想。

4　《漢書・藝文志》著錄《公孫龍子》有十四篇，《隋書・經籍志》未有著錄，然有《守白
論》一卷，著錄於道家，後人疑為改名之作。至唐宋之後的史家與私人目錄，又見《公
孫龍子》，或為三卷，或為一卷。今本僅存六篇，其中〈跡府〉記公孫龍生平事蹟，並
述其論點，應是後人所著。

5　《莊子・天下》記惠施此十個命題之後，續言「惠施以此為大，觀於天下，而曉辯者。
天下辯者，相與樂之。」再記錄二十一個命題，並謂「辯者以此與惠施相應，終身無

從莊子的角度，惠施著作豐富，但其仕途與事功並不出色，其論辯的方式與獨特的命題雖引發一股風潮，但遭受巨大的批評，甚至其著作都未能流傳。引文中的「歷物」，意為惠施著力於「物」而非「人」，觀察事物，加以分析。從這個十個命題，可知惠施企圖打破事物的相對性，從語言概念破除時間與空間的界限。以下歸類整理為四項，第一，事物的同異皆是相對，既非絕對，可以「一體」視之。第二，時間流動連續，相對性的時間點並非絕對。第三，空間為整體，相對的方位亦非絕對。第四，事物的極限只是趨近，沒有絕對的邊界。以下分述之。

一、天地一體

歷物十事的第十個命題為「泛愛萬物，天地一體也。」可視為十事之總綱。意謂天地萬物並無分別，本為一體，此與第五事「萬物畢同畢異」所說一致。從天地一體的角度看，萬物並無同異之分，既無分，此「同異」為「大」，故為「大同異」。若從事物的對比言其分別，則物有同異，故謂之「小同異」。惠施從「大同異」角度，言人應「天地一體」，此說與莊子「天地與我並生，而萬物與我為一」近似，成玄英便依此疏解，其云：「萬物與我為一，故氾愛之；二儀與我並生，故同體也。」[6]成玄英以莊子釋惠施，雖有其注疏之用意，但從「歷物十事」討論時間與空間的相對性，看似近於莊子從時間的並生，以及空間的同一論萬物一體，然仍有所別。莊子同樣從「同／異」論述看待事物的角度，其云：「自其異者視之，肝膽楚越也；自其同者視之，萬物皆一也。」（《莊子‧德充符》）視角的不同，便會得出異或同的差別，莊子由此申論認知的局限性，藉以破除自我的偏見，從而消除物我之別。至於惠施所論之「天地一體」，是從語言概念的分析而得，與莊子經由忘我的修養工夫所體悟，兩者並不相同。唯惠施與莊子交遊，兩人應有相互影響，彼此啟發。

二、方生方死

對時間的分別，是認識事物變化的依據，時間是線性且不可逆的，因此時間可以區別成過去、現在與未來。惠施以「日方中方睨，物方死方生」，

窮。」惠施開啟辯者利用「詭辭」，創造奇特命題，並相與為辯的風氣。這些命題不能確定提出者為誰，也不必然有理論思辨深度，甚至可能是文字遊戲，但是這些看似奇特的怪說，能逼使論者思考語言文字指涉的意義，皆可從名實的角度論之。

[6] 《莊子集釋》，[清]郭慶藩撰，王孝魚整理，北京：中華書局，2012.2，頁1098。

說明時間區分成每一個時間點，其前後關係是相對的，然而時間又是連續，並且運行不已，因此「中／睨」意指時間流動，每個當下即成為過去。若就時間點而言，兩者都是指稱特定的時間狀態，但是就時間的流動性而言，「中／睨」與「死／生」又都是往復循環的。時間本不可逆，生死亦不可逆，然而就生物的演化而論，有死才有生，若無死亡，就不會有新生。惠施立此命題，從時間的流動探究「中／睨」、「生／死」對比的不確定性。同樣的，「今日適越而昔來」的命題，亦指出「今／昔」為相對的語言概念，並不具有絕對性。這些關於時間的命題，並非討論運動或生命，而是著重於劃分時間為時間點所使用的相對性方式，也就是惠施命題的重心在語言，而非物理，時間是物理學的重要內容，惠施只關心語言對時間的劃分。對於時間的定義，看似掌握了時間的變化，然而時間的流動以及循環的運作，使得相對性的時間點仍無法確切的定位，此命題中的「方」字，突顯出定義時間的局限。

莊子也用「方死方生」，他說：「方生方死，方死方生；方可方不可，方不可方可；因是因非，因非因是。」（《莊子・齊物論》）生死為時間，可與不可是認知的結果，由是而生是非，但是這些相對的分判，都是緣於彼此的分別。莊子指出是非皆來自於成心，因此消弭自我認知造成的局限，才能破除自以為對時間的理解，尤其是「生／死」。相較於空間中的方位，時間不僅只是前後流動，還涉及感受的差異，如一日三秋，度日如年等。生死之別，並非只是時間狀態，更重要的是由感受所形成的夭壽與生死，也就是從物理時間可定義生命長短，但是莊子直指心靈感受的時間不同於物理時間，只有破除心靈的主觀認知，才能體悟死生一體。〈應帝王〉中的壺子示現是個重要寓言，壺子對鄭國神巫季咸展示生、死之貌，實為季咸的主觀認知，因此當季咸無法掌握壺子的不生不死樣貌，只得落荒而逃。莊子論死生一體，其深意在於破除對生命長短認知的執著，只有破除認知局限，超越分別，才能達到無分別的境界，惠施則拆解語言概念的相對性，企圖消除語言所建構的差別，兩人皆論死生同一，然而思路有別。

三、天與地卑

從整體觀之，時間無別，空間亦無別。由於人類對空間的認知，是從相對的角度建立方位，因此有天上地下，山高澤深的分別。先秦時對天地的區分，含有高下分別之意，以天地相應於尊卑，是從經驗得出的概念，並延伸至人事，如「天尊地卑，乾坤定矣。」（《周易・繫辭》）或「天尊地卑，君臣定矣。」（《禮記・樂記》）惠施不言人事，但是以「天與地卑，山與澤平」的命題，指出這個對比的不確定性。蓋「上／下」、「高／低」既從比較

而得，隨著不同的視野，對比的結果亦會改變。原本相對於天的地，處於低下，[7]然而從天之外看天地，天與地同處卑下。同樣的，水流匯聚為澤，山高澤低，若從更高處或更低處衡量山與澤，便無高低之別。第三事之「天與地卑，山與澤平」的命題，破除事物因對比所產生的分別，既然分別並不是絕對的分別，經驗世界的天地與山澤之「異」便可「合」之。

至於第六事「南方無窮而有窮」與第九事「我知天下之中央，燕之北、越之南也」，亦屬於空間的命題。第六事之「無窮」為沒有盡頭，然而之所以「有窮」，其意為若於極南處的一個定點，再往南方而行，此一定點便相對成為北方，只要能不斷南行，所有的定點皆非極南。「南方」的概念是與「北方」相對而形成的，若指明「南方」，必有相對的「北方」，只要持續移動，「南方」就不再是「南方」。這個命題仍是針對「北／南」的相對性，參照第九事，更可突顯因相對而建立的方位，並不具備絕對性，因此「中央」是相對於四方而言，「北／南」是相對的，「中央」也是相對的，既是相對，則「天下」便非絕對的範圍，「燕之北」與「越之南」皆可為「中央」。惠施創造與空間有關的命題，皆是討論相對性與絕對性，引述經驗事物僅為例證，不見得他已知地球為圓或宇宙擴張。[8]這些命題是對空間中的相對性提出分析，指出語言概念所建構的方位並非絕對，並不涉及地理、物理或天文學等相關領域的知識，也不是惠施的思想。

---

[7] 「卑」字本義為低賤，「天與地卑」之「地卑」指地與天之相對故為低下，然而此處論天並非高上，而與地同為低下，即泯滅相對的方位。由於荀子批評惠施之說，列舉七事，其中有「山淵平，天地比。」（《荀子‧不苟》）「比」有親近連接之意，論者或以「比」釋「卑」，然而兩字難通，荀子所列七事，不必然與《莊子‧天下》所列惠施命題相對應，應當成獨立的兩個命題看待。「天地比」當理解為天地相比相隨，也就是天地相連無別，至於「天與地卑」則是針對「高／卑」形成的相對性差異，兩者有所不同。

[8] 近代學者多從地圓說解釋此類空間命題，如胡適言：「惠施論空間，似乎含有地圓與地動的道理。」（胡適：《中國哲學史大綱》，臺北：臺灣商務印書館，2008.12，頁249）牟宗三先生也說：「惠施於此有個洞見，即『宇宙是圓的。』」（牟宗三：《中國哲學十九講》，臺北：臺灣學生書局，1973.10，頁 209）中國古代的宇宙觀是「天圓地方」，以陰陽五行理論所建構的天地運行論述，並非現代物理與天文學。是以惠施的命題應非獨創一個新的宇宙觀，只是思辨語言概念的不確定性，舉空間中的相對方位為例。牟先生尚以「連環可解也」為前後兩個命題的提示語，是惠施說解「南方」與「今日」兩句時，「心中實有一圓圈之洞見。」（牟宗三：《名家與荀子》，臺北：臺灣學生書局，1979.3，頁 19）故併十事為八事。如此合併以「連環」說明宇宙為圓，但對於「今日適越而昔來」的時間不可逆性就難以解釋，只好說：「惠施把時間問題空間化而將時空混一。」（《中國哲學十九講》，前引書，頁 209）《莊子》之〈天下〉篇應是莊子後學所著，記錄惠施所論之命題，不必然具有內在連貫思路，歷物十事未必是一個系統整體。

四、至大至小

　　惠施除了對時間、空間進行消解對比的分析，也提出對人類以對比方式界定名言的反省。第一事「至大無外，謂之大一；至小無內，謂之小一。」已思考「至大／至小」的極限，若「大／小」是相對而得，則絕對的「大」與絕對的「小」，必是極端的「一」。即惠施指出若要抽離「大／小」的對比，就得規範極限的邊界，故名之為「大一」與「小一」。惠施不見得已有數學的「極大值」與「極小值」觀念，但是從相對性的思考引發對絕對值的討論，是這一類命題顯示的意義。至於第二事「無厚不可積」，亦從此一角度談論「無厚」，蓋「積」即「有厚」，「有厚」必有限，有的厚度再怎麼聚集也不可「千里」，唯有「無厚」方得「千里」，仍是惠施思辨相對與絕對所推得的命題。若從幾何學解說，或可言平面之無限，但不必然是惠施此命題的內容。[9]另外，第八事「連環可解」，也指稱在有限的空間與時間中本來不可分解的「連環」，在無限的時空中，連環是可解的。

　　對於絕對或極限的思考，在「歷物十事」之後的二十一個奇特命題中，有三個值得提出說明，其一為「一尺之棰，日取其半，萬世不竭。」此意為將一尺的木杖，每日分成一半，再就剩下的一半續分一半，由於一半之後仍有一半，因此得以無窮無盡。這個命題，是用經驗的感知，呈現愈來愈少，但不會為零。然而用微積分解釋這個數列的極限值是趨近於零，即無限接近的數列或函數會得出零，但是就經驗而言，一尺之棰是取之不盡的。此命題可參照古希臘哲學家芝諾（Zeno）提出的悖論（paradox）：「阿基里斯追烏龜」，[10]這個悖論可以用微積分的極限解決。另外芝諾提出的「飛矢不動」悖論，與惠施論辯的二十一個命題中，有兩項可相互參照，是為：「飛鳥之影，未嘗動也。鏃矢之疾，而有不行不止之時。」飛鳥的影子不動，以及飛行的箭矢有靜止之時，此意為運動中的物體是由分割成無限靜止的點所組成，既然一支箭或一隻飛鳥在每個凝結瞬間是固定不動的，因此推導出「飛鳥未嘗動」、「疾矢不行」的靜止結論，也可反推為「不止」，永遠在運動。

---

[9] 學界對於此命題的解釋，幾乎都從幾何學析論，認為「面」是「無厚」，但可以延展至無窮大，可參考黃克劍對本命題的疏解。（黃克劍：《名家琦辭疏解——惠施公孫龍研究》，北京：中華書局，2010.3，頁52-55）黃克劍認為「積」通「跡」，應解為至薄而難以覓其跡，故「無厚不可積」是指動態的愈來愈薄，「其大千里」是沒有限度的大而愈大。「積」作積累、聚集解，應更能闡釋原命題所言「無厚」之用意。

[10] 亞里斯多德記錄了芝諾提出的四個悖論，關於運動與靜止的命題。（亞里士多德：《物理學》，徐開來譯，北京：中國人民大學出版社，2003.11，頁180-181）這些悖論的提出，是芝諾為其師巴門尼德（Parmenides）的理論辯護，即「存在」不會變動，變化均是幻象。關於芝諾悖論，亞里斯多德反駁之，其論證建立了關於自然實體運動的理論基礎。

這個近似芝諾「飛矢不動」的悖論，看似荒謬，其實從物理學便可解釋，因為這個命題的敘述中，混淆了「運動」與「靜止」，「運動」必須是在一個時間段中，物體移動到不同位置，即運動具有時間和距離，而「靜止」是在這個時間段中，物體並不移動。因此，只要是「運動」的飛鳥或疾矢，即為在一個時間段中移動，單就一個時間點說這個物體是靜止的，就不是運動，也沒有意義。簡言之，只要是運動，就不是靜止，反之亦然。由於惠施論辯的這些命題，大多涉及數學與物理，但是未能形成系統的理論，因此古人的感受是「能勝人之口，不能服心之心」，甚至淪為奇辭怪說，徒逞口舌之能。

第二節　公孫龍：離堅白

　　公孫龍曾是趙國平原君門下賓客，漢人視其為「名家」的代表，就其所論，與惠施不同，惠施重視事物的同一性，指出相對性語詞的不確定性，而公孫龍則致力於分析語詞概念的差異，尤其是針對事物的屬性，概念的內涵與外延諸問題。若惠施思想可歸結為「合同異」，則公孫龍應以「離堅白」為代表。今本《公孫龍子》中的〈名實論〉闡述名學的作用，其云：「夫名，實謂也。知此之非此也，知此之不在此也，則不謂也。知彼之非彼也，知彼之不在彼也，則不謂也。」[11]公孫龍重視名實關係，尤其對於「名」的指稱（實）必須嚴格界定，因此其論述的重心在「名」，若「名」的內涵（實），已不在此名或彼名之中，便不能再使用其「名」。公孫龍認為對「名」的把握與解析，是為了正確理解世界，也能對社會政治有所助益，其云：「至矣哉，古之明王。審其名實，慎其所謂。」（〈名實論〉）只是公孫龍的論述全為認識論，與儒、法之「正名」為政治論，有著根本不同。公孫龍最著名的論題是「白馬非馬」、「離堅白」與「指非指」三者，以下分述之。

一、白馬非馬

　　「白馬非馬」是公孫龍諸命題中廣為流傳者，可顯示其立論之旨趣。「白馬非馬」命題或許非始自公孫龍，如《韓非子・外儲說左上》記「兒說，宋人，善辯者也，持白馬非馬也，服齊稷下之辯者。」《戰國策・趙策》：「夫刑名之家，皆曰『白馬非馬』也。」可見持「白馬」之名立論者，於戰國時期多有，然公孫龍詳論「白馬非馬」的命題，區分「白」、「馬」與「白馬」三個概念，儼然成為「白馬論」的代言人。

---

[11] 《公孫龍子形名發微》，[周]公孫龍著，譚戒甫撰，北京：中華書局，1963.8，頁 61。以下所引《公孫龍子》皆同，不另作註，標點與文句有所調整。

　　〈白馬論〉以問難形式，一問一答，公孫龍先指出「馬」與「白」屬不同範疇，「馬者，所以命形也；白者，所以命色也。命色者非命形也，故曰：白馬非馬。」以「馬」為形體，「白」為顏色，故「白」與「馬」組合而成「白馬」時，「白馬」兼具有「白」與「馬」兩種屬性，而「馬」只有一個屬性，故「白馬」與「馬」不同。其次，從概念的外延而論，「馬」包含一切顏色的馬，白馬、黃馬與黑馬皆屬之，是一個大的概念，而「白馬」僅指白色的馬，故兩者不同。公孫龍從概念範疇區別「名」的指稱對象，論證「白馬非馬」，意謂「白馬」指稱一匹白色的馬，而非全部的馬。從概念離析的角度言，原本不難理解，但如果從日常語言的使用習慣，「白馬」就是一匹活生生的馬，若從經驗事實否定白馬是一匹馬，自然引發爭議。論難者將「非」解為「不是」，則「白馬非馬」便成為「白馬不是馬」，與經驗事實不符，故堅持此點而否定之。至於公孫龍則將「非」解為「不等於」，以「白馬不等於馬」指出「白馬」與「馬」是不同範疇的概念，然而論難者並不採取這種解釋，從白馬就是一匹馬的觀點反覆申述。

　　在〈白馬論〉中，公孫龍除論證「白馬」與「馬」不相屬，還進一步指出「白」與「馬」是不同概念，對於論難者詰問天下並沒有無顏色的馬，公孫龍答曰：

> 馬固有色，故有白馬。使馬無色，有馬如已耳，安取白馬？故白者非馬也。白馬者，馬與白也。馬與白馬也。故曰：白馬非馬也。

這段答辯，區分「白」與「馬」，當「馬」結合「白」而有「白馬」之名，如果馬無色，稱「馬」即可，但有「白馬」之名，顯然「白馬」與「馬」不同。此外，結合「白」與「馬」所成的「白馬」，不能等於「白」或「馬」。〈白馬論〉中反覆問難，爭論難平的癥結有二，其一，公孫龍始終從語言概念論「白馬非馬」，而論難者則一直堅持經驗事實所見的「白馬是馬」，兩人所論並非同一層次。其二，雙方對「非」與「是」的解釋不同，公孫龍解「非」為「不等於」，而難者解「非」為「不是」，對「是」的解釋亦相異，兩人皆曲解對方的意思，自然沒有交集。[12] 今日對於〈白馬論〉的解讀，可

---

[12] 對於〈白馬論〉中公孫龍與難者的這兩個爭論的關鍵，詳細解說可考陳癸淼：《名家與名學》，臺北：臺灣學生書局，2010.4，頁 109-132。另外，馮耀明使用分析哲學的邏輯形式論證，將〈白馬論〉分成五組論題，依序分析公孫龍與其論敵的論證形式，認為兩人的邏輯論證都成立，但對於語詞的邏輯用法有所歧異。「公孫龍將『白馬』、『黑馬』、『黃馬』、『白』、『馬』及『色』等語詞當作個體名（個體常項或個體變項）使用；而對方則一律作為謂詞或構範性的表式使用。公孫龍把『是』與『非』這些字分別用作等號與不等號；而對方則分別當作條件關係之全稱肯定或全稱否定的表式。」（馮耀明：《公孫龍子》，臺北：東大，2000.1，頁 67）

使用概念分析或邏輯論證，對於文中兩人觀點可持平論之，然而對於古人而言，公孫龍的論述悖離經驗事實，無益於世道人心，故多非難之。

二、離堅白

公孫龍另一個重要的觀點，在於分析事物與其屬性的關係，他以一塊白色堅硬的石頭論證之。一般來說，「堅白石」指石頭既是白色又是堅硬的，「白」與「堅」同存於此石，然而公孫龍卻認為「堅」與「白」應是相離的，因為「堅」為硬度，「白」為顏色。這兩種屬性不同，分由不同感官認知，眼睛能看到白色，但不能看到堅硬，觸覺亦然，由於公孫龍將「堅」、「白」分開，這就是公孫龍與論難者爭論之處，〈堅白論〉記為：

> 「堅、白、石、三，可乎？」曰：「不可。」曰：「二可乎？」曰：「可。」曰：「何哉？」曰：「無堅得白，其舉也二；無白得堅，其舉也二。」曰：「得其所白，不可謂無白。得其所堅，不可謂無堅。而之石也，之於然也，非三也？」曰：「視不得其所堅，而得其所白者，無堅也。拊不得其所白，而得其所堅。得其堅也，無白也。」

論難者認為「堅」、「白」、「石」三者構成具體的事物，而公孫龍則舉「無堅得白」、「無白得堅」，認為只能分別得到「白石」、「堅石」，而不能同時得知三者。論難者順勢續問，既然能得「白石」、「堅白」，意味石頭具有「白」與「堅」，顯然是三者而非二者。公孫龍仍堅持「堅」與「白」不同，由不同感官而得，既然不同，就不能同時被認知，無法同時呈現。論難者從具體的石頭論述「堅」與「白」不能離石而自存，公孫龍則指出「堅」與「白」可以獨立自存，即使之抽象化與概念化。

由於「堅」與「白」是獨立的概念，兩者不局限於一個具體的石頭，亦可出現於其他事物，公孫龍論云：「堅未與石為堅，而物兼。未與為堅，而堅必堅，其不堅石物而堅。」本句意為當「堅」不依附石頭時，可與其他事物相兼合，若「堅」不依附任何事物時，「堅」則自為「堅」這個獨立的概念。同樣的，「若白者必白，則不白物而白焉。」公孫龍立主「堅」與「白」可獨立於事物之外，概念不必依賴事物而存在。順此思路，公孫龍已分別形上與形下的兩個層次，尤其是將概念化的「堅」、「白」與感官的認識方式分開，〈堅白論〉末段云：

> 且猶白以目見，目以火見，而火不見。則火與目不見而神見。神不見，而見離。堅以手，而手以捶，是捶與手知而不知。而神與不知。神乎？是之謂離焉。離也者天下，故獨而正。

眼睛能見到白色，若無光線時，便無法看到白色，甚至連精神心智也不能認知，而觸感能認知堅硬，同樣也有局限。這個論述，直指感官功能有其認知的對象，也局限於其認知的能力，甚至連精神心智也都是如此。此意謂「堅」、「白」具有全然獨立的性質，不受感官的影響。本篇試圖將「堅」、「白」抽離具體事物，使其具有形上學的存有意義，並認為天下事物皆可分析而概念化，是為「離也者天下，故獨而正。」分離「堅白」，一如區分「白」與「馬」，公孫龍引領認知從具體的對象，進入抽象的思辨，尤其是觸及語言的抽象指涉，其所「正」之「名」，不同於日常語言，而是將其符號化而具有絕對的、先驗的與獨立的型態，是其理論的價值所在。

三、指非指

〈指物論〉文句艱澀，理解不易。尤其是「指」所表述的概念，在上下文中可能出現歧異，致使論者界說各有不同。公孫龍的論點可從兩個方向掌握，其一，〈指物論〉必須與其他篇章合併觀之，視公孫龍的論述為一個整體；其二，公孫龍的論述不僅止於釐析語言的認識論層次，亦觸及形上學的討論。〈指物論〉首言：「物莫非指，而指非指。」第一句的「指」可釋為指稱事物的方式，是人為的語言或圖像，而這些「指」都為了突顯出事物的特徵，從而明白所指稱的對象。第二句的第一個「指」上承第一句，意味語言圖像成為所指稱的事物，第二個「指」則是語言圖像本身，句中的「非」應釋為不等於，如同「白馬非馬」。套用於本句，可理解為：天下的白馬都是由「白」與「馬」所組成，然而白馬非馬。「指非指」意為當語言圖像被使用為指稱事物時，便已失去獨立自存的意義。離開事物而自存的「指」是本然不變的概念，一如「白」是絕對不變者，但是組合而成具體事物時，就不再是獨立的概念，而成為「白馬」、「白石」所指稱的對象，即一般所知的具體事物。

論難者將「指」視為「天下之所無」，而「物」為「天下之所有」，不得將有視為無。其意為公孫龍所說的獨立自存的概念並不存在，也就是名稱必定有所實指，即語言所指稱的事物是具體存在，以此反駁公孫龍將語言符號化的論述。公孫龍順勢析論「天下無指，而物不可謂指也。不可謂指者，非指也。非指者，物莫非指也。」具形上意味的「指」，並不存在於現實世界，事物並不等同於「指」，由於描述具體事物時，「指」已非「指」，故又重回本篇第一句的命題。但是公孫龍雖強調語言念的獨立性，就認識的過程而言，仍須藉由語言圖像，〈指物論〉篇末藉由問句申述其理，文云：

> 使天下無物指，誰徑謂非指？天下無物，誰徑謂指？天下有指，無物
> 指，誰徑謂非指？徑謂無物非指？且夫指固自為非指，奚待于物而乃
> 與為指？

「物指」相對「非指」，「物」相對「指」，語言本為指稱事物而創造，但是語言又脫離個別具體的事物，形成概念而自存。公孫龍提出的命題，便為突顯「指固自為非指」，即名稱概念不同於物，不依靠物而能自我存在。「物指」涉及具體的「物」，「非指」則對「指」進行概念化的釐定，當每個概念（名）經過解析（離）而能「獨」時，便可正其名，此即「獨而正」（〈堅白論〉）簡言之，公孫龍區別語言與具體事物，並賦予語言獨立自存的意義。

「指非指」看似自我否定，古代論者多視為語言遊戲而否定之。然而公孫龍藉「指／非指」，思辨事物存在與語言的關係，並論及認知過程中，事物的屬性與概念的分別，也觸及形上學的存有。今日觀之，可藉由哲學理論分析，然其行文與論述有違日常語言，乍聞「白馬非馬」、「指非指」之命題，不同於經驗常識，容易引起爭議。公孫龍之學未能為人所識，清代以前多為負面評論，甚至誤解或曲解，然也因而顯示公孫龍之名學能發微於兩千多年前，實屬不易。

第三節 墨辯

先秦墨家與名家論名實本不相屬，先秦文獻亦未見惠施、公孫龍與墨家有所往來交流，然而晉魯勝作《墨辯注》，其序云：「墨子著書，作《辯經》以立名本。惠施、公孫龍祖述其學，以正別名顯於世。」（《晉書‧隱逸列傳》）本段直指惠施、公孫龍的思想源自《墨辯》，遂啟後人對名墨關係，以及對《墨辯》的考辨。就今日所見「墨子十論」著重於社會政治，與《墨辯》批評各家，並且討論思辨與論辯形式式，兩者有別，《墨辯》應是墨子後學順應墨子實證經驗的方法，反對名家觀點，由此而興。《墨辯》非成於一人之手，應非墨子所作，因其論述形式近於名家，故有魯勝之說，然此說有誤。[13] 今日《墨子》中的〈經上〉、〈經下〉、〈經說上〉、〈經說下〉、〈大取〉與〈小取〉六篇，合為《墨辯》。

---

[13] 關於《墨辯》的作者，目前學界多認為是墨子後學所作，是後期墨家的作品，而就其批評惠施與公孫龍的論點觀之，應於其後所出。關於墨家與名家關係的考辨，可參考陳癸淼：《名家與名學》，前引書，頁 451-485。由於《莊子‧天下》記墨子後學「俱誦《墨經》，而《晉書》記魯勝注《墨辯》，後世遂有《墨經》與《墨辯》之爭議，就內容而言，《墨經》涵蓋各種論題，可以「經」為名，就其方法言，《墨辯》則以定義與解說，論辯各種議題，又可言「辯」。關於書名的辨析，可參考楊俊光：《墨經研究》，南京：南京大學出版社，2002.5，頁 1-42。本章取《墨辯》之名，蓋其書內容龐雜，未成系

《墨辯》內容駁雜，以定義與格言的方式論述各個學科，以「辯」為名，可見得戰國時期論辯風氣所引發對於論辯形式的思考，書中對「辯」有如此定義：

> 辯，爭彼也。辯勝，當也。（〈經上〉）

> 辯，或謂之牛，或謂之非牛，是爭彼也。是不俱當。不俱當，必或不當，不若當犬。（〈經說上〉）[14]

「彼」之意，〈經上〉云：「不可，不兩可也。」爭彼，即各執一端相爭辯，而辯論所持之論點得「當」，便為勝者。論辯的相對論點，必有一當，一為不當，可視為邏輯基本定律的矛盾律，兩者不能同真，必有一假。〈經說〉有一條為：「謂，辯無勝，必不當，說在辯。」論辯必有「謂」，即論題之名實，論題得當則勝，反之則敗。〈經說下〉解此條云：「俱無勝，是不辯也。辯也者，或謂之是，或謂之非，當者勝也。」論辯雙方之「謂」，必有一是，在《墨辯》中反覆申述之。另外，關於論辯之作用，文云：

> 夫辯者，將以明是非之分，審治亂之紀，明同異之處，察名實之理。處利害，決嫌疑。焉摹略萬物之然，論求群言之比。以名舉實，以辭抒意，以說出故；以類取，以類予。有諸己，不非諸人；無諸己，不求諸人。（〈小取〉）

論辯不僅是兩個人爭論，還是社會政治運行所必須，通過論辯，能確立行為處事的正道，這是墨學對於論辯的肯定，也是名家，甚至是先秦諸子心中所想。誰能於論辯取勝，便是證明自己的學說為正道。本段前半為辯學，後半為辯術，末句以「有諸己」與「無諸己」區分論辯的兩種態度，前者辯說已明，故「不非諸人」，後者則尚未明之，故「不求諸人」。[15] 墨學對於論辯是積極肯定的，也於各種議題的論辯中，闡述墨學的立場與價值觀。

墨學對於惠施與公孫龍的命題亦有所辯，惠施析論「同／異」，從事物對比而產生的相對性，申述相對並非絕對，故而言「天地一體」。墨學對於「同／異」有所定義，「同：重、體、合、類。」「異：二、不體、不合、不

統，各條目所論，似有為辯而辯。此外，許多文句不可解，近似名家命題，故置於本章而論，突顯其重心在於「辯」，並非將《墨辯》歸於名家。簡言之，漢人對先秦諸子的分家，有助於分辨各家理論，但不是思想史的唯一面貌，也不應為其所限。

[14] 《墨辯發微》，譚戒甫撰，北京：中華書局，1964.6，頁 156。以下所以《墨辯》皆同，不另作註。

[15] 譚戒甫認為〈小取〉第一章總論「辯」，析為「辯學」與「辯術」，並分言體用，引證墨家之論。（譚戒甫：《墨辯發微》，前引書，頁 410-422）然譚文將本章末之「有諸己」與「無諸己」兩句比擬佛教因明學之「悟他」與「自悟」法門，雖不必然相應，然可參考之。

類。」(〈經上〉)名稱重合，同為一體或一類，皆視為同，反之則異。墨學就名稱與分類言異同，其意為訂定標準，分別事物並歸類之，而其所定標準以經驗事實為據。萬物分門別類，各有所歸，各有其序，墨學分析物之同異，有言：「異類不吡，說在量。」(〈經下〉)此意為不類之物，不能相比，因為無法用同一標準衡量。此條目意謂物類有其界線，同異不能相混，故不可能「合同異」。〈大取〉與一實例，文云：

> 小圜之圜，與大圜之圜同。方（不）至尺之不至也，與不至鍾之不至異。其不至同者，遠近之謂也。

圜有大小，仍同類，可比，但是「尺」與「鍾」各為長度與容量，儘管兩者都「不至」，仍不可比。墨學依事物分類而論，對於惠施拆解語言的反經驗命題，多所駁斥，如惠施之「南方無窮而有窮」，墨學辯云：

> 無窮不害兼，說在盈否。(〈經下〉)

> 無，南者有窮則可盡，無窮則不可盡。有窮、無窮未可智，則可盡、不可盡亦未可智。人之盈、之否未可智，而必人之可盡、不可盡亦未可智，而必人之可盡愛也，誖。人若不盈無窮，則人有窮也。盡有窮，無難。盈無窮，則無窮盡也。盡無窮無難。(〈經說下〉)

本段看似針對惠施的命題而論難，但又牽扯「兼愛」之說，論述空間之「無窮」，並不妨害「兼愛」，關鍵在是否「盈」，也就是關乎有多少人。由於人是否無窮未可知，就不能盡而愛之。此說雖未直接討論「無窮／有窮」於空間的意義，但可以看出這兩者是相對的，不能並存，更不可能相同，暗駁惠施合兩者為一的命題。至於惠施其他命題，多於《墨辯》中有所駁難，兩者思路不同，論辯的形式也各異，反映戰國後期論辯之風。

以墨學重經驗的立場，也反對公孫龍解析語言概念的說法，對於「白馬非馬」的命題，直接論云：「非（求）白馬焉，執駒焉；說求之舞（無），說非也。」(〈大取〉)[16] 本句意為「白馬」與「（白）駒」相同，求白馬，可以執白駒應之，不得言「白馬非馬」。另外，〈小取〉有言「白馬，馬也。乘白馬，乘馬也。」並類比多例，解釋萬物有「是而然」，亦即「白馬是馬」。至於公孫龍的「離堅白」，《墨辯》中有多條駁之，舉例如下：

> 堅白，不相外也。(〈經上〉)

---

[16] 原文不可辨讀，「舞」字據孫詒讓：「舞，當從畢校，為無之誤。」(《墨子閒詁》)首句「求」原作「非」，譚戒甫依下文「求之」改為「求」(《墨辯發微》，頁 375)。「駒」為良馬之名，《詩・小雅》與《莊子・知白遊》皆有「白駒」一詞，意指白色的馬。

於尺（石）無所往而不得，得二。（堅）異處不相盈，相非，是相外也。（〈經說上〉）

攖，相得也。（〈經上〉）

攖，尺與尺俱不盡。端無（與）端但（俱）盡。尺與〔端〕或盡或不盡。堅白之攖，相盡，體攖，不相盡。（〈經說上〉）

「堅白」不能離石，故言「不相外」，與石頭同為一體。前文之〈經說〉解釋「堅白」同處於石中，才可得「堅白」二種屬性，若不在石中，則不相盈，「堅」與「白」才會相互排斥，各自獨立。但是因為「堅白」不能離石而獨存，故公孫龍的「離堅白」是詭辯，不能成立。另外，「攖」為相互接觸，釋為相交相得，解說以「尺」與「端」為喻，可解為度量之物的「尺」無法重合，而「端」可合為一點，以此類比「堅」與「白」必同「攖」於石，故相盡，若是兩物相交，則不盡。由於「堅」、「白」不能離開石頭而獨存，故「離堅白」不能成立。《墨辯》討論名實議題，認為命題必須立基於經驗事實，反對惠施「合同異」主張，並認為事實之屬性不得分割，應以整體視之，也反對公孫龍「離堅白」。雖然墨家後學觸及知識論與邏輯學，但其分析方式與立場不同於惠施與公孫龍，應分辨之。

小結

名家與墨家後學所關心的認知與名實關係，異於其他諸子的學問取向，亦不為各家認同。漢代司馬談於〈論六家要旨〉批評名家「苛察繳繞，使人不得反其意，專決於名而失人情，故曰『使人儉而善失真』。若夫控名責實，參伍不失，此不可不察也。」（《史記·太史公自序》）司馬談認為「名實」不得不察，但並非名家所論之名實，而是論名實必須關於社會政治，至於名家的問題在於論「名實」本身，即關注於論證方法，因而「失人情」。司馬談的評論，基本上可代表漢代對名家的看法，也可解釋為何名家至兩漢後不受重視而幾乎失傳。先秦諸子多議論，亦有思辨能力，甚至如孟子之不得已而好辯，然而所論者必須關注人生社會，乃至邦國之事，否則便是無用之論，就連莊子的言論亦遭「無用」的批評，由此可見一般。至於東漢末年黨錮事件，士人對宦官亂政不滿，「羞與為伍，故匹夫抗憤，處士橫議，遂乃激揚名聲，互相題拂，品覈公卿，裁量執政，婞直之風，於斯行矣。」（《後漢書·黨錮列傳》）評論朝政，臧否人物，是士人的使命感所驅使，後世多同情看待。然而魏晉盛行清談，善言老莊，後世對此有所批評，遂有清

談誤國之論。[17] 從思想史的發展回顧先秦,諸子關心禮壞樂崩下的社會失序問題,議題導向成為重視事功的學術傳統,也形成對於學問評價的標準。

自先秦建立事功的思想傳統,經世濟民成為士人的使命,知識學問也以修身與論政為正統,儘管先秦諸子善長論辯,也發展出思考論辯與語言的名家,然而這個思路並未形成系統性的學術,甚至快速消亡。與惠施友好的莊子亦長於論辯,只是莊子視言辯為小道,以為「大辯不言」,但是莊子探究語言與知識的障蔽,應受惠施影響。莊子與惠施曾有一段精采的論辯,引之論述作結。文云:

> 莊子與惠子遊於濠梁之上。莊子曰:「儵魚出遊從容,是魚樂也。」惠子曰:「子非魚,安知魚之樂?」莊子曰:「子非我,安知我不知魚之樂?」惠子曰:「我非子,固不知子矣;子固非魚也,子之不知魚之樂全矣。」莊子曰:「請循其本。子曰:『汝安知魚樂』云者,既已知吾知之而問我,我知之濠上也。」(《莊子·秋水》)

這段論辯起因於惠施詰難莊子,莊子對魚作出「快樂」的判斷,詰難的關鍵在於快樂是主觀感受,而莊子與魚並不同體,無法同感,即「子非魚,不知魚」。莊子的回辯以惠施的論點進行轉移,即惠施的論點如果成立,則惠施並非莊子,同樣無法知道莊子對魚的判斷。惠施再回辯,依舊從莊子的論點再進行轉移,先立定前提是「我非子,不知子」,此前提為真,則「子非魚,不知魚」便為真,即是惠施一開始的論點。莊子再回辯,然而轉移的方法已不可行,便重新立定問題,他拆開惠施原本的論題,捨去「子非魚」,只取「安知魚樂」,惠施本來否定莊子能知魚之樂,但是獨取後半句時,便成為惠施只是詢問「安」(如何)。[18] 提問「如何」,問題本身已預設知曉,所以莊子更動惠施的問題,只留下「汝安知魚樂」,再接著回答知魚樂的方法,即是直觀的感受。在這段魚樂論辯中,呈現惠施與莊子兩人對於「認知」的不同思路,莊子肯定物我可以感通,而惠施則質疑並否定之。莊子認

---

[17] 如西晉傅玄於〈舉清遠疏〉便認為魏文帝之後,「綱維不攝,而虛無放誕之論,盈於朝野,使天下無復清議,而亡秦之病復發。」(《漢魏六朝百三家集》卷三十九)歷代學術的主流都認為論辯應關乎政事,有益世道人心,不得空談。

[18] 陳癸淼分析這場辯論為三回合,認為純就辯論的邏輯形式,惠施略勝莊子一籌,然而對於最後莊子的回應視為偷換概念,認為莊子「以避重就輕,偷天換日的方式以轉移辯論焦點,將惠施本為的『怎麼能知』之『安知』曲解為『如何知』。」(陳癸淼:《名家與名學》,前引書,頁 58)莊子的確更動惠施原來的問句,然而是刪去原本問句的前提「子非魚」,只留後半句,使提問的重點在「安知」,即「如何知」,而非對「安知」曲解,也不是偷換概念。陳癸淼分析莊子與惠施的數次論辯,認為兩人的價值觀不同,以為莊子重智慧,惠施則重知識。若僅就兩人之別,這樣的分判尚可理解,但是認為惠施呈現「知性主體」,致力於「物之理」的探究,以成就多樣性的「知識」,可能讚譽太過,僅就現有資料,很難說惠施有如此成就。

為一般的認知方式有問題，即以耳目接觸外界事物，由於感受能力帶有偏好，而且認知受到社會文化的影響，因此做出自以為是的判斷。莊子主張改變認知方式，從「耳目」到「心」，再到「氣」。[19] 莊子知魚樂，顯然不是透過耳目，更無關乎語言，文中雖未顯示莊子是以「心」或「氣」而知魚樂，但已是超越感官的認知，故其回應「我知之濠上」，表示當下直覺，打破物我界限。至於惠施則認為有效的認知，必須經過思辨與概念的確認，尤其要明確語言的指稱，避免語意模糊。惠施善辯，其命題雖觸及物理學與數學，但零散而片段，未能形成思想體系，也沒有針對某個論題深入論述，這或許也是名家快速消亡的原因，如閃電震驚世人，卻也一閃而逝。

---

[19] 莊子以「心齋」論述認知方式，其云：「若一志，无聽之以耳而聽之以心，无聽之以心而聽之以氣。聽止於耳，心止於符。氣也者，虛而待物者也。唯道集虛。虛者，心齋也。」（《莊子・人間世》）以耳目感受外物，獲得資訊，是最普遍的方式，但也是最有問題的方式，因此莊子從捨棄耳目為初步工夫，進階於「心」，然而以「心」符應外物，仍有主觀成心的問題，故而再進階為以「氣」，即捨棄心，於虛心、無心的狀態，才能真正感通事物。

第九章　因道全法──韓非子

　　先秦思想的歷史發展中，法家具有重要且特殊的地位。法家的特徵，在於以富國強兵為目的，主張公開明確的法令，透過嚴刑峻法，進行社會控制，並且強調尊君，確立國君的統治地位，藉以貫徹法令。春秋時期，「法」包含禮與刑，涵蓋政治、軍事、禮儀與農事等社會各個層面，齊國管仲、晉國郭偃、鄭國子產等，皆推動變法革新。子產於魯昭公六年（西元前 536 年）於鄭國鑄刑書，[1] 以及昭公二十九年（西元前 513 年）晉國鑄刑鼎，使「法」具成文法的性質，改變了三代不成文法的傳統，然而當法令具體且標準化，雖然使人民有所依循，同時也促使禮制崩解。

　　戰國之時，各諸侯國勢力掘起，莫不企圖變法圖強，魏文侯任用李悝，實施政治經濟改革，李悝編著《法經》，後來商鞅據以游說秦王。魏文侯命吳起為將，實施軍事改革，成就魏國霸業。吳起後至楚國，亦「明法審令」，推行法治，楚國始為強盛。商鞅原仕魏，後因秦孝公之求賢令由魏入秦，獲秦孝公任用變法，改革行政、戶籍、稅制，重農抑商，獎勵耕織，使秦國迅速富裕強大，史稱商鞅變法。商鞅後學編有《商君書》，可管窺其思想。而另一位法家申不害，於韓昭侯時為相，重「形名參同」之術，韓國得以國治兵強。韓、魏原為晉國，可視為晉法家，反對儒家禮治，講求施政實效，也因實行法治而強盛，致使各國仿效。

---

[1] 《左傳‧昭公六年》記錄鄭國子產鑄刑書，晉國叔向去信反對，指出「昔先王議事以制，不為刑辟。」叔向認為用法治民，是末世所為，也反對刑法。子產鑄刑書，學界多認為是法令成文之始，近年清華大學公佈收藏戰國竹簡，其中有〈子產〉一文，本文肯定子產執政的舉措，其頒布法令能「張美棄惡」，文云：「子產既由善用聖，班好物俊之行，乃聿三邦之令，以為鄭令、野令，道之以教。乃跡天地、逆順、強柔，以咸全御。聿三邦之刑，以為鄭刑、野刑，行以尊命裕儀，以釋亡教不辜，此謂『張美棄惡』。」（《清華大學藏戰國竹簡（陸）》，清華大學出土文獻研究與保護中心編著，上海：中西書局，2016.4，頁 138）對照《左傳》，可知三邦之「令」與「刑」，應為夏、商、周三代法令，子產立法的效果是正面有效的，至於子產立法的依據是「天地、逆順、強柔」，已可見早期黃老思想的雛型，參證出土文獻《黃帝四經‧經法‧論》有云：「人主者，天地之稽也，號令之所出也。」取法天地為律令，又言帝王之道在「察逆順以觀霸王危亡之理。」可見得以天道為立法之理的思想，起源甚早，可循此線索解讀韓非詮釋老子道論，轉化為法治之說，應非韓非所創，而是有所本。道法合流的黃老思想，可溯及春秋末年，竹簡〈子產〉已呈現以天道立法的觀點，而韓非透過說解《老子》章句，更完整且全面地論述以道全法的思想。至於子產與叔向的不同觀點，王沛認為正是春秋戰國之際，律法由多元走向一元，從西周天命論轉向東周天道觀，此為子產立法的意義。（王沛：〈子產鑄刑書新考──以清華簡《子產》为中心的研究〉，《刑書與道術：大變局下的早期中國法》，北京：法律出版社，2018.6，頁 114-124）

　　戰國中後期，齊國於國都臨淄（今山東省淄博市）稷門附近之稷下，設立學宮，廣招天下名士至此講學議論，百家匯集，史稱稷下之學。各家學說也在此相互交流，趨於融通，是戰國後期的思想史特色。具有道、法背景的田駢、慎到、環淵一同遊學於此，可視為黃老思想的匯流。慎到學黃老道術，亦融合儒家子夏學派，主張「尚法」和「重勢」，謂統治者應「任法而弗躬，則事斷於法矣。法之所加，各以其分，蒙其賞罰而無望於君也。」（《慎子・君人》）強調法的獨立與執行，國君隱於其後如「無為」之狀。國君還必須擁有權力，「賢不足以服不肖，而勢位足以屈賢。」（《慎子・威德》）抱法處勢，天下方治。於稷下興起之法家亦稱齊法家，融合諸子思想，深化治術之理論。

　　韓非曾從學於荀子，又受黃老道家影響，吸收融會各家學說，提出一套以君主權力為核心的政治制度設計，綜合「法」、「術」、「勢」，論述統治管理之道。司馬遷於其本傳謂其著書十餘萬言，[2] 秦王見〈孤憤〉、〈五蠹〉，曰：「嗟乎，寡人得見此人與之遊，死不恨矣！」（《史記・老子韓非列傳》）然而司馬遷將韓非與老子合傳，並於本傳言其：「喜刑名法術之學，而其歸本於黃老。」又於贊語云：「韓子引繩墨，切事情，明是非，其極慘礉少恩。皆原於道德之意，而老子深遠矣。」（《史記・老子韓非列傳》）末句之「皆」，指合傳的莊子、申不害與韓非，而對於韓非「歸本於黃老」的判斷，引發後世對韓非與老子關係的爭議，甚至質疑今本《韓非子》篇章的真偽。[3] 若就《韓非子》全書思想而言，「道」是韓非論法之

---

[2] 《史記》於本傳列舉〈孤憤〉、〈五蠹〉、〈內外儲〉、〈說林〉、〈說難〉諸篇名，又於多篇列傳中提及《韓子》，而《漢書・藝文志》著錄《韓子》五十五篇，可見兩漢之時應流傳一部彙集韓非篇章的《韓子》。至唐代的《隋書・經籍志》著錄《韓子》二十卷，其後各家圖書目錄皆從之。由於宋代尊稱韓愈為「韓子」，始有改稱《韓非子》者，如南宋晁公武的《郡齋讀書志》與高似孫的《子略》，然稱《韓子》者亦多有之。清末王先慎彙集多家注解而成《韓非子集解》，經眾多書局翻刻，流通甚廣。

[3] 民初疑古之風盛行，胡適認為今本《韓非子》中僅有一二分是韓非本人所作，其餘皆是後人混入。（胡適：《中國哲學史大綱》，臺北：臺灣商務印書館，2008.12，頁393）胡適以「學說內容為根據」，判定涉及黃老道論者，皆非韓非原作。其後容肇祖據此以〈五蠹〉、〈顯學〉為《史記・李斯列傳》所徵引，故認定這兩篇為韓非所作，再以此為準，推證〈問辯〉、〈詭使〉、〈難勢〉、〈六反〉、〈心度〉與〈難一〉諸篇的內容思想能與之相應，故為韓非之作，其他諸篇為黃老道家、縱橫家、其他各家等混入。（容肇祖：〈韓非子的著作考〉，《古史辨》第四冊，羅根澤編著，上海：上海書店，據1933年樸社版影印，1992，頁653-674）胡適與容肇祖以韓非子學說為判準，便涉及何為韓非子學說，容肇祖以司馬遷徵引之文為據，依此否定本傳之〈孤憤〉，以為司馬遷之言不可信，然而以司馬遷否定司馬遷，有論證方法的疑慮。若從哲學思想而言，韓非子思想中具有道論並不是不可能，王曉波認為韓非對老子思想的解釋是他自己的哲學思想，「自覺根據這種哲學思想，而有韓非對政治、社會及其他各層面的思想主張。」（張純、王曉波：《韓非思想的歷史研究》，臺北：聯經，1983.9，頁

據，是其立論的基礎，貫通其論述的各個層面。[4] 韓非認為人性「好利惡害」，因此國君須順此性，以賞罰二柄利誘威脅之，臣民將服順而為國君效命。國君大權集中，令出如山，不分貴賤，兼之執行明確，國勢當能富強。以下依序說明韓非子思想中的道論，賞罰手段之由，以及法、術、勢三者合一的治術。

第一節 因道全法

　　司馬遷將韓非與老子合傳，言其思想源自老子。然而，老子思想主張清靜無為，反對人為的制度教化，君王行無為之政，人民純樸自足。老子反對禮治，當然更否定法治，與韓非思想根本不同，為何司馬遷作如是論？學界對此爭議不斷，若回到《韓非子》中探究原因，當可明白韓非思想的確承自老子，只是他將老子進行法家式的詮釋，也可以說他轉化老子的道論成為法家式的治國之術，又因戰國後期的黃老思想結合道法，是以司馬遷認為韓非思想源自老子，這個認定反應了戰國思想史中道法合流的趨勢。《韓非子》諸多篇章涉及老子道論，[5]〈解老〉、〈喻老〉兩篇直接以《老子》章句為對象，進行注解詮釋，並有多篇引用老子原文與闡發老子思想，而且韓非批判儒家、縱橫家等諸子，對老子卻幾無非難之辭。由此可見老子對韓非的影響，至於韓非對老子進行創造性的詮釋，將老子塑造為權謀者，已非老子所能置喙。

39）張覺曾列舉各家疑偽之說，歸納為七種標準，加以辨駁，並認為只有〈存韓〉後半篇是李斯之言，還有〈初見秦〉的爭議較大，其餘應是韓非所作。（張覺：《韓非子全譯・前言》，貴陽：貴州人民出版社，1992.3，頁 10-16）歸結學界對《韓非子》的爭議，最大的關鍵在於將老子道論與韓非子法術二分，兩者確實對君王治術的看法不同，但不該將《韓非子》中涉及道論的內容全部排除，實則道論是韓非學說的核心，只是韓非援引老子卻改造老子，所闡釋的道論是韓非法術思想的道論，今日所見《韓非子》諸篇，應可認定成書於戰國晚期，代表法家集大成的韓非子思想。

[4] 學界爭論老子道論在韓非思想的地位，蔡英文認為韓非思想若去除「道」，仍是一個整全自足的系統，由於韓非將「法治」轉為「人治」，故「接取了老子的『道』與『德』的概念，主要是解決這『人治』的問題。」（蔡英文：《韓非的法治思想及其歷史意義》，臺北：文史哲，1986.2，頁 237）蔡英文認為韓非傳承法家思想為主，儒道法三家的觀念與論證也有影響。就韓非思想整體而言，他確實以法、勢、術三者為其學說的重心，然而老子的道論在其思想中實有核心地位，若缺少道論，其學說中的法術之論便失去基礎，也不再是一個完整的系統。

[5]〈解老〉說解《老子》章句，共引述今本《老子》十一章，〈喻老〉則以具體事例說解《老子》，共引述今本《老子》十三章，這兩篇以注解《老子》的形式，闡釋韓非自己的法術思想。此外，〈主道〉、〈揚權〉以道論闡釋君主統治之術，〈大體〉、〈用人〉、〈功名〉等篇將「自然之道」解為「循天順人」的治術，〈六反〉、〈八說〉、〈難三〉、〈內儲說下〉等多篇直接引用或化用《老子》章句。

　　韓非擷取了老子道論中「道」的創生與本原之意，將這個意義的「道」解釋為國君必須依循之理，此一論述實看似與老子無異，然而兩者最大的分歧就在於對「道」的「自然」、「無為」的解釋，以及落實於政治的運用。韓非如此闡釋「道」的意義，其云：

> 道者，萬物之始，是非之紀也。是以明君守始以知萬物之源，治紀以知善敗之端。故虛靜以待令，令名自命也，令事自定也。虛則知實之情，靜則知動者正。有言者自為名，有事者自為形，形名參同，君乃無事焉，歸之其情。故曰：君無見其所欲，君見其所欲，臣自將雕琢；君無見其意，君見其意，臣將自表異。故曰：去好去惡，臣乃見素；去舊去智，臣乃自備。故有智而不以慮，使萬物知其處；有行而不以賢，觀臣下之所因；有勇而不以怒，使群臣盡其武。是故去智而有明，去賢而有功，去勇而有強。群臣守職，百官有常，因能而使之，是謂習常。故曰：寂乎其無位而處，漻乎莫得其所。明君無為於上，群臣竦懼乎下。明君之道，使智者盡其慮，而君因以斷事，故君不窮於智；賢者敕其材，君因而任之，故君不窮於能；有功則君有其賢，有過則臣任其罪，故君不窮於名。是故不賢而為賢者師，不智而為智者正。臣有其勞，君有其成功，此之謂賢主之經也。（〈主道〉）[6]

韓非對於「道」的解說與運用，本段大致已全然展現。首句界定「道」是萬物之始，同於老子，但次句云：「是非之紀」，將「道」視為規範是非的法度與準則，此說看似老子，但已有所轉化。老子有言「道紀」，其云：「執古之道，以御今之有。能知古始，是謂道紀。」（《老子》十四章）老子論「道」的運作有其規律，萬物的生死變化均是循環不已，正反相轉，這個規律為「道紀」。然而老子提示的規律是「自然」狀態的運作，任何人為的規範都會破壞自然，是以國君不應訂定是非價值的標準，因為這是造成社會混亂的根源。韓非以「道」為萬物的本原，以及「道」的運行具有規律性，將其視為國君治術的準繩，使老子道論的自然觀，變身為國君統御之術。下文云國君「虛靜」、「無事」，皆借用老子術語，然其內容卻全然不同於老子，蓋老子言國君之無事，是行無為之政，而韓非所論，在於國君御臣。國君不得顯露其欲，以免臣子投其所好，此意為國君必須諱莫如深，喜怒不形於色，避免臣下察言觀色，以此要脅國君。而國君之所以「無事」，在於「形名參同」，此意為臣下的言行必須一致，即法令之「名」與其實際執行的「形」相同，意謂明定法令，使權責分明，臣子依法而行，則國君便能「無事」。韓非十分重視形名術，認為這是實施法治

---

[6] 見《韓非子集解》，[周]韓非，[清]王先慎集解，北京：中華書局，1998.7。以下所引《韓非子》原文皆同，僅標篇名，不另作註。

的重要方法，形（刑）名相參，名實相合，[7]當法令能夠切實執行，則國君就能「無事」，當國君控制其意而不顯露，便是「虛靜」，如此一來，「明君無為於上，群臣竦懼乎下。」這就是天威難測，群臣時時提心吊膽，國君的權勢也就更為強化。本段結尾進一步申論這種御臣之術，國君不必然賢能或具有智慧，只要掌握控制群臣的方法，由眾人盡其力，有過失是臣子受罰，國君無責。韓非論述國君「無為」，表面上無事，實際卻是積極作為的治人之術。

韓非將「道」的概念內涵轉換為「法」，其中的關鍵在於視「道」為天地萬物運行的原理，這個原理是天理、規矩、法則，人事必須遵循，故訂定為成文之法。對於這個連結，韓非論云：「道者，萬物之所然也，萬理之所稽也。理者，成物之文也；道者，萬物之所以成也。故曰：『道，理之者也。』」（〈解老〉）又云：「凡理者，方圓、短長、麤靡、堅脆之分也。故理定而後可得道也。」（〈解老〉）[8]「道」生成萬物，「理」是萬物分別的規範與標準，而人事也因此理而行。韓非對於「道」的解釋，從「天道」至「道理」，再至「道法」，此為「因道全法」。他說：

> 古之全大體者，望天地，觀江海，因山谷，日月所照，四時所行，雲布風動；不以智累心，不以私累己；寄治亂於法術，託是非於賞罰，屬輕重於權衡；不逆天理，不傷情性；不吹毛而求小疵，不洗垢而察難知；不引繩之外，不推繩之內；不急法之外，不緩法之內；守成理，因自然；禍福生乎道法而不出乎愛惡，榮辱之責在乎己，而不在乎人。……古之牧天下者，不使匠石極巧以敗太山之體，不使賁、育盡威以傷萬民之性。因道全法，君子樂而大姦止；澹然閒靜，因天命，持大體。故使人無離法之罪，魚無失水之禍。（〈大體〉）

---

[7] 韓非論形名術，其「形」有時通假作「刑」，此「形」指形體，與「名」相對。韓非於〈主道〉所言之「形名相參」，是君主對臣子考核言行的方法，「名」是臣子所言，「形」是臣子所為之事，兩者相參合驗證，便可對臣子賞罰。〈揚摧〉也有相同論述，云：「形名參同，用其所生。」意指君王善用形名術，具此結果而用賞罰。韓非所論「形名參同」著重於君臣關係，其云：「君臣不同道，下以名禱，君操其名，臣效其形，形名參同，上下和調也。」（〈揚摧〉）臣子依名而行，君王循名責實，是為君王統治臣下之術。

[8] 今本《老子》沒有「道，理之者也」的章句，然而馬王堆帛書《黃帝四經》有相近之意，《黃帝四經·經法·論》有「八正」、「七法」，為天道運行之準則，而人事取法天道，此天道為「天理」，「物各合於道者，謂之理。理之所在，謂之順。物有不合於道者，謂之失理。失理之所在，謂之逆。逆順各有命也，則存亡興壞可知也。」韓非將「道」釋為「理」，應為黃老道家的論述。關於黃老思想中的道法關係，詳見本書第十一章。

本段論述「法」（規矩）的由來為「全大體者」（牧天下者），觀天地運行之自然而成，此說化用老子之「道法自然」，然而老子與之最大的不同在於並未將人所效法之天地自然訂為「法」，老子著重於「自然」之「自」，重視個體，而韓非則發揮「然」，將其具體化為「法」，使「法」成為客觀獨立的準繩，其內容為賞罰的規定，這個由道至法，依法顯道的過程，即是「因道全法」。統治者在「道法」制定之後，得以澹然閒靜，不再事必躬親，此為「持大體」。韓非化用老子之「魚不可脫於淵」，將「淵」釋為「法」，即國君恃法而立，否則如魚失水而死。

　　韓非將「道」與「法」連結，使「法」的制定與由來歸之於天道，看似能賦予法的獨立客觀地位，若僅就法的制定與執行，確實能發展出法制社會的公平正義基礎。然而韓非將法視為國君統治的工具，為集中國君權力的手段，則所謂的公平，盡皆成為鞏固君權的治術。韓非為國君籌劃各種掌握權力與統治之術，其論述理據從《老子》而來，將老子思想詮釋為權謀之術，如《老子》三十六章云：

> 將欲歙之，必固張之；將欲弱之，必固強之；將欲廢之，必固興之；將欲奪之，必固與之。是謂微明。柔弱勝剛強。魚不可脫於淵，國之利器不可以示人。

本章言「歙／張」、「弱／強」、「廢／興」、「奪／與」之間的自然運行規律，並主柔弱不爭，以對比世人皆以剛強為勝。而「國之利器不可以示人」即前述柔弱之道，不輕易炫示富強，不挑起戰端，一如魚不離淵，若爭強鬥勝，即離於淵，將招致失敗滅亡。韓非子於〈喻老〉釋此章，其云：

> 勢重者，人君之淵也。君人者勢重於人臣之閒，失則不可復得也。簡公失之於田成，晉公失之於六卿，而邦亡身死。故曰：「魚不可脫於深淵。」賞罰者，邦之利器也，在君則制臣，在臣則勝君。君見賞，臣則損之以為德；君見罰，臣則益之以為威。人君見賞而人臣用其勢，人君見罰而人臣乘其威。故曰：「邦之利器不可以示人。」越王入宦於吳，而觀之伐齊以弊吳。吳兵既勝齊人於艾陵，張之於江、濟，強之於黃池，故可制於五湖。故曰：「將欲翕之，必固張之；將欲弱之，必固強之。」晉獻公將欲襲虞，遺之以璧馬；知伯將襲仇由，遺之以廣車。故曰：「將欲取之，必固與之。」起事於無形，而要大功於天下，是謂微明。處小弱而重自卑謂損弱勝強也。

韓非釋「賞罰」為「邦之利器」，謂人主不可輕易示人，以免大權旁落。並將歙張循環之自然規律，解為達到目的的手段，先假意處弱小之勢，最

後一舉得勝。國君善用賞罰之法役使群臣，賞罰成為手段，迫使臣民依法而行，上下各處其宜，如此成就韓非所謂的「無為」，〈主道〉、〈揚權〉等篇皆申述此意。國君的虛靜無為，是為法術運用之效，國君深藏不露，得以控制群臣。韓非對《老子》三十六章的詮釋，轉化老子道論為治國統御之術，這是在道法合流脈絡下的詮釋。[9] 韓非將老子思想為己所用，此一詮釋方向，是為韓非的老子學，然而也形成老子思想是權謀法術的印記，影響後世對老子的解讀。

第二節 人性「好利惡害」

韓非對人性的認知，與荀子一致，皆視人性為動物性，須要加以控制約束。雖然韓非並未明言「性惡」，亦未著重論「性」，但他指出人的「情性」具有欲望，對利害有所選擇，其言「好利惡害，夫人之所有也。」（〈難二〉）、「夫民之性，惡勞而樂佚。」（〈心度〉）對事物的分別與好惡，來自本能的好逸惡勞，這是從經驗事實推導而得。[10] 荀子亦有相同的說法，《荀子‧榮辱》：「好榮惡辱，好利惡害，是君子小人之所同也。」此「好利惡害」之性，人人皆同。荀子與韓非對「人性」看法相同，[11] 不

---

[9] 韓非對老子的詮釋是老子學於先秦發展的重要關鍵，其詮釋方法並非簡單的「曲解」，而是從老子思想的可能性開創出一條法家的詮釋路徑。韓非並非突然首倡如此詮釋老子，而是在戰國時期道法合流的發展脈絡下，更加細緻地將老子道論轉化為法家治術的理論基礎。可參考拙作：〈歷史、注疏與經典詮釋──以《老子》三十六章為例〉，《東吳哲學學報》，第 15 期，2007.2，頁 47-78。

[10] 韓非的論述根據現實經驗，以生活見聞為例，闡釋人性趨利避害，高柏園認為：「韓非的性論乃是依實用主義、經驗主義與歸約主義的立場出發，而其內容也是對現實經驗事實之描述。既是一描述，是而顯示出韓非人性論中的中立性，而其特色即皆是自利自為的存在，韓非即由此趨利避害之人性論，建立其法、術、勢之整體建構。」（高柏園：《韓非哲學研究》，臺北：文津，1994.9，頁 82）韓非雖未明言「性惡」，但偏重人情之欲，並且屢言人性之自私，故而多論嚴刑峻法的重要。由此觀之，韓非論人性傾向於不好的判斷，不同於告子論性之無善惡，並非中立的看待欲望。

[11] 學界大多認為韓非子的人性論受到荀子影響，但也有反對者，如佐藤將之比較《荀子》與《韓非子》中「性」字的用法，提出《韓非子》中有三種用法：民性、天性與情性，認為《韓非子》的「性」之用法與《荀子》並無緊密連繫，甚至可追溯至《商君書》、《管子》與《呂氏春秋》，從而判定韓非是整合「前期法家」與稷下學者的人性觀，而非直接承襲自荀子。（佐藤將之：《荀子禮治思想的淵源與戰國諸子之研究》第六章〈《荀子》的「性」論與《韓非子》的人論〉，臺北：國立臺灣大學出版中心，2013.12，頁 237-260）佐藤將之的論點在於韓非子對於「民性」的論述雖近於荀子，但不同於荀子論性具有普遍性，而是專指民之性，用以解釋賞罰之必要。然而以「性」之使用對象而區分兩者，有待商榷。荀子思想本有匯集諸子之勢，以生理或氣論看待人性，本是先秦學術界的普遍認知，荀子是在此一基礎上推衍其重禮之論，同

同的是，荀子強調「性」可加以改變，使其呈現良善美好的樣子；韓非則不在意改善人性，只從利用的角度因應人性。荀子認為聖人依人倫訂定禮樂，規範社會秩序，透過後天的教育學習，使人性得以約束，可以收「化性起偽」之效。韓非主張利用人性的好惡，統治者控制自己的欲望，不得顯露於臣下，以免大權旁落，也同時利用百姓的欲望，施以嚴刑厚賞，以賞罰為控制百姓的手段，以收管理眾人之效，其云：

> 凡治天下，必因人情。人情者，有好惡，故賞罰可用；賞罰可用則禁令可立而治道具矣。君執柄以處勢，故令行禁止。柄者，殺生之制也；勢者，勝眾之資也。廢置無度則權瀆，賞罰下共則威分。（〈八經〉）

文中言「治天下」的理由為「人情」，一語道盡韓非思想的核心與立論基礎。此「人情」即「人性」，韓非以「情」言「性」，以生理情緒反應為人之本能，故「好利惡壞」，國君執賞罰二柄，人民自然聽令而行，由此建立國君威勢。韓非同時強調後天規範為國君制定，其云：「好惡者，上之所制也，民者好利祿而惡刑罰。」（〈制分〉）在上位者依人性所好，以賞誘之，以罰威之。國君利用人性的目的，在於「國富兵強」，為了擴張自己的權力，最終成為「霸王」，此「人主之大利也。」（〈六反〉）若明於此，即可知韓非的理論，均從國君的角度考量，為了稱霸天下。

韓非既然視人性好利惡害，利益與欲望主宰選擇與判斷，故「禍難生於邪心，邪心誘於可欲。」（〈解老〉）人與人之間並不存在信任，也沒有忠誠，甚至連父子關係亦復如此。他曾說：

> 今上下之接，無子父之澤，而欲以行義禁下，則交必有郤矣。且父母之於子也，產男則相賀，產女則殺之。此俱出父母之懷衽，然男子受賀，女子殺之者，慮其後便、計之長利也。故父母之於子也，猶用計算之心以相待也，而況無父子之澤乎！（〈六反〉）

> 人為嬰兒也，父母養之簡，子長而怨。子盛壯成人，其供養薄，父母怒而誚之。子、父，至親也，而或譙、或怨者，皆挾相為而不周於為己也。……此其養功力，有父子之澤矣，而心調於用者，皆挾自為心也。故人行事施予，以利之為心，則越人易和；以害之為心，則父子離且怨。（〈外儲說左上〉）

理可言韓非子也是採取同樣認知，進而建構其法治論述，更何況韓非子亦是匯集諸子，尤其是吸收黃老思想。佐藤將之也同意「趨利避害的人性特質是戰國晚期許多思想家皆認同的，包括荀子和韓非。」（前引書，頁 257）從這樣的人性觀點，韓非再進一步強調人性之私，並以法治的賞罰約束之，而荀子則認為應透過禮治與教育加以約束，這是兩人論政之別。

韓非對於親子倫理關係，不從血緣與親情論之，而著重於利益與目的，認為父母與子女皆以「計算之心」看待彼此。此「計算之心」全然以利己為先，考量個人利益，父子已然如此，更遑論君臣與其他。所以「人主之患在於信人，信人則制於人。……夫以妻之近與子之親而猶不可信，則其餘無可信者矣。」（〈備內〉）天下無可信之人，故韓非以「自為」論人，反復申述人皆自私為己，所有人皆然。既然人皆利己，故韓非以法為教，將道德、關懷與親情皆排除於法之外，樹立法的權威，並嚴格執行。

韓非從利益欲望申述人性，藉以建立法治的理論根據，因人性之好利惡害，而得以使用賞罰管理控制臣民。由於以利論性，必然與儒家仁愛之說對立，韓非將親情與利己對比，同時也區分慈愛與威嚴，從效益與結果貶低仁愛，故云：「明主知之，故不養恩愛之心，而增威嚴之勢。故母厚愛處，子多敗，推愛也；父薄愛教笞，子多善，用嚴也。」（〈六反〉）為落實法令的執行，必然得去除情感因素的干擾，而恩德慈愛必然無法貫徹法令。韓非論述法勝於仁，駁斥行仁義可為王者，並批判儒墨愛民之論，其云：

> 人之情性，莫先於父母，皆見愛而未必治也，雖厚愛矣，奚遽不亂？今先王之愛民，不過父母之愛子，子未必不亂也，則民奚遽治哉！且夫以法行刑而君為之流涕，此以效仁，非以為治也。夫垂泣不欲刑者仁也，然而不可不刑者法也，先王勝其法不聽其泣，則仁之不可以為治亦明矣。且民者固服於勢，寡能懷於義。（〈五蠹〉）

韓非論述的重點有二，其一，人性利己，父母雖愛子，還是有敗家之子，於此推論君王愛民亦會遭致同樣結果。其二，儘管國君心中存有仁愛之心，還是必須依法行刑，因為人民只會屈服於威勢，不受仁愛教化。韓非如此區分，關鍵在於訴諸法令的客觀，強調公正公平，故而反對內在情感的仁愛之心，並由此推論嚴格執法的必要。而嚴格執行必須有勢力，此為「力多則人朝，力寡則朝於人，故明君務力。夫嚴家無悍虜，而慈母有敗子，吾以此知威勢之可以禁暴，而德厚之不足以止亂也。」（〈顯學〉）以威勢執行法令，才能禁暴止亂。

韓非論人性之自私，以為情感關愛皆出自於算計，雖然冷酷無情，但他的目的是突顯法令之必要，以所謂客觀公正的「法」，規範人與社會的運作，全然排除情感因素。韓非此論與管仲、商鞅之論可比並觀之，今本《慎子》有「人莫不自為也。」（〈因循〉）而《商君書》言「民之於利也，若水於下也。」（〈君臣〉）皆論述人之自私自利。另外，墨子言：「天欲人相愛相利，而不欲人相惡相賊也。」（《墨子‧法儀》）墨子認為社會混亂的根源在於人的自利，故其推廣兼愛，隱含從利益判斷人性，並訴諸天志要求人必須相利。可見得從利益分析行為，並以此論述人性，是戰國

時期流傳甚廣的一種人性論，法家以此為立論的基礎，以法的強制規範，限制行為。

第三節 重「法」、「術」以立「勢」

　　既然人之天性「好利惡害」，則統治者利用民之性，立「法」以訂定各項規範，明確權責與賞罰，不分貴賤，人人皆遵行，強調「法」的公平。當「法」頒布天下，看似實行「法治」，然而君王隱於其後，實為「人治」。[12] 君王不露好惡，除了避免臣子投其所好，被臣子蒙蔽，還能伺機考核臣下，使臣子無法作假，再藉賞罰究其責，此為御臣之「術」。國君若能掌握「術」，則臣民將服從之，君王得以擁有權力，此為「勢」，國君的權勢必得獨尊，若大權旁落，則國將亡。

　　「法」為使國政平穩的律令規範，「術」是君王駕馭控制臣民的方法，「勢」則是國君的權威力量。「法」、「術」與「勢」為君王治理國家的三項原則，缺一不可。韓非申論「法」與「術」的內容與作用，其云：

> 人不食，十日則死；大寒之隆，不衣亦死。謂之衣食孰急於人，則是不可一無也，皆養生之具也。今申不害言術，而公孫鞅為法。術者，因任而授官，循名而責實，操殺生之柄，課群臣之能者也，此人主之所執也。法者，憲令著於官府，刑罰必於民心，賞存乎慎法，而罰加乎姦令者也，此臣之所師也。君無術則弊於上，臣無法則亂於下，此不可一無，皆帝王之具也。（〈定法〉）

君以「術」御臣，不為臣所蔽；臣依「法」行事，法令得以貫徹。本段解釋「術」承襲自申不害，具體內容為人事權，由國君掌控；至於「法」則為商鞅所倡，必須公佈，以示公開，明定賞罰，臣民得以依循。帝王以術、法治國，缺一不可，故「人主之大物，非法則術也。……法莫如顯，而術不欲見。」（〈難三〉）法示於人，術藏於胸，以其一顯一隱，得以國富兵強。至於令出必行，群臣遵行，關鍵在於國君之「勢」，韓非云：

---

[12] 韓非的政治設計是以「法」為社會運作的標準，甚至嚴格要求一視同仁，權貴犯法亦受罰，藉以突顯法令的公平公正。然而這個看似「法治」的社會，其目的並非保障人民，而是鞏固君權。「法」的訂定雖說是依天道而立，即韓非所謂的「道紀」，但這個看似客觀的立法準則，卻是利用人性之好利惡害，誘使與禁止人民的行為，達到國君的霸王之業。韓非說：「聖王之立法也，其賞足以勸善，其威足以勝暴，其備足以必完法。」（〈守道〉）君王之法，法令之設計為成就國君，假藉「法」之名而行「尊君」之實，即「法治」為手段，「尊君」為目的，韓非的政治理論終究是「人治」而非「法治」。

> 無威嚴之勢，賞罰之法，雖堯、舜不能以為治。今世主皆輕釋重
> 罰、嚴誅，行愛惠，而欲霸王之功，亦不可幾也。故善為主者，明
> 賞設利以勸之，使民以功賞，而不以仁義賜；嚴刑重罰以禁之，使
> 民以罪誅而不以愛惠免。（〈姦劫弒臣〉）

賞罰所以能收其效，源於君之威勢，明賞設利、嚴刑重罰為手段。韓非論述仁愛不如威嚴，國君有威勢才能有效執法，反之法與術又可以加強國君威勢。法、術、勢三者相互依存，以下分述之。

一、法

韓非言「法」，得自商鞅，強調「法」得依現實利益實施並變更，不必法古。商鞅曾云：「禮法以時而定，制令各順其宜，兵甲器備各使其用。臣故曰：『治世不一道，使國不必法古。』」（《商君書・更法》）一味強調先王之治，就會忽略現實情境，不見革新之必要。韓非子承商鞅變法的精神，以「守株待兔」的寓言，諷刺務守成規，拘泥於古法之人，以為「聖人不期脩古，不法常可，論世之事，因為之備。」（〈五蠹〉）擺脫承襲延續之包袱，才能正視現況，調整因應。否則「夫不變古者，襲亂之跡。」（〈南面〉）「變古」著眼於實效，由於古今社會不同，變法有其必要，此論切斷與傳統的連繫，為變法取得正當性。

「法」的施行須有一致性與公平性，此涉及法令的公告要明白清楚，人民皆能明之，方得以遵循。韓非云：「法者，編著之圖籍，設之於官府，而布之於百姓者也。」（〈難三〉）法所訂之賞罰標準，必得以書面形式公告周之，已具有成文法之形式。法的執行必須明確有效，依令而行，不得循私枉法，人民方得信服。商鞅曾云：「聖人之為國也，壹賞，壹刑，壹教。壹賞則兵無敵，壹刑則令行，壹教則下聽上。」（《商君書・賞刑》）法令統一明確，不任意更改，才能使臣民遵守，令出必行，故韓非謂：「法莫如一而固，使民知之。」（〈五蠹〉）韓非強調法的明確性，反對仁義，他認為仁義訴諸內心，不但使國君軟弱，也因為情感的連結而易使國君失位，他說：

> 凡治之大者，非謂其賞罰之當也。賞無功之人，罰不辜之民，非所
> 謂明也。賞有功，罰有罪，而不失其人，方在於人者也，非能生功
> 止過者也。是故禁姦之法，太上禁其心，其次禁其言，其次禁其
> 事。今世皆曰：尊主安國者，必以仁義智能。而不知卑主危國者之
> 必以仁義智能也。故有道之主，遠仁義，去智能，服之以法。是以
> 譽廣而名威，民治而國安，知用民之法也。凡術也者，主之所以執

也；法也者，官之所以師也。然使郎中日聞道於郎門之外，以至於境內日見法，又非其難者也。（〈說疑〉）

本段論述賞罰應得當，然而就算賞罰皆有所不失，仍非治之大者。此意為行仁義者，以情感實行賞罰，無法客觀公正，儘管也有恰當之時，但無法「生功止過」，即臣民仍可能心存僥倖，或者仍心存邪念。韓非以仁義與法令對比，強調法的公正性，還能禁止臣民有不當念頭，故國君應遠仁義，行法術。韓非指出「太上禁其心」，已清楚指出心思有其欲，有所偏私，必須以嚴厲的法令禁之，使臣民毫無非分之想，若行仁義，將使臣民心念浮動而造成混亂。韓非對於「心」所採取的方法是「禁」，限制壓抑心思，「禁心」是防止姦行之首要，法術則是禁心的方法。

另外，為了維持法令的公平，韓非還進一步提出「法不阿貴」，法令的對象不分階級身份，不問權貴親疏，一體適用。他說：

法不阿貴，繩不撓曲。法之所加，智者弗能辭，勇者弗敢爭。刑過不避大臣，賞善不遺匹夫。故矯上之失，詰下之邪，治亂決繆，絀羨齊非，一民之軌，莫如法。屬官威民，退淫殆，止詐偽，莫如刑。刑重則不敢以貴易賤，法審則上尊而不侵。上尊而不侵則主強而守要，故先王貴之而傳之。人主釋法用私，則上下不別矣。（〈有度〉）

本段論述賞罰之所以能執行，必須公平，方得使人人遵從，當賞罰依法執行，執法者也毋須忌諱，沒有人情壓力束縛，如此才能發揮法令的功效。僅以此點而論，韓非論「法」已具有法律之前，人人平等的意味，從而能防弊杜亂，上下均依法而行。然而得注意的是，韓非強調法令之公平，其目的在於鞏固國君威勢，使臣下不敢侵權，也提醒國君如果有私心，致使執法不公，就會造成失勢的後果。

二、術

韓非言「術」，承自申不害，談循名責實，務使權責明晰，賞罰公正。掌握權術在於法令規範清楚，名實相符，今《申子》佚文〈大體〉有言：「名自名也，事自定也。是以有道者因名以正之，隨事而定之也。」[13]

---

[13] 《申子》於唐代之後亡佚，引文據阮廷焯輯《申子》佚文。（阮廷焯：《先秦諸子考佚》，臺北：鼎文書局，1980.3，頁 168-169）申子尚論：「為人君者，操契以責其名。名者，天地之綱，聖人之符。張天地之綱，用聖人之符，則萬物之情無所逃之矣。」申不害所謂的「名」，雖為「天地之綱」，實則為「聖人之符」，即國君用「名」正天

此言看似與孔子論政之「正名」相類，實則孔子從倫理關係論「名正」，而申不害則自法令規範言「名正」，兩者立論之根本不同。另據《申子》佚文：「堯之治也，蓋明法察令而已。聖君任法而不任智，任數而不任說。黃帝之治天下，置法而不變，使民安樂其法者也。」[14] 可見申不害以「法令」之「名」言堯之治，聖人定法令（名）明之，使正天下而不亂。韓非據此而言「術者，因任而授官，循名而責實，操殺生之柄，課群臣之能者也，此人主之所執也。」（〈定法〉）君王所行之「術」，即從「循名責實」，判斷臣子之作為是否符合其職責，並加以賞罰。國君握有人事任命權，以及臣子生殺大權，當能操控臣子為其行事。

申不害另言「術」之為用，必須藏諸心中，勿使臣子知悉，人主行事不為臣子猜測，才不會被臣子利用蒙蔽。韓非引用其言：

> 申子曰：「上明見，人備之；其不明見，人惑之。其知見，人惑之；[15]不知見，人匿之。其無欲見，人司之；其有欲見，人餌之。故曰：吾無從知之，惟無為可以規之。」（〈外儲說右上〉）

下，使群臣能行其事，至於「契」之合名實，為國君所掌握。韓非於〈定法〉論「申不害言術而公孫鞅為法」，又言「申子未盡於法也。」後人多以申不害主張「術」，如司馬遷言申不害「主刑名」，「學術以干昭侯」，（《史記‧老子韓非列傳》）而《史記集解》引《新序》云：「申子之書，言人主當執術無刑，因循以督責臣下，其責深刻。」然而今日所見《申子》佚文，全無「術」字，反而數言「法」，之所以如此，並非申不害重法，而是法為術之用，為「名」於政治的運用，申不害更重視國君掌控臣子的方法，形名法令皆為其所用。商鞅雖未強調「術」，但也吸收申不害之說，其言：「主操名利之柄，而能致功名者，數也。聖人審權以操柄，審數以使民。數者，臣主之術，而國之要也。」（《商君書‧算地》）文中「數」與「術」互用，與申不害言聖君「任數」可相參，商鞅論及國君操控臣民之術，在於名利，而著重於法令之制定與執行。申子與商子各有所偏，陳復分析商子論「術」，師本於「法」，而申子之「法」，歸本於「術」。（陳復：《申子的思想》，臺北：唐山出版社，1997.9 頁 52-53）

[14] 阮廷焯：《先秦諸子考佚》，前引書，頁 171。本段文字亦見於《管子‧任法》，今本《管子》許多篇章文字均與輯佚之《申子》文句相重，應可視為戰國時期，齊國稷下黃老之學，於編寫《管子》時，匯合道法，論述國君依法令而行，法如天道無私，而國君得以無為。

[15] 第二句的「人惑之」，《欽定四庫全書》與《摛藻堂四庫全書薈要》本作「人飾之」，依上下文，「人惑之」與前文重出，並使用於對比不同的前句，不易通解。若為「其知見，人飾之；不知見，人匿之。」可釋為如果國君表達意見，臣子將依國君之意加強應付；如果國君不表達意見，則人臣只能安份收斂。此外，韓非此處引申不害之言，申論國君「無為」，證之申不害佚文〈大體〉言：「鏡設精無為，而美惡自備；衡設平無為，而輕重自得。凡因之道，身與公無事，無事而天下自極。」本段文句為《韓非子‧飾邪》化用，可見得韓非吸收申不害之說，利用形名之術，國君能掌控群臣，如此即可「無為」。

國君莫測高深，喜怒不行於色，臣子無從臆度，恍若國君「無為」。韓非子沿襲此意，大談用「術」之道，其云：「術者，藏之於胸中，以偶眾端而潛御群臣者也。」（〈難三〉）藏術於胸，方能駕馭群臣。因此「明主之言隔塞而不通，周密而不見。」（〈八經〉）群臣不明國君之所好，只能依法行事，無從阿諛奉承，國君大權不旁落，方得以顯其威勢。韓非之「術」主要在「術以知奸」，國君不能信任臣下，要「審合刑名」，方得以牢牢掌握臣子。

韓非推崇商鞅和申不害，但認為申商學說的缺陷在於未能給合法與術，故「申子未盡於術，商君未盡於法。」（〈定法〉）商鞅為秦變法，雖秦國富強，但國君未有術用，致使大權旁落。韓非雖承申不害之術，但明言申不害之失在「徒術而無法」，雖輔佐韓昭侯，卻不得為霸。韓非云：「申不害不擅其法，不一其憲令則姦多故。……雖用術於上，法不勤飾於官之患也。」（〈定法〉）申不害為韓變法，但未定法於一，致使政令前後矛盾，新舊法相悖，臣子無所依循，甚至從中謀利，是無法之失。故國家圖治，君主須善用權術，臣下必須遵法，兩者並重，缺一不可。

三、勢

國君以「法」行其令，用「術」操其臣，尚須「勢」為後盾。韓非認為人主若「不操術，則威勢輕，而臣擅名。」（〈外儲說右下〉），國君能善用「術」，才有權力，臣子恐其威勢，政令得以貫徹。韓非曾以「馬」喻「勢」，其云：

> 國者，君之車也，勢者，君之馬也。無術以御之，身雖勞猶不免亂，有術以御之，身處佚樂之地，又致帝王之功也。（〈外儲說右下〉）

將「國」喻為「車」，「勢」為拉車前行的「馬」，駕馭這匹馬的方式為「術」。換言之，「術」之運用得當，國君方有威勢。而權勢之多寡，又是國君能有多高地位的象徵，地位愈高，權力愈大。故「萬乘之主、千乘之君所以制天下而征諸侯者，以其威勢也。威勢者，人主之筋力也。」（〈人主〉）威勢得以懾人，使群臣乃至他國畏服。國君如何有威勢？韓非認為必須藉由賞、罰二柄。其云：

> 明主之所導制其臣者，二柄而已矣。二柄者，刑、德也。何謂刑德？曰：殺戮之謂刑，慶賞之謂德。為人臣者畏誅罰而利慶賞，故人主自用其刑德，則群臣畏其威而歸其利矣。（〈二柄〉）

本段將「刑」（罰）、「德」（賞）名為「二柄」，此二柄為國君掌握群臣的利器，蓋人性好利惡害，人臣畏罰好賞，故人主能藉以掌握群臣。國君若大權旁落，「非使賞罰之威利出於己也，聽其臣而行其賞罰，則一國之人皆畏其臣而易其君，歸其臣而去其君矣，此人主失刑德之患也。」（〈二柄〉）韓非以老虎為例，賞罰的威勢如同尖牙利爪，若失去爪牙，反而被狗欺負。

　　韓非不斷告誡國君以賞罰二柄御臣，還一再強調「以刑去刑」，嚴刑重罰，使臣子人民不敢逾越法之規範。他說：「夫嚴刑者，民之所畏也；重罰者，民之所惡也。……善為主者，明賞設利以勸之，使民以功賞，而不以仁義賜；嚴刑重罰以禁之，使民以罪誅而不以愛惠免。」（〈姦劫弒臣〉）刑罰愈重，甚至踰越比例原則，人民才會恐懼，不敢輕犯。《秦律》對於盜賊的制裁懲罰極為嚴苛，對於延誤違反田租、徭役、兵役的規定，都有嚴厲的處罰，嚴刑遠比獎賞為多，是以韓非雖言二柄，但仍偏重嚴刑的威嚇之勢。由於執行嚴格，中央律令能貫徹地方，得以建立有效的司法系統。[16] 綜觀韓非之論，法、術、勢之關係並無先後次序，依「法」則人主無為，群臣不明人主好惡，則增其威勢，以賞罰克群臣，更顯國君之權威。是以法、術、勢三者相輔相成，韓非可謂集法家之大成者。

第四節　明主「不道仁義」

　　韓非批評仁義之道，否定禮樂之制，對儒家不假辭色。此一立場，看似與老子主張相合。只是老子棄仁義，以禮樂為有為，強調自然質樸；韓非否定仁義，認為必須以法令的約束力，方得使人民順服。故明主「不道仁義」，反對儒家主張。其云：

> 明主舉實事，去無用；不道仁義者故，不聽學者之言。（〈顯學〉）

---

[16] 近年出土秦代簡牘，多種涉及法制，如 1975 年於湖北雲夢睡虎地出土的秦簡，其中有《語書》、《秦律十八種》、《效律》、《秦律雜抄》、《法律答問》、《日書》皆為秦代法制與律令相關資料。2002 年湖南西里耶鎮出土戰國至秦朝竹簡，內容包括中央政令、司法文書、官吏任免、軍事物資調度，以及各級政府往來文書，是了解秦代政治與法律運作的第一手資料。2007 年湖南大學岳麓書院收藏一批秦簡，內容為秦代司法文書、法律條文與判決等。周海峰比較律令與執行的竹簡，認為秦代中央法令能貫徹於各地，如岳麓竹簡有一則《倉律》，規定官員發放糧食須公正與合理，違者罰一甲，而印證里耶秦簡中關於「出稟」的文書記錄，皆能遵守律令，故「秦代基層官吏在日常行政中對律令條文的貫徹是十分到位的，『以律令從事』並非一句空話，而是的的確確唯律是從，依法行政，違法必究，律令的效力彰顯無疑。」（《岳麓秦簡與秦代法律制度研究》，陳松長等著，北京：經濟科學出版社，2019.9，頁 451）

言先王之仁義，無益於治，明吾法度，必吾賞罰者亦國之脂澤粉黛也。故明主急其助而緩其頌，故不道仁義。(〈顯學〉)

有道之主，遠仁義，去智能，服之以法。(〈說疑〉)

明主不道仁義，因為言仁義者皆稱先王之道，然先王之道不可徵，論者藉仁義以惑亂國君。行仁義的君主以為惠愛人民而不用刑罰，造成無功得賞，於是人人皆為私利而經營，則民亂國危。故「仁義愛惠之不足用，而嚴刑重罰之可以治國也。」(〈姦劫弒臣〉)韓非反對仁義，在於仁義源於內心情感，由於內心情感無法掌握，也難以客觀化，若言仁義，必與法令抵觸。韓非將仁義與法令二分，屢言國君應行法治，去除仁義。

　　韓非反對儒家仁義，對於儒家稱頌的堯舜多所批評，認為堯舜並非仁君，於評論堯舜事蹟時，提出其法治理論的君臣之道，其目的在於否定儒家仁義，申論仁義有害於法治。其云：

古之烈士，進不臣君，退不為家，是進則非其君，退則非其親者也。且夫進不臣君，退不為家，亂世絕嗣之道也。是故賢堯、舜、湯、武而是烈士，天下之亂術也。瞽瞍為舜父而舜放之，象為舜弟而殺之。放父殺弟，不可謂仁；妻帝二女而取天下，不可謂義。仁義無有，不可謂明。《詩》云：「普天之下，莫非王土，率土之濱，莫非王臣。」信若詩之言也，是舜出則臣其君，入則臣其父、妾其母、妻其主女也。故烈士內不為家，亂世絕嗣；而外矯於君，朽骨爛肉，施於土地，流於川谷，不避蹈水火，使天下從而效之，是天下遍死而願夭也，此皆釋世而不治是也。(〈忠孝〉)

儒家稱道堯舜之德，視為聖王的代表，韓非則批評舜「放父殺弟」的行為不可謂仁義。韓非引述舜之事蹟與儒家所述不同，[17] 若不論韓非是否有所據，重點在於韓非引《詩經·小雅·北山》：「普天之下，莫非王土，率土之濱，莫非王臣。」韓非從字面解釋，認為天下為統治者所有，所有人都為君王之臣，以此質疑並反駁儒家以舜為仁義之聖王。韓非的解釋，同於孟子弟子咸丘蒙，孟子從全詩的文意釋此詩為「勞於王事而不得養父母也」，即原詩反映詩人焦慮事務繁重，沒有時間事奉父母。是以不能截取詩句的片段而論，此為「不以文害辭，不以辭害志，以意逆志，是為得

---

[17] 孟子與弟子萬章討論舜娶堯之二女，以及對其父瞽瞍與其弟象的脅迫，仍報以孝順慈愛，孟子闡釋「大孝終身慕父母」，以及「彼以愛兄之道來，故誠信而喜之。」(《孟子·萬章》)孟子認為仁義之政的基礎在倫理之情，從孝順至友愛，再擴及至天下。象雖不仁，舜封之有庳，又使吏代之治，以顯仁愛之心，又不虐有庳之民。韓非則記載舜殺象，藉以論述舜之不仁義，韓非不同於孟子，兩說不同，或可視為戰國時有此傳說流傳。

也。」（《孟子・萬章》）韓非認為舜不可謂仁義，但並沒有因此而主張仁義，而是藉以闡釋其君臣之道，他說：「夫所明君者，能畜其臣也，所謂賢臣者，能明法辟、治官職以戴其君者也。」（〈忠孝〉）韓非甚至重新定義「仁義」，將經過詮釋後的「仁義」收歸於其法治的論述之中，如其論云：

> 聞之曰：「舉事無患者，堯不得也。」而世未嘗無事也。君人者不輕爵祿，不易富貴，不可與救危國。故明主屬廉恥，招仁義。昔者介子推無爵祿而義隨文公，不忍口腹而仁割其肌，故人主結其德，書圖著其名。人主樂乎使人以公盡力，而苦乎以私奪威。人臣安乎以能受職，而苦乎以一負二。故明主除人臣之所苦，而立人主之所樂，上下之利，莫長於此。不察私門之內，輕慮重事，厚誅薄惱，久怨細過，長侮偷快，數以德追禍，是斷手而續以玉也，故世有易身之患。（〈用人〉）

本段言明主「屬廉恥，招仁義」，與韓非反對仁義有所不符，[18] 然究其下文所舉介子推之例，便可知韓非論證「仁義」為「上下之利」，全然不同於儒家仁義源自於「心」。介子推所謂的仁義行為，所考量者為「利」，由此論證君王用人應明賞罰，依法而行，掌握臣下所好者，此為御臣之術，仍是韓非一貫之論。

韓非提出的理想國君是「霸王」，他屢言成王之霸業，有別於儒墨皆稱道「王者」，韓非毫不避諱地稱「霸」，以建立強盛的國家為目標，而非儒家區別王霸，稱許以仁義服人之「王」者。韓非說服國君以法術治國，在於達到國富兵強，成就霸王之業。他說：

> 聖人之治也，審於法禁，法禁明著則官治；必於賞罰，賞罰不阿則民用。民用官治則國富，國富則兵強，而霸王之業成。（〈六反〉）

---

[18] 陳啟天認為此語與〈五蠹〉之「仁義用於古不用於今」之言相反，有可疑之處。（陳啟天：《增訂韓非子校釋》，臺北：臺灣商務印書館，1992.6，頁 791）張覺認為「韓非反對的只是儒家提倡的有背於治國之道與正確原則的『仁義』。至於合乎法度，有利於治國，有利於密切君臣關係的『仁義』，他是竭力提倡的。」（張覺：《韓非子校疏析論》（上冊），北京：知識產權出版社，2011.10，頁 501）此說將「仁義」區分為兩種，未必合於儒家所論，若說「仁義」有合於韓非治國之術者，實為韓非加以改造，重新詮釋的「仁義」。林緯毅認為韓非將仁義用於法治，吸收融合儒家思想，反對儒家的論述只是針對當時的儒家，反而其法治思想有容儒的內容，對德治與道德作用有所肯定，韓非「屬廉恥，招仁義」只是「將仁義用在他的法治思想以維護絕對君勢。」（林緯毅：《法儒兼容：韓非子的歷史考察》，臺北：文津，2004.11，頁 57）韓非的確收並改造儒家部份觀點，但難以據此而論韓非思想是法儒兼容，「兼容」必須建立於理論與觀點有溝通之處，韓非對儒家多有批判，兩者理論的思路根本不同，難謂兼容。

韓非申論法、術、勢三者並重，無有偏廢，告誡國君如何鞏固權位，駕馭群臣，通過法的規範使臣民遵從，國富兵強，始成霸王之業。韓非心中的霸王，正是孟子批評的「以力假仁者」，就是以力服人，致使群臣口服心不服的霸王。然而韓非卻認為嚴刑峻法能「禁心」，讓臣民絲毫不敢起反抗之心，從而全然歸順。他說：「是故禁姦之法，太上禁其心，其次禁其言，其次禁其事。」（〈說疑〉）由於「禁心」能收統治之效，是以韓非駁斥儒家「得民心」之論，[19] 認為：「欲得民之心而可以為治，則是伊尹、管仲無所用也，將聽民而已矣。民智之不可用，猶嬰兒之心也。」（〈顯學〉）韓非認為人民「無知」，不懂國君者施政是考量國家整體利益，[20] 由於人民只在乎自己的利益，因此不能聽任民心。韓非把「得民心」釋為「民智」，轉移概念，申論「民智」如嬰兒，不可用也不可教，從而否定「得民心」。然而治國不在民心，仍須得到人民支持，韓非仍以「利」言之，他說：「聖人之所以為治道者三：一曰利，二曰威，三曰名。夫利者所以得民也，威者所以行令也，名者上下之所同道也。」（〈詭使〉）韓非所謂的「得民」，就是控制人民，而其手段就是「利」之誘使，「威」之嚇阻，以及「名」之約束，控制人民即能鞏固君權，從而使國君成就霸業。

　　韓非主張君王必須具有威勢，但其明君是霸王，而非自私自利的暴君，他區分「有道／無道」的國君，認為「有道之君，外無怨讎於鄰敵，而內有德澤於人民。」（〈解老〉）有道的國君在外交與內政皆有建樹，對外減少用兵，對內則使人民富足。此處所言之減少用兵，並非不重視軍隊，韓非屢言國富兵強之重要，其意為不輕易用兵，但一定得有強盛之軍隊。至於有德於人民，意指國家富強，仍是從國君的角度看待人民。若明此意，則其有言：「明君之所以立功成名者四：一曰天時，二曰人心，三曰技能，四曰勢位。」（〈功名〉）本段論「人心」為國君得以成就霸業的原因之一，並非儒家之「得人心」，而是「眾同心以共立之，故尊。」此

---

[19] 先秦儒家的政治論述，以民為重，孟子言：「仁言，不如仁聲之入人深也。善政，不如善教之得民也。善政民畏之，善教民愛之；善政得民財，善教得民心。」（《孟子·盡心》）孟子認為禮樂教化能深入民心，比政治措施的規範更為重要。荀子也主張禮樂教化，其云：「樂者，聖王之所樂也，而可以善民心，其感人深，其移風易俗。」（《荀子·樂論》）至於稷下黃老之學的《管子》，也有得民心之論，其云：「政之所興，在順民心。政之所廢，在逆民心。」（《管子·牧民》）所謂「順民心」，在於使人民生活富足安樂，是為施政之首要。至於韓非則根本否定「得民心」，除了贏得民心耗費時間而不見得有效，民心也難以掌握，甚至不認為人民能明白國君的施政，故主張用強制的律法「禁心」。

[20] 韓非於〈五蠹〉論云：「微妙之言，上智之所難知也。今為眾人法，而以上智之所難知，則民無所從識之矣。」韓非變為儒家「以文亂法」，綜橫家「為設詐稱」，不實虛妄的論說，造成社會混亂，阻礙法令，無益於耕戰，故皆須禁絕。韓非從統治者的角度論控制言論，能收法令齊一之效。

意為國君要掌握「人心」，以法術為手段，確立威勢，則人民齊聲擁戴，毫無異音，也不敢有任何異議。他說：「聖人德若堯舜，行若伯夷，而位不載於勢，則功不立，名不遂。」(〈功名〉)若國君有德而無勢，無法成就霸王之業，天子之位雖高，必得勢重。韓非所論「明君」、「聖王」與「霸王」皆同，掌握權勢，善用法術，國富兵強而天下臣服。

小結

　　韓非子思想所闡釋的治國之道，完全從君王的角度而論，集中君權，管制臣民，嚴格執行「法」、「術」與「勢」，迅速有效地建立強盛的國家。他主張的「法」，對象為臣民，以賞罰控制臣子盡忠，強迫人民為國君耕戰；「術」施於臣子，務使群臣服從，不敢為亂；「勢」是國君權威，樹立以君主為中心的政治體制。以國君為絕對的權力中心，臣民必須完全服從，「臣事君，子事父，妻事夫，三者順則天下治，三者逆則天下亂，此天下之常道也。」(〈忠孝〉)在「法」的實行與國君必得「勢」的要求下，君臣是絕對的上對下關係，不可違逆，社會人倫也走向絕對的順服。此「尊君卑臣」之論，立基於「勢─術─法」三者合一，成為君權集中的社會架構。

　　商鞅與管仲所言之「法」，都試圖建立一套客觀的規範，用以約束眾人，使社會能在法制之下穩定運行，這個論述本可建立法制社會，但是立法的目的看似保障百姓眾人的公平，實則是為國君服務。韓非發揮「法」的規範性，結合「術」之運用，成就「勢」之權力。試舉韓非所舉之例為結語，其云：

> 人主將欲禁姦，則審合形名。形名者，言與事也。為人臣者陳而言，君以其言授之事，專以其事責其功。功當其事，事當其言，則賞；功不當其事，事不當其言，則罰。故群臣其言大而功小者則罰，非罰小功也，罰功不當名也。群臣其言小而功大者亦罰，非不說於大功也，以為不當名也，害甚於有大功，故罰。昔者韓昭侯醉而寢，典冠者見君之寒也，故加衣於君之上，覺寢而說，問左右曰：「誰加衣者？」左右對曰：「典冠。」君因兼罪典衣與典冠。其罪典衣，以為失其事也；其罪典冠，以為越其職也。非不惡寒也，以為侵官之害甚於寒。故明主之畜臣，臣不得越官而有功，不得陳言而不當。越官則死，不當則罪，守業其官，所言者貞也，則群臣不得朋黨相為矣。(〈二柄〉)

本段先論言與事必須相當，即功當其事，事當其言，預訂的目標必須如實完成，不得誇大虛報，也不許保守隱瞞。韓非認為一切標準化，明訂為法令準則，就可以依法行事，而人君手握賞罰二柄，便可控制群臣。文中以韓昭侯之事為例，同時處罰典衣與典冠者，因為一人失其事，一人越其職。就形名相合而言，其意為職位與職務相符，不能少做，也不能多做，韓非認為這樣可以阻止越位謀政，也能處罰未能盡職者。典衣者失職，或有其故，典冠者越職，或出於邀功，也可能出自於關心，然而韓昭侯皆處罰，就是為了杜絕任何失職越權，而不問其故。簡言之，名實相符，便是形名術實行的方式。然而韓昭侯看似公平，也做到名實相符的標準化，然而這種做法卻顯露執法之嚴苛，以及實行之僵化，雖能控制群臣，但以力服人，未能長久。

司馬談於〈論六家要旨〉指出：「法家不別親疏，不殊貴賤，一斷於法，則親親尊尊之恩絕矣。可以行一時之言，而不可長用也。」（《史記・太史公自序》）已明言「法」之侷限偏狹，只著重在耕戰之實施，忽視人文教化，強調律令執行的齊一，但卻捨棄人倫情感，雖可收效於一時，然而人民在嚴刑峻法的高壓統治下，終將反抗而使政權覆亡。司馬談的評判可謂切中法家的問題，然而韓非學說並未隨秦之滅亡而絕，反倒自漢以後的歷代統治者，多行韓非的統御之術。兩漢建立大一統的君王統治，表面尊崇儒家對國君行仁政的要求，然而在實際施政以及君臣關係，多用韓非法治理論，影響極為深遠。

兩漢

第十章 秦漢之際思想趨勢

　　秦代國祚雖短，但上承先秦諸子，下啟漢代經學，在思想史發展中，是個關鍵時期。秦滅六國稱帝，建立中國歷史上第一個大一統的政權。為弭平各地不同文化習俗，推動書同文、車同軌，統一貨幣、度量，以郡縣取代封建，並集權中央。政治上的統一，也意味著必須消弭諸子爭論，使學術趨同，降低議政的聲音。因此在思想上也以法家為尊，實施嚴刑峻法，禁絕先秦各家學說。

　　李斯為了防止士人議論時政，獻禁書之策，藉以統一言論思想。《史記·秦史皇本紀》記秦始皇統一天下之後，丞相李斯的建言：

> 古者天下散亂，莫之能一，是以諸侯并作，語皆道古以害今，飾虛言以亂實，人善其所私學，以非上之所建立。今皇帝并有天下，別黑白而定一尊。私學而相與非法教，人聞令下，則各以其學議之，入則心非，出則巷議，夸主以為名，異取以為高，率群下以造謗。如此弗禁，則主勢降乎上，黨與成乎下。禁之便。臣請史官非秦記皆燒之。非博士官所職，天下敢有藏詩、書、百家語者，悉詣守尉雜燒之。有敢偶語詩書者棄市，以古非今者族。吏見知不舉者與同罪。令下三十日不燒，黥為城旦。所不去者，醫藥卜筮種樹之書。若欲有學法令，以吏為師。[1]

在這段著名的議論中，李斯從國君的角度考量，申述權力的重要，而國君要擁有權力，就必須禁止各種言論，不得讓個人議論興學，避免結黨營私。故以焚書為手段，禁絕非官方之學，定言論於一尊。李斯所禁「詩書百家」，包含各種經典和諸子，禁言之論，同於韓非。[2] 控制言論，不得有

---

[1] 《史記·李斯列傳》亦錄此議，文字大致相同，然於增議後之事，如下：「始皇可其議，收去詩書百家之語以愚百姓，使天下無以古非今。明法度，定律令，皆以始皇起。」始皇接受了李斯的建議，並執行之。太史公記此事，用一「愚」字，準確地評論焚書的目的與後果。

[2] 韓非為鞏固君權，論說御臣之術，其云：「是故禁姦之法，太上禁其心，其次禁其言，其次禁其事。」（《韓非子·說疑》）韓非常謂人臣以虛言惑主，故須以法禁之。而其時多辨者，韓非直謂：「言無二貴，法不兩適，故言行而不軌於法令者必禁。」（《韓非子·問辯》）禁止議論君令，即是「尊君」的措施。余英時曾論述李斯忠於韓非的理論，焚書的理由在於避免「主勢降乎上，黨與成乎下。」於是「法家的『尊君』論被它自己的邏輯一步一步地推向反智論：尊君必預設卑臣，而普遍地把知識份子的氣燄鎮壓下去正是開創『尊君卑臣』的局面的一個始點。」（余英時：〈反智論與中國政治傳統〉，收入《歷史與思想》，臺北：聯經，1995.3，頁30）

異心，不可批判國政，甚至以更激烈的誅殺為手段，[3] 此為法家強調威勢的統治之術，其目的為「尊君」，使國君獨大。

漢承秦制，[4] 初行郡國制，因景帝七國之亂，武帝削弱諸侯國勢力，並在郡縣的基礎上增加州部刺史，行監察之責。州郡縣三級制自此定型，成為後世地方制度的基礎。漢代中央政府置三公九卿，相權雖迭有消長，但仍以君權為重。君權的確立，不僅是政治制度，同時也影響了學術思想的發展。漢代有兩次重要的學術會議，第一次為西漢宣帝甘露三年，召群儒於未央宮石渠閣講五經同異，最後由宣帝議決。第二次是東漢章帝於建初四年召開白虎觀會議，討論五經異同與讖緯，歷經月餘，所有問題亦均由章帝議決。以君權處理學術爭議，一方面強調國君的權力，也顯示在政治需求下，統一言論的必要。相較於秦代壓制議論的強硬作法，兩漢以會議方式處理學術紛爭，看似較為溫和，但於君權的確立，控制思想言論，秦仍有相近之處。

漢初行黃老之治，強調與民休息，但於律法的執行，卻仍承襲秦代。劉邦攻入秦的都城咸陽，為顯其寬大，召集眾人宣布：

> 父老苦秦苛法久矣，誹謗者族，偶語者棄市。吾與諸侯約，先入關者王之，吾當王關中。與父老約，法三章耳：殺人者死，傷人及盜抵罪。餘悉除去秦法。諸吏人皆案堵如故。凡吾所以來，為父老除害，非有所侵暴，無恐！且吾所以還軍霸上，待諸侯至而定約束耳。（《史記・高祖本紀》）

高祖「約法三章」之舉，除了突顯秦代苛政，還對比其寬大，收籠絡人心之效。然而，立國之後，「四夷未附，兵革未息，三章之法不足以禦姦，

---

3 「焚書坑儒」是秦始皇為後人詬病的暴行，「焚書」為控制言論，特別針對「詩、書與百家語」。杜正勝指出《詩》、《書》為儒生引用成為批判時政的古代經典，其「內容不順專制體制之時宜，成為思想的準繩，於是可畏。」（杜正勝：〈秦火與焚書〉，《歷史月刊》第 8 期，1988.9，頁 10）秦火造成的「歷史斷層」，不僅使經典文字與詮釋產生紛爭，也引發歷代學者對「正統」的焦慮。林啟屏認為「歷史斷層」看似障蔽了學者與古代聖道的連繫，但也同時開啟了多元理解的可能。（林啟屏：〈儒學的第一次挫折：以「秦火焚書」為討論中心〉，《從古典到正典：中國古代儒學意識之形成》，臺北：臺大出版中心，2007.7，頁 331-371）「坑儒」一事，據《史記・秦始皇本紀》，方士侯生盧生以不死藥誆騙秦始皇，其後因不得藥而辯解，秦始皇怒責之，「於是使御史悉案問諸生，諸生傳相告引，乃自除犯禁者四百六十餘人，皆阬之咸陽，使天下知之，以懲後。」活埋四百六十餘人，應多為聚集咸陽的方術士。《漢書》始將此事名為「阬儒」，謂始皇帝暴虐，「燔詩書，阬儒士」；（《漢書・五行志》）「燔書阬儒，自任私智」。（《漢書・地理志》）後世遂以「焚書坑儒」為秦始皇之過。

4 「漢承秦制」的觀點，漢人已有。此四字見於《後漢書・班彪列傳》，班彪答隗囂之語。另於《後漢書・輿服志》論乘輿、服飾時，亦使用此四字。

於是相國蕭何攈摭秦法，取其宜於時者，作律九章。」（《漢書·刑法志》）高祖之三章實為三條，過於簡省，難以應付國政。秦代之《秦律》是以戰國時期魏國李悝的《法經》六篇為基礎，蕭何依《秦律》為本，再加《戶律》（戶籍、賦稅、婚姻的法律）、《興律》（徵發徭役、城防守備的法律）與《廄律》（牛馬畜牧、驛傳的法律），而成《九章律》。[5] 《九章律》仍以約法省禁，躅削煩苛為原則，減省刑罰，移除《秦律》一些不合時宜的條文，至於《秦律》的原則及其科罪定刑的標準，蕭何並未變更。

　　儘管漢承秦制，依《秦律》而定《九章律》，但仍有所修改，之後亦迭有增刪。大抵而言，漢初行黃老之治，歷惠、文、景諸帝，皆大省刑罰，惠帝除挾書律，文帝時廢除夷三族、相坐法，又廢肉刑，景帝改革笞刑。然武帝為鞏固君權，削弱相權，對於刑律也多有變革，致使律令煩多，尤其是晉用酷吏，執法嚴苛，造成許多過當之刑。《史記·酷吏列傳》所載十一人，武帝時期就有九位，可見其影響之大。「酷吏」執法嚴格，可以是公正無私，但也可能不近人情，甚至為了博取名聲而為之。這些被視為酷吏的官員，在武帝時期是貫徹法令，鞏固君權的執行者。

　　兩漢畢竟不同於秦代純然以法治國，而是強調德刑並重。《漢書·刑法志》敘述刑法的起源，謂人民因群居而生紛爭，故有聖王出，取法天地，制五禮，設五刑。其論曰：

> 聖人取類以正名，而謂君為父母，明仁愛德讓，王道之本也。愛待敬而不敗，德須威而久立，故制禮以崇敬，作刑以明威也。聖人既躬明悊之性，必通天地之心，制禮作教，立法設刑，動緣民情，而則天象地。

聖人制禮，教民仁愛辭讓，作刑明威，建立社會秩序。班固立基於陰陽五行之說，藉《漢書》傳達其天人相應的宇宙觀，反映出以陰陽關係為德刑並重的理論基礎。西漢元帝未即位前，勸說宣帝「持刑太深，宜用儒生。」遭致宣帝作色曰：「漢家自有制度，本以霸王道雜之，奈何純任德教，用周政乎！」（《漢書·元帝紀》）宣帝此言，清楚明白的說出西漢施

---

[5] 由於秦漢法典未傳世，文獻難徵。直至 1975 年中國湖北省雲夢縣出土睡虎地秦簡，記錄戰國晚期至秦代的法律及公文；1983 年於中國湖北省江陵縣張家山漢墓出土張家山漢簡，其中有西漢早期的律法與訴訟記錄，以及其他陸續出土律法文獻，學界始得以具體討論秦漢時期的法律內容與執行狀況。張家山漢簡之《二年律令》為漢初呂后二年實行的法律，規範政治、經濟、社會與軍事各個層面，從條文中可知漢初以嚴謹的法律，得以控制社會秩序，穩定政權。（謝瑞東：《張家山漢簡法律文獻與漢初社會控制》，北京：社會科學文獻出版社，2015.5）關於秦漢的律令以及出土文獻研究，可參考《歷代法制考》第二卷《戰國秦法制考》，楊一凡主編，北京：中國社會科學出版社，2003.9；楊振紅：《出土簡牘與秦漢社會》，桂林：廣西師範大學出版社，2009.12；廣瀨薰雄：《秦漢律令研究》，東京：汲古書院，2010.3。

政混合「霸」（法）、「王」（儒），並非純任德教。是以，兩漢政治以德為主，以法為輔。從思想史而言，不論「陽儒陰法」、「先德後刑」或「王霸雜用」，都顯現漢代混合儒法，作為施政之用的實用主義精神。

漢人融合諸子之實用傾向，戰國末年已有此趨勢，內因外緣皆促成之。諸子雖相互議論批評，但思想的流通也促成彼此影響；而秦漢時期，更以政治的力量「統一」思想，並以實際施政的需求混用諸子思想。思想融合的趨勢，在《荀子》、《韓非子》、《呂氏春秋》均可見得，至漢初《淮南子》、《春秋繁露》持續發展，另外，《文子》、《鶡冠子》、《新語》、《新書》以及出土文獻，都呈現思想融合的現象。融合的內容、方式雖不盡相同，卻是秦漢之際的重要思潮。以下先論述思想合流的背景與原因，再詳論代表融合的《呂氏春秋》與《淮南子》兩書。

第一節 「定於一」的期望

在戰國晚期，諸子相互批評的情勢愈趨普遍，藉由否定他人思想，得以自我肯定，希望獲得國君認同。在論辯爭議之時，也逐漸走向相互吸收，出現融合趨勢。除了思想朝向融合發展，政治的干預也是主因。主張尊君，統一言論的法家於秦國獲得重用，並實際執行，漢朝延續之，就此開啟大一統的君王統治體制。

由於春秋戰國時期，各諸侯國相互爭奪兼併，戰爭頻仍，諸子多期待聖王，以結束混亂局勢。孟子答梁襄王「天下惡乎定」之問，孟子提出「定於一」，而何人能一之者，則是「不嗜殺人者能一之」。（《孟子·梁惠王》）孟子希望有個施仁政的君王統一天下，一方面實踐「仁者無敵」的「王者」思想，消弭天下戰禍；一方面藉由道德政治的實行，建立社會秩序。荀子也有尊君隆禮，強調禮治秩序之論。墨子宣揚「尚同」，認為一國之治，必須從地方至中央，皆以天子為同，「唯以其能一同天下之義，是以天下治。」（《墨子·尚同中》）而天子必須遵循上天意志，方能政刑合序，國家安定。至於韓非子也強調有權力的君王，他認為「凡上之患，必同其端。信而勿同，萬民一從。」（《韓非子·揚權》）並引申不害之語，謂：「獨視者謂明，獨聽者謂聰。能獨斷者，故可以為天下主。」（《韓非子·外儲說右上》）韓非子以法、術鞏固君王之勢，成就國富兵強。儒、墨與法家對於「聖王」的內涵，以及「統一」的執行方法並不相同，但都希望有個理想的聖王，能弭平戰爭，其目的卻是不謀而合。

老莊皆反戰，期許聖王行無為之治，以小國寡民為其理想的政治藍圖。雖然在政治型態上並非大一統，且有多元傾向，但是老子對於「一」

的論述，不僅是宇宙論的原初義，也追求政事的簡樸單純，其云：「聖人抱一為天下式。」（《老子》22 章）強調聖人的不爭無為，也隱含此「一」之原理於政治的運用。莊子將「聖人」提昇至精神境界超越物我對立，使天下萬物為一，從根本消弭名實之別，無私心，亦無戰爭，天下呈現混沌自然的狀態。因此，老莊理想的聖人，不是在政治上進行實質的統一，而是通過無為而治的方式，使天下回復原始質樸的「一」的狀態。

除了政治的統一，在思想層面，諸子也從相互批評中，強調理論必須統一，消弭各家不同論點，同時也開展出相互學習與吸收融合的趨勢。在諸子爭鳴之時，莊子後學感歎：「後世之學者，不幸不見天地之純，古人之大體，道術將為天下裂。」（《莊子·天下》）這裡預設古代有一整全之「道」，後世學者所論皆為一偏。〈天下〉評論各家思想，一方面指出諸子不足之處，一方面也藉以突顯莊學宏大。莊學承老子，主張有一個形而上的「道」，含蘊萬物，也是所有理論的源頭。道家主張有一個稱之為「道」或「一」的世界本源，也是事物的本體，代表圓滿與統一。荀子於〈非十二子〉亦批評當時許多人「飾邪說，文姦言」，混亂天下。應學習聖人，方能「一天下，財萬物，長養人民，兼利天下。」荀子對諸子的評論，也是以聖王之道為準，「總方略，齊言行，壹統類，而群天下之英傑。」使各種姦邪之言平息。莊、荀的立場和方法並不相同，但兩者皆設定存在一個「大道」，此大道中正無別，其他各家學說都只是一偏。

不論政治或思想理論，都存在「統一」的想法。政治上的「統一」，意味社會有一秩序穩定的結構，家國職位皆從屬之，無所爭奪；思想上的「統一」，則是有一「正道」，益於社會人心，排除姦邪之論。從思想史的角度言，可視為人類對於秩序性與結構性的嚮往，從對天地宇宙的觀察，將自然秩序投射到歷史社會的規範中。古時「絕地天通」傳說，讚揚古代「民神不雜」的秩序性，意味遠古神民分離的社會是一種典範，故歷經民神雜糅的混亂，最終仍得重建一個具有階級的社會。[6] 儘管從春秋到戰國時期，因周王室衰退與諸侯國的興盛，造成「士」的崛起以及百家爭鳴，但對於理性秩序與價值根源的追尋，依然存在於諸子思想中。於是當戰國

---

[6] 「絕地天通」神話見於《尚書·呂刑》與《國語·楚語下》，兩書的敘述與重心有所差異。依《國語》所記，觀射父回答楚昭王關於「絕地天通」之問，先述古時「民神不雜」，其後為少昊之衰，九黎亂德的「民神雜糅」、「家為巫史」，因而「民神同位」，最後顓頊命南正重司天以屬神，命火正黎司地以屬民，使「絕地天通」。「絕地天通」即禁止民神雜糅，重新恢復「民神不雜」。觀射父敘述中國古史三個時期，不一定是歷史事實，而是藉以演繹「上下有序」之必要，並推導出統治者取代巫覡，握有與天交通的權力，宗教與政治結合，為統治者掌握權力的重要手段。關於此一神話所闡述的宗教與政治關係，可參考王健文：《奉天承運——古代中國的「國家」概念及其正當性基礎》（臺北：東大圖書，1995.6）；以及陳來：《古代宗教與倫理——儒家思想的根源》第二章〈巫覡〉（北京：三聯書店，2009.4，頁 20-62）。

末期的政治局勢走向大一統，諸子思想中對於統一的理想，以百川匯流之姿，兼容各家學說，產生了諸子思想合流的情形。

第二節 諸子思想合流

　　大抵而言，戰國晚期已出現思想匯流的趨勢，但也是諸子論辯的高峰期，分裂與合流不必然對立，而是相互影響的糾纏連結。《論語・先進》載有「孔門四科」，雖是呈現儒學重視的不同科目，卻也顯示孔子學問已各有傳承，孔學的流傳產生分化。韓非子曾論及「孔、墨之後，儒分為八，墨離為三。」（《韓非子・顯學》）韓非認為學術演變是分化的，批評法先王不可行，卻也說明孔子和墨子的後學各有所重。《莊子・天下》記墨子後學諸人，以「別墨」名之。孔子、墨子之後出現不同派別，思想發生分歧，這是學術傳承的一種面貌。然而分歧易生論辯，學派內外的爭論，又進一步促成思想相互碰撞、吸收與融合。如荀子吸收了道家自然主義天道觀，將天人二分，不似孔孟的道德天或墨家的人格天。另外，韓非子以荀子性惡為基礎，倡言賞善罰惡，又轉化老子無為思想，成為人君統治的權謀之術。就思想史的發展而言，思想的分化是學術傳承的現象，但是在分化的同時，競爭也同時帶來相互影響，而有合流趨勢。縱向的傳承與橫向的連繫，彼此交互進行，是一動態發展的過程。

　　戰國中期，齊國於國都臨淄稷門附近，設立稷下學宮，廣招天下名士，於此講學論辯，也促成思想的交流融合。[7] 荀子曾在稷下講學，與其他諸子交流。而今存《管子》一書，可視為齊國管仲學派的集體著述，與稷下學宮的關係密切，書中融合法家和道家思想，也論及養生修煉，可視為黃老學說的前身，《漢書・藝文志》列入道家類，《隋書・經籍志》改列法家類。另有流傳於戰國後期的《鶡冠子》，相傳為戰國時期楚國隱士鶡冠子所作，《漢書・藝文志》列入道家類，書中融合道、法，與《管子》思想關係密切。此外，值得注意的是近世各地考古出土的文物，[8] 反映出

---

[7] 稷下學宮始建於田齊桓公，位於齊國國都臨淄（今山東省淄博市）稷門附近。齊宣王之時，擴置學宮，廣招天下名士，各家學者，會集於此。《史記・田敬仲完世家》：「十八年，宣王喜文學游說之士，自如騶衍、淳于髡、田駢、接子、慎到、環淵之徒七十六人，皆賜列第，為上大夫，不治而議論。是以齊稷下學士復盛，且數百千人。」遊學稷下者眾，自由講學，著書論辯，反映戰國時期的養士之風。另外，《史記・孟子荀卿列傳》記：「自騶衍與齊之稷下先生，如淳于髡、慎到、環淵、接子、田駢、騶奭之徒，各著書言治亂之事，以干世主，豈可勝道哉！」稷下學宮會集之學者，基本上以道法為主，兼有陰陽家與儒家，以「治亂」為論述主題。

[8] 出土文獻是近代學術研究的重要資考資料，一般來說，凡經考古發掘出土的文字材

戰國後期的思想面貌，亦多呈現思想融合的趨勢。

　　思想融合的另一個面相，在於政治的大一統，因中央集權，就必須掌握思想言論，定於一尊。秦國行法家之術，強調君王的權威，以禁絕各家思想為手段。《韓非子‧顯學》批評學者各說各話，「雜反之學不兩立而治，今兼聽雜學繆行同異之辭，安得無亂乎？」意謂統治者必須控制言論，禁止各種謬論異說。同樣的觀念，《呂氏春秋‧不二》批評諸子各持己說，「聽群眾人議以治國，國危無日矣。」「故一則治，異則亂；一則安，異則危。」統治者必得以法令使一心，此「不二」之意。《呂氏春秋》另有〈執一〉，發明「王者執一」之理，皆從統治施政的角度立論。秦朝大一統，執行李斯焚書禁言之議，漢初雖較為開放，仍朝向統一言論，漢武帝以儒術立教，亦從學術進行思想統一，此皆為政治的干預。

　　孟子企求「定於一」，墨子推動「尚同」，而韓非子強調君王的權勢而主張絕對的集權。雖然各家思想的根源、方法與目的均有不同，但這種要求思想上的「統一」，對於大一統政治形式的推動具有積極的作用。到了戰國末期《呂氏春秋》的編纂，則開啟整合諸子思想的一種全新模式。全書匯編各家思想，企圖建立一個包羅天地古今事物的思想架構，這種綜合彙集各家所長的著作，具有政治目的，提供君王治國之用。[9]《漢書‧藝文志》與《隋書‧經籍志》皆將《呂氏春秋》著錄於「雜家」，其後的《淮南子》，亦以相似的方式成書，也同樣被視為雜家的代表。[10]《呂氏春

料，都可稱為出土文獻，基本上涵蓋甲骨文、金文、戰國盟書、璽印、簡牘、帛書、敦煌文獻、吐魯番文書等。近代著名的戰國晚期出土文獻，如 1975 年於湖北雲夢發現的睡虎地秦簡，1993 年於湖北沙洋發現的郭店楚簡，以及二十一世紀後陸續在市場出現被買回中國的上海博物館楚竹簡，清華大學與安徽大學受贈的戰國時期竹簡，都有重要的研究參考價值。民初王國維提出「二重證據法」，以出土文獻（地下新材料）與傳世文獻（紙上材料）對照研究，能考證還原學術思想於歷史演變的情況。（王國維：《古史新證》，北京：清華大學出版社，1994.12）此一方法，被學界認為具有詳實的科學基礎，也突顯出土文獻的重要性。

[9] 徐復觀先生認為《呂氏春秋》對兩漢的學術有巨大的影響，他說：「打開探索兩漢學術思想特性之門戶，便應先從《呂氏春秋》所及於兩漢學術與政治的影響開始。」（徐復觀：《兩漢思想史》卷二，臺北：臺灣學生書局，1990.2，頁 1）

[10] 班固於《漢書‧藝文志》立「雜家」一類，釋云：「雜家者流，蓋出於議官。兼儒、墨，合名、法，知國體之有此，見王治之無不貫，此其所長也。」兼採各家學說以為治國之用，可謂雜家之目的。然而與其他各家相較，「雜家」既然兼採眾書，也意味缺乏中心主旨。近代學者甚至認為「雜家」只不過是資料彙編，如梁啟超謂：「《呂覽》儒墨名法，犖然雜陳，動相違忤，只能為最古之類書，不足以成一家言，命之曰雜，固宜。」（梁啟超：〈漢書藝文志諸子略考釋〉，收入《飲冰室專集之八十四》，《飲冰室合集》，北京：中華書局，1936.9，頁 40-41）梁啟超認為《呂氏春秋》雜採眾說，內容又相衝突。其認定「雜家」非一家之言，與其他諸子不類，甚至可將《呂

秋》成書於戰國晚期，《淮南子》則為漢初完成，為秦漢之際諸子思想融合之作，以下分述之。

一、《呂氏春秋》

《呂氏春秋》於戰後晚期，秦王政六年（公元前 241 年）成書。為秦國丞相呂不韋集合門客編撰的政治理論文集，又稱《呂覽》，內容兼綜儒、道、墨、名、法、農和陰陽各家之論。呂不韋原意以此書為其擘劃秦國國政之藍圖，然而秦王欲以法家為其中央集權的統治之術，復又因秦王政忌憚與呂不韋的關係為人所知，故鴆殺之，《呂氏春秋》兼綜各家的治國之術最終並未獲秦王採納。

《呂氏春秋》博采眾說，但究竟是以道家的自然無為，還是儒家的道德禮制為主軸，歷來頗有爭議。東漢末年高誘注此書時，於〈序〉言：「然此書所尚，以道德為標的，以無為為綱紀，以忠義為品式，以公方為檢格，與孟軻、孫卿、淮南、楊雄相表裏也。」高誘認為《呂氏春秋》以道家思想為主，其他各家為輔。清人編《四庫全書》置《呂氏春秋》於雜家，認為本書以儒家思想為主，《四庫全書總目提要》謂：「是書較諸子之言獨為醇正，大抵以儒為主，而參以道家墨家，故多引六籍之文與孔子曾子之言。」除此之外，還有學者認為本書是墨家或陰陽家為主，如清人盧文弨云：「《呂氏春秋》一書，大約宗墨氏之學，而緣飾以儒術，其重己、重生、節喪、安死、尊師、下賢，皆墨道也，然君子猶有取焉。」陳奇猷則論云：「陰陽家的學說是全書的重點，這從書中陰陽家說所據的地位與

氏春秋》視為類書。唯梁啟超認為《淮南子》有中心思想，宜歸於「道家」。關於《呂氏春秋》與《淮南子》的分類，馮友蘭直云：「凡無中心觀念之著述，即所謂雜家之書，如《呂氏春秋》、《淮南子》之類，不可為哲學史之原始的史料；但以其記述別家之言，有報告之價值，可以作為輔助的史料。」（馮友蘭：《中國哲學史》，臺北：臺灣商務，2015.11，頁 20）馮氏從哲學史的材料選擇，認為應有中心觀念才得以入哲學史，所以《呂氏春秋》和《淮南子》只可作為輔助之史料。換言之，若認定有中心思想，就不是「雜家」。如胡適認為「雜家是道家的前身，道家是雜家的新名。」即「司馬談所謂道家，即是《漢書》所謂雜家。」（胡適：《中國中古思想史長編》，桂林：漓江出版社，2013.3，頁 38-39）胡適調整了雜家的「身份」，於是將《呂氏春秋》和《淮南子》視為秦漢之際的道家。胡適之說，一些學者從之，如熊鐵基認為：「不應該把《呂氏春秋》和《淮南子》當作『雜家』，而應該把它們看作『新道家』。」（熊鐵基：《秦漢新道家》，上海：上海人民出版社，2001.3，頁 105）其所謂的「新道家」，就是盛行於漢初的「黃老之學」。對《呂氏春秋》和《淮南子》的詮釋與歸屬，不僅涉及對兩書的解讀，還有「雜家」的定義，以及秦漢之際的學術狀況。基本上，《呂氏春秋》匯合諸子思想，藉由天與人相應的論述，建構一套施政方法，為其成書的目的。

篇章的多寡可以證明。」[11] 不論從何種角度解讀《呂氏春秋》，全書企圖統合諸子，是戰國晚期思想趨同的代表。

《呂氏春秋》以篇章架構，安排各家思想，貫通天、地、人，將抽象玄虛的「道」、「一」，透過陰陽、四時、五行等具體可論的數字組成，使宇宙、社會與個人統合成一個具有秩序的結構。《呂氏春秋》將陰陽融入四時十二月之中，與戰國晚期鄒衍宣揚陰陽思想有關，漢初黃老之學亦源於此。宇宙從不可理解到可以解釋，萬物皆可安放於此一無所不包的體系；從秦漢之際到兩漢，依此體系合理化了世界，也成為漢人認識世界的方式。

《呂氏春秋》欲通古今之變，以史典自詡，故自號「春秋」。〈序意〉綴於《十二紀》之後，說明全書內容，文云：

> 蓋聞古之清世，是法天地。凡十二紀者，所以紀亂存亡也，所以知壽夭吉凶也。上揆之天，下驗之地，中審之人，若此，則是非可不可，無所遁矣。（〈序意〉）

人生事理，必「法天地」。此說亦見〈仲春紀·情欲〉：「故古之治身與天下者，必法天地也。」人居天地間，上通於天，下驗於地，融合會通，並以之為秩序，形成一個包羅萬象的體系。《十二紀》依春、夏、秋、冬四季，再分孟、仲、季排列，按「春生、夏長、秋收、冬藏」的聯想，以陰陽五行配合四時，將天象、農事、政令與人事連結在一起。書中的《八覽》、《六論》與《十二紀》重複甚多，乃補足《十二紀》未盡之意。[12]《呂氏春秋》的文章編排，顯示編者認為世界是一個整齊完整的結構，具有一定運行的法則，人間之事也須順應天地，遵循此一結構，方不違宇宙秩序。

《呂氏春秋》全書共十二卷，一百六十篇，分為十二紀、八覽、六論，形式嚴謹，呈現一個秩序井然的宇宙圖象。此書編者非常重視「數」，養生需「盡數」（〈盡數〉），治國要「任數」（〈任數〉），事物皆蘊含「不得不然之數」（〈知分〉），因此全書的篇章結構對應著具有寓意的數字，十二紀按十二月順序，每紀五篇，對應五行，共六十篇，合六十甲子

---

[11] 以上引文見陳奇猷：《呂氏春秋新校釋》之〈《呂氏春秋》考證資料輯要〉（陳奇猷校釋，上海：上海古籍出版社，2002.4，頁 1865、1886）。本章引《呂氏春秋》皆同，僅標篇名，不另作註。

[12] 十二紀依月令編寫，人事應和天時。八覽以人為中心，察覽人情，討論人的價值、修養與人際關係。六論則以人的行為、處事及事理為題。《史記》中〈呂不韋列傳〉及〈十二諸侯年表〉皆以八覽、六論、十二紀為序，並名本書為《呂覽》，似以「八覽」為主。然綜觀全書，「十二紀」應為本書主要架構，八覽、六論輔之。

之數。八覽則寓有八方或八卦，每覽各八篇（《有始覽》亡佚一篇），共六十四篇，與《易》六十四卦之數相合。六紀寓六合或《易》卦之六爻，每論六篇，共三十六篇。十二紀根據四時之序，宣揚法天立政，以及天人相應之理，論天道。八覽依各種政治事務編排，言治國之術，可為地之理。至於六論闡釋立身行事與事君之理，為人之道。[13] 十二紀、八覽與六論，貫通天地人，藉由形式結構的安排，突顯內容與目的。

今傳《禮記・月令》與《十二紀》各篇篇首文字幾乎相同，應為秦漢之際流傳關於天人關係的一種思想，這種思想混合了「道」與「陰陽」，以「天道」為依據，「陰陽」、「五行」為法則，世間萬物均依此運行。此一形式應有淵源，今存《逸周書》中〈周月〉與〈時訓〉兩篇，以及《夏小正》，都有描述季節氣候的變化，萬物與人事也因應運作之。[14] 這些早期的記載，尚未具體解釋如何將天地與四時節氣連結為人道。然而《呂氏春秋》則將日月星辰、四時寒暑的變化，推論為皆從「太一」之所出，以陰陽相對與相轉，為宇宙萬物運行的動力，並且引為人道之用。《呂氏春秋・大樂》云：

> 太一出兩儀，兩儀出陰陽。陰陽變化，一上一下，合而成章。渾渾沌沌，離則復合，合則復離，是謂天常。天地車輪，終則復始，極則復反，莫不咸當。日月星辰，或疾或徐，日月不同，以盡其行。四時代興，或暑或寒，或短或長。或柔或剛。萬物所出，造於太一，化於陰陽。

由「太一」生「兩儀」，再由「兩儀」衍為「四時」或「四象」，乃至於萬物。[15]「太一」創生萬物，由簡而繁的過程，應源自《老子》：「道生一，

---

[13] 關於《呂氏春秋》三大部份的構成與含義，可參考龐慧：《〈呂氏春秋〉對社會秩序的理解與構建》上篇〈《呂氏春秋》的編撰與結構〉，北京：中國社會科學出版社，2009.5。

[14] 《逸周書・周月》記：「凡四時成歲，歲有春夏秋冬，各有孟仲季，以名十有二月。……閏無中氣，斗指兩辰之閒。萬物春生夏長，秋收冬藏，天地之正，四時之極，不易之道。」將四時各分以三季，配以節氣，記錄生物依時節生長變化，強調四時運行為基本不變的道理。

[15] 《周易・繫辭》也有類似的創生過程述，其云：「易有太極，是生兩儀，兩儀生四象，四象生八卦，八卦定吉凶，吉凶生大業。」太極為始，分化成兩儀，復生四象。兩儀為陰陽，四象為陰陽的分化，成為四時與四方的時空。再分化為八卦，顯示天地人事之理。《呂氏春秋》的內容大致相同，只是將「太極」易為「太一」。「太一」又作「大一」，《禮記・禮運》謂：「是故夫禮，必本於大一，分而為天地，轉而為陰陽，變而為四時，列而為鬼神。」本篇言禮本於「大一」，其後分為天地、陰陽、四時，此一論述將宇宙創生與「禮」連結，甚至將「禮」定於天地萬物的規範，突顯儒

一生二，二生三，三生萬物。萬物負陰而抱陽，沖氣以為和。」（四十二章）顯示戰國後期時，已逐漸完善這個創生順序，同時強化陰陽的作用。而聖人取法於天道，社會規範均依循於此。由於預設了一個萬物本源的道，是「太一」，是原初的起點，故取法於天，則循其本源，立政設事，亦推論為執「一」以治天下。《呂氏春秋·大樂》復云：

> 道也者，至精也，不可為形，不可為名，彊為之謂之太一。故一也者制令，兩也者從聽。先聖擇兩法一，是以知萬物之情。故能以一聽政者，樂君臣，和遠近，說黔首，合宗親。能以一治其身者，免於災，終其壽，全其天。能以一治其國者，姦邪去，賢者至，成大化。能以一治天下者，寒暑適，風雨時，為聖人。故知一則明，明兩則狂。

聖人法天地，以「道」（太一）為治國原則，此原則從「道」而來，而「道」又是創生萬物者，是以聖人法「道」，透過「道」生天地萬物，以及陰陽五行的原理，便能治天下。

《十二紀》既然以「春生、夏長、秋收、冬藏」的順序編排，各篇編寫便依此架構成文，如春天主生，「孟春」又是萬物始生的階段，所以人之生亦應順應自然之序。《孟春紀》中〈本生〉言養生之要；〈重己〉則論安時處順，陰陽調合的節欲之道；〈貴公〉強調天地長養萬物無一己之私，故云：「天下非一人之天下，天下之天下也。陰陽之和，不長一類；甘露時雨，不私一物；萬民之主，不阿一人。」至於〈去私〉亦言天地無私，並舉晉之祁奚薦舉人才，不論其子或私仇，以及墨者行大義，殺子以守公法，與〈貴公〉呼應。「貴公」與「去私」的篇名，不僅要求統治者公正無私，更區分公天下與家天下之別，[16] 在天道運行的架構下，無論國

家德性天的來源。「太一」之起源甚早，郭店竹簡〈太一生水〉講述宇宙生成；《莊子》中的「太一」為「道」，指絕對的精神；《荀子》所指為源頭，或上古時代；《韓非子》中為星體之名。至於《楚辭》中的「東皇太一」，或為北極星，或為天帝。而神格化的「太一」，約於戰國後期愈趨重要。至西漢，武帝將「太一」列入國家正祀，確立太一神的地位。「太一」一詞具有神學、哲學與天文學的多重內涵，《呂氏春秋》反映了戰國後期，「太一」可與「太極」互換，與「道」同名的一種意義。關於「太一」的形成與演變，可參考劉屹：《敬天與崇道——中古經教道教形成的思想史背景》（北京：中華書局，2005.4，頁130-199）。

16 〈貴公〉從治理的角度論述君王之治必須公正無私，並由此而推導君王與天下的關係是平等的，君王的設立是為了群體生活的運行，即「凡君之所以立，出乎眾也。」（《孟夏紀·用眾》）雖然〈用眾〉為說明國君欲成事，必須靠眾人之力，國君與人民的關對是相互合作的平等對待，也因而國君必須以民為本，謀天下公利，若有所偏私，甚至於君王可因而廢立，如〈恃君〉云：「自上世以來，天下亡國多矣，而君道不廢者，天下之利也。故廢其非君，而立其行君道者。」此言觸及國君的廢立，在於

君的權責，乃至君臣關係，皆為和諧平等。是以，「聖人之制萬物也，以全其天也。天全則神和矣，目明矣，耳聰矣，鼻臭矣，口敏矣，三百六十節皆通利矣。」（〈本生〉）將天之生投射至人身，故人需效法天道之陰陽和諧，不過份縱欲，也不勉強克制欲望，才是自然之道。而天之道既是無偏無私，故理想的君王以及社會型態，亦是大公無私的。《孟春紀》諸篇，連結了自然天象、生命保養、社會理想與規範，兼容了道家的自然、養生，墨學的節儉，楊朱的貴生以及儒者的倫理與理想的聖王等，並輔以陰陽之論。其後之《仲春紀》與《季春紀》諸篇，多有論及養生，並討論生存意義，均與春天主生有一定關聯。這樣的思路，貫穿於《十二紀》之中，從春到冬，諸子思想都在天道運行之陰陽變化中被納入。這樣的思想圖象，為漢人開啟了一道大門，「天道」與「人道」可以互通，相應並貫通之，藉由「類」同而相應，再加上以「氣」為萬物生成之源，則天地四時與人事得以連結，[17] 天人符應也在此架構中得其理論基礎。

二、《淮南子》

《淮南子》原名《鴻烈》，又作《淮南鴻烈》、《淮南內篇》、《淮南王書》、《劉安子》等，西漢淮南王劉安與其幕下士人共同完成。劉安欲融合各家之說，論述帝王之道，為漢制法。書成於武帝建元三年（西元前 139 年）獻書，武帝甚愛秘藏，卻未依之行事。西漢末年，劉向校訂宮中藏書，稱此書為《淮南子》，列為「雜家」。東漢許慎和高誘皆注《淮南子》，其後二家注文相混。

與《呂氏春秋》相同，《淮南子》也試圖建立一個包羅天地萬物的思想體系，做為漢代施政的參考。《淮南子‧要略》言其書宗旨為：

是否興天下之利，此說近似於孟子論述國君廢立的標準在於是否行仁政，但孟子從仁民愛物的仁心立論，《呂氏春秋》則從天道運行的公私為論，兩者所據並不相同，然而國君的廢立茲事體大，此處所論仍希望國君以民為本。

[17] 因為人是由天所生，所以《呂氏春秋》將人與天地連結，借由「同類相召」，使人與天能感通。〈應同〉有云：「類固相召，氣同則合，聲比則應。鼓宮而宮動，鼓角而角動。」本段於〈召類〉重之。事物屬性相同即同類，可相互感召，同樣的，氣同聲應，皆是同類所致。「同類相召」應源自《周易‧文言》釋「乾卦」所云：「同聲相應，同氣相求。」以卦爻相應宇宙現象，同類相通。《呂氏春秋》中所論「同類相召」，其主旨為對君王的勸諫，在〈應同〉所言之「凡帝王者之將興也，天必先見祥乎下民。」天象出現祥瑞與災異之兆，反應統治者的施政是否依循天道。是故，「禍福之所自來，眾人以為命，安知其所。」此意味國之禍福，肇因於君王之施政，而非命定。這種天人相應之說，為漢人繼承並發揚，至《淮南子》與《春秋繁露》，有更縝密的論述。

> 夫作為書論者，所以紀綱道德，經緯人事，上考之天，下揆之地，
> 中通諸理，雖未能抽引玄妙之中才，繁然足以觀終始矣。

此說與《呂氏春秋・序意》所言：「上揆之天，下驗之地，中審之人。」
幾乎如出一轍，顯示兩書皆欲貫通天地人，兼綜萬物，以為天下之法。[18]
然《淮南子》較《呂氏春秋》更富思想一致性，不同於《呂氏春秋》依時
間（十二月）為線索編排，《淮南子》以「道」為核心，將時間與空間，
人與自然，全部整合為一。

　　《淮南子》全書共二十一篇，除〈要略〉為全書提要，其餘各篇皆有
主題，各為專論，如〈原道〉、〈道應〉論「道」；〈俶真〉論宇宙生成；其
餘各篇分論自然、人事、養生、政治等，最後為〈泰族〉，總論天人之
際，古今之變，以為治國之道。[19]《淮南子・要略》自評云：「劉氏之書，
觀天地之象，通古今之事。」能「統天下，理萬物，應變化，通殊類。」
從篇章結構安排，由天至人，從天地宇宙到人間諸事，包羅萬象中又井然
有序，可見著書之企圖與宏願。

　　《淮南子》論「道」與「事」合一，〈要略〉云：「言道而不言事，則
無以與世浮沉；言事而不言道，則無以與化遊息。」「道」為萬物運行的
原則，「事」則為具體的經驗事實，「道」指引「事」之行動，「事」則印
證「道」之原理。《淮南子》之「道」，近於老子所論，高誘敘本書云：

> 其旨近《老子》，淡泊無為，蹈虛守靜，出入經道。言其大也，則
> 燾天載地，說其細也，則淪於無垠，及古今治亂存亡禍福，世間詭
> 異瓌奇之事。其義也著，其文也富，物事之類，無所不載，然其大
> 較，歸之於道，號曰《鴻烈》。鴻，大也；烈，明也，以為大明道
> 之言也。

此敘說明《淮南子》之旨近《老子》，「道」為萬物運行之原則。《淮南

---

[18] 《淮南子》與《呂氏春秋》有繼承關係，宋代高似孫於《子略》論云：「觀《呂氏春
秋》，則淮南王書殆出於此者乎？」（引文見《呂氏春秋新校釋》（下）之《呂氏春
秋》考證資料輯要〉，陳奇猷校釋，上海：上海古籍，2002.4，頁 1851）此說已注意
兩書的繼承關係，文字有襲用之處。牟鍾鑒認為兩書有前後相繼、一以貫之的關係，
蓋主導思想都是道家，吸收了儒學；而且兩書同處於為統一的帝國確立統治思想時
期，甚至儒道互補的風格影響了魏晉玄學。（牟鍾鑒：《呂氏春秋與淮南子思想研
究》，北京：人民出版社，2013.3）

[19] 今本《淮南子》每篇末均有「訓」字，北宋蘇頌校《淮南子》謂高誘作注時，於每篇
加「訓」字，乃為注解之意。蔣禮鴻考辨古注引用《鴻南子》之例，謂「作訓者，後
人輒改之耳。」（《淮南子集釋》，何寧撰，北京：中華書局，1998.10，頁 1）本章所
引《淮南子》皆同，僅標篇名，不另作註）《淮南子・要略》引述諸篇名，亦無
「訓」字，故本章引《淮南子》之篇名，亦無「訓」字。

子》企圖以「道」貫古今，將儒、法與陰陽等思想吸收融入「道」，成為一套具實用價值的治世策略。

由於《淮南子》成於眾人之手，難免於不同篇章出現觀點不一的情形。書中論點的差異，正反映當時儒道思想對立，不同立場的學者，爭論政治運作的方式。[20] 基本上，道家主張無為而治，儒家強調禮樂教化，兩者有著根本的不同，而漢初黃老思想又吸收法家、陰陽家，呈現道法合流的樣貌。《淮南子》多引用《老子》、《莊子》，發揮黃老思想，又大量徵引《詩》、《易》、《禮》、《樂》與《春秋》，一方面意圖將儒家納入黃老思想之中，一方面又受儒家影響。大抵而言，《淮南子》試圖將「道」定位為宇宙創生的源頭，又是萬物運行的原則，而儒家、法家各家，都可在這個架構下，被「道」容納與吸收。

《淮南子》所論雖繁，然其所關心者，仍在治身與治國。[21]《淮南子・道應訓》中有一則紀事如下：

> 楚莊王問詹何曰：「治國奈何？」對曰：「何明於治身，而不明于治國？」楚王曰：「寡人得立宗廟社稷，願學所以守之。」詹何對曰：「臣未嘗聞身治而國亂者也，未嘗聞身亂而國治者也。故本任於身，不敢對以末。」楚王曰：「善。」故老子曰：「修之身，其德乃真也。」

此事亦見《呂氏春秋・審分覽・執一》，並引《老子》之言，意謂治國須先治身，治身為治國之本。這個觀點也同於黃老思想，流傳於漢初。《淮南子・原道》亦言：「天下之要，不在於彼而在於我，不在於人而在於我身，身得則萬物備矣！」將治國連結治身，並強調從治身做起。儒家也有相似的論點，如《大學》：「自天子以至於庶人，壹是皆以修身為本。」然而，儒家的修身是就德行言，且從修身至天下，須有擴而充之的工夫與過程，是漸進式的推衍。黃老之學與《淮南子》所言治身，則是指保養形神，愛精守氣，宣揚老子「見素抱樸，少私寡欲」的精神。如「神清志

---

[20] 《史記・老子韓非列傳》有云：「世之學老子者則絀儒學，儒學亦絀老子。」此云「世之學老子者」若包含黃老思想與韓非子，則從相斥的角度觀之，先秦至漢初，皆呈現這種情形。編著《淮南子》集合眾多學者，全書有整合儒道法的目的，以道為本，吸收儒法，可視為黃老思想的運作方式，從《呂氏春秋》便可見此端倪，故從儒道關係而言，儒道對立是一種現象，但是儒道融合也是另一種思想發展的傾向。關於秦漢之際的儒道關係，可參見拙作：〈秦漢之際以「本／末」對比論述儒道關係之考察——兼論徐復觀先生《兩漢思想史》論點〉，《東吳中文學報》，第 43 期，2022.5，頁 23-58。

[21] 將治身與治國合一，是戰國後期至漢初的一種思想傾向，此一觀點見於《管子》、《呂氏春秋》、《老子河上公章句》與出土文獻，基本上可視為黃老之學的特徵。

平，百節皆寧，養性之本也。」（〈泰族〉）「修勞而不休則蹶，精用而不已則竭。」（〈精神〉）養生養氣的理論與方式，與當時成仙長生之術有密切關係。

至於治身與治國合一的關鍵，在於「道」。因「道」既無我無為，故得以從治身的清心無欲，連結治國的無私無為。因此，如不節制私欲，則「縱欲而失性，動未嘗正也，以治身則危，以治國則亂。」（〈齊俗〉）另外，《淮南子》極言「無私」，謂「夫道者，無私就也，無私去也。」（〈覽冥〉）治國亦須公正無私，便是將治身之「節私欲」與治國之「無私」合一而論。〈詮言〉言「凡治身養性，節寢處，適飲食，和喜怒，便動靜，使在己者得，而邪氣因而不生。」延伸為「處尊位者，以有公道而無私說，故稱尊焉。」節制個人私欲，控制喜怒情感，以此為據，推導出「無私」的治國之法，這是《淮南子》論述治身與治國合一的方式。

在「無私」的基礎上，《淮南子》得以要求國君以天下為公，如〈主術〉讚揚「堯之有天下也，非貪萬民之富，而安人主之地位。」而能「身服節儉之行，而明相愛之仁，以和輯之。」其「為社稷，非有利焉。」強調堯之無私精神。〈修務〉亦言：「古之立帝王者，非以奉養其欲也。聖人踐位者，非以逸樂其身也。」天子是為天下百姓謀福，而非以天下為一己之私。既不以家天下，當以民為本，照顧百姓，故「食者，民之本也；民者，國之本也；國者，君之本也。」（〈主術〉）重視人民，使其安居樂業，是國君的責任。《淮南子》中多處論及君道，基本上以道家清靜無為之心為本，透過以民為本，連結儒家仁民愛物的精神，展現禮義教化的積極性，同時引進法家的法治規範，使社會政治有所依循，使有章法。

《淮南子》中的治國之術，一方面有黃老之學的「道體法用」，主張「無為」，又吸收法家之「法」、「勢」；另一方面也主張儒家仁義之教化精神，為民興利。儒法兩家的政治主張本相互牴觸，但《淮南子》藉由去除「法」的威嚇性而強調客觀性，並以重視人民的共同利益為基礎，將法與禮連結起來。〈主術〉開篇云：「人主之術，處無為之事，而行不言之教。清靜而不動，一度而不搖，因循而任下，責成而不勞。」君王「無為」，實則因任臣子之「有為」，人主為無為私，以「法」約制天下，這種論述方式，可追溯自韓非子，進而延續至黃老之學的道法合一。韓非子轉化老子的無為，主張以「法」的客觀普遍性，能制約臣民，臣子依法而行，故君王能隱其心志，使成「無為」。韓非之論，著重於嚴刑峻法，集權力於君王一身，使其能運用賞罰役使臣民；《淮南子》則不然，雖說「法者，天下之度量，而人主之準繩也。」（〈主術〉）卻申述「法籍禮義者，所以禁君，使無專斷也。」以及「人主之立法，先自為檢式儀表，故令行於天下。」（〈主術〉）國君須用法度治國，但法也同時約束國君，國君須以身

作則。《淮南子》雖肯定國君以法治國，以術御臣，但國君也須守法，而且君臣各有其責，兩者為「相對」的君臣關係，而非「絕對」的服從，此處應是吸收了孔孟主張君臣相待以禮的觀點。

相較於黃老思想的道法合一，《淮南子》還特別強調禮樂教化，肯定仁義之重要，〈主術〉謂：「國之所以存者，仁義是也；人之所以生者，行善是也。國無義，雖大必亡；人無善志，雖勇必傷。」以仁義為國之根本，與法相較，便有高下之分。〈泰族〉申論禮法之別，謂：

> 民無廉恥，不可治也；非修禮義，廉恥不立。民不知禮義，弗能正也；非崇善廢醜，不向禮義。無法不可以為治也；不知禮義，不可以行法。法能殺不孝者，而不能使人為孔、曾之行；法能刑竊盜者，而不能使人為伯夷之廉。……古者設法而不犯，刑錯而不用，非可刑而不刑也；百工維時，庶績鹹熙，禮義修而任賢德也。……其於化民也，若風之搖草木，無之而不靡。今使愚教知，使不肖臨賢，雖嚴刑罰，民弗從也。小不能制大，弱不能使強也。

僅以刑法，不足以治國，須行禮義教化，方使人民從善而不違法。換言之，人民有廉恥，知禮義，於根本處建立良善之社會風氣，不待刑法之約束節制，國家自然清平。因此，〈泰族〉謂：「治之所以為本者，仁義也；所以為末者，法度也。」並進一步申述「仁義者，治之本也。今不知事修其本，而務沼其末，是釋其根而灌其枝也。且法之生也，以輔仁義，今重法而棄義，是貴其冠履而忘其頭足也。」本末既明，仁義為主，律法為輔，施政之輕重次序當依循之。《淮南子》以本末架構連結禮法，結合儒家與法家。實際施政時，以仁為本，以禮義教化，法為輔助，甚至備而不用。至於國君之治術，以無為為旨，臣子執行之，此為黃老精神。《淮南子》試以「道」貫通儒法，呈現其兼綜之旨。

第三節 諸子思想興衰

戰國後期至漢初，隨著政治局勢的變化，原本諸子爭鳴，相互論辯的情形，各有興衰發展之勢。據《漢書・藝文志》的著錄，從秦至漢初，除了墨、名兩家，各家思想均有著作，而墨、名兩家無漢人之作，兩者於漢代隱沒不顯。儒家經典雖經秦火，仍有傳承，並於漢初復興，唯儒家思想吸收道、法，甚至融合陰陽五行，成為有別於先秦家的漢代儒家思想。道家與法家結合，產生黃老道家，並於漢初盛行，另外，道家養生觀念為秦漢方術士吸收，形成兩漢神仙方術與養生醫學的理論基礎。陰陽家自戰國後期興起，傳承陰陽五行思想，並與人事結合，逐漸形成理論架構完整的

宇宙人生觀，影響漢代思想。以下分述之。

一、儒家──陸賈、賈誼

先秦儒家於秦朝受到迫害，許多儒生因而隱匿，至漢初始復出。秦漢之際有儒生叔孫通倡禮制，秦二世因其奉承拜為博士，後降漢，為高祖制定朝儀，亦為博士。[22] 基本上，儒學於漢初的發展，以先秦儒家為本，吸收道、法，為實際施政之用進行調整，也反映當時思想合流的趨勢。

漢初儒家，可以陸賈、賈誼為代表。陸賈於漢初兩次出使南越，又策劃誅呂氏，迎立文帝，頗有事功。陸賈是漢初重要朝臣，他曾答辯高祖質疑詩書之用，其事記於《史記‧陸賈列傳》：

> 陸生時時前說稱詩書。高帝罵之曰：「乃公居馬上而得之，安事詩書！」陸生曰：「居馬上得之，寧可以馬上治之乎？且湯武逆取而以順守之，文武并用，長久之術也。昔者吳王夫差、智伯極武而亡；秦任刑法不變，卒滅趙氏。鄉使秦已并天下，行仁義，法先聖，陛下安得而有之？」高帝不懌而有慚色，乃謂陸生曰：「試為我著秦所以失天下，吾所以得之者何，及古成敗之國。」陸生乃粗述存亡之徵，凡著十二篇。每奏一篇，高帝未嘗不稱善，左右呼萬歲，號其書曰「新語」。

陸賈論述常稱引《詩》、《書》，傳承儒家經典。然高祖對儒家的態度是輕蔑的，認為以儒家之論不足以取天下，陸賈順勢陳述「得」與「治」之別，並以「逆取／順守」之對比，說明「行仁義」之重要。陸賈提出的「逆取順守」，為漢朝「文武並用」的施政方式定下基調，也形塑儒學具長治久安的的能力。[23]

---

[22] 高祖始定天下，去秦之嚴苛儀法，但「群臣飲酒爭功，醉或妄呼，拔劍擊柱，高帝患之。叔孫通知上益厭之也，說上曰：『夫儒者難與進取，可與守成。臣願徵魯諸生，與臣弟子共起朝儀。』」（《史記‧叔孫通列傳》）叔孫通看準高祖「患之」、「厭之」的心理，建議制定朝儀，「采古禮與秦儀雜就之」。歷經兩年準備與演練，於長樂宮落成時，正式執行。百官列隊，依尊卑次序行禮，「御史執法舉不如儀者輒引去。竟朝置酒，無敢讙譁失禮者。於是高帝曰：『吾乃今日知為皇帝之貴也。』」（《史記‧叔孫通列傳》）高祖藉朝儀建立統治之權威，以尊卑次序確立階級，從而使漢代帝國之帝王專制得以穩定發展。叔孫通歷事諸君，後世或謂其投機阿諛，但無損其「起朝議」之歷史意義。新的「朝儀」雖混合「秦儀」，但為與秦朝區隔，實以儒家的「禮」為主，使得儒家得以參與統治，為之後儒學的發展奠下基礎。

[23] 林聰舜謂陸賈之「逆取順守」觀念，使儒學的仁義倫理教化，成為穩定漢朝帝國統治

　　《新語》各篇，皆為回答高祖的提問：「秦所以失天下」，而高祖「所以得天下」的原因。陸賈認為，秦朝敗亡的最大關鍵，在於任刑太過，「秦非不欲為治，然失之者，乃舉措暴眾，而用刑太極故也。」（《新語・無為》）這個觀點，是漢初諸儒一致的主張。[24] 從秦亡之教訓，陸賈的反省即在於矯正刑法之嚴苛，除了減省刑度，還倡言「仁義」，以儒家的倫理教化，做為施政的基礎。陸賈主張「重德輕刑」，其言：

> 天地之性，萬物之類，懷道者眾歸之，恃刑者民畏之，歸之則附其側，畏之則去其域。故設刑者不厭輕，為德者不厭重，行罰者不患薄，布賞者不患厚，所以親近而致疎遠也。（《新語・至德》）

比較「德／刑」兩者，德政使民歸，刑罰使民畏，統治者須順從百姓的心理施政。陸賈並將此觀點連結天地，意味此乃天經地義，不能違逆天道。

　　陸賈於《新語・道基》提出先聖觀天道而成人倫之理，將人與天地連結，接著以歷史進程論述，言先王教人民耕種紡織，製作器物，從原始田獵進入文明生活。復因人民為求生存而有爭奪，故聖人制定罰則加以約束，並設庠序之教，使明人倫。從「民生」至「刑罰」，再進而至「教化」，此即統治者治天下之法，照顧百姓生計，以教化得人心，以律法定秩序，最重要的是行仁義之政。故「聖人懷仁仗義，分明纖微，忖度天地，危而不傾，佚而不亂者，仁義之所治也。」（《新語・道基》）陸賈從五經六藝闡發行仁義之政的重要，並以仁義言君臣關係，提升儒家之學的重要性。

　　然而因應漢初局勢所需，以及諸子融合的趨勢，陸賈並不局限於儒家的仁義之政，而將儒家之教化比擬成一種「無為」的影響，認為虞舜治天下，周公治禮樂，皆是德行感化人民，「是以君子尚寬舒以苞身，行中和以統遠；民畏其威而從其化，懷其德而歸其境，美其治而不敢違其政。民不罰而畏罪，不賞而歡悅，漸漬於道德，被服於中和之所致也。」（《新語・無為》）不以刑罰威嚇，不用獎賞利誘，而以教化治民，此「中和」即「無為」而治。陸賈此說，看似闡發孔子之言：「無為而治者，其舜也與？夫何為哉？恭己正南面而已矣。」（《論語・衛靈公》）但畢竟不同於孔子言道德政治之仁禮合一，陸賈所言之仁義更多表現在要求統治者如何

的深層機制。雖「放棄了以仁義取天下的先秦舊說，反而使儒學變成具有現實感，能對帝國迫切需要的治國方略提供具競爭力的建言。」（林聰舜：《漢代儒學別裁：帝國意識形態的形成與發展》，臺北：國立臺灣大學出版中心，2013.7，頁 55）

[24] 如賈誼批評秦政之失為「廢王道而立私愛，焚文書而酷刑法，先詐力而後仁義，以暴虐為天下始。」（賈誼《新書・過秦中》，《史記・秦始皇本紀》引之）而晁錯復文帝之詔策，言秦之失，亦在「妄賞以隨喜意，妄誅以快怒心。法令煩憯，刑罰暴酷，輕絕人命，身自射殺。天下寒心，莫安其處。」（《漢書・爰盎晁錯傳》）

體恤人民，效法先聖，合於天道。

因陸賈所論為因應漢初的情況，故其「無為」實有與民休息的意味，並有限度的實施刑法，著眼於解決實際的政治問題。《新語‧至德》描繪了一個理想的政治藍圖，其言：

> 是以君子之為治也，塊然若無事，寂然若無聲，官府若無吏，亭落若無民，閭里不訟於巷，老幼不愁於庭，近者無所議，遠者無所聽，郵驛無夜行之吏，鄉閭無夜名之征，犬不夜吠，烏不夜鳴，老者息於堂，丁壯者耕耘於田，在朝者忠於君，在家者孝於親；於是賞善罰惡而潤色之，興辟雍庠序而教誨之，然後賢愚異議，廉鄙異科，長幼異節，上下有差，強弱相扶，小大相懷，尊卑相承，鴈行相隨，不言而信，不怒而威，豈恃堅甲利兵、深刑刻法、朝夕切切而後行哉？

在這個至德之治的世界中，看似具有《老子》八十章的鄰里不相聞的樣子，但是又兼有君臣父子的人倫關係的忠孝精神，輔以賞罰規範，又有學校教育。這種混合儒道法的論政方式，是為當時政治所需，陸賈之《新語》旨在提供高祖施政參考，所論皆為政治問題，未有完整理論建構，論證方法亦顯簡略，但其中顯示漢初的思想面貌，於儒道競爭中，又有融合趨勢。

另一儒生賈誼，其學亦為融合儒法，然後世亦因而惑於其定位。司馬遷於《史記‧自序》論漢初思想大勢，謂：「自曹參薦蓋公言黃老，而賈生、晁錯明申商，公孫弘以儒顯。」將賈誼與晁錯同列為「明申商」，將賈誼定為法家，然《漢書‧藝文志》卻將賈誼著作歸於儒家，司馬遷與班固顯有不同。若以《新書》為據，賈誼於政治主張以禮為主，以法為輔，透過中央集權與分明階級，建立社會秩序。他還以道家論道之創生過程，從六理、六法，落實至六術與六藝，連結「道」與「術」，形成一個具有形上至形下的系統。賈誼的思想融合儒道法三家，從重禮制，行仁義的角度言，應屬儒家，至於吸收道、法，則為漢初思想融合的樣貌。

賈誼年少即才學過人，[25] 司馬遷於《史記‧秦始皇本紀》引其〈過秦論〉，《漢書‧賈誼傳》錄其上疏議論時政的〈治安策〉，皆收於今存之《新書》。賈誼批評秦王「仁義不施，而攻守之勢異也。」（《新書‧過秦上》）此一論點同於陸賈，賈誼也從秦亡之教訓，申述嚴刑峻法之不當，

---

[25] 《史記》將賈誼與屈原同傳，以賈生著〈吊屈原賦〉，同為懷才不遇，且贊賈生才學。文帝以其通諸子百家之書，召為博士，「是時賈生年二十餘，最為少。每詔令議下，諸老先生不能言，賈生盡為之對，人人各如其意所欲出。諸生於是乃以為能，不及也。」（《史記‧屈原賈生列傳》）

而推論合理穩固的政權，需要行仁義與建立禮制。但是賈誼並未全盤否定法之功效，而肯定法之規範能確立社會整體秩序，賞罰亦能約束人民行為。《新書‧制不定》言：「仁義恩厚，此人主之芒刃也；權勢法制，此人主之斤斧也。勢已定權已足矣，乃以仁義恩厚因而澤之，故德布而天下有慕志。」此處以「斧／刃」喻「法／仁」，強調先後次序，言明國家之長治久安，有賴君王行仁義之政。是以，秦朝滅亡的主因並非刑罰，而在於「秦王懷貪鄙之心，行自奮之智，不信功臣，不親士民。廢王道而立私愛，焚文書而酷刑法，先詐力而後仁義，以暴虐為天下始。」（《新書‧過秦中》）秦王暴虐，自私冷酷，才造成秦朝於短時間傾覆。

除了期待聖王行仁義之政，賈誼更企圖以「禮」建立社會共同規範，他明確地指出：「道德仁義，非禮不成。」（《新書‧禮》）即「禮」是落實仁義的具體制度，而此制度依從倫理關係，各有其理，各分其職。他說：「古者聖王，制為列等。」（《新書‧階級》）使社會組織有其條理，「等級分明」。強調禮制，使皇權定於一尊，又明定中央地方官制，眾建諸侯而少其力，得以因應漢初的政治時局。除了官職的建立，賈誼還從「禮」之影響論及教育問題，提倡禮教移風易俗的功效。賈誼區分「禮／法」，他於〈治安策〉（〈陳政事疏〉）云：

> 夫禮者禁於將然之前，而法者禁於已然之後，是故法之所用易見，而禮之所為生難知也。若夫慶賞以勸善，刑罰以懲惡，先王執此之政，堅如金石，行此之令，信如四時，據此之公，無私如天地耳，豈顧不用哉？然而曰禮云禮云者，貴絕惡於未萌，而起教於微眇，使民日遷善遠罪而不自知也。（《漢書‧賈誼傳》）[26]

「禮／法」於此有一先後次序，通過教育，人與人的關係基於互信互助，人民依禮而行，法僅備而不用，社會即有其秩序。然而先王不廢法，以其公而不私，故以禮為主，以法為輔，是賈誼理想的政治形式。

賈誼還從禮制之建立，重整貧富差距，透過重農抑商的方式，解決飢貧與詐欺等社會問題。[27] 他說：「今去淫侈之俗，行節儉之術，使車輿有度，衣服器械各有制數。制數已定，故君臣絕尤，而上下分明矣。」（《新書‧瑰瑋》）蓋經濟混亂將演變成政治問題，故賈誼主張依禮節制富商大

---

[26] 以上文字與《禮記‧禮察》中一段全同。《漢書》所載賈誼奏疏，以及《新書》五十八篇，除文中徵引者，文字段落與先秦典籍重出甚多。除了校刊考訂，此重出情形，亦反映漢初思想匯合的現象。可參見《〈新書〉與先秦兩漢典籍重見資料彙編》，何志華等編，香港：香港中文大學，2007.9。

[27] 賈誼關於經濟的主張，可參見《新書》中〈服疑〉、〈瑰瑋〉，以及《漢書》本傳所引〈治安策〉與〈食貨志〉中所摘錄相關言論。

賈。將禮應用於經濟方面，可謂上承荀子，[28] 而禮制兼有法的作用，又不如法之嚴苛，也是漢初儒者普遍重禮的用意。

《新書》中有一篇〈道術〉，說明人君以道接應萬物，方能政通人和，除了論政，而賈誼還將此一政治理論賦予形上學的意涵。其云：

> 道者，所從接物也。其本者謂之虛，其末者謂之術。虛者，言其精微也，平素而無設施也。術也者，所從制物也，動靜之數也。凡此皆道也。

賈誼將「道」分解成「虛／術」，而以「虛」為本，「術」為末。老子以「虛」為「道」之性質，消解萬物之變，或能容納萬物；然老子不言術，言術者為法家，亦為黃老之學所稱述。賈誼以老子「道」為「本」，以法家「術」為「末」，連結道法，又以禮制為「術」之內容，將儒道法熔於一爐。以「本／末」區別本質與現象，又使兩者連結為一體，藉以解釋事物的變與不變，已具有形上學的雛型。[29] 另外，《新書・六術》將十二月分以陰陽，各六月，謂「德有六理」，六理生六法，「六法藏內」，「外遂六術」，進而衍為「六藝」。此一連結，具有道家以道創生萬物的過程，除了具宇宙論的性質，亦與其「虛／術」的本末論相合，在漢初諸子思想融合的趨勢中，具有理論深度。此外，賈誼重視數字「六」，不同於當時以陰陽五行立說，於漢初僅見，亦是其特殊之處。

二、道家（黃老道家）

先秦道家於秦漢之際，有一黃老道家的思想興起，「黃老」之名始自漢人，《史記》多有之，似與「道家」混用。司馬談於〈論六家要旨〉言

---

[28] 徐復觀指出荀子把禮應用至經濟，賈誼繼承之，認為：「賈誼所突出的禮的思想，又是受荀子的禮的思想，而繼續向前發展的。」（徐復觀：《兩漢思想史》卷二，臺北：臺灣學生書局，1990.2，頁 140）提出賈誼禮學上承荀子，前人多有論及。如汪中以為賈誼「固荀氏再傳弟子也，故其學長於禮。」（汪中：〈賈誼新書序〉，《新編汪中集》第四輯，揚州：廣陵書社，2005.3，頁 423）饒宗頤謂：「賈長沙之學，於荀卿為再傳。」（饒宗頤：〈賈誼研究序〉，載《賈誼研究》，陳炳良等撰，香港：求精印務公司，1969，頁 1）

[29] 以「本／末」架構論事，秦漢之際多見，如《呂氏春秋・孝行覽・孝行》云：「凡為天下，治國家，必務本而後末。所謂本者，非耕耘種殖之謂，務其人也。務其人，非貧而富之，寡而眾之，務其本也。務本莫貴於孝。」論治國以孝為本。而《淮南子・泰族訓》：「治之所以為本者，仁義也；所以為末者，法度也。凡人之所以事生者，本也；其所以事死者，末也。本末，一體也；其兩愛之，一性也。」《淮南子》以仁義為本，以法為末，結合儒法。這些文獻所見，多藉「本／末」對比立論，取其相對之意，尚未有具形上學意義。

「道家」的思想特質是「採儒墨之善，撮名法之要」，與先秦老莊思想有別，更多是指「黃老」。司馬遷將申不害、韓非子與老莊合傳，並言其學本於黃老，又謂：「慎到，趙人。田駢、接子，齊人。環淵，楚人。皆學黃老道德之術，因發明序其旨意。」（《史記・孟子荀卿列傳》）這些法家人物，在漢人眼中，與先秦道家關係密切。韓非子吸收老子之「道」，將老子思想之守柔不爭，清靜無為的治道，轉而為法家權謀之術，雖不合老子之意，但也開啟道法合流的方向。從天道論治道，從心術論治術，成為「刑名」的根源，是黃老思想中道法連結的關鍵。《管子》與馬王堆帛書《黃帝四經》，皆言治身治國合一，以「道」統合治術，強調明法、尊君，尚刑名之學，論治身則以精氣言形神，兼揉道法，擷取陰陽。此一學派，為戰國後期發展出的黃老思想，結合道法，一直延續至漢初。關於黃老思想，下一章將詳論之。

三、陰陽家以及「陰陽」觀念的起源與變化

陰陽家思想於戰國末年始興，至漢代成為顯學。「陰／陽」語詞起源甚早，本指「暗／明」，後來逐漸成為萬物相對分別用語而概念化，具有哲學中宇宙論與本體論的意義。徐復觀先生從文字起源考察「陰」、「陽」兩字，並引用《詩》、《書》等文獻之使用，說明会、昜二字為陰、陽的本字，兼意與聲。「会」為雲覆日，「昜」為日出照地，前者陽暗，後者明朗。春秋時發展成陽陰二氣，與風雨晦明構成六氣，在天地之間運行，之後逐漸突出於其他四氣，成為天文研究的重要對象。至戰國時期，陰陽觀念透過對《周易》的解釋，形成儒家易傳的系統，復影響道家，始成宇宙創生萬物的變化模型。[30]《老子》論述天地創生萬物，由簡而繁的過程，「陰／陽」具相對性，也是萬物運行的規則與動能。《莊子》多見陰陽氣論，《荀子》、《韓非子》也多以陰陽解釋天地運行的規律，其他先秦文獻也多可見「陰陽」一詞之使用。

從春秋至戰國時期，陰陽觀念有兩個重要進展，其一，陰陽與「氣」結合，形成「氣」的兩種基本元素，並成為宇宙萬物構成的基礎。其二，陰陽從相對的概念，發展出相輔相成以及往復運行的關係，成為宇宙萬物運行的規律。前者構成天地創生萬物的宇宙論內容，為兩漢氣論以及天人相應的論述基礎。至於後者將「陰陽」概念化，形成具本體論意義的原理，《老子》、《易傳》皆可見得。這兩個方向，於進入秦漢時，有所消長，具創生義的陰陽觀念，進一步結合人事，使天人關係更為緊密。這個

---

[30] 徐復觀：〈陰陽五行及其有關文獻的研究〉，收入《中國人性論史》，臺北：商務印書館，1999.9。

發展的關鍵，鄒衍應為代表。[31] 鄒衍將陰陽五行與人事結合，成為解釋人事的理論，之後愈發流行。《呂氏春秋・知分》云：「凡人物者，陰陽之化也。陰陽者，造乎天而成者也。」由於人與萬物同源，皆由天地所生，陰陽所化，因此天人相應，人與物也彼此相通感。這種說法，漢初《春秋繁露》加以發揚，並結合「五行」，使自然秩序的陰陽五行，成為人事的價值根源，建構出天人感應理論。

鄒衍之書不傳，《漢書・藝文志》著錄《鄒子》49 篇和《鄒子終始》56 篇，皆亡佚。鄒衍之論難詳，先秦文獻幾乎未記其人，僅《韓非子・飾邪》提及鄒衍事燕國，信其蓍龜之術而亡國。至於《史記》則謂鄒衍主張「陰陽」之論，《史記・封禪書》云：「騶衍以陰陽主運顯於諸侯，而燕齊海上之方士傳其術不能通，然則怪迂阿諛苟合之徒自此興，不可勝數也。」此處言鄒衍所主張的陰陽之術，本為政治運作理論，其後之方士衍為長生之術，或附會鄒衍，可視為鄒衍學說的一個發展方向。然鄒衍所主張之「陰陽」為何？《史記・孟子荀卿列傳》記之如下：

> 騶衍睹有國者益淫侈，不能尚德，若《大雅》整之於身，施及黎庶矣。乃深觀陰陽消息而作怪迂之變，〈終始〉、〈大聖〉之篇十餘萬言。其語閎大不經，必先驗小物，推而大之，至於無垠。先序今以上至黃帝，學者所共術，大并世盛衰，因載其禨祥度制。推而遠之，至天地未生，窈冥不可考而原也。先列中國名山大川，通谷禽獸，水土所殖，物類所珍，因而推之，及海外人之所不能睹。稱引天地剖判以來，五德轉移，治各有宜，而符應若茲。以為儒者所謂中國者，於天下乃八十一分居其一分耳。中國名曰赤縣神州。赤縣神州內自有九州，禹之序九州是也，不得為州數。中國外如赤縣神州者九，乃所謂九州也。於是有裨海環之，人民禽獸莫能相通者，如一區中者，乃為一州。如此者九，乃有大瀛海環其外，天地之際焉。其術皆此類也。然要其歸，必止乎仁義節儉，君臣上下，六親之施，始也濫耳。王公大人初見其術，懼然顧化，其後不能行之。

據本段所述，鄒衍之作，大抵似博物地理志，然其著述目的，仍為提出一套政事治理方式，供統治者運用。其採用的方法，為「深觀陰陽消息」，將抽象的陰陽符號與現實界連結在一起，推及萬物之原。此一連結，具體表現在「五德終始」和「大九州」之說，前者言統治之更迭，後者詳地理方位，分從時空論之。值得注意的是，總結鄒衍之說，「必止乎仁義節

---

[31] 鄒衍，戰國後期齊國人，後於孟子，其事記於《史記・孟子荀卿列傳》。鄒衍遊學稷下，與稷下黃老之學的關係密切。《史記》用「騶」字，本義為駕御養馬之人，而「鄒」為周代諸侯國名，《說文解字注》云：「周時作鄒、漢時作騶者。古今字之異也。」本文以「鄒衍」行文，引用《史記》時，依原文作「騶」。

儉」,「仁義」為儒家主張,「節儉」雖是墨子所強調,老莊亦去奢知足之說。而鄒衍真正的目的,在於明「君臣上下」,透過「五德轉移」之說,使「治各其宜」。這樣的論述,再輔以稷下之學多為融會道、法,為漢初黃老之學的濫觴,可見鄒衍之學亦具有融合諸子的現象。

將「五行」結合人事,自戰國後期已見,[32] 鄒衍以「五德終始」釋帝王相代的歷史觀,為秦所用,影響後世。《呂氏春秋・應同》中詳述黃帝色黃屬土,大禹色青為木,商湯色白事金,文王色赤則火,代火者為水,其色黑,故秦始皇以黑色為尚,意為得天命而代周德。漢高祖以為秦非正朔,漢應為水德,武帝時又改為土德。不論君王的動機為何,將帝王朝代相應於五行,以解釋政權移轉,一來提高了國君的地位,具有君權神授的意味;二來以「客觀」的自然規則說明政權移轉的必然性,相對削弱了人的自覺精神。

鄒衍之後,有鄒奭「亦頗採騶衍之術以紀文」。然而「騶衍之術,迂大而閎辨,奭也文具難施。」(《史記・孟荀列傳》)另外,《史記・封禪書》記:「自齊宣王之時,騶子之徒,論終始五德之運。及秦帝,而齊人奏之,故始皇採用之。」可見鄒衍之學有所傳承發展。由於五德終始之說涉及天文曆法,以為政事農時皆有所循。《漢書・藝文志》謂:「陰陽家者流,蓋出於羲和之官,敬順昊天,歷象日月星辰,敬授民時,此其所長也。及拘者為之,則牽於禁忌,泥於小數,舍人事而任鬼神。」陰陽之說合於天文星象,並引之為人事政治,與黃老之學言天道運用於人道有相通之處。[33] 故鄒衍陰陽學說發展,與黃老之學有密切關係,對漢代學術有重大影響;另外,陰陽學說為方術士所用,漢代陰陽五行思想瀰漫,神仙方

---

[32] 應出於稷下的《管子》,其中〈五行〉云:「通乎陽氣,所以事天也。經緯日月,用之於民。通乎陰氣,所以事地也。經緯星曆,以視其離。……五聲既調,然後作立五行,以正天時。五官以正人位,人與天調,然後天地之美生。」通過陰陽二氣,可以事天地。《管子》另有〈四時〉篇,將陰陽五行與四時結合,說明刑德政令,須與四時相合,提供統治者施政之依據。

[33] 將天文曆象與人事結合,是兩漢天人相應思想的重要面相。漢人以五行方位畫分天文地理,使成井然有序的對應關係,此一宇宙觀構成大一統政治的基礎。太史公有云:「自初生民以來,世主曷嘗不歷日月星辰?及至五家、三代,紹而明之,內冠帶,外夷狄,分中國為十有二州,仰則觀象於天,俯則法類於地。天則有日月,地則有陰陽。天有五星,地有五行。天則有列宿,地則有州域。三光者,陰陽之精,氣本在地,而聖人統理之。」(《史記・天官書》)因星辰與地理對應,可藉由觀星象以明人事,此即《周禮・春官宗伯》記周代置保章氏,其職為:「掌天星,以志星辰日月之變動,以觀天下之遷,辨其吉凶。以星土辨九州之地,所封封域皆有分星,以觀妖祥。」《淮南子・天文訓》、《史記・天官書》與《漢書・地理志》記有二十八星宿所對應的漢代自九州演變為十二州的位置,日月星辰依時序運行,行經路線方位皆有一定。

術盛行，與陰陽家亦有關連。《漢書‧藝文志》於諸子略、兵書略與數術略中著錄陰陽家有 68 家、1270 卷，此數量超過全部著錄總數十分之一，可見陰陽家之風盛。司馬談於〈論六家要旨〉評「陰陽之術，大祥而眾忌諱，使人拘而多所畏；然其序四時之大順，不可失也。」此陰陽之術，能預言吉凶，顯示祥瑞災異，此能力似有神巫色彩，故為人所懼，同時也說明了陰陽之術與神仙方伎有一定關係，在兩漢時期成為重要的思潮。

小結

先秦諸子面對禮壞樂崩，戰爭頻仍的情況，對於統治者，施政方式，以及政治社會組織，提出各種因應之道。這些不同的論述，希望解決政治問題，也論及人性，生命來源，以及人與大自然的關係。就思想史而言，諸子因各自主張不同而多有論辯，復因論辯而相互接觸影響。此外，各家學說也在傳承中分裂繁衍，開枝散葉的同時，亦增加學派內外的交流，而導致相互吸收。分裂與融合，不是斷然二分，而是動態的相互影響。學術發展有趨同的傾向，政治上也朝向大一統的局勢。在內外因緣下，戰國晚期出現思想融合的現象，一方面思想家有意識地吸收各家之長，如荀子、韓非子等；另一方面出現綜合式的論著，如《呂氏春秋》，思想融合的現象，延續至漢初。

戰國後期還興起陰陽五學說，將宇宙與人事連結。陰陽與五行各有起源與傳承，鄒衍合兩者為論，並引為人事之理，此說逐漸盛行。《呂氏春秋》以陰陽五行為基礎，從成書篇章的形式與內容安排，建構一個貫通天地人的思想體系，漢初《淮南子》與《春秋繁露》承之。[34] 陰陽五行深入兩漢人的思維，成為漢代思想的基礎。漢人的宇宙圖像，是井然有序的完整結構，天文星象，地理山川，四時節氣，以及人事萬物，皆在陰陽五行的架構下妥適安排，且循陰陽五行運行之法則，動靜有序。

由於漢初施政為避之失，行黃老之術，自漢高祖到景帝，六十餘年。武帝雖立五經博士，黃老之術仍延續，流傳於東漢且著書年代或可上推自西漢的《老子道德經河上公章句》，即是黃老學的重要文獻。書中強調

---

[34] 關於三書的關係，學界多有論述。李澤厚認為把「人」與「天」連結為統治階層提供理論體系，「若果說《呂氏春秋》是建構這種體系的第一步；那麼從邏輯上講，《淮南鴻烈》是第二個理程碑。」而董仲舒「在精神實質上繼承前述《呂氏春秋》開拓的方向，竭力把人事政治與天道運行附會而強力地組合在一起。」（李澤厚：《中國古代思想史論》，臺北：三民書局，1996.9，頁 147、150）陳麗桂以黃老思想為軸，認為源於戰國的黃老思想在秦漢愈趨成熟，先有《呂氏春秋》，後有《淮南子》使其理論完備，《春秋繁露》承繼之。（陳麗桂：《秦漢時期的黃老思想》，臺北：文津，1997.3）

「天道」與「人道」相通,「治國」與「治身」相同,除了反映黃老學,亦是兩漢「天人相應」的另一個重要參照。此外,黃老學與神仙方術,以及修煉長生之學亦有關聯,是東漢後期道教興起的源頭。

武帝推行儒術,唯此「儒術」不同於先漢孔孟儒學,雜有法家與陰陽五行之術,並以「經學」為其發展之樣貌,以今文經與古文經衝突與融合呈現,甚至發展出讖緯之學。自西漢末興起讖緯,以災異符命、機祥推驗之說解釋經典。隨著讖緯之說發展,反對讖緯之批判思想亦同時出現,自西漢末至東漢,桓譚、鄭興、賈逵、王充、張衡等人,皆反對讖緯。這些不同論述,彼此相互影響,前後關連,構成兩漢思想史的樣貌。

第十一章 黃老學——《黃帝四經》

漢初盛行「黃老」學，若溯其源，應形成於戰國中期，逐漸發展至漢初達於高峰。[1] 黃老學為老子學說發展的一種形式，以老子道論為核心，結合法家治術，形成道法合流的新思想。除了道法結合，黃老學亦吸收儒、墨與陰陽諸家思想，形成具實效的治國之術，亦可視為戰國後期諸子思想交流與融合趨勢的產物。

漢初黃老學極盛，尤其自惠帝至武帝時竇太后去世（建元六年）約六十年間，堪稱黃老之治的時期。黃老之所以盛行，與時代背景有關，蓋秦漢之時戰事頻仍，社會動盪，人民死傷無數，故漢初施政方針為與民休息，以恢復元氣。司馬遷於《史記・呂后本紀》曰：「孝惠皇帝、高后之時，黎民得離戰國之苦，君臣俱欲休息乎無為。」歷經戰亂，天下必須休養生息，為漢初行黃老之治的重要原因。除此之外，漢初以秦為鑒，咸認為秦亡之主因為刑罰太過，賦斂繁重，秦朝施政不當，大失民心，幾成漢初學者共識。[2] 秦國變法甚早，初始紀律嚴明，迅速提昇國力，進而攻滅諸國。然而大一統之後舉措失當，暴起暴落，國祚甚短。對於漢初統治階層與知識份子而言，反省秦法之失，是極為重要的課題。故主張清靜無為的黃老思想成為主流，一方面為漢初儲備國力，一方面矯正秦法嚴苛之弊。

---

[1] 黃老思想成於何時，學界有不同看法。丁原明將黃老之學區分為戰國與秦漢兩個階段，第一個階段是黃老學的形成時期，第二個階段是應用時期。且戰國時期的黃老學有兩個形成中心，一是楚國，為南方黃老學；一是齊國，為北方黃老學。先產生於南方楚地，再發展於齊，並於漢初合流。（丁原明：《黃老學論綱》，濟南山東大學出版社，1997.12）若從《史記》中提及學黃老之術的申不害、田駢、接子等，皆為戰國中後期人，黃老學最遲應於戰國中期便已生成。

[2] 漢初學者不論立場，一致批評秦朝施政。如陸賈謂：「秦以刑罰為巢，故有覆巢破卵之患。」（《新語・輔政》）又謂：「秦非不欲為治，然失之者，乃舉措暴眾，而用刑太極故也。」（《新語・無為》）賈誼也批評秦二世：「壞宗廟與民，更始作阿房之宮；繁刑嚴誅，吏治刻深；賞罰不當，賦斂無度。天下多事，吏弗能紀；百姓困窮，而主弗收恤。」（《新書・過秦論》）文帝時，賈山言治亂之道，以秦為喻，其言：「貴為天子，富有天下，賦斂重數，百姓任罷，赭衣半道，群盜滿山，使天下之人戴目而視，傾耳而聽。」（《漢書・賈鄒枚路傳》）另外，韓嬰、鼂錯與張釋之等，皆有評判秦朝的言論。張立文指出漢人對秦朝的批判有四大方向：（一）政治制度，主要對郡縣制的指責；（二）亂政虐刑，殘害人民；（三）吏治腐敗與趙高、李斯弄權；（四）箝制思想的文化政策。（張立文：《秦始皇評傳》，臺北：里仁書局，2000 .11，頁 391-399）然而，漢人以秦為鑒的論政方式，或有借古喻今，或有批秦以明漢興的政治目的，仍需明辨之。

　　然而，漢承秦制，於律法、官制、正朔、服色、財計等制度，皆沿襲秦朝。《史記・歷書》記漢興之初，「是時天下初定，方綱紀大基，高后女主，皆未遑，故襲秦正朔服色。」叔孫通受高祖之命制定朝儀，以秦制為基礎。[3] 至於高祖入關之時，以示寬大的「三章」，未能約束眾人，蕭何另承秦法而作「九章」，才是漢代刑律的基礎。此外，文帝與景帝治國雖欲寬緩，然文帝重法，景帝任酷吏，皆有嚴苛一面。由此觀之，漢初戒慎於秦代嚴刑峻法，卻又必須以法制治國，黃老思想的道法合一精神，最能適合漢初之政治需求。黃老學除了清靜無為，與民休息，亦有統治之術與控制臣民之法，使得黃老思想能以矯正秦法過嚴，為官方所倡，但實際執政又不離於法，藉以維繫君權與中央集權，為漢代大一統的政治形態提供一套得以依循的理論。

　　從思想史而論，黃老思想約於戰國中期興起，因「道」的兼容性質，能融會諸子，尤其是以法釋道，「道」為中心主旨，道為體，法為用，具有道法結合的特色。黃老學的理論成形與興盛，與齊國稷下學宮有密切關係，再經稷下得以傳播發展，影響至漢初。以下分論「黃老」之意義與文獻，以及黃老學的理論重點。

第一節 「黃老」釋義

　　「黃老」一詞，不見於先秦文獻。《史記》中多用之，可見合「黃」、「老」兩字而成「黃老」，應成於漢初。「黃老」之名，東漢王充云：「黃者，黃帝也；老者，老子也。」(《論衡・自然》)「黃」指「黃帝」，「老」為「老子」，應無疑義。[4]「老子」代表一種於先秦流傳的思想，以「道」為萬物本源，先秦文獻多見「老子」之名。然而，「黃帝」則是以一個歷史的、文化的始祖形象出現，並無任何具體的思想內容。換言之，「黃帝」這個詞彙在先秦時期，只是一個符號，原是個神話傳說的人物，之後

---

[3] 《史記・禮書》論禮制變革，謂高祖之時，「光有四海，叔孫通頗有所增益減損，大抵皆襲秦故。自天子稱號下至佐僚及宮室官名，少所變改。」另於〈叔孫通列傳〉記高祖初定天下，朝儀無度，叔孫通受命「起朝儀」，「采古禮與秦儀雜就之」。

[4] 對於「黃」是否為「黃帝」，學界亦有不同意見，如李長之懷疑「黃」為張良所見黃石公，(李長之：《司馬遷之人格與風格》，臺北：里仁書局，1997.10，頁 8) 夏曾佑認為「黃」指黃生，但傅斯年先生認為「黃生漢人，不宜居老之上。」是以「黃老之黃，乃指黃帝，不必有異論。」(見〈戰國子家序論〉，收於《傅孟真先生集》第二冊中篇，臺北：臺灣大學，1952.12，頁 39) 王叔岷曾考辨之，認為「黃」為黃帝。(王叔岷：〈司馬遷與黃老〉，《文史哲學報》第 30 期，臺灣大學，1981.12，頁 1-8)

逐漸歷史化，成為一個有德的始祖，並被賦予各種文化創制者的身份。[5]
因此，黃帝的形象是經過人為創造，逐漸形成的。

目前所見先秦文獻之「黃帝」，多是託古的想像與傳說，沒有一個具
體的「黃帝學」。託名「黃帝」的著作涉及各領域，且多已亡佚，《史記》
與《漢書》對於先秦諸子的分類，也無「黃帝家」。「黃帝學」既沒有具體
內容，又無法明確定義，實難成立。然而，司馬遷既認定有一種依託黃
帝，連結老子而形成的「黃老」思想，理應成立「黃老」一家，但討論先
秦諸子時，也沒有「黃老家」。若就《史記》中「黃老之術」的學習傳
承，以及在政治的運用觀之，司馬談〈論六家要旨〉中的「道家」，應就
是司馬遷認為的「黃老」，至少是漢初黃老學的樣貌，可視為「黃老道
家」，[6]與老子、莊子或楊朱等「道家」不同。細究司馬談提出的「道家」
定義，應為其理想的施政藍圖，以道為主，儒法為輔，在形式與內容上，
包容各家，呈現整合融通的樣貌。在這個架構下，不論老莊或其他道家人
物，都在其中。司馬遷承其說，將此一政治型式以「黃老」名之，並在政
治範疇中與「道家」相通。[7]若以「老子」代表「道」的思想起源，其後
在政治領域，被主張「法」與「術」的學者引用，形成道法合流的思想，

---

[5] 錢穆先生整理神話傳說與文獻中關於黃帝的事蹟，寫成〈黃帝的故事〉，可對「黃帝」
有所了解。（錢穆：《黃帝》，臺北：東大出版，1978.4）關於傳世文獻中黃帝形象的形
成，可參考劉全志：《先秦諸子文獻的形成》第四章：〈「百家言黃帝」及相關文獻的
形成〉（北京：中華書局，2016.9）。另外，鍾宗憲認為在戰國時期，「黃帝」已成為一
種符號，有具體的形象，其內容可分為三點：有德的建國始祖形象；修道求仙的帝
王；文化開創之祖。許多學說依託「黃帝」符號強化其神聖色彩，至於經過齊國稷下
學宮衍生出的黃老之學，不僅只是假託黃帝，而是揉合法家，形成以道為體，以法為
用的「治道」。（鍾宗憲：〈「黃帝」形象與「黃帝學說」的窺測——兼以反省《黃帝四
經》的若干問題〉，《先秦兩漢文化的側面研究》，臺北：知書房，2005.6，頁 127-
182）是以，老子的「道論」為黃老之學的核心，依託黃帝則使天道落實於人道更具
象徵意義，《黃帝四經》中的《十六經》藉黃帝與大臣對話，闡述形名、刑德、陰陽
之相對與轉化關係，顯示「黃帝」的重要性，代表「治道」之實踐。可參考張增田：
《黃老治道及其實踐》，廣州：中山大學出版社，2005.9。

[6] 陳麗桂曾論：「司馬談是黃老治術、黃老思想盛行時期的人，他所謂的『道家』，正是
指的黃老道家。」（陳麗桂：《秦漢時期的黃老思想》，臺北：五南，2020.1，頁 2）並
詳細分析司馬談六家要旨〉所界定的「道家」，「非老、非莊，而是不折不扣的黃老道
家思想綱領之提挈。」（陳麗桂：《漢代道家思想》，臺北：五南，2013.11，頁 15）

[7] 《史記》中有混用「黃老」與「道家」兩個語詞的情形，如〈魏其武安侯列傳〉中描
述：「太后好黃老之言，而魏其、武安、趙綰、王臧等務隆推儒術，貶道家言，是以
竇太后滋不說魏其等。」竇太后好「黃老」之言，魏其等人貶「道家」之言，從上下
文觀之，「黃老」與「道家」應可互通。又〈儒林列傳〉言：「然孝文帝本好刑名之
言。及至孝景，不任儒者，而竇太后又好黃老之術。」比較〈禮書〉云：「孝文好道
家之學。」「道家」與「黃老」似亦相通，且「黃老」具「刑名」的特徵，亦可見其
使用於政治的情形。

並在戰國中期於齊國發展，與「黃帝」產生連結。此一思想潮流在漢初更為興盛，於是司馬父子視其為「道家」，並給予「黃老」一名。

由於「黃老」的道法合流特質，司馬遷論申不害與韓非子時，皆稱其「歸本於黃老」，而且《史記》所論「法家」的代表人物，與「黃老」的關係似較「道家」更為密切。《史記·老子韓非列傳》記申不害，云：「申子之學本於黃老而主刑名。」同傳論韓非子「喜刑名法術之學，而其歸本於黃老。」司馬遷認為申不害與韓非子之學皆本於「黃老」，此處有先後意味，即先有黃老，才有申韓兩人學習之。《史記》並未明確指出「法家」的代表人物，若依《漢書·藝文志》所記「法家」有十部著作，有《商君》、《慎子》、《申子》與《韓子》等。司馬遷另於〈孟子荀卿列傳〉記「稷下學宮」時，謂：「慎到，趙人。田駢、接子，齊人。環淵，楚人。皆學黃老道德之術。」慎到所著《慎子》為法家，田駢所著《田子》在《漢書·藝文志》歸於道家，其書已佚。從司馬遷的論述中，「黃老」是一個流傳於戰國中後期的思潮，有許多學習傳承者，尤其是主張以刑名法術治國的法家。另參照〈老子韓非列傳〉中記莊子「其學無所不闚，然其要本歸於老子之言。」莊子之學本於「老子」，不同於同一傳記的申不害與韓非本於「黃老」，亦可理解為司馬遷區隔了「老子」與「黃老」，雖皆同為「道家」，但隱然有「黃老道家」與「老莊道家」之別。

若以「道體法用」為「黃老」的特徵，則其名雖定於漢初，但其源流可溯及戰國中後期。就思想史的發展而言，約在春秋後期，興起一個以「道」解釋宇宙源起與萬物運行的理論，強調清靜無為，守柔不爭，可以「老子」為此學說的代表。此一道論流傳之時，出現將此學說運用於治國之術，並在戰國中後期逐漸興盛，同時出現託名黃帝的著作，藉由黃帝的形象，強化天道落實於人道的連結。由於此一思想以實際政治需求為目的，兼容諸子，若以漢人分別諸子的標準，「黃老」無法分類，故不在司馬談所論「六家」中。但司馬談論「道家」，又有別於今日所見老子與莊子思想，因此〈論六家要旨〉之「道家」，應是司馬談據漢初黃老思潮的特徵所論，在此一貫通天道與人道的「道家」之下，老子或莊子都被涵攝於其中。為便於敘述與理解，本章所謂「黃老學」，意為「黃老道家」，有別於「老莊道家」。

一、黃老思想文獻

以往因為資料有限，關於「黃老」的具體內容並不清楚，《漢書·藝文志》並無列舉「黃老」一類，也沒有以「黃帝」為名的類別。由於黃帝傳說於戰國盛行，開始出現許多題名「黃帝」的著作，《漢書·藝文志》

著錄有十二類，二十一種，另有許多託名黃帝臣子，班固多注明「依託」。附會「黃帝」的著作，在「諸子略」道家類最多，另外散見「數術略」的天文、曆譜、五行與雜占類，以及「方技略」的醫經、經方、房中與神仙類。[8] 這些著作，多已亡佚。由於「黃帝」本是傳說，依託「黃帝」之名，不論歸屬於道家，或是其他類別，都是藉由「黃帝」在神話傳說中的形象，賦予神聖的象徵，增加作品的說服力。《淮南子‧脩務》講論學習正道的重要，批評「世俗之人，多尊古而賤今，故為道者必托之于神農、黃帝而後能入說。」這個評論，正好反映當時許有多託名神農、黃帝的著作。

由於漢初出現「黃老」之名，為了掌握「黃老」的內涵，依《史記》所云之申不害、韓非、慎到等人學習「黃老」，故學界多從《韓非子》、《慎子》，以及《管子》、《文子》、《鶡冠子》與《伊文子》等文獻，[9] 再參考《呂氏春秋》與《淮南子》，從其中有關道法的論述，大致描述「黃老」之學。現存戰國至漢初文獻，何者能代表「黃老」之學，歷來多有爭論，除了判定標準，還有文獻的真偽問題。如今本《管子》，內容龐雜，成書年代與作者，皆有爭議，《漢書‧藝文志》列入道家類，《隋書‧經籍志》改列法家類。由於《管子》呈現鮮明的道法合流特色，學界向來視為戰國時期齊國的黃老學代表。《文子》一書亦頗多爭議，歷來學者多認為是偽書，其內容與《淮南子》文字多有重出，然而 1973 年河北定州八角廊村 40 號西漢中山懷王墓出土《文子》殘簡，其中與今本《文子》有 6 章相同，其餘皆是佚文，證明西漢已有《文子》流傳。尹文曾見齊宣王，亦遊學於稷下，《漢書‧藝文志》著錄《尹文子》一篇於名家。學界對今本《尹文子》之真偽多有論辨，但一般仍認為此書為真，書中論形名法術，以「道」通名法，亦為黃老學。《漢書‧藝文志》著錄《鶡冠子》一篇，列之於道家，後人多疑為偽書，然而長沙馬王堆黃老帛書與今本《鶡冠子》有相同文句，證明其書於西漢已有，北宋陸佃序文稱鶡冠子為楚人，學界視此書代表楚國的黃老學。

這些被視為黃老學的傳世文獻，在漢人的分類中，各有其歸屬學術派別，雖然可以從道法合流的角度討論，但依然無法確定這些文獻是否就是

---

[8] 陳麗桂將這些依託黃帝的著作，歸併為兩條路線，一是結合老子的無為與法家政論，形成流傳於戰國後期至漢初的黃老思想；另一方面屬於數術、方技，都可併為陰陽家，為宗教迷信。（陳麗桂：《戰國時期的黃老思想》，臺北：聯經，1991.4，頁 24-33）黃帝與老子結合而形成「黃老」之學，與齊國稷下學宮有密切關係，至於其他各種託名黃帝的著作，多是藉由「黃帝」的符號以彰顯其淵源與神聖色彩。

[9] 關於傳世文獻與出土文獻中的「黃老」思想解析，可參考陳麗桂：《戰國時期的黃老思想》，臺北：聯經，1991.4；王曉波：《道與法：法家思想和黃老哲學解析》，台北：國立臺灣大學出版中心，2007.5。

戰國後期的黃老思想。這樣的狀況在現代考古學有所突破，尤其是古代文獻的出土，補足思想史的缺口。1973 年於湖南長沙馬王堆漢墓，出土漢文帝時期帛書《老子》甲、乙本，乙本前有古佚書四篇，各有題名：《經法》、《十六經》（或作《十大經》）、《稱》與《道原》。學界多認為此四篇即為《漢書・藝文志》著錄於道家的《黃帝四經》，唯亦有反對者。[10] 不論此四篇是否即為《黃帝四經》，其內容為道法合論的形名之說，應是戰國中期至晚期逐漸發展出的一種道法合流觀點，可代表當時的黃老學。[11] 馬王堆帛書之後，1993 年於中國湖北省荊門市郭店村之一號楚墓，發掘出一批有字竹簡，簡稱為郭店楚簡，墓室年代約為戰國中期偏晚，竹簡文字中有編號《老子》甲、乙、丙三種，以及〈太一生水〉之簡文，顯示戰國中期的老子道論於楚地流傳的情形。1994 年上海博物館自香港古董市場陸續收購一批戰國時期楚國竹簡，簡稱上博楚簡或上博簡，簡文中有〈恆先〉、〈三德〉與〈凡物流形〉三篇，呈現出由天道以明人事，連結宇宙生成與政治，可為早期黃老思想的樣貌。[12] 經由考古出土文獻，與傳世文獻搭配，能勾勒出黃老學的特徵。

　　本章選用戰國至漢初的文獻，討論黃老學的特徵，僅著眼於相同之處，由於個別思想家仍有不同，如《管子》論「氣」，《呂氏春秋》、《淮南子》有所繼承，亦有差異與發展。黃老思想從戰國至兩漢，歷經發展變

---

[10] 馬王堆帛書出土後，參與整理工作的唐蘭先生，提出抄錄於帛書《老子》乙本之前的四篇古佚書，即《漢書・藝文志》著錄之《黃帝四經》。（唐蘭：〈馬王堆出土《老子》乙本卷前古佚書的研究──兼論其與漢初儒法鬥爭的關係〉，《考古學報》，1975年第 1 期，頁 8-10）本文將《黃帝四經》與《鶡冠子》、《尉繚子》、《尸子》與《文子》文句相較，證明今本文獻應非全為偽書。其後學者多有討論，陳鼓應先生贊同此說，並說為此四篇是一人一時之作。（陳鼓應：〈關於帛書《黃帝四經》成書年代等問題的研究〉，《黃帝四經今註今譯》，臺北：臺灣商務印書館，2004.8，頁 29-45）唯學界亦有反對者，如裘錫圭認為此四篇佚書體裁不同，與《老子》思想不合，且先秦文獻未引用，故斷定不是《黃帝四經》。（裘錫圭：〈馬王堆帛書《老子》乙本卷前古佚書並非《黃帝四經》〉，收入《道家文化研究》第三輯，上海：上海古籍出版社，1993.8，頁 249-255）裘錫圭雖不贊同此四篇佚書是《漢書》著錄的《黃帝四經》，但認為此四篇內容反映漢初黃老思想。另外，丁原明也持保留態度，認為這四篇僅能稱為《黃老帛書》。（丁原明：《黃老學論綱》，濟南：山東大學出版社，1997.12）本文亦認為應謹慎為之，但若稱《黃老帛書》易與其他「帛書」混淆，故仍沿用《黃帝四經》之名。另外，《黃帝四經》雖然彼此相關，但在形式和內容皆各有獨特性，應非一人一時之著作。

[11] 《黃帝四經》的成書年代，學界有上推至戰國中期，亦有主張戰國晚期者，甚至晚至秦漢之際。就其內容、用語與其他先秦文獻相對比，學界大多肯定至少戰國晚期已成書。

[12] 關於上博楚簡〈恆先〉、〈三德〉與〈凡物流形〉之分章釋讀，可參考曹峰：《近年出土黃老思想文獻研究》，北京：中國社會科學出版社，2015.4。

化，不論傳世文獻或出土文獻，也因時空不同而有所差別，在論其特徵之餘，宜注意個別文獻的論述重點與時空。

二、黃老思想與稷下學宮

黃帝與老子結合，進而豐富並形成黃老思想的內容，應與齊國稷下學宮有密切關係。田齊桓公於齊國國都臨淄（今山東省淄博市）稷門附近創設學宮，會集天下名士，歷經齊威王，復於齊宣王推廣擴大，盛極一時，其後再經湣王和襄王，前後百餘年。除湣王在位時期，因國亂而一度衰歇，稷下學宮一直是學術文化交流的重鎮。曾在稷下講學的學者人數眾多，據《史記·田敬仲完世家》：

> 宣王喜文學游說之士，自如騶衍、淳于髡、田駢、接子、慎到、環淵之徒七十六人，皆賜列第，為上大夫，不治而議論。是以齊稷下學士復盛，且數百千人。

齊宣王廣招天下名士，雖有政治目的，但禮遇學者，祿養而無事，故講學、遊學者眾，成為重要學術中心。《史記·孟子荀卿列傳》亦記：

> 自騶衍與齊之稷下先生，如淳于髡、慎到、環淵、接子、田駢、騶奭之徒，各著書言治亂之事，以干世主，豈可勝道哉！

結合上引兩文，已有具名者七人，另外，荀子曾於齊宣王時，在稷下學宮擔任祭酒。[13] 這些學者涵蓋各家，《漢書·藝文志》列《田子》、《接子》於道家，《騶子》、《騶奭子》為陰陽家，《慎子》則為法家，另有《尹文子》是名家，再將《荀子》為儒家記入，幾乎先秦各家皆曾遊學於稷下。而這些在漢代的分類，屬於不同學派的學者，卻都有著共同的學術傾向，即黃老學。司馬遷於〈孟子荀卿列傳〉記遊學「稷下學宮」諸人時，指明「皆學黃老道德之術。」可以說透過稷下學宮的學術交流，眾人學習黃老，也同時藉由諸子學術觀點的差異，豐富了黃老學的內容。

遊學稷下的諸多學者，在《漢書》分屬道、法、名等各家學派，反映出黃老思想兼容諸子，而且多以道法合流為主張。至於主五德終始說的鄒衍，在稷下時以五行轉移解釋朝代更迭，《史記》言其「先序今以上至黃帝，學者所共術。」（〈孟子荀卿列傳〉）另外，管仲亦道「黃帝之治也，

---

[13] 錢穆先生於《先秦諸子繫年》卷三〈稷下通考〉所附列之「稷下學士名表」，有十七人，孟子也名列其中。（錢穆：《先秦諸子繫年》，臺北：東大圖書，1986.2，頁233）然錢穆先生認為孟子於威宣二世遊齊，雖有官爵，卻不與稷下為伍，故另作〈孟子不列稷下考〉。（上引書，頁235）

置法而不變，使民安其法者也。」(《管子·任法》)可見以黃帝為始祖，為法規制度的創建者，在稷下以及齊法家皆主其說。不只學術傳承以「黃帝」為始祖，使理論有所依託，在政治層面更藉由推尊「黃帝」，使政權得以確立。戰國各諸侯為爭奪霸權，對於建立世襲系譜，更是相形重要，「黃帝」之後的傳承也因運而生。今日所見一則戰國中期的銘文〈陳侯因齊敦〉，可為例證，其云：

> 唯正六月癸未，陳侯因齊曰：皇考孝武桓公恭戴，大謨克成，其惟因齊揚皇考，紹緟高祖黃帝，邇嗣桓文，朝問諸侯，答揚厥德。諸侯寅薦吉金，用作孝武桓公祭器敦。以烝以嘗，保有齊邦，世萬子孫，永為典常。[14]

這一段文字是陳侯因齊（齊威王）自我期勉，希望能「揚皇考」，繼承高祖黃帝，顯揚田齊孝武桓公的霸業。由於田氏篡奪姜姓成為齊國諸侯，齊威王將「黃帝」視為田齊之祖，藉由系譜傳承顯示其統治的正當性。而這個銘文，也反映出在戰國中期，「黃帝」已逐漸具有始祖的象徵，否則齊威王不會溯及「黃帝」為田齊之祖。再證諸上博簡〈武王踐阼〉中，武王問尚父曰：「不（知）黃帝、耑（顓）琂（頊）、堯、（舜）之道才（在）（乎）？」應可視為黃帝、顓頊、堯與舜的帝王傳世系譜，在戰國中期楚地已逐漸形成。

　　將黃帝塑造為聖君以及始祖，有其源流與演變過程。黃帝具有的始祖象徵，與老子論「道」的本源與創制意義相近，「黃帝」為「道」在現實世界的具象化，在此一基礎上與「老子」連結。田齊稱祖黃帝，確立其正統，並創設稷下學宮，廣招天下賢士，為爭霸準備，齊國是黃老思想發展的重要地點。「道家」與「法家」結合，並依託「黃帝」而形成的「黃老」學，除了在齊國發展，楚國也是另一個黃老思想發展的地點。司馬遷記錄老子為楚人，莊子亦相傳為楚國貴族，《漢書·藝文志》著錄道家著作多出自楚國，兼之目前出土黃老思想文獻之墓地，皆位於楚地，學界亦有主張黃老思想起源於楚，再傳入齊。[15] 姑且不論兩地起源爭議孰是孰

---

[14] 「陳侯因齊」為齊威王，田氏，名因齊，田齊桓公之子。此處引用銘文之隸定，據《殷周金文集成》(修訂增補本)第四冊(中國社會科學院考古研究所編，北京：中華書局，2007.4，頁 3025)；並參考中央研究院歷史語言研究所金文工作室製作之「先秦甲骨金文簡牘詞彙資料庫」(http://inscription.sinica.edu.tw)校訂。〈陳侯因齊敦〉為齊威王所鑄禮器「敦」之銘文，原件佚失，今僅存銘文拓本。

[15] 學界多主張黃老思想起源於齊國，但亦有反對者。李學勤首倡黃老學源於楚國，(李學勤：《簡帛佚書與學術史》，臺北：時報出版社，1994.12)丁原明則主張楚國與齊國是黃老學兩大盛行地區，而南方楚國黃老學，產生比北方齊國黃老學早，(丁原明：《黃老學論綱》，濟南：山東大學出版社，1997.12)另外，徐文武則從文化背景討論

非，就目前所見傳世文獻與考古資料，至少可知黃老思想在戰國時期，於楚國、齊國兩地皆有發展，齊國稷下學宮更是促成道法合流的重要場域。

第二節 治身與治國合一

　　黃老學的要旨，以「道」貫通治身與治國，合道法為一。《管子・白心》論「道」之作用，謂：「內固之一，可為長久。論而用之，可以為天下王。」前者指道能養身，後半則為治國，治身與治國的方式同一，皆同為「道」，此即《呂氏春秋・審分》所言：「治身與治國，一理之術也。」用同一種方法兼顧身與國，此法即為天地運行之理。然而，為何要將治身與治國連結一起？除了先秦諸子對統治者之德行修養有所要求，[16] 黃老學更是明白結合兩者，藉以說服統治者治國之術不假外求，不難掌握，由已身做起。《列子・說符》有一則楚王問治國的故事，原文為：

> 楚莊王問詹何曰：「治國奈何？」詹何對曰：「臣明於治身而不明於治國也。」楚莊王曰：「寡人得奉宗廟社稷，願學所以守之。」詹何對曰：「臣未嘗聞身治而國亂者也，又未嘗聞身亂而國治者也。故本在身，不敢對以末。」楚王曰：「善！」

這個故事重出於《淮南子・道應》，可視為道家乃至黃老對治身與治國的看法。詹何回應楚莊王之問，以「身」為本，「國」為末，安排先後次序，更以身治即能國治，將兩者視為因果關係。此處之治身重於治國，但也意味治國必得治身，將個人修養連結於國家政事，成為黃老學的重要特徵。

　　治身與治國結合，養身修練的方法即為治國之法，養心之術轉化為治國之術。《管子》之〈心術上〉以「心／九竅」對比「君／臣」，論虛欲去知以留「神」，以及無為不言為「靜因」之術；〈心術下〉則以純正清心，言施政無私愛民。〈白心〉闡釋虛靜養心，能治世無為；〈內業〉亦論以中和養心，能應物不失，最終能「氣意得而天下服，心意定而天下聽。」這四篇突顯了「心」的重要，心能體道，故「心靜氣理，道乃可止」；「修心靜音，道乃可得」。（《管子・內業》）此四篇尚論「氣」為生命之源，而

　　黃老學的興起，認為源於楚國。（徐文武：《楚國黃老學研究》，北京：人民出版社，2020.5）

[16] 孔子對君王的德行有諸多要求，並認為君王是標準，故云：「其身正，不令而行；其身不正，雖令不從。」（《論語・子路》）孟子主張亦同，其云：「行有不得者，皆反諸己，其身正而天下歸之。」（《孟子・離婁上》）荀子甚至著有〈脩身〉一文，專論治氣養身而禮通政和。《墨子》亦有〈修身〉篇，闡釋聖人能兵反求諸己，具仁愛之心。先秦諸子皆論理想的統治者，雖內涵不盡相同，大抵而言，都是有德的聖人。

「心」能收聚精氣，故靜心專一，是最重要的修養工夫，「心能執靜，道將自定」。（《管子‧內業》）「道」與「心」、「氣」的連結，不僅在《管子》四篇，[17] 全書皆可見得，能治心則得以治天下。藉養生而論治國之道，為《管子》之重要論述，反映戰國稷下之學的理論架構。

至於治身與治國之道的來源，必須效法天地，故「古之治身與天下者，必法天地也。」（《呂氏春秋‧情欲》）「法天地」的用語，化用《老子》第二十五章：「人法地，地法天，天法道，道法自然。」老子藉由層遞的語法，說明人法天地，而天地法道。至於道法自然，非於「道」之上還有「自然」，而是以道之運行為自然而然。黃老學則概之以「法天地」，以天地為效法的實體對象，所法者為陰陽、四時。《管子‧版法解》有云：「法者，法天地之位，象四時之行，以治天下。」文中反覆強調君王應「法天地」、「象四時」，審治刑賞，依理而行。帛書《老子》甲本卷後，有古逸書《伊尹‧九主》，其中有云：「法君者，法天地之則者。」從天道秩序中建構一套治身與治國之術，是黃老學說的理論基礎。治天下先養其神，雖有先後次序，養形神與治國仍是合一的。

黃老學重政事，具有實用性格。以「道」貫通天人的說法，在黃老相關文獻中，多可見得，甚至可說是漢人思想的基礎，效法天道，人道隨之。《淮南子‧泰族》云：「治身，太上養神，其次養形；治國，太上養化，其次正法。」將「治身」與「治國」並列，並謂：「神清志平，百節皆寧，養性之本也。」治國之法亦然，使「民交讓爭處卑，委利爭受寡，力事爭就勞，日化上遷善而不知其所以然，此治之上也。」這個對比，顯示「治身」分「養神」與「養形」，養神重於養形，「治國」也分成「養化」與「正法」，使人民養於無形，勝於利賞刑罰的法令。之所以將治身與治國連結，突顯「道」為天地萬物之源，同時也使治國之道顯而易行，於是身與國便可以相比附，也形成漢代天人感應說的理論。治身與治國相通，在於「道」通為一。

董仲舒承黃老學的治身與治國合一，發揮於天人感應理論，更加細緻地呈現身與國的對應關係。《春秋繁露‧通國身》云：

> 氣之清者為精，人之清者為賢。治身者以積精為寶，身以心為本，國以君為主。精積於其本，則血氣相承受；賢積於其主，則上下相制使。血氣相承受，則形體無所苦；上下相制使，則百官各得其

---

[17] 《管子》中的〈心術上〉、〈心術下〉、〈白心〉與〈內業〉四篇，在行文與內容皆有相近之處，學界雖對作者有所爭議，但多認為此四篇是稷下黃老學的代表。關於此四篇的討論，可參考陳鼓應：《管子四篇詮釋──稷下道家代表作》，臺北：三民書局，2003.2。

> 所。……故治身者務執虛靜以致精，治國者務盡卑謙以致賢。能致
> 精則合明而壽，能致賢則德澤洽而國太平。

在這段論述中，利用「氣」為身體能量，對應「賢」為治國者必須求取者，於是「虛靜」與「謙卑」也形成連結。董仲舒以天人感應的儒術，化用治身與治國合一。另外，成書於漢代的《老子河上公章句》，透過註解《老子》，不斷強調「治身」與「治國」為一事，發揮黃老思想。《老子河上公章句》可視為早期道教的代表，以「道」之清靜無為，論述修練養生，也論治國之術。另外，流傳於漢代的早期醫學著作《黃帝內經》，藉黃帝與歧伯的對話，也論及治身與治國的關係，其云：

> 黃帝曰：余聞先師，有所心藏，弗著於方，余願聞而藏之，則而行
> 之，上以治民，下以治身，使百姓無病，上下和親，德澤下流，子
> 孫無憂，傳於後世，無有終時，可得聞乎？歧伯曰：遠乎哉問也。
> 夫治民與自治，治彼與治此，治小與治大，治國與治家，未有逆而
> 能治之也，夫惟順而已矣。順者，非獨陰陽脈，論氣之逆順也，百
> 姓人民皆欲順其志也。（《靈樞經・師傳》）

本段將治身與治國並舉同論，亦是黃老思想的表現。而其治之法，在於「順」，此「順」於治身為「順氣」、「順陰陽脈」；於治國為「順民之志」。順應陰陽四時，審度自然運行，即是黃老思想法天地之旨。《黃帝四經・經法・論約》云：「順則生，理則成，逆則死，失則無名。背天之道，國乃無主。無主之國，逆順相攻。伐本隳功，亂生國亡。」[18] 不論治身與治國，皆須順合天道，逆天則亡。「順天」之說，先秦諸子皆可見得，但黃老學藉以連結治身與治國，至漢代與陰陽、五行結合，使天道、人道與治國合一，影響兩漢學術思想。

第三節 道體法用

　　黃老學的重要特徵，便是以道為體，以法為用。《老子》中的「道」為萬物創生與運行規範，在政治上則是揚棄各種有為的禮法，以「無為」、「不爭」為聖君形象。老子的主張與法家任法，以賞罰管理臣子與百姓，有根本的衝突。但是在黃老學中，老子的「無為」被轉化為君王行法治的表現，在戰國後期以治術的形態發展。在稷下講學的慎到，已揭示此一道法合流的現象，其云「君臣之道」為「君臣之道，臣事事而君無事，君逸樂而臣任勞。臣盡智力以善其事，而君無與焉，仰成而已。」（《慎

---

[18] 本章引《黃帝四經》據《馬王堆漢墓帛書（壹）》，馬王堆漢墓帛書整理小組編，北京：文物出版社，1974.9。以下所引皆同，不另作註。

子‧民雜》）而君之所以無事，因「任法而弗躬，則事斷於法矣。」（《慎子‧君人》）慎到此說，以「法」為客觀依據的準則，依法治不以人治，國君自然得以「無為」的姿態出現，唯前提是法的執行必須徹底。另一位講學稷下的名家學者尹文，釋《老子》五十七章云：

> 老子曰：「以政治國，以奇用兵，以無事取天下。」政者，名法是也；以名法治國，萬物所不能亂。奇者，權術是也；以權術用兵，萬物所不能敵。凡能用名法權術，而矯抑殘暴之情，則己無事焉；己無事，則得天下矣。故失治則任法，失法則任兵，以求無事，不以取彊。取彊，則柔者反能服之。（《尹文子‧大道下》）

此處以「名法」釋「政」，將「奇」解為「權術」，並以能用名法權術，則國君無事。這樣的解釋，已將老子的「無為」、「無事」，轉為國君行法治後的一種狀態描述，不同於老子強調不應「有為」，不該約束規範的本意。而慎到、尹文的主張為韓非所繼承，在《韓非子》的〈喻老〉、〈釋老〉兩篇多所發揮。《黃帝四經》亦及於此，其云：「王天下者有玄德，有玄德獨知王術，故而天下莫知其所以。」（《經法‧六分》）王天下者之「玄德」，即為「王術」，而「王術」，即為人主有生殺賞罰之權，臣不敢逆於上，人主不失其位。此「王術」玄深冥晦，臣子不得見，一如韓非子所言：「明君無為於上，群臣竦懼於下。」（《韓非子‧主道》）如此一來，老子之學成了法家治道的御臣之術。

老子以「道」為天地創生之源，著重於道的創生、本源與本體性格，並為萬物運行的原則。《黃帝四經》亦同之，並謂「大道」無形無名，「萬物得之以生，百事得之以成。人皆以之，莫知其名。人皆用之，莫見其形。」（〈道原〉）對「道」的描述，與《老子》相同。唯《黃帝四經》突顯「道」的規範性，以「法」、「理」釋之，謂「天」建立萬物依循的準則，其云：

> 天建八正以行七法：明以正者，天之道也；適者，天度也；信者，天之期也；極而反者，天之性也；必者，天之命也；順正者，天之稽也；有常者，天之所以為物命也：此之謂七法。七法各當其名，謂之物。物各合於道者，謂之理。理之所在，謂之順。（《經法‧論》）

帛書中屢見「天道」一詞，有時「道」是一個獨立的名詞，為本原概念；或與「天」結合，強調超越性；或為對「天」的描述語。然其所言者，皆可見將「道」視為萬物必須依循的規則。而此「天道」，是國君必須遵循，而「治道」出於「天道」，兩者是同一的，故《經法‧道法》云：

> 道生法。法者，引得失以繩，而明曲直者也。故執道者，生法而弗

敢犯也，法立而弗敢廢也。故能自引以繩，然後見知天下而不惑
矣。

本段論道法關係，其一，道生法，「法」自「道」出，於是「法」有了源頭，具有必要與強制性。其二，「法」能繩得失，明曲直，為一客觀公正的標準。其三，人主須執法，亦得守法，方得治天下。「法」即「道」運行之規律，此規律一方面為「靜作相養」、「陰陽備物」，（《十六經·果童》），透過陰陽的交流，萬物依此運行，強調「應化之道，平衡而止」（《十六經·姓爭》）；一方面又是形名相符，德刑治道之由來，即施政的法則，統治者必須依循「天道」所生之「法」治理天下，故從「天道」至「治道」，將老子「道」論發揮為形名之學。

「道體法用」是黃老學最重要的特徵，若無刑賞御臣的治國之術，如莊子重視精神境界，便非黃老；如韓非雖釋「道」為萬物之理，看似以道為體，但韓非完全關注於君王統治之術，言道論理，只為強調「聖人」統治方法，縱使有道法合流的樣貌，但重心不同，使韓非仍為法家集大成者。司馬遷注意到韓非吸收擷取老子思想，強化法家理論，故與老子合傳，並謂其學「歸本於黃老」，著重於韓非「援道入法」的一面。[19] 由此觀之，黃老學的「道體法用」特徵，標示戰國後期的諸子融合趨勢，也使學派的劃分有所爭議。簡言之，韓非融合道法，更多是藉助「道」以強化「法」，目的為富國強兵；黃老學則強調以「法」為「道」之執行，著重與民休息，目的不同，可明兩者之別。

第四節 審其形名

黃老學既融合道法，前引《黃帝四經》中的「道生法」，（《經法·道法》）即已清楚界定社會之法度由「道」而來。「道生法」亦見於《鶡冠子·兵政》，但《經法》所言，明確揭示法度建立之依據，全篇依道論法，循名究理，已然成為黃老學的重要命題。[20] 《管子·心術上》云：「事

---

[19] 司馬遷還將慎到、申不害皆「歸本於黃老」或學「黃老道德之術」，陳麗桂認為這些被司馬遷於黃老的先秦諸子，皆通「道」，亦崇「法」，將《老子》的「道」具體政治化，呈現黃老思想。但田駢、慎到較為類似，道家氣質稍厚，而申不害、韓非切近，法家氣質更多。尤其是韓非，將黃老的每一項要素推動高峰，而遠離黃老，所以韓非是極為典型的法家。（陳麗桂：《戰國時期的黃老思想》，台北：聯經，1991.4，頁195-236）若從「道體法用」的角度視之，對於「道體」或「法用」的著重不同，應可辨明法家與黃老的關係與不同。

[20] 《鶡冠子·兵政》：「賢生聖，聖生道，道生法，法生神，神生明。神明者正之末也，

督乎法，法出乎權，權出乎道。」政事須以法為標準，而法須權衡得失與名實，至於權衡之原則依「道」。《管子・法法》亦云：「憲律制度必法道，號令必著明，賞罰必信密，此正民之經也。」政事法令出於道，蓋「道」本為生命源頭，天地運行之規則，故從天道至人道，法令亦依循之。

「道生法」是一個從天道至人道的命題，而「道」之所以能落實於人道，在於「形名」。事物由道而得其形，因道而有名，藉由「形名」之立，在論政時方有具體可循之準則。帛書《稱》於開篇論曰：

> 道無始而有應。其未來也，無之；其已來，如之。有物將來，其形先之。建以其形，名以其名。其言謂何？環□傷威，弛欲傷法，無隨傷道。數舉三者，有身弗能保，何國能守？

「道」從無形至有形，從無名至有名，形名既定，統治者施政必隨之。由於「法」由「道」而生，除了顯示法度之由來有其源頭，也意味法之執行有其絕對性。至於「法」所依循之「道」為何？其具體的方法便是「審其形名」。[21]「道」本無形無名，落實於人事，便有具體的規則法度，執政者能掌握並加以運用於政事，就在於「形名」。《經法・論約》有云：

> 故執道者之觀於天下也，必審觀事之所始起，審其形名。形名已定，逆順有位，死生有分，存亡興壞有處，然後參之於天地之恒道，乃定禍福死生存亡興壞之所在。是故萬舉不失理，論天下無遺

末受之本，是故相保。」文中「相保」指用兵之法要順之道，合之於人。然從「賢」至「明」的層遞關係以「生」論之，於前後文意未明，若以「神明」為正之末，「賢聖」便為本，「道生法」僅置於層遞之中間，未見「道」之本源性，或為當時議兵的一種說法。而《黃帝四經》中〈道法〉所論「道生法」，申論道法關係，闡釋形名，「道」具有本源之意。（可參考王曉波：〈「道生法」──《黃帝四經》的道法思想和哲學〉，《道與法：法家思想和黃老哲學解析》，臺北：國立臺灣大學出版中心，2007.5，頁 139-195）

21 古文字未見「形」字，傳世文獻之「形」字，於出土文獻皆作「刑」，故「刑名」連用時，應注意上下文之文意。先秦諸子皆論及「形名」關係，「形名」之論亦常為「名實」問題。孔子論為政之先，言「必也正名乎」，（《論語・子路》）荀子則論：「王者之制名，名定而實辨，道行而志通，則慎率民而一焉。」（《荀子・正名》）荀子憂慮名實對應混亂，不利於學習，也造成社會秩序崩解。韓非子論「人主將欲禁姦，則審合刑名者，言異事也。」（《韓非子・二柄》）其審合刑名之論，為君王御臣之術，即人主須審視臣子所為之事（名），施以適當之賞罰（刑），必得「周合刑名，民乃守職。」（《韓非子・揚權》）至於名家所論者，亦為「形名」。而黃老學多論「形名」，司馬遷於《史記》中數次明示之。在《黃帝四經》中，「刑名」一詞多見，有時亦作「名刑」，其意多為秩序、準則與法度，「法」雖生「道」，但依「刑名」而建立。（可參考曹鋒：〈「名」是《黃帝四經》最重要的概念之一──兼論《黃帝四經》中的「道」、「名」、「法」關係〉，《近年出土黃老思想文獻研究》，北京：中國社會科學出版社，2015.4，頁 410-441）

策。故能立天子，置三公，而天下化之，之謂有道。

本段清楚說明統治者施政之進程，治天下必須了解天下事，了解之法在於「審其形名」。定「形名」之意，即了解「道」生萬物之具體樣貌，形名相符之後，才能據以判斷逆順死生，施政合於事物之理。

《黃帝四經》言「道生法」，透過「道」與「法」的連結，帶入「道」創生萬物，從無至有，再進一步揮發為政治的形名之論。這樣的論述是《黃帝四經》論「形名」的理論架構。如《經法·道法》云：

> 見知之道，唯虛無有；虛無有，秋毫成之，必有形名；形名立，則黑白之分已。故執道者之觀於天下也，無執也，無處也，無為也，無私也。是故天下有事，無不自為形名聲號矣。形名已立，聲號已建，則無所逃跡匿正矣。

國君治天下，當知萬物形名，故曰「觀」，而非以一己之意另定形名。此說的重要關鍵，在於國君須依循天道，順天而行，不以私意為之，故天下可於形名確立之後得治。《經法·名理》亦有類似的論述，執道者觀天下，「見正道循理，能與曲直，能與終始，故能循名究理。」在這個過程中，「唯執道者能虛靜公正，乃見正道，乃得名理之誠。」統治者必須無私無己，虛靜公正。基本上，「道」—「形名」—「法」，構成一個次序的發展連結，統治者循名究理，定形名而明是非曲直，方得治天下。《黃帝四經》言人主依形名所立之法治天下，《管子·心術上》也有相近的說法，其云：「物固有形，形固有名，名當謂之聖人。」天地萬物皆有其「形」，依「形」而有「名」，「唯聖人得虛道」，因此能「姑形以形，以形務名，督言正名。」即聖人將天地事物之形名相合，運用於人事，因臣子之才能（形），給予適職務（名），使形名相符。

上引《經法·道法》，還有一個關鍵，即形名已立，則天下之事皆「無不自為形名聲號」，此「自為」即事物依形名之理而行，統治者不必有所行動。老子言聖人「無為」，以不爭、不居功、不為主等，使天下萬物得以「自化」。此一論述與形名結合之後，呈現法家治術色彩，如《管子·白心》論：「聖人之治也，靜身以待之，物至而名自治之。正名自治之，奇身名廢。名正法備，則聖人無事。」此意為聖人能「無為」，乃因形名立定，法令制度已明，君王毋須為之。上博簡《恆先》亦言「自為」，其云：「舉天下之為也，無舍也，無與也，而能自為也。」當萬物表現自生自為，相對於統治者即「無為」。韓非進一步將國君「無為」與事物「自為」的辨證，完善為君王統治之術，《韓非子·主道》云：「有言者自為名，有事者自為形，形名參同，君乃無事焉，歸之其情。」另外，在《韓非子·揚權》亦云：「聖人執一以靜，使名自命，令事自定。不見其

采,下故素正。因而任之,使自事之。因而予之,彼將自舉之。正與處之,使皆自定之。」韓非所論之「形名參同」,結合賞罰二柄,言「因任而授官,循名而責實,操殺生之柄,課群臣之能者也,此人主之所執也。」(《韓非子・定法》)「名/實」關係在於群臣之職責分工,各司其職,賞罰依權責而定,國君藉由賞罰二柄控制君民,成為統御之術

第五節 陽德陰刑

「刑德」一詞,就法家的解釋,韓非子曾謂君王管理臣子須用「二柄」,「二柄者,刑、德也。何謂刑德?曰:殺戮之謂刑,慶賞之謂德。」(《韓非子・二柄》)以殺戮釋「刑」,慶賞為「德」,為法家統治管理之術。就陰陽家而言,「刑德」比附「陰陽」,從而使刑為陰、殺;德為陽、生。而在陰陽的基礎上,「刑德」又與陰陽五行結合,逐漸演變為術數中具象化的神明。[22]《黃帝四經》中常見「刑德」一詞,多為陰陽家之意,由於「陰/陽」具有相對、相輔與相轉的關係,套用於政治,說明施政時須德刑並用。《黃帝四經》將形名用於治道,並引陰陽釋刑德。《十六經・觀》論為人主者,應順天時而行,即陰陽有節,「夫并時以養民功,先德後刑,順於天。」此「先德後刑」,是為政之序,不得違逆。而且,「刑德相養,逆順若成。刑晦而德明,刑陰而德陽,刑微而德彰。其明者以為法,而微道是行。」(《十六經・姓爭》)「德」屬陽,應彰顯之;「刑」為陰,備而不用,使民敬畏之。德與刑皆不得偏廢,相輔而政事以成。

黃老學以「先德後刑」明次序,復以「刑德相養」言兩者之重要性相等,由此顯示出依循天道規範的理論模型。再觀其論「法」,亦是如此,如:「法度者,正之至也。而以法度治者,不可亂也。而生法度者,不可亂也。精公無私而賞罰信,所以治也。」(《經法・君正》)既是天道秩序,便須謹守其規範,不論刑德次序或賞罰法度,皆是如此。故《經法・君正》強調國君施政之法為:

> 省苛事,節賦斂,毋奪民時,治之安。無父之行,不得子之用;無母之德,不能盡民之力。父母之行備,則天地之德也。三者備,則事得矣。能收天下豪傑驃雄,則守禦之備具矣。審於行文武之道,則天下賓矣。號令合於民心,則民聽令;兼愛無私,則民親上。

---

[22] 馬王堆帛書《刑德》甲乙本有「大游圖」與「小游圖」,此一「宇宙圖式」有「刑」、「德」二神。(可參考劉樂賢:《簡帛術數文獻探論》,武漢:湖北教育出版社,2003.2,頁 105-110)在兩漢術數學,「刑德」按曆日干支推定陰陽禍福,與天文曆法有關。(可參考李零:《中國方術正考》,北京:中華書局,2006.5,頁 35-38)

文中融合了道家寡欲與墨家無私，再與陰陽理論結合，以父母喻天地之德，形成黃老學的政治理論。韓非子將「刑／德」釋為「罰／賞」，成而為國君抑制臣下的「二柄」，是手段權術。《經法・君正》釋「德者，愛勉之也。」為國君體恤愛護百姓之心，不同於韓非以「賞」論「德」。[23] 黃老結合法家，但仍保有道家與民休息之精神，韓非則以富國強兵為目的，對「德」的解釋不同於黃老，更非儒家之德，將「德」視為獎賞，為管理之手段。

除了《黃帝四經》明確地以「刑德」比附「陰陽」，《管子・四時》亦有「陽為德，陰為刑」之語，清楚指明兩者關係。這樣的比附，至漢初發展更為完善。西漢流傳的《大戴禮記》，其中記孔子之語：「有天德，有地德，有人德，此謂三德。三德率行，乃有陰陽；陽曰德，陰曰刑。」(〈四代〉)《禮記》之論，已將儒家混合陰陽之說，也引入黃老學的陰刑陽德之說。董仲舒在《春秋繁露》中更發揮陰陽四時與德行關係，其旨在《賢良三策》可見，其云：「天道之大者在陰陽。陽為德，陰為刑；刑主殺而德主生。是故陽常居大夏，而以生育養長為事；陰常居大冬，而積於空虛不用之處。以此見天之任德不任刑也。」(《漢書・董仲舒傳》)將陰陽與刑德連結，用於政事，顯示董仲舒吸收黃老學，融會成其陰陽儒學的樣貌。

在黃老學的發展中，除了以「陰陽」結合「刑德」，還引入「四時」。《管子・四時》有云：「是故陰陽者，天地之大理也，四時者，陰陽之大經也。刑德者，四時之合也。刑德合於時，則生福；詭則生禍。」此處論述天地之理為陰陽，陰陽之運行為四時，因此政事之刑德須合於時令，否則會造成災禍。〈四時〉全文論四時各有政事號令，春夏布德，秋冬施刑，此即效法天地，施政必合於天地運行之理。並論「日掌陽，月掌陰，星掌和，陽為德，陰為刑，和為事。」故聖王「日食則修德，月食則修刑，彗星見則修和。」依天象以行政事，合於天地之行而不違逆。類似的論述，亦見於《鶡冠子・夜行》，文中云：「天文也，地理也，月刑也，日德也，四時檢也，度數節也，陰陽氣也。」這裡將德比為日，刑則為月，同時還有四時度數，皆是陰陽運行。這樣的論述亦為《淮南子》引用，其云：「天圓地方，道在中央，日為德，月為刑，月歸而萬物死，日至而萬物生。」(《淮南子・天文》)德主生，刑主死，與日月相符。《淮南子・天文》將刑德連結陰陽、四時與五行，詳細地論述其間的關係。日月運行有其方位，如太陽運行至冬至時，北斗七星之斗柄指向北方，與子午線相

---

[23] 黃老之學與韓非子有所不同，黃老學亦有偏道與偏法之不同發展，這其中的關鍵，陳麗桂認為在於黃老學與陰陽的關係。偏道的一系，如《管子》中的〈四時〉、〈五行〉，與《呂氏春秋》十二紀，至《淮南子・時則》等，將陰陽四時，結合民生與政事，關注民生事務；而偏法的一系，則如《黃帝四經》，多關心政治操作，重刑名之術。(陳麗桂：《老子異文與黃老要論》，臺北：五南圖書，2020.7，頁 348-356)

合，此時「陰氣極，陽其萌，故曰冬至為德。」夏至則相反。陰氣、陽氣在冬至與夏至時盛極而衰，是陰陽相轉與消長的極點。而「陽氣為火，陰氣為水。水勝，故夏至濕；火勝，故冬至燥。」由於是冬至、夏至是極點，五行亦隨之變化。〈天文〉詳論陰陽、四時與日月星辰運行，看似為漢初天文學，實則藉天道以言人道。《淮南子》所論，顯示從戰國至漢初，黃老學引陰陽釋刑德的論述愈趨繁複完整，之後《春秋繁露》吸收承繼，成為漢代天人相應思想的理論基礎。

第六節 「因天」與「尊君」

由於黃老學承繼了老子的道論，施政亦強調無為，前引《經法‧道法》有言統治者須掌握「四無」：無執、無處、無為與無私，發揮《老子》第二十九章：「天下神器，不可為也，不可執也。」第六十四章：「聖人無為，故無敗；無執，故無失。」以及第二章：「為而不恃，功成而弗居。」然而老子之「無為」，並非不做為，而是「輔萬物之自然而不敢為。」（第六十四章）聖人不干預萬物，而是順應自然。莊子論養生時，提出「常因自然而不益生也。」（《莊子‧德充符》）「因自然」為順應自然，無欲不爭。

黃老學將「因自然」發揮於政事，結合「形名」，落實於「法」，這是理想的統治型態。《黃帝四經》中多論此意，如：「聖人不為始，不專己，不豫謀，不為得，不辭福，因天之則。」（《稱》）聖人無私，順應天時。《淮南子‧詮言》也有類似之語，聖人「不為善，不避醜，遵天之道；不為始，不專己，循天之理；不豫謀，不棄時，與天為期；不求得，不辭福，從天之則。」遵天道、循天理、與天期與從天則，雖分述四個層面，實皆指依天道而行，源自於「因自然」。《淮南子》與《黃帝四經》多有文字相承之處，也可見得黃學之學的發展。

聖人施政因天時，具體落實於政事各個層面，如軍事用兵，便得順應天時，方得成功。其云：「人自生之，天地刑之，聖人因而成之。聖人之功，時為之庸，因時秉宜，必有成功。」（《十六經‧兵容》）聖人用兵之所以能成功，在於「因時」。另外，在農業耕作，因時更是重要。《經法‧君正》云：

> 人之本在地，地之本在宜，宜之生在時，時之用在民，民之用在力，力之用在節。知地宜，須時而樹，節民力以使，則財生，賦斂有度則民富，民富則有恥，有恥則號令成俗而刑罰不犯，號令成俗而刑罰不犯則守固戰勝之道也。

這一段論述，使用層遞方式，論述民力之累積，須因時因地制宜。民力即一國之財富，民富之後，進一步依法令刑罰，使民為戰，其目的為「戰勝」。黃老學論政的最終目的，仍在於國富強兵，具有法家色彩。

聖人「因」時，「因」自然，意謂不刻意為之，即有「無為」之意。《管子‧心術上》云：「無為之道，因也。因也者，無益無損也。以其形，因為之名，此因之術也。名者，聖人之所以紀萬物也。」這裡明確指出「因」是「無為」的運行方式，聖人不以己意為之，而以事物之形名順應之。然而，老子之聖人行無為之事，不爭天下，但《管子》言「因之術」，是國君卸臣之政術，已有法家傾向。韓非子亦言「因自然」，其論古之全大體者，「不以智累心，不以私累己；寄治亂於法術，託是非於賞罰，屬輕重於權衡。」能「守成理，因自然。」（《韓非子‧大體》）韓非所論之「因自然」，為人主將政事寄託於法術賞罰，國君看似無做為，實為權力中心，能控制群臣。韓非將老子道論轉變為法家統治之術，更顯現御臣之權謀，著重於君王的權勢。

雖然黃老學將道法合流，但不同文獻反映各自立場。漢初《淮南子》論聖人無為，因任萬物自然，更傾向「因自然」，物各有宜。聖人法天，順物之性而治天下，不刻意有為，《淮南子‧泰族》云：「聖人之治天下，非易民性也，拊循其所有而滌蕩之，故因則大，化則細矣。」[24] 聖人順民性，因任之而無作為，是以「夫物有以自然，而後人事有治也。」此論亦見於〈原道〉：

> 聖人內修其本，而不外飾其末，保其精神，偃其智故。漠然無為，而無不為也；澹然無治也，而無不治也。所謂無為者，不先物為也；所謂無不為者，因物之所為。所謂無治者，不易自然也；所謂無不治者，因物之相然也。

聖人以「無為」而治天下，其關鍵在於「因」，「因物」即順物之性，順物之自然。〈泰族〉不斷強調聖人能「因民之所欲」、「因民之所好」，「故能因，則無敵於天下。」如能順應民性，自然毋須施以刑罰，故「故先王之教也，因其所喜以勸善，因其所惡以禁奸。故刑罰不用，而威行如流；政令約省，而化耀如神。故因其性則天下聽從，拂其性則法縣而不用。」此

---

24 「因則大，化則細」亦見於《慎子‧因循》，其云：「天道因則大，化則細。因也者，因人之情也。人莫不自為也，化而使之為我，則莫可得而用矣。是故先王見不受祿者不臣，祿不厚者，不與入難。人不得其所以自為也，則上不取用焉。故用人之自為，不用人之為我，則莫不可得而用矣。此之謂因。」慎子此處所言之「因人之情」，意為人有好利自為之心，故人主以賞祿之豐厚利用之。換言之，若有人無私心，便不能任用之，因為無法掌控。這樣的說法，轉化道家之因任自然而為君王御臣之術，與《淮南子》所論「因民之性」亦不同，但相互比較，可見得道法合流的不同發展。

與〈原道〉前後呼應，聖人無為無治，因任自然。

由於黃老學冀望於「聖人」，並引入陰陽釋君道，且法家重視君權，以為集權於君方得使政事一統，故君臣關係便走向「尊君卑臣」。《管子·明法》直言：「所謂治國者，主道明也。所謂亂國者，臣術勝也。夫尊君卑臣，非計親也，以埶勝也。」君王有權勢為上，臣子聽令處卑下，上下不得違逆。《鶡冠子·天則》亦有相類之語，其云：「尊君卑臣，非計親也，任賢使能，非與處也。水火不相入，天之制也。」主尊臣卑，明主在上，這樣的文字，在《管子》、《韓非子》多見。《黃帝四經》以「道」為尊，國君為天道的執行者，亦提高人主的地位，將尊天移轉為尊君。《經法·國次》謂：「唯聖人能盡天極，能用天當。」將聖人地位推尊至極，故「人主者，天地之稽也，號令之所出也，司民之命也。」（《經法·論》）另外，《經法·六分》論述「六順」與「六逆」，著眼於君臣上下關係，國君不失其位，才能王天下，因此，「君臣易位謂之逆。」（《經法·四度》）尊君之論，是荀子、法家與墨家共同主張，黃老學亦從尊天道引申為尊君，並明定君臣上下之分，不得失位。君臣之別，輔以名實之論說之，更加確立了國君集權。

小結

「黃老」之名首見於《史記》，司馬遷父子雖未明確定義之，但據司馬談〈論六家要旨〉所言「道家」之描述，應可認定其所謂的「道家」指戰國後期至漢初流行的「黃老」之學。〈論六家要旨〉如此評述：

> 道家使人精神專一，動合無形，贍足萬物。其為術也，因陰陽之大順，采儒墨之善，撮名法之要，與時遷移，應物變化，立俗施事，無所不宜，指約而易操，事少而功多。……至於大道之要，去健羨，絀聰明，釋此而任術。夫神大用則竭，形大勞則敝。形神騷動，欲與天地長久，非所聞也。

> 道家無為，又曰無不為，其實易行，其辭難知。其術以虛無為本，以因循為用。無成埶，無常形，故能究萬物之情。不為物先，不為物後，故能為萬物主。有法無法，因時為業；有度無度，因物與合。故曰「聖人不朽，時變是守。虛者道之常也，因者君之綱」也。群臣並至，使各自明也。

歸結之，黃老學的特色有四，其一，以「道」為萬物起源與運行法則。發揮老子以「道」為萬物之源，結合「氣」、「陰陽」與「五行」，構成創生萬物的宇宙論，也具有萬物本質與運行法則的本體論。而天道透過陰陽五

行，落實於人道，使得天道與人道相符應。其二，將老子於君王施政之「無為」論述，發揮為統御臣民之術。此「術」即「以虛無為本，以因循為用。」「虛無」指道體，「因循」為方法，具體運用為審合形名，並以賞罰為之。其三，吸收各家思想，「采儒墨之善，撮名法之要」。將儒家德治與重民之說吸納之，以陽德陰刑之說，要求國君施政以時；並吸收法家循名責實之論，使群臣各司其職，賞罰分明。其四，強調治身與治國合一。身與國皆同出於天，治其身者，使形神合一，能治其身，方能治天下。

〈論六家要旨〉論述了一個理想的治國方式，呈現黃老思想的論旨，反映漢初黃老之治的理論基礎。黃老思想中的「道」，雖有宇宙論與本體論的性質，但更重要的是能具體表現為陰陽、四時，治身與治國皆須依循之。換言之，黃老思想重視實際治國方式，從天道進而人道，唯有人道才能體現天道。因為天道為整體與本源，才能包含諸子思想，也才能合理兼容各家。從政治的角度言，〈論六家要旨〉開篇即言：

> 易大傳：「天下一致而百慮，同歸而殊涂。」夫陰陽、儒、墨、名、法、道德，此務為治者也，直所從言之異路，有省不省耳。

諸子思想皆「務為治」，既然目標同一，在「天道」的涵攝下，所有主張皆同歸殊途，皆能為統治者所用。黃老學重視實際施政之效，以治天下為目的，所重者為「治術」，因此面對諸子思想，能兼而用之，對於萬物差異，亦能「因時為業」、「因物與合」，保持靈活的權變方法。《淮南子·原道訓》有云：「所謂無為者，不先物為也；所謂無不為者，因物之所為。所謂無治者，不易自然也；所謂無不治者，因物之相然也。」此處詮釋「無為」與「無不為」，便是發揮黃老思想中「因」之概念，順應萬物之性，而得以治天下。

黃老學以道為體，以法為用，吸收陰陽五行，融合各家觀點，此思想特色，從戰國中期《管子》與出土文獻，至戰國末期《呂氏春秋》，乃至漢初諸儒，以及《淮南子》，皆可見得。黃老學於漢初盛行，其後為儒學吸收，力主儒術的董仲舒，於《春秋繁露》中亦有黃老學。而黃老學中治身之養生論，於兩漢天文數術、醫藥經方與神仙方術等領域持續發展，甚至影響道教的興起。[25] 是以，黃老學從戰國中期興起，至漢初為高峰，其後有所延續，影響深遠。

---

[25] 歸屬於「雜家」的《呂氏春秋》與《淮南子》，兩書皆呈現明顯地道法合流精神，陳麗桂認為《淮南子》的黃老理論甚至詳備得隱然有集大成的架式。至於以儒術自詡的陸賈、賈誼等人，以及董仲舒《春秋繁露》，皆充滿道法融合的黃老統御思想。另外，東漢時期早期道教之養生修煉，亦承襲黃老思想的精氣修養論，表現出黃老思想中治身的一面。可參考陳麗桂：《秦漢時期的黃老思想》，臺北：五南，2020.1。

第十二章 陰陽儒學——董仲舒

董仲舒在歷史上最為人所熟知者，即是漢武帝採納其「罷黜百家，獨尊儒術」建言，使儒學成為中國學術的正統，影響至今。然而，在這個所謂的歷史敘述中，有幾個地方值得深思。首先，董仲舒究竟有沒有說過「罷黜百家，獨尊儒術」？其次，董仲舒為何能獲武帝信任，獨納其言？再者，這個「儒術」與先秦「儒家」是否相同？最後，從漢代以降，「儒術」就成了中國思想的「正統」嗎？前兩個問題為歷史真相，後兩者屬思想史。

從歷史的角度來看，以目前可見文獻，董仲舒並沒有說過「罷黜百家，獨尊儒術」之語。「罷黜百家」最早見於《漢書·武帝紀》，班固贊曰：「孝武初立，卓然罷黜百家，表章六藝。」班固推崇武帝，以其興太學，立五經博士為後世之表。同時，班固也把武帝罷黜百家的作為，直接歸因於董仲舒之議，《漢書·董仲舒傳》云：「自武帝初立，魏其、武安侯為相而隆儒矣。及仲舒對冊，推明孔氏，抑黜百家。立學校之官，州郡舉茂材孝廉，皆自仲舒發之。」班固明言「抑黜百家」，發自董仲舒。但若據《漢書·董仲舒傳》記董仲舒答武帝策問之第三策，其用語為：

> 《春秋》大一統者，天地之常經，古今之通誼也。今師異道，人異論，百家殊方，指意不同，是以上亡以持一統；法制數變，下不知所守。臣愚以為諸不在六藝之科，孔子之術者，皆絕其道，勿使並進。邪辟之說滅息，然後統紀可一，而法度可明，民知所從矣。

文中明白指出「大一統」為天地古今之準則，[1] 而統一的對象則是言論與法制，並從反面申述如不統一，則國家危亡。至於統一的標準，明定為「六藝之科」、「孔子之術」。[2] 既然得統一言論，且以儒家六藝為標準，自然得禁絕

---

[1] 「大一統」出自《春秋公羊傳》魯隱公元年，釋「元年，春，王正月」，云：「何言乎王正月？大一統也。」董仲舒於對策中闡釋《春秋》，謂「春者，天之所為也；正者，王之所為也。」並以「一」為「元」，為萬物之始，連結於人君者，須正百官、正萬民。《公羊傳》之「大一統」，「大」可釋為重視，即魯國奉周王為正朔，以之繫年紀事。董仲舒以天人之學詮釋「大一統」，是漢初思想史的一個重大關鍵，徐復觀先生曾詳論於此，認為董仲舒將陰陽五行深入社會各層面，「意識地發展《呂氏春秋·十二紀·紀首》，以建立無所不包的哲學系統的，並把他所傳承的《公羊春秋》乃至《尚書》的〈洪範〉組入此一系統中去，以促成儒家思想的轉折。他的這一意圖，與大一統專制政治的趨於成熟，有密切關係。」（徐復觀：《兩漢思想史》卷二，臺北學生書局，1976.6，頁296）

[2] 此處的「六藝」，應指六經，即詩、書、禮、樂、易、春秋。董仲舒於《春秋繁露·玉

其他「邪辟之說」。從這段言論中，似乎可得出班固歸結為「推明孔氏，抑黜百家」之論。然而，這其中有兩個關鍵之處，其一為董仲舒所言「皆絕其道，勿使並進」，其內容與執行為何？其二為董仲舒的建議，是否如同班固所言，獲得武帝重用？

董仲舒建議武帝對於非孔子之術的言論，採取絕其道的作法，相較於李斯，也是建議秦始皇禁私學，將詩書諸子，皆雜燒之。兩者看似都是為了大一統的政治制度，加強中央集權，因而控制言論。然而，董仲舒沒有提到焚書，武帝也只立五經為官學，任用儒生，並沒有更激烈的消滅諸子之學，從而使學術仍能蓬勃發展。一來漢代反省秦朝之失，對秦之嚴苛多有警惕，不以毀滅性的方式禁絕學術活動；二是董仲舒不只吸收陰陽於儒學，還融合法家尊君於儒家，形成「儒學法家化」，[3] 故漢代的中央集權有別於秦朝，發揮董仲舒「陽德陰刑」（陽儒陰法）的「儒術」精神，融合各家的施政方式，不以強烈手段限制學術。

至於武帝是否因董仲舒之對策而有「罷黜百家，表章六藝」之舉？據《漢書》本傳記董仲舒於第一次策議之後，「天子覽其對而異焉，乃復冊之。」而有接下來的兩次對策。但董仲舒在對策之後，出任江都相，事易王，後又任膠西王相，兩次出仕為時皆不長，至此之後，始終未獲重用，至晚年過著「伏陋巷」的清苦生活。值得注意的是，《史記》並未記載董仲舒對策之事，亦不見武帝採納董仲舒建議的記錄，司馬遷僅於〈儒林列傳〉略記董仲舒之事，但是《漢書》卻獨立為傳，並錄《賢良對策》全文。[4]《史記》與《漢書》對董仲舒的不同態度，除了反映董仲舒於東漢地位上升，亦可見得兩書取捨視角之不同。[5] 班固推崇董仲舒，也是許多東漢學者的觀

杯》云：「君子知在位者之不能以惡服人也，是故簡六藝以贍養之。《詩》、《書》具其志，《禮》、《樂》純其養，《易》、《春秋》明其知。六學皆大，而各有所長。」另外，賈誼於《新書‧六術》所言亦同。漢武帝興太學，立五經博士，亦可見以經典為國學之旨。因此，此處「六藝」當指六經，而非《禮記》所記之古六藝。

[3] 余英時認為「李斯對付異端用的是威脅，所謂『世智，力可以勝之。』董仲舒則用的是利誘，只有讀儒家的經書才有官作。……董仲舒『復古更化』的具體內容頗與法家有異，儘管董氏的用心也許只是希望儒家之道可以藉此機會實現，但是對於大一統的帝王來說，他的主張卻同樣可以收到『尊君卑臣』客觀效果。」（余英時：〈反智論與中國政治傳統〉，收入《歷史與思想》，臺北：聯經，1995.3，頁 38）先秦儒家經董仲舒法家化之後，影響了漢代之後的文化與政治形態。

[4] 董仲舒參與武帝的對策，獲得武帝讚賞，是其一生中的大事，也是中國歷史的重大事件。然《史記》毫無記載，《漢書》亦無明確的對策時間，學界於此頗有爭論。《漢書‧武帝紀》記武帝於元光元年（西元前 134 年）五月詔賢良對策，「於是董仲舒、公孫弘等出焉。」一般據此而定董仲舒的對策時間為元光元年。

[5] 太史公曾問公羊學於董仲舒，對董仲舒的學問是尊敬的。然太史公欲調合儒道，期許

點，[6] 其目的為使儒學得以成為學術正統，也突顯武帝改革的作用。在這個背景下，將武帝重視儒學歸因於董仲舒，是東漢之後逐漸形成的「共識」，於是董仲舒的影響力與日俱增，後世多以為儒學自其而興。

事實上，《史記・孝武本紀》載武帝初立之時，「鄉儒術，招賢良，趙綰、王臧等以文學為公卿，欲議古立明堂城南，以朝諸侯。」之後因竇太后不滿，趙綰、王臧皆失勢自殺，儒學一度受挫。但不久「竇太后崩，武安侯田蚡為丞相，絀黃老、刑名百家之言，延文學儒者數百人，而公孫弘以春秋白衣為天子三公，封以平津侯。天下之學士靡然鄉風矣。」（《史記・儒林列傳》）可見在武帝前期，儒術與漢初黃老思想因權力競爭之故，有著對立之勢，但竇太后去世之後，儒學佔了上風。[7]《史記》載武帝好儒學，始自趙綰、王臧，至竇太后崩，是田蚡執行「絀黃老、刑名百家之言」，當時董仲舒只是治春秋公羊學的儒者。儒學與黃老的競爭，自漢初便已發生，如文帝之時，賈誼曾主張「當改正朔，易服色制度，定官名，興禮樂。」（《漢書・賈誼傳》）然為人所讒，文帝遂罷其議。漢初雖實行黃老之治，卻有崇儒抑老的伏流，儒道互黜，背後實為政治權力爭奪。儘管武帝好儒術，但並未禁絕學術發展，且武帝亦好方術，太史公的紀錄，可看到武帝另一面，其云：「今上即位，博開藝能之路，悉延百端之學，通一伎之士咸得自效，絕倫超奇者為右，無所阿私，數年之閒，太卜大集。」（《史記・龜策列傳》）此一現象，反映武帝對各種學術方技的喜好，至於立五經博士，使儒學興盛，應是為了改變漢初崇黃老之學的情形。

至於「獨尊儒術」之語，不見於古典文獻，應始自於民初易白沙於《青

「成一家之言，厥協六經異傳，整齊百家雜語。」（《史記・太史公自序》）班固與太史公所處時空不同，學術立場亦相異，故《漢書・司馬遷傳》評太史公：「其是非頗繆於聖人，論大道則先黃老而後六經。」此評認為司馬遷主黃老之學，雖未必真確，但也可見得班固的觀點。另外，關於《史記》與《漢書》所記之詳略輕重，其顯示的政治與思想意涵，可參考呂世浩：《〈史記〉到〈漢書〉：轉折過程與歷史意義》，臺北：國立臺灣大學出版中心，2009.12。

[6] 東漢時期，董仲舒即獲得許多讚譽之詞，如班固於《漢書・董仲舒傳》載劉向贊曰：「有王佐之材」，其子劉歆美稱其「為群儒首」。王充《論衡・佚文》亦稱：「孝武之時，詔百官對策，董仲舒策文最善。」曹魏時何晏有謂：「儒雅博通，莫賢乎董仲舒。」（《太平御覽》卷447引何晏〈冀州論〉）

[7] 關這一時期的儒學與政治權力競爭的關係，可參考林聰舜：《漢代儒學別裁：帝國意識形態的形成與發展》，臺北：國立臺灣大學出版中心，2014.7；陳蘇鎮：《〈春秋〉與「漢道」：兩漢政治與政治文化研究》，北京：中華書局，2011.9。另外，韋政通認為儒家並沒有在武帝時期受到真正的尊重，僅任用「事功之儒」，而未接受思想之儒。參見韋政通：《董仲舒》第九章〈尊儒運動的背景、真相及其影響〉，臺北：東大圖書，1986.7，頁185-213。

年雜誌》發表之〈孔子評議〉一文，[8] 文中批評武帝利用孔子為傀儡，並認為董仲舒「罷黜百家，獨尊儒術」之議，壟斷天下思想，使中國學術失其自由。這個歷史過功之論斷，進入學術界，也為中學歷史教材使用，由於近乎簡化式的標籤，因而深入人心。「罷黜百家」出自《漢書》，班固對武帝的贊語，也見於《漢書・董仲舒傳》之「推明孔氏，抑黜百家」，易白沙化用之，進而成為近代學術論辯的議題。武帝雖推動儒學為官學，但並未如秦朝禁絕思想言論之殘酷，董仲舒是漢初諸多儒者中建立思想體系者，卻不必然是因為其對策促使了武帝改革。誠然，易白沙於民初西學衝擊時期，在新文化運動中批評孔子與儒家，並以武帝之時的董仲舒為對象，但這個論斷是否過於簡略，或因帶有強烈批判性於其中，進而影響後世，卻不可不察。今日理應重新檢視歷史真相，尋找語詞的出處與意義，方能較持平地看待董仲舒其人其事。

　　若從思想史角度言，董仲舒將儒學結合黃老道家、陰陽家與法家，以「天人相應」為其學之旨，重新建立「儒術」的意義。不論班固對董仲舒的定位是否符合歷史事實，但至少東漢之後對董仲舒學問與人品的評價愈趨提昇，在思想史上確實可見董仲舒的「儒術」對後世的影響。[9] 董仲舒的思想核心，在於以陰陽五行為架構，天人相應為方法，連結天與人，從而對先秦儒學之倫理、人性與政治等論點，重新解釋，安放於陰陽五行的架構中，並吸收法家與黃老的統治之術，融會而成一個全新樣貌與內容的「儒術」。

　　董仲舒傳世之作為《春秋繁露》，依《春秋》立論，然無關經義者甚多，發揮公羊學之旨。《春秋繁露》應是後人匯集董仲舒文章所編成，最早著錄於《隋書・經籍志》，此書真偽歷來頗有爭議，然學界一般認為全書雖

---

[8] 據宋定國考證，「罷黜百家，獨尊儒術」之語始自易白沙之〈孔子平議〉。（宋定國：《國學縱橫》，北京：首都師範大學出版社，2013.1，頁 121）易白沙之文分上下，上篇於 1916 年 2 月 15 日發表於《新青年》第 1 卷第 6 號；下篇則發表於 1916 年 9 月 1 日之《新青年》第 2 卷第 1 號。易白沙文中批評漢武帝，「罷黜百家，獨尊儒術，利用孔子為傀儡，壟斷天下之思想，使失其自由。」（〈孔子平議（上）〉）又批評「閉戶時代之董仲舒，用強權手段，罷黜百家，獨尊儒術；開關時代之董仲舒，用牢籠手段，附會百家，歸宗孔氏。其悖於名實，摧沮學術之進化，則一而已矣。」（〈孔子平議〉（下））易白沙反孔，有其時代背景。然學術界自此使用「罷黜百家，獨尊儒術」之評語，簡化地認知武帝的政策，並歸責於董仲舒。丁四新整理關於此議題的研究，可參考其〈近四十年「罷黜百家，獨尊儒術」問題研究的三個階段〉，《衡水學院學報》，2019 年第 3 期，頁 10-17。除了學術界，兩岸中學的社會歷史教材，至今仍以「罷黜百家，獨尊儒術」論斷武帝與董仲舒，應留意之。

[9] 「儒術」一詞，戰國後期已出現，如《荀子・富國》：「儒術誠行，則天下大而富。」此處「儒術」意為儒家的方法，而《墨子・非儒下》：「因用儒術」，也是同樣的意思。至於漢初，《史記・孝武本紀》言武帝「鄉儒術，招賢良」，而竇太后「治黃老言，不好儒術」，「儒術」意為儒家學說。將董仲舒思想定為「儒術」，另以「術」為法家所重視的君王統御方法，以「儒術」名之，亦可彰顯董氏結合儒法的特色。

未必皆出於董仲舒之手，但仍可反映其思想。[10] 此外，《漢書・董仲舒傳》著錄董仲舒對策三篇，史稱《賢良對策》，[11] 以陰陽五行解釋天人關係，並將儒家倫理教化納於其中，可見得董仲舒「天人相應」之學。本章即據《春秋繁露》與《賢良對策》分析董仲舒思想中最重要的天人關係，再進一步論述其政治、倫理與人性的觀點。

第一節 天人相應（人副天數）

董仲舒的天人關係，是人與天相對應，因兩者相應，故人行天道。「應」之字義，《說文解字》釋為「當」，意謂天與人相當、相對，天有的，人也有。「應」也有回答，回應之意，即人的行為，上天回應之。《漢書・董仲舒傳》記武帝第三次策問，「垂問乎天人之應」，便是詢問天與人如何對應，如何回應。董仲舒答曰：

> 臣聞天者群物之祖也，故遍覆包函而無所殊，建日月風雨以和之，經陰陽寒暑以成之。故聖人法天而立道，亦溥愛而亡私，布德施仁以厚之，設誼立禮以導之。春者天之所以生也，仁者君之所以愛也；夏者天之所以長也，德者君之所以養也；霜者天之所以殺也，刑者君之所以罰也。繇此言之，天人之徵，古今之道也。

文中明確以「天」為「群物之祖」，是萬物的起源，故得以運行天象之日月季節，遍及萬物。由於天的地位，故聖人須「法天立道」，所法者，為天之博愛無私，統治者也得施仁政。再以四季，比附仁德刑罰，由此構成「天人之徵，古今之道」。

董仲舒的論述，在於以「天」為萬物的源頭、宗主，既然萬物由其而

---

[10] 《漢書・藝文志》著錄董仲舒所作之《公羊董仲舒治獄》十六篇，以及《董仲舒》百二十三篇，另於本傳云：「仲舒所著，皆明經術之意，及上疏條教，凡百二十三篇。而說《春秋》事得失，〈聞舉〉、〈玉杯〉、〈蕃露〉、〈清明〉、〈竹林〉之屬，復數十篇，十餘萬言，皆傳於後世。」這些著作於後世逐漸亡佚，然約於隋朝出現以〈蕃（繁）露〉篇為書名，並冠以「春秋」的《春秋繁露》，其書流傳過程中，宋人質疑其書為偽作，其後論辯不絕。《四庫全書總目提要》云：「今觀其文，雖未必全出仲舒，然中多根極理要之言，非後人所能依託也。」基本上認定《春秋繁露》出自董仲舒之手。美籍學者桂思卓（Sarah A. Queen）曾從董仲舒的生平，《春秋繁露》的篇章結構、文字用語，以及董仲舒的佚文，考證而得《春秋繁露》是由後人匯集「董仲舒本人的論著，也收入了他人對其理論性闡釋的記錄。」（桂思卓：《從編年史到經典：董仲舒的春秋詮釋學》，朱騰譯，北京：中國政法大學出版社，2010.1，頁76）

[11] 《漢書・董仲舒傳》收錄董仲舒答武帝策試的三篇答卷，學界有不同稱呼，如《賢良對策》、《舉賢良對策》、《賢良三策》、《天人三策》等。本文取《賢良對策》之名，蓋《漢書》本傳云：「武帝即位，舉賢良文學之士，前後百數，而仲舒以賢良對策焉。」

起，故必須以之為效法的對象。董仲舒所言的「天」，包含三個層面，即自
然天、神格天與道德天。自然天，即一定的運行方式，規律的變化，以陰
陽、四時與五行運行，人可依循效法之。神格天，指賞善罰惡，能降禍福與
人。至於道德天，以上天具仁愛之德，博愛無私。[12] 此三者並不相同，亦有
自上古至先秦的傳承與發展，但董仲舒混用之，「天」同時具有本源與宗教
性，至高無上，是萬物運行的法則，也是人君權力的授命者。在《春秋繁
露》中，天生萬物既然是一個基本預設，由天為起始，變化的過程所形成的
元素與規則，就成了董仲舒天論的內容。〈五形相生〉有一段重要的說明，
其云：

> 天地之氣，合而為一，分為陰陽，判為四時，列為五行。行者行也，
> 其行不同，故謂之五行。五行者，五官也，比相生而間相勝也。故為
> 治，逆之則亂，順之則治。[13]

天能生萬物，以「氣」為作用。董仲舒屢言「天道」，「天者萬物之祖，萬物
非天不生。獨陰不生，獨陽不生，陰陽與天地參然後生。」(〈順命〉)「天」
是萬物始祖，唯生成的過程須先化為陰陽兩氣，故《春秋繁露》中多「天
地」連用，強調由「一」分為「二」，再由陰陽分為四時、五行。五行代表
的五種元素，乃至五種概念，彼此又有「相生」、「相勝」的生成與牽制關
係，為萬物運行的法則，從而推論至人事，必須順應之，不可違逆。

「天」既為萬物之本源，則人受命於天，故人與天已連結一起。為強化
此論，董仲舒大量運用「以類相應」、「同類相動」的原理，以「類」的方
式，從聯想上是同一種類，就可同歸之，將天與人一一比附。《春秋繁露》
中有多處明言藉由「類」，使天人得以連結。如「以類合之，天人一也。」
(〈陰陽義〉)「慶賞罰刑與春夏秋冬，以類相應也，如合符。」(〈四時之

---

[12] 關於董仲舒所說的「天」，學者多有分析。馮友蘭認為董仲舒的天具有人格神與人格化物
　　質特性的雙重性格的神秘存在。(馮友蘭：《中國哲學史新編》第三冊，北京：人民出版
　　社，1985.6) 金春峰認為董仲舒的天有三種含義與關係：自然天，從屬道德天；道德
　　天，從屬神靈天。(金春峰：《漢代思想史》，北京：中國社會科學，2006.2，頁 122) 鄧
　　紅認為先秦的天有三種表現形式：至高無上的神祇之「天神」；儒教的哲學本體及其最
　　高概念之「天道」；作為現實政治統治之正統依據和基礎理念的「天命」。董仲舒整合三
　　者，使天與儒教理念一體化。(鄧紅：《董仲舒思想研究》，臺北：文津，2008.6) 學者對
　　「天」的分析不盡相同，但大致都同意「天」的演變，從早期原始宗教，至帶有道德或
　　自然意義，並與政治連結。徐復觀認為「到了董仲舒，才在天的地方，追求實證的意
　　義，有如四時、災異。更以天貫通一切，構成一個龐大的體系。」他還指出董仲舒不是
　　直承古代天的觀念，而是從《呂氏春秋‧十二紀》的格套內容發展而成。(徐復觀：《兩
　　漢思想史》，臺北學生書局，1976.6，頁 371) 董仲舒在傳統論「天」的基礎上，引入陰
　　陽、五行，再結合氣與倫理，發展出一套適合漢代大一統政治的天道論。

[13] 《春秋繁露義證》，[漢]董仲舒，[清]蘇輿撰，鍾哲點校，北京：中華書局，1992.12，頁
　　362。本章所引《春秋繁露》皆同，僅篇標名，不另作註。

副〉）「以類相應，猶其形也，以數相中也。」（〈人副天數〉）「物以類應之而動者也。」（〈以類相動〉）天與人的同數同類，能一一對應，對應之後又能相互感通，形成各種天地人事的動態現象。天人為何能相應，即先設定人是由天而來，自然已具備天的特質，尤其是透過數字的類比，更在《春秋繁露》被大量運用。[14] 書中有一篇〈人副天數〉，篇名已反映董仲舒的天人觀。〈人副天數〉說明了比附的方式：「於其可數也，副數；不可數者，副類。皆當同而副天，一也。」意謂以「數」與「類」比附天與人，若能以數字相配即相副之；數字無法對應，也可以從類別歸屬之。因此，所有人世的一切，都可以與天相連結。

董仲舒認為人必須符應於天地宇宙秩序，「天」有其「數」，人世間的一切，從人體的結構到政治制度，都與「天數」有對應關係，此對應關係還具有相互感應的動能。天人關係有靜態的對應，即「以類相應」；也有動態的相互感應，即「同類相動」。因為天數、陰陽五行，人與天得以「相應」；而人應於天，依天道而行，天也有感於人，以祥瑞災異顯現之。〈同類相動〉有云：「陽陰之氣，因可以類相益損也。天有陰陽，人亦有陰陽。天地之陰氣起，而人之陰氣應之而起，人之陰氣起，而天地之陰氣亦宜應之而起，其道一也。」是以，董仲舒論述天人關係，是一個複雜的網路，人與天連結為一個具動態運行的整體，這樣的天人關係，不但是董仲舒思想的基礎，也流行於兩漢。以下分述比擬的類別內容。

一、天數

天與人相比附的基礎，在於「天數」。所謂的「天數」，董仲舒解釋為：

> 何謂天之端？曰：天有十端，十端而止已。天為一端，地為一端，陰為一端，陽為一端，火為一端，金為一端，木為一端，水為一端，土為一端，人為一端，凡十端而畢，天之數也。（〈官制象天〉）

「天之數」為「十」，分為「天／地」、「陰／陽」，「五行」與「人」。在這十個天之端，「人」亦居其一，意味人具有與天地相同的位置，同為世界的組成元素（端）。但是「十端」並非平行關係，也不全然都是相對性質的東

---

[14] 人類文明的進展，透過觀察宇宙事物，建立能理解世界的符號系統，使時間空間合理化。所有古文明中都有「數字」符號，藉由抽象的數字，掌握複雜的萬物變化。中國古代從「陰／陽」符號發展成《易》之卦象與易學的詮釋，以及陰陽五行的理論，都以數字為基礎。數字符號系統，一方面將世界簡化，一方面又帶有神秘性，可參考葉舒憲：《中國古代神秘數字》，西安：陝西師範大學出版社，2018.3。《春秋繁露》以陰陽（二）、四時（四）、五行（五）為基礎，輔以「三才」（三）、十旬（十）等，再排列組合延伸至其他數字，形成一套以數字連結天人的系統。

西。「天地」居首，可以是視覺所見的天與地，「天」也同時具有賞善罰惡的
人格神意義；而「陰陽」、「五行」是這個組織架構依循的原則，「陰陽」是
個抽象的對立概念，「五行」雖是五個具體的物質，但是又是概念化的五種
屬性；至於「人」雖是「天之端」之一，但「人」仍得學習效法天地與陰陽
五行，以組織架構而言，處於最下一層。只不過，以「人」為天之一端，實
為確立人與天地皆同，具有與天地相應的基礎。

　　「十端」為天之數，具體的比附則以各個數字相對應之，即舉天象之
數，相副於人之數，這樣的類比，不一定有明確的證據，大都憑藉想像，部
份數字的對比，甚至前有所承。[15] 如何以「數」為中介類比？以〈人副天
數〉為例，其云：

> 天以終歲之數，成人之身，故小節三百六十六，副日數也；大節十二
> 分，副月數也；內有五藏，副五行數也；外有四肢，副四時數也；乍
> 視乍瞑，副晝夜也；乍剛乍柔，副冬夏也；乍哀乍樂，副陰陽也；心
> 有計慮，副度數也；行有倫理，副天地也。

將人體的大小骨節，相副於一年之天數與月數；五臟四肢比附五行四時；情
緒思慮也比附陰陽。除了人身依天數，人事也是如此，如政治的官職安排，
「天子自參以三公，三公自參以九卿，九卿自參以三大夫，三大夫自參以三
士。」（〈官制象天〉）當人事種種皆可對應「天數」，天人之間就可透過這種
神秘數字的連結，而有所感應。簡言之，以數為類比，使天人連結為一個整
體，人的地位提高，也意謂人的行為必須符合天地運行的規範。

二、陰陽

　　天之自然運行法則，以陰陽、四時為其規律，而此一規律也表現在人身
上。《春秋繁露‧陰陽義》有云：

> 天地之常，一陰一陽。陽者天之德也，陰者天之刑也。……聖人之
> 治，亦從而然。……天亦有喜怒之氣、哀樂之心，與人相副。以類合

---

[15] 以「數」為中介，連結天與人，應是漢初陰陽五行盛行而生，除《春秋繁露》，漢初的文
獻也多有此說，如《淮南子‧精神》云：「天有四時、五行、九解、三百六十六日，人
亦有四支、五藏、九竅、三百六十六節。天有風雨寒暑，人亦有取與喜怒。故膽為雲，
肺為氣，肝為風，腎為雨，脾為雷，以與天地相參也，而心為之主。」《淮南子‧天
文》也有相似的比附。另於《皇帝內經‧靈樞‧邪客》亦云：「天圓地方，人頭圓足方
以應之。天有日月，人有兩目；地有九州，人有九竅；天有風雨，人有喜怒；天有雷
電，人有聲音；天有四時，人有四肢。」文中大量地將人與天地連結，而謂：「此人與
天地相應者也。」

之，天人一也。春，喜氣也，故生；秋，怒氣也，故殺；夏，樂氣也，故養；冬，哀氣也，故藏。四者天人同有之。有其理而一用之。與天同者大治，與天異者大亂。

將「陰／陽」比為「刑／德」，還以四時比擬人之喜怒哀樂，「以類合之，天人一也」，為其理論基礎。同樣的比擬方式，在《春秋繁露》中多有，如〈四時之副〉有云：「慶賞罰刑與春夏秋冬，以類相應也，如合符。故曰王者配天，謂其道。天有四時，王有四政，四政若四時，通類也，天人所同有也。」四季所顯示的氣候變化，成了施政的慶賞罰刑，統治者施政必須遵循，但使施政的方式在四時變化中有了依循的根據。既是四時變化，則慶賞罰刑皆可用之。

「陰陽」起源甚早，「陰／陽」本指「暗／明」，後來逐漸成為萬物相對分別用語而概念化，具有哲學中宇宙論與本體論的意義。戰國後期，已普遍使用「陰陽」解釋天地運行的規律，並與「氣」結合，形成萬物構成的基本元素以及運行的法則。《左傳》與《國語》中有許多記載，以陰陽之氣解釋天象、氣候與疾病等各種現象，而《易傳》更是以陰陽詮釋事物的變動以及不變的原則。《呂氏春秋·知分》云：「凡人物者，陰陽之化也。陰陽者，造乎天而成者也。」人與物由陰陽兩氣化成，而陰陽兩氣由天分化而來。這樣的觀點，基本上呈現先秦陰陽學展的理論總結。另外，五行說也於戰國後期開始發展，約至秦漢之際逐漸與陰陽結合，《春秋繁露》加以發揚，而形成「陰陽五行」的氣論。[16] 陰陽五行既為萬物生成的過程，也是天地運行之理，亦成為人事的價值根源。董仲舒將陰陽五行以及四時結合，創造一個容納世間萬物的架構，或者說建構一套解釋宇宙萬物的論述，以陰陽五行做為人事的規範與準則，尤其是將陰陽五行引入儒學，《漢書·五行志》稱：「董仲舒治《公羊春秋》，始推陰陽，為儒者宗。」班固的判斷有一定道理。[17]《老子》與《易傳》中已有論及陰陽的相對、消長與轉化的關係，也以陰陽的規律申論人事，董仲舒在此一基礎上，將「陰／陽」的關係運用於結合儒法，並以之建立有位階差等的社會階層，穩固漢代中央集權的帝治形式。

董仲舒強調「陰陽之序」（〈精華〉）必須「正」之，「陰」與「陽」的「序位」，就是「陽尊陰卑」。《春秋繁露》中有一篇〈陽尊陰卑〉，倡「貴陽

---

[16] 陳德興分析先秦氣論有三種模式，以「陰陽」論氣，「五行」論氣，與以「精」論氣。其中「陰陽」與「五行」逐漸融合為一個陰陽五行體系。（陳德興：《氣論釋物的身體哲學——陰陽、五行、精氣理論的身體形構》，臺北：五南，2009.1）在陰陽和五行融合論氣的過程中，《春秋繁露》具有重要的地位。

[17] 馮樹勳透過統計分析《春秋繁露》，認為陰陽與五行確有連結，合為一個系統，而且在儒學的發展中，董仲舒是第一個將陰陽五行引入儒家的天人哲學觀。（馮樹勳：《陰陽五行的階位秩序——董仲舒的儒學思想》，新竹：清華大學，2011.7）

賤陰」，亦即「陽」與「陰」的關係，陽為重，陰為輕。引申至人事，就是「丈夫雖賤皆為陽，婦人雖貴皆為陰。」用於施政，就是「陽為德，陰為刑。」並將此一關係定為天道，則「天之任陽不任陰，好德不好刑如是。故陽出而前，陰出而後，尊德而卑刑之心見矣。」（〈天道無二〉）陰陽關係既為天道，人事就必須遵守，此即「天下之尊卑隨陽而序位。」（〈天辨在人〉）君臣關係，長幼之序，皆依「陽尊陰卑」定其「序」。

陽尊陰卑是「陰／陽」的主要關係，〈基義〉尚論及「陰陽相兼」，以為「物莫無合，而合各有陰陽。陰者陽之合，妻者夫之合，子者父之合，臣者君之合。」又謂「陽兼於陰，陰兼於陽。夫兼於妻，妻兼於夫，父兼於子，子兼於父，君兼於臣，臣兼於君。」「合」，為配合，合成之義，即陽不能獨行，須有陰之輔；同樣的，陰也無法自立，必得陽兼人。是以「獨陰不生，獨陽不生，陰陽與天地參然後生。」（〈順命〉）陰與陽不獨生，兩者相兼，雖有平等並列的意味，但仍以陽尊陰卑為序。董仲舒藉由自然之序的陰陽關係，將人事的社會政治建立其上，天道「貴陽賤陰」，人主也須「德厚於刑」，人事效法天道，不是應然，而是必然。

三、五行（四時）

「五行」之說晚於陰陽，出現於東周時期文獻中，多謂五種基本元素，之後逐漸成為解釋自然現象，也擴及人事。戰國後期鄒衍以「五德終始」釋帝王相代，政權轉移，也闡釋陰陽變化，將陰陽五行並陳，唯鄒衍之說不傳，詳情未明。《呂氏春秋》以五行配四時，未及於陰陽，《淮南子》言天地運行有陰陽、四時與五行，人事相應之，但未以陰陽結合五行。將陰陽與四時、五行連結，應始自董仲舒。[18]

關於陰陽與五行，董仲舒指天意藉其示現，掌握陰陽五行，才能通曉天意。〈天地陰陽〉云：「天意難見也，其道難理。是故明陽陰入出、實虛之處，所以觀天之志。辨五行之本末順逆、小大廣狹，所以觀天道也。」陰陽五行傳達天意（天道），表現於各元素間的關係與運行方式，再通過天人相

---

[18] 徐復觀先生認為，將陰陽分為四，與四時相配，應始自董仲舒。然依董仲舒之說，四時與五行皆為氣，皆應分屬陰陽，但在《春秋繁露》所顯示的陰陽與五行是兩種平行的氣，五行尚未與陰陽之氣融合為一，東漢班固《白虎通》才把五行納入陰陽統貫之列。因此，「融合陰陽五為一體，視五行為陰陽的分化，大約成於漢宣帝時代前後，《漢書·五行志》即以五行同時代表陰陽。」（徐復觀：《兩漢思想史》卷二，臺北學生書局，1976.6，頁 316）依徐先生的看法，《春秋繁露》中的陰陽與五行關係，仍在演進中，並依此判斷《春秋繁露》的真偽，應是漢初的作品。就《春秋繁露》中論及陰陽與五行的文字，已經陰陽分為四，藉四時配五行，這是明顯可見的陰陽與五行的連結，秦漢之際的文獻尚未見得，董仲舒始論之。

應的連結，觀天道也明人道。將陰陽與五行相配，涉及四季時序，文云：

> 金木水火，各奉其所主以從陰陽，相與一力而並功。其實非獨陰陽
> 也，然而陰陽因之以起，助其所主。故少陽因木而起，助春之生也；
> 太陽因火而起，助夏之養也；少陰因金而起，助秋之成也；太陰因水
> 而起，助冬之藏也。陰雖與水並氣而合冬，其實不同，故水獨有喪而
> 陰不與焉。是以陰陽會於中冬者，非其喪也。春愛志也，夏樂志也，
> 秋嚴志也，冬哀志也。故愛而有嚴，樂而有哀，四時之則也。喜怒之
> 禍，哀樂之義，不獨在人，亦在於天，而春夏之陽，秋冬之陰，不獨
> 在天，亦在於人。（〈天辨在人〉）

這段說明「金、木、水、火」為助成四時運行的力量，唯陰陽仍是主力，五
行輔之。其次，將陰、陽依「少」與「太」，區分為少陽、太陽、少陰、太
陰，並分別與木、火、金、水相配於春、夏、秋、冬，使陰陽盛衰連結於五
行與四時，形成一個完整的結構。最後，再將人之喜怒哀樂相配之，使陰陽
五行之運行自天至人，皆感應相連。

以五行配四時，必得面臨數字不符的問題。《呂氏春秋》分以春夏秋冬
配屬木火金水四德，至於「土」則安排在〈季夏紀〉之〈六月紀〉，僅言
「中央土」，「中央」為一年之中，但與其他四德各配四季並不相合。《淮南
子·時則》將土德配為季夏（六月），造成火德僅兩個月，其他皆為三個
月。《禮記·月令》則將「中央土」移入季夏與孟秋之間，文字同於《呂氏
春秋》，亦未說明土德與其他四德有何不同。董仲舒承土居中央之說，但將
其獨立於四時之外，以土德「兼」有四時，以消解相配四時的問題。他說：

> 土居中央，為之天潤。土者，天之股肱也。其德茂美，不可名以一時
> 之事，故五行而四時者，土兼之也。金木水火雖各職，不因土，方不
> 立。……土者，五行之主也。（〈五行之義〉）

以「土居中央」，跳脫四時相配不符的困難，即土德不配屬四季，而是綜理
四季。「五行」配「四時」，春為木居東，夏為火居南，秋為金居西，冬為水
居北，而土居中央，為五行之主。如此一來，土德不必相配四時，也無月分
限制，其餘四德相配四時，各有孟仲季三個月。

就時間言，五行與四時相配，在空間的配當也是如此。《呂氏春秋·正
月紀》云：「立春之日，天子親率三公九卿諸侯大夫，以迎春於東郊。」春
之德在木屬東，其他各個時節依序相配四方，而「土」居於方位之中央。
《淮南子·時則》言五行與四時相配，亦有「五位」之記載，描述四方邊疆

與掌管之神，而中央為黃帝、后土所司。[19]《春秋繁露》承襲之，四時、方位與五行相配，時間與空間皆有運行秩序，時空得以穩定。下圖示之：

木火金水各司其職，土德為五行之主，輔其他四德運行。這樣的說解，同時也連結於人事，將「土」配於「君」，「土者，君之官也。」（〈五行相勝〉）君為所有官職之主導者，百官皆須順服之。因五行亦與德行相配，故「忠臣之義，孝子之行，取之土。土者，五行最貴者也，其義不可以加矣。」（〈五行對〉）五行相配於四時，亦相應於人事，再連結至德行，土為貴，君為土，「事君，若土之敬天也。」（〈五行之義〉）忠與孝亦同出於土德。透過五行的串連，天與人緊密連結，再輔以陽尊陰卑，君王的權威更加穩固。

　　將「五行」之數比擬於人事，還相應為五色、五味、五聲、五臟等，人事與天地萬物皆符合五行，故「五行之隨，各如其序，五行之官，各致其能。」（〈五行之義〉）這樣的一幅宇宙圖像，井然有序，兩漢的政治制度、天文曆譜、醫藥經方，各項事物都在這個架構中，這種宇宙觀，影響後世深遠。在五行架構下的時空，人事間的種種也符應之，從個人、家庭乃至社會，盡皆如此。下表列舉《春秋繁露》中提及的五行與人事相配關係：

五行	木	火	土	金	水
五色	青	赤	黃	白	黑
五方	東	南	中	西	北
五音	角	徵	宮	商	羽
五臟	肝	心	脾	肺	腎
五官	目	舌	口	鼻	耳
五覺	色	觸	味	香	聲
五味	酸	苦	甘	辛	鹹

[19] 地理空間如此，天上星辰亦相對應之。《淮南子·天文》記「五星」，分五方，配五行，各有掌管之星。《春秋繁露》雖記天象星辰，但更著重於從中所得啟示，人事如何依循，如〈官制象天〉言王者制官，官職配置依天數，得以應天之制。

從表列中可見天地宇宙乃至人身，皆相配符應，彼此相互關聯。此一理論架構，首見於戰國末期的《呂氏春秋》、《皇帝內經》，至於漢初《淮南子》，東漢《說文解字》延續發展之。從秦漢之際至兩漢，這樣的宇宙觀逐漸成型，甚至擴展至萬物，可見漢人眼中的宇宙，次序井然，時間與空間皆依陰陽五行組成，社會文化中的宗教、政治與學術皆然。

五行除各自的性質特性，彼此尚有「相生」與「相勝」的關係。「相生」者，為每個元素依序生成，能生長養成萬物；「相勝」者，是五個元素彼此剋制，避免獨大。在這個關係中，呈現出動態的運行生成與平衡的秩序。五行相生，即木生火，火生土，土生金，金生水。〈五行對〉中將此生成比對為父子、君臣，既為「生」，就有先後次序，也成為人事之服從與上下，此為天經地義。董仲舒說：

> 天地之氣，合而為一，分為陰陽，判為四時，列為五行。行者行也，其行不同，故謂之五行。五行者，五官也，比相生而間相勝也。故為治，逆之則亂，順之則治。（〈五行相生〉）

萬物生成，從「一」至「陰陽」、「四時」、「五行」，這個過程被視為天經地義，人事也如此，故董仲舒用國君（司營）以及司農、司馬、司徒與司寇，比附五行，反復申述「親有尊卑，位有上下」、「君臣有位，長幼有序」（〈五行相生〉）之理。

五行有相生關係，也彼此「相勝」（相剋），即金勝土，火勝金，水勝火，土勝水，木勝土。五種元素的相勝，形成制衡，董仲舒在〈五行相勝〉中，以官職的權責分制，說明五行生剋關係。人間的制度也必須符合陰陽五行的原則，於此相生相勝中得到平衡。下為五行生剋圖：

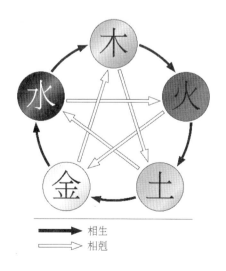

相生
相剋

五行相生，具有相輔相成的功效；五行相勝，則有相互制衡、彼此約束之意。依此架構，政府部門各司其職，相互合作，但又有所制約，不致權力過大。尤可注意者為國君（司營）屬土，若國君奢侈浪費，不恤民生，人民屬木，將起而推翻之。其云：

> 土者，君之官也。其相司營。司營為神，主所為皆曰可，主所言皆曰善，順主指，聽從為比。進主所善，以快主意，導主以邪，陷主不義。大為宮室，多為台榭，雕文刻鏤，五色成光。賦斂無度，以奪民財；多發繇役，以奪民時，百姓罷弊而叛，及其身弒。夫土者，君之官也，君大奢侈，過度失禮，民叛矣。其民叛，其君窮矣。故曰木勝土。（〈五行相勝〉）

國君雖為主，但仍是政府中的一個職位，儘管「土」居「五行之中」，為「五行之主」（〈五行之義〉），亦屬五行相生相勝關係之一環。換言之，土為五德之主，君王亦為官職之首，百官必須順服之，但在五行相勝的原則下，百姓亦會因君王之失德而叛離。董仲舒對五行的設計，在理論上能使君王的權力不至獨大而無法制約，人間的政治型態與天地相同，皆能達到一個平衡的狀態。

第二節 天正王政

　　董仲舒謂王者受命於天，既受命於天，便得循天道，受到天道的約束。他認為《春秋》有一深意，告誡國君應見微知著，於天遣告之徵時，明災異吉凶之所由，反省修己。「《春秋》之道，以元之深正天之端，以天之端正王之政。」（〈二端〉）「天正王政」，天道是國君治國所必須遵循者，不可逆天，否則天降災禍。天人相應是董仲舒思想的基礎，而陰陽五行使天人之間可以相應，而在此基礎上，如何落實儒家理想的道德政治，便是董仲舒致力的目標。先秦儒家將德治冀望於聖王，喚起統治者內在的良知，進而治國平天下。董仲舒身處漢初的君主專政體制，將陰陽引入儒家仁政的理想，提出「陽德陰刑」，並融合法家之制，使儒家道德政治的理想得以實現。同時以陰陽五行以及災異譴告之說，在一定程度約束君王權力，以救法家集權太過之弊。

一、災異譴告

　　由於漢代大一統政局成形，董仲舒的人副天數架構，將人間的政治比對天數，國君相當於天，為天的代言者。其云：「王者配天，謂其道。天有四

時，王有四政，四政若四時，通類也，天人所同有也。」(〈四時之副〉)國君既配天，相對的也具有天的權威，天是國君權力的來源。然而，君權亦需節制，故董仲舒以災異譴告約束國君。其《賢良對策》云：

> 臣謹案《春秋》之中，視前世已行之事，以觀天人相與之際，甚可畏也。國家將有失道之敗，而天乃先出災害以譴告之，不知自省，又出怪異以警懼之，尚不知變，而傷敗乃至。以此見天心之仁愛，人君而欲止其亂也。(《漢書·董仲舒傳》)

此處清楚指出天依國君施政行為，有所表示，國君若違背天意，失道敗德，就會有災異之事。將天象連結人事，並以感應說之，《呂氏春秋·應同》已有類似之說，其文云：「凡帝王者之將興也，天必先見祥乎下民。」又謂：「商箴云：『天降災布祥，並有其職』，以言禍福人或召之也。」天能感應國君所為，以祥瑞或災異顯示，則國君便受到天象的約束。

《春秋》有許多災異記載，董仲舒透過天人感應，解釋災異之所由為天，發展成一套完整的理論。[20]〈必仁且知〉解釋「災」、「異」，並論天意，其云：

> 天地之物有不常之變者，謂之異，小者謂之災。災常先至而異乃隨之。災者，天之譴也；異者，天之威也。譴之而不知，乃畏之以威。《詩》云「畏天之威。」殆此謂也。凡災異之本，盡生於國家之失。國家之失乃始萌芽，而天出災害以譴告之；譴告之而不知變，乃見怪異以驚駭之，驚駭之尚不知畏恐，其殃咎乃至。以此見天意之仁而不欲陷人也。謹案災異以見天意。天意有欲也，有不欲也。所欲所不欲者，人內以自省，宜有懲於心；外以觀其事，宜有驗於國。故見天意者之於災異也，畏之而不惡也，以為天欲振吾過，救吾失，故以此報我也。(〈必仁且知〉)

災難是直接的天譴，異象則是天之威勢，兩者之發生，有其先後次序，然皆在於國政之失。董仲舒認為天意難見，但有兩個方式可明天意，其一為陰陽五行，天道以之運行萬物，此為具體可掌握者。其二為災異，天意以之譴告，先出災害，國君應觀而自省；如不反省，將有怪異之事；再不知覺，天將降大禍，國將滅亡。國家發生災異，君王應心生畏懼，正視災異之徵，慎察施政之失，進而反省改正，不得違逆天意。

---

[20] 董仲舒將《春秋》所載各種天象，視為天之示現。如：「書日蝕、星隕、有蜮、地震、夏大雨水、冬大雨雹、隕霜不殺草、自正月不雨至於秋七月、有鸛來巢，《春秋》異之，以此見悖亂之徵。」(〈二端〉)除氣候異常，藉由觀察日月星辰以推斷人間吉凶，起源甚早，從《左傳》、《國語》至漢代《史記·天官書》與《漢書·天文志》，多有記載。星占的傳統，也可說明天象與人事的關係密切。

在人格天的力量之下，國君得遵從天意，天意為仁愛萬物，人主既受命於天，亦當順應天意，恩惠百姓。董仲舒在〈王道通三〉云：

> 王者唯天之施，施其時而成之，法其命而循之諸人，法其烽而以起事，治其道而以出法，治其誌而歸之於仁。仁之美者在於天。天，仁也。天覆育萬物，既化而生之，有養而成之，事功無已，終而複始，凡舉歸之以奉人。察於天之意，無窮極之仁也。

行仁是天意，國君行仁為符順天意。先秦孔孟以人的內在良知，要求國君發自內心仁民愛物，董仲舒則以災異譴告為手段，達到道德政治的目的。同樣要求國君行仁政，董仲舒以一個超自然力量的人格天，使國君畏而行仁，施仁政全然成為外在的天道規範。

二、陽德陰刑

孔孟的道德政治不言刑罰，亦不以賞罰為手段，但董仲舒引入法家任刑之說，以陰陽結合兩者，謂「刑者德之輔，陰者陽之助也。」（〈天辨在人〉）以「德／刑」相輔相成，雖是重德，但不廢刑。《賢良對策》申述此理：

> 臣謹案《春秋》之文，求王道之端，得之於正。正次王，王次春。春者，天之所為也；正者，王之所為也。……王者欲有所為，宜求其端於天。天道之大者在陰陽。陽為德，陰為刑；刑主殺而德主生。……天之任德不任刑也。天使陽出布施於上而主歲功，使陰入伏於下而時出佐陽；陽不得陰之助，亦不能獨成歲。終陽以成歲為名，此天意也。王者承天意以從事，故任德教而不任刑。刑者不可任以治世，猶陰之不可任以成歲也。為政而任刑，不順於天，故先王莫之肯為也。
> （《漢書·董仲舒傳》）

漢初欲正秦之失，避免用刑太過，但刑之約束，有實際施政之必要，因此董仲舒為推行仁政，又不廢刑罰，故將「陰／陽」連結「刑／德」，使成陽德陰刑的架構，一來提倡德，二來不廢刑。以陰輔陽，仁為主，刑為輔。先德後刑，重德後刑，雖有先後輕重，但刑德並舉，結合儒法，成為一個完整的施政體系。又因在陽尊陰卑的輕重次序之下，得以力勸國君行仁，以教化為先。此外，並以天數為陽，謂「為政而任刑，謂之逆天，非王道也。」（〈陽尊陰卑〉）人不得逆天，故不可徒以任刑，也促使國君非行仁政不可。

除了陰陽的架構，董仲舒還以四時之說平衡國君之仁德與刑罰，以免國君偏廢或一意孤行。〈威德所生〉云：

> 天有和有德，有平有威，有相受之意，有為政之理，不可不審也。春
> 者，天之和也；夏者，天之德也；秋者，天之平也；冬者，天之威
> 也。天之序，必先和然後發德，必先平然後發威。此可以見不和不可
> 以發慶賞之德，不平不可以發刑罰之威。又可以見德生於和，威生於
> 平也。不和無德，不平無威，天之道也，達者以此見之矣。我雖有所
> 愉而喜，必先和心以求其當，然後發慶賞以立其德。雖有所忿而怒，
> 必先平心以求其政，然後發刑罰以立其威。能常若是者謂之天德，行
> 天德者謂之聖人。

文中以四時比附「和、德、平、威」，謂施政須依序而為，此一對比依季節
的氣候變化，先和心求當，其次慶賞立德，再次平心求政，最後刑罰立威，
這個次序符合前述陰陽架構下的先德後刑。雖不必然於現實施政得依此次
序，但董仲舒欲藉這個連結希望說服國君行仁政，可見其用心。董仲舒透過
天地、四時、陰陽五行，為其政治理論擘畫出一個完整的架構，甚至連土
地、經濟等政策，均在其中，[21] 呈現獨特的陰陽化儒學的政治體系。

第三節 三綱五紀

　　董仲舒以陰陽立論，宣說「陽尊陰卑」之理，連結於人事，成為「三
綱」之說，所謂「三綱」，即「君／臣」、「父／子」與「夫／婦」的關係。
「三綱」之名，不見於先秦文獻，應始自董仲舒，《春秋繁露・基義》云：

> 仁義制度之數，盡取之天。天為君而覆露之，地為臣而持載之；陽為
> 夫而生之，陰為婦而助之；春為父而生之，夏為子而養之；秋為死而
> 棺之，冬為痛而喪之。王道之三綱，可求於天。

此處「王道之三綱」，從上文可見為「君臣」、「夫婦」與「父子」的關係，
分別對應「天地」、「陽陰」與「春夏」，但在四時的搭配下，又續云秋冬為
棺與喪，分指殯葬祭祀之禮。在陰陽的架構下，陽為主，陰為輔，故君臣、
夫婦與父子便有主從上下的分別。董仲舒引入天地陰陽解釋君臣關係，強調
尊卑上下，實為鞏固國君權力，將人際關係賦予權力差異，服從君王為天經
地義，不可違逆。此論更在東漢《白虎通議》中確認為「三綱六紀」，[22] 成

---

[21] 《春秋繁露》中有〈官制象天〉、〈考功名〉、〈諸侯〉、〈爵國〉、〈服制〉和〈度制〉諸
　　篇，論及設官、考績、封爵、授土，和爵祿相應的服飾、官室、舟車，以及財富分配等
　　各項制度。論述中一再強調各項制度皆「象天」、「法天」，不可違逆「天數」、「天理」，
　　以天道規範人事。

[22] 《白虎通議》有〈三綱六紀〉篇，云：「三綱者何謂也？謂君臣、父子、夫婦也。六紀

為君權政治與父權社會的基礎，影響後世深遠。

孔子曾對魯定公問君臣如何「使」與「事」，答云：「君使臣以禮，臣事君以忠。」（《論語・八佾》）站在國君的立場，對待臣子言「使」，而臣必須「事」君，孔子用「禮」與「忠」分別兩者的對待方式，饒有深意。蓋「禮」為「仁」之具體表現，君使臣以「禮」，即以尊重、體恤之仁心對待；而臣事君之「忠」，指臣子能忠誠、忠信，發自內心而行。以禮以忠，皆是從內在心性而發生的行為。此外，「禮」是一種相互的活動，即「禮尚往來。」（《禮記・曲禮上》）君與臣的關係，建立在內心的顯發，以及往來互動。[23] 至孟子更進一步明言君臣關係是相對的，他告齊宣王曰：「君之視臣如手足，則臣視君如腹心；君之視臣如犬馬，則臣視君如國人；君之視臣如土芥，則臣視君如寇讎。」（《孟子・離婁下》）國君如何對待臣子，就會獲得相應的回報。是以，孟子認為聖人教人民之人倫，為「父子有親，君臣有義，夫婦有別，長幼有序，朋友有信。」（《孟子・滕文公上》）各個不同的人倫關係中，君臣須有「義」，此「義」是先天內在的四端之心，可與孔子所云君使臣之「禮」相互闡發。孟子所云之「五倫」，董仲舒簡化為「三綱」，且將「君臣」移至第一序位。孔子對君臣關係從內在的心性立論，兩者以禮相待；但董仲舒則以陰陽比附之，使得兩者關係依外力約束，形成絕對的上下位階，失去了互動的平衡。

人倫關係既取法天地，[24] 比擬陰陽，則董仲舒對陰陽的論述，也反映在三綱之中。得注意的是，雖然三綱之說，已朝向君臣關係的絕對化，但《春

者，謂諸父、兄弟、族人、諸舅、師長、朋友也。故《含文嘉》曰：『君為臣綱，父為子綱，夫為妻綱。』……何謂綱紀？綱者，張也；紀者，理也。大者為綱，小者為紀，所以張理上下，整齊人道也。……君臣，父子，夫婦，六人也，所以稱三綱何？一陰一陽謂之道。陽得陰而成，陰得陽而序，剛柔相配，故六人為三綱。」文中引緯書《含文嘉》，明確地指出君臣、父子與夫婦的關係以「綱」連結，並以「綱紀」定大小上下之分，「三綱」更具絕對的性質。

23 《白虎通義》有〈禮樂〉篇，闡明禮樂，文中云：「禮所揖讓何？所以尊人自損也，不爭。《論語》曰：『揖讓而升，下而飲，其爭也君子。』故『君使臣以禮，臣事君以忠。』『謙謙君子，利涉大川。』以貴下賤，大得民也。屈己敬人，君子之心。故孔子曰：『為禮不敬，吾何以觀之哉！』夫禮者，陰陽之際也，百事之會也，所以尊天地，儐鬼神，序上下，正人道也。」其中引用《論語》兩文，然一論「君子」，一說「國君」，《白虎通義》卻混用之，並引《易》「謙」卦之爻辭，說明謙讓之德。但結論仍以「禮」比附陰陽，「序上下」才是實行禮之意義。

24 《春秋繁露・觀德》云：「天地者，萬物之本，先祖之所出也。……君臣、父子、夫婦之道取之此。」天地是萬物的本源，也是倫理關係的起源，故本篇所謂的「德」，來自血緣關係所形成的親疏遠近，唯德是親。三綱自大而來，便是大經地義，下一篇〈奉本〉接續闡明其旨，文云：「禮者，繼天地，體陰陽，而慎至容，序尊卑、貴賤、大小之位，而差外內、遠近、新故之級者也。」三綱自天地而來，禮儀也是，孔子言禮是仁的體現，董仲舒則將三綱、仁與禮都歸於天地陰陽，以此連結人與天。

秋繁露》以陰陽論人倫，不只有「陽尊陰卑」，「陰／陽」的相對相輔關係，還是有一定影響。〈基義〉篇中言「三綱」，以「兼」說明之，其云：

> 君臣、父子、夫婦之義，皆取諸陰陽之道。君為陽，臣為陰；父為陽，子為陰；夫為陽，妻為陰。陰道無所獨行。其始也不得專起，其終也不得分功，有所兼之義。是故臣兼功於君，子兼功於父，妻兼功於夫，陰兼功於陽，地兼功於天。

董仲舒理想的人倫關係，雖有尊卑之別，但仍具相輔之意，為「兼」之的平衡。換言之，「陽尊陰卑」雖為原則，但倫理關係並不全然以尊卑釋之，尚有陰陽相輔並生的關係。陽與陰都無法獨生，必須相互配合，此為「兼功」之說。董仲舒引陰陽於人倫，除改變孔孟之仁心內在，也使倫理關係朝向上下差異，但與東漢之後權威化的三綱相較，仍有差別。

董氏之所以強調「三綱」，為確立一個名實相符的社會秩序，這個論題，延續先秦名實之論。其云：

> 名生於真，非其真，弗以為名。名者，聖人之所以真物也。名之為言真也。故凡百譏有者，各反其真，則者還昭昭耳。欲審曲直，莫如引繩；欲審是非，莫如引名。名之審於是非也，猶繩之審於曲直也。詰其名實，觀其離合，則是非之情不可以相讕已。（〈深察名號〉）

此處所言之「真」，為「天地」，董仲舒說：「名號之正，取之天地，天地為名號之大義也。」「名則聖人所發天意，不可不深觀也。」（〈深察名號〉）「名」既是聖人所發天意，一如繩墨能規曲直，故要判斷真偽，必須從「名」著手。換言之，董仲舒欲以名證實，因其「名」為天（聖人）所制定。因此，「三綱」之立，亦從之，其云：「循三綱五紀，通八端之理，忠信而博愛，敦厚而好禮，乃可謂善。此聖人之善也。」（〈深察名號〉）如此一來，立定「三綱五紀」，即服順天地之理；聽從聖人先王之言，則為政治秩序的基本來源。[25] 這也就是他所謂「聖人之道」：「謂之度制，謂之禮節。故貴賤有等，衣服有制，朝廷有位，鄉黨有序，則民有所讓而不敢爭，所以一之也。」（〈度制〉）所以，人與天地萬物都為陰陽五行的結構，人間的名號、仁義制度，皆須依此而行，任何不符合這個結構的言論，都是虛假的。換言之，「名」既來自於「天地」，就沒有任何質疑的空間，也不容許任何其

---

[25] 「五紀」典出《尚書·洪範》：「一曰歲，二曰月，三曰日，四曰星辰，五曰歷數。」原為計天時之曆法，董仲舒於《春秋繁露》中未言明「五紀」內容，其論述能循「三綱五紀」為聖人之善，似以「五紀」為必然依循之理。至東漢《白虎通德論·三綱六紀》，將「五紀」轉為「六紀」，以人倫關係比之，為「諸父、兄弟、族人、諸舅、師長、朋友」；又另言「五常」，以「仁、義、禮、知、信」五種德行言之，謂之「綱紀」。視人倫綱常為絕對化的關係，只得服從，不可違逆。

他異說。如此一來，三綱五紀成為必然之真理，社會秩序因而穩定。

除了以「陰／陽」釋「三綱」，董仲舒還借「五行」相生關係比擬父子，再進一步連結至君臣，使子之「孝」與臣之「忠」結合一起。〈五行對〉記河間獻王劉德問「孝」之「天經」、「地義」，董仲舒即以五行之相生如父子之長養承續，故「父授之，子受之，乃天之道也。」授與受，為孝之天經。而五行之中，以「土」為貴，「忠臣之義，孝子之行，取之土。」以「土」之色黃，為孝之地義。河間獻王問「孝」，但是董仲舒卻置入「忠」，使忠臣與孝子並列。另於〈陽尊陰卑〉中，將君臣、父子以陰陽五行釋之，強調尊卑的關係，其云：

> 是故《春秋》君不名惡，臣不名善，善皆歸於君，惡皆歸於臣。臣之義比於地，故為人臣者，視地之事天也。為人子者，視土之事火也。雖居中央，亦歲七十二日之王，傅於火以調和養長，然而弗名者，皆並功於火，火得以盛，不敢與父分功美，孝之至也。是故孝子之行，忠臣之義，皆法於地也。地事天也，猶下之事上也。地，天之合也，物無合會之義。是故推天地之精，運陰陽之類，以別順逆之理。

為人臣與為人子者，以君父為尊，善歸於君，惡屬於臣，此即「功出於臣，名歸於君」（〈保位權〉）忠孝之行為服膺天地陰陽的原則，相較於孔孟從仁心內在而發的倫理關係，董仲舒從外在的陰陽五行連結君臣、父子，以貴陽賤陰，天經地義為論，君臣、父子成為天地宇宙秩序下的一種關係，與孔孟倫理精神已然不同。

董仲舒常混同「忠」與「孝」概念，在論述時屢屢並列「君」與「父」，欲使兩者聯結。[26] 如〈天辨在人〉謂「天下之尊卑隨陽而序位」，因此「不當陽者臣子是也，當陽者君父是也。故人主南面，以陽為位也。陽貴而陰賤，天之制也。」以陽貴陰賤為天之制，將臣、子等同，君、父同列。〈王道通三〉明示：「四時之行，父子之道也；天地之志，君臣之義也；陰陽之理，聖人之法也。」另外在〈玉杯〉論《春秋》中的君臣之義，文中提到：「臣之宜為君討賊也，猶子之宜為父嘗藥也。子不嘗藥，故加之弒父；臣不討賊，故加之弒君。其意一也。」舉父子嘗藥為例，申明臣為君討賊之必要。在《春秋繁露》中，多處將君父並列，可見得董仲舒藉這樣的論述方

---

[26] 韋政通曾指出董仲舒「把君臣提昇到父子之前，表示他的倫理思想是以朝延為主位，在最高的價值方面，則趨向於忠孝的混同。」（韋政通：《董仲舒》，臺北：東大，1986.7，頁 127）韋政通認為混同忠孝思想，乃至於流行，不只是董仲舒一人所為，而有長期演變的線索。其一受到政治世襲制度影響；其二為儒家倫理思想由個體、家國至天下，已連成一體；其三是孔孟已將孝視為倫理最優位的價值，當專制政治的忠與之衝突時，就得忠孝混同，使兩者連結一起。忠孝混同，甚至以忠代孝，實有其變化過程，原因也非單一，但董仲舒以陰陽五行強化忠孝的連結，在這個過程中發揮了重大的作用。

式，強化君主地位，也將孝道與忠君連結，尤其是將君臣、父子關係放在陰陽五行的架構中，使君父的界限模糊，甚至影響後世，產生以君代父的論點。[27] 先秦孔孟的倫理觀，在董仲舒引入陰陽五行之下，發生重大的變化。

第四節 仁貪兩性

董仲舒對於人性的看法異於先秦諸子，以氣之陰陽言性，而謂人具有仁貪兩性，即人之生已同時有善質與惡質。他釋「性」為「生之自然之資」，《春秋繁露・深察名號》云：「性之名非生與？如其生之自然之資，謂之性。性者，質也。」以「性」字之形為「心」、「生」，故訓為「生之自然」，並釋為「質」。此「性」即是自然性，此與告子、荀子皆言「生之謂性」相同。但董仲舒不從告子言性無善惡，也不依荀子以動物性言惡，而謂人秉先天之氣，氣分陰陽，故人有仁貪兩氣於身，故有善亦有惡。其云：

> 栣眾惡於內，弗使得發於外者，心也。人之受氣苟無惡者，心何哉？吾以心之名，得人之誠。人之誠，有貪有仁。仁貪之氣，兩在於身。身之名，取諸天。天兩有陰陽之施，身亦兩有貪仁之性。天有陰陽禁，身有情欲，與天道一也。（〈深察名號〉）

以「仁／貪」比「陽／陰」，亦為其陰陽五行的架構，由於天人相應，天有陰陽，因此人有仁貪。由於兩漢普遍以氣言性，同樣的觀點，在董仲舒之後的揚雄，於《法言・修身》云：「人之性也，善惡混，修其善，則為善人；

---

[27] 將天子與父（母）並列，甚至以父母喻君王，起源甚早。如《詩經・大雅・泂酌》：「豈弟君子，民之父母。」又《詩經・小雅・南山有臺》：「樂只君子，民之父母。」讚頌有德之君王如同民之父母。「民之父母」一語，後世多引用之，《禮記・表記》記孔子解釋《詩經》此章，謂：「凱以強教之；弟以說安之。樂而毋荒，有禮而親，威莊而安，孝慈而敬。使民有父之尊，有母之親。如此而後可以為民父母矣。」期許統治者以仁德之心，視民如子，則人民感受如同父母。《禮記・孔子閒居》亦載孔子答子夏《詩經》此章之問，以「五至」、「三無」論述統治者要做到「民之父母」，「必達於禮樂之原」，要推行禮樂教化。荀子也引此詩說「三年之喪」，謂：「彼君子者，固有為民父母之說焉。」（《荀子・禮論》）推行禮樂，為政以德，是儒家對統治者的要求。此一要求在漢初有所承繼，如賈誼《新書・君道》稱此詩為「言聖王之德也。」然而，此一視角也在漢初起了變化，如《孝經・廣至德》引此詩，謂國君「教以孝，所以敬天下之為人父者也。」以孝教化人民，是國君對天人為父者之敬重，甚至下一章〈廣揚名〉直說：「君子之事親孝，故忠可移於君。」「孝」是子對父之德，但《孝經》將此一德行從對父親變成對國君，將「忠」與「孝」結合，使得「民之父母」的概念也隨之調整，從天子視民如親，逐漸變成人民視天子如父母。至東漢時，班固承董仲舒以「類」相應之說，於《漢書・刑法志》解釋《尚書・洪範》：「天子作民父母，為天下王。」云：「聖人取類以正名，而謂君為父母，明仁愛德讓，王道之本也。」已將先秦儒家對君王之責，轉而為君王對臣民統治的地位，如同父母管教子女，制禮作教，立法設刑。

修其惡，則為惡人。」東漢王充亦於《論衡‧本性》言：「人性有善有惡，猶人才有高有下也。」以善惡混於人性，藉以說明後天有善人亦有惡人。然而，此「氣」為質，為天生自然，需有一引導限制者，董仲舒以「心」為之。他說：「凡氣從心。心，氣之君也，何為而氣不隨也。是以天下之道者，皆言內心其本也。」（〈循天之道〉）又云：「身以心為本，國以君為主。」（〈通國身〉）「心」為「氣」、「身」之主，能限制眾惡，使其不顯露於外。

由於性為天生，須待後天教化，才能表現為善行，故董仲舒於《賢良對策》第三策云：「天令之謂命，命非聖人不行；質樸之謂性，性非教化不成；人欲之謂情，情非制度不節。」（《漢書‧董仲舒傳》）「教化」就是後天的養成和方法，讓原本質樸無定的「性」成為善的樣子。他以禾喻性，以米喻善，謂：

> 孔子曰：「名不正則言不順。」今謂性已善，不幾於無教而如其自然！又不順於為政為道矣。且名者性之實，實者性之質。質無教之時，何遽能善？善如米，性如禾。禾雖出米，而禾未可謂米也。性雖出善，而性未可謂善也。米與善，人之繼天而成於外也，非在天所為之內也。天所為，有所至而止。止之內謂之天，止之外謂之王教。王教在性外，而性不得不遂。故曰性有善質，而未能為善也。（〈實性〉）

董仲舒認為「性」為「質」，待「教」為善，如同荀子重視禮教。但不同的是，荀子言禮由聖王制作，非源於天；而董仲舒則認為教民為善是天意，亦為國君的責任，國君上承天意，故為「王教」。其云：「天生民性，有善質而未能善，於是為之立王以善之，此天意也。」（〈深察名號〉）將「王教」與「天意」結合，雖從教化人性著眼，實則強化王權，提高君主的地位。董仲舒雖力言「教」之內容為禮樂，然皆屬外在的行為規範，與孔孟所倡禮樂為仁心之發動全然不同。

關於禮樂的由來，董仲舒認為是由聖王制作，但與荀子不同的是，董仲舒強調「奉天」，即禮樂之所由為天道，聖王只是依天道為之。董仲舒闡釋《春秋》之道，為「奉天法古」，〈楚莊王〉中明言：「《春秋》之道，奉天而法古。」「奉天」之意，在《春秋繁露》中多見，〈三代改制質文〉謂王者受天命，故「改正朔，易服色，制禮樂」，皆是「奉天」的表現。由於董仲舒所處之時，為漢代秦而立，關於正朔與服色的改制，一直是漢初討論的議題。董仲舒以陰陽為基礎，引入「經／權」概念，用以解釋改制。他說：「天以陰為權，以陽為經。陽出而南，陰出而北。經用於盛，權用於末。」（〈陽尊陰卑〉）陽是常道，陰是權變，是以新王必改制，改制依道理為之，道理不變，所變者為禮樂的形式。〈楚莊王〉云：「樂者，盈於內而動發於外

者也。應其治時，制禮作樂以成之。成者，本末質文皆以具矣。是故作樂者必反天下之所始樂於己以為本。」以「天」、「古」代表大道或不變的真理，而外在的禮文可改。〈玉英〉直云：「《春秋》有經禮，有變禮。」又於〈竹林〉云：「《春秋》之道，固有常有變，變用於變，常用於常，各止其科，非相妨也。」董仲舒據此經權之論，新造三統取代五德終始，實為武帝欲立新制之本。

欲改變氣質之性，需以禮樂教化，意味性中之仁氣是可藉由後天引導而成為善行，而性中之貪氣則可壓抑，不使顯露。然以此論性，難以解釋聖人如何自為之，因此董仲舒又提出性三品之說法，其於〈實性〉云：「聖人之性不可以名性，斗筲之性又不可以名性，中民之性如繭如卵。」中民即一般人，是可教可改的；聖人不待教而善；器量狹小之人教之無益。東漢王充承之，亦將人分為中人以上與中人以下，中人可教而成善。此三等之分，著重於教化中人（萬民）之性，亦可解釋現實中尚有聖人與無法教化的下人之存在。

小結

董仲舒思想最重要的核心與創發，是將天地人貫通為一，做為君王統治的依據，也是其思想的架構。〈王道通三〉開篇謂：「古之造文者，三畫而連其中，謂之王。三畫者，天地與人也，而連其中者，通其道也。」藉「王」之字形，在訓釋時融入天人相通的主張，是其獨創。為王者，受命於天，循天道仁義之理為之，方得上通於天，此即「唯人道可以參天」。參通天地人三才之道，即董仲舒天人合一論之旨，[28] 許慎《說文解字》於「王」字之下列此說，可見東漢已認同此義為「王」。董仲舒所言之「天人合一」，是在「天人相應」的基礎上，將人與天統合為一個整體，其云：「事各順於名，

---

[28] 天即天命，是統治者的正當性來源；地為義理，即依陰陽所成之德刑相輔，確立社會秩序；而人即人倫，為貫天地之道於社會實現倫理道德。吳龍燦以天地人三個維度申論董仲舒的政治哲學體系，並謂董氏理論為漢代之後的中央集權制度奠下基礎，參見吳龍燦：《天命、正義與倫理——董仲舒政治哲學研究》，北京：人民出版社，2013.5。將「天、地、人」合而論之，應流傳於戰國時期，《易·繫辭下》稱：「易之為書也，廣大悉備，有天道焉，有人道焉，有地道焉。兼三才而兩之，故六六者，非它也，三才之道也。」「三」為天、地、人之基本數，重三而為六，《易》之象、象釋卦，重視爻位變化，三才互有影響。《象辭》釋「謙」卦云：「天道虧盈而益謙，地道變盈而流謙，鬼神害盈而福謙，人道惡盈而好謙。」已論三才之道通。道家也有類似之論，《鶡冠子·天則》云：「天道先貴覆者，地道先貴載者，人道先貴事者。」本篇論聖人能法天地之則。而董仲舒將人事比擬天道，要求統治者法天，其云：「天道施，地道化，人道義。聖人見端而知本，精之至也；得一而應萬，類之治也。」（《春秋繁露·天道施》）在天、地、人連結的基礎上，董仲舒直接將三才釋為「王」，貫通為一，是為「王道」。

名各順於天。天人之際，合而為一。」（〈深察名號〉）天人合一，是在天與
人接觸的地方，即天與人的連結之處，可以視為「合一」。「天人相應」有兩
個層面，一是形體上的「同類相應」；一是人行天道，天相應之的「同類相
動」，於動靜兩個層面完成「天人合一」。

　　董氏之學，雜揉先秦儒家、法家、陰陽家以及黃老之學中的刑名之術，
並深化天人感應，產生一套結構嚴謹的思想體系，得以維繫社會秩序，強化
君主權力。董仲舒所倡之儒家，依統治者之利益需求加以改造，已非先秦孔
孟原貌。余英時先生稱之為「陽儒陰法」或「儒學法家化」，[29] 指出一個思
想史的變化，亦可視為是儒學的重建或更新。儒學經董仲舒的調整，呈現幾
點特殊的樣貌，一是引入陰陽五行之說，建立社會關係的位階秩序，以三綱
之說，強化君父權力。二是以陰陽之說，融合德治與刑罰，使施政能仁法並
行。三是以天人相應，指明天依天道而行，天也因人之表現而以祥瑞災異示
現，藉而要求君王必須行仁政。最後，將陰陽比附人性，而謂人有仁貪二
氣，得依後天教化發仁性。

　　《春秋繁露》一書是董仲舒之春秋公羊學，為其政治理論，將經學與政
治結合。《賢良對策》中以「儒家」為學術統一的依歸，透過教育與舉才，
擴大儒學的影響力。雖然董仲舒的學術主張與先秦儒家差異甚大，但他將儒
家結合陰陽五行，重新塑造兩漢儒家的面貌，使得孔孟學說的淑世理想得以
部份實現，在思想史上有其地位。宋儒以理學角度論董仲舒，謂其失聖人之
旨，對其理論多有非議。[30] 勞思光先生則從先秦孔孟心性儒學的角度，認為
董仲舒將儒學陰陽神學化，為「偽儒學」，致使孔孟儒學之真義不顯，而予
以嚴厲批評。[31] 至於近現代因意識形態，學界對董仲舒的各種批評，或許更
失董氏原貌。董仲舒在思想史中的爭議極大，正反評價皆有，然不論董仲舒
的是非功過為何，至少在漢初黃老之學興盛的背景下，他能將儒學改造成皇
帝得以接受的學說，成為官方主流，甚至影響後世對儒學的理解，為漢初重
要思想家。

---

[29] 見余英時：〈反智論與中國政治傳統〉，收入《歷史與思想》，臺北：聯經，1995.3，頁
31。

[30] 宋儒對漢學多所疵議，程顥稱董仲舒「最得聖賢之意，然見道不甚分明。」（《河南程氏
遺書》卷一）朱熹雖道：「漢儒惟董仲舒純粹，其學甚正，非諸人比。只是困苦無精
彩，極好處也只有『正誼、明道』兩句。下此諸子皆無足道。」（《朱子語類·戰國漢唐
諸子》）

[31] 見勞思光：《新編中國哲學史》（二），臺北：三民書局，1991.8，頁25。勞先生以孔孟心
性之學為儒學正統，故對董仲舒改造儒學多有批評，但也正可顯示董仲舒的影響力。

第十三章 經學、讖緯與孝道

　　兩漢思想主流在經學，透過經學的傳承與發展，儒家傳授的經典成為官方統治的思想依據，也形塑出兩漢乃至後世學術正統的樣貌。由於兩漢大一統的政治型態，先秦儒學歷經官方的調整，混合黃老、法家與陰陽讖緯，成為君權政治的思想基礎。然而，先秦儒學仍保有一定的經世、實踐與批判精神，孔孟所倡導的道德政治，實行禮樂文化的社會秩序，強調仁義的個人與群體關係，依然有其影響力，為漢儒所實踐之。

　　經學的起源，應始自孔子對於古代文獻的整理，司馬遷在《史記·孔子世家》記述孔子「追跡三代之禮，序書傳，上紀唐虞之際，下至秦繆，編次其事。」至於「古者詩三千餘篇，及至孔子，去其重，取可施於禮義。」此外，「三百五篇孔子皆弦歌之，以求合韶武雅頌之音。禮樂自此可得而述，以備王道，成六藝。」還提及「孔子晚而喜易，序彖、繫、象、說卦、文言。讀易，韋編三絕。」後世推崇孔子，多據此而認為孔子刪訂《書》、《詩》，編《禮》、《樂》，作《易傳》，述《春秋》。就文獻形成的歷史而言，六經成書為一個逐漸發展的過程，恐非孔子一人完成六經的編訂，但後世經學的基礎應由孔子奠定。[1] 此六經為儒家傳道授學的基本文獻，蘊含儒家論人處世的道理，漢人稱「六經」為「六藝」，《漢書·藝文志》之「六藝略」指「六經」，並以「六經」為王官學，王官學在東周時期逐漸傳播於民間，發展成諸子百家，諸子亦出於王官。

　　由於漢人重視經學，官方設立經學博士，學習承傳儒家經典，並作為國政施行的依據。其間雖經歷今古文之爭，但以儒家經典教化天下，是兩漢學術的核心，官方大力推廣六經，另以《孝經》為立身治國的基礎，宣揚孝道。經學的另一面相，是讖緯學對經學的影響，兩漢盛行陰陽五行，也流行天人相應，皆為讖緯興起的背景。以下分別論述經學、讖緯與《孝經》。

---

[1] 錢穆先生曾考辨孔子傳經之說為漢人所造，其謂：「孔子以前無所謂六經也。孔子之門既無六經之學，諸弟子亦無分經相傳之事。自漢博士專經授受，而推以言先秦，於是曾思孟荀退處於百家，而孔子之學乃在六藝，而別有其傳統。」（錢穆：〈孔門傳經辨〉，《先秦諸子繫年》，臺北：東大圖書，1986.2，頁83）徐復觀先生也認為孔子刪《詩》、《書》之說不可信，但孔子對經學立下決定性的基礎：其一，將原本掌握在貴族手中的文化與資料，擴大至弘揚於社會各階層；其二，通過「興於《詩》，立於禮，成於樂。」使《詩》、禮、樂成為人格精神進升的複合體。其三，對整理《詩》、《書》、禮、樂及《易》，使其價值提升，並有比較固定的內容與形式。（徐復觀：《中國經學史的基礎》，臺北：臺灣學生書局，1982.5，頁7-9）

第一節 兩漢博士與經學

　　若以王莽篡漢為兩漢政治分水嶺，經學的發展亦可以如此區分。西漢經學以今文經為主，各經不同文獻傳承爭立為博士，西漢前期至中期為齊學與魯學的競爭，中期之後，融會齊學與魯學的后氏禮學逐漸形成。[2] 然齊學的公羊學和魯學的穀梁學仍相對獨立，西漢末興起古文經學，劉歆力主春秋左氏學，王莽改《周官》為《周禮》，擴大古文經的影響。東漢經學為今文經與古文經學的對立，古文經學雖未立於學官，但影響力逐漸擴大，東漢中後期出現融合古文經與今文經的趨勢，唯諸儒不守家法，復又浮華相尚，兼之黨錮之禍，至使經學走向衰微。[3] 此外，東漢以讖緯學解經，甚至凌駕經學，此又為東漢經學之另一面貌。以下從「博士」官職的設置論述兩漢經學發展。

一、「博士」淵源與含意

　　兩漢官方設有「博士」官職，其名應始自戰國，然先秦諸子文獻不見「博士」一詞，《左傳》、《國語》等史書亦無。《史記・循吏列傳》記：「公儀休者，魯博士也。」應是今日可考查「博士」名稱之首見，「博士」原為

---

[2] 西漢經學分為魯學與齊學，始自漢人之論。《漢書・儒林傳》載穀梁學之傳承，武帝立公羊學，黜穀梁，至「宣帝即位，聞衛太子好穀梁春秋，以問丞相韋賢、長信少府夏侯勝及侍中樂陵侯史高，皆魯人也，言穀梁子本魯學，公羊氏乃齊學也，宜興穀梁。」於是宣帝召五經名儒，議於石渠閣，平《公羊》、《穀梁》同異，各以經處是非，由是穀梁學大盛。乃立《穀梁》於學官，有博士，研習不絕。這段記載，已明確顯示魯學與齊學之別。近人皮錫瑞《經學歷史》與本田成之《中國經學史》皆採此論，然徐復觀先生提出反對意見，認為公羊與穀梁之異在於人事傳承，而未受域影響。（徐復觀：《中國經學史的基礎》，臺北：臺灣學生書局，1982.5，頁 197-199）然從齊魯兩地之學術傳承，仍可見得兩地學風之異。王保玹認為齊魯兩地風俗有極大差異，齊學尚書、易與公羊；魯學則傳承禮樂之學和穀梁，甄別兩者有其必要。但此一分別於西漢中後期逐漸融合，形成后氏禮學。可參考王保玹：《西漢經學源流》，臺北：東大圖書，2008.8，頁 55-130。

[3] 程元敏認為東漢光武、明、章三朝勠力興學崇儒，為經學極盛時期；然和帝至獻帝為經學衰微時期，其原因有三：家法破壞、學者浮華相尚與黨錮之禍。（程元敏：《漢經學史》，臺北：臺灣商務印書館，2018.3，頁 311-430）清人皮錫瑞亦指出「鄭君兼通今古義，溝合為一，於是經生皆從鄭氏，不必更求各家。鄭學之盛在此，漢學之衰亦在此。」「漢學衰廢，不能盡咎鄭君；而鄭采今古文，不復分別，使兩漢家法亡不可考，則亦不能無失。故經學至鄭君一變。」（皮錫瑞：《經學歷史》，臺北：漢京文化，1983.9，頁 142、149）

尊稱，為學問能博通古今的博學之士。[4] 此一名稱由來，或與孔子以「博學」立教有關，孔子曾說：「君子博學於文，約之以禮，亦可以弗畔矣夫。」（《論語·顏淵》）與其他諸子相較，孔門以經典為教，學習聖人智慧，為其特色。於文能博，方得不偏頗專斷；於禮為約，謹言慎行而不亂。而「士」本是下層貴族，隨著春秋至戰國時期的社會動盪，士的身份也產生流動變化，同時學習各種不同專業技能，或文或武，遊歷各國。孔子倡導之「博學」，影響並塑造士的新形象與性格，遂使「博學」與「士」結合，而出現「博士」之名。因此，「博士」具有學問廣博的特徵，名實相稱。

戰國時齊國稷下學宮，廣招文學游士，應也影響了博士的功能與發展。西漢劉向於《說苑·尊賢》載齊威王時，諸侯舉兵伐齊，「博士淳于髡」為齊出使，平諸侯之事。然同樣為劉向所著《新序》，在〈雜事二〉記鄒忌拜齊相，「稷下先生淳于髡之屬七十二人，皆輕忌。」對於淳于髡的稱謂，混用「博士」與「稷下先生」。另外，《史記·劉敬叔孫通列傳》記：「漢王拜叔孫通為博士，號稷嗣君。」裴駰《史記集解》於其後注云：「徐廣曰：『蓋言其德業足以繼蹤齊稷下之風流也。』」漢高祖給叔孫通的稱號為「稷嗣君」，除了嘉許之意，也以稷下之學比擬「博士」。稷下先生主要職責為議政，並有授學之事，或者應國君要求出使他國。議政、講學與出使等職責，皆為兩漢博士承襲。唯稷下先生並非正式職務，只是列位大夫，兩漢博士則為正式官職，領有奉祿；稷下先生與國君關係近於師友，但兩漢博士為官職，與國君為君臣上下關係。戰國時期各國競爭，士人從「游」，以待明主賞識，至兩漢大一統，游士不復存在，以「博士」身份成為官僚系統的一員。

若將戰國時之「博士」視為一個對博學者的尊稱，秦代則將「博士」設為正式官職。《漢書·百官公卿表》記曰：

> 博士，秦官，掌通古今，秩比六百石，員多至數十人。武帝建元五年初置五經博士，宣帝黃龍元年稍增員十二人。元帝永光元年分諸陵邑屬三輔。

秦國的博士職掌為「通古今」，即議政，提供國君施政之諮詢。至於秦博士

---

[4] 王國維懷疑先秦時「未必置『博士』一官，《史記》所云博士者，猶言儒生云爾。」（王國維：〈漢魏博士考〉，《定本觀堂集林》卷四，臺北：世界書局，1961.3，頁175）徐復觀先生則認為「博士」是新興的官制，因地位低下，文獻見之甚少，反對王國維之說。（徐復觀：《中國經史的基礎》，臺北：臺灣學生書局，1982.5，頁69-73）錢穆先生也引許慎《五經異義》：「戰國時，齊置博士之官。」謂齊國之稷下先生與博士，兩者異名同實。（錢穆：《兩漢經學今古文平議》，臺北：東大圖書，1989.11，頁165-166）然今本《五經異義》不見此文，而是明末董說所撰《七國考》卷一中「博士」下所徵引，由於文獻不足，實難論定戰國時已立「博士」為官，但「博士」之名與儒家確有淵源，應無疑義。

的人數，《史記·封禪書》記秦始皇「徵從齊魯之儒生博士七十人，至乎泰山下。」七十人數，似比附孔子弟子。兩漢博士歸屬太常，太常掌宗廟禮儀，也對博士和博士弟子進行考核薦舉。博士具有一定的學術地位，又為中央官職，參與議政，致使學術與政治的連繫與影響趨於複雜。

二、兩漢博士設置與經學關係

漢承秦制，高祖任用秦博士叔孫通制定朝儀，文帝時欲廣遊學之路，《論語》、《孝經》、《孟子》、《爾雅》皆置博士，立賈誼諸人為博士官。從秦至漢初，博士學術多元，諸子皆得召為博士。然而，武帝建元五年春設立五經博士，《詩》、《書》、《易》、《禮》、《春秋》各經置博士，正式以儒家六藝之學為官方學術正統，原立博士的《論語》、《孟子》被移除，至於其他諸子百家皆不立博士。此舉正是董仲舒於《賢良對策》中所言：「諸不在六藝之科，孔子之術者，皆絕其道，勿使並進。」（《漢書·董仲舒傳》）董仲舒對漢武帝之議，抬高六藝並賦予神聖的地位，其目的為「統紀」與「法度」，抑制各家學說使歸於統一。六經是聖人所制，為通天地之理，萬世不移；而《論語》、《孝經》是聖人言行的記錄，固然重要，但不得立於學官。以六藝為大一統象徵，可說是武帝立五經博士，將君權集中的重要手段。

五經博士初置，儒者多兼治數經，博士弟子所習亦不限一經，故諸經講論有所不同。於是漢宣帝甘露三年，召開石渠閣會議，「詔諸儒講五經同異，太子太傅蕭望之等平奏其議，上親稱制臨決焉。」（《漢書·宣帝紀》）石渠閣之會，由宣帝最後欽定各經之所從，並使太學博士各治一經，學官體系遂由五經博士轉為「一經」博士，師法與家法依此確立。班固論五經博士發展經過，於《漢書·儒林傳》贊語云：

> 自武帝立五經博士，開弟子員，設科射策，勸以官祿，訖於元始，百有餘年，傳業者寖盛，支葉藩滋，一經說至百餘萬言，大師眾至千餘人，蓋利祿之路然也。初，書唯有歐陽，禮后，易楊，春秋公羊而已。至孝宣世，復立大小夏侯尚書，大小戴禮，施、孟、梁丘易，穀梁春秋。至元帝世，復立京氏易。平帝時，又立左氏春秋、毛詩、逸禮、古文尚書，所以罔羅遺失，兼而存之，是在其中矣。

前半段指出武帝立五經博士，官方太學成了晉升仕途的管道，吸引學子而出現傳習講授經書的盛況。為求仕途，各家傳承為標舉特色，講述以章句為之，分析章節，離斷句讀，說解趨於繁瑣，西漢末年甚至出現「一經說至百

餘萬言」的現象，遭致批評。[5] 而五經博士在宣帝、元帝與平帝時，又分別立定不同師法於學官。這一段時期是今文經盛行之時，然而至平帝時，王莽輔政，依劉歆之論，將《春秋左氏傳》、《古文尚書》、《毛詩》、《逸禮》等古文經立為學官，古文經學遂逐漸發展，與今文經學成抗衡之勢。

東漢初立，為救新莽末年兵燹，典文殘落，故「光武中興，愛好經術，未及下車，而先訪儒雅，採求闕文，補綴漏逸。」（《後漢書・儒林列傳》）光武帝立五經十四家博士，興太學，又立「春秋左氏」博士，唯引發反彈而廢立。[6] 今古文經的爭議於東漢仍持續之，章帝時始允許古文經《左傳》、《穀梁》、《古文尚書》與《毛詩》四經公開傳授，不立博士，但古文經因而有所推廣。博士學官之廢立，除經義之爭，實為政治權力之競逐。蓋博士所掌為「承問對」的議政之事，又有「教弟子」的學問傳習之責，因教學而有師法、家法，遂衍為門戶對立。[7] 章帝仿西漢宣帝，召群臣諸儒於白虎觀講

---

[5] 東漢桓譚批評西漢末年傳承小夏侯《尚書》的秦恭：「能說《堯典》，篇目兩字之說，至十餘萬言，但說『曰若稽古』二三萬言。」（《新論・正經》）解說篇名和文句，動輒萬言。南朝劉勰也提及：「若秦延君之注《堯典》，十餘萬字；朱文公之解《尚書》，三十萬言，所以通人惡煩，羞學章句。」（《文心雕龍・論說》）而早在西漢時，夏侯建之叔父夏侯勝就曾批評曰：「建所謂章句小儒，破碎大道。」（《漢書・眭兩夏侯京翼李傳》）章句之所以繁瑣，不盡然為數萬言之故，其引證訓詁，考辨文句，只為突顯博學師法，卻無益於理解經文，故遭致批評。對於章句繁瑣的情形，西漢末年已有檢討，《論衡・效力》提及：「王莽之時，省五經章句，皆為二十萬。」至東漢光武亦詔稱「五經章句煩多，議欲減省。」（《後漢書・肅宗孝章帝紀》）其後諸帝多有改定章句之舉，但減省與改定的標準，具有政治目的，所據者多為官方尊崇之讖緯，使經書符合讖緯之意。東漢明帝時，公羊學者樊儵曾「以讖記正五經異說」，（《後漢書・樊宏陰識列傳》）章帝曾召大儒曹褒修訂《漢儀》，「褒既受命，乃次序禮事，依準舊典，雜以五經讖記之文，撰次天子至於庶人冠婚吉凶終始制度。」（《後漢書・張曹鄭列傳》）東漢議經，常改定章句，以讖緯為據，遂使經學面貌不同於西漢。

[6] 《後漢書・志・百官二》：「博士祭酒一人，六百石。本僕射，中興轉為祭酒。博士十四人，比六百石。本注曰：易四，施、孟、梁丘、京氏。尚書三，歐陽、大小夏侯氏。詩三，魯、齊、韓氏。禮二，大小戴氏。春秋二，公羊嚴、顏氏。掌教弟子。國有疑事，掌承問對。本四百石，宣帝增秩。」東漢光武帝初立博士與西漢相較，少《慶氏禮》與《穀梁春秋》，多《顏氏春秋》，然《京氏易》初時未立，其後添置，另《穀梁春秋》本立學官，後於章帝廢止。關於兩漢博士之立定情形，可參考程元敏：《漢經學史》，臺北：臺灣商務印書館，2018.3。

[7] 漢代博士講經，有師法與家法之別。皮錫瑞云：「前漢重師法，後漢重家法。先有師法，而後能成一家之言。師法者，溯其源；家法者，衍其流也。」（皮錫瑞：《經學歷史》，臺北：漢京文化，1983.9，頁136）師法為源流，如易學之施、孟、梁丘同出於田王孫是師法，而施家有彭、張之學；孟有翟、孟、白之學；梁丘有士孫、鄧、衡之學，是家法。錢穆先生更進而指出，漢初博士不限專治一經，博士弟子亦不限通一藝，故無師法、家法之別，分經分家而言師法，其事起於昭、宣之後。至於「家法」即「章句」，博士分家起於宣帝，諸經章句亦為其後。（錢穆：〈兩漢博士家法考〉，《兩漢經學今古文平議》。臺北：東大圖書，1989.11）

論群經異同，意圖彌合今古文經學之異同，最後章帝欽定經義奏議，集成《白虎議奏》，又名《白虎通德論》，後命班固撰集為《白虎通議》一書。編者班固為古文經學者，結合今文經與緯書的論點，可說是緯學發展的高峰，緯書一度與經書並立。

繼白虎觀議定經書，安帝永初4年（西元110年）舉行「東觀校書」。安帝「詔謁者劉珍及五經博士，校定東觀五經、諸子、傳記、百家藝術，整齊脫誤，是正文字。」（《後漢書·安帝紀》）這次校書參與者有劉珍、馬融、許慎等，多是博治群經的古文學者，其目的在於經典的讎校勘誤，博士的功能更趨於學術，議政的職責轉而衰弱。白虎觀會議後，古文經雖未立於學官，但於東漢中後期出現許多古文經學家，如桓譚、班固、王充、賈逵、許慎、馬融、鄭玄等人，皆博通群經。古文經學雖是私學，然諸經師博通訓詁，舉大義，不為章句，於馬融之後已勝過今文經學。馬融之門生鄭玄，更是博通今古文經，遍注古文經，其注兼融今文經與讖緯，號稱鄭學，為天下所宗。

東漢靈帝熹平四年（西元175年），蔡邕、楊賜、張訓、韓說等人，奏准正定易、書、魯詩、儀禮、春秋、公羊傳及論語等七經文字，以今文經為底本，召書家以隸書鑴刻於石碑，立於洛陽開陽門外，以為範本，後世名為《熹平石經》。東漢後期經學逐漸衰微，不守家法，致使經文混亂，和帝時徐防上疏云：「太學試博士弟子，皆以意說，不修家法，私相容隱，開生姦路。每有策試，輒興諍訟，論議紛錯，互相是非。」（《後漢書·鄧張徐張胡列傳》）儒生不依章句，穿鑿附會，任意行文，已是當時學術現象。至桓靈之時，問題更為嚴重，當時太學生已增至三萬人，「然章句漸疏，而多以浮華相尚，儒者之風蓋衰矣。黨人既誅，其高名善士多坐流廢，後遂至忿爭，更相言告，亦有私行金貨，定蘭臺漆書經字，以合其私文。」（《後漢書·儒林列傳》）黨錮之禍，摧折士人甚鉅，餘者氣節盡失，甚至行賂蘭臺官員篡改漆書經文，以求功名仕途。因此，刻經於石，統一經文，使天下學者得以參正，此舉為矯經學衰微，不守家法之弊，後世多有仿傚。

兩漢博士制度與經學關係，可歸納幾點：其一，博士之名始於戰國，應源自春秋貴族「士」階級，博學之內涵傳承於儒家重學術傳統，其興起與諸侯養士風氣有關。其二，秦已置博士為正式官職，領有奉祿，議政為主要職責。其三，秦與漢初博士不限儒家，亦可兼通數經。其四，漢武帝立五經博士之後，限於儒家，除議政之外，並負有講學之責。其五，不同儒生依不同經典來源爭立博士，博士家別逐漸增加；博士弟子員亦不斷增加，使各博士具政治影響力。其五，西漢宣帝召開石渠閣會議，為平定異說，促使家法愈趨嚴密。其六，西漢末年起，古文經漸興。東漢章帝召開白虎觀會議，欲平定今古文之爭，會後使古文經更為興盛。其七，東漢安帝舉行「東觀校

書」，今古文經學融合，博士議政的影響力下降。總言之，兩漢博士制度使政治介入學術，就正面而言，官員儒學化，公務文書皆引經據典；就負面而言，學術庸俗化，為學與利祿結合，以仕途功名為目的。

第二節 今古文經學之別

兩漢之所以有經學的今古文之別，主要是文字的差異，解釋經文的不同，以及因政治權力競爭所造成的對立。所謂古文（籀文），是相對於漢朝通行的今文（隸書）而言，因漢初廣求古籍，以古文書寫之經書漸次流傳。景帝三子河間獻王劉德，修學好古，四方求書，「所得書皆古文先秦舊書，周官、尚書、禮、禮記、孟子、老子之屬，皆經傳說記，七十子之徒所論。其學舉六藝，立毛氏詩、左氏春秋博士。」（《漢書·景十三王傳》）在武帝統一確立今文五經博士之前，古文經已出現，且有諸侯王立為博士，可見古文經於漢初已啟端緒。

除了搜羅傳抄先秦古籍，另於武帝時發現藏於孔子舊宅之古文經，據《漢書·藝文志》載：「古文尚書者，出孔子壁中。武帝末，魯共（恭）王壞孔子宅，欲以廣其宮，而得古文尚書及禮記、論語、孝經凡數十篇，皆古字也。」之後孔安國得之，獻於朝，卻不受重視而秘藏於官府。此事出於《漢書》，東漢時期文獻如《論衡》、《說文解字·序》亦記錄此事，然《史記》卻無記載，太史公僅於《史記·儒林列傳》僅言孔安國有《古文尚書》，「以今文讀之，因以起其家。」此事涉及史傳記載以及《古文尚書》真偽問題，後人論辯甚多。[8] 不論古文經是否得自孔子故宅，古文獻能歷經秦火，於漢代重現，並非不可能之事。西漢晚期哀帝時，劉歆校書於宮中，奏請《左氏春秋》、《毛傳》、《逸禮》、《古文尚書》四經設立博士。漢哀帝曾令劉歆與五經博士講論，而諸博士皆悻悻「不肯置對」。劉歆撰文〈移讓太常博士書〉，批評太常博士抱殘守缺，受到大臣與儒生的抨擊，自請離開京

---

[8] 《史記》載《古文尚書》傳自孔子十一世孫孔安國，《漢書》則有魯恭王壞孔宅得古文經之說，另載西漢景帝時，河間獻王劉德修學好古，廣求天下善書，亦得《古文尚書》。《後漢書》記東漢初杜林於西州得漆書《古文尚書》一卷，後來賈逵為之《訓》，馬融作《傳》，鄭玄作《注》。西晉永嘉之亂，文籍喪失，今、古文經皆散佚。東晉元帝時，豫章郡守梅賾獻《尚書》經文 58 篇，於《今文尚書》與杜林漆書 33 篇之外，另有 25 篇為失傳多時的孔安國《古文尚書》。其後流傳漸廣，唐代孔穎達奉敕撰《尚書正義》，為科舉所本。宋人始疑其真偽，明代梅鷟撰《尚書譜》、《尚書考異》，批判《古文尚書》流傳與內容之疑點，清康熙時，閻若璩承梅鷟之說，成書《尚書古文疏證》，條分縷晰，認定梅頤所獻《古文尚書》為偽作，遂成定論。

師，古文經不得立。[9] 然從此今古文經對立之勢已成，此後至東漢，今文經與古文經的爭論始終未曾停歇。今文經與古文經以文字與傳承有所區別，在經典詮釋與釋經方法上亦各不相同，以下說明之。

一、五經傳承

五經皆有今文與古文，立為博士的時間與存廢各不相同，以下綜理兩漢五經博士之今古文經，羅列介紹之。

《詩》：今文經三家，魯詩、齊詩、韓詩；古文經一家，毛詩。文帝立申培公（魯）與韓嬰（燕）為博士，景帝立轅固生（齊）為博士官。魯人毛亨傳作古文經《毛詩正義》，河間獻王劉德與王莽時曾立博士，自東漢鄭玄作《毛詩箋》後，學毛詩者漸盛，其他三家先後於三國兩晉時失傳亡佚。

《尚書》：今文經三家，歐陽生、大夏侯（勝）、小夏侯（建）；古文經《古文尚書》。今文三家同出於伏生，伏生授予歐陽生（歐陽和伯）與張生，張生傳至夏侯勝、夏侯建，建又事歐陽氏，與勝異。武帝時立歐陽生為博士，宣帝時增立大、小夏侯。西漢傳有孔安國《古文尚書》，東漢佚失，杜林獲《古文尚書》漆書一卷，賈逵、馬融、鄭玄為之作注，學者漸增。西晉永嘉之亂，《今文尚書》經、註均失，只傳鄭玄所注《古文尚書》。

《禮》：今文經三家，大戴（戴德）、小戴（戴聖）、慶氏（慶普）；古文經兩種，《逸禮》、《周官》（周禮）。今文三家傳自魯高堂生，武帝時立禮經博士，宣帝時三禮皆為博士。景帝時於魯淹中（今山東省曲阜市）及魯恭王孔宅壁中得《禮經》五十六篇，皆古文，此為古文經。古文中十七篇與今文十七篇相同，其餘篇章藏之秘府，難得一見，後來散逸不傳，稱為「逸《禮》」。東漢鄭玄注《儀禮》十七篇，古、今文互校，今文以《小戴禮記》為本，流傳至今，其餘諸本散佚。

《易經》：今文經四家，施讎、孟喜、梁丘賀、京房；古文經兩家，費氏《易》、高氏《易》。漢初言易諸家本之田生，武帝立易經博士，宣帝分立施、孟、梁丘三家，元帝又立京氏。古文費、高二家不得立，民間傳之，東漢馬融、鄭玄皆傳費氏學，費氏興而其餘諸家微。

---

[9] 劉歆推崇古文經學，與五經博士衝突之事，俱見《漢書·楚元王傳》。其後王莽執政，復受重用，拜為「國師」，然劉歆怨王莽於「甄尋怨謗」一案誅其子，有謀反之心，唯事敗而自殺，其事見《漢書·王莽傳》，另可見錢穆：〈劉向歆父子年譜〉，收入《兩漢經學今古文平議》，臺北：東大圖書，1989.11。此外，王莽託古改制，提倡古文經，但並未禁絕今文經，反而利用今文經之讖緯學說，藉以鞏固權力。可參考湯志鈞：〈王莽改制經學史中的今古文問題〉，《經學史論集》，臺北：大安書局，1995.6，頁327-342。

《春秋》：今文經三家，嚴氏（嚴彭祖）《公羊春秋》、顏氏《公羊春秋》、《穀梁春秋》；古文經三家，《春秋左氏傳》、《鄒氏傳》、《郟氏傳》。景帝時立董仲舒、胡毋生《春秋公羊傳》為博士，嚴、顏兩氏傳自董仲舒，東漢樊儵、張霸刪修公羊傳，東漢晚期，何休注公羊最為出名。宣帝立穀梁為學官，東漢之後衰微。西漢初，張倉、賈西、張敞皆傳《左氏傳》，漢成帝時，劉歆校秘書，見古文《春秋左氏傳》，刪修傳之，東漢賈逵作注，左傳學遂興。

二、今古文經之別

今文經和古文經在兩漢有所對立，兩者各有著重之處。由於傳承與所據文字不同，今文經以隸書傳寫經文，古文經為籀文（大篆），故以之為名。[10]今文學以六經為孔子所作，奉孔子為素王，傳孔子「微言大義」；古文學以六經為史，孔子述而不作，重「名物訓詁」。於解釋經文時，今文經以義理解經，所重「微言大義」，多以大一統的角度解經，能得到統治者的青睞；而古文經重視歷史事實的陳述，考證字詞意義，強調實證。今文經與讖緯學結合，喜談陰陽災異，乃兩漢陰陽五行、天人相應以及曆法象術之綜合；古文經學注重章句訓詁，考辨經義，與讖緯關係複雜，或有結合，或有駁斥。

以《春秋》經為例，其傳之今文經《公羊傳》、《穀梁傳》，解釋《春秋》經文，記史甚少，有時為求解經或有不從史實者。《公羊傳》屬齊學，好陰陽，尚恢奇；《穀梁傳》為魯學，純謹縝密，然兩者皆從義不從事。古文經《左傳》內容宏博，文辭典雅，記事全面周延，能補《春秋》之簡。舉《春秋》魯隱公元年的一則記事為例，經文為「夏，五月，鄭伯克段于鄢。」僅以一句記錄此事，《左傳》則詳述此事的來龍去脈，記錄鄭莊公與共叔段兄弟，因母親姜氏偏心，致使共叔段欲奪權而遭鄭公擊殺，之後還補記鄭莊公於「黃泉」地道中見母親以盡孝的故事。對於《春秋》經文，《左傳》詳述事件始末，雖有評述，但相對簡潔，其云：「段不弟，故不言弟。如二君，故曰克。稱鄭伯，譏失教也，謂之鄭志。不言出奔，難之也。」從經文評論鄭莊公與共叔段皆有所失。至於《公羊傳》認為經文「克」字，突顯鄭莊公的「惡」，評其陰險算計，以仁義為論事標準。《穀梁傳》則謂「克」字在於批判共叔段謀國之不當，言莊公討伐共叔段為不得已，甚至是

---

[10] 今文經與古文經以字體區別名稱，僅便於說明兩者來源，而非古文經皆以篆書傳抄。從考古文獻可見，漢初簡帛或有篆體，或有隸書，抄本並未明確依古文經與今文經兩者區別。此外，就現實狀況言，為傳授之便，須將古文經改以隸書抄寫。《史記・儒林列傳》記：「孔氏有古文尚書，而安國以今文讀之，因以起其家。逸書得十餘篇，蓋尚書滋多於是矣。」以「今文」讀之，即是改以漢代通行之隸書抄寫。

「親親之道」，著眼於君臣次序，強調君權。[11] 三者論點的角度不同，行文敘述的方式各異，朱熹曾言《左傳》「傳事不傳經」，「以三傳言之，《左氏》是史學，《公》、《穀》是經學。」（《朱子語類》卷 83）從三傳之別，可略窺今文經與古文經解經之異。

今文經學以微言大義解經，藉由發揮五經義理，將儒家融合法家、陰陽五行，儒學以「外儒內法」的型態，成為一套君主統治的理論。經學與政治相互為用，儒生因立官學得其政治利益，皇帝亦藉立官學而鞏固統治地位。今文經受到古文經的挑戰，在於漢哀帝時，劉歆建議將古文經立於學官，引起五經博士激烈反對。其關鍵在於劉歆欲將國家之封禪祭祀與巡狩之禮依《周禮》而行，與今文經說相左，此外，劉歆斥責今文經抱殘守缺，蔽於師法，開啟今古文爭論。劉歆所論，為今文經與古文經在治學方法之差異，然兩者爭議，不全為學術立場之別，而在於其試圖改變學術與權力結構，實與政治關係密切。

今文經公羊學，於清代嘉慶、道光年間再次復興，古文經學則於東漢末至唐代盛行，宋代受理學挑戰一度衰微，至清代前期，古文經學復興，乾隆、嘉慶年間，隨乾嘉學派盛行。清末廖平根據東漢許慎《五經異義》，撰《今古學考》，概括今古文經學的分歧和爭議，以表格詳列今古文經師傳之別，論今文經是孔子真學，古文經是周公所傳，但至西漢為劉歆篡改。[12] 其後康有為承其說，撰《新學偽經考》，判定古文經為偽。[13] 民初錢穆先生作《劉向歆父子年譜》，駁斥康有為之說，以為古文經有其淵源，非劉歆偽作，學界多採其說。

---

[11] 傅隸樸比較三傳，認為《左傳》之論「不言出奔，難之也。」反映出孔子有難言之隱，因為「此種天倫之認，不足以垂訓，用一『克』字點破經過就夠了。」「克」與「出奔」於行文相應。而《公羊》訓克為殺，是毫無根據的。」至於《穀梁》以「親親」釋之，亦不通情理。（傅隸樸：《春秋三傳比義》（上），臺北：臺灣商務印書館，1983.5 頁 8-10）三傳得失，於漢代多涉今古文經之爭，東漢何休著《春秋公羊解詁》駁賈逵所主之左氏學，此外，史載「何休好公羊學，遂著公羊墨守、左氏膏肓、穀梁廢疾；玄乃發墨守，鍼膏肓，起廢疾。休見而歎曰：『康成入吾室，操吾矛，以伐我乎！』」（《後漢書‧張曹鄭列傳》）何休與鄭玄分著三書評論三傳。鄭玄欲融通三傳，曾著《六藝論》評「左氏善於禮，公羊善於讖，穀梁善於經。」標舉三傳特色。東晉范甯作《穀梁傳集解》，於序云：「左氏艷而富，其失也巫；穀梁婉而清，其失也短；公羊辯而裁，其失也俗。」辨三傳之失，亦可見三傳之別。

[12] 《今古學考》區別兩漢今古文經，卷上列二十表，對比說明今文與古文分歧；卷下為其讀經札記選錄。（廖平：《今古學考》，上海：上海書店，2012.7）

[13] 康有為主今文學，評斷漢代魯恭王、河間獻王得古文經之事不實，認為古文經都是劉歆偽造，為王莽更法立制，故稱之為「新學」為「偽經」。書中序文謂：「始作偽，亂聖制者，自劉歆；布行偽經，篡孔統者，成於鄭玄。」康有為藉評論古文經學，宣揚其改制之論，影響民初疑古辨偽的學風。（康有為：《新學偽經考》，香港：三聯書店，1998.7）

第三節 讖緯學

讖緯流行於兩漢，尤其自西漢末年哀、平之時興起，至東漢盛極一時。讖緯依託經文，混合陰陽五行以及術數，預言吉凶，具神秘性質。《隋書‧經籍志》謂讖緯之學，「起王莽好符命，光武以圖讖興，遂盛行於世。」王莽藉符命篡漢，光武亦藉圖讖中興，讖緯為政治所利用，實因漢人深信陰陽災異與天人相應。而官方既提倡讖緯，便有創製讖緯以干祿之徒，致使有心人藉力使力，方使讖緯盛行。

「讖」、「緯」皆假託神祇，預言吉凶，性質相近。然兩者是否不同，歷來有所爭議，《四庫全書總目提要‧卷六附錄》案語謂：

> 儒者多稱「讖緯」，其實讖自讖，緯自緯，非一類也。讖者詭為隱語，預決吉凶。……緯者，經之支流，衍及旁義。……其他私相撰述，漸雜以術數之言，既不知作者為誰，因附會以神其說。迨彌傳彌失，又益以妖妄之詞，遂與讖合而為一。

將「讖」、「緯」二分，學界多從之。然而亦有反對者，認為「讖」與「緯」，異名實同。[14] 觀「讖」之內容，多假託天帝詔命，其地位甚至高於聖人傳承之經學；而「緯」則為經書之輔，多偽託聖人所作，兩者應有別。「讖」與「緯」之使用與其含意在兩漢有所變化，就「讖」而言，有讖言、讖記、圖讖、經讖等；而「緯」則有星緯、七緯、圖緯、經緯、讖緯等，至於「讖」與「緯」亦有連用「讖緯」之例，以及兩字混用情形。緯書時有引用讖言，而讖言也有託於緯書，漢人使用「讖」與「緯」，有所別，亦有所同，然就其源流觀之，應是先有分別而後混同。[15] 現存兩漢讖緯文獻，其內容涉及各種領域，有釋經、天文、曆法、地理、歷史、文字、典章制度與神

---

[14] 有清一代，已有學者質疑讖緯異名，民初顧頡剛認為兩者「在名稱上好像不同，其實內容便沒有什麼大分別。實在說來，不過讖是先起之名，緯是後起的罷了。」（顧頡剛：《秦漢的方士與儒生》，臺北：里仁，1985.2，頁 127）陳槃考辨舊說，提出：「讖緯篇目，不一而足，統而言之則曰讖緯。讖出在先，緯實後起，其內容一也。」並分析漢代讖緯之屬，而謂：「讖、緯、圖、候、符、書、錄之七名者，其于漢人，通稱互文，不嫌也。蓋從其占驗言之則曰讖，從其附經言之則曰緯，從河圖及諸書之有文圖言之則曰圖，曰〔緯〕（書），曰錄，從其占候言之則曰候，從其為瑞應言之則曰符。同實異名，何拘之有？」（陳槃：〈讖緯命名其及相關之諸問題〉，《古讖緯研討及其書錄解題》（上），上海：上海古籍出版社，2010.7，頁 141、149）

[15] 日人安居香山據其所編《緯書集成》，將 3864 種緯書依內容加以區別，「讖」類佔 43%，而「緯」類有 56%，緯較讖多，然而一些讖與緯書的內容多有混用。（安居香山：《緯書》，東京都：明德出版社，1969.8，頁 31）

靈等，[16] 可見讖緯深入兩漢學術，也影響漢人生活各個層面。

讖緯之起源有不同說法，有謂起於三代，因《尚書・顧命》提及「河圖」，〈洪範〉有言「洛書」，甚至附會八卦起源，將圖讖起源上推至遠古；亦有源溯自鄒衍，以突顯讖緯中之陰陽與大九州之說；或從歷史發展，謂起於西漢末。[17]《後漢書・張衡傳》記有張衡上疏禁圖讖，論及西漢中期未見讖言，「成、哀之後，乃始聞之。」則「知圖讖成於哀平之際也。」張衡此論之目的，或許是站在古文家的立場，為破除今文學將讖緯與孔子牽合，但從史書的記載，讖緯於西漢末開始流行，東漢盛極一時，應是其歷史發展情形。若從讖語之神秘性質，或可將其起源上溯自戰國或上古，但讖緯之與經學相襯並有其意義，仍是在兩漢時期，尤其於東漢，讖緯甚至凌駕經學，應明辨之。[18] 而漢代流行陰陽五行，帝王均好方術，此為讖緯興盛之背景，故可將讖緯視為兩漢思想文化的特有產物。以下分述「讖」與「緯」的內容。

一、讖

「讖」字之義，據《說文解字》：「讖，驗也。」注云：「有徵驗之書。河雒所出書曰讖。」驗為應驗，徵驗於人事。「讖」是秦漢巫師、方士編造預示吉凶之隱語，為一種暗示性的文字或圖像，附會上天鬼神預示，以歌謠

---

[16] 呂凱將讖緯的內容分為九類：陰陽五行、符命、災異、釋經典、解文字、傳古史、述地理、天文歷法與仙方道術。（呂凱：《鄭玄之讖緯學》，臺北：臺灣商務印書館，1982.5，頁37-73）

[17] 讖緯起源多有異說，呂凱曾歸納為三種：據人、時與書而論。（呂凱：《鄭玄之讖緯學》，臺北：商務印書館，1982.8）若從人，可源自孔子或十二弟子；若據時，或自上古或秦；若依書，或源於五經。眾說之中，陳槃與顧頡剛考辨讖緯導源於鄒衍與燕方士，學界多贊同，呂凱亦同意之。若以讖緯多依陰陽五行，其思想淵源應不僅言鄒衍，更可上溯自陰陽觀念興起之時。鍾肇鵬曾整理各種說法為十二類，並認為方士將讖語附會儒學，與經義掛勾，當起於西漢末年。（鍾肇鵬：《讖緯略論》，臺北：洪葉文化，1994.9，頁12-27）「讖」與「緯」合稱之「讖緯」，先秦文獻未見，就兩者的性質、使用與流行而論，其於西漢末年方成為專有名詞，故應置於兩漢思想史理解之。

[18] 讖言既是預言，就其性質言，當可上溯自上古祭祀祈禱而得自天意的示現。而具體載入史冊，應始自東周，《史記・趙世家》記扁鵲言：「帝告我：『晉國將大亂，五世不安；其後將霸，未老而死；霸者之子且令而國男女無別。』公孫支書而藏之，秦讖於是出矣。」若據此觀之，春秋秦穆公時已有讖書。至於緯書附經而起，應是西漢末年之事。徐復觀先生曾指出，「讖語是自古有之，而緣經以為緯書，則其發端自（董）仲舒。而夏候始昌的《洪範・五行傳》，京房之《易》，翼奉之《詩》，皆係由（董）仲舒所引發；緯書更由此異說滋演而生，遂大盛於哀平之際。」（徐復觀：《兩漢思想史》卷二，臺北：臺灣學生書局，1976.6，頁358）董仲舒援引陰陽災異說解《春秋》，藉以突顯天之意志，使政治人事與天關聯。

文字（讖語），或以圖像出之（圖讖）。《釋名》則釋為：「讖，纖也。其義纖微也。」預言的訊息起之甚微，或不易解讀明白，益增「讖」之神秘性質。

讖言既來自上天，神秘難解，故為起事或篡奪者所利用，史書所載讖語，盡類乎此。《史記‧秦始皇本紀》有一例為人所熟知，其事為：

> 始皇巡北邊，從上郡入。燕人盧生使入海還，以鬼神事，因奏錄圖書，曰「亡秦者胡也」。始皇乃使將軍蒙恬發兵三十萬人北擊胡，略取河南地。

秦始皇因讖語北伐匈奴，卻不知此讖應於其子。雖讖語的解讀遭到誤解，然此事更加深讖語的神秘性與準確性。西漢末年，王莽利用讖言，以受天命之姿，篡奪政權。《漢書‧王莽傳》詳細記錄此一過程，元始五年十二月，平帝崩於未央宮，王莽選立年僅二歲之孺子嬰，該月即出現讖言，傳云：

> 是月，前煇光謝囂奏武功長孟通浚井得白石，上圓下方，有丹書著石，文曰「告安漢公莽為皇帝」。符命之起，自此始矣。

元后本以此符命為妄，但以王莽權重，只得下詔將「為皇帝」釋為「攝行皇帝之事也」。其後又有多道符命，居攝三年時，有上天公使告曰：「攝皇帝當為真」，王莽據此去其「攝」字，並改元為初始。其後又出一道符命，傳云：

> 梓潼人哀章學問長安，素無行，好為大言。見莽居攝，即作銅匱，為兩檢，署其一曰「天帝行璽金匱圖」，其一署曰「赤帝行璽某傳予黃帝金策書」。某者，高皇帝名也。書言王莽為真天子，皇太后如天命。

王莽即據此銅櫃圖書，宣布：「赤帝漢氏高皇帝之靈，承天命，傳國金策之書，予甚祗畏，敢不欽受！以戊辰直定，御王冠，即真天子位，定有天下之號曰新。」以此讖語逼孺子嬰禪讓，改國號新，改元建國。東漢光武帝劉秀亦利用讖語起兵，《後漢書‧光武帝紀》記兩種讖言，《赤伏符》：「劉秀發兵捕不道，四夷雲集龍鬥野，四七之際火為主。」《讖記》：「劉秀發兵捕不道，卯金修德為天子。」讖語加強了劉秀的聲勢，滅莽而中興漢室。這些事例，顯示讖言為有心者利用，更可議者，也許是明知假造，但仍不敢違逆天命，民心對神異之事多所敬畏，亦助長讖言符命興起之勢。

東漢光武帝於人事任命，依讖言而行，士人不得不附會之，若有反對者，則無法入仕。上有所好，下則從之。由於讖書多為預言，推驗人事禍福，帝王以之為施政行事之準則，甚至被有心人利用，而為政爭之工具。東漢末年張角以符籙治病，自稱「大賢良師」，立太平道，聚眾起事，假造讖言：「蒼天已死，黃天當立，歲在甲子，天下大吉。」起事時，「皆著黃巾為

摽幟，時人謂之『黃巾』，亦名為『蛾賊』。」四方響應，震動京師。（《後漢書·皇甫嵩朱儁列傳》）因東漢光武帝以圖讖《赤伏符》興，屬火德，依五行之序，代火者為土，色尚黃，故張角自稱「黃天」。[19] 讖言內容依據陰陽五行與天文星象，用於國家政事，朝代興亡，更增其神秘力量。

二、緯

「緯」字，《說文解字》解為：「織衡絲也。」《說文解字注》：「經在軸。緯在杼。木部曰：『杼，機之持緯者也。』引申爲凡交會之稱。漢人左右六經之書，謂之祕緯。」「緯」與「經」相對，以「緯」之名與經相配，解釋經書。緯書的文字夾雜引用五經經文，加以變化創作，其內容龐雜，或托名孔子，以神其說；或以陰陽五行解經；或言天文曆法；或引術數占卜；或言神仙方伎；或批評時政。緯書亦含有讖言，漢光武帝之後稱「內學」，與經學（外學）對舉，緯學甚至凌駕經學。

緯書又稱祕經，偽託經義，以陰陽五行為架構，發揮天人相應。除河圖、洛書，有易緯、詩緯、書緯、禮緯、樂緯、春秋緯、孝經緯等七經緯。緯書之起，與天文曆法有密切關係，西漢成帝時，丞相翟方進善為星曆，丞相府吏李尋治《尚書》，好天文月令、陰陽災異，多次對當時天災異象提出建言，他曾說：「《書》云『天聰明』，蓋言紫宮極樞，通位帝紀，太微四門，廣開大道，五經六緯，尊術顯士，翼張舒布，燭臨四海，少微處士，為比為輔，故次帝廷，女宮在後。聖人承天，賢賢易色，取法於此。」（《漢書·眭兩夏侯京翼李傳》）此言將《尚書》之「天聰明」，解為紫微宮中之北極星，統領四方，各有輔佐之星象，人間的政治亦取法於天。文中言「五經六緯」，是文獻中所見最早將經緯並列者，也從其中可見天文占星與緯書的關聯。天文占星是漢代災異說的理論來源，於政治關聯密切。[20] 緯書中多論天文星象，也有宇宙生成的氣化理論，如《易緯乾鑿度》：

> 文王因陰陽，定消息，立乾坤，統天地。夫有形者生於無形，則乾坤

---

[19] 《三國志·魏帝紀》裴松之注引《魏略》，記錄陳群上奏，有云：「桓、靈之閒，諸明圖緯者，皆言『漢行氣盡，黃家當興。』」可見張角起事，民間流傳圖讖。

[20] 董仲舒將災異說與《春秋》結合，其云：「春秋至意有二端，不本二端之所從起，亦未可與論災異也，小大微著之分也。」（《春秋繁露·二端》）「二端」就是大小、微著，天降其意，以災異與星象示現，故國君須依災異檢視施政得失，下詔罪己、懲處失職或更改年號，以應天命，讖緯於此亦多有發揮。可參考李漢三：《先秦兩漢之陰陽五行學說》第三編〈陰陽五行對於兩漢政治的影響〉（臺北：維新書局，1968.1，頁103-190）；孫廣德：《先秦兩漢陰陽五行說的政治思想》第五章〈災異祥瑞與政治責任〉（臺北：商務印書館，1993.6，頁227-287）。

安從生？故曰：有太易，有太初，有太始，有太素。太易者，未見氣；太初者，氣之始；太始者，形之始；太素者，質之始。氣形質具而未相離，故曰渾淪。言萬物相渾淪而未相離。視之不見，聽之不聞，循之不得，故曰易也。易無形埒也，易變而為一，一變而為七，七變而為九，九者氣變之究也。乃複變而為一。一者形變之始。清輕上為天，濁重者下為地，物有始有壯有究，故三畫而成乾，乾坤相並俱生，物有陰陽，因而重之，故六畫而成卦。[21]

此處論萬物生成從無形到有形，其過程為「太易」（渾沌）—「太初」（氣之始）—「太始」（形之始）—「太素」（質之始），並將此過程比為一、七與九，並言天地與物為三畫成乾，為周易象數之運用比附，《孝緯‧鉤命決》亦有近似的文字。這種宇宙生成論的論述，還兼曆法、節令，以及人與天地山川的對應關係，可見漢人心中的宇宙圖象，具有秩序，穩定且分明的結構。

天文曆法在緯書中，還涉及受命改制的政治制度，董仲舒在《春秋繁露‧三代改制質文》已云：「王者必受命而後王。王者必改正朔，易服色，制禮樂，一統於天下，所以明易姓，非繼人，通以己受之於天也。」並論黑白赤三統、夏商周三正，以及忠敬文質等改制情形。緯書中亦承襲此說，如《春秋感精符》云：

十一月建子，天始施之端，謂之天統。周正服色尚赤，象物萌色赤也。十二月建丑，地始化之端，謂之地統。殷正服色尚白，象物牙色白。正月建寅，人始化之端，謂之人統。夏正服色尚黑，象物生色黑也。此三正律者，亦以五德相承。以前三皇為正，謂天皇地皇人皇，皆以天地人為法，周而復始。其歲首所書，乃因以為名。欲體三才之道，而君臨萬邦。故受天命而王者，必調六律而改正朔，受五氣而易服色，法三正之道也。周以天統服色尚赤者，陽道尚左，故天左旋。周以木德王，火是其子，火色赤，左行用其赤色也。殷以地統，服色尚白者，陰道尚右，其行右轉。殷以水德王，金是其母，金色白，故右行用其白色。夏以人統，服色尚黑者，人亦尚左，夏以金德王，水是其子，水色黑，故左行用其黑色。

天地人為三統，黑白赤成服色。三統論結合時間與空間，形成匯合時空的譜系，夏—黑—人；商—白—地；周—赤—天。三統再與五德相比附，成為改正朔、易服色的基礎。緯書《春秋保乾圖》云：「陽起於一，天帝為北辰，氣成於三，以立五神，三五展轉，機以動運。」三正與五行結合，如上引文

---

[21] 本章所引緯書，皆據《緯書集成》（三冊），安居香山、中村璋八合編，石家莊：河北人民出版社，1994.12。

「三正律者，亦以五德相承。」夏為金，商為水，周為木，再傳而為漢為火，屬黑統。此一傳承譜系，在陰陽五行中體系化，並從其中確定禮樂制度，舉凡郊祀、禘祫、封禪、靈臺、辟雍與明堂等，皆形成定制，緯書中多可見之。

三、讖緯之興衰

　　兩漢讖緯之學，應是讖言、圖讖先興起，再有緯書之造。若溯其源，西漢初年盛行黃老學說，其中陰陽五行與天人符應思想，為讖言興起的背景。漢初文獻最早見諸「讖」名者，為《淮南子‧說山訓》：「六畜生多耳目者不詳，讖書著之。」漢人多以天象萬物徵狀預言吉凶，六畜若生有多個耳目，畸形之狀為不祥之兆，此處歸之為「讖書」著之，為「符應」思想的體現。[22] 陰陽災異之說，西漢時深入經學，《漢書‧五行志》記西漢陰陽五行學說的發展，文曰：

> 漢興，承秦滅學之後，景、武之世，董仲舒治公羊春秋，始推陰陽，為儒者宗。宣、元之後，劉向治穀梁春秋，數其禍福，傳以洪範，與仲舒錯。至向子歆治左氏傳，其春秋意亦已乖矣；言五行傳，又頗不同。是以髑仲舒，別向、歆，傳載眭孟、夏侯勝、京房、谷永、李尋之徒所陳行事，訖於王莽，舉十二世，以傳春秋，著於篇。

西漢經學陰陽化，董仲舒引入《春秋公羊》，與其說「始推陰陽」，不如說他將陰陽與五行兩個系統結合，並運用於解釋經文，擴大也深化了天人相應之說。其後劉向治《穀梁春秋》，並以〈洪範〉五行災異說論《春秋》，劉歆則治《左氏春秋》，與其父同習《洪範五行傳》，但於災異事例的解釋有所不同。其後之《京房易傳》，衍《周易》卦爻辭，強調天文災異與人事關係，尤其是勸諫君王修德改政以因應災異，復顯其占筮之預言與靈驗。[23] 西漢諸

---

[22] 「符應」思想應起於上古巫祝占星，秦漢大興，陳槃考辨與鄒衍倡議有關，並言漢代讖緯之學出於鄒衍。見陳槃：〈秦漢之間所謂「符應」論略〉、〈論早期讖緯及其與鄒衍書說之關係〉，《古讖緯研討及其書錄解題》（上），上海：上海古籍出版社，2010.7。

[23] 後世學者對《漢書‧五行志》以及漢人陰陽災異之說多有批評，蘇德昌曾歸結為三點，其一，扭曲經書義理，悖離孔門聖論；其二，災異論虛妄無據，多穿鑿附會；其三，班固羅列諸說，或相牴觸，蕪累甚多；其四，〈五行志〉保存西漢災異學，影響後世。相關評論，可參考蘇德昌：《〈漢書‧五行志〉研究》，臺北：臺大出版中心，2013.12，頁685-701）班固撰述〈五行志〉的目的，為承襲史官與《春秋》記述災異之傳統，並融攝《春秋》、《尚書》與《周易》所論天人之道，為君王提供治國依循之理。雖其說附會陰陽災異，但仍歸止於儒家之道德政治，務使君王以史為鑑。以「災異」連結政治，可上溯至鄒衍，以陰陽言災異，並以五德終始將天地運行與人事結合，此說於《呂氏春秋》

儒以陰陽五行與災異之說解經，強化天人相應思想，並促成了緯書的興起。

西漢成帝時，齊人甘忠可矯稱受學赤精子，造《天官歷》、《包元太平經》，倡言漢家中衰，當更受命於天。劉向奏其為假鬼神以欺上惑眾，甘忠可下獄病死。然哀帝時，甘忠可之徒夏賀良又倡言赤精子之讖，得李尋之助，再上疏更國號改元年，哀帝竟從其說，下詔改元易號，復又下詔躪除之，並誅賀良。[24] 其時雖僅兩個月，但西漢因更改國號，實已亡國。哀帝駕逝後，王莽復出掌政，同樣利用讖言與符命，代漢為帝。王莽稱帝後，嚴禁讖書，但光武仍藉讖緯號召天，復興漢室。光武帝以讖言得天下，在其駕崩前一年「宣布圖讖於天下」，（《後漢書‧光武帝紀》）顯其規範圖讖之用心，即讖語得由官方公布，阻卻他人藉此煽惑人心，並可以此整肅政敵。明帝時，以造作圖讖之罪名，逼楚王劉英自盡；阜陵王劉延也因作圖讖被貶，諸連甚廣。[25] 唯明、章兩帝皆好圖讖，天下多獻符瑞，亦依圖讖定禮樂。

讖緯之地位既高，當經傳與之衝突時，自必有所刪修調整，《隋書‧經籍志》述及：「漢世又詔東平王蒼正《五經》章句，皆命從讖。俗儒趨時，益為其學，篇卷第目，轉加增廣。言五經者，皆憑讖為說。」章帝命東平王正《五經章句》，所據為讖，俗儒紛紛效之，致使東漢經學混合讖緯。東漢初年重「讖」，中期漸變為重「緯」，將改朝換代的預言，轉變為鞏固統治體制的論述，即統治者藉讖緯之說，以維繫權力。章帝召開白虎觀會議，便是控制經學解釋，將讖緯與經學結合。《白虎通義》徵引讖緯，全書可見，[26] 重申天子「受命於天」的正當性，以「三綱六紀」強化君權與父權，更將父權從屬於君權，透過援引讖緯，加深權力結構的穩定與神聖。[27] 白虎觀會議的

構成一個完整的體系。徐復觀先生認為《呂氏春秋》以「與元同氣」為基礎，將政治與「天」，即陰陽二氣連結，使政治對天產生責任感，並以〈十二紀‧紀首〉為例，指出《呂氏春秋》對漢代政治產生影響，主要表現在對災異的解釋與對策，以及對刑賞的規正與運用。（參見徐復觀：《兩漢思想史》卷二，臺北：臺灣學生書局，1976.6）

[24] 事見《漢書‧哀帝紀》、《漢書‧眭兩夏侯京翼李傳》，以及《漢書‧天文志》。

[25] 事見《後漢書‧光武十王列傳》。

[26] 《白虎通義》多雜讖緯，清人陳立著《白虎通疏證》，於注文中述明引讖緯之處。清人莊述祖亦云：「故是書論郊祀、社稷、靈臺、明堂、封禪，悉驪括緯候，兼綜圖書，附世主之好，以緄道真，違失六藝之本。」（《白虎通疏證‧附錄二》，北京：中華書局，2012.6，頁 609）鍾肇鵬統計之，謂：「明顯的稱引讖緯就達二十餘處，至於『稽合圖讖』，運用讖緯之說的更多了。」（鍾肇鵬：《讖緯論略》，臺北：洪葉文化，1994.9，頁150）然亦有反對者，如黃復山考辦清人謂《白虎通》所引讖緯者，皆西漢經解通義，非引讖文。（黃復山：《東漢讖緯學新探》，臺北：臺灣學生書局，2000.2）黃之論，實可證讖緯假聖人之名，與經相混之情況，至東漢尤烈。

[27] 林聰舜認為章帝召開白虎觀會議，為其制定「國憲」之企圖，甚至超過本想作為「國憲」的漢禮百五十篇。（林聰舜：〈帝國意識形態的重建——扮演「國憲」基礎的《白虎

召開，以「正經義」為名，實則為皇權的展現，為漢帝國訂定統一的思想原則，此即為楊終向章帝建議，「宜如石渠故事，永為後世則。」（《後漢書・楊李翟應霍爰徐列傳》）藉訂定經義，使其「為後世則」。

讖緯起於西漢末，於東漢流行。東漢帝王多好讖緯，天下從之，然亦有反對者，《後漢書・方術傳》載：

> 漢自武帝頗好方術，天下懷協道藝之士，莫不負策抵掌，順風而屆焉。後王莽矯用符命，及光武尤信讖言，士之赴趣時宜者，皆騁馳穿鑿，爭談之也。故王梁、孫咸，名應圖籙，越登槐鼎之任；鄭興、賈逵，以附同稱顯；恒譚、尹敏，以乖忤淪敗。自是習為內學，尚奇文，貴異數，不乏於時矣。是以通儒碩生，忿其妖妄不經，奏議慷慨，以為宜見藏擯。子長亦云：「觀陰陽之書，使人拘而多忌。」蓋為此也。

東漢光武假讖言以立位，改正朔、易服色，以及定都祭祀，皆依圖讖。上有所好，下必甚焉，讖緯於東漢盛極一時，儒生多附讖。唯〈方術傳〉所言鄭興附讖，與本傳所述不合。[28] 至於非讖者，自西漢末桓譚已有異議，光武信讖，桓譚因非讖遭貶而亡於道。[29] 其後尹敏、王充、張衡、荀爽等人都駁斥讖緯，言其附會陰陽五行，不合經義。兩漢今文經立於學官，緯以配經，故緯書多引今文經，如易緯推演孟京易學，詩緯為齊詩，春秋緯為公羊學，東漢所立十四經博士，皆是今文經引讖緯為證。古文學家則多反對讖緯，如桓譚斥其非聖人所作，然而古文經學與讖緯的關係複雜，西漢末年，劉歆論災異與三統，與讖緯有關。東漢許慎、馬融皆尚古文，然兼治今文，亦引讖緯，鄭玄更融會古今文，引經說緯，以緯注經。

由於讖緯之興，主要為政治目的，統治者藉讖言依託天命，鞏固權力，然又憂懼他人仿傚奪權。是以，統治者禁絕讖緯，幾成必然之勢。東漢末年，已有禁令，《三國志・魏志・常林傳》注引《魏略》言吉茂坐法被收，

通》思想〉，《漢代儒學別裁——帝國意識形態的形成與發展》，臺北：臺大出版中心，2013.7，頁 213-261）

[28] 鄭興本傳記：「興數言政事，依經守義，文章溫雅，然以不善讖故不能任。」（《後漢書・鄭范陳賈張列傳》）另外，賈逵媚上，本傳言其「附會文致」，曾「上言左氏與圖讖合者」，然又嘗論讖文得失，立場不定。程元敏曾列舉東漢附讖者與非讖者，雖將賈逵列為非讖者，卻明言其為求榮上疏尊讖，但未必以讖為是。（程元敏：《漢經學史》，臺北：臺灣商務印書館，2018.3，頁 291-310）

[29] 桓譚曾上疏言讖記之誤，光武不悅，又「詔會議靈臺所處，帝謂譚曰：『吾欲讖決之，何如？』譚默然良久，曰：『臣不讀讖。』帝問其故，譚復極言讖之非經。帝大怒曰：『桓譚非聖無法，將下斬之。』譚叩頭流血，良久乃得解。出為六安郡丞；意忽忽不樂，道病卒，時年七十餘。」（《後漢書・桓譚馮衍列傳》）

「先是科禁內學及兵書,而茂皆有,匿不送官。」官方已禁「內學」。然而,曹丕受禪,亦多有魏當代漢之圖讖,[30] 可見讖言仍為統治者所利用。其後北魏孝文帝禁讖緯,南朝亦屢頒禁令。《隋書・經籍志》記曰:「至宋大明中,始禁圖讖,梁天監已後,又重其制。及高祖受禪,禁之逾切。煬帝即位,乃發使四出,搜天下書籍與讖緯相涉者,皆焚之,為吏所糾者至死。自是無復其學,秘府之內,亦多散亡。」隋文帝以「受禪」的名義篡位稱帝,初造符讖以收民心,卻於統一南北後,令「私家不得隱藏緯候圖讖。」(《隋書・帝紀・高祖下》)隋煬帝更焚禁與讖緯相關書籍,致使讖緯散佚,少有流傳。唐之後仍多禁絕,[31] 於是兩漢讖緯之書多不復見。明清始有輯佚,稍復讖緯文獻樣貌,近代學者踵繼之。[32]

四、讖緯與術數

漢代盛行陰陽五行,以天人相應為理論基礎,觀天象推演國運與個人吉凶,西漢劉向、劉歆父子整理圖書,劉歆編成《七略》,其中「術數略」分為:天文、曆譜、五行、蓍龜、雜占、形法六類,《漢書・藝文志》即據以成之。讖緯的內容博雜,涉及人事各個領域,因其核心為陰陽五行,故與天文曆法,占筮相形皆有關聯,其中與天文學的關係尤為密切。讖緯之興既與天子受命有關,故讖緯的內容主要為「天文學」,透過「氣」化宇宙論,結合術數與曆法,使星占有所本。以下舉《河圖》、《洛書》,以及易緯為例。

讖緯之起源,漢人多謂出自《河圖》、《洛書》,因來自於天啟,故有神秘與權威性質。《漢書・五行志》曰:「《易》曰:『天垂象,見吉凶,聖人象之;河出圖,洛出書,聖人則之。』劉歆以為虙羲氏繼天而王,受『河圖』,則而畫之,八卦是也;禹治洪水,賜『洛書』,法而陳之,洪範是也。」劉歆將「河圖」「洛書」聯繫八卦、〈洪範〉,甚至成了《易》與

---

[30] 曹魏代漢之讖言,見《三國志・魏志・文帝紀》注引《獻帝傳》,太史丞許芝與白馬令李雲上書魏王,條列魏代漢之見於讖緯諸事,如「春秋漢含孳曰:『漢以魏,魏以徵。』春秋玉版讖曰:『代赤者魏公子。』春秋佐助期曰:『漢以許昌失天下。』故白馬令李雲上事曰:『許昌氣見於當塗高,當塗高者當昌於許。』當塗高者,魏也;象魏者,兩觀闕是也;當道而高大者魏。魏當代漢。今魏基昌於許,漢徵絕於許,乃今效見,如李雲之言,許昌相應也。」

[31] 漢魏之後,歷代君王仍多利用圖讖收攏民心,但又多所查禁。歷代查禁讖緯情形,鍾肇鵬曾製表說明,參見鍾肇鵬:《讖緯略論》,臺北:洪葉文化,1994.9,頁28-35。

[32] 目前最重要的彙編本為《緯書集成》(三冊),由日本學者安居香山、中村璋八合編,石家莊:河北人民出版社,1994.12。另有上海古籍出版社於1994年6月出版同名書,還原兩位日本學者所用資料,可互相參校。

《書》的原型。〈五行志〉續言：「河圖、洛書相為經緯，八卦、九章相為表裏。昔殷道弛，文王演周易；周道敝，孔子述春秋。則乾坤之陰陽，效洪範之咎徵，天人之道粲然著矣。」據此脈絡，《周易》、《尚書》與《春秋》皆衍自於天，聖人得天道而述之。《隋書·經籍志》著錄《河圖》二十卷於「讖緯」之下，並云：

> 《易》曰：「河出圖，洛出書。」然則聖人之受命也，必因積德累業，豐功厚利，誠著天地，澤被生人，萬物之所歸往，神明之所福饗，則有天命之應。蓋龜龍銜負，出於河、洛，以紀易代之徵，其理幽昧，究極神道。先王恐其惑人，祕而不傳。說者又云，孔子既敘六經，以明天人之道，知後世不能稽同其意，故別立緯及讖，以遺來世。其書出於前漢，有《河圖》九篇，《洛書》六篇，云自黃帝至周文王所受本文。又別有三十篇，云自初起至于孔子，九聖之所增演，以廣其意。又有《七經緯》三十六篇，並云孔子所作，并前合為八十一篇。

讖緯為孔子所作，藉以解釋經義，而《河圖》、《洛書》為神明所降，經黃帝、文王至孔子，增益其書。這樣一個傳世譜系，不僅神話了讖緯，也顯示漢人的天人觀。漢人將《河圖》、《洛書》依託為孔子所作，桓譚反對讖緯，曾說：「讖出河圖洛書，但有兆朕，而不可知。後人妄復加增依托，稱是孔丘，誤之甚也。」（《新論·見徵》）雖是批評，但也可見當時依託的情況。

　　至於《河圖》、《洛書》究竟內容如何？《呂氏春秋·恃君覽·觀表》有言：「人亦有徵，事與國皆有徵。聖人上知千歲，下知千歲，非意之也，蓋有自云也。綠圖幡薄，從此生矣。」此「綠圖」即「錄圖」，為「河圖」別稱，書中預言吉凶禍福，為聖人所傳，其形式應有圖有文。[33] 《易緯乾鑿度》卷下有「太乙行九宮法」，以天地陰陽相應論八卦五行之數，其云：

> 初以四，二以五，三以上，此謂之應。陽動而進，陰動而退，故陽以七，陰以八為象。易一陰一陽，合而為十五之謂道。陽變七之九，陰變八之六，亦合於十五。則象變之數，若一陽動而進，變七之九，象其氣之息也。陰動而退，變八之六，象其氣之消也。故太一取其數，以行九宮，四正四維，皆合於十五。

太乙星運行八卦之宮，每四乃還中央，故為九宮，並以陽數、陰數之變，得其合為十五。另外，《周易·繫辭上》言「天數五，地數五，五位相得而各

---

33 陳槃考辨歷代之說，依章炳麟、戴君仁先生所論，釋《河圖》、《洛書》之性質為古代的一種符瑞，能使民心歸附。其形式或為石製，刻有動物圖象，或為江河山川，或為天文星象，內容龐雜。（陳槃：〈古讖緯書錄解題（五）〉，《古讖緯研討及其書錄解題》（下），上海：上海古籍出版社，2010.7，頁363-392）

有合。天數二十有五，地數三十，凡天地之數，五十有五，此所以成變化，而行鬼神也。」此一數字所和之圖形，傳為「先天八卦」與「後天八卦」，宋代朱熹於《易學啟蒙》有「先天八卦合洛書數圖」與「後天八卦合河圖數圖」，其圖如下：

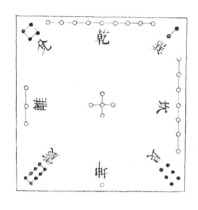 

先天八卦合洛書　　　　　　　後天八卦合河圖

朱熹認為「河圖以五生數統五成數，而同處其方，蓋揭其全以示人而道其常，數之體也；洛書以五奇數統四偶數，而各居其所，蓋主陽以統陰而其變，數之用也。」[34]《河圖》的十數兩兩相合居於五方，1 至 5 為「生數」，6 至 10 為「成數」，1 與 6 為水，位於北方；2 與 7 為火，位於南方；3 與 8 為木，位於東方；4 與 9 為金，位於西方；5 與 10 為土，居中央。1 至 10 總合

34　[宋]胡方平：《易學啟蒙通釋》，《文津閣四庫全書》，「經部・易類」第六冊，北京：商務印書館，2005，頁 220。引圖亦據本書，頁 216。朱熹作《易學啟蒙》，宋末胡方平疏解。朱熹認為《河圖》以生數為主，《洛書》以奇數為主，兩者「其時雖有先後，數雖有多寡，然其為理則一也。」皆通大衍之數，無分先後彼此。朱熹所傳之《河圖》、《洛書》，是否為上古之圖，學界多有爭議，然參照 1977 年安徽阜陽雙古堆西漢汝陰侯墓（M1）出土之「太乙行九宮占盤」，下盤為正方地盤，正面以二分二至居於四正，四立居於四隅；上盤為圓形天盤，以四條直線八分圓面表示九宮，一、三、七、九居於四正，二、四、六、八居於四隅。一為君，三為相，七為將，九為百姓。其中央還有招搖、五、吏四字。（見王襄天、韓自強：〈阜陽雙古堆西漢汝陰侯墓發掘簡報〉，《文物》，1978 年 8 期，頁 12-33）占盤正面的圖形和文字，以及地盤方框內的吉凶占辭，與《皇帝內經・靈樞・九宮八風》所載圖形、宮名、節氣和日數相同。太乙九宮占盤與歷代文獻所載相應，如隋蕭吉《五行大義》引《黃帝九宮經》云：「戴九履一，左三右七，二四為肩，六八為足，五居中央，總禦得失。」此「九宮數」即為占盤之上盤，亦是朱熹所傳之《洛書》，故從考古文物可旁證文獻資料的起源與演變。可參考蔡運章：〈論洛書的真偽及其產生年代——從西漢汝陰侯墓出土太一行九宮占盤談起〉，《甲骨金文與古史研究》，鄭州：中州古籍出版社，1993.12。

為 55，為天地之數，內層 1 至 5 和 10，總合為 25，為天數；外層 6 至 9 的總合為 30，為地數。此圖可視為一個立方體於平面圖形，邊長為 10，不計 5 與 10 的數字總合為 40，即此四邊形之周長。《洛書》則以 5 居中，縱、橫與斜，各方相加，均為 15，總合為 45。這是一個直徑為 15 的球體置於平面的圖形，圓的週長依漢人「周三徑一」之說，為 15×3，為 45 之圖周長。若對應漢人「天圓地方」的宇宙觀，[35]《河圖》的排列是「地之方」，《洛書》則是「天之圓」。[36]「河圖」、「洛書」象徵祥瑞，因「河出圖，洛出書，聖人則之。」（《易·繫辭》）其圖讖之神秘性代表君王之天命，天子得以治理天下，故《河圖》、《洛書》不只是數學，或是漢人對天地的認識，與漢代大一統政治之帝王權力有關。

　　易學本起於占筮，以天文曆術解易，是為象數易學。西漢宣帝立孟喜易為博士，元帝復置京房易，京房師承焦延壽，焦延壽問學於孟喜，三人均為象數易學家，以陰陽災異附會卦爻，並以節氣占驗吉凶。孟、京易學假託出自隱士，並引術數說易，創立了卦氣學說的四正卦、十二消息卦與六日七分說，為易緯所繼承發揚。易學於宣元帝立施讎、孟喜、梁丘賀與京房為學官，《漢書·儒林傳》記其傳承：

> 京房受易梁人焦延壽。延壽云嘗從孟喜問易。會喜死，房以為延壽易即孟氏學，翟牧、白生不肯，皆曰非也。至成帝時，劉向校書，考易說，以為諸易家說皆祖田何、楊叔、丁將軍，大誼略同，唯京氏為異，黨焦延壽獨得隱士之說，託之孟氏，不相與同。房以明災異得幸，為石顯所譖誅，自有傳。

京房自認焦延壽所傳即孟氏易，但孟喜其他學生不承認。其時易學皆傳自漢初田何，唯京房所傳不同，甚至得自於不知名的隱士，使京房之術數易學更為神秘。《漢書·眭兩夏侯京翼李傳》記曰：「西羌反，日蝕，又久青亡光，陰霧不精。房數上疏，先言其將然，近數月，遠一歲，所言屢中，天子說之。」京房能觀天象，又精術數卜筮，元帝時能屢次預言災異，故其易學得立學官，但得罪當時權臣石顯，最後獲罪棄市。《漢書》同傳尚云京房所傳焦延壽之說，「長於災變，分六十四卦，更直日用事，以風雨寒溫為候，各

---

[35] 「天圓地方」一詞，見諸於西漢之《大戴禮記·曾子天圓》、《淮南子·天文訓》、《黃帝內經·靈樞·邪客》與《周髀算經》，亦是漢代畫像石，漢墓壁畫可見的形式。

[36] 朱熹於《周易本義》收錄九個易圖，前兩個就名為「河圖」、「洛書」，應出自北宋劉牧《易數鉤隱圖》，其後朱震《漢上易傳》亦有收錄。朱熹將劉牧、朱震的圖名對調，原本載九履一的九宮數圖稱「河圖」，朱熹改成「洛書」；而原本五位十數的「洛書」變成了「河圖」，朱熹的改變，引來後世學界「圖九書十」或「圖十書九」之爭。然朱熹依關子明、邵康節所論，以為「圓者《河圖》之數，方者《洛書》之文。」此論並不符兩圖數字所示，依朱熹所名之《河圖》應為方，《洛書》為圓。可參考金春峰：《漢代思想史》，北京：中國社會科學出版社，2006.2，頁 322-326。

有占驗。房用之尤精。」顏師古注引孟康說：

> 分卦直日之法，一爻主一日，六十卦為三百六十日，餘四卦震離坎兌
> 為方伯監司之官，所以用震離坎兌者，是二至二分用事之日，又是四
> 時各專主之氣。各卦主時。其占法各以其日觀其善惡也。

震、離、兌、坎四卦分於春分、夏至、秋分與冬至之首，一卦主一日，其餘
六十卦之一爻主一日，四正卦與六十卦配日數為三百六十四日。另外，緯書
《易緯稽覽圖》云：

> 卦氣起中孚。故離坎震兌，各主一方，其餘六十卦，卦有六爻，爻主
> 一日，凡主三百六十日。餘有五日四分日之一者，每日分為八十分，
> 五日分為四百分日之一，又分為二十分，是四百二十分。六十卦分
> 之，六七四十二卦，別各得七分，是每卦得六日七分也。

此六日七分之法，較分卦直日更為精確，將四正卦各統二十四節氣之六節
氣，其餘六十卦均分一年三百六十五又四分之一日，每卦得六又八十分之七
日。再以一陽初生之復卦為冬至，依次配以十二卦，此十二卦所值為君王，
餘四十八卦為臣下。《四庫全書總目提要》記《易緯稽覽圖》曰：

> 其書首言卦氣起中孚，而以坎、離、震、兌為四正卦，六十卦主六日
> 七分。又以自復至坤十二卦為消息，餘雜卦主公卿大夫候風雨寒溫以
> 為徵應。蓋即孟喜、京房之學所自出。

易緯出自孟喜、京房卦氣說，緯學與經學相互引證，俱以陰陽五行、天人相
應，以及災異譴告立說。東漢順帝時，郎顗學京氏易，善望氣占候吉凶，其
上疏所言天象災異之事，徵引京房易說與讖緯。[37] 顯見東漢時，京房易學與
讖緯混合，此與術數學之天文曆譜皆有關連。

　　以上所論《河圖》、《洛書》與易緯，都與術數有關。從天文立論，證明
天命轉移有其必然，而天人符應之說加強了天與人的連結，故有心者遂利用
讖緯以證其「受命」，遂行篡奪天下之謀。從思想史的角度言，讖緯學反映
了漢人對天地宇宙的看法，想像人與自然的關係，還用以解釋政治與人事，
是為兩漢陰陽五行思想的產物。

第四節　《孝經》之「事君」同「事父」

　　漢代極為重視《孝經》，文帝置為博士，宣揚以孝治國。對孝道極為重

---

37 其事見《漢書‧郎顗襄楷列傳》。

視，有維繫政權的目的，故推行孝道不遺餘力。文帝立《孝經》為傳記博士，武帝雖不置《孝經》於五經博士，但詔舉孝廉。[38] 漢代提倡孝道的具體措施大抵有二，其一，藉由「舉孝廉」之名，鼓吹行孝得以入仕。武帝元光元年（前 134 年）下詔各郡國，每年察舉孝者、廉者各一人，[39] 其後「孝廉」成為漢代察舉制度最重要的一科。其二，推動《孝經》的學習。平帝時成立各級地方學制，「鄉曰庠，聚曰序。序、庠置孝經師一人。」（《漢書·平帝紀》）《孝經》是基礎教育的重要科目，透過啟蒙教育的傳授，使「孝」的觀念深入人心。東漢明帝亦鼓勵之，「其後復為功臣子孫、四姓末屬別立校舍，搜選高能以受其業，自期門羽林之士，悉令通孝經章句，匈奴亦遣子入學。」（《後漢書·儒林列傳》）從中央到地方，不論貴族子孫或侍衛武士，皆須學習《孝經》。

　　《孝經》於漢代有今文經與古文經，《隋書·經籍志》本於《漢書·藝文志》，敘明流傳與傳注過程，後世所述皆從之。《漢書·藝文志》云：

> 孝經者，孔子為曾子陳孝道也。夫孝，天之經，地之義，民之行也。舉大者言，故曰孝經。漢興，長孫氏、博士江翁、少府后倉、諫大夫翼奉、安昌侯張禹傳之，各自名家。經文皆同，唯孔氏壁中古文為異。「父母生之，續莫大焉」，「故親生之膝下」，諸家說不安處，古文字讀皆異。

敘明《孝經》為孔子作，今文經諸家皆同，唯古文經與之有異。「父母生之」前後句，今文經載於《孝經·聖治》，而古文經另立〈父母生續〉章；「故親，生之膝下」，古文經作「是故親毓之」。然以今之所見今文經與古文經《孝經》，僅分章略有出入，古文經獨有〈閨門〉章，其他文字差異不同。《隋書·經籍志》云：

---

[38] 據東漢趙岐《孟子注疏題辭》：「孝文皇帝欲廣遊學之路，《論語》、《孝經》、《孟子》、《爾雅》皆置博士，後罷傳記博士，獨立五經而已。」文帝置博士官，以六藝王官學與傳記諸子學並立。武帝時重整經學博士，以五經為孔子刪削，為後世立定不易之道，故為「經」；而《論語》、《孝經》為孔子演述，為諸子儒家之著作，而不立博士。然此一調整並不意味降低《論語》、《孝經》的地位，而是作為學習五經的基礎。王國維考證其事，認為「《論語》、《孝經》、《孟子》、《爾雅》雖同時並罷，其罷之之意則不同。《孟子》以其為諸子而罷之也。至《論語》、《孝經》則以受經與不受經者皆誦習之，不宜限於博士而罷之者也。」（王國維：〈漢魏博士考〉，《定本觀堂集林》卷四，臺北：世界書局，1961.3，頁 178）不論受經與否，皆需學習《論語》、《孝經》，使其深入民間，影響更為廣大。

[39] 自西漢惠帝，對孝廉、孝弟便多有獎勵，至武帝詔舉孝廉，有司奏議：「不奉詔，不舉孝，當以不敬論。不察廉，不勝任也，當免。」（《漢書·武帝紀》）武帝准可。此後舉孝廉成為漢代察舉之定制，為入仕的正格。（參見楊樹藩：《中國文官制度史》，臺北：黎明文化，1986.8）

夫孝者，天之經，地之義，人之行。自天子達於庶人，雖尊卑有差，及乎行孝，其義一也。先王因之以治國家，化天下，故能不嚴而順，不肅而成。斯實生靈之至德，王者之要道。孔子既敘六經，題目不同，指意差別，恐斯道離散，故作《孝經》，以總會之，明其枝流雖分，本萌於孝者也。遭秦焚書，為河間人顏芝所藏。漢初，芝子貞出之，凡十八章，而長孫氏、博士江翁、少府后蒼、諫議大夫翼奉、安昌侯張禹，皆名其學。又有《古文孝經》，與《古文尚書》同出，而長孫有《閨門》一章，其餘經文，大較相似，篇簡缺解，又有衍出三章，并前合為二十二章，孔安國為之傳。至劉向典校經籍，以顏本比古文，除其繁惑，以十八章為定。鄭眾、馬融，並為之注。又有鄭氏注，相傳或云鄭玄，其立義與玄所注餘書不同，故疑之。

《隋書》敷衍《漢書》，唯增加顏芝藏今文《孝經》之事，至於古文《孝經》為武帝時，魯恭王壞孔子舊宅所得。今文《孝經》於西漢有五家傳習，而古文《孝經》有孔安國作傳，至西漢末劉向校書，以今文為底本，參照古文本，編定為十八章《孝經》，成為後來鄭眾、馬融、鄭玄，以及後世注疏通行之版本。唯東漢鄭玄注，後世疑為是鄭玄孫所作。另外，今傳孔安國所作古文《孝經》傳，其序云：「唯曾參躬行匹夫之孝，而未達天子諸侯以下揚名顯親之事。因侍坐而諮問焉，故夫子告其誼。於是曾子喟然知孝之為大也，遂集而錄之，名曰《孝經》，與五經並行於世。」後世或傳《孝經》為曾子所錄，非孔子所作。不論作者為誰，《論語》中多言「孝」，為人倫關係的基礎，《孝經》與儒家關係密切。

孔子曾說：「弟子入則孝，出則弟，謹而信，汎愛眾，而親仁。行有餘力，則以學文。」(《論語‧學而》) 此言學之次第，以「仁」為根本，先學做人，再學六藝。在《論語》中，孔子以「孝」為「仁」之表現，重視奉養父母以「心」，非僅以奉養也。孟子發揮此義，申述「事親」為「仁之實」，謂：「大孝終身慕父母」，[40]並告之梁惠王施仁政於民，應使人民能「修其孝悌忠信」。(《孟子‧梁惠王》) 孟子希冀君王能盡己身之「孝」，以孝之仁心，再進一步感通於人民，此即「老吾老，以及人之老；幼吾幼，以及人之幼。」(《孟子‧梁惠王》) 孔子與孟子皆以「孝」為人倫基礎，並為君王之德，展現德治之精神。但在《孝經》中，卻將「事君」與「事父」等同，《孝經‧士》云：

---

[40] 孟子曾說：「仁之實，事親是也。義之實，從兄是也。」(《孟子‧離婁》) 事親是仁的具體表現。孟子並以舜為例，言舜雖貴為天子，但心中仍思慮得父母之歡心，云：「人少則慕父母；知好色，則慕少艾；有妻子則慕妻子；仕則慕君，不得於君則熱中。大孝終身慕父母：五十而慕者，予於大舜見之矣！」(《孟子‧萬章》) 孟子隱隱指出「慕父母」是最重要的，勝過「慕君」。

> 資於事父以事母，而愛同；資於事父以事君，而敬同。故母取其愛，
> 而君取其敬，兼之者父也。故以孝事君則忠，以敬事長則順。忠順不
> 失，以事其上，然後能保其祿位，而守其祭祀。蓋士之孝也。

前半章論「事君」與「事父」同於「敬」，事父須兼愛與敬，除敬之外，還
得有愛，看似事奉父親最為重要。然後半章言事君、事長，將「孝」釋為
「忠」，「敬」解為「順」，「孝」之內涵轉移為「忠」，還附加順從之意。結
論之保祿位，守祭祀，雖可說是士人的職責，但以此言士之孝，更有交換條
件意味，即士人為了祿位，必須忠順國君。鄭玄注解「以孝事君」一句，
云：「移事父孝以事於君，則為忠矣。」直接使用《孝經·廣揚名》之句，
原章句為：「君子之事親孝，故忠可移於君。」事親之孝，等同於事君之
忠，此「移孝作忠」之語，更將「君」置於「親」之上，使盡孝的對象轉
移。換言之，忠君不但不與孝親衝突，更是孝親的極致表現。至此，孝的觀
念已與孔孟不同，君王本應有孝道仁心，轉而為人民對君王的盡忠盡孝。

此一變化，應於發生於秦漢之際，如《呂氏春秋》論君臣之道，以「定
分」為治國之本。在安排君臣關係時，藉由強調「孝」之重要，使權力向國
君集中，書中有云：

> 凡為天下，治國家，必務本而後末。所謂本者，非耕耘種殖之謂，務
> 其人也。務其人，非貧而富之，寡而眾之，務其本也。務本莫貴於
> 孝。人主孝，則名章榮，下服聽，天下譽。人臣孝，則事君忠，處官
> 廉，臨難死。士民孝，則耕芸疾，守戰固，不罷北。夫孝，三皇五帝
> 之本務，而萬事之紀也。(《呂氏春秋·孝行覽·孝行》)

上引文中，強調「孝」是為政的基礎，治國必以孝為本，同時將「孝」與
「忠」連結，謂「人臣孝，則事君忠」。再分述人主、人臣與士民行孝之作
用，使得孝行變成一種方法或手段，有別於孔子以孝為「仁」之實踐意義。
[41] 〈孝行覽〉將父子親情等同於君臣，並進一步轉化為階級上下關係。這個
觀念的轉變，在漢代發揚，甚至成為國君統治之術。[42] 如《春秋繁露·深察

---

[41] 陳奇猷認為本篇「論治天下國家必以孝為本，蓋即演繹《論語·學而》：『君子務本，本
　　立而道生，孝弟也者，其為仁之本與？』之旨。」(陳奇猷校釋，《呂氏春秋新校釋》，
　　上海：上海古籍出版社，2002.4，頁738) 有子這句話，強調「仁」之根本在於孝弟。孔
　　子認為孝是仁的表現，也是人倫關係中最重要的基礎，唯《呂氏春秋》將孝順連結忠
　　君，改變調整「孝」的內涵，就〈孝行〉內容言，將「孝」提高為治天下國家之本，此
　　與孔子論「孝」為人倫基礎的德行已有區別。

[42] 「孝」作為道德表現的起源甚早，陳來認為商代已重視孝行，有別於注重內在品格的德
　　性，「孝」是一種倫理，「發生在人與他人間關係的規範，中國古代最早也最突出的倫理
　　規範應推『孝』。」(陳來：《古代宗教與倫理》，北京：三聯書店，2009.4，頁 327) 而
　　「孝」不僅是對父母，也是祭祀是的一種德行表現。徐復觀先生曾論及「孝」是起源於

名號》：「受命之君，天意之所予也。故號為天子者，宜視天如父，事天以孝道也。」「天子」受命於天，以天為父，故以祭祀事天，以盡孝道。如此，確立國君權力來源，也將天與人連結一起，即同章所云：「天人之際，合而為一。」而《春秋繁露》在天人相應的基礎，引入陰陽五行，如釋《孝經》「天經地義」，即配以五行，其云：

> 故五行者，五行也。由此觀之，父授之，子受之，乃天之道也。故曰：「夫孝者，天之經也。此之謂也。……忠臣之義，孝子之行，取之土。土者，五行最貴者也，其義不可以加矣。五聲莫貴於宮，五味莫美於甘，五色莫盛於黃，此謂孝者地之義也。」（《春秋繁露·五行對》）

《孝經·三才》有言：「夫孝，天之經也，地之義也，民之行也。」視「孝」為貫通天、地與人的道理。[43]《春秋繁露》更以「五行」比賦，以教為土德，最為尊貴，突顯天經地義。此外，《春秋繁露》還將「孝子」、「忠臣」連用，[44] 使兩者連結，達到「孝」與「忠」相通的目的。另外，《禮記·祭義》中記曾子所言之「五不孝」，其云：「居處不莊，非孝也；事君不忠，非孝也；莅官不敬，非孝也；朋友不信，非孝也；戰陳無勇，非孝也；五者不遂，災及於親，敢不敬乎？」事君不忠即是不孝，而《禮記·祭統》更言：「忠臣以事其君，孝子以事其親，其本一也。」在秦漢之際，忠君與孝親等同為一，也成為漢代推動《孝經》思想基礎。

　　《孝經》強調「孝」為天經地義，將事父與事君連結，使忠君成為根深柢固的觀念，提倡孝道，就是強化忠君。推廣孝道，使眾人行孝，是國家教育的重點，也一步一步深化君權。《孝經·廣至德》云：

> 君子之教以孝也，非家至而日見之也。教以孝，所以敬天下之為人父

政治的傳子制度，「因傳子是家天下。要政權穩定，首先需要有一個穩固的家庭。孝便是以父權中心所漸漸形成的鞏固家庭組織、秩序的道德觀念。」（徐復觀：〈中國孝道思想的形成演變及其歷史中的諸問題〉，《中國思想史論集》，臺北：學生書局，1993.9，頁157）所以徐先生認為「孝」的觀念形成在周初以後，是宗法立國所產生的道德觀念，而孔子承述西周的「孝」，把「孝」從統治者的手中轉移至個人的價值根源。他還批判《孝經》為偽書，孝道被漢朝專制政權曲解而利用之。徐先生論「孝」的起源有待商權，然對於「孝」於漢代之後的演變，可參考之。

[43] 人取法天，承順天地之道，是《孝經》之旨。另證《孝經·聖治》：「天地之性，人為貴。人之行，莫大於孝。孝莫大於嚴父。嚴父莫大於配天，則周公其人也。」人稟受天地之性，以孝行最為重要，故《孝經》論「孝」是「天之經也，地之義也，民之行也。」漢人貫通天地人，《春秋繁露》以五行釋孝，從天人相應論孝。

[44] 如「是故孝子之行，忠臣之義，皆法於地也。」（《春秋繁露·陽尊陰卑》）「故五行者，乃孝子忠臣之行也。」（《春秋繁露·五行之義》）引入陰陽五行，連結「忠」與「孝」，發揮天人相應，是《春秋繁露》的特色。

> 者也。教以悌，所以敬天下之為人兄者也。教以臣，所以敬天下之為
> 人君者也。

教之以「孝」，使天人下敬事父母，也同時敬事人君。「敬一人而千萬人悅」，（《孝經‧廣要道》）行孝能使天下和樂，更顯其重要性。故鄭玄注《孝經》，於序言謂：「《孝經》者，三才之經緯，五行之紀綱。孝為百行之首，經者不易之稱。」可見得《孝經》的地位。此外，漢人將《孝經》與《春秋》並列，認為孔子作《春秋》為後世改制立法，為曾子演說《孝經》則是以孝確立人倫秩序，緯書《孝經鉤命決》有云：「孔子在庶，德無所施，功無所就，志在《春秋》，行在《孝經》。」[45] 今文經學以《春秋》為首，以志與行定位《春秋》與《孝經》，足見《孝經》在社會政治的實際作用。《白虎通義‧五經》論五經制作，有云：「已作《春秋》，後作《孝經》何？欲專制正。」《孝經》雖不立於五經，但在漢人心中的地位極為重要，自天子以至庶人皆通《孝經》，真正的目的在「專制正」，以孝行建立社會秩序，使忠孝得以實踐。

　　除了政治與學術的運作，宗教也將孝道視為善行的重要內容，如漢末《太平經》強調善行，並以「孝」為最善。經文有云：「天下之事，孝為上第一，人所不及。積功累行，前後相承，無有所失。」[46] 孝順既是重要善行，故上天以孝行評判世人，從災禍疫病，乃至壽命之增減，都依孝行施以賞罰，甚至延及後世子孫。故《太平經》強調「承負」的報應論，務使人心有所忌諱，盡力行善。《太平經》還將「孝」之對象連結君王與師長，經云：「為吏皆孝於君，益其忠誠，常在高職，孝於朝廷。」此「是善尤善，孝忠尤孝。」[47] 孝親、尊師與忠君皆為孝行，擴大「孝」的意義與作用，此

---

[45] 東漢何休作《春秋公羊經傳解詁》其序云：「昔者孔子有云：『吾志在《春秋》，行在《孝經》。』此二學者，聖人之極，致治世之要務也。」唐徐彥疏解，引《孝經鉤命決》釋之。此言不只是分別孔子之志行，更是漢人看《春秋》與《孝經》的觀點，即《孝經》是落實《春秋》聖王之道的實際方法。陳璧生指出《孝經》是「安排人間秩序的政治書」，其「作為孔子為後世立法的產物，不是教導每一個個體如何行孝，而是安排一種好的政治秩序，使小至庶人之家，大至整個天下，以孝為基礎建立共同體生活。」（陳璧生：《孝經學史》，上海：華東師範大學出版社，2015.6，頁48、49）《孝經》是漢代政教的價值基礎，陳璧生從「依經立制」，論述漢人根據《孝經》塑造了郊祀、明堂、辟雍三種國家政教大典；並「引經決事」，以經義為議事的價值根源，反映漢代經學影響政治實踐的情形。

[46] 〈孝行神所敬訣〉第一百九十二，《太平經合校》，王明編，北京：中華書局，1997.10，頁 593。（原書作「某訣」，王明注云：「據《敦煌目錄》，當作〈孝行神所敬訣〉第一百九十二。」）孝順父母，恭敬無違，「是善之善也」，「大善之人行，天必令壽，神鬼祐之不敢失。」（〈為父母不易訣〉第二百三，頁 626）《太平經》對孝行之重視，並以為諸善之首，可見得兩漢重視孝道在民間宗教的影響。

[47] 〈孝行神所敬訣〉，同上註，頁 593。

與兩漢重視孝道，推崇《孝經》有密切關係。《太平經》在兩漢重視孝道的政治社會與學術風氣下，將孝道連結於承負報應之論，以宗教的力量強化孝道實踐，並於孝親的基礎上，將教團尊師以及政治忠君盡皆納入，完善其治身與治國合一的立論宗旨。

兩漢除西漢高祖和東漢光武帝，所有皇帝的諡號前都有一個「孝」字，強調以孝治天下。重視孝道，即連結宗廟與血緣，其政治目的為以劉氏之家天下。《漢書·霍光金日磾傳》記霍光於昭帝崩逝後，欲廢昌邑王，其時大司農田延年為震懾群臣，支持霍光，而謂：「先帝屬將軍以幼孤，寄將軍以天下，以將軍忠賢能安劉氏也。今群下鼎沸，社稷將傾，且漢之傳諡常為孝者，以長有天下，令宗廟血食也。如令漢家絕祀，將軍雖死，何面目見先帝於地下乎？」以「孝」為由，行廢立之事，雖是霍光掌權之藉口，但也可見得重視孝道所具有的政治性。漢代帝王以「孝」為諡號所具有的統治象徵意義，還影響匈奴，「匈奴謂孝曰『若鞮』。自呼韓邪後，與漢親密，見漢諡帝為『孝』，慕之，故皆為『若鞮』。」（《漢書·匈奴傳下》）漢代推廣孝道，其成效可見，故吸引匈奴遣使來學，更仿君王諡號，足見漢代「以孝治天下」的影響力。

小結

漢代思想的特徵在於以陰陽五行架構天地宇宙運行的秩序與樣貌，利用天人相應的理論為大一統政治鋪陳統治的基礎，各個領域相互影響，在中央與地方，官方與民間，交錯構成漢代思想史的圖像。就經學而言，今文經與古文經雖各有立場，但又不全然壁壘分明，詮釋角度的差異，更多關乎漢代統治的正當性，以及政權的維繫，此為讖緯興起，並滲入經學的原因。漢代學術討論「三統」與「五德」運行，在《書》、《易》、《春秋》的經學與緯學中，皆有諸多論述，董仲舒以漢代為黑統，建構黑、白、赤的歷史循環；鄒衍言五德終始，以五行的運行解釋朝代更替，漢初採五行相勝，以漢為土克秦之水，王莽後則改為五行相生，以漢為火代周之木。三統與五德，皆從天地運行的次序確立政權的正統，在曆法、天文與占星等領域皆可見得，天道聖統在讖緯中逐漸體系化，為漢代學術思想與政治連結的體現。[48] 從讖緯的角度，可說讖緯學籠罩兩漢學術，但從思想史的角度，應視陰陽五行與天人

---

[48] 先秦諸子多言「聖人」，為理想國君應有之形象，亦逐漸發展為宗法與世襲之帝王譜系，漢代結合陰陽五行，使帝王傳承成為遵循天地法則之必然，更運用讖緯深化此一觀念。徐興无云：「讖緯中的聖人崇拜正是占星術、月令五行圖式及三統論融合後形成的更加系統化、宗教化的天道聖統。」（徐興无：《讖緯文獻與漢代文化建構》，北京：中華書局，2003.2，頁209）

相應是兩漢思想的基礎理論，為漢人對世界宇宙的認識，不論在經學、讖緯學與術數學，乃至文學藝術，都可看到陰陽五行的影響。而兩漢建立的大一統政治型態與帝王世襲的譜系，亦與學術思想息息相關，深入各個層面。

董仲舒於《春秋繁露》言「三綱五紀」，引陰陽五行論人倫關係，至《白虎通義》立定「三綱六紀」，置君臣為三綱之首，使倫理關係絕對化。漢代帝王重視並推廣孝道，亦帶有政治目的，《孝經》作為基礎教育的科目，人人習誦，將盡忠納入孝道，藉行孝之名，達到盡忠之實。移孝作忠的觀念，除了《孝經》的宣導，還可見諸於不同文獻。西漢劉向著《說苑》，載有一則楚國孝子申鳴，因父為敵軍俘虜要脅，流淚說：「始吾父之孝子也，今吾君之忠臣也；吾聞之也，食其食者死其事，受其祿者畢其能；今吾已不得為父之孝子矣，乃君之忠臣也，吾何得以全身！」（《說苑·立節》）當忠與孝有所衝突時，盡忠為先。故事的最後，申鳴雖以忠孝不能兩全而自盡，但仍移孝作忠，先盡忠君之義，是以，孝道過度至忠君，忠君方為大孝。東漢王符著《潛夫論》，藉《左傳》之語，言：「大義滅親，尊王之義也。」（《潛夫論·釋難》）周公雖與管叔、蔡叔有手足關係，但為維護天子尊嚴，仍以忠於周天子為先，王符申述此事，強調王法必須公正，但也同時將忠於君王置於親情之上。漢人重親孝道，提昇《孝經》地位，歷代皆倡孝道而遵行之，漢代另傳有《忠經》一書，[49] 雖不若《孝經》受到重視，然而忠孝一本，移孝作忠的觀念在漢代完成，影響後世深遠。

《孝經》的地位在兩漢漸趨重要，緯書亦神話之，如《孝經中契》言：「孔某作孝經，文成而天道立。乃齊以白之，天玄雲涌，北極紫宮開北門，角亢星北落，司命天使書題號曰孝經篇目，玄神辰裔。孔某知元命，使陽衢乘紫麟，下告地主要道之君。後年麟至，口吐圖文，北落郎服，書魯端門，隱形不見。子夏往觀，寫得十七字，餘文二十消滅，飛飛赤鳥，翔摩青雲。」描述《孝經》源自天神降之，頗具神話意味，亦帶有宗教色。讖緯託言神祇，創作傳說故事，亦為東漢末年道教興起，提供重要背景。道教與讖緯關係密切，如緯書《龍魚河圖》記黃帝與蚩尤之戰，天遣玄女授黃帝兵信神符，助以制伏蚩尤，九天玄女為道教重要神祇，後世發展為更豐富的故事。[50] 緯書中多言北斗七星神，如《春秋佐助期》將人之命年屬七星，道教

---

[49] 《忠經》舊題東漢馬融撰，鄭玄注，全書體例仿《孝經》，其開篇〈天地神明〉章，云：「天之所覆，地之所載，人之所履，莫大乎忠。」將「忠」視為天地至德，全書闡釋忠君之忠道。此書不載於《隋書·經籍志》，新舊《唐書》皆不著錄，宋代《崇文總目》始列其名。《四庫全書總目提要》認為馬融並無作此書，鄭玄亦無注，「其為宋代偽書，殆無疑義」。儘管《忠經》或非漢人所著，但書中發揮「以忠應孝」，延續《孝經》「中於事君」，亦可見《孝經》的影響。

[50] 《雲笈七籤》卷一百十四有〈九天玄女傳〉，為唐代道士杜光庭所撰《墉城集仙錄》之內容，詳述黃帝與蚩尤之戰，上天遣九天玄女相助的過程，較之《龍魚河圖》更為詳盡。

《五斗經》之一的《太上玄靈北斗本命延生真經》，依出生干支分繫北斗七君所轄，道教祭祀北斗，許多道教皆與北斗有關。道教的神祇、仙界、方術與讖記預言等，吸收兩漢各種論述，讖緯中傳抄各種資料，並創造許多神話預言，道經亦承之。不只道教如此，佛教亦然。[51] 讖緯雖在兩漢後屢遭查禁，但從道教、佛教，以及民間宗教信仰，仍可見得讖緯的痕跡，甚至更為擴大，是為兩漢陰陽五行思想的影響。

漢人的經學緯學，以及人倫孝道，皆以陰陽五行釋之，而陰陽五行即為天地人一貫的理論，人行天地之道，天地以天象、災異示現，這是漢人的世界觀，為漢代思想的基礎。東漢荀悅刪略《漢書》改編而成的《漢紀》，其中有一論述，可為漢人思想的總結，其云：

> 經稱立天之道，曰陰與陽；立地之道，曰柔與剛；立人之道，曰仁與義。陰陽之節，在於四時五行。仁義之大體，在於三綱六紀。上下咸序，五品有章。淫則荒越，民失其性。於是在上者，則天之經，因地之義，立度宣教，以制其中。施之當時，則為道德；垂之後世，則為典經。皆所以總統綱紀，崇立王業。（《漢紀・孝成皇帝紀二》）

仁與禮是人之道，聖人法天地而立，亦是天地之道，而「孝」又是仁道之根本，當然也是天經地義。至於讖緯之預言，對天象的解釋，都是發揮天人相應的論述。從生到死，乃至死後世界，一以貫之。

---

[51] 蕭登福比對讖緯與道教經典，指出漢代讖緯本雜引早期神仙道教的方術信，漢以後的道教又沿襲讖緯，形成讖緯與道教相互影響的複雜情況，甚至也影響了佛教。（蕭登福：《讖緯與道教》，臺北：文津，2000.6）漢代讖緯與術數、方術的關係本就密切，早期道教亦多傳承之，由此也可見得思想史發展脈絡的多元連結。

第十四章 辨偽疾虛之學──王充

　　兩漢流行陰陽讖緯之學，然質疑者間或有之。自西漢末揚雄、桓譚已起，東漢王充推尊揚、桓，[1] 其後王符繼之，東漢末仲長統、荀悅及徐幹皆反對讖緯。雖然諸人立論與目的不盡相同，但皆對陰陽讖緯、天人感應有所批評，可代表漢儒一種思考反省的精神。王充一生仕途不順，未能顯達於當世，晚年雖得友人謝夷吾薦舉，章帝欲召見舉才，然老病未能成行。《漢書》本傳記王充曾師事班彪，受業太學，「好博覽而不守章句。家貧無書，常游洛陽市肆，閱所賣書，一見輒能誦憶，遂博通眾流百家之言。」[2] 王充自幼聰慧，博覽群書，「好論說，始若詭異，終有理實。以為俗儒守文，多失其真，乃閉門潛思，絕慶弔之禮，戶牖牆壁各置刀筆。著《論衡》八十五篇，二十餘萬言，釋物類同異，正時俗嫌疑。」（《後漢書·王充王符仲長統列傳》）王充博學，對古今諸事提出質疑，其學不類彼時讖緯之學，亦不為當世所重。

　　事實上，王充之畢生所學，閉門著述的《論衡》一書，幾乎不傳於世，之所以為後世知悉，其事頗曲折。李賢注《後漢書》於王充本傳引用兩則史料，其云：

---

[1] 王充推崇揚雄、桓譚，《論衡》中多處可見，甚至將桓譚《新論》比擬為《春秋》，如「孔子不王，素王之業，在於《春秋》。然則桓君山，素丞相之跡存於《新論》者也。」（《論衡·定賢》）孔子述而不作，寓褒貶於《春秋》，桓譚議論歷史時政，落實批判精神。所以，「《新論》之義與《春秋》會一也。」（《論衡·案書》）故王充作《論衡》，受《新論》影響，他評「《新論》，論世間事，辯照然否，虛妄之言，偽飾之辭，莫不證定。」（《論衡·超奇》）對《新論》能辨虛妄之言，王充心嚮往之，也成了他作《論衡》的主旨。《論衡·對作》云：「眾事不失實，凡論不壞亂，則桓譚之論不起。……是故《論衡》之造也，起眾書並失實，虛妄之言勝真美也。」王充稱道桓譚據實評論，並以此自況。近人朱謙之指出王充對桓譚的讚嘆，「正好似桓譚之讚美揚雄，以《玄經》次五經。」並將揚雄、桓譚與王充思想視為一脈相承。（朱謙之：《中國哲學史史料學》，北京：中華書局，2012.11）另外，朱謙之提到王充的思想，「在積極方面受到桓譚影響，在消極方面則為對於班固一派的反響。」（《新輯本桓譚新論》朱謙之校輯，北京：中華書局，2009.9，頁 96）王充與班固的立場與觀點有許多相對之處，《論衡》之作，甚多批駁《白虎通義》中的五行、符應、卜筮與災異譴告之說，反映出王充思想獨樹一幟，不同流俗。（本章所引《論衡》據《論衡校釋》，黃暉校釋，北京：中華書局，1990.2。以下所引皆同，僅標篇名，不另作註。）

[2] 王充生平，除《後漢書》本傳所載，《論衡·自紀》亦有自述，然〈自紀〉並無師事班彪以及晚年受謝夷吾薦舉之事，徐復觀先生曾考辨《後漢書》本傳所記不實。（徐復觀：《兩漢思想史》卷二，臺北：臺灣學生書局，1990.2，頁 565-574）本章僅據《後漢書》，略加介紹王充生平。

袁山松書曰：「充所作論衡，中土未有傳者，蔡邕入吳始得之，恆秘玩以為談助。其後王朗為會稽太守，又得其書，及還許下，時人稱其才進。或曰，不見異人，當得異書。問之，果以論衡之益，由是遂見傳焉。」抱朴子曰：「時人嫌蔡邕得異書，或搜求其帳中隱處，果得論衡，抱數卷持去。邕叮嚀之曰：『唯我與爾共之，勿廣也。』」

東晉袁山松著《後漢書》，其書雖佚，南朝梁劉孝標注《世說新語》多引之。據其說，《論衡》於東漢都城洛陽未有傳者，直到東漢末年蔡邕方於東吳得之，會稽太守王朗又於其後再得。兩人因得《論衡》一書，最直接的助益是言談精進，可見此書提供不同於以往的論題與論點。葛洪亦錄其事，雖不見於今本《抱朴子》，但仍可據以為《論衡》一書流傳之逸事，透過蔡邕和王朗，《論衡》漸為人知。

葛洪對《論衡》多有讚譽，謂：「余雅謂王仲任作《論衡》八十餘篇，為冠倫大才。」（《抱朴子・喻蔽》）對時人質疑其書「兼箱累袠，而乍出乍入，或儒或墨，屬詞比義，又不盡美。」葛洪以「言少則至理不備，辭寡既庶事不暢。是以必須篇累卷積，而綱領舉也。」答時人貶《論衡》之龐雜，又以《淮南子》為例，說明世事殊繁，不必拘於一途。事實上，此難與答，正可見《論衡》內容包羅諸事，旁徵博引，為皇皇巨著。

《論衡》一書，《後漢書》記有八十五篇，然王充於〈自紀〉云其篇數「出百」，或原有百餘篇，其後有所亡佚。[3]《隋書・經籍志》著錄二十九卷，無篇數，列於「雜家」。新舊《唐書》亦列於「雜家」，然著錄三十卷，其後史傳皆同。今傳《論衡》三十卷，第四十四篇〈招致〉有目無文，實有八十四篇。全書編排與內容相關，可分為六類：性命、天人關係、人鬼關係與時禁、書傳虛妄之言、程量材知、自傳。[4] 基本上，王充以其所謂實證精神，對天人相應、讖緯學、災異論以及經傳記載之問題，皆提出質疑，獨排眾議，不同時俗。本章分就其著《論衡》之動機，論證的方法，評論的議題與內容，逐一介紹。

---

[3] 《四庫全書總目提要》認為：「然則原書實百餘篇。此本目錄八十五篇，已非其舊矣。」劉盼遂亦主張《論衡》篇數有所佚失，見劉盼遂：〈王充論衡篇數殘佚考〉，《古史辨》第四冊，上海：上海古籍出版社，1982.3，頁691。然亦有反對者，如蔣祖怡認為歷代書目著錄均無差異，除〈招致〉一篇，《論衡》無佚篇，只有佚文。（蔣祖怡：〈論衡篇數考〉，《王充卷》卷二，蔣祖怡編，鄭州：中州書畫社，1983.10）

[4] 黃暉於《論衡校釋・自序》依全書思想體系分為六組，認為「今本各篇的排列與全書理論的體系，及篇中所載的史事的先後，並相符合，可以為證。」（黃暉：《論衡校釋》，北京：中華書局，1990.2，頁5）因《論衡》中諸篇文章多有相互提及與徵引史事，可據以為各篇先後次序。鍾肇鵬亦同意之，以此為證，而謂：「《論衡》各篇次序大抵與完成先後次序相符」。（鍾肇鵬：《王充年譜》，濟南：齊魯書社，1983.3，頁78）

第一節 疾虛妄

王充論其著書之旨為「疾虛妄」，針對古今所謂「虛妄」之事，加以追問檢討。自云：

> 《詩》三百，一言以蔽之，曰：「思無邪。」《論衡》篇以十數，亦一言也，曰：「疾虛妄」。（〈佚文〉）

王充以孔子言《詩》自比，展現其著書立說之抱負，也點名其學之宗旨，在於反對虛假不實，以「疾虛妄」的精神著作《論衡》。王充勤於思考辨異，他說：「淫讀古文，甘聞異言。世書俗說，多所不安，幽處獨居，考論實虛。」（〈自紀〉）對於古籍所述，時俗所論，辨異論難，以得出「真實」。王充於〈自紀〉說其因感於「偽書俗文多不實誠，故為《論衡》之書。」而所取書名，「論衡者，論之平也。」可見王充想要藉由論述，衡量事理，得出持平的結論。

以「疾虛妄」為著書宗旨，反映王充質疑精神，而質疑的對象即是傳統學術。懷疑，可說是王充論學最重要的特色，不輕易相信權威，勇於質疑經典。他說：

> 世儒學者，好信師而是古，以為賢聖所言皆無非，專精講習，不知難問。夫賢聖下筆造文，用意詳審，尚未可謂盡得實，況倉卒吐言，安能皆是？不能皆是，時人不知難；或是，而意沉難見，時人不知問。案賢聖之言，上下多相違；其文，前後多相伐者，世之學者，不能知也。（〈問孔〉）

王充的論點在於經典或有矛盾之處，不能因經典的神聖地位，而全然信服。他不滿當時師古好古，尤其是兩漢經學以師法、家法傳授，順服持守師說，不敢違逆，王充對此深感不滿，其於〈對作〉云：

> 是故《論衡》之造也，起眾書並失實，虛妄之言勝真美也。故虛妄之語不黜，則華文不見息；華文放流，則實事不見用。故《論衡》者，所以銓輕重之言，立真偽之平，非苟調文飾辭，為奇偉之觀也。其本皆起人間有非，故盡思極心，以譏世俗。
>
> 孟子曰：「予豈好辯哉？予不得已！」今吾不得已也。虛妄顯於真，實誠亂於偽，世人不悟，是非不定，紫朱雜廁，瓦玉集糅，以情言之，豈吾心所能忍哉！

王充自詡其書非承襲前人，不重述他人之言，皆為新論。所論有所據，考辨

事實，破斥虛妄之語，堅持質疑與平議，不同於流俗。王充對其著《論衡》頗為自負，常不以「著」、「作」言之，而用「造」，自比為「造論著說之文」。[5] 但他又特別強調《論衡》以「論」為名，「非曰作也，亦非述也，論也。論者，述之次也。」（〈對作〉）其區分五經為作，史傳為述，對世事分析為論，而《論衡》屬於論。作、述與論的區別，隱含經、史、子的分類方式，故云：「今《論衡》就世俗之書，訂其真偽，辯其實虛，非造始更為，無本於前也。」（〈對作〉）其意為《論衡》諸篇所論，皆針對各個具體問題，所論之對象有所本，故為論。但王充自認其論點非因襲前人，甚至發前人所未發，是創造之論，故以造論名之。

第二節 證驗實然

懷疑，必涉及批評的角度，質疑的觀點，以及論證的方法。王充認為事實須驗徵於經驗，凡是人之所傳，乃至經典所言，都必須通過經驗的檢核，凡是與經驗不合者，都不可信。他說：

> 凡論事者，違實不引效驗，則雖甘義繁說，眾不見信。論聖人不能神而先知，先知之間，不能獨見，非徒空說虛言，直以才智准況之工也，事有證驗，以效實然。（〈知實〉）

王充極為重視「實」，事情的真相必得「證驗」，才得「實然」。《論衡》中多處強調，如批評厚葬之風，以為人死後無知，便提及：「事莫明於有效，論莫定於有證。空言虛語，雖得道心，人猶不信。」（〈薄葬〉）凡事皆需經「效驗」，檢視查證，才能破除一些表面看似合理，實則虛假的言論。「疾虛妄」是《論衡》的宗旨，「證驗」方得「實然」，就是破除虛妄的方式。

認知的方式與知識的建立，一般從感官而來，王充則認為耳目有所偏限，必待「心」之判定，其「心」即思辨之運作。其云：

> 夫論不留精澄意，苟以外效立事是非，信聞見於外，不詮訂於內，是用耳目論，不以心意議也。夫以耳目論，則以虛象為言，虛象效，則以實事為非。是故是非者不徒耳目，必開心意。（〈薄葬〉）

來自於感官接受的訊息，必須再經「心意」加以分析判斷，才可以明辨是

---

[5] 王充將「文」分為五種，並評論之。他說：「五經六藝為文，諸子傳書為文，造論著說為文，上書奏記為文，文德之操為文。立五文在世，皆當賢也。造論著說之文，尤宜勞焉。何則？發胸中之思，論世俗之事，非徒諷古經、續故文也。論發胸臆，文成手中，非說經藝之人所能為也。」（《論衡・佚文》）王充認為「造論著說」之文，最有價值，也以此自況。

非。強調「心」的思維與理性分析，可上溯荀子，荀子以「心」為耳目感官的主宰，能「思慮」而「知道」。[6] 就心之作用與功能，王充與荀子一致，但兩人論「心」之目的不同，荀子以心能思維學習禮義，以克制情欲之惡；王充則著重於心之分析判斷感官訊息的能力，目的在「疾虛妄」，以驗證事實。

　　至於如何證驗的方法為何？王充主要採取「核實」、「推類」與「推論」之法。[7]「核實」為以經驗事實作為檢核標準；「推類」是依事物具有相類似的性質，以一個已知事物類比另一個未知事物，從而推論未知事物；「推論」則為邏輯論證，藉由歸納演繹，推理論辨事物真假。王充並未對論證方法進行系統的理論建構，也常混用各種方法，只能藉由其詰難各個論題所舉事證，歸結分述。

一、實核事理

　　王充講究事實，認為立論必須要有所依據，他在許多論題多方舉證，也常針對論難者反問「何據見哉」、「執據何義」。有憑有據，是王充論辯的基礎，「實核事理」才能破除傳言。[8] 至於所據之本，其來源有二，一是經驗，

---

[6] 荀子以「心」為「天君」，其云：「心居中虛，以治五官，夫是之謂天君。」（《荀子·天論》）而心能治五官，可分析情感，故「情然而心為之擇謂之慮，心慮而能為之動謂之偽。」（《荀子·正名》）另外，荀子言「天行有常」，否定災異與人事相關，而王充將天人二分，亦有相近之處。唯荀子不以天為人格神，在於突顯人為之積極性，甚至進一步「制天」，其言：「大天而思之，孰與物畜而制之。從天而頌之，孰與制天命而用之。」（《荀子·天論》）然王充批判天人感應，卻走向全然之宿命論，禮義教化皆於人事無益。蕭公權曾指出此點，謂王充思想貌似荀子，但「荀子破除天人感應之迷信，意在建立一人本主義之積極政治觀。王充破除感應，其目的在闡明悲觀之宿命論。」（蕭公權：《中國政治思想史》（上），臺北：聯經，1982.6，頁 373）林麗雪比較王充與荀子的同異，認為王充思想固然受荀子啟發，但不得斷言承自荀子。（林麗雪：《王充》第三章〈王充與先秦諸子的關係〉，臺北：東大，1991.1，頁 110-123）王充批評諸子，也吸收各家，從先秦諸子乃至漢代諸儒，多有論及。

[7] 據《論衡》原文，本章歸納王充採用「核實」、「推類」與「推論」三種主要論證方式，「推論」近於邏輯形式的推論，依盧文信分析，尚可細分為歸納法、定言三段論式、假言推理、兩難推理與類比推理，還涉及語言分析之語意謬誤，以及歷史比較法等各種論證方法，就方法運用而言，王充確實具有相當的邏輯思維。盧文信另指出王充過於相信類推法，無限制地擴大類推的範圍，以及常援用俗論駁斥俗論，並時有誤解文學語言，甚至過於主觀，都是值得檢討之處。可參考盧文信：《王充批判方法運用分析》，臺北：萬卷樓，2000.9。

[8] 「實核事理」，語出〈四諱〉，原文為：「弘識大材，實核事理，深睹吉凶之分者，然後見之。」當時世俗傳聞正月、五月出生之子，將剋父母，王充批駁此說為虛妄。

一是經典。經驗即感官感受，經典為古人之紀錄。

王充雖認為不能僅憑感官獲得資訊，還必須以理智加以判斷，但是仍強調耳目於認知的重要性。其云：「實者，聖賢不能知性，須任耳目以定情實。其任耳目也，可知之事，思之輒決；不可知之事，待問乃解。」（〈實知〉）運用耳目觀察事物，透過感官獲得資訊，為經驗事實。然而感官有所限制，再藉由詢問，吸收他人經驗，從而獲得更多實證。王充批駁打雷是天神發怒的說法，提出打雷只是自然所生之火，依五種觀察所得之經驗為論據，他說：

> 何以驗之，雷者火也？以人中雷而死，即詢其身，中頭則鬚髮燒燋，中身則皮膚灼燔，臨其尸上聞火氣，一驗也。道術之家，以為雷燒石，色赤，投於井中，石燋井寒，激聲大鳴，若雷之狀，二驗也。人傷於寒，寒氣入腹，腹中素溫，溫寒分爭，激氣雷鳴，三驗也。當雷之時，電光時見大，若火之耀，四驗也。當雷之擊時，或燔人室屋，及地草木，五驗也。夫論雷之為火有五驗，言雷為天怒無一效，然則雷為天怒，虛妄之言。（〈雷虛〉）

為證明雷是火，第一驗為被雷擊而亡的屍體，可見到燒傷，也能聞到焦味。第四驗則是打雷時伴隨閃電，其光耀如火。第五驗為打雷之處，房屋草木皆被焚燒。這些都是通過觀察，經由感官接收訊息，成為驗證的經驗事實。第二驗舉投熱石入井的反應，以說明打雷是寒熱相交的現象，此證近於科學實驗；[9] 第三驗則是以寒氣侵入身體，因不舒服而引發腹中聲響為例證，此證以生活經驗類比推論，是王充常用的推論方式。

除了耳目見聞，經驗事實尚來自於經典文獻，通過查考歷史文獻，可以了解前人是否有相關紀錄，可以引之為證。王充自詡博學，文中常引證諸多文獻，他說：「行事，文記諾常人言耳，非天地之書，則皆緣前因古，有所據狀；如無聞見，則無所狀。」（〈實知〉）文獻紀錄之事再離奇，也都是古

---

[9] 〈雷虛〉尚有一具體實驗，說明打雷是天空中陰陽二氣相交，發出雷聲與高熱。其云：「何以驗之？試以一斗水灌冶鑄之火，氣激襄裂，若雷之音矣。或近之，必灼人體。天地為爐大矣；陽氣為火，猛矣；雲雨為水，多矣。分爭激射，安得不迅？中傷人身，安得不死？」此一實驗以高熱之火與冷水對撞，所產生的聲響與火之飛濺，用以證明雷電是陰陽氣相交，是一自然現象，而非天神發怒。陰陽兩氣碰撞成雷，此一說法可見諸於先秦兩漢之際的文獻，如《莊子·外物》：「陰陽錯行，則天地大絯，於是乎有雷有霆，水中有火，乃焚大槐。」《禮記·樂記》：「地氣上齊，天氣下降，陰陽相摩，天地相蕩，鼓之以雷霆，奮之以風雨。」《淮南子·天文》：「陰陽相薄，感而為雷，激而為霆，亂而為霧。」以陰陽兩氣的活動解釋天文現象，於兩漢文獻普遍見之。蔡鎮楚讚譽王充：「對雷的原理做了近乎現代科學的解釋，為古代自然科學史寫下了輝煌的一頁。」（《新譯論衡讀本》，蔡鎮楚注釋，臺北：三民書局，1997.10，頁324）王充確實提出以實驗解釋雷電現象，但是否足以成就古代自然科學，還可再商榷。

人之言，只要是有所依據的見聞，就值得參考。原本這段話是為駁斥讖紀所言為虛，若加以察考就可見其破綻，只是所察考者亦為古人留下的文獻，如何以古文證古文之非？也就是應以何種文獻做為依據？王充認為經書與諸子，皆是可以依憑的文獻，甚至諸子之著作還勝於經書，因為歷經秦火，「經缺而不完，書無佚本，經有遺篇。」（〈書解〉）雖然「六經之作，皆有據。」但與諸子之書相較，「書亦為本，經亦為末，末失事實，本得道質，折累二者，孰為玉屑？知屋漏者在宇下，知政失者在草野，知經誤者在諸子。諸子尺書，文明實是。」（〈書解〉）王充不滿漢代立博士之師法與家法，反對只以五經為學術標準，更重視諸子各家的論著，強調引證文獻須廣博。此外，他還比較《左傳》與《公羊》、《穀梁》之別，認為「《左氏傳》為近得實」，而「諸家去孔子遠，遠不如近，聞不如見。」（〈案書〉）此意味愈接近歷史事件的著作，愈有其真實性，也更具參考價值。

徵引文獻，再依經驗判定真偽，是王充論述常用之法。如〈語增〉記當時傳言：「文王飲酒千鍾，孔子百觚。」此傳言意為聖人酒量雖好，但能控制不過量。[10] 王充批評這個傳言非事實，以為一個人不可能喝下這麼大量的酒，並引《尚書·酒誥》：「朝夕曰：『祀茲酒』。」說明周文王告誡臣民，只有祭祀時才能喝酒，自己怎麼能違反？況且祭祀時皆有禮制，宴飲時亦不過三觚，聖人不可能這麼多。〈酒誥〉傳為周公所作，勸諫周成王，以殷商好酒亡國為鑑，文中引述文王告誡勿貪酒之訓示。[11] 姑不論千鍾百觚是否為文學誇飾，王充以經驗與文獻兩種方法，批判傳言不實，可見其講究真實之用意。

王充徵引各種文獻做為實證資料，注意文獻成書先後，然而於在經驗與文獻兩者之間，王充更加重視經由觀察所得之經驗，[12] 如〈說日〉論及《山

---

[10] 此傳言不見於先秦兩漢文獻，王充所記或為民間流傳。世傳六朝時人偽作之《孔叢子》，記載戰國時趙平原君與子高對話，曰：「昔有遺諺：『堯舜千鍾，孔子百觚，子路嗑嗑，尚飲十榼。』」（《孔叢子·儒服》）文中顯示一則聖人有好酒量的諺語，由於《孔叢子》成書疑為六朝時，亦可參證關於聖人善飲酒之傳言，唯《論衡》中之「文王」飲千鍾，在《孔叢子》中成為「堯舜」。

[11] 周人克殷，警惕殷商好飲之風，不唯《尚書·酒誥》有此殷鑑，《詩·大雅·蕩》亦言：「文王曰咨，咨女殷商。天不湎爾以酒，不義從式。既愆爾止，靡明靡晦。式號式呼，俾晝作夜。」全詩假託周文王慨嘆商紂無道，其中指責飲酒之失，並引以為鑑。西周晚期毛公鼎，鑄有銘文曰：「善效乃友正，毋敢湎于酒。」這是周宣王的誥命，顯其求治的用心。可見周人對殷商飲酒喪邦之恐懼，並時時提醒，可參考蔣秋華：〈殷末周初飲酒戒酒考〉，《孔孟月刊》，29：4（340），1990.12，頁38-44。

[12] 對於文獻記載之真偽，王充抱持著謹慎的態度，並批評世人讀書真假不分，其云：「世信虛妄之書，以為載於竹帛上者，皆賢聖所傳，無不然之事，故信而是之，諷而讀之。睹真是之傳，與虛妄之書相違，則並謂短書，不可信用。夫幽冥之實尚可知，沈隱之情尚

海經》與《淮南子》皆記載天有十日，王充透過觀察，認為太陽的光亮形狀並無不同，因此斷定太陽只有一個，文獻記載有誤。但他又認為觀察可能出錯，猜測古人見到像太陽的天體，一時眼花，便稱有十日。感官經驗不必然是實證經驗，也不能做為真實的唯一驗證，王充已有意識於此，故仍得以「心」對感官經驗進行判斷。

此外，王充以經驗事實駁難一些歷史事件，時有混淆文學修辭之嫌。如〈語增〉反駁武王伐紂時，以仁服人，「兵不血刃」之說，認為征伐一定有死傷，舉戰爭死傷之慘烈，不可能「不血刃」。又駁商紂時「酒池肉林」之傳聞，認為言過其實，與經驗事實不符。「兵不血刃」語出《荀子·議兵》，原文贊古人聖人以仁義之兵得天下，「故近者親其善，遠方慕其德，兵不血刃，遠邇來服，德盛於此，施及四極。」觀上下文，意為稱頌以仁義修政，近悅遠來，毋須殺伐而有天下。至於「酒池肉林」，典出《史記·殷本紀》，記商紂王好酒淫樂，「以酒為池，縣肉為林。」描繪其荒唐之行。不論「兵不血刃」或「酒池肉林」，皆有原文語境，前者強調仁義之作用，喻武王之仁；後者為文學修辭，言商紂之敗德，若將之獨立節錄而以經驗事實反駁，反顯不類。

二、推類驗之

為了對事物進行驗證，王充提出：「放象事類以見禍，推原往驗以處來事。」（〈實知〉）所謂「放象事類」便是連結同類的事物，而「推原往驗」就是在過往的經驗基礎上，推而論之。依事物相似的性質進行連結，從而推導出結論，此類推之法，為王充大量運用。〈明雩〉批評天人感應論者請求國君祭天求雨，「不推類驗之，空張法術，惑人君。」王充認為天道自然，雩祭無益。其「推類驗之」，便是連結物類，推導結論。他還說：「聖人據象兆，原物類，意而得之；其見變名物，博學而識之。」（〈知實〉）聖人之所以為聖人，在於博學廣識，能效之以事，考之於心，類推事物以辨之。王充此論雖駁難聖人是先知，以為聖人可學，[13] 但也強調運用類推之法，必須大

可定，顯文露書，是非易見，籠總並傳，非實事，用精不專，無思於事也。」（〈書虛〉）此言不可盡信書，仍得依經驗事實校正書傳所載。

[13] 王充在〈知實〉中舉十六例，說明「聖人不能先知」，並論聖與賢名殊而實同，再申論「賢聖可學，為勞佚殊。」本篇接續〈實知〉，兩文的目的，為批判當時對聖人的神格化，甚至藉聖人之名假造讖言。由於聖人不能先知，故證聖人如常人，但能博學多聞，以「放象事類」、「推原往驗」而知見事實。然而，王充引證諸多事例以證孔子不能先知，全將「知」解為經驗常識，未能觸及孔孟論「良知」的德性之知，甚至也未能深入知識之知。陳拱認為其因在於王充氣化人性論的局限，導致其未能理解孔子「生而知

量閱讀，具有廣博見識才行。王充此論，頗有自況之意味。

推類即類推，關鍵在於「類」。「放象事類」的推論方法，必須確定「類」之標準，即兩種事物之間的關係為何？是否能歸於同類？王充於此並無說明，以其使用之事例，多半著重於形體的相近。如〈龍虛〉批評「神龍升天」，論曰：

> 蛟與龍常在淵水之中，不在木中屋間，明矣。在淵水之中，則魚鱉之類，魚鱉之類，何為上天？天之取龍，何用為哉？

這段論述以魚鱉在水中不能升天，而龍在水中為魚鱉之類，推論龍不能升天。以物之屬性分類，尚有一定關聯，然而王充亦常從人事推論天道，如〈雷虛〉論打雷為氣、火，是一種自然現象，批駁世俗將打雷比附為天怒，所據多將天比做人，其云：

> 所謂怒者，誰也？天神邪？蒼蒼之天也？如謂天神，神怒無聲；如謂蒼蒼之天，天者體，不怒，怒用口。且天地相與，夫婦也，其即民父母也。子有過，父怒，笞之致死，而母不哭乎？今天怒殺人，地宜哭之。獨聞天之怒，不聞地之哭。如地不能哭，則天亦不能怒。且有怒則有喜。人有陰過，亦有陰善。有陰過，天怒殺之；如有陰善，天亦宜以善賞之。隆隆之聲，謂天之怒；如天之喜，亦哂然而笑。人有喜怒，故謂天喜怒。推人以知天，知天本於人，如人不怒，則亦無緣謂天怒也。緣人以知天，宜盡人之性。人性怒則呴吁，喜則歌笑。比聞天之怒，希聞天之喜；比見天之罰，希見天之賞。豈天怒不喜，貪於罰，希於賞哉？何怒罰有效，喜賞無驗也？

王充根據「推人以知天，知天本於人。」從人的形體性質推論天，因此以「人用口發怒聲」為大前提，「天無口」為小前提，推論出「天不會發怒」。這個看似具三段論的形式推論，問題在於「天」與「人」不能以「口」為中間項，「天」與「人」並無交集，不符三段論的形式。再者，以「人」類推「天」，類比對象並無相似性質屬性。復次，以天地喻為人之父母，而設定父怒殺子，母將哭，推類為天若以雷殺人，則地會哭；再反向推論因未聞地哭，則天雷不因怒殺人。這個推論預設了父母的情緒反應，又比附天地為父母的關係，此預設並非事實，亦無說明何謂「地之哭」，故為一無效推論。最後，以人有喜怒故有賞罰，推論天雷若為罰，但不見天喜之賞，從而駁斥打雷是天神發怒的說法。這裡還是將人的情緒類比於天，類比不當是根本問

之」的意涵。（陳拱：《王充思想評論》第六章〈知之鑑定〉，臺北：臺灣商務印書館，1996.6，頁195-218）王充的問題還不僅於此，他雖肯定學習可知，但此與其氣化論相衝突，人既是氣之偶然遇合，善惡才情皆是先天已定，後天的學習失去著力點，亦無意義，也使得其「賢聖可學」難以成立。

題。況且，王充一方面否認天有神性，將天視為自然實體，一方面又採取
「推人以知天」的設定，反將天視為與人同，此為其理論的內在衝突。

王充大量使用「推類」之法，一方面以類比設事，聽聞者明白已知事
物，當類比於未知事物時，便無從反駁；另一方面類比可顯示見聞廣博，使
聽聞者懾於所知有限，遂無力論難。然而，王充推類者，多是在於形式比
附，尤其常以人之形體經驗類推天地宇宙。其立論基礎為「推人以知天」，
他說：「天與人同道，欲知天，以人事。」（〈卜筮〉）又說：「推人以知天，
知天本於人。」（〈雷虛〉）以人推天，來自於兩漢天人相應觀念，王充立論
的基石正是其欲破除的對象，是其理論的重大缺陷。以人事推天道，實際運
用的問題在於比附不當，如前述以人有口推論天無口，此一推類尚見諸於其
他篇章。〈自然〉云：

> 何以天之自然也？以天無口目也。案有為者、口目之類也，口欲食而
> 目欲視，有嗜欲於內，發之於外，口目求之，得以為利，欲之為也。
> 今無口目之欲，於物無所求索，夫何為乎？何以知天無口目也？以地
> 知之。地以土為體，土本無口目。天地，夫婦也，地體無口目，亦知
> 天無口目也。使天體乎？宜與地同。使天氣乎？氣若雲煙，雲煙之
> 屬，安得口目？

在這段論述中，王充以天無口目，故無欲求，證明天道自然。以人有口目類
推天無口目，又以地無口目類推天無口目，兩者並不相干。其次，以人之夫
婦類推天地，亦是「推人以知天」的應用。最後，以天為氣，無固定形體，
故推論無耳目，這是透過觀察所得。同樣的推論方式，亦見於〈卜筮〉，王
充以天無形體，地無耳目，無法聽到也不能回答人之卜問，推論卜筮無效。
〈變虛〉欲證天自運行，無法聽聞人事，採用類推方式，其證云：

> 夫天，體也，與地無異。諸有體者，耳咸附於首。體與耳殊，未之有
> 也。天之去人，高數萬里，使耳附天，聽數萬里之語，弗能聞也。人
> 坐樓臺之上，察地之螻蟻，尚不見其體，安能聞其聲？何則？螻蟻之
> 體細，不若人形大，聲音孔氣，不能達也。今天之崇高，非直樓臺，
> 人體比於天，非若螻蟻於人也。謂天聞人言，隨善惡為吉凶，誤矣。
> 四夷入諸夏，因譯而通。同形均氣，語不相曉，雖五帝三王，不能去
> 譯獨曉四夷，況天與人異體，音與人殊乎？人不曉天所為，天安能知
> 人所行？使天體乎？耳高，不能聞人言；使天氣乎？氣若雲煙，安能
> 聽人辭？

此段論述，先認定人的形體是耳朵在頭部，假設天有耳，則天耳應也在頭
部，再以人耳的聽力有限，類推天耳之距離遙遠，聽不到人聲。並舉人聽不
見螞蟻，類推天聽不到人言。復次，以種族不同，雖同為人形，但語言不

通，必須翻譯，推論天與人不同形體，言語更不能通。最後，聽者皆有耳，然天為氣，無耳，故不能聽。王充運用類推之法，若天有耳，則受到距離限制，以及語言差異的阻礙，其立論基礎便是以人事推天道。

推類之法，必須於推論的兩種事類有相同性質，王充意識於此，故於推論時有言：「龜龍、鳳皇，同一類也。」（〈指瑞〉）「鳳皇、騏驎，都與鳥獸同一類。」（〈講瑞〉）「同一類」是類比的基礎，或是「相似類」亦有連結關係。但王充的「相似類」常任意比附之，如〈說日〉：「日行舒疾，與麒驥之步，相似類也。」將太陽運行速度比附為千里馬，另以野鴨、陶鈞比為月與天之運行快慢，這個「相似類」顯然僅憑想像。王充並沒有界定「類」之界限，在運用時便顯隨意。此外，在類比時，兩事物的性質連結，有時正反皆可成立。如〈論死〉謂人死無知，以燭火為喻，論云：「火滅光消而燭在，人死精亡而形存，謂人死有知，是謂火滅復有光也。」以火滅燭在，類推人死精亡，只剩屍體。以火燭類比形神，另見於桓譚《新論・袪蔽》，[14] 桓譚與劉師伯論辨人死之精神與形體關係，桓譚舉人之衰老猶火燭之消耗，人死而神滅，劉師伯難之曰：「燈燭盡，當益其脂，易其燭；人老衰，亦如彼自纘。」其意為形體衰老，更換之便可永保如新，精神則能藉以流轉而永恆，劉師伯所論在於善用養生之法，形體可長久。從兩人論辯皆用燭火為喻，不論「燭盡火傳」（形盡神不滅）或是「燭盡火滅」（形盡神滅），都可以用燭火說明，卻推導出不同結論，王充以火滅燭盡喻之，也同樣面臨這個類比的問題。推類之法以類為準，卻有許多不確定，難以成為有效的論述方法。

三、推此以論

驗證實然，是認知的基礎。學問知識從懷疑開始，對已有之事理提出質疑，再進行驗證，而驗證的過程，就涉及驗證的方法。除了感官所接受的訊息形成經驗，理性思維對訊息加以判斷，判斷依循的方法，便形成邏輯思辨的規則。王充對於知識的探索，基本上已具備懷疑與驗證，而驗證的方法也能從經驗事實進入理性思維的推論。

王充在進行推論時，多半使用經驗、文獻與類比的方式，常舉諸多例證，再經「推此以論」而得證。如〈書虛〉辨當時傳說：「齊桓公負婦人而

---

[14] 以燭火喻形神是不恰當的類比，因為同樣的類比可以用於相反的解釋。桓譚是最早明確地以「燭火」連結「形神」，此喻見於《弘明集》卷五〈新論形神〉，清人孫馮冀輯本《桓子新論》未收，嚴可均將〈形神〉輯於《新論・袪蔽》中。文中桓譚藉時人論難，反駁並闡述自己主張的「形盡神滅」，從這些論難中，可看出以燭火喻形神的類比可同時指涉完全相反的結論。王充承襲桓譚，以「燭火之喻」論證「形盡神滅」，人死不為鬼，下文詳述之。

朝諸侯」，[15] 王充認為此傳言不可信，遂論述上朝時不可能背負婦人，又舉文獻諸多例證，說明因語言的謬誤，造成誤傳，「推此以論，負婦人之語，猶此類也。」列舉相近的事例為證，為王充慣用的推類之法，在實際運用時，已具有歸納法之形式。如〈骨相〉駁難當時所「命難知」，舉古代十二聖賢之相，論曰：

> 傳言黃帝龍顏，顓頊戴午，帝嚳駢齒，堯眉八采，舜目重瞳，禹耳三漏，湯臂再肘，文王四乳，武王望陽，周公背僂，皋陶馬口，孔子反羽。斯十二聖者，皆在帝王之位，或輔主憂世，世所共聞，儒所共說，在經傳者，較著可信。若夫短書俗記，竹帛胤文，非儒者所見，眾多非一。

王充舉十二聖者的奇特樣貌，藉以歸納得證聖人皆有異於常人的「骨體」，為帝王之相。唯王充所引用文獻為《白虎通德論・聖人》，而其內容多為緯書，此一引證雖見諸「經傳」，但多是傳說，王充認為可信之處在於「儒所共說」。對比下文「非儒者所見」，兩者的區別在於「儒者」，實未能確立文獻的可信度。

王充擅長列舉其所謂的同類事物進行比較，在比較中推論是非真假，已具有邏輯思維的矛盾律（law of contradiction）與排中律（law of excluded middle）的形式，矛盾律指一件事物不可能同時為真又為假，排中律則為一件事物若不是真便為假。[16] 王充意識於此，並能運用之，如〈語增〉論史事，世傳商紂王有神力，能擢鐵為索；而武王伐紂，兵不血刃。王充將這兩件事列舉並觀，論云：

> 以索鐵之力，不宜受服，以不血刃之德，不宜頓兵。今稱紂力，則武王德貶；譽武王，則紂力少。索鐵，不血刃，不得兩立；殷周之稱，不得二全。不得二全，則必一非。

「不得兩立」與「不得二全」，是矛盾律；「不得二全，則必一非」，則符合律中率。姑且不論「索鐵」與「不血刃」兩者是否能比並論之，[17] 至少王充

---

[15] 此例為釋「負」字之義，負為憤恨，而非背負。《戰國策・燕策》記：「桓公負婦人而名益尊。」指齊桓公因怒寵妾蔡姬蕩船之不當，復又恨蔡姬改嫁，憤而伐蔡，並進而攻楚，之後大會諸侯於召陵。《史記・齊太公世家》與《左傳・僖公》均載其事。

[16] 思考三律（Three Laws of Thought）指同一律（law of identity）、排中律與矛盾律，傳統邏輯學認為所有合乎邏輯的思考，都必須依據這三項基本原則。

[17] 「索鐵」與「不血刃」，前指紂王，後為武王，兩命題指涉對象不同，無法構成矛盾關係。此外，兩者所述，各有紀錄之意，紂王力大為傳說，先秦兩漢文獻未見，北宋《太平御覽》引西晉皇甫謐《帝王世紀》云：「帝紂能倒曳九牛，撫梁易柱。」紂王力大，

已能運用形式邏輯進行論證。又如〈雷虛〉評「說雷」與「圖雷」兩種論點，其云：

> 且說雷之家，謂雷，天怒呴吁也；圖雷之家，謂之雷公怒引連鼓也。審如說雷之家，則圖雷之家非；審如圖雷之家，則說雷之家誤。二家相違也，并而是之，無是非之分。無是非之分，故無是非之實。無以定疑論，故虛妄之論勝也。

王充全文批駁將打雷視為雷公發怒，不論是怒而吼叫，或怒而擊鼓，都是虛妄之言。但是在比較兩者時，運用矛盾律，說明不能「並而是之」；再使用排中律，論述一家為真，則另一家就為非。

在推論的過程中，王充還涉及邏輯演繹法，已具有三段論證的形式。三段論式有三個命題，前兩個命題分別為大前提與小前提，第三個命題為結論，由前兩個命題推演而得，結論的真假在於前提是否為真，以及前提之間聯繫是否有效。[18] 王充使用前述類推時，其論述的過程有時呈現出三段論式，如〈儒增〉駁斥世俗傳言周鼎為神物，論云：

> 如以金之物為神乎？則夫金者，石之類也，石不能神，金安能神？

這段論述可整理成大前提：「所有石頭皆不是神奇之物」（石不能神），小前提：「銅為一種石頭」（金者，石之類），結論：「銅不是神奇之物」（金安能神）。這個推論符合三段論式的第一格 AAA 型式。又如〈難歲〉批評當時民間流傳的擇日之術，針對《移徙法》中所稱年有太歲時，論曰：

> 十二月為一歲，四時節竟，陰陽氣終，竟復為一歲，日、月積聚之名耳，何故有神而謂之立於子位乎？積分為日，累日為月，連月為時，紀時為歲。歲則日、月、時之類也。歲而有神，日、月、時亦復有神乎？……論之以為無。

這個推論雖是反詰疑問句，但可整理成大前提：「所有日皆沒有神」（日亦復

不一定親上戰場。「兵不血刃」出自《荀子・語增》，贊「武王伐紂」為「仁義之兵」，並非紀實之文。將傳說與非史實描述求之以實證，實無可辯，然王充引用辯之，可見其問題所在。

[18] 邏輯學中的「三段論證」（syllogism）為亞里斯多德（Aristotle）創立，是思考推論的重要方式，亞里斯多德對於三段論的規則、形式和結構多已論定，他說：「三段論是一種論證，其中只要確定某些論斷，某些異於它們的事物便可以必然地從如此確定的論斷中推出。」符合推論的形式，「不須要其他任何詞項就可以得出必然的結論。」（亞里斯多德：《前分析篇》，《亞里士多德全集》，余紀元譯，北京：中國人民大學出版社，1997.1，頁 84-85）有關亞氏之三段論，另可參考波蘭數學家盧凱西維茨（Jan Lukasiewicz）：《亞里士多德的三段論》（Aristotle's Syllogism），李真、李先焜譯，北京：商務印書館，1981.5。

有神乎），小前提：「所有日是歲」（日積聚之名），結論：「歲沒有神」（論之以為無）。這個推論雖符合三段論式的第三格型式，卻是無效的論式。依其文意，「日積為歲」意指日為歲的一部份，在小前題中，「歲」是不周延的，但在結論卻是周延的，「歲」是結論的「小詞」，原文推論發生「小詞不當周延」的謬誤。結論應改為特稱命題，即「有些歲沒有神」才符合第三格 AAI型式。王充言「歲則日之類」，將歲與日都視為時間，同為一類所以做此推論，但以邏輯形式檢驗卻屬無效。除了定言三段論式，《論衡》中還可見假言三段論式，如〈祀義〉批評祭祀鬼神，王充不斷申論並無鬼神，其論曰：

> 苟鬼神，不當須人而食；須人而食，是不能神也。

這段論述可整理為前件：「如果鬼為神靈之物，則不需要等人上供品而吃」，後件：「需要等人上供品而吃」，推論：「所以鬼不是神靈之物」。此一論式符合假言推理的否定後件式，為一有效論式。

　　王充主張「驗證實然」，本是建立知識的根本性原則，其懷疑批判的精神，以及運用各種論證方式質疑當時的各種觀念，確有其價值，然而以今日邏輯學檢驗之，仍有許多論證似是而非。雖不必苛求古人，也毋須因王充已大量使用邏輯論證方法，而過於讚譽，[19] 應持平看待《論衡》的論述是否成其體系，以及於思想史的意義。

第三節 天道自然

　　漢代流行天人感應思潮，人之禍福與天連結，天具有超自然力量，能賞善罰惡；在陰陽五行的架構下，天與人乃至萬物皆完整對應，相互關聯。王充否定天人相應，認為萬物是天地之氣偶然合成，為自然現象，並沒有一個有意識的天，也不存在能賞罰的神。王充與漢儒都認為萬物由氣而生，然而漢儒普遍將陰陽二氣視為連結天人的重要組成，即天地有陰陽二氣，聚合而生成人與萬物，人之稟氣由天，故能與天相通。王充也認為萬物由陰陽二氣形成，但氣之聚散全為偶然，氣不因而連結天人，即氣形成萬物之後，便與天無關。換言之，氣是純然的物質，並沒有任何意志，天也只產生氣息的物理存在。王充運用實證、類比以及名實是否相符等方式，對天人感應加以批判，基本上集中在〈書虛〉至〈藝增〉，共十二篇，一般稱為「九虛三增」。

---

[19] 民國初年，學界對王充的懷疑批判精神，多所讚譽。如章炳麟認為漢魏間諸子學百種，「然其深達理要者，辨事不過《論衡》。」（章炳麟：《國故論衡》（校定本），上海：上海人民出版社，2017.4，頁 257）章士釗稱《論衡》之〈實知〉、〈知實〉兩篇，「開東方邏輯之宗」。（章士釗：〈答張九如書〉，引自黃暉：《論衡校釋》附編三〈論衡舊評〉，北京：中華書局，1990.2，頁 1254。此附編收有歷代至民初各家評論，可參考之。）

另有〈寒溫〉至〈感類〉，共十五篇，亦批判天人感應、吉凶祥妖之說。

《論衡》中多處可見釋「天」為「體」，如：「夫天，體也，與地無異。」（〈變虛〉）[20] 天與地都是「體」，為實際存在之物，「天」的作用只是「施氣」，將氣釋放，其云：「天者，普施氣萬物之中。」（〈自然〉）而天的施氣是自然的運動，無目的，亦無意志。其云：

> 天之動行也，施氣也，體動氣乃出，物乃生矣。由人動氣也，體動氣乃出，子亦生也。夫人之施氣也，非欲以生子，氣施而子自生矣。天動不欲以生物，而物自生，此則自然也。施氣不欲為物，而物自為，此則無為也。謂天自然無為者何？氣也。（〈自然〉）

天生萬物以施氣為之，然此「為」並無任何目的，只是「自然」，而物自成之，從物的角度是「自為」，從天的角度是「無為」。〈初稟〉云：「自然無為，天之道也。」王充以「天道自然」為其立論基礎，否定天人相應，也是對「天」的理解與定義。

將「天」視為「自然」的論述，看似承襲老莊的自然天，雖〈自然〉有言「依道家論之」，〈譴告〉云：「黃老之家，論說天道，得其實矣。」但實與老莊不同，又或近似荀子之「天行有常」，但也只是將天自然化。老子之天道生萬物，人須法天道；莊子以忘我達到天人合一的境界，天與人和諧融通。荀子雖主張天人相分，視災異為自然現象，但因而強調理性與積極學習，追求禮治的人文社會。王充將天與人區別，以「天」為自然天，與人事無涉，但將「命」取代人為的努力，近似「自然主義」（naturalism），但他放棄了自由意志（free will），走向消極的命定論，與先秦儒道思想不同，成其一家之言。[21] 從其反對漢代天人感應，破除各種依天而行的觀點，可見其著

---

[20] 〈道虛〉云：「天之與地皆體也，地無下，則天無上矣。」此處將天地視為實體的邊界，〈談天〉也云：「且夫天者，氣邪？體也？如氣乎，雲煙無異，安得柱而折之？女媧以石補之，是體也。如審然，天乃玉石之類也。」以女媧補天的神話釋天為實體。〈祀義〉亦云：「夫天者，體也，與地同。」此處論述世間無鬼神，不能享用供品，並舉天體為體，沒有口，也不能吃。但其後又云：「如無口，則無體，無體則氣也，若雲霧耳，亦無能食。」留下一個天可能為氣的論述。姑且不談論述的缺失，基本上王充視天為實體，如〈談天〉所云：「天體，非氣也。」

[21] 胡適認為王充是屬於自然主義的道家一派，但比道家更注重效驗方法，是科學精神的表現。（胡適：〈王充的論衡〉，收錄於黃暉：《論衡校釋》（四）附編四，北京：中華書局，1990.2，頁1267-1294）馮友蘭認為王充考論世書俗說，以道家自然主義為根據，但多破壞而少建樹。（馮友蘭：《中國哲學史》（下），臺北：臺灣商務印書館，1993.4，頁588-590）西方自然主義可溯於自古希臘哲學家泰利斯（Thales），他主張以經驗觀察和理性思維解釋世界，反對當時希臘從自然現象解釋人格化的神和英雄。王充所論有近似處，但並未如泰利斯將數學與天文學理論化。而以王充引述天道自然，與先秦道家相

力之處。王充針對漢代天人感應思想，全面加以批評，以為「夫人不能以行感天，天亦不隨行而應人。」（〈明雩〉）其下分從福禍、祥瑞、卜筮與寒溫等論題，分析王充所論。

一、福禍無應

漢代流行天人感應，從人生禍福，到災異瑞應，不論個人或國事，都與天符應之。世俗所謂：「行善者福至，為惡者禍來。福禍之應，皆天也，人為之，天應之。」（〈福虛〉）善惡有所報應，所應福禍得自於天，天具有裁判力，以人的行為定奪禍福，為中國古代宗教維持社會道德秩序的方式，[22] 兩漢時更多言福禍之應。王充否定天人感應，質疑福禍皆應於天，其云：

> 天下善人寡，惡人眾。善人順道，惡人違天。然夫惡人之命不短，善人之年不長。天不命善人常享一百載之壽，惡人為殤子惡死，何哉？（〈福虛〉）

現實世界，多有禍福不應之例，好人不長命，禍害遺千年。〈福虛〉與〈禍虛〉列舉多項歷史事件，證明福禍夭壽與德行並不相干，並非上天施予。[23]

較，老子不但將道視為創生的本源，更是人事依循的原理，王充僅以道為施氣的自然之體，與老莊論道實有根本差異。徐復觀先生比較兩者，認為王充雖依附道家，但不了解道家，並且把老子庸俗化。（徐復觀：《兩漢思想史》卷二，臺北：臺灣學生書局，1990.2，頁 617-621）

[22] 從殷商到周，天之性格發生重大變化，從宗教言，在商人為生活主宰的天，轉移至政治層面，天命與天德連結，成為君王權力與施政的根本，並以人民之回應使天命的約束力量落實，陳來稱之為「民意論的天命觀」，使天道德化。（陳來：《古代宗教與倫理——儒家思想的根源》，北京三聯書店，2009.4，頁 201）天命的道德化，也影響祭祀文化，鬼神信仰中的血緣宗族逐漸 突破，而增加了倫理性，鬼神的福佑定於德，這個改變不只在君王祭祀，還擴大至民間的一般信仰。（陳來：《古代思想文化的世界——春秋時代的宗教、倫理與社會思想》，北京：三聯書店，2009.4）然而人神關係除了道德天命論的發展，尚有「相互贈予」式的互惠原則，《左傳·成公五年》記趙嬰夢天使云：「祭余，余福女。」而貞伯聞之曰：「神福仁而禍淫，淫而無罰，福也。祭，其得亡乎？」正反應出民間信仰與宗教思想之間的分別，蒲慕州認為西周後期之所以產生宗教信仰的分裂，與知識階層的興起有關，但鬼神信仰也仍流傳於統治階層與一般人民，只是前者關心政治權力，後者則以自身福祉為重心。（蒲慕州：《追尋一己之福——中國古代的信仰世界》，上海：上海古籍出版社，2007.3，頁 75-76）

[23] 如〈福虛〉舉楚國孫叔敖幼年見雙頭蛇，殺而埋之。彼時傳言見雙頭蛇必死，孫叔敖之母認為其子為他人著想，其德將為天所感，不但不致死，還有福報，而事後果如此。此事典出西漢賈誼《新書》，劉向《新序》，以及偽託劉向編著的《烈女傳》均錄之。故事本為宣揚德行，謂有德者行仁德之事，將不受習俗制約，具有勸善教化之意味，然其強調天佑善人，卻為王充所不取。王充認為有德者秉受先天之氣，壽命長短已定，不因

王充將報應之禍福視為生命的長短與富貴貧賤，藉實例論證人之行為與福禍無關。既然如此，王充將行為與結果定為偶然隨機，其云：「一成一敗，一進一退，一窮一通，一全一壞，遭遇適然，命時當也。」（〈禍虛〉）結果與行為不是必然，而是偶然。此偶然之意為不一定，就是人生中的遭遇看似偶然，實則命定，人之生死富貴，於結胎受氣便已注定。孔孟雖亦將生死富貴釋為命，但強調道德實踐，突顯人的自由意志，從而建立人之生命價值。王充不走此途，反將人生歸結於全然的命定，雖斷絕人與天的連結，但也使生命陷入虛無，任何努力皆無著力處。

　　除了個人禍福，漢代政治常言災異和瑞應，凡災異皆是上天譴告人君，若有瑞應，則示太平之象。[24] 王充欲將天人分離，論證天地運行與人事無關，申述災異皆為自然，與統治者無關。人事福禍並非個人德行的反應，大自然的災異亦是如此，王充舉例云：

> 夫世亂民逆，國之危殆，災害繫於上天，賢君之德，不能消卻。《詩》道周宣王遭大旱矣。《詩》曰：「周餘黎民，靡有孑遺。」言無有可遺一人不被害者。宣王賢者，嫌於德微；仁惠盛者，莫過堯、湯，堯遭洪水，湯遭大旱。水旱，災害之甚者也，而二聖逢之，豈二聖政之所致哉？天地歷數當然也。以堯、湯之水旱，準百王之災害，非德所致。非德所致，則其福祐，非德所為也。

周宣王時有大旱，天下百姓同受旱災之苦，堯時有洪水，商湯則逢旱災。王充舉這些史實，證明水旱災的發生與帝王是否有德無關，進一步推論，如果災害也發生在有德之君王，則風調雨順，亦非君王之德。王充多用對比式的類推，〈異虛〉云：「善惡同實，善祥出，國必興；惡祥見，朝必亡。謂惡異可以善行除，是謂善瑞可以惡政滅。」以善惡對比，既否定災異興必為國君

後天的行為而有改變，並以善人、惡人壽命不因其行為成比例，更不為偶然見到的事物影響。另舉傳聞五月五日所生之人，長與戶同高時，將剋其父母。五月為仲夏之月，因陰陽氣交，陰氣萌作，於身體健康有礙，故須小心因應，漢人於五月五日，用「朱索五色印為門戶飾，以難止惡氣。」（《後漢書‧禮儀志中》）五月五日生子剋父之說，應有其源。齊孟嘗君於五月五日出生，然孟嘗君之母不畏此忌而舉之，其後亦無應驗，此事亦載《史記‧孟嘗君列傳》。王充以孟嘗君事例為反證，欲破除此一觀念。

24 漢人言「災異」，「災」與「異」不同，有層次之別。流傳於漢代的《洪範五行傳》云：「凡有所害謂之災，無所害而異於常謂之異。害為已至，異為方來。」災害為天災，主要為水旱災、蟲害，以及瘴癘疾病；所謂的「異」，也多為天象，以及自然的不尋常。董仲舒申述災異譴告論，其云：「天地之物有不常之變者，謂之異，小者謂之災。災常先至而異乃隨之。災者，天之譴也；異者，天之威也。譴之而不知，乃畏之以威。」（《春秋繁露‧必仁且知》）異為災之小者，伴隨災害而生，若以順序言，先災後異。此說又見《賢良三策》：「國家將有失道之敗，而天乃先出災害以譴告之，不知自省，又出怪異以警懼之，尚不知變，而傷敗乃至。以此見天心之仁愛人君而欲止其亂也。」以災譴告，出異警懼，上天藉災異警示國君失德。

失德，反之亦否定祥瑞為國君有德。

王充駁斥當時災異為感應的說法，若純以自然說之，所舉事證本有說服力，但王充論證有時過於繁瑣，反有所失。如他將災變分為政治、無妄兩種，其云：

> 德酆政得，災猶至者，無妄也；德衰政失，變應來者，政治也。夫政治，則外雩而內改，以復其虧；無妄，則內守舊政，外脩雩禮，以慰民心。故夫無妄之氣，歷世時至，當固自一，不宜改政。（〈明雩〉）

王充察覺國君有德，卻遭災變，故以「無妄」言之，因其極力主張天人二分，故此為無可奈何之事，如堯湯遇天災，「非政治，是運氣也。」（〈明雩〉）但另有國君無德，也遭災變，為解釋之，以「政治」名之，即施政有誤，必須改革。王充試圖將國君之德獨立於政治之外，但德衰政失而受災害，應採取「外雩內改」，仍是對應災變的反應。若以王充時運之說，不論德衰與否，遇災變皆不必行動，蓋全然無意義，可是他又認為應改革政治之失，此為其理論內在衝突。既然災變與君王之德無關，為時運所致，但不論是「運氣」或「歷數」，皆是命定，既是註定，就無法可施；既是註定，就不再是偶然隨機。此外，〈明雩〉於篇末列舉五個理由，認為舉行雩祭是古禮，為表現國君對風調雨順的祈願，肯定雩祭之作用，此論又與其強調無神相衝突。王充對破除天人相應往往多方論證，但其論述常出現自我否定，是其問題所在。

二、祥瑞無徵

漢代流行天人相應，祥瑞災異均與人事相關，至東漢更以之為立國興衰之依據，圖讖多為統治者所利用，倡言祥瑞之徵，以收民心之效。漢人災異之說，聯結於人事，表現在讖緯，關聯帝王的施政得失。王充對此，嚴辭批評，他說：「神怪之言，皆在讖記，所表皆效圖書。」（〈實知〉）讖記預言未來，假借上天，以圖讖啟示，王充斥為神怪之言，認為：「讖書祕文，遠見未然，空虛闇昧，豫睹未有，達聞暫見，卓譎怪神，若非庸口所能言。」（〈實知〉）由於讖書欲顯其神秘性，言辭含糊，模稜兩可，王充既不信神，自然反對圖讖之言。

圖讖多預言政事，除天象災異與人事連結，亦多祥瑞之徵，王充對此多有質疑。如史書記載見鳳凰、麒麟為聖王之時，三皇五帝皆見神獸，但是王充否定之，其云：

> 今五色之鳥、一角之獸，或時似類鳳皇、騏驎，其實非真，而說者欲

> 以骨體、毛色定鳳皇、騏驎，誤矣。是故顏淵庶幾，不似孔子；有若
> 恆庸，反類聖人。由是言之，或時真鳳皇、騏驎，骨體不似；恆庸鳥
> 獸，毛色類真。知之如何？」（〈講瑞〉）

王充從經驗推論，以物種辨別所產生的差異，認為每次出現的鳳凰相貌不同，古今亦有異，如何確認出現的即是神獸？甚至也有長相近似的動物，連人都有誤認的時候，何況神獸。況且鳳凰、麒麟出現之時，不一定是聖王在世，故祥瑞相應之說並不可信。這種論證方式，與其論災變相同，都從經驗事實提出反證，藉以破除天人感應，故其論云：

> 夫瑞應猶災變也。瑞以應善，災以應惡，善惡雖反，其應一也。災變
> 無種，瑞應亦無類也。陰陽之氣，天地之氣也，遭善而為和，遇惡而
> 為變，豈天地為善惡之政，更生和變之氣乎？然則瑞應之出，殆無種
> 類，因善而起，氣和而生。（〈講瑞〉）

瑞應與災變相同，都在陰陽之氣的變化，全然是「遭遇」，隨機而生，不因人間善惡而有相應。如果真有於善政時出現祥瑞，也是正好發生，與君王是否有德無關，故王充於此反覆申述，總結為：「禍變不足以明惡，福瑞不足以表善。」（〈治期〉）善惡與禍福無關，從個人至國家皆然，這是《論衡》切斷天人相應的基本論點。

對於瑞應之說，王充本可概以天人無應說解，然其析論瑣碎，甚至自反其說，是王充之病。如關於「瑞物」，王充又加以分別，其言：「夫言鳳皇、騏驎之屬，大瑞較然，不得增飾；其小瑞徵應，恐多非是。」（〈是應〉）此處「大瑞」與「小瑞」之別，給麒麟、鳳凰等留下空間。如此一來，當王充在面對漢代的「祥瑞」時，便又自我否定，轉而宣揚漢代帝王的功德，認為「漢德酆廣，日光海外也。」（〈須頌〉）尤其於〈驗符〉詳列明、章兩帝時出現的符瑞，證明漢室之德盛，其云：

> 皇瑞比見，其出不空，必有象為，隨德是應。孔子曰：「知者樂，仁
> 者壽。」皇帝聖人，故芝草壽徵生。黃為土色，位在中央，故軒轅德
> 優，以黃為號。皇帝寬惠，德侔黃帝，故龍色黃，示德不異。東方曰
> 仁，龍，東方之獸也，皇帝聖人，故仁瑞見。仁者，養育之味也，皇
> 帝仁惠愛黎民，故甘露降。龍，潛藏之物也，陽見於外，皇帝聖明，
> 招拔巖穴也。瑞出必由嘉士，祐至必依吉人也。天道自然，厥應偶
> 合。聖主獲瑞，亦出群賢。君明臣良，庶事以康。文、武受命，力亦
> 周、邵也。（〈驗符〉）

這一段頌揚當朝皇帝，因皇帝仁惠，故多有祥瑞之應，而除了皇帝聖明，還有賴眾多賢臣。文末「招拔巖穴」，頗有王充自況意味，期待國君的徵辟。以致於文末插入「天道自然，厥應偶合」，反顯得格格不入，因為本段首云

漢代祥瑞出現,「其出不空,必有象為」,明白宣告漢代的祥瑞是應君王之
德。王充宣漢,故有其目的,甚至不得已,[25] 但是以《論衡》全書否定天人
相應,強調災異與祥瑞皆是偶然命定,頌揚漢室的篇章,仍顯其立場不定,
自相矛盾。據王充自云,其目的是為矯正當時貴古賤今之謬說,《論衡》之
作承班固之使命,為漢平說,「彰漢德於百代,使帝名如日月。」(〈須頌〉)
由於「宣漢」是王充著述極為重要的主題,雖力陳是為平議漢德高於百代,
但其理論衝突顯而易見,不得不為一大缺失。

三、天不言(譴告、寒溫、卜筮)

《論衡》以「天道自然」駁斥「虛妄」,涉及諸多論題,基本上均是反
對「天人感應」。王充視「天」為自然,批評一切附會於天的說法,尤其反
對天用災異譴告人君,其云:「夫天道,自然也,無為。如譴告人,是有
為,非自然也。」(〈譴告〉)這裡區分「無為/有為」,將兩者對立,天道無
為,就不可能有為,也就不會譴告人。之所以會有災異,王充比喻為「身中
病,猶天有災異也。血脈不調,人生疾病;風氣不合,歲生災異。」(〈譴
告〉)將災異解釋為「風氣不合」,只是一種自然現象。然而,王充雖辯稱天
不言,卻又讚揚聖人之言,其云:

> 《易》曰:「大人與天地合其德。」故太伯曰:「天不言,殖其道於賢
> 者之心。」夫大人之德,則天德也;賢者之言,則天言也。大人剌而
> 賢者諫,是則天譴告也,而反歸告於災異,故疑之也。……上天之
> 心,在聖人之胸,及其譴告,在聖人之口。(〈譴告〉)

王充贊聖人之言,並以賢者之言即天言,甚至論述上天之譴告在聖人之口,
自我反證上天其實有譴告,只是天不言,藉聖人之口而言。王充本駁斥災異
為天之譴告,一方面說天道運行為自然,天不為譴告之事,另一方面又重視
聖人之言,將聖人之言解釋為上天之言。本段引《周易・文言》釋〈乾〉之
九五,原文為:「夫大人者,與天地合其德,與日月合其明,與四時合其
序,與鬼神合其吉凶,先天而天弗違,後天而奉天時。」大人能合天地四
時,所合者為德、明、序與吉凶,居九五之位,能推天道以明人事,方得以
與天地合一。王充所引太伯之說,未明出處,釋《文言》為上天藉聖人之口

---

[25] 據王充自述,《論衡》中與「宣漢」有關的篇章近三十篇,約佔全書三分之一。林麗雪歸
結王充宣漢的目的,分為五點,一為破除漢儒所謂漢代未有太平之說,二是褒揚國政為
臣子必要著述,三是宣揚瑞應以為章帝年間之天災卸責,四是為己求進,五是為《論
衡》求賞。(林麗雪:《王充》,台北:三民書局,1991.9,頁 333-336)不論王充的目的
為何,當宣揚漢德成為著述主題,其力求疾虛妄,辨真實的論述便已削弱,並為後人詬
病。

而言，不但不明其意，又於引用後預設有一「上天」行譴告之事，為論證之失。

天人感應之說，多集中於天象，漢儒認為君王之喜怒影響天氣寒溫，王充同樣以天道自然回應，其云：

> 夫豈謂急不寒、舒不溫哉？人君急舒而寒溫遞至，偶適自然，若故相應。猶卜之得兆，筮之得數也，人謂天地應令問，其實適然。夫寒溫之應急舒，猶兆數之應令問也，外若相應，其實偶然。何以驗之？夫天道自然，自然無為。二令參偶，遭適逢會，人事始作，天氣已有，故曰道也。使應政事，是有，非自然也。（〈寒溫〉）

天氣變化與人事無關，若正好相應和，也是偶然巧合。同樣的，卜筮問天地所得之兆數，亦是人為之，非天地之應，其云：

> 天不言，則亦不聽人之言。天道稱自然無為，今人問天地，天地報應，是自然之有為以應人也。案《易》之文，觀揲蓍之法，二分以象天地，四揲以象四時，歸奇於扐，以象閏月。以象類相法，以立卦數耳。豈云天地告報人哉？（〈卜筮〉）

天不言，所以卜卦所為，是人以數字模擬天地，並假借天地言吉凶。此外，王充以卜筮之兆數不一定符合結果，批評卜筮問天之不當，若正好相符，亦是恰好而已。只是王充對於卜筮之失，又論曰：「夫卜筮非不可用，卜筮之人占之誤也。」（〈卜筮〉）占卜若有失實，是卜筮之人能力不夠，技術不純熟所造的失誤。這樣一來，又肯定了卜筮，此亦王充自駁其言之例。

第四節 生死與鬼神

漢代以「氣」解釋事物的生成，普遍認為生命由「氣」之聚合而成。此一觀點上承先秦，如《莊子・知北遊》云：「人之生，氣之聚也。聚則為生，散則為死。」氣之聚散，即為人之生死。莊子以「氣」說明人與天地萬物同體，人之生只是短暫的氣之聚合，死後則氣散諸天地，此一過程為自然循環，故以整全觀之，生死一如，於宇宙並無增減。[26] 氣生成萬物的觀念，

---

[26] 莊子對人死後是否為鬼，並沒有直接回應，近似不可知論，他藉顏成子由之口，說：「天有曆數，地有人據，吾惡乎求之？莫知其所終，若之何其無命也？莫知其所始，若之何其有命也？有以相應也，若之何其無鬼邪？無以相應也，若之何其有鬼邪？」（《莊子・寓言》）自然循環有其規律，就莊子而言，人死後是否為鬼並不重要，而應無私無我，達於物我合一。另外《莊子・達生》記載一則齊桓公自鬼而病的故事，其中所論之「鬼」，近似萬物有靈，而非人死後的變化。

隨著陰陽學說興起，至戰國後期逐漸演變為對人死後的解釋，氣分「陰／陽」，人死之後也分「魂／魄」，如《禮記・郊特牲》載：「魂氣歸於天，形魄歸於地。故祭，求諸陰陽之義也。」魂歸於天，魄歸於地，魂魄為死後的一種存在形式。儒家主張祭祀之禮，「人死，曰鬼」。（《禮記・祭法》）既然人死後仍繼續存在，故以鬼神為祭祀的對象。《禮記・祭義》云：「氣也者，神之盛也；魄也者，鬼之盛也；合鬼與神，教之至也。眾生必死，死必歸土：此之謂鬼。」上升之氣為神，下降之氣為鬼。亦有以天、地、人三者區分，傳為戰國晚期的《尸子》，其佚文亦有云：「天神曰靈，地神曰祇，人神曰鬼。鬼者歸也，故古者謂死人為歸人。」人死為鬼，並分為魂與魄，是漢人普遍認知，《淮南子・主術》有言：「天氣為魂，地氣為魄，反之玄房，各處其宅，守而勿失，上通太一。」人體中有陰陽二氣，能通天地，需保養之。另外，東漢高誘注《呂氏春秋・禁塞》之「費神傷魂」，注云：「魂，人之陽精也。陽精為魂，陰精為魄。」基本上，不論人死後的名稱有何變化，依氣生成論，漢人肯定人死後仍繼續存在。

漢人相信人死為鬼，王充作〈論死〉、〈死偽〉、〈紀妖〉與〈訂鬼〉諸篇，論述人死不為鬼。王充用經驗類推的方式論證，以〈論死〉為例，他先提到：「世謂死人為鬼，有知，能害人。」世人都認為人的形體在死後消亡，但其氣繼續存在，變成鬼。而鬼「有知」，能思考，會傷害活著的人。王充接著提出他的論點，其云：

> 試以物類驗之，死人不為鬼，無知，不能害人。何以驗之？驗之以物。人，物也；物，亦物也。物死不為鬼，人死何故獨能為鬼？

這段類推，也運用了三段論證的形式，大前提：「所有生物死後都不是鬼」（物死不為鬼），小前提：「人是生物」（人，物也），結論：「人死後不是鬼」（人死何故獨能為鬼），符合三段論第一格論式。但原文中的「物，亦物也」是多餘的命題，王充本意是為了強調以「物」為一大類，不論人或任何生物都是「物」，故以物死不為鬼，推論人死亦不為鬼。〈論死〉多舉經驗事物反詰「人死為鬼」，如其云：「夫為鬼者，人謂死人之精神。如審鬼者，死人之精神，則人見之，宜徒見裸袒之形，無為見衣帶被服也。」這一段論述提到人死若為鬼，應是精神的延續，就得是赤身裸體，但世人所見之「鬼」，都有穿衣服。衣服為物，會腐朽，不可能於人死後仍繼續存在，所以人死不得為鬼。王充的質疑，其實直指「鬼」究竟應為何種形象？蓋「人死，皮毛朽敗，雖精氣尚在，神安能復假此形而以行見乎？」也就是人死之後，形體朽壞，為什麼對於「鬼」的描述多是生前的模樣？這些反問，雖是為了論證人死不為鬼，如能進一步深入，就可以觸及人的本質相關問題。

如果沒有鬼，為何會有見鬼之說？王充於〈訂鬼〉中提出兩種解釋，其一，「凡天地之間有鬼，非人死精神為之也，皆人思念存想之所致也。致之

何由？由於疾病。人病則憂懼，憂懼見鬼出。」人在生病時，因為精神狀態不佳，容易妄想害怕，認為病痛出於鬼的作祟，所以鬼是出於心中的幻想。其二，「鬼之見也，人之妖也。」即人所見之鬼不是鬼，是名為「妖」的東西。他說：「天地之氣為妖者，太陽之氣也。妖與毒同，氣中傷人者謂之毒，氣變化者謂之妖。」人之見鬼，其實是陽氣過盛時產生的「妖毒」，類似中暑。王充於〈言毒〉重申「鬼」是「太陽之妖」，「人見鬼者，言其色赤，太陽妖氣，自如其色也。」王充所謂的「妖」，是一種致病之毒氣，而不是否定「鬼」，卻又承認「妖」。換言之，王充否定人死之後還有「鬼」這種東西的存在，世人之所以見鬼，若非幻想，就是誤以妖為鬼。

王充贊同氣生成論，但他與漢儒不同之處，在於以「自然」、「無為」釋氣，認為氣之運行純然為無意識的流動，不具人格神意志，也與人之活動毫不相干。他說：

> 天道無為，故春不為生，而夏不為長，秋不為成，冬不為藏。陽氣自出，物自生長；陰氣自起，物自成藏。」（〈自然〉）

陰陽二氣都是不自覺的自然流動，萬物也是偶然生成。氣是生命的動力，由於人稟受「元氣」而成形，所以有此「元氣」才有生命，其云：「萬物之生，皆稟元氣。」（〈言毒〉）此「生」即生命，故「元氣所在，在生不在枯。」（〈狀留〉）人能活著，在於元氣運行，王充的看法與漢儒相同，但他主張人死後氣就消散了，不為鬼，也不再有意識，故「人之所以生者，精氣也，死而精氣滅。」（〈論死〉）顯然「氣」（元氣、精氣）是人活著的重要因素，而人死之後，精氣散亡，「氣」無居所，回歸於天地，〈論死〉言此理為：「陰陽之氣，凝而為人，年終壽盡，死還為氣。」詳細說明為：

> 人未生，在元氣之中；既死，復歸元氣。元氣荒忽，人氣在其中。人未生無所知，其死歸無知之本，何能有知乎？（〈論死〉）

人死之後，精神消亡，「元氣」亦回到一原始荒忽的狀態，重點就在於這個狀態並非個別具特殊性的個體，即每個人稟氣不同而成眾人殊相，但是人死後，每個人的元氣又回到一個原初無分別的狀態。換言之，「氣」為一完全無知、無狀相的原始物質，故人死後就不會有個別的精氣能轉變為鬼，也就沒有永恆的精神繼續延續，是其主張無鬼神，形盡神滅的根據所在。

王充儘管主張形盡神滅，但是對於人活著的時候，仍認為形神必須並存，才是完整生命。其云：「形須氣而成，氣須形而知，天下無獨燃之火，世間安得有無體獨存之精？」（〈論死〉）形與氣必須同時存在，才是活著的個體，這種形神相依的生命觀，與傳統並無差別。然而，王充認為死亡就是形體與精神都同時消散，既然生時兩者無法獨存，死後亦然。因此以燭火為喻，其云：

> 人之死，猶火之滅也，火滅而燿不照，人死而知不惠，二者宜同一
> 實。論者猶謂死有知，惑也。人病且死，與火之且滅何以異？火滅光
> 消而燭在，人死精亡而形存。謂人死有知，是謂火滅復有光也。

王充於此運用推類方式，將「火滅無光」類比「人死無知」，即〈論死〉通篇強調：「人死不為鬼，無知。」人死則精氣消亡，沒有意識。此處云「形存」，並非主張形體不滅，而是以燭火之喻謂人死時尚存形體，猶火滅而蠟燭還在，但屍體和蠟燭不會永遠存在。換言之，王充更強調生命的形態必須有「知」，即死亡的定義為「無知」，人無意識時即為死亡。

以火喻生命，可溯源自《莊子・養生主》的「薪盡火傳」，莊子言「薪盡」為個體生命有限，「火傳」則喻宇宙大化之無窮，為一超越生死境界，應非形體已滅而精神獨存。漢初《淮南子・原道》有云：「此膏燭之類，火逾然而消逾歋。夫精神神氣志者，靜而日充者以壯，躁而日耗者以老。」以「膏燭之類」說明火太大會加速燃燒，因此要小心維持燭火，即重「養神」。將精神比為燭火，應使其穩定燃燒，過猶不及皆會提早使燭火熄滅，燭火一滅，生命便結束。《淮南子》使用「膏燭之類」為喻，為說明維持燭火猶如保養精神，尚未明確地以燭喻形，以火喻神，然其文意已隱含燭盡火滅之意。東漢桓譚以燭火喻形神，開啟後世「燭火之喻」的爭論，[27] 其云：

> 今人之養性，或能使墮齒復生，白髮更黑，肌顏光澤，如彼促脂轉燭
> 者，至壽極亦獨死耳。明者知其難求，故不以自勞；愚者欺或
> （惑），而冀獲益脂易燭之力，故汲汲不息。……生之有長，長之有

---

[27] 桓譚與王充引用燭火之喻，推論精神與形體相依存，兩者不能獨存。而蠟燭必定燃盡，也以此證明形體必定衰亡，因形神互相依存，精神也必定消散。三國楊泉承繼之，其《物理論》云：「人含氣而生，精盡而死。死猶澌也，滅也。譬如火焉，薪盡而火滅，則無光矣。故滅火之餘，無遺炎矣。人死之後，無遺魂矣。」南朝何承天與宗炳論辯，其〈答宗居士書〉有云：「形神相資，古人譬以薪火。薪弊火微，薪盡火滅。雖有其妙，豈能獨傳。」此皆以薪火喻形神，主張形盡神滅的神論者。東晉道士葛洪雖也同意燭滅火盡，其云：「方之於燭，燭糜則火不居矣。身勞則神散，氣竭則命終。」（《抱朴子內篇・至理》）因為燭盡無火，就得通過修煉，保養形（燭）體，使神（火）不滅，此為道教長生之術。至於佛教主張「形盡神不滅」，故反對「形盡神滅」，如東晉名僧慧遠於〈形盡神不滅〉云：「火之傳於薪，猶神之傳於形，火之傳異薪，猶神之傳異形。前薪非後薪，則知指窮之術妙，前形非後形，則悟情數之感深。」慧遠強調薪雖燃盡，但火能藉由不同的薪而傳遞，「神」亦如「火」，能藉由不同形體延續，以此而證因果報應與輪迴之說。南朝宗炳亦主張神不滅論，直言薪盡火滅不能喻形盡神滅，因為神非形所生，神可超越形體，宗炳無法否定薪盡火滅，然指出這個比喻不諦當。南朝梁范縝反對佛教，雖然主張形盡神滅，但避免陷於燭火之喻，其〈神滅論〉另以「刀利之喻」取代「燭火之喻」，其云：「神之於質，猶利之於刀；形之於用，猶刀之於利；利之名非刀也，刀之名非利也。然而捨利無刀，捨刀無利。未聞刀沒而利存，豈容形亡而神在？」六朝使用燭火之喻論形神，概分為「形盡神滅」與「形盡神不滅」不同主張，其中又各有儒、釋與道的論爭脈絡，為六朝重要論題。

老，老之有死，若四時之代謝矣。而欲變易其性，求為異道，惑之不解者也。(《新論‧袪蔽》)

桓譚在這裡指明並無長生不死，世人妄想追求長生是自欺欺人，其理由是有生必有死，有死才有生，生死是一自然循環之理，故無不死之事。但是，桓譚並不否認可以藉由養生使形體獲得延續，只是不論再怎麼保養，最終一定會死亡。王充承繼之，亦主張燭盡火滅，人死精亡。

王充主張形盡神滅的死亡觀，也否認神仙存在，批判神仙方術與長生不死之說。王充主形盡神滅與世無神仙之說，應得自於桓譚，其《論衡》也承桓譚《新論》而作。[28] 兩漢帝王公卿多好神仙方術，為方士眾多的時代，桓譚與王充的論調顯得獨樹一幟。[29] 在《論衡‧道虛》中，王充認為人不能成仙，其云：「夫人，物也，雖貴為王侯，性不異於物。物無不死，人安能仙？」物無不死，人為物，必死，是三段論證的形式。人既然一定會死，就推導出人不能仙。〈道虛〉文末有一段以死亡與生命相對的論證，其云：

有血脈之類，無有不生；生無不死。以其生，故知其死也。天地不生，故不死；陰陽不生，故不死。死者，生之效，生者，死之驗也。夫有始者必有終，有終者必有始。唯無終始者，乃長生不死。

這段論述肯定有生必有死，有死必有生，是天地循環之理。若無生死，如無終始，才有長生不死。因為人心有死，所以長生不死是不存在也不可能的。唯王充並不否認養生，甚至親為養生之事。[30] 他說：「夫服食藥物，輕身益

---

[28] 桓譚《新論》雖已殘缺，但依目前可見殘卷，仍可看出王充受桓譚影響之處。王充於〈自紀〉、〈超奇〉、〈對作〉等篇皆有推崇桓譚之語，肯定其批判世間虛妄之言、偽飾之詞，此正是《論衡》「疾虛妄」之宗旨。另外，日本學者大久保隆郎有〈桓譚と王充―神仙思想批判の繼承―〉一文，詳論王充繼承桓譚對神仙的批評，並更加全面與系統化，可參考之。(見《福島大學教育學部論集(人文科學部門)》，30-2，1978.11，並收於《王充思想の諸相》，東京：汲古書院，2010.1)

[29] 早於桓譚與王充的揚雄，也否定神仙存在。《法言‧君子》言：「或問：『人言仙者有諸乎？』『吁，吾聞庖羲、神農歿，黃帝、堯、舜殂落而死。文王，畢；孔子，魯城之北。獨子愛其死乎？非人之所及也。仙亦無益子之彙矣！』」揚雄並沒有正面回答有沒有神仙，但云聖人最終都會死，更何況一般人。揚雄批判神仙思想，為桓譚、王充所繼承。〈君子〉尚云：「有生者必有死，有始者必有終，自然之道也。」以有生必有死論證長生之不可能，此與上引桓譚言「生之有長，長之有老，老之有死」一致。王充也有類似論點，《論衡‧道虛》：「有血脈之類，無有不生；生無不死。以其生，故知其死也。……夫有始者必有終，有終者必有死。」三人之論據皆同，從而得出世間無不死之人，沒有神仙的結論。

[30] 王充於《論衡‧自紀》有云：「乃作《養性》(生)之書凡十六篇。養氣自守，適食則酒，閉明塞聰，愛精自保，適輔服藥引道，庶冀性命可延，斯須不老。」另於《論衡‧

氣，頗有其驗。若夫延年度世，世無其效。」（〈道虛〉）服藥不可能成仙，但可以補身益氣，合適的保養之術可延年益壽。王充既承認養生又否定永生，兩者並不衝突，東漢至六朝許多士人也持相同觀點。

總之，王充主張人死不為鬼，死後形神俱滅，不以任何形式延續，所以沒有鬼神，也沒有神仙。死亡是生命終了，壽命長短於初生之時即已注定，無法以任何方式延長，更不與後天行為有關。王充云：「人死命終，死不復生，亡不復存。」而「人之死生，在於命之夭壽，不在行之善惡。」（〈異虛〉）生命的長短不能更改，沒有行善積福，也無作惡減善，更不可能透過修煉延年益壽，因為先天已定。王充不僅將命之夭壽視為天定，貴賤禍福亦是，與後天行為無關，甚至進一步推之於國命，成為徹底的命定論。

第五節 性成命定

王充將「命定論」極大化，人生的任何一切都是先天注定。他說：「用氣為性，性成命定。」（〈無形〉）「性」由「氣」生，性成則命定，「性」與「命」有所區分。「夫性與命異，或性善而命凶，或性惡而命吉。操性善惡者，性也；禍福吉凶者，命也。」（〈命義〉）王充試圖解釋許多福禍夭壽與生命長短不相稱的現象，因此定義「性」為善惡，「命」指吉凶。然兩者皆先天稟氣而成，都是氣之偶然聚合，其云：「人生受性，則受命矣。性，命俱異，同時俱得。非先稟性，後乃受命也。」（〈初稟〉）此處說明「性」與「命」之意義不同，但在結胎受命之時，兩者同時形成，不論富貴吉凶之「命」或善惡良窳之「性」，均於出生之時決定。每個人的吉凶善惡相異，皆是秉氣而生，人既生於偶然，背後又無主宰者，也無法為自己負責，人生遂全無著力處。王充直言：「人生性命當富貴者，初稟自然之氣，養育長大，富貴之命效矣。」（〈初稟〉）稟氣為性，氣為自然，此一命定論的基礎，在於人是由陰陽兩氣「偶適相遇」，萬物成之於偶然。由於性成命定，後天的努力皆無從改變，故王充認為可觀相知命，也用以解釋國命，一切都是先天注定。

一、命定不移

漢代流傳三命說，「正命」、「隨命」與「遭命」。人稟自然之氣而成，貧

無形》有言「人恆服藥固壽，能增加本性，益其身年也。」《後漢書・王充王符仲長統列傳》亦云：「（充）年漸七十，志力衰耗，乃造《養性書》十六篇，裁節嗜欲，頤神自守。」王充晚年力行養生之事，可見得生命大限對人的影響。

賤於出生之時已然注定，稱為「正命」。而行善得福，行惡惹禍，禍福與行為相關聯，此為「隨命」。至於「遭命」，則是偶然，完全是意外，無理可尋。[31] 王充批評這三種說法，認為相互抵觸，不能並存。就王充對「命」的論述，以「正命」為基礎，輔以「遭命」解釋變化，全然否定「隨命」。他從現實經驗觀察，認為禍福吉凶與人格德行無關，其云：「性自有善惡，命自有吉凶。使命吉之人，雖不行善，未必無福；凶命之人，雖勉操行，未必無禍。」（〈命義〉）現實經驗呈現的事例是德福並非必然，王充對此歸結於先天受命，性成命定。由於「性」與「命」皆於生時注定，不受後天影響，也不能改變。儒道諸家皆有意識於此，但對於個人之自由意志均有著墨，只有王充走向「徹底的命定論」。[32] 王充提出現實觀察的結果，或許只為反駁時論，為切斷天人相應的關係，但其整體論述以經驗世界的偶然，連結先天命定的必然，成為絕對的命定論。

王充不但將「性」與「命」二分，另分「命」為兩類。他說：「凡人稟命有二品，一曰所當觸值之命，二曰強弱壽夭之命。所當觸值，謂兵燒壓溺也；彊壽弱夭，謂稟氣渥薄也。兵燒壓溺，遭以所稟為命，未必有審期也。」（〈氣壽〉）觸值之命指意外身亡，強弱壽夭指自然死亡，可能早夭或壽終，王充以死法區分「命」，其意為說明初生時稟氣之厚薄，氣厚命長，氣薄則命短。然而不論厚薄，皆已注定，不可更改。其云：

---

[31] 王充在〈命義〉批評儒者對命三種說法，可見於《白虎通德論·壽命》：「命有三科以記驗：有壽命以保度，有遭命以遇暴，有隨命以應行。」王充提出對三命的新定義，謂：「正命者至百而死，隨命者五十而死，遭命者初稟氣時遭凶惡也，謂妊娠之時遭得惡也，或遭雷雨之變，長大夭死。此謂三命。」以正為壽終，遭為夭死，改三命名稱之意，以壽命長短區別之。如此更動，並未切中原三命相互關係的問題所在。

[32] 孔孟皆區分「性」與「命」，《論語·顏淵》記子夏云：「死生有命，富貴在天。」將死生富貴歸於命，無所更易，但對於行仁，卻如孔子言：「我欲仁，斯仁至矣。」（《論語·述而》）孟子更清楚區分「性」與「命」，其云：「口之於味也，目之於色也，耳之於聲也，鼻之於臭也，四肢之於安佚也，性也，有命焉，君子不謂性也。仁之於父子也，義之於君臣也，禮之於賓主也，智之於賢者也，聖人之於天道也，命也，有性焉，君子不謂命也。」（《孟子·盡心下》）「命」是生理，是生命；「性」是德行，是良知，人的價值在於道德實踐，行為是自由意識。墨子極力反對宿命論，認為這是暴君開脫之辭，故云：「命者，暴王所作，窮人所術，非仁者之言也。今之為仁義者，將不可不察而強非者，此也。」（《墨子·非命下》）墨子認為若有福德不一致，皆是努力不夠，更應積極行仁義，而非放縱消極。莊子曾說天下有兩大戒，一是命，一是義，兩者皆無所逃於天地，故「知其不可奈何而安之若命，德之至也。」（《莊子·人間世》）莊子明白人生之無可奈何，但並非消極地聽任宿命安排，反而積極地破除自我認知的局限，透過心齋與坐忘的修煉，在忘我中達到天人合一的境界。兩漢儒者主張之天人相應，雖是藉由天的超自然力量約束人事，亦有積極意義，然王充論命，卻全然走向放棄自我意志之努力，陳拱稱其為「徹底的命定論」，類似《列子·力命》所云：「既謂之命，奈何有制之者邪？」與墨子「盡力無命」為相反兩極端。（陳拱：《王充思想評論》第八章〈徹底的命定論及其問題〉，臺北：臺灣商務印書館，1996.6，頁 243-298）

人稟元氣於天，各受壽夭之命，以立長短之形，猶陶者用土為簋廉，冶者用銅為柈杆矣。器形已成，不可小大；人體已定，不可減增。用氣為性，性成命定。體氣與形骸相抱，生死與期節相須。形不可變化，命不可減加。以陶冶言之，人命短長，可得論也。（〈無形〉）

本段說明人稟氣於天，壽命形體皆已固定。並以陶器與金器為喻，一但成形，大小已定。人之性、命，以及形體，在初生之時已確定，不可變化，不能加減。[33] 王充還對子夏所言：「死生有命，富貴在天。」強加解釋，其云：

死生者，無象在天，以性為主。稟得堅彊之性，則氣渥厚而體堅彊，堅彊則壽命長，壽命長則不夭死。稟性軟弱者，氣少泊而性羸窳，羸窳則壽命短，短則蚤死。故言「有命」，命則性也。至於富貴所稟，猶性所稟之氣，得眾星之精。眾星在天，天有其象，得富貴象則富貴，得貧賤象則貧賤，故曰「在天」。在天如何？天有百官，有眾星，天施氣而眾星布精，天所施氣，眾星之氣在其中矣。人稟氣而生，舍氣而長，得貴則貴，得賤則賤。貴或秩有高下，富或貲有多少，皆星位尊卑小大之所授也。故天有百官，天有眾星，地有萬民、五帝、三王之精。天有王梁、造父，人亦有之，稟受其氣，故巧於御。（〈命義〉）

這一大段論述，區分「死生之命」和「富貴之命」，死生之命是「無象在天」，純然稟氣之厚薄，此「命則性也」，釋性為性命。[34] 而富貴之命也是天所施氣，但卻是「眾星在天，天有其象」，即星位有尊卑大小之別，隨天施氣，人稟受之而決定了富貴尊卑。此一區別為說明人之壽命長短、性之善惡，不同於富貴功名，雖皆同出於天之氣，但前者由氣之隨機而定，後者則比附星象之位。王充此說為解釋人之富貴都是天定，故「命當貧賤，雖富貴之，猶涉禍患矣；命當富貴，雖貧賤之，猶逢福善矣。」（〈命祿〉）也許人生中或有變化，但命賤者終貧，命貴者終富，絕不可移。但王充將富貴祿命比附星象，預設星位尊卑，天有百官，將人事投射於天，與其主張的天道自

---

[33] 由於性命與形體皆於先天成形，王充藉以主張可以「知命」，其云：「命甚易知，知之何用？用之骨體。人命稟於天，則有表候於體。察表候以知命，猶察斗斛以知容矣。表候者，骨法之謂也。」（〈骨相〉）骨法為漢代流傳的命相學，《漢書‧藝文志》著錄於數術略，為形法家，云：「形法者，大舉九州之勢以立城郭室舍形，人及六畜骨法之度數、器物之形容，以求其聲氣貴賤吉凶。」骨相反映一個人的命與性，唯漢人之骨法建立於天人相應之陰陽五行，王充不以此言，但因肯定性成命定，故主張骨相可觀，藉以強調相不可破，命不可改。

[34] 此處將性與命等同，與〈命義〉同篇「性與命異」衝突。「命則性也」，說明性與命皆出於氣，但「性與命異」，又為區別性格善惡與命之吉凶有別。王充隨文論述，語詞概念常有所調整滑移。

然產生理論衝突。不論如何，王充論命由氣而生，命之吉凶，初生之時已定，不受任何後天人為影響。

由於命於初生之時確定，人生過程中或有變化，都不會改變最終結果。為解釋過程中的不確定，王充以「遇」說解，其云：「操行有常賢，仕宦無常遇。賢不賢，才也；遇不遇，時也。」（〈逢遇〉）人之才德是否能受到賞識，在於時遇與機運。「凡人操行有賢有愚，及遭禍福，有幸與不幸；舉事有是有非，及觸賞罰，有偶不偶。」（〈幸偶〉）人的禍福，皆與才能知識無關，取決於幸運與否，即時機是否恰當。王充此說為解釋自我之不遇，但也從中開啟一個命定論的缺口，即遇不遇固然操之於天，個人之才識還是得靠積學，平日努力為之，才能因應機遇之到來，故王充亦言及「求」，其論曰：

> 天命難知，人不耐審，雖有厚命，猶不自信，故必求之也。如自知，雖逃富避貴，終不得離。故曰：「力勝貧，慎勝禍。」勉力勤事以致富，砥才明操以取貴。廢時失務，欲望富貴，不可得也。雖云有命，當須索之。如信命不求，謂當自至，可不假而自得，不作而自成，不行而自至？夫命富之人，筋力自彊，命貴之人，才智自高，若千里之馬，頭目蹄足自相副也。有求而不得者矣，未必不求而得之者也。精學不求貴，貴自至矣；力作不求富，富自到矣。（〈命祿〉）

此段意為力求不必然得富貴，但不求且廢弛學習，卻不可得富貴，亦即祿命已天定，只是人不自知，由於富貴降臨之時機不明，因此平時仍得做好準備。看似王充將命定論拆成求與不求，其實仍在命定論的架構，他以千里馬為喻，意指具有富貴命的人，資質必然不同，待時運而致，便顯其超凡。王充將人生分為「命」與「時」，謂「仕宦貴賤，治產貧富，命與時也。命則不可勉，時則不可力。」（〈命祿〉）命為先天稟賦，時為後天機運，王充以此解釋世間人事的貧富貴賤需要命與時相配合，只是王充所謂的「時」，仍是隨機而無法掌握，以偶然論說時運，最終仍繫於先天命定，即〈命祿〉云：「凡人遇偶及遭累害，皆由命也。」偶遇之說，看似隨機不定，最終仍收攝於命定，如此論之，偶然便非偶然。換言之，福祿才性都是先天已定，後天若有未盡，在於時機遲速，仍是先天已定。所以時與命相連，「命當貴，時適平；期當亂，祿遭衰。」（〈偶會〉）此意為命中注定，時運便會隨之，這樣的論述，人生便沒偶然與巧合，時機仍是受到超自然力量所掌控，最後仍歸結於性成命定，命定不移。

二、性分三品

王充認為性由氣構成，其言：「用氣為性，性成命定。」（〈無形〉）而天施氣以自然無為，隨機而成。由於稟氣厚薄多寡之差異，造成人性善惡之別，其云：

> 小人君子，稟性異類乎？譬諸五穀皆為用，實不異而效殊者，稟氣有厚泊，故性有善惡也。……人受五常，含五臟，皆具於身。稟之泊少，故其操行不及善人，猶或厚或泊也，非厚與泊殊其釀也，麴蘗多少使之然也。是故酒之泊厚，同一麴蘗；人之善惡，共一元氣。氣有少多，故性有賢愚。（〈率性〉）

王充以五穀皆能食用，但味道不同，又以釀酒為喻，說明原料相同，但醇厚有別，比擬人格差異。這些比擬，都試圖推論人受氣之厚薄不同，造成性之善惡，這就是君子與小人之由來。而所稟之氣，王充也援用漢人陰陽兩氣之論，其云：「夫人情性，同生於陰陽，其生於陰陽，有渥有泊。玉生於石，有純有駁；情性於陰陽，安能純善？」（〈本性〉）這段話本是批評董仲舒的說法，但王充似乎未盡董仲舒之意，僅就王充所言，其意為人之情性源於陰陽兩氣，故無純善之人。事實上，董仲舒認為：「人之誠，有貪有仁。仁貪之氣，兩在於身。身之名，取諸天。天兩有陰陽之施，身亦兩有貪仁之性。」（《春秋繁露·深察名號》）董仲舒主張每個人身上都有陰陽兩氣，故性情也是仁貪混合，揚雄承此說，更清楚說道：「人之性也，善惡混。修其善則為善人，修其惡則為惡人。」（《法言·修身》）王充也認為人稟陰陽二氣而生，但對於形成的個體卻因氣之厚薄有所區別。董仲舒和揚雄認為每個人的性情兼有善惡，因兩氣比例不同，呈現複雜的人格樣貌；王充卻認為氣的厚薄比重，造成有些人性善，有些人性惡，而大都份的人兼有善惡。

由於每個人的稟氣不同，因此王充將人性定為上、中、下三等，人性於出生時注定，後天的教化並不能改變品第，只能在三品之中有所調整。王充綜論先秦至漢的各家人性論，謂孟子所言性善之人，為中人以上（上品）；大多數的人屬中人（善惡混），而中人以下（下品）為荀子所言性惡之人。他說：

> 人性有善有惡，猶人才有高有下也，高不可下，下不可高。謂性無善惡，是謂人才無高下也。稟性受命，同一實也。命有貴賤，性有善惡。謂性無善惡，是謂人命無貴賤也。九州田土之性，善惡不均，故有黃、赤、黑之別，上、中、下之差；水潦不同，故有清濁之流，東西南北之趨。人稟天地之性，懷五常之氣，或仁或義，性術乖也；動

> 作趨翔，或重或輕，性識詭也。面色或白或黑，身形或長或短，至老
> 極死，不可變易，天性然也。余固以孟軻言人性善者，中人以上者
> 也；孫卿言人性惡者，中人以下者也；楊雄言人性善惡混者，中人
> 也。若反經合道，則可以為教；盡性之理，則未也。（〈本性〉）

王充以先天氣命論說明人性，以陰陽五行之氣論述秉氣之異，造成人性之
別，並強調氣命形成的性，不可更易，將人性分為三品，與兩漢諸家論人性
相同。他從這個立場引述前人所論，並加以評論，然所論未必恰當，僅憑己
意引用之。[35] 王充認為人性於出生時已定，後天的教育並不能使品第改變，
中人之質只能提升善的表現，而不能成為上品之人。

　　王充雖然認定人性之善惡先天已定，不可變更，但為使學習有所可能，
於是又申論後天的教化可以改變善惡。其云：

> 論人之性，定有善有惡。其善者，固自善矣；其惡者，故可教告率
> 勉，使之為善。凡人君父，審觀臣子之性，善則養育勸率，無令近
> 惡；近惡則輔保禁防，令漸於善。善漸於惡，惡化於善，成為性行。
> （〈率性〉）

人性之善惡可以轉化，關鍵在於「教告率勉」，換言之，通過適當的教導與
學習，「夫性惡之人，使與性善者同類，可率勉之，令其為善。」（〈率性〉）
雖善惡皆會變化，看似後天環境有所影響，但王充著重者在於「惡者」，學
習可教化人性，而教育仍是通過禮樂，故其云：

> 情性者，人治之本，禮樂所由生也。故原情性之極，禮為之防，樂為
> 之節。性有卑謙辭讓，故制禮以適其宜；情有好惡喜怒哀樂，故作樂
> 以通其敬。禮所以制，樂所為作者，情與性也。（〈本性〉）

制禮以適性，作樂能通情，禮樂能教化情性。此說亦見〈量知〉：「夫學者所
以反情治性，盡材成德也。」唯此處所言的重點在於儒生的知識學問優於文
吏，但在比較中呈現學習能改變情性，增進才能和品德。面對先天已定之情
性，王充雖申述率性與學習之作用，但終究繞不過其氣論性的命定觀，故其
言：「中人之性，在所習焉。習善而為善，習惡而為惡也。至於極善極惡，
非復在習。」（〈本性〉）通過學習而能改變者，僅限於中人之性，極善極惡
者無法改變，而中人之性不至於上升至極善，也不會落入極惡。

---

[35] 王充在〈本性〉一文批評先秦至兩漢諸子之人性論，並結合各家提出三品之分。然王充
　　對於先秦至兩漢各家人性論的批評，多不相應，牟宗三先生曾詳論之，並認為王充的氣
　　性論雖言「自然」，但不同於道家從修養境界論自然，又不如荀子以禮義之道提升性之
　　自然，更缺乏孔子對道德心性的認識，只是材質主義之命定論。（牟宗三：〈王充之性命
　　論〉，《才性與玄理》，臺北：臺灣學生書局，2002.8）

三、國命在數

　　王充將國祚長短等同於人之壽命，壽命長短既是先天註定，國家朝代之興亡亦是如此。個人後天的善惡行為改變不了壽命，同樣的，國君執政的作為，不論是否有德，皆無法影響國之興亡。其云：「人之死生，在於命之夭壽，不在行之善惡；國存亡，在期之長短，不在於政之德失。」（〈異虛〉）這樣的推論，從個人到國家，所有的一切均為天定，與人之行為無關。王充於此反覆申述之，如〈治期〉論云：

> 賢君之治國也，猶慈父之治家。慈父耐平教明令，耐使子孫皆為孝善。子孫孝善，是家興也；百姓平安，是國昌也。昌必有衰，興必有廢。興昌非德所能成，然則衰廢非德所能敗也。昌衰興廢，皆天時也。此善惡之實，未言苦樂之效也。家安人樂，富饒財用足也。案富饒者命厚所致，非賢惠所獲也。人皆知富饒居安樂者命祿厚，而不知國安治化行者歷數吉也。故世治非賢聖之功，衰亂非無道之致。國當衰亂，賢聖不能盛；時當治，惡人不能亂。世之治亂，在時不在政；國之安危，在數不在教。賢不賢之君，明不明之政，無能損益。

此段以慈父治家類比賢君治國，慈父欲教導子孫為善，猶如國君施德政，但從結果觀之，德治不能改變「歷數」，同樣的，暴政亦不影響國朝之長短。王充將自然循環的生命之生死，等同於國家之興衰，將其上綱為唯一準則，還將國命比附於星象，其云：「國命繫於眾星，列宿吉凶，國有禍福；眾星推移，人有盛衰。」（〈命義〉）。國之命數先天已定，還同於星位，從天象循環的角度看待人事，則不論個人與國家，皆無所為之，亦無關乎個人是否行善，國君是否賢明。如此一來，不論國君、群臣乃至人民，不論有何作為皆不影響國祚，君臣亦毋須為政事負責。

　　王充本意為反對天人感應，天無意志，君王行善政、修德性不會獲得天之回應。但是當他一再強調，「教之興廢，國之安危，皆在命時，非人力也。」（〈治期〉）原本反對天有神性，故以自然無為論述天道，但卻又推導出絕對的命定論，命定之所由亦源自於天，致使其論述自相抵觸。再者，當國家政事全以命定論視之，聖君賢相均無意義，唯王充又自認懷才不遇，以為真正才德者方有濟世之能。他批駁當時舉孝廉、取明經的選才制度，認為許多賢人皆徒具虛名，他理想中的評判標準在於「善心」，其云：

> 若此，何時可知乎？然而必欲知之，觀善心也。夫賢者，才能未必高也而心明，智力未必多而舉是。何以觀心？必以言。有善心，則有善言。以言而察行，有善言則有善行矣。言行無非，治家親戚有倫，治

國則尊卑有序。無善心者，白黑不分，善惡同倫，政治錯亂，法度失
平。故心善，無不善也；心不善，無能善。心善則能辯然否。然否之
義定，心善之效明，雖貧賤困窮，功不成而效不立，猶為賢矣。(〈定
賢〉)

以「有善心則有善言」，評判是否為「賢人」，而賢人不一定在活著時功成名
就，但之所以為賢，在其「言」，即留下著作，故王充稱道孔子與桓譚，
謂：「孔子不王，素王之業，在於《春秋》。然則桓君山，素丞相之跡存於
《新論》者也。」(〈定賢〉)孔子為素王，桓譚為素臣相，兩人的成就在言
與文，而非現實祿位。王充稱譽「賢人」，又批評「佞人」，〈答佞〉分別
「賢／佞」，認為庸祿人君不能分辨佞人，只有「聖賢之人，以九德檢其
行，以事考其言。」然而，不論賢佞有所區別，或是對期許賢人能有著作，
在王充命定論的設定下，皆失其意義，因為國祚之長短與聖君賢相無關，則
君王再聖明，臣相得其賢，盡皆落空而無用。

小結

　　從學術論證審視《論衡》，王充運用經驗類推，注重辨證，近似邏輯實
證論（Logical Positivism），[36] 雖然其論證方法不盡然真確，但勇於挑戰傳統

---

[36] 《論衡》具有邏輯論證的形式，為學界所注意，徐道鄰讚譽之，「簡直可以說他是一千九
百年前的一位邏輯實證家。」(徐道鄰：〈王充論〉，收入《中國哲學思想論集》，臺北：
水牛圖書，1988.2，頁 147) 然而西方近代「邏輯實證論」思潮，由德國哲學家石里克
（M. Schlick）、卡爾納普（R. Carnap），與一些「維也納學派」（Vienna Circle）成員帶
領，基本觀點有二，其一為反對形上學，認為經驗是知識唯一可靠來源；其二是只有運
用邏輯分析，才能解決傳統哲學問題。(可參考洪謙：《維也納學派哲學》，臺北：唐
山，1996.9；洪漢鼎：《語言學的轉向——當代分析哲學的發展》，臺北：遠流出版，
1992.3) 就哲學史的發展，邏輯實證論屬經驗論，與理性論相對立，維也納學派受到維
根斯坦（Ludwig Wittgenstein）對於邏輯語言論述的啟發，維根斯坦曾說：「關於哲學問
題的大多數的命題和問題不是虛偽的，而是無意義的。」也就是傳統哲學的大多問題和
命題，是由於「不理解我們語言的邏輯而來。」(維根斯坦：《邏輯哲學論》，郭英譯，
北京：商務印書館，1962.8，頁 38) 維根斯坦批判傳統形上學，認為形上學的命題多是
誤解語言，卡爾納普甚至直接宣稱「全部形而上學都是無意義的」。(卡爾納普：〈通過
語言的邏輯分析清除形而上學〉，《邏輯經驗主義》論文集，洪謙主編，北京：商務印書
館，1989.2，頁 28) 維也納學派的宗旨即通過語言分析，把形上學排除於哲學之外，成
為一種藝術。王充著重經驗，看似與邏輯實證論近似，但是王充針對漢代天人相應的質
疑，與邏輯實證論反對形上學，兩者並不相類。王充雖使用一些具邏輯的推論方式，並
未如邏輯實證論從語言分析建立完成的理論，也沒有邏輯實證論對數學與科學進行邏輯
分析，而且王充的類推多以「天人相類」進行，反而更陷入理論與議題的糾結。(可參
見劉謹銘：〈王充是邏輯實證論嗎——徐道鄰觀點之商榷〉，《王充哲學的再發現》，臺
北：文津，2006.11，頁 144-163) 中西各有哲學發展脈絡，哲學論題與方法亦不同，可
相參照，但不應比附。

流俗,在兩漢思想史中,有其一定地位。《論衡》討論諸多議題,破除古今各種虛妄之事,然而王充持論多針對個別事例,所論雖繁,卻零散雜亂,缺乏系統性論述。許多王充所謂「虛妄」之事,為其理解有誤,或為文意,或為文法,王充率爾批判或舉例,雖標新立異,卻多有不類。王充標舉「驗證實然」,但於受限於認知方法,常有矛盾之處。至於《論衡》中宣漢之論,闡釋祥瑞之兆,符應漢代帝王之德,雖曲意申辯,然與其破除天人相應之旨相違。王充論述的諸多問題,不唯在於論證方法,更顯現其立言著述之目的,為一吐懷才不遇。[37] 王充欲抬高自我,其為學目的為藉著述以干祿,應是造成其論述雜亂的根本原因。

王充破除天人相應觀念,擅舉各種經驗事例證明上天不必然回應人事,將上天獨立為一個施氣的實體,僅施氣而不做為,故氣之聚合皆是隨機。復因氣聚而成物,人亦於初生之時已確定情性與生死,不論才性善惡,以及貧富禍福,人生一切均已命定,甚至擴大至社會國祚都是注定。因性成命定,無法於後天更改,即使時運或偶然,也都只能隨順於命定之必然。王充絕對化自然運行,本欲斷開天與人的連結,駁斥災異與瑞應,也試圖解釋人生之吉凶與品性善惡不想應,但以命定論涵蓋一切,終使人的意志有所局限,人生流於虛無。

《論衡》成書後,初始或不為人知,但因其論點新奇,篇幅宏大,仍引起學界注意。除史傳蔡邕入吳得之,東漢末年虞翻答王朗詢問會稽名士時,曾稱道王充:「著書垂藻,駱驛百篇,釋經傳之宿疑,解當世之槃結。」[38]《論衡》受到關注,並於魏晉南北朝逐漸流傳。兩晉時,葛洪對《論衡》多有讚譽,至南朝劉勰於《文心雕龍》將王充與揚雄、張衡並列,有所稱譽。[39] 其後學者多徵引《論衡》,影響漸增。

---

[37] 王充著《論衡》的最大問題,不在於批評孔孟,也非宣揚漢德,而是以干祿為旨,對自我遭遇的怨懟不滿。徐復觀先生指出王充為了得到朝廷青睞,《論衡》大部分的文章,「實際不是由客觀分析綜合以構成原則性的理論,而只是為了辯解自己,伸張自己,所編造出的理由。」(徐復觀:《兩漢思想史》卷二,臺北:臺灣學生書局,1990.2,頁581)龔鵬程則以為王充重視仕途,反映士的角色與性格,於漢末已出現改變。(龔鵬程:《漢代思潮》第九章〈世俗化的儒家:王充〉,北京:商務印書館,2008.6)。

[38] 引文出自《三國志·虞翻傳》注引《會稽典錄》,原文記三國東吳孫亮時,濮陽興任會稽太守,與山陽縣人朱育討論本郡名士,朱育答云東漢末年王朗曾問士於虞翻,提及王充,並多美言之。

[39]《文心雕龍·時序》:「自安和已下,迄至順桓,則有班傅三崔,王馬張蔡,磊落鴻儒,才不時乏,而文章之選,存而不論。」譽王充為「磊落鴻儒」。清人黃叔琳《文心雕龍輯注》注「王」為王延壽,范文瀾《文心雕龍注》則認為王延壽「似不得馬張蔡之前,此王疑指王充。」《文心雕龍》另於〈養氣〉言:「至如仲任置硯以綜述,敬通懷筆以專業,既暄之以歲序,又煎之以日時。」說明王充著書之勤。又於〈神思〉提及著述寫作

　　綜觀《論衡》全書，否定讖緯，重視實證，與流俗不同的學風，開啟了魏晉玄學對抗官學的精神。此外，王充闡明天道自然之理，破斥天人感應之說，亦為魏晉玄學所吸收。復次，王充重言辯論難，炫才爭勝，啟魏晉清談之風。《論衡》以時俗為病，更非難孔孟韓非，所作〈問孔〉、〈刺孟〉兩篇，亦引發後世撻伐。唯王充所非者多不能切中孔孟旨意，僅圍繞語言問題，然以言詞論辯炫人耳目，是為魏晉名士所好。最後，王充重視文章著述，提高「文學」地位，開啟魏晉文章盛世。他批評當時儒生只知述古解經的章句之學，罕能自抒情意，著文論說。王充本意在於以著述明志，並以之自詡，他稱讚能「著書表文」的「鴻儒」（〈超奇〉），並自比之。王充發揚「立言」精神，突顯文章傳世之功，魏晉詩文開啟文學史新局，王充應有一定影響。

之遲速，謂：「相如含筆而腐毫，揚雄輟翰而驚夢；桓譚疾感於苦思，王充氣竭於思慮；張衡研京以十年，左思練都以一紀，雖有巨文，亦思之緩也。」將王充與司馬相如、揚雄、張衡並列，並以其著作為「巨文」，對《論衡》實有所讚譽。關於《論衡》的流傳與影響，可參考邵毅平：《論衡研究》第三編〈《論衡》的流傳〉，上海：復旦大學出版社，2009.6，頁 131-187。

第十五章 兩漢死亡觀、鬼神信仰與神仙方術

　　生命與死亡，是情感最真實的感受，也是哲學思考的起源。所有人最終都會死亡，由於對死亡的未知，產生恐懼與不安，瀕死的人面臨精神與肉體的痛苦，還有心理上的孤獨。中國古代死亡觀源於對生命的渴求，以及對死亡的恐懼，早期人類在面臨自然環境的種種威脅時，表現為「懼死」到「避死」的心理反應過程。因為害怕死亡，所以對於死亡的恐懼轉而為對生命的保護和延續，也想像人死後以另一種形式繼續存在。而由「避死」所引發的「死後世界」，形成「生／死」、「人／鬼」、「陽／陰」的二元結構。然而中國哲學在「天人合一」的精神導引下，這個二元結構並非截然對立，甚至是可以相互流轉，《易》學傳統以「生生之謂易」的核心概念，即視生與死是交替循環，甚至還出現莊子論「生死存亡之一體」（《莊子·大宗師》），消弭生死之別而超越生死。

　　莊子於死生一如的觀念，對後世雖有一定影響，但先秦儒家重視喪祭禮儀，祭祀文化仍是主流。祭祀文化根植於祖先崇拜的信仰，相信靈魂不滅，於是死人仍會繼續「活著」，活在一個「死後世界」中。距今六、七千年前的仰韶文化，出土的各種墓葬形式中，有大量日常生活用具，這些陪葬品相當程度地說明著死後世界是一個生前世界的臨摹與對應，甚至史前考古還發現依不同性別、年齡的墓葬群，社會秩序延伸至死後世界。[1]死而不亡的觀念，除了落實於墓葬及屍體保存，還發展出「人死為鬼」的認知，即人死後以「鬼」的形式存在。從上古時期的甲骨文卜辭及青銅銘文等，已有著人死為鬼，為後世祖先的觀念，先祖能降禍福於子孫，與人間仍有往來。透過祭祀，生人能向祖先祈福，由此而產生宗教儀式，為中國傳統宗教之源。[2]此外，在《詩經》亦有許多篇章表現死而不亡，如

---

[1] 陝西西安東方出土的半坡遺址，為新石器仰韶文化，考古所見墓葬中的隨葬品多為日用陶器與裝飾性的骨珠，並有集體墓地，反映出「靈魂不滅」的觀念。而陪葬器物的瓶口壺沿多有人為破口，為萬物有靈的觀念，打破陪葬品就是讓器物受亡者驅使。（林壽晉：《半坡遺址綜述》，香港：中文大學出版社，1981.1，頁 89）嚴文明詳列考古所見新石器時代墓葬，認為隨葬品多為日常生活器具，體現出對死者的關心，但陪葬方式不是一種必須遵守的制度。（嚴文明：《仰韶文化研究》，北京：文物出版社，2009.9，頁 302）新石器時代的墓葬，通常有許多陪葬品，除了反映亡者生前的身份，也表現為對逝者的哀悼，並可推論有著死後世界的想像。

[2] 據考古、文字與社會學的研究，上古時期已產生人死後以另一種形式存在的觀念，再加上自然虛構的鬼神想像，豐富了祭祀與信仰的內容。林巳奈夫從考古與文獻資料，指出中國上古的神明崇拜之多樣性。（[日]林巳奈夫：《中國古代の神がみ》，東京：吉

「赫赫厥聲，濯濯厥靈；壽考且寧，以保我後生。」（《詩經‧商頌‧殷武》）；「為酒為醴，烝畀祖妣，以洽百禮。降福孔皆。」（《詩經‧周頌‧豐年》）商周的祭祀主要集中於先祖，即靈魂在肉體死亡後仍繼續存在，而活著的人藉由祭祀的儀示、祭品和祖靈交通，死者仍可「享用」酒食，此即「事死如生」觀。「事死如生」源於對死亡的恐懼，但經過墓葬與祭祀，從而否定死亡，死與生的界限反而模糊不清，反映生死兩個世界相隔又不相離的交感互滲心理。然而，漢人對於靈魂不滅仍不滿足，意圖追求肉體永恆，於是兩漢興起長生之術，通過各種修煉方式成為不死的仙人。

先秦兩漢流傳的神話，亦揭示了古人面對死亡的想法，神話不僅只是故事，而具有深刻的文化思維。[3] 在古代神話中，「變形神話」顯示「死即生」的想法，死後藉由「變形」而獲得另一種形體的「再生」，「再生」又有著「永生」的積極意義。如《山海經》中所記「精衛填填海」、「帝女化蕘草」與「夸父追日」，人死後變為物，喻意生命藉由轉換而延續。至於《山海經》中還有許多對不死境域的描述，想像有不死的仙人，亦是源自對死亡的恐懼，因而塑造不死的仙人形象，而人可變為仙，最終克服死亡。兩漢的神仙信仰對道教興起有重大影響，不但成為道教修煉的理想，並持續發展為各種神仙方術，豐富理論與內容。

漢人面對死亡，延續先秦的祭祀與喪葬儀式，藉由建構陵墓，認為亡者能如生前般生活。模仿現實世界所構築的死後世界，意味死亡只是形體

川弘文館，2002.3）荷蘭漢學家高延從喪葬禮儀、古代死亡與靈魂的觀念以及墓葬制度，對中國宗教起源與變化進行詳細分析，是西方早期漢學對中國文化全面性的考察。（[荷]高延（J.J.M.de Groot）：《中國的宗教系統及其古代形式、變遷、歷史及現狀》（全六卷），林艾岑等譯，廣州：花城出版社，2018.3）德國學者韋伯參考高延與其他漢學家的著作，從西方社會學的角度對比清教徒與中國宗教，認為儒教與道教造成社會的穩定與制度化，因而未能發展出近代資本主義。（[德]馬克思‧韋伯（Max Weber）：《中國的宗教：儒教與道教》，康樂、簡惠美譯，上海：上海三聯書店，2020.12）楊慶堃則對韋伯的分析提出不同看法，他認為相較於西方宗教的制度性（institution），中國古代的傳統宗教為「分散性的宗教」（diffused religion），能與世俗社會與制度融為一體，分散性的宗教雖非獨立的宗教，卻與社會制形成完整的結構。（Ching Kun Yang, *Religion in Chinese Society: A Study of Contemporary Social Functions of Religion and Some of Their Historical Factors*, Waveland Pr, Inc., 1991。本書中譯缺第十四章〈共產主義成為新的信仰〉（Communism as a new faith），故僅列英文原著。）

[3] 著名的人類學家李維‧史陀（L'evi-strauss）將結構主義引入人類學的研究，引發神話學的革新，他認為神話在荒誕的幻想下埋藏著「秩序」，沒有秩序就無法表達意義。（[法]列維‧史特勞斯：《神話與意義》，王維蘭譯，時報文化，1982）而德國哲學家卡西勒（Cassirer）也明白揭示了神話、宗教與哲學對死亡的思維，在人類文化史具有深刻意義。神話即為早期人類在面對死亡時，組織希望和恐懼而成。（[德]恩斯特‧卡西勒：《人論：人類文化哲學導引》，甘陽譯，桂冠，1997）另一位人類學家馬凌諾斯基（Malinowski）亦指出神話中對死亡的理解和設計，往往有著更積極的意義。（《巫術、科學與宗教》，[波蘭]馬凌諾斯基撰，朱岑樓譯，臺北：協志工業叢書，1978）

衰竭，但魂魄卻還能繼續存在，轉換生命型態與生活空間，持續「活著」，甚至還能與生人交流溝通，或是因怨念而干擾生人。由於死後世界仍是未知，漢人追求永生，渴望形體不滅，於是興起神仙方術，建立一個有別於死後世界的神仙信仰。以下分述兩漢死亡觀、鬼神與神仙信仰。

第一節 兩漢死亡觀

生命由「形」與「神」構成，不論形神合一或形神分離，若主張死後形神皆亡，死後無知，就不存在死後世界。然而，如果認為人死後將以另一種形式存在，不論稱之為「鬼」、「魂」或「魄」，就必然涉及鬼魂將往何處去的問題。漢代還沒有後世善惡果報形成的「天堂」與「地獄」，天界是神明所在，地下則是鬼魂安息之所，但這個劃分只是概念式的層次，並非嚴格的分隔，亦即天、地與人構成世界整體，人鬼可以交流，神明能夠下凡。由於人的生死是氣的流轉，人死為鬼，漢人認為死亡只是轉換成另一種生命形式，死後世界如同生前一般。

由於人死後葬於地，故地下有一個死後的世界，成為最直接的想像。先秦時有「黃泉」一詞，最初指掘地湧出之水，《左傳・隱公元年》記鄭莊公掘地見母，「不及黃泉，無相見也。」此「黃泉」僅為字面之意。至兩漢時，「黃泉」漸與死亡相關，意指死後去處。如《漢書・武五子傳》記武帝四子廣陵王劉胥意圖謀反，被宣帝賜死，死前歌云：「黃泉下兮幽深，人生要死，何為苦心！」黃泉已有地下世界的意味。東漢王充批評厚葬，謂雙親死後無知，「其死也，葬之黃泉之下。黃泉之下，非人所居。」（《論衡・薄葬》）黃泉之下，為死後去處。《楚辭・招魂》另有「幽都」一詞，文曰：「魂兮歸來，君無下此幽都些。」此處之「幽都」意指死後前往之地，不論「黃泉」或「幽都」，都指死後前往地下幽暗之處。

除了「黃泉」，漢代還有「蒿里」、「梁甫」，以及「泰山」等地，與死後世界相關。「蒿里」是地名，位於泰山下，也是喪禮時之挽歌，應源於楚文化。漢時流傳死後魂魄歸於蒿里與梁甫，由兩地之神管轄。此外，漢代尚有泰山府君掌管冥界的說法，由於泰山與天關係密切，其地位受帝王封禪上升，主管鬼神。[4] 死後之魂魄由冥神所管，意味死後的世界仍有階

---

[4] 梁甫又名梁父，與蒿里皆是泰山下的小山，漢代流傳為人死後的去處。余英時認為先秦至漢初逐漸發展出魂魄觀，人死後魂魄離散，一升天，一入地。然漢武帝好仙，致使神仙方術大盛，漢代死後世界觀發生重大變化，即天上世界被神仙獨佔，魂魄另行去處，即泰山治鬼的源起。因泰山為人間與上天的交會處，泰山頂峰是生命不朽的象徵，而梁父則是死亡的象徵，因為魂魄二分，所以魂至梁父，魄歸蒿里。陰間二元的

級分別，而官位亦有職等之分，隨著社會的穩定發展，政治組織與勞役制度皆投射至死後世界。地下世界逐步完整，天上世界也漸漸形成，神明與神仙居於天上，《淮南子》將天分為「九野」，依方位之別，設有主管天神，對應天文星象，各有職責。[5] 天上與地下皆相應於人世，與其說是人世的投射，或可視為漢人的世界觀，依陰陽五行，組成一個完整的結構。

天地人的三分結構是漢代世界觀的基礎，然而地下的死後世界幽微難識，去處不明，更加深對死亡的恐懼。秦漢之際興起的神仙思想，宣揚人能不死，甚至突破時空的限制。成仙的渴望，吸引世人，若能在世成仙，是最佳狀況，否則死亡之時，亦是成仙的契機，故有「尸解」之法。漢人藉由墓葬的安排，試圖讓死者能尸解登仙，1972 年發掘的長沙馬王堆一號漢墓是一個重要例證，墓主為長沙國丞相夫人辛追，遺體依然完好。形體不朽，具有重要象徵意義，意味墓主仍「未死」。[6] 內棺覆有一幅 T 字型帛

觀念，於佛教傳入後，被地獄觀取代，而泰山府君成為十殿閻王之一。（余英時：〈中國古代死後世界觀的演變〉，《中國思想傳統的現代詮釋》，臺北：聯經，1995.12，頁 123-143；〈魂歸來兮——論佛教傳入前中國靈魂與來世觀念的轉變〉，《東漢生死觀》，李彤譯，上海：上海古籍出版社，2005.9，頁 127-153）主管地下世界的冥神，除了蒿里神、泰山府君，尚有陰嬬、地下主、主贓君等。諸神各有職司，考核人事，分施賞罰。蕭登福認為漢人之冥界雖有地下主，但仍由天帝加以節制，而地府組職愈趨完整，以人事模擬死後世界。至於天界，則為少數帝王公侯與仙人而設，凡人死後多歸陰間，仍屬自由。（蕭登福：《先秦兩漢冥界及神仙思想探源》第三章〈由漢世典籍及漢墓出土文物看漢人的死後世界〉，臺北：文津出版社，2001.1，頁 95-146）

[5] 《淮南子‧天文》云：「天有九野，九千九百九十九隅，去地五億萬里。五星、八風、二十八宿、五官、六府、紫宮、太微、軒轅、咸池、四守、天阿。」後文並解釋何謂「九野」、「五星」、「八風」等，論述宇宙形成，時間與空間的關係，依循陰陽、四時與五行，並從中建立天人相應的理論。《淮南子》的時空觀承自《呂氏春秋》，「天有九野，地有九州，土有九山，山有九塞，澤有九藪，風有八等，水有六川。」（《呂氏春秋‧有始覽‧有始》）將天地萬物分類成數，次序井然。

[6] 相傳西漢劉歆著，東晉葛洪輯錄的《西京雜記》，其中第六輯記西漢廣川王劉去，以盜掘古代帝王諸侯墓冢為樂，所掘之墓，如晉靈公冢，「棺器無復形兆，屍猶不壞，孔竅中皆有金玉。」而晉幽公冢甚宏偉，「見百餘屍，縱橫相枕藉，皆不朽，唯一男子，餘皆女子，或坐或臥，亦猶有立者，衣服形色不異生人。」至於魏王子且渠冢，有石床，「床上兩屍，一男一女，皆年二十許，俱東首，裸臥無衣衾，肌膚顏色如生人，鬢髮齒爪亦如生人。」這些記錄，雖可能是傳聞，但顯示將屍體保存完好，其源甚早。對死後身體的維護，若依鎮墓安魂的解注法術，其意為亡者的身體不安，將會影響生人，故需妥善保存屍體。另從尸解升仙的角度，亦可釋為屍體不腐是升仙的條件，此一觀念至六朝道教發展為「太陰煉形」之術，死亡並非世俗所認知，而是煉度成仙的過度形式，最終尸解成仙。相關論述可參考謝世維：《大梵彌羅：中古時期道教經典當中的佛教》第二章〈太陰練形：六朝道教經典當中的死後修練與亡者救度〉，臺北：臺灣商務，2013.9，頁 71-116；Ursula-Angelika Cedzich（蔡霧溪），*Corpse Deliverance, Substitute Bodies, Name Change and Feigned Death: Aspects of Metamorphosis and Immortality in Early Medieval China*, Journal of Chinese Religions 29 (2001), p.1-68.

畫,此一帛畫覆於亡者之上,意味亡者進入一個圖像所展示的空間。此畫分上中下三部分,分別表現天上、人間與地下三個世界,呈現由下而上的登仙過程。[7] 帛畫圖像結構嚴謹,次序井然,對應墓室構造與棺槨設計,可窺見漢人成仙的願望,從生時升仙,再進一步期待死後仍可成仙,這是神仙觀念的重要突破。

馬王堆一號漢墓帛畫

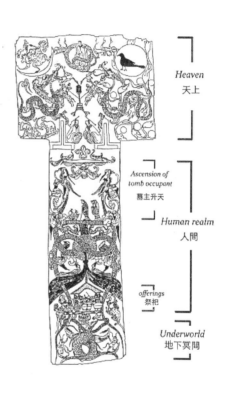

馬王堆一號漢墓帛畫摹本

---

[7] 馬王堆一號與三號墓皆有一 T 型帛畫覆於錦飾內棺蓋板上,學界多認為是覆於內棺上的「非衣」。圖像引自《長沙馬王堆漢墓簡帛集成》(第七冊),裴錫圭主編,湖南省博物館、復旦大學出土文獻與古文字研究中心編纂,北京:中華書局,2014.6,頁325。帛畫的圖像複雜,若從上而下觀之,最上於日月中端正一位人首蛇身的女子,紅色長尾自環其中,下有一道天門與人間相隔,兩豹攀緣門上,還有守衛拱手對坐。中部描繪人間,上端為三角華蓋,蓋上兩隻鳳凰站立,一位拄杖老婦人面向西方,前有兩人捧案跪迎,後有三侍女隨從。中有兩條龍通過玉環聯結,交纏一起,下有人首鳥身之羽人相望。再下有一祭祀食案,獻祭酒食。有數人踞案對飲,可能是家屬為老婦送行。其下一位力士雙手托舉著大地,在大地和冥界交界處,兩隻靈龜浮游,龜殼上有鴟鳥站立。姜生將圖像對比各種文獻,認為帛畫呈現一個尸解升天的過程,描繪墓主從下方的過去(往蓬萊)到中間的現在(登崑崙),最後上升至未來(上九天),返老還童,變形成仙。對應四重套棺的彩繪,帛畫表達尸解登仙,與道為一的生命轉換。(姜生:《漢帝國的遺產:漢鬼考》,北京:科學出版社,2017.7,頁 285-363)

　　君王諸侯期望成仙，使魂魄仍聚而不散，喪葬儀式中的招魂，除了復魂以還生，亦希望亡魂歸返。《楚辭》中的〈招魂〉和〈大招〉模仿民間巫師招魂，死後的魂魄能回歸原來的軀體，至少「魂兮歸來」，不要流浪到危險恐怖的四方。這種對異域的恐懼與對家園的依戀，發展為對死後世界的想像，是一個延伸「現實家園」的「理想家園」。[8]「現實家園」為人間，「理想家園」為冥界。人死後的「理想家園」是「現實家園」的對應，居住空間為亭臺樓閣，各種器物齊備。換言之，死後世界或許玄冥難知，但也不一定必須前往，亦能魂歸故里。君王諸侯追求成仙，墓室棺槨皆有一定規模，遺體亦經特殊處理，一般人雖無此條件，至少希望死後的魂魄有安居之所。漢代墓室的結構，墓室壁畫的內容，以及隨葬品的樣式，都模仿生時世界，希望亡者能享有死後「富足」的生活，因而死後世界幾乎複製生活世界，成為現實世界的投射。

　　漢代興起厚葬之風，不完全因為經濟富裕或禮制要求，而是相信人死後仍如常生活，甚至可能更多是為了生者的利益，故需要經營喪葬。[9] 人

---

[8] 巫鴻從漢墓的畫像、配置與隨葬品，論證漢人建構的死後世界是一個「理想家園」（ideal homeland）。此一「理想家園」是「現實家園」的模擬美化，卻與仙界不同，仙界是「超越」（transcend）或「異化」（alienate）現實世界，如海上有三神山，「諸僊人及不死之藥皆在焉。其物禽獸盡白，而黃金銀為宮闕。未至，望之如雲；及到，三神山反居水下。臨之，風輒引去，終莫能至云。」（《史記‧封禪書》）仙界不易到達，且升仙困難，非一般人所能為之。（巫鴻：〈漢代藝術中的「天堂」圖像和「天堂」觀念〉，《禮儀中的美術》，鄭岩譯，北京：三聯書店，2005.7，頁 243-259）「仙界」是神仙居處，生者通過神仙方術而羽化成仙；「冥界」則是亡者靈魂居所，漢人模擬現實世界而成。然而在漢墓的藝術形式，卻有混合的現象。巫鴻認為漢人面對死亡的「大限」營造墓室，卻又懷抱成仙的理想，因此這兩個衝突的概念，在漢墓中並置，「承認『大限』的存在卻又試圖超越它，這種思想可以說是全部漢代墓葬藝術的基礎。」也就是「理想化的現實生活和理想化的來世，都可以成為人們所期望和追求的目標。」（巫鴻：〈超越「大限」——蒼山石刻與墓葬敘事畫像〉，《禮儀中的美術》，前引書，頁 208，209）馬王堆漢墓的墓葬藝術，呈現死後仍可成仙的願望，而非僅能於生時升仙，這是神仙觀念的重要突破，而「尸解成仙」的論述能與墓葬藝術相參照，呈現死後成仙的型態。

[9] 兩漢流行厚葬，東漢尤甚，時人多有反對而主張薄葬。蒲慕州分析這些薄葬論，認為大致可分為從社會經濟以及道家宇宙人生觀兩大類，而薄葬論者多半以為「人死無知」，否定死後世界。至於漢人之所以厚葬死者，在於漢代依人世對應死後世界，相信死者於死後仍須生活。東漢甚至出現「買地券」，保證死後擁有土地的所有權，還有繳稅服勞役等，這些行為都設想有一官僚體系，須有金錢往來。使用金錢取得更好的身份階級，也意謂厚葬破壞了陰間體制。冥界的體制摹擬人間，卻又僭越之，透顯追求富貴的深層心理。另一方面，墓葬不僅為了死者，也為生者的利益，希望死者福佑後人，風水觀念的流行亦與此有關，對生者的福址與社會地位考量，尚至高於死者。（蒲慕州：《墓葬與生死：中國古代宗教之省思》，臺北：聯經出版公司，1993.6；蒲慕州：《追尋一己之福——中國古代的信仰世界》第七章〈神靈與死後世界〉，上

鬼之間形成利益交換的形式，互取所需，《太平經・葬宅訣》有云：「葬者，本先人之丘陵居處也，名為初置根種。宅，地也，魂神復當得還，養其子孫，善地則魂神還養也，惡地則魂神還為害也。五祖氣終，復反為人。天道法氣，周復反其始也。」墓地若為善地，亡靈能安居，即還養子孫，若否，則還為害，並以五世為期，魂魄將返於天地之氣。亡者賴生者供養，生者藉逝者福蔭，還報之關鍵在於喪葬的內容。相較於兩漢流行的天人感應之災異論，以及《太平經》的承負論，還養之說並無道德約束力，顯示民間信仰對人鬼關係更以利己的角度視之。

　　漢人對亡者施以厚葬，除了替死者謀畫，或者有利於生者，還有一種拒斥的心理，希望亡者能安然地居於死後世界，勿干擾生者。漢人認為生人無法輕易見鬼，若鬼魂現形，多半是負面原因，會造成疾病禍害。因此漢人想像鬼魂所在的死後世界，獨立於現實世界之外，這樣的想法見諸於考古出土的東漢解注文，如：

> 上天倉倉（蒼蒼），地下芒芒（茫茫）。生人有里，死人有鄉。生人
> 屬西長安，死人東屬大（太）山。樂無相念，苦無相思。大（太）
> 山將閱，人參應 之 。地下有適（謫），蜜人代行 □ 作。千秋萬歲，
> 不得復 重 生人。[10]

此解注文，畫分「生人／死人」，生人為陽、有里，屬西長安；死人行陰、有鄉，屬東泰山。死者入葬後，即陰陽有別，死者自有地下居所，不得回到地上的生人世界。若死者鬼魂與生人接觸，會對生人造成注祟之害，使生者患病。故早期道教的方術士運用解注法術，確保死者與生人完全隔離，為死者解謫，為生者除殃。由於病症災禍，多半肇因於死者之鬼魂作祟，必須使作祟的鬼魂解除，方得痊癒。考古出土許多解注文，多可見「生屬長安，死屬大山」之文，區分生死兩地，甚至不得交通往來。漢

海：上海古籍出版社，2007.3，頁165-196）英國漢學家魯唯一認為漢人以器物類比生前的生活狀態，並儘可能保存屍體保存完好，「從而令『魄』樂居其中，不會被引誘而返回生者的世界，並因所受到的傷害再來報復生者。」（[英]魯惟一（Michael Loewe）：《漢代的信仰、神話和理性》，王浩譯，北京：北京大學出版社，2009.6，頁135）不論是害怕亡靈作祟，或是希望亡者能福佑生者，皆是考量生者利益。另外，也有從情感角度，期盼亡者在另一個世界，能夠享有豐富的物質生活，或是避免被官差欺壓，故表現為厚葬形式。

[10] 本引文為日人中村不折收藏之解注瓶，為東漢靈帝熹平四年（175）之解注文。（中村不折：《三代秦漢の遺品に識せる文字》，東京：岩波書店，1934.2，頁104）東漢墓葬出土之「解注器」，有陶瓶、陶罐與陶缽等樣式，是早期道教施行解除注鬼術所用器物，「用於隔絕生死、人鬼，為死人解謫、生人除殃的器物」（張勛燎、白彬：〈東漢墓葬出土解注器和天師道的起源〉，《中國道教考古》，北京：線裝書局，2006.1，頁53）有些解注陶瓶帶有文字，稱為「解注文」或「鎮墓文」，可以窺見漢人的對死後世界的想像。

人認為疾病災疫多為鬼魂之害，故需行術為使死者解讁祛過，安於冢墓，不得侵擾牽連生人，使死後世界與生人世界有所區隔。

因恐懼鬼魂作祟而拒斥之，對於惡鬼採取驅趕的方式，人鬼關係緊張而衝突；然亦有對亡者的追思，或是藉鬼之助而獲得福佑，人鬼關係又相互依存。漢代將冥界摹擬人間，不論社會結構與階級制度，皆有所對應，是以人冥兩界有相應合之處，然而兩者分屬陰陽，又有對抗之勢。[11] 看似矛盾的人鬼關係，實則顯示漢人的世界觀與實用性取向，由於天人感應，祥瑞與災異的發生，使人與鬼神有道德行為的連結。至於民間信仰中，人鬼交流更著眼於利害關係，以祭祀供養滿足鬼的需求，有時以厭勝、解除法術驅逐鬼之干擾。若從陰陽兩氣之陽尊陰卑而論，陰陽兩界的關係仍是符合宇宙秩序的。《太平經·事死不得過生法》有所闡釋，其云：

> 生人，陽也；死人，陰也。事陰不得過陽。陽，君也；陰，臣也。事臣不得過君。事陰反過陽，則致逆氣；事小過則致小逆，大過則致大逆，名為逆氣，名為逆政。其害使陰氣勝陽，下欺其上，鬼神邪物大興，共乘人道，多晝行不避人也。

本段經文欲矯正事死過生之不當，其意為孝親當於父母生時，而非著重於喪葬。唯其引陰陽論之，顯示生死實為對立，且以陽為主，陰為輔。不但生人事陰不得過陽，冥界鬼神亦不得取陽而代之，否則違反天地運行之則。人冥兩界既對立又依存，不論是相互依存或利用，最終都以生人世界為考量，敬鬼神而遠之。

第二節 鬼神信仰

上古時期巫術盛行，巫覡為人與神靈溝通的中介者，大約在文字發明時，巫師主持祭祀儀式，對鬼神祈禱以求福。[12] 商人重鬼好祀，並通過卜

---

[11] 龔韻衡從相應與對逆之別，分析漢代人冥兩界的結構與內涵，認為兩者無法絕對分隔，並形成相互影響的連鎖結構。另外在菁英思想中，人冥兩界聯以天人感應的道德為重；民間信仰則講究利益關係，然漢代仍以後者為普遍，「冥界之建構與陰陽兩境的交流，終歸是以生者為本。」（龔韻衡：《兩漢靈冥世界觀探究》，臺北：文津，2006.4，頁 209）

[12] 英國漢學家韋理（Arthur Waley）翻譯屈原《九歌》於〈導論〉言：「中國古代的巫和西伯利亞通古斯的『薩滿』具有相似的能力，可以把『巫』譯為 shaman。」（*The Nine Songs: A Study of Shamanism in Ancient China*, by Qu Yuan, Arthur Waley (Translator), City Lights Books; 2nd edition, 1973, Introduction, p.9)「薩滿」一詞緣於亞州北部，意指具有進入降神迷狂狀況的能力，得以與神對話的人。張光直認為，中國古代文明的起

筮向超自然力量的神靈提問，藉由祭祀求神福佑，而卜筮也與祭祀儀式結合，為殷商文化的重要特徵。從卜辭可見，殷人祭祀活動的對象，可分為上帝、山川神祇與祖先亡靈，周人延續之。[13]《周禮・春官・大宗伯》有云：「大宗伯之職，掌建邦之天神、人鬼、地示之禮，以佐王建保邦國。」大宗伯職司邦國的祭祀典禮，以天神、地示與人鬼為祭祀活動的內容，可見得殷周文化的連續性。周文化重視禮樂，將殷之祭祀系統與規範化，使神靈崇拜轉移至社會人倫，如孔子所云：「周人尊禮尚施，事鬼敬神而遠之。」（《禮記・表記》）周文化尚禮，於鬼神為敬，藉由祭祀，使天地鬼神結合宗法制度，事鬼神與養生送死，並為禮之大順，依此而建立禮制社會。

一、「鬼」、「神」釋義

　　探究「鬼」之字源，可訴及甲骨文。今日所見甲骨文的「鬼」字，寫法多樣，主要由「由」與「儿」構成。就字義而言，在卜辭中已有作為祭祀的對象，為人死後所變者。[14] 至於金文中的使用情況，大致與甲骨文相

源，在於政治權威的興起與發展，而政治權力的取得有三種手段，即道德、力量與獨佔天地人神溝通的力量，三代統治者為眾巫的首領，中國古文明即為薩滿式的文明，並由於政治與宗教的結合，使中國古代文明呈現「連續型文明」的型態。（張光直：《美術、神話與祭祀》，郭淨譯，北京：三聯書店，2013.1）秦家懿調合張光直與馬克思・韋伯（Max Weber），認為中國古代社會的宗教信仰深入社會各個階層，但經濟的發展也是促成政治權力集中的要素。（秦家懿、孔漢思：《中國宗教與西方神學》，吳華譯，臺北：聯經出版事業，1989.7）中國古代宗教中的巫覡雖與薩滿相似，但其中神人相契合的神秘性質經儒家的禮樂化與道家的境界化，發展出「天人合一」的哲學思想，成為中國文化的重要特徵。

[13] 陳夢家認為從卜辭來看，殷人尊神，神靈分散多樣，至上神的「上帝」具有相當權威，掌控天候氣象，且自然山川，日月風雨皆有神祇。另外，祭祀先王的祖先崇拜，與爵位繼承，財產分有關。（陳夢家：《殷虛卜辭綜述》，北京：中華書局，1988.1，頁 561-603）陳來歸納殷人的宗教信仰，首先，殷商的信仰已不是單純的萬物有靈論，而具有多神論或多神教的形態。其次，最高神源自主管天時的農業神，同時也掌管人事。其三，祖先神靈佔有重要地位，甚至祖靈也可天神化。其四，上帝與祖先神靈對人事皆有正負兩面的影響，即上帝不僅降福於人，亦會降禍。（陳來：《古代宗教與倫理》，北京：三聯書店，2009.4，頁 124-125）殷人的宗教信仰還處於「自然宗教」型態，至周代才進入「倫理宗教」（禮樂文化）。

[14] 于省吾認為在卜辭中作為鬼神之鬼，為日後「鬼」之本義，此外，另有作為人名、地名，以及不祥與畏懼等用法。（見于省吾：《甲骨文字詁林》，北京：中華書局，1996.5）李孝定編著之《甲骨文集釋》所錄多位學者看法亦多相同，其中羅振玉提到：「許書謂鬼字厶，卜辭及古金文皆無之。」（李孝定：《甲骨文集釋》，臺北：中研院歷史語言研究所，1991.3，頁 2903）從字形演變，「鬼」之甲金文無「厶」，《說文解字》之小篆與所引古文有「厶」，故「鬼」字應於戰國後期逐漸成形。

同，至於字形則至小篆始有加「厶」而成之「鬼」字。《說文解字》云：
「鬼，人所歸爲鬼。从人，象鬼頭。鬼陰气賊害，从厶。凡鬼之屬皆从
鬼。」人死為鬼，鬼有所歸，或歸於土，或歸於氣。此一觀念約形成於春
秋之時，同時也逐漸結合「氣」的理論，使鬼屬陰氣。另外，鬼會害人，
能附身於人，或現形為人所見，對活人的身心造成不良影響，此為鬼的負
面形象。

人死後為鬼的觀念，在東周應已普遍。《左傳》有一則發生於鄭國鬧
鬼事件，春秋時鄭國伯有因爭權被殺，死後化為厲鬼尋仇，子產立其後以
平息怨念，並說：「鬼有所歸，乃不為厲，吾為之歸也。」此意為人死後
因受祀與否分為兩類，有所歸者為鬼，無所歸者為厲。子產更詳細解釋
之，其云：

> 人生始化曰魄，既生魄，陽曰魂，用物精多，則魂魄強，是以有精
> 爽，至於神明。匹夫匹婦強死，其魂魄猶能馮依於人，以為淫厲。
> （《左傳‧昭公七年》）

子產答晉國趙景子之問，明確回應伯有死後能為鬼。其意指人初生時已魄
之化生，再生魂，魂魄為人的精神，可在活著時加以調養使其強健，而形
體死後還能繼續存在，其名為鬼，鬼即人之魂魄。若非自然死亡，普通人
的鬼魂也能化為厲鬼尋仇，甚至附身於人，這樣的想像，具有正義與報應
的意義。至於死後的祭祀禮儀則宗法制度的慎終追遠，也發展為獻祭以避
免厲鬼作祟的習俗，甚至還可以通過祭祀與鬼交流。[15] 此外《左傳‧成公
十年》有一則「晉侯夢大厲」的故事，厲鬼雖是在夢境中出現，但意味人
死為鬼，能報復生人，已於春秋時期成為普遍的觀念。

至於「神」字，甲骨文、金文多作「申」，金文亦有從「示」為
「神」者。甲骨文的「示」代表地祇，為大地之神；《說文解字》釋
「申」為「神」，《釋名》則解為「身」，其字形由來與解釋有所爭議。在
先秦文獻中，「神」多與天地相連，為一種超自然的力量，亦為傳說與神
話的內容。《左傳‧莊公三十二年》記有一則「神降於莘」之事，《國語‧
周語》亦載其事，內史過答周惠王之問，認為神明考察國君之施政，再給
予興亡之懲處。神明能監管人事，尤其是國政，此一記事雖欲藉神明告誡

---

[15] 余英時分析這個故事，其一，若人受冤而死，其鬼魂復仇的觀念已盛行於春秋；其
二，人魂的力量與其生時家庭背景有關；其三，鬼有所歸而不為厲；其四，人們視鬼
魂能享用祭品，故能透過祭祀與鬼魂溝通。（余英時：《東漢生死觀》，侯旭東等譯，
上海：上海古籍出版社，2005.9，頁86-89）這些觀念，有些延續至漢代，成了人們對
「鬼」的認知。

國君，但也顯示人們相信神明的存在，並能降於人間。[16] 神明亦得享祭，為祭祀文化的對象，這也使得人能與神明溝通交流。《左傳》記「宮之奇諫假道」之事，宮之奇向虞惠公苦諫勿借道晉國，虞公不聽，兩人有一段對話，如下：

> 公曰：「吾享祀豐絜，神必據我。」對曰：「臣聞之，鬼神非人實親，惟德是依。故《周書》曰：『皇天無親，惟德是輔。』又曰：『黍稷非馨，明德惟馨。』又曰：『民不易物，惟德緊物。』如是，則非德民不和，神不享矣。神所馮依，將在德矣。若晉取虞，而明德以薦馨香，神其吐之乎？」（《左傳・僖公五年》）

虞公認為注重祭品之豐盛潔淨，神明便會保佑，但宮之奇引《周書》章句說明上天只保佑有德之人，德行才是最美好的「祭品」，無德之人，祭品再豐盛，神明亦不接受。這段對話反映出人們藉祭祀以獲得鬼神福佑，並重視祀品的豐潔，但亦出現以德為祭的論點，前者是殷商文化敬畏鬼神的傳統，後者則是周代慎德敬德的觀念。

　　「鬼」與「神」從字源可見其別，但使用時不一定嚴格區分，先秦文獻多見「鬼神」一詞，如孔子言：「敬鬼神而遠之。」（《論語・雍也》）「鬼神」於此指祭祀的對象。又如季路問事鬼神，孔子答：「未能事人，焉能事鬼？」（《論語・先進》）孔子之答便省稱為「鬼」以相對於「人」，雖然孔子重人事，但也未否定鬼神存在，而以慎終追遠的態度行祭祀之禮。至於墨子則確信「鬼神」存在，他說：「古之今之為鬼，非他也，有天鬼，亦有山水鬼神者，亦有人死而為鬼者。」（《墨子・明鬼》）墨子認為鬼神無所不在，可以是天地之神靈，也有人死為鬼，並引用經典與史實說明鬼神實有，能對世人行賞罰之事。老子與莊子雖未專論鬼神，但也都有提及，《莊子・達生》有一則齊桓公遇鬼而生病的寓言，故事意指養神之要在於心神寧靜，然寓言中指山川八方皆有鬼，呈現萬物皆有神靈的觀點。由於「鬼」與「神」皆為超自然的存在，兩者不可避免有所重疊，從

---

[16] 蒲慕州認為《左傳》的作者記載此事，「應該是想借著一般人之間所流行的宗教心態來達到宣傳他的政治道德的目的。」（蒲慕州：《追尋一己之福——中國古代的信仰世界》，上海：上海古籍出版社，2007.3，頁 61）先秦文獻所見鬼神的使用，多為知識份子藉以行道德教化之事。至於民間對鬼的認識，有別於知識份子，藉由考古出土的《日書》，可知戰國時期民間信仰的樣貌，蒲慕州歸納為幾個特徵，其一，世間有無數的鬼怪為害人，人們可以使用不同方法避之；其二，鬼神並非倫理道德的仲裁者，人與鬼神的關係建立於相互給予；其三，《日書》中的鬼神區別不在屬性，而是能力。此外，人與鬼神的世界密不可分，表現出「人鬼雜處」的情形。（蒲慕州：《追尋一己之福——中國古代的信仰世界》，前引書，頁 77-84）《日書》呈現一般民眾的世界觀，世間事物的吉凶與時日的運行相對應，人們可以掌握這個運行的規則，也能藉以面對鬼神。這種思維以實際生活需要為考量，面對鬼神以利益前提，延續至兩漢，人冥兩界的接觸，更表現出功利交換的依存關係。

商至周代的天神、地祇與人鬼並非嚴格的階層畫分，而是對萬物皆有神靈的敬畏崇拜，依對象區分不同的祭祀方式。「鬼神」泛指對各種神靈的通稱，能福佑或降禍，監督影響人類。

戰國時期對於鬼神的論述愈趨豐富，隨著氣論的發展，鬼神與陰陽、魂魄結合，形成複雜的鬼神世界。如《禮記‧祭義》有云：

> 宰我曰：「吾聞鬼神之名，而不知其所謂。」子曰：「氣也者，神之盛也；魄也者，鬼之盛也；合鬼與神，教之至也。眾生必死，死必歸土：此之謂鬼。骨肉斃於下，陰為野土；其氣發揚于上，為昭明，焄蒿悽愴，此百物之精也，神之著也。因物之精，制為之極，明命鬼神，以為黔首則。百眾以畏，萬民以服。」

孔子解釋鬼神為魄與氣，申明祭祀之禮有其對象，「事死如事生」。人死則形與氣分，然氣仍存，其氣之精者，可為人神；若魄為之盛，則為人鬼。除了人死為鬼神，萬物亦有精氣，山川百物皆有鬼神。「山林、川谷、丘陵，能出雲，為風雨，見怪物，皆曰神。有天下者，祭百神。」（《禮記‧祭法》）鬼神無所不在，國君祭天地百神，並非只是敬畏鬼神，而是確立統治的正當性，以及施政的合理性。《禮記》的重心在建立禮制社會，故聖人設教，合鬼神而祭之，別遠近親疏，使百姓有所依循。另證《禮記‧中庸》載：「子曰：『鬼神之為德，其盛矣乎！視之而弗見，聽之而弗聞，體物而不可遺。使天下之人，齊明盛服，以承祭祀，洋洋乎如在其上，如在其左右。』」本章贊鬼神之所以能為德盛，即祭祀時以誠敬之心，不因鬼神無法見聞而虛應故事。此外，《禮記‧郊特牲》有言：「魂氣歸于天，形魄歸于地。」人死之後，魂魄各歸天地，「魂氣」與「形魄」之分，與上文「神氣／鬼魄」參照，再相較前引《左傳》子產所論，可歸納出從春秋至戰國時，人死為鬼，而人的精神有陽魂陰魄，死後形體壞朽，魂魄各歸天地，為神為鬼。

由於祭祀必須有對象，不論是山川或祖先，都得想像為能接受祭拜儀式，於是鬼神成為有別於自然形體的存在，兩漢承襲之。東漢許慎《說文解字》謂「鬼」為「人所歸」，就是承自《左傳》子產「鬼有所歸」之觀念，意味人能好死，並受祭於後人，便不為厲，不會害人。另可從道家角度，視人死為回歸天地，《莊子‧田子方》藉老子云：「生有所乎萌，死有所乎歸，始終相反乎無端，而莫知其所窮。」本段意指天地運行有其規律，萬物之生死亦如是，生有所始，死有所歸，所歸者，歸於大道中。另外，《莊子‧知北遊》亦論：

> 生也死之徒，死也生之始，孰知其紀！人之生，氣之聚也，聚則為生，散則為死。若死生為徒，吾又何患！故萬物一也。

莊子藉黃帝言其生死觀，從萬物一體言死生為一，並以氣之聚散説明生死的關係，儘管生死似有所別，但終究為氣，只是聚散之樣貌而已。莊子認為人死為回歸天地，歸於大道，死亡不過是自然循環。漢初《淮南子》融合儒道，認為君子能掌握至道，持守仁義，不計生死，故云：「生所假也，死所歸也。」（《淮南子・謬稱》）此處解釋生命只是寄寓於世，死亡為回歸天地，用以説明君子行仁義而終，不畏死亡。另有「視死如歸」之用語，見於《管子・小匡》、《韓非子・外儲説左下》與漢初諸多文獻，多用於將士勇於赴死，或君子以義而死，皆可見將死亡釋為回歸的觀念，已然普遍於戰國至兩漢。因人死即回歸，歸於天地，並受後人祭祀，故以鬼的形式存在，《淮南子・墜形》直言：「人死為鬼。」即是此一觀念的表現。

　　戰國時期興起以氣論人之魂魄與鬼神，在發展過程中再連結陰陽五行之説，至漢代逐漸完善。《禮記・禮運》言：「夫禮，必本於大一，分而為天地，轉而為陰陽，變而為四時，列而為鬼神。」此論禮之重要，本於大一，即具有先天性，為絕對的規範。然從大一分為天地萬物之論述，亦可見鬼神既從大一變化而來，故人必須依禮而事鬼神，行養生送死之儀。《孔子家語・哀公問政》記宰我問孔子鬼神之名，[17] 孔子答曰：「人生有氣有魄。氣者，神之盛也。眾生必死，死必歸土，此謂鬼；魂氣歸天，此謂神。合鬼與神而享之，教之至也。骨肉弊於下，化為野土，其氣揚于上，此神之著也。聖人因物之精，制為之極，明命鬼神，以為民之則。」此文近於《禮記・祭儀》，反映從氣論推衍出魂魄，並謂人死後之魂魄各歸於天地而成鬼神。約成於東漢的《老子道德經河上公章句》注《老子》第六章「玄牝」云：

> 言不死之有，在於玄牝。玄，天也，於人為鼻。牝，地也，於人為口。天食人以五氣，從鼻入藏於心。五氣輕微，為精、神、聰、明、音聲五性。其鬼曰魂，魂者雄也，主出入於人鼻，與天通，故鼻為玄也。地食人以五味，從口入藏於胃。五味濁辱，為形、骸、骨、肉、血、脈六情。其鬼曰魄，魄者雌也，主出入於人口，與地通，故口為牝也。

此處將玄牝解為人身之鼻與口，為天氣與地氣之出入口，並將天氣稱為

魂，地氣為魄，而人能得天地元氣，源源不絕，方可長生不死。文中的「鬼」之意近於「氣」，雄雌之分即陰陽之別，若非訛誤，可見得「鬼」亦可為「氣」的一種形式，身體依「氣」（鬼）而存活。如身體死亡，氣仍存，可名之為鬼。東漢王充反對鬼神，認為精氣於死亡時消散，但從其《論衡》之〈論死〉與〈訂鬼〉所反對時人之論，卻可得知漢人多認為形滅而精氣猶存，以鬼神的形式繼續存在。

《禮記》與《老子河上公章》都顯示魂魄二分的觀點，然而死後魂上天，魄入地的觀點，卻在神仙思想興起後有所變化，天上世界多為神明與神仙，一般人死後則受泰山府君管轄，魂與魄分別歸往梁甫與蒿里。僅管魂魄皆歸於地下世界，不必然受到拘束，甚至能影響生人。但人鬼畢竟殊途，故漢代有個重要的職事，即能「交通鬼神」的「巫祝」。[18] 漢代巫者的社會地位雖已低落，但因其特殊能力，得以利用鬼神祈福避禍，以及從事生育喪葬之事，甚至能夠治病救疾，對社會仍有一定影響力。巫者的存在與活動，也反映漢人對鬼神仍多所畏懼，敬而遠之。

二、鬼神形象

由於鬼神並非一般生物，故鬼神的樣貌也充滿想像，可為人形，或為動物形象，甚至人獸合體，亦或無形體，人不可見，也有可變化形貌者。《韓非子・外儲說左上》記有一則齊王問畫之難易的寓言，以為畫鬼魅易於犬馬，因「鬼魅，無形者，不罄於前，故易之也。」韓非本意為勸誡君王勿輕信怪誕無據之言，然此則故事顯示時人認為鬼魅無形，至少非一般人能得見。東漢應劭《風俗通義》引用這則故事，並言「鬼魅無形，無形者不見，不見故易。」不為人所見是對鬼的普遍認知，其意為鬼能隱形，或不隨意現形，此為鬼的能力。因為不同於一般的物體，因此人們想像鬼的形體可以變化，唯在人死為鬼的認知之下，若鬼現形，多以人形出現。

---

[18] 漢初，高祖祠祀天地山川，「長安置祠祝官、女巫。」巫官之職為奉祀各地鬼神。民間亦有持巫術以通鬼神之巫者，「街巷有巫，閭里有祝。」（《鹽鐵論・散不足》）可見巫者與人民生活的關係密切，巫者有重大的影響力。林富士認為「漢代巫者之職事主要乃在交通鬼神以替人祈福解禍，或禍害他人。」（林富士：《漢代的巫者》，臺北：稻鄉出版社，1988.4，頁 85）漢代巫術盛行，立基於漢文化中的「鬼神世界」，鬼神能影響人之禍福，而巫者也可以通過巫術控制或役使鬼神。巫祝能溝通鬼神，亦同時以巫術進行醫療，先秦雖已興起專業醫者，但古代巫醫不分的情況，兩漢依然延續，漢人治病仍多求救巫者，司馬遷曾批評「信巫不信醫」的現象，（《史記・扁鵲倉公列傳》）巫者與醫者同為方技之士，兩者自漢代已有複雜的競合關係，形成中國文化中的「巫醫」傳統。（林富士：〈中國的「巫醫」傳統〉，《巫者的世界》，廣州：廣東人民出版社，2016.11，頁 301-386）

東漢王充認為世間無鬼，批評時人之見，有謂：「人死世謂鬼，鬼象生人之形，見之與人無異。」（《論衡‧死偽》）鬼既為人死後的存在，故以人形出現。

鬼能隱形或變形，也意味鬼具有特殊的能力，會干擾生人，最常見的是使人生病，甚至引發災疫。[19] 由於兩漢盛行天人感應，致使鬼神代表福佑與降災的力量，董仲舒曾說：「夫仁誼禮知信五常之道，王者所當脩飭也；五者脩飭，故受天之佑，而享鬼神之靈，德施於方外，延及群生也。」（《漢書‧董仲舒傳》）三綱五常為天之道，鬼神審視君王行天道與否，相應而發為祥瑞或災異。至於民間信仰則認為鬼神會監看生人的行為，因而使人生病受傷，甚至引發大規模的疫病。漢代流傳許多因冤屈而化為厲鬼報仇的故事，以善惡報應的即時性，實現超越世俗的公義，此為冥報之說，如果死者因受冤而身亡，會復仇以平怨。兩漢尚有「承負」理論，用以解釋善惡報應，藉以嚇阻行惡，並能積極行善。[20] 此外，漢代信仰尚有「司命」之神，由天文星辰演變成為掌管人的生命與壽命的星辰神，官方與民間皆祭祀之。司命神主宰人的壽夭生死，能依人之善惡行為增減壽命，即壽命雖是生時已定，但後天善惡仍會影響長短，故民間非常重視司命神。

鬼神的能力與影響，也反映在人們對鬼神形象的想像。漢代的神明形象，隨著神仙信仰的興起，陰陽理論的盛行，諸神的形象也有所轉變，其中以西王母最具代表性。在《山海經》中，西王母是豹尾虎齒的半人半獸

---

[19] 李建民認為，鬼會致病的看法，從先秦至兩漢有三個階段的變化，戰國時期興起內因說，疑心生暗鬼；漢代外因說再發展，鬼為熱毒之氣；東漢中晚期則興起鬼祟論，鬼邪致病與道德倫理有關。（李建民：〈先秦兩漢病因觀及其變遷——以新出土文物為中心〉，《從醫療看中國史》，台北：聯經出版事業，2008.10，頁 54-61）

[20] 「承負」之說於《太平經》多有論述，其於〈解師策書訣〉有云：「承者為前，負者為後；承者，迺謂先人本承天心而行，小小失之，不自知，用日積久，相聚為多，今後生人反無辜蒙其過謫，連傳被其災，故前為承，後為負也。負者，流災亦不由一人之治，比連不平，前後更相負，故名之為負。負者，迺先人負於後生者也；病更相承負也，言災害未當能善絕也。」（見《太平經合校》（上），北京：中華書局，1997.10，頁 70）今人所受的災厄，為前人之失所積累，此為承；而今生的行為則會影響後代，此為負。承負論具有人類全體連結的意義，祖先與後世皆有關聯，此說以氣化論為基礎，人與人，人與萬物皆因氣的流轉而發生關係。冥報與承負之說，解釋善惡報應的因果關係，使人的行為得以在超自然的力量下符合道德要求。龔韻蘅認為冥報與承負有相似的社會功能，然冥報多為個人的報復懲戒，得以突破空間限制而懲惡；至於承負則為自然律則，超越時間而蔓延於家族或更大範圍，勸善傾向較強。（龔韻蘅：《兩漢靈冥世界觀探究》，臺北：文津，2006.4，頁 70-85）

型態。[21] 《山海經》有三處提到西王母，條列如下：

> 又西三百五十里，曰玉山，是西王母所居也。西王母其狀如人，豹
> 尾虎齒而善嘯，蓬髮戴勝，是司天之厲及五殘。(〈西山經〉) [22]

> 西王母梯几而戴勝杖，其南有三青鳥，為西王母取食。在崑崙虛
> 北。(〈海內北經〉) [23]

> 其外有炎火之山，投物輒然。有人戴勝，虎齒，有豹尾，穴處，名
> 曰西王母。此山萬物盡有。(〈大荒西經〉)

前引三段文字，皆直接描述西王母形象，頭戴華勝，豹尾虎齒。第一段言
其掌管瘟疫刑罰，第二段言其憑几戴勝，第三段則言西王母居所，各有所
重，也顯示人們對西王母的想像。不論是女媧、西王母，或是羽人，其人
獸混合的型態，表示獲得動物的力量，強調神明的特色，如女媧的蛇尾象
徵生育能力，西王母的豹尾虎齒，暗示其殺戮懲罰的能力，而羽人的翅膀
則能飛翔。在變形神話中，當人能變為獸，即擁有動物的能力，突破人身
的限制。至於汲塚竹簡中的《穆天子傳》，西王母為天帝之女，與周穆王
宴飲，吹笙鼓簧，不見獸形。西王母的形象在偽託班固所撰之《漢武帝內
傳》，已是雍容華貴的美人，贈武帝仙桃，並授長生之術。隨著外形變
化，西王母的神性也逐步提升，取代女媧，成為掌握生命的女神；還在陰
陽觀的影響下，出現與之搭配的東王公，兩性分別對應，也暗喻生育與生
命。以人身的形象出現，一方面與人類更為親近，一方面也代表神仙不必
藉由外形的獸形象徵力量，而是人形也有神力，更勝於獸形。而神仙脫去
翅膀，清除獸形，能以人身與人交流，人神關係進入新的階段。

---

[21] 對於《山海經》的成書年代，學界多有爭議，日本學者小南一郎認為《山海經》篇章
最早成於戰國初年，對於西王母的描述亦可見從戰國至漢初的變化。而《山海經》和
《穆天子傳》中西王母的形貌不同，大致可分為神話（宗教）和傳說的傳承，前者以
力量支配人類，後者則與人共同相處。([日]小南一郎：《中國的神話傳說與古小說》
第一章〈西王母與七夕文化傳承〉，孫昌武譯，北京：中華書局，2006.11，頁 41）神
話與傳說皆非一時一地產生，西王母在不同文獻、地域、時期，或是不同圖像中所呈
現的差異，顯示神話是個有機體，變動不居，西王母的形象變化不必然是一個由獸而
人的線性發展。

[22] 「厲」與「五殘」，郝懿行註解為星座之名。(《山海經箋疏補校》，[清]郝懿行箋疏，
范祥雍補校，上海：上海古籍出版社，2013.8，頁 68-69）

[23] 「勝」是婦女的頭飾，玉勝為祥瑞之物。「戴勝」與「梯几」皆是動賓結構，「杖」字
便顯多餘。郝懿行引證司馬相如〈大人賦〉引此經，無「杖」字。(《山海經箋疏補
校》，前引書，頁 305）另外，證諸漢墓圖像，戴勝與玉兔為西王母核心圖像，未見西
王母持杖。(參見李凇：《論漢代藝術中的西王母圖像》，長沙：湖南教育出版社，
2000.4，頁 249）

　　由於漢代流行天人感應的災異論，天神具有賞善罰惡的能力，天上諸神不必然是慈眉善目，亦非全為人形。以自然現象而形成信仰崇拜的「雷神」，有獸形或半人半獸的形象，《山海經‧海內東經》記云：「雷澤中有雷神，龍身而人頭，鼓其腹。」雷神的「龍身」為騰雲致雨的想像，「鼓其腹」則為雷聲的由來，此處「鼓」為敲擊，作動詞用。因為雷電聲響，先民想像是大鼓為聲，故也以為雷神持鼓。《山海經‧大荒東經》有則記錄，其云：

> 東海中有流波山，入海七千里。其上有獸，狀如牛，蒼身而無角，一足，出入水則必風雨，其光如日月，其聲如雷，其名曰夔。黃帝得之，以其皮為鼓，橛以雷獸之骨，聲聞五百里，以威天下。

夔獸帶來風雨雷電，於是黃帝取其皮為鼓面，骨為鼓槌，制成鼓。雖未明指夔獸為雷神，但這則故事已暗示雷雨發生，是神怪之物所為。東漢王充批判上天以雷擊殺人之謬，主張雷電是自然現象，反對有雷神，其云：

> 圖畫之工，圖雷之狀，纍纍如連鼓之形。又圖一人，若力士之容，謂之雷公，使之左手引連鼓，右手推椎，若擊之狀。其意以為，雷聲隆隆者，連鼓相扣擊之意也；其魄然若敝裂者，椎所擊之聲也；其殺人也，引連鼓相椎，并擊之矣。世又信之，莫謂不然。如復原之，虛妄之象也。

《論衡》諸多篇章評論雷擊為自然，並非天之怒，然亦可知民間多以雷電為天怒。引文顯示當時畫工所畫雷公（神）為大力士，做擊鼓狀，以示雷聲，並以雷電擊殺罪人。上天具象化為雷神，今日考古所見題為「雷公出行圖」的漢畫，幾乎皆為執槌擊鼓之狀，可與王充描述相參照。[24] 而雷公被賦予懲惡之責，具有伸張正義的意義，在漢代圖像中常乘車出行，亦有巡察四方之意。

　　漢代官方祭祀涵蓋日月星辰與自然萬物，祈求四方神靈保佑，風調雨順。漢人認為自然現象是天神的示現或啟示，以天象印證人事，又以人事投射於天象，故以天人相應的思維方式，看待自然萬物。董仲舒將國君比擬為天，統率百官，而「天者，百神之大君也。事天不備，雖百神猶無益也。」（《春秋繁露‧郊語》）敬天事天，意味以天道行事，使得天人相應具有道德判斷的意義，而統百神之「天」也形象化為「天帝」。殷商時期

---

[24] 據《中國畫像石全集》收錄漢畫像石，題為「雷神出行圖」有 6 幅，大多為雷神乘於雲車，執槌擊鼓。(《中國畫像石全集》八冊，中國畫像石全集編輯委員會編，濟南：山東美術出版社、鄭州：河南美術出版社，2000.6) 這些雷神圖，多集中於山東，顯示「東夷文化」的特色，相關論述可參考李立：《漢墓神畫研究──神話與神話藝術精神的考察與分析》，上海：上海古籍出版社，200.12。

已有「上帝」信仰，其原型應來自太陽崇拜，至周代則賦予道德意涵，人格化為「昊天上帝」，成為至上神。另以北極星為原型的「天帝」也於先秦時有所發展，人格化為「太一」，至漢武帝後成為最高天神而祠祀，其後迭有消長，東漢後逐漸減少星神的色彩，與昊天上帝融合。[25] 此外，太一神也神仙化，在民間以太一神為統理陰陽，掌管眾神的至尊神，具有崇高地位。帝王祠祀天帝，除了昭示敬天之意，更為了自身權力的確立，而民間更多祈求天帝賜福，或主持正義。從太一神位的升降，與昊天上帝的關係，以及官方與民間祭祀的差異，可見得神明形象與意義在不同時空的多層次變化，呈現漢代鬼神信仰的豐富與複雜樣貌。

第三節 長生成仙

「仙」由「僊」而來，先秦文獻之「僊」字，可見於《詩・小雅・賓之初筵》：「舍其坐遷，屢舞僊僊。」原詩描述喝醉時失其威儀，起舞跳躍，衣袖飛揚之貌。詩中「僊」字並無不死之義，但疊字為「僊僊」，其意象已含離地騰空之想像。另外，《莊子・天地》有一則華封人喻堯的故事，封人提及：「千歲厭世，去而上僊；乘彼白雲，至於帝鄉。」[26] 此處「上僊」指稱人之飛昇，且有一個理想的「帝鄉」境地，「僊」字之使用仍為上昇之意。西漢許慎《說文解字》釋「僊」字為「長生僊去，從人從䙴，䙴亦聲。」已具有「長生」與「飛升」兩種意義，而《說文字解》釋「真」字為「僊人變形而登天也」，將「僊人」視為一個代表特定對象的名詞，且對「僊人」登天設定了「變形」的條件。許慎解「僊」為一會意兼聲字，從人從䙴，《說文解字》未收「䙴」字，但有「舁」字，為升高之意。「僊」本有「飛揚」和「遷離」之意，形象化的「僊」（仙）一方面具有「長生」的能力，一方面又得飛昇離世，成為具有長生不死以及自由飛翔兩大特徵的特定名詞。此兩大特徵意味生命不再由死亡終結，活動也不再被空間束縛。

《莊子・逍遙遊》中借肩吾傳接輿之言，描述之「神人」，具有後世仙人的意象，莊子原以「神人」指稱一理想人格，從認知消弭物我界限，

---

[25] 以蒼天為原型的「上帝」，和以北極星為原型的「天帝」，兩者於漢代有結合趨勢。劉屹認為出現兩個最高天帝，可能來自不同背景和地域的文化傳統，而「太一」既是星神又是天帝，在「漢代已經同時具有天文學、哲學和神學等多種內涵。」（劉屹：《敬天與崇道──中古經教道教形成的思想史背景》，北京：中華書局，2005.4，頁151）

[26] 除了〈天地〉中有「僊」字，《莊子・在宥》亦有：「鴻蒙謂雲將曰：『毒哉。僊僊乎歸矣。』」此處「僊僊乎」據成玄英疏是「輕舉之貌」，與《詩經》之「僊僊」皆作形容詞用。

而得以突破時空限制，達到「天地與我並生，萬物與我為一。」（《莊子·齊物論》）莊子的「神人」僅為其理想境界的描述，但開啟後人對於「僊人」的具體想像，甚至通過變形，使人擁有突破時空的能力，也發展出各種成為「僊人」的方法，相較莊子「心齋」、「坐忘」的修煉，更具實踐性。《史記·封禪書》記齊威王、齊宣王、燕昭王皆遣使入海尋訪三神山，因為「諸僊人及不死之藥皆在焉」，其後秦始皇亦多方派人入海求之而不得。嚮往並追求不死，並且出現僊人與不死藥，逐漸成形。然而，《呂氏春秋》、《淮南子》與《山海經》雖有關於不死國的記錄，但皆未使用「僊」字指稱不死者，只有《呂氏春秋·慎行論》記南方不死之鄉有「羽人」，至《史記》中方有「僊人」、「神僊」與「僊藥」等用法。因此大約在秦漢之際，「僊」才逐漸從飛升成為特定指稱具有不死與飛翔能力的「僊人」。

至於「仙」字則較為後起，許慎《說文解字》在「僊」字後有一「仚」字，解為「人在山上貌」，仙人在山中的意象也逐漸形成。東漢末劉熙於《釋名·釋長幼》之末云：「老而不死曰仙。仙，遷也。遷入山也。故其制字人傍作山也。」劉熙將「仙」定義為「老而不死」，突出了「不死」的特徵，而「仙」之字形取意為「僊人」入山。早期「僊」能飛昇離世，遨遊神境，其後逐漸遷入山林，居於人間。由「僊」到「仙」，字形與字義演變，顯示人們對「仙人」概念的認知轉變，原本「僊人」專屬的「僊境」與人間疊合，成為「仙人」，仙人不必遠離人世，可以長住人間。另外，漢人結合「神」與「僊」，而成「神僊」一詞。《漢書·藝文志》有云：「神僊者，所以保性命之真，而遊求於其外者也。」班固所論的「神僊」，已結合「保性命之真」與「遊求於其外」，這兩點也是上述「僊人」所具有的重要特徵。漢人塑造仙人形象，賦予突破時空的能力，為追求成仙而有各種成仙方術。透過變形，人可以轉化為仙，有別於鬼神為死後的形貌，仙人是生命的延續，其長生與自由，是生命理想的終極型態。漢人建構出不同於凡人的神仙世界，也嚮往和神仙一樣擁有永恆生命與飛昇能力。之後，仙人成為道教的修煉目標，仙境與人仙交流也成了文學藝術的重要題材。

一、不死願望

「仙人」具有兩個重要特徵，一為長生不死；一為飛翔於天，超越時間與空間的限制。由於死亡充滿未知，未知是恐懼的根源，僅管莊子以自然循環看待生死，以麗姬悔泣之寓言說明：「予惡乎知夫死者不悔其始之蘄生乎！」（《莊子·齊物論》）仍難以寬慰對逝世的難過，無法化解對死

亡的恐懼。由於生命有限，期盼延長壽命，乃至追求不死，有其發展歷程。上古時期對於生命永恆的渴望，在西周中晚期的金文中，常見「眉壽永命」（永令）的祈願嘏辭。[27] 銘文反映了貴族對永生的願望，而《詩經》中亦有「報以介福，萬壽無疆。」（《詩經‧小雅‧信南山》）「君子萬年，永錫祚胤。」（《詩經‧大雅‧既醉》）這些祝福的話語，不必然為具體追求不死的行動，至少表露出對延續生命，能夠永久的企盼。

在先秦諸子中，道家有養生之說，也有提及「不死」。如《老子》有「谷神不死」，但其「不死」者為「谷神」，描述一種永恆的狀態。而《莊子‧山木》提到「不死之道」，是說明一種無用之用的謙隱處世態度，並非對「不死」永恆的渴望，更無追求不死的方法。另外，人類可長壽，但還無法與他物相比，以古時傳說久壽的彭祖為例，《莊子》書中多處提及，如〈逍遙遊〉有「彭祖乃今以外特聞」，彭祖雖壽，但與五百年為春秋的冥靈以及八千歲為春秋的大椿相比，根本不值得一提。莊子藉壽命長短對比，欲破除對時間認知的限制，而非追求長生。莊子雖有養生之說，但重點在於如何面對人世的複雜，其理想境界是「天地與我並生，而萬物與我為一。」（《莊子‧齊物論》）莊子視生死一如，兩忘生死，最終「入於不死不生」。（《莊子‧大宗師》）至於《莊子》外篇〈在宥〉記黃帝問「至道」於廣成子，廣成子答曰：「必靜必清，無勞女形，無搖女精，乃可以長生。目無所見，耳無所聞，心無所知，女神將守形，形乃長生。」此處已言及具體的長生方法，清靜無欲，保精養神，就能使形體長生。此說與莊子內篇思想有所衝突，或為莊子後學所記，[28] 但也可見從老莊道論

---

[27] 如西周中期「應侯見工鐘」之銘文：「用易（賜）眉壽永命，子子孫孫永寶用。」西周晚期「小克鼎」：「屯（純）右（祐）眉壽，永令（命）霝（靈）冬（終），邁（萬）年無疆（疆）。克其子子孫孫永寶用。」（《殷周金文集成》（修訂增補本），中國社會科學院考古研究所編，北京：中華書局，2007.4，頁 101、1466）據中央研究院歷史語言研究所金文工作室製作之「先秦甲骨金文簡牘詞彙資料庫」（http://inscription.sinica.edu.tw）所收《殷周金文集成》與《新收殷周青銅器銘文暨器影彙編》檢索「永命」一詞，得97筆資料。這些銘刻於殷周青銅器的銘文，多為王室宗廟或諸侯祭祀之禮器或樂器，內容多為祭典訓誥、征伐功勳、賞賜策命和盟誓契約等。西周中後期大量出現祈禱永命用語，常以「子孫永寶用」為嘏辭作結，祈求永世流傳，後世子孫永享祖先功德，也涵蘊不朽的願望。鄧佩玲考論東周金文嘏辭，指出：「壽考嘏辭之數量最多，用語形式亦最為豐富，此蓋與古人對長生之強烈願望與渴求攸關。」（鄧佩玲：《天命、鬼神與祝禱——東周金文嘏辭探論》，臺北：藝文印書館，2011.12，頁 102）

[28] 錢穆先生認為《莊子》書中言長生者皆晚起，「要之其言長年壽，與莊子一死生之旨，盡天年之教，固已乖矣。故知皆非莊子之言也。」（錢穆：《莊老通辨》，臺北：東大圖書，1991.12，頁 262）莊子論養生之道，在內篇中為消弭認知差異的無私無我，以心齋坐忘為方法，達於超越生死的境界。在外雜篇中出現以形體或壽命永恆的

所衍生出的長生之道，有其理論的源頭。

春秋時期已有「不死」的說法，《左傳·襄公十七年》與《晏子春秋·外篇七》皆記齊景公飲酒作樂，問晏子：「古而無死，其樂若何？」晏子對曰：「古而無死，則古之樂也，君何得焉？」晏子雖是反駁不死，但景公之問，也反映當時流傳古代有不死者。至於《韓非子》中有兩則故事，分別為獻不死藥於荊王者，被宮中衛士戳破謊言，另一則提及有客教燕王不死之道，以燕王被騙收場。[29] 雖然這兩個故事都提醒君王勿信不死之說，但應可推知戰國時期已有不死的方法，並且出現「不死藥」，引發追求。[30] 至於戰國末年的《呂氏春秋·重己》云：

> 世之人主貴人，無賢不肖，莫不欲長生久視，而日逆其生，欲之何益？凡生之長也，順之也；使生不順者，欲也；故聖人必先適欲。

此處言不論身份，都想追求長生，應是當時的普遍願望。而長生須「適欲」，即節制欲望，已涉及具體養生之法。向神仙索求不死藥，需要機緣而無法自己掌握，如果凡人能自行煉製不死藥，或是掌握天地之氣的運行，或是其他能影響鬼神的法術，便能能將原本先天命定的年壽，轉而為後天得以更改，從而實現長生不死的願望。

養生論，如上引《莊子·在宥》論及長生之道，廣成子強調「我守其一，以處其和，故我修身千二百歲矣，吾形未嘗衰。」黃帝往見廣成子本為請益治國之道，廣成子引導黃帝從「治身」著手，雖於下文鴻蒙有云：「墮爾形體，吐爾聰明，倫與物忘，大同乎涬溟。」又有「頌論形軀，合乎大同，大同而無己。」仍申論無己而與物相忘，但已觸及形體永恆。另外〈達生〉雖批評世俗養形之人，然其理想為「形全精復，與天為一。」即達於生之本，為「形精不虧」，與內篇所論，已有不同。劉榮賢認為外雜篇的養生思想較內篇突顯「形」的重要，心物關係也有所變化，並朝向黃老治身與治國合一的思維，莊子學的養生思想也反映了思想史的發展。（劉賢榮：《莊子外雜篇研究》第六章〈外雜篇中的養生思想〉，臺北：聯經出版，2004.4，頁 155-180）

[29] 獻不死之藥於荊王見《韓非子·說林上》；教燕王不死之道見《韓非子·外儲說左上》。韓非子不僅駁斥不死之說，還著眼於為君之道，勿輕信臣子。

[30] 因應追求長生而有「不死藥」，大約在戰國中後期出現，除《韓非子》有「不死藥」之事，尚可見《史記·封禪書》記戰國諸王求不死藥，遣使尋訪海上仙山，而秦始皇與漢武帝皆有求不死藥之事。漢初《淮南子·覽冥》提及「羿請不死之藥於西王母，姮娥竊以奔月。」后羿得到不死藥，而西王母是不死藥的擁有者。《山海經·海內西經》記崑崙山有不死樹，《山海經·大荒西經》言西王母居崑崙山，西王母與崑崙山有「不死」之連繫。西王母神話和崑崙山神話原本是兩個獨立發展的神話系統，兩者在先秦文獻中並無關係，到了西漢中期崑崙山才逐漸成為西王母的處所。巫鴻從考古出土之漢代圖像證明這個演變的過程，顯示漢人賦予西域神奇的想像，並反映對長生的追求。（巫鴻：《武梁祠：中國古代畫像藝術的思想性》，楊柳、岑河譯，北京：三聯書店，2006.8，頁 140）另外，《山海經·海內西經》記六巫「夾窫窳之尸，皆操不死之藥以距之。」不死藥不僅能讓活人長生，甚至能起死回生。「不死藥」最早為神仙所有，稀有難得；其後透過方士為中介，能與神仙交流而覓得；再變為方士掌握不死藥的煉製方法，能自力完成。這個過程，與「仙」的意義與形象變化有關。

二、仙人形象

　　仙人具有長生與飛昇兩個特徵，在先秦文獻中尚未有具體描述。比較特別的是莊子在〈逍遙遊〉中有一段對「神人」的著名描述，文曰：

> 藐姑射之山，有神人居焉，肌膚若冰雪，綽約若處子；不食五穀，吸風飲露；乘雲氣，御飛龍，而遊乎四海之外。其神凝，使物不疵癘而年穀熟。

此言為說明達到不受俗務侵擾，能與萬物為一的境界，莊子的「神人」是其理想的形態，唯此處之「神人」非常具象，有居住之地，外形、飲食與行動方式。「神人」的形體潔白，寓意無瑕無累，不食人間五穀，不需要常人的飲食為生，風露寓意與天地同體，至於飛翔則象徵脫離時空的束縛。莊子意為展示「神人」的逍遙自在，而這一段充滿想像的文字，就成為後世文學中「仙人」的樣貌。

　　因為「僊人」能飛昇，遨遊於天際，故有羽翼，此一形象為人與動物之特徵結合，具有飛翔的能力。「僊人」有飛羽，應源自「羽人」的傳說。《楚辭‧遠遊》有詩句：「仍羽人於丹丘兮，留不死之舊鄉。」[31]〈遠遊〉之作者或有爭議，如為屈原所作，則於戰國後期已有「羽人」之名，且與「不死」連結。《呂氏春秋‧慎行論》提到傳說大禹求賢於四方，遊歷南方時有「九陽之山，羽人、裸民之處，不死之鄉。」另外，《山海經‧海外南經》記：「羽民國在其東南，其為人長頭，身生羽。」羽人一如其名，長有如鳥之雙翅，又有不死的特徵，可視為「僊人」形象的原型。《淮南子‧墬形》也記：「洋水出其西北陬，入於南海羽民之南。」南方有羽人國，應已是戰國後期至漢初的普遍認知。至於「羽人」的形象與「僊人」結合，應於兩漢時期逐漸合一。考古所見漢代畫像石、畫像磚以及漢墓壁畫，皆有大量羽人，其形象或人身羽翼，或半人半獸，形象多元豐富，如下圖所示。

---

[31] 東漢王逸注本句：「《山海經》言有羽人之國，不死之民，或曰：人得道，身生毛羽也。」除了羽人國的傳說，「羽人」也具有得道而長出羽毛之意。有關羽人的流傳以及與「僊人」的關係，可參考蕭登福：《先秦兩漢冥界及神仙思想探原》，台北：文津，1990.8，頁307-388；武內義雄：《神僊說》，東京都：岩波書店，1935。

南陽市東關七孔橋畫像（漢羽人戲龍畫像石，南陽漢畫館，河南省南陽縣）[32]

漢武氏祠前石室十一右面

（武氏墓群石刻，嘉祥縣武氏祠保管所，山東省嘉祥縣）[33]

---

[32] 此圖又名〈羽人戲龍畫像〉，羽人立於畫面一側，面向飛龍，身後有雲氣飛揚。圖片來源：中研院史語所數位資源整合檢索目錄（http://www.ihp.sinica.edu.tw/）。漢代畫像石有許多相似的圖像，學者解讀或有不同，日本學者林巳奈夫引用一幅南陽畫像石的圖案，認為是仙人正以藥草餵食青龍，因仙人手腳靈活，故負責採集，並具以論述畫像中的仙人，不同於文獻資料中顯示卓越不凡。（[日]林巳奈夫：《刻在石頭上的世界——畫像石述說的古代中國的生活和思想》，唐利國譯，北京：商務印書館，2010.9，頁201-214）

[33] 圖像共四層。第一層（由左至右）：左側有巨鳥向左飛行，中間為一羽人，左向手拉巨鳥，右方有鳥首、獸首卷雲紋；第二層（由左至右）：左側有一方臺，臺上一物。左右各有一羽人手扶方臺，方臺上方有人首鳥身及羽人。中間有一樹，樹旁有一羽人，右側左邊有一樹六椏，枝葉下垂，中間有一蓂莢十五葉，右側右邊有一羽人，手扶蓂莢；第三層圖像為孝子故事；第四層圖像為迎謁及車馬出行。此圖上兩層顯示羽人的活動，冥莢為瑞草，象徵循環不息。圖片資料來源：中研院史語所數位資源整合檢索目錄（http://www.ihp.sinica.edu.tw/）。

「羽人」能飛昇，也有長生不死之特徵，是以常見於漢墓畫像石或畫像磚。期待墓主於死後能得見羽人，或希冀墓主能轉化為羽人，獲得長生。由於人死後只剩形體，漢人想像通過「形解」的方式，[34] 卸下形體的束縛，使生命能轉化成另一種形式，達到永恆，這便是成仙方術中「尸解」法。東漢王充批評死後成仙，認為「尸解」之說不可信，他說：

> 世學道之人，無少君之壽，年未至百，與眾俱死，愚夫無知之人，尚謂之尸解而去，其實不死。所謂「尸解」者，何等也？謂身死精神去乎？謂身不死得免去皮膚也？如謂身死精神去乎？是與死無異，人亦仙人也。如謂不死免去皮膚乎？諸學道死者，骨肉具在，與恆死之尸無以異也。夫蟬之去復育，龜之解甲，虵之脫皮，鹿之墮角，殼皮之物解殼皮，持骨肉去，可謂尸解矣。今學道而死者，尸與復育相似，尚未可謂尸解。何則？案蟬之去復育，無以神於復育，況不相似復育，謂之尸解，蓋復虛妄失其實矣。（《論衡‧道虛》）

王充將「尸解」類比動物脫殼，藉以批評成仙的「尸解」法，並不如動物能將形體轉化為另一種形式，只憑想像，無從證實。王充從經驗駁斥未見死後尸體變化，沒能長出羽翼，故尸解不可信。然從其論辯，也說明漢人認為「尸解」是一種形體轉化之術，死亡是轉化的關鍵，透過「尸解」，可以如同羽人，獲得長生。

由於眾多求仙者如同一般人，最終仍會死亡，「尸解」之論述，有效解釋了這個現象。「尸解」並不是真的死亡，而是解脫軀體，變形轉化成仙。神仙方術的目標是生命的永恆，克服死亡，修煉成仙者根本無須經歷死亡，然而對升仙的渴望，不限於生時升仙，死後的亡靈仍有機會升仙。因此「尸解」觀念的形成，是成仙理論的一大突破。透過殯葬的規畫，從死前用藥，墓室的規畫，入殮的程序，陪葬物品與屍體保存，關鍵在於死時魂魄是否離散，能使「魂魄安形」、「招魂復魄」，[35] 以近似復活的方式，

---

[34] 《史記‧封禪書》記戰國後期於燕齊興起求仙方術，「宋毋忌、正伯僑、充尚、羨門高，最後皆燕人，為方僊道，形解銷化，依於鬼神之事。」從戰國至漢，流傳成仙方術的方僊道，能使「形解銷化」。裴駰《集解》引東漢服虔注曰：「尸解也。」形解即尸解，透過形體的變化，獲得長生。

[35] 馬王堆漢墓出土竹簡《十問》，屬房中術醫書，黃帝問容成長生之道，容成詳述治氣搏精之法，有云：「魂魄安形，故能長生。」其論從陰陽立說，雖是房中煉氣之法，但也顯示魂魄與形體的關係。《儀禮‧士喪禮》詳述以亡者之衣進行招魂儀式，鄭玄注云：「復者，有司招魂復魄也。」又云：「衣尸者，覆之，若得魂反之。」這個儀式意味死者的魂魄回歸屍身。以馬王堆一號墓的墓主軚侯夫人辛追為例，其屍體的防腐處理，象徵形體不滅，若魂魄也不離形，則能羽化登仙。其四重棺槨的形式，正象徵

克服死亡，得道升天。至魏晉時期，隨著成仙方術變化，以及仙人形象轉變，尸解羽化的成仙方術漸為低下，在神仙三品的區分中成為下品之尸解仙，[36] 但是「尸解」仍是成為神仙的重要方術之一。

轉化成仙的過程，巫鴻指出第一重棺色黑為死亡，第二重黑地彩繪棺與生者分離，第三重朱地彩繪棺代表進入神靈保護的地府，第四重錦飾內棺則進入不死仙境。（巫鴻：〈禮儀中的美術——馬王堆再思〉，《禮儀中的美術》，陳星燦譯，北京：三聯書店，2005.7，頁 101-122）再證之覆於內棺的 T 型帛畫，畫面呈現天上、人間與地下三層結構，顯示墓主經過喪葬儀式，逐步升仙的過程。姜生比對帛畫與棺槨，指出：「整個套棺從內而外依次表達了漢初死後尸解成仙的信仰的完整程序：入冥界、登昆崙、上九天、合大道。」而「T 型帛畫和四重套棺的物理結構與符號結構完美結合，使之形成『象徵』和『現實』的混融狀態。」（姜生：《漢帝國的遺產：漢鬼考》，北京：科學出版社，2017.7，頁 363）漢人想像位於西北的崑崙山有天柱，其上有「天門」，通往天上仙境，《山海經‧海內西經》記：「面有九門，門有開明獸守之，百神之所在。」崑崙山是永生的界線，尚有三重，《淮南子‧墜形訓》詳述之，其云：「昆侖之丘，或上倍之，是謂涼風之山，登之而不死。或上倍之，是謂懸圃，登之乃靈，能使風雨。或上倍之，乃維上天，登之乃神，是謂太帝之居。扶木在陽州，日之所曝。建木在都廣，眾帝所自上下，日中無景，呼而無響，蓋天地之中也。」從涼風之山，上至懸圃，最終登天界，漢墓帛畫與棺槨型式皆對應之，此即為漢人尸解成仙的程序。另外，崑崙山雖位於西方，卻是世界中心，有貫通天地之柱，此亦呼應漢人天人相應的思想。再參照神話學，大地中央的天地之柱，意味天地的通道，伊利亞德（M. Eliade）認為神話與宗教信仰中的聖山位於天地交會處，具有世界「中心」的象徵意義，寺廟與聖城也位於此。通往中心的道路是條「艱難之道」，是一條由俗入聖，由死而生，從人到神的通過儀式。（[羅馬尼亞]米爾恰‧伊利亞德：《宇宙與歷史：永恆回歸的神話》，臺北：聯經出版公司，楊儒賓譯，2000.6，頁 9-16）日本學者小南一郎認為崑崙山便具有世界中心的性質，他說：「地上世界的人只有攀登處於世界中心的山和樹而穿過天門，才能獲取天上的不朽性質。萬物誕生在這個中心，世界上的生命力、諧調、秩序等統統以此為泉源。」（[日]小南一郎：《中國的神話傳說與古小說》，孫昌武譯，北京：中華書局，2006.11，頁 67）

[36] 西晉道士葛洪引古仙經之語，謂：「上士舉形昇虛，謂之天仙。中士遊於名山，謂之地仙。下士先死後蛻，謂之尸解仙。」（《抱朴子內篇‧論仙》）將神仙三品結合士三品，構成對應關係，修道者依不同能力而成就不同品第的神仙。上士成天仙，中士為地仙，下士則尸解仙，此上、中、下之分，也暗含三品仙的活動範圍。神仙三品在兩漢逐漸形成，《太平經》已有士三品說，天師道也有三品仙之說。葛洪提出的神仙三品，與太平道、天師道不盡相同，也與上清經系統的神仙分級有別，除了反映神仙三品說在初期的分歧情況，也可突顯葛洪金丹道的立場。關於道教中「仙人」的內涵及品級，可參見李豐楙：《不死的探求——抱朴子》，台北：時報文化，1998.12，頁 160-186。相傳葛洪所著《神仙傳》，記東漢末年一位尸解得道之王方平，度化另一位小官蔡經的經過，其云：「經者，小民也，骨相當仙，方平知之，故往其家。遂語經曰：『汝生命應得度世，故欲取汝以補官，然汝少不知道，今氣少肉多，不得上升，當為尸解耳。尸解一劇須臾，如從狗竇中過耳。』告以要言，乃委經去後，經忽然身體發熱如火，欲得水灌，舉家汲水以灌之，如沃焦石，似此三日中，消耗骨立，乃入室以被自覆，忽然失其所在。視其被中，惟有皮頭足具，如今蟬蛻也。去十餘年，忽然還家，去時已老，還更少壯，頭髮還黑。」這段敘述清楚說明尸解的過程如同蛇蛻，像鑽過狗洞痛苦，而褪去舊皮囊，即意味獲得新生，返老還童。《神仙傳》記一位東漢

　　「羽人」與「僊人」的形象相同，「僊人」身有羽翼，為漢人普遍認知。王充論辯仙人生羽毛乃虛妄，羽毛與長生並無關聯，他說：「圖仙人之形，體生毛，臂變為翼，行於雲，則年增矣，千歲不死。此虛圖也。」（《論衡・無形》）羽翼有助飛昇，雖是突破空間，但從羽化而言，亦是藉由形體改變獲得生命的延續的象徵。由於「僊人」從天上逐漸轉變為往來天上人間的「仙人」，「仙人」的形象也逐漸褪去羽翼，與人形相同，生活在人間的山林，或混跡於民間。原本飛昇的想像，來自於掙脫現實世界束縛，但成仙之後遠離人間，不盡然理想，於是從「僊」轉變為「仙」，其意義在於遊於世外又能處於現世，神仙觀念的變化，可視為一個「世俗化」的過程。[37] 從「彼世」到「此世」，神僊逐漸「人形化」為神仙，神仙與凡人關係也有所調整，同時也促使各種養生方伎的仙術化，求仙方術多元，成仙之人遍及各個階層，[38] 不分性別貴賤，所有人都能成仙。

三、元氣始生

　　戰國時，各國諸侯紛紛派人求取不死藥，至秦始皇和漢武帝達至高峰。當「僊」向「仙」的轉變初期，求仙者多為諸侯帝王，方士以能得不死藥而受封得賞，是以出現大量方士。兩漢士人對帝王求仙的行為多有批評，對於神仙是否存在則持懷疑態度，也多從實證角度否定長生。反對神仙者，從氣之聚散釋生死，以生死循環即為陰陽變化之理，氣聚成形，形亡氣散。西漢揚雄、桓譚與東漢王充、荀悅等皆從此論。如揚雄認為神仙不存在，死亡也無法避免，無法通過方術求得長生。揚雄駁斥問者提出的

　　得道之仙人陰長生，飛升前云：「上古得仙者多矣，不可盡論，但漢興以來，得仙者四十五人，連余為六矣。二十人尸解，餘者白日升天焉。」此言漢朝以尸解得仙者，超過四成，實為重要成仙之法。

[37] 余英時曾指出這是道教世俗化的轉變，秦漢之際求仙的流行開始導至神僊思想世俗化，仙人的形體不朽也逐漸成為民間的普遍觀念。（余英時：《東漢生死觀》，侯旭東等譯，上海：上海古籍出版社，2005.9，頁27-47）劉屹也有詳論，他認為從西漢後期到東漢時神僊思想進一步世俗化，求僊成為一般人都可追求的目標，僊人的形象與求僊技術都有如此趨勢。（劉屹：《敬天與崇道——中古經教道教形成的思想史背景》，北京：中華書局，2005.4，頁448-489）另外，關於神仙思想的形成與發展，還可參見津田左右吉：〈神僊思想の研究〉，收入《津田左右吉全集》10，東京：岩波書店，1987，頁172-333。

[38] 「仙人」是凡人通過一定的方式變化而成，長生不死，能飛升，並有各種神通。相傳劉向所著的《列仙傳》記有神仙71人，從帝王將相至販夫走卒，甚至還有乞丐（陰生），並有女性如江妃二女、鉤翼夫人、毛女、女丸等。這些仙人的成仙方術，以服食為主，並有房中、行氣與辟穀之法。余嘉錫考證本書為東漢人所作，偽託劉向。（余嘉錫：《四庫提要辨證》（下），昆明：雲南人民出版社，2004.11，頁1018-1026）若從成仙不分身份，以及成仙方法的多元而論，應是東漢時期的作品。

「人言仙者,有諸乎?」、「壽可益乎?」等問題,闡釋人無不死的觀點,並言「有生者必有死,有始者必有終,自然之道也。」(《法言・君子》)可見其立場。桓譚從揚雄之說,強調「無仙道,好奇者為之。」並批評時人:「今不思勉廣日學自通,以趨立身揚名,如但貪利長生,多求延壽益年,則惑之不解者也。」(《新論・袪蔽》)積學可成仙之說只是方士空言。

東漢班固亦對求仙之事不以為然,其於《漢書・藝文志》之「方技略」著錄「神僊十家」時云:「神僊者,所以保性命之真,而游求於其外者也。聊以蕩意平心,同生死之域,而無忧惕於胸中。然而或者專以為務,則誕欺怪迂之文彌以益多,非聖王之所以教也。」班固雖未否定神仙,但卻批評方士。其後,王充否認肉體不死,甚至駁斥神仙存在,但卻修習養生術,還有養生著作。[39] 對王充而言,神仙與養生可以區分,不信神仙並無礙養生延年。至東漢末荀悅批評成仙之術不可信,但對於是否有神仙則留有餘地,其云:

> 或問神僊之術。曰:「誕哉!末之也已矣。聖人弗學,非惡生也。終始,運也,短長,數也。運數非人力之為也。」曰:「亦有僊人乎?」曰:「僬僥桂荴,產乎異俗,就有仙人,亦殊類矣。」(《申鑒・俗嫌》)

荀悅認為生死為運數,非人力所為,但對於「仙人」,則歸於「異類」,並不反世有仙人。漢代流行天人相應,鬼神與仙人的想像普及,士人雖有反對神仙之說者,但世人相信神仙,仍是主流。流傳於東漢的《列仙傳》於書末贊語有云:

> 《周書》序桑蟜問涓子曰:「有死亡而復云有神仙者,事兩成邪?」涓子曰:「言固可兩有耳。《孝經援神契》言,不過天地造靈洞虛,猶立五嶽、設三台。陽精主外,陰精主內,精氣上下,經緯

---

[39] 王充論云:「有血脈之類,無有不生;生無不死。以其生,故知其死也。」有生必有死,「夫有始者必有終,有終者必有始。」(《論衡・道虛》)王充承揚雄、桓譚之說,強調有始有終,是為自然循環論。由此而論,既無仙人,更無學仙之法。另外,〈無形〉否定人能變化不死,〈論死〉、〈死偽〉等篇也批駁人死為鬼的觀念。王充基本上認為人稟氣受命,生死已前定,故沒有任何方法可更改。然而,《論衡・自紀》有云:「乃作《養性》(生)之書凡十六篇。養氣自守,適食則酒,閉明塞聰,愛精自保,適輔服藥引道,庶冀性命可延,斯須不老。」《後漢書》亦云:「(充)年漸七十,志力衰耗,乃造《養性書》十六篇,裁節嗜欲,頤神自守。」王充晚年力行養生之事,可見得生命大限對他造成的影響。日本學者大久保隆郎著有〈桓譚と王充──神仙思想批判の繼承〉,詳論王充繼承桓譚對神仙的批評,可參考之。(本文見《福島大學教育學部論集(人文科學部門)》,30-2,1978.11,並收於《王充思想の諸相》,東京:汲古書院,2010.1)

> 人物。道治非一，若夫草木皆春生秋落，必矣，而木有松柏櫃檀之
> 倫百八十餘種，草有芝英、萍實、靈沼、黃精、白符、竹、戒火，
> 長生不死者萬數。盛冬之時，經霜歷雪，蔚而不凋。見斯其類也，
> 何怪於有仙邪？」

桑嬌之問，正是對於人必有死，以及神仙不死，兩者矛盾對立的質疑。涓子的回答引緯書《孝經援神契》，闡述天地萬物看似有生死，但也有歷久不衰，恆常不變之物。這段論述利用物類多樣，人無法盡知，反詰不信神仙者，因所知有限，無法否定有神仙的可能。再從氣之化物而論，陰陽兩氣化成萬物，生命各有長短，亦有長生不死者。此論雖未明示凡人可以成為神仙，但《列仙傳》所記神仙，皆是凡人通過成仙方術，變成神仙。

漢人相信神仙，更追求凡人能成仙，而人能長生不死的理論基礎在於「氣」。「氣」與生命的關係，應源自於老子，《老子》第四十二章提到萬物從道而生，由簡而繁的過程，並謂：「萬物負陰而抱陽，沖氣以為和。」此章句顯示萬物具陰陽二氣，並融合和諧之。莊子明確以氣之聚散論生死，藉黃帝與知的對話，論云：「生也死之徒，死也生之始，孰知其紀！人之生，氣之聚也，聚則為生，散則為死。若死生為徒，吾又何患！故萬物一也。」（《莊子・知北遊》）莊子從生死循環論生死同一，氣之聚散只是道的運行，故消弭死生之別，與萬物為一。但莊子論及氣之聚合成形，散失為滅，卻發展成生死的關鍵為氣。由於氣之聚合形成萬物，人由氣而來，若能生氣不絕，使其不散，即得長生。由稷下學派發展的黃老思想，強調治身與治國合一，其養生觀上承老莊氣論。如《管子・樞言》：「有氣則生，無氣則死，生者以其氣。」本章從天道言人道，人主應法天愛民，然以氣為生命的樞紐，應於戰國中後期逐漸成為普遍的觀念。

漢人視「氣」為生命之源，發展出「元氣」理論。[40]《淮南子・天文》承老子道生萬物之論，謂：

---

[40] 「元氣」一詞雖不見於先秦文獻，但以「氣」為萬物之始，並結合「元」為首之意，應於戰國後期便已逐漸成形。《呂氏春秋・應同》引黃帝曰：「芒芒昧昧，因天之威，與元同氣。」文中所論為上古君王能與天同氣，順應自然法則。「與元同氣」雖與修仙無關，但〈應同〉提及「類固相召，氣同則合。」從「類」與「氣」之相同，得以相召投合，亦使「氣」能以萬物之元而成為萬物相通的基礎。《淮南子》之〈泰族〉與〈繆稱〉皆引黃帝此語，申述聖人能體道無為。此處之「與元同氣」雖從政治而論，但亦突顯「氣」為萬物之源的意義，可視為先秦氣論發展至兩漢氣論的過程。可參考李存山：《中國氣論探源與發微》，北京：中國社會科學出版社，1990.1）《氣的思想——中國自然觀與人的觀念的發展》，[日]小野澤精一、福永光思、山井涌編，李慶譯，上海：上海世紀出版集團，2007.3。「元氣」於漢代再進一步與修仙結合，為漢人普遍認知，如《列仙傳》記老子成仙，「德合元氣，壽同兩儀。」東漢王逸注《楚辭》時所作《九思・守志》，詩云：「隨真人兮翱翔，食元氣兮長存。」皆以仙人能保有「元氣」而得以長生。

> 道始生虛廓，虛廓生宇宙，宇宙生氣。氣有涯垠，清陽者薄靡而為天，重濁者凝滯而為地。清妙之合專易，重濁之凝竭難，故天先成而地後定。天地之襲精為陰陽，陰陽之專精為四時，四時之散精為萬物。

道是萬物之原始，從道至萬物，從無至有，其中有一重要關鍵，即是「氣」。北宋《太平御覽・天部一》的〈元氣〉條引《淮南子》本段作「宇宙生元氣，無有涯垠」，從上下文看之，「元氣」為始，無邊際，無可捉摸，再化分陰陽，進而變為四時，再成萬物。證諸漢代文獻，「元」與「氣」連用而成「元氣」，意為生命之本源。傳為漢代著作的《老子河上公章句》注《老子》四十二章「沖氣以為和」，云：

> 萬物中皆有元氣，得以和柔，若胸中有藏，骨中有髓，草木中有空虛，與氣通，故得久生也。

此注明白以「元氣」為萬物生命之本，萬物中空含藏「元氣」，與天地之氣相通，故能長生。另外，流傳於兩漢的醫書《難經》，論及脈相，有云：「上部無脈，下部有脈，雖困無能為害也。所以然者，譬如人之有尺，樹之有根，枝葉雖枯槁，根本將自生。脈有根本，人有元氣，故知不死。」（《難經・經脈診候》）此意為尺脈如有脈動，雖無寸脈，但根本仍在，人有「元氣」，尚能不死。

由於「元氣」是生命的泉源，若能使之不竭，生命自然可以延續，因此「養氣」就成了延續生命的關鍵。《淮南子・齊物》申述各地風俗有所差異，然其本源同一，世人只見其異，不見其源，模仿形式，而不明所由，故多舉事例，其中有云：

> 今夫王喬、赤誦子，吹嘔呼吸，吐故內新，遺形去智，抱素反真，以游玄眇，上通雲天。今欲學其道，不得其養氣處神，而放其一吐一吸，時詘時伸，其不能乘雲升假，亦明矣。

赤誦子又作「赤松子」，與王喬同為上古的仙人，文中「吹嘔呼吸，吐故內新」的描述，即為神仙方術的吐納之術，其意為透過氣的交換，使生命長存，此為「養氣」，而「遺形去智，抱素反真」為存神方術，即文中之「處神」。本段批評世人僅仿「養氣」之形，未得其真，但可見得在漢初已流傳控制呼吸，保氣元氣的成仙方法。《淮南子》雖未使用「僊」字，但將陰陽之氣與四時五行結合，論述「氣」於生命之重要，以及能掌握養氣之法，便能長生不死。另證諸《淮南子・時則》提到西方之極為「三危之國」，有「飲氣之民，不死之野。」不死者能「飲氣」，可見「氣」為生命之源。

漢初董仲舒不言仙人，然其重視天人關係，亦論養生之道，順應陰陽
二氣與四時的變化，他直言：「凡養生者，莫精於氣。」（《春秋繁露・循
天之道》）並申論之，其云：

> 故養生之大者，乃在愛氣。氣從神而成，神從意而出。心之所之謂
> 意，意勞者神擾，神擾者氣少，氣少者難久矣。故君子閑欲止惡以
> 平意，平意以靜神，靜神以養氣。氣多而治，則養身之大者得矣。
> 古之道士有言曰：將欲無陵，固守一德。此言神無離形，則氣多內
> 充，而忍饑寒也。

董仲舒強調「氣」之於生命的重要，而「氣」之多少，與心理精神有關，
心煩意亂，耗損元氣。養氣之道，在於意靜神寧，心平氣和。此處所言養
氣之法，得天地中和之理，最終並與德行結合，處世中正而無所偏私。董
仲舒從祭祀的角度，闡明對鬼神的敬畏，雖不言神仙，亦無成仙方術，但
認為通過適當的養生之道，可延年益壽，壽命由先天所受以及後天養生相
互影響而定。

由於漢人對於生命的形成以氣化論解釋，則必然引發先天命論的限
制，即萬物稟氣而生，若生命於受氣已定，如何能再透過後天的長生方
術，變成神仙？氣化論關連著命定論，人由氣而來，並稟受天命，凡人是
否可以掌握成仙的方法，是對兩漢氣化論的一大挑戰，也是神仙方術是否
得以成立的關鍵。董仲舒於此有所論述，其云：

> 得天地泰者，其壽引而長；不得天地泰者，其壽傷而短。短長之
> 質，人之所由受於天也。是故壽有短長，養有得失，及至其末之，
> 大卒而必讎，於此莫之得離，故壽之為言，猶讎也。天下之人雖
> 眾，不得不各讎其所生，而壽夭於其所自行。自行可久之道者，其
> 壽讎於久；自行不可久之道者，其壽亦讎於不久。久與不久之情，
> 各讎其生平之所行，今如後至，不可得勝，故曰：壽者讎也。（《春
> 秋繁露・循天之道》）

本段論述人之壽命雖受於天，但「壽有短長，養有得失」，壽命不全然於
先天確定，先天的壽命與後天的保養必相為讎，相互匹配。若不得中和的
養生之道，則生命耗損而縮短，反之得中和之道，生命可以增益延長。這
個觀點雖說先天與後天皆有影響，但更多的是突顯「自行」，實際壽命短
長最終仍由後天的養生與否決定。畢竟，先天命數說不得準，後天是否行
養生之道卻是清楚可見。董仲舒此論源自《呂氏春秋・孟春紀・本生》：
「始生之者，天也；養成之者，人也。」生命由天所生，但後天保養卻是
由人。〈本生〉論天子立官設職的目的是為了全生，天子順應天道，無為
而治，以養生之道喻保民之法。其云：「人之性壽，物者抇之，故不得

壽。物也者，所以養性也，非所以性養也。」人與物的關係，在於運用萬物養生，非求萬物而害生，即世人多為滿足感官之欲，為物所役使，因而危害生命。

東漢王充否認世有神仙，不承認鬼神的存在，主張絕對的命定論，壽命長短於生時已定，其云：「稟壽夭之命，以氣多少為主性也。」（《論衡・氣壽》）壽命因稟氣多寡而定，故不能改，「形不可變化，命不可減加。」（《論衡・無形》）此論否定任何養生方法。然而王充亦主張氣生成論，其云：「人未生，在元氣之中；既死，復歸元氣。元氣荒忽，人氣在其中。」（《論衡・論死》）本段意為生從元氣來，死則歸於元氣，因生死循環，並不會在死後為鬼。王充否定死後有長存的精神，不同意後天養生能增減壽命，但由於氣生成論的關鍵在於生命來自於氣，氣之平和與否，便會對生命造成影響，王充亦不得不在論述時有所滑轉，如其云：「凡天地之間，氣皆純於天，天文垂象於上，其氣降而生物。氣和者養生，不和者傷害。」（《論衡・訂鬼》）王充本意為人之見鬼，在於不和諧之氣造成幻覺，並使人得病，此論也間接闡釋了和氣有益於生命。僅管王充批評服食無益於生，「天養物，能使物暢至秋，不得延之至春；吞藥養性，能令人無病，不能壽之為仙。」（《論衡・道虛》）但王充晚年仍行養生之事，亦即面對實存的生死大限，仍肯定養生之效。東漢末王符論述氣生萬物，古代聖王依循天道治民，其謂：「道德之用，莫大於氣。」並云：「及其生也，和以養性，美在其中。」（《潛夫論・本訓》）將氣化論結合養生與治國，從個人生命到全民萬物，國君必須使氣平和，通於天地，方得治天下。王符之論，可視為兩漢氣論的綜合，氣為生命之本，個人與國政皆須養氣。大抵而言，兩漢學者不論贊成或反對神仙，基本上都認為生命由氣而來，就算壽命已定，還可以通過適當的養生方術，保養甚至延長生命。

四、成仙方術

「方術」一詞，戰國後期應已出現，意義雖有不同，但大致指相對學術正統的外道。如《荀子・堯問》中，荀子後學嘆荀子不遇，「德若堯禹，世少知之；方術不用，為人所疑；其知至明，循道正行，足以為紀綱。」此處之「方術」應為治國的方法。《韓非子・外儲說左上》言：「知治之人不得行其方術，故國亂而主危。」此「方術」指有術之士以言語惑亂人主，非治國之正道。「方術」又有與「正道」、「大道」對舉之意，如《莊子・天下》：「天下之治方術者多矣，皆以其有為不可加矣。」此處言古時天地純一，聖人全其大體，然其時「天下大亂，賢聖不明，道德不一，天下多得一察焉以自好。」諸子各言其言，因不見「道術」之全，皆

為一隅之偏，故名為「方術」。

「方術」指非正道，此意在漢代漸與神仙、鬼神與醫藥相連結，又與天文曆法相關，凡是屬於超自然者，多歸屬於方術。如《史記・秦始皇本紀》記秦始皇「悉召文學方術士甚眾，欲以興太平，方士欲煉以求奇藥。」然為方士所欺，遂阬殺之。此處「方術士」之稱，已與煉製不死藥有關，而「方術」之名與「方士」也有一定連結。[41] 秦始皇、漢武帝皆好神仙方術，致使方士興起，《後漢書・方術列傳》云：「漢自武帝頗好方術，天下懷協道藝之士，莫不負策抵掌，順風而屆焉。」上有所好，下必甚焉。秦皇武帝好仙之狂熱，《史記・封禪書》、《漢書・郊祀志》多有記載，其後神仙方術盛行，深入民間，影響社會甚鉅。《史記・孝武本紀》記武帝之寵妃王夫人卒，而齊人少翁「以方術，蓋夜致王夫人及灶鬼之貌，云天子自帷中望見焉。」另外，《史記・扁鵲倉公列傳》記太倉公淳于意，「少而喜醫方術」。《史記・淮南衡山列傳》言衡山王入朝，「謁者衛慶有方術，欲上書事天子。」司馬遷使用「方術」一詞，已包含神仙、醫學、占卜等技能。「方術」本指非「正經」的學問，當秦漢形成官方正統學術之時，開始區隔出方術之學；此外，「數術」、「方技」與「方士」、「術士」語詞的使用，也促使「方術」詞義形成，「方術」內容的多元，反映兩漢方術之學達於高峰。

《漢書・藝文志》依劉向、劉歆父子《別錄》和《七略》的分類法，將「方術」分為「數術略」和「方技略」，擴大「方術」的內容，並定其源由，其文曰：

> 數術者，皆明堂羲和史卜之職也。史官之廢久矣，其書既不能具，雖有其書而無其人。《易》曰：「苟非其人，道不虛行。」春秋時魯有梓慎，鄭有裨灶，晉有卜偃，宋有子韋。六國時楚有甘公，魏有石申夫。漢有唐都，庶得麤觕。蓋有因而成易，無因而成難，故因舊書以序數術為六種。

> 方技者，皆生生之具，王官之一守也。太古有岐伯、俞拊，中世有扁鵲、秦和，蓋論病以及國，原診以知政。漢興有倉公。今其技術晻昧，故論其書，以序方技為四種。

---

[41] 顧頡剛認為方士之得名，因其「懂得神奇的方術，或者收藏許多藥方。」（顧頡剛：《秦漢的方士與儒生》，臺北：里仁，1995.2，頁 11）李零則指出「方士」擅長「方術」，與各種類別人士有交叉又有區別，從「士」的角度，「他們與諸子百家有類似處，也是學在民間。」從「方」的角度，「又與官方的星曆、醫術專家是傳授同類知識，而不同於作為『文學之士』的先秦諸子和兩漢儒林。」（李零：〈戰國秦漢方士流派考〉，《中國方術續考》北京：中華書局，2006.5，頁 73）基本上，方士因應秦漢求仙方術而興起，復經方士鼓吹推動，致使兩漢神仙方術盛行。

「數術」六種,為天文、曆譜、五行、蓍龜、雜占和形法;「方技」四種,即醫經、經方、房中與神仙。「數術」源於古時掌有天文曆法及占卜之術的史官,以陰陽五行、八卦干支推測國家政事和人事吉凶。「數術」或作「術數」,先秦兩漢文獻多混用。術指方法,數為數理、氣數,即以天文曆象與陰陽五行預斷人事吉凶,並兼具與生命有關的各種技能。而「方技」之「生生之具」,具有「生育」、「生命」、「養生」及「衛生」等意義,故「方技略」所收四家皆與「生命」有關。這兩種圖書分類方式,反映了漢代天人關係的對應,且「數術」與「方技」的關係相較於其他五略,更為緊密。[42] 至南朝范曄著《後漢書》時,特立〈方術列傳〉,傳中所列舉的「方術」多是定吉凶、決懸疑之卜筮占法,主要為預測未來或與天文地理有關,而列傳中所列舉數術家擅長天文曆算,而方技家則涉及方藥、針術、行氣、導引、服食和各種幻術。這些方術士,多兼有各種能力,「方術」之名結合了「數術」與「方技」,兩者之間彼此滲透,不必然清楚區分。

在眾多方術中,《漢書‧藝文志》雖將「神仙」獨立於「方技」四種之一,但「神仙」與其他三種皆有密切關係。[43] 神仙方術追求長生不死,

[42] 劉向校書時,將宮中藏書分為六類:六藝(經傳)、諸子、詩賦、兵書、數術、方技。另有一篇「輯略」,說明六略的內容和意義,合為七略。其中「數術」和「方技」雖別為兩類,然此兩類有合流趨勢。李零將數術方技之學的範圍區分為兩方面,一為對「大宇宙」(macro-cosmos),即「天道」或「天地之道」的認識,屬「數術之學」;一為對「小宇宙」(micro-cosmos),即「生命」、「性命」或「人道」的認識,為「方技之學」。後者被視為對前者的複製,前者則根據宇宙創生的原理而來。(李零:《中國方術正考》,北京:中華書局,2006.5 頁 15)古代「數術」與「方技」兩種學問往往相互交涉,李零以「大宇宙」、「小宇宙」分別以清楚顯示漢人的天人觀。「數術」、「方技」兩者往往相互印證,在漢時雖有所區別,但兩漢後逐漸以「方術」合稱,並為道教吸收融合,而成為道教教義重要組成部分。李零曾考辨「方術」名稱的由來,可參見李零:《中國方術續考》,北京:中華書局,2006.5,頁 2-7。

[43] 方技略之四支方法,《四庫全書總目提要‧子部‧醫家類》認為「房中」、「神仙」與「醫經」、「經方」並非同類,是漢人分類之誤,並將服餌導引刪除。(《武英殿本四庫全書總目提要》,台北:臺灣商務,1983)但這個說法是從後世醫學角度所做的區分,與漢人觀點實有出入。事實上,古代神仙家與醫藥、房中的關係密切,同以營衛生命為主旨。貝塚茂樹與山田慶兒皆認為方技四支都屬於「醫學」這個全體,但是兩人也都指出「房中」與「神仙」被道教吸收,逐漸與醫學領域分開。(貝塚茂樹:〈中國における古典の運命〉,《古代中國の精神》,東京:筑摩書房,1985.5,頁 185;山田慶兒:〈中醫學的歷史與理論〉,《古代東亞哲學與科技文化》,瀋陽:遼寧教育,1996.3,頁 258-259)李建民則認為方技的內容不僅是「醫學」,還包括技巧繁複的養生技術;而神仙、房中二支更與當時宗教有不解之緣。而方技在學術分科近於數術,兩者之間彼此滲透,故合稱「方術」。(李建民:《生命史學——從醫療看中國歷史》,台北:三民,2005.7,頁 327;《方術‧醫學‧歷史》,台北:南天,2000.6,頁 143-146)相同的觀點,還可參考 De Woskin, Kenneth J. Doctors, Diviners, *Magicians of Ancient China: Biographies of Fung-shih*, Columbia University Press, New York, 1983。

以成仙為最終目的。如何將生命的有限轉化為無限？如何通過修煉脫離死亡？從先秦尋訪先人求得不死藥，逐漸演變為自行煉製；以氣化理論為基礎，學習掌握養氣方法；模仿長壽生物，發展成肢體伸展或房中動作；控制飲食，選擇有益於生命的食材。葛洪論神仙之道有四，其云：「知玄素之術者，則曰唯房中之術可以度世矣；明吐納之道者，則曰唯行氣可以延年矣；知屈伸之法者，則曰唯導引可以難老矣；知草木之方者，則曰唯藥餌可以無窮矣。」(《抱朴子內篇·微旨》)[44] 這些修煉方術皆有其源，逐漸形成房中、行氣、導引與服食等成仙方術。在諸多成仙方術中，服食藉由藥物達成身體變化，得以從根本轉化人體性質，甚至可責成方術士煉製而不必親為，故兩漢興起許多方術士，為國君召募煉藥。關於服食的理論與技術因而逐步發展，至六朝達至高峰，發展成道教成仙方術的煉丹法。以下論述兩漢重要成仙方術。

（一）服食

服食為服用物質，獲得其屬性藉以改變身體的狀態。飲食本是生理基本需求，由滿足生理欲求到關注食物的性質作用，並進一步加工食材而增強其功效。從食物到藥物，能治療疾病，甚至延續生命。醫家與神仙家皆注重服食，然服食的目的並不相同，神仙家所言之服食，追求長生，故重視金石藥；醫家則講究治病養生，常用草木藥。至於醫家應用烹飪手法炮炙藥材，改變調整藥物屬性以增加療效，而神仙方術則運用各種加熱方式燒煉礦石，製成金丹以求成仙，兩者處理材料的方法亦有所差異。

神仙與醫家雖然目的不同，然而巫與醫自先秦便關係密切，早期醫學治病方式與巫術混同，巫與醫的身份區別並不明顯。兩漢時醫學進展，試圖擺脫巫術，然而與神仙家皆同以氣化宇宙觀看待身體，共享知識系統。其後道教興起，道士以治病傳教佈道，醫道仍關係密切。[45] 兩晉時，葛洪於《抱朴子內篇·仙藥》引《神農四經》言：「上藥令人身安命延，升為

---

[44] 蒙文通認為吐納、導引皆歸於行氣，故晚周仙道，大別為三：行氣、藥餌和寶精。（蒙文通：〈晚周僊道分三派考〉，《蒙文通全集》（二），成都：巴蜀書社，2015.7，頁99-104）然而，吐納與導引不盡相同，吐納為呼吸的方法，導引則透過肢體動作引導氣流，兩者常相互配合，房中術亦多與之並行。

[45] 東漢末年疾疫流行，道教興起，各道團以醫藥針灸與符咒治病。其後許多道士皆通醫術，結合長生修煉方術，遂有道醫系統。（林富士：《中國中古時期的宗教與醫療》，臺北：聯經，2008.6）從巫醫不分至醫道同源，醫學的發展與神仙方術、道教修煉有著一定連繫，但是道教修煉追求不死，醫學則是治病，目的不同，使得兩者對生命的理解，醫療方式與藥物使用，又有著明顯差異。（程樂松：《身體、不死與神秘主義：道教信仰的觀念史視角》，北京：北京大學出版社，2017.3）

天神,遨游上下,使役萬靈,體生毛羽,行廚立至。又曰,五芝及餌丹砂、玉札、曾青、雄黃、雌黃、雲母、太乙禹餘糧,各可單服之,皆令人飛行長生。又曰,中藥養性,下藥除病,能令毒蟲不加,猛獸不犯,惡氣不行,眾妖並辟。」此處將藥物分為上、中、下三品,上藥以金石藥為主,服食得升仙;中藥與下藥多為草木藥,養性除病為其效。葛洪重金丹大藥,以礦石長久勝於草木,故其藥理屬性能得長生,葛洪所引《神農四經》與今日所見《神農本草經》可參照之。今本《神農本草經》之上藥為:「主養命以應天,無毒。多服、久服不傷人。欲輕身益氣,不老延年者,本上經。」中藥為:「主養性以應人,無毒有毒,斟酌其宜,欲遏病補羸者,本中經。」下藥為:「主治病以應地,多毒,不可久服,欲除寒熱邪氣,破積聚,愈疾者,本下經。」此三品之分,呈現以「養命」為上,「養性」次之,「治病」為下,而《神農本草經》所記上藥玉石類之丹沙、玉泉、曾青、太乙餘糧,以及草類的六芝等,若久服,能「輕身不老,延年神仙。」此與葛洪所記皆同。[46]《神農本草經》以藥物是否長生的效用分為三品,並合天地人之數,可見兩漢藥學與神仙方術的關係。

從藥物的質性,醫藥與神仙亦相互影響。安徽阜陽雙古堆出土的漢簡《萬物》,所記醫藥本草的簡文,有服食烏喙使人疾行善趨之記錄,如:「服烏喙百日,令人善趨也。」此與馬王堆帛書《養生方》中〈除中益氣〉、〈疾行〉與〈走〉等用藥相近。「烏喙」為「烏頭」別名,其形錐狀彎曲似烏鴉嘴,故得名。《神農本草經》卷三記錄「烏頭」藥性能除寒濕痺,具有毒性,別名「烏喙」,因「十月採,形如烏頭,有兩岐相合,如烏之喙,名曰烏喙也。」而烏頭因採收或生長時間不同而另有別名「天

---

[46] 李零認為上古之時,醫藥養生與神仙家雜揉不分,醫藥與神仙家的關係密切,然而兩者用藥的目的不同,醫術治病,神仙方術求仙,故「服食之藥以金石為主,醫術之藥是以草木為主。」(李零:《中國方術正考》,北京:中華書局,2006.5,頁 241)蓋建民便指出《神農本草經》明顯帶有方士醫學特徵,「三品分類法是我國傳統醫學最早的藥物分類法,這一分類法顯然是受到方士服食成仙思想的影響。其分類是以各種藥物的藥性是否有助於養性延命和輕身不老作為劃分標準。」(蓋建民:《道教醫學》,北京:宗教文化出版社,2001.4,頁 39)然而,今日所見《神農本草經》為後世輯佚,其編纂目的應與神仙方術有別。葛洪引《神農經》的佚文云:「百病不愈,安得長生。」(《抱朴子內篇・極言》)此處引用是為了論證固本之重要,葛洪仍視草木藥為小道,不及金丹大藥,但這段引文也透露《神農本草經》整理藥物以治病為主。山田慶兒分析比較早期本草諸經,認為撰寫《神農本草經》的是採藥者,不是神仙術的方士,「在借神仙術之外衣使存在正當化,具有權威的過程中,將治病的本著與長生的神仙術對置,謀求理性領域中的自立化。」([日]山田慶兒:〈本草的起源〉,《中國古代醫學的形成》,廖育群、李建民編譯,臺北:東大圖書,2003.11,頁 296)儘管《神農本草經》的藥物三品分類與神仙方術有關,但其著錄仍以草木類為主,與葛洪重金石輕草木不同。有關葛洪主張服食金丹以得長生的理論其及象徵意義,可參考拙著:《葛洪〈抱朴子內篇〉與魏晉玄學》第四章〈金丹成仙與服食養生〉,臺北:臺灣學生書局,2012.11,頁 159-224。

雄」，其藥性溫補，《神農本草經》記其主治大風，以及「強筋骨，輕身健行」。[47] 烏喙藥性強烈，《淮南子‧繆稱訓》有言：「天雄、烏喙，藥之凶毒也。」復因其形似烏嘴，故漢人以其性，類比服食之效，並將疾行善趨與飛升成仙連結，蓋能使身體輕盈，即距離飛升不遠。東晉葛洪曾提及服食特定藥物能使身輕如飛，並云：「服食大藥，則身輕力勁，勞而不疲矣。」（《抱朴子內篇‧雜應》）服食藥物能改變身體的狀態，其目的也從治療疾病，進而為積極的飛升成仙。

服食是重要成仙方術，食用之物具有長生象徵，漢人援引物類相通的觀念，連結生命與物性。[48] 傳為劉向所著《列仙傳》，其中有多位通過服食而成仙，如偓佺、赤鬚子、犢子皆「好食松實」；仇生「常食松脂」；毛女在山中，「遇道士谷春，教食松葉，遂不饑寒，身輕如飛。」這些以服食松樹而成仙者，源於松柏長青，以松為壽，故食松樹能得長壽，便是通過比附物類性質的聯想。除了草木，《列仙傳》中尚有服食雲母、石脂等礦物，其意亦同。另外，西漢桓寬批評秦始皇好神仙，致使「方士於是趣咸陽者以千數，言仙人食金飲珠，然後壽與天地相保。」（《鹽鐵論‧散不足》）上有所好，故多方士。然誑言仙人「食金飲珠」，也意味神仙飲食與凡人不同，尤其是以「金」之物理特性，食金得以長生不死，此或為魏晉服食金丹大藥以升仙之濫觴。葛洪引古仙經《玉經》云：「服金者壽如

---

[47] 李零就出土文獻中的本草、醫方，舉「疾行善趨」一類，考論其服食之效，而謂：「古代的輕身益力、疾行善趨之方與飛行升仙有密切關係。」（李零：《中國方術正考》，北京：中華書局，2006.5，頁 259）另有一說，認為烏頭所含的含烏頭鹼會麻痺中樞神經，具有麻醉迷幻效果，服食後產生飛行的夢幻感，此為漢代許多醫方使用麻醉性藥物的原因，可藉以了解原始巫醫至醫藥與神仙方術的發展過程。（見王紀潮：〈中國古代薩滿昏迷中的藥物問題〉，《自然科學史研究》，24：1，2005，頁 13-28）

[48] 漢人在天人相應以及氣化論的基礎上，認為同類之事物能相互感應。《禮記‧樂記》論聲樂不僅影響人，萬物也相應和，即「其類相動」。董仲舒亦倡言萬物「以類相應」，申論人與天，人與萬物，皆能相互感應。同類事物能相感應，除了漢代的陰陽五行理論，亦可參照英國人類學者詹姆斯‧弗雷澤（James G. Frazer）於《金枝》（The Golden Bough）所論述的「交感巫術」（Sympathetic magic），其原理建立於兩個原則，其一，巫師將兩種事物依「同類相生」或果必同因，由聯想使其連結，稱之「相似律」（law of similarity），表現為「順勢巫術」（Homoeopathic magic）；其二，「物體一經互相接觸，在中斷實體接觸後還會繼續遠距離的互相作用」，稱之「觸染律」（law of contagion），表現為「接觸巫術」（Contagious magic）。（[英]弗雷澤：《金枝：巫術與宗教之研究》，汪培基譯，臺北：桂冠圖書，1991.2，頁 21）弗雷澤通過大量不同文化的神話，闡釋古代人類巫術與宗教信仰的思維方式。他指出許多祭祀或巫術中的聖餐儀式，會吃下象徵神性的食物，因為「野蠻人大都認為吃一個動物或一個人的肉，他就不僅獲得了該動物或該人的體質特性，而且獲得了動物或人的道德和智力的特性。」（前揭書，〈吃神肉是一種順勢巫術〉，頁 725）吃神肉是一種順勢巫術，對照於漢代服食成仙所依據的同類相應理論，吃下具有長生性質的食物或藥物，藉以獲得不死的能力，亦可視為一種順勢巫術的運用。

金,服玉者壽如玉也。」(《抱朴子內篇·仙藥》)金與玉因其屬性,不僅是長壽象徵,服食後亦能得其長久不壞之性質。

服食之術從採集食用,逐漸演變為人工煉製,是神仙方術的重大突破,意謂凡人能改變藥材性質,透過加工提煉或合成藥物,成仙之法得以人為掌控。煉製之術藉由陰陽五行理論,賦予天地之道,強化丹藥的神秘與有效,逐漸發展為煉丹術。相傳東漢末魏伯陽所著《周易參同契》,認為煉丹之丹道與易道相通,強調煉丹須符合陰陽五行,丹成之後,「伏食三載,輕舉遠游,跨火不焦,入水不濡,能存能亡,長樂無憂。」(《周易參同契·明辨邪正》)並以「巨勝尚延年,還丹可入口。金性不敗朽,故為萬物寶。術士伏食之,壽命得長久。」(《周易參同契·二土全功》)文中所言「伏食」,已從服食藥物進而為煉製後的丹藥,丹藥具黃金之不朽性質,服食「還丹」即能水火不侵,飛升長生。《周易參同契》援引易學、黃老以及陰陽五行,使煉丹方術具理論基礎,勝於其他神仙方術。

相傳東漢成書的《黃帝九鼎神丹經》,[49] 開篇便記黃帝從玄女得還丹而成仙,玄女告黃帝曰:「凡欲長生,而不得神丹金液,徒自苦耳。雖呼吸導引,吐故納新,及服草木之藥,可得延年,不免於死也,服神丹令人神仙度世,與天地相畢,與日月同光。」《抱朴子內篇·金丹》引此經,強調金丹大藥之重要,葛洪認為神仙之術,服藥為最,行氣次之,寶精為後。他說:「九丹金液,最是仙主。」(《抱朴子內篇·微旨》)然而金丹最難,相較之下,寶精行氣較易施行,其云:「服藥雖為長生之本,若能兼行氣者,甚益甚速,若不能得藥,但行氣而盡其理者,亦得數百歲。然又宜知房中之術,所以爾者,不知陰陽之術,屢為勞損,則行氣難得力也。」(《抱朴子內篇·至理》)可見其以金丹為要,行氣與房中為輔,但僅行氣,只得延壽,仍須煉製金丹,方得成仙。雖然丹藥煉製過程複雜,但魏晉之後,煉丹術仍盛行一時,或與其所持理論有關,即物性移轉之論簡明易曉,醫藥飲食皆從之,兼以不死藥傳說深入人心,服食丹藥成為清楚可行之路。另一方面,煉丹術結合陰陽五行理論,具有貫通天地之神秘性,增益其效而使人信服。

---

[49]「九鼎丹」託名黃帝,據葛洪所述,九鼎丹與太清丹、金液丹為早期煉丹術三大丹法。目前所見《黃帝九鼎神丹經》,出自唐人編撰《黃帝九鼎神丹經訣》卷一,主張呼吸導引及服草木之藥,僅可以延年,惟服神丹才能度世成仙,長生不死,並述九鼎神丹傳授、制法及功效。文字內容與《抱朴子內篇·金丹》所引《黃帝九鼎神丹經》相合,陳國符認為此卷即漢代《黃帝九鼎神丹經》。(陳國符:〈《道藏》經中外丹黃白法經訣出世朝代考〉,《陳國符道藏研究論文集》,上海:上海古籍出版社,2004.4,頁78)由於師承與地域差異,唐以前之九鼎丹法應有不同傳本,韓吉紹認為《黃帝九鼎神丹經訣》卷一的內容來源非一,雖不全是古本《黃帝九鼎神丹經》,但已相對完整保存早期九鼎丹法。(韓吉紹:〈從黃帝九鼎神丹經到黃帝九鼎神丹經訣〉,《黃帝九鼎神丹經訣校釋》,北京:中華書局,2015.08,頁1-46)

（二）行氣

　　行氣又名食氣，為呼吸吐納之術，輔以導引，或與房中並行。行氣之法起源甚早，《莊子・大宗師》論古之真人，「其息深深」，「真人之息以踵，眾人之息以喉。」此處對比「息」於真人與眾人之別，真人呼吸至深，眾人則淺。呼吸之深淺，意謂生命之長短，緩息則久遠，反之則夭。莊子以氣之聚散為人之死生，即「人之生，氣之聚也，聚則為生，散則為死。」（《莊子・知北遊》）行氣之法講究呼吸緩慢，氣息深長，以深呼吸行氣，使氣能散入四肢百骸。《黃帝內經・素問》於〈平人氣象論〉申述平常人呼吸顯示的脈象，謂：「人一呼脈再動，一吸脈亦再動，呼吸定息，脈五動，閏以太息，命曰平人。」正常脈象為三部有脈，一息四至，脈五動時為長呼吸，以正常人脈象為準，過與不及，則為病脈或死脈。醫學所言之呼吸，表現於脈象跳動，強調正常規律，但神仙方術之行氣，重視呼吸深長，並能積蓄氣息，更講究氣之清濁，聚新氣，避陳氣。

　　就文獻所見，戰國時應已逐漸形成行氣之法。今日可見戰國玉器銘文〈行氣銘〉，可為最早古文物關於「行氣」之文字記錄，銘文內容為：

> 行氣，深則蓄，蓄則伸，伸則下，下則定，定則固，固則萌，萌則長，長則退，退則天。天幾舂在上，地幾舂在下。順則生，逆則死。[50]

---

[50] 此玉器原件現藏天津博物館，表面磨制光滑，陰刻篆體文字，館方名為「戰國青玉『行氣銘』文飾」，認為應是套於杖首的玉飾。（《天津博物館》，白文源主編，天津：天津人民美術出版社，2012.3，頁30）其銘文釋義最早見於1933年于省吾的《雙劍誃吉金文選》（北京：中華書局，2009.04），本文引用郭沫若考釋文字，郭沫若認為銘文描述的是「深呼吸之一回合」，語譯為：「凡運氣，吸息要充沛，充沛就有容量，有容量就能延長，能延長就能往下深入，往下深入就鎮定，鎮定就堅固，堅固就能發芽，發芽就成長，成長就往上退，往上退就達到腦頂。天機在上邊動，地機在下節動。順着就生，逆着就死。」（郭沫若：〈行氣銘釋文〉，《郭沫若全集・考古編》第十卷，北京：科學出版社，2002.10，頁170-171）玉器上有銘文極為罕見，關於此銘文，學界多有不同意見，「行氣」之「氣」原銘文為上「气」下「火」，黃耀明認為此字是「炁」的本字，气因火而生，控制呼吸使心火下降，使氣息運行於經脈。（黃耀明：〈《行氣玉銘》探微〉，《中國國家博物館館刊》，2012第10期，頁27-38）戰國時期是否已有真氣運行經脈之論，尚待討論。唯該文詳細比較出土文獻與古文字，證明〈行氣銘〉屬於晉系文字，應出於戰國中期之中山國或趙國，此說可進一步探究行氣理論的起源。

戰國青玉〈行氣銘〉拓本

這篇銘文可分為兩節，上節十句，下節四句。上節為吸氣與呼氣，從「深
則蓄」至「下則定」，是將氣息吸入後下沉至腹部；「定則固」是一個轉
折，再從「固則萌」至「退則天」是將氣息逐漸由下而上返回頭頂呼出。
下節四句兩兩相對，前兩句指指天與地之本，說明呼吸與天地的對應，也
強調行氣於身體中的上下運行，最後兩句言行氣之順逆為生死之別。銘文
看似簡單地說明呼吸的過程，卻可證明戰國時期已出現重視呼吸於生命作
用的養生學。

　　氣是生命的泉源，人體經由呼吸交換氣體，呼吸是維繫生命重要方
式，戰國時的〈行氣銘〉專論呼吸，「行氣」已是獨立的養生方法。兩漢
流行氣化論，萬物由氣所形成，透過氣的聯結，人與天地得以交流，對於
「行氣」於生命的作用，更加重視。馬王堆出土竹簡《十問》第四問，即
有容成公向黃帝講述行氣方法，其云：

> 翕氣之道，必致之末，精生而不厥。尚（上）下皆精，塞〈寒〉溫
> 安生？息必探（深）而久，新氣易〈易〉守。宿氣為老，新氣為
> 壽。善治氣者，使宿氣夜散，新氣朝最（最），以礉（徹）九徼
> （竅），而實六府。食氣有禁，春辟（避）濁陽，夏辟（避）湯
> 風，秋辟（避）霜霧，冬辟（避）淩陰，必去四咎，乃探（深）息
> 以為壽。[51]

行氣之關鍵，在於深入持久，呼吸深長，使氣息達於身體末端。此外，氣
息區分新舊，陳濁之氣使身體老化，清新之氣才得長壽，立基於此觀念，

---

[51] 馬王堆簡帛釋文經數次整理發表，釋文不盡相同，本引文據《長沙馬王堆漢墓簡帛集成》（第六冊），裘錫圭主編，湖南省博物館、復旦大學出土文獻與古文字研究中心編纂，北京：中華書局，2014.6，頁 143。由於簡帛多有殘損，引文中的符號為整理者所定。

更進一步以時間分別朝暮與四季之氣。因應不同時間的氣息，呼吸的方法也有所調整，或微或深，或長或緩，並指出於四時宜避「四咎」。由於《十問》論述房中術，結合行氣之法，摶精治氣。

　　同樣是馬王堆出土的文獻，帛書《去穀食氣》結合「食氣」與「去穀」，論述行氣的方式，並以食氣取代凡人的飲食。文中云：

> 春食一去濁陽，和以【銳】光、朝暇（霞），【昏（昏）清】可。夏食一去湯風，和以朝暇（霞）、行（沆）暨（瀣），昏（昏）【清可】。秋食一去□□】、霜霚（霧），和以輸陽、銳，昏（昏）清可。冬食一去淩陰，【和以端】陽、銳光、輸陽、輸陰，【昏（昏）清可】。[52]

引文中以季節和氣候分別氣息，可與《十問》相參照，同以時間為區分標準，並符應陰陽四時，也論四時應避濁陽、湯風、霜霧與淩陰等「四咎」，此四種時節之氣皆對身體不利。此處所云服食之氣，其名亦見東漢王逸注《楚辭·遠遊》之「餐六氣而飲沆瀣兮，漱正陽而含朝霞。」所引《陵陽子明經》云：「春食朝霞，朝霞者，日始欲出赤黃氣也。秋食淪陰，淪陰者，日沒以後赤黃氣也。冬飲沆瀣，沆瀣者，北方夜半氣也。夏食正陽，正陽者，南方日中氣也。並天地玄黃之氣，是為六氣也。」此「六氣」之名與帛書《去穀食氣》略有不同，但可見得從漢代初期，已有食氣理論。

　　食氣之術常與辟穀合之，《莊子·逍遙遊》描述藐姑射之山的神人，「不食五穀，吸風飲露。」神人不食人間五穀，而以風露代之。《呂氏春秋·慎行論》也提到大禹巡天下，見「巫山之下，飲露吸氣之民。」人們想像神人與凡人不同，故飲食、居所，甚至外形皆有所差異，藉以突顯其異。神仙方術基於此一想像，認為凡人欲成仙，亦得於飲食捨棄五穀，遂發展為辟穀食氣之法。《淮南子·墜形》云：

> 食水者善遊能寒，食土者無心而慧，食木者多力而拳，食草者善走而愚，食葉者有絲而蛾，食肉者勇敢而悍，食氣者神明而壽，食穀者知慧而夭，不食者不死而神。

物的性質，能使食用者接收而影響其性，此種思維在神仙方術中發展為服食、食氣和辟穀法。故食氣能壽，最極端的「不食」，即能「神」。東漢流傳早期道經《老子想爾注》注二十章「我欲異於人，而貴食母。」以仙士與俗人異，「俗人食穀，穀絕便死。仙士有穀食之，無則食氣。」仙士不必食穀，以食氣代之。東漢道經《太平經》亦言：「是故食者命有期，不

食者與神謀，食氣者神明達，不飲不食，與天地相卒也。」[53] 此意味凡人需飲食而活，然而吃凡間食物，最終仍不免一死，故長生方術，當不食五穀，改以食氣，進而不飲不食。

食氣之法，以氣代穀，因「氣」為生命之源，故食氣即是蓄積生命能量。上節論「元氣」，已明漢人重視「元氣」，食氣即從此論。再舉《太平經》卷四十二之〈四行本末訣〉，其云：

> 今是委氣神人，迺與元氣合形並力，與四時五行共生。凡事人神者，皆受之於天氣，天氣者受之於元氣。神者乘氣而行，故人有氣則有神，有神則有氣，神去則氣絕，氣亡則神去。故無神亦死，無氣亦死。

神人與元氣合，與天地同一。而人受氣有神，「氣」與「神」是生命的支柱，兩者同時並存。本經訣言事物皆有其極，唯有返本歸真，才得以無窮，而返本者，即合與元氣。另外，《太平經》同卷之〈九天消先王災法〉云：「夫人，天且使其和調氣，必先食氣；故上士將入道，先不食有形而食氣，是且與元氣合。」本段所言即是以食氣之術與元氣相合，進而調合陰陽，方得中和之氣。

行氣方術，其理論基礎在於氣為生命之源，故以食氣取代食穀，而成行氣辟穀之術。然「氣」有清濁，依時節有所分別，須食新氣，避宿氣，所食之氣的差異，將對身體造成不同影響。至於「食」之方式在於如何呼吸，即呼吸的頻率次數和時間長短，吐故納新，將氣息運行於身體經脈，若配合導引動作，便成行氣導引之術。行氣亦有與房中結合，在陰陽五行理論的架構下，呼吸吐納與陰陽交合相互配合，得以積精蓄氣，長生不死。

（三）導引

《說文解字》釋「導」為「引」，兩字結合而成同義並列複合詞之「導引」，其意為引導氣息順暢流動的方法。由於氣為生命之源，行氣之術講究如何呼吸，至於如何將吸入之氣運行全身，便是導引之術。[54] 將身

---

[53] 本段文字為《三洞珠囊》卷四〈絕粒品〉引太平經第一百二十，附於《太平經鈔》辛部之末。（《太平經合校》，王明編，北京：中華書局，1997.10，頁700）

[54] 李零認為「導引」是一種類似健身操的運動，藉形體的屈伸俯仰，伴隨呼吸吐納的養形練氣之術。與「行氣」之別，在於行氣是呼吸吐納之術，不一定配合形體運動；導

體運動與呼吸結合的「導引」一詞，見於《莊子‧刻意》：

> 吹呴呼吸，吐故納新，熊經鳥申，為壽而已矣，此道引之士，養形
> 之人，彭祖壽考者之所好也。

文中所言之呼吸吐納，即行氣之術，「熊經鳥申」為模仿動物的肢體動
作，此為「導引之士」。可見得戰國後期已出現導引之術，藉由肢體的屈
伸動作，結合呼吸吐納，使體內氣息流動，達到延年益壽。

　　古人觀察自然現象，認為氣息鬱結乃生病主因，故常以泉水流動為
喻。《管子‧內業》云：「精存自身，其外安榮，內藏以為泉原，浩然和
平，以為氣淵。淵之不涸，四體乃固，泉之不竭，九竅遂通。」養氣儲
精，在於平和，精氣不竭如泉，流動不涸如水。如能使精氣源源不絕，復
又通達無礙，即可保養生命。此說亦見於《呂氏春秋》，書中有云：

> 流水不腐，戶樞不蠹，動也。形氣亦然，形不動則精不流，精不流
> 則氣鬱。鬱處頭則為腫為風，處耳則為挶為聾，處目則為䁾為盲，
> 處鼻則為鼽為窒，處腹則為張為府，處足則為痿為蹷。（《呂氏春
> 秋‧孟春季‧盡數》

此處明指形體和精氣都必須流動，不動則易鬱結，在身體各處形成疾病。
另外，《呂氏春秋‧恃君覽‧達鬱》也云：「病之留，惡之生也，精氣鬱
也。故水鬱則為污，樹鬱則為蠹，草鬱則為蕢。」此文運用類比論證，謂
人體與自然現象，皆因鬱結而生病枯萎。此一觀點亦見於醫書，如《黃帝
內經‧靈樞‧脈度》云：「氣之不得無行也，如水之流，如日月之行不
休，故陰脈榮其藏，陽脈榮其府。」陰陽兩氣運行於陰蹻和陽蹻二脈，如
同流水和日月，流轉不止。故氣息運行順暢，疾病不生，反之則鬱結成
病。就醫學而言，病因若源自氣息沉滯積聚，便須疏導使其暢通，此即導
引之術，《黃帝內經》多論之。

　　導引能治病，平時亦能強身健體，甚至發展為長生之術。導引姿勢的
具體術式，可見於馬王堆三號漢墓出土的《導引圖》，圖中有一人物動作
題為「熊經」，參照《莊子‧刻意》提到養形之人有「熊經鳥申」的導引
動作，可見其源甚早。[55] 這些仿生的姿勢，意味模仿動物可獲得動物的能
力，達到養生保健的效果。另外再證以湖北張家山漢墓竹簡的《引書》，

引則將兩者結合。以現代氣功術語，前者是「靜功」，後者是「動功」。（李零：《中國
方術考》（修訂本），北京：東方出版社，2001.8，頁357）

[55] 「熊經」圖顯示動作為半側身轉體，兩臂微屈向前。參照張家山漢簡《引書》50 號
簡：「引背痛，熊經十，前據十，端立，跨足，前後俛，手傅地，十而已。」熊經的
動作能治療背痛，近於復健的療法。

簡文說明導引術式的姿勢，對各種疾病的治療，以及導引的理論。[56]《引書》最後一段云：

> 治身欲與天地相求，猶橐籥也，虛而不屈，勤（動）而愈（愈）出。閉玄府，啟繆門，闔五臧（臟），逢九竅，利啟闔奏（腠）——理，此利身之道也。燥則婁（數）虖（呼）婁（數）臥，濕則婁（數）炊（吹）毋臥實陰，暑則精婁（數）昀（呴），寒則勞身，此與燥濕寒暑相應之道也。[57]

治身須法天地，是漢代養生理論的基礎，而文中引《老子》第五章之語，可見養生與道家的關係。至於因應季節寒暑的變化，適度啟閉身體的孔竅，調整呼吸以及活動方式，與天地氣息相應，才能養生去病。從《導引圖》和《引書》，可知導引方術於漢初已有相當完整的理論與動作，應用於養生和醫療。至東漢末年，醫家華佗編製導引術「五禽戲」，語其弟子吳普曰：

> 人體欲得勞動，但不當使極耳。動搖則穀氣得銷，血脈流通，病不得生，譬猶戶樞，終不朽也。是以古之仙者為導引之事，熊經鴟顧，引挽腰體，動諸關節，以求難老。吾有一術，名五禽之戲：一曰虎，二曰鹿，三曰熊，四曰猿，五曰鳥。亦以除疾，兼利蹄足，以當導引。體有不快，起作一禽之戲，怡而汗出，因以著粉，身體輕便而欲食。（《後漢書·方術列傳》）

---

[56] 由於《導引圖》的圖示僅有部份題記，並無說明，兼之圖像只能是一套動作中的一個動作，難以得知整套動作的樣貌，因此透過《引書》對比，可知每一個導引動作的詳細做法，以及對應治療病痛的部位。李學勤認為《引書》與《導引圖》流行於漢初同一時期，有些固定名稱的動作，如「熊經」、「鳥伸」、「梟浴」與「蝯躩」亦見於《淮南子·精神》，有其源流，有些治療病症的動作，《引書》與《導引圖》便不一定相同。（李學勤：《〈引書〉與〈導引圖〉》，《簡帛佚籍與學術史》，臺北：時報文化，1994.12，228-232）高大倫比較《引書》與《導引圖》，認為漢初導引術已流行於中國南方的楚文化圈，兩者除了仿生動作，還有徒手以及藉助器械的導引動作，能治療身體病痛。然而，「在肢體運動與行氣（吐納）的關係上，《引書》單個動作中的導引是不與行氣相配合的。治療功中雖有一些呼吸運動，卻都是在動作完成以後，或是單獨做吐納的。」（高大倫：《張家山漢簡〈引書〉研究》，成都：巴蜀書社，1995.5，頁38）從而判定在漢初導引與行氣尚未混同。唯《引書》中多論四時節氣與呼吸之法，在導引動作時亦有相配合之論述，行氣與導引在漢初應已關係密切。

[57] 引文據《張家山漢墓竹簡（二四七號墓）：釋文修訂版》，張家山二四七號漢墓竹簡整理小組編著，北京：文物出版社，2006.5，頁186。

吳普受其術而行之，年九十餘，耳聰目明，齒牙完整。華佗的「五禽戲」
是仿生的導引術，他認為人體應適度運動，透過模仿動物的動作，能身強
體健，也提及古之仙者善導引，可見以導引為成仙方術，其源甚早。

馬王堆帛書《導引圖》[58]

　　導引結合行氣，與天地陰陽之氣相交流，使得導引之效不僅只於養生
治病，還能使形體不朽。《列仙傳》記彭祖「常食佳芝，善導引行氣」，導
引與行氣並稱。司馬遷於《史記·龜策列傳》記其至江南考察，訪問地方
耆老，云：「江傍家人常畜龜飲食之，以為能導引致氣，有益於助衰養
老，豈不信哉！」司馬遷著此文為說明「參以卜筮，斷以蓍龜」，有其源
流與意義。然此一記載，也反映漢初江南地區流傳著神龜能長壽，因其能
行氣導引，故畜龜能助人「導引致氣」，延年益壽。雖然這個記錄並未具
體詳述如何藉由畜龜而致長生，但以烏龜長壽，必有其因，類推於人效法
之，而此法即是導引行氣之術，亦可略窺其源。

---

[58] 此圖出土已殘損，經復原，全圖分四橫排，每排 11 人，共 44 人。年齡性別各異，進
　　行各種肢體伸展動作，大多徒手操演，少數持械。原圖可能於每個人物配有題記，復
　　原後僅尚31圖。這些動作有些模仿動物，有些配合呼吸吐納，具有強身健體，亦有醫
　　療功效。引圖為復原圖，據《導引圖：馬王堆漢墓帛書》，馬王堆漢墓整理小組編，
　　北京：文物出版社，1979.4。

（四）房中

　　《漢書‧藝文志》將「房中」與「神仙」分為兩種圖書類別，顯見「房中」有其獨立發展的歷程。生殖與飲食皆為生命繁衍的重要行為，亦是生理欲望的基本需求，漢人重視房中術，賦予陰陽理論，不但是養生延壽的具體技術，更發展為成仙的一種方術。房中術能成仙的理論基礎，可歸結為二，其一，生命之源在精氣，通過房中術的修煉，能蓄積甚至增強精氣，從而延年益壽，最終不死。其二，生命起於陰陽交合，若能持續陰陽兩氣相交與運行，當能使生命長久。至於房中術的操作技法，在陰陽理論的基礎上，結合呼吸、吐納、導引與存思，發展出不同派別與方法。然不論何種派別，皆以保養精氣，追求長生成仙為目標。

　　飲食與性事為維持生命的生理機制，從食與色發展為養生延命的方法，前者為服食，後者是房中。由於房中術必須男女交合，並在陰陽觀念的影響之下，女性具有重要的地位。馬王堆竹簡《天下至道談》有云：

> 人有善者，不失女人，女人有之，善者獨能，毋予，毋治，毋作，毋疑，必徐以久，必微以持，如已不已，女乃大台（怡）。

此文論述交合時，須考量女性感受，而非一味以男為主。注重前戲，關注女性的意願與反應，才能使房事順利，水乳交融。「先戲兩樂，交欲為之」，強調「知時」，為行房的「八益」之一。馬王堆的房中醫書對於性交過程的女性身心反應有諸多描述，透過掌握女性身心狀況，使房事和諧。《合陰陽》提及：「昏者，男之精壯；早者，女之精積。吾精以養女精，前脈皆動，皮膚氣血皆作，故能發閉通塞，中府受輸而盈。」由於男女於早晚的精氣盛虛不同，故不同時間行房將使雙方受益。此處從補益論房事，不獨男性受益，女性亦能有所得，而男女皆有「精」，更可見得房中術重視兩性合諧。性交時相互協調，不只為了得到生理的滿足，更重要的是透過房中術的鍛鍊，調和陰陽兩氣，相互補益，達到延年益壽的功效。雖然馬王堆醫書重視女性的生理與心理，然而女性的身心滿足仍是為了使男性獲益。[59] 在陰陽調合的論述之下，女性的地位看似相對重要，但是房

---

[59] 《天下至道談》論述女性於性行為的各種反應，男性依此而取悅女性，「嬲樂之要，務在遲久。苟能遲久，女乃大喜，親之弟兄，愛之父母。凡能此道者，命曰天士。」男性若能遲久，女性便得行房之樂，進而善於親愛親人。此段所言，似乎女性地位提升，男性為討好女性而努力於房事。馬王堆房中醫書呈現女性的男女地位關係與傳統社會有所出入，廖育群認為這是因為性行為被視為是精神文化生活，故女性的意願獲得重視，同時在生理上能使男女雙方均獲得補益。（廖育群：《岐黃醫道》，臺北：洪

中術根本的目在於養生延年，尤其是男性藉房中以「積精」，並透過「接陰」以治神氣，女性仍只是從屬於男性，為男性延年益壽而服務。

從儒家的觀點，傳宗接代，以成孝道，是人類繁衍的道德意義，於是夫妻關係，妻妾之間，皆有禮法。由於傳宗接代為生育的目的，漢代對於房事持正面態度，但強調節制，不能縱欲。《漢書・藝文志》於「方技略」著錄房中八家，班固評論云：

> 房中者，性情之極，至道之際，是以聖王制外樂以禁內情，而為之節文。傳曰：「先王之作樂，所以節百事也。」樂而有節，則和平壽考。及迷者弗顧，以生疾而隕性命。

文中對房中之定義在於「性情之極，至道之際」，即兩性交合能達到高度的愉悅，但先王作樂節之，以外樂禁內情，即慾望易使人迷失，故須加節制。而音樂之節慾，不僅在於穩定社會的倫理秩序，班固更提及「和平壽考」，即房事必須「樂而有節」，否則損耗生命。房中術立基於陰陽觀，強調房事必須合宜，從醫學的角度，過與不及皆傷身，過度行房對身體危害尤鉅，特別是在身體狀況不佳之時。《黃帝內經》便反覆告誡入房太甚或不節，對健康有重大影響。《素問・上古天真論》曰：

> 上古之人，其知道者，法於陰陽，和於術數，食飲有節，起居有常，不妄作勞，故能形與神俱，而盡終其天年，度百歲乃去。今時之人不然也，以酒為漿，以妄為常，醉以入房，以欲竭其精，以耗散其真，不知持滿，不時御神，務快其心，逆於生樂，起居無節，故半百而衰也。

此處以上古與今時之人對比，顯示古人於飲食起居「有節」、「有常」，故能盡享天年，而今人相反，於酒色不節，所以早衰。東漢張仲景於《金匱要略・臟腑經絡先後病脈證》也論述平時保養之重要，避風邪，防濕寒，飲食有節，「房室勿令竭之」。此外，馬王堆醫書中關於房中的論述，也從法天地陰陽立論，申明節度之要，《天下至道談》云：「故貳生者食也，損生者色也，是以聖人合男女必有則也。」對於房事不僅要節制，還必須循法則，此法則便是房中術的行氣蓄精方法，關於性交時的呼吸吐納，姿

葉文化，1994.4，頁51-52）然而細究馬王堆醫書所述，固然對女性的身心有詳細的說明，但其根本目的仍是為了使男性從房事中得以養生。滿足女性是為了使男性能從中獲得治身之效，所重者仍在於男性，而非女性意願。《天下至道談》論「八益七損」，目的在使男性「身體輕利，陰氣益強，延年益壽，居處樂長。」男性隨著年齡增長，「年行四十而陰氣自半」，為了抵抗衰老，房中的目的便是接引女性的陰氣以補身。竹簡《十問》的第三問「曹熬之接陰治神氣之道」，以及第七問「耇老接陰食神氣之道」，皆是接引女性陰氣以補男性之不足。從「接陰」至「神氣」，再發展為御女房中術，根植於補氣之論。（參見嚴善炤：《古代房中術的形成與發展——中國固有「精神」史》，臺北：臺灣學生書局，2007.9）

勢與過程，還有性醫學的治療補益，以及房事的時間與環境等，各個環節皆須周全，可見其嚴謹。

馬王堆帛書的《養生方》與《雜療方》大多為性功能之補益，所載藥方著重治療性功能障礙，強調食療滋補之效。竹簡《十問》引用許多古佚性書，討論性保健相關問題；《合陰陽》則論陰陽交合，並有模仿動物的動作，結合呼吸吐納，而成房中的導引之術；《天下至道談》以房中術為高深的養生之道，其中論述「七損八益」，可補《素問·陰陽應象大論》之不足。〈陰陽應象大論〉以陰陽論人體的生理和疾病，文中云：「能知七損八益，則二者可調，不知用此，則早衰之節也。」然《黃帝內經》並未對「七損八益」多作解釋，例來注家各有說解。馬王堆醫書《天下至道談》明確論述「八益」指房事結合導引呼吸，可補益人體精氣的八個步驟；「七損」則指房事時應避免的七種情況，有損身心健康。[60]「故善用八益，去七損，耳目聰明，身體輕利，陰氣益強，延年益壽，居處樂長。」由於男性陽氣盛，藉房事補益陰氣，方得兩氣平衡。馬王堆簡帛所論房中術，其理論基礎在於陰陽，從天地運行之理申述男女交合，《十問》有云：

> 黃帝問於天師曰：「萬物何得而行？草木何得而長？日月何得而明？」天師曰：「爾察天地之情，陰陽為正，萬物失之而不繼，得之而贏。食陰擬陽，稽於神明。」

天地運行的規律在於陰陽調合，萬物得之方能生生不息，此即漢代法天地的思想展現。透過房中術所論節制的合理方法，結合呼吸吐納，導引伸展，以及藥物的補益，方得使陰陽兩氣和諧。房中術不只是追求身心的滿足，更在於預防疾病，強身健體，最終得以延年益壽。

醫家對房事的態度以節度為之，節欲而不放縱，亦與老子清靜寡欲之旨相合。當東漢末道教興起，以老子道論為立教基礎，房中術亦逐漸成為重要的神仙方術之一。《老子想爾注》於注《老子》第六章「谷神不死」云：「谷者，欲也。精節為神，欲令神不死，當結精自守。」並云：「陰陽之道，以若結精為生。」將「谷」釋為「欲」，以「欲」為房事，於是想要長生不死，便須著力於房中術，而其方法在於「結精」，凝聚「精」、「神」，以「結精自守」為其要，並謂：「能用此道，應得仙壽，男女之事，不可不勤也。」《老子相爾注》相當重視房中術，但仍強調節制，不得縱情肆欲，於注《老子》第九章「富貴而驕，自遺咎」謂：「精結成神，陽炁有餘，務當自愛，閉心絕念，不可驕欺陰也。」此處告誡行房中

---

[60] 馬王堆簡帛有關房中術的釋譯，可參考周貽謀：《馬王堆簡帛與古代房事養生》，長沙：岳麓書社，2006.2。

術應有所節制，此亦反映房中術出自於身體的欲望，不可不慎。

　　房中術以結精、保精以及還精等各種方法，使「精」不竭，便可長生。所謂「精」，可指「精液」，亦為「精氣」，能以導引行氣控制精氣。[61] 以「氣」之精華為「精」，其說應自戰國後期形成，《管子・內業》：「精也者，氣之精者也。」《文子》、《呂氏春秋》、《淮南子》都有人之體氣最精者為「精氣」的說法。不論是「精」與「氣」結合之「精氣」，或是生理的「精液」，皆為生命之源，故行房時結合導引之術，行氣畜精，保有生命的能量，故得長生。因此，從保有、蓄集精氣的觀點，出現「玉閉」之技巧，即房事時男性閉守精關而不泄。馬王堆竹簡《天下至道談》有云：

> 神明之事，在於所閉。審操玉閉，神明將至。凡彼治身，務在積精。精贏必舍，精缺必補，補舍之時，精缺為之。

既然「精」為生命之要，則控制射精，使之不瀉，此法即為「玉閉」。此說亦見於《十問》：「長生之稽，偵用玉閉，玉閉時辟，神明來積。積必見章，玉閉堅精，必使玉泉毋傾，則百疾弗嬰，故能長生。」然而，在馬王堆醫書中，亦非一味強調玉閉蓄精，也有泄精之語，上引文即有「精贏必舍」，《十問》也論云：「治氣之精，出死入生，歡欣美穀，以此充形，此謂摶精。治氣有經，務在積精，精盈必瀉，精出必補。補瀉之時，於□為之。」從陰陽立論的房中術，反映出對「精」的看法，即精為生命之要，故須積精，但不能只是積精，也得有一定的渲泄，積與泄應平衡之。此外，泄精之後必得補益，陰陽交合便是補精之法。故從陰陽調合而言，積精為要，精盈必泄，泄而補之，此循環如同呼吸一般，在這個過程中達到陰陽和諧，得以契合天地運行之法。

　　然而，「玉閉」指積精不瀉，故而累積精氣，使精氣愈盛，也意謂生命得以長久。因此房中術亦發展出「還精」之術，甚至御女採陰之法，造成社會問題。[62]《老子想爾注》批評「還精」之術，其注《老子》第九章

---

[61] 李零指出「精」既可為「精液」，也指存於體內的「精氣」，即先天所稟持的生命力，而且不只用於男性，亦用於女姓而為「女之精」。（李零：《中國方術正考》，北京：中華書局，2006.5，頁 408。）房中術與氣論關係密切，陰陽交合為陰陽二氣的運行，而氣為生命的泉源，故房中術是重要的成仙方法。原田二郎指出以「精」對應「房中」，「氣」為「胎息」，「神」則是「存思」的道教修行方式，以養生家最重視的「精」為核心，有個「神」→「氣」→「液」的變遷過程。（原田二郎：〈養生說における「精」の概念の展開〉，收入《中國古代養生思想の總合的研究》，東京：平河出版社，1988.2，頁 342-378）道士還進一步將房中的陰陽相交與內外丹的龍虎交媾結合，轉化精、氣，能使身體純淨不死。（參見石田秀實：《氣・流動的身體》，楊宇譯，台北：武陵，1996.2）

[62] 「還精補腦」之說，首見《抱朴子內篇》，應自東漢末開始流傳，其意為男性於行房

「持而滿之，不若其己，揣而悅之，不可長寶。」云：

> 道教人結精成神，今世間偽伎詐稱道，託黃帝、玄女、龔子、容成
> 之文相教，從女不施。思還精補腦，心神不一，失其所守，為揣悅
> 不可長寶。

此段批評「還精補腦」為「偽伎」，《老子想爾注》主張「結精」，其意為不可放縱，但房中術本陰陽之道，若以不泄而「還精補腦」，破壞了陰陽平衡，非房中術正道。然此術仍流傳甚廣，東晉時，葛洪亦批評之，他說：

> 房中之法十餘家，或以補救傷損，或以攻治眾病，或以採陰益陽，
> 或以增年延壽，其大要在於還精補腦之一事耳。此法乃真人口口相
> 傳，本不書也，雖服名藥，而復不知此要，亦不得長生也。人復不
> 可都絕陰陽，陰陽不交，則坐致壅閼之病，故幽閉怨曠，多病而不
> 壽也。任情肆意，又損年命。唯有得其節宣之和，可以不損。若不
> 得口訣之術，萬無一人為之而不以此自傷煞者也。（《抱朴子內篇·
> 釋滯》）

在兩晉時，房中術有十餘家，以「還精補腦」為旨，針對其法，葛洪並不認同，以為陰陽之交方為正途，而且修習房中術應得真傳，否則易入歧途。此說亦反映當時房中術盛行，因還精之說，出現御多女以補益之術，甚至藉採陰補陽而縱欲的情事。葛洪並不排斥房中術，他反對的是宣稱行房中術就可致神仙，或可以移災解罪，並將這些說法斥為「巫書妖妄過差之言」或「姦偽造作虛妄」。（《抱朴子內篇·微旨》）故北魏時，道士寇謙之宣稱太上老君賜其《雲中音誦新科之誡》，「清整道教，除去三張偽法，租米錢稅，及男女合氣之術。」（《魏書·釋老志》）清整道教，其中便針對採陰補陽的御女之術。儘管如此，以房中術成仙的方式，仍於後世流傳，綿延不絕。

時抑制射精，將精氣還復腦中。日本古醫書《醫心方》卷二十八引《仙經》云：「還
精補腦之道，交接精大動欲出者，急以左手中央兩指卻抑陰囊後大孔前，壯事抑之，
長吐氣，並喉齒數十過，勿閉氣也。便施其精，精亦不得出，但從玉莖復還，上入腦
中也。此法仙人呂相授，皆飲血為盟，不得妄傳，身受其殃。」（《醫心方》，[日]丹波
康賴輯，北京：華夏出版社，2011.01，頁 588）此說應流傳於兩晉時期，詳述還精的
方法與過程，古人想像將壓抑未射的「精」還入腦中，以此增益自身的精氣。此法強
調閉精守一，交而不泄，以還精達到補益之效，立基於此，遂發展為採陰補陽之說。
蓋建民指出後期房中術「通過多次『採戰』、『數御女』就可以採陰補陽，達到消病、
長生的目的，甚至得出了『御女多多益壽』的荒唐結論。」（蓋建民：〈道教房中術的
性醫學思想及其現代意義〉，《道教醫學導論》，臺北：中華道統出版社，1999.2，頁
536）由於「精」為至要，故需保精、閉精，減少消耗，再衍為「還精補腦」之論，
其理論直接素樸，但有些道派藉此法行御女之事，甚至以不當手段為之，是其遭受批
評的主因。

小結

　　兩漢思想在陰陽五行與天人相應的影響之下，方術盛行，不論生死大事，或日常生活，皆與方術有關，而上自帝王，下至平民百姓，都相信方術的作用。占卜相術、神仙長生思想，籠罩整個漢代。若與漢人氣化宇宙觀、天人感應論相參照，當可更深入理解漢人思維。漢人相信鬼神存在，武帝更藉封禪向上天宣告天下太平，一方向確定自己的權力「受命於天」，一方面希望接近神仙，求成仙之道。除了封禪，兩漢君王皆重視國家祭典，藉以神化君權。民間亦重視喪祭之禮，除了對祖先表達追思，亦祈求祖先福佑。

　　祭祀禮儀有其傳統，雖然孔子從仁心論述喪祭，賦予道德意涵且降低宗教性，但並不否認鬼神存在，而以「敬」的態度面對。換言之，祭祀已預設鬼神存在，若否定鬼神，甚至是無神論，則祭祀便無對象，失去祭祀原本的意義。然而，荀子對於禮樂祭祀的論述，卻否定鬼神，他認為天道自然，沒有人格化的天，亦無鬼神，其論云：

> 祭者，志意思慕之情也，忠信愛敬之至矣，禮節文貌之盛矣。苟非聖人，莫之能知也。聖人明知之，士君子安行之，官人以為守，百姓以成俗。其在君子以為人道也，其在百姓以為鬼事也。……物取而皆祭之，如或嘗之。毋利舉爵，主人有尊，如或觴之。賓出，主人拜送，反易服，即位而哭，如或去之。哀夫！敬夫！事死如事生，事亡如事存，狀乎無形，影然而成文。（《荀子・禮論》）

荀子重視喪祭之禮，認為這是生者對死者表達哀思的方式，其所重者在於「致隆思慕之義」，並區分聖人君子與百姓，前者為追悼亡者，後者則以為有鬼神而事之。「凡人之有鬼也，必以其感忽之間，疑玄之時定之。」（《荀子・解蔽》）荀子申論一般人之所以認為有鬼，皆是疑心生暗鬼，自欺欺人。所以祭祀喪葬純然只是生者情感的表現，藉以建立社會秩序，而非有鬼神存在。荀子此論，將祭禮視為全然客觀的儀式，慎終追遠不過是生者的懷念之情，所謂：「喪禮者，以生者飾死者也，大象其生以送其死也。故事死如生，事亡如存，終始一也。」恃奉死者須恭敬，只不過既然沒有鬼神，獻祭更像表演，事死如生終究只是行禮如儀。

　　從先秦至兩漢，一直都有否定鬼神的論述，論點大多為人死而亡，形神俱滅，不復以鬼神存在。荀子否定鬼神，但主張形神二元，「形具而神生。」（《荀子・天論》）心神是形的主宰，只是人死後形神俱滅。形神二元幾乎是所有學者的共識，差別在於先秦荀子至兩漢揚雄、桓譚與王充

等，皆主張人死則形神俱滅，故無鬼神，也就不會有神仙，更不可能有成仙方術。而形神俱滅的觀點，又多用燭盡火滅為喻，與反對者形成論戰。對於形神關係的不同主張，顯示對身體、意識，乃至生命延續的思考，在思想史中具有重要意義。

漢代以儒家禮樂教化世俗，藉文化傳播確立倫理關係，維持社會穩定。由於兩漢術數盛行，巫祝、方士多藉祭祀、卜筮以事鬼神，於是不合乎官方祀典內容的便被稱為「淫祀」，許多批評者更把矛盾指向巫祝，認為是社會混亂的根源。這些反對鬼神，或反對淫祀的評論，大多區分出一般大眾做為批評的對象，除了反映社會現實，也帶有貶意，呈現民眾的「無知」。雖然批評者的動機與目的可能有所不同，但這個畫分的背後蘊藏著禮樂教化，移風易俗的目的，以菁英文化引領通俗文化。[63] 菁英文化所代表的大傳統，試圖改變通俗文化，但通俗文化也一直影響著菁英文化，兩者關係複雜。統治者為了政權與社會穩定，壓抑巫術，但又投注大量心力求仙，大傳統與小傳統相互影響。漢代循吏對於推動大傳統文化，發揮相當作用，在教化同時，對民間俗信仰採取因勢利導，相對寬容的作法。在嚴禁與隨俗間，不必然二分斷裂，如東漢張奐任武威太守，當地風俗多妖忌，「奐示以義方，嚴加賞罰，風俗遂改，百姓生為立祠。」（《後漢書‧皇甫張段列傳》）民間信仰忌諱正、五月生子，將剋父母，故殺之。張奐為改正此風俗，與之對抗禁絕，然其生子有為占者，亦信之。卜筮日忌在民間信仰中相當重要，與日常生活息息相關，占卜可以隨俗，但殺嬰是嚴重的社會問題，大小傳統在教化的過程中有所平衡。

對於鬼神的崇拜或忌憚，源自於未知與恐懼，由於死後世界只有臆測而無從實證，遂衍生出追求長生不死的神仙想像，從而避免死亡。成仙的方法從服食不死藥，到導引、房中；從向神仙求索，到自行煉製；從個人成仙，到舉家飛升；從遠離塵世，到混跡人間。成仙方法的變化，朝向個人意志的自力成仙，成仙的理想也結合現實世界的美好，使神仙信仰愈趨圓滿。漢人對成仙的熱情，使醫藥領域有所發展，也促使道教成型後有了一定的思想內容，持續至六朝而不絕。

---

[63] 中國文化中的大傳統和小傳統一直相互影響著，余英時認為漢代推動儒家樂禮教化，用大傳統改造小傳統，得以移風易俗，但另一方面又從民心向背限制大一統時代的皇權。「大傳統一方面固然超越了小傳統，另一方面則又包括了小傳統。」（余英時：〈漢代循吏與文化傳播〉，《中國思想傳統的現代詮釋》，臺北：聯經出版事業公司，1995.12，頁 175）漢代階級有所流動，民間小傳統不一定都是「非知識份子」，蒲慕州將知識份子在民間信仰中，依批評者、改革者與參與者加以分析，知識份子可能兼有改革與參與的角色，顯示漢代民間信仰與知識份子間的互動頻繁，相互影響。（蒲慕州：《追尋一己之福——中國古代的信仰世界》第八章〈漢代知識份子與民間信仰〉，上海：上海古籍出版社，2007.3，頁 197-229）

魏晉南北朝

第十六章 魏晉玄學釋義與分期

　　中國思想史於魏晉時期，一般皆以「玄學」名之，玄學是魏晉時期的主要思潮，此時期的士人面對政治的變動，天災人禍不斷，企圖從道家思想中尋求安身立命之道。「玄學」之「玄」，源自《老子》第一章，老子之所以將「無」、「有」謂之「同出而異名」，此同出者為「玄」，「玄」為黑色，意謂「道」之深沉，無可名狀。魏晉時期的士人對老莊道家有極高的興趣，當時流行清談，議論的主題與內容多引用《老子》、《莊子》與《易經》，此三部經典是為「三玄」。[1]由於魏晉士人尚清談，崇玄理，對先秦老莊道家有所詮釋與發揮，魏晉玄學可稱之為「新道家」。[2]「新道家」有別於先秦老莊，最重要的關鍵在於魏晉士人雖以老莊為清談對象，但所關心議題有強烈現實感，老莊思想不僅只是學術的經典詮釋，更是安身立命之寄託。

　　玄學對老莊思想的詮釋方法有別於兩漢章句之學，能從義理闡發言外之意，對於《易經》的討論更不同於兩漢象數易學，而以老莊解易，使易學於兩漢後出現另一高峰。[3]《易經》於兩漢時是儒學五經之一，經學於兩漢是學術主流，至魏晉時期仍持續發展，魏晉士人雖關注於老莊玄學，但也多著力於儒家經典，魏晉之際王肅融合經今古文，有別於鄭玄而創

---

[1] 南朝梁顏之推於《顏氏家訓‧勉學》云：「洎於梁世，茲風復闡，莊、老、周易，總謂三玄。」顏之推此文說明學習之重要，並批評當時士人無學，認為五經儒學皆須工夫，也論及魏晉時期玄學風尚，列舉竹林七賢與郭象等人皆未能真得老莊之旨，「夫老、莊之書，蓋全真養性，不肯以物累己也。」顏之推還提到梁朝清談復盛，玄學再興。南朝後期學術的風尚與變化，與佛道兩教的興起有關。

[2] 馮友蘭先生將魏晉玄學稱為「新道家」（Neo-Taoism），並將新道家分為「主理派」與「主情派」，前者如王弼、郭象建立理論，後者如嵇康、阮籍放浪形骸。（馮友蘭：《中國哲學簡史》，北京：北京大學出版社，1985.2）這個區分還可商榷，畢竟兩者的界線並不清楚，情理於上舉諸人皆可見得，倒是馮友蘭指出「新道家」仍認為孔子是偉大的聖人，並對孔子進行重新解釋，這個觀察點明「新道家」以道釋儒的特色。《世說新語‧文學》記一則故事，文曰：「王輔嗣弱冠詣裴徽，徽問曰：『夫無者，誠萬物之所資，聖人莫肯致言，而老子申之無已，何邪？』弼曰：『聖人體無，無又不可以訓，故言必及有；老、莊未免於有，恆訓其所不足。』」裴徽的提問在於「無」相對於「有」為本源，為何孔子未嘗言之，反而是老子言「無」，王弼以「聖人體無」回答，已體無者不言無，老莊尚未體無，故言之。此答看似尊孔抑老，但也可從另一角度解釋，孔子所體會者，是老子所論述的「無」，又有尊道抑儒的意味。

[3] 朱伯崑指出兩漢易學至魏晉轉向以老莊玄學解易，但並不是斷裂，而是以玄學結合古文經學，王弼注《易》至為關鍵。（朱伯崑：《易學哲學史》，北京：北京大學出版社，1986.11）

「王學」，王弼注《易》開啟義理易學，至南北朝時分為南學、北學，[4] 大抵而言，北朝經學承襲兩漢，南學則受玄學影響。

漢代儒家價值系統至魏晉時期有崩解之勢，然而儒學傳統仍有延續，士人試圖為儒學重新定位，尤其是與老莊道家的關係，成為魏晉玄學的核心主題。儒道會通與調合，可上溯至漢初黃老思想的治身與治國合一，《淮南子》試圖以「道」為本，涵攝諸子，建立一個整合各家思想的體系。[5] 這個方法於魏晉時期成為連結儒道的基本思路，王弼明確指出「以無為本」，將「本／末」深化為會通儒道的理論。在「本／末」的基本架構之上，延伸為「無／有」、「意／言」、「神／形」與「自然／名教」等各種議題論述，構成魏晉玄學的內容。

第一節 玄學興起的歷史背景

魏晉南北朝從西元 220 年曹丕篡東漢帝位開始，至西元 589 年隋滅南陳統一天下而結束。369 年間，各個地方勢力割據，天災人禍不斷，混亂意謂社會失序，價值混亂，卻也為個人理想主義營造契機，士人面對道德氣節的失落，理想與現實衝突，轉而從老莊思想尋求精神的超越。社會環境促成思想發展，可視為外在因素。至於學術的變化，在於漢代經學因繁瑣章句以及讖緯化，士人從玄學中尋求突破，朱子曾評曰：「漢儒解經，依經演繹；晉人則不然，捨經而自作文。」（《朱子語類》卷六七）解經方法的不同，便反映出從兩漢到魏晉學術風氣的變化，但是得留意的是魏晉士人解經，不必然全是「自作文」，或可說依義不依文，即闡釋經文意義，而不拘泥於文字。

東漢末年的政治混亂，外戚與宦官交替專權。桓帝時，太學中的士大夫欲匡正此風，遂與外戚合作，懲處違法作亂的宦官，卻因宦官向桓帝進

---

[4] 王肅兼容今古文經學，因司馬氏支持立為學官，演為王學與鄭學之爭，其後北朝崇鄭，南朝尚王。而玄學興起，也影響士人注經的方式，其後南北學術風格有所差異，《北史·儒林傳序》云：「南人約簡，得其英華；北學深蕪，窮其枝葉。」南學承玄學之風，北學則宗鄭玄，承漢學。皮錫瑞從今文經學的角度，批評《北史》所言，認為唐初重南輕北，其實不然。（皮錫瑞：《經學歷史》，上海：上海書店，1996.12，頁173）經學於南北朝時期仍有所延續與發展，使唐代經學得以復興。

[5] 黃老思想的治身與治國合一，著眼於養生修煉，而《淮南子》已提出「本／末」的詞組用於解釋儒道關係，雖尚未如魏晉時將「本／末」概念化，但對於玄學有一定啟發。可參考拙作：〈秦漢之際以「本／末」對比論述儒道關係之考察──兼論徐復觀先生《兩漢思想史》論點〉，《東吳中文學報》，第 43 期，2022.5，頁 23-58。

言而獲罪。許多士大夫因而免職甚至入獄身亡，史稱第一次黨錮之禍。靈
帝時，名士重新在朝，欲鏟除宦官干政反遭陷害，此次牽連甚廣，名士被
誅殺者眾，史稱第二次黨錮之禍。後世多認為兩次黨錮之禍是直接導致東
漢滅亡的主因，桓、靈之前，宦官、外戚雖專權，但有名士陳蕃等人主持
朝政，勉力維持政局，《後漢書・陳王列傳》謂：「桓、靈之世，若陳蕃之
徒，咸能樹立風聲，抗論惛俗。……漢世亂而不亡，百餘年間，數公之力
也」。二次黨錮之禍，清正的士人皆入獄、貶謫或遭誅殺，宦官更為所欲
為，民不聊生。士人以群體的形式和朝廷中的外戚宦官對抗，已種下與政
權疏離的因子，理智上要行忠孝，但是人格尊嚴與價值又倍受扭曲，身心
無法一致的悲憤與哀傷，促使對儒學進行反省。

　　從東漢末至魏晉，學術風氣改變，造成玄學興起的關鍵原因，在於兩
漢儒學的價值系統瓦解，士人所信奉的聖賢之道，表面不一，這個衝擊讓
士人無所措其手足。社會失序導致價值混亂，以下從孝道之孝心與孝行的
關係，以及人物品評分述之。

一、孝心與孝行

　　兩漢儒學具有正統的地位，士人不只是通經講學，更是立身處世，實
現自我價值的重要依據。兩漢對於孝道極為重視，不但是察舉取士的科
目，更以《孝經》之「以孝治天下」為社會倫理的基礎。孝道發而為孝
行，孝心與孝行應一致，然而在東漢末年出現變化，桓靈時之大臣陳蕃，
剛正不阿，早年任職樂安太守時，對於孝子趙宣「葬親而不閉埏隧」，「行
服二十餘年」之事，本欲薦舉，卻發現其五子皆於服中所生，遂大怒致
罪。[6] 由於社會重孝，假孝之名而求致仕，東漢時屢屢見之，雖然這可視
為是個人行為，但也意謂「孝」的標準化與形式化，到東漢末年更引發士

---

[6] 此事見《後漢書・陳蕃傳》。東漢有諸多以孝為名，但名實不符之例，如《後漢書・循
　吏列傳》記東漢初年太守第五倫舉許武為孝廉，許武為使其二弟同舉，遂分家產而取
　肥田廣宅，鄉人皆稱弟克讓而鄙武貪婪，後二弟得以應舉，許武遂還田產於二弟。此
　事於表面上看來是許武忍辱，但此用計之舉，實已突顯漢代以德行舉士，必然有圖名
　之輩。另外東漢初年張湛曾有言：「人皆詐惡，我獨詐善，不亦可乎？」（《後漢書・
　張湛傳》）張湛嚴肅尚禮，時人謂其偽詐，但他以「詐善」言之，其意為「以善為
　詐」勝於「以惡為詐」，然而當「善」以詐為之，此「善」是否能稱為「善」？雖然
　張湛拘謹守禮，但「詐善」之說，仍為王充批評，他分析「佞人」之虛假，要仔細觀
　察言行，「考鄉里之迹，證朝庭之行，察共親之節，明事君之操，外內不相稱，名實
　不相副，際會發見，奸為覺露也。」「是故詐善設節者可知，飾偽無情者可辨，質誠
　居善者可得，含忠守節者可見也。」（《論衡・答佞》）王充強調言行一致，名實相
　符，這是儒者對於德行的基本要求，但也從而可知王充見佞人多有，故為文批判之。

人對「孝道」的省思。仲長統討論對父母之命是否可違？他說：

> 故不可違而違，非孝也；可違而不違，亦非孝也；好不違，非孝
> 也；好違，亦非孝也。其得義而已也。(《昌言・闕題八》)

「不可違而違」與「可違而不可違」，以及「好不違」與「好違」，皆非孝
也。對於父母之命，不以盲從，其判準為「義」，而非「父母」。孔子主張
事父母以禮，諫言亦不得違禮，這個觀念在漢代有所轉變，也有所調整。[7]
然而當仲長統提出以「義」衡量父母之命的「孝」時，已將「義」提升為
具有超越意義的道德之本，近似於孟子所言之仁義內在，而這樣的區分，
也開啟魏晉士人對「孝心／孝行」的反省，以更強調孝心實踐的「自
然」，對抗形式化的「名教」，或重新詮釋「名教」。

　　對於孝道的討論，至漢末有孔融非孝之議，此事起於曹操猜忌孔融，
欲除之後快，故今軍謀祭酒路粹上奏孔融罪狀，其中有一事，狀云：

> 又前與白衣禰衡跌蕩放言，云：「父之於子，當有何親？論其本
> 意，實為情欲發耳。子之於母，亦復奚為？譬如寄物瓶中，出則離
> 矣。」……大逆不道，宜極重誅。(《後漢書・孔融傳》)

此處記錄孔融與禰衡之言，內容將親子關係物化，以為父母生子發於情
欲，生子如寄物瓶中，並無親子之情，既無親，則無孝。此說過於荒誕，
曹操據而誅之，然而，孔融至孝，此論或為捏造以羅織其罪。其後曹操憂
懼孔融之死造成影響，遂令云：「融違天反道，敗倫亂理，雖肆市朝，猶

---

[7] 《論語・為政》中，孔子答孟懿子問孝曰：「無違」，是無違以禮，但是對於勸諫父母
一事，有云：「事父母幾諫。見志不從，又敬不違，勞而不怨。」(《論語・里仁》)
「幾諫」是謹慎小心的勸諫，如果父母不從，仍以恭敬不怨的態度，委婉勸說，不直
接違逆。《孝經・諫諍》亦論其事，孔子答曾子之問，直言：「故當不義，則子不可以
不爭於父，臣不可以不爭於君。故當不義則爭之，從父之令，又焉得為孝乎？」此章
肯定諫諍，然而漢代推廣《孝經》，又以忠孝相結合，故於諫諍一事，仍以不違釋
之。西漢董仲舒論《孝經》之「天經地義」，便云：「諸父所為，其子皆奉承而續行
之，不敢不致如父之意，盡為人之道也。」(《春秋繁露・五行對》)君父為土，五行
莫貴於土，故忠臣孝子事君父如天，此意於昭宣時大臣韋賢有云：「孝莫大於嚴父，
故父之所尊，子不敢不承；父之所異，子不敢同。」(《漢書・韋賢傳》)不敢違逆，
才是兩漢士人對孝的認識，畢竟事父與事君相同。東漢《白虎通德論》卷四有〈諫
諍〉論《孝經》此章，其中有言：「子諫父，不去者，父子一體而分，無相離之法，
猶火去木而滅也。《論語》：『事父母，幾諫。』下言：『又敬不違。』臣之諫君何取
法？法金正木也。子之諫父，法火以揉木也。臣諫君以義，故折正之也。子諫父以
恩，故但揉之也，木無毀傷也。待放去，取法於水火，無金則相離也。」《白虎通》
以五行之順逆言人倫關係，父子、君臣一體，諫諍而不傷，其意仍在「不違」。

恨其晚。」[8] 批判孔融虛名，狂妄浮豔。孔融所之言，後世或疑為假，但此事反映統治者重視「孝」，似與兩漢相同。統治者提倡孝道，目的在於忠君，忠孝若能一以貫之，士人尚能依循，然而曹操曾下求賢令，直言「唯才是舉」，又有求才令，云：

> 今天下得無有至德之人，放在民間，及果勇不顧，臨敵力戰，若文俗之吏，高才異質；或堪為將守，負汙辱之名，見笑之行；或不仁不孝，而有治國用兵之術，其各舉所知，勿有所遺。[9]

曹操為求壯大聲勢，不以兩漢舉才以德行為標準，如此宣示，已然將才德二分。曹操看似重才，又多猜忌，誅殺許多人才，如此表裡不一，反覆無常之舉，才是魏晉士人痛苦的根源。

魏晉之時，朝廷一再頒令旌表孝悌，提倡忠孝倫理，治《孝經》者眾，甚至有以《孝經》陪葬者。[10] 孝道仍是社會所重，然而此時士人對於「孝」的態度有別於兩漢，舉其要者，一是突破形式的「孝行」，二是「先孝後忠」的轉變。魏晉士人對「孝行」往往更重視內在情感，表現出真性情的「孝心」，以阮籍為例，《世說新語‧任誕》記阮籍母喪，文云：

> 阮籍遭母喪，在晉文王坐，進酒肉。司隸何曾亦在坐，曰：「明公方以孝治天下，而阮籍以重喪，顯於公坐，飲酒食肉，宜流之海外，以正風教。」文王曰：「嗣宗毀頓如此，君不能共憂之，何謂？且有疾而飲酒食肉，固喪禮也！」籍飲噉不輟，神色自若。

> 阮籍當葬母，蒸一肥豚，飲酒二斗，然後臨訣，直言「窮矣！」都得一號，因吐血，廢頓良久。

---

[8] 《三國志‧魏書‧崔琰傳》裴松之注引孫盛《魏氏春秋》。

[9] 《三國志‧魏書‧武帝紀》裴松之注引王沈《魏書》。而「唯才是舉」見《三國志‧魏書‧武帝紀》本文。

[10] 《太平御覽‧禮儀部‧葬送二》集王隱《晉書》之皇甫謐〈篤終論〉，提及其氣絕之後，「平生之物，皆無自隨，惟齎《孝經》一卷，示不忘孝道。」皇甫謐終身避詔不仕，以著書論學為業，〈篤終論〉言其不設棺槨，不行殯殮，視禮法為無物，效莊子之意。其以《孝經》陪葬之議，顯示士人以「孝順」為安身之本。此外，朝廷推動《孝經》傳授，西晉初於國學設《孝經》助教，東晉元帝立《孝經》鄭氏博士，南北朝亦多置《孝經》博士。關於此時期《孝經》的著述與傳授，可參考舒大剛：《中國孝經學史》，第五章〈魏晉南北朝的《孝經》學〉，福州：福建人民出版社，2013.5，頁 138-188）兩晉南北朝史書記錄許多國君參與《孝經》講習，甚至親自作注，除了立《孝經》為博士，排序與地位也超越其他經典，如南朝齊的王儉作《七志》，「以《孝經》居《易》之首。」（《經典釋文‧序錄》）《孝經》在兩晉南北朝時期，從朝廷到民間，皆受到重視。

阮籍視禮法為無物，旁人眼中的標新立異，不守禮法，實為重情感勝於形式。晉文王能理解阮籍於母喪時飲酒吃肉是「有疾」，此疾病實為哀傷過度所致，但在旁人眼中卻於禮不合，而且晉文王的默許，也在一定程度上加劇禮法的心性的分離。至於阮籍葬母時飲酒吐血，僅此一哭，哀悽尤甚，劉孝標注引鄧粲《晉紀》曰：「籍母將死，留人圍棋如故，對者求止，籍不肯，留與決睹。既而飲酒三斗，舉聲一號，嘔血數升，廢頓久之。」故事稍有不同，但都突顯阮籍至孝。《世說新語‧德行》另記有類似故事，其云：

> 王戎、和嶠同時遭大喪，俱以孝稱。王雞骨支床，和哭泣備禮。武帝謂劉仲雄曰：「卿數省王和不？聞和哀苦過禮，使人憂之。」仲雄曰：「和嶠雖備禮，神氣不損；王戎雖不備禮，而哀毀骨立。臣以和嶠生孝，王戎死孝。陛下不應憂嶠，而應憂戎。」

表面看來，和嶠合禮，王戎不合禮，但哀傷有別，顯然和嶠只作表面工夫，王戎卻是哀毀骨立。合禮未必孝，不合禮未必不孝。劉毅的評論，明確指出魏晉士人區分「形式」與「性情」，並有高下之別，由此建立品評人物的標準。王戎與阮籍同為「竹林七賢」，為後世所稱道，[11] 可視為魏晉名士的代表。

至於「忠」與「孝」的關係，兩漢視「忠」為「孝」的更高層次，《孝經‧廣揚名》已言：「君子之事親孝，故忠可移於君。」忠與孝若有衝突時，移孝作忠是士人的信念與選擇，然而忠與孝的關係在魏晉之時產生變化，《世說新語‧輕詆》注引〈邴原別傳〉記有一事，曰：

---

[11] 「竹林七賢」之名，應於東晉便已流傳，《三國志‧魏書‧王粲傳》注引東晉孫盛《魏氏春秋》曰：「（嵇）康寓居河內之山陽縣，與之游者，未嘗見其喜慍之色。與陳留阮籍、河內山濤、河南向秀、籍兄子咸、琅邪王戎、沛人劉伶相與友善，遊於竹林，號為七賢。」陳寅恪先生認為「竹林」之名為東晉士人受佛教「格義」學風影響，取釋迦牟尼說法的「竹林精舍」之名，並附會《論語》「作者七人」之事數而成。（陳寅恪：〈陶淵明之思想與清談之關係〉，《金明館叢稿初編》，北京：三聯書店，2001.6，頁 202）王曉毅提出質疑，認為於「竹林」交遊確有其事。（王曉毅：〈竹林七賢考〉，《歷史研究》第 5 期，2001，頁 90-99）七賢的行為處事不盡相同，後世對王戎為官聚斂的行為褒貶不一，《世說新語‧儉嗇》載王戎四事，劉孝標注引戴逵〈竹林七賢論〉曰：「王戎晦默於危亂之際，獲免憂禍，既明且哲，於是在矣。」王戎愛財於當時已引起非議，戴逵以「晦默」為其說解，是於亂世中全身的方法。然而，求財愛利與傳統儒道的觀點相違悖，之所以於西晉時士人只考量自我利益，實為社會價全面崩解。羅宗強認為晉代奢侈之風日盛，其深層的心理是個人意識走向縱欲，利己、求名與自全，士人完全走向世俗，郭象提出適性逍遙的理論，說明了西晉士人的心態。（羅宗強：《玄學與魏晉士人心態》，臺北：文史哲出版社，1992.11）

> 魏五官中郎將，嘗與群賢共論曰：「今有一丸藥，得濟一人疾，而君、父俱病，與君邪？與父邪？」諸人紛葩，或父、或君。原勃然曰：「父子，一本也。亦不復難。」[12]

曹丕以君、父俱病，丸藥僅救一人設計道德兩難而提問，邴原援引孟子「一本」之說，以親情為生命元始，故救父為先。這個兩難的設問，將君、父置於對立，使兩漢模糊忠孝或移孝作忠的操作，又重新成為議題，而且邴原以孟子之說作答，一方面難以反駁，一方面也反映君父先後開始轉移。就統治者而言，提倡尊君，先君後父，是理論的必然，但是魏篡漢而立，晉又代魏而立，統治者的正當性不足，難以論忠，故倡言孝道以飾己非，同時也是世家大族維繫自身利益之所需。[13] 至於南朝以降，政權更迭，更需要重視孝道，同時佛道兩教均以孝順為善行，並為戒律的內容，使得孝道更加深入人心。

對於魏晉士人而言，「孝道」不只是道德理論，而是生活中的具體實踐。當政治社會發生巨大變動，力求「孝心」以對抗形式化的「孝行」，同時重新詮釋「孝道」，可以窺見魏晉士人的深層心理，也可從中理解玄學討論「自然」與「名教」關係，具有安身立命的現實感。

二、人物品評

漢代以察舉選才，孝廉是重要科目，以德行作為評價標準，自然就會有沽名釣譽之人，同時結黨營私求取功名。這樣的情況，於東漢中期已逐漸顯現，王符批評世人為求富貴而心口不一，其云：

---

[12] 此事亦見《三國志・魏晉・邴原傳》注引〈原別傳〉，文中之曹丕為魏國太子，而邴原僅答「父也」，未引「一本」，且後文為「太子亦不復難之」，成為曹丕聽完邴原回答後的反應。至於「一本」之說，出自《孟子・滕文公》：「且天之生物也，使之一本，而夷子二本故也。」原文為批駁墨子兼愛將他人父視為己父，如同有兩個父親為「二本」。

[13] 唐長孺認為自漢至晉，忠孝先後產生變化，尤其晉代倡導以孝治天下，「忠君之義在晉初一方面統治者說不出口，另一方面他們正要掃除那些忠於魏室的人，在這裡很自然的只有提倡孝道，以之掩護自身在儒家倫理上的缺點。」（唐長孺：〈魏晉南朝的君父先後論〉，《魏晉南北朝史論拾遺》，北京：中華書局，2011.4，頁 241）此外，晉代門閥世族更為確立，也促使孝道於政治社會獲得更大的肯定，於是親先於君，孝先於忠的觀念就此形成。王妙純認為魏晉時期形成「先孝後忠」的觀念，其因在於君權衰落與提倡孝道，而「孝」的概念也隨之變化調整，注重內心情感的抒發與展現。（王妙純：《魏晉士人的生死關懷——以〈世說新語〉為核心的考察》，臺北：文津出版社，2012.9，頁 152-194）

> 嗚呼哀哉！凡今之人，言方行圓，口正心邪，行與言謬，心與口
> 違；論古則知稱夷、齊、原、顏，言今則必官爵職位；虛談則知以
> 德義為賢，貢薦則必閥閱為前。處子雖躬顏、閔之行，性勞謙之
> 質，秉伊、呂之才，懷救民之道，其不見資於斯世也，亦已明矣！
> （《潛夫論・交際》）

其時已出現世家大族，相互薦舉，致使清寒之士無法一展報負。東漢末年朝政腐敗，復因黨錮之禍，選議人才的察舉制度已難再推行，於是曹魏時建立九品中正制，依人才優劣，評定九等，按等授官。此制度為改善察舉之弊，由中央訂定選才的標準，將選拔人才權力收歸中央。由於擔任選才的「中正」官仍多是世家大族，反造成世家更進一步擴大權力，西晉初劉毅曾上疏力陳九品之弊，直言：「上品無寒門，下品無勢族。」[14] 然而九品中正制仍然沒有廢除，直至隋代才由科舉制度取代。

選才制度是政府任用官員的重要依據，如何識別評定人才，涉及士人立身處世的價值標準。從兩漢到魏晉，逐漸從「重德」轉移到「重才」，士人的言行舉止、逸才文藝與儀容風姿受到重視，突顯個人的風格特色，而有別於重德的普遍性與標準化。魏晉士人的特立獨行，是個體精神自覺的展現，更深層的意義是回到人的自然情性，強調每個人獨有的才能，從個體的差異確立生命存在的意義與價值。劉劭作《人物志》，為人物品評建立一套理論，一方面為朝廷選才訂定標準，一方面也反映了曹魏時期對人才的看法，有別於傳統以「性」論人，而特別突出「才」的重要。[15] 雖然劉劭仍重視品德，但強調德才兼備，才是一流的人物，否則都是偏才。劉劭仍承襲兩漢以氣化生成與陰陽五行論人，以一元為質，陰陽立性，五行成形。既以陰陽五行之氣為人的根本，則意謂每個人的精神形體可以被觀察理解，能夠依五行之運行原理掌握人之情性，他說：

---

[14] 此語為晉武帝太康年間，尚書左僕射劉毅上疏批評九品之弊，造成「上品無寒門，下品無勢族」的情形，直指其「毀風敗俗，無益於化，古今之失，莫大於此。」（《晉書・劉毅傳》）劉毅的評論指出九品中正制問題在於執行，分品授官的權力在「中正」，使世族門閥更為盛行。關於九品中正制的興革與執行，可參考張旭華：《九品中正制研究》，北京：中華書局，2015.1。

[15] 牟宗三先生認為《人物志》對才性的品鑑，是「美學的判斷」，開出美學的境界，「但不足以建立真正的普遍人性之尊嚴，亦不足以解放人為一皆有貴於己之良貴之精神上的平等存在。」（牟宗三：《才性與玄理》，臺北：臺灣學生書局，1989.10，頁 50）牟先生比較魏晉的「才性」與宋明的「心性」，前者是美學與藝術精神，後者能建立人的道德主體，進而超越現實階級的限制，成為精神上的平等存在。牟先生此論固有一定理據，然而《人物志》的重點在分析各種人才，有其成書之時空背景，此外，魏晉士人是否即為美學藝術的高峰，或者可再進一步追問，美學境界是否也能成為超越現實限制，達到精神的自由與平等？凡此種種，皆可再深思。

> 若量其材質，稽諸五物；五物之徵，亦各著於厥體矣。其在體也：
> 木骨、金筋、火氣、土肌、水血，五物之象也。五物之實，各有所
> 濟。(《人物志・九徵》)

組成身體主要有五個部位，為形體的五質，對應五行與五德，而形體與精
神相結合，便為「九徵」，從「神、精、筋、骨、氣、色、儀、容、言」
九項表徵，能鑒識才性，作為用人選才的標準。至於人才的分類，劉劭區
分為三材、八業，他說：「蓋人流之業，十有二焉：有清節家，有法家，
有術家，有國體，有器能，有臧否，有伎倆，有智意，有文章，有儒學，
有口辨，有雄傑。」(《人物志・流業》) 前三者即「德、法、術」，八業以
三材為本，最理想的人才是三材兼備，若各有所偏者，亦可依其能力授於
適當的官職，方能發揮其才能。

　　事實上，能兼有才德者畢竟少數，大部份的人都是各有長才，《人物
志》分析各種偏材，反映每個人都有其的特色，這也可以說明魏晉士人的
個人意識覺醒，特立獨行受到重視。尤可注意的是劉劭標舉「英雄」，其
言：「夫草之精秀者為英，獸之特群者為雄；故人之文武茂異，取名於
此。是故，聰明秀出，謂之英；膽力過人，謂之雄。」(《人物志・英
雄》) 英者能謀，雄者有勇，劉劭稱許能兼二者的「英雄」，以文武雙全衡
量人物，事功勝於德行，使得三國時期英雄輩出。《人物志》對人才分
類、品鑑與授官的論述，以氣化論與陰陽五行為基礎，融合先秦儒家選賢
任能與法家因任授官，是為魏晉時期品評人物的重要論述。

　　選才制度的改變引發對人才的重新評估，對人物品評也從德行轉變為
對容止的觀察，關於「德行」的表現也出現新的衡量方式，如前述「孝
道」在具體「孝行」的表現，就不完全是依禮而行，而更強調性情之自
然。當「情」勝於「禮」，發於性情的行為儘管有違於禮，也能得到贊
許，於是以情違禮成為風尚，在各種人倫關係均可見得，不論父子、夫
婦、兄弟與君臣都有各種情勝於禮的表現。如《世說新語・傷逝》記一則
故事，其云：

> 王戎喪兒萬子，山簡往省之，王悲不自勝。簡曰：「孩抱中物，何
> 至於此？」王曰：「聖人忘情，最下不及情；情之所鍾，正在我
> 輩。」簡服其言，更為之慟。

王戎殤子，哀慟逾恆，山簡往視之，不解王戎為何如此悲傷，王戎答「情
之所鍾」，一語道盡魏晉士人重視情感，直抒胸臆。至於聖人忘情，一如
何晏論聖人無喜怒哀樂，亦同於莊子言「無情」，「言人之不以好惡內傷其
身，常因自然而不益生也。」(《莊子・德充符》) 莊子認為有情造成好
惡，斲喪生命，故以忘情為工夫，而言「無情」。聖人超越情感，故無

情,而下等之人虛偽矯情,不及於真性情。強調真實的情感,此即魏晉士人以「自然」取代或置換「名教」的行為表現,兩漢講究「尊卑」的人倫關係,逐漸轉變為以「親至」為先。[16] 這個轉變是魏晉社會風氣的變化,有別於兩漢,使得「自然」與「名教」在情禮衝突中成為魏晉士人深思的議題,在理論和人倫實踐中予以回應。

品評人物以「才」為重,從「九徵」識人,言容儀色皆是個人才性的表徵,使得魏晉重視儀容舉止。有別於傳統對言行的約束,以剛毅木訥突顯質勝於文,魏晉士人於清談之言語機鋒以示玄理,從言行表現個人風采,甚至認為內在的才性道德,須以儀態風姿顯現。如《世說新語‧賞譽》記:「世目李元禮:『謖謖如勁松下風。』」李膺是東漢末年清流之士的代表,魏晉時以其姿容如松之挺拔,讚譽其德行。劉孝標注引《李氏家傳》曰:

> 膺岳峙淵清,峻貌貴重。華夏稱曰:「潁川李府君,頠頠如玉山。汝南陳仲舉,軒軒若千里馬。南陽朱公叔,飂飂如行松柏之下。」

本段描述李膺的相貌穩重,頭大如山;陳蕃則氣宇軒昂如千里雨;朱穆氣節忠貞,如松下風。這些比喻性的用語,都為了突顯性格德性,從神氣見其人品。又如王戎贊山濤:「如璞玉渾金」;庾敳贊和嶠:「森森如千丈松」;公孫度贊邴原:「雲中白鶴」,這些品評,從儀容見德行。至於能言亦受稱道,西晉末太尉王衍便贊郭象:「語議如懸河寫水,注而不竭。」這些對士人言行的讚譽,俱見《世說新語‧賞譽》,此外,《世說新語‧容止》記嵇康風采,云:

> 嵇康身長七尺八寸,風姿特秀。見者嘆曰:「蕭蕭肅肅,爽朗清舉。」或云:「肅肅如松下風,高而徐引。」山公曰:「嵇叔夜之為人也,巖巖若孤松之獨立;其醉也,傀俄若玉山之將崩。」

嵇康風姿俊秀,見者無不歎服,以松下風喻之,山濤更贊其若孤松,連酒醉都如玉山傾倒,別具風采。魏至西晉的士人雖特立獨行,然其言行容止均出自真性情,但後繼者僅得其形,故作姿態,例如:

---

[16] 余英時先生認為魏晉出現的名教危機,關乎人倫秩序的重整,「情」重於「禮」,使得「尊卑」不復,而重「親至」。魏晉南北朝時期的「情/禮」關係,歷經一個革新禮制的發展過程,從漢末到西晉統一,名教與自然衝突逐漸擴大,玄學家提倡「稱情直往」影響傳統禮法,東晉以後出現禮制的革新以消彌情禮之間的衝突,使名教與自然合一。(余英時:〈名教危機與魏晉士風的演變〉,《中國知識階層史論》,臺北:聯經,1980.8,頁 329-372)葛洪於《抱朴子外篇‧疾謬》批評漢末以降之士人言行無禮,「其或不爾,不成親至,而棄之不與為黨。」依葛洪立場,這些名士以情代禮,破壞禮教,是末世之行。

> 王平子、胡毋彥國諸人，皆以任放為達，或有裸體者。樂廣笑曰：
> 「名教中自有樂地，何為乃爾也！」（《世說新語‧德行》）

王澄與胡毋輔之等名士放蕩不羈，有時赤身裸體，樂廣針對這些脫序的行為，以「名教中自有樂地」評之，此語將「名教」的概念擴大解釋，意近郭象以「跡冥圓融」釋「名教即自然」，當名教亦寓自然，或於心境等同於自然，則放浪形骸之舉反而顯得做作，等而下之了。

第二節 魏晉玄學的分期

學界對於魏晉玄學的分期，一般分為正始、竹林、元康與東晉四個時期，這個分期始自東晉袁宏，《世說新語‧文學》記云：「袁彥伯作《名士傳》成，見謝公。」劉孝標注云：

> 宏以夏侯太初、何平叔、王輔嗣為正始名士，阮嗣宗、嵇叔夜、山巨源、向子期、劉伯倫、阮仲容、王濬仲為竹林名士，裴叔則、樂彥輔、王夷甫、庾子嵩、王安期、阮千里、衛叔寶、謝幼輿為中朝名士。

袁宏為東晉人，他將魏至西晉的名士分為正始、竹林、中朝三個時期，正始是曹魏少帝曹芳的第一個年號，共計十年，正是夏侯玄、何晏與王弼活躍時期。其後以「竹林七賢」為續，此七人年齡或有差距，但多著書立說於曹魏之時，嵇康、阮籍死於司馬炎篡魏之前，王戎年紀最幼，於西晉末去世。因此「竹林」與「正始」多有重疊，並非時間前後之別。「中朝」為西晉，東晉仿蜀漢稱東漢為中漢，稱西晉為中朝，袁宏舉了八人，分別是裴楷、樂廣、王衍、庾敳、王承、阮瞻、衛玠與謝鯤，這些名士皆為世族大家，然多務清談，效前朝名士狂放任誕，但多仿其行，而非真性情，已等而下之。王衍為王戎堂弟，雖居高位，只好清談，西晉末為後趙石勒所俘，死前歎曰：「嗚呼！吾曹雖不如古人，向若不祖尚浮虛，戮力以匡天下，猶可不至今日。」（《晉書‧王衍傳》）此「祖尚浮虛」一語，道盡中朝名士的不堪。

湯用彤先生依時間先後將魏晉思想史分為四期，其一，正始時期，以何晏、王弼為代表，多以《周易》、《老子》為理論根據；其二，元康時期，學術思想多受莊子學的影響，以嵇康、阮籍的「激烈派」名士為代表；其三，永嘉時期，有些名士上承正始時期的「溫和派」，發展為新莊

學，以向秀、郭象為代表；其四，東晉時期，亦可稱「佛學時期」。[17] 湯一介先生承之，但去永嘉增竹林，而成正始、竹林、元康、東晉四時期。正始時期，以何晏、王弼為代表；竹林時期，以嵇康、阮籍、向秀為代表；元康時期，以裴頠、郭象為代表；東晉時期，以道安、張湛為代表。[18] 此四時期的分法，兼有時間與群體的標誌，能呈現玄學發展歷史，目前學界對魏晉玄學的分期多以此為基礎，再提出不同看法。[19] 另有依思想的相近分為不同學派，如馮友蘭先生認為玄學家對有無的了解有所不同，可分為三派，「一派是王弼、何晏的『貴無論』，一派是裴頠的『崇有論』，一派是郭象的『無無論』。而『正始』和『竹林』應是一個階段，即貴無論階段。」並指出玄學發展的三個階段，貴無論是肯定，崇有論是否定，無無論是否定之否定。[20] 此三階段的論述，將思想史發展置入一個演變的框架，甚至有學者從馮友蘭之說，更進一步將這三個段釋為正、反、合的過程，何晏、王弼提出「名教本於自然」為正題；嵇康、阮籍以「越名教而任自然」崇道反儒，以及裴頠糾正虛無放誕玄風而崇儒反道，則為反題；郭象論證「名教即自然」冥合儒道，成為合題。[21] 此一歸納看似玄學有一

---

[17] 湯用彤：《魏晉玄學論稿》，收於《魏晉思想（乙編三種）》，台北：里仁書局，1995.8，頁 136。湯用彤先生從時間先後分期，並區分名士有「溫和派」與「激烈派」，可以對玄學與名士有一定的認識，但是劃分便涉及標準，士人的言行不必然能歸屬於「溫和／激烈」的二分，若能回到每個名士個人的生命歷程，或能更貼近其述論。此外，向秀與郭象的學術活動應在元康時期，西晉懷帝永嘉年間，向秀已去世，郭象也近晚年。

[18] 湯一介：《郭象與魏晉玄學》第二章〈魏晉玄學的發展（上）──玄學發展的階段〉，北京：北京大學出版社，2000.7，頁 37-74。湯一介先生認為正始階段王弼哲學體系中的矛盾在竹林時期向兩個方向發展，一是嵇、阮的「越名教而任自然」，一是向秀的「儒道合一」。到了西晉元康時期，亦分為兩支：一是裴頠，一是郭象。到了東晉，玄學只有張湛為餘緒，佛道兩教接著玄學而有所發展。

[19] 莊耀郎分為創始、分裂、轉變及衰退四期，各期代表人物與湯一介相同，僅從名稱上突顯玄學義理的轉向。（莊耀郎：〈魏晉玄學釋義及其分期之商榷〉，《鵝湖學誌》第六期，1991.6，頁 42）然而，謝大寧對此分期提出新的看法，認為何晏、王弼為兩漢思潮的殿軍，玄學主要論題的開創始自嵇康，此分法突破傳統見解，亦可參考。（見謝大寧：《歷史的嵇康與玄學的嵇康》，台北：文史哲出版社，1997.12）

[20] 馮友蘭：《中國哲學史新編》第四冊，北京：人民出版社，1986.9，頁 40-42。

[21] 余敦康：《魏晉玄學史》，北京：北京大學出版社，2004.12，頁 1。余敦康從正、反、合論魏學的發展歷程，馮友蘭先生也以這個辨證法論述中國哲學史，並謂借鑑德國哲學家黑格爾（Georg Wilhelm Friedrich Hegel）論歷史進化的正、反、合三階段。（馮友蘭：《中國哲學史・自序》，臺北：臺灣商務印書館，2015.1，頁 2）事實上，黑格爾並未使用這個所謂的「正─反─合」（Thesis-Antithesis-Synthesis）辨證方法，瑞士哲學家穆勒（Mueller）認為是馬克思（Karl Marx）受當時康德主義學者 Chalybäus 誤導，從《哲學的貧困》（Das Elend der Philosophie）開始傳播黑格爾使用「正反合」的

個辨證發展的歷程，然而可能失之過簡，並將學術發展套用規律性的公式。魏晉士人面對自然與名教的衝突，有其時代背景的實存感，與其歸納簡化為規律的發展，毋寧回到魏晉時期，理解這些士人面對的問題，提出如何解決問題的方法與思路，或許能更貼近魏晉玄學的精神所在。

本編論述魏晉玄學，依時間為序，於章節安排以人為主，突顯玄學義理的變化。正始時期擇王弼論之，蓋王弼注解《老子》與《周易》，從詮釋兩書提出「本／末」架構的本體論，以及「言／意」的詮釋方法論，奠定玄學的基礎。竹林時期以阮籍、嵇康為論述對象，兩人發揮老莊哲學的自我意識，將「自然」與「名教」的關係提升至精神層次，看似衝撞「名教」，實則在理論與實踐會通儒道。至於元康時期則專論郭象，郭象透過注《莊子》，以「跡冥獨化」超越儒道對立，從「適性逍遙」化解士人的掙扎與憂慮，並發揮「自然即名教」之意，泯除儒道差異，玄學發展至郭象，理論臻於圓熟。東晉之後，佛道兩教興起，從思想史的角度觀察，兩晉之際的葛洪是個關鍵人物，他承襲玄學調合儒道的議題，將「道」轉而為神仙道教的修煉，為道教教義奠下基礎。道教在漢末始有教團組織，在傳播的過程中，一方面吸收道儒理論，一方面也引入佛學，再經南北朝時期的清整，至唐代重玄學達於理論高峰。至於東晉佛教的道安與慧遠法師，闡釋佛教般若學，走出「格義佛教」的局限，士人談佛，僧眾論玄，佛學與玄學的交涉中，逐漸擴大其影響力，從宗教哲學到文學藝術，至隋唐達其高峰，甚至影響了宋明理學。至於東晉佛道兩教在傳法的過程中，相互競爭，也相互吸收與影響，成為南北朝思想史的重要思潮，故繼玄學之後，以專章論述儒道兩教。

第三節　魏晉玄學的論題

魏晉玄學家尚清談，論題多以儒道關係為核心，學界多以為「自然與名教」之辨所形成的「會通儒道」是貫穿魏晉思想的主線，如湯用彤先生提出：「魏晉時代『一般思想』的中心問題為：『理想的聖人之人格究竟應該怎樣？』因此而有『自然』與『名教』之辨。」[22] 討論「理想聖人的人格」，意謂「聖人」與「常人」不同，但此不同者為何？先秦儒家強調學

辨證法。（Gustav Emil Mueller, "The Hegel Legend of 'Thesis-Antithesis-Synthesis'." *The Hegel Myths and Legends*, Jon Stewart (ed.). Evanston: Northwestern University Press, 1996.5, pp.301-305。

[22] 湯用彤：〈魏晉思想的發展〉，《魏晉玄學論稿》，收於《魏晉思想（乙編三種）》，台北：里仁書局，1995.8，頁 127。湯用彤先生另著有〈王弼聖人有情義釋〉，分析王弼主張體用一如，聖人既應物而動，自不能無情。（前引書，頁 75-86）

習與實踐的工夫，人人皆可成為堯舜，此意謂常人與聖人皆同。然而兩漢以氣化論萬物生成，聖人稟氣與凡人不同，是以聖人不可學，亦不可至。魏晉玄學延續此一論題，以「聖人是否有情」，以及「聖人是否可學可至」討論「聖人」的概念，在三國魏時，何晏與王弼的討論可以明之，《三國志‧鍾會傳》注引何劭《王弼傳》云：

> 何晏以為聖人無喜怒哀樂，其論甚精，鍾會等述之。弼與不同，以為聖人茂於人者，神明也；同於人者，五情也。神明茂，故能體沖和以通無；五情同，故不能無哀樂以應物。然則聖人之情，應物而無累於物者也。今以其無累，便謂不復應物，失之多矣。

何晏認為聖人與常人不同，聖人體無，「無」是萬物的根源，與「有」相對，聖人既已達於無，故聖人無情。王弼駁之，認為聖人有情，聖人雖然體無，但並不與萬物對立分離，聖人之情與常人同，但神明不同於常人，故能「應物而無累於物」。何晏強調「無累」故謂「無情」，但是王弼主張聖人能「應物」，可與萬物相連結，故能感受萬物，因而「有情」，只是聖人能體「沖和」，達於「無」之境界，此與常人不同。漢人以氣論言性，陽善陰惡，聖人純善無惡，故不同於常人，此為聖人無情說之所承。王弼則以「靜／動」言「情」，其注《周易‧乾‧象》之「時乘六龍以御天」，云：「乘變化而御大器，靜專動直，不失大和，豈非正性命之情者邪？」世間萬物變動不居，聖人能應時而乘之，能乘者為性靜，為性之本；能應者為情動，為性之用。[23] 王弼對聖人「性／情」的論述，為其「無／有」的「崇本息末」架構，也是王弼試圖調合自然與名教的方法。

何晏與王弼對「聖人」的議論，看似兩人所論相異，但這是魏晉清談常見的「對立」，記錄兩人的言語交鋒，不必然是兩人思想的完整呈現。[24] 然而就何晏與王弼討論聖人的目的，是將老子與孔子皆視為聖人，試著以

---

[23] 王弼在《論語釋疑》中，於《論語‧陽貨》之「性相近，習相遠也。」注云：「不性其情，焉能久行其正？此是情之正也。若心好流蕩失真，此是情之邪也。若以情近性，故云性其情，性其情者，何妨是有欲。」（《論語釋疑輯佚》，《王弼集校釋》，樓宇烈校釋，北京：中華書局，1980.8，頁631-632）王弼以「性其情」釋《論語》中的「性相近」，性由情而顯，情依性而立，方得「情之正」，人的情與欲皆為性，此為以自然言性。使情正者為「靜」，應物變者為「動」，故遠近關係在於「崇本息末」的實踐方法論。（周大興：〈王弼「性其情」的人性遠近論〉，《中國文哲研究集刊》，第16期，2000.3，頁356）

[24] 何晏注《論語》時，呈現聖人（孔子）有情的一面，並非「聖人無情」。余敦康便認為：「何晏也同樣承認聖人有情，並非無情，只是聖人之情以禮為節，以善為準，能做到情與理的統一。這和王弼所說的『聖人茂於人者神明也，同於人者五情也』，意思大致是相同的。」（余敦康：《何晏王弼玄學新探》，濟南：齊魯書社，1991.7，頁126）由於何晏的論著多半亡佚，因此評論何晏應有所保留。

老子學說解釋儒家，此即西晉荀勗云：「自儒者論以老子非聖人，絕禮棄學。晏說與聖人同，著論行於世也。」[25] 何晏之所以重新定義聖人，主要的原因在於面對時代的變動，理想的聖人是現實世界的投射，更重要的是藉由「聖人」的形象深入「性／情」的討論，此一論題涉及自然的情感如何表達，又該如何節制。王弼所謂聖人之情與眾人同，但能「應物而無累於物」，情感貴在自然流露，所以「性其情」為情之正，而非虛假的惺惺作態。對聖人「情／性」的討論，還可見諸劉劭《人物志‧九徵》中的論述，其云：

> 蓋人物之本，出乎情性。情性之理，甚微而玄；非聖人之察，其孰能究之哉？凡有血氣者，莫不含元一以為質，稟陰陽以立性，體五行而著形。苟有形質，猶可即而求之。凡人之質量，中和最貴矣。中和之質，必平淡無味；故能調成五材，變化應節。是故，觀人察質，必先察其平淡，而後求其聰明。聰明者，陰陽之精。陰陽清和，則中睿外明；聖人淳耀，能兼二美。知微知章，自非聖人，莫能兩遂。

劉劭認為「聖人」能兼具「平淡」與「聰明」的中和之質，聰明為才，平淡為美，而兩者都需氣之和諧方能達到。然平淡與聰明有先後與內外之分，這意謂以中和之氣為本，再以聰明之才應物。從氣論言人的情性，強調氣之「自然」與「元一」，以此為本，將儒家五德比附五行，視為人體的組成，能兼而得者的聖人方能「中庸」之兼才，其餘皆是偏才。不同於儒家以仁心為根本的「聖人」，將儒家的仁視為一種德行，為一種才能，並重新詮釋「中庸」為能兼五德者，呈現玄學對人的認識與評鑑，也反映士人心目中的理想人格。

當何晏強調老子與聖人同，已立下玄學的基調，而王弼建立「以無為本」的體用論述，再以「崇本息末」的方法調和儒道，使「名教」本於「自然」，《晉書‧王衍傳》記云：

> 魏正始中，何晏、王弼等祖述《老》《莊》，立論以為：「天地萬物皆以無為本。無也者，開物成務，無往不存者也。陰陽恃以化生，萬物恃以成形，賢者恃以成德，不肖恃以免身。故無之為用，無爵而貴矣。」

以無為本，是何晏、王弼立論的基礎，老子論「道」，兼有萬物生成的宇宙論，以及萬物運行原則的本體論，王弼於注老時，明確「以無為本」，使「無／有」在「本／末」的架構下產生連結。當名教本於自然，只是道

的一種表現時，便已經將「名教」的概念重置，使得士人在面對「名教」時能以重情的角度安放名教，甚至突破傳統禮教的限制。

相較於王弼的本末體系，以嵇康和阮籍為代表的竹林七賢，就著力於挑戰傳統名教，不僅言行放達，不拘禮法，兩人並作多篇論文，批判禮教，也申述超越現實的嚮往，嵇康於〈釋私論〉提出「越名教而任自然」，成了竹林名士追求自然本真的宣言。至於嵇康在〈卜疑〉賦中的「宏達先生」，阮籍在〈大人先生傳〉的「大人先生」，超然獨立，不與世俗同流，可謂嵇、阮自況。阮籍曾對於旁人譏其不守禮法，與大嫂一同還家，回曰：「禮豈為我輩設也？」（《世說新語·任誕》）此話批判禮教的局限，突顯自我意識或個體自由超越社會規範，然而阮籍的反叛禮教行為立基於真性情，而且是在現實與理想的分離下產生的對抗，這種對抗是痛苦而孤獨的。是以阮籍寫下大量詠懷詩，從詩歌中解放自己的靈魂，而嵇康善琴，作〈琴賦〉，寓情於琴。嵇康與阮籍在理性的論述中駁斥虛假的名教，在文學音樂的美感中昇華精神的自由。

正始與竹林名士在名教與自然的拉扯中，或調合兩者，或圖對抗超越之。至西晉後期郭象注《莊子》，透過「物極各冥其跡」的跡冥論，將自然與名教混冥而同，就跡而言，可見名教諸多規範，然而將跡收攝於心，再經「無心」的工夫，則跡已非跡。郭象並非否認跡的存在，相反的，冥而忘跡是以冥為跡，以跡為冥，自然即名教，名教即自然，故士人奉守禮教，於心為自然，兩者並不相悖。在玄冥之境中，郭象提倡以仕為隱，雖身居廟堂仍心仍在山林，此論已朝向仕即隱，隱即仕，甚至從否定言仕亦非隱，隱亦非仕。郭象並從獨化說適性逍遙，看似強調個體自我意識，士人得以在其理論中獲得言行的解放，然而解放卻是沉淪，士人言行更為荒誕。西晉士風的衰落並非郭象的理論造成，但是郭象於此時提出跡冥與適性論，實際反映了此時的士人心態，社會政治動盪的不安，於是縱情自適，全身避禍，這是末世的消極。名教與自然的對立在這種社會氣氛中，已失去對立的意義，《晉書·阮瞻傳》記有一事，文云：

> （阮瞻）見司徒王戎，戎問曰：「聖人貴名教，老莊明自然，其旨同異？」瞻曰：「將無同。」戎咨嗟良久，即命辟之。時人謂之「三語掾」。[26]

對於自然與名教的同異，阮瞻答：「將無同」，意為無法清楚辨別同異，看

---

[26] 《世說新語·文學》亦載此事，然為王衍問阮脩，並有衛玠評論。余嘉錫考證此事，謂：「唐人修《晉書》，喜用《世說》，此獨與《世說》不同，知其必有所考矣。」（余嘉錫：《世說新語箋疏》，北京：中華書局，2016.8，頁221）

似模稜兩可的答案，其實顯示消極避世的心態，追問者對於辨辨明儒道同異，亦是有心無力。儒道同也好，異也罷，這一問一答之間，已無理想與目標。其間雖有左思、裴頠與葛洪對當時士風提出批判，甚至劉琨、王衍於臨死前對玄學的否定，將西晉覆亡歸諸於清談誤國，但無助於世風日下。晉室東遷，士人心態更趨於偏安，放誕之風亦未收歛，僅管不乏有志之事，但是於玄學理論已無發展。

相對於王弼以無為本，試圖調合儒道，西晉時裴頠作〈崇有論〉與之相對，強調現實世界的存在，批判王弼所論為空虛的無，故不能無中生有，無也不能作為萬物之本。因此萬物以有為生，故言「自生」，此自生之說，或為郭象吸收而成自生獨化論。裴頠從事物皆為具體之有，「濟有者皆有也，虛無奚益於已有之群生哉！」（〈崇有論〉）申論必須順應天道，恭儉忠信，遵守禮法。裴頠代表玄學的另一種思路，他深感「時俗放蕩，不尊儒術」，見當時士人「口談浮虛，不遵禮法」，故「著〈崇有論〉，以釋其蔽。」（《晉書·裴頠傳》）裴頠著論的目的明確，批判以無為本的玄學思路，以及玄學風氣，只是裴頠對「無」的把握有所偏差，王弼論述老子的「無」並非一無所有的虛無，因此文中的批判並無著落，只是申述其重「有」之意。此外，批判玄學理論者，尚可舉西晉歐陽建，其著〈言盡意論〉針對王弼論《周易》的「言不盡意」，以及從人物品評的精神氣韻須內外合一，強調言盡相同，其文曰：「理得於心，非言不暢；物定於彼，非名不辯。」語言文字既為辨物定名，使用名言時已確定其所指稱者，故言與物等同，同時將言與意等同，即心意、名言與事物，三者皆同。歐陽建此論站在批判王弼的立場，是「言意之辨」論題的一種意見，也是當時玄學中不同於「貴無」的思路。

玄學發展至東晉，許多議題仍為士人談論。《世說新語·文學》記曰：「舊云：王丞相過江左，止道聲無哀樂、養生、言盡意，三理而已。然宛轉關生，無所不入。」王導所言「過江三理」，指士人於談玄時的議題，康嵇作〈聲無哀樂論〉與〈養生論〉，前者從音樂美學申論自然超越名教，後者為保養生命的方法，而歐陽建作〈言盡意論〉，闡釋言意關係，此三論皆為玄學的議題，王丞相過江只談此三者，可見得當時士人在局勢動盪，前途未明，於是關心如何全生，能於偏安時寄情於山水的心態。由於玄學的論述至郭象已消解人生理想的追求，生命的價值與意義全然冥化，於是東晉士人與道士、僧侶往來，轉而追求仙佛境界，從中安頓身心，也促使佛道吸收玄學理論而有所發展。

小結

　　魏晉士人追求任情而行，因此如何重新詮釋「名教」？[27] 如何看待「自然」與「名教」的關係？從東漢末至兩晉，士人在出處進退，理想與現實的衝突對立中，試著調和兩者達成身心安頓，「自然」與「名教」的衝突與調合，不僅只是理論的建構，更是魏晉士人安身立命之所繫。牟宗三先生直指「會通孔老」是魏晉玄學的主要課題，[28] 錢賓四先生、唐長孺先生，以及許抗生、余敦康等皆做如是觀，[29] 都同意調和自然與名教關係，是魏晉玄學的主題與基調。僅管諸家使用不同名稱，如「會通儒道」、「匯通儒道」、「調和儒道」、「儒道兼綜」、「綜合儒道」與「儒道互補」之不同，然以儒道思想會通是魏晉玄學思想主題卻有一定共識。[30]「會通儒道」是一個觸及歷史、政治與社會等各個層面的問題，於魏晉時

---

[27]「名教」一詞指稱儒家禮教，具張蓓蓓考證，最早見於嵇康〈釋私論〉之用例，文中與「自然」對比，「自教」即以名分定尊卑的禮教，為嵇康所反對。至東晉時，「名教」已變為一美詞，袁宏於《後漢紀》的說解，應是轉折點。（張蓓蓓：〈「名教」探義〉，《中古學術論略》，臺北：大安出版社，1991.5，頁 1-48）袁宏論云：「夫君臣父子，名教之本也。然則名教之作，何為者也？蓋準天地之性，求之自然之理。擬議以制其名，因循以弘其教，辯物成器，以通天下之務者也。」（《後漢紀》卷二十六）袁宏釋「名教」本於天地自然之性，君臣長幼之序為自然之理，由此而制定之「名教」，不僅不是外在之名，而是內化於天性，故袁宏亦稱「名教」為「義教」，後世襲用之。

[28] 牟宗三：《中國哲學十九講》第十一講〈魏晉玄學的主要課題以及玄理之內容與價值〉，台北：臺灣學生書局，1983.10，頁 230。

[29] 參見錢穆：《莊老通辨》，臺北：東大出版社，1991.12；唐長孺：《魏晉南北朝史論叢》，北京：三聯書店，1955.7；許抗生：《魏晉思想史》，台北：桂冠圖書，1992.12；余敦康：《魏晉玄學史》，北京：北京大學出版社，2004.12。

[30] 所使用名稱不同，顯示各家論述之差異，但基本上都同意調和儒道是魏晉玄學主題。蔡忠道曾就此點進行辨析，但以為李澤厚先生所提出的「儒道互補」方能涵蓋魏晉玄學全貌。（蔡忠道：《魏晉儒道互補之研究》，台北：文津出版社，2000.6）唯李澤厚先生提出「儒道互補」一詞是從整個中國美學傳統立論；且蔡文以為「會通儒道」不能含蓋竹林玄學，故有所不足而不取，然嵇阮「越名教而任自然」表面上看來是詆毀名教，然其否定的是彼時受到利用的名教，故批判名教的最終目的是為了使違反自然的名教重新回復自然之理，因此仍屬於「會通儒道」的範疇。除了以「儒道會通」做為魏晉玄學的主題外，亦有學者以「有無之辨」為玄學主題，如盧國龍：《道教哲學》（北京：華夏出版社，1997.10）雖然看法各異，但在某種意義上，「儒道會通」與「有無之辨」可以相通，而為同一主題的不同面象。

期產生絕不是偶然，從漢代以來的黃老學在時代劇變下重新復興，[31] 與儒家思潮在此時的交會激盪，魏晉玄學家們提出關於「本／末」、「無／有」與「意／言」的論辯，企圖為會通儒道提出各種解釋與解決方式。

會通儒道之所以成為魏晉玄學的主要論題，關鍵應是時代劇變所致，相較於兩漢大一統政治，魏晉士人面對社會動盪，價值失序，以及理想與現實的劇烈衝突，不僅致力於建立學術理論，更在言行之間表達自我意識的理想，強調以真性情面對虛假的社會。士人大多酗酒，服食五石散，以旁人眼中的放浪形骸達到自我救贖。竹林七賢之劉伶好飲，嘗作〈酒德頌〉，文中之「大人先生」善飲，其云：

> 有貴介公子，搢紳處士。聞吾風聲，議其所以。乃奮袂攘襟，怒目切齒。陳說禮法，是非鋒起。先生於是方捧罌承槽，銜杯漱醪。奮髯踑踞，枕麴藉糟。無思無慮，其樂陶陶。兀然而醉，豁爾而醒。靜聽不聞雷霆之聲，熟視不睹泰山之形。不覺寒暑之切肌，利慾之感情。俯觀萬物，擾擾焉如江漢之載浮萍。二豪侍側，焉如蜾蠃之與螟蛉。[32]

貴介公子和縉紳處士陳說禮法，議論飲酒之不當，而大人先生則縱情任性，於酒中達於化境，參照阮籍〈大人先生傳〉中的大人先生，「與造物同體，天地並生，逍遙浮世，與道俱成，變化散聚，不常其形。」[33] 兩者如出一轍。飲酒能超越塵世，不為外物所役，於是酒不只是酒，更成為超越禮教的象徵。《晉書·劉伶傳》記劉伶「常乘鹿車，攜一壺酒，使人荷鍤而隨之，謂曰：『死便埋我。』其遺形骸如此。」飲酒忘形，看破生死，應是士人所追求的化境。從另一個角度言，以酒廢事，縱酒昏酣，亦可避禍，這也是魏晉士人全身之道。

魏晉士人尚流行服食五石散，服散有養生之效，也能促使精神亢奮，恣意放情。飲酒服食為風尚，也助長士人以此對抗禮教，從禮教的束縛中釋放真性情，而更深層的心裡，是以真性情重新定義禮教。除了飲酒服

---

[31] 魏晉玄學可說是漢代黃老之學的復興，唯此復興並非重複，而是與儒家、法家甚至陰陽家之間的衝突融合有密切關係。王曉毅曾稱之為「新黃老之學」，活躍在漢末社會批判思潮、早期道教和魏初刑名法術之中，而黃老學中的養生方術與形名理論分別與儒家倫理結合，形成貴無本體論和元氣自然論兩大流派，並體現於魏晉士人的雙重文化性格。（參見王曉毅：〈漢魏之際儒道關係與士人心態〉，《漢學研究》，15:1=29，1997.6，頁 45-71）

[32] 本文見《晉書·劉伶傳》，《文選》卷四十七亦有收錄。

[33] 見《阮籍集校注》，陳伯君校注，北京：中華書局，1987.10，頁 165。

食，士人還藉由文學藝術昇華身心，在詩文中傳達對人生的憂思，也在詩文與音樂中達到心靈的平靜。因此要掌握魏晉士人的玄學理論，必須理解這些士人的苦悶與無奈，玄學並非只是純學術的理論，士人的「清談」不只是談玄論道或言語機鋒，放浪形骸也不只是形式的不拘禮法，而有著深刻的人生哲理與體悟。

第十七章 以無為本的崇本息末之學——王弼

　　王弼早慧復早亡，如同流星，是魏晉時期，乃至中國思想史的天才。他的人生只有二十四年就謝幕了，但他留下的《周易注》與《老子注》卻改變了兩漢以來的學術研究風氣，奠定魏晉玄學的基礎，影響後世深遠。王弼作《老子注》時，為何晏所知悉，與其晤談後放棄注《老子》的計畫，《世說新語・文學》載其事，云：

> 何平叔注《老子》，始成，詣王輔嗣。見王注精奇，迺神伏曰：「若斯人，可與論天人之際矣！」因以所注為〈道德二論〉。

> 何晏注《老子》未畢，見王弼自說注《老子》旨。何意多所短，不復得作聲，但應諾諾。遂不復注，因作〈道德論〉。[1]

同一事記有兩條，一為何晏已完成《老子注》，一為未完，但都是見王弼之注精奇，放棄己注，另寫〈道論〉與〈德論〉。何晏以漢代的天人之學譽王弼之注，甚至可取漢人而代之，足見何晏為之歎服。

　　王弼才情過人，且通辯能言，於清談時所激發的慧語片言，蘊含智慧靈光，如與裴徽論聖人，王弼曰：「聖人體無，無又不可以訓，故言必及有；老、莊未免於有，恆訓其所不足。」（《世說新語・文學》）王弼以寥寥數語創造了會通孔老的契機，一來孔子仍為聖人，老不及聖；二來聖人體無，以無為本。然而儒家聖人的仁心成德之內涵已被置換，成了老子道論之「無」，於是王弼推崇的已非儒家的孔子，而是道家的「孔子」。同樣的，王弼與何晏論辯聖人是否有情，申論：「聖人之情，應物而無累於物者也。」（何劭《王弼傳》）王弼肯定聖人有情，然聖人與眾人不同者，在於聖人體無，有情而不為情所累。故其注《老子》第二十九章有言：

> 聖人達自然之至，暢萬物之情，故因而不為，順而不施。除其所以迷，去其所以惑，故心不亂而物性自得之也。[2]

---

[1] 引文見《世說新語箋疏》，余嘉錫箋疏，北京：中華書局，2016.8，頁 216、219。另於《三國志・鍾會傳》裴松之注引何劭《王弼傳》未記何晏見王弼注老而歎服之事，卻有何晏歎服之言，其云：「何晏為吏部尚書，甚奇弼，歎之曰：『仲尼稱後生可畏，若斯人者，可與言天人之際乎！』」贊語與《世說新語》所記同，皆顯示何晏對王弼的賞識。同傳尚記云：「弼注《老子》，為之指略，致有理統。著〈道畧論〉，注《易》，往往有高麗言。」對王弼注《老子》與注《周易》評價頗高。

[2] 《王弼集校釋》，樓宇烈校釋，北京：中華書局，1999.12，頁 77。本章所引王弼著作均同，以下僅標篇名，不另作註。

此處所論之「聖人」，即能體無，達於自然之境，以無執之心因應萬物，又不為物所累，此即王弼所論之「崇本息末」、「以本統末」，體現於「聖人」。是以王弼擅於論辯，並非逞口舌之能，而是有其理論基礎，也因而能於清談中大展風采。僅管王弼以不世的天才之姿為世人所知，然而時人對其恃才傲物卻有所批評，如何劭《王弼傳》言其「頗以所長笑人，故時為士君子所疾。」或於《弼別傳》云：「弼事功雅非所長，益不留意，頗以所長笑人，故為時士所嫉，又為人淺而不識物情。」[3] 年輕氣盛，待人處事有所不當，亦不擅官場文化，但正突顯其不拘禮法之才情，而能成為開時代風氣的代表人物。

　　王弼著作於今尚可見得者，為《周易注》、《老子注》、〈周易略例〉、〈老子指略〉以及《論語釋疑》佚文，《周易注》六卷，諸史皆有著錄，唐代《五經正義》合王弼與東晉韓康伯的《周易注》，再加以疏解，遂大行於世。〈周易略例〉申明《周易》的原理，附於《周易注》末刊行。《老子注》原名《老子道德經注》，自魏晉後歷代通行。〈老子指略〉原已佚失，經學者考證重現，[4] 可從中了解王弼注老的基本論點。至於《論語釋疑》已亡佚，今日所見僅是殘篇，但從中可見王弼以注老子的方法論述《論語》，此為其「崇本息末」的一貫思維。《周易注》與《論語釋疑》雖呈現玄學會通儒道的理論，然而後世批評王弼「引道入儒」的詮釋不當，認為悖於儒家思想，或解釋方法不當，詆毀者多有之。[5] 然亦有推崇王弼易學，能掃除漢易象數

---

[3] 何劭《王弼傳》之語見《三國志‧魏書‧鍾會傳》裴松之注。《弼別傳》應即何劭所作《王弼傳》，引文為《世說新語‧文學》，劉孝標注所引。

[4] 近人王維誠據《雲笈七籤》之〈老君指歸略例〉與《道藏》中〈老子微旨略例〉輯成〈老子指略〉一文，認為此即王弼〈老子指略〉佚文，此一考證為學界認可。（王維誠：〈魏王弼撰《老子指略》佚文之發現〉，《北京大學國學季刊》第七卷第三號，1952.12，頁 517-526，上海書店出版社影印版第 12 冊，2021.7）

[5] 《三國志‧魏書‧鍾會傳》注引孫盛言：「《易》之為書，窮神知化，非天下之至精，其孰能與於此？世之注解，殆皆妄也。況弼以賦會之辨而欲籠統玄旨者乎？故其叙浮義則麗辭溢目，造陰陽則妙賾無間，至於六爻變化，群象所效，日時歲月，五氣相推，弼皆擯落，多所不關。雖有可觀者焉，恐將泥夫大道。」東晉孫盛從兩漢易學的角度批評王弼，謂其以玄學解易之不當。東晉范甯斥為「罪深桀紂」，（《晉書‧范汪傳附范甯傳》）南宋陳振孫認為王弼的易學雜以老莊，為異端之說，其云：「然王弼好老氏，魏晉談玄，自弼輩倡之。《易》有聖人之道四焉，去三存一，於道闕矣。況其所謂辭者，又雜以異端之說乎！范甯謂其罪深桀紂，誠有以也。」（《直齋書錄解題》卷一）勞思光先生則批評「王弼注老，只了解老子理論之一部分；對老子理論中真需要闡釋之處，反而無能為力。」「解易則屬張冠李戴，強以老子觀點說易，不唯與易卦爻辭之本旨相去甚遠，且與所謂『易傳』思想亦有相當距離。」（勞思光：《新編中國哲學史》，臺北：三民書局，1984.8，頁 166、161）清初朱彝尊之《經義考》引歷代多位學者對王弼的批評，在指責王弼的諸多論點中，各有不同立場，或根本否定魏晉玄學。

之法，具有「廓清之功」。[6] 其實，問題不在於是否可用「崇本息末」詮釋
《老子》、《易經》及《論語》，而是「崇本息末」的方法能不能呈現這些經
典的意義。「援老入易」或「以道釋儒」不是罪過，也無關「聖道復睹」或
「惑世誣民」兩極化的的歷史評價，問題的關鍵在於王弼注《周易》，說出
了什麼樣的「易學」？其詮釋方法對於理解《周易》是否恰當？此外，若從
《周易》先於儒道兩家觀之，則詮釋立場的爭議便無意義。事實上，《易》
之經文是以卦爻之象呈現天道運行的規律，人事取法於天，儒家《易傳》釋
為道德修養的指引。至於《老子》論萬物生成的過程與運行原理，而人法天
道，天道自然所呈現的陰陽運行，是老子思想核心，而《易經》亦是建立於
陰陽對轉的卦爻之象，老子與《易經》的關係可能更為密切。[7] 如果將儒道
視為對《易經》之卦爻辭的不同詮解進路，意謂《易經》本就不是儒家或道
家的專屬經典，不能從儒道的分判看待《易經》。所以王弼「以傳解經」，論
象不論數，以本末體用的詮釋模型解釋《周易》，從詮釋的進路而言，或許
更能適切地說出《易經》之義理。

　　做為魏晉玄學「正始之音」的代表，王弼的老學與易學對後世都有巨大
影響，其原因在於王弼能把握《老子》與《周易》的關連，而標舉出「本／
末」、「體／用」與「意／言」的辯證關係，如此一來，便無「以老釋易」或
「以易釋老」的問題，而是王弼將易學與老學統合立論，再進而以此詮釋
《論語》。從思想史的發展觀之，王弼注釋《老子》與《周易》，使老學與易

---

[6] 讚譽者亦從王弼解解易方法肯定王弼易學，如唐代孔穎達贊曰：「惟魏世王輔嗣之注，獨
冠古今，所以江左名儒並傳其學，河北學者罕能及之。」（孔穎達：《周易正義·序》）
亦有認為王易學能掃除漢易象數之說，並無老莊之言，具有「廓清之功」，如清初黃宗
羲便說：「王輔嗣注《易》得意忘象，得象忘言。日時歲月，五氣相推，悉皆擯落。顧
論者謂其以老莊解易，試讀其注，簡當而無浮氣，何曾籠絡玄言？故能遠歷於唐，發為
正義，其廓清之功，不可泯也。」（朱彝尊《經義考》卷十，見《經義考新校》，上海：
上海古籍出版社，2011.1）

[7] 陳鼓應曾詳論《周易》與先秦道家在思想上的內在聯繫，謂「老子在天道觀及辯證法思
想的課題上率先引易入道，其後《易傳》引道入易，使易學有著哲學化的傾向。」（陳
鼓應：〈先秦道家易學發微〉，《道家文化研究》第十二輯，北京：三聯書店，1998.1，頁
8）老子思想若源於《易》，則不論將王弼視為「以老注易」或「以易注老」便無意義，
反而是王弼慧眼獨具，闡釋兩者相通之處。王保玹認為在戰國時期，儒家尚未重視
《易》，而是道家出現「黃老易」和「老莊易」的兩個脈絡，前者流傳於北方，旨在融
合道法；後者則為南方道家，提倡無為的政治理念和個人精神自由。（王葆玹：〈「黃老
易」和「莊老易」——道家經典的系統性及其流變〉，《道家文化研究》第十二輯，北
京：三聯書店，1998.1，頁 31-51）至漢代儒家易學興起，復又出現以讖緯解易，形成漢
代易學的諸多面象。至王弼上承「莊老易」的脈絡，用「崇本息末」建構其易學，提出
「忘象求意」的原則，開啟易學的新篇章。湯用彤先生稱之為易學史上的一場革命，尤
其是以言意之辨為學術方法的論述，改變了易學詮釋。（湯用彤：〈言意之辨〉，《魏晉玄
學論稿》，收入《魏晉思想（乙編三種）》，臺北：里仁書局，1995.8，頁 23-45）

學自兩漢之後達到一個高峰，成為魏晉玄學的主要內容。以下論述王弼思想中「以無為本」的理論核心，申述「崇本息末」的詮釋方法，再說明言意之辨於「本／末」之運用，最後論述如何以「崇本息末」會通儒道。

第一節　詮釋方法——「崇本息末」

「本」、「末」是指事字，原義為樹木的根部與末梢，引申為事物的根本與末端，於先秦文獻中已多見使用，然而王弼卻將其賦予哲學的意涵，從《老子》中提煉出「崇本息末」的原則，一方面詮釋《老子》，一方面也引以為詮釋《周易》及《論語》的方法，將儒道思想聯結，達到貫通「體／用」、「無／有」的目的。[8] 簡單的說，「崇本息末」是王弼思想體系的核心，也是王弼解經的一般原則。在〈老子指略〉一文中，他明確指出：

> 《老子》之書，其幾乎可一言而蔽之。噫！崇本息末而已矣。觀其所由，尋其所歸，言不遠宗，事不失主。文雖五千，貫之者一；意雖廣瞻，眾則同類。解其一言而蔽之，則無幽而不識；每事各為意，則雖辯而愈惑。（頁 198）

王弼指出《老子》的宗旨為「崇本息末」，欲了解複雜變化的人事萬象，應掌握變化之所由，欲解讀各家思想，宜先把握中心主旨。王弼此論，預設所有事物皆有所本，既有所本，就能提綱挈領，避免陷入繁複雜亂的事物表象。因此「崇本息末」不僅是《老子》思想的主旨，也是詮釋方法，當王弼將《老子》「一言而蔽之」時，便是「崇本息末」的運用。

王弼也運用此一方法解讀《周易》與《論語》，〈周易略例·明象〉云：「自統而尋之，物雖眾，則知可以執一御也；由本以觀之，義雖博，則知可以一名舉也。」「執一」、「舉一」便是將萬物統合觀之，王弼明確指出〈象〉統論一卦之體，而卦由爻組成，因此掌握關鍵之爻，即可有一卦之義。同樣的，王弼也以「執一統眾」解釋《論語》，[9] 其注〈陽貨〉「予欲無

---

[8] 林麗真從「崇本息末」詳論王弼注《老》、《易》、《論語》的脈絡，並據以檢視王弼詮釋儒道時的思想內涵與應用。書中並提出王弼論本末有「體用關係」、「相對關係」與「統合關係」三個層次，並套用佛教禪宗青原惟信的山水公案三階段境界論加以說明。（林麗真：《王弼》，臺北：東大圖書，1988.7，頁 53-65）王弼以「崇本息末」的方法調合儒道，此論述兼有本末體用，以及本末一體，若以層次與階段的分別而論，有助於理解王弼思想，然而王弼的論述不必然有禪宗體悟的進階工夫，兩者仍有所別，應辨明之。

[9] 《論語釋疑》中多見「執一統眾」之說，其注〈八佾〉「林放問禮」章，云：「時人棄本崇末，故大其能尋本禮意也。」批評當時人只尚禮之形式，而不知禮之本。注〈里仁〉「一以貫之」章，云：「貫，猶統也。夫事有歸，理有會。故得其歸，事雖殷大，可以

言」章，便謂：「予欲無言，蓋欲明本。舉本統末，而示物於極者也。」「予欲無言」成了老子「行不言之教」的聖人，「不言」即為「明本」，於是「既求道中，不可勝御，是以修本廢言，則天而行化。」此處「修本廢言」即為王弼從「本／末」論「意／言」關係，言說為末，不言為本，因此孔子之「無言」，就成了明本的方法。《論語》中記子貢言：「夫子之言性與天道，不可得而聞也。」（《論語・公冶長》）孔子說「四時行焉，百物生焉」，看似亦從自然言天道，然而天之不言，指天道無私，仁民愛物，故受天命而行天道；至於老子言「天地不仁」，是從自然言天道，故聖人行「不言之教」，有別於孔子以言語教化。王弼則從本之無言連貫兩者，雖說對孔子可能是有意的誤解，但是從其言「聖人體無」，即已展現王弼調合兩者的企圖，其方法就是將「聖人」的內涵從「仁」代換為「無」，同時也重新定義「仁」，在實踐層次以真性情釋「仁」，如注《論語》中有子言：「孝悌也者，其為仁之本與。」王弼注云：「自然親愛為孝，推愛即物為仁也。」此處明言「孝」為自然親愛，發自於真實的自然情感，孔子論「孝」本也出自然之情，然而情感須以「禮」引導節制，以免過份顯情，反而不符禮制。[10] 王弼強調「孝」為自然之情，並著重於「愛」之推廣及物，顯然有意以情感為本。以下分述「本」之意義，再論「本／末」關係。

一、以無為本

王弼標舉「崇本息末」為《老子》之旨，也是其注《周易》、《論語》的方法，是以其「本」之含意與之對應，具有三個內涵，其一為「無」，其二為「意」，其三為「自然」，此對應並非指「本」之意義區別為三，而是為呈現王弼賦予「本」之豐富意涵。《老子》四十章說明萬物生成的過程，經文與注文如下：

> **反者，道之動，**高以下為基，貴以賤為本，有以無為用，此其反也。動皆知其所無，則物通矣。故曰「反者道之動」也。**弱者，道之用。**柔弱同通，不可窮極。**天下萬物生於有，有生於無。**天下之物，皆以有為生。有之所始，以無為本。將欲全有，必反於無也。

一名舉；總其會，理雖博，可以至約窮也。譬猶以君御民，執一統眾之道。」王弼對這一章加以發揮，將孔子從仁心言「一以貫之」，釋為「執一統眾」的認識論，並以「君御民」為喻。

[10] 孔子強調仁禮並重，故云：「克己復禮為仁。」（《論語・顏淵》）依禮而行，是以孔子認為「過猶不及」，仁禮必須平衡。孔子弟子依此而行，如子游曰：「喪致乎哀而止。」（《論語・子張》）父母過世固然哀慟，但需有所「止」，故西漢孔安國注引《孝經・喪親》：「毀不滅性。」意指哀毀過情，不合禮制，反而有虧孝道。

此注發揮《老子》論萬物生成過程，從「無」到「有」，再生「萬物」，而這個過程由簡至繁，即《老子》四十二章所云：「道生一，一生二，二生三，三生萬物。」王弼明確指出「以無為本」，因此注「道生一」時，區分「道」與「一」，「道」並非一個可以言說的實體，但是「一」已成型，可以言說。王弼於《老子注》中以「無形無名」、「無狀無象」、「無聲無響」、「恍惚無形」、「無形無識」等描述「道」，充份把握「道」之不可言說，不可狀象之特徵，即超越感官，故能成為萬物之始。〈老子指略〉有云：

> 夫物之所以生，功之所以成，必生乎無形，由乎無名。無形無名者，萬物之宗也。……故其為物也則混成，為象也則無形，為味也則無呈。故能為品物之宗音，包通天地，靡使不經也。

王弼從《老子》立論有必生於無，若生於有，推論其源，必陷於無限而不可得，況且一但言有，便已定形，定形之物，無法生成萬物。因此「道」之為「無」，必然無法以形名言之。這是從宇宙生成論「無」，以「無」為萬物之本，既為萬物之本，便不同於萬物，不同之處在於無狀象，無定形。

「道」是萬物之始，就宇宙論而言，具有先在性；就本體論而言，則為獨立性，《老子》二十五章已明，經文與注文如下：

> **有物混成，先天地生**。混然不可得而知，而萬物由之以成，故曰混成也。不知其誰之子，故先天地生。**寂兮寥兮，獨立不改**，寂寥，無形體也。無物之匹，故曰獨立也。返化終始，不失其常，故曰不改也。**周行而不殆，可以為天下母**。周行無所不至而免殆，能生全大形也，故可以為天下母也。

經文指出「道」之混成，既是「有物」，但又不同於萬物，故能為天地之先，此為先在性。而「獨立不改」為「道」之獨立性，不同於萬物的變化，為不變之常道。而具有先在與獨立的「道」，在運行不已中生生不息，並以動態的循環往復為天地萬物變化所依循的原則。王弼於此皆能清楚把握，其注釋隨文意發揮，未有過多解釋，只於「不改」釋為「返化終始，不失其常」，歸返之所以為常，在於所化者為終始的規律循環。故於本章「逝曰遠，遠曰反」注云：「遠，極也。周無所不窮極，不偏於一。逝故曰『遠』也，不隨於所適，其體獨立，故曰『反』也。」此意為「道」不隨萬物止於形體生成，而能歸返，「反」亦有「返」意，兼有相對與往返，而這是「道」不同於萬物者，故言「其體獨立」。王弼以「反本」突顯道體的獨立性，其注《周易·復卦·象》有云：

> 復者，反本之謂也。天地以本為心者也。凡動息則靜，靜非對動者也；語息則默，默非對語者也。然則天地雖大，富有萬物，雷動風行，運化萬變，寂然至無，是其本矣。故動息地中，乃天地之心見也。若其以有為心，則異類未獲具存矣。

陰極而陽復，王弼以「反本」說解「復」，而「本」即為「至無」，〈象〉云「天地之心」，即是天地以無為心。就萬物之相，是道之生成為有，變動不居；就萬物之源，是道之本體為無，寂然常靜。前引《老子注》四十章「反者道之動」，王弼強調「反」是「有以無為用」，即是萬物運行的法則，故「無」為萬物之本，為萬物之用，分從根源與運行，呈現「無」之本體性。

二、崇本息末

王弼強調「以無為本」，並於〈老子指略〉標明「崇本息末」是《老子》一書的宗旨。「崇本息末」先以「本／末」的相對性區別論述對象，對應為「無／有」，以及「自然／名教」，再以「崇／息」的工夫方法，定立連結「本／末」的次序，將兩者結合為整體。「崇本」即「以無為本」，至於「息末」則有二義，「息」的本義為呼吸，兼有生長與休止之意。王弼之所以選用「息」字而成「息末」，其用意即藉「息」而突顯「本／末」關係的雙重意義。萬物以無為本，故生命得以滋生繁衍，此為守母存子，因本而得末；而萬物浩繁，人事紛雜，需反本以明，使眾聲止息，故有平息止亂之意。

王弼注《老子》第三十八章，注文有「崇本舉末」用語，「舉末」即為「息末」的生長積極之意，崇本為先，能明其本，而末得舉。本章注文解說「上德／下德」之別，「上德」者不以德為德，行為處事出於無為；至於「下德」者則是有目的之行為。援引注文如下：

> 凡不能無為而為之者，皆下德也。仁義禮節是也，將明德之上下，輒舉下德以對上德，至於無以為，極下德下之量，上仁是也，足及於無以為而猶為之焉。為之而無以為，故有為，為之患矣。本在無為，母在無名，棄本捨母而適其子，功雖大焉，必有不濟。名雖美焉，偽亦必生。不能不為而成，不興而治，則乃為之，故有宏普博施仁愛之者。……載之以道，統之以母，故顯之而無所尚，彰之而無所競，用夫無名，故名以篤焉。用夫無形，故形以成焉。守母以存其子，崇本以舉其末，則形名俱有而邪不生。大美配天而華不作，故母不可遠，本不可失。仁義，母之所生，非可以為母。形器，匠之所成，非可以為匠也。捨其母而用其子，棄其本而適其末，名則有所分，形則有所止，雖極其大，必有不周，雖盛其美，必有憂患，功在為之，豈足處也。

「上德」無心無為，萬物因而能無不為，有德之實，無德之名，或可謂真正之德；「下德」則有所為，為了成就德名而為。再等而下之，便是「上仁」、

「上義」與「上禮」三個層次。王弼引《老子》第五十二章「既得其母，以知其子；既知其子，復守其母」之「母／子」關係解釋這個層次。[11] 仁義禮節，皆是有為，等而下之，其區別在於為者流於形式，爭逐其名，「名雖美焉，偽亦必生。」有名便有偽，此即老子言「禮者，忠信之薄而亂之首」。王弼以本之無為、無名對應於仁義禮節之有為、有名，強調「本不可失」，用母子關係喻「本／末」，母子於時間的先後，成為本先末後。故其「守母存子」、「崇本舉末」，重心在「守母」、「崇本」，掌握其本，則子與末便不致偏失，故此處所言之「舉末」，是奠基於「崇本」之上。是以王弼一再批評捨母、棄本之不當，不可「捨本逐末」，已然顯其所重者。

「舉末」必先「崇本」，「舉」是「息」之積極意義，至於「息」之息止意義，王弼於注《老子》五十七章之「以正治國，以奇用兵，以無事取天下。」有所發揮，援引如下：

> 以道治國則國平，以正治國則奇兵起也。以無事，則能取天下也。上章云，其取天下者，常以無事，及其有事，又不足以取天下也。故以正治國，則不足以取天下，而以奇用兵也。夫以道治國，崇本以息末，以正治國，立辟以攻末。本不立而末淺，民無所及，故必至於以奇用兵也。

以「正」（政）治國，相對於以「道」治國，王弼以「道」為本，「政」為末，治國若專務於刑法規範，便是本末倒置。故以道治國，則刑法不用，此為「息末」。《老子》五十八章亦論為政，聖人無為，故「光而不燿」，王弼注云：「以光鑑其所以迷，不以光照求其隱匿也。所謂明道若昧也。此皆崇本以息末，不攻而使復之也。」聖人不干預萬物，故人事自然而成，此處「崇本」即為聖人無為，「息末」則意謂不迷失於有為之法，然而亦可解為萬物得以生息。由此可見「息」之雙重意義。

王弼既然將「崇本」定於「息末」之先，則先後次序已明，本末只是實踐的順序。因此王弼注《老子》五十四章「善建者不拔」云：「固其根，而後營其末，故不拔也。」治國如善建者，以不建為建，王弼則從本末先後次序，申述先固後營，則本末皆需「為」之，只是「本」之「為」是「無

---

[11] 老子在本章顯然以「母／子」對舉展示一個連續、先後的觀念，即就宇宙的生成而言，「道生之」一如母親為創生之原。然而，後兩句為關鍵，即母生子後，母與子間有一共通的連繫，故以母以知子，知其子又不能捨其母，「母／子」雖相對卻又相成，不能偏廢。王弼注本章句曰：「母，本也，子，末也。得本以知末，不捨本以逐末也。」王弼將重心移至「本」（母），強調「本」的重要。「得本」、「不捨本」，皆是以「崇本」為先，故「得母知子」，王弼強調不能捨本逐末，批評逐末之不當，其理論偏向「崇本」之重要。

為」，不同於「有為」。此意亦見於注《老子》五十九章，王弼言「圖其根，然後營末，乃得其終也。」掌握根本，再梳理其他，就可以完成整體。然而「息末」也可以解釋為「崇本」之後的一種狀態，亦即「本」既無為，則「末」便是無不為。老子明言「無為而無不為」，就是以「無不為」說明「無為」所能達到的狀態，王弼也發揮此意，於注《老子》第五章有云：「無為於萬物而萬物各適其所用，則莫不瞻矣。」萬物能各適其所用的前提，在於統治者「無為」，即以無為本，則萬物各適其所用，顯現「息末」的眾聲喧嘩，生息繁茂。

由於王弼將「本／末」分別輕重，在實踐時有先後次序，若從體用而言，天地萬物的運行以「本」為體，「末」為用。如其注《老子》第十一章云：「轂所以能統三十輻者，無也。以其無能受物之故，故能以寡統眾也。」注解發揮本章「無之以為用」，「有」皆依賴「無」而得以運作，此種依存關係，突顯「以無為本」，並進而申述「以寡統眾」的方法運用。王弼將「崇本息末」應用至注《周易》，認為要理解複雜的卦象變化，須掌握主爻，才能明卦義，再以六爻成變的規律，釐清卦時與爻位，執其一，便得以明其繁。如《周易略例‧明象》云：。

> 夫眾不能治眾，治眾者，至寡者也。夫動不能制動，制天下之動者，貞夫一者也。故眾之所以得咸存者，主必致一也；動之所以得咸運者，原必无二也。物无妄然，必由其理。統之有宗，會之有元，故繁而不亂，眾而不惑。

此處所言「統之有宗，會之有元」，其立論的基礎在於「眾不能治眾」，複雜變化的萬象須以「至寡」明之，至寡即「一」，是為萬物之理。宇宙萬物運行便是依循此理，故能井然有序，繁而不亂，此即「以無為本」，萬物為用，其注《周易》便依此法而行。

王弼強調「一」，因此重視〈象傳〉，他認為〈象〉是「統論一卦之體，明其所由之主者。」（《周易略例‧明象》）至於一卦之體則在於爻，即卦由爻組成，掌握卦中的主爻，就能辨明一卦之主旨。他說：

> 凡〈象〉者，通論一卦之體者。一卦之體必由一爻為主，則指明一爻之美以統一卦之義，〈大有〉之類是也。卦體不由乎一爻，則全以二體之義明之，〈豐卦〉之類是也。

王弼認為六爻中有一爻是「主爻」，主導全卦的變化與意義，至於何爻為主？他說：「夫少者，多之所貴也；寡者，眾之所宗也。一卦五陽而一陰，則一陰為主矣；五陰而一陽，則一陽為之主矣。」若一卦中五陽而一陰，則陰爻為主，王弼舉〈大有〉（☲）為例，此卦離（火）上乾（天）下，陰爻居六五之位，其餘五爻為陽爻，〈象〉曰：「大有，柔得尊位大中，而上下應

之，曰大有。」王弼注云：「處尊以柔，居中以大，體無二陰以分其應，上下應之，靡所不納，大有之義也。」柔居五之尊位，居兩個中爻較尊者，上九與六五比鄰而應，又應之於九二，上下相應，豐收富足，是為大有。因此掌握主爻，便能明全卦之意。若卦體不獨陰爻或陽爻，則以內外二體說之，此為〈象傳〉說經之法，從內外卦定其卦義，王弼亦發揮之，舉〈豐〉（䷶）為例，此卦震（雷）上離（火）下，因雷火相遇，使萬物生長，故有盛大豐滿之意。王弼於注〈象〉云：「豐之為用，因於晨食者也。施於未足則尚豐，施於已盈則方溢，不可以為常，故具陳消息之道也。」王弼從日月之變化，闡明盈虛循環之理，一方面提醒勿以豐為常，一方面也指明需掌握時機。由內外二體以見卦義，亦是「崇本息末」原則之運用，王弼將注解《周易》歸納出方法與步驟，循此規則詮釋之，[12] 有別於兩漢附會曆時與陰陽五行的數術學，使易學有所開展。

　　王弼強調物必有其「理」，執「理」得以治眾，明「理」便能御繁。[13]「理」為「本」，眾為「末」，故「理一」即「以無為本」，王弼也於由此批評先秦諸子各言其說，皆是用其子而棄其母，然諸子之說雖未明本，但卻可從這些議論歸反於本，他在〈老子指略〉論云：「夫途雖殊，必同其歸；慮雖百，必致其均。」這個說法仍是在其「崇本息末」的架構立論諸子為末，但此末從本而來，故可由末循本。即諸子雖是殊途，其源為一，不應惑於末之所致，而應從末而溯源，王弼由此而開展出「象／意」的關係，建立忘象以得意的認識論。

第二節　得意忘言

　　「道」之不可言說，幾已成了所有談論老莊者的共識，但是，這其中有一個重大的問題：「道」既不可言說，則該如何體道？《老子》第一章即云：「道可道，非常道；名可名，非常名。」老子表明了道之「不可言說

---

[12] 林麗真整理王弼將「崇本息末」原則應用於解易，歸納為三點，其一，就本理上看易——對主爻與卦義的把握；其二，就作用上解易——論爻與爻之間的乘承比應等關係；其三，就時位以明易——論卦時、辨爻位。（林麗真：《王弼》，臺北：東大圖書，1988.7，頁 89-114）王弼注《易》，有其方法步驟，井然有序。

[13] 錢穆先生認為王弼注《老子》、《周易》，以及郭象注《莊子》，是中國思想史最早將「理」字賦予抽象概念，以之解說天地自然變化的規律，「所以然之理，本然之理，與必然之理，為理字涵義三大綱，王弼均已舉出。」（錢穆：〈王弼郭象注《易》《老》《莊》用「理」字條錄〉，《莊老通辨》，臺北：東大圖書，1991.12，頁 373）

性」及「不可命名性」，[14]「言」或「名」只能是表象概念的，只能描述「有」，即形而下的現象界；至於形而上的「道體」是「無言」的，非語言所能描述，於是以「不可言說／可言說」分別之。王弼將這個分別以「本／末」與「無／有」的架構，呈現以無為本的道體為萬物的根源，也是宇宙運行的原理，此道體為「無」，以此相對於可道可名的萬物。

老子描述「道」無狀無象，超越感官功能，也無法用語言表述或命名，因為名稱會限定對象，語言也有所局限。老子明確指出語言的有限性，因此對於使用「道」作為萬物源頭與原理，於《老子》二十五章提出說明，原文與注文如下：

> **吾不知其名**，名以定形，混成無形，不可得而定，故曰「不知其名」也。**字之曰道**，夫名以定形，字以稱可，言道取於無物而不由也。是混成之中，可言之稱最大也。**強為之名，曰大**。吾所以字之曰道者，取其可言之稱最大也。責其字定之所由，則繫於大，夫有繫則必有分，有分則失其極矣。故曰「強為之名曰大」。**大曰逝**，逝，行也。不守一大體而已。周行無所不至，故曰「逝」也。**逝曰遠，遠曰反**。遠，極也。周無所不窮極，不偏於一逝，故曰「遠」也。不隨於所適，其體獨立，故曰「反」也。

老子自云勉強將萬物源頭名之為「道」，亦名其為「大」，王弼順著此文的脈絡，將「道」字說成是「可言之稱最大」，即名稱既有所限，當以名稱中最大者為名，以突顯「道」之超越萬物，但「道」畢竟仍是語言，就算是極大，仍有所繫，便有所限制。故同章注云：「凡物有稱有名則非其極也，言道則有所由，有所由然後謂之為道，然則是道，稱中之大也，不若無稱之大也。」王弼區分「有稱／無稱」，「道」是「有稱」之最大，但仍非「無稱」。如此解說，為其畫分「無／有」、「本／末」相應，然而，「道」儘管不是「無稱」，但屬於「有稱」的語言文字，並非與「無稱」斷裂二分，依王弼「崇本息末」的架構，兩者有所連結。這個連結，勢必賦予「有稱」一個認識論的意義，從「有稱」可以進入「無稱」，即從末可體會本，語言文字成為一條通達道體之路。

老子以母子關係喻道與萬物關係，《老子》五十二章云：「既得其母，以知其子；既知其子，復守其母，沒身不殆。」經文中呈現從母知子，復從子守母的往復循環。王弼注本章云：「得本以知末，不舍本以逐末也。」僅發揮「得母知子」，但是在〈老子指略〉中，他將「守母以存子」與「崇本以息末」並列，也是強調「得母知子」，但是對於「知子守母」，他也有云：

---

[14] 陳鼓應先生提出「道」具有不可言說性，是不可概念化的東西。（陳鼓應：《老子今註今譯及評介》，臺北：臺灣商務印書館，1974.8，頁50-51）

「夫欲定物之本者，則雖近而必自遠以證其始。夫欲明物之所由者，則雖顯而必自幽以敘其本。」自遠證始，自幽敘本的論述，雖是批評「見形而不及道者」，但已指出可以從末以返本的可能。這個可能必須建立在「名」是可論辯的，故〈老子指略〉云：

> 夫不能辯名，則不可與言理；不能定名，則不可與論實也。凡名生於形，未有形生於名者也。故有此名必有此形，有此形必有其分。仁不得謂之聖，智不得謂之仁，則各有其實矣。

王弼認為名實有所定，語言與指稱的對象既有所連結，便不能任意混淆，是以「校實定名」是解決學術紛爭的方法，更對當時混亂的社會現象有所針砭。王弼雖一再強調道體之不可言說，但並未關閉從言說體會道體之門，而是正視語言文字的作用與力量，故於〈老子指略〉篇末援引《老子》云：「『既知其子』，而必『復守其母』。尋斯理也，何往而不暢哉！」此即知子而守母，從語言文字歸返其本。

　　當王弼以「崇本息末」為其理論核心，「本／末」關係便不是二分對立，以「道」為本，現象為末，「道」具有先在性、超越性，然而「末」也並非離道而處，若「道」不能說之，則言語道斷，「道」將與萬物失去連結。王弼既然肯定可以通過語言文字歸返道體，已意謂語言文字蘊涵道體，雖然兩者並不等同，但是兩者的連結使返本成道得以實現，而非全然否定語言文字。人們使用語言傳情達意，然而哲學思辨在於語言文字究竟與「道」（意）的關係為何？如果「道」超越語言，語言有其限制，則有限是否能表述無限？若語言不能表意，則修道者如何從語言達道？或者盡棄語言？以言意關係為論辯的議題，在魏晉時引發不同的議論，王弼不同於「言不盡意」，否定語言文字與意的關係；也不同於「言盡意」，以為語言文字等同於意，而是提出以「忘」為方法的言意理論。[15] 這個議題源於《周易‧繫辭》之言意論述，經文如下：

> 子曰：「書不盡言，言不盡意。然則聖人之意，其不可見乎？」子曰：「聖人立象以盡意，設卦以盡情偽，繫辭以盡其言。變而通之以盡利，鼓之舞之以盡神。」

孔子自設問答，提出「不盡」為語言文字的限制，而此一限制讓理解聖人之

---

[15] 蔡振豐將魏晉時期的言意理論分為三種模式：「言象不盡意論」，以荀粲為代表；「忘言忘象得意論」則為王弼主張；「言盡意論」是歐陽建所倡。這三種模型，對於「意」的理解不盡相同，如歐陽建將「意」指為事物實理，但其他兩種模式的「意」則具有形上的地位。（蔡振豐：《魏晉名士與玄學清談》，臺北：黎明文化事業，1997.8，頁 86-89）至於這三種模式的論述者，又有各自對自然與名教的有不同立場，宜留意之。

意發生困難，意味後人無法掌握聖人之意。孔子自答從《易經》的形成發展
說之，自「立象」、「設卦」至「繫辭」，指出聖人將天道轉化為符號與文
字，便是為了使後世能從中體會天道，故以「盡」說之。《繫辭傳》反復申
述聖人設卦以觀象，以卦爻辭明吉凶，皆指明從言、象通達天道的可能。

　　然而老子申明「道」之不可言說，莊子則以「糟魄」喻經典，使魏晉時
期對於經典是否能達道，語言文字是否能盡聖人之意，便成了論述焦點。[16]
王弼藉莊子「得魚忘筌」之寓言，提出的「得象而忘言」、「得意而忘象」的
方法，藉以通達道體。[17] 他在《周易略例·明象》有云：

> 夫象者，出意者也。言者，明象者也。盡意莫若象，盡象莫若言。言
> 生於象，故可尋言以觀象；象生於意，故可尋象以觀意。意以象盡，
> 象以言著。故言者，所以明象，得象而忘言；象者，所以存意，得意
> 而忘象。猶蹄者所以在兔，得兔而忘蹄；筌者所以在魚，得魚而忘筌
> 也。然則，言者，象之蹄也；象者，意之筌也。是故，存言者，非得
> 象者也；存象者，非得意者也。象生於意而存象焉，則所存者乃非其

---

[16] 《莊子·天道》有個「古之糟魄」寓言，故事中的輪扁評齊桓公所讀聖人之書為「古人
之糟魄」，此寓言為說明「意不能言傳」，「世之所貴道者，書也，書不過語，語有貴
也。語之所貴者，意也，意有所隨。意之所隨者，不可以言傳也，而世因貴言傳書。」
意不能言傳，必須心領神會為莊子對語言的反省，也是對囿於文字以求道的批評。此說
成為魏晉時期「言不盡意」論的基礎，《三國志·荀彧傳》裴松之注引《晉陽秋》記載
荀粲好言道，「常以為子貢稱夫子之言性與天道，不可得聞，然則六籍雖存，固聖人之
糠粃。粲兄俁難曰：『《易》亦云聖人立象以盡意，繫辭焉以盡言，則微言胡為不可得而
聞見哉？』粲答曰：『蓋理之微者，非物象之所舉也。今稱立象以盡意，此非通於意外
者也。繫辭焉以盡言，此非言乎繫表者也；斯則象外之意，繫表之言，固蘊而不出
矣。』」荀粲主張「言象不可盡意」，六經為聖人糠粃，其兄荀俁則引《易·繫辭》，主
張「言象可以盡意」，兩者的爭論涉及儒道對於言意關係的不同觀點，王弼則以「忘言
忘象以得意」調合兩者，從「本／末」架構連結儒道。

[17] 《莊子·外物》云：「筌者所以在魚，得魚而忘筌。蹄者所以在兔，得兔而忘蹄。言者所
在意，得意而忘言。吾安得夫忘言之人，而與之言哉？」「言」如同「筌」、「蹄」，是獲
得對象的工具，達到目的之後便應放棄，得道者已是「忘言之人」。此說分兩個層次，
其一為修養進程，得魚與得道，需要筌與言；其二指道具有不可言說性，得道者忘言。
莊子看似仍著意於語言是為道的途徑，但內篇則趨向否定「言」，〈齊物論〉論述一旦有
所言辯，便是偏頗，離於大道，因此「大辯不言」。通達大道的方法在於「忘」，〈人間
世〉的「心齋」與〈大宗師〉的「坐忘」皆是在「忘」下工夫，因此「忘言」才能「得
意」，此與雜篇〈外物〉論「得意」而「忘言」，兩者並不相同。莊子對於語言文字的限
制有深刻反省，〈外物〉中的「得意而忘言」與其內篇思想有所衝突。至於文末感慨無
所遇「忘言之人」而與之「言」，然而既已「忘言」，何以言之？若深思這個感嘆，或可
謂「得意忘言」是不得已之論，因為世無「忘言之人」，何來得意者？若不論莊子所謂
的「忘言」之意為？王弼藉《莊子·外物》的筌蹄之喻，發揮其「崇本息末」的理論，
的確能恰當說明「言／意」的關係。

> 象也；言生於象而存言焉，則所存者乃非其言也。然則，忘象者，乃得意者也；忘言者，乃得象者也。得意在忘象，得象在忘言。故立象以盡意，而象可忘也；重畫以盡情，而畫可忘也。

莊子僅言「得意而忘言」，王弼引用之，再增加「象」於其中，用以解釋《周易・繫辭》。王弼指出「意以象盡，象以言著」，這個由意而至言的過程，近於道生萬物，也是王弼論「本／末」的運用，意為本，言為末，故云「言生於象」、「象生於意」。既有生成的過程，言、象與意，就不是分別斷裂，然而意以盡象，象以言著，卻不能停留在言與象，必須通過捨棄言與象，才能一步步地體會原初之意，這個「言→象→意」的認識過程，即為「返本」。所以王弼明確指出「得意在忘象，得象在忘言」，著重於「忘」之工夫，將《周易・繫辭》中孔子的答問重新疏解，從生成的角度將「意、象、言」連結在一起，回應「聖人立象以盡意」，既有生成關係，則藉由言象而得意，便有立論基礎。但畢竟言、象又等同於意，故須以忘言、忘象的工夫以得意，由此回應「言不盡意」。如此一來，「意、象、言」既有連結，又非等同，需返本得意，此即為「崇本息末」之旨。

由於「言／意」有生成關係，返本又需忘言忘象，因此王弼批評兩漢將言象附會陰陽五行，直言象數解《易》之不當。他在《周易略例・明象》云：

> 是故觸類可為其象，合義可為其徵。義苟在健，何必馬乎？類苟在順，何必牛乎？爻苟合順，何必坤乃為牛？義苟應健，何必乾乃為馬？而或者定馬於乾，案文責卦，有馬无乾，則偽說滋漫，難可紀矣。互體不足，遂及卦變；變又不足，推致五行。一失其原，巧愈彌甚。從復或值，而義无所取。蓋存象忘意之由也。忘象以求其意，義斯見矣。

本段以「得意在忘象」為準，評論兩漢易學之不當。首先，卦爻之義，在於觸類合義，此為順意成象，不必非得拘泥於馬、牛之象徵。如〈乾〉以龍說剛健自強，〈坤〉則以馬言行地無疆，王弼認為這是隨事義而取象，不應附會於這些事物。[18] 至於漢人常用「互體」解卦，使卦中各爻相互包含，流於繁瑣，還以五行生剋言卦象，將《周易》置入陰陽五行的規律，反而失其本旨，這就是「存象忘意」之蔽。王弼對於漢代易學的批評，可以突顯其執一以御眾的解經方法，並將易學結合老學，使易學從兩漢讖緯儒學開展出玄理

---

[18] 王弼於《易・乾・文言》注云：「夫易者，象也。象之所生，生於義也。有斯義，然後明之以其物，故以龍敘乾，以馬明坤，隨其事義而取象焉。」（頁 215）此處說明卦象必源自意義，再以具體事物象徵，關鍵在背後的意義，而非象徵之物。

易學，更重要的是在得意忘言的論述中，儒家的論述能以「忘言」消解。[19]
王弼提出的「得意在忘象」、「得象在忘言」，不僅僅是解經之法，更能會通
儒道，成為魏晉玄學的基礎。

第三節 仁義本於自然

　　王弼運用「崇本息末」，將「道」視為「本」，「仁義」為末，使得儒道
在此架構中產生連結。他在注《老子》三十八章云：「仁義，母之所生，非
可以為母。」仁義為母之所生，再以禮教而彰顯，即明指仁義禮教皆為子，
已是有所分別之名，至於母則為道，其施無為。從本末母子的關係，王弼論
述仁義本於道，並將此一概念貫通於其注解中，具體展現會通儒道的理論。
學界歸納王弼的思想，一般認為在玄學發展初期，「自然」與「名教」的關
係，在王弼「崇本息末」的理論中，呈現「名教本於自然」，並視為是正始
玄學的重要特色。[20] 從思想史的角度觀之，王弼主張「以無為本」，而此
「無」為「道」，相對於「有」，《老子》中亦以「自然」描述道的運作，因
此以「自然」代表老莊道家思想，乃至玄學的宗旨，有其一致性。然而「名
教」一詞於先秦兩漢幾乎未見，也非專指儒家禮法教化，而是兩晉之時才逐
漸興起成為學術術語，雖指稱儒家，但其詞義之褒貶有所變化。[21] 王弼並未
使用「名教」一詞，因此本文以「仁義」為儒家觀念之術語，而謂「仁義本
於自然」，此為王弼會通儒道的重要論述。

　　由於「仁義」由道所生，本於自然，在這個論述中，「仁義」應具有道

---

[19] 湯用彤曾指出「忘言忘象」之說在魏晉玄學的重要性：第一、用於經籍之解釋；第二、
忘象忘言不但為解經之要法，亦深契於玄學之宗旨；第三、忘言得意之義，亦用以會通
儒道兩家；第四、言意之辨不惟與玄理有關，於名士之立身行事亦有影響。參見湯用
彤：〈言意之辨〉，《魏晉玄學論稿》，收入《魏晉思想（乙編三種）》，臺北：里仁書局，
1995.8，頁 23-45。

[20] 學界多認為名教與自然是玄學討論的主題，而王弼會通儒道的論述，是「名教本於自
然」，如許抗生認為王弼主張「名教本於自然論」，（許抗生：《魏晉思想史》，臺北：桂
冠，1992.12，頁66）王葆玹也認為王弼、何晏主張「名教本於自然」、「名教合於自然」
是可以成立的。（王葆玹：《玄學通論》，臺北：五南，1996.4，頁 427）然而目前所見王
弼傳世文獻，未見其使用「名教」一詞，王弼對於禮法的批評，著重於只重形式的虛假
實行者，而非禮法本身，因此使用「名教本於自然」，或有歧義，應謹慎為之。

[21] 「名教」一詞幾不見於先秦兩漢文獻，且以「名教」指稱儒家，應於兩晉之時方逐漸盛
行。張蓓蓓認為此詞應為嵇康所創，與「自然」相對。而「名教」一詞本為批駁儒家禮
法，至東晉袁宏使用時演變為正面的讚揚禮法。（張蓓蓓：〈「名教」探義〉，《中古學術
論略》，臺北：大安出版社，1991.5，頁 1-48）

之自然無為，而非重視行為規範的禮教。王弼以「校實定名」的方法，為老子「絕聖棄智」、「絕仁棄義」的說法辯護，區隔老子思想與儒家的「聖智仁義」，他在〈老子指略〉云：

> 夫不能辯名，則不可與言理；不能定名，則不可與論實也。……仁不得謂之聖，智不得謂之仁，則各有其實矣。……校實定名，以觀絕聖，可無惑矣。……父子兄弟，懷情失直，孝不任誠，慈不任實，蓋顯名行之所招也。患俗薄而興名行、崇仁義，愈致斯偽，況術之賤此者乎？故絕仁棄義，以復孝慈，未渠弘也。

「校實」意為直指源頭根本，根本確定，其名方立。「仁義」之名的根本在於「直」、「誠」與「實」，若不相符，則世人所謂的「仁義」便非「真仁義」，老子所拒斥者，即是「假仁義」。〈老子指略〉續云：

> 既知不聖為不聖，未知聖之不聖也；既知不仁為不仁，未知仁之為不仁也。故絕聖而後聖功全，棄仁而後仁德厚。夫惡強非欲不強也，為強則失強也；絕仁非欲不仁也，為仁則偽成也。

王弼分析「仁」有「真仁」與「偽仁」之別，「仁」生於自然之性，但後世著重名分，遂使「仁」為「偽仁」，故「真仁」才是本。而「真仁」由「道」所生，本於自然，故「真仁」與「道」連結，至於「偽仁」不出於道，是人為之偽，故應捨棄之。於是儒家也可區分出「原始儒家」與「後傳儒家」之別，老子批評的是已喪失其本的「偽仁」，在本源上，儒道兩家是無別的。王弼一方面批判了儒家過於重視「仁」的表面工夫，一方面也藉此肯定儒家的「仁」，將「仁」納入「道」之中，此為運用本末母子的論述會通儒道。以下分從王弼注《老子》、《周易》與《論語》，舉例說明。

一、《老子道德經注》

萬物既由道所生，則所有的形器事物與人倫禮制皆同，而聖人則依形器事物之別，訂立制度，人民依此制度而行。這個過程，建立於道生萬物，禮樂制度由道而來，雖然與道相對為末，但仍以自然為原則，若捨本逐末，便是違返自然之道，流於前文所述之「偽仁」。以下節選二章注文說明之：

> 樸散則為器，聖人用之，則為官長。樸，真也。真散則百行出，殊類生，若器也。聖人因其分散，故為之立官長。以善為師，不善為資，移風易俗，復使歸於一也。（《老子注》二十八章）

> 始制有名，名亦既有，夫亦將知止，知止所以不殆。始制，謂樸散始為官長之時也。始制官長，不可不立名分以定尊卑，故始制有名也。

> 過此以往，將爭錐刀之末，故曰：「名亦既有，夫亦將知止」也。遂
> 任名以號物，則失治之母也，故「知止所以不殆」也。(《老子注》三
> 十二章)

大道為樸，無分別，然散為萬物，始有成形，復因萬物之形，故聖人立名
分、定尊卑，此是順勢而為，不得不然。這些名分制度，對於「善人」而
言，能為「不善人」之師；對於「不善人」而言，則是「善人」反省所取。
換言之，不論是「善人」或「不善人」，聖人等同視之，無所偏私。王弼之
注文引《老子》二十七章「是故善人者，不善人之師；不善人者，善人之
資。」並在「是以聖人常善救人，故無棄人」句下注云：「聖人不立形名以
檢於物，不造進向以殊棄不肖。輔萬物之自然而不為始。」此處言聖人不立
形名，指聖人不用形名分別事物，不以尚賢能以區分善與不肖，看似與上文
聖人立名分之說相衝突，實則聖人所為皆自然，並非刻意為之，更不為特定
目的而制名。既是順勢無心，則名分制度之立，是依萬物而定，即王弼所謂
的「校實定名」，而非依名而論實。

　　仁義出於大道，禮教又依仁義而定，能體認這個過程，在實踐時便應把
握其本，甚至得以「忘」的工夫，忘仁義禮節而返其本，如同忘言、忘象以
得意。王弼在注《老子》三十八章「失道而後德，失德而後仁，失仁而後
義，失義而後禮。」云：

> 夫禮也，所始首於忠信不篤，通簡不陽，責備於表，機微爭制，夫仁
> 義發於內，為之猶偽，況務外飾而可久乎。故夫禮者，忠信之薄而亂
> 之首也。……守夫素樸，則不順典制，聽彼所獲，棄此所守，識道之
> 華而愚之首，故苟得其為功之母，則萬物作焉而不辭也。萬事存焉而
> 不勞也，用不以形，御不以名，故仁義可顯，禮敬可彰也。

王弼批評失用其母者，也就是那些只著重於行仁義、守禮敬的表象之人，這
些人所為者為末，甚至連末都不是。仁義發於內，即本於自然，但不可「為
之」，為之即為「偽」，仁義已然如此，禮法更容易流於形式，此語的重點在
於為者的內心，有心為之，以名分為之，則禮便成為亂之首。若能本之於素
樸，而不以形名為重，才能真正彰顯「仁義」，此為「真仁義」。

　　王弼注解《老子》多引用原文章句互釋，並依「以無為本」、「崇本息
末」的架構解釋經文，故仁義生於自然，禮節亦是，於是仁義與自然有本末
的連結。在這個連結之下，行仁義並不違背自然，儒家主張的禮節亦不違背
自然，然而《老子》經文多有對仁義的批判，王弼亦從本末的架構，指責將
這些行仁義者是本末倒置，捨木逐末，甚至進一步畫分「真仁」與「偽
仁」，一方面得以延續老子對儒家的批判，一方面又能使這些批判符合其本
末之論。

二、《周易注》

　　王弼注《周易》，亦以其執一御眾，以本統末的方法，解釋卦爻辭，從主爻明卦義，再以《周易》六十四卦為整體，從卦時爻位論述卦象之吉凶，也就是六爻之變與不變，皆有其規律，掌握其本，便明其變。至於對《易傳》的注解，王弼仍在「崇本息末」的基礎上，以道為本，對於儒家的道德仁善皆有所發揮，但是皆基於道之虛靜無為，而非孔孟主張的道德心性。這樣的詮釋雖然轉移了儒家心性之學，但也在本末架構下保留了儒家義理，呈現王弼式的會通儒道樣貌。後世多從儒家的角度批評王弼「援老入易」，[22]若從《易經》的卦爻辭與老子思想可能同源觀之，兩者皆論有無、陰陽的相生與相成，則王弼對《易經》的注解，實為突顯《老子》與《易經》的共同之處，言其相通之理。

　　相較於《易經》，王弼注《易傳》亦多以《老子》經文注之，發揮老子思想的自然無為，守柔不爭之道，可見王弼將《易》之卦爻辭與《易傳》視為整體。以下略舉數例，〈坤〉（䷁）卦之「六二，直方大，不習無不利。」注云：

> 居中得正，極於地質。任其自然，而物自生，不假修營，而功自成，故「不習」焉而「無不利」。

六二爻居於下卦之中，得其正位，顯「地」之直、方、大，故王弼謂「極於地質」，並釋為任自然而物自生，此即老子論道之自然無為。又〈晉〉（䷢）卦之「上九，晉其角，維用伐邑，厲吉无咎，貞吝。」注云：

> 處進之極，過明之中，明將夷焉。已在乎角，而猶進之，非亢如何？失夫道化無為之事，必須攻伐然後服邑。危乃得吉，吉乃無咎，用斯為正，亦以賤矣。

〈晉〉卦為離上坤下，取日出地上，象徵光明希望，有前進之意。然而上九已至頂點，已無可進，若又以武力強制鎮壓，雖然勉強可以維持，但未來只會走下坡。王弼謂此為失道，蓋《老子》第二章言「聖人處無為之事，行不

---

22 北宋末晁說之有言：「橫渠先生曰：『《易》不言有無，言有無，諸子之陋也。』說之謂：『以老氏有無論《易》者，自王弼始。』」（晁說之：《嵩山文集》卷第十三〈有無〉條，《四部叢刊續編》第 122 冊，臺北：臺灣商務印書館，1966.10）張載所言，見於《張載集》，北宋朱熹亦言：「《易》不言有無，《老子》言有生於無，便不是。」（《朱子語類》卷百二十五，〈反者道之動〉章第四十一，《朱子全書》，上海古籍出版社、安徽教育出版社，2010.9，頁 3912）

言之教。」由於進退為循環之常道，面對晉升於頂，應處無為，避免陷於得不償失。〈大畜〉（☶）卦之「六四」注云：「距不以角，柔以止剛，剛不敢犯，抑銳之始。」「六五」注云：「柔能剛健，禁暴抑盛。」王弼於注文引用《老子》三十六章：「柔弱勝剛強」，七十八章：「弱之勝強，柔之勝剛。」以守柔勝強解釋〈大畜〉卦之爻辭。

由於《易經》卦爻蘊涵天地運行之理，復取天地萬物說明卦象，故以老子思想釋之，常可見相通之處，而對於《易傳》的注解，王弼同樣以老子思想說明，如〈復〉（☷）卦之〈象〉「復其見天地之心乎」，注云：

> 復者，反本之謂也。天地以本為心者也。凡動息則靜，靜非對動者也；語息則默，默非對語者也。然則天地雖大，富有萬物，雷動風行，運化萬變，寂然至無是其本矣。故動息地中，乃天地之心見也。若其以有為心，則異類未獲具存矣。

〈復〉卦為坤上震下，雷在地下，生機藏於地，冬日極寒而復陽，為陰陽消長之轉折。王弼將「復」釋為「反本」，所反之「本」為其注之「天地之心」，而此「天地之心」為「寂然至無」，將其「以無為本」的觀念用以解釋「復」。〈復〉卦的卦辭「反復其道，七日來復。」〈象〉釋為「天行也」，釋「利有攸往」為「剛長也，復見其天地之心乎」，〈象〉中未必只有有反本之意，而且「反復其道」，除了歸反，亦有往返、出入的意思。至於「天地之心」，若從宇宙論而言，〈復〉卦之〈象〉顯示天地規律反復，循環不已的運行之理。然而證諸《禮記・禮運》云：「故人者，天地之心也，五行之端也。」由於人稟天地陰陽五行之氣，為宇宙最重要者，故聖人以天地運行之則制禮，使社會有序。〈復〉卦的〈象〉雖未明言「天地之心」為何，但依儒家而言，為民胞物與之仁心。王弼的注解將此「天地之心」釋為「無」，與儒家不同，其義甚明。而且王弼引用《老子》十六章「致虛極，守靜篤。萬物並作，吾以觀復。夫物芸芸，各復歸其根。」以「觀復」意指「反本」，又其注《老子》本句云：「以虛靜觀其反復。凡有起於虛，動起於靜，故萬物雖並動作，卒復歸於虛靜，是物之極篤也。各反其所始也。」萬物並作為動，歸返其始為靜，此即注〈復〉卦之「動息則靜」，然此虛靜之無，並非寂然不動，王弼明確指出「靜非對動」、「默非對語」，如果是相對關係，此「無」便無法為萬物之始，是故「寂靜」只是形容「無」之玄遠，「無」之靜為本，萬物的動為末，是本末關係。此外，王弼還引〈復〉卦注《老子》之三十八章，其云：「天地雖廣，以無為心；聖王雖大，以虛為主。故日以復而視，則天地之心見；至日而思之，則先王之至覩也。」天地之心為無，聖王之覩為虛，「以無為本」是天地之道，亦是聖王治世所行。由此可見王弼之《老子注》與《周易注》多有相通之處，甚至互文注解，此為王弼思想的特色。

三、《論語釋疑》

　　《論語釋疑》亦以「執一統眾」、「崇本息末」做為綱領，用以解釋《論語》，並且將《論語》中之「道」釋為「無」，如其注《論語・述而》「志於道」云：「道者，無之稱也，無不通也，無不由也。況之曰道，寂然無體，不可為象。是道不可體，故但志慕而已。」此注文將「道」釋為「無」，直接以老子之「道」替換孔子所言的「道」，其內涵亦隨之更換，這個概念的移轉，為王弼會通儒道的方法，雖然偏離所注經文，但可見得王弼思想的一致性。王弼擅於將孔子言行之特定語詞，轉化為老子思想的解釋，如《論語・陽貨》中孔子提到「無言」，謂「四時行焉，百物生焉。」這段感歎為啟發子貢而言，孔子以身教亦以言教，然言教有時而窮，故發此慨嘆，王弼注曰：

> 予欲無言，蓋欲明本。舉本統末，而示物於極者也。夫立言垂教，將以通性，而弊至於湮；寄旨傳辭，將以正邪，而勢至於繁。既求道中，不可勝御，是以修本廢言，則天而行化。以淳而觀，則天地之心見於不言；寒暑代序，則不言之令行乎四時，天豈諄諄者哉！

這段注文，融合「以無為本」、「舉本息末」以及「得意忘言」，可視為王弼思想的闡述。注文中的「舉本統末」意指以「道」為本，統「立言垂教」之末，聖人立言垂教所示者，只是「道」之發用。然而道本無言，《老子》以「不言之教」說明聖人無為，王弼引用以闡釋孔子之「無言」，為其「明本」。孔子的立言垂教，即《周易・繫辭》之「立言盡意」，但此意湮沒於言，故需忘言，否則捨本逐末，注文發揮之。此外，還以《周易・復・象》之「天地之心」，謂不言者即此至無之本，孔子無言，正是體現老子思想的聖人之道。

　　王弼於弱冠之年詣裴徽，發揮「聖人體無」之義，[23] 由於孔子成為老子理想的聖人，則《論語》中的孔子與弟子對話，便成為闡釋老子思想的注解，也是王弼借由注《論語》以完成其會通孔老的目標。孔子思想最重要的核心概念為「仁」，現存《論語釋疑》殘篇中，僅見於《論語・學而》「孝悌也者，其為仁之本與」句下注云：「自然親愛為孝，推愛及物為仁也。」這兩句注文中，「孝」是發自生命真實的情感；「仁」則是從此情感推而及物，即對於眾生萬物的仁愛才是「仁」，此解將「孝」視為本，則「仁」是孝的擴大或發揮，與孔子所言相去甚遠。但是王弼如此解，實為以情言性，將情

---

[23] 此事見《世說新語・文學》，原文與論述參見前一章〈魏晉玄學起因、釋義與分期〉。

感解釋為人的根本，他在注《論語·里仁》之「夫子之道，忠恕而已矣」曰：

> 忠者，情之盡也；恕者，反情以同物者也。未有反諸身而不得物之情，未有能全其恕而不盡理之極也。能盡理極，則無物不統。極不可二，故謂之一也。推身統物，窮類適盡，一言而可終身行者，其唯恕也。

本注文以「盡情」言「忠」，此「情」即是自然情感，要全然將情感發揮；若能反於情感之本，即能與物同情共感。此「推身統物」，仍是「崇本息末」之運用，也是「執一統眾」的規則，於是孔子的忠恕之道，成了「反本」以盡其理的注解。

孔子之學，「仁」、「禮」一體，仁心發動為禮，依倫理關係建立社會秩序，而君子修身成仁，以顯其性。王弼以情言性，於《周易·乾·文言》之「利貞者，性情也」注云：「不性其情，何能久行其正？」故「利而正者，必性情也。」王弼將「性情」釋為「性其情」，性由情而顯，情依性而立，方得行其正，此說見於《論語·陽貨》「性相近，習相遠也」句下注，其云：

> 不性其情，焉能久行其正，此是情之正也。若心好流蕩失真，此是情之邪也。若以情近性，故云性其情。情近性者，何妨是有欲。若逐欲遷，故云遠也；若欲而不遷，故曰近。但近性者正，而即性非正；雖即性非正，而能使之正。……能使之正者何？儀也、靜也。又知其有濃薄者。孔子曰：性相近也。若全同者，相近之辭不生；若全異者，相近之辭亦不得立。今云近者，有同有異，取其共是。無善無惡則同也，有濃有薄則異也，雖異而未相遠，故曰近也。

王弼將從「本／末」論「性」與「情」，「性」為本，注文中雖未明言以無為本，但可見得性是無善無惡之體，而情是性的發動，欲也是，故情若能依性而立，便可謂「情之正」，如果失其性，便為「情之邪」。然而「性」不能言善或為正，因為「性」為自然寂靜，故「即性非正」。此說承兩漢以氣論性，以自然觀之，性無善惡，以氣之陰陽論之，則善惡混之，故能發為情，並有濃薄之異。如此解「性」，仍是「以無為本」的論述，但是強調「情」之作用，重視自然親愛之情感。王弼或許未必不解孔子，他對論語所作的「曲解」，可能帶有反叛的意味，對禮教的反感，對時政的不滿，因此追求自然的真性情，而非虛假的行禮如儀。

小結

　　綜觀王弼流傳至今的文字，主要以注釋的方式，透過注解《老子》、《周易》和《論語》，在解釋經典的同時，陳述其理解。就注釋而言，在於解讀注解的對象，闡釋經文意義，王弼在這個基礎上，還進一步地將會通儒道帶入注釋之中，使得其注釋不只是注釋，更是王弼思想的呈現。王弼注解《老子》為後世讚譽，後人再從王弼理解《老子》，形成詮釋的再詮釋，也在這個過程中，形成王弼的老子學。[24] 直到今日解讀《老子》，仍繞不開王弼的注解，通過王弼理解《老子》，此一路徑或許是進入《老子》的常道，但是會不會也因此限制理解《老子》的其他可能？本章解讀王弼思想以王弼所說理解王弼，重現王弼對《老子》的解讀，重點在王弼說了什麼，而不是《老子》說了什麼。

　　中國學術傳統以注疏學為主，學者在注疏經典中說出經典的意義，也說出自己的理解，後世再引用批評前代注疏，持續推衍經典意義。在眾多《老子》注解中，王弼具有宗師的地位，除了其注解文字清晰簡潔，更重要的還是他對老子思想的梳理，確有獨到之處。然而王弼也明白其注解只是一種解讀，其言「《老子》之文，欲辯而詰者，則失其旨也；欲名而責者，則違其義也。」（〈老子指略〉）王弼以《老子》二十九章：「為者敗之，執者失之。」暗指後世的詰難責問，都有違老子之意，王弼標舉「執本統末」，自我肯定其注釋為執本，並藉以批評其他各家學說用其子而棄其母，以末治本。然而，王弼《老子注》仍是詮釋《老子》的一個方向，以其「忘言得意」為論，若執守則失之。

　　王弼藉由注《老子》和《易》，提出「崇本息末」的詮釋原則，表面雖是說明理解的方法，然而實際上卻是對漢代思維方式的反省，甚至是對漢人

---

24 如牟宗三先生採用傳統注疏學逐章解釋的方法分析王弼的《老子注》，看似疏解王弼，實則藉王弼闡述自己的老學觀點。尤其是在描述「道」的性格時，牟先生論述「道」具有主宰性、常存性及先在性，謂「道」非實物，以沖虛為性，此沖虛玄德非實體之存有，而是一由主觀親證而得的「境界形態」。（牟宗三：《才性與玄理》，臺北：臺灣學生書局，1993 修訂八版）牟先生將「道」之創生視為「消極之生」，稱其「不生之生」，且不管王弼是否以「不生之生」看待「道」的創生義，牟先生如此詮釋，實已將「道」導向一個萬物任其自己創生自身的路上，反倒較接近郭象注莊的「獨化」，楊儒賓亦曾指出這個詮釋可能造成的問題。（楊儒賓著：《先秦道家道的觀念的發展》，臺北：國立臺灣大學出版，1987.6，頁 37）牟先生通過注解王弼來說明老子的「境界形態形上學」，同時又以此說論述王弼，形成一個詮釋的「循環」。當牟先生將「道」限定於作用層，並區隔了實有層與作用層，藉以區分儒、道，此為牟先生思想之運用，或可說是牟先生理解的老子學與王弼學。

趨於繁瑣化、形式化的學術與政治提出翻轉性的挑戰。換言之，王弼建構的「本／末」與「無／有」關係，不僅只是學術論題，更是魏晉士人面對自然與名教衝突，理想與現實掙扎的回應。從思想史的角度而言，王弼的論述對兩漢學術造成衝擊，開啟魏晉玄學的思維方式，也造成玄學風潮，王弼實為承先啟後的關鍵人物。湯用彤先生認為欲發明聖道，與五千言相通而不相伐者，非對《論語》下新解不可。而這個新解，就在於王弼「崇本息末」原則的運用。故「《論語釋疑》之作，其重要又不專解滯疑難，而更在其附會大義使與玄理契合。」[25] 這樣的理解突顯魏晉時期關心的議題在於儒道關係，想解決的問題便是儒道衝突，這個衝突是當時士人的切身感受，儒道能夠調合，才能獲得身心安頓。王弼提出「以無為本」、「崇本息末」、「執一統眾」與「聖人應物而無累於物」，在理論架構與解經方法，都標誌一個新時代的特色。

王弼嘗試會通孔老，提出解決方案，創建一套具體可循的體用與方法論。然而不可否認的是，本末體用的理論架構仍不能有效地安放儒道兩家，尤其是儒家的道德心性本不同於道家的自然之性，因此王弼作《論語釋疑》，便得強為之解，甚至進行一連串的概念轉移，仍無法將儒家完全納入道家之中。王弼會通儒道的嘗試或許沒有真正成功，關鍵在於儒道兩家的基本立場根本不同，[26] 強行會通自不可行，只不過王弼倡言會通儒道有其時代意義，至於會通是否成功，已不是王弼所考慮之事。在王弼短暫的一生，其理論與著作引領時代浪潮，並影響後世，是魏晉時期代表人物，在中國思想史中也是獨一無二，絕無僅有。

---

[25] 參見湯用彤：〈王弼之周易論語新義〉，《魏晉玄學論稿》，收入《魏晉思想（乙編三種）》，里仁書局，1995.8，頁 93。王弼結合儒道，在道家為本的基礎上引入儒家的道德實踐，不論在方法論或實踐層次，皆有一定影響。杜保瑞從方法論解析出老子形上學中兩重認識的進路，認為老子並未對這兩種方式提出具以聯結的觀點，但王弼卻藉「崇本息末」巧妙引入儒家的道德實踐。王弼的論述在本體作用中的原理是一個貴無主義，但是在道德目的性中又不能拒絕儒家的聖智仁義。（杜保瑞：《基本哲學問題》第八章〈王弼哲學的方法論探究〉，北京：華文出版社，2000.8）林聰舜則透過對比魏晉玄學與漢代思想在面對如何建立一個合理的社會體制時，兩者其實異中有同，而王弼在經學上的成就主要是為了超越價值與體制的統一，「崇本息末」的原則在解《易》時「雖以『無』為本，但在『無』必須藉『有』呈現的體用關係中，以儒家倫理為核心的體制，就可以得到肯定。」（林聰舜：〈王弼思想的一個面向：玄學式的體制合理化論述〉，《清華學報》新二十八卷第一期，1998.3，頁 19-46）

[26] 王弼會通孔老之不能解決，可參考莊耀郎：〈王弼儒道會通理論的省察〉，《國文學報》，23，1993.6，頁 41-62。莊氏以牟宗三先生所論實有層與作用層的分別為進路，論述王弼會通孔老的問題，亦可為一個檢視王弼的角度。

第十八章 越名教而任自然的竹林玄風——嵇康、阮籍

　　魏少帝正始十年，太傅司馬懿與其子司馬師發動高平陵之變，控制京城，誅滅大將軍曹爽。玄學家何晏為曹操養子，於此一事變中被司馬氏誅殺，而王弼亦於同年秋天，以癘疾亡。司馬氏自此控制朝政，夷滅諸多名士。嵇康娶曹魏宗室長樂亭主為妻，曾任中散大夫，於高平陵事變後辭官，隱居河內山陽，與阮籍、山濤等名士交遊。《世說新語・任誕》記此事，謂：「七人常集于竹林之下，肆意酣暢，故世謂竹林七賢。」嵇康不滿司馬氏的專權與虛矯，數度避召不仕，但山濤、王戎與阮籍皆被迫應辟入仕。嵇康雖隱，然才高，為世所重。後因證呂安被誣之事，反遭構陷入獄，太學生數千請之，[1] 權臣鍾會進言司馬昭，恐其危及司馬氏奪權，故將嵇康問斬，時年四十。

　　嵇康美姿容，豐神俊朗，儁才逸氣。[2] 從傳世詩文，得以一窺其思想風采，〈釋私論〉析論公私之別，提出「越名教而任自然」的「君子」標準。在〈與山巨源絕交書〉自道其性格中與時俗相違之「二不可」，其一為「每非湯武而薄周孔」，其二為「剛腸疾惡」，雖是表明性格之缺憾而不適合為官，實則批判當時朝政，拒絕入仕。嵇康認為人生能「時與親舊敘闊，陳說平生，濁酒一杯，彈琴一曲，志願畢矣。」他最終被誣入獄，作〈悲憤詩〉，對於為呂安申辯而招致殺身大禍，有所感歎，詩云：「昔慚柳惠，今愧孫登。內負宿心，外恧良朋。」但他還是能坦然面對，云：「事與願違，遘茲淹留。窮達有命，亦又何求。」[3] 嵇康詩文透露其心境變化與轉折，論文

---

[1] 此事見《世說新語・雅量》，嵇康臨刑，奏〈廣陵散〉，「太學生三千人上書，請以為書，不許。」注引王隱《晉書》云：「康之下獄，太學生數千人請之。」太學生請命之事，反使統治者疑懼，遂使嵇康被誅。嵇康之死，肇因於其才情、個性與時政，莊萬壽整理其致死之遠近因，並認為嵇康雖不求死，但卻不戀生，以死前的琴聲彰顯浪漫主義精神。（莊萬壽：《嵇康研究及年譜》，臺北：臺灣學生書局，1990.10，頁202）

[2] 關於嵇康的儀容才學，見於《晉書・嵇康傳》，文云：「康早孤，有奇才，遠邁不群。身長七尺八寸，美詞氣，有風儀，而土木形骸，不自藻飾，人以為龍章鳳姿，天質自然。恬靜寡慾，含垢匿瑕，寬簡有大量。學不師受，博覽無不該通，長好《老》《莊》。」《晉書》依據嵇康之兄嵇喜所著康傳，並兼採兩晉南北朝時期諸多史籍類書所述。從嵇康詩文與各種傳略，可見得其為人風采，為世人所重。

[3] 引文見《嵇康集校注》，戴明揚校注，北京：中華書局，2014.4，頁 402、199、43。（以下所引嵇康詩文皆同，謹註明篇名，不另作註）嵇康著作，《隋書・經籍志》著錄《嵇康集》13卷，《唐書・經籍志》著錄15卷，宋代原集散失，僅存10卷。明代諸本卷數與宋本同，但篇數減少。明本常見的有黃省曾輯校，汪士賢刻《嵇中散集》，收入《漢魏六朝二十名家集》；張溥刻《嵇中散集》，收入《漢魏六朝百三家集》中。1924年，魯迅

所討論的論題，也是面對自然與名教的衝突，以「自然」為中心，發而為〈釋私論〉、〈聲無哀樂論〉與〈難自然好學論〉等。由於魏晉時局動盪，天災人禍，朝不保夕，當時神仙道教興起，養生延命之術風行，士人多習之，嵇康對此風氣著有〈養生論〉，與向秀互難，呈現當時士人對於養生議題的看法。嵇康固然嚮往寶性全生，然於臨刑前亦無所懼，彈琴一曲，得此一願而終，使死亡昇華為悠揚樂音，留傳千古。

　　嵇康死後不久，阮籍亦卒，同年蜀漢滅亡，隔一年司馬炎禪魏為晉，竹林玄風走入歷史。[4] 嵇康與阮籍交遊，兩人善琴好酒，同好莊老，皆不現喜怒於色，任性自然，復又才氣縱橫，後世以兩人並稱「嵇阮」。阮籍雖任性不羈，然不似嵇康於高平陵事件之後拒不出仕，應辟為太傅司馬懿之從事中郎，此後又事司馬師與司馬昭，晚年求任步兵校尉，只因「廚中有貯酒數百斛」。（《世說新語・任誕》）阮籍以酣飲為常，不唯藉酒澆愁，亦以醉酒避禍，甚至寓反抗禮法於飲酒之中，其不拘禮教之行，皆是無可奈何以求全生之舉。阮籍有詩云：「臨觴多哀楚，思我故時人。對酒不能言，悽愴懷酸辛。」[5] 無酒既愴，有酒亦悲，滿腹愁苦哀傷，無所言之。阮籍於詩中感歎年歲流逝與故友離去，只能日復一日的飲酒，而無人相與言。詩末云：「愁苦在一時，高行傷微身。曲直何所為？龍蛇為我鄰。」詩人自我安慰，愁苦只是短暫的，但對酒不能言的悲愴，才最為難熬。只能放棄堅持，不以「高行」傷身，在出處進退之間，不是非曲直為論。「龍蛇」典出《莊子・山木》，莊子意指不以物為役使，而能與時俱化，隨遇而安。阮籍雖化用莊子，也嚮往莊子，但又在現實中屢屢受挫，他無法從玄理尋得安身之道，只得寄情於詩酒、吟嘯與彈琴。司馬昭評其「慎」，[6] 實則阮籍悲無人可言，無

<hr />

輯校《嵇康集》，其後戴明揚以明代黃本為底本，詳校諸本，廣集嵇康事跡與後人評論而成《嵇康集校注》，是為研讀嵇康詩文首選。

[4] 關於嵇康的卒年，《三國志・魏志・王粲傳附嵇康傳》云：「至景元中，坐事誅。」裴松之注云其所見史料，有謂「正元二年」卒者，其考辨為非，當於「景元三年」。然據〈與山巨源絕交書〉之線索，以及嵇康之子嵇紹年紀，應為景元四年（263 年）卒，本文採莊萬壽《嵇康研究及年譜》之繫年。至於阮籍，《晉書・阮籍傳》記：「景元四年冬卒，時年五十四。」嵇康、阮籍同年亡故。

[5] 〈詠懷〉其三十四，見《阮籍集校注》，陳伯君校注，北京：中華書局，1987.10，頁314。（以下所引阮籍詩文皆同，僅註明篇名，不另作註）阮籍詩文集，南朝有 13 卷，《隋書・經籍志》著錄 10 卷，新舊《唐書》為 5 卷，至宋代之後又為 10 卷，且出現《阮籍集》與《阮步兵集》兩種名稱。近人多有集校與注本，其中以黃節的《阮步兵詠懷詩注》（北京：中華書局，2008.1），以及陳伯君的《阮籍集校注》，後者在前者的基礎上，詳校諸多版本，加以注釋，並附錄評論。

[6] 《世說新語・德行》記云：「晉文王稱阮嗣宗至慎，每與之言，言皆玄遠，未嘗臧否人物。」阮籍不論時事，不言人是非，看似謹言慎行，實為擇人言之。劉孝標注本段引《魏氏春秋》曰：「兗州刺史王昶請與相見，終日不得與言。昶愧嘆之，自以不能測

處可言，所作〈詠懷詩〉，憂國刺時，亦悲無常，抒發避禍隱逸之思。[7] 晚年著〈大人先生傳〉，描述對精神自由境界的嚮往，至於現實之限制，只能寄託於詩文。阮籍文集中尚有四篇論文，〈樂論〉闡述樂教移風易俗之作用，〈通易論〉、〈通老論〉與〈達莊論〉，[8] 分釋三玄，著力於闡明「自然一體」，萬物和諧並存，反映出阮籍心中的理想境界。

　　嵇康、阮籍相與為友，莫逆於心，生平亦相似，皆處於曹魏與司馬氏爭權的時期，自何晏、王弼去世後，玄學論述也相應變化。嵇阮兩人都標舉「自然」，試圖藉由莊學調合儒道，有別於王弼從老學所發展之本末架構，「任自然」建立在萬物運行之規律，視儒家之禮教源於自然，但是彼時之「名教」已違反「自然」，故應重塑之，重新回到真實情感的自然狀態。嵇阮對於「自然」與「名教」的論述，多為批評時政，藉由「自然」回應是非不分，公私不明的社會風氣，以「自然」為人生與政治的理想。本章以論題分節，從自然觀、音聲論與養生論，論述嵇康與阮籍的思想，由於兩人論文各有論題，並非有系統的完整論述，兼之作論時序不同，不同論文的論點不必然一致，若於不同篇章之論點有所衝突，於徵引論述時說明之。

第一節　「越名教而任自然」的自然觀

　　相較於何晏、王弼「以無為本」的論述，嵇康與阮籍則標舉「自然」，認為天地萬物皆依循一定之理，此理即「自然」，事物有其本來的樣子，也

也。」兗州刺史王昶為曹魏時武官，見阮籍而不得與言。此外，《世說新語·簡傲》注引《晉百官名》，曰：「嵇喜字公穆，歷揚州刺史，康兄也。阮籍遭喪，往弔之。籍能為青白眼，見凡俗之士，以白眼對之。及喜往，籍不哭，見其白眼，喜不懌而退。康聞之，乃齎酒挾琴而造之，遂相與善。」阮籍對嵇喜翻白眼，卻與嵇康飲酒彈琴，可見阮籍非不言，而是言於所當言者。

[7] 南朝梁鍾嶸的《詩品》評阮籍云：「〈詠懷〉之作，可以陶性靈，發幽思。言在耳目之內，情寄八荒之表。洋洋乎會於《風》、《雅》，使人忘其鄙近，自致遠大，頗多感慨之詞。厥旨淵放，歸趣難求。」〈詠懷〉之作，非一時一地，也沒有一定主題，既為詩人抒發情懷，恰如其思緒紛紛紛至杳來，蘊藉多感，故其旨趣難求。劉勰於《文心雕龍·明詩》評曰：「嵇志清峻，阮旨遙深。」嵇康的詩清揚峻切，阮籍則幽微隱諱，一如兩人個性。邱鎮京認為阮籍的詩作，在數量、內容與技巧層面，奠定了建安之後五言詩的地位，後代詩人多仿效之。（邱鎮京：《阮籍詠懷詩研究》，臺北：文津，1979.7）葉嘉瑩贊阮籍的詠懷詩是魏晉之間最好的作品，情感豐富，意蘊深遠。（葉嘉瑩：《阮籍詠懷詩講錄》，臺北：大塊文化，2012.12）

[8] 這四篇論文，學界一般認為〈樂論〉、〈通易論〉是阮籍早期作品，偏於儒家觀點，而〈通老論〉、〈達莊論〉以及〈大人先生傳〉為後期作品，轉為道家思想。（戴璉璋：〈阮籍的自然觀〉，《玄智、玄理與文化發展》，臺北：中研院文哲所，2003.6，頁82）戴璉璋先生認為，阮籍思想以「自然」貫穿其中，然前後期有所不同。

各有活動的方式。老子有言：「人法地，地法天，天法道，道法自然。」（《老子》25 章）老子將「自然」視為天地運行的方式，而人也須依循之，尤其是統治者行「無為」之治，百姓各得其所。莊子亦藉無名人云：「汝遊心於淡，合氣於漠，順物自然，而無容私焉，而天下治矣。」（《莊子·應帝王》）治天下者不以一己之私，無心於功名，能順應萬物之自然。治天下者以「自然」，意味無私無欲，不干涉萬物，而個人之立身處事，若也能依「自然」而行，呈現情性之本來樣貌，表裡如一，沒有虛假詐偽。如此一來，人與人的關係質樸真誠，社會祥和，平淡無爭。這是嵇康阮籍的理想，一個無法實現的理想。

嵇康以「自然」做為衡量君子與小人的標準，不同於儒家以道德為準繩，嵇康從「公／私」論人，能夠光明正大，言行一致，就是君子。嵇康於〈釋私論〉云：

> 夫稱君子者，心無措乎是非，而行不違乎道者也。何以言之？夫氣靜神虛者，心不存於矜尚；體亮心達者，情不繫於所欲。矜尚不存乎心，故能越名教而任自然；情不繫於所欲，故能審貴賤而通物情。物情順通，故大道無違；越名任心，故是非無措也。是故言君子，則以無措為主，以通物為美，言小人，則以匿情為非，以違道為闕。

本段論君子之心無是非之見，行為呈現自然之情，故能「越名教而任然」，即不以名教考量行為處事，而純然以本真的情感引領之。「是／非」之分，是社會的道德規範，理當有其明確標準，方能建立社會秩序。嵇康並非不明於此，他反對的是表裡不一，若以道德為幌子，卻行違反道德之事，反而是嚴重的詐騙行為。因此，嵇康判定隱匿心中所想者為「私」，不論其所想的是否良善，如能光明磊落，心胸坦蕩，言其心中所想者，就算其所想或有不善，仍為「公」。嵇康分別「公私」與「是非」，以「虛心無措」論君子，看似否定道德，或有鼓勵真小人之嫌，然而其旨在於批判隱情矯飾的偽君子，對於能直言其非者，反而能幫助其改過，此為「善以盡善，非以救非。」嵇康認為，不隱匿私情，能說出自己的過錯，才能真心反省，進而改過。文末舉東漢第五倫為例，論其行為雖然不當，但能坦誠，不以是非之心而隱匿，仍賢於不言者。然其理想的人格典型為：「抱一而無措，則無私無非；兼有二義，乃為絕美耳。」「抱一」即內外一致，「無措」為心無所慮，兩者兼具，即是「任自然」。嵇康所謂的「越名教而任自然」即「越名任心」，[9] 行

---

[9] 嵇康於〈釋私論〉中「越名教而任自然」言君子心中沒有驕矜自人，其後又言「越名任心」而無措於是非，將「自然」與「心」等同，此處從行為實踐的發動之「心」言「自然」。嵇康認為「心」必須不受名教干擾，沒有禮教的約束，所據者為「自然」，此「自然」指情性，是生命的本真狀態，與「名教」相對，此即〈難自然好學論〉中所言：

為以自然之情性為發動，此自然之情無私無欲，意謂心無所罣礙，不計較目的，不在意毀譽。如此一來，才能顯情無措，是為真君子。

從動機分別行為之是非，是〈釋私論〉的關鍵，去除隱匿的私情，便是不以是非存乎心，也就是行為任自然，而非考慮目的，否則就是矯情虛偽。嵇康的理想人格，是體亮心達，以自然為尚，他曾自言「剛腸疾惡，輕肆直言，遇事便發。」（〈與山巨源絕交書〉）不畏強權，仗理直言，是嵇康自我寫照。另外，嵇康告誡子女做人的道理，以立志為先，其言：

> 人無志，非人也。但君子用心，所欲準行，自當量其善者，必擬議而後動。若志之所之，則口與心誓，守死無二，恥躬不逮，期於必濟。（〈家誡〉）

此處雖言立志的重要，但也突顯君子須表裡一致，身體力行，嵇康非常在意言行是否一致，同時也強調任心而行。嵇康「任自然」的主張，有別於王弼以無為本，會通儒道，嵇康更強調「心」的重要，〈釋私論〉言「越名任心」，所任者為「自然」，即不受名教束縛，不以名教之規範為行為準則。表面上嵇康反對名教，實際上更是痛斥虛偽的名教，也因此「體亮心達」之亮達就是他所謂的「通物情」，如此則行為不違於道。嵇康將「心」超拔為獨立運行，不受外物影響牽累，其論樂之「心／聲」二分，即是立基於此，心是主導者，而非外物，故〈聲無哀樂論〉於末段道出「樂之為體，以心為主」，是指以和心賞樂，方能與聲樂會通，此為至人之境。嵇康對公私之別，以及心聲相別的論述，看似針對儒家名教而發，實為在現實裡完成人生的價值實踐。簡言之，嵇康從「任自然」的物我關係，追求身心安頓，達到不為外物所累的「任心」而行。嵇康對於物我關係上承莊子齊物精神，[10] 但

「仁義務於理偽，非養真之要術；廉讓生於爭奪，非自然之所出也。」但是嵇康所言之「自然」並非放任情性，在〈答難養生論〉中已針對向秀「稱情則自然」加以辯駁，嵇康賦予「心」有智思的能力，即心之自然並非聽任生理情感，而是依循天地之理，此理即〈答難養生論〉所言之「順天和以自然，以道德為師友，玩陰陽之變化，得長生之永久，任自然以託身，並天地而不朽。」養生之道在於效法天地自然，此「自然」為天地自身本然的樣子，故嵇康論聲音亦然，其云：「音聲有自然之和，而無係於人情。」（〈聲無哀樂論〉）音聲之別，皆為其本然，與人情無關，故「自然」又有和諧之意，唯事物處於其為自己的狀態，才能和諧自然。是以嵇康將「自然」視為立身處世依循的原理，依「自然」而行，方為其理想的君子。

10 對於嵇康於玄學地位的界定，學界多將嵇康的「越名教任自然」置於反對名教，屬於玄學發展的中期階段，但這樣的思想史觀，亦有許多不同論述，岑溢成從思維方式看待嵇康的論文，〈釋私論〉之「心無措乎是非」直承《莊子・齊物論》的「無」的精神，「在論辯中利用分析以瓦解對方論點的立場，其實都可以說是莊子『齊物論』精神的具體實現和表現。」（岑溢成：〈嵇康的思維方式與魏晉玄學〉，《鵝湖學誌》第 9 期，1992.12，頁 51）岑溢成認為嵇康直承莊子，擺脫何、王貴無論的框架，然而嵇康作論帶有強烈的現實感受，應非只是思維論辨之詭論式的突破，而且莊子的齊物論述固然直指「知」的

又不同於莊子忘心的修養工夫，他開創任心以和的思路，以氣貫通心物，一方面契合莊子之天地一氣，一方面又突出主體的心在物我關係的作用，不論是「越名任心」（〈釋私論〉）或「虛心靜聽」（〈聲無哀樂論〉），都繫於「心」之作用，若然，方能「內不愧心，外不負俗，交不為利，仕不謀祿，鑒乎古今，滌情蕩欲。」（〈卜疑〉）這是嵇康的理想，如大鵬南飛，不為物情所累。

相較嵇康以任心言君子，阮籍更直接發揮莊子思想，形塑出與天地並生，合萬物同體的「大人先生」，藉以寄託其遊仙之志。大人先生批評禮教的虛偽，直指世俗君子假仁假義，卻又競相標榜仁義，同於嵇康譏諷的偽君子，是以大人先生回應自命君子的禮法之士，云：「不通於自然者不足以言道，闇於昭昭者不足與達明，予之謂也。」（〈大人先生傳〉）阮籍抨擊當時社會的種種亂象，士人的虛偽不堪，這些人被私利之心所蒙蔽，無法通達大道，也不能理解「大人先生」之所以為「大人」之意。阮籍作〈達莊論〉闡釋《莊子·齊物論》，文中從宇宙生成的過程，謂：「天地生於自然，萬物生於天地。」而「人生天地之中，體自然之形。」此論不同於老子論萬物由道而生，而是以「自然」生天地萬物，將「自然」視為一個近似創生的實體，賦予「自然」更多的意義，成為玄學中重要的概念。既然天地生於自然，人又生於天地，故宇宙萬物即以自然為一體，阮籍論云：

> 天地合其德，日月順其光。自然一體，則萬物經其常。入謂之幽，出謂之章。一氣盛衰，變化而不傷。……人生天地之中，體自然之形。身者，陰陽之積氣也。性者，五行之正性也。情者，遊魂之變欲也。神者，天地之所以馭者也。以生言之，則物無不壽；推之以死，則物無不夭。自小視之，則萬物莫不小；由大觀之，則萬物莫不大。……故以死生為一貫，是非為一條也。（〈達莊論〉）

阮籍從生成的過程立論，以萬物源於「自然」，提出「自然一體」，並以

種種局限，但是莊子並不似名家只在名實中打轉，而有工夫實踐的進路。另外，謝大寧將嵇康定位為玄學的開創者，認為嵇康將「自然」發展為批判名教的價值，並將老莊之學注入宗教關懷，有別於何、王只是兩漢氣化宇宙論的餘緒。（謝大寧：《歷史的嵇康與玄學的嵇康——從玄學史看嵇康思想的兩個側面》，臺北：文史哲出版社，1997.12）謝大寧重構魏晉玄學，尤其對嵇康的反省確有新意，然而其對「自然」的解釋，以及強化嵇康對道教的信仰，皆有可商榷之處。吳冠宏認為嵇康上承莊子思想，但以「氣」為進路，指出：「莊子與嵇康真正遙契合會之處，乃在氣論的工夫義及境界義上。」（吳冠宏：《走向嵇康——從情之有無到氣通內外》，臺北：國立臺灣大學出版中心，2015.9，頁 147）此一進路對於〈聲無哀樂論〉之聲情分析，能更恰當的詮釋音聲與聆賞者的關係，吳冠宏尚注意到嵇康於〈琴賦〉中突顯「心志」之作用，使「情感—心志—神氣」連繫而成完整的生命體。嵇康的固然嚮往莊子的至人境界，但是對於人世的種種艱難，以及如何能身心兩全，有其實存感受的困惑，此於〈卜疑〉的二十八問中盡顯之。因此嵇康作論，並非僅只於論辯，更企圖於思辯論證中，尋求身心安頓，成就理想的生命。

「氣」之變化顯現萬物之異，然其本源既同，故「萬物一體」。文中還引述化用《莊子》原文，藉以闡述莊子齊物之論，並以「達莊」為篇名。然而，莊子「齊物」的論述，在於破除認知的障蔽，即人類對於事物從自我角度設定標準，將世界形塑為被劃定框架下的樣貌。莊子直指這種認知方式為「成心」，以「小知／大知」的區分，試圖消解人類所制定的時空準則，只有去除我執，消弭自我，才能使事物呈現本來的樣子。而破除認知界限，必經「坐忘」、「心齋」的修養工夫，遺忘自我，方能物我合一。阮籍論「自然一體」在於萬物同源，著重於「氣」之感通，故從生命原始質樸論生死無變，萬物同體，在氣論的基礎上論自然，反對虛假禮教。阮籍看似發揮莊學齊天地、一死生的論點，但是兩者立論不同，形似而實非。[11] 與其說〈達莊論〉闡釋莊子思想，毋寧將其視為批評當時的「縉紳好事之徒」，這些人競逐趨利，「目視色而不顧耳之所聞，耳所聽而不待心之所思，心奔欲而不適性之所安。」只為滿足眼前欲望，貪求名利，見其異而忽視所同，這是大道衰微的時代。阮籍嚮往質樸無華，無非善惡，不爭是非的上古時代，從古今之別，針砭後世施行名教所造成的虛偽現象，遠離自然之理。

〈達莊論〉視「自然」為萬物本源，萬物以自然為一體，阮籍另有〈通易論〉解釋《易經》，此論從「序」論聖人設卦觀象，使天下萬物各得其所，文中之「自然」為天地運行的秩序，〈通易論〉有云：

> 易之為書也，覆燾天地之道，囊括萬物之情。道至而反，事極而改。「反」用應時，「改」用當務。應時，故天下仰其澤；當務，故萬物恃其利。澤施而天下服，此天下之所以順自然，惠生類也。

---

[11] 林家驪指出阮籍〈達莊論〉闡述莊子齊物觀點，但又有所不同。其不同在於「莊子在論述他的齊物論觀點時，過分強調了事物的相對性，淡化甚至泯滅了事物的差異性。」至於阮籍則「認識到了事物之間的整體性和統一性」，「比莊子的認識推進了一步。」（林家驪注釋：《新譯阮籍詩文集》，臺北：三民書局，2001.2，頁169）此說可再商榷，莊子並不強調相對性，阮籍也並沒有比莊子更進一步，兩人所異者在於立論不同，宜辨明之。此外，辛旗認為阮籍繼承王充唯物論的自然觀，藉莊子思想建立自然本體論，「將正始玄學貴無論的本體學說發展為萬物一體的自然論。」（辛旗：《阮籍》，臺北：東大圖書，1996.6，頁 67）此一論斷將玄學發展視為一個線型的過程，或有所局限，阮籍與嵇康固然有重視「自然」的傾向，阮籍尚以創生言「自然」，但未如王弼以「本／末」架構建立連結儒道的體系。嵇阮使用「自然」多是隨文而發，並以之批評名教與禮法之士，未必可以稱其為「自然本體論」。戴璉璋先生認為阮籍在後期思想中的自然觀，其基本義縕與老莊相同，但「在修為工夫上，他不像老莊那樣著重於心的致虛守靜，因此他對人文教化的解除與超越，實際上是憑藉個人的浪漫之情與名士的俊逸之氣，難免有『恣情任性』的缺失。」（戴璉璋：〈阮籍的自然觀〉，《玄智、玄理與文化發展》，臺北：中研院文哲所，2003.6，頁114）阮籍固然於修養工夫未能契合莊子，所言「自然一體」也不同於莊子的「萬物與我為一」，他借莊子「齊物」論萬物一體，但論述基礎在氣論，沒有莊子無心去知的工夫，也沒有莊子超越的進程，憑任情放性為自然之舉。

往復循環，是《易》的卦象顯示之理，此處之「自然」為一種具有穩定的次序的法則，萬物依循這個規則，而人類社會也依此而建立一個尊卑有序，上下和諧的社會。萬物和諧，上下不爭，也見於阮籍〈樂論〉，聖人順萬物之性而作樂，使樂音和諧。阮籍理想的社會，是一個次序分明的型態，因為順應自然，故不相爭，沒有虛假詐偽，祥和有序。然而理想終究是理想，阮籍在面對政治的混亂凶險，為求全生而不得不屈從於司馬氏，這種內外衝突的苦悶，只能從詩歌與飲酒尋求出路，〈達莊論〉中的「先生」，便是其理想的化身，化身於文學的世界之中。

第二節 音聲論

　　關於音樂的起源、形成、形式與作用，是中國思想史一個重要的論題。先秦儒家主張音樂能感染人心，具有移風易俗的功能，故以禮樂教化人民，並且將音樂區分雅俗，關聯政治之興衰。[12] 西漢初年成書的《禮記》，匯集先秦儒家禮學，西漢傳有禮學三家，至東漢鄭玄作注，融合今古文經學，為學界所宗。魏晉時期禮學仍是官學，為學術正統。《禮記》中的〈樂記〉，為儒家樂教思想，為兩漢至魏晉學界對於「樂」的普遍認知，其論「樂」可分三個層次。其一，通過「感應」建立「音」、「聲」、「樂」的生成關係，文云：「凡音之起，由人心生也。人心之動，物使之然也。感於物而動，故形

---

[12] 孔子重視樂教，《論語・秦伯》記孔子云：「興於詩，立於禮，成於樂。」興、立、成，可視為學習的次序，也是詩、禮、樂三者於教化的作用。「樂」之所以「成」，在於其本質為「樂」（快樂），此樂是一種盡善盡美的人格涵養。孔子提倡《韶樂》，云其：「盡美矣，又盡善也。」（《論語・八佾》）音樂不僅僅只是感官享樂，而是美善的統一。徐復觀先生指出「美」屬於藝術範疇，「善」為道德範疇，孔子將藝術的盡美和道德的盡善統一。之所以能統一，在於「樂」與「仁」的本質相通，即「和」。（徐復觀：《中國藝術精神》，臺北：臺灣學生書局，1979.9）荀子發揮孔子樂教的精神，其云：「故樂行而志清，禮脩而行成，耳目聰明，血氣和平，移風易俗，天下皆寧，美善相樂。」（《荀子・樂論》）荀子將禮樂並行，同為引導教化的重要方式，「美善相樂」是禮樂所達到的效果，即快樂是建立於美善。《禮記・樂記》與《荀子・樂論》有大段雷同，此處〈樂記〉少了「禮脩而行成」與「美善相樂」兩句，且本段結尾亦不相同，〈樂論〉強調音樂的引導與美善之效，〈樂記〉則以樂觀德，視樂為德之表現，著重於評判的標準。由於〈樂論〉與〈樂記〉有近七百字的雷同之處，學界多爭論兩者先後，然今本〈樂記〉的思想雖以儒家為主，亦兼取道法之論，其文非成於一人一時，甚至歷經漫長時程，最後於漢初整理完成。此外，《史記・樂書》多同於《禮記・樂記》，司馬遷引述〈樂記〉，表達其重視樂教的功能，尤其是由聲調次序所連繫的社會政治秩序。王禕列舉比較〈樂記〉與〈樂論〉、〈樂書〉的同異，以及引用《詩經》和《易傳》的情形，認為〈樂記〉最初發端於戰國時期的公孫尼子，經諸子增刪，最後定於西漢毛公、劉德，以儒家樂教思想為主要觀點。（王禕：《〈禮記・樂記〉研究論稿》，上海：上海人民出版社，2011.7）

於聲。聲相應,故生變;變成方,謂之音;比音而樂之,及干戚羽旄,謂之樂。」心為外物刺激而有所感,遂發為「聲」;聖人正六律,和五聲,定為「音」;五音通過樂器演奏與舞蹈結合便為「樂」。[13] 其二,音樂既起於人心所感,故能以正樂影響人心,文云:「樂也者,聖人之所樂也,而可以善民心,其感人深,其移風易俗,故先王著其教焉。」以樂教民,能得潛移默化之效。其三,由於人民受樂音影響,故先王依天地之理,五行之常,制定「德音」,「律小大之稱,比終始之序,以象事行。使親疏貴賤、長幼男女之理,皆形見於樂。」聖人作樂,比類天地萬物,故「五音」有其次序,社會秩序依此建立。從音聲的形成,到聖人依天理制定禮樂,行禮樂之治以安定民心,移風易俗,此為儒家樂論的基礎。

樂曲既然由五聲與十二律構成,演奏者並非只是「行樂如儀」的吹奏,而要發揮和諧平靜的樂音。同樣的,聆聽者也不是單純的欣賞,而是能相應於樂音,此即「君子之聽音,非聽其鏗鎗而已也,彼亦有所合之也。」(《禮記‧樂記》)中藉魏文侯與子夏的問答,提出了作樂者、奏樂者、賞樂者三者與樂曲的關係,其目的在於分別「德音」與「溺音」,依此說明樂曲具有感染人心的力量。子夏有言:

> 夫古者,天地順而四時當,民有德而五穀昌,疾疢不作而無妖祥,此之謂大當。然後聖人作為父子君臣,以為紀綱。紀綱既正,天下大定。天下大定,然後正六律,和五聲,弦歌詩頌,此之謂德音,德音之謂樂。……今君之所好者,其溺音乎?(《禮記‧樂記》)

本段說明聖人依天地之道,訂定音律,製作「德音」之樂,以教化人民。而魏文侯所好之為「溺音」,混亂音律,引發人心的淫溺之情。是以,〈樂記〉宣揚「中和」之樂,「樂者,天地之和也。」理想的政治之樂是五音和諧。

---

[13] 「六律」指古樂中十二律的陽律,當基本音確定,依「三分損益法」(《管子‧地員》),即可定出「五音」(宮、商、角、徵、羽),五音間的音程關係固定不變。孟子曰:「師曠之聰,不以六律,不能正五音。」(《孟子‧離婁》)六律為五音的標準,孟子意為國君須有仁心,復依先王制定之禮樂,方能澤被天下。「五音」在先秦至兩漢諸多文獻中亦作「五聲」,「音」與「聲」常混用之。此外,「樂」有時亦與「音」混用之,如《淮南子‧泰族》記師延所奏「北鄙之音」,師曠曰:「此亡國之樂也。」大抵而言,「樂」是「五聲八音總名。」(《說文解字》)近於現代漢語之音樂或樂曲,同時也具有道德與政治意涵。然而《禮記‧樂記》對於「聲」、「音」與「樂」有意的加以區分,除了前述「聲─音─樂」的生成過程,「樂」為正樂、雅樂之名,因其能使民心為「樂」(欣悅),而靡靡之音不得為「樂」,因其使人為哀。子夏回應魏文侯於古今音樂分別之問,云:「今君之所問者樂也,所好者音也!夫樂者,與音相近而不同。」古樂正六律、合五聲,謂之「德音」,稱為「樂」,但今日之音,淫於色而害於德,只能稱為「溺音」,而不得為「樂」。這個分判,即「樂者,通倫理者也。」強調「樂」依聲律次序而定,是人倫道德的表現,故而演奏正樂即順天地之理,能使社會安定有序,起教化之效。

樂音之別，即政治興衰的依據，文云：「治世之音安以樂，其政和。亂世之音怨以怒，其政乖。亡國之音哀以思，其民困。」音樂是否「和」，即為儒家論樂的標準，「正樂」為和，當統治者行德政，其樂出自仁心，和順安祥，民心化之為善，反之則社會失序，終將亡國。

　　儒家樂論對於「聲」、「音」與「樂」的分別，是從音樂的教化功能立論，雖然也有樂理之區分，但其目決定了對音樂的認知。若從一首樂曲的基礎「聲」（音高）而言，各個聲音只有高低頻律的不同，由「聲」組合成「音」（音階）以及「律」（調式）時，便出現不同的宮調，近於西方音律的大調與小調，調式的不同，對於聆賞者的心理造成不同的情緒反應。[14] 由不同的調式譜成的「樂」（樂曲），具有傳達情緒的感染力。然而音樂與人類的關係，近代西方音樂美學就形式與內容有所爭議，嵇康所論看似與「形式主義」（Formalism）相近，將音樂視為聲音組合，不涉及人的欲望目的，純粹的形式美感。[15] 這種比較僅為參照，因為西方音樂美學與哲學關係密切，問

---

[14] 西方樂理對於音程的不同分為「大調」（Major）與「小調」（Minor），一般認為大調能傳達快樂，小調則表現悲傷。然而這個分別卻不盡然適用於各種樂曲，而且會隨著音樂風潮而有所變化，音樂心理學家大衛·赫倫（David Huron）以及馬修·戴維斯（Matthew Davies）抽樣 150 年間的樂曲，進行聲音學的分析，發現小調與抑鬱情緒連結在一起的可能原因，在於小調旋律中各個音之間的起伏比較小，使得小調易於引發悲傷的情緒反應。然而大調與快節奏，小調與慢節奏的連結，在十九世紀出現明顯變化，這個變化與古典主義到浪漫主義有所關聯。（Katelyn Horn and David Huron, *On the Changing Use of the Major and Minor Modes 1750–1900*, Society for Music Theory, Volume 21, Number 1, 2015.3）然而音樂與聆賞者的心理情緒反應，不僅只有聲調，物理學者約翰·包威爾（John Powell）認為小調比大調音程相對複雜，而且在音高頻率的相對關係比較不諧和，所以能表達複雜哀傷的情感。這種聲音的高低頻率、快慢節奏，以及音量大小，能引發相應的情緒，與生理機制有關，也與個人記憶、社會文化等因素相關聯。（約翰·包威爾：《好音樂的科學 II》（Why You Love Music），柴婉玲譯，臺北：大寫出版社，2018.4）人類聽到聲音或音樂，會引發生理、心理反應，就目前生物學與心理學的研究，兩者確實有著緊密關聯，然而其過程機制複雜，涉及因素繁多，仍有許多待解之謎。

[15] 十九世紀奧地利音樂美學家漢斯利克（Eduard Hanslick）提出「音樂內容就是樂音的運動形式」，音樂的美在於音樂本身，與內容和情感無關。（漢斯利克：《論音樂美——音樂美學的修改芻議》，陳慧珊譯，臺北：世界文物出版社，1997.11）張節末認為嵇康對於音樂的真與美，所論與漢斯利克近似，都強調音樂的客觀運動性，但是嵇康還認為音樂能產生良善的道德影響，此又不同之。（張節末：《嵇康美學》，杭州：浙江人民出版社，1994.12）張蕙慧亦從西方音樂美學評論嵇康，認為以形式美感而言，提升了音樂的獨立性，並深入討論審美心理。然而張蕙慧就音樂表現情感的論述角度，批判嵇康「故意迴避了音樂是人的精神創造這一事實，而將自然聲響與人為的音樂混為一談，也將自然美與藝術美混淆了。」「大前提一錯，當然整個理論就不容易站得住腳了。」（張蕙慧：《嵇康音樂美學思想探究》，臺北：文津出版社，1999.1，頁 230）嵇康反省傳統樂論，將音樂與情感分離僅是立論基礎，其目的在於超越主客對立，批評只能滿足感官的音樂，追求和諧無私的理想音樂，若不及於此，便無法深入嵇康所論。

題意識與理論皆為西方哲學史關於形上學的反省而起，嵇康面對魏晉時期的社會環境，其批判與反省是關於儒道，乃至玄學的思路，若以西方哲學的標準評論，只能得出嵇康所論雖呈現音樂的客觀性與形式美，卻不夠透徹，認識不足的結論。[16] 又或者從審美主體論嵇康的音樂美學，以及從老莊道論言嵇康之樂論，為達到道的本體。[17] 這些論述都試著解讀嵇康的樂論，可見得〈聲無哀樂論〉的重要性不僅只是反對儒家樂論，而是深入思辨音樂的性質，反省音樂與人的關係，雖然嵇康的立論仍據老莊思想，但並非簡單的引述，而能融會前人並創發之。

嵇康作〈聲無哀樂論〉，藉秦客與東野主人的八次問答，對儒家的音樂理論進行反省論辯，學界一般認為秦客為儒家，東野主人為道家，文中論難便是儒道對立。[18] 只是這樣理解可能稍嫌簡化，反而對論文中的論述形成局限，而無法解釋東野主人的回答中似乎又有贊同儒家之處。秦客的確站在儒家樂論的立場提出問難，東野主人則力陳「心／聲」之別，提出「心之與聲，明為二物」的心、聲二分之論，申述哀樂於心，而音聲為平和自然，並

---

[16] 牟宗三先生稱嵇康的〈聲無哀樂論〉為「純美的和聲當身之論」，「意在表示和聲純美之客觀性，將哀樂剝下來歸之於主觀之情。……在美學上為客觀主義，其境界甚高。」（牟宗三：《才性與玄理》，臺北：臺灣學生書局，1993 修訂八版，頁 266-267）牟先生將嵇康所論視為「客觀主義」，但又以此為標準批評「其辨論多不堅強，其詞語亦多不一律。」（前引書，頁 355）牟先生從客觀主義讚譽嵇康具有哲學心靈，但又僅為皮毛，未能精透，然而嵇康著論本不在於建立哲學體系，而且以西方哲學衡量之，似有未宜。

[17] 謝大寧認為嵇康理解的音樂美感，其理論來自玄理，而非音樂，因此嵇康的樂論實為追求回 歸主體的自在自足境界，美的本質是返迴本真的自己，而非樂理中的自然規律。「無聲之樂不是一個客觀義上純然律動之和諧，而是直接繫屬於主體，由主體之自足無待這一價值實踐而反顯之樂的境界。」（謝大寧：《歷史的嵇康與玄學的嵇康──從玄學史看嵇康思想的兩個側面》，臺北：文史哲出版社，1997.12，頁 206）謝大寧設定玄理與樂理是矛盾的，此說有待商榷，而且從主體自足解釋音樂之和，似乎由聆聽者主導與音樂的關係，但這可能正嵇康想破除的。至於將嵇康樂論的根源定為玄理，確實是理解嵇康思想的途徑。徐麗真也認為「嵇康的『和聲無象』，正是肇基於老莊和王弼『大音希聲』、『無聲之樂』的思想，以為音樂美的本源，是在於超形質、無具體規定性的精神本體。」（徐麗真：《嵇康的音樂美學》，臺北：華泰文化，1997.3，頁 39）嵇康雖以音聲起於天地自然，但並不如老子以道為創生之原，也不似王弼之體用架構，其論「聲音以平和為體」，指平和是聲音的基礎，而非本體或主體。嵇康追求的「大和」，實為去主體的境界，音樂無主體，聆聽者亦無主體，他理想中的音樂是「無聲之樂」，聆聽者則無心以聽之，音樂與人在無主體的狀態下才能和諧為一。

[18] 〈聲無哀樂論〉的問難文體，容易理解為相對的立場，即秦客為儒家，東野主人為嵇康的化身，代表道家。曾春海採折衷的立場，認為嵇康出入儒道，然而對於音樂創作與欣賞的觀點過於狹隘，抹殺樂曲中的情感因素，這是嵇康樂論的不足處。（曾春海：《嵇康》，臺北：輔仁大學出版社，1994.8，頁 179-189）嵇康精通音律，應非不明樂理，〈聲無哀樂論〉看似論樂，實為論政，倒是曾文提出嵇康作論的目的，為了對抗當權者將音樂作為政治的工具，或許才是嵇康以「聲無哀樂」為論題的原因。

無哀樂之情，心之哀樂不在於聲，同樣也不受聲的影響。嵇康有意突出「聲」之重要性，提出「聲」並無哀樂的情緒，並作為〈聲無哀樂論〉的題名，文中也不斷申述之。他針對儒家樂論中「聲—音—樂」的創生次序，反溯為自然之「聲」，以「聲」統「音」、「樂」，擺脫人為加諸於音樂的功能與目的，追求在音樂中達到自然純淨的美感境界。只是，嵇康看似反對儒家樂論，其實他更嚮往一個表裡合一的世界，從其對於「公／私」之別的思考，可以明白嵇康反對的是虛假的名教，他提出「無聲之樂」的理想，意指君王應行「無為之治」，〈聲無哀樂論〉一文，看似論「聲」之樂論，實為論政之文。嵇康精通音律，善於彈琴，對於音樂的認知與感受，深有領會。就因為嵇康對音樂的鍾情，於音樂認知甚深，難以忍受音樂成為政治的工具，因此作〈聲無哀樂論〉，寫下心中的理想音樂。一如篇名所示，嵇康將哀樂自「聲」分離而出，使音樂還原為「聲」的基本元素，這個還原的論證思路，即為擺脫名教與人為的虛偽，追求聲音的「自然之和」，更試圖將演奏與聆賞音樂自儒家的功能性目的抽出，消除音樂中承載的倫理與教化。人與音樂在自然狀態下交融和諧，演奏者自若，聆賞者自得。

　　〈聲無哀樂論〉與儒家樂論最大的差異，在於「聲」之由來，儒家認為聲由心感於外物而發，聲音起於人心，於是音樂便能感染人心。嵇康卻將「聲」視為天地自然，不帶有情感，〈聲無哀樂論〉的第一次問答，可視為本文總綱，秦客提出兩個問題，一是「治世之音」與「亡國之音」有別，前者「安以樂」，後者「哀以思」，政治之治亂於音樂中可見其欣樂與悲哀。二是舉孔子聞韶與季札聽弦兩例，指出兩人能從樂曲中感受音樂之美，甚至能辨別不同樂曲的地域與風格，可見樂曲帶有情感，方能聆聽而感受之。這兩個提問，都是儒家的樂論，東野主人回應云：

> 音聲之作，其猶臭味在於天地之間。其善與不善，雖遭遇濁亂，其體自若，而不變也。豈以愛憎易操，哀樂改度哉？及宮商集[比]，聲音克諧，此人心至願，情欲之所鍾。古人知情不可恣，欲不可極，因其所用，每為之節。使哀不至傷，樂不至淫。因事與名，物有其號。哭謂之哀，歌謂之樂，斯其大較也。然樂云樂云，鐘鼓云乎哉？哀云哀云，哭泣云乎哉？因茲而言，玉帛非禮敬之實，歌[哭]非悲哀之主也。……夫哀心藏於內，遇和聲而後發；和聲無象，而哀心有主。夫以有主之哀心，因乎無象之和聲，其所覺悟，唯哀而已。豈復知吹萬不同，而使其自己哉。風俗之流，遂成其政。是故國史明政教之得失，審國風之盛衰，吟詠情性以諷其上。故曰：亡國之音哀以思也。夫喜怒哀樂愛憎慙懼，凡此八者，生民所以接物傳情，區別有屬，而不可溢者也。……由此言之，則外內殊用，彼我異名。聲音自當以善惡為主，則無關於哀樂。哀樂自當以情感[而後發]，則無係於聲音。

東野主人的論辯以「心／聲」二分為基礎，首先，強調「音聲」（律）雖有「善」與「不善」，即音高與調式不同，但歷時不變，也不因演奏者不同而有別。其次，聞樂而生哀樂之情者，在於聆聽時心中的情感，並非樂曲所致，並舉聽聞不同地域的音樂，聞者不一定有相同反應為例證。復次，治世與亡國之音有別，是後世國史採集記錄所致。最後，孔子與季札能聽音辨聲，前者是歎韶樂之完美，而非以聲知虞舜之德，後者則從不同詩篇的內容觀政，不必然是單憑聽聲而識。這些辯駁，運用實例、類比與反詰等方法論證，皆為歸結出「聲音」無關乎哀樂。文中類比嗅之香臭與味之甘苦，後文以酒為例，說明食物自有其味，然飲者的喜好則屬個人情感，兩者不同。其第二次的答難云：「夫五色有好醜，五聲有善惡，此物之自然也。至於愛與不愛，人情之變，統物之理，唯止於此。」此處區分「物之性」與「人之情」兩者不同，透過這個類比，說明食物各有其味，品嚐者能辨別之，但引發的喜好與情緒反應則為各人心中所感，與食物無關。嵇康如此立論，如〈答難養生論〉所云：「夫不慮而欲，性之動也；識而後感，智之用也。」思處理智，是理性；欲望情感，為感性。前者能識事物特性，後者則顯現哀樂之情，此為「情／理」二分。是以，「物之自然」同於「音聲有自然之和」，皆是強調事物（音聲）各自有其本然之貌，而事物不必因人為而改變，也不因人之聆賞有變化，此為物之性。至於各國之國風有所區別，甚至有治世之音與亡國之音的不同，都是不同樂曲之「性」，古之國史為明政教得失，以諷其上，故以別之。此為第八次問答所言：「國史採風俗之盛衰，寄之樂工，宣之管弦，使『言之者無罪，聞之者足以誡』。此又為先王用樂之意。」國風有別，能影響人心，就有教化之功。然而嵇康指出這是先王用樂之意，樂本無用，當賦予音樂教化的功能時，已非嵇康先中的「至樂」，而是世道衰弊時的不得已。

嵇康反覆申述「心之與聲，明為二物」，將音樂與人心二分，是就音樂的獨立性立論，但嵇康並不反對音樂對人的影響，除了上文所言之理性分辨，還有生理的反應，〈聲無哀樂論〉第五次答云：

> 蓋以聲音有大小，故動人有猛靜也。琴瑟之體，[間]遼而音埤，變希而聲清，以埤音御希變，不虛心靜聽，則不盡清和之極。是以[體]靜而心閒也。夫曲用不同，亦猶殊器之音耳。……然皆以單複高埤善惡為體，而人情以躁靜專散為應。……此為聲音之體，盡於舒疾；情之應聲，亦止於躁靜耳。夫曲用每殊，而情之處，變猶滋味異美，而口輒識之也。五味萬殊，而大同於美；曲變雖眾，亦大同於和。美有甘，和有樂；然隨曲之情，盡於和域；應美之口，絕於甘境。安得哀樂於其間哉？然人情不同，自師所解，則發其所懷。若言平和哀樂正等，則無所先發，故終得躁靜。若有所發，則是有主於內，不為平和也。以此言之，躁靜者，聲之功也；哀樂者，情之主也。不可見聲有

> 躁靜之應，因謂哀樂皆由聲音也。……由是言之，聲音以平和為體，而感物無常；心志以所俟為主，應感而發。然則聲之與心，殊途異軌，不相經緯，焉得染太和於歡感，綴虛名於哀樂哉？

不同樂器發出不同聲音，依宮調曲式演奏出不同樂曲，具有「單複高埤善惡」之別，而聆賞者有「躁靜專散」之反應。「躁靜」不同於「哀樂」，前者是激動或平靜的反應，而後者為快樂或悲傷的情緒。「躁靜」是否為情緒，論者所見或有不一，[19] 至少嵇康於文中清楚陳述「躁靜」與「哀樂」不同，而且聲音能引發的是「躁靜」，而非「哀樂」，從聲音之「單複高埤」與樂器之樂音而言，意為音色、音高、音調與節奏，所引發賞樂者的「躁靜」反應，指身體相應的律動，是生理的表現，而非心理的情感。身體對音樂產生感應，此為氣之通感，人情應之，若得樂平和之樂，還可安養神氣。至於情緒由心所主宰，雖然賞樂者或有哀樂情緒，但這是出自個人心境，並非受到音樂引發。簡言之，嵇康認為音聲只能引發身體的煩躁或平靜的反應，卻不能產生快樂或悲傷的情緒。

音樂引發聆聽者的反應在於「躁靜」而非「哀樂」，這是〈聲無哀樂論〉中重要的論述，嵇康著意於「心／聲」二分，也清楚說明人對聲音有所反應，之所以標舉「躁靜」，其意為聆聽時需放下「心」，不以成心，更不以感官聽之。此論源自《莊子·人間世》，莊子藉仲尼論曰：

> 若一志，無聽之以耳而聽之以心，無聽之以心而聽之以氣。聽止於耳，心止於符。氣也者，虛而待物者也。唯道集虛。虛者，心齋也。

聆聽的「耳—心—氣」，是莊子論述生命境界，以及修道進程的三個階段，「心齋」的工夫為「虛」，是為無心之忘，當無心之時，便進入氣之感通。不以耳目，超越心志，歸返元氣，此亦為莊子以「人籟—地籟—天籟」所分

---

[19] 學界多以「躁靜」為情緒，如張蕙慧云：「所謂躁靜就是情緒波動，只是心理在量方面的變化。」（張蕙慧：《嵇康音樂美學思想探究》，臺北：文津出版社，1999.1，頁89）將躁靜視為情緒，難以解釋嵇康為何分別「躁靜」與「哀樂」，吳冠宏認為應從「氣之感應」理解躁靜，即「使主客體離於哀樂之『情』，卻於躁靜之『氣』處相即，進而會通於『和域』。」（吳冠宏：《魏晉玄義與聲論新探》，臺北：里仁書局，2006.3，頁207）吳冠宏依其建構的三層聲情關係理解〈聲無哀樂論〉，在第三層的聲情關係是互為主客，而心在與氣相應的「躁靜」活動中相即，以「破」、「立」、「合」闡釋嵇康聲論。然而嵇康將聲與人的感應名為「躁靜」，的確以「氣」為相應的連結，但這個相應是將「心」排除在外的。「聲」與「心」是「殊途異軌」，二不相應，全文反覆申述之，故人之應聲為形體（生理）的反應，是氣的感通。至於「心」主宰形神，若聽聲時有哀樂的情緒，是主觀情感的釋放，不是音樂的影響，也不是音樂的性質，而當聆樂者虛心以聽聲，方能「盡清和之極」，達到「體靜而心閑也」。

別之聲音境界。[20] 嵇康承襲莊子思想，並引入兩漢氣論，以「氣」為孕育萬物的根本，也是人與聲相應的連結。〈明膽論〉云：「夫元氣陶鑠，眾生稟焉。」萬物稟受元氣而成，而聲音也是如此，身體與音樂的相應，為「氣」之感通。當聆賞者不以心聽之，才能超越對聲音的認知，從而破除對聲音的限定，此即嵇康所言：「不虛心靜聽，則不盡清和之極。」聽者無心，則音樂對身心也從「氣」而深入影響，〈琴賦〉序言記嵇康愛好音樂，言音樂對其影響為：「可以導養神氣，宣和情志，處窮獨而不悶者，莫近於音聲也。」音樂可以養氣，尤其是「神氣」。嵇康論養生為形神兼養，承繼兩漢氣論，因此音樂於養生的作用，從生理進入心理。〈琴賦〉尚云：「性潔靜以端理，含至德之和平，誠可以感盪心志，而發洩幽情矣。」此處所言之琴聲可以感動心靈，同於〈聲無哀樂論〉之賞樂者的心境有別而有不同反應，這個感動不是情緒，而是境界的昇華。嵇康強調聆賞者必須提昇欣賞的能力，才能相應於平和幽遠的琴音。〈聲無哀樂論〉中的「虛心靜聽」，是聽者以無心聽之，而〈琴賦〉謂「導養神氣」，則為無心聽之的作用，此時音樂與人進入通達和諧的境界，可謂莊子之「天籟」。在這個狀態中，人與聲，乃至萬物，皆和諧自然，此為嵇康「任自然」的精神所在。

　　由於音樂能引起氣之相應，因此〈聲無哀樂論〉末段論辯「移風易俗」，方是嵇康此論的核心所在。秦客問難「移風易俗，莫善於樂」，此兩句出自《孝經》，《荀子・篇論》與《禮記・樂記》亦皆有此論，謂先王以樂為教，在於其可以「善民心」、「感人深」，故能移風易俗。東野主人的回答，雖然肯定「移風易俗，莫善於樂」，但是引發「移風易俗」的原因，與秦客不同。秦客依儒家樂論，認為音樂起於心之所感，故音樂能感動人心，而東野主人從自然論樂，故以為美好和諧的音樂能引發人民相應，相應的關鍵在「氣」，能使萬物和諧。嵇康還進將「樂」區分為「無聲之樂」、「太和之樂」與「婬靡之樂」，並從古今分別「移風易俗」的差異，藉以陳述其理想

---

[20] 戴璉璋先生認為嵇康所論音聲之和，同於莊子的「天籟」，並可比擬「心齋」的修為歷程，分為三個層面，「聽之以耳」為感覺；「聽之以心」為感興；「聽之以氣」則是感悟，賞聆聽者提升至感悟次，「則和樂與和心經由和氣會通為一，個體生命也經由和氣、和樂與宇宙生命會通為一。」（戴璉璋：《玄智、玄理與文化發展》，臺北：中研院文哲所，2003.6，頁 194）蕭馳則從藝術發展，認為嵇康藉論樂體悟莊學「心齋」，藉養生契入莊子的「天樂」，在傳統樂論的「感物」說之外，提出抒情藝術超越哀樂，「開啟了莊學的內在超越境界。」（蕭馳：《玄智與詩興》，臺北：聯經出版社，2011.8，頁216）嵇康發揮莊學，結合於文學、音樂與養生，從莊學的境界層次理解嵇康，確能闡釋其論的核心主旨。羅宗強認為嵇康追求的人生境界受到莊子啟發，進而把莊子的哲學思維人間化，「莊子的純哲理的人生境界，從此變成了具體的真實的人生。」嵇康是詩化莊子的第一人。（羅宗強：《玄學與魏晉士人心態》，臺北：文史哲出版社，1992.11，頁 118）除了藝術境界的追求，嵇康在〈聲無哀樂論〉中，藉由音樂移風易俗的討論，展示了一個「無聲之樂」的樂教型態，是其心中的理想政治藍圖。

的政治藍圖。其云：

> 夫言移風易俗者，必承衰弊之後也。古之王者，承天理物，必崇簡易
> 之教，御無為之治。君靜於上，臣順於下；玄化潛通，天人交泰。枯
> 槁之類，浸育靈液，六合之內，沐浴鴻流，蕩滌塵垢；羣生安逸，自
> 求多福。黙然從道，懷忠抱義，而不覺其所以然也。和心足於內，和
> 氣見於外；故歌以敘志，儛以宣情。然後文之以采章，照之以風雅，
> 播之以八音，感之以太和；導其神氣，養而就之；迎其情性，致而明
> 之；使心與理相順，[氣]與聲相應，合乎會通，以濟其美。故凱樂之
> 情，見於金石；含弘光大，顯於音聲也。……故曰：移風易俗，莫善
> 於樂。樂之為體，以心為主。故無聲之樂，民之父母也。至八音會
> 諧，人之所悅，亦總謂之樂。然風俗移易，不在此也。夫音聲和
> [比]，人情所不能已者也。是以古人知情之不可放，故抑其所遁；知
> 欲之不可絕，故因其所自。為可奉之禮，制可導之樂。口不盡味，樂
> 不極音；揆終始之宜，度賢愚之中，為之檢則，使遠近同風，用而不
> 竭，亦所以結忠信，著不遷也，故鄉校庠塾亦隨之變。……若夫鄭
> 聲，是音聲之至妙。妙音感人，猶美色惑志，耽槃荒酒，易以喪業。
> 自非至人，孰能 [御]之？先王恐天下流而不反，故具其八音，不瀆其
> 聲，絕其大和，不窮其變。捐窈窕之聲，使樂而不淫。猶大羹不和，
> 不極勺藥之味也。若流俗淺近，則聲不足悅，又非所歡也。若上失其
> 道，國喪其紀，男女奔隨，婬荒無度，則風以此變，俗以好成。尚其
> 所志，則羣能肆之；樂其所習，則何以誅之？託於和聲，配而長之，
> 誠動於言，心感於和，風俗一成，因而名之。然所名之聲，無[中]於
> 邪也。婬之與正同乎心，雅鄭之體，亦足以觀矣。

東野主人先界定「移風易俗」是「承衰弊之後」，故上古之時的「樂」是
「無聲之樂」，統治者行「簡易之教」、「無為之治」，人民安逸，無所約束，
也毋需約束，這是嵇康理想的政治型態。統治者無私，施政以無為自然，群
生安逸，人民能「黙然從道」。音樂對人民的影響，在於平和之氣，上下感
通，萬物和諧。不同儒家樂論以教化心志，嵇康所言之樂教，是「無聲之
樂」，以不教為教。其後先王制「可奉之禮」與「可導之樂」，透過學校教
育，使君民依禮樂而行，進退有節，此樂平和，八音會諧，可謂「太和之
樂」。至於鄭國音樂為人民所好，以其美妙，如同美色、美酒，易惑人心，
此為「婬靡之樂」。故先王為節制人民的欲望，以「太和之樂」教化之。「無
聲之樂」呼應「聽之以氣」，「太和之樂」則是「聽之以心」，至於「婬靡之
樂」則是「聽之以耳」。古之王者行簡易之教，無為之治，其時的音樂出於
天人交泰，沒有目的，百姓也「不覺其所以然」，是以音樂「使心與理相
順，氣與聲相應；合乎會通，以濟其美。」在自然和諧的狀態下，「心與
理」、「氣與聲」是相應且相通的。文末還強調國君若失其道，則民風便受其

影響，仍是要求國君的施政，必須寬和無為。本段肯定音樂能移風易俗，並非與前文矛盾，而是前文強調心與聲不同，再以此為基礎論述情感起於心而非聲音，然而人情對於聲音有所反應，能辨別樂曲的美惡，因之情感有所欲求，故先王制作「太和之樂」以引導人民。嵇康雖然在末段並未直接反對儒家樂教，但他肯定音樂能「移風易俗」，在氣不在心，更重要的是上古「無聲之樂」，方是其心中的理想境界。

嵇康肯定音樂能移風易俗，因為人能辨別美醜，對於樂曲有所喜好。然而嵇康對於樂教之「樂」，提出「無聲之樂」的型態，藉儒家樂論，闡明其「任自然」的理想。「無聲之樂」出自於《禮記・孔子閒居》，孔子對子夏論述「禮樂之原」，以「五至」、「三無」說明聖王如何為「民之父母」，文曰：

> 孔子曰：「無聲之樂，無體之禮，無服之喪，此之謂三無。」子夏曰：「三無既得略而聞之矣，敢問何詩近之？」孔子曰：「『夙夜其命宥密』，無聲之樂也。『威儀逮逮，不可選也』，無體之禮也。『凡民有喪，匍匐救之』，無服之喪也。」

孔子引《詩經・周頌・昊天有成命》說明「無聲之樂」，統治者心中有人民，不待人民發聲，於心中能與之和鳴，其意為憂民之憂，樂民之樂。聖王致五至，行三無，能達於禮樂之原。本章尚論「五起」與「三無私」，闡釋先王之德，與民同心。孔子之說與老子的「大音希聲」不同，也有別於莊子言「道」為「聽之無聲」（《莊子・知北遊》）。老莊從超越感官層次論述道，莊子更以「天籟」描述「大音」的境界，無待而自然，是消弭物我界線的無待之聲，天籟並非一般的聲音，因為地籟、人籟還得依賴風與孔竅才能發聲。至於孔子所言的「無聲之樂」，意指「禮樂之原」，仍是〈樂記〉所說的「凡音者，生於人心者也；樂者，通倫理者也。」音聲起於人心，故聖人依倫理作樂，所謂「無聲之樂」指民心，亦為統治者之仁心，音樂起於心之所動，故君王與民同樂，以寬容之政安民，其精神仍在於禮樂教化。嵇康雖引用《禮記》之「無聲之樂」，但是於內涵有所轉移，藉由闡釋古之王者所行之「簡易」、「無為」之治，百姓自求多福，不覺其所以然，此時的音樂舞蹈皆出於自然，「樂之為體，以心為主」，即音樂為發於自然，人心平和，故歌舞之。嵇康所論的「無聲之樂」，引自孔子之說，卻又融入老子的無為之治，國君「承天理物」，依自然施政，音樂由心與理相順而生，和諧平靜，這是嵇康的理想。至於先王制禮作樂，將音樂區分雅鄭，已是世衰道微，為有聲之樂了。

〈聲無哀樂論〉將聲音與心靈二分，立論「聲無哀樂」，否定音樂具有情感。東野主人在前七次與秦客問答中使用「樂」字，幾乎皆指「哀樂」之「樂」，而非「音樂」之「樂」，至於「音樂」之「樂」只用第三問提及「至樂」，以及末段論述樂教。「至樂」是聖人所作，「舜命夔擊石拊石，八音克

諧，神人以和，以此言之至樂。」嵇康理想中的「至樂」是天地神人和諧共存，和諧至美的樂音中沒有哀樂情感，也不受情感干擾。嵇康如此立論，為使音樂從情感的依附與寄託中獨立而出，藉以呈現一個沒有人情世故的理想世界，甚至以「無聲之樂」超越有聲之樂，既是超越感官，便沒有情感於音樂中。本論看似針對儒家樂論，實則為嵇康闡發其理想音樂，以及所嚮往的政治型態，在「無聲之樂」中，名教合於自然，而成大道之隆，太平之業。

相較嵇康的〈聲無哀樂課〉，阮籍作〈樂論〉，不但肯定音樂的教化功能，還強調禮樂刑教四者相輔，政教一體。看似阮籍以儒家立場作論，學界一般認為是阮籍早年之作，猶有濟世之志，[21] 然細究本論，阮籍對音樂由來的論述不同於儒家，近於兩漢氣化宇宙論，此立論基礎的不同，突顯阮籍對於移風易俗的理想，在於「任自然」，並且將孔子聞《韶》三樂不知肉味，解釋為「至樂」中和，使人無欲，強調音樂以和諧為正，也隱含其理想的聖人能無私無欲，而且刑賞不用。阮籍〈樂論〉首段闡釋音樂之源，為全文之旨，文曰：

> 夫樂者，天地之體，萬物之性也。合其體，得其性，則和；離其體，失其性，則乖。昔者聖人之作樂也，將以順天地之性，成物之性也，故定天地八方之音，以迎陰陽八風之聲，均黃鐘中和之律，開群生萬物之情。故律呂協則陰陽和，音聲適而萬物類，男女不易其所，君臣不犯其位，四海同其觀，九州一其節。奏之圜丘而天神下降，奏之方岳而地祇上。天地合其德，則萬物合其生，刑賞不用，而民自安矣。乾坤易簡，故雅樂不煩；道德平淡，故五聲無味。不煩則陰陽自通，無味則百物自樂，日遷善成化而不自知，風俗移易而同於是樂。此自然之道，樂之所始也。

本段論述聖人依天地之體與萬物之性作樂，其意為音樂合於萬物運行之理，即依陰陽八風之道，而成音律，此說承自先秦至兩漢的陰陽五行宇宙觀，從自然之道論五音十二律。此說與《禮記‧樂記》言音樂起於人倫不同，〈樂記〉著重於音樂與人心、倫理的連結，是儒家樂教的基礎，所以音樂的教化作用，在於「樂由中出」，音樂能感動人心，使人發自內心依禮而行。至於阮籍言音樂之始為「自然之道」，音樂與天地運行同理，因此音樂之教化只能以和諧規律的演出，引導人民行為合宜。最理想的情境是先王之時，樂音與萬物協和，百姓亦同於自然，故刑賞不用。這個描述也可視為阮籍理想的政治型態，此時之樂為「五聲無味」，近似於嵇康所言「無聲之樂」，天地合

---

[21] 如林家驪謂「文中雖然加入了一些道家哲學的概念，其思想傾向仍未脫傳統儒家的樊籬，當是作者早年的作品。」（林家驪注釋：《新譯阮籍詩文集》，臺北：三民書局，2001.2，頁 85）

德，萬物合生，音樂對百姓的教化是不教之教，人民受音樂影響而不自知。

阮籍從古今之異，論樂教之變化，後世背離先王樂教，產生淫靡之樂，致使社會混亂。然而聖王制樂依天地之理，與淫聲只為滿足感官不同，阮籍分別先王雅樂與後世淫曲，前者之精神為和諧喜樂，後者則為欲求哀傷，並批評「以哀為樂」是末世之樂。這樣的分別，突顯世衰道微，聖人之樂具有移風易俗的功能，可矯正靡靡之音喪人心志，此說可對照嵇康於〈聲無哀樂論〉末段對於樂教論曰：「夫言移風易俗者，必承衰弊之後也。」嵇康分別古今，讚頌先王之樂，古時的「無聲之樂」為先王「承天理物」所定，萬物和諧，自然不亂。阮籍論聖人作樂，亦是「順天地之體，成萬物之性」，樂之始為自然，簡而不繁，平和從容。至於後世淫聲之起，必須節制，阮籍對此有所發揮，〈樂論〉強調樂教的治世與教化功能，還特別將音樂與舞蹈結合，謂：「聖人之為進退俯仰之容也，將以屈形體，服心意，便所修，安所事也。歌詠詩曲，將以宣平和，著不逮也。鐘鼓所以節耳，羽旄所以制目，聽之者不傾，視之者不衰；耳目不傾不衰，則風俗移易，故移風易俗，莫善於樂也。」音樂與舞蹈相結合，為儒家樂教傳統，阮籍於此處強調耳目與身體同時浸潤於樂舞中，方能體會聖王之教。此外，阮籍還論及音樂與禮刑相配合，其云：「刑教一體，禮樂外內也。刑弛則教不獨行，禮廢則樂無所立。」此說亦承《禮記·樂記》之「禮樂刑政，其極一也。」將樂教與刑政結合，已是漢初混合儒家與法家的治理方式，由此可見阮籍〈樂論〉承〈樂記〉而論，卻並不全同於〈樂記〉，在音樂之源，以及理想音樂與政治的論述，突顯「任自然」的精神，阮籍〈樂論〉與嵇康〈聲無哀樂論〉在這個層面是相近的。只是〈樂論〉更強調音樂教化與「移風易俗」的功能，不似〈聲無哀樂論〉論述哀樂情感與音樂的關係，而嵇康只將「移風易俗」置於世衰道微的末世而論，雖不否定樂教，但更重視聲音的本質。嵇康與阮籍對聲音與音樂的論述，是儒道關係的一個論題，也是對於理想與現實如何調合的思索。

第三節 養生論

魏晉之際的政治局勢凶險，士人面對理想與現實衝突的兩難，不論如何折衝，最終仍得歸結於切身的生命與死亡。非生即死，非死即生，生死一線，沒有模糊的灰色空間。嵇康儘管因誣陷而身死，然其留下關於養生議題的論文，仍可見其對全生的渴望。他主張生命可以保養，保養之法為清淨無欲，平息生理感官對外物的追求，發揮其身心一致的自然觀。當身心泯除與外物的連結與感應，近於音聲的無哀樂情感，生命能自然延續，就得以「無為自得，體妙心玄」。（〈養生論〉）嵇康對於養生議題，主張神仙不可學而

致，但是可學養生之法，延年益壽。嵇康作〈養生論〉，向秀難之而作〈難養生論〉，嵇康又辯駁，並重申其論，故有〈答難養生論〉，嵇康與向秀爭論的焦點，在於對「自然」的看法不同，兩人都同意養生可得，只是對於如何保養有所爭議，可見得當時士人對養生議題的不同觀點。

嵇康於〈養生論〉首段，明確申述兩個論點，其一，神仙必有之，只是神仙「特受異氣，稟之自然，非積學所能致。」其二，生命可以保養，長壽延年之法可學，只是「世皆不精，故莫能得之。」嵇康認為神仙有之，因為典籍有所記錄，只是從元氣生成論而言，當生命成形之時，是否稟受神仙之氣，已然決定，因此無法由後天學習而成為神仙。能否成仙，關鍵在於先天稟氣，嵇康如此主張，上承兩漢氣論，[22] 其後的葛洪也明確指出神仙稟異氣，只是葛洪認為若相信有神仙者，己具神仙之氣，只要後天修煉得法，便能成仙。葛洪有實際的煉丹經驗，並建立神仙理論，嵇康則從養生的角度，提出生命觀，藉以抒發對當時縱欲失理，內外交相累的慨歎。嵇康雖然明言神仙非積學能致，仍嚮往長生，也實踐養生方法，[23] 在嵇康心中，如果真能成仙，脫離世俗的羈絆，應是其內心深藏的渴望。

嵇康明言生命由形神組成，因此養生必須形神並重，透過適當的修煉方式使生命延長。〈養生論〉有云：

> 是以君子知形恃神以立，神須形以存，悟生理之易失，知一過之害生。故修性以保神，安心以全身，愛憎不棲於情，憂喜不留於意，泊然無感，而體氣和平。又呼吸吐納，服食養身，使形神相親，表裡俱濟也。

形神關係是相互依存的，意謂缺一不可。因此從消極的一面而言，傷心則害身，害身則損心；從積極的角度言，養身能安心，安心則保身。心神與身形既然相互影響，因此養生之旨在於形神兼養。養形之法有呼吸吐納，服食辟穀；養神的方法則為淡泊無感，體氣平和。嵇康提到的養生方法，承自兩漢神仙方術，並結合老子少私寡欲，以及莊子不為外物所累的修養心性理論，得以「全身」，並進而延年益壽。嵇康還批評時人不明養生之理，沈溺於感官之欲，不加以節制，也不懂節制之法，希望養生卻不明其法，或講究速成，或半途而廢。嵇康指出世人之頑冥，可見其眼中的世衰道微，眾人違逆

---

[22] 戴璉璋先生認為嵇康養生思想的基礎為漢人的氣化宇宙論。（戴璉璋：《玄智、玄理與文化發展》，臺北：中央研究院中國文哲研究所，2003.6，頁 136-137）

[23] 嵇康〈與山巨源絕交書〉云：「聞道士遺言，餌朮黃精，令人久壽，意甚信之。」此言或為嵇康不願出仕之藉口，然其兄嵇喜為其傳云：「長而好老莊之業，恬靜無欲。性好服食，常採御上藥。」可見嵇康應有實行服食等養生術。

自然而莫知之。

向秀反駁嵇康之論，尤其著意於對「自然」的理解，他認為順應情性，滿足感官之欲，才是自然之道，而非加以節制。換言之，向秀把「自然」釋為情欲，著重於生物的本能需求，生理所求為自然，故節欲違反自然。向秀作〈難養生論〉闡釋「自然」云：

> 有生則有情，稱情則自然。若絕而外之，則與無生同。何貴於有生哉？且夫嗜欲，好榮惡辱，好逸惡勞，皆生於自然。……夫人含五行而生，口思五味，目思五色，感而思室，飢而求食，自然之理也。但當節之以禮耳。……且生為樂，以恩愛相接。天理人倫，燕婉娛心，榮華悅志。服饗滋味，以宣五情。納御聲色，以達情性。此天理自然，人之所宜，三王所不易也。

自然之理，是生理需求，向秀申述「自然」為天理，因此生命需依循天理，若導引節制情性，便是違反天理。但是向秀也並未因此而走上縱欲之路，而有言：「當節之以禮耳」，但畢竟全文皆闡釋因任情性的自然之道，僅此一句，未有申述，亦非本文重心。至於所謂「稱情則自然」，則與其注《莊子》之適性逍遙相同，強調萬物自生，各任其性為自然。[24] 然而〈難養生論〉雖針對〈養生論〉而發，僅著重於自然之生命不需阻絕其欲，集中論述感官之欲，至於〈養生論〉所言之形神兼養，並無著墨，僅言「生為樂」，其意為滿足生理之欲，便會感到快樂，這就是生命之所以為生命的關鍵。並順此說，論述節欲無樂，背情失性，追求長生反而離親棄歡，適得其反。

嵇康再作〈答難養生論〉，針對向秀的駁難，逐一辯之，尤其是向秀將順欲視為自然，嵇康則否定之，認為順適情欲，將加速生命的枯竭。他說：「夫嗜欲雖出於人，而非道之正。」所謂之「正道」，即情欲有所節制，不

---

[24] 向秀曾注《莊子》，《世說新語‧文學》記向秀之前注莊者數十家，向秀注精妙，其後為郭象所竊，故向郭之注同為一義。若此說可採，則今日所見《莊子注》中之「適性」，可參證向秀於〈難養生論〉之說，李豐楙先生即認為向秀以節養適性為旨趣，其天理自然之說，與莊注適性自然之旨者符協。（李豐楙：〈嵇康養生思想之研究〉，《靜宜文理學報》第二期，1979.6，頁 37-66）曾春海則認為「向秀較偏於儒家立場，嵇康養形說較傾向於道家態度。」（曾春海：《嵇康》，臺北：輔仁大學出版社，1994.8，頁 122）向秀與嵇康最大的不同在於對「自然」的理解，也由此而延伸至處理「自然」與「名教」的關係，若言兩人之別在於偏向儒道之分，易生誤解。向秀從生物本能之聲色欲望言「自然」，還將功名富貴盡皆納入，如此一來，便將「自然」擴大解釋，使得滿足「自然」，與「名教」並不衝突，都是稱情盡性。嵇康則主張節欲以保神，若不節制欲望便會被外物役使，非為自然。兩人對「自然」不同的解釋，也反映在是否出任的抉擇，嵇康拒不應辟，向秀則於嵇康被誅後入洛為官，司馬昭以此調侃，向秀回應：「以為巢、許狷介之士，未達堯心，豈足多慕。」（《晉書‧向秀傳》）雖說向秀為求自保，不得不出此言，但也可見得不同於嵇康之處。

被外在事物引誘。於是嵇康再提出人有理性思維，能控制欲望，其云：「夫不慮而欲，性之動也；識而後感，智之用也。性動者，遇物而當，足則無餘。智用者，從感而求，倦而不已。故世之所患，禍之所由，常在於智用，不在於性動。」「性動者」與「智用者」相對，前者依生理本能行事，後者則以理智思慮控制欲望，世人的問題在於見識不明，縱欲而害生，有智者才能恬淡心靜，寡欲平靜，不受外物牽累。嵇康論養生仍是「任自然」，但其「自然」並非情欲，而是無私無欲，超越情感哀樂的平和無欲之境界，此境界為「至樂」，不同於世人滿足感官之「俗樂」，其云：

> 以大和為至樂，則榮華不足顧也；以恬澹為至味，則酒色不足欽也。苟得意有地，俗之所樂，皆糞土耳，何足戀哉？……此皆無主於內，借外物以樂之；外物雖豐，哀亦備矣。有主於中，以內樂外；雖無鐘鼓，樂已具矣。故得志者，非軒冕也；有至樂者，非充屈也。得失無累之耳。……然則[無]樂豈非至樂耶？故順天和以自然，以道德為師友，玩陰陽之變化，得長生之永久，任自然以託身，並天地而不朽者，孰享之哉？

「任自然」方得託其身，而「自然」是不以外物為累，即感官之欲若藉外物而樂，便受制於物。只有樂於心中，才是「至樂」，至樂無樂，否則便是「俗樂」，嵇康直斥為糞土，此處呼應其論音樂之境界，至美之音樂無哀樂之情，平靜和諧，而俗人喜好之音樂只為滿足耳目，使人縱欲墮落。是以嵇康於〈答難養生論〉末段言養生五難，其中一難便是「聲色不去」。嵇康以大和（無樂）為至樂，以恬澹（無味）為至味，超越感官的束縛，擺脫世俗禮教的約束，得以「任自然」而保養身心，為其養生之道。

阮籍並沒有關於養生的專論，然而從其詩文與生平，可見得他的苦悶與焦慮，不僅是對現實困境的煩憂，對世事無常與生命流逝亦多感慨，〈詠懷詩〉三十三云：「但恐須臾間，魂氣隨風飄。終身履薄冰，誰知我心焦。」這種愁苦終其一生，故以飲酒服食宣洩之，亦寄情於詩文與彈琴，甚至藉放浪形骸，不拘禮教，反抗明知無法突破的網羅。他在〈達莊論〉言「至人」：「恬於生而靜於死。生恬則情不惑，死靜則神不離，故能與陰陽化而不易，從天地變而不移。」至人恬生靜死，不以生死為慮，這是阮籍的理想，在〈大人生先傳〉更描述曰：「至人無宅，天地為客；至人無主，天地為所；至人無事，天地為故；無是非之別，無善惡之異，故天下被其澤而萬物所以熾也。」至人無心，無所措其是非，與天地為一體。現實所未竟者，阮籍於詩文抒發其理想。

小結

　　竹林七賢為魏晉名士立下典範，嵇康歿後，諸人星散，時局已惡化至明哲保身而不可得。嵇康被誅，與嵇康交遊的向秀應辟入仕，答司馬昭之問：「聞有箕山之志，何以在此？」秀曰：「以為巢許狷介之士，未達堯心，豈足多慕。」（《晉書・向秀傳》）向秀被迫任官，應司馬昭之問，充滿深刻的無奈，以及身不由己的悲涼。向秀離開京城赴任途中，繞道嵇康故居，時值冬日黃昏，孤宅尚存，人事已非，此時聞笛聲，更顯悲涼，作〈思舊賦〉，文云：

> 悼嵇生之永辭兮，顧日影而彈琴。託運遇於領會兮，寄餘命於寸陰。
> 聽鳴笛之慷慨兮，妙聲絕而復尋。停駕言其將邁兮，故援翰以寫心。

琴聲已逝，其人不還。如今聞笛憶琴，更增淒涼。向秀悼嵇康，也是悲歎己身，不唯求生不得，而是求死不能。向秀注莊，於生死當有所領會，然而撫今追昔，不勝唏噓。這是當時名士的寫照，唯有明白當時政局環境的限制，才能深入士人對於理想與現實衝突的無可奈何。

　　嵇康和阮籍著論以釋玄理，更從言行實踐玄學自然之理，發揮老莊精神，在混亂的濁世中，為真性情留下一片園地。後世對於兩人均有極高評價，但是嵇康以身殉道，阮籍卻求全於世，似又有高下之別，南朝沈約作〈七賢論〉云：

> 嵇生是上智之人，值無妄之日，神才高傑，故為世道所莫容。風邈挺特，蔭映於天下，言理吐論，一時所莫能參。……嵇審於此時，非自免之運。若登朝進仕，映邁當時，則受禍之速，過於旋踵。自非霓裳羽帶，無用自全。故始以餌求黃精，終於假塗託化。阮公才器宏廣，亦非衰世所容。但容貌風神，不及叔夜，求免世難，如為有塗。若率其恆儀，同物俯仰，邁群獨秀，亦不為二馬所安。故毀行廢禮，以穢其德，崎嶇人世，僅然後全。[25]

此論以容止神氣論人，為魏晉品評士人所據，嵇康阮籍皆才氣縱橫，為當世所宗，然阮籍「容貌風神」不及嵇康，此不及之處，更在於嵇康因名聲太大，難為當世所容，而阮籍雖也使司馬氏不安，但以自穢其行而免禍。此論不免有些倒果為因，但反映南朝時期對兩人的評價，後人多隨之。然而若從兩人詩文細究，嵇康有求仙養生之舉，仍希望能免禍求生，而阮籍以飲酒廢

---

[25] 本文見《嵇康集校注》，前引書，頁628。

禮而求免於世，或得莊子之意，於人世不得已之中，狂放以求全生。相較於嵇康的「一死了之」，阮籍的苦悶，只能深蘊於詩文中。

後人多將嵇康視為反對名教的代表，尤其是他的不仕，不屈服治者，標舉「越名教而任自然」，成為魏晉玄學中的精神象徵。嵇康的氣質與人格，確實使竹林成為一個理想的意象，後世文人的精神所寄，從嵇康的文論中，可見其展示出一幅會通儒道的理想圖像，嵇康是站在「存異」的理解上，達到「求同」的和諧，掃除已然變質的名教後，在「任自然」中，人的身心能表裡一致，與萬物和諧共存。至於阮籍則在出世與入世之間力求平衡，他明白世道難行，渴望出世悠遊，如其〈詠懷詩〉其七十六云：「吹噓誰以益？江湖相捐忘。」詩句引《莊子・大宗師》之「相濡以沫」寓言，希望能與人事相忘於江湖，希望愈強烈，意謂現實愈苦悶。儘管希望與失望相伴，阮籍仍活出自己，活出狂狷的人格形象，活出永恆的「大人先生」。

第十九章 適性逍遙的玄冥之境——郭象

　　西晉時期，最受注目的名士，非郭象莫屬。郭象少有才學，深契老莊，兼之言辭清雅，如懸河瀉水，時人譽之為「王弼之亞」。[1] 這樣一位才氣縱橫的名士，卻有兩事遭人議論，甚至令人所不齒。第一事為郭象早年不就辟召，然而其後出任司徒掾、黃門侍郎，晚年出任東海王司馬越之太傅主簿，《晉書》本傳言其「任職當權」，甚至連庾敳都譏諷郭象「自是當世大才」，將之前稱讚的話收回，頗有識人不明之慨。[2] 郭象從閒居到出仕，此中轉變或有不得已之因，為全身避禍而不得不然，至於任官的弄權，也可能是當時政敵的批評。不論郭象為官是否出於自願，從其注《莊子》中不斷強調的「適性」之說，或可一窺郭象的心理。亂世之中，士人各有應對之行誼，此中最為關鍵者，便在於如何於出處進退間取得平衡，而這個平衡，必須以理論支撐。郭象於《莊子》的注文，建構一套完整的調合「自然」與「名教」之論，其注《莊子》不僅是詮釋莊子思想，更藉由注莊子為當時士人提供安身立命之道。

　　至於郭象還有為人詬病者，在於其注《莊子》被直指剽竊向秀注文，此

---

[1] 語出《世說新語·文學》注引《文士傳》曰：「象字子玄，河南人。少有才理，慕道好學，託志老莊。時人咸以為王弼之亞。」王弼是天才型的名士，在西晉人的眼中是玄學的領導者，郭象被視為王弼第二，是很高的評價。《世說新語·賞譽》有兩則記載，其一：「郭子玄有儁才，能言老莊。庾敳嘗稱之，每曰：『郭子玄何必減庾子嵩！』」庾敳出身名門，對郭象之才情深表歎服。其二：「王太尉云：『郭子玄語議如懸河瀉水，注而不竭。』」王衍贊歎郭象的口才。透過這些稱譽，可知郭象在當時已聲名顯赫。

[2] 《晉書·郭象傳》記：「東海王越引為太傅主簿，甚見親委，遂任職當權，熏灼內外，由是素論去之。」文中的「熏灼內外」，批評郭象倚仗權勢，此前對他的好評都看走了眼，此說應緣自庾敳，《世說新語·賞譽》注引《名士傳》曰：「郭象字子玄，自黃門郎為太傅主簿，任事用勢，傾動一府。敳謂象曰：『卿自是當世大才，我疇昔之意，都已盡矣！』其伏理推心，皆此類也。」庾敳曾引郭象為同道中人，但又表達悔意並批評之。時值八王之亂末期，社會經歷長達十六年的動盪，西晉氣數已盡，庾敳亦任職於東海王，然常袖手旁觀，以求潛身遠禍，甚至聚斂財富，為人所譏。庾敳自有其處世之法，是以對郭象著意於官場不以為然。另外，鎮領青州的苟晞上書彈劾東海王，亦批評「主簿郭象等操弄天權，刑賞由己。」（《晉書·苟晞傳》）此處所言的郭象專權跋扈，形象不佳，有論者認為這是不同陣營的攻詰，未足採信。（許抗生等著，《魏晉玄學史》，西安：陝西師範大學出版社，1989.7，頁 307）莊耀郎認為文獻不足徵，但從郭象注莊，以及王隱《晉書》所引〈論嵇紹〉佚文，評郭象「出仕任職是一種隨事變、應世用之心，在亂世中，郭象既不採取退隱，也不噤聲或媚主，依然是直道而行，直道而言。」（莊耀郎：《郭象玄學》，臺北：里仁書局，1998.3，頁 6）關於郭象出仕的動機，以及任官是否擅權，仍有許多爭議，然郭象面對時局的動盪與壓力，相較正始時期尤有過之，生命的艱難，是為人生的不得已。

事之爭議出於《世說新語・文學》的記載，原文云：

> 初，注《莊子》者數十家，莫能究其旨要。向秀於舊注外為解義，妙析奇致，大暢玄風。唯〈秋水〉、〈至樂〉二篇未竟而秀卒。秀子幼，義遂零落，然猶有別本。郭象者，為人薄行，有俊才。見秀義不傳於世，遂竊以為己注。乃自注〈秋水〉、〈至樂〉二篇，又易〈馬蹄〉一篇，其餘眾篇，或定點文句而已。後秀義別本出，故今有向、郭二莊，其義一也。

這個記載直指郭象將向秀注文「竊以為己注」，還標明向秀注文尚餘〈秋水〉、〈至樂〉未完，郭象僅注此兩篇，又更動〈馬蹄〉注文，其餘全是抄襲，並以此事判郭象「為人薄行」。《晉書》郭象本傳幾乎全錄《世說新語》，使得後世學者，多持此論。然而南朝劉孝標注《世說新語》本段，引《向秀別傳》說明向秀將注《莊子》之事告知好友嵇康、呂安，兩人本來表示《莊子》不可注，但書成之後，兩人深表歎服，康曰：「爾故復勝不？」安則驚曰：「莊周不死矣！」此事為《晉書》向秀本傳所錄，並謂：「惠帝之世，郭象又述而廣之，儒墨之迹見鄙，道家之言遂盛焉。」向秀是否完成《莊子注》，此事有二說，而且郭象使用向秀的注文，是竊為己用，還是述而廣之，又有異說。清代學者多疑竊取之說有誤，蓋向秀與郭象注文有別，從東晉至隋唐均兩注並行，也各有著錄，郭象並非只是抄襲而已。除了文獻所見兩注有別，湯一介先生還從思想觀點比對，指出郭象與向秀有兩大論點不同，其一為對「內聖外王」的看法不同，向秀將「名教」包含於「自然」，郭象則主張「聖人遊外以弘內」，名教與自然無別。其二則是對萬物生成的解釋不同，向秀雖言萬物自化，但仍生化之本為不生不化者，即有一個生化萬物的根本；郭象則全然否定有一生化萬物者，以「自生」、「獨化」言萬物的「自然」。[3] 郭象雖承襲向秀的注文，但在其基礎上加以發展，完成郭

---

[3] 湯一介先生指出在〈莊子序〉中，郭象說明在這部注中包含兩個重要思想，一是「明內聖外王之道」，二是「上知造物無物，下知有物之自造」。這兩點是郭象所關心者，「前者是郭象對社會問題的總看法，或者說是解決『自然』與『名教』關係的總命題；後者是他對於宇宙的總看法，或者說是解決『有』和『無』關係的根本思想。」（湯一介：《郭象》，臺北：東大圖書，1999.1，頁 18）湯先生藉此說明今存向秀注文在這個問題中，與郭象看法不合，說明郭象並非竊用向秀，而是對於向秀的注文有所取捨，依自己的思想體系加以調整。余敦康也同意此說，認為郭象思想的核心在於反對有生於無的「獨化」論，「這個獨化的思想體系是向秀所無而郭象卓然成家的主要根據，因而《莊子注》的真正作者應該是郭象而不是向秀。」（余敦康：〈郭象〉，《中國古代著名哲學家評傳》第二卷（兩漢魏晉南北朝部份），方立天、余首奎編，濟南；齊魯書社，1980.11，頁 261）近代學界對《莊子注》的作者仍持續討論，如林聰舜便認為郭象抄襲向秀而有所增刪，尤其是基本義理相同，並無所別，亦故名之為「向郭注」。（林聰舜：《向郭莊學之研究》，臺北：文史哲出版社，1981.12，頁 11-27）康中乾考察這抄襲公案應起自唐末，關鍵在於向秀注本遺失所致，因為在唐初還可見到向秀、郭象兩個注本。

象自成體系的論述，使成今日所見之《莊子注》。

　　郭象編定《莊子》文句篇章，並為之作注，理應闡釋莊子思想，然而郭象對於「逍遙」、「無為」以及「內聖外王」的解釋，明顯不同於莊子，藉由注解《莊子》闡釋自己的思想，是以後人固然稱讚郭象，但又認為是莊子注郭象，而非郭象注莊子，如明代郭良翰認為《莊子》難解，眾多注家卻不明莊子之旨，「於是世始盡詘諸子，孤行郭子玄之說。昔之人至謂非郭注莊，乃莊注郭。」[4]「注莊」為闡發莊子之意，「莊注」則是藉莊子以申己意，雖然郭注為人所推崇，但已是自為之辭。由於郭象注文與莊子思想出入甚大，前賢多已指明，但又不廢郭注，顯然郭象對於莊子的詮釋仍有可參考之處。就郭象注文而言，明確可見與《莊子》不同之處，郭象天資聰穎，才氣縱橫，理應能理解莊子，因此郭象藉注莊創造自成體系的郭象莊學，自有其深意。如果從西晉中朝時期的社會環境，或許可以同情地理解郭象為何如此，他的注文融通自然與名教，為士人在出處進退的難題中尋得一個理論的出口。[5]當郭象重新建構出一個身處廟堂，其心無異於山林中的「聖人」形象時，突破身心二分，將莊子超越死生而遊於方外的理想，轉換為內外相冥的獨化之論，於是出仕便成為順應天理自然，只要「無心」，隱居可也，為官亦可。郭象此說化解了「名教」與「自然」對立，不似本末架構仍有本末之別，而以跡冥消融名教與自然，仕隱已無所別。

　　郭象對莊子思想進行開創性的詮釋，固然有其不得不然，另從其使用「寄言出意」的詮釋方法，則以莊子之說「解開」《莊子》文句中的意義連結，自由地說解出他想呈現的莊子思想。《莊子・外物》開啟「得意忘言」的言意之辨，在魏晉玄學中成為論辯的議題與詮釋方法，王弼便以「得意忘言」為其注《老子》、《周易》的方法，郭象則以「寄言出意」說明注《莊子》的方法，其於〈山木〉末段注云：

　　（康中乾：《從莊子到郭象——《莊子》與《莊子注》比較研究》，北京：人民出版社，2013.6，頁 31）康中乾整理這個爭論的始末與各家說法，然而向、郭兩人皆有注本，並不能證明無抄錄引用，但是可以確定郭注有同於向注之處，但是郭象開展向秀注本之自然本性，進而發展為融會儒道的玄學體系，是其能自成一家，影響後世之所在。

[4] [明]郭良翰：《南華經薈解・南華經薈解說》，收入嚴靈峯編輯：《無求備齋莊子集成初編》第 13 冊（臺北：藝文印書館，1972），頁 17-19。

[5] 西晉時期，名教與自然的對立趨於激烈，出現崇有與貴無論的爭議，此爭議使中朝名士陷於理想與價值的兩難。盧國龍認為郭象的理論，從兩個方面解除中朝名士對於人生的困惑，其一是從事物的差異言名教為自然之跡，當各適其性，自得於所以跡之玄冥之境，自然與名教同一；其二是從命運之無常言自然，在性分命定中順任之，因無所求而得逍遙。（盧國龍：《郭象評傳——理性的薔薇》，南寧：廣西教育出版社，1996.8，頁125-134）郭象對於莊子思想的開創性詮釋，在於深刻的實存感，從現實的險惡艱難中體會而得。

> 夫莊子推平於天下，故每寄言以出意，乃毀仲尼，賤老聃，上掊擊乎
> 三皇，下痛病其一身也。[6]

注文言莊子論事以「寄言出意」，其詆毀聖人之言，乃寄言之，非為其本
意，而莊子之意為「推平於天下」。郭象既然將莊子之文定位為「寄言」，則
闡明莊子之「意」便是其注文，至於如何確定郭象所言就是莊意，在「出
意」的方法下實已消弭了這個問題，甚至更極端的說，任何注莊者所言皆是
莊意。[7] 王弼著重於「得意」之「本」，以「言」為「末」；郭象則以「言」
為寄託旨意之處，既然將意寄於言，則對於「意」的解釋，便可自由為之。
如此一來，郭象對於莊子思想可以有所發揮，也能藉著「出意」將名教納
入，達成調和儒道的目的。[8] 郭象的注解雖然具有目的性，但運用了莊子自
陳之忘言方法，也運用莊子之術語於注文中，使認同者以為郭象真的說出了
文字之外的意義，於是郭象的注解成為理解莊子思想途徑，雖然這個途徑可
能根本到不了莊子思想的家園。郭象於《莊子·逍遙遊》第一個注解便云：

> 鵬鯤之實，吾所未詳也。夫莊子之大意，在乎逍遙遊放，無為而自
> 得，故極小大之致，以明性分之適。達觀之士，宜要其會歸而遺其所
> 寄，不足事事曲與生說。自不害其弘旨，皆可略之耳。

本注文指出《莊子》文中的一些名詞事物是莊子思想所寄，不必字字作注，
亦毋須強加解釋，只要把握莊子大意即可。至於何謂「莊子大意」，文中總
結為「逍遙」、「無為」，郭象並釋之為「極小大之致」、「明性分之適」。分辨
小大，以及物各有性，是郭象詮釋莊子的基本思路，在此基礎上，以「適」
為工夫，能安適於自性，便可達逍遙之境。這個說解與莊子所言「逍遙」之
變化超越並不相同，但是郭象在適性逍遙的論述中，引入萬物自生獨化的解

---

[6] 引文據《南華真經注疏》，[晉]郭象注；[唐]成玄英疏；曹礎基、黃蘭發點校，北京：中
華書局，1998.7，頁 399。以下所引郭象注文皆同，不另作註。

[7] 「寄言出意」可以說是郭象注莊的方法，也可以視為是郭象為自己的論述與莊子文意有
所出入的辯解。如劉孝敢便說：「『寄言出意』本來是郭象對《莊子》原文風格的一種定
義或描述，是為了彌縫自己的『注釋』與《莊子》原文明顯不合的一種托辭。與其說
『寄言出意』是郭象的方法，不如說是郭象自覺本人思想與莊子原文不一致時的托辭或
辯解之方。」（劉笑敢：《詮釋與定向：中國哲學研究方法之探究》，北京：商務印書
館，2009.3，頁 199）

[8] 湯一介認為郭象用「寄言出意」調和儒道，並分為三個步驟，其一為撇開莊子原意，肯
定名教；其二在形式上肯定周孔名教，但實質上發揮老莊自然；其三則合名教於自然，
齊一儒道。（湯一介：《郭象》，臺北：東大圖書，1999.1，頁 95-103）「寄言出意」是郭
象調和儒道的方法，然而未必如湯先生分別之「正—反—合」三個辯證次序，就「寄」
與「出」的對比而言，仁義禮法，語言文字皆為「迹」，如同萬物之性分，各據性分，
不滯於迹。

釋，消除創生之源，故萬物以其自性而自生，謂之自然。至於聖人倡議之仁義，為聖人所寄言耳，是為其迹，迹不可執，為迹者亦不可執，任性自然而無跡，便達玄冥之境，自然與名教為一。以下便依此脈絡申述郭象的莊學。

第一節 自生獨化

老子以道生萬物，萬物為有，有生於無，「無」是創生萬物的根源，也是道體不同於萬物而能成為創生者的理由。莊子亦承此論，並以氣之聚散言物之生成，「人之生，氣之聚也」（《莊子・知北遊》）萬物亦由氣聚而成形。莊子此論經兩漢氣化論的發揮，成為魏晉時人看待生命之源，以及萬物所成之理。王弼將老子的生成論，開展為「以無為本」的論述，雖未著重於氣論，仍有萬物由氣而生之說。[9] 萬物不論是由「道」、「無」或是「氣」所生，都明確指出有一個創生的根源，然而郭象否定這個創生的源頭與過程，他的理論依據在於無不能生有，因此不存在一個生成萬物的「無」，於是萬物只能「自生」，此自生即是「自然」，又名「天然」，其注云：

> 夫天籟者，豈復別有一物哉！即眾竅比竹之屬，接乎有生之類，會而共成一天耳。無既無矣，則不能生有。有之未生，又不能為生。然則生生者誰哉？塊然而自生耳。自生耳，非我生也。我既不能物，物亦不能生我，則我自然矣。自己而然，則謂之天然。……故天者，萬物之總名也。莫適為天，誰主役物乎？故物各自生而無所出焉，此天道也。（〈齊物論〉，「夫萬不同，而使其自己也。」句下注）

這段注文說明「天籟」是所有孔竅比竹發出聲音的共名，而「天」是萬物的總名，從名稱之別名與共名，將天地人連結在一起。莊子原本以「天籟」、「地籟」與「人籟」之分別，突顯是否有所依憑而發聲，因此層遞至「天籟」的無待，超越依賴風吹的「地籟」與絲竹之「人籟」，進入「無聲」之境，這是莊子理想的人生境界，無所依憑便無所限。郭象的注解則以名稱化解莊子所言層次之別，再以「自生」說明聲音之所由，將「使其自己」釋為自己就能發出聲音，並且發出屬於自己的聲音。郭象論證萬物自生，其一，無不能生有，因為空無不能生出任何東西；其二，有也不能生有，因為有還沒生出來，也不能是生萬物的根源。基於這個兩個前提，只能得出萬物自生的結論，這裡已清楚顯示郭象取消了老莊道論中的創生根源，將「無」的意

---

[9] 王弼注《老子》四十二章云：「萬物之生，吾知其主，雖有萬形，沖氣一焉。」發揮《老子》敘述萬物生成的過程，將「沖氣」解為造物者以氣生成萬物之形，以氣而言，萬物一焉。

涵縮限為沒有東西的空無，既然「無」是什麼都沒有，就不能生有，只能是物自生了。注文中言「塊然而自生耳」，「塊然」出自《莊子‧大宗師》之「塊然獨以其形立」，此「塊然」描繪列子修道有成，孑然無情之貌，而郭象注文引之為描述自生的狀態，強調自己生長。此外，《莊子‧齊物論》中南郭子綦答顏成子游之問，言：「夫大塊噫氣，其名為風。」郭象於此句注云：

> 大塊者，無物也。夫噫氣者，豈有物哉？氣塊然而自噫耳！物之生也，莫不塊然而自生，則塊然之體大矣，故遂以大塊為名。

此段注文直接指明「大塊」並非實存體，沒有吐氣為風的發動者，是萬物自己發出氣息。莊子所言之「大塊」為風的源頭，以「噫」之動作賦予形象的描述，雖然此處未明言是造物者，但已有創生者的意味。[10] 然而郭象否定了「大塊」的實體意，以及創生的作用，將「大塊」釋為萬物自生的全體總名，不同於莊子的文意與思路。

　　「自生」一詞，莊子亦用之，《莊子‧在宥》有一則寓言，雲將遇鴻蒙，請教為政之道，鴻蒙回答：「汝徒處無為，而物自化。」以及「無問其名，無闚其情，物固自生。」此處之「自生」、「自化」，指統治者不以一己之私為政，行無為之政，不言之教，而人民便得以自在生活，萬物自然生長，此「自生」與「自化」是描述統治者無為，人民與萬物的狀態。郭象沒有對於這兩句有太多申述，僅於第二句注云：「闚問則失其自生也。」看似順原文而注，但是郭象對於這個寓言所示治國之「天道」，又顯見郭象不同於莊子以無為論政，而以君臣各司其職解釋，此為其各適其性的論點。[11] 同

---

[10] 莊子另於〈大宗師〉使用「大塊」，其云：「夫大塊載我以形，勞我以生，佚我以老，息我以死。故善吾生者，乃所以善吾死也。」此為子來將死時所說，「大塊」是承載生命與死亡的源頭，這個寓言中子來的好友子輿生病，其言：「偉哉夫造物者，將以予為此拘拘也。」亦可證「大塊」有造物者的意思。郭象除了將「大塊」釋為萬物之總名，另於「罔兩問景」的寓言中闡釋萬物「自生」、「自造」，其云：「世或謂罔兩待景，景待形，形待造物者。請問夫造物者有邪？無邪？無也胡能造物哉！有也則不足以物眾形。故明眾形之自物，而後始可與言造物耳！是以涉有物之域，雖復罔兩，未有不獨化於玄冥者也。故造物者無主，而物各自造。物各自造而無所待焉，此天地之正也。」（〈齊物論〉，「惡識所以不然」句下注）郭象在這段注文自設問答，質疑「造物者」的存在，值得注意的是，他不但否定造物者，也不同意以「無」或「有」做為萬物源頭，完全取消造物者。至於罔兩和影子這些似無獨立實體者，郭象也將之歸於有物，為自造自生，也就是所有世間萬物，皆為自造，故無所待。

[11] 本則寓言結尾之「天道之與人道也，相去遠矣。」郭象注云：「君任無為而委百官，百官有所司而君不與焉。二者俱以不為而自得，則君道逸，臣道勞，勞逸之際，不可同日而論之也。」此言君王委任百官，使各司其職，則君王無為。這個君臣分工的說法，在郭象注文中多見，如「各司其任，則上下咸得，而無為之理至矣。」（〈天道〉，「上與下同

於〈在宥〉之寓言，莊子藉廣成子言修身之「至道」，其中有一語曰：「至道之精，窈窈冥冥；至道之極，昏昏默默。」郭象注云：

> 窈冥昏默，皆了無也。夫莊老之所以屢稱無者，何哉？明生物者無物，而物自生耳。自生者，非為生也，又何有為於已生乎！

莊子原文論述「至道」，描述「至道之精」與「至道之極」的昏冥狀態，此為修道者與天地合一，達於長生之境。郭象卻藉以論述「生物者無物」，否定有「生物者」，故物自生，甚至進一步否定「自生」之「生」，因為「自生」已無「生」之目的，不需要生，故郭象直言「非為生也」，即「不生之生」。「不生之生」見其注〈大宗師〉，文云：

> 無也，豈能生神哉！不神鬼帝，而鬼帝自神，斯乃不神之神也。不生天地，而天地自生，斯乃不生之生也。

莊子原文描述「道」是個超越感官的存在，也先於天地，並生天地，其言「自本自根，夫有天地，自古以固存。神鬼神帝，生天生地。」郭象則於此句下之注文，不但否定有個創生萬物的源頭，還把創生的過程，甚至是「生」之一事也同時否定，也就是「生」必有對象，有因果，有目的，既然無生，其「自生」只能是「不生」。「自生」不僅否定「無生有」，也取消「有生有」，[12] 換言之，「自生」看似自己生自己，然郭象之意為萬物的存在是自己本然的生命型態，不由他者創造，故「自生」之「生」更具有生活、生命、生存的意涵，即生命自己本然的生存狀態。郭象置換「生」的意義，將「道生一」、「有生於無」的創生與生成，轉而成為「自生」之生命與生存，也於此言自然，至於天然、塊然等語詞，「天」與「塊」只是總名，是範疇，而無實體義。郭象取消老莊的創生論，以「不生之生」的「自生」，取代「道生萬物」，在此基礎上，將「生」還原為萬物自體的「生命」，故而生命的死生變化，只是個體依生理的不同狀態，此即「獨化」。

　　郭象以「獨化」強調「自生」的狀態，突顯個體與獨立性，依此而呈現萬物的差異性。莊子從破除自我的成見還原事物本然的樣貌，其目的在解開

道則不主」句下注）因此國君應善於識人與用人，「故善用人者，使能方者為方，能圓者為圓，各任其所能，人安其性，不責萬民以工倕之巧。」（〈胠篋〉，「大巧若拙」句下注）使百官各當其職，是郭象論性各有分，各適其性的發揮。值得注意的是，所引三例之莊子原文，前人已疑為衍文，尤其是前兩例之意為黃老思想，與莊子不符，郭象整理莊子原文，並未刪去這幾段文句，並為之作注，似乎郭象有意為之，借以成為他自己的理論。

[12] 郭象對於老莊所言創生的「無」，概以虛無、空無視之，其云：「此所以明有之不能為有而自有耳，非謂無能為有也。若無能為有，何謂無乎！」（〈庚桑楚〉，「必出乎無有」句下注）此論見諸多處注文。

「知」的局限，去除自我中心，才能在無心的狀態與天地萬物同體。與莊子相較，郭象看似同樣消除事物的對立，但是他從個體自生，萬物獨化，藉以說解事物彼此互不影響，彼此無待。對於「生」的詮釋，可舉〈知北遊〉一段注解觀之，原文與注文如下：

> **仲尼曰：「已矣，未應矣！不以生生死，**夫死者獨化而死耳，非夫生者生此死也。**不以死死生。**生者亦獨化而生耳。**死生有待耶？**獨化而足。**皆有所一體。**死與生，各自成體。**有先天地生者物耶？物物者非物。物出不得先物也，猶其有物也。猶其有物也，無已。**誰得先物者乎哉？吾以陰陽為先物，而陰陽者即所謂物耳。誰又先陰陽者乎？吾以自然為先之，而自然即物之自爾耳。吾以至道為先之矣，而至道者乃至無也。既以無矣，又奚為先？然則先物者誰乎哉？而猶有物，無已，明物之自然，非有使然也。**聖人之愛人也終無已者，亦乃取於是者也。」**取於自爾，故恩流百代而不廢也。

郭象於本段注文發揮其「獨化」之論，將「（死生）皆有所一體」，注解為「死與生，各自成體」，此為郭象倡言之「自生」，死為獨化而死，生為獨化而生。若僅就本句而言，如此注解似無不妥，然而莊子對於死生的看法，並非停留在生自生，死自死，而是將生死視為整體之中的變化狀態，進而消弭生死的分別，達到無生無死，生死一體的境界。[13] 郭象既以「獨化」論生死，又強調「自生」，故於注文中言物是自然而生，「非有使然也」。

由於萬物自生，事物的起源與運行，皆由物之自身本質而定，即宇宙的運行是由萬物本質而發為動作，「獨化」是萬物各自生長，不僅排除造物主，也否定人為的意志。郭象從「獨化」論「自然」，此論包含兩個層面，其一，萬物所由為內在之性，不由天，亦不由己。其二，萬物各不相干，若有相輔相成者，是自然成就之，無內因，也沒有外緣。郭象對此論述云：

---

[13] 莊子認為生死乃自然循環，只是生物變化的狀態，如同日夜交替，故言「生也死之徒，死也生之始。」（〈知北遊〉）若從大道觀照之，生死無別，故而言「死生為一條」（〈德充符〉）、「生死存亡之一體」（〈大宗師〉）、「萬物一府，死生同狀」（〈天地〉）。不以自我認知分別死生，就不會悅生惡死，進而超越生死，「而後能入於不死不生」（〈大宗師〉）。莊子對於生死的論述，在上引〈知北遊〉中言「死生有待焉？皆有所一體。」後半句言「死」、「生」各一體，似乎與其論死生一體有所衝突，然而從上下文觀之，可知莊子的重心在「不以生生死，不以死死生。」世人皆執著於「生」與「死」的狀態，並從生死連結探究天地萬物的起源，但是這樣的思考方式，必定以先天地者為某物，因此莊子試圖破除之，故先言「生」、「死」各一體，再論「物物者非物」。若從同異論生死，即〈德充符〉所言之「自其異者視之，肝膽楚越也；自其同者視之，萬物皆一也。」以異者看死生，兩者有別；以同者觀生死，兩者無別。若從先後論生死，即〈大宗師〉論遊於方外者，「夫若然者，又惡知死生先後之所在！假於異物，託於同體，忘其肝膽，遺其耳目，反覆終始，不知端倪。」死生為暫時的現象，若能外死生，則無生無死，無始無終。

道，無能也。此言得之於道，乃所以明其自得耳。自得耳，道不能使之得也。我之未得，又不能為得也。然則凡得之者，外不資於道，內不由於己，掘然自得而獨化也。夫生之難也，猶獨化而自得之矣；既得其生，又何患於生之不得而為之哉！故夫為生果不足以全生，以其生之不由於己為也，而為之則傷其真生也。（〈大宗師〉，「乘東維，騎箕尾，而比於列星。」句下注）

這段注文指明「獨化」是「外不資於道，內不由於己」，既否定有超越的主宰者，也沒有內在的自我意識。事物之生成與運動，皆由其自性，若以外在力量或內在心志干預，皆會傷生。「獨化」必是「自得」，故由「自得」言「無待」，萬物彼此並無關聯，也不相互依存。郭象於此論云：

天下莫不相與為彼我，而彼我皆欲自為，斯東西之相反也。然彼我相與為脣齒，脣齒者未嘗相為，而脣亡則齒寒。故彼之自為，濟我之功弘矣，斯相反而不可以相無者也。故因其自為而無其功，則天下之功莫不皆無矣；因其不可相無而有其功，則天下之功莫不皆有矣。若乃忘其自為之功而思夫相為之惠，惠之愈勤而偽薄滋甚，天下失業而情性瀾漫矣，故其功分無時可定也。（〈秋水〉，「知東西之相反而不可以相無，則功分定矣。」句下注）

這段注文論述天下萬物雖看似相依存，但並不出自利他，而是因為事物「自為」，正好嘉惠於對方，而此自為也不出自利己，只因結果正好成就彼此。郭象論證的關鍵在於「自為」是一種無動機、無目的、無意識與無功利的自然生長狀態，儘管從結果而言，萬物看似有依存的需要，也有各自的功用，但這個結果必須建立在「自為」情境，一旦有了目的性而成「有為」，則萬物的功用便會混亂。在〈秋水〉中，莊子藉河伯見北海而反省小大之別，反省主觀認知的局限性，莊子區分「道」與主觀，論述兩者之別，故北海若言：「以道觀之，物無貴賤。」在「道」的境界中，萬物無別，但是郭象注云：「各自足也。」以為萬物無貴賤，是因為「各自足」。在上引文中，莊子批判從有用與否分別事物，這個「以功觀之」給定了事物的功用，也造成了事物的局限，郭象的注解卻以「自為」說之，這個純然自我運行的狀態，以及萬物的關係，就是「自生」、「獨化」的理想。

郭象言「自生」，與同時期的裴頠相似，然而兩者仍有根本不同。裴頠在〈崇有論〉有言：「夫至無者，無以能生。故始生者，自生也。自生而必體有，則有遺而生虧。」[14] 裴頠也言「自生」，反對「無生有」，然而其「自

---

14 〈崇有論〉一文見《晉書·裴秀傳附裴頠傳》，關於此文所論，以及與郭象的異同，詳見本章文末之〈附論〉。

生」意為「體有」，即萬物的實體存在為「有」，故從「自生」的角度言，仍
具有「有生有」的意思。至於郭象則不但完全否定有個造物主，也反對「有
生有」，故其「自生」並非自己生自己，而是描述一個自我生命的本然狀
態。裴頠與郭象雖然都言「自生」，但裴頠從生成的角度解說，而郭象從自
我的本質解說，兩人皆否定「無生有」，但裴頠肯定「有生有」，郭象則反對
「有生有」。郭象以自然、自得、自爾、自適與自為等語詞反覆申述「自
生」的狀態，以「自生」為基礎，萬物各得其性，即「性各有分」。

第二節　性各有分

　　不以偏私認知萬物，消弭偏見形成的異論，使萬物各得其性，是莊子
「齊物」之旨。之所以強調事物各有其性，原因在於人的認知皆從己意而
出，由於視角與偏見，進而畫分事物屬性，於是障蔽了事物本性，也區隔物
與我。莊子破除成見根源的自我，以「喪」與「忘」的工夫修養，撤除我執
形成的物我分別，達於物我同一的境界。郭象也一再申述萬物各有其性，但
理論基礎與莊子並不相類，郭象所言之性分，建立在萬物的自生、自造。因
為不存在造物者，對於萬物之生死與變化，郭象以「氣」說之，然而為了強
調自生，其論氣不同於莊子，亦與兩漢氣化論有別。老莊之氣化萬物，是道
生萬物的過程中發生的變化，從道之渾然無形至有形，道化為氣而生萬物。
至於兩漢氣化論則以天有意志，以氣生成萬物，並感應之。就氣化論而言，
氣是萬物之源，也是生命的動力，而且萬物由氣而生，使萬物得以通過氣而
連結。郭象從根本否定造物者，其所論之「氣」就沒有創生的意義，也不具
有生命的動力，氣之聚散只是自然地變化。

　　由於莊子明言「人之生，氣之聚也，聚則為生，散則為死。」（《莊子・
知北遊》）以氣之聚散論人之生死，郭象對此句只注云：「俱是聚也，俱是散
也。」並未多加論述，然其有言：「若身是汝有者，則美惡死生當制之由
汝。合氣聚而生，汝不能禁也；氣散而死，汝不能止也。明其委結而自成
耳，非汝有也。」[15]郭象發揮〈知北遊〉文中的「汝身非汝有」，以氣之聚
散強調死生並非自己所能決定，這個解釋表面引用莊子，但是郭象只是藉以
說明生死是自然的變化，重點在變化，不在生成。郭象對此有明確說解，其
云：「此言一氣而萬形，有變化而無死生也。」[16]萬物由氣變化而成，死生
也只是氣之變化。莊子從氣的聚散說生死，其意為氣的聚散循環是道的自然

---

[15] 〈知北遊〉，「是天地之委順也」句下注。

[16] 〈至樂〉，「萬物皆出於機，皆入於機」句下注。

之理，故毋須偏執生死而有好惡之情，消除對生死的認知，便能齊生死而通於道。郭象雖也論氣之變化，但他以獨化論生死，以為生死各有其理，故生時安生，死時安死。郭象將萬物由來定為自生，是氣之變化，為自然之理，是以萬物並無自由意志，也毋須作任何決定，依此而言順應萬物之性。

郭象從「自生」論事物的形成與變化，所有的事物，包含生死，皆是各有其性，此「性」只能是「自然」。他說：「言自然則自然，人安能故有此自然哉！自然耳，故曰性。」[17] 郭象認為「性」是自然而成，是自己如此，不受任何力量影響，所以萬物之性無法改變，也不必改變。他說：「天性所受，各有本分，不可逃，亦不可加。」[18] 既受而成其性，便已決定萬物各自的獨特性，此性不可改，不可易，故順性即可，不得逾越，所以「性各有分，故知者守知以待終，而愚者抱愚以至死，豈有能中易其性者也。」[19] 郭象反覆強調「性各有分」，物性各有所別，並為定分，將事物的差異性推為極致。郭象論物各有性，性各有分，而且性不得改易，還進一步擴大「性」的範圍，將所有事物皆納入其中。他以牛馬為例，其注〈秋水〉云：

> **北海若曰：牛馬四足，是謂天；絡馬首，穿牛鼻，是謂人。**人之生也，可不服牛乘馬乎？服牛乘馬，不可穿絡之乎？牛馬不辭穿絡者，天命之固當也。苟當乎天命，則雖寄之人事，而本在乎天也。**故曰：無以人滅天，**穿絡之可也，若乃走作過分，驅步失節，則天理滅矣。**無以故滅命，**不因其自為而故為之者，命其安在乎？**無以得殉名，**所得有常分殉名則過也。**謹守而勿失，是謂反其真。**真在性分之內。

莊子藉北海若言天人之分，牛馬自由行走為天，而強以彎頭銜勒之，則屬人為。郭象卻認為牛馬為人所用，亦是天理，仍屬自然。但是此用不得過份，必須節於萬物之本性，如果超過其性，便失其真，便非自然。而人之才性亦同，其云：

> 聰明之用，各有本分，故多方不為有餘，少方不為不足。然情欲之所蕩，未嘗不賤少而貴多也。見夫可貴而矯以尚之，則自多於本用而困其自然之性。若乃忘其所貴而保其素分，則與性無多而異方俱全矣。（〈駢拇〉，「而多方於聰明之用也」句下注）

---

[17] 〈山木〉，「人之不能有天，性也。」句下注。

[18] 〈養生主〉，「是遁天倍情，忘其所受。」句下注。同樣的論點，還見於〈外物〉，「人而不能遊，且得遊乎」句下注：「性之所能，不得不為也；性所不能，不得強為。故聖人唯莫之制，則同焉皆得而不知所以得也。」

[19] 〈齊物論〉，「一受其成形，不亡以待盡。」句下注。

每個人才性不同，各有本分，應順從之而不強求於性分之外。但是郭象特別指出「情」有其「欲」，而生羨慕之心，因而使人追求不當得之富貴，崇尚名利。因此必須明白性之所長，安適其性，才不會受情欲的牽引，失其性之自然，就是不可讓欲望擴張，追求超乎性分之事，不可勉強要求去做能力所不及的目標，也不得自我膨脹而欽羨他人。賢者安於賢，知者安於知，愚者安於愚，此即為性各有分，各安其性。

郭象從性分論萬物，因此解釋莊子的「齊物」，從「各安天性」、「各安其分」言「齊」，所齊者為各安其性之理。他說：

> 夫莛橫而楹縱，厲醜而西施好。所謂齊者，豈必齊形狀同規矩哉！故舉縱橫好醜，恢恑憰怪，各然其所然，各可其所可。則理雖萬殊，而性同得，故曰「道通於一」也。（〈齊物論〉，「恢恑憰怪，道通為一。」句下注）

> 舊說云莊子樂死惡生，斯說謬矣！若然，何謂齊乎？所謂齊者，生時安生，死時安死。生死之情既齊，則無為當生而憂死耳！此莊子之旨也。（〈至樂〉，「而復為人間之勞乎。」句下注）

第一則注文說明事物的形態樣貌不同，各有各的特色，當各自能夠然其所然，可其所可，皆能得其性時，就是「道通為一」。所以郭象所說的「齊」，不是形貌的整齊，也不是莊子通過破除自我的成心而達到物我兩忘的齊同，而是在萬物皆得以「安」其性之時為齊同。第二則注文說明生死，也是強調能「安」於生、「安」於死，方能齊生死。郭象特別強調「平等」看待生死，各安於生死，就是莊子之旨。萬事萬物之性皆有定數，符應性分，才是天理自然，生死如此，賢愚如此，社會階級也是如此，故其云：「若皆私之，則志過其分，上下相冒，而莫為臣妾矣。臣妾之才而不安，臣妾之任則失矣。故知君臣上下，手足內外，乃天理自然，豈直人之所為哉！」[20] 郭象將其性分之說運用於人事，身份地位也都因性而定，故性不得改易，身份階級亦不得逾越，安於其性，天理得以齊之，社會便得安定自然，而人生能適性，就是逍遙。

第三節　適性逍遙

莊子在〈逍遙遊〉中描述了一個「無何有之鄉」，能在其中彷徨無為，

〈齊物論〉，「如是皆有為臣妾乎？」句下注。莊子只是以「臣妾」為喻，說明人的認知受外物所牽引，因而有所偏私，然郭象藉以發揮，將社會制度亦全部以性分而論。

逍遙寢臥。這個無拘無束的美好境界，吸引魏晉士人，尤其是現實充滿著種種艱難與壓抑，如何自由自在地安頓身心，一直是士人所追求的目標。郭象對於莊子的「逍遙」以安於其性的論述加以詮釋，他說〈逍遙遊〉「此章言物各有宜，苟得其宜，安往而不逍遙也。」[21] 郭象認為事物皆依其性而得所宜，所有人事皆能安於其性，就是逍遙。郭象此解明顯不同於莊子，莊子藉由「鯤化為鵬」的寓言，呈現超越自我局限的變化，大魚化為大鳥，是視野境界的提升，當大鵬向南冥飛去，途中蜩與學鳩嘲笑之，莊子云：「之二蟲，又何知。」小鳥不能明白大鵬為何南飛，因為限於自我認知，此為小知。而郭象卻於此句注云：「對大於小，所以均異趣也。夫趣之所以異，豈知異而異哉？皆不知所以然而自然耳。自然耳，不為也，此逍遙之大意。」[22] 郭象對這個故事以安適其性釋之，萬物雖大小有別，然各有其性，只要各當其分，不必羨慕他人，也不該看輕他人，更毋須進行任何超越的努力，安於自我，就是逍遙。這樣的詮釋，郭象反覆申述，如其云：「苟足於其性，則雖大鵬無以自貴於小鳥，小鳥無羨於天池，而榮顯有餘矣。故小大雖殊，逍遙一也。」[23] 另外，在篇名下也如此注云：「夫小大雖殊，而放於自得之場，則物任其性，事稱其能，各當其分，逍遙一也，豈容勝負於其間哉！」郭象很清楚地論述小大有別，但是能盡其性，兩者都能達到逍遙，而且是相同的逍遙。此意謂郭象肯定人人皆能達到逍遙，不論其身份地位，而方法就在於認清自己的性分，安其性而不踰越，盡其性而足。

郭象對於「逍遙」以「適性」解釋，將小大之別以「均異趣」論之，認為小大雖然不同，但只要各安於大或小，就是逍遙。莊子在〈逍遙遊〉中三次講述鯤化為鵬的故事，明確指出「小知不及大知」，直云：「此小大之辯也。」郭象也不厭其煩，多次申述其論點，其於此句下注云：

> 各以得性為至，自盡為極也。向言二蟲殊翼，故所至不同。或翱翔天池，或畢志榆枋，直各稱體而足，不知所以然也。今言小大之辨，各有自然之素，既非跂慕之所及，亦各安其天性，不悲所以異，故再出之。

郭象闡明其「逍遙」的理據，物各有自然之性，得性、安性，乃至於極，故萬物盡其性分即可。於是「性足為大」，只要滿足其性，大鵬有其逍遙，小鳥亦有其逍遙，這就是郭象對於「小」與「大」的解釋，他對於莊子在〈齊物論〉所說：「天下莫大於秋毫之末，而太山為小；莫壽乎殤子，而彭祖為

---

[21] 〈逍遙遊〉，「則夫子猶有蓬之心也夫。」句下注。

[22] 〈逍遙遊〉，「之二蟲，又何知。」句下注。

[23] 〈逍遙遊〉，「奚以九萬里而南為？」句下注。

夭。天地與我並生，而萬物與我為一。」注云：

> 夫以形相對，太山大於秋毫也。若各據其性分，物冥其極，則形大未
> 為有餘，形小不為不足，苟各足於其性，則秋毫不獨小其小，而太山
> 不獨大其大矣。若以性足為大，則天下之足未有過於秋毫也。若性足
> 者非大，則雖太山亦可稱小矣。故曰「天下莫大於秋毫之末，而太山
> 為小。」太山為小，則天下無大矣；秋毫為大，則天下無小也。無小
> 無大，無壽無夭，是以蟪蛄不羨大椿而欣然自得，斥鷃不貴天池而榮
> 願以足。苟足於天然而安其性命，故雖天地未足為壽而與我並生，萬
> 物未足為異而與我同得，則天地之生又何不並，萬物之得又何不一
> 哉！

世人囿於成見，劃定時空之標準，以此標準衡量萬物，分別小大，也區分物
我。莊子欲破除這個認知的限制，不斷質疑這個標準，視之為「小知」，然
而世人眼界有限，自以為所見為大，就如井底之蛙。非得捨棄成心，泯滅自
我的局限，方能如河伯見北海，超越時空之限制，才是「大知」，這是莊子
所言的「小大之辨」。當消除時空的標準時，世人認知的壽夭與小大亦隨之
消弭，天地萬物與我同一，無有分別，才是莊子的逍遙之境。郭象則以適性
解釋「逍遙」，並以「性足為大」說明「太山」與「秋毫」的小大之別，當
萬物滿足其性時，便是大，反之則為小。至此，足其性便是自然，就是逍
遙。至於莊子所言之物我同一，郭象便論述於足性時，已達於性之至，再無
小大的差異，如此而得以物我同一。郭象將這個無大無小，無壽無夭的境
界，稱之為「玄冥之境」，以「冥」之幽遠暗合，闡釋其化解衝突的最終理
想。

第四節 迹冥圓融

　　對於「逍遙」，郭象以萬物各盡其性釋之，而且在「性足」的狀態下，
將不會對其他事物產生欲望，故不受他物所累，此即「無待」。由於不受物
累，則此時便可謂與物無別，郭象說之以「冥」，既是動詞而「冥物」，也是
形容詞的「冥然」，描述沉默恍惚的狀態。郭象試圖在其獨化自生、性各有
分，以及適性逍遙的推論下，建構一個理想的世界，此一世界冥然圓融，所
有世間的差異與衝突，皆消弭於其中。此一論證的關鍵在於當萬物足其性
時，便會遺忘差異，而進入冥然的境界，也就是安性、足性與冥然互為充分
且必要條件。郭象在注解〈齊物論〉中的「小知不及大知，小年不及大
年」，完整說明這個理論，其云：

> 物各有性，性各有極，皆如年知，豈政尚之所及哉！自此以下至于列

子，歷舉年知之大小，各信其一方，未有足以相傾者也。然後統以無
待之人，遺彼忘我，冥此羣異，異方同得而我無功名。是故統小大
者，無小無大者也。苟有乎小大，則雖大鵬之與斥鷃，宰官之與御
風，同為累物耳。齊死生者，無死無生者也。苟有乎死生，則雖大椿
之與蟪蛄，彭祖之與朝菌，均於短折耳。故遊於無小無大者，無窮者
也；冥乎不死不生者，無極者也。若夫逍遙而繫於有方，則雖放之使
遊，而有所窮矣，未能無待也。

此注文中強調萬物各足其性時，「統以無待之人」，而此無待者，遺忘物我，
能「冥」萬物的差異。必須注意的是，萬物的差異並非消失不見，而是於主
觀心境不再分別物我，對於萬物的小大，以及生命的生死，均無視其分，不
繫於物。郭象此說似乎與莊子相近，看似都是打破主觀認知的局限，然而莊
子論齊物是在自我認知與心境下工夫，通過遺忘自我而無物我之別。郭象則
是在萬物之性下工夫，強調各自獨化，盡其之性，當所有的事物皆任其性，
就無所謂分別彼此，於是主觀認知也不必有作用，就會達到「冥然」。郭象
在注解罔兩和影子的寓言時，說：「罔兩非景之所制，而景非形之所使，形
非無之化也。則化與不化，然與不然，從人之與由己，莫不自爾，吾安識其
所以哉！故任而不助，則本末內外，暢然俱得，泯然無迹。」「是以涉有物
之域，雖復罔兩，未有不獨化於玄冥者也。」[24] 就郭象而言，所有事物皆有
其性，就算是罔兩與影子亦然，所以兩者是各自獨立，互不役使。當罔兩與
影子各盡其性而自爾時，主觀認知便隨順之，毋須分別，郭象說：「彼是相
對，而聖人兩順之。故無心者與物冥，而未嘗有對於天下也。」[25] 此語清楚
說明聖人的無心，關鍵在於「兩順之」，即順物之性，於是事物便無相對，
自然也就無迹而玄冥之。以下詳述郭象於冥物的論述，闡釋「迹」，以及對
於入仕的觀點。

一、任性忘迹

《莊子·天運》中最後一個寓言，是孔子與老子的對話，孔子提問，其
治六經，講先王之道，但是未獲得任何國君採用，不明白原因為何，老子回
答：「夫六經，先王之陳跡也，豈其所以跡哉！今子之所言，猶迹也。夫
迹，履之所出，而迹豈履哉！」莊子直指六經是陳迹，說明語言文字，並非
先王之意，一方面指出世人只專注於文字，卻忽略了背後的意義，一方面也

---

[24] 〈齊物論〉，「惡識所以然？惡識所以不然？」句下注。

[25] 〈齊物論〉，「彼是莫得其偶，謂之道樞。」句下注。

藉此表達意義超越語言文字，必須擺脫文字的束縛，即為「得意忘言」。是以，莊子在〈天道〉中講「輪扁斲輪」的故事，輪扁對齊桓公讀聖賢書，評曰：「古之人與其不可傳也死矣，然則君之所讀者，古人之糟魄已夫。」莊子批評儒家以六經教學之不當，對於語言文字視為對大道的限制，故言其為「迹」。郭象賦予「迹」更多的意涵，成為重要概念，如他對於上述老子所言，注云：「所以迹者，真性也。夫任物之真性者，其迹則六經也。」[26] 郭象否定造物主，也沒有一個超越的、本體的「道」，對於「所以迹」的解釋是「真性」，為萬物各自之性，至於「迹」則是「任物之真性」而成者，即六經只是物之性的顯現者，而非物性。

郭象將古之聖王能無心任物視為「所以迹」，而禮樂制度則為「迹」，聖王之治既是無心，禮樂只是相應而出的產物，是以後人欲尋聖人之迹，學習襲用之，只能得其迹，而非所以迹，郭象說：「尋其迹者，失其所以迹矣。」[27] 郭象區分「迹」與「所以迹」，並言尋「迹」是無法達到「所以迹」，此論將「迹」與「所以迹」分離，使兩者呈現單程方向的連結，即「所以迹者」成「迹」，但尋「迹」無法達到「所以迹者」。如此一來，此論便與莊子以「得意忘言」說明言意關係有所不同，莊子以「言者所以在意」為前提，尋言得意而須忘言，故以荃蹄為喻，得魚獲兔後，不滯於荃蹄，但仍須以荃蹄為途徑，此中關鍵在於「忘」的工夫，不滯於荃蹄。郭象則直接否定學習六經可得聖王之道，其論述著重於聖人不可學，此為回應當時對於聖人是否可學的論辯。[28] 郭象說：

> 法聖人者，法其迹耳。夫迹者，已去之物，非應變之具也，奚足尚而執之哉！執成迹以御乎無方，無方至而迹滯矣。（〈胠篋〉，「而田成子一旦殺齊君而盜其國」句下注）

---

[26] 〈天運〉，「豈其所以迹哉！」句下注。

[27] 〈秋水〉，「白公爭而滅。」句下注。

[28] 正始時期，王弼曾駁何晏、鍾會等人的「聖人無情」論，而另立「聖人有情」之旨。聖人是否有情的論辯，在於聖人是否如同常人，有喜怒哀樂？此論題是「聖人是否可學致」的延伸，若聖人與常人不同，為天生已定，則後天無法學致，反之則可學。這個論題可溯及兩漢氣論，聖人稟受特殊之氣，曹魏劉劭於《人物志》論「聖人」兼有「中和之質」與「聰明之氣」，稟自然之氣，非人力所及，因此限制後天從學以致聖的可能。王弼反對「聖人無情」，認為聖人有情而無累，此中關鍵於在聖人體無，故聖人與常人不同，並非在於情感，而是其「神明」能體無，以體無與應物的關係，連結儒道。王弼論述聖人之情與常人同，而神明茂於常人，雖未明言聖人不可學，但聖人仍與常人不同。至於先秦孔孟強調聖人與常人心性皆同，人人皆可為堯舜，故聖人可學，則著重於良知之實踐。魏晉玄學對此聖人是否可學的討論有其論述脈絡，其中還有神仙是否可學的相關論題，從這些論題，反映魏晉士人的焦慮，由於現實的困境，討論聖人、仙人的本質，以及具體實踐的方法，皆是安身立命的切身之務。

文獻記錄為聖人之迹，而且是過去發生的事，於是郭象將經典視為「迹」，判定學習六經只是學習聖人之迹，其意為聖人不可學。此外，郭象論性各有分，既然聖人與常人之性不同，天生而異，就無法從學習改變賢愚，不能由常人變成聖人。

聖人不可學，一如蜩與學鳩不能變成大鵬鳥，郭象理論的核心在於聖人不但不能學，也不必學，試圖學習聖人是不可能也不必要的。因此郭象進一步提出對「迹」與「所以迹」皆須遺忘，即「任物之真性」，則不論是「迹」或「所以迹」都無所滯，達到玄冥之境。郭象解釋「坐忘」，有云：

> 夫坐忘者，奚所不忘哉！既忘其迹，又忘其所以迹者，內不覺其一身，外不識有天地，然後曠然與變化為體而無不通也。（〈大宗師〉，「此謂坐忘」句下注）

莊子藉顏回說出「坐忘」的工夫，有一個「離形去知」的過程，最終通達大道，此即「得意忘言」的「忘」之漸進解除。郭象既不承認有造物者，故其論「忘」之工夫的目的就不是返回大道，或體道意，而是以「忘其迹」又「忘其所以迹者」論之，即不論聖人或六經，盡皆「忘」之。郭象將「忘」的重點放在「任物」，他說：「任性直通，無往不冥」，[29]「知天人之所為者，皆自然也。則內放其身而外冥於物，與眾玄同，任之而無至不者也。」[30]當物盡其性，皆得自然，此時無心於內外，便得同於萬物。莊子與天地萬物同一的境界，是通過遺忘自我的工夫，進化超越而得，郭象則是在任物之性下工夫，心無任何對象，無求無欲，得與物冥。郭象稱聖人能達到冥極之境為「遊外冥內」，此為其聖人理想。

二、外內相冥

魏晉士人面對仕隱兩難，藉由調和「自然／名教」建立安身立命之道，此中有個關鍵論題，就是「理想的聖人人格究竟為何？」[31]儘管魏晉士人大多認為聖人不可學致，但是理想的「聖人」典型，卻仍是嚮往並寄託的對象。郭象提出「遊外冥內」融會「無／有」、「自然／名教」，賦予「聖人」

---

[29] 〈人間世〉，「鬼神將來舍，而況人乎」句下注。

[30] 〈大宗師〉，「知人之所為者，至矣」句下注。

[31] 湯用彤曾指出魏晉時代思潮，其「中心問題為：『理想的聖人之人格究竟應該怎樣？』因此而有『自然』與『名教』之辨。」（湯用彤：〈魏晉思想的發展〉，《魏晉玄學論稿》，收入《魏晉思想》（乙編），台北：里仁，1995.8，頁127。

融會儒道的理論基礎。他說：

> 夫理有至極，外內相冥，未有極遊外之致而不冥於內者也，未有能冥於內而不遊於外者也。故聖人常遊外以冥內，無心以順有。故雖終日見形而神氣無變，俯仰萬機而淡然自若。……是故莊子將明流統之所宗，以釋天下之可悟，若直就稱仲尼之如此，或者將據所見以排之，故超聖人之內跡，而寄方外於數子。宜忘其所寄以尋述作之大意，則夫遊外冥內之道坦然自明，而莊子之書，故是涉俗蓋世之談矣。（〈大宗師〉，「而丘遊方之內者也」句下注）

> 夫與內冥者，遊於外也。獨能遊外以冥內，任萬物之自然，使天性各足而帝王道成，斯乃畸於人而侔於天也。（〈大宗師〉，「畸於人而侔於天」句下注）

莊子在〈大宗師〉這則寓言中，設定「相忘以生，無所終窮」的「方外之人」，遊方外者為「畸人」，其喻意為在一般人看來是違背俗禮的不合宜之人，但是這些人是「畸於人而侔於天」，異於世俗卻合於天，在〈德充符〉中許多「德不形」者，都是才全忘形之人，至於寓言中的孔丘則是「方內之人」，仍受禮儀的制約。莊子區分方內與方外，同於其論小大之辨，然而郭象對於這個區分，以「外內相冥」解釋。其論證為極遊外之致者必冥於內，冥於內者必遊於外，姑且不論這是循環論證，郭象想表達聖人已達到外內相冥之境，也就混合內外為一，不再區分內外之別。聖人的「無心以順有」，近於王弼所言之體無而應物，但是郭象不從本末論之，而是強調「任萬物之自然」。郭象將莊子寓言中的孔子釋為外內相冥，並以此而論莊子只是寄言，並不是文字表面區分的內外之別，而是當孔子「冥內」之形為世人所見，而其實已「遊外」也。

郭象如此論孔子，為了完成兼綜儒道的「聖人」，將儒家的「聖人」與道家的「神人」合一，其直謂「神人即聖人也。聖言其外，神言其內。」[32]「聖人」以「外王」為取向，「神人」則具「內聖」之意，郭象將兩者整合，此「聖人」以無執之心順萬物之情，雖身處廟堂之上，但與萬物冥合而逍遙自得。〈逍遙遊〉中有一則「神人」居姑射之山的描述，郭象注曰：

> 此皆寄言耳。夫神人即今所謂聖人也。夫聖人雖在廟堂之上，然其心無異於山林之中，世豈識之哉！徒見其戴黃屋，佩玉璽，便謂足以纓紱其心矣；見其歷山川，同民事，便謂足以憔悴其神矣。豈知至至者之不虧哉！今言聖德之人寄之此山，將明世所無由識，故乃託之於絕垠之外，而推之於視聽之表耳。（〈逍遙遊〉，「綽約若處子」句下注）

---

[32] 〈外物〉，「聖人之所以駴天下，神人未嘗過而問焉。」句下注。

神人即聖人，聖人即神人，兩者既然同一，就沒有處廟堂與入山林之別。至於世人只見聖人為政事勞心勞力，而謂其操勞俗事，故另外想像神人居神山，郭象指出這是寄言，也就是神人居神山只是藉以突顯世人所見不明，以內外區別，真正的神人（聖人）身為天子，然心卻於山林之中。

於是郭象極力推崇堯以無為治天下，能圓融內外，而許由不願出任反顯偏溺，以「外內相冥」為仕與隱的兩難尋求一個圓融的解釋。原本儒家推崇的聖王，在郭象的詮釋之下，成為融合內外的理想典型，他說：

> 夫能令天下治，不治天下者。故堯以不治治之，非治之而治者也。今許由方明既治，則無所代之。而治實由堯，故有子治之言。宜忘言以尋其所況。而或者遂云：治之而治者，堯也；不治而堯得以治者，許由也。斯失之遠矣。夫治之由乎不治，為之出乎無為也。取於堯而足，豈借之許由哉！若謂拱默乎山林之中而後得稱無為者，此莊老之談所以見棄於當塗，[當塗]者自必於有為之域而不反者，斯之由也。（〈逍遙遊〉：「天下既已治也」句下注，頁 10）

> 天下雖宗堯，而堯未嘗有天下也，故窅然喪之。而嘗遊心於絕冥之境，雖寄坐萬物之上，而未始不逍遙也。四子者，蓋寄言以明堯之不一於堯耳。夫堯實冥矣，其跡則堯也。自跡觀冥，內外異域，未足怪也。世徒見堯之為堯，豈識其冥哉！（〈逍遙遊〉，「窅然喪其天下焉」句下注）

從這兩段注文，可見得堯與許由的分別，被郭象翻轉。莊子寓言中的許由不受堯讓天下，對於治天下提出反省，其意在於去除功名之心，而郭象則認為堯才是真正的治者，許由反而局限於山林之迹，標舉清廉，實則陷於名之束縛。是以堯既治天下又能遊心於絕冥之境，是融通儒道典型，也成了郭象的理想人格化身，只是郭象稱道堯，此「聖人」既不同於莊子，也非儒家，[33]而是為當時士人既要逍遙放達，又不能自外於政治禮教，必須完成能安身立命的解釋。郭象創新的詮釋是否恰當，後人多有論辯，[34]然而將其置於郭象

---

[33] 郭象與莊子對於「聖人」一詞的不同解釋，湯一介曾指出莊子雖以「至人」、「神人」、「真人」與「聖人」言其理想人格，然而仍以「神人」、「至人」為「超世俗」、「遊方外」的得道者，與現實中的「聖人」、「聖王」是兩類人。至於郭象則把「神人」、「至人」和「聖人」都看成其理想人格的人。（湯一介：《郭象與魏晉玄學》，北京：北京大學，2000.7，頁 173）

[34] 成玄英作疏時，就明確指出：「然睹莊文，則貶堯而推許，尋郭注乃劣許而優堯者，何耶？欲明放勛大聖，仲武大賢。賢聖二塗，相去遠矣。故堯負扆汾陽而喪天下，許由不夷其俗而獨立高山，圓照偏溺，斷可知矣。是以莊子援禪讓之迹，故有爝火之談；郭生察無待之心，更致不治說。可謂探微索隱，了合文義，宜尋其旨況，無所稍嫌也。」

所處時空，以及調合儒道的理論，應能了解郭象的用心所在。郭象雖翻轉堯與許由，但在其適性逍遙的理論中，他仍然說：「帝堯許由，各靜其所遇，此乃天下之實也。各得其實，又何所為哉，自得而已矣！故堯許之行雖異，其於逍遙一也。」[35] 郭象推崇堯為內外相冥的聖人，但並非要世人學習堯，畢竟性分是不可改易的，只是藉由對堯的詮釋，解開了當時士人身處仕隱的兩難，仕也逍遙，隱也逍遙，各安於仕或隱之遇，此時仕即隱，隱即仕，入世與出世無別，如此化解了現實人生的困境。

　　郭象此說或許影響其後的葛洪，葛洪談「仙／聖」是否衝突的問題，亦以上士能兼修儒道來解決修道者隱居山林不事俗務的質疑，故論曰：「古人多得道而匡世，修之於朝隱，蓋有餘力故也。何必修於山林，盡廢生民之事，然後乃成乎？」[36] 修長生之道者，不必隱身山林，可於廟堂之上治國平天下，此「長才者」能將儒道「兼而修之」，故「得道而匡世，修之於朝隱」。此與郭象言聖人「雖在廟堂之上，然其心無異於山林之中」，兩者說法幾乎如出一轍。值得注意的是，郭象言「聖人雖在廟堂之上，然其心無異於山林之中」，仍是以處廟堂之上的聖人為立論點，而非以山林之中的隱者論「外內相冥」，也就是說隱者只有「內」，卻沒有表現「外」的一面，反而聖人有外王事業，內聖則蘊藏於心，故隱者入乎山林有所偏溺。而葛洪區分成仙者的等級，也是以能否治天下為標準，上士能兼顧修道與治世，次一等的則只能專心修道，所以「黃帝」能治世太平又可昇天，便為理想典型，此說相近於郭象轉化儒家的堯成為外內相冥的理想。隱居修道被認為是獨善其身，治國平天下則是建功立業的經世之志，在經學教化的文化中，兩者實有高下之別，這也是為什麼郭象與葛洪都必須以一個「外王」事功者為體道或

（〈逍遙遊〉，「子治天下，天下既已治也」句下疏）成玄英替郭象說項，贊其注文能發莊文深意，堯讓天下於許由是自謙，為聖人，許由獨立於深山，只是偏溺。事實上，郭注與莊文不同，明顯可見，依成疏，此不同是為了闡發莊文之微言大意。余嘉錫認為郭象注文「與漆園宗旨大相乖謬，殊為可異。」究其因，「要之魏晉士大夫雖遺棄世事，高唱無為，而又貪戀祿位，不能決然舍去。遂至進退失據，無以自處。良以時重世族，身仕亂朝，欲當官而行，則生命可憂；欲高蹈遠引，則門戶靡託。於是務為自全之策。居其位而不事其事，以為合於老、莊清靜玄虛之道。我無為而無不為，不治即所以為治也。」（余嘉錫：《世說新語箋疏》，上海：上海古籍出版社，1993.12，頁 80）余嘉錫認為當時士人的矛盾，固然與政治險惡有關，但也有士人貪戀祿位，進退失據有關。郭象之所以曲解莊子，反映當時士人複雜的心理狀態，若置於魏晉思想史觀之，亦可見其對於儒道關係論題，以及其他玄學家理論的回應。

[35] 〈逍遙遊〉，「尸祝不越樽俎而代之矣」句下注。

[36] 《抱朴子內篇·釋滯》，引自《抱朴子內篇校釋》，[晉]葛洪，王明校釋，北京：中華書局，1985.3，頁 148。

成仙的典型。葛洪提出「修之於朝隱」，[37] 為解決修仙又得兼得事功的兩難，此與郭象調合入世與出世為一，有相近之處，也可反映時值兩晉價值混亂的時代，對於治國與治身如何同時並存的因應之道。

小結

郭象以「自生」確立萬物各具其性，以「獨化」強調萬物的自主性，以「適性」完善萬物自存的價值，通過此一論述展現「玄冥之境」，創造其理想的境界。牟宗三先生認為郭象雖取消了創生的「無」，也否定其本體意義，但仍保留了玄理境界，因此並非完全捨棄形上學，而成就雙遣的玄冥之境。[38] 然而，郭象的玄冥之境是否為一種形上學，應可再商榷，雖然郭象的

---

[37] 避世於朝的說法，可溯源自莊子提出的「陸沉者」，「是自埋於民，自藏於畔。」（《莊子·則陽》）陸地無水而沉，喻隱於塵世。到了西漢，東方朔作歌云：「陸沈於俗，避世金馬門。宮殿中可以避世全身，何必深山之中，蒿廬之下。」已清楚顯示「陸沈」所具有的「朝隱」意義，其後揚雄《法言·淵騫》曰：「或問，柳下惠非朝隱者與？」稱春秋魯大夫柳下惠為「朝隱者」，應是文獻中首見「朝隱」一詞。東漢張衡自云：「庶前訓之可鑽，聊朝隱乎柱史。」（《後漢書·張衡傳》）表達其處世之思。兩晉之時，使用「朝隱」漸增，如西晉夏侯湛作〈東方朔畫贊〉云：「染跡朝隱，和而不同。」東晉王康琚有〈反招隱詩〉：「小隱隱陵藪，大隱隱朝市。伯夷竄首陽，老聃伏柱史。」詩中的體道隱士能「大隱於市」。（夏侯文及王詩見《文選》，[梁]蕭統編；[唐]李善注，上海：上海古籍出版社，1986.6，頁1030、2120）此外，東晉鄧粲也說：「夫隱之為道，朝亦可隱，市亦可隱。隱初在我，不在於物。」（《晉書·鄧粲列傳》）闡明「朝隱」、「市隱」在「我」（心），而非外在的環境。以上例證，可見兩晉時，「朝隱」觀念已甚普遍。郭象的「外內相冥」為「朝隱」建構完整的理論，然其說雖強調和「仕／隱」，但與莊子「與世俗處」的精神已大不相同，王文進批評郭象走上一條「歧途」。（王文進：《仕隱與中國文學：六朝篇》，台北：臺灣書店，1999，頁35）劉紀曜則認為郭象的「朝隱」是中國隱逸發展之顛峰，為一「典範」。（劉紀曜：〈仕與隱——傳統中國政治文化的兩極〉，收於《中國文化新論·思想篇一》，黃俊傑主編，臺北：聯經，1989.8，頁323）郭象將「隱」與「仕」結合，打破隱者的界定，不論是否為全身避禍的解脫之辭，「外內相冥」為「隱」之於「仕」，乃至社會對「隱」之認知，尋求一個解決的方法，也開拓了「隱」的詮釋空間。

[38] 牟宗三先生說：「莊子原意是否即以圓教的模型來推尊聖人，尚難斷定；但郭象的莊注是推進一步，提出圓教的觀念和境界，這就是新的發展，開拓了新的理境。這步發展不能算錯，也並不違背道家的原意，老子也有『和光同塵』之語。中國的學問都是既超越而又內在的，超越內在通而為一，就是圓教的型態。以『迹本論』及圓教的模型來會通孔老的衝突，就是魏晉時代的主要課題。」（牟宗三：《中國哲學十九講》，臺北：臺灣學生書局，1983.10，頁233-234）牟先生將郭象的理論視為是延續先秦道家的發展，甚至認為郭象發揮道家「詭辭為用」，得以契接佛教般若學。（牟宗三：《才性與玄理》，臺北：臺灣學生書局，1989.10，頁194-195）牟先生對郭象注莊多持肯定，認為能得莊子「逍遙」之旨，尤其贊賞其迹冥圓融，已達道家圓教。這個看法過於強調迹冥論之雙遣，然而，郭象只對生成者全然否定，但是對於現實世界的萬物，肯定各有其性，之所

確討論了事物的存在與生成，也思考同一性和變化的問題，但他提出的「自生」、「獨化」，基本上否定了造物者，也取消了本體，很難說郭象的玄冥之境是形上學，更不能將郭象理論視為老莊道家，其中最為關鍵者，就在於郭象否定道體，沒有道體，老莊哲學中的超越意涵便全無著落。郭象依託注莊而提出自己的思想體系，固然可視為莊子學發展中的一個重要詮釋，但這個詮釋對莊子的改造更多於繼承，[39] 應視為郭象的哲學，而非莊學，是在魏晉玄學發展脈絡下的開創者。

郭象注解《莊子》雖是隨文說解，但能自成體系，對於玄學的「自然」與「名教」論題，提出完整論述，尤其以迹冥之論解開士人心結，不論出處進退，皆可隨遇而安，各得其性便足矣。如此一來，人生不必有努力的目標，郭象闡釋莊子，不同於莊子論述心境的變化超越，也不似道教之成仙，佛教之成佛，更不類儒家修身成聖，郭象的適性逍遙不僅自足即可，甚至流於自我安慰的精神勝利，沒有支撐生命之精神力量。這是郭象迹冥圓融理論獨樹一幟之處，當各適其性推展至極致，此時不羨外物，對外物亦無所求。徹底的無欲無求，便無任何形迹罣礙，可以出仕，可以得隱，所有行為都不再有目的，也沒有因目的而生起的分別與衝突。

從思想史觀察，郭象不但對玄學有所回應，也提出相當完整的理論體系，尤其是對「自然」與「名教」關係的論題，以迹冥圓融的論述化解兩者衝突，是其理論的重心所在。劉勰於《文心雕龍・論說》有一段對魏晉的論文與觀點的評論，或可反映南朝文人對前代回顧的一個思想史觀點，文云：

> 魏之初霸，術兼名法；傅嘏王粲，校練名理。迄至正始，務欲守文；何晏之徒，始盛玄論。於是聃周當路，與尼父爭途矣。詳觀蘭石之《才性》，仲宣之《去伐》，叔夜之辨聲，太初之《本玄》，輔嗣之兩《例》，平叔之二論，並師心獨見，鋒穎精密，蓋論之英也。至如李康《運命》，同《論衡》而過之；陸機《辨亡》，效《過秦》而不及，然亦其美矣。次及宋岱、郭象，銳思於幾神之區；夷甫、裴頠，交辨於有無之域；並獨步當時，流聲後代。然滯有者全繫於形用；貴無者

以達到內外相冥，是在「理有至極」，適性、足性而至，此說是否能為「圓教」，實可再辨證之。

[39] 傅偉勳先生認為郭象是中國哲學史上第一個「誤讀天才」（misreading genius），「以『創造性的詮釋學』方式故意誤讀莊子原文，俾便批判地繼承並創造地發展老莊所開拓的道家哲學理路。」（傅偉勳：〈老莊郭象與禪宗——禪道哲理連貫性的詮釋學試探〉，收入《從西方哲學到禪佛教》，臺北：東大圖書公司，1986.6，頁 422）傅先生認為郭象對於莊子形上學的曲解固然不當，但特標「無心」之旨，為莊子與禪宗架起連貫橋樑，進而開創老莊哲學。儘管郭象可以有誤讀的理由，但是莊子學與魏晉時期的佛學產生連結，是否與郭象有關，亦或莊子思想本與佛學有相近之處，可再辨析之。

　　專守於寂寥；徒銳偏解，莫詣正理；動極神源，其般若之絕境乎？逮
　　江左群談，惟玄是務；雖有日新，而多抽前緒矣。[40]

文中提及正始年間，何晏、王弼提倡「貴無」，引發儒道爭論，成為玄學風潮的核心議題。因此文中所舉論文，雖各有主題，但皆關聯著儒道的不同立場，如傅嘏〈才性論〉已亡佚，但約略可知其主張「才」與「性」必須一致相合，這是曹魏時期對於才性的討論，已隱然有儒道對於「性」的理解不同，以及從論人與任官的論題提煉出有無之辨。[41] 傅嘏、王粲從選才與政治議論才性，劉勰認為這是名理之學，雖說這是著重於論辯的論證說理，與玄學的清談方法有關，但其所關注者在於政事治理，近於形名之學，於是何晏、王弼的貴無之論，便形成「自然」與「名教」的抗衡，此為劉勰所論之「聃周當路，與尼父爭途」。這個儒道對立的分別，一直延續至王衍與裴頠論辯有無之輕重，[42] 而有無之論各有所偏，待佛教之般若學不執於空有，方

---

[40] 引文據《文心雕龍義證》，[南朝梁]劉勰著，詹鍈義證，上海：上海古籍出版社，1989.8，頁 679-692。

[41] 《三國志・魏書・傅嘏傳》云：「嘏常論才性同異，鍾會集而論之。」注引《傅子》曰：「嘏既達治好正，而有清理識要，好論才性，原本精微，鮮能及之。司隸校尉鍾會年甚少，嘏以明智交會。」傅嘏好論才性，鍾會與其交遊議論，並撰《四本論》，《世說新語・文學》記錄鍾會著成見嵇康之事，劉孝標注引《魏志》曰：「『會論才性同異，傳於世。』四本者，言才性同，才性異，才性合，才性離也。尚書傅嘏論同，中書令李豐論異，侍郎鍾會論合，屯騎校尉王廣論離。文多不載。」傅嘏論才性同，鍾會論才性合，基本上主張才與性必須一致，與之相對者則認為才與性可以分離。才性的討論雖與曹魏時期的人才任用制度的變革有關，但蘊含著行為與意志的關係，行為是否必須合於名教，以及名教與自然的關係，成為玄學的中心議題。《世說新語・文學》記云：「傅嘏善言虛勝，荀粲談尚玄遠。每至共語，有爭而不相喻。裴冀州釋二家之義，通彼我之懷，常使兩情皆得，彼此俱暢。」注引《粲別傳》曰：「粲太和初到京邑，與傅嘏談，嘏善名理，而粲尚玄遠，宗致雖同，倉卒時或格而不相得意。裴徽通彼我之懷，為二家釋。頃之，粲與嘏善。」傅嘏善名理，荀粲尚玄遠，看似顯示兩種不同的論辯方式。學界多以此將魏晉思想分為名理與玄論兩派，然而牟宗三先生辨析「名理」緣於人物品鑑，注重政治之實用，魏初指才性，後來詞義擴大，可概括玄論，而且與先秦名家並無關係。（牟宗三《才性與玄理》，臺北：臺灣學生書局，1989.10，頁 231-243）前引《世說新語》言傅嘏「虛勝」，而荀粲「玄遠」，兩者似無所別，至於注引則作「名理」與「玄遠」之別，但特別強調「宗致同」，只因論證不同而扞格不通，裴徽調和使其相善。這個相通兩者的方法，或可為儒道會通之初始，《世說新語・文學》記有一條王弼弱冠詣裴徽之事，徽問曰：「夫無者，誠萬物之所資，聖人莫肯致言，而老子申之無已，何邪？」這個問題的提出，顯示玄學的議論逐漸深入儒道會通的論題。至於「名理」一詞雖於實際用法中兼含玄理，然而有無之爭所涉及的儒道對抗，亦有歷史脈絡可尋，此為魏晉玄學發展歷程的中心議題，宜辨明之。

[42] 王衍與裴頠皆善清談，唯論點相左，《世說新語・文學》記云：「裴成公作〈崇有論〉，時人攻難之，莫能折。唯王夷甫來，如小屈。時人即以王理難裴，理還復申。」王衍承王弼尚無，常與裴頠論辯，這條記載看似王衍略佔上風，但裴頠尚能還擊，可見兩人在伯

破偏執之失。劉勰從寫作方法評論魏晉諸家論文，也涉及論文的論題，提供一個從論題觀察魏晉玄學發展的角度，而其謂郭象「銳思於幾神之區」，意指其論文已達精深之境，今日郭象的論文雖已亡佚，然從其注莊所顯示的論述深度，不難想見為何劉勰對其論文有如此之高的評價，但也因此而可以見得郭象注莊對後世造成的深遠影響。

附論：裴頠〈崇有論〉

魏晉時期，玄學論題最關鍵者應是對有無關係的討論，這個論題關涉存有論、宇宙論乃至倫理學，士人不僅討論萬物之所由，更關注如何建立處世之道，因此王弼、何晏倡議「貴無」之說，除了引領玄學風潮，士人更表現於各種挑戰禮教的行為，甚至以行為放蕩博取名聲，此一風氣影響甚鉅。對於玄風虛無的批評與反省，兩晉不乏其人，西晉裴頠作〈崇有論〉，批判「貴無」以及違禮之士行。[43]其後干寶論述晉朝開國的問題，直言「學者以

仲之間。另外，裴頠論「有」，顯然與玄學重「無」對立，故遭致攻詰，也反映出西晉中期，玄學盛行的情形。

[43] 《晉書‧裴頠傳》記裴頠作〈崇有論〉的原因，云：「頠深患時俗放蕩，不尊儒術，何晏、阮籍素有高名於世，口談浮虛，不遵禮法，尸祿耽寵，仕不事事；至王衍之徒，聲譽太盛，位高勢重，不以物務自嬰，遂相放效，風教陵遲，乃著崇有之論，以釋其蔽。」這樣的批評，兩晉諸多士人皆論之，如西晉初年傅玄上疏武帝論曹魏之失，便言其「綱維不攝，而虛無放誕之論盈於朝野，使天下無復清議，而亡秦之病復發於今。」（《晉書‧傅玄傳》）傅玄將曹魏喪失政權歸因於賤守節、尚虛無，然而此風於兩晉更盛。西晉末，王衍好清談，居高位而不務國事，被石勒俘殺，將死而言曰：「嗚呼！吾曹雖不如古人，向若不祖尚浮虛，勠力以匡天下，猶可不至今日。」（《晉書‧王衍傳》）西晉之覆亡，不必然與名士清談直接相關，然而東晉偏安江南，時有亡國之慨，如桓溫北伐時，眺矚中原，慨然曰：「遂使神州陸沈，百年丘墟，王夷甫諸人不得不任其責！」（《晉書‧桓溫傳》）將西晉亡國歸責於王衍，藉否定玄學以激勵士氣，這是東晉初期對於名教危機的反省，然而東晉清談之風仍未衰弱，謝安、王導等尚清談，卻不廢政事。余英時先生說：「清談決不完全等於空談，即以清談一事而論，不但談士必須博學，（見《南齊書》卷三十三王僧虔《誡子書》），而且清談本身便發展出一套禮節，轉為談士的一種約束。」（余英時：〈名教思想與魏晉士風的演變〉，《中國知識層史論》，臺北：聯經，1980.8，頁369）余先生認為東晉經過一百年多的禮玄雙修，以及佛教的傳法，化解了名教危機。這個「緣情制禮」有其變化過程，逐漸降低情與禮的衝突，而達到情禮兼到。這個論述提供了一個觀察思想史發展的角度，郭象對於士人在政治領域的出處衝突有所調和，但是家族倫理的情禮矛盾仍然延續，甚至隨著晉室東渡與佛、道教興起，士人面對的環境不同於前代，也接續著前代。是以，思想史是流動的，也是連續的，混合著多重層面的交互影響，呈現豐富的多樣面貌。

老莊為宗，而黜六經。」不恥淫佚荒誕，使得「禮法刑政，於此大壞。」[44]
干寶從名教的角度，將社會政局的混亂歸咎於玄學，這是當時反對玄學的普
遍觀點。東晉王坦之作〈廢莊論〉，批評莊子思想造成放蕩之風，這些論述
都直指玄學崇尚虛無之不當，甚至於兩晉時期興起「清談誤國」之論，反玄
學與尚玄學相抗衡，兩者各有立場。玄學的基本論題在會通儒道，然論述多
傾向以道通儒，反玄學者則多傾向名教，著眼於社會風俗，從政治制度與道
德規範批評玄學之不當。裴頠倡「崇有」之論，目的也是批評玄風造成禮教
敗壞，然其欲以「有」代「無」，並申述其意，就維護名教的立場，多有附
議之聲，可惜論文甚短，論述未盡完整，至使理論深度有所不足。

　　一如〈崇有論〉篇名所示，是針對「貴無」而論，文中從生成論無，將
「無」定義為空無，由於不可能無中生有，從而否定以無為本，其云：

> 夫至無者無以能生，故始生者自生也。自生而必體有，則有遺而生虧
> 矣。生以有為已分，則虛無是有之所謂遺者也。故養既化之有，非無
> 用之所能全也；理既有之眾，非無為之所能循也。[45]

這一段萬物「自生」，其論據為無不能生有，此與郭象所持論點相同。但是
從這個前提所推導出「自生」的結論，郭象以自然說之，否定「生」之過
程，避免有生有的無限循環，而裴頠則以「體有」論「自生」，標舉自生者
有一個「有」之體，即有生有。[46] 裴頠還申述萬物生成有養育變化的過程，
依循「理」而行，「理」是可依循的對象，便只能是有，不能是無。其〈崇
有論〉首段便明言：

> 夫總混羣本，宗極之道也。方以族異，庶類之品也。形象著分，有生
> 之體也。化感錯綜，理跡之原也。夫品而為族，則所稟者偏，偏無自
> 足，故憑乎外資。是以生而可尋，所謂理也。理之所體，所謂有也。
> 有之所須，所謂資也。資有攸合，所謂宜也。擇乎厥宜，所謂情也。
> 識智既授，雖出處異業，默語殊塗，所以寶生存宜，其情一也。

---

[44] 引文見《晉書‧帝紀第五》所錄干寶之言，批判西晉以來的玄虛之風，陳辭剴切。

[45] 〈崇有論〉引自《晉書‧裴頠傳》，[唐]房玄齡等撰，2016.3，北京：中華書局，頁1044-
1047。

[46] 郭象與裴頠皆言「自生」，然兩者對於「生」的看法有異，郭象否定有個始生者，同時也
消除「生」的生成意義，只言變化，至於裴頠則仍有「始生」的看法。湯一介先生認為
裴頠的「始生者自生」並未擺脫生成萬物的源頭問題，郭象否定「始生」就避開了創生
者的問題。（湯一介：《郭象與魏晉玄學》，北京：北京大學出版社，2000.7，頁155-
156）湯一介先生還提出「外資／獨化」、「有無／無為」、「人世／超世」等分別裴頠和
郭象的論述，可參看之。

由於裴頠設定有生有，又言自生，故沒有一個生萬物的源頭，只能含糊的說萬物有個混合的總名或整體，在整體之中，各個事物有其形象與類別，依循「理」而生。再者，萬物彼此之間必須相互依賴，發揮所長而相助之，此論與郭象不同，郭象論說自生為獨化，各盡其性，此為無待，儘管可能有相助的情況，但也是自為之，而不是有意相資。至於裴頠則以萬物相助，並以之論述社會結構，將「崇有」導向人為之禮制，於是接著說：

> 眾理並而無害，故貴賤形焉。失得由乎所接，故吉凶兆焉。是以賢人君子，知欲不可絕，而交物有會。觀乎往復，稽中定務。惟夫用天之道，分地之利，躬其力任，勞而後饗。居以仁順，守以恭儉，率以忠信，行以敬讓，志無盈求，事無過用，乃可濟乎！故大建厥極，綏理羣生，訓物垂範，於是乎在，斯則聖人為政之由也。

裴頠的論述簡單，目的也明確，藉由萬物各有其類，必須合作互助，類推為社會百工的分制，以及遵守禮法之必要。從這個論點，〈崇有論〉全文大多著重於批判貴無論的不當，以及玄風所造成的禮制崩壞，更針對當時士人放浪形骸，不守禮法，以為起因在於貴無賤有，因此告誡為政者勿為其所惑。

由於玄學主要依據《老子》，裴頠甚至引申為老子雖著五千文言「無」，但骨子裡卻是宣說全生之「有」。〈崇有論〉這一段論述，試圖重新詮釋《老子》，推翻玄學之理據，其云：

> 老子既著五千之文，表擿穢雜之弊，甄舉靜一之義，有以令人釋然自夷，合於《易》之《損》、《謙》、《艮》、《節》之旨。而靜一守本，無虛無之謂也；《損》《艮》之屬，蓋君子之一道，非《易》之所以為體守本無也。觀老子之書雖博有所經，而云「有生於無」，以虛為主，偏立一家之辭，豈有以而然哉！人之既生，以保生為全，全之所階，以順感為務。若味近以虧業，則沈溺之釁興；懷末以忘本，則天理之真滅。故動之所交，存亡之會也。夫有非有，於無非無；於無非無，於有非有。是以申縱播之累，而著貴無之文。將以絕所非之盈謬，存大善之中節，收流遁於既過，反澄正于胸懷。宜其以無為辭，而旨在全有，故其辭曰「以為文不足」。若斯，則是所寄之塗，一方之言也。若謂至理信以無為宗，則偏而害當矣。

這一段論述，裴頠先將《老子》中論「靜」與「一」類比為《易》之卦，其中《損》卦為減少，《艮》卦為阻礙，然而失去是為了更長遠的未來，停止亦可休養而重新開始，這些都是為人之道，反應自然循環之理，亦合於老子思想。但若以《易》不言體無，進而推論老子所言為一偏，顯然有論證之誤。而裴頠再進一步推論《老子》言「無」只是寄言，而「旨在全有」，其論據是「有非有」、「無非無」，也就是《老子》文字表面所見並非其文意，

甚至以《老子》第十九章「此三者以為文不足」之句，說解為老子自認為其「文」不足以表達其意，然而，《老子》原文之「文」是指巧飾虛偽皆是人為多餘，應回歸素樸的本質。是以，裴頠只是就事物現象之「有」而論，對於宇宙本體並無太多論述，[47] 也非其所關心者，其目的是為對治玄學造成的虛無風氣，批判士人不守禮法的行為。畢竟〈崇有論〉只是一篇千餘字的論文，論述難以詳盡，對於玄學的批判與認知又不相應，只能藉以觀察在西晉時期便有針對玄風的批判與不滿的聲音，而這樣的立場也一直接續至東晉之後，形成與「貴無」相對的「崇有」之論。

---

[47] 牟宗三先生認為裴頠是「實在論者」，其〈崇有論〉與嵇康〈聲無哀樂論〉皆涵有「客觀性」，有其價值，其云：「裴頠之『無』只是一個邏輯概念之『非有』。此決非道家所言之無。兩不相應，則無由對治。然彼不雖不能觸及道家立言之旨趣，而其『崇有』之理路確開一接觸存在問題而重『客觀性』之哲學。」（牟宗三：《才性與玄理》，臺北：臺灣學生書局，1989.10，頁 369）牟先生析論裴頠對於玄學不能相應，可見諸〈崇有論〉中對「無」的理解，然而裴頠之說是否如嵇康之〈聲無哀樂論〉，皆開闢「客觀性」領域，此說有待商榷。裴文的目的在於批判玄風之虛無，而嵇康藉析論聲情關係，以達心境之平和與眾聲之和諧，能與莊子思想有所相應，並非只是著重於「客觀性」。此外，牟先生說裴頠是「實在論」（realism），亦得深究之，雖然實在論主張客體之自存，但其理論有不同學派，內容與主張也不盡相同，如與裴頠相比較，應謹慎為之。

第二十章 道教興起、傳播與清整

　　相較於世界其他各大宗教，道教顯得相當不同，崇拜的神明多元，無單一的神聖經典，經典也並非由創教者確立。雖然漢末張道陵在歷史上可視為道教創始者，但道教之教義、祀奉的神明與教團組織，皆於魏晉時期逐漸形成。道教教義關於氣論、神仙以及修行方式的論述，彙集先秦至兩漢的各種理論逐漸形成，並非某個創教者之功，這道教的特色。本章討論的「道教」，是指佛教傳入後，相應於佛教的教團組織與制度，於東漢末年藉「道」為名，信奉老子，並以《道德經》為主要經典的一個「宗教」。現代漢語中的「宗教」受西方宗教觀念影響，與中國傳統中之「教」的意義為教化、教育以及禮儀之教不盡相同。「道教」一詞於南朝宋出現，對應於「佛教」，意為「道（老子）的教法」。[1] 文獻中所見「道教」之用，著重於教法、教化，近於思想學派，但道教的傳播也表現出信仰、祭祀、儀式與組織，具有教義、教儀與教團的宗教形式。

　　歷史上的道教與道家也並非涇渭分明，兩者應視為同源，「道士」不僅為求道成仙之人，亦多是守道之士。[2] 魏晉南北時期，不同道派間彼此相互

---

[1] 「道教」一詞的「道」，於魏晉之時多作「聖人之道」，指禮樂之道，如《三國志・魏書・高柔傳》記高柔上書魏明帝：「臣以為博士者，道之淵藪，六藝所宗，宜隨學行優劣，待以不次之位。敦崇道教，以勸學者，於化為弘。」此「道教」為教化百姓的聖人之道。佛教傳入後，始稱「佛道」，意為佛之道法，又有「佛法」、「佛教」之名，意為佛之教法。而漢末興起的天師道、太平道，逐漸擴大規模而具有影響力，約在南朝時，出現與「佛教」對應之「道教」，如南朝宋道士顧歡作〈夷夏論〉辨佛道異同，尊道抑佛，文中有謂：「佛教文而博，道教質而精。」以「道教」對比「佛教」，顧歡依老子化胡之說，指佛教出於老子，「道教」為中土華夏文明之教。另外，南朝陳的馬樞作《道學傳》，其中〈陸修靜傳〉云：「宋明帝思弘道教，廣求名德。悅先生之風，遣招引。」其後於陸修靜於崇虛館弘道，「道教之興，於斯為盛。」（見〈道學傳輯佚〉，《道藏源流考》，陳國符著，北京：中華書局，1992.4，頁 467、468）陸修靜改革天師道，編纂道經，提升道教地位，馬樞使用「道教」一詞，已專指崇奉老子玄道的道派。「道教」之興，漸與「佛教」分庭抗禮。日本學者小林正美認為劉宋天師道的興起，才是具有宗教意義的「道教」，此前各道派還不具有「道教」的條件，而與佛道對比的「儒教」也於南北朝時期出現，形成「三教」之名。（小林正美：〈東晉、南朝時期「佛教」和「道教」的稱呼的確立與貴族社會〉，《六朝佛教思想研究》，王皓月譯，濟南：齊魯書社，2013.1，頁 291-312）

[2] 法國漢學家馬伯樂（Henri Maspero）認為道家和道教來自相同的古老宗教傳統，道教通過修身養性的道術，以及行善積德，最終能長生成仙。道家也有養生之術與追求長生的思維，達到與道合一的境界。（[法]馬伯樂：《馬伯樂道教學術論著》，胡銳譯，北京：宗教文化出版社，2019.11）馬伯樂的論點影響西方漢學界，也對中國早期宗教學的研究有所啟發。至於魏晉玄學與道教的關係相對複雜，許抗生認為道教與玄學都尚老子，此其

競合，與佛教以及傳統儒家也多有論爭，道士與名士多有往來，與佛教高僧亦有交遊，儒佛與玄學思想，對於道教教義皆有影響。而統治者因為不同的立場與施政考量，對道教時而鼓勵，時而禁止，官方的態度也影響道教的發展。了解道教興起的背景以及發展情形，有助於理解道教的教義、經典、修行、戒律、科儀與組織。

道教的興起，與東漢末年的社會環境有密切關係，所以對於「道教」的探討，應留意道教的獨特性，從歷史文獻深入其起源與發展，本章第一節即略述之。其次，「道教」吸收兩漢神仙方術，並結合陰陽五行與氣論，形成各種成仙修煉方法，第二節著重論述成仙與修行的理論依據。至於魏晉玄學討論的儒道關係，對道教吸收儒家有所影響，此外，漢末佛教的傳入與發展，影響道教的戒律與經典，於第三節詳論之。最後，道教的發展除了自身理論的逐步完善，也吸收玄學、儒家與佛教的理論，尤其是與佛教的關係更為複雜，除了教義，還有儀式與戒律，道佛兩教相互學習，又彼此競爭，本章末節論述道佛關係。魏晉南北朝為道教的奠基時期，至唐代更為興盛，教義理論也有所深化，與儒釋兩教相互影響，甚至朝向三教合一，形成中國文化中獨特的宗教型態。

第一節　道教的興起與發展

關於道教的起源，學界多以秦漢時期的神仙思想為蘊釀時期，東漢末年順帝時張陵創立「五斗米道」，稍後於靈帝時張角創立「太平道」，兩者於漢末社會動蕩，災禍頻仍之際興起，都運用方術為民治病，藉以吸收信眾，擴大教團組織。[3]《後漢書・張魯傳》記錄此事云：

一致之處，然道教推尊已宗教化的老子，玄學則為深入老莊思想，此其相異矛盾處，故兩者相互吸收又排斥，「它們之間的影響是相互的，而不是單向的。」（《魏晉玄學史》第八章〈魏晉玄學與道教〉，許抗生等著，西安：陝西師範大學出版社，1989.7，頁496）道教和玄學都尚《老子》，但兩者對《老子》的詮釋並不相同，且道教並非沒有深入老莊思想，只是將老莊思想做為成仙修煉的理論基礎。另有一說認為道教與玄學是漢代黃老道家的分化，而謂兩者理論淵源相同。（牟宗鑒、胡孚琛、王葆玹編著：《道教通論——兼論道家學說》，濟南：齊魯書社，1991.11，頁 49）若從思想來源而論，道教、玄學不但來自黃老學，更可上溯自先秦道家，唯淵源相同並非理論亦同。從思想史的角度觀之，先秦老莊思想的道論與修養論，歷經兩漢黃老學與神仙方術，在魏晉時發展為玄學與道教，彼此的異同，應從比較文獻的內容而論。另外，莊子齊生死的論述，與道教追求長生有所抵觸，也影響莊子在道教的「地位」，由此可見思想史的多元與複雜性。

[3] 主張此說者，如卿希泰主編的《中國道教史》（修訂本）（成都：四川人民，1996.12），任繼愈主編的《中國道教史》（上海：上海人民，1990.6），唐大潮編著的《中國道教簡

> 張魯字公祺，沛國豐人也。祖父陵，客蜀，學道鵠鳴山中，造作道書
> 以惑百姓，從受道者出五斗米，故世號米賊。陵死，子衡行其道。衡
> 死，魯復行之。……魯遂據漢中，以鬼道教民，自號「師君」。其來
> 學道者，初皆名「鬼卒」。受本道已信，號「祭酒」。各領部眾，多者
> 為治頭大祭酒。皆教以誠信不欺詐，有病自首其過，大都與黃巾相
> 似。諸祭酒皆作義舍，如今之亭傳。又置義米肉，懸於義舍，行路者
> 量腹取足；若過多，鬼道輒病之。犯法者，三原，然後乃行刑。不置
> 長吏，皆以祭酒為治，民夷便樂之。雄據巴、漢垂三十年。

初入道者稱為「鬼卒」，其後可升為「祭酒」，並以「治」為傳教單位，取代漢朝的地方官制。張道陵死後，傳其子張衡，衡死後，傳子張魯。入道者捐五斗米，或與當時飢荒有關，而五斗米道設置義舍，供米肉，具有賑災之效，又教信眾誠信，以「首過」治病。其傳道的方式，一方面解決疾病與飢荒問題，一方面又建立制度與道德教化，得以籠絡人心，掌控地方勢力。從這段記載，可知東漢末年天災人禍不斷，當災難造成社會動盪，有心者便乘勢而起，藉由「宗教」傳道，獲得統治的權力。兩晉至南北朝戰亂不斷，由民間發起，對抗朝廷的起兵事件，在兩晉之時層出不窮，[4] 這些起兵者塑造世界即將毀滅的「終末論」，上天不忍心而降授真人解救大眾，道教宣揚此說以利於傳道。

另有一說，指創立五斗米道是張修，而張角創太平道，東晉末年裴松之注《三國志》時引《典略》，文曰：

> 熹平中，妖賊大起，三輔有駱曜。光和中，東方有張角，漢中有張

史》（北京：宗教文化，2001.6）。湯一介認為，若從具體的教團組織、戒規以及儀式為
條件，道教的產生應是東漢末年的「五斗米道」與「太平道」，前者多與「方仙道」有
關，後者則是「黃老道」的發展。「太平道」稍後於「五斗米道」，且受其影響。（湯一
介：《早期道教史》第三章〈道教的產生〉，臺北：東大出版，1991.4，頁 77-94）

[4] 天師道在張魯降曹後，於巴蜀地區仍繼續傳播，兩晉之時出現許多以天師道名義號召群
眾的反抗行動，西晉武帝時的陳瑞，西晉惠帝時的李特、李雄父子聚眾稱王，以及李雄
的國師范長生，都傳授鬼道獲得民眾信奉。由蜀地傳入江南的李家道，在魏晉時期甚為
活躍，東晉時藉由「李弘」名義起兵的事件，遍及江南各地，歷時百餘年。（可參考
《中國道教史》（卷一），卿希泰主編，成都：四川人民出版社，1988.4，頁 222-280）史
書中對這些起兵之事，多稱為「妖術惑眾」，舉事者為「妖賊」；而中國學界多從社會主
義的階級角度，稱這些事件為「起義」。基本上，這些事件反映魏晉時期的社會動盪，
宗教活動或為有心人士利用，但也促使道教的清整改革。至於在六朝各道派都可見得的
「終末論」，宣揚天地運行將有大災難發生，而天災人禍也是上天的懲罰，此時會有救
世主（上清金闕帝君）降臨，只有積善的「種民」可得赦免。小林正美認為道教終末論
來自佛教劫災思想，和漢代劉歆《三統曆》中的陽九、百六的歲災思想，也有東晉末的
社會混亂，使得道經中出現大量的終末論。（[日]小林正美：《六朝道教研究史》，李慶
譯，成都：四川人民出版社，2001.3，頁 387-458）

修。駱曜教民緬匿法，角為太平道，修為五斗米道。太平道者，師持九節杖為符祝，教病人叩頭思過，因以符水飲之，得病或日淺而愈者，則云此人信道。其或不愈，則為不信道。修法略與角同，加施靜室，使病者處其中思過。又使人為姦令祭酒，主以《老子》五千文，使都習，號為姦令，為鬼吏，主為病者請禱。

這段記載，說明太平道與五斗米道皆為人治病，治病之法承襲自兩漢巫醫傳統，亦為傳統醫學「祝由」科的治病方式。[5] 道士藉由醫病吸收信眾，應與桓靈年間數次大疫有關，而道醫以存思、符籙，以及祈禳之法治病，成為道教醫學的特色。至於設置「祭酒」，以老子《道德經》為咒，已具有教團組織與經典。此外，教病人思過，則是將疾病與德行連結，加強鬼神懲處的致病之因，也使祈禳治病更具說服力。不論太平道或五斗米道，雖然創教者或有政治目的，但吸收兩漢方術，以治病為手段，擴大教團組織，為道教發展奠下基礎。

張角的太平道以黃天為至上神，於東漢末年起兵，號為「黃巾軍」，朝廷鎮壓而滅亡。五斗米道的張魯則歸降曹操，並與之聯姻，將教團組織遷離巴蜀至關中，隔年張魯死於鄴，原有組織崩解，但仍於各地傳播，並傳入江南。[6] 隨著東晉政權與北方世族南遷，天師道有所發展，建立傳承的譜系。[7]

---

[5] 「祝由」出自《黃帝內經・素問・移經變氣論》，岐伯答皇帝之問：「古之治病，惟其移精變氣，可祝由而已。」(《黃帝內經素問集註》，張隱菴集註，上海：上海科學技術出版，1959.9，頁51) 唯岐伯僅比較古今之別，並未解釋「祝由」，引發後世諸多解釋。林富士認為「祝由」應是一種以符咒、祝禱與祝告的治療方式。(林富士：〈「祝由」釋義：以《黃帝內經・素問》為核心文本的討論〉，《中央研究院歷史語言研究所集刊》，83:4，2012.12，頁 671-738) 由於致病之因或為邪氣，或為疫鬼，故祝禱的對象為鬼神，傳統醫學與宗教相互影響，尤其道教承襲兩漢方術與醫學，道士多兼行醫。

[6] 學界多認為天師道起源於漢末三張五斗米道，但是陳寅恪先生認為天師道最早誕生於濱海的瑯琊一帶，其教義中的海上仙山、尸解登仙都與其濱海有關。(陳寅恪：〈天師道與濱海地域之關係〉，《陳寅恪集——金明館叢稿初編》，北京：三聯，2001.6，頁 1-46) 唐長孺認為孫吳時期，江南地區有「李家道」活動，西晉以後，天師道方為盛行；至於漢中與關中地區仍有天師道傳播，但流於散亂，各自為政。(唐長孺：〈魏晉期間北方天師道的傳播〉《魏晉南北朝史論拾遺》，北京：三聯書店，1983.5，頁 218-232)

[7] 「五斗米道」在晉代又名「天師道」、「正一派」，張天師的世系傳承，應是兩晉天師道改革所逐漸形成，當老子被神話為太上老君，降授張道陵為傳達道法者，一方面確立天師道得天道傳授的正統，另一方面也使改革天師道有了傳承的意義。劉屹認為漢末三張世系是後人逐步增飾而成，「三張傳統」實為象徵，對當時社會的實際影響可能有限，至於天師道改革所確立的三張傳統，並非回復漢末五斗米道的教法，而是藉由三張旗號，發展成為新天師。(劉屹：《敬天與崇道——中古經教道教形成的思想史背景》第五章〈中古道教三張傳統的確立〉，北京：中華書局，2005.4，頁 543-669) 至於唐宋之後形成的張天師世系，如明代《漢天師世家》所述，對於道教創始與傳承的描述帶有神話色

除了天師道，尚有不同道派在各地傳道，藉治病救濟吸引信眾，[8] 由於各道派多有信眾，統治者一方面鎮壓，一方面也加以利用。而一些道士以養生成仙之法，或者役使鬼神的法術，得到統治者的任用，並與世家大族往來，從而擴大道教的影響。

由於道教傳播並沒有統一的教團組織，教戒的規定與執行也各行其事，甚至教義與修行方法也莫衷一是，於是東晉至南北朝時期出現道教清整運動，改善道教科儀，整頓道教組織。其間具代表性的道士可舉四人，其一，西晉末年道士葛洪，著有《抱朴子內篇》，整理各種修行方法，強調行善積德，提倡金丹大藥，並實際煉丹，建立道教神仙思想的理論。其二，北魏道士寇謙之，宣稱太上老君降臨嵩山，授予天師之位，命其佐國扶命，並賜《雲中音誦新科之誡》，[9]「清整道教，去除三張偽法，租米錢稅及男女合氣之術」。(《魏書·釋老志》)寇謙之重新整理天師道教規戒儀，強化教戒的作用，以誦經持戒，積善立功為成仙的重要修煉方法，反對房中術。其三，南朝劉宋道士陸修靜，編輯《三洞經書目錄》及《靈寶經目》，訂立道經「三洞」的經目分部架構，[10] 並根據靈寶經內容編齋儀與傳授儀，制定「九齋十二法」，確立靈寶派的授籙制度，判別當世靈寶經的真偽。陸修靜改革南天師道，弘揚靈寶經道法，又整理傳授上清經，茅山宗尊為第七代宗師。其四，南朝梁道士陶弘景，傳上清經典，編著《真誥》，[11] 茅山宗尊為第九代

彩，溯源而成譜系，是宗教樹立正統性的方式。

[8] 自五斗米道興起並傳播各地，便呈現各個地區發展的多元樣貌，各道派不必然同源，目的也不盡相同，但多以濟世救人吸收教眾。關於早期道教在各地的發展，可參考《中國道教史》第一卷，卿希泰主編，成都：四川人民出版社，1988.4。

[9] 《雲中音誦新科之戒》已佚，今《道藏·洞神部·戒律類》「力」字秩所收《老君音誦戒經》，陳國符認為即《雲中音誦新科之戒》之部份，(陳國符：《道藏源流考》(上冊)，北京：中華書局，1992.4，頁 101) 湯用彤亦主此說。(湯用彤：〈康復札記四則：《雲中音誦新科之戒》〉，《康復札記》，收入《湯用彤全集》第七卷，石家莊：河北人民出版社，2000.9，頁 3-6)

[10] 「三洞」為洞真、洞玄、洞神，為道經分類，此分類方式，應為劉宋陸修靜撰《三洞經書目錄》所確立。「洞」之音譯為「通」，《道門大論》云：「三洞者，洞言通也。通玄達妙，其統有三，故云『三洞』。第一洞真，第二洞玄，第三洞神。」(《雲笈七籤》卷六，宋張君房編，李永晟點校，北京：中華書局，2003.12，頁 86。下以所引本書皆同。) 另有四輔：太清、太平、太玄與正一，三洞四輔為七部。此一分類方式為後代延用，但這個分類方式有許多分類不明之處，陳國符先生便指出唐代修《道藏》，將所有道書強行統入七部，今日所見明代《正統道藏》，「雖仍分為三洞四輔部，其中六朝道經，亦已分部混淆，非復唐藏本來面目，其他道書，更無論矣！」(陳國符：〈三洞四輔經之淵源及傳授〉，《道藏源流考》，北京：中華書局，1992.4，頁 103)

[11] 《真誥》之「誥」為神仙真人降真之告語，主要為東晉楊羲、許謐、許翽等人降真紀錄，並有上清派諸仙真的傳記，以及以存思為主的修煉方術。陶弘景另著《登真隱

宗師。陶弘景博通醫藥與煉丹術，並建立道教神仙系譜，撰《真靈位業圖》，廣納眾神，吸收儒釋，擴大道教的傳播與影響。

在道教清整的過程中，出現「上清派」、「靈寶派」等新興道派，上清派重視存神養氣的修煉，靈寶派則強調齋醮儀軌，在道教發展史皆有重要地位。上清派以江蘇句容茅山為傳道中心，又名茅山派，其傳授《上清經》眾經，主要源自東晉道士楊羲受魏華存（南嶽魏夫人）降真所出，《真誥·翼真檢第一·敘錄》記其事曰：

> 伏尋《上清真經》出世之源，始於晉哀帝興寧二年太歲甲子，紫虛元君上真司命南嶽魏夫人下降，授弟子瑯琊王司徒公府舍人楊某，使作隸字寫出，以傳護軍長史句容許某，並第三息上計掾某某。二許又更起寫，修行得道。凡三君手書，今見在世者，經傳大小十餘篇多掾寫，真受四十餘卷多楊書。[12]

「楊某」為楊羲，「許某」即許謐，「上計掾某某」是許翽，合稱「一楊二許」或「三君」。楊羲以扶鸞的方式，得眾仙真傳授，以南嶽夫人為代表，並錄降真之文，並由許謐、許翽父子傳抄。[13] 此「三君手書」輾轉流傳，至東晉末年道士王靈期加以增飾，另有其他增撰，遂使經文雜駁，後經陸修靜

訣》，整理真人降授誥語的秘訣，論述修真之法。程樂松認為兩書互為表裡，「只有從《登真隱訣》的修真要訣條證出發，我們才可以理解《真誥》中楊許何以通過真人降誥修真登仙；而《真誥》則為《登真隱訣》中所見的修真法門及要訣提供了成功的範例。」（程樂松：《即神即心：真人之誥與陶弘景的信仰世界》，北京：中國人民大學出版社，2010.5，頁 117-118）陶弘景藉由編注降真誥文，將上清經典、仙傳與煉養方術進行整理，再結合個人修真的體驗，完善豐富了道教神學，於道教發展史具有重要地位。日本學者曾針對《真誥》進行文獻研究，析論陶弘景的思想與修煉，可參考《六朝道教の研究》，吉川忠夫編，東京：春秋社，1998.2。

[12] 《道藏》第 20 冊，上海書店、天津古籍出版社、文物出版社，1988 年影印本，頁 603-604。以下所引《道藏》皆同，僅標明冊數與頁碼。

[13] 依《真誥》的說法，上清經由東晉楊、許的降真所造，然《雲笈七籤》之〈上清源統經目註序〉則敘述上清經源於神仙所處之上清宮，由九玄道君集為寶經，傳於人世，唯漢武帝得經後不從之，故絕。其後於宣帝時復有太元真人受上清之法而得道，其後陸續有道士受經而得登天，但經文俱未傳世，直到東漢末年平帝時，西城真人授清虛真人王褒，王褒再授南嶽夫人魏華存，其後傳於楊羲，再傳許謐、許翽。這個傳承之說具有神話色彩，常見於宗教建立系譜之用，蕭登福認為：「上清經典，早在楊、許之前，甚至在魏華存前，原已存在；楊、許只不過是假借降真，來吸引世人注目，並掀起信仰的高潮。」（蕭登福：《六朝道教上清派研究》，臺北：文津出版，2005.11，頁 3）上清經典的傳授固然為神話而非信史，然據《雲笈七籤》之紀傳部所錄各真人傳記中提及之上清諸經經名，應可確定在楊、許之前，已有上清經典降授存世，再經楊羲、許謐撰造，逐漸擴增。上清派藉由經典傳授與師承，建立正統性，並吸收改良天師道的修持法門，提昇存思守一道法的重要，擴大教派的影響力。（張超然：《系譜、教法及其整合：東晉南朝道教上清經派的基礎研究》，國立政治大學中國文學系博士論文，2008.7）

與陶弘景整理與注解，成為上清派重要經典。上清派以《上清大洞真經》為眾經之首，主張存思守一的修煉法術，存想內觀諸神於身，凝合精氣神為一，再配合符籙咒印與導引吐納，依法修行便可得道成仙。上清派的修仙法術，匯集兩漢神仙方術，尤重氣之運行的身體觀，對後世影響深遠。

靈寶派的起源亦有天神傳授的傳說，就歷史中的人物而言，三國時的葛玄是靈寶經傳授的關鍵人物，而後傳經於其從孫葛洪，再傳其從孫葛巢甫，並造構新經，遂使靈寶經大行於世。[14] 在這個傳授過程中，漢代可能已流傳「古靈寶經」之《靈寶五符經》，據傳為夏禹、樂子長等人所傳授，內容為養生成仙與符咒辟邪之術。東晉末葛巢甫發揮《五符經》中的五方天帝，五篇符命真文，造構出一批以《元始五老赤書玉篇真文天書經》為首的靈寶經，這些經典被稱為「新經」，有別於「舊經」的古靈寶經，[15] 經文以長齋守戒、唱誦經讚為修道之方，重視齋期與齋戒儀法。相較於正一派的符籙咒印，以及上清派的存思身神，靈寶派則以齋醮誦經見長。在六朝之時，三派各有所長，也相互影響。

第二節 成仙理論與方術

東漢末年出現教團形式的道教，以組織化的戒律傳教，並以治病解厄吸收教眾，主事者或許有政治目的，但是對民眾提供直接的幫助，同時給予精神的支持，是道教得以傳播的重要原因。在六朝道教發展的歷程中，雖然不同道派各有特色，但都以長生成仙為終極目的，以仙人為理想的目標，藉以擺脫現實世界疾病的威脅，還有死亡對身心的限制。至於成仙的方法則是匯

---

[14] 關於靈寶經的起源與傳授，唐代道士孟安排編著之《道教義樞》謂：「洞玄是靈寶君所出，高上大聖所撰。今依元始天王告西王母太上紫微宮中金格玉書靈寶真文篇目十部，妙經合三十六卷。」（《道藏》第 24 冊，頁 813）後由天真皇人授予黃帝，其後輾轉傳至葛玄、葛洪與葛巢甫等。北宋《雲笈七籤》卷三之〈靈寶略紀〉增補之，其傳承大抵相同。關於靈寶經的傳授以及相關考證，可參見蕭登福：《六朝道教靈寶派研究》，臺北：新文豐，2008.5。

[15] 靈寶經有「舊經」與「新經」之別，陸修靜曾編有〈靈寶經目〉，原文已佚，日本學者大淵忍爾曾整理敦煌文獻殘卷之〈靈寶經目〉，即為陸修靜所記，分為「元始舊經紫微金格目」和「葛仙公所受教誡要及說行業新經」，前者為元始天尊所傳舊經，後者為葛玄所受新經。（大淵忍爾：《敦煌道經·目錄編》，隽雪艷、趙蓉譯，濟南：齊魯書社，2016.10，頁 975-978）學界一般認為「舊經」早於「新經」，「新經」為進一步解釋和闡發「舊經」所作，然而新舊之名是葛巢甫依傳經之別所分，並不意謂經書撰作年代先後，劉屹提出「新經」早於「舊經」作成，「新經」和「舊經」中又各自有先後之分，依此可更清楚審視靈寶經吸收運用佛經的術語與概念。（劉屹：《六朝道教古靈寶經的歷史學研究》，上海：上海古籍出版社，2018.3）

集兩漢的神仙方術，在實際修行中深化各種修仙方術的理論，以天師道為例，相傳為張道陵所作之《老子想爾注》，強調奉守道戒，透過積善、積精與食氣等修煉方法，便得仙壽，注文有云：

> 人但當保身，不當愛身，何謂也？奉道誡，積善成功，積精成神，神成仙壽，以此為身寶矣。貪榮寵，勞精思以求財，美食以恣身，此為愛身者也，不合於道也。[16]

本段注文區分「保身」與「愛身」，前者為遵道意、守道戒，後者則為滿足私欲，此二者亦為公、私之別，闡釋《老子》本章之「故貴於身，若可寄天下；愛以身為天下，若可託天下。」統治者是否只追求自身欲望，為判定能否託付天下的標準，即所愛者為財富私欲，必累及百姓。《老子想爾注》上承兩漢黃老思想中「治身」與「治國」並重的論點，即治理天下當無為無私，同時突出「道誡」之重要，將守道戒稱為「守一」，[17] 反映漢末天師道藉《老子》宣揚守道戒得以成仙的思想。《老子想爾注》於修仙方術強調結

---

[16] 《老子》第十三章「故貴以身於天下，（若可託天下）」句下注，引文見饒宗頤：《老子想爾注校證》，上海：上海古籍出版社，1991.11，頁 16。《老子想爾注》使用「道誡」，應有強調箴言規勸之意，本文指稱道教戒律時，使用「道戒」。《老子想爾注》原書已佚，今所見者為敦煌殘卷寫本，饒宗頤考證為張道陵所作，此注內容龐雜，以兩漢神仙方術、陰陽五行與氣化論注解《老子》，藉《老子》發揮道教的信仰與修煉方術，為老子思想的道教詮釋，參見拙著：〈《老子想爾注》詮釋老子方法析論〉，《臺北大學中文學報》第 1 期，2006.7，頁 233-258。

[17] 《老子想爾注》於第十章「載營魄抱一能無離」句下注云：「一者道也，今在人身何許？守之云何？一不在人身也，諸附身者悉世間常偽伎，非真道也。一在天地外，人在天地間，但往來人身中耳，都皮裏悉是，非獨一處。一散形為氣，聚形為太上老君，常治崑崙。或言虛無，或言自然，或言無名，皆同一耳。今布道誡教人，守誡不違，即為守一矣；不行其誡，即為失一也。世間常偽伎指五藏以名一，瞑目思想，欲從求福，非也；去生遂遠矣。」（前引書，頁 12）這一段注文有幾個要點，其一，「一」是「道」，被具象化為「太上老君」，老子是道氣的化身，也成為信仰與崇拜的對象。其二，提出「守一」即「守戒」，為成仙的重要方法與條件，道戒有清靜無為、去惡行善、結精自守，以及忠孝誠信等，包含個人修養與倫理道德等層面。其三，批評「瞑目思想」，存息於五臟之法為偽伎，可見《想爾注》反對「守一行氣」之法，而此法卻為《太平經》所強調。《太平經》重視氣息的流動，為兩漢陰陽氣論的修煉方術，《想爾注》則偏重信仰與教團組織，兩者之「守一」有別。（羅鈴沛：〈《太平經》與《老子想爾注》守一法的比較〉，《東吳中文學報》30 期，2015.11，頁 P67-98）《想爾注》吸收《太平經》之天人感應、承負報應與反對淫祀等諸多觀點，但於命定成仙與守一之法的看法有所不同，可能「因其方法不易為下層道眾掌握，不易普及，故不取。」（《新譯老子想爾注》，顧寶田、張忠利注譯，臺北：三民書局，1997.1，頁 15）由於《想爾注》是天師道誦讀的重要課本，其內容反映漢末至六朝時期天師道的特點，也可見得早期道教思想的建構情形。

精自守，節制精氣，批評當時房中術的不當，[18] 同時以道戒約束行為，宣揚忠孝仁義。「積精」是個人的修煉，「積善」是利人的行為，兩者結合而成修煉成仙的條件，意謂修行並非僅是一己之事，還須達到人我關係的道德實踐。強調遵守道戒，行善積德，遂使修仙方術具體可行，於是人人成仙成為可能。

從漢末到兩晉的神仙思想發展，小南一郎稱之為「新神仙思想」，[19] 藉以區別《史記》、《漢書》等記載的神仙方術。除了性質與形態上的不同，魏晉時期的神仙思想最重要的表現在於對成為神仙的自信與肯定，即成仙開始具有普遍性與可能性。不同於先秦至兩漢時期，能夠成仙或與神仙交流多是帝王，到了魏晉時期已開始出現人人皆可成仙的傾向。所有人皆能成仙，意謂神仙可學，此與兩漢傳統氣論的命定觀不同，應與玄學討論「聖人是否可學致」相關，從這個論題的提出，可見魏晉時期個人意志的提升。葛洪於《抱朴子內篇》申論成仙的可能，並認為透過一定的修煉方法，能長生成仙。葛洪主張服食金丹大藥是成仙最重要的方法，掌握煉製丹藥的技術，就能煉成金丹；上清派主張存思守一是成仙最重要的修煉工夫，至唐宋演變為內丹修煉，與煉製金丹的外丹形成對比；靈寶派則以齋醮壇儀為修煉法門，透過誦經、持齋與守戒，消災解厄，祈求長生。這些方法有各其特色，以下先述成仙的理論依據，再分述各種成仙方術。

---

[18] 《想爾注》有云：「道教人結精成神，今世間偽伎詐稱道，託黃帝、玄女、龔子、容成之文相教，從女不施，思還精補腦。心神不一，失其所守，為揣悅，不可長寶。」（前引書，頁 11）注文批評當時的房中術教人「還精補腦」，以及「從女不施」，這些方術以「不施」而論「結精」，是偽技，並非真正的房中術。《想爾注》主張的房中術，是指陰陽兩氣能合天地時氣相交，貴在平衡，故「陰陽之道，以若結精為生。」（前引書，頁 9）「結精」是生命的根本，適度合宜，並非不施，也不可縱欲，「能得此道，應得仙壽，男女之事，不可不勤也。」（前引書，頁 9）修煉房中術要得其法，勤於用功，才能掌握正確的方法。注文尚云：「古仙士寶精以生，今人失精以死，大信也。今但結精，便可得生乎？不也。要諸行當備，所以精者道之別氣也。入人身中為根本，持其半，乃先言之。夫欲寶精，百行當修，萬善當著，調和五行，喜怒悉去。天曹左契，筭（算）有餘數，精乃守之。惡人寶精，唐（空）自苦終不居，必自洩漏也。」（前引書，頁 27）相對於「結精」，「失精」必死，而「寶精」（不施）亦非，正確的結精是引氣入身，還得行善積德，合於陰陽五行之道，方得長生。另外，《想爾注》強調的男女合氣之術，與傳統重視子嗣的觀念有關，「道造之何？道重繼祠（嗣），種類不絕。欲令合精產生，故教之。」（前引書，頁 9）天師道主張依循正確的房中術，遵守教戒與行善，能仙壽，並綿延不絕，如此才是陰陽之道。

[19] 「新神仙思想」指魏晉時期出現人人有平等求仙的權力，有別於秦漢時的神仙思想是「帝王神仙術」，指出了神仙思想在魏晉時期的一個重大變化面象。見小南一郎：《中國的神話傳說與古小說》，孫昌武譯，北京：中華書局，1993.6。

一、成仙的可能

　　兩漢流行氣化生成觀，萬物為氣之變化而成，人也是由氣的聚合形成，在結胎成形之時，決定了形體、精神與才性，福祿與壽命也都確定，但是人的一生如果全然由先天氣命所決定，將使後天學習努力全然落空。東漢王充主張性成命定，凡人無法於後天行為改變先天命祿，也不能因後天努力而有富貴，更不可能改變壽命長短。雖然王充肯定「知物由學。學之乃知，不問不識。」（《論衡・實知》）但他是為了反對兩漢儒者謂聖人是天生而成，是生而知之，所以主張經過學習才能獲得知識，甚至說：「所謂聖者，須學以聖。」（《論衡・實知》）看似主張聖人可以學而致，但王充只著重於知識的累積，論述聖人也必須學習，並沒有將學習與人生成就相連繫，即認知事物的學問，無關乎人生的富貴貧賤。然而王充所批評漢儒認為聖人是生而知之者，反而更可以顯示漢人以氣化論看待生命的形成，以及人生的禍福。由於人的一生於受氣時已定，故從形體可觀貧賤富貴，王充論此為「骨法」，性命繫於形體。其後王符亦論骨法氣色，便云：「骨法為主，氣色為候。五色之見，王廢有。智者見祥，脩善迎之，其有憂色，循行改尤。愚者反戾，不自省思，雖休徵見相，福轉為災。」（《潛夫論・相列》）王符也從氣論強調性命由天授，肯定骨法相術，但是從骨相之見，反而可以自省，甚至能轉變福禍。王符與王充都論及世事有不合骨法之例，王充以時運說解，認為是機遇所致，王符卻主張「天道日施，地道日化，人道日為。為者，蓋所謂感通陰陽而致珍異也。」（《潛夫論・本訓》）儘管性命於結胎受氣已定，可是後天的行為仍能感通陰陽，從而改變先天命定，「然亦在我何所之可」。王符與王充的差異，反映漢人對於後天行為是否改變先天氣命，有不同的看法，而這個差異對於道教成仙的理論尤為重要。

　　生命由氣形成，結胎成形時已決定稟承之氣，是否有仙氣也於先天決定，與自主修煉成仙便有所衝突。早期道教《太平經》便主張成仙之人具有仙氣，即擁有成仙之天命，經中有云：

> 真人言：「吾生有祿命邪？僥倖也？迺得與神人相遭逢。」神人言：「然，六人生各自有命也，……故人生各有命也，命貴不能為賤，命賤不能為貴也。……貴賤實有命，愚者而妄語。」[20]

---

[20] 見《太平經》卷七十一之〈致善除邪令人受道戒文〉，引自《太平經合校》，王明編，北京：中華書局，1997.10，頁289。以下所引《太平經》皆同，僅標篇名，不另作註。

本段藉真人與神人對話，說明仙人為有仙命者，而人各有命，不能更改。然而命既不能更改，則「道」是否可學？真人繼續提問，神人曰：「然，有天命者，可學之必得大度，中賢學之，亦可得大壽，下愚為之，可得小壽。」這個回答雖然肯定後天學習，但仍受限於天命，即無仙命者，雖學成仙之術，但也僅能延壽。換言之，命不能改，便否定了修煉的意義，後天再怎麼努力都不能成仙。《太平經》的作者似乎也意識到這個問題，提出行善積德，就有機會更改壽命，由「死籍」列為「壽曹」。[21] 儘管經文鼓勵行善，強調上天考校賞罰，同時以「承負」觀念論善惡行為延及子孫，但《太平經》仍以命定論為主，認為有仙命者方得成仙。另一早期道教經典《老子想爾注》駁斥先天命定論，強調後天修煉得法，人人皆可成仙，其注《老子》十九章云：

> 今人無狀，裁通經藝，未貫道真，便自稱聖。不因本，而篇章自揆，不能得道言，先為身，不勸民真道可得仙壽，修善自勗，反言仙自有骨祿，非行所臻，云无生道，道書欺人。此乃罪盈三千，為大惡人。[22]

此注文強烈批判仙命說，將那些宣揚成仙由天生骨相者，視為「邪道」，是大惡人，針對命定論的缺陷，若是先天仙命已定，就算提倡積功行善，仍缺乏說服力，更糟糕的是那些自許為仙，蠱惑信眾的偽道者。只有拋棄命定論，才能使修煉具有意義，於是道教吸收儒家道德論述，強調孝心善行是成仙的重要條件，甚至凌駕其他方術，此舉雖使善行具有成仙的目的，淪為功利的獎賞，但對於教化勸善卻有積極意義。

魏晉時期依然流行氣化命定之說，此一時期，神仙是否存在？長生是否

---

[21] 《太平經》主張行為善惡有「承負」之相應結果，如果是「太上善人」，努力行善，「此人本無籍文也，得敕在壽曹，請須上關，補以年次，不相踰越。」（〈善仁人自貴年在壽曹訣〉）上天司命之神，會依行善與否，增減壽命，只是有種種條件限制，如需等待候補，並且要有「保任」之人等，但至少是個能改變先天命定而獲得長生的機會，可參考林富士：〈《太平經》的神仙觀念〉（《中央研究院歷史語言研究所集刊》，第 80 本第 2 分，2009.6，頁 217-263）《太平經》以氣化生成論命，但又必須肯定學習成仙之法，因此將「積學」連結「善行」，強調積善立功，如經云：「夫人愚學而成賢，賢學不止成聖，聖學不止成道，道學不止成仙，仙學不止成真，真學不止成神，皆積學不止所致也。」（〈賢不肖自知法〉）此處所云學習可以逐步晉升，也意謂凡人可以積學成仙，而能「學」者，在於善行，經文有云：「善自命長，惡自命短，何可所疑所怨乎？」（〈大功益年書出歲月戒〉）是否行善，固然有外在的上天神明賞罰，但仍得自行主動為之，而行善又能得壽，如此一來，生命的長短竟是自己所能掌握。《太平經》在氣化論的限制下，為行善積德保留自我實踐的可能，雖於理論上未竟圓滿，但也可見得造經者已注意到氣化論與修煉成仙的衝突，而試圖有所解釋。

[22] 引文見饒宗頤：《老子想爾注校證》，上海：上海古籍，1991，頁 16。

可得？以及神仙是否可學致？在士人心中糾結拉鋸。相信神仙存在，但是神仙不一定可學；否定神仙存在，卻又流露對不死的渴望。如嵇康認為神仙存在，但「非積學所能致」，他在〈養生論〉中提到：

> 夫神仙雖不目見，然記籍所載，前史所傳，較而論之，其必有矣。似特受異氣，稟之自然，非積學所能致也。至於導養得理，以盡性命，上獲千餘歲，下可數百年，可有之耳。而世皆不精，故不能得之。[23]

嵇康相信神仙存在，卻不認為可學而得之，因為能成仙者「特受異氣」，並非眾人皆有。此說是氣化論的立場，無仙氣者就算學習亦無功，但嵇康對養生仍持正面肯定的態度，認為通過適當的保養修煉可延長壽命，從嵇康身上，仍可見得兩漢以來士人對神仙可學的懷疑態度，以為延年可得，長生不能。然而，嵇康作遊仙詩，表達對神仙的嚮往，只是沒有仙氣，未得仙緣，終不能成仙。魏晉士人多有遊仙之作，[24] 反映出在社會政治動盪，理想與現實衝突之下，內心渴望成仙，擺脫世俗的煩惱與生命的限制。

東晉葛洪在世俗的困境中，積極修道煉丹，雖也受氣化論影響，認為人因稟受先天之氣而不同，但明確提出「神仙可學致」，調合氣化命定論與後天修煉，凡人皆可通過後天的學習成為神仙，肯定人人都可以成仙。誠然，葛洪在面對先天氣命與後天修煉的衝突時，有著看似矛盾的說明，在《抱朴子內篇》中，他一方面說「仙人之無種」（〈至理〉）、「仙之可學致」（〈勤求〉）；一方面又說神仙「皆其受命值神仙之氣，自然所稟」（〈辨問〉），若個別觀之，便會認為葛洪思想矛盾。[25] 然而葛洪對於「神仙是否可學致」與「神仙是否命定」的命題，進行詳細論證，他先肯定神仙確實存在，而凡人

---

[23] 引文見戴明揚：《嵇康集校注》，北京：中華書局，2014.4，頁 144。

[24] 六朝遊仙詩文學上承漢樂府，曹氏父子慕仙，嵇康、阮籍則藉遊仙訪詠懷，至郭璞又有隱逸之思，其後南北朝遊仙詩多有道教神仙思想，至隋唐蔚為高峰。仙界有別於現實世界，文人將現世的憂慮與孤獨，寄託於仙界，李豐楙指出六朝遊仙詩有種憂世之懷，「這種深沈地面對宇宙的孤獨感已非一般的事物可以解憂，因此具有他界意識的遊仙題材正好可以暫解憂愁。」（李豐楙：《憂與遊：六朝隋唐遊仙詩論集》，臺北：臺灣學生書局，1996.3，頁 11）

[25] 金正耀認為葛洪學說存在一些矛盾，主要是「神秘主義的宇宙本體論與實踐理性思維的方法論的不協調。」其仙道思想雖主「仙可學致」，但又無法擺脫宿命論。（金正耀：〈葛洪與魏晉丹鼎道派〉，為《中國道教史》第三章，任繼愈主編，上海：上海人民，1990.6）而熊鐵基認為葛洪既認為「仙可學致」，又強調人生有定命，是其矛盾處。（熊鐵基：〈人皆可以為神仙——葛洪神仙論的現代詮釋〉，收於《道教文化十二講》，熊鐵基、劉固盛編，合肥：安徽教育，2004.11，頁 355）另外，大淵忍爾也認為葛洪一方面強調學習與技術練習的說法，但又有稟氣論的命定論觀點，顯示葛洪思想的某種矛盾性。（大淵忍爾：〈抱朴子における神仙思想の性格〉，《初期の道教：道教史の研究其の一》，東京：創文社，1991.11）

於受氣結胎時，已決定體內是否具有仙氣，具有仙氣者相信神仙，沒有仙氣者便不信，而信仙者必須掌握正確的修煉方式，堅定不移，最終才能成仙。[26] 這個論證最重要的關鍵，在於信仙者必承仙命，他說：

> 按仙經以為諸得仙者，皆受命偶值神仙之氣，自然所稟。故胞胎之中，已含信道之性，及其有識，則心好其事，必遭明師而得其法，不然，則不信不求，求亦不得也。玉鈐經主命原曰：人之吉凶，制在結胎受氣之日，皆上得列宿之精。其值聖宿則聖，值賢宿則賢，……值壽宿則壽，值仙宿則仙。……為人生本有定命，張車子之說是也。苟不受神仙之命，則必無好仙之心，未有心不好之而求其事者也，未有不求而得之者也。[27]

本段論述世人皆於「結胎受氣」時依星宿運行之位而得命，是否有仙氣也在此時決定，仍然這個看似命定論的說明，卻與後天的個人意志有所連結而形成翻轉。葛洪徵引仙經，說明得仙者稟受先天氣命，因先天受仙命便會興起求仙之心，「不受神仙之命，則必無好仙之心。」這個論證將後天相信神仙連結為是否受仙命，以「相信」做為受仙命的判準，如此一來，原本先天命定反而成為自我意識所能決定。而為了加強後天修煉的艱難考驗，葛洪提出在先天稟氣之說後，復增「心好其事」、「遭明師」與「得其法」三條件方得成仙，《內篇》中多處強調成仙須立志勤求，必得訪明師，以及學習金丹大道之法，[28] 這些條件若不齊備，就算稟仙命亦無用，顯見除先天稟氣之外，尚得後天條件皆俱備才能成仙。

---

[26] 李豐楙曾整理葛洪神仙理論的論辯方法，指其採先破後立，「懷疑眾說以存疑」；以及從素樸的科學觀察與神秘的巫術性思考原則，「博徵載籍以定論」兩大論辯過程。（李豐楙：《不死的探求——抱朴子》，台北：時報文化，1998.12，頁 142-160）懷疑與引證，是葛洪討論神仙相關命題時所採用，他還通過大量徵引，使用演繹與歸納論證方法，證明神仙存在，並且在神仙確實可信的基礎上，進一步論證成為神仙是可能的。葛洪提出稟仙氣故信仙，因為信仙則必有仙命，這是個循環論證，雖然論證並非有效，但葛洪試圖確立修煉可以成仙，使後天努力有其意義，已為道教奠定修煉的理論基礎。關於其論證的分析，可參考拙著：《葛洪〈抱朴子內篇〉與魏晉玄學》第三章〈「神仙是否可學致」與「聖人是否可學致」〉，臺北：臺灣學生書局，2012.11，頁 105-158。

[27] 《抱朴子內篇‧辨問》，王明：《抱朴子內篇校釋》，北京：中華書局，1985.3 第二版，頁 226。以下所引《抱朴子內篇》皆同，僅標明篇名，不另作註。

[28] 《抱朴子內篇‧明本》曾提到「神仙之經，至要之言，又多不書。」既無文字流傳，乃多憑口訣，但是「苟非其人，雖裂地連城，金璧滿堂，不妄以示之。」可見明師亦不輕易傳授成仙的方法，即成仙之法並非能以名位富貴換得。又因為仙道之「指深歸遠」，就算「得其書而不師受，猶仰不見首，俯不知跟」，光是得到仙經也沒有用，還是須有明師指點，所以葛洪非常重視「明師」，與「立志」、「得其法」同為學習成仙方術的三個要項。

　　葛洪在先天受仙命的論述之下，將人分成有仙命及無仙命兩種，無仙命的人則「必無好仙之心」，故無求仙的動機，沒有求仙的行動，當然不可能成仙，符合「無仙命」的先天命定；有仙命的人則信仙，但又分成「求」與「不求」兩種，雖命中有仙氣，但若後天不求，亦無法成仙；而求仙者，若沒有堅定的意志等條件，也無法成仙。葛洪對於仙命的論證，試圖將命定論轉移至自我意識決定論，引用古龜甲文曰：「我命在我不在天。」（《抱朴子內篇・黃白》）這個宣示確立了道教修煉成仙的自我意志，這是道教對於命定論的重要突破。神仙如果可學致，則人人皆可學而成仙，葛洪對此持肯定的態度，其云：

> 微妙難識，疑惑者眾。吾聰明豈能過人哉？適偶有所偏解，猶鶴知夜半，燕知戊巳，而未必達於他事也。亦有以校驗，知長生之可得，仙人之無種耳。夫道之妙者，不可盡書，而其近者，又不足說。（《抱朴子內篇・至理》）

本段中「仙人之無種」看似否定先天命定，然觀全文可知，葛洪欲描述神仙境界之高妙，一般人難以盡見全貌，故此處的「種」應釋為「類別」，即能成仙者不限於王侯貴人，各個階層都有可能，因先天稟受神仙之氣是隨機的，凡人無法預知，故成仙者不問出身，端看是否努力求道。因此下文引庚桑楚和文子刻苦努力，方得以修道成仙，並批評時人未能信仙，亦未能得到真正的修煉方法，指出世人眼光淺短。「仙人無種」與「仙人稟神仙之氣」不相衝突，葛洪認為仙人稟神仙之氣，但不限階層，任何人都有可能稟受仙氣，更加強化了人人皆可成仙。

　　於是，當成仙的方式從接受神仙所贈予的不死藥，轉變成能自行煉成不假他求，象徵自力成仙的可能，這是神成仙理論的一大突破。小南一郎曾指出葛洪《抱朴子》代表的是一種「自力本願」的神仙思想，為魏晉時期知識份子所支持的「新神仙思想」的精華；而《神仙傳》則表現出向「他力本願」的民間神仙信仰的傾向。[29] 雖然其論述是為證明現行本《神仙傳》應非葛洪所作原本，但我們可從其論點看出魏晉神仙思想一方面出現「我命在我不在天」的自我修煉傾向；另一方面自先秦起藉由神仙的接引，能獲得不死藥而成仙的思想，在魏晉仍有延續。葛洪在《抱朴子內篇》中充分肯定立志求仙，使得成仙得操之在我之精神更形穩固，突出了個人自主意識在求仙的重要性。既然神仙可學，則先天氣命的決定論就出現缺口，葛洪立定「神仙可學」並調合兩漢氣命論，為道教建立完整的成仙理論。

---

[29] 小南一郎：《中國的神話傳說與古小說》，孫昌武譯，北京：中華書局，1993.6，頁 166-231。

二、成仙的方法

　　六朝道教的各種成仙方術多有其源，不同道派也各有所重，然多能在前人的基礎上加以精進，並有實證經驗，得以完善各種仙術理論。葛洪在《抱朴子內篇》中論及許多成仙方術，但大致以「寶精」、「行炁」和「服藥」三種最為重要，其云：

> 抱朴子曰：欲求神仙，唯當得其至要，至要者在於寶精行炁，服一大藥便足，亦不用多也。然此三事，復有深淺，不值明師，不經勤苦，亦不可倉促而盡知也。（《抱朴子內篇·釋滯》）

「寶精」即房中術也，葛洪主張金丹大藥最為重要，屢言服食金丹便得以成仙，是以能掌握煉製的方法，便得到進入仙界的鑰匙。葛洪對房中術有所保留，之所以與行氣、服藥並列，一方面以房中主陰陽調和，不可盡廢；一方面房中術隱諱困難，須得其正法。[30] 房中術在六朝時持續發展，與行氣相結

---

[30] 〈釋滯〉此引文之後，解釋「行炁」、「房中」與「服藥」各有百千種方法，須由淺而深，復得明師，力行勤修可得致神仙。葛洪還提到「房中之法十餘家，或以補救損傷，或以攻治眾病，或以采陰益陽，或以增年延壽，其大要在於還精補腦之一事耳。」（〈釋滯〉）點出房中術以「還精補腦」為宗旨。所謂「還精補腦」之「精」，學界多以「精液」視之，故「還精補腦」為一控制精液射出的技巧。（如李零：《中國方術考》（修訂本），北京：東方出版社，2001.8，頁426）但李零也指出「精」既為「精液」，也可指存於體內的「精氣」，復有用於女姓而為「女之精」者。或者將「還精」視為「氣」的流動，以導引、氣功的角度解釋。（高羅佩（R.H. van Gulik）：《中國古代房內考：中國古代的性與社會》，李零、郭曉惠等譯，台北：桂冠，1991.11）以「氣」之精華為「精」，其說應自戰國後期形成，《管子·內業》：「精也者，氣之精者也。」《文子》、《呂氏春秋》、《淮南子》都有人之體氣最精者為「精氣」的說法。（杜正勝：《從眉壽到長生——醫療文化與中國古代生命觀》，台北：三民，2005.4）而「精氣」、「精液」與「精神」有關，原田二郎便認為以「精」對應「房中」，「氣」為「胎息」，「神」則是「存思」的道教修行方式，以養生家最重視的「精」為核心，有個「神」→「氣」→「液」的變遷過程。（原田二郎：〈養生說における「精」の概念の展開〉，收入《中國古代養生思想的總合的研究》，東京：平河出版社，1988.2，頁 342-378）而房中的陰陽相交與內外丹的龍虎交媾，皆涉及精、氣的轉化，使身體純淨不死。（石田秀實：《氣·流動的身體》，楊宇譯，台北：武陵，1996.2）基本上，葛洪肯定房中術，其云：「人復不可都絕陰陽，陰陽不交，則坐至壅閼之病；故幽閉怨曠，多病而不壽也。任情肆意，又損年命。唯有得其節宣之和，可以不損。」（〈釋滯〉）葛洪一再強調人不可陰陽不交，正視本能之性，但是必需節宣有法。房中術可「補救損傷」、「攻治眾病」，如同治病之方，「增年延壽」是房中術最重要的目的。葛洪並不排斥房中術，他反對的是單行房中術就可致神仙，或可以移災解罪之說，或者濫用房中術行御女之事，這些都是「巫書妖妄過差之言」或「姦偽造作虛妄」。（〈微旨〉）換言之，房中術不能單行致神仙，而且必須得其正法。

合，在施術時配合呼吸吐納與導引伸展，使陰陽兩氣與天地之氣交流運行，最終長生成仙，這是六朝道教房中仙術與傳統房中養生術最大的不同。[31] 至於「行氣」之法，則是先秦兩漢氣化論的發揚，包含導引、吐納、調息、胎息等各種呼吸功法，葛洪屢稱道之。「服藥」之「藥」或云「大藥」，即「金液還丹」，或名「金丹」，其法承古代煉冶之術，葛洪視為成仙的最重要方法。文中所謂「此三事，復有深淺」，指「寶精」、「行氣」與「大藥」（金丹）各有深淺，其方複雜，學者宜從淺入深，非云此三者有高下之別，顯見葛洪將此三者並列為求神仙之「至要」。此三者皆與「氣」有密切關係，「行氣」與「寶精」都為氣之運行，「大藥」的煉製亦須得天地之氣，「氣」是生命之源，道教的各種修煉方式多以氣論為基礎。在六朝道教的發展過程中，早期天師道重視符籙、房中等方術，葛洪強調煉製金丹，上清派以存思守一為成仙之大法，靈寶派則重齋儀，以下擇要說明。

（一）金丹大藥

服藥可成為神仙，自先秦已流傳，許多帝王皆希望得到不死藥，《戰國策・楚策》中「有獻不死之藥於荊王」而引發搶食的故事；《史記・封禪

---

[31] 六朝道教的各種修煉長仙方術中，房中術應是爭議最大者。兩漢房中術與醫學關係密切，以傳宗接代為目的，與養生亦有關聯，然而當以長生為目的之「寶精」興起，與求子嗣的傳統觀念相衝突，「寶精」強調「握固不洩」，就無法傳宗接代，而且當寶精朝向御女發展，更引發爭議。魏晉時期各道派對房中術的看法不同，天師道主張行房中術成仙，《老子想爾注》雖批評當時藉「寶精」之名行御女之術的房中術，但鼓勵陰陽和合的房中術。至於北朝寇謙之反對天師道的「男女合氣」之術，南朝上清派主張存思守一，反對還精補腦的房中術。相較於六朝其他道派，以葛洪為代表的「葛氏道」對於房中術抱持肯定的態度。（林富士：〈略論早期道教與房中術的關係〉，《中國中古時期的宗教與醫療》，台北：聯經，2008.6，頁 333-402）只是葛洪雖肯定房中術，仍有所保留，反對單行房中術成仙。南朝陶弘景於《真誥》藉紫微夫人之語批評張道陵的「黃赤之道」為下等的長生之術，而云：「夫真人之偶景者，所貴存乎匹偶，相愛在於二景。雖名之為夫婦，不行夫婦之跡也。」（《道藏》第 20 冊，頁 497）其意為真正的房中術沒有肉體接觸，為存思內觀，與神靈交感的「偶景法」。有夫妻之名，但不為夫妻之跡。此為存思術的深化運用，所存思的神仙或四氣雲牙是為外景，修道者象徵內景，通過「偶景」的修習使內外景氣相合而得道。（胡百濤：〈上清經所見偶景與存思關係推考〉，《中國本土宗教研究》（第二輯），北京：社會科學文獻出版社，2019.1，頁 61-77）陶弘景批評的「黃赤之道」，可見於《洞真黃書》與《上清黃書過度儀》，是一種結合陰陽五行、八卦九宮等天文曆法的房中術，嚴善炤稱之「黃赤混氣房中道術」，認為：「道教法術與身體技法，又是相互結合應用混氣修行與過度儀式之中。這也就成為黃赤混氣道術的一個最重要特徵。這樣，就比較客觀而容易地把它與《玄女經》、《素女經》等所傳授的傳統房中技法進行區別。」（嚴善炤：《古代房中術的形成與發展——中國固有「精神」史》，臺北：臺灣學生書局，2007.9，頁 160-161）

書》有齊威王、宣王與燕昭王遣使入海中仙山求藥之事，因為相傳「諸仙人及不死之藥皆在焉」；秦始皇派徐福入海求藥，其後陸續遣使韓終、侯公、石生與盧生求僊人不死藥。不死之藥在海外仙山，故而難得，也突顯成仙不易。然而原本必須外求的仙藥，在漢代轉變為可以透過煉製而成，方士李少君語漢武帝：「祠灶則致物，致物而丹沙可化為黃金，黃金成以為飲食器則益壽，益壽而海中蓬萊僊者可見，見之以封禪則不死，黃帝是也。」（《史記・武帝本紀》）這段話將「祠灶」、「致物」、「黃金」、「益壽」連結而成求仙的過程，最終可以不死。這其中的「致物」為「化丹沙為黃金」的黃白方術，便是具體的煉製方術，此後具有此術的方士便層出不窮。兩漢煉丹方術與氣論、陰陽五行，以及醫藥理論相結合，在各種神仙方術中尤為重要。

煉丹術包含黃白術和金丹術，所謂黃白術是將鉛、錫等金屬冶煉成黃金、白銀而得名；至於金丹術則是將某些金屬和非金屬礦物按一定比例與操作程序，反復煉製，最後所得的化合物呈金色，所以稱金丹，服用金丹可延年益壽乃至成仙。[32] 金丹術與黃白術雖然名稱不同，但實際煉製時卻常混合，即煉丹時會生成黃金（藥金），煉成的藥金亦可服食成仙。[33] 不論道士使用何種方法，目的皆為長生成仙，不得求以致富，也不可心存致富之念。葛洪引其師鄭隱所云：「真人作金，自欲餌服之致神仙，不以致富也。」（《抱朴子內篇・黃白》）道士以修煉成仙為目的，不能藉黃白術斂財。煉丹術又名外丹術，乃因唐代內丹術興起，將身體視為鼎爐，氣血精氣為煉製的材料，修煉結丹而長生，故將金石方術稱之為外丹術。對於外丹術，近代學界從掌握化學冶煉的角度給予肯定，煉製丹藥涉及原料、劑量與製程，與西方化學實驗相近，被視為中國科學技術於中世紀的發展。[34] 另外，道教的黃

---

[32] 葛洪釋「黃白」曰：「黃者，金也；白者，銀也。古人秘重其道，不欲指斥，故隱之云爾。或題篇云『庚辛』，庚辛亦金也。然率多深微難知，其可解分明者少許爾。」（《抱朴子內篇・黃白》）「黃白」之名取其色，為煉製的產物。至於「金丹」，葛洪分為「還丹」與「金液」，合稱為「金丹」。

[33] 《黃帝九鼎神丹經》言及各種金丹煉製法，在製作過程中會產生「黃金」，此「黃」為顏色，雖是煉製而成，但即為「金」。而《抱朴子內篇・黃白》所記「務成子法」，煉成之藥金以牡荊赤黍酒漬之，日三服，「盡三斤，則步行水上，山川百神，皆來侍衛，壽與天地相畢。」這些煉製而成的「藥金」，與真金無異，同時也是丹藥。

[34] 如英國科學史家李約瑟（J. Needham）對中國古代科學的研究中，論及道教煉丹與冶金技術發展的關係。（李約瑟：《中國科學技術史》（第 2 卷），北京：科學，2005.8）日本學者吉田光邦〈中世の化学(練丹術)と仙術〉一文，則詳細說明煉丹術與中國古代化學的發展，（《中國中世紀科學技術史の研究》，藪內清編，京都大學人文科學研究所研究報告，東京：角川書店，1963）書中另有一篇山田慶兒〈中世の自然觀〉，甚至稱葛洪是近代化學的先驅。而胡孚琛直接以「道教科學」為名，將金丹、醫藥、房中、武術和兵法等全納入中國科學之範疇。（胡孚琛：《魏晉神仙道教——抱朴子內篇研究》第六章〈《內篇》中的道教科學〉，北京：人民，1989.6）至於以「道教科學」為研究對象的論

白術近似「煉金術」（Alchemy），[35] 也被認為是一種神秘的改變物質的技術。只是中國歷代多有服食金丹致死的事例，唐宋時多有非議，[36] 事實上，道士煉丹的目的為求長生不死藥，各種煉丹記載並非為了建立客觀實驗數據，而是一種不可外傳的神秘技術，與科學理論或實用目的有所出入。習得煉丹術即掌握長生不死的秘訣，如同獲得創生萬物的力量，此能力非同小可，若為有心人掌握，還會引發嚴倫理道德問題，是做金丹黃白術必須隱秘，故常用隱語。

金丹是服食方術之一，服食可食氣、服藥或服金丹，煉製金丹的原料可大略分為草木藥和金石藥，草木藥以植物和菌類為主，偶用動物的血肉；金石藥指各種礦物，用爐鼎燒煉，能配製成藥餌，最終可得金丹。煉製時需齋

著，還可參考《中國道教科學技術史（漢魏兩晉卷）》，姜生、湯偉俠編，北京：科學，2002.4。另外，道教煉丹與中國化學、金屬工業的關係，可參見《中國古代金屬化學及金丹術》，王璡等著，上海：中國科學圖書儀器，1957.4；Nathan Sivin, *Medicine, Philosophy and Religion in Ancient China: Researches and Reflections.* Aldershot, England: Variorum, Ashgate Publishing, 1995. pp.1-72.

[35] 黃白術嘗試從礦物原料提煉金銀，西方多以「煉金術」（Alchemy）視之。若比較道教黃白與西方煉金，有相似之處。包括中國、印度、埃及、中東與歐洲等世界古文明，皆有煉金術傳統，雖然文化背景、地理環境有極大差異，但是煉金術士企圖透過各種煉製方法將物質提昇至另一層次，甚至追尋一個理想中的「哲人石」（philosopher's stone），似乎有著神秘的共同性，煉金術不只是一種化學實驗或財富的追求，還有一種超越現實的嚮往。然而中國黃白術起於求仙，期望突破時空限制，便非單純的煉金術。關於中外文化中的煉金術研究，可參考[英]馬歇爾（P. Marshell）：《哲人石：探尋金丹術的秘密》，趙萬里等譯，上海科技教育，2007.06。近代心理學大師榮格（C. G. Jung）在晚年藉用煉金術與道教內丹學，將其心理學進行現象學式的分析，揭示煉金術中的象徵意義，參見[美]芮夫（Jeffrey Raff）：《榮格與煉金術》，廖世德譯，台北：人本自然，2007.8。

[36] 唐代外丹術大盛，許多皇帝多因服食金丹致死，清代趙翼於《廿二史箚記》卷十九有〈唐諸帝多餌丹藥〉一文，整理唐代帝王鍾於煉丹。唐代服丹致死的情形，當時已引非議，此亦為內丹術興起之因。陳國符先生認為外丹術至唐代臻於極盛，雖然餌食金丹中毒者時有所見，但至宋代仍不乏煉丹者，且道士煉丹有從神仙金丹轉為煉金黃白的趨勢，以謀財利，故《正統道藏》所收丹書多為隋唐後之黃白法。此外，葛洪《抱朴子內篇》所述金丹法，不用陰陽五行，以及龍虎、真鉛、真汞等名詞，亦不援引《參同契》、《龍虎經》；其後陶弘景主上清存想法，卻也煉九轉神丹，亦無陰陽五行之說。至於隋唐內丹法多言陰陽八卦、四象五行、鉛汞龍虎，多援引《參同契》、《龍虎經》、《金碧經》，亦多用隱語，外丹書亦如此。（陳國符：〈中國外丹黃白術考略論稿〉，《道藏源流考》下冊，北京：中華書局，1992.4，頁 370-437）由此可見外丹術於唐代愈趨神秘化，理論也更為複雜。關於中國煉丹術的發展歷程，還可參考容志毅：《中國煉丹術考略》，上海：三聯，1998.5。現代學者論外丹黃白之術多視為中國早期化學試驗，但應排除於人體養生之外，如洪丕謨分類道教十大長生術，便剔除外丹、服石、服散等所謂違反科學之法。（洪丕謨：《道教長生術》，杭州：浙江古籍，1992.2）陳耀庭等編《道家養生術》，也認為外丹術雖影響了中國古代化學和醫藥，但是不能做為今日養生之用，故僅編「金石方」於「服食類」的附錄。（《道家養生術》，陳耀庭、李子微、劉仲宇編，上海：復旦大學，1992.8）

戒沐浴，配合日月時程，焚香祝禱，各種煉製材料皆有規範，舉《黃帝九鼎神丹經》所記「第一神丹」的「丹華」為例：

> 作之法，用真砂一斤，亦可二斤，亦可十斤，多少自在，隨人富貧。納釜中，云以鹵鹹覆，擣之。以六一泥塗釜口際會，無令洩也。……先以馬通糠火。去釜五寸，溫之九日九夜，推火附之，又九日九夜。以火壅釜半腹，又九日九夜。凡三十六日，可止火一日，寒之。……若藥不伏火者，當復飛之，和以玄水液、龍膏澤，拌令泹泹。復置玄黃赤土釜中，封其際如始法，猛火飛之。三十六日藥成，凡七十二日畢矣。欲服藥，齋戒沐浴五七日，焚香。乃以平旦，東向禮拜長跪，服之如大黍粟，亦可如小豆。上士服之，七日乃升天；中士服之，七十日得仙；愚人服之，以一年得仙成。……玄女曰：作丹華成，當試以作金。金成者藥成也，金不成者藥不成。藥未伏火，而不可服也。……斤與銖慎勿多，多則金剛，少則金柔，皆不中槌也。又云：金若成，世可度；金不成，命難固。徒自損費，何所收護也。[37]

這段經文說明「丹華」的煉製過程，「真砂」即「丹砂」，為硫化汞，「六一泥」、「馬通糠」、「飛」、「玄水液」、「龍膏澤」等為煉製材料與方法的專門術語，[38] 而煉製的火候、時間皆有講究，服食需齋戒，焚香禮拜，結合祝辭齋儀，呈現丹法的嚴謹與慎重。至於煉製的日程合於陰陽五行之數，[39] 上士、

---

[37] 《道藏》第 18 冊，頁 796。本經出於漢末，《正統道藏》名為《黃帝九鼎神丹經訣》二十卷，收入洞神部眾術類。本書第一卷為經文，應是葛洪《抱朴子內篇‧金丹》所引之《黃帝九鼎神丹經》，乃黃帝受丹道於玄女，有九種丹法，丹華為第一。卷二至卷二十為經訣，乃後人纂集，註解原經並發揮論述之，包括丹經傳授，九丹功能，煉製方法與禁忌，還有關於原料諸藥之說明。

[38] 「六一泥」有七種材料，《黃帝九鼎神丹經》云：「六與一合為七也。聖人祕之，故云六一。……礬石、礜石、戎鹽、鹵鹹，先燒之二十日，又取東海左顧牡蠣、赤石脂、滑石。凡七物，或多少者自在，擣一萬杵，細篩下之，以百日苦酒和為泥丸。」（《道藏》第 18 冊，頁 814）這七種材料必須經過一定燒的方法與過程，才得「六一泥」。至於「馬通糠」為馬冀與穀糠混合的燃料。「飛」意為金屬經高溫昇華，或氧化作用而附著於釜頂的煉製方法。外丹術中的術語與隱語，可參考陳國符：《中國外丹黃白法考》，上海：上海古籍出版社，1997.12。《黃帝九鼎神丹經》中所述丹法，於其後的經訣多有解釋說明，或可見於早期丹書，如《黃帝九鼎神丹經訣》：「玄水液者，一名玄水澤，即是磁石水也。」（《道藏》第 18 冊，頁 858）《太清金液神丹經》：「龍膏澤者，桑上露也。露著桑葉上，平旦綿拭取之，煮大乾棗、取上清汁合駕羊髓分等，煎以為棗膏。」（《道藏》第 18 冊，頁 754）六朝丹法名詞尚可查考，唐宋後的丹法趨於複雜，解讀更為困難。

[39] 兩漢數術學立基於陰陽五行，以天人感應為核心，因此煉丹之時辰、時節、時程皆有規範，以符合金丹的神秘性與效驗。如九為陽數之極，而六為陰數之極，從曆數觀之，如《鶡冠子‧度萬》中有云：「天地陰陽，取稽於身，故布五正以司五明，十變九道，稽

中士與愚人的時日有所不同，這個分別意謂丹法需與才性相配合，此為傳統氣命的三品分類，不過最終皆可成仙。而文中可見煉丹時亦可成金，而且金成則藥成，可見黃白術與金丹術相輔而成。

　　外丹術之所以成為重要的成仙方術，在於運用類推之法，從金的屬性得出金丹具有長久不壞之性，服食能得其性，葛洪便以此法加以論證，其云：

> 夫五穀猶能活人，人得之則生，絕之則死，又況於上品之神藥，其益人豈不萬倍於五穀耶？夫金丹之為物，燒之愈久，變化愈妙。黃金入火，百煉不消，埋之，畢天不朽。服此二物，煉人身體，故能令人不老不死。此蓋假求於外物以自堅固，有如脂之養火而不可滅，銅青塗腳，入水不腐，此是借銅之勁以扞其肉也。金丹入身中，沾洽榮衛，非但銅青之外傅矣。（《抱朴子內篇‧金丹》）

「二物」為還丹與金液，之所以服之能為仙，要言之：其一，人吃五穀延續生命，如果服食一種本身長久不變的藥物，則人便能因此而長生，其理為「假求於外物以自堅固」。其二，黃金具不壞之性，相較於各種草木與礦物，不懼火燒。其三，煉製金丹無法速成，要燒煉愈久，「變化」之效方得顯著。其四，金丹必得服食，才能在體內起作用，借用外物改變生理限制，是最快也最直接的方式。這個論述以金丹不同於草木的物理性質，言人服之便能得其長久之效，直接以類推方式說明金丹之重要。[40] 如果金之性為久，服黃金便可，為何還得燒煉？且煉金丹之原料並非黃金而是丹砂，可見以「金」為名，實取其長久的象徵意義。[41] 而煉製不同於自然，〈黃白〉有云：

從身始。五音六律，稽從身出，五五二十五，以理天下，六六三十六，以為歲式。」此處之「三十六」為六之相乘，為五行十月曆法，此說於《黃帝內經》中以「六六之節」的歲數，論氣之運行；至於《易經‧繫辭下》云：「兼三才而兩之，故六六者，非它也，三才之道也。」以天地人之三才而兩之，對應六爻，故六六之。至於七十二，《漢書‧律曆志》有云：「三微而成著，三著而成象，二象十有八變而成卦，四營而成易，為七十二，參三統兩四時相乘之數也。」參三統為六，兩四時為八，八九相乘為七十二，由此可見煉丹講究陰陽五行之數。另可注意的是，唐宋內丹學所重視的《周易參同契》，運用兩漢易學之卦爻象數於煉丹理論，在六朝外丹理論卻被冷落，陳國符先生考證在《參同契》前後的古丹經並無易理，葛洪《抱朴子內篇》中的〈金丹〉、〈黃白〉皆不用易理。（陳國符：《道藏源流續考》，臺北：明文書局，1987.11，頁352-352）

[40] 弗雷澤（Frazer）所論之「交感巫術」（sympathetic magic），論述原始巫術以事物所具有相同或相類的性質能達到互相傳遞或影響的原則施術。（弗雷澤：《金枝——巫術與宗教之研究》，汪培基譯，台北：桂冠，1991.2）葛洪論金丹，也是事物同類相生的概念。

[41] 葛洪所述各種金丹之法並無直接以黃金為原料者，僅「金液」之原料有「古秤黃金一斤」，並說「合金液為金難得耳」，因「古秤一斤於今為二斤，率不過直三十許萬。」（《抱子內篇‧金丹》）合「金液」的原料眾多，但煉製較金丹為易，服之亦能成仙。唯此「金液」，並非單純的液態金，胡孚琛曾指明此點，並認為「道士們的金液只是一種被認為具備金性的溶液，這種溶液對金的溶解作用或稱作對金性的汲取效應實際上大多

「又化作之金，乃是諸藥之精，勝於自然者。」煉製為何勝於自然？這是燒煉的重要象徵意義，即神仙並非輕易可得，煉製所需各項條件得齊備方可，而且煉製時需遵循各種規範，稍一不慎，金丹不成，故金丹大藥難得，愈難得愈見其價值，這也是葛洪一再提及煉丹需要許多條件的原因。

　　六朝各道派多肯定服金丹能成仙，陶弘景提倡存思守一的修練方法，但他也肯定服食金丹是重要的成仙方法，《真誥‧運象》中記滄浪雲林右英夫人降真之語，其云：「若夫瓊丹一御，九華三飛，雲液晨醑，流黃徘徊。仰咽金漿，咀嚼玉蕤者，立便控景登空，玄升太微也。」（《道藏》第20冊，頁514）明確指出服食丹藥即可成仙。服食金丹成仙能吸引士人，還有一個原因，相較於其他方術，金丹煉成，可不限於一人服食，葛洪曾說若神藥可以煉成，則「可以舉家皆仙，不但一身耳。」（《抱朴子內篇‧金丹》）葛洪一再強調金丹煉製之不易，為何煉成可以舉家成仙呢？這裡似乎透露出葛洪在面對個人獨自長生的內心焦慮。蓋金丹煉成，服食即仙，然家人友朋仍受死亡制約，若所有親人老死之後，唯得仙者獨活，將感到孤獨寂寞。「舉家皆仙」的想法自兩漢已有，[42] 身處六朝亂世的士人，對於現實的焦慮，更勝於

是象徵性的。」（胡孚琛：《魏晉神仙道教——抱朴子內篇研究》，北京：人民，1989.6，頁245）「金液」不但只是取「金」之名的象徵用法，在後來的內丹修煉中，更作為「肺液」使用，也可見得「金液」一詞的變化。

[42] 西漢公孫卿曾描述黃帝攀龍背升天成仙，還連同隨從及七十多個妻妾也一起升天。（《史記‧孝武本紀》卷十二，《史記‧封禪書》卷二十八）而這種帶有極大世俗意味的成仙方式還從帝王擴大至貴族與平民，傳說淮南王劉安服了不死藥，不只全家，連雞犬也隨之升天，《論衡‧道虛》記此事云：「王遂得道，舉家升天，畜產皆仙，犬吠於天上，雞鳴於雲中。」葛洪於《神仙傳》也記載淮南王服藥，「骨肉近三百餘人，同日昇天。雞犬舐藥器者，亦同飛去。」（《神仙傳》卷六）另外，〈仙人唐公房碑〉記唐公房與妻兒服藥成仙，連同房舍六畜都一起仙去。（嚴可均：《全後漢文》卷一百零六）余英時曾分析這種渴望成仙又不放棄世俗欲望的想法，來自西漢方士為了說服統治者求仙，於是「將傳統的彼世之仙轉變成為世間之仙，從而符合世俗統治者的世俗欲望。」（余英時：《東漢生死觀》，上海：上海古籍，2005.9，頁34）相較於早期「僊」所帶有的離世意味，世俗化的「仙」有更大的吸引力，而這些舉家皆仙的例子中，服藥是最便捷的方式，葛洪承繼之且強調金丹可自煉不待仙人施給，加深「仙可學致」的理論基礎，藉以鞏固求仙者的信心。《黃帝九鼎神丹經訣》卷一序言：「神藥成，便為真人，上天入淵，變化恍惚，可以舉家皆仙。」（《道藏》第18冊，頁795）另外經文又比較金丹與草木藥，草木藥可延年益壽，但不免於死，服食金丹可成仙，「與天地相畢，與日月同光，坐見萬里，役使鬼神，舉家昇虛。」（《道藏》第18冊，頁795）可見舉家皆仙，是以金丹大藥成仙，所能獲得的神通之一。再證同經文第三神丹，「凡夫男女小兒，奴婢六畜，以與服之，皆仙而不死矣。」（《道藏》第18冊，頁797）家人六畜皆能一同服食，由此可見金丹大藥的功效。此外，也有不服藥而舉家飛升之例，與葛洪同時的道士許遜修道成仙，「合宅飛昇，雞犬悉去。」（《孝道吳許二真君傳》，《道藏》第6冊，頁845）許遜以孝順著名，並以齋醮法術，祈福消災，深獲民心。忠孝是善行，也是道戒的要求，許遜是積善成仙的代表，由於其孝行，故闔家飛昇，父母皆仙。以忠孝善行成仙，是道教極力宣揚的方式，從儒道關係的角度，可視為六朝思想史中於道教的體現。

兩漢，所以理想的成仙者，並非獨自飛昇儦去，而是舉家皆仙。若從結果而論，能夠舉家皆仙的金丹，是各種成仙方術中最為理想者，故而更強化金丹術的重要。

（二）存思守一

前述葛洪以「寶精」、「行炁」和「服藥」三者為重要的成仙方術，雖然葛洪以金丹大藥為先，但其他方術亦值得一試，即能兼修之，對於成仙都有助益，如《抱朴子內篇·對俗》引《仙經》云：「服丹守一，與天相華；還精胎息，延壽無極。此皆至道要言也。」此言「服丹」、「守一」、「還精」與「胎息」為四種成仙要道，後三者皆直接與「氣」有關，[43] 可視為「行炁」的運用。兩漢神仙與醫家皆以氣為生命之源，氣之凝聚為精，神則為控制精氣的力量，對於精、氣、神的關係與論述，為道教吸收，在漢末六朝時發展出「守一」的成仙方術。

「守一」之說可溯及《老子》：「聖人抱一為天下式。」（二十二章）老子言「抱一」，即以「一」為治理天下的準則，此處言為政之道，《老子河上公章句》注云：「抱，守。法，式也。聖人守一，乃知萬事，故能為天下法式也。」將「抱一」解為「守一」，注文順從老子文意。然河上公於注《老子·十章》，便全然從煉氣養生的角度說之，其云：

> 載營魄，營魄，魂魄也。人載魂魄之上得以生，當愛養之。喜怒亡魂，卒驚傷魄。魂在肝，魄在肺。美酒甘肴，腐人肝肺。故魂靜志道不亂，魄安得壽延年也。抱一，能無離，言人能抱一，使不離於身，則長存。一者，道始所生，太和之精氣也。故曰：一。布名於天下，天得一以清，地得一以寧，侯王得一以為正平，入為心，出為行，布施為德，摶名為一。一之為言，志一無二也。專氣致柔，專守精氣使不亂，則形體能應之而柔順。能嬰兒。能如嬰兒內無思慮，外無政事，則精神不去也。[44]

---

[43] 葛洪於《抱朴子內篇·釋滯》云：「得胎息者，能不以鼻口噓吸，如坐胞胎之中，則道成矣。」人於母體成胎時，尚未以口鼻呼吸，道教煉氣之法引用之，故得名。「還精」於道教修煉多指房中術，然而也有其他用法，如古靈寶經之《太上靈寶五符序》記有〈樂子長含棗核方〉，云：「長生之道，常含一棗核，如兒乳汁，久久及液滿口，三分嚥二餘一，口與氣俱入，名曰還精。」（《道藏》第6冊，頁335）亦有與導引結合之法，如《太清導引養生經》有云：「導引服思精臍中，腎氣正赤白，從上背頭下，迎身名曰還精。」（《道藏》第18冊，頁400）

[44] 《老子道德經河上公章句》，王卡點校，北京：中華書局，1993.8，頁34。

河上公將「一」釋為「太和之精氣」，即和諧的精粹之氣。此氣為「道始所生」，為原始之元氣，元氣分陽陰，為魂魄，故須使魂安魄靜，不以五味亂心志，便得以延年益壽，此即為「抱一」。至於「專守精氣」，效法嬰兒內無思慮，即無心；外無政事，即無物。無內憂外患，精神便不會耗損。此「抱一」（守一）之法，從老子思想演變而出，在兩漢氣論的影響下，逐漸形成具體可操作的方法。

　　《老子河上公章句》藉由注解《老子》宣揚黃老思想，注文多論守精氣，強調元氣的重要，也論及「抱一」的守氣之法，雖也有「守一」之語，但尚未成為氣論的術語。漢末《太平經》對於「守一」便有詳細論述，匯合了兩漢氣論與醫家之說，明確提出「守一」是長生不死的修練方法，《太平經》有云：

> 古今要道，皆言守一，可長存而不老。人知守一，名為無極之道。人有一身，與精神常合並也。形者乃主死，精神者乃主生。常合即吉，去則凶。無精神則死，有精神則生。常合即為一，可以長存也。（《太平經合校》，頁716）

此處言「守一」之法，能使人長生，其要為形神合一。而「形」與「精神」相對，為形神二分，故形神合一方得長生。[45] 至於氣論逐漸發展，突出「精」的重要，「精」是氣的精華，也是形體的精髓，故「精」指形體，「精」、「氣」、「神」三者皆為生命的重要組成，[46] 因此保養三者，便是「守

---

[45] 形神為生命組成的內與外，兩者皆為氣所生，故人體與天地的「氣」必須連結，在形神兼養的基礎上，保持「氣」的源源不絕。西漢初年《淮南子·原道》有云：「夫形者，生之舍也；氣者，生之充也；神者，生之制也，一失位則三者傷矣。」「神」、「氣」與「形」相對，「形」為形體，「氣」是氣息，「神」則為心思意念。形神氣三者相互依賴，養生需兼顧之，呈現形神兼養的觀點，此時將「形」、「神」、「氣」視為生命的組成，可視為「守三一」之雛型，其後「精」逐漸取代「形」，演變為「精」、「氣」、「神」三者並重。然而，氣論的發展並非線性的演變，「精」、「氣」、「神」各有其源，也各有其義，又相互連稱而成為詞組，如「精氣」、「精神」與「神氣」，呈現生命理論的複雜與多元。

[46] 先秦時諸多文獻可見以形、神解釋生命的組成，而形由氣之聚合而成，如《管子·心術》云：「氣者，身之充也。」人體充滿陰陽之氣，而《管子·內業》尚云：「精也者，氣之精者也。」氣之凝聚為精。至兩漢時期，以「氣」為生命之源的論述愈趨詳細，並發展出「精」、「氣」、「神」分指生命的組成。既然生命源自於氣，故如何養氣，便成為保養生命的重要方式，如董仲舒云：「養生之大者，乃在愛氣。氣從神而成，神從意而出。心之所之謂意，意勞者神擾，神擾者氣少，氣少者難久矣。」（《春秋繁露·循天之道》）氣聚成形，神為心意，能控制氣，故養生須重「氣」與「神」。東漢王充云：「人之所以生者，精氣也，死而精氣滅。能為精氣者，血脈也。」又云：「神者，伸也，申復無已，終而復始。人用神氣生，其死復歸神氣。陰陽稱鬼神，人死亦稱鬼神。」（《論衡·論死》）此處之「精氣」指血脈；「神氣」為鬼神。不論從何種觀點立論，精、氣、

三一」，成為道教重要的修煉方法。《太平經》已明確指出合精氣神三者為一，〈令人壽治平法〉有云：

> 三氣共一，為神根也。一為精，一為神，一為氣。此三者，共一位也，本天地人之氣。神者受之於天，精者受之於地，氣者受之於中和，相與共為一道。故神者乘氣而行，精者居其中也。三者相助為治。故人欲壽者，乃當愛氣尊神重精也。

本段清楚說明精氣神共一位，並以天地人之三位一體說解，故以精居其中，神為上，氣為下。這是原則性的解說，申述守一的重要，具體實行的方法可見《太平經聖君秘旨》，其開篇云：「欲壽者當守氣而合神，精不去其形，念此三合以為一，久即彬彬自見，身中形漸輕，精益明，光益精，心中大安，欣然若喜，太平氣應矣。」[47]合三者的守一之法，關鍵在「念」之一字，「念」即觀想，已具六朝「存思」方術的雛型，而行此守一觀想之法，經文描述：「未精之時，瞑目冥冥，目中無有光。守一復久，自生光明。昭然見四方，隨明而遠行，盡見身形容。群神將集，故能形化為神。」初始閉目，幽暗無光，之後逐漸生出光明，可見其身，復有五色彩光，合五行之數，逐一變換，最後照見四方，而年壽也隨之增長。《太平經》宣揚承負之說，也將「守一」與之結合，〈五事解附承負法〉有云：「欲解承負之責，莫如守一。守一久，天將憐之。一者，天之紀綱，萬物之本也。思其本，流及其末。」守一能解承負，意謂守一不只是觀想之法，也關乎行為善惡，此為《太平經》的特色。

《太平經》論「守三一」之「三」為神、氣、精，對應於天、地、人，此說於漢末道經發展為對應人身的腦、心、臍，透過冥想存思與吐納導引，

神皆是構成生命的元素，醫家尤其重視，如《黃帝內經‧靈樞‧本神》有云：「天之在我者德也，地之在我者氣也，德流氣薄而生者也。故生之來謂之精，兩精相搏謂之神，隨神往來者謂之魂，並精而出入者謂之魄。」以「天／地」分「德／氣」，「德」指性質，天德為和，與地氣化為人形，而「精」有「生之來」與「兩精相搏」而生之「神」。陳德興解釋「精」有兩義，其一為「先天精氣」，稟受於父母，其二為「後天精氣」，則為使身體運作之物質。（陳德興：《氣論釋物的身體哲學：陰陽、五行、精氣理論的身體形構》，臺北：五南，2009.1，頁152-155）兩漢醫學的理論在於氣論，也是各種神仙方術的基礎，更是道教長生修煉的關鍵所在。生命既然為氣所化，氣凝為精，氣生為神，故掌握保養「精氣」之法，即能使形體不朽，同時也要修煉「神氣」，方能使神形兩全，獲得永恆的生命。

[47] 引自《太平經合校》，頁739。《太平經聖君秘旨》原題「傳上相青童君」，撰者不詳，收入《正統道藏》太平部，王明認為此書為唐末道士閭丘方遠從《太平經》輯出。（王明：《太平經合校》，前引書，頁15）雖然本書抄自《太平經》，但經過後人編寫，其內容應晚於《太平經》，如文中列舉「守一明法」結合五行，修行方式近似上清派的「存思」法，可能是《太平經》至六朝的演變過程中形成的修煉方法。

將生氣引入身中，由此而得長生。傳為張道陵所著之《太清金液神丹經》有云：

> 夫三一者，腦心臍三處也。上一泥丸君在頭中，中一絳宮君在心中，下一丹田君在臍中，存之則偉燦於三府，忽之則幽寂於一身。……按《仙經》云：子欲長生，三一當明。道正在於此。從夜半至日中為生氣，日中至夜半為死氣。常以生氣時，正偃臥，冥目，握固，閉氣息，於心中數至二百，乃口吐之，日日增數。如此身神具，五藏安。能閉氣數至二百五十，即絳宮神守，泥丸常滿，丹田充盛。數至三百，華蓋明，耳目聰，舉身無病，邪氣不復，千玉女來為使，令長生無極也，標鏡營六九之位也。六謂吐納御於六氣，九者九丹之品號。（《道藏》第 18 冊，頁 748）

經文說明「三一」為人身的腦（泥丸）、心（絳宮）、臍（丹田），具體修行方式為吸入生氣，存於三一之中。《太清金液神丹經》論述外丹煉製，也同時著重守一行氣之法，經中雖論行氣，然未及於存思。古靈寶經之《太上靈寶五符序》所述「守一」之法，將人身三一設想為皆有居守神祇，與外在天地，日月星辰相關聯，融合存思觀想與吐納食氣，使「守一」方術更為繁複。經文詳述「守一」九個步驟，節錄如下：

> 第一先存五獸者，青龍、白虎、朱雀、玄武是也，中央黃麟。……第二當召身中神，從頭至足，存其神，養其根，行其氣，呼其名，必得長生神仙。第三守地一，名曰丹田，皓白如雲，五色玄黃，道母所居，溺水胞中。第四守人一，名曰絳宮，南極太一，赤子小童，右月左日，魂魄合并。第五守天一，名曰紫宮，大如混雞子，九色玄黃，交結星曆，身上紀綱。第六食神丹，太陽之精。……第七食金液，玄水之精。……第八食星玄氣來下，青白丹黃。……第九行太極紫雲彌天，升降上下，混沌自然。是謂八節之日，入室瞑目內視，存泥丸中紫氣出上升天，絳宮中赤氣出上升天，丹田中黃氣出上升天。須臾，有三童子從天來下。……良久間，體中休休納納，頤頤挹挹，即三童子護身之力。極念為之，思存三宮心充門開，三童子忽飛還上天，門登閉矣。（《道藏》第 6 冊，頁 322）

這個「守一」之法，明顯著重存思觀想，所存思的對象，有人體外的五獸，即五個方位；亦有人體內的身中神，從頭至足，主要為三丹田之守宮神。同時運用食氣之法，服食日精、月精與五星之精氣，由外而內，復由內而外，赤紫黃氣於三丹升降，與天地合一，而三童子之降身，能敕魂安魄，補氣除惡。

東晉上清派承襲前人「守一」之法，進一步完善之，《洞真太上素靈洞

元大有妙經》之「守一」為存思「三一」，又稱「三元真一」，皆為居於體內之神，「上一」為一身之天帝，「中一」為絳宮之丹皇，「下一」為黃庭之元王，守三一可通神降靈，白日升仙。其所存思之三宮神祇，監統上中下三部八景二十四真，將《太上黃庭內景玉經》之二十四神統合於三丹田的守一修煉方法。《洞真太上素靈洞元大有妙經》還論述頭部有九宮，其中五宮之主神為男性，稱「真一」、「雄真一」或「雄一」，另四宮為女性神，稱「雌真一」或「雌一」，存思頭中九宮神之「守一」法，亦是觀想神祇，呼吸吐納，引氣進入相應宮位。至於上清派首要經典《上清大洞真經》分三十九章，每章為一位道君敘述身中某一部位的神祇，誦唸咒語並存思觀想天上與之相應之神，神炁入身，與身中各部位的雄一、雌一神炁結合。每個部位依序修煉，最終諸神「徊風混合」為「帝一」之形，帝一尊君即為道體，當修煉而成道體，便能長生成仙。[48] 上清派的「守一」之法以存思觀想為主，其後唐代興起的內丹術，以五行八卦說解「守一」，是「守一」方術的不同發展。不論六朝上清派的存思守一，或是唐宋的內丹守一，皆以「氣」為生命之源，「守一」即「守氣」，合天地之氣於人身，即能長生不死。

　　六朝道教「守一」的三一論，以氣化論為核心，「一」為宇宙創生之源，一化為精氣神，為生命之本，故修煉「守三一」，即能使生命永恆。「守一」的目標明確，並與醫學、服氣、吐納、導引相結合，在實作的步驟或存思的對象加以增衍變化。至南朝後期，道教吸收佛教義理，又上承玄學與儒學，深化三一論，使原本著重於生命永恆的氣論，增加了對道體、道性與心性的論述，奠定了道教重玄學的理論基礎。[49]《玄門大論‧三一訣》引錄南

---

[48] 關於六朝道教與上清派「守一」之法，可參考蕭登福：《六朝道教上清派研究》之陸〈道教及上清派「守一」修持法門之源起及其演變〉，台北：文津，2005.11，頁 345-417。除了上清派，六朝各道派多有「守一」之法，《雲笈七籤》卷四十九錄有《玄門大論‧三一訣》，其中有南朝齊梁道士孟智周云：「涉學所宗，三一為本。故七部九經，皆有圖術。」（前引書，頁 1093）文中將六朝道經中有代表性的三一論，分為七部九經，有些經書已亡佚。王宗昱認為可歸納為五家，而這五家又大致分為三丹田的三一論，以及三元的三一說。（王宗昱：《〈道教義樞〉研究》，上海：上海文化出版社，2001.1，頁 203-217）六朝不同道派大致都有三一論，基本都以三丹田為存思對象，而神仙的形象與所見色光有所不同。

[49] 隋唐代道教之重玄學，是道理論發展的高峰，強昱認為南朝三一論的深化，是魏晉玄學向唐代重玄學過渡的中介。而從玄學到道教哲學的玄學化，核心的中介人物是張湛，齊梁時顧歡踵繼其後，將玄學本體論引入為道教哲學的基礎。（強昱：《從魏晉玄學到初唐重玄學》，上海：上海文化出版社，2002.5）盧國龍認為唐代「重玄學」起自東晉孫登《老子注》，孫登在思想上承襲玄學理論的「有／無」，並吸收佛教般若學，開啟「重玄學」有無雙遣，玄通圓化的理論境界。南朝道教義理持續發展，成為重玄學的基礎，在思想史中有五支脈絡：「一是顧歡、孟智周、臧矜、宋文明等人的《老子》學；二是陸修靜、宋文明的靈寶經法；三是孟景翼《正一經》創立的七部道書體制；四是部份新出道經所反映出的道教思想變化；五是北周武帝時編修《無上秘要》所形成的道教經教思

朝道士討論道體之說，並加以評論，以下引其四家之說，略其評論。文曰：

> 一者大孟法師解云：「三一之法，以妙有為體，有而未形，故謂為妙，在理以動，故言為一。」引經言：「道生一。」又云：「布氣生長，裁成靡素，兼三為用，即一為本。」……二者宋法師解云：「有總有別，總體三一，即精、神、氣也；別體者，精有三智，謂道、實、權；神有三宮，謂上、中、下；氣有三別，謂玄、元、始。」……三者徐素法師云：「是妙極之理，大智慧源，圓神不測，布氣生長，裁成靡素，兼三為義，即一為體。」……四者玄靖法師解云：「夫妙一之本，絕乎言相，非質非空，且應且寂。」今觀此釋，則以圓智為體，以圓智非本非跡，能本能跡，不質不空，而質而空故也。[50]

本段引四家之說，其一，大孟法師（孟景翼）以「妙有」解釋「一」，說明「一」是「有」，還沒有形體，萬物「貸」其氣而成形，此說為《老子》所論道生一至三的由簡而繁的生成論，故以「一」為本，以「理」為生成的依循。「妙有」一詞應起自佛教，或言佛性，或說涅槃，孟景翼引之說解道體。然而《玄門大論》的作者認為若萬物從「一」而起，「一」已有形，「未形之妙」不能成立。其二，宋法師（宋文明）概括了各道派對「三一」的論述，「神有三宮」為洞真三一，指泥丸、絳宮、丹田；「氣有三別」為三皇所言之始青、元白、玄黃三氣。至於「精有三智」，道智始於本無；實智能觀身守一；權智能應於萬物。[51] 其三，徐素法師以「理」是道體，並為智慧根

想體系。」（盧國龍：《中國重玄學》，北京：人民中國出版社，1993.8，頁22）李豐楙則將重玄學上溯自漢，認為「漢魏以下，玄的淵源，有源於漢人之說，如楊雄的太玄；又有神仙道教派老學依據『玄之又玄，重妙之門』加以演繹，形成重玄的傳統。」（李豐楙：《不死的探求——抱朴子》，台北：時報，1998.12，頁104）「重玄」之名來自於老子「玄之又玄」，雖「重玄學」的內容前有所承，然其理論的發生應為南朝，對「三一」的論述有所變化，盧國龍認為道教重玄學的理論可概括為兩個主題：道體論、道性論，採用的方法為重玄或雙遣兼忘，「雙遣與兼忘是一致的，但由於雙遣具有理性的特點，所以多用於道體論，即通過有與無的雙遣以彰顯出常道本體，兼忘則具有修持證悟的特點，所以多用於道性論。」（盧國龍：《道教哲學》，北京：華夏出版社，2007.1，頁182）

50 《雲笈七籤》卷四十九，《道藏》第 22 冊，頁 342-343。《玄門大論》又名《洞玄靈寶玄門大義》或《道門大論》，約出於隋唐之際，撰人不詳。今《正統道藏》本僅殘存一卷，收入太平部，《三洞珠囊》、《雲笈七籤》多有摘引。全書行文體例類似南朝宋文明《通門論》，引經據典，條分縷析，逐字逐句詳為闡釋，唐道士孟安排節取本書要旨而撰《道教義樞》。

51 以「三智」言道體，應是宋文明吸收佛教的「般若」（智慧）、三學之「慧」，以及佛教「三智」之說。《大智度論》以果位釋三智，經云：「一切智者，總破一切法中無明闇；一切種智者，觀種種法門破諸無明。」又云：「一切智是聲聞、辟支佛事，道智是諸菩

源，然以「圓神不測」說解氣於生長之偶然性，反使「理」之運行落空，《玄門大論》的作者還認為其說僅從分別說境智與本跡，「兼三」與「即一」反而不夠明確。其四，玄靖法師（臧矜）則不以「相」言本，即相狀便是一種限制，更用雙遣論本之無質空，又以雙即（且）論本之作用，《道教義樞》的作者評其「以圓智為體」，即圓通不滯於本，而且以佛教中觀學「雙遣」之「不二」方法說解道體，使道教本來以氣化生成論說「三一」的體用，演變為體用分而不分，不執於體用。[52] 值得注意的是，道教重玄學固然藉佛學中觀的雙遣說明道體，但道教仍未丟失氣論，雙遣僅為論說的方法，氣論中的創生與本體，仍是道教理論的核心，此與佛教視本體為空性，不言本體，兩者有其根本差異。

（三）齋醮科儀

　　祭祀為原始宗教與鬼神交流的方式，透過特定的儀式祈求福佑、避邪治疾、消災解厄、招魂送亡，甚至呼風喚雨，小自人生，大至社會，皆可藉由祭祀向超自然力量祈求，解決人生困境。祭祀天地鬼神，有一定的齋日，祭祀前齋戒沐浴，潔淨身心，藉由自我的約束，方能與鬼神交通。道教齋醮儀式源自先秦祭祀，祭祀的對象從日月星辰、天地鬼神至祖先聖賢，祭祀儀式的祭壇、牲禮、祝辭與香燭等，皆為道教吸收，並在發展過程中增加誦經、

薩事，一切種智是佛事。」（T25, no.1509, p.259）佛智圓明，知一切法總相、別相，一切種智因緣，斷一切煩惱習；聲聞、辟支佛僅得一切智；菩薩能知一切道法濟度眾生，故為道智。佛教尚有 實智與權智之說，達於諸法之實相，為如來之實智，達於諸法之別，為如來之權智，實智者體也，權智者用也。宋文明以「三智」說道體，《道教義樞》有其解釋，文曰：「宋法師云：道智、實智、權智，是為三智。道智者，即起本無，謂始自生成，次能化道。實智者，即觀身守一之智，謂道即無形，應便有體，則以觀身為教，令存於神。權智者，謂方便之力，偏於萬境，廣開法教，隨病受藥。亦云義者，宜也，曲成物宜。」（《道藏》第 24 冊，頁 831）傳統氣論以「精」為氣之凝聚，宋文明引佛教之智解說，使「精」不僅只是物質性的能量，還有了與物連結的認知能力。

[52] 《道教義樞・道德義》有云：「玄靖法師以智慧為道體，神通為道用。」（《道藏》第 24 冊，頁 805）又於〈有無義〉云：「玄靖法師釋云：有法有用，有體有名，無法無用，無體無名。又云：無無體用，宜應無名，為說教法，假立稱謂。體用自有，不可假設，名乃外來，故可假立，所以既往之法，體用斯盡，猶在其名，流傳遠世。」（《道藏》第 24 冊，頁 835）玄靖法師去除體用，拆解體用關係，但又透過「無無體用」，闡明不應執著於無體用。佛教大乘般若學云「空空」，謂一切皆空而又不執著於空名與空見，玄靖法師以佛教假名、空空之說，論述道體與道用。林永勝指出南朝吸收佛教的三一論，從修命為主的身體技術，轉變為修性為主的工夫論，影響了唐宋內丹學的性命雙修理論。（林永勝：〈六朝道教三一論的興起與轉折——以存思技法為線索〉，《漢學研究》，26 卷 1 期，2008.3，頁 67-102）

符咒、祝頌、存思等各種科儀，使道教科儀豐富而具有特色。[53] 由於道教宣揚壽命的長短除了先天氣命，更重要的是後天行為善惡，由司命之神審定而增減，是以道教的齋期與齋儀，與天神考校有關，向天神懺悔罪過，祈求赦免，雖然祭祀的目的也有消罪解厄，祈福避祟等，但是道教士修齋法仍以長生為目的。此外，道教齋日與天文曆法有關，藉由天地之氣的運行以煉氣、煉丹，齋儀配合各種修煉方術，而齋法強調儀式的規範，並與戒律結合，強調守齋戒的重要，使齋戒成為修煉成仙的基本條件。

道教所定齋期，多為天神下臨考校日，基本以三元、八節、甲子、庚申、本命、生辰、六齋十直等為齋期。北宋道士賈善翔於《猶龍傳》曰：「老君又授天師歲六齋、月十齋大法，皆披《靈寶五篇經》，自然天書大字為《旨要妙經》，一卷，令宣教天下。其要曰：正月、三月、五月、七月、九月、十一月者，歲六齋也。上三天令天帝太一使者與三官，司察天下人之罪福，若能修此六大齋，令除十苦，得免厄會，朝拜太上，可得長生矣。」（《道藏》18冊，頁25）此處引張陵《旨要妙經》，說明「歲六齋」為天神考校天下之時，且此六月為陽月，宜持齋修道。經文尚有「月十齋」，是以月亮朔望為數，有不同天神降臨檢視善惡，「又甲子日太一簡閱神祇，庚申日三尸言人罪過，本命日計人功行。又八節日，有八神記人善惡。又有三元齋日者，正月十五日上元，七月十五日中元，十月十五日下元。此三元日，天地水三官考校罪福，皆當沐浴齋戒，作元都大獻，祈恩謝過。」（《道藏》18冊，頁25）這些齋期，多為天官考校，亦有庚申日體內三尸上報天庭，在齋期中，需要守齋戒、行齋儀，懺悔己過，祈求天神赦罪，最終目的仍是希望長生。六朝道經於齋期多有論述，佛教也受六齋十直的齋期影響，有歲三齋、月六齋的齋期。[54]

六朝道教各有齋法，壇場分室內戶外，又有大小之別，齋法的主題各有不同，或安鎮國土，或救拔九祖罪根，或薦拔亡魂，或自懺己罪，或祈福消災。至於上清派齋法與存思守一法相結合，以「心齋」為主，而靈寶派則多

---

[53] 中國原始社會的宗教意識與活動多樣複雜，於民間與官方又有所差異，道教於民間興起，接受了許多傳統民間信仰的儀式與巫術，但道教在發展的過程中，也吸收了先秦兩漢的祭祀活動，因此要了解道教齋醮，需溯源中國原始宗教信仰。荷蘭漢學家高延（J.J.M.de Groot）透過大量的田野調查與文獻研究，從人類學的角度對中國古代的祭祀與鬼神觀進行考察，能從中了解道教儀式的源起與意義。（[荷蘭]高延：《中國的宗教系統及其古代形式、變遷、歷史及現狀》（全六卷），林艾岑等譯，廣州：花城出版社，2018.3）至於道教齋醮儀式中的壇場、法器、儀仗、祝頌、步罡等內容，可參考張澤洪：《道教神仙信仰與祭祀儀式》，臺北：文津，2003.1。

[54] 由於佛教源於印度的曆法不同於中國，在中土傳法時受道教影響，出現與中國曆法配合的齋期，詳細考訂可參考蕭登福：《六朝道教靈寶派研究》（上），臺北：新文豐，2008.1，頁561-589。

祈禳儀式，焚香祝禱，尤重壇場儀式。陸修靜匯整東晉時各道派齋法，於《洞玄靈寶五感文》歸納為「九等十二法」，洞真上清齋法有二，洞玄靈寶齋法有九，再加上三元塗炭齋法，共十二法。[55] 以下以靈齋法中的黃籙齋為例，文云：

> 黃籙齋為同法，拔九祖罪根。法亦立壇，廣狹門戶與金籙同，但圍壇四面安力十燈，十門三香火，十方紋繒之信，庶人一百三十六尺，諸侯丈數，天子疋數，金龍十枚，枚重一兩，金有上中下，為貴賤之差，行道禮謝二十方，日數如金籙，隨四時之制，事竟投龍於水，又埋於山，餘紋繒散為功德也。（《道藏》第32冊，頁620）

黃籙齋是一種度亡科儀，為亡人懺悔，並超度之，名為拔度。此處記錄的儀式內容包括依制立法壇，施行道儀，依時朝奏天神，再行投龍儀，以金鑄龍型符簡，置於山、埋於土與投于水，告盟三官。黃籙齋能拔濟救度，普福群生，功德無量，於齋法中應用極廣，流傳後世。道教齋法科儀皆有定制，且愈趨繁複，道士皆需依法施行，由於行齋法能度濟眾生，功德廣被，能得神明護佑，最終得以成仙。

　　東漢張陵創正一派，以符籙咒印為修行法術，兩晉之時，道士重視煉製丹藥，以服食為成仙的方法，至於東晉上清派強調存思守一，靈寶派則重視齋醮科儀。不同道派雖各有著重的修行法術，然而都強調積善立功，持守戒律，這是成仙的基本條件。是以，戒律的規範，奠定了道教立教的基礎，下節詳述之。

第三節　道教戒律：出世與入世的辨證

　　道教以成仙為修行的目標，神仙的形象雖是超脫世俗的理想，但在六朝時又有不離世俗的想像，即成仙後仍得以居住於世間，神仙以出世之姿行入世之事，一方面度化有緣人，一方面也呈現對於世俗的依戀。神仙形象的變化，反映六朝士人面對理想與現實衝突時的調整，儒道關係是魏晉玄學的核心議題，玄學致力於建構會通儒道的理論，士人一方面嚮往隱逸之「出世」，一方面又有「入世」的抱負。在出世與出仕之間，郭象以「朝隱」之說調合兩者，此一論述對道教有所啟發，雖然道教關心的是如何成仙，但是

---

[55] 《洞玄靈寶五感文》題為陸修靜集，「五感」指修齋者應感念父母、上天與師父之情。經文中所云之靈寶九法，其中指教齋承自三張舊法，與三元塗炭齋皆是天師道齋法，而三皇齋為三皇派，太一齋應源自古代祀太一神，靈寶派所創制者為金籙齋、黃籙齋、明真齋、三元齋、八節齋與自然齋多種齋法。

在修煉成仙的方法中，積善立功為各道派所遵奉，也是道教戒律最為重視者。這個六朝道教思想中的特色，不僅只是宗教倫理，而是藉由整合傳統文化中的道德觀，將神仙理想從天命的局限中解放，使眾人皆可成為神仙，同時吸收佛教的戒律與度人思想，發展出融合儒釋的道教戒律。

治身與治國合一的想法可溯源自漢初黃老思想，至東漢的早期道教文獻中亦可見得，如《老子河上公章句》注文中常把「治身」與「治國」並列，視為修道的工夫，如：「用道治國，則國民安昌，治身則壽命延長，無有既盡時也。」（三十五章注）；「法道無為，治身則有益於精神，治國則有益於萬民，不勞煩也。」（四十三章注）注文中多強調以「道」治身與治國。東漢《太平經》強調「治身」與「治國」和諧一致的太平社會，以「氣」論治身與治國，如：「五行四時之氣，內可治身，外可治邪，故天用之清，地用之寧。天用之生，地用之藏，人用之興。能順時氣，忠臣孝子之謂也。此名大順天地陰陽四時五行之道。」（〈以自防卻不祥法〉）[56]《太平經》論述立基於兩漢氣論與天人感應，因天地人合一，故修道者依順四時五行之氣的運行，便能治身與治國。另外，《太平經》以「承負」論述善惡行為有所報應，天神明查紀錄行善積德的行為，於壽命有所加減，並得功過相抵或延於子孫，由此而強調守戒行善的重要。至於天師道遵奉的《老子想爾注》則承襲《老子河上公章句》，[57] 然而更強調「道誡」的重要，奉道守誡為修煉長生之要，治國之事擴大為道德行善的各種行為規範，「積善立功」、「忠孝仁義」為修道成仙之道戒。從這些構成早期道教思想的源流觀察，可以明白儒家的道德與治世觀如何為道教所吸收，並且在魏晉時期借鑑玄學會通儒道的理論，藉由成仙的願望、戒律的規範、報應的恐嚇，以及神明懲處等多重論述，使道德倫理落實，構成道教獨特的「會通儒道」方式。

六朝神仙理論中，葛洪致力於調合「仙人」與「聖人」，對於「仙人」的定義加入「聖人」，意謂出世與入世不是必然二分，「仙人」的形象更向世俗靠攏，可以解決世人對求仙出世的疑慮。相較於佛教禁欲出家，遭受無後

---

[56] 《太平經》把學道者分為三種，「上士學道，輔佐帝王，當好生積功乃久長。中士學道，欲度其家。下士學道，纔脫其軀。」（〈通神度世厄法〉）湯一介先生認為《河上公注》與《太平經》一樣，都以「治身」與「治國」並列為修道的方法，但《河上公注》比《太平經》更體現了道教以養生成神、長生不死為目標，《河上公注》重視「治身」，學道是為了長生不死，而「《太平經》的『學道』，對『治國平天下』較之『延年益壽』更為重視。」（湯一介：《早期道教史》，北京：昆侖，2006.3，頁60）

[57] 饒宗頤先生認為《想爾注》與《河上公注》同主煉養之說，然而後者仍兼顧老子哲理，前者則主道誡，注文雖有部份襲取，但訓詁違異實多。又《想爾注》屢言「太平」，其「守一」、「中和」、「合五行」等論取自《太平經》，可見《太平經》與天師道的淵源。（饒宗頤：《老子想爾注校證》，上海：上海古籍出版社，1911.11，頁79、89）

與無倫理的抨擊，道教顯然更能有效回應。葛洪認為「仙人」與「聖人」不同，聖人僅能治世，但仙人可兼之，葛洪以「道本儒末」論述儒道關係，運用「本／末」連結儒道，建立修道能兼治世的理論。[58]葛洪理想中的「仙人」典型，能兼攝儒道，最上等的修道之士，治身與治國皆有所成。他說：

> 長才者兼而修之，何難之有？內寶養生之道，外則和光於世，治身而身長修，治國而國太平。以六經訓俗士，以方術授知音，欲少留則且止而佐時，欲昇騰則凌霄而輕舉者，上士也。自持才力，不能並成，則棄置人間，專修道德者，亦其次也。……古人多得道而匡世，修之於朝隱，蓋有餘力故也。何必修於山林，盡廢生民之事，然後乃成乎？（《抱朴子內篇・釋滯》）

面對求仙至難，不能兼顧世事的質疑，葛洪舉了許多《列仙傳》中的人物，說明成仙者並非隱沒山林，不問世事，而能兼具治身與治國。「上士」是葛洪的理想，既能經世治國，又能飛昇成仙。當然，能成為最上等的修道之士畢竟是個理想，並非人人可得，故次一等人便專心修道，不必然兼治國之事，所以「黃帝先治世而後登仙，此是偶有能兼之才者也。」（《抱朴子內篇・辨問》）仙人雖不必為聖人，但仙人得兼為治世之聖人，但要像黃帝一樣，畢竟不多，只能偶有之。

　　葛洪如此論述，顯然為修道者留一條退路，求仙者不必然兼治國之事。他以「朝隱」之說，希望「仙人」能不廢經世之務，兼善儒道，也不斷強調在朝之士與修仙之隱各有所長，皆有益於世道。其論述源自氣化論，人之稟氣與才性有異，與郭象論述各適其性有相通之處，而且葛洪最高的理想是能兼善儒道的仙人，與郭象論「神人即聖人」，強調「內外相冥」之聖人亦可相參照。「治身」與「治國」之所以能夠合一，關鍵在於兩者的核心觀念皆是清虛自守與無為不爭，並且在「道」與「氣」的貫通之下，治身與治國並非對立。治國是統治者的職責，但是對於士人入朝為官，亦可言治國之術，因此士人既能經世濟民，又得以治身而得長生。葛洪申述此一兼治之說，其云：「夫道者，內以治身，外以為國。」（《抱朴子內篇・明本》）又曰：「神猶君也，血猶臣也，氣猶民也。故知治身，則能治國也。夫愛其民，所以安其國，養其氣，所以全其身。民散則國亡，氣竭即身死。」（《抱朴子內篇・地真》）修道的目的是成為神仙，然而最理想的神仙還能治國而得太平，結合治身與治國。

---

[58] 葛洪主張「道本儒末」，《抱朴子內篇・明本》云「道者，儒之本也；儒者，道之末也。」（頁 184）葛洪以玄學的「本／末」架構說明儒道關係，其「道」指黃老，為治身與治國合一的大道。相關論述可參考拙著：《葛洪〈抱朴子內篇〉與魏晉玄學》第六章〈「道本儒末」與「會通儒道」〉，臺北：臺灣學生書局，2012.11，頁 297-365。

綜觀葛洪的論述，服食金丹大藥是成仙最有效的方式，因此掌握煉製金丹的方術，就等同拿到進入仙界的門票，但是葛洪又不斷強調成仙必須積善立功。將道德實踐的重要性抬高至修仙的必要條件，為修仙者開啟可行的長生修練方法，畢竟煉製金丹困難重重，故將「治國」轉換為「行善」，使原本可以修成仙的極少數，擴大為人人皆可成仙。《抱朴子內篇・對俗》中藉問者提出聽聞「為道者當先立功德」的說法是否確實的疑問，答曰：

> 有之。按《玉鈐經・中篇》云，立功為上，除過次之。為道者以救人危使免禍，護人疾病，令不枉死，為上功也。欲求仙者，要當以忠孝和順仁信為本。若德行不修，而但務方術，皆不得長生也。行惡事大者，司命奪紀，小過奪算，隨所犯輕重，故所奪有多少也。凡人之受命得壽，自有本數，數本多者，則紀算難盡而遲死，若所稟本少，而所犯者多，則紀算速盡而早死。又云，人欲地仙，當立三百善；欲天仙，立千二百善。若有千一百九十九善，而忽復中行一惡，則盡失前善，乃當復更起善數耳。故善不在大，惡不在小也。雖不作惡事，而口及所行之事，及責求布施之報，便復失此一事之善，但不盡失耳。又云，積善事未滿，雖服仙藥，亦無益也。若不服仙藥，並行好事，雖未便得仙，亦無可卒死之禍矣。

這一段論述闡明為善修德是成仙的必要條件，相較於服食金丹，積善事更為重要，甚至將行善量化，以善行的次數衡量仙位的品級，也是成仙的基本門檻。在這個要求之下，求仙者必須累積善行，於是便涉及兩個議題，其一是善行的內容，相當於道教戒律的規範條目；其二是對於善行的監督與計算，由司命之神掌控，直接關乎壽命的長短。關於這兩個問題，《抱朴子內篇・微旨》有詳細論述，文中引述《易內戒》、《赤松子經》與《河圖紀命符》等經，[59] 申明司命之神將隨事輕重奪人算紀，還提到人體內有「三尸」，會固定於庚申之日上天庭報告寄居人的過失，又家有竈神，當於每月上天白人罪

---

[59] 現存《道藏》洞真部戒律類的《赤松子中戒經》應為葛洪引述之《赤松子經》，〈微旨〉篇中提到的各種善事惡行，與《赤松子中誡經》幾同，亦可互證之。《赤松子中誡經》約出於魏晉時期，原經一卷，收《道藏》洞真部戒律類。經文假托軒轅黃帝與赤松子問答，討論禍福報應之理，並以世人皆與天上某一星辰相應，此星辰主管人之禍福生死，隨人言行予以禍福報應，以達勸善修道目的。《河圖紀命符》於古文獻皆未見著錄，日本平安時期名醫丹波康賴著《醫心方》引用許多唐代以前著作，其中卷二十六曾引用《河圖紀命符》。（北京：人民衛生出版社，1955，頁 606）文字與《抱朴子內篇》略有出入，日人安居香山、中村璋八引《醫心方》文字，疑本書為六朝之後的偽作。（《緯書集成》，石家莊：河北人民出版社，1994.12，頁67）《易內戒》也應是易緯書，未見其他文獻著錄，不論是否為六朝人所作，至少葛洪引用加以說明的「司命」之神，在六朝時已相當流行。

狀。[60] 司命之神監管人的行為，以超自然力量確保公平，也使信眾心生畏懼，確實執行各種道德規範。[61]《抱朴子內篇‧微旨》亦詳述道戒，其云：

> 然覽諸道戒，無不云欲求長生者，必欲積善立功，慈心於物，恕己及人，仁逮昆蟲，樂人之吉，愍人之苦，賙人之急，救人之窮，手不傷生，口不勸禍，見人之得如己之得，見人之失如己之失，不自貴，不自譽，不嫉妒勝己，不佞諂陰賊，如此乃為有德，受福於天，所作必成，求仙可冀也。

此云「積善立功」當「慈心於物，恕己及人，仁逮昆蟲。」頗有「民胞物與」的精神。其後詳舉各種規範，大致可歸為體恤他人以及自我反省。原文尚列舉多項負面行為，包含背德犯禁，毀棄各種人倫關係，傷害他人，還兼及生命倫理，如「彈射飛鳥，刳胎破卵」，還有針對「謗訕仙聖，傷殘道士」、「春夏燎獵，罵詈神靈」、「越井跨灶，晦歌朔哭」等具有道教色彩與民間鬼神信仰的德目。若與《抱朴子外篇‧行品》一文相參，文中析論行為品格，細述各種善品及劣行，其中善品有：明治亂、持節操、能勤儉、任勞怨、忠友誼、愛國家、不貪婪、不畏暴、臨危不亂與處變不驚等；劣行則為：驕傲自恣、貪得無厭、不孝、害人、怠惰、趨炎附勢等，多是儒家所重視者，這些條目與上引〈微旨〉多有契合。葛洪將儒家的道德倫理盡皆納入道教修行的戒律，並藉由「道本儒末」的論述，結合儒道，使道教更能為士人與民眾接受，尤其在夷夏爭論的背景下，道教往往與儒家同為中土代表，與佛教相抗衡。

---

[60] 「三尸」之說流傳已久，多謂人體中居有三蟲，此三蟲靠穀氣生存，又於庚申之日上天言人罪狀，故要益壽長生便須辟穀。此說見於許多道經，《雲笈七籤》卷八十一至八十三《庚申部》列有許多除三尸、守庚申之法。（見《雲笈七籤》，前引書，頁 1841-1889）關於「三尸」的由來、作用及影響等問題，可參見《中國民間諸神》，欒保群、呂宗力著，臺北：臺灣學生，1991.10；陳櫻寧：《道教與養生》，北京：華文，2000.3。

[61]《抱朴子內篇》中〈微旨〉與〈對俗〉篇都提到「司命」之神，管理人間壽命長短，〈對俗〉中提及「司命奪紀」的文字，大致同於早於或與葛洪同時的《河圖紀命符》，日本平安時期名醫丹波康賴著《醫心方》卷二十六曾引用《河圖紀命符》。（北京：人民衛生出版社，1955，頁 606）司命之神，源自周代，《禮記‧祭法》言國君為百姓立七祀，第一即是「司命」，司命掌管生死與吉凶，是重要的天神。因其職司壽命，因此於兩漢受到重視，東漢應劭於《風俗通義‧祀典‧司命》記：「今民間獨祀司命耳，刻木長尺二寸為人像，行者檐篋中，居者別作小屋。齊天地大尊重之，汝南餘郡亦多有，皆祠以臘，率以春秋之月。」以木製神像，隨身攜帶或祠祀，祭祀有時。司命既然掌管生死，其判定依據依人之行為，此說於兩漢逐漸發展，如《太平經》之〈善仁人自貴年在壽曹訣〉與〈見誡不觸惡訣〉中皆有詳細說明。《太平經》從承負報應論行善積德，闡明孝忠誠信是天之道，神明監視審判世人是否奉行天道，將年壽福禍與行善相連結，於是道德行為受到超自然力量的監管，更旁及後代子孫。延壽福報之賞，與減壽災禍之罰，訴諸天神而得以公平，而賞罰具有功利性，也突顯道教的道德實踐著重功效的特色。

　　葛洪對當時一些道派與偽伎的批評，除了強調其神仙理論的正當性，也反映當時各道派運作的混亂，在論述道戒重要性的同時，也重新整理道戒。葛洪之前，天師道內部已針對戒律進行改革，如應出於曹魏時期的《正一法文天師教戒科經》，[62] 批評道民和祭酒不守教戒的情形，申述守戒的重要，經云：

> 諸賢者欲除害止惡，當勤奉教戒，戒不可違。……真人法天無為，故致神仙。道之無所不為，人能修行，執守教戒，積善行者，功德自輔。身與天道，福流子孫。賢者所樂，愚者所不聞。學者勉自殷勤。天師設教施戒，奉道明訣。上德者神仙，中德者倍壽，下德者增年，不橫天也。按戒：為惡者，乃不盡壽而橫天也。惡人痛哉！（《道藏》第 18 冊，頁 232）

經中所稱「身與天道，福留子孫」便是道教早期「承負說」的體現；並以天（道）無為而無不為，含攝所有世間的倫理關係及做人做事的道理，於是天所設下之教戒，當然嚴峻不可違。遵守教戒即行善，依善行多寡影響壽命長短，分為神仙、倍壽與增年，而此三者又對應神仙的三個層次，本經尚云：「大道含弘，乃愍人命短促，故教人修善：上備者神仙，中備者地仙，下備者增年。」[63] 這三品的劃分雖是修行層次的差別，但卻有重要意義。其一，道教要求修行者皆須執守戒教，累積善行，然成仙之路漫長，戒律繁多，故有增年、倍壽至成仙的不同結果，可增加修道者之信心。其二，不守戒奉道者，上天減其壽命，早夭而亡。有賞有罰，顯現上天的公平，也能使修行者有所畏懼而不敢為惡。其三，此三者的劃分使神仙有高下等級之別，可以解釋不同修行方法所成就者不同，也可以將行善量化，使奉道守戒具體可行，

---

[62] 《正一法文天師教戒科經》是早期天師道的重要經典，該經成於何時，學界多有爭議，最早為曹魏，最晚至南朝宋，然多認為本經出於魏晉之時。從經文形式與內容，本文亦主張是天師道北遷後於教內興起的改革，約成於魏晉之際。相關討論可參考王璟：《正一法文天師教戒科經〉成書年代考辨〉，《成大中文學報》第 46 期，2014.9，頁 69-98。

[63] 《道藏》第 18 冊，頁 234。除了本經，《道德尊經想爾戒》與《道德尊經戒》皆屬於《太上老君經律》，亦將修行者分為上、中、下三品。《道德尊經戒》錄於《道德尊經想爾戒》之後，增加為九戒三品，共二十七戒，以持戒的難易多寡有上中下三品，戒規的內容以清靜無欲為主。《道德尊經想爾戒》或名《想爾九戒》，戒文源出於《老子道德經想爾注》，分上中下三品，共九條。原文為：「行無為，行柔弱，行守雌勿先動；行無名、行清靜、行諸善；行無欲、行知止足、行推讓。此九行二篇八十一章，集會為道，舍尊卑同科。備上行者，神仙；六行者，倍壽；三行者，增年不橫天。」（《道藏》第 18 冊，頁 218）文雖短，但明確可見以遵行戒律的不同劃分成就的差異，特別是從《老子道德經想爾注》中獨立成篇，復見其作為「戒」之重要意義。《道德尊經想爾戒》依善行多寡分為神仙、倍壽與增年，與《正一法文天師教戒科經》完全相同，兩經皆為早期天師道教戒。

如前引葛洪言立一千二百善為天仙，三百善為地仙。[64] 天師道將善行與成仙連結，將其源頭解釋為大道含弘，愛惜生命，故設教施戒，而人法天之無為，執守道戒，最終依行善之多寡而有相應之增壽或長生。將儒家倫常引入成為修道的重要內容，從《太平經》、《老子想爾注》至《太上老君經律》、正一法文天師教戒科經》，不斷強化倫理綱常對於教團乃至社會秩序的維繫力量，這個發展趨勢，對於傳教有積極正面的影響。道戒規範的理論混合兩漢天人感應的福禍報應觀，神仙信仰中的重生思想，老子道論中的清靜無為，還有儒家的道德倫常，最終通過道戒，使道教出世的神仙理想與入世的道德實踐緊密結合。

曹魏時期北遷的天師道教規散亂，科律廢弛，《正一法文天師教戒科經》中的《大道家戒令》與《陽治平》兩經文，都批評教團內部的祭酒與教民的墜落，貪財營私，不恤鬼神，是以不斷地強調遵守道戒的重要。從積極的角度，鼓勵守戒行善可以得道成仙，福流子孫；從消極的角度，則是強調犯戒行惡將減壽致災，禍延子孫。至於道戒的具體內容，《正一法文天師教戒科經》提出五項：一不得淫洗不止，二不得情性暴怒，三不得佞毒含害姐

---

[64] 葛洪將神仙分為天仙、地仙與尸解仙，神仙的分級代表位階高下，活動於天或地，法術能力亦有別，其云：「上士舉形昇虛，謂之天仙。中士游於名山，謂之地仙。下士先死後蛻，謂之尸解仙。」（《抱朴子內篇・論仙》）此處對神仙的分別，同時說明了不同的成仙方式，也指出三者所處位置不同，天界為上仙所在，地仙則於名山中，反映道教的世界觀，以及洞天福地的神仙居所。至於上清派與靈寶派的經典也有神仙三品之說，並且逐漸演變為更複雜的神仙品第。李豐楙認為六朝道教的神仙三品說包含三大部份：一為修行的道行，二為成仙的類型，三為仙境所在，其內容源於古代中國對於不死追求的想像，具有本土特色。（李豐楙：〈神仙三品說的原始及其演變——以六朝道教為中心的考察〉，《仙境與游歷：神仙世界的想像》，北京：中華書局，2010.10，頁 45）值得一提的是，葛洪認為已得金丹者，不必然立刻服食升天，可先服半劑而留世間，因為天上神仙眾多，新成仙者多有勞務；又或成仙之習性全然不同，要先習慣適應；又或親人仍於世間，獨自飛升過於孤單。這些理由，都指向一個原因，葛洪說：「篤而論之，求長生者，正惜今日之所欲耳，本不汲汲於昇虛，以飛騰為勝於地上也。若幸可止家而不死者，亦何必求於速登天乎？若得仙無復住理者，復一事耳。彭祖之言，為附人情者也。」（《抱朴子內篇・對俗》）能飛升卻不速登天，皆為「人情」之故，全然從人情世故看待成仙一事。此說還出現在北周時的道教類書《無上秘要》，其〈尸解品〉解釋尸解仙之本真形體皆已變化，「雖是仙品之下第，而其稟受所承，亦未必輕矣。或未欲昇天而高栖名山；或欲崇明世教，令死生道絕；或欲斷子孫之近戀，盡神仙為難希；或欲長觀世化，憚仙官之劬勞也。」（《道藏》第 25 冊，頁 245）修仙者以尸解成仙，即欲留於世間，不急於升天，於是在「出世」的神仙性格中，保留「入世」的人情，有效調合了理想與現實，此為「在世成仙」的仙人世俗化。之所以發展出這樣的神仙模式，也許可以對應郭象開展出的「朝隱」理論，魏晉士人在出處進退的兩難中，出世與入世能跡冥合一。對照六朝「朝隱」觀，隱逸與求仙世俗化在六朝時更具時代意義，隱逸不再是孤獨於山林，「在世成仙」也毋須拋家棄子，隱逸與求仙不廢人倫，能立功立業。道教的神仙理論出現世俗化，也可視為是儒道會通的具體實踐，除此之外，道教成仙的傳說中尚有舉家飛升者，也是神仙世俗化的一種表現。

賴於人，四不得穢身荒濁飲酒，五不得貪利財貨。[65] 這五條戒律規範個人欲望、言行，以及與他人關係，與佛教根本五戒有所對應，此為吸收佛教戒律的例證。[66] 經文中也明言忠孝仁義與祭禱鬼神，包含儒道的倫理觀，進而在五戒的基礎上，繁衍成多種戒規，如早期天師道戒律《太上老君經律》，其中有《老君說一百八十戒》，詳列一百八十條戒規，序云：「老君曰：人生雖有壽萬年，不持戒律，與瓦石何異？寧一旦持戒，終身為道德之人而死，不犯惡而生。持戒而死，滅度練形，上備天官，尸解昇仙。」[67] 是否持戒，成

---

[65] 《正一法文天師教戒科經》，《道藏》第 18 冊，頁 232-233，經文各戒之下詳列具體規範。

[66] 佛教根本五戒是修行者的基本戒律，在佛經中多見，而道經的戒律也多有五戒，據《無上秘要》所錄昇玄五戒、洞神五戒與正一五戒，規範目、口、耳、鼻、身（意）的欲望，與中國傳統五官或佛教五根，皆可對應，克制感官功能的欲望，是修行的基礎。楠山春樹認為控制感官欲望是道教小乘式修行的基本，相當於佛教五戒，而佛教為融入中國，也將五戒搭配五常，在北魏偽經《提謂波利經》便可見得。（楠山春樹：〈道教戒の概觀と五戒・八戒〉，《道家思想と道教》，東京：平河出版社，1992.10）在《無上秘要》所引「正一五戒」分為兩種，第二種呈現融合儒釋道的樣貌，五戒內容為：「一曰行仁，慈愛不殺，放生度化，內觀妙門，目久久視，肝魂相安。二曰行義，賞善伐惡，謙讓公私，不犯竊盜，耳了玄音，肺魄相給。三曰行禮，敬老恭少，陰陽靜密，貞正無婬，口盈法露，心神相和。四曰行智，化愚學聖，節酒無昏，腎精相合。五曰行信，守忠抱一，幽顯效徵，不懷疑惑，始終無忘，脾志相成。」（《道藏》第 25 冊，頁 165）這五戒混合了儒家五常（仁義禮智信），兩漢醫學的五臟（肝肺心腎脾），以及神仙方術的五臟神（魂魄神精志），還有佛教的五戒。這種「正一五戒」反映道教戒律融攝儒佛的發展趨勢，至南北朝後期樓觀派造《太上老君戒經》，更完整地融合佛教五戒，中國傳統五行、五常、五臟以及陰陽，還融合南北上清與靈寶道經，影響隋唐道教。伍成泉認為《太上老君戒經》是以《提謂波利經》為藍本，「該經雖雜以中國傳統的陰陽五行觀念，但核心內容就是與佛教完全一致的五戒，經過它的弘揚，此『五戒』與『三歸』一起作為起始入道所奉持的戒律就基本確定下來，而為隋唐以後的道門所遵循，直至近世。」（伍成泉：《漢末魏晉南北朝道教戒律規範研究》，成都：巴蜀書社，2006.12，頁240）

[67] 《正統道藏》第 18 冊，頁 219-221。《老君說一百八十戒》收入《正統道藏》洞神部戒律類，為早期天師道戒律彙編。《太上老君經律》包括《道德尊經戒》、《老君百八十戒》、《太清陰戒》、《女青律戒》、《道德尊經想爾戒》等五種戒律。《正統道藏》僅存前兩篇，其中《道德尊經戒》包括九行二十七戒，共三十六條。《老君百八十戒》乃老君傳授干君（于吉）一百八十條戒律，主要勸誡道士勿貪淫殺盜，欺侮他人，輕慢經教，不敬師長等。此一百八十條明訂各種行為規範，對後世影響很大，瑞典漢學家施舟人（Kristofer Schipper）引 Hans-Hermann Schmidt 對《老君百八十戒》的研究，認為古靈寶經的《太上洞玄靈寶三元品戒功德輕重經》列舉三官所考「三元品戒罪目」一百八十條，就是以《老君百八十戒》為範本。（Kristofer Schipper, *Purity and Strangers Shifting Boundaries in Medieval Taoism,* T'oung Pao, Second Series, Vol. 80, 1994, pp.66）伍成泉也表列兩經條目，有三分之一相同。（伍成泉：《漢末魏晉南北朝道教戒律規範研究》，成都：巴蜀書社，2006.12，頁 109-113）至於劉宋陸修靜於《陸先生道門科略》稱：「夫受道之人，內執戒律，外持威儀，依科避禁，遵承教令。故經云：『道士不受老君百八十

為死後遭受罪責的重要指標，也是能否成仙的關鍵。一百八十條戒律包含各種生活規範，以發揚道家清靜簡樸為主，有許多尊重生命，善待萬物，與自然眾生相互不傷的戒律；也有許多關於清淨簡樸與風俗良善的生活戒律；亦有反映一些當時社會倫理道德的守禮戒律，以及修煉用功的要求。戒律的設計以「生命」為基礎，構造出人與自然，人與人之間的和諧生命體，進而把重生的原則推及至社會層面，建立「救窮周急」的社會倫理，同時納入儒家的道德倫理，以及佛教的戒律規範。這些律則，對於維繫社會秩序，建立良好風氣有積極作用，更重要的是標誌道徒的身份，藉以獲得認同感，並進而擴大道教影響力。

　　相較於《正一法文天師教戒科經》為天師道內部的改革，託言張道陵而欲回復五斗米道創教時的組織規範，北魏寇謙之對天師道的改革更為全面，甚至重整五斗米道的制度，《魏書・釋老志》記寇謙之得太上老君降臨授付經過，太上老君云：

> 嵩岳道士上谷寇謙之，立身直理，行合自然，才任軌範，首處師位。吾故來觀汝，授汝天師之位，賜汝《雲中音誦新科之誡》二十卷，號曰「並進」。言吾此經誡，自天地開闢以來，不傳於世，今運數應出。汝宣吾新科，清整道教，除去三張偽法，租米錢稅及男女合氣之術。大道清虛，豈有斯事，專以禮度為首，而加之以服食閉練。[68]

寇謙之宣稱太上老君直接授予天師之位，並委以教化生民之重任，確立其身份之正統，遂使改革天師道有了正當性。具體改革的對象有兩大項目：「租米錢稅」與「男女合氣」，前者為天師道的經濟運作，包括租米錢稅、二十四治，以及祭酒世襲制度；後者為修煉方法，針對房中術引發的爭議進行調

戒，其身無德，則非道士。』不得當百姓拜，不可以收治鬼神。」（《道藏》第 24 冊，頁 781）文中之「經」，應為《太極真人敷靈寶齋戒威儀諸經要訣》，經文有云：「太極真人曰：『夫祭酒當奉行老君百八十大戒，此可言祭酒也。』故曰：『不受大戒，不得當百姓及弟子禮拜也。』」（《道藏》第 9 冊，頁 872）本經亦為古靈寶經，經中敷陳靈寶齋儀，並將道士奉戒，清楚規範為「老君百八十戒」，成為道士身份的標準。

[68] 除了《魏書》，老太上君授寇謙之天師之事，亦見於《隋書・經籍志》。《道藏》洞神部收錄之《老君音誦誡經》可能就是寇謙之得授之《雲中音誦新科之誡》的殘本或異本，陳國符先生考證云：「今道藏收有《老君音誦誡經》，云老君以授寇謙之。所述天師道流弊，及革新之法，與《魏書・釋老志》同，蓋即《雲中音誦新科之誡》，又稱「樂章誦誡新法」、「太上老君樂音誦戒」、「音樂新正科律」。「音誦」即「樂音誦」，疑即唱誦之義，所以別於「直誦」也。唯今本僅一卷，已非全帙。」（陳國符：〈三洞四輔經之淵源及傳授〉，《道藏源流考》，北京：中華書局，1992.4，頁 101）音誦不同於直誦，或許受到佛教「梵唄」之唱誦經文的影響。陳寅恪先生認為北魏之時，佛教一切有部之十誦律傳入中土，寇謙之因應而造《雲中音誦新科之誡》，其名「明是與佛教擬配之戒律，姑無論『誦』與十誦律之誦字同，而『科』及『誡』與律字意義不殊也。」（陳寅恪：〈崔浩與寇謙之〉，《金明館叢稿初編》，臺北：里仁書局，1981.3，頁 122）

整。今日可見的《老君音誦戒經》，經文中以「老君曰」為各段開頭，以「奉行如律令」為各段結尾，藉由太上老君之名，先敘述制度混亂的狀況，再提出改善之法，對於租稅祭酒制度的改善，其目標在於不以私害公，即不得以一己之私中飽私囊。而對於男女合氣之術，《老君音誦誡經》中指出：「妄傳陵身所授黃赤房中之術，授人夫妻，婬風大行，損辱道教。」批評當時藉由房中術行淫亂之事，經文中也提及並非禁斷房中術，但是得依正法而行。寇謙之對於天師道的改革，關鍵在於「以禮度為首」，如《老君音誦誡經》第十八條、第三十六條為：

> 老君曰：其受治籙誡之人，弟子朝拜之。喻如禮生官位吏，禮法等同。明慎奉行如律令。（《道藏》第18冊，頁213）

> 老君曰：夫為道官、正治、祭酒，進善舉賢，領受弟子，授人職治、誡籙、符契。進一賢善，除過十年，求仙速達。進一佞一惡，反罪十年，求仙求福，終不可得。（《道藏》第18冊，頁217）

前者明言授戒者須遵循儀法，受戒者行敬師之禮；後者則要求必須考察引入道門者的品格，對於進入教團者進行篩選。這些改革著重於教規、教戒，對於授戒、廚會、佩籙、祈禳、度脫等儀式，皆有所規範，並以教戒要求所有奉道者必須依禮而行。

　　相較於寇謙之對於北天師道的改革，劉宋陸修靜並不以廢除三張舊制為訴求，而是在尊三張的基礎上，改革天師道的組織與制度，並根據古靈寶經制定齋儀，以行齋持戒為道門的基礎，也是成仙得道的根本。他在《陸先生道門科略》篇首敘述道門混亂的狀況，因此太上老君委以清整重任，經云：

> 太上患其若此，故授天師正一盟威之道，禁戒律科，檢示萬民逆順禍福功過，令知好惡。……罷諸禁心，清約治民，神不飲食，師不受錢。使民內修慈孝，外行敬讓，佐時理化，助國扶命。……故上德神仙，中德倍壽，下德延年。（《道藏》第24冊，頁779）

本段中的「正一盟威之道」與行善三品之分，俱見於《正一法文天師教戒科經》。陸修靜批評當時各道派的混亂，輕道賤法，又貪利縱欲，因此要求道士必須「內執戒律，外持威儀，依科避禁，遵承教令。」以受《老君百八十戒》為道士身份的依據，並且遵奉道戒。而陸修靜亦藉由太上老君授付「正一盟威之道」，承天師道統，此與寇謙之有所不同。[69] 陸修靜自謂承三張道

---

[69] 楊聯陞認為陸修靜「不但不說什麼三張偽法，而以三師之法本為清約正教，與寇謙之的清整之法甚可對照。」（楊聯陞：《〈老君音誦戒經〉校釋》，《中國語文札記》，北京：中國人民大學出版社，2006.5，頁64）

統，故其主張「正教」如下：

> 盟威法：師不受錢，神不飲食，謂之清約。治病不針灸揚藥，唯服符
> 飲水，首罪改行，章奏而已。居宅安塚，移徙動止，百事不卜日問
> 時，任心而行，無所避就。謂約千精萬靈，一切神祇，皆所廢棄，臨
> 奉老君三師，謂之正教。（《道藏》第 24 冊，頁 782）

文中廢棄「一切神祇」，只以老君三師為正教，確立天師道的傳承，而治病
以符水、首過，亦是早期五斗米道治療疾病之法。然而在整治道教之時，揭
櫫天師道的「清約」為「師不受錢，神不飲食」，這兩句兩見於《陸先生道
門科略》，陸修靜試圖重建天師道的精神，「神不飲食」是將祭神的犧牲供品
從食物轉而為符籙章奏，與上天的溝通交流著重於心靈精神；「師不受錢」
則規範信徒與道士的關係，不以財物往來，道士祈禳，奉法守戒，出於真
心。改革不僅只有儀式，還加強內心奉道的重要，法國漢學家傅飛嵐
（Franciscus Verellen）便認為陸修靜對於天師道的改革，「奠定了天師道制度
的基石」。[70] 與《陸先生道門科略》約為同一時期的《三天內解經》也有
「鬼不飲食，師不受錢」之語，可見劉宋時期民間祭祀興盛，亂象叢生，陸
修靜以託古的方式確立天師道的正統，還進一步完善道教齋儀。

陸修靜對天師道齋儀的改革有兩項重點，一是「心」，一是「戒」。透過
「師不受錢」、「神不飲食」的「清約」，強調「任心」的重要；同時藉由
「禁戒律科」，規範道眾的行為。陸修靜提升「心」於行齋戒時的重要性，
他在《洞玄靈寶齋說光燭戒罰燈祝願儀》中，稱以「禮拜」、「誦經」與「思
神」對治身、口、心的欲望，故「用此三法，洗心淨行。心行精至，齋之義
也。廣願善念，以弘福業。持戒之心，當如墜井把緪，不可乍失。」（《道
藏》第 9 冊，頁 821）此處援用佛教身、口、意三業之說，但又特別強調
「心」的作用，故行齋儀在心，為「心齋」之意。後文續云：「一日一夜，
奉戒尊法，孜孜不倦，則感通太玄，真靈降集，三尸竄滅，眾魔摧伏，如此
之願，願無不獲，志無不尅也。」奉戒尊法，可得仙壽，此為道教齋戒的最
終目的。此意尚可見於陸修靜所集《洞玄靈寶五感文》：「道以齋戒為立德之
根本，尋真之門戶。學道求神仙之人，祈福希慶祚之家，萬不由之。」（《道
藏》第 32 冊，頁 619）陸修靜合「齋」與「戒」，言其為學道成仙之本，確
立齋戒的重要性，而其以靈寶經為本的齋法儀範，也成為後世依循的標準。

---

[70] Franciscus Verellen, *Imperiled Destinies: The Daoist Quest for Deliverance in Medieval China*, Harvard Univ Council on East Asian, 2019.04, pp.49。傅飛嵐從《赤松子章曆經》中的「不負效信」、「不負丹誓」等章奏天神的文書為例，說明陸修靜對天師道的改革，將祭祀以祭品供養的方式，轉變為對天神以精神心靈祈求，建立「純粹債券」（Pure Bond）的契約關係，取代金錢與牲禮，提升天師道的地位。

　　道戒規範的內容包含生活中的各種行為，也有針對道士科儀，而且隨著道教的發展，戒律愈為繁複，並且吸收儒佛思想，朝向道教式的三教合一。然而，道教最終的目標是長生成仙，成為神仙是個人的成就，當大乘佛教度化眾生的觀念傳入中土時，道教教戒也隨之相應調整，將濟世度人列為修行的目的，乃至於成仙的戒律。如古靈寶經的《太上洞玄靈寶智慧罪根上品大戒經》列「上品十戒」，經云：

> 上品十戒之律，可以度人，廣加開化，令入法門。勤奉之者，則獲自然之福，無為之道也。十戒者：一者，不得嫉妒勝己，抑絕賢明。二者，不得飲酒放蕩，穢亂三宮。三者，不得淫犯他妻，好貪細滑。四者，不得棄薄老病窮賤之人。五者，不得誹謗善人，毀攻同學。六者，不得貪積珍寶，弗肯施散。七者，不得殺生，祠祀六天鬼神。八者，不得意論經典，以為虛誕。九者，不得背師恩義，欺詐新學。十者，平等一心，仁孝一切。此十戒，普教十方無極世界，度一切人。能奉之者，功書十天，福延七祖，拔出長夜九幽之中，上昇南宮。身入光明，因緣不絕，剋得神仙。（《道藏》第 6 冊，頁 887）

此十戒的內容包括佛教五戒，佛家尊師仁孝，以及道教反對淫祀，尤為重要的是遵守上品十戒，不僅能成仙，還可「度一切人」。經文中所述「度一切人」是強調十戒的重要與效力，但是在陸修靜編撰的《洞玄靈寶齋說光燭戒罰燈祝願儀》，經文中列舉十戒，第九戒為：「發大慈悲，愍念一切災厄惱難，咸願度脫。生死休泰，無復憂苦。」（《道藏》第 9 冊，頁 821）救度眾生度脫一切災厄，為「大慈悲」，本經還云：「聖人傳授經教，教於世人，使未聞者聞，未知者知，欲以此法橋，普度一切人也。」（《道藏》第 9 冊，頁 824）傳經教人，欲度眾生，是道士持戒發心之所在。

　　至於早期上清派戒經也可見得此一思想，如《上清洞真智慧觀身大戒文》云：「道學當念先度人，後度己身。」、「道學當念立功度人，終劫不悔。」（《道藏》第 33 冊，頁 800）此兩戒文已示度人為先，持續不懈，然仍屬於上元戒品三百條之二。將先度人，後度身提升至修行的關鍵地位，可見於古靈寶經《太上洞玄靈寶本行宿緣經》，經文明言：「宗三洞玄經，謂之大乘之士，先度人，後度身。」（《道藏》第 24 冊，頁 667）將「度人／度身」區分先後，並以「大乘」說之，有別於小乘教法。另於《太上洞玄靈寶三元品戒功德輕重經》有云：

> 天尊重告太上道君曰：大慈之道，度人為先，非功不賞，非德不遷，非信不度，非行不仙也。……經云：夫欲度身，當先度人。眾人不得度，終不度我身。大慈廣遠，惠逮無窮，天人所仰，況在七祖父母乎。（《道藏》第 6 冊，頁 884）

經文中一再強調度人為先，甚至明言「眾人不得度，終不度我身。」此說已翻轉道教求仙只為成就自己，從達到一定善行之數便可成仙，發展為度化眾生的願力，甚至出現眾生得度為度我身的前提。度人的觀念來自佛教度眾生之說，菩薩有此大悲誓願，欲度眾生成佛。北魏曇鸞法師著《無量壽經優婆提舍願生偈註》，經文有云：「菩薩願以己智慧火，燒一切眾生煩惱草木。若有一眾生不成佛，我不作佛。」（T40, no.1819, p.842）道教吸收此一精神，結合為成仙的條件。

　　「度人」之意，並非只是協助他人的善行，而是解救眾生的願力，否則早期天師道道戒中的積善立功，便多有助人條目，真正在道經中出現「度人」的概念，應於東晉時期逐漸發展，道教原有的積善行德以成仙，強化為解救眾生的慈悲。如此一來，原本藉由累積善行數量以成仙，則行善具有功利性質，轉而為要求度化眾生為先，使行善發自內心。尊道奉戒不再只是為了成仙，也不完全只是司命之神獎懲的依據，更具有積極主動的力量。當然，「度人」觀念的引入並非就此改變道教行善的動機，上引諸多道經論及行善成仙，仍以承負報應、神明司命、與齋戒科儀等進行論述，而道戒則包含各種道德規範以及科儀，融入佛道，但又保有道教神仙思想的核心。古靈寶經中被後世奉為「萬法之宗」的《靈寶無量度人上品妙經》，[71] 宣揚「仙道貴生，無量度人」，經中著重齋戒誦經之功，其云：

> 夫齋戒誦經，功德甚重，上消天災，保鎮帝王。下禳毒害，以度兆民。生死受賴，其福難勝，故曰無量，普度天人。（《道藏》第 1 冊，頁 354）

天尊隨劫度人，對老病與亡者，皆能救度。強化天尊濟度的能力，也是道經的特色。是以，道教通過「道戒」規範信眾的行為，不同於儒家訴諸自我道德意識運作，以自覺內省為實踐仁德的動力，以超自然力量的神明監管善惡之行，也強化悲憫度人之心，將「入世」的道德實踐與「出世」的神仙思想結合。「仙道」與「人道」的關係密切，甚至先修「人道」才得「仙道」，[72]

---

[71] 本經為古靈寶經之一，經中稱元始天尊說是經，歷經傳授，唐宋大行。明代《正統道藏》列為洞真部本文類天字第一號經典，歷代道門皆強調誦習《度人經》能福及上世，身得神仙。南宋道士青元真人注《元始無量度人上品妙經註》之序文云：「恭惟《太上洞玄靈寶无量度人上品妙經》者，飛玄結炁，雲篆成文，為萬法之宗，冠三洞之首。」（《道藏》第 2 冊，頁 250）

[72] 六朝的先度人再度身的觀點影響後世，如元代淨明道士黃元吉記其師劉玉引古人之語：「欲修仙道，先修人道。」（《玉真先生語錄內集》，收於《淨明忠孝全書》卷三，《道藏》第 24 冊，頁 636）將「人道」與「仙道」分為修煉的先後次序，而「人道」成了修「仙道」的必要條件，強化了道教入世精神。此外，就儒道兩教的道德實踐而言，道教更有效地落實各種行為規範，儒家的道德雖強調個人自我意識的內省力量，卻同時受限

形成先度人再度身，具有道教特色的戒律理論。

第四節 道佛交涉

　　關於道教與佛教的關係，是個龐大複雜的論題，兩教互動涉及層面極廣，從經典、戒律、修行、儀式、神明等，都有相互影響之處，而且於民間、官方各有不同傳法樣貌，在不同朝代與地區，也多有相異之處，甚至兩教也各自有不同教派，於教內相互競爭。[73] 除了宗教領域，兩教的接觸還涉及政治勢力，以及文化中的胡漢之爭，還有文學音樂，以及神通法術等各種層面。因此要探索道教與佛教互動交涉，應盡可能從微觀深入，針對某部道經或佛經，以某個概念或術語為對象，或者討論某個神明或儀式，累積微觀的各個角度，才能逐漸清楚佛道關係。[74] 兩教於六朝時一起發展，彼此互有競爭，也相互吸收，或者說為了具有競爭性，將對方的長處融為己用，在面對世俗關於死亡、疾病以及禍福願望時，力求解決之道。佛道兩教各自保有立教的基本理論，但也在一定程度上不斷調整教義，從而達到吸引信眾的宣

於自我要求難以控制而約束力不足；道教以行善積德為長生成仙的條件，能有效地提高行為動機，而神明的監看也積極地防止做壞事的念頭。卿希泰曾指出：「道教在宣揚這種倫理道德的時候，往往和它的長生成仙思想結合起來，所產生的實際效用比儒家更大。」（卿希泰主編：《道教與中國傳統文化》，福州：福建人民，1990.5，頁 5）姜生也認為：「道教這種道德說教比之儒家倫理具有更為強大的作用力，因為道教把儒家所要求人們做到的規範，化為宗教信仰的構成因素，成為信仰者得神力之佑助的前提。」（姜生：《漢魏兩晉南北朝道教倫理論稿》，成都：四川大學，1995.12，頁 131）

[73] 法國漢學家穆瑞明（Christine Mollier）指出天師道與靈寶派吸收佛教業力報應觀，但卻有不同的回應，天師道延續中國傳統承負報應觀，認為業力的影響擴及家族，功德報應可以於家族中轉移，如《玄都律文》與《洞淵神咒經》宣揚善惡報應觀，業報輪迴，旁及六親；而靈寶派則接受佛教業報，強調禍福報應由己，如古靈寶經之《太上洞玄靈寶真一勸誡法輪妙經》，宣說先世罪過，今生報之。（Christine Mollier, "Karma and the Bonds of Kinship in Medieval Daoism: Reconciling the Irreconcilable", India in the Chinese Imagination: Myth, Religion, and Thought, Edited by John Kieschnick and Meir Shahar, Philadelphia: University of Pennsylvania Press, 2014.1, pp.171-181）穆瑞明認為在道教內部，天師道與靈寶派之間有著競爭關係，雙方各有不同論述，以爭取更多的信眾。是以討論佛道關係，應留意雖化約為「佛教」與「道教」兩個名詞，實有許多差異於其中。

[74] 早期學界認為佛教傳入後挾其經典義理與戒律規範成熟的優勢，致使道教學習引用，然近年來國內外學者從佛道經典以外的文獻，關注義理以外的議題，或是從儀式法術等不同視角，對於佛道關係的研究有更全面的觀察，兩教不僅只是相互影響，而是「在共同的文化結構當中以不同的觀點模塑其宗教實踐，並符合宗教實踐者的核心關懷。」（謝世維：〈融合與交涉：中古時期的佛道關係研究回顧〉，清華中文學報第 8 期，2012.12，頁 275）謝世維回顧近年關於佛道交涉的研究情況，學者意識到「影響」一詞容易造成賓主與先後的認知，而以更深廣的方式探究佛道兩教的交融滲透、磨合和轉化。

教目的。從兩教發展的情況而言，佛教從西域傳入，以譯經與講經弘法，為了克服語言與觀念的差異，借助或引入道教與儒家的術語；道教立基於傳統文化，承襲兩漢神仙方術，然而理論相對薄弱，因此也試著融攝佛理，藉以完善教義。以下僅從夷夏爭論與承負報應兩個論題，討論佛道思想於經典中所呈現的相互影響，藉以管窺兩教的關係。

一、夷夏之爭

中國傳統思想對於佛教的質疑，可上溯自東漢末牟子《理惑論》，佛教從西域傳入中國，其教義教儀不同於中土，牟子引經據典，藉由回答各個問難，試圖調合佛教與儒道之異。中土士人之所以對佛教提出質疑，有著兩漢春秋公羊學論夷夏之辨的思想史脈絡，公羊學宣揚大一統的民族觀，強調嚴防夷夏，雖然也認為可通過教化，融合夷夏，但其基本論述是華尊夷卑，以華制夷。兩晉南北朝時期，佛道論爭高下，道教流傳老子化胡之說，以證佛出於道，南朝齊道士顧歡著〈夷夏論〉崇道抑佛，引發佛教反駁，彼此相互攻擊。以下說明之。

（一）老子化胡

老子化胡之說，可以溯及《史記・老子韓非列傳》中記載老子去周，至關，「言道德之意五千餘言，而去，莫知其所終。」這個傳說成了老子西行的源頭。至東漢佛教傳入，隨著老子神格化，[75] 兩者開始出現連結，《漢

---

[75] 老子於東漢末年逐漸神格化，東漢桓帝時祠老子，老子得道成仙，成為祭祀崇拜的對象，在漢末碑文〈老子銘〉中，老子「道成仙化，蟬退渡世」，能為「聖者作師」，成為效法的對象。中外學界多認為〈老子銘〉受佛教輪迴與化身之說的影響，但劉屹考辨〈老子銘〉中的老子雖已神格化，但尚未成為至高神，而且內容描述應源自道家變化觀，而非佛教。（劉屹：《敬天崇道——中古經教道教形成的思想史背景》，北京：中華書局，2005.4，頁 335-368）另外，敦煌道書《老子變化經》描述老子於諸世化身的情形，學界多認為本經起於漢末，受佛教影響。（關於《老子變化經》的考證研究，可參見高振宏：〈道成身化、末劫救度：敦煌本《老子變化經》研究〉，《出土文獻研究視野與方法・第七輯》，臺北：政大中文系，2020.8，頁 93-131）吉岡義豐推論《老子變化經》為漢末所出，並藉以描述老子形象從漢末至宋元時期的變化。（吉岡義豐：〈老子變化思想の展開〉，《道教と佛教・第一》，東京都：国書刊行会，1983.9，頁 2-252）然而《老子變化經》視老子為道體，應晚至南北朝。蓋道經中的老子神格化，有一個逐步提升的過程，兩漢氣論以「道」、「氣」為宇宙本源，太一天帝為至高神，老子是仙人，其後衍生出道氣化為太上老君，位列道教三主神之一，南北朝時才上升為「道之體」，至唐代為「道之先」。這個變化混合了中國傳統變化觀，又受到佛教化身的影響，或者佛

書‧郎顗襄楷列傳》記載東漢桓帝於皇宮中立黃老、浮屠之祠，襄楷上書勸言：「或言老子入夷狄為浮屠。浮屠不三宿桑下，不欲久生恩愛，精之至也。天神遺以好女，浮屠曰：『此但革囊盛血。』遂不眄之。其守一如此，乃能成道。」這段記載明確指出老子入胡為「浮屠」，雖未明老子如何成為佛祖，但以佛出於道，且將佛教禁欲連結於「守一」與房中術，反映漢末已出現老子化胡之說。

至魏晉南北朝時期，此說不斷流傳增飾，如《三國志‧魏書‧倭人傳》裴注引魚豢《魏略‧西戎傳》記「臨兒國」的佛祖出生傳教之事，有云：「《浮屠》所載與中國老子經相出入，蓋以為老子西出關，過西域之天竺，教胡浮屠弟子，別號合有二十九。」此處記載老子出關西域，入天竺成為佛祖之師。然而南北朝時期，老子入胡之說逐漸神話，《南齊書》引顧歡〈夷夏論〉云：

> 道經云：「老子入關之天竺維衛國，國王夫人名曰淨妙，老子因其晝寢，乘日精入淨妙口中，後年四月八日夜半時，剖右腋而生，墮地即行七步，舉手指天曰：『天上天下，唯我為尊，三界皆苦，何可樂者。』於是佛道興焉。」

老子入西域，施展神通化入淨妙口中，生子為佛，此說將佛祖視為老子的化身。顧歡所引道經為《玄妙內篇》，[76] 意謂在東晉南朝時，已有道經發揮老子化胡故事。另可證《三天內解經》，本經描述道源於無，經數次轉生，出玄元始三氣，再化為太上老君，老子是道的化身，又入胡為釋迦，教化西域，經文描述云：

> 老子又西入天竺國去罽賓國，又四萬里。國王妃名清妙，晝寢，老子遂令尹喜乘白象化為黃雀，飛入清妙口中，狀如流星。後年四月八日，剖右脇而生，墮地而行七步，舉右手指天而吟：天上天下，唯我為尊。三界皆苦，何可樂焉？生便精苦，即為佛身。佛道於此而更興焉。[77]

教在發展的過程中，也受到中國變化觀的影響，呈現一個複合式的相互交錯關係。

[76] 《玄妙內篇》是古佚道書，不見諸書著錄，內容老子神化和化胡之說，劉屹認為《玄妙內篇》早於《三天內解經》，其考證見劉屹：〈《玄妙內篇》考——六朝至唐初道典文本變化之一例〉，《敦煌文獻論集》，郝春文編，瀋陽：遼寧人民出版社，2001.5，頁 614-634。

[77] 《道藏》第28冊，頁414。《三天內解經》二卷，收入《正統道藏》正一部，原題「三洞弟子徐氏撰」，其人不明，應為南朝劉宋時天師道徒。上卷敘述太上道君化生及降世傳道故事，下卷為修道理論，勸人認真念道，堅固根本，存守道氣，則可長生不死。

此經文所述與顧歡所引略有不同，為老子命尹喜乘白象化為黃雀，飛入清妙口中而生佛陀。南朝劉宋求那跋陀羅譯《過去現在因果經》，經中描述佛母摩耶夫人晝寢，夢見菩薩乘六牙白象，從右脇入，而黃雀為中國傳統吉祥象徵，《三天內解經》襲取之並結合老子化胡傳說，衍為尹喜化為佛陀，仍是老子之弟子。

　　顧歡引老子化胡之說，為證明佛出於道，道高於佛，引發佛教辯駁論難，針對老子化胡的故事，更改成老子為佛陀弟子，如僧敏法師作〈戎華論折顧道士夷夏論〉云：

> 惟有周皇邊霸，道心未興。是以如來使普賢威行西路，三賢並導東都。故經云：「大士迦葉者，老子其人也。故以詭教五千，翼匠周世。化緣既盡，迴歸天竺。」故有背關西引之邈，華人因之作《化胡經》也。致令寡見之眾，詠其華焉，君未詳幽旨輒唱老佛一乎。人聞大聖現儒林之宗，便使莊孔周老，斯皆是佛。（《弘明集》卷7）

此論中有兩處值得注意，其一，佛經中稱老子是佛陀弟子摩訶迦葉，來華弘法，其後回歸天竺，此據《清淨法行經》。[78] 其二，中土不明老子是迦葉所化，只知老子出關西去，故造《化胡經》又名《老子化胡經》，此經應成於西晉，[79] 並在南北朝逐步擴充，敷演舖陳老子化胡故事，一方面抬高老子的地位，一方面強調老子或尹喜化身為佛陀。《老子化胡經》對後世影響甚鉅，在佛道競爭的過程中，成為針對的焦點，唐代武后、中宗時已有敕令禁毀，至元代更有大規模焚經之劫，以致於亡佚。

---

[78] 《清淨法行經》已佚，唐代智昇《開元釋教錄》將本經列為疑妄，可能是佛教徒為反對《化胡經》所偽作。北周釋道安於〈二教論〉中提及此經，文中問者曰：「《清淨法行經》云：『佛遣三弟子振旦教化，儒童菩薩彼稱孔丘，光淨菩薩彼稱顏淵，摩訶迦葉彼稱老子。先生辯異似若自私。」（《廣弘明集》卷8）問者引本經質疑道安分判佛道，直言孔老非佛，不合《清淨法行經》之說，道安重申張陵所創之道教非老子之說，並答曰：「然《法行經》者，無有人翻，雖入疑科未傷弘旨。摩訶迦葉釋迦弟子，稟道闡猷。詎希方駕三張符錄，詭託老言捃採譎詞，以相扶助，復引實談證其虛說。嗚呼可歎，幸深察焉。」（《廣弘明集》卷8）道安已認為本經疑偽，但也以此證明道教不符老子之旨，藉以降低道教的地位。

[79] 《老子化胡經》，亦稱《老子西昇化胡經》，相傳為西晉道士王浮所造，今已亡佚，僅存敦煌殘抄本五件。關於本經形成的背景、年代、過程與影響，中外學者多有考辨，可參考王維誠：〈老子化胡說考證〉，《敦煌學研究》（3），孫彥、薩仁高娃、胡月平編選，北京：國家圖書館出版社，2009.4，頁1400-1521；劉屹：《經典與歷史──敦煌道經研究論集》第一章《化胡經》篇，北京：人民出版社，2011.9，頁1-116；福井康順：《道教の基礎的研究》第三章〈老子化胡經〉，東京：書籍文物流通会，1958.7，頁256-325；許理和（Erik Zürcher）：《佛教征服中國：佛教在中國中古早期的傳播與適應》第六章〈「化胡」說：佛道衝突的早期歷史〉，李四龍等譯，南京：江蘇人民出版社，1998.3，頁491-547。

從東漢末年興起的老子化胡故事，在不同時期，以及佛道的不同視角，有著不同的詮釋。佛教初傳中國時，為使中土接受，於譯經中或有增添經文，如題為三國吳支謙所譯之《太子瑞應本起經》，經文稱菩薩承佛陀之命，奉戒護法，「及其變化，隨時而現，或為聖帝，或作儒林之宗，國師道士，在所現化，不可稱記。」其意為中國之儒道，皆為菩薩化身；西晉竺法護所譯《佛說申日經》，經文中提及佛陀於涅槃後，化身為月光童子，於秦國（中土）行教化之事；另題為東晉帛尸梨蜜多羅所譯《佛說灌頂經》有云：「閻浮界內有震旦國，我遣三聖在中化導。」這些經文皆指稱佛陀化身入中國傳教，然多不見於梵本，甚至劉宋時造《清淨法行經》，直指老子就是摩訶迦葉。佛教運用老子化胡的傳說，使佛教傳入中國有了正當的連結，但在傳教過程中，又為了抬高佛教的地位，遂有增添修改經文之舉。道教也是如此，利用老子化胡傳說，增修經文，在諸多道經中皆可見得，意使佛出於道，與佛教爭勝。若從佛老同源的角度，不論是佛出於老，或老出於佛，皆有調合佛老，消除兩者對立關係；但從先後高下的角度，便成了兩教爭論的焦點，尤其是南朝時期佛道爭辯帶有夷夏之別的民族情緒，以及關係政治的競爭時，問題便更顯尖銳複雜。

（二）夷夏論

南朝劉宋末年，顧歡發表〈夷夏論〉，引發佛教抗議而掀起一場耗時數年的論辯，顧歡本以「尊王攘夷」的立場，為王政之一統說教，然而這場論辯，一方面顯現道教於理論深度不足，一方面也促使道教深化教義，成為道教理論發展的契機。〈夷夏論〉開篇引老子化胡之說，謂佛道兩教經典皆有記載，以此證佛老同源，而佛教兩教之教化行跡不同，在於兩地風土之異，故文云：

> 道則佛也，佛則道也。其聖則符，其跡則反。或和光以明近；或曜靈以示遠。道濟天下，故無方而不入；智周萬物，故無物而不為。其入不同，其為必異。各成其性，不易其事。……泥洹仙化，各是一術。佛號正真，道稱正一。一歸無死，真會無生。在名則反，在實則合。[80]

---

[80] 〈夷夏論〉見《南齊書‧高逸列傳》，傳中記載此文一出，司徒袁粲便託為道人通公駁之，顧歡答辯，除了重申佛道兩教之異，並直指佛教教法破壞中土傳統風俗。而顧鎮之也兩次致書顧歡，強調佛理精深，道教淺薄，接著又有明僧紹作〈正二教〉、朱昭之作〈難顧道士夷夏論〉、慧通法師作〈駁顧道士夷夏論〉等。其後南朝齊之時，有假託名士張融所作〈三破論〉，斥佛教「入國破國，入家破家，入身破身。」引發釋僧順作〈答道士假稱張融三破論〉、釋玄光作〈辯惑論〉、劉勰作〈滅惑論〉與之論難，此番爭

顧歡論述的依據，在於佛源出於道，兩教同源，但是因應胡漢風土民情，故兩教於施教有所差異。復又因此差異，中土對於佛教的教儀，不必照單全收，甚至不應接受，此結論有道高於佛之意。文中雖有「道則佛，佛則道」之語，但只是指明兩者同來自老子，而且顧歡論述時不只言教儀差異，還涉及基本教義的評比，分判「泥洹」論死，「仙化」主生，生勝於死。顧歡站在華夏民族本位的立場，上承兩漢公羊學的論述，在當時佛教興盛時期，為道教爭得一席之地。

顧歡所著〈夷夏論〉，是夷夏之辨的思想史議題，唯其站在道教的立場，分判道優佛劣，不同於《老子化胡經》和《三天內解經》的佛出於道，顧歡更將當時政治局勢針對北方胡族的排外觀念，轉嫁到佛教，至此引發的佛道論辯更趨激烈。在這場論辯中，對道教最大的刺激在於反省教義的不足，謝鎮之反駁顧歡，在〈重書與顧道士〉論云：

> 道家經籍簡陋，多生穿鑿。至如《靈寶》、《妙真》，採撮《法華》，制用尤拙。及如《上清》、《黃庭》，所尚服食，咀石餐霞，非徒法不可效，道亦難同。其中可長，唯在五千之道。全無為用，無為用未能違有，遣有為懷，靈芝何養。佛家三乘所引，九流均接，九流均接，則動靜斯得。禪通之理是三中之一耳，非其極也。禪經微妙，境相精深。以此締真，尚不能至。今云：道在無為，得一而已。無為得一，是則玄契千載，玄契千載，不俟高唱。夫明宗引會，導達風流者，若當廢學精思，不亦怠哉，豈道教之筌耶。敬尋所辯非徒止，不解佛，亦不解道也。」（《弘明集》卷6）

在回應顧歡時，佛教學者多將「道家」與「道教」分開，分判老子言「無為」，而道教長生是有為法，兩者根本不同，明徵君〈正二教〉、慧通〈駁顧道士夷夏論〉都從此論，以道教不死之術為妄，大乘老莊立言。北魏道安於〈二教論〉批評道教長生方術，有違老莊之旨，實也留下佛教與老莊思想相通之路，畢竟道安身處「格義佛教」時期，佛教傳法時藉用老莊用語與概念，也由此見得老莊思想與佛學可以相互參照。

在夷夏爭論的過程中，佛教學者在貶斥道經之時，亦否定佛道同源，甚至直指道經抄襲佛經。此一指責確實指出道經與佛經有大量雷同之處，尤其是古靈寶經吸收援引佛教大量名相，故而佛教多鄙夷道教無經典。[81]此外，

論更為激烈，幾為相互攻訐詬罵。以上諸文皆載《弘明集》。

[81] 道經襲用佛經之處多見，早期學界也大都主張道經受佛教影響，然而形式上的文字襲用，不必然是觀念的承襲，而且「道教」與「佛教」的範疇和內涵，有許多歧異，不應簡化為兩個「宗教」的抄襲。當代中外學界於此有所反省，康若柏（Robert F. Campany）指出傳統以「佛教」、「道教」的研究框架有其缺陷，宗教史是連續性、界線

佛教學者在區分道家與道教之後，再論佛教與道家雖本源不同，但真道唯一，法亦不二，不論夷夏，佛學微妙精深，可以包含道學。換言之，佛教著眼於其義理較道教精深，經典更勝一籌。在佛道兩教的論辯中，關於道經的缺失，促使南朝道士致力於深入道經理論，如顧歡搜集整理楊羲、二許手跡，編為《真跡經》，為其後陶弘景編寫《真誥》的底本，顧歡尚撰有《老子義綱》、《老子義疏》，引發道士注老的風潮。同時道教吸收老莊與佛理，討論「二觀、三乘、六通、四等」以及「三一、兩半、道性」等概念，[82] 深化道教教義，也開啟隋唐道教重玄學。

二、承負報應

　　中國傳統報應之說起源甚早，《易・文言・坤》已可見得，其云：「積善之家，必有餘慶；積不善之家，必有餘殃。」此義於兩漢流傳，意味善與不善之行為，其報應將延及後世子孫，此說本為勸善，如《老子河上公章句》注《老子》五十四章「修之於家，其德乃餘」，云：「修道於家，父慈子孝，兄友弟順，夫信妻貞。其德如是，乃有餘慶及於來世子孫。」子孫承受先祖之德蔭，同時也得接受前人作惡之報應，這樣的觀點，在漢末《太平經》中以「承負」之說，完整論述之。《太平經》的主旨為闡述「治身」與「治國」之道，治身亦論長生成仙，治病療疾；治國則以興國除災，以致太平為目的。[83] 《太平經》主張治身治國合一，實為黃老學與天人相應的集合，也兼有兩漢氣論與災異說，在龐雜的內容中，「承負」之論貫通其中。[84] 「承

不明的過程，其中有借用、轉化、變型與滲透，彼此相互交融。Robert Ford Campany, "On the Very Idea of Religions (In the Modern West and in Early Medieval China)", *History of Religion,* 42:4, 2003.5, pp.287-319。謝世維以個案研究探討佛教觀念在古靈寶經中的借用與轉化，重新思考佛教的漢化與佛道融合的議題。（謝世維：《大梵彌羅：中古時期道教經典當中的佛教》，臺北：臺灣商務印書館，2013.9）此外，佛教譯經使用中文，在傳法過程中吸收中國傳統文化，並以中土的思想名相詮釋佛理，也與道經有許多雷同之處，相關討論可參考蕭登福：《道家道教影響下的佛教經典》，臺北：新文豐出版公司，2005.3。蕭文整理佛教經典中襲用道經者，有些仍待論，但是也可從中見得佛經與道經在語詞與概念皆彼此襲用，此一現象正反映佛道兩教的關係複雜。

[82] 唐代道士孟安排受隋代道教著作《玄門大義》啟發而編著《道教義樞》，書中借用佛教名相術語，如「二觀」、「三乘」等，藉以闡釋道教教義，回應了佛教對道教的批評。

[83] 林富士整理學界對《太平經》的各種論述，指出《太平經》的主旨在於闡釋「治身」與「治國」之道，其撰述的主要目的在於以修煉「養性（生）」之術，解除帝王與人民的「承負」之災。（林富士：〈試論《太平經》的主旨與性質〉，《中國中古時期的宗教與醫療》，臺北：聯經，2008.6，頁87-125）

[84] 《太平經》卷三十八〈師策文〉，共九十一字，為《太平經》真道要訣的策書，可視為全

負」之意，具有個人與整體兩方面，就個人言，意指善惡行為所造成的後果，由子孫承受，〈解師策書訣〉云：

> 承者為前，負者為後；承者，迺謂先人本承天心而行，小小失之，不自知，用日積久，相聚為多，今後生人反無辜蒙其過謫，連傳被其災，故前為承，後為負也。負者，流災亦不由一人之治，比連不平，前後更相負，故名之為負。負者，迺先人負於後生者也；病更相承負也，言災害未當能善絕也。絕者復起，吾敬受此書於天，此道能都絕之也，故為誠重貴而無平也。

負者，前人過失，其責遺留後世子孫；承者，即為後代子孫承受前人過失之果。過失可以累積，後人也可以在前人之上再增加惡行，「前後更相負」，後人全得承受，顯示為疾病或災禍。由於前人之過，非後人所能控制，故承受者皆屬被動，無辜受之。然而，後人必須承受前人行為，主要在於天人整體，以及自然循環的觀點，經云：

書總綱。其後有〈解師策書訣〉，詳釋〈師策文〉，文中將天地宇宙、四時運行與陰陽五行結合而論，人與天地一體，順應天道，方得太平。文中末段，真人詢問天師「承負」之意，蓋「承負」為本經之關鍵，見諸多處經文。湯用彤先生曾關注於此，認為「承負」是在《易‧文言‧坤卦》的「積善之家必有餘慶，積不善之家必有餘殃」的思想基礎上發展而來，並認為這種觀點為「中土典籍所不嘗有」，懷疑它是「比附佛家因報相尋之義」所創造。（湯用彤：〈讀太平經書所見〉，《湯用彤學術論文集》，北京：中華書局，1983.5，頁 52-79）學界對此各有意見，就文獻而言，「承負」雖不見於先秦，然自先秦起已有善惡之行為與福禍報應連結的觀念，除《易經》所示，《荀子‧宥坐》述孔子困於陳蔡，子路問曰：「由聞之：為善者天報之以福，為不善者天報之以禍。」此問已顯示時人將福禍連結於善惡之行，而上天是裁處者。西漢劉向有言：「夫有陰德者必有陽報，有隱行者必有昭名。」（《說苑‧貴德》）另借老子云：「人為善者，天報以福；人為不善者，天報以禍也。故曰：禍兮福所倚；福兮禍所伏。」（《說苑‧敬慎》）善惡報應於兩漢災異論之下，為普遍流行的觀點。東漢王充否認善惡與禍福有關，以為「神報祐人，失善惡之實也。」（《論衡‧福虛》）雖然王充批評當時社會觀念，更可見得兩漢流行報應之論，故《太平經》的「承負」，實前有所承。日本學者神塚淑子便認為兩漢天人相應與災異論，是《太平經》承負說的基礎。（[日]神塚淑子：《六朝道教思想の研究》第二篇第一章〈『太平經』の承負と太平の理論について〉，東京：創文社，1999.2，頁 301-337）此外，劉昭瑞分析考古出土的東漢鎮墓文（解注文）中的「重復」一詞，認為《太平經》中的解除承負觀念，即是鎮墓文中的解除「重復」的充實和擴張，將「承負」視為緣起於秦漢時的一種解謫方術。（劉昭瑞：《考古發現與早期道教研究》第三章《太平經》「承負說」研究》，北京：文物出版社，2007.6，頁 53-98）然此說亦有反對者，劉增貴認為鎮墓文中的「重復」，應是一種喪事之忌，忌某日死，則「必復之」（又會再死一人），或某日葬「必有重喪」，或「復屍有隨」，鎮墓文為除忌破煞之術，而《太平經》之「承負」為善惡報應觀念，兩者有別。（劉增貴：〈禁忌──秦漢信仰的一個側面〉，《新史學》，18:4，2007.12，頁 1-70）東漢鎮墓文在墓葬中，其目的為防範死者為害生者，《太平經》中「承負」指人死尚有承負之謫並殃及生人，兩者應有所關連。

> 元氣怳惚自然，共凝成一，名為天也；分而生陰而成地，名為二也；因為上天下地，陰陽相合施生人，名為三也。三統共生，長養凡物名為財，財共生欲，欲共生邪，邪共生奸，奸共生猾，猾共生害而不止則亂敗，敗而不止不可復理，因窮還反其本，故名為承負。（〈闕題〉，《太平經合校》，頁305）

天地人三統共生，此共生即是天人感應的整體觀，人與天地宇宙相應，則從整體而言，所有的人都會受到前人影響。天人感應立基於氣化論，氣化論的生死是個循環系統，禍福於其中亦是循環不已，是故《太平經》中的「承負」為承前後負，更相為之。〈四行本末訣〉云：

> 極上者當反下，極外者當反內；故陽極當反陰，極於下者當反上；故陰極反陽，極於末者當反本。今天地開闢以來，小小連失道意，更相承負，便成邪偽極矣。

此處以陰陽之極的反轉說明承負，然以物極必反的事物規律看待善惡之行，其理論缺陷在於如果陰陽相轉是必然，則禍福之承負就與行為無關，甚至惡極才反於善，如此有違行善積德之論。[85]《太平經》作者未能釐清於此，只能於多處言「反本」，陳述歸反本元，守一得道。不過，《太平經》仍偏重於天神考校善惡，強調賞罰於天，如此方能使承負不致落空，而能善惡有報。

六朝道經雖多見天神考校司命之說，亦闡釋善惡報應，但幾乎未見「承負」之語，[86]《道藏》所收六朝道經中，只有《太上大道玉清經·通濟幽冥品》出現「承負」一詞，經文描述十惡之人於地獄受苦，天尊以大慈悲，仍

---

[85] 《太平經》的內容複雜，非一人一時之作，雖然「承負」若以循環規律視之，則善惡行為便無報應，但《太平經》中又常論及天神賞罰，故善惡有禍福報應，如〈七十二色死尸誡〉云：「得天應者，天神舉之。得地應者，地神養之。得中和應者，人鬼佑之。得善應善，善自相稱舉，得惡應惡，惡自相從。皆有根本，上下周遍。」（《太平經合校》，頁567）行為善惡有相對的報應，有鬼神監官。至於《太平經聖君秘旨》言：「守一之法，常有六司命神，共議人過失。」（《太平經合校》，頁742）天神考校功過，並以之調整壽命，此為兩漢至六朝常見說法，即鬼神的力量能使行為與禍福相連結，是為「承負」報應的具體實踐。

[86] 六朝道經並未見得引用「承負」之語，或許反映出《太平經》的流傳與影響有限，陳國符先生提出：「自漢代以來無人為《太平經》撰注，《太平經》在全部道經中已無有地位。」（陳國符：《陳國符道藏研究論文集》，上海：上海古籍出版社，2004.1，頁370）然而，《太平經》中的一些觀點，如報應論，仍在道教中流傳。至於《太平經》可視為從漢代方士傳統轉向六朝道教的過程，劉屹指出：「《太平經》最早不是一部『道經』。六朝天師道對《太平經》的態度，也經歷了一個轉變過程；從東晉末年視太平傳統為『支散之爪』，必須罷廢而後快，到梁代建構七部道書體制而單獨將《太平經》作為太平部，並給予其並非最低的判教位置。」（劉屹：《神格與地域——漢唐間道教信仰世界研究》，上海：人民出版社，2011.3，頁242）

度化之，並論及生死業報，循環不已，「以是因緣，連累幽顯，互相承負。」[87] 由於本經混合佛道，其承負雖延用子孫承負先人行為，但以因果業報解說，已是晚出道經。至於早期天師道的道經則有承襲中國傳統善惡報應之說，如《正一法文天師教戒科經》云：「人能修行，執守教戒，善積行者，功德自輔，身與天道，福流子孫。」（《道藏》第 30 冊，頁 566）後世子孫能承先人福蔭，同時得行善積德，以免禍流子孫。《太上洞淵神呪經》亦論富貴貧賤與先人有關，其云：「復有先身，造立功德，今為大富貴，流及子孫。」[88] 從《太平經》至兩晉之道經，皆可見得善惡報應流及後世子孫的觀念。北魏寇謙之所著《老君音誦戒經》亦云：「道官道民，其先亡祖曾父母，幽謫不解，復注子孫。」（道藏》第 30 冊，頁 542）兩漢流傳「注病」觀，認為人死後如有怨氣，會給生人帶來「注」病，故於墓葬中放置解注瓶，防止死者對生人造成影響。[89]「復注子孫」，即是源自此一觀念，故經中申述應行齋功，以薦達亡人，無復怨氣，就不會造成疾病。從東漢末至兩晉的道教皆有報應之說，功德能流於子孫，並以鬼神為報應的執行者，以此為勸善憑藉。至南北朝時，中國傳統報應論逐漸與佛教混合，結合因果報應與子孫承負，成為道教乃至民間信仰的主流。

佛教從因緣論萬物的生滅，人生的善惡報應也基於緣起觀，將人的意念與稱為「業」（karma），個人的念頭、行為與結果造就業力，也由個人承受業果。由於人在生死輪迴中，不斷造業，舊業之果又引發新業，輪迴不盡，

---

[87] 《道藏》第 33 冊，頁 306。本經收於《正統道藏》正一部，另有敦煌唐抄本殘卷五件。此經乃元始天尊、太上大道君及玉清天諸仙真說法，敷演道教義理及科戒道法。本經體裁文辭模仿佛經，混合各道派之說，以「元氣」為大道生化之本，服氣為道法至極。對於善惡報應，吸收佛教因果、輪迴，以及地獄景況，又混合中國傳統報應觀，認為善惡行為影響家人子孫，而天天尊校定吉凶，因此要齋戒悔過，奉道守戒，以求福祐。吉岡義豐認為本經出於南朝梁，山田俊則認為成於唐初。（山田俊：〈『太上大道玉清經』の成立について〉，《東方宗教》第 88 期，1996.11，頁 1-17）本經混合佛道，並論「道性」，是為道教吸收佛教深化教義的論述，故可能成於南朝末期。

[88] 《太上洞淵神呪經‧殺鬼品》，《道藏》第 20 冊，頁 280。本經描述西晉末年瘟疫盛行，鬼神肆虐的末世景象，由於眾人不信仙，不崇道，天遣疫鬼病殺惡人。此時有「有君出世」，拯救世人於水火。本經各卷撰述年代不同，大部分應成於兩晉之時。可參考宮川尚志：〈晉代道教の一考察——太上洞淵神咒經をめぐりて〉，《中國宗教史研究》，京都：同朋社，1983.3，頁 149-174；卿希泰：〈試論《太上洞淵神咒經》的烏托邦思想及其年代問題〉，《道教文化新探》，成都：四川人民出版社，1988.10，頁 119-127。

[89] 東漢墓葬出土之「解注器」，有陶瓶、陶罐與陶缽等不等樣式，是早期道教施行解除注鬼術所用器物，「用於隔絕生死、人鬼，為死人解謫、生人除殃的器物。」（張勛燎、白彬：〈東漢墓葬出土解注器和天師道的起源〉，《中國道教考古》，北京：線裝書局，2006.1，頁 53）有些解注陶瓶帶有文字，稱為「解注文」或「鎮墓文」，可以窺見漢人的對死後世界的想像。

而人也在輪迴中不停受苦。儘管善業也會有善果，也可能輪迴至天、人的果位而享福報，但是在六道輪迴中仍舊是苦，故佛教的修行便為了脫離輪迴之苦，得證涅槃。佛教以因果輪迴解釋人生的禍福，與中國傳統報應論有所不同，其中最大的差異在於佛教的業力果報是自作自受，不由他受，也不能轉移；[90] 中國傳統「承負」報應觀，善惡行為會影響子孫，今生的福禍承襲祖先的行為，具有代代相承並旁及家族的性質。另一個重大的差別為中國傳統與道教論報應是以鬼神為主宰，以超自然的力量審判行為善惡，然而佛教的因果報應由業力運作，並無外力干預。佛教的因果報應在輪迴實現，認為生命因應於行為之業力而於六道中輪轉，受輪迴之苦。然而中國傳統的生命觀認為人死後為鬼，在另一個鬼神的世界，亦有認為人死後形神皆消散，回歸天地，至於道教追求長生成仙，認為形神可以永恆。

佛教與中國傳統乃至道教對於報應與生死的看法有根本差異，然而佛教初傳時，因果報應與承負報應都講善惡報應，因此中土士人將業報的主體理解為不滅的靈魂，佛教中人亦未必能清楚分別，如漢末牟子〈理惑論〉中對於善惡報應持肯定態度，雖未言及輪迴，但明確指出魂神不滅。基本上，佛教為使因果報應能於輪迴說解，故主張「神不滅」，論難者則主張「形盡神不滅」，至於對因果報應的質疑，多半從命定論的角度，認為善惡不一定得報。東晉慧遠法師作〈明報應論〉與〈三報論〉回應桓玄與戴逵的質疑，其〈三報論〉云：

> 經說業有三報：一曰現報，二曰生報，三曰後報。現報者，善惡始於此身，即此身受。生報者，來生便受。後報者，或經二生三生百生千生，然後乃受。受之無主，必由於心。心無定司，感事而應。應有遲速，故報有先後。先後雖異，咸隨所遇而為對。對有強弱，故輕重不同。斯乃自然之賞罰。，三報之大略也。（《弘明集》卷5）

此論以現世、來世、後世分別報應之時，並從善惡的強弱言報應之輕重速遲，有效地解釋了現世不一定得報應，而報應的主體在「心」，為了強調報應的感受。南朝劉宋時何承天作〈報應問〉，從日常經驗舉例善惡無應，其後釋慧琳著〈白黑論〉，以佛徒身份指責佛教以天堂地獄勸誘人們追求來生之福，是教百姓以貪，宗炳為文駁斥，引發一場圍繞形神議題的論戰。

相較於士人從社會風俗，或是形盡神滅等角度駁斥佛教的輪迴報應，道

---

90 「業」的發生、過程與流轉，皆是自力，名為「自業」。馬鳴菩薩所造《大莊嚴論經》有偈云：「業報如影響，亦如彼莊嚴，彼言自業力，此語信不虛。」（T04, no.201, p.341）佛教諸經論多見「自業」之說，自業自作，必有果報。唐代所譯《大寶積經》有偈云：「假使經百劫，所作業不亡，因緣會遇時，果報還自受。」（T11, no.310, p.335）業力有持續性，自作自受，終將顯其作用之果報。

教則對於佛教教義選擇性的吸收，並試著融入道經。道教本重今生，追求長生不死，而佛教以解脫輪迴，得證涅槃為修行的最終目的，兩者本有根本的不同，但是在善惡報應的觀點，卻有相應的連結。如前述南朝末期的《太上大道玉清經》吸收佛教因果業報，以及地獄懲罪的論述，六朝道經多可見得，上清派的科律《太真玉帝四極明科經》有云：

> 凡人生天地之內，六合之中，而不知生死宿命，罪福之根，良可痛哉。善惡因緣，莫不有報。生世施功布德，救度一切，身後化生福堂，超過八難，受人之慶，天報自然。（《道藏》第 3 冊，頁 416）

此處明言「善惡因緣，莫不有報」，「因緣」是佛教論述世界形成的概念語詞，並與善惡報應連結，道教襲用之。本經並描述「三官九府之司」與三官各八獄之景，極言善惡罪罰之報應，也吸收了佛教地獄的內容。[91] 但是道教強調善惡報應都是為了促使教徒奉道守戒，行善積德，最終能夠成仙，而上引文之「天報自然」，也呈現道教始終主張天神賞善罰惡，並且有各路神明嚴加考核。此外，道教亦吸收佛教善惡報應由己之說，古靈寶經之《太上洞玄靈寶智慧本願大戒上品經》有云：「罪福不由他，諒自發爾身。」（《道藏》第 6 冊，頁 160）此處有自做自受之意，另一古寶經《太上洞玄靈寶本行宿緣經》云：

> 夫人見世行惡而不報者，是其先世餘福未盡，福盡而禍至。見世行善而不報者，是其先世餘殃未盡，殃盡而福至，或後生受報，不必在今世也。（《道藏》第 24 冊，頁 666）

> 罪福不俱報，其相差次，功過推移，或在來生，或在見世。罪福由人本行所習，蓋非道德之悠誕也。（《道藏》第 24 冊，頁 668）

此處明言禍福之報，有先世、現世與後生（來生），引用佛教三世說，而且禍福之應由個人所造，而且功過能延續後世，並且可以相抵。然而道經描述地獄，以及各種災禍報應，都為了使道徒害怕而行善，行善積德的最終目的仍是成仙。

漢末至兩晉道經，多有借用佛教術語和概念，尤其是靈寶派的道經最為顯著。荷蘭漢學家許理和（Erik Zürcher）認為佛教的宇宙觀和倫理學對道教產生影響，但是道教追求不死，修煉成仙的理想始終沒有改變，而且「氣」論仍是道教修煉理論的基礎。這也可以解釋靈寶派從佛教借用報應輪迴，以

---

[91] 佛教將天分為三界諸天，是六道輪迴之一，對於地獄也有諸多描述；道教承襲傳統九天、三天的天界說，以及泰山治鬼的地獄論，並於佛教傳入後受其影響，豐富天堂地獄的論述。關於六朝佛道天界與地獄，可參考蕭登福：《漢魏六朝佛道兩教之天堂地獄說》，臺北：臺灣學生書局，1989.11。

及天堂地獄的觀念，故而著重於齋醮科儀，由此薦拔亡魂，度世長生。[92] 道經中雖有許多吸收佛教之處，但佛教也相應而吸收道教的內容，如鬼神的名相與祭祀齋儀，道教與佛教的互動是複雜的，在六朝時期處於競爭狀態，但也同時相互學習，彼此影響。

小結

道教上承兩漢神仙思想與方術，在發展的過程中吸收玄學、佛學、儒學與民間習俗，在六朝思想史中，道教思想比玄學、佛教更為複雜。道教經典的時間與作者不易確認，許多道經起於諸天之上，本於無象，因妙氣而成形，是自然天書。道經既託名諸神，起源便無法確認，而傳世的道經也可能歷經後人增補，致使同一部道經的思想內容前後可能有所不同。為能條理敘述，本章論述道教的教義以葛洪《抱朴子內篇》為主軸，一方面本書的作者與時間可以確定，一方面本書彙集各道派所述，可以呈現漢末至西晉的道教神仙理論。在葛洪之後，道教歷經幾次清整，各道派也力求與佛教比肩，並從兩者同源論述佛道關係，除了老子化胡之說，還從大道之源連結佛道，如東晉末的道經《太上洞玄靈寶智慧定志通微經》，[93] 在經文中講述佛道殊途同歸，兩者同源，然而所源者仍是道教尊奉之靈寶天尊，其意仍為融佛於道，經文云：

> 天尊曰：非為偏也，子未知乎。眾兆不同，心心各異，故開二塗，其歸一也。所以爾者，右玄弟子，桑門居士，居士普行乞求，破惡以為法橋，能有施者，福報萬倍。故今授經，不重責信。卿今弟子，縱使

---

[92] Erik Zürcher, *Buddhist Influence on Early Taoism: A Survey of Scriptural Evidence*, T'oung Pao(通報) Second Series, Vol. 66, n.1-3, 1980, pp. 84-147。許理和比對六朝道經與佛經，提出道教受到佛教的影響，但他也直言這是整體的一半，即佛教亦受道教影響。佛教在進入中國後，對中國文化產生衝擊，佛教自身也不斷地調整適應，逐漸形成「中國化的佛教」。王承文認為從古靈寶經中體現出道教與佛教雙向交流，一方面靈寶齋法借鑒吸收佛教地獄輪迴與度人救世的觀念，使中國本土宗教祭祀儀式有新的內涵；另一方面佛教也借鑒道教齋醮科儀與鬼神觀，進而融入中國文化。（王承文：《敦煌古靈寶經與晉唐道教》，北京：中華書局，2002.11）

[93] 本經一名《思微定志經》，為古靈寶經，約成書於東晉末南朝初，陸修靜《靈寶經目》已有著錄。《正統道藏》收錄於洞玄部本文類，另有敦煌殘抄本一件（P5563 號），寫於唐初。本經中靈寶天尊以「思微定志要訣」傳授左玄、右玄二真人，此要訣主旨為「明空愛道」，天尊釋為「兩半成一」，其次又以「十戒」授之，此法傳授世人，信徒須奉經守戒，供養道士，施財行善，以求福報。本經講述天尊與左玄真人前世曾為親子，左右玄真人為夫妻，荷蘭漢學家許理和（Erik Zürcher）認為這是受佛教譬喻（avadāna）的啟發，從前生之因緣說果報，雖此事為虛構，但呈現出佛道同源。（同上註引文，pp.91）

> 分衛，以乞求度人，人無與者，更益彼罪，信心無表，何由得度。今
> 故制以法信。法信之報，報在無量，如經無盡，不妨右玄布施福也。
> （《道藏》第 5 冊，頁 893）

天尊授「思微定志要訣」予左玄、右玄兩真人，然告右玄真人傳經不須法
信，而左玄真人須法信而擇人授之，左玄真人不明而問，天尊告以眾生根器
不同，故開二種傳法方式。右玄真人即佛教之「桑門」，[94] 以托缽行乞，度
化善念布施之人，而左玄真人則以法信驗證求道者的信心，兩者皆得福報。
如此一來，佛道僅是傳道方法的差異，皆為度化眾生，經文將佛教納入道教
之中，也暗示佛教源於道教，或者佛徒雖行乞食之事，仍是道教之法。經中
的左右玄真人，左為陽，右為陰，立於真人左右，陰陽一也，此為中國傳統
陰陽觀。經文這樣安排，不但將佛教統攝於道教之下，也有利於應對佛教不
同教法，同時藉用陰陽理論，乃是漢代氣化論的應用，從本經的敘述脈絡，
可管窺道教努力營造佛出於道，佛道同源的印象。道經呈現佛道同源，也在
理論上為道教吸收佛教教義開了一扇門，既是同源，道教講述因緣果報，死
生輪迴，也就順理成章。是以，《思微定志經》有云：「一切善惡，皆有因
緣。」並將因緣擴及前生數世，從迴輪果報講述福禍之應，此已全然是佛教
觀念。

　　除了天尊傳授，也有道經直接以天尊化身論之，如南朝劉宋時的《三天
內解經》，敘述太上道君化生及降世傳道故事，其中論及「三道同源」，經
云：

> 蓋三道同根而異支者，無為大道、清約大道、佛道，此三者同是太上
> 老君之法，而教化不同，大歸於真道。老子主生化，釋迦主死化。故
> 老子剖左腋而生，主左，左為陽氣，主青宮生錄。釋迦剖右腋而生，
> 主右，右為陰氣，主黑簿死錄。……太上作此三道教化法，雖殊塗終
> 歸道真，無有異也。……所以言右不如左者，經言真道好生而惡殺。
> 長生者，道也；死壞者，非道也。（《道藏》第 28 冊，頁 415-416）

除了佛教、道教（無為大道），還多了一個清約大道，中國奉無上大道，胡
國奉佛道，楚越奉清約大道，此三者同出於太上老君。從化身以別佛道，也
見其同源，雖然是神話，但可見得道教試圖納入佛教，並賦予左右陰陽之
氣，以主生與主死分其高下。《思微定志經》依不同教法解釋兩教同歸於

---

[94] 「桑門」為「沙門」舊譯，南朝梁劉勰作〈滅惑論〉駁斥〈三破論〉，文中便論及「沙
門」由「桑門」改譯，並非沙汰之法，而是「漢譯言音字未正，浮音似佛，桑音似沙，
聲之誤也。」（《弘明集》卷 8）至唐代則普遍以「沙門」稱出家人，如《四分律行事鈔
批》卷 14 云：「沙門，釋侶者。羯磨疏云，舊翻為桑門，音之訛也。」（X42, no.736,
p.103）

一，《三天內解經》則從化身解釋佛老同源，都帶有神話色彩，相較於老子化胡之說源於歷史傳說，可以避免道佛先後的爭論，也降低夷夏衝突，有利於道教吸收佛教徒。除了化身，亦有於人間授徒佛道之事，如《太上洞玄靈寶本行因緣經》，經文主要為葛玄自述輪迴故事，其云：

> 我為隱士，釋道微、竺法蘭願為沙門，鄭思遠、張泰為道士，普志昇仙度世，絕王務。死遷昇天堂，衣食天廚。我後生為隱士，蘭微為沙門，張鄭為道士，俱入學道求仙。吾後為諸人作師，志大乘行，常齋誡讀經，……復為道士、沙門，復得同學，相為師徒，復受大經，齋戒行道。（《道藏》第 24 冊，頁 672）

此事亦載古靈寶道經《洞玄靈寶玉京山步虛經》，經云：「太極左仙公葛真人，諱玄字孝先，於天台山授弟子鄭思遠、沙門竺法蘭、釋道微、吳時先主孫權。後思遠於馬跡山中授葛洪。」（《道藏》第 34 冊，頁 628）葛玄曾收沙門與道士為弟子，釋道微不明其人，竺法蘭為東漢明帝時至洛陽傳法，譯《四十二章經》，南朝梁慧皎《高僧傳》記其事跡簡略，並無道經所言師事葛玄，且葛玄是三國吳人，年代有所差距。然道經以師徒傳授塑造佛道同源，相較天尊所授或老子化胡故事，似乎更有一定說服力。

從思想史的角度觀察，道教從興起發展，到逐漸完善教義與教團組織，與佛教有密不可分的關係。大抵而言，佛教為外來宗教，在傳播初期，盡可能爭取理解，在東晉之後，才逐漸升高與道教的對抗，然而在對抗中仍持續吸收儒道思想，並調整教義；道教雖源自中土，但是面對佛教的競爭，也持續吸收佛教的思想，兩者相互交織。南朝齊陶弘景於《真誥》中有言：

> 仰尋道經《上清》上品，事極高真之業；佛經《妙法蓮華》，理會一乘之致；仙書《莊子內篇》，義窮玄任之境。此三道足以包括萬象，體具幽明。（《道藏》第 20 冊，頁 601）

陶弘景傳承整理上清道法，標舉上品，又舉玄學重視的《莊子》，再加上佛教的《妙華蓮華經》，已有融合佛道之意。蓋《法華經》說一乘圓教，以「開權顯實」、「會三歸一」思想，融會聲聞、緣覺、菩薩三乘歸於一佛乘，調和大小乘各種說法，是為清淨之了義，究竟圓滿，陶弘景重視《法華經》的「一乘」之旨，實有融合各道派與佛道思想的宏願。雖然陶弘景所著《真誥》與《登真隱訣》以存思與偶景法的房中等修仙方術為主，對於佛教的吸收還未深入義理，但他對佛教的開放與包容，甚至學習佛教，都有助於佛道融合，至南朝梁時，道教教義理論有所深化，其中關鍵在於道士對《老子》、《莊子》與《易經》的注釋，吸收魏晉玄學，同時又引入佛教教義，深化道教理論，開啟了道教重玄學。

就道教史而言，佛教對道教多有影響；從佛教史而言，佛教亦有吸收道

教者。法國漢學家穆瑞明（Christine Mollier）從佛道經典，以及敦煌和日本寺院圖書館的手稿，認為佛道兩教通過相互借用的方式，構造出融合彼此的經典，為了解決大眾對疾病、災禍與死亡的恐懼，兩教在醫療養生、天文符咒，以及神佛造像，都有相互影響的情況。[95] 從中國文化史觀之，佛道兩教不僅只是宗教，還深入政治、經濟、文學、藝術、語言等每一個領域，對於中國文化的影響，是全面且巨大的。佛道兩教之所以能深入中國文化各個層面，或許有歷史的偶然，但最重要的關鍵仍在於佛道對生命的論述，對人生苦痛的治療，以及對理想生命的追求。佛教成佛，道教成仙，仙佛的內涵與意義雖不相同，然而都許下未來，人生得以有所冀望，精神有所寄託，從而生起無窮的力量，消解對立而圓融無礙。

---

[95] Christine Mollier, *Buddhism and Taoism Face to Face: Scripture, Ritual, and Iconographic Exchange in Medieval China*, Honolulu: University of Hawaii Press, 2009.5

第二十一章 佛教東傳與中國化

　　佛教傳入中國，與中國文化接觸，在碰撞過程中逐漸調整，形成具有中國文化特色的佛教宗派，擁有廣大信眾。在漢傳佛教中，佛教與儒道思想交互影響，佛教教義與思維深入中國文化，不論生活日常，祭祀節慶，乃至哲學、語言、文學與藝術等各個層面，都可見得佛教身影。

　　佛教起源於西元前六世紀的古印度，由釋加牟尼（Sakyamuni）創立。佛教產生於釋迦牟尼在菩提樹下悟道，將體悟的宇宙人生真理開示於追隨者，信徒尊其為「佛陀」（Buddha），意為覺悟之人。佛陀說法，建立僧團，是為原始佛教時期。[1] 佛陀滅度後，對佛陀說法與戒律的理解不同，僧團歷經數次集結，分裂為上座部和大眾部，是為部派佛教時期。大眾部持續發展為大乘佛教，又分為中觀學派、瑜珈行派以及如來藏學派。其後密教興起，重視心法傳授，與顯教相對。[2] 大乘佛教稱上座部為小乘佛教，並以聲聞、緣覺二乘為小乘之教法，而大乘則為菩薩乘，名為「三乘」。[3] 三乘之別，在

---

[1] 呂澂將印度佛教分為六個階段，即原始、部派、初期大乘、小乘、中期大乘、晚期大乘，最後以餘論說明佛教走向衰亡。（呂澂：《印度佛學源流略講》，上海：上海人民出版社，2018.4）呂澂依唯物史觀解說佛教史，將佛學的發展視為辨證的過程，因此將部派佛學區分出前期「部派」與後期「小乘」，並且以晚期大乘作結，密教只是佛教衰亡前的餘波。印順法師將佛陀傳法分為五期：（1）佛陀時代為「聲聞為本之解脫同歸」。（2）佛滅四百年中為「傾向菩薩之聲聞分流」。（3）佛滅四世紀至七世紀為「菩薩為本之大小綜合」。（4）佛滅七世紀至千年間為「傾向如來之菩薩分流」。（5）佛滅千年以下為「如來為本之梵佛一體」。從思想及教團的發展演變加以分期，並以「二類三時」判教，說明印度佛教之興衰。（印順：《印度之佛教》，臺北，正聞出版社，1992.10）日籍學者平川彰依佛教教義分期，以「原始佛教」、「部派佛教」、「初期大乘佛教」、「後期大乘佛教」、「密教」分別印度佛教的源傳與發展。（平川彰：《印度佛教史》，莊崑木譯，臺北：商周出版，2002.10）基本上，佛陀寂滅後為部派佛教時期，其後大乘佛教興起，再與婆羅門教結合形成密教，之後衰亡。

[2] 佛教稱密宗緣自大日如來傳金剛薩埵之秘密教門，以「密續」為儀式與修行的依據，重視師徒傳授，修持「三密」：手結手印（身密）、口誦真言（語密）與心作觀想（意密）。三密相應，即身成佛。密教以《蘇悉地羯羅經》（《蘇悉地經》）、《大毗盧遮那成佛神變加持經》（《大日經》）與《金剛頂一切如來真實攝大乘現證大教王經》（《金剛頂經》）為密教三部大經。由於密教認為其教法是如來宣說之「真實密意」，不可輕易示人，有別於其他教法為方便說法之「顯教」，故得名。

[3] 「乘」（Yana）為乘載之義，「三乘」是三種解脫生死的交通工具，喻為運載眾生越波生死苦海到達涅槃彼岸的三種法門。大乘佛教認為眾生「根機」不同，因而對應為聲聞乘、緣覺乘與菩薩乘三種教法，《妙法蓮華經》卷 2 之〈譬喻品〉云：「舍利弗！若有眾生內有智性，從佛世尊聞法信受，慇懃精進，欲速出三界，自求涅槃，是名聲聞乘，如彼諸子求羊車出於火宅；若有眾生從佛世尊聞法信受，慇懃精進，求自然慧，樂獨善

於對佛陀所悟之理、解脫之道以及修行方式,各有不同詮釋,然而不論派別為何,應遵循緣起觀,修四諦法、八正道與三無漏學,方為正信的佛教。

佛教上座部於西元前三世紀中葉傳入斯里蘭卡,並傳入東南亞,為「南傳佛教」,至今斯里蘭卡仍是南傳上座部佛教的中心。佛教於西元一世紀傳入中國,時值東漢,大小乘經典皆有,兩晉時大乘般若學發展迅速,傳入朝鮮,再傳入日本,此為「北傳佛教」或「漢傳佛教」。漢傳佛教於唐代發展為天台宗、三論宗、華嚴宗、禪宗、淨土宗與密宗諸多宗派,興盛一時,其後禪宗一支獨秀,並傳入日本,對後世影響尤深。另外,佛教於西元七世紀傳入西藏,後經蓮花生大士創立僧團,融合西藏苯教,發揚為「藏傳佛教」,以結印、持咒與觀想為修行方式,重視師傳「密續」教法,有別於大小乘之顯宗而謂「密宗」,或云「金剛乘」。[4]西元八世紀時密教由印度傳入中國,唐玄宗時有「開元三大士」宏揚密教,弘法大師空海將唐密傳入日本,開創真言宗,為東密;同時入唐留學的最澄大師,將天台宗傳入日本,並與密教融合,稱為台密。印度佛教在西元八世紀後逐漸衰落,一方面印度教興起,吸收佛教;另一方面信奉伊斯蘭教的突厥人於十一世紀入侵北印度,對佛教和印度教進行迫害,致使印度境內佛教於十二世紀中葉滅絕。佛教雖起源於印度,但今日印度卻主要信仰印度教,佛教幾無立足之地。然而,佛教在東亞各國,乃至世界各地,至今仍有一定影響力,與基督教、伊斯蘭教同為跨越民族之世界宗教。

寂,深知諸法因緣,是名辟支佛乘,如彼諸子為求鹿車出於火宅;若有眾生從佛世尊聞法信受,勤修精進,求一切智、佛智、自然智、無師智,如來知見、力、無所畏,愍念、安樂無量眾生,利益天人,度脫一切,是名大乘,菩薩求此乘故,名為摩訶薩,如彼諸子為求牛車、出於火宅。」(T09, no.262, p.13。本章所引《大正新修大藏經》,據「中華電子佛典協會」(CBETA)電子佛典系列光碟,紙本來源為大正新修大藏經刊行會編,東京:大藏出版株式會社,1988,以下僅註明冊數、經號與頁數)「辟支佛乘」又譯為「緣覺乘」、「獨覺乘」,意為無師自證,自佛經與修行中體悟佛法,有別於「聲聞乘」是聽聞佛陀或佛弟子之聲教。《法華經》是佛陀晚年的教法,本經以大乘(菩薩乘)的角度宣說「聲聞」與「緣覺」是方便權說,而菩薩乘為發願度化一切眾生,其願力最為宏大,但最終仍融會三乘為一乘佛。

[4] 藏傳佛教應始於西元7世紀中葉,藏王松贊干布先後迎娶尼泊爾毗俱底公主與中國唐朝文成公主,建立大昭寺與小昭寺,引進佛經並譯成藏文。至八世紀印度那爛陀寺僧人蓮花生,應寂護論師與藏王赤松德贊禮請入藏,創立僧團,帶入密法,為藏傳佛教開山祖師。聖嚴法師認為藏傳佛教是西藏本土的苯教與印度晚期的密教融合而成,為印藏的合璧。(釋聖嚴:《西藏佛教史》,臺北:法鼓文化,1998.9,頁123)

第一節 原始佛教發展與概念

佛陀釋迦牟尼原是釋迦族的王子，「釋迦」是種族的姓，意為「能仁」；「牟尼」則是古印度對於聖者的尊稱，意為「寂默」。其本名為悉達磨・喬達多（Siddhattha Gotama），生來具有不可思議的智慧與神力，父親淨飯王以豐厚的物質滿足之，欲使其接任王位。喬達多偶然見著老死的人民，開始思考生命意義。其後擅離皇宮，開始修行之路，一度於尼連禪河畔苦修六年，身心憔悴，未得解脫，於是放棄苦修，接受牧牛女之乳糜供養。之後結跏趺坐於菩提樹下冥想，其間第六天魔王波旬派魔女誘惑，又作法恐嚇，然佛陀不為所動，一心證道，最終於第七日悟得因緣解脫之法，得證涅槃。[5] 經文所載佛陀悟道看似神異，實則具有重要象徵意義，諸法空相，名利欲望皆是心魔幻化，唯有破除我執，才能消弭煩惱痛苦。

一、佛教傳法歷程

佛陀悟道後，在波羅奈附近的鹿野苑說法，其對象為當初跟隨他修道的侍者，即「五比丘」，宣說四聖諦、八正道，此為「初轉法輪」。[6] 法輪是佛法的象徵，「轉法輪」喻意宣說佛法，如輪前行，能除一切無明，傳法不絕。《解深密經》將轉法輪分為三次，「初轉法輪」是釋迦牟尼在證道成佛後第一階段說法，可謂四諦法輪，宣講二乘解脫道的修證，即聲聞、緣覺所修之二乘菩提，這個階講四聖諦、八正道、十二因緣。「二轉法輪」是第二階段說法，名為無相法輪，主要宣說般若空性，不生不滅，不垢不淨，一切法無自性，唯心所現，性相俱空。「三轉法輪」時期為善辨法輪，弘演大乘成佛之道，是為最了義法，講述如來藏中一切種智，依如來藏心觀察與證驗，

---

[5] 佛陀生平見諸許多佛經和典籍，其中最具代表性者為《佛所行讚》，相傳為馬鳴菩薩所著，為釋迦牟尼生平傳記的一部史詩，在西元 420 年由北涼曇無讖譯為中文。另外早期佛教經典《長阿含經》第一分《大本經》，佛說過去七佛因緣示現，降生說法，第七佛即為釋迦牟尼，述其生平事蹟。另可參考南朝齊僧祐編《釋迦譜》，抄集二十多部佛經中關於釋迦牟尼的傳記，是中國最早的佛傳。

[6] 波羅奈（Vāraṇasi），又作波羅捺，波羅奈斯，婆羅痆斯，婆羅捺寫，是迦尸國（Kāśī）首都。位於恆河流域，《阿含經》中古代印度十六大國之一，史詩《摩訶婆羅多》也多次提及。《大般涅槃經》卷 3 云：「須跋陀羅！我年二十有九，出家學道，三十有六，於菩提樹下，思八聖道究竟源底，成阿耨多羅三藐三菩提，得一切種智。即往波羅捺國鹿野苑中仙人住處，為阿若憍陳如等五人，轉四諦法輪，其得道跡。爾時始有沙門之稱，出於世間福利眾生。」（T01, no.7, p.204）

轉識成智，實證三界唯心、萬法唯識的華嚴法界實相，成就究竟佛果。[7]《解深密經》屬唯識學，將佛陀說法分為三階段，此三時的判教次第，是以佛陀宣說的內容區分，而非時間的分別。

唯識學派認為佛陀於第三次轉法輪時，解說三性三無性，三性即遍計所執、依他起性與圓成實性，從「遍計所執性」說「相無自性」；從「依他起性」說「生無自性」；從「圓成實性」說「勝義無自性」，三無自性以假名緣起，說解「一切法無自性」。[8]中觀學派則從般若觀空，龍樹菩薩作《中論》，以智慧觀察一切法，遠離生滅、斷常、一異與來去，即八不中道，了解一切法皆是因緣生，皆是假名，得證勝義諦。[9]中觀學派由龍樹、提婆奠基，修行般若智慧的空性，後世稱為空宗；無著、世親建立的瑜伽行唯識學派，以阿賴耶識含藏染淨諸法，為一切法所依，由識觀空，又稱有宗；另有如來藏學派稱八識皆有漏法，如來藏方為實相第一義諦，具有恆常性，並以一切眾生是如來藏，弘揚眾生皆有佛性。中觀、唯識與如來藏是大乘佛教的三個宗派，證悟之法各異，印度與西藏的中觀學派多認為如來藏為不了義，然漢傳佛教則重視如來藏，發展為代表中國佛教的三大宗派，即天台宗、華嚴宗和禪宗。天台宗智顗之「化法四教」將如來藏判為最高圓教，華嚴宗法藏之五教，亦將如來藏判為最高圓教，禪宗稱之為真如心，為眾生皆可成佛的基礎。

就歷史而言，佛陀生時宣說佛法，未留下文字記錄，今日所見佛經，為佛陀寂滅後，佛弟子口誦佛說，集結而成。由於佛陀不限於口頭宣講，還透

7　《解深密經》卷 2〈無自性相品〉云：「世尊！初於一時在婆羅痆斯仙人墮處，施鹿林中，惟為發趣聲聞乘者，以四諦相轉正法輪。雖是甚奇，甚為希有，一切世間諸天、人等，先無有能如法轉者。而於彼時所轉法輪，有上、有容，是未了義，是諸諍論安足處所。世尊！在昔第二時中，惟為發趣修大乘者，依一切法皆無自性、無生、無滅、本來寂靜、自性涅槃，以隱密相轉正法輪。雖更甚奇，甚為希有，而於彼時所轉法輪，亦是有上、有所容受，猶未了義，是諸諍論安足處所。世尊！於今第三時中，普為發趣一切乘者，依一切法皆無自性、無生、無滅、本來寂靜、自性涅槃、無自性性，以顯了相轉正法輪。第一甚奇，最為希有。于今世尊所轉法輪無上無容，是真了義，非諸諍論安足處所。」（T16, no.676, p.697）

8　《解深密經》卷 2〈一切法相品〉云：「謂諸法相略有三種，何等為三？一者、遍計所執相；二者、依他起相；三者、圓成實相。云何諸法遍計所執相？謂一切法名假安立自性差別，乃至為令隨起言說。云何諸法依他起相？謂一切法緣生自性，則此有故彼有，此生故彼生，謂無明緣行，乃至招集純大苦蘊。云何諸法圓成實相？謂一切法平等真如。於此真如，諸菩薩眾勇猛精進為因緣故，如理作意，無倒思惟為因緣故，乃能通達。於此通達，漸漸修集，乃至無上正等菩提方證圓滿。」（T16, no.676, p.693）

9　《中論》卷 1〈觀因緣品〉：「不生亦不滅，不常亦不斷，不一亦不異，不來亦不出。能說是因緣，善滅諸戲論，我稽首禮佛，諸說中第一。」（T30, no.1564, p.1）「八不中道」又名「八事」，是《中論》核心概念，講論不著空有，能破一切法。

過身語意開示引導，佛弟子依持修證，而有所體悟，亦為佛法。佛陀寂滅後其五百弟子於王舍城集結，共推阿難尊者結集「經」，推舉優婆離尊者結集「律」，形成佛教經典中的經藏與律藏，是為第一次集結。[10] 至佛滅後百年，又有約七百人於吠舍離（毘舍離）集結，此次集結起因於對戒律執行的爭議。由於對戒律與教義的解釋有所歧異，其後分裂為上座部與大眾部，上座部力求保持佛陀留下之教義與教法，須嚴格遵守戒律，重視個人修行，為證得「阿羅漢」；而大眾部則認為可依實際情況適時調整戒律，並主張積極入世，對大眾進行教化，以「菩薩」為理想。第二次集結造成教團分裂，開啟部派佛教時期。再於佛陀入滅後約二百三十年，阿育王為遣散混入佛教以求供養的外道，故請目犍連之子帝須尊者於華氏城主持結集，是為第三次集結，其後南傳與北傳佛教各有第四次集結。佛教經過多次集結，形成「經藏」與「律藏」的佛教經典，也在集結中分裂為上座部與大眾部，之後更因不斷的擴張，因不同傳承與不同地區，分化為更多的宗派。而從印度起源後向外傳播，向北方經中亞傳到中國、西藏及蒙古，再傳到朝鮮、日本、與越南北方等地，屬於北傳佛教，又可分成漢傳佛教、藏傳佛教，以大乘佛教為主。向南方流傳到斯里蘭卡，然後再傳到東南亞的緬甸、泰國、柬埔寨、寮國，及中國雲南傣族等地區，屬於南傳佛教，以上座部為主。

二、佛教基本教義──「緣起性空」

　　佛陀在菩提樹下悟道，所悟者為「空」（śūnya），即萬物由因緣和合而成，並無永恆不變的自性，此為「空性」，若從萬物形體而言，即為「空相」。由緣起觀說萬物，以「空」說明物無自性，事物沒有獨立的實體與不變的本質，此即「緣起性空」。佛陀此論，實為解除人生的煩惱痛苦，由於痛苦起於欲念，所欲者既是無自性，便不應執著，世上既無永恆不變的事物，執念便無意義。是故，若體悟萬法無自性，即能解開種種由外在事物所引發的煩惱痛苦，若體會生老病死皆不過是因緣假合，便能了解生命無常。如修持三學、八正道，證得涅槃，當能解脫生死輪迴之苦。十二因緣是佛教教義的基礎，三法印為印證佛經真偽的標準，四聖諦是佛教基本教法，三學與八正道是修行的方式。佛陀寂滅後的第一次集結，各部派傳《阿含經》，[11]

---

[10] 「集結」（saṃgīti）是佛教術語，為等誦、合誦之意。印順法師指出古代集結的情形，其形式為僧伽會議，而集結的過程分為誦出、共同審定與編成次第，最後集結而成的經律，以專業持誦而保存。（印順：《原始佛教聖典之集成》，臺北：正聞出版社，1991.5，頁 10-25）

[11] 佛陀入滅後的經典集結與傳承，學界有各種不同的說法，涉及佛教史的建立，也關乎原始佛教教義。印順法師認為佛陀生時的教化，為「根本佛教」時期，是一切佛法的根

經中所述的佛教教義，為部派佛教各宗派所遵循，以下依《阿含經》的內容分述之。

（一）十二因緣

世間萬物的生起，不論外在的天地山河，或個人的內心意識，都由因緣而生。「因」是形成事物的根本條件，即為「內因」；「緣」是影響事物形成的助力，可為「外緣」。所有事物由不同的內因與外緣形成，如種子為因，陽光、空氣與水為緣，因緣俱足，植物才能生長。然而，所有的因緣又是其他因緣和合而生，環環相扣，層層相疊。由於因緣相續，眾人皆流轉於生死輪迴，沉淪於無盡苦海。

關於因緣，佛說「因緣法」與「緣生法」，「因緣法」即「謂此有故彼有，謂緣無明行，緣行識，乃至如是，如是純大苦聚集。」（《雜阿含經》卷12）事物依於各種條件而生起，因此生彼。復又說「緣生法」，經文如下：

> 云何緣生法？謂無明、行。……如是隨順緣起，是名緣生法。謂無明、行、識、名色、六入處、觸、受、愛、取、有、生、老、病、死、憂、悲、惱、苦，是名緣生法。（T02, no.99, p.84）

自無明而至老死，即為「十二因緣」。十二因緣依序推論事物之相因，由於有情眾生昧於諸法虛妄之相，不解世事無常，不得真如之「明」，因而「無明」，為諸各種煩惱生起之根源。因為對虛妄無常之物產生貪愛，故生起身口意之「行」，因行而造諸業識，此「識」為辨別事物的感官活動，再緣識而生「名色」，名為一切精神或意識現象，而色指一切的物質現象。緣名色對應而生「六入」，即眼、耳、鼻、舌、身、意六種感官，再緣六入而生「觸」，即感官與外在事物的接觸。當感官與外界接觸，便生「受」，即苦樂的感受，緣於具體的感受而生「愛」，進而對事物生起佔有之欲念，故有所求，即為「取」。因執取而聚集善惡業，促使「有」的發生，此「有」而成「生」，有「生」則有「老死」，而憂悲惱苦的情緒，來自於對生命終將衰老死亡的憂懼。此十二因緣的關係，《大毘婆沙論》將其詮釋為三世二重因果

源；佛滅後到部派對立前，為「原始佛教」時期，此時集結成的聖典，為「四阿含」，或加「雜」而成「五部」，另有律藏的集結，於此同時也逐漸形成「九分教」的類別，此一看法有別於日本學者以「九分教」為古；至於大眾部與上座部的分立，便是「部派佛教」時期。（印順：《原始佛教聖典之集成》，臺北：正聞出版社，1991.5）日本學界對於原始佛教聖典的討論，可參考前田惠學：《原始佛教聖典の成立史研究》，東京：山喜房佛書林，1964.3。另外，對於《阿含經》的成立與內容，可參考增谷文雄：《阿含經典による佛教の根本聖典》，東京：大藏出版，1993.10。

的「分位緣起」說，分成過去、現在與未來三世，並謂因果相推，循環輪迴。

十二因緣只上推至「無明」，因為「無明」是「明」的否定，[12]「無明」可視為晦暗遮蔽，有情眾生不明法空，故生「煩惱障」（事障）及「所知障」（理障），[13]煩惱痛苦相隨，陷於六道輪迴的苦海中。「無明」並非事物的起源，只是從緣起觀推論的一個狀態，由於萬物皆由因緣所推衍，事物沒有自體的本質，即使是十二因緣中的「有」亦無自性。若能「明」，就是證得涅槃，方能解脫十二因緣所構築的網絡。

（二）三法印

以緣起說明事物的形成，意謂萬物皆無自性，此為佛陀所證悟者。此一真理必須從修行實踐中體會印證，便是「印」，而「三法印」為印證真理的三個面相，即為：諸行無常、諸法無我與涅槃寂靜。《雜阿含經》中記諸比丘教導闡陀，謂：「色無常，受、想、行、識無常，一切行無常，一切法無我，涅槃寂滅。」[14]眾生由五蘊組成，五蘊乃至一切諸行，皆為無常，亦無

---

[12] 吳汝鈞解釋為何構成個體自我的因素只能上推至無明，因為：「無明（avidyā）是明（vidyā）的否定，表示完全非理性的狀態，它完全沒有理路可尋，也完全無方向、無光明，如能再替它找原因，那無明便不再是無明，因為既是無明，就不可能為它尋出一個原因。」（吳汝鈞：《印度佛學的現代詮釋》，臺北：文津，1994.6，頁 32-33）吳汝鈞認為「無明」不具時間意義，而是從邏輯推論而得，可想像為漆黑冥昧的狀態。部派佛教說一切有部申述「無明」，論云：「問何故名無明？無明是何義？答不達不解不了是無明義。問若爾除無明諸餘法，亦不達不解不了，何故不名無明？答若不達不解不了，以愚癡為自相者，是無明，餘法不爾，故非無明。」（《阿毘達磨大毘婆沙論》，T27, no.1545, p.129）此意指「無明」為不能通達真理，不能明白事理的愚癡無知，故有所障蔽，而生煩惱痛苦。

[13] 有情眾生被事物引發各種不安煩惱，即為「煩惱障」（事障）；起於無明的障蔽而對法界實相無知，即為「所知障」（理障）。《大方廣圓覺修多羅了義經》云：「善男子！一切眾生由本貪欲，發揮無明顯出五性，差別不等；依二種障，而現深淺。云何二障？一者理障礙正知見，二者事障續諸生死。云何五性？善男子！若此二障未得斷滅名未成佛；若諸眾生永捨貪欲，先除事障未斷理障，但能悟入聲聞、緣覺，未能顯住菩薩境界。善男子！若諸末世一切眾生，欲泛如來大圓覺海，先當發願勤斷二障，二障已伏即能悟入菩薩境界；若事、理障已永斷滅即入如來微妙圓覺，滿足菩提及大涅槃。」（T17, no.842, p.916）本經宣說一乘圓教之修行次序，故先除事障而未斷理障，僅得阿羅漢，必得斷滅理障，方為菩薩。

[14] 《雜阿含經》卷 10（T02, no.99, p.66）。《雜阿含經》尚未稱此三者為法印，正式舉出三法印，應是在《根本說一切有部毘奈耶》，世尊所說三句法，經云：「諸行皆無常，諸法悉無我，寂靜即涅槃，是名三法印。」（T23, no.1442, p.670）龍樹菩薩將一切諸行無

自性，若能證得法空無我，即達到平靜安寧的境界，是為「涅槃」。

諸行無常，「行」指行動、流動的各種行為或心念，亦指世間一切法，由於因緣所生，不斷地變化。諸法無我，此「法」指世間萬物，沒有常住不變的自性。諸行無常，從事物之名相言；諸法無我，從事物之本體言。無常與無我，能破除無明與我執，解除執念的桎梏。涅槃寂靜，則為修行解脫的境界，清淨平和，沒有煩惱痛苦，三毒之火熄滅。「涅槃」（Nirvāṇa）舊譯為泥洹，具有解脫、熄滅之意，通過修行，證悟佛法，得以因緣盡滅，解脫輪迴，進入一個不生不滅的狀態。

（三）四聖諦

諦（satya）為真實的道理，聖諦即神聖的真理。佛陀宣說所悟真理，可歸結為四聖諦：苦、集、滅、道。此四者並非並行的四種真理，而是以「苦」為中心，深究苦的存在、原因，苦滅後的境地，以及滅苦的方法。亦可從兩重因果分析，集是因，苦是果，是現實界的因果；道是因，滅是果，是出世間的因果。若綜合四者，苦集是因，滅道是果，世間為因，出世間為果。苦，意為生命中種種煩惱痛苦；集，說明痛苦由各種不同的因緣交互而成；滅，則是消除痛苦所證得的涅槃境界；道，是證得涅槃的途徑，即修行的方法。

四聖諦是佛法核心，《阿含經》中多見。由於佛陀悲憫眾生煩惱痛苦，故發願苦修，為解救眾生於苦海，最終證悟之佛法，便是離苦得樂，往生淨土的究竟真理。關於「苦」諦的內容，經文記佛陀說法：「云何苦聖諦？謂生苦、老苦、病苦、死苦、怨憎會苦、愛別離苦、所求不得苦、略五盛陰苦。」[15] 此「八苦」中的「生老病死」為生命必經的過程，身體的痛苦造成悲傷、焦慮、不滿與沮喪各種煩惱情緒。「怨憎會」為怨恨憎惡的人事會合聚集；「愛別離」為與所愛欲執念者分離，尤其是與親友生離死別；「求不得」指對所欲念的人事，求而不得。以上七苦皆由「五蘊」（五陰）所領

常，一切法無我，涅槃寂滅三者，並列合稱三法印。經云：「佛法印有三種：一者，一切有為法念念生滅皆無常；二者，一切法無我；三者，寂滅涅槃。」（《大智度論》卷22，T25, no.1509, p.222）印順法師認為，三法印是由三三昧發展而來。（印順：《空之探究：阿含‧部派‧般若經‧龍樹》，臺北：正聞出版社，1992.10，頁60-67）「三昧」（Samadhi）為止息雜念，定心不動，「三三昧」為三種「三昧」的合稱，在《雜阿含經》中，空三昧、無相三昧與無所有三昧併舉，以空三昧為首，稱之為「聖法印」。《中阿含經》、《長阿含經》則以無願三昧，取代無所有三昧，在阿毘達摩時期，將這三種三昧，併稱為三三昧。

[15] 《中阿含經》卷7，T01, no.26, p.464。

受，[16] 致使五蘊熾盛，使煩惱痛苦不絕，合為八苦。此八苦的分析，旨在說明人生的煩惱痛苦在於肉身與欲望，眾人誤以為能掌握人事，實則所有事物皆因緣所生，並非永恆不變，就因為執著於無法執著之事，於輪迴中受種種無盡之苦。

「集」有積聚、招感之意，集諦說明引發痛苦的原因，由於人的欲求，受貪、嗔、痴三毒之火所惑，故而產生痛苦煩惱，無窮無盡。至於滅諦為止息痛苦之火，斷盡煩惱業，得以解脫輪迴之苦。道諦則是修行的方法，能使痛苦不再聚集，得證涅槃。佛教弟子具體修行的方法，可歸為「八正道」，即「正見、正思維、正語、正業、正命、正精進、正念、正定。」其內容於《阿含經》中多有論述，下引《雜阿含經》經文：

> 如是我聞，一時，佛住舍衛國祇樹給孤獨園。爾時，世尊告諸比丘：「有邪、有正。諦聽，善思，當為汝說。何等為邪？謂邪見，乃至邪定。何等為正？謂正見，乃至正定。何等為正見？謂說有施、有說、有齋，有善行、有惡行，有善惡行果報，有此世、有他世，有父母、有眾生生，有阿羅漢善到、善向，有此世、他世自知作證具足住：『我生已盡，梵行已立，所作已作，自知不受後有。』何等為正志？謂出要志、無恚志、不害志。何等為正語？謂離妄語、離兩舌、離惡口、離綺語。何等為正業？謂離殺、盜、婬。何等為正命？謂如法求衣服、飲食、臥具、湯藥，非不如法。何等為正方便？謂欲、精進、方便、出離、勤競、堪能常行不退。何等為正念？謂念隨順，念不妄、不虛。何等為正定？謂住心不亂、堅固、攝持、寂止、三昧、一心。」佛說此經已，諸比丘聞佛所說，歡喜奉行。（《雜阿含經》卷28，T02, no.99, p.203）

經文中之「正見」指中正不偏差的見解，不以我執觀世界，以四聖諦之緣起觀為正見。「正志」亦作「正思惟」，以正確的思想行為，遠離三毒之欲念。「正語」即純正淨善的言語，避免惡口妄語。「正業」指正確的行為，不做殺生、偷盜與淫邪之事。「正命」為正當的謀生方法，藉以獲得生活所需。「正方便」亦作「正精進」，為正確的自覺努力，止惡修善，遠離懈怠昏沈。「正念」則指念頭正確，一心思惟修行正法，除去妄想分別。「正定」為禪定之法，安定專心，不生雜念。依此八種方法修行，方得正法。

---

[16] 蘊為聚集累積，五蘊亦譯為五陰，是組成人的基本要素，即色蘊、受蘊、想蘊、行蘊和識蘊五者。色指組成身體的物質，受為感覺，想為對外界的認知，行則是發心動念的意志，識為心靈區別理解的認識能力。由於每一種蘊，都是由許多因緣積聚而成，故稱為「蘊」。

（四）三無漏學

佛教修行的內容，稱為三無漏學，為「戒、定、慧」三學。戒律為佛教徒修持的基礎，禪定則能息止欲念，智慧能證悟佛法，得以解脫三界，[17] 達於涅槃。由於世間的學問皆是「有漏」之學，漏源自於五蘊，修習世間法如水之洩漏，仍使人產生煩惱，只有出世間的「無漏」學，不苦不樂，沒有我慢我執，無所染污。《阿含經》中對三學多有說解，如《雜阿含經》經文記云：

> 爾時，世尊告諸比丘：「有三學。何等為三？謂增上戒學、增上意學、增上慧學。何等為增上戒學？若比丘住於戒波羅提木叉，具足威儀行處，見微細罪則生怖畏，受持學戒，是名增上戒學。何等為增上意學？若比丘離諸惡不善法，有覺有觀，離生喜樂，初禪具足住，乃至第四禪具足住，是名增上意學。何等為增上慧學？若比丘此苦聖諦如實知，此苦集聖諦、此苦滅聖諦、此苦滅道跡聖諦如實知，是名增上慧學。」（《雜阿含經》卷 30，T02, no.99, p.213）

「增上」即增強上進，亦有殊勝之意。增上戒學為戒律之學，比丘須持「波羅提木叉」，[18] 對犯戒微罪皆有所畏懼，守戒持戒。增上意學即禪定之法，離欲界不善法，修持禪定，從初禪至四禪，[19] 得以生起慧觀。至於增上慧

---

[17] 三界為：欲界、色界、無色界。欲界由物質欲望主導，包含天、人、地獄等六道；色界包含四禪天，於此界仍保有色身，然已無欲樂，故無男女相，有別於欲界眾生之色身樣貌；無色界超越色界，為天之最頂層，分為空無邊處、識無邊處、無所有處、非想非非想處，雖無有物質形色，但仍存意識住於四無色處，於福報受盡後，下墮三惡道中，不離三界六道生死輪迴之苦。三界構成世間，有情眾生在三界中生死輪迴，而有無盡煩惱。

[18] 釋迦牟尼在世時，為了教導約束僧團，制定各種規定，稱為學處。將重要的學處，收集而成，便是波羅提木叉。佛陀告誡諸比丘，於其涅槃後，當以波羅提木叉為師。《大般涅槃經》卷 3 有云：「汝勿見我入般涅槃，便謂正法於此永絕。何以故？我昔為諸比丘，制戒波羅提木叉，及餘所說種種妙法，此即便是汝等大師。」（T01, no.7, p.204）此教法即「以戒為師」，在佛陀入滅後第一次集結，由優婆離尊者誦出波羅提木叉，集結成《波羅提木叉經》，為律藏的核心，後世稱為戒經。關於佛陀制立學處，說講波羅提木叉的過程，以及不同部派所傳戒經，可參考印順：《原始佛教聖典之集成》第三章〈波羅提木叉經〉，臺北：正聞出版社，1991.5，頁 105-184。

[19] 四禪是色界天的四種禪定境界，色界天的四禪與無色界天的四無色定，合稱為八定。四禪能綜攝尋、伺、喜、樂等心理活動，初禪雖已離欲界之惡不善法，能感受到脫離欲界之喜、樂，但仍有分別尋、伺之心理活動；至二禪時，尋、伺已斷滅，由此所得之喜樂，乃禪定之感受，故稱定生喜樂；三禪捨去二禪之喜樂，住於非苦非樂之「行捨」境

學，則是在修持戒定之中證得四聖諦之如實智慧，「如實知」不是一般的知，而是對萬法真如之洞見。三學亦是八正道的總結，正語、正業、正命為戒學，正精進、正念、正定為定學，正見、正思維為慧學，修持三無漏學方得正法。

《阿含經》中記載佛陀反覆申述三學，提醒弟子必須在修行中體會，三學不是理論，而是實踐所得，不但是原始佛教修行的基礎，也是其後大乘佛學遵循之法。[20] 大乘如來藏學派引入真如心，視為三無漏學之根本，並連繫為次序性的關係，在《楞嚴經》中，世尊告阿難云：「汝常聞我毗奈耶中，宣說修行三決定義。所謂攝心為戒，因戒生定，因定發慧。是則名為三無漏學。」[21] 此處之「修行三決定」即是三學，阿難發願度一切眾生，請求佛陀開示如何攝伏妄心，使能攝心入三摩地，佛陀便宣講三學。「攝心為戒」立基於一切眾生皆有如來藏，以「攝」之行動顯現心之「藏」，而「攝」之具體方法即為「戒」，並依序而生定慧。此順序只是權說，並非修行次序，三學並重同行，仍是佛教修行的根本。

佛陀證悟解脫生死，斷除煩惱的佛法，為了度化眾生，終身傳法，帶領信眾修行。佛陀寂滅後，其弟子仍持續傳法，擴大佛教的影響力。西元前三世紀印度孔雀王朝的第三代君王阿育王，文治武功盛極一時，他大力宣揚佛法，使佛教傳播印度全境，並向外傳至中東、斯里蘭卡與緬甸等地。其後歷經巽伽王朝抑制佛教，至西元二世紀貴霜帝國之迦膩色伽王復興佛教，融合部派佛教，促使大乘佛教興起。[22] 在印度佛教史上，迦膩色伽王與阿育王並

地，以正念、正知繼續修習而產生離喜妙樂；四禪捨三禪之妙樂，稱為捨清淨，唯念修養功德，稱為念清淨，由此而得非苦非樂之感受。關於四禪的形成與其內容，可參考金兒默存：〈四禪說の形式とその構造——原始佛教に於ける實踐〉，《名古屋大學文學部研究論集》，Vol.6，No.18，1957.1，頁 123-144；高瀨法輪：〈四禪說の一考察〉，《印度學佛教學研究》，Vol.13，No.1，1965，頁 202-205。

[20] 胡順萍認為《阿含經》所論述的三無漏學，並非理論，而是在實踐中悟得。（胡順萍：《〈阿含經〉解脫之道：增上戒、定、慧三無漏學》，臺北：萬卷樓，2009.6）《阿含經》雖是原始佛教教義，但是經文中對人生無常與苦難的關照，已是菩薩行的展現。（林崇安：《佛法之源：阿含經的源流與核心思想》，臺北：大千，2007.7）三無漏學是佛教解脫證悟的根本，也是濟世度人之究竟精神。

[21] 《大佛頂如來密因修證了義諸菩薩萬行首楞嚴經》卷 6（T19, n.0945 ,p.131）。本經自唐代中葉譯出後，學界始終疑其為偽經，其流傳與疑偽，可參考果濱：《〈楞嚴經〉傳譯及其真偽辯證之研究》，臺北：萬卷樓，2009.8。然《楞嚴經》於中國佛教具有特殊地位，本經包含《法華經》諸法實相的思想，也與《華嚴經》三界唯心之說近似，禪宗與淨土宗亦遵奉之，故不論真偽，其內容豐富，是大乘佛學的重要經典。

[22] 本文所論印度原始佛教的發展，據查爾斯·埃利奧特（Charles Eliot）：《印度教與佛教史綱第一卷》（李榮熙譯，高雄：佛光，1990.12）、《印度教與佛教史綱第二卷》（李榮熙譯，高雄：佛光，1991.2）；平川彰：《印度佛教史》，莊崑木譯，臺北：商周出版，

稱為護持佛法之兩位轉輪聖王。至西元三世紀後，笈多王朝興起，大乘佛教盛行，婆羅門教也有復興之勢，並逐漸發展為印度教。此時中國為兩晉南北朝時期，僧人法顯西行天竺求法，西域諸國及印度僧人亦東來中國傳法，[23]佛教對中國文化的影響日益擴大。至於佛教在印度的發展，歷經戒日王朝與波羅王朝，約於十二世紀為伊斯蘭教取代而沒落，終至滅絕。

第二節 魏晉南北朝佛教的傳播與發展

　　佛教於東漢已傳入中國，然於魏晉始興，南北朝更為盛行，至唐代達於高峰。相較於其他宗教，佛教能被中國接受，並融入中國文化，實有其機緣。從政治社會言，魏晉時期天下動蕩，戰爭頻仍，天災人禍不斷，至南北朝尤甚。士人在現實與理想的衝突中欲尋求解脫之道，故發而為避世隱逸之風，或寄情於山水，或抒懷於文藝。至於玄學興起，實為士人精神之自覺，在哲學思想的理論建構中，調合儒道對立，並從中尋求安身立命之道。社會變化與學風的改變，促使中土道教興起，士人多有修道養生之舉，從而獲得身心保全。佛教傳入中土時，以小乘禪學和大乘般若學為主，禪學之「安般」法門與中土吐納的養生方術有相似之處，「守意」之修持又與道教「守一」近似；[24]至於般若學的證「空」，似與玄學論「無」有相參之處。佛教

2002.10；聖嚴法師：《印度佛教史》，臺北：法鼓文化，1997.11。由於印度史料缺乏，佛經中的記載多混合傳說，故學界對印度佛教歷史多有爭議，如古正美認為大乘經典中所提到的「阿育王」，是西元一世紀貴霜王朝的開創者——丘就卻·卡德菲茲（Kujula Kadphises），他也是佛教政治的創始者。（古正美：《貴霜佛教政治傳統與大乘佛教》，臺北：允晨文化，1993.3）此說有待商榷，但古正美提到佛教與政治的關係，以及佛教傳入中國後對政治的影響，卻是一個值得深究的課題。（古正美：《從天王傳統到佛王傳統：中國中世佛教治國意識形態研究》，臺北：商周出版，2003.6）

[23] 自漢代與西域貿易交流，佛教東傳與中國僧人西行求法，絡繹於途。關於歷代史料中所載往來之僧人，可參考馮承鈞：《歷代求法翻經錄》，臺北：臺灣商務印書館，1962.8；尚永琪：《胡僧東來——漢唐時期的佛經翻譯家和傳播人》，蘭州：蘭州大學出版社，2012.12。至於佛教傳入中國的時間與最早的經典，據東漢末年牟子〈理惑論〉所載，東漢明帝夢見天竺神人（佛），於是「遣中郎蔡愔，羽林郎中秦景，博士弟子王遵等十八人，於大月支，寫佛經四十二章。」（《弘明集》卷 1，T52, no.2102, p.5）又於洛陽城起佛寺。湯用彤先生考證此事，認為佛教傳入中國應早於明帝，約始於西漢末期，但明帝求法之事雖有可疑之處，但大致可信。至於《四十二章經》為撮取群經章句而成，漢譯經文已佚，現存為三國吳支謙譯本，雖然本經於東漢譯出，然佛教譯經應始於西漢末哀帝時，大月氏王派遣使者伊存授《浮屠經》。（湯用彤：《漢魏兩晉南北朝佛教史》上冊，臺北：臺灣商務印書館，1998.7，頁 16-51）

[24] 漢末安世高譯《安般守意經》的安般禪法，與中國傳統呼吸吐納之術有相近之處，又以「守意」為經名，「意」字一方面具有佛教禪法的特色，一方面又與「守一」方法的心念存思相似，是以當時士人對佛教理解與接受，多從中土修仙方術認知，但佛教也藉此

的修行法門與解脫之道，士人似曾相識，故有一定吸引力，是為佛教教義與中國思想相連結之橋樑。

佛教的興起與傳播，從東漢末年開始，以洛陽為中心向東流布至江南，嶺南與南海亦有佛教足跡。兩晉時期，佛教傳佈益廣，西晉之後，長安逐漸成為佛教僧眾集中之重鎮，鄴城則為北方新興佛教中心，隨著東晉偏安江南，建康為高僧集中地，南北朝時期，南方佛教發展較北方為盛。[25] 由於弘法關係佛寺興建以及僧伽生活，所以君王世族對於佛教的態度是關鍵因素，朝廷對於佛寺的供養，穩定了佛教的經濟基礎，再加上民間信眾供奉三寶，亦有助於佛教的擴展。[26] 僧人宣說佛陀所悟佛法，冀能度化眾生，不論君王或民眾，都希望有道高僧能協助解決人生困難，從國家大事到個人疾病痛苦，佛教肩負著信仰寄託與心靈治療，在兩晉南北朝戰亂頻仍，天災人禍不斷之時，佛教能深入社會各個階層，除了佛法殊勝，亦有時空之因緣。

佛教雖以濟世度人為宏願，但於初傳中國時，被視為域外方術，[27] 僧眾為傳法之效，故顯示神通，以示佛法殊勝，一方面藉以確立在信眾心中佛法的能力，另一方面也取得統治者的支持。[28] 西晉時佛圖澄以神通聞名，然其

吸引士人注意。佛道兩教的「守一」，於義理源頭並不相同，但又因術語相同，而且修行方法形似，佛教譯經使用「守一」有其用意，是佛教初傳中國時的現象。可參考拙作：〈從《佛說大安般守意經》論漢末佛教禪法之「守意」與道教「守一」修持法門關係〉，《法鼓佛學學報》，第32期，2023.6，頁129-181。

[25] 佛教自東漢傳入中土，於兩晉南北朝擴大流佈地區，傳法之路徑與地點，與政治經濟有密切關係。關於佛教傳佈情形，可參考《魏晉南北朝佛教地理稿》，嚴耕望遺著；李啟文整理，臺北：中央研究院歷史語言研究所，2005.7。另外，山崎宏依據《高僧傳》、《續高僧傳》與《宋高僧傳》所記僧人的活動，討論佛教自漢魏至隋唐傳佈的狀況。（山崎宏：《支那中世佛教の展開》，京都：法藏館，1971.3）佛教僧人於駐地弘法，並與士人交遊，對於地方文化與信仰產生一定影響。

[26] 佛寺的興建，是佛教深入民間的重要基礎，張弓將東漢至唐的佛寺建置分為三個時期，東漢三國時期是星式散置，兩晉南北朝為線式幅射，隋唐時期則是網式普置。（張弓：《漢佛教與中古社會》，臺北：五南，2005.4）寺院的經濟活動，除了提供僧眾生活所需，亦有慈善事業，與社會經濟密切關聯，甚至寺產規模影響國家財政，引發朝廷干預，也造成社會衝突。（劉小平：《中古佛教寺院經濟變遷研究》，北京：中央編譯出版社，2016.10）

[27] 湯用彤先生稱：「當世人士不過知其為夷狄之法，且視為道術之支流。」並與鬼神同祀，「祭祀既為方術，則佛徒與方士最初當常並行也。」（湯用彤：《漢魏兩晉南北朝佛教史》上冊，臺北：臺灣商務印書館，1998.7，頁 57、53）兩漢盛行神仙方術，佛教自域外傳入，內容有鬼神地獄，又有神通變化，故以之相通於方術，並與民間祭祀混合。

[28] 佛教初傳中土，主要為小乘禪學與大乘般若學，佛經中多見「神通」（Abhijñā）描述與說明，意指通過禪定修行，能獲得不可思議的力量。西晉竺法護譯《修行道地經》依淨、行、果的次序介紹小乘禪學，其中第十五品至十八品則說明經由禪定所能達到的神

示現為了救度生靈，以神通獲得石勒的尊重，並諮以國事，故能勸誡之，減少殺戮。[29] 在一般人眼中，神通是一種神秘的力量，有道高僧皆具有這種能力，在民間傳說故事中廣為流傳。佛教並不強調神通，也避免民眾將神通視為教法，但在適當時機，仍會藉以教化眾生。由於天災與戰亂造成流離失所，佛教積極從事社會救助，以治病救濟的布施方式獲得民眾信任，[30] 或以神通抑制災異。如此一來，佛教擴大了影響力，並勸人為善，盡可能於亂世中維繫人心。

佛教以緣起性空解釋萬物生滅變動，破除永恆不變的自性，並以業力與輪迴說明人世的禍福。這些理論對漢末的士人雖有一定吸引力，但也有理解的困難，復因佛經通過翻譯而得，譯經的方式與譯文的品質，亦影響對於佛教義理的理解。佛教譯經以譯講為之，涉及譯經與詮釋兩個層次，僧侶藉由中國傳統學術用語翻譯與解釋佛經，此為「格義」的方法。從溝通佛教與中國學術而言，使用格義似乎不得不然，格義不僅只是方法，佛教藉由格義與

通，然而神通是進入四禪後自然出現的，並非修煉的目的，更不是禪修的最高理想。禪修最終為解脫生死，若只停留於神通，或追求神通而禪修，仍是諸漏未盡之「凡夫」。神通是修習禪定，進入四禪天而顯現的不可思議力量，超乎時空限制。佛教視神通為證悟後自然所得，不是修行的目的，也不輕易展示，只在必要時示現，特別是用以教化眾生，使生菩提心。佛教在傳法時，有道高僧於神通示現皆謹慎為之，梁釋慧皎《高僧傳》立有「神異」一科，介紹具有神通能力的高僧，其論曰：「神道之為化也，蓋以抑誇強，摧侮慢，挫兇銳，解塵紛。」（《高僧傳》卷 10，T50, no.2059, p.395）神通的展現是為降服邪魔外道，平息紛爭，不為個人名利。《高僧傳》中除「神異」中之高僧，其他僧人也多有神異之事。之所以如此，「反映出了當時人深植在心中的世界觀和對宗教的希求。」（蒲慕州：〈神仙與高僧——魏晉南北朝宗教心態試探〉，《歷史與宗教之間》，香港：三聯書店，2016.1，頁 52）人們相信世上有超自然的力量，並希望高僧的神通可以救助人間疾苦。所以《高僧傳》所記僧人的神通，一方面滿足世人的期待，另一方面也具有宣教的作用。

[29] 梁釋慧皎於《高僧傳》記佛圖澄，善誦神咒，能役使鬼物，預言諸事，皆準確無誤。並評佛圖澄：「妙解深經，傍通世論。講說之日，止標宗致，使始末文言，昭然可了。加復慈洽蒼生，拯救危苦。當二石凶強，虐害非道，若不與澄同日，孰可言哉？但百姓蒙益，日用而不知耳。」（《高僧傳》卷 9，T50, no.2059, p.387）佛圖澄具神通，為二石所重，雖然未能真正感化石勒、石虎叔姪，但使其減少殺戮，拯救蒼生，實為大功德。

[30] 佛教高僧有醫療治病的能力，更能用神咒驅逐疫鬼，達到解緩疫病之效。《高僧傳》中記天竺僧人曇無讖，東晉僧人竺法曠與訶羅竭，都能用神咒驅鬼治病。漢人認為疫疾是疾鬼造成，巫醫或方士能施咒語，禁制或驅逐疫鬼。也因此佛教高僧具有施咒的神通，與當時道士藉治病推廣道教相類似。林富士認為在東漢至南北朝時期，佛教與道教能快速興起，在於能成功因應疫情。除了實際的醫療與生活救助，對於疫病起因以「道德」解釋，並施以宗教儀式進行救度，使民眾獲得身心的治療。（林富士：〈東漢晚期的疾疫與宗教〉，《中國古中古時期的宗教與醫療》，臺北：聯經出版事業，2008.6，頁 29-84）佛道兩教對疾病的成因，分別以「業力」與「承負」解釋，使疾病與道德行為產生連結，促使信眾發心為善，力行善事。

玄學接觸交流，從而使佛教調整論述方式，得以融入中國學術，產生中國化的佛教。以下分述「格義佛教」、「六家七宗」，以及道安、僧肇與竺道生的學說。

一、格義佛教

佛教於東漢傳入中國，初期為西域文的佛經，以口傳誦經方式，迻譯為漢語。[31] 佛經有許多名相與專有名詞，譯者從中國傳統思想中尋找合適的語詞，一方面翻譯文字，一方面嫁接語義，並且在解釋佛法時引用中國傳統學術思想，此種比配衡量義理的方式為「格」，學界稱兩晉南北朝為「格義佛教」。[32] 從文化接觸而言，「格義」是個理解的權宜之計，當佛經翻譯愈多，佛學義理愈明，格義之法遂漸次平息。然從思想史的角度，不同文化的接觸、衝突、吸收與融合，並非單方面的調整，而是雙向的互動，佛教傳入中國，逐漸中國化，中國文化也受到佛教影響。佛教與儒道的交流，在義理層面相互影響，進而深入文化各個領域。

就「格義」的使用情形，為僧侶翻譯佛經以及解釋佛典時，採取「外書」（儒道），比配「內典」（佛經），使信眾得以理解佛經內容，即「格義」兼有譯經與釋經的意涵。翻譯必然得面對兩種不同語言的差異，在直譯與意譯間有所取捨，而釋經時使用傳統哲學的術語，更面臨概念轉換的問題。「格義」之名，起於佛教內部之論，最早見於南朝梁僧祐編撰的《出三藏記

---

[31] 早期佛教譯經不是直接由梵文或巴利文迻譯為漢文，而是西域許多小國的高僧和居士入華傳教，所使用的語言是中亞和新疆一帶的吐火羅文和伊朗語族的語言。（季羨林：〈浮屠與佛〉、〈再談浮屠與佛〉，《季羨林佛教學術論文集》，臺北：東初出版社，1995.4，頁1-54）

[32] 「格義」之興起，湯用彤先生提出兩點理由，其一為異文化接觸，會尋求相同處，「乃以本國之義理，擬配外來思想」。其二則為融入彼方，「當其初來，難於起信，故常引本國固有義理，以申明其並不誕妄。」（湯用彤：《漢魏兩晉南北朝佛教史》，臺北：臺灣商務印書館，1998.7，頁234）湯用彤先生將「格義」之「格」釋為「比配」、「度量」，認為格義產生原因為漢代思想多以概念比配與組合，故佛教之禪法事數也是如此，符合漢人學術思維。鎌田茂雄認為東晉的清談與隱逸之風，是佛教為中國士人接受的背景，而中國固有的老莊思想與佛教思想相似，透過格義的方法，使佛教思想為中國理解接受，此為格義佛教時期。但是東晉道安已有反省批評，至鳩摩羅什之後，佛教就不以格義方法，而直接以佛經經文理解佛法。（鎌田茂雄：《中國佛教通史》，關世謙譯，高雄：佛光出版社，1986.4，頁157-166）此說大致為學界接受，並認為魏晉南北朝時期出現「格義佛教」，是外來思想融入本土思想的必要歷程，並影響後世。中國士人與大眾透過「格義」理解佛學，但是中國僧人是否也以「格義」理解佛法，以及「格義」是否只是過渡期的權宜方法，還值得深究。

集》，收錄僧叡所作〈喻疑論〉和〈毘摩羅詰堤經義疏序〉，[33] 兩文皆有「格義」一詞。〈喻疑論〉中一段敘述，為佛教傳入中土的過程，其云：

> 漢末魏初，廣陵彭城二相出家，並能任持大照，尋味之賢，始有講次，而恢之以格義，迂之以配說。下至法祖、孟詳、法行、康會之徒，撰集諸經，宣暢幽旨，粗得充允視聽。暨今附文求旨，義不遠宗，言不乖實，起之於亡師。……究摩羅什法師至自龜茲，持律三藏，集自罽賓，禪師徒眾尋亦並集關中。洋洋十數年中，當是大法後興之盛也。（《出三藏記集》卷 5，T55, no.2145, p.41）

僧叡為東晉高僧，曾師道安，後隨鳩摩羅什習禪法，又與慧遠同參禪法與彌陀淨土。〈喻疑論〉中提到漢末時，廣陵（揚州）與彭城（徐州）二相出家，宣揚佛法，佛教已影響江南之地。講經始有次第，尤其是「恢之以格義，迂之以配說」，學界咸認為是格義之始。「恢」有寬廣宏大之義，相對於「迂」之曲折迴繞，意味「格義」是以宏觀角度說講，而「配說」則是以微觀的方式解經，兩者分從佛典大意與經文字句解說佛法。「格」有匡正、衡量之義，法祖、康孟詳、竺法行與康僧會四人，皆使用格義配說之法，「宣暢幽旨，粗得充允」。其後道安則「附文求旨，義不遠宗，言不乖實」，更得佛經旨意，至鳩摩羅什大量譯介佛經，使佛法大興。此文中之「格義」並無貶意，只是譯講佛經的方法。僧叡另有〈毘摩羅詰提經義疏序〉，說解《毘摩羅詰提經》，他說道：

> 自慧風東扇，法言流詠已來，雖日講肆，格義迂而乖本，六家偏而不即。性空之宗，以今驗之，最得其實。然鑪冶之功，微恨不盡，當是無法可尋，非尋之不得也。（《出三藏記集》卷 8，T55, no.2145, p.59）

這段論述，一般視為評批「格義」最直接的證據。前半段所論，著重於譯經，僧叡認為在鳩摩羅什之前，譯文有失原本，背離原意。後半則說「格義迂而乖本」，此處「迂」為描述「格義」，與「乖本」相對照，為迂迴曲折，即偏失原意。而且對「格義」的批評，是接著「講肆」而發，即譯經時

---

[33] 僧祐於〈喻疑論〉之小序云：「昔慧叡法師久歎愚迷，製此喻疑防於今日。」但又於篇名下標明「長安叡法師」，由於《出三藏記集》收有多篇僧叡所作經序，除了直接寫明僧叡法師，或作「長安叡法師」。然因〈喻疑論〉寫明慧叡法師所作，遂引發本文作者的爭議。僧叡與慧叡皆是鳩摩羅什門下，《高僧傳》分立兩傳，然傳中並未著明〈喻疑論〉為何人所作。學界各有不同主張，或認為僧叡，或以為是慧叡所作，日籍學者橫超慧日甚至提出僧叡與慧叡為同一人。（橫超慧日：《中国仏教の研究》第二卷，京都：法藏館，1978.6，頁 119-144）然就〈喻疑論〉的行文風格與語詞使用，以及僧祐編《出三藏記集》的方式等，本文同意涂艷秋的考案，認為僧叡與慧叡是不同的兩個人，〈喻疑論〉為僧叡所作。（涂艷秋：《鳩摩羅什般若思想在中國》，臺北：里仁書局，2006.2，頁 270-285）

兼有譯、講，指譯講時使用「格義」之法，不能切中佛經本義。這個批評直指「六家」，意謂「六家」使用「格義」有失佛教之旨，但其後對「性空之宗」持肯定讚語，應是將代表「性空」的道安排除在「六家」之外。[34] 本段後半感歎道安雖能闡發般若之旨，但受限於許多佛經尚未譯出，缺少可探究的經論，待鳩摩羅什譯出《中論》、《百論》等大乘中觀學著作譯出，才使中國對般若學有更深的認識。

僧叡所云「格義」與配說，為佛教初傳時，採用外書的概念與術語譯講佛經的方式，其定義見於梁慧皎《高僧傳》記竺法雅，原文如下：

> 法雅，河間人，凝正有器度，少善外學，長通佛義，衣冠士子，咸附諮稟。時依門徒，並世典有功，未善佛理。雅乃與康法朗等，以經中事數，擬配外書，為生解之例，謂之格義。及毘浮、相曇等，亦辯格義，以訓門徒。雅風采灑落，善於樞機。外典佛經，遞互講說。與道安、法汰每披釋湊疑，共盡經要。後立寺於高邑，僧眾百餘，訓誘無懈。（《高僧傳》卷4，T50, no.2059, p.347）

這段記載，明確指出「格義」是「以經中事數，擬配外書」。由於佛經多名相，初學者難明，故以外書相配，便於說解。[35] 「事數」一名，據劉孝標注

---

[34] 「性空之宗」指道安，僧叡讚揚其師。順其文意，僧叡批評「六家偏而不即」，隨後又褒性空之宗，「最得其實」，顯然道安不屬「六家」。然學界多認為六家之本無宗為道安主張，所據者為惠達之《肇論疏》云：「彌天釋道安法師〈本無論〉云：『明本無者，秤如來興世以本無弘教，故方等深經皆云五陰本無，本無之論由來尚矣。』」（X54, no.866, p.59）此文句出於梁釋寶唱《名僧傳抄》引曇濟之〈七宗論〉（X77, no.1523, p.35），文字皆同，然未言道安作〈本無論〉。隋吉藏《中觀論疏》判僧叡所言：「唯性空之宗，最得其實，詳此意安公明本無者。一切諸法本性空寂，故云本無。」（T42, no.1824, p.29）吉藏將「性空」等同「本無」，判為道安思想。然而安澄於《中論疏記》從吉藏所言，但將「本無宗」與其餘六家區別，其云：「於七宗中，除本無宗名為六家也。」（T65, no.2255, p.93）安澄肯定道安「性空」之論，贊同僧叡之言，將道安區分於六家之外。這種觀點，認為道安主張「本無」，但能得性空之旨，與其餘六宗不同，在這種分判下，也區分了「格義迂」為六宗，間接肯定道安是善於格義者。此外，道安是否曾著〈本無論〉，甚至是否有此論，似皆未定。《出三藏記集》未著錄〈本無論〉，考道安經序，亦未有本無之語。曇濟〈七宗論〉言「無在元化之先，空為眾形之始，故稱本無。」本無宗將「無」與「空」連結，具有創生之意，道安論性空，並無創生與本體涵義。是以，無論是將道安置於「本無宗」，但與其他六宗相異；或道安根本並不主張「本無」，都可以確認僧叡批評六家之格義，皆不包含道安。

[35] 佛教「事數」難解，東晉名士殷浩「徙東陽，大讀佛經，皆精解，唯至事數處不解。遇見一道人，問所籤，便釋然。」（《世說新語·文學》）殷浩善名理，對於佛經亦有所得，卻不解「事數」，顯見佛教事數名相難以理解，因遇見一位僧人，詢問不明之處，便得解惑。此位僧人是否使用格義解說，原文不明，但至少要能讓殷浩聽懂，或許使用了外書的術語與概念。劉孝標注「事數」，即是此事。

《世說新語》云：「事數謂若五陰、十二入、四諦、十二因緣、五根、五力、七覺之屬。」[36] 此注語指明「事數」為佛教名相，即佛教專有術語，因有其「數」，故相合為「事數」，此為「事之數」。竺法雅與康法朗將之「配外書」，目的為使聽者明白佛理，此法得毗浮、相曇襲用，顯有一定效果。竺法雅的個人風采突出，對於內典與外書皆熟悉，宣講時能交相引證。如果這段描述並非溢美之辭，則說法者若能精通各種經典，並恰當運用格義，顯然有助於講經說法，甚至突顯說法者的博學。而竺法雅尚與釋道安、竺法汰共同研議佛理，即以外書與佛經相配說的格義方法，不但能對門生說法，還能相參佛經義理，則格義之法不但不會造成對佛經的曲解，還能從外書的角度思考佛法大義。這段記載還有幾個值得注意之處，其一，所謂配外書的「事數」，如何相配？學者對此多有臆測。[37] 其二，若不僅限於事數，

---

[36] 徐震堮：《世說新語校箋》，臺北：文史哲，1989.9，頁 131。「事數」一詞，隋以前的佛經見於兩處，一為姚秦佛陀耶舍共竺佛念譯《四分律》卷 52：「佛言：『相降三歲聽共坐木床，相降二歲聽共坐小繩床。新學年少比丘不解事數相涉，聽用算子記數。』」（T22, no.1428, p.956）佛弟子優波離尊者與眾比丘講論戒律，因場地狹窄，故佛陀指點依修行年數共坐，而新近比丘則用算子記其數，此云「不解事數」，指對佛典名相關係尚不明白，亦可指不明事理。「事」、「數」既相涉，「事數」不必然是一個名詞。另一處見於東晉佛馱跋陀羅譯《大方廣佛華嚴經》卷 35：「佛子！譬如字章，悉入一切字數、一切事數、一切語言數、一切算數、一切世間、出世間而無所住。」（T09, no.278, p.627）「事數」之「事」，與字、語言與算並列，泛指世間事，即「事之數」，並非特定指佛教名相。另外，僧叡在〈大品經序〉有言：「胡本唯序品、阿鞞跋致品、魔品有名，餘者直第其事數而已。法師以名非佛制，唯存序品略其二目，其事數之名與舊不同者，皆是法師以義正之者也。」（《出三藏記集》卷 8，T55, no.2145, p.53）僧叡此處言鳩摩羅什法師重譯《大品般若經》時，改正舊譯缺失，所舉「陰持入」等改譯之例，皆是詞彙異名，是以，「事數」指經文的品目次序以及譯名。其他儒道文獻，除《世說新語》，未見此語。綜合以上文獻觀之，「經中事數」，應解為「經中事」與「經中數」，即泛指佛典內容與名相，「事數」應非專有名詞。

[37] 陳寅恪先生認為此文所言之「格義」，並不易解釋，故舉《顏氏家訓‧歸心》為例，言佛門之五戒同於儒家的五德；又舉隋智者大師《摩訶止觀》卷六，以世法五常、五行、五經與佛教五戒相配；再舉智者大師《仁王護國般若經疏》引《提謂波利經》，以五行五方之說釋五戒。（陳寅恪：〈支愍度學說考〉，《金明館叢稿初編》，《陳寅恪先生文集》（一），臺北：里仁，1981.3，頁 151-154）這些例證都是南朝末年至隋唐的文獻。顏之推認為內外兩教，本為一體，《顏氏家訓》以五戒配五德，與其說是以外書比於佛經而有助於理解佛教義理之「格義」，不如說是顏之推訓勉其子勿輕慢三世之事。陳寅恪亦云：「顏之推『以經中事數擬配外書。』雖時代較晚，然亦『格義』之遺風。」（前引書，頁 151）顏之推所言，僅具「格義」之形，而無其實。其次，《摩訶止觀》中之世法與五戒相配，為智者大師宣講止觀法門，論及次第三觀之「從空入假觀」，為分別眾生之病而對症下藥，謂世間一切經說皆是「世間法藥」，故云：「大經云：一切世間外道經書皆是佛說，非外道說。光明云：一切世間所有善論，皆因此經。若深識世法即是佛法。何以故？束於十善即是五戒。深知五常五行義亦似五戒。」（T46, no.1911, p.77）「從空入假觀」亦是「平等觀」，用世俗假名，破用假名之病。《摩訶止觀》以世法比配五戒，為其圓教止之次第，與兩晉南朝「格義」之法，並無關聯，僅貌似其形而已。至

而擴大為以外書解說佛經，便涉及玄佛、儒佛交涉，為不同思想接觸時的交流。其三，以格義說法的對象為「門徒」，即不僅與名士交遊時以格義說法助其理解，還直接以格義方式對僧俗弟子說法，此「為生解」即為門生解說佛理。[38] 其四，道安雖參與討論，亦嫻熟格義之法，但似乎又對格義有所批評。關於道安對於格義的理解與態度，詳下文。其五，若將本段與上引僧叡經序相參，兩者所言「格義」似乎非同一事，僧叡著重於佛經翻譯與講述，而本段則言比配事數。學界對此或以廣狹解釋，認為以外書比配事數者為狹義的格義，而以思想交流與相互詮釋者為廣義的格義。[39] 這樣的區分試圖兼含比配事數與講解經文，但是以思想交流說明「格義」，或許過於「廣義」，畢竟「格義」為佛教教內用語，有其時空背景的限定。是以，結合僧叡與慧皎所論，「格義」應是佛教傳入中土時，因應譯講同施，對僧俗宣講佛教義理時，以中國思想的術語與概念說解，使聽眾能得以理解佛教。

　　東晉末年，道安法師博覽群經，尤深研般若，其講經說法，貫通內典與外書，風采更盛竺法雅。前引《高僧傳》竺法雅於外典與佛經，遞互講說，並與道安、竺法汰共同議經，可見道安熟稔「格義」之法。《高僧傳》記釋僧先，有一段與道安的對話，直接論及「格義」，文曰：

> 值石氏之亂，（釋僧先）隱於飛龍山，遊想巖壑，得志禪慧。道安後復從之，相會欣喜，謂：「昔誓始從，因共披文屬思，新悟尤多。」

───────

於《提謂波利經》，列於《出三藏記集・新集疑經偽撰雜錄》，「《提謂波利經二卷》（舊別有提謂經一卷）右一部。宋孝武時，北國比丘曇靖撰。」（T55, no.2145, p.39）陳寅恪先生認為這是曇靖用「格義」之法偽造佛經。若然，此例並不能用以證明僧人用外書釋內典的「格義」方法，只是利用比配概念，使內典與外書相合，僅徒具「格義」之形。對於「格義」解釋為事數相配，但是找不到太多的例證，或許只有一個可能，僧叡所用「格義」一詞，本不局限於「事數」。而慧皎之所以如此定義，在於佛經的名相複雜，漢人難解，所「配」者，不是形式的相配，而是義理的闡釋。總之，陳寅恪先生所舉例證，或可證明魏晉「格義」之法並不限於「事數」之比配，而是「外典佛經，遞互講說。」即法師譯講時，以外書與內典相互印證，便於聽眾了解。

[38] 陳寅恪認為「所謂『生解』者，六朝經典注疏中有『子注』之名，疑與之有關。蓋『生』與『子』，『解』與『注』皆互訓字也。」（〈支愍度學說考〉，前引書，頁 150）陳寅恪先生認為「生解」意為「子注」，即於經典作注，而事數即在子注中。湯用彤先生則說：「《僧傳》謂康法朗等以外書擬配，因而生了解，然後逐條著以為例。」（湯用彤：《漢魏兩晉南北朝佛教史》，臺北：臺灣商務印書館，1998.7，頁 235）兩人說法不同，然從上下文觀之，「為生解之例」之「生」應是門生，或可斷句為：「為生解之，例謂之格義。」

[39] 論者對「格義」常以廣狹兩義說之，認為「以經中事數，擬配外書」是狹義的格義，而廣義的格義則為翻譯時借用老莊學說的名詞術語，乃至解釋佛經借用老莊概念，甚至以佛義融合世學，皆是格義。採此說者見林傳芳：〈格義佛教思想之史的開展〉，《華岡佛學學報》，第一卷第二期，1972，頁 45-84；唐秀蓮：《僧肇的佛學理解與格義佛教》，臺北：文史哲，2008.4。

安曰：「先舊格義，於理多違。」先曰：「且當分析逍遙，何容是非先達！」安曰：「弘贊理教，宜令允愜，法鼓競鳴，何先何後。」先乃與汰等南遊晉平，講道弘化。後還襄陽，遇疾而卒。（《高僧傳》卷5，T50, no.2059, p.355）

釋僧先為沙彌時遇釋道安，兩人皆尚未受具足戒，因同有弘法志願，相約日後同遊。數年後，僧先與道安皆智慧增長，學貫三藏，兩人異地相遇，共同論學。道安直言「先舊格義，於理多違。」學界認為這是否定格義之確證，然道安與竺法雅曾共同論學，所批評之「先舊格義」，應是指使用「格義」初期的支謙、竺法護、竺叔蘭等人。[40]釋僧先反詰不應批評前人，當分析「逍遙」，蓋「逍遙」乃莊學之術語，依前後文觀之，釋僧先意指分辨釐析經文含意，應保持自在怡適的心態，不存勝負於胸中，故毋須批評前人。但道安回應弘揚正信的佛法，並無先後之分，也就是不論是否先達，只要不合佛理者，皆須慎思明辨。道安看重義理，因此針對前人使用格義的不當，並非否定「格義」的使用，也不是詆毀前賢。[41]對道安而言，只要能弘揚正

---

[40] 湯用彤先生認為格義之法為竺法雅所用，法雅雖是道安同學，但年長於道安，僧先所指的「先達」為竺法雅，道安非議之，因為格義之法比配外書，迂拙牽強。然而湯用彤先生又為之緩頰，以為「格義之用意，固在融會中國思想於外來思想之中，此則道安諸賢者，不但不非議，且常躬自蹈之。故竺法雅之格義，雖為道安所反對，然安公之學，固亦常融會老莊之說也。」（湯用彤：《漢魏兩晉南北朝佛教史》，前引書，頁236）湯用彤先生如此解釋，是為了涵蓋整個魏晉時期學風，雖然道安對格義有反省，但其傳世之經序，仍多見玄學之用。然而，這樣仍無法說明道安為何批評「先舊格義」，卻又仍持格義之法。蔡振豐則認為道安不僅非議先達，更多的是對先輩格義薰習下產生的自我違理的覺悟。也就是道安發出此語的反省，其實是一種自覺。是以，蔡振豐論述道安批判格義為其思想的前、後期轉折點，前期重視緣起法的解脫之道，後期則重視般若無分別智。（蔡振豐：《魏晉佛學格義問題之考察——以道安為中心的研究》，臺北：花木蘭，2011.9，頁71-85）若說道安對先達的評批而促使自我反省，而有前後期思想變化，或可說之，但是道安使用「格義」並不分前後期，其生平所著經序皆可見。道安批評「先舊格義」，是針對前人（先舊）使用「格義」不當，道安則精進「格義」之法，使「格義」不違於理，有別於前人。道安批評的對象，應非與其同時的竺法雅，《高僧傳》記竺法雅與道安、竺法汰共同譯經並釋義，時以外書內典相互論辯。道安批評的「先舊」，應是僧祐於《出三藏記集》批評的支謙、竺法護與竺叔蘭，他們於譯經事業初始時使用「格義」，就道安看來，於理多違。是以，道安運用「格義」更加謹慎仔細，也見於其生平各時期經序，只是晚年所著經序多為戒律與部派佛典，因性質之故，較少使用「格義」。

[41] 道安重視講經與譯經，其一生譯講《般若經》，曾於〈道行經序〉曰：「假無《放光》，何由解斯經乎？永謝先哲，所蒙多矣。」（《出三藏記集》卷七，T55, no.2145, p.47）他感謝曹魏朱士行帶回《放光般若經》梵本，後由無叉羅、竺叔蘭譯出，先有這個譯本，再據以理解支謙所譯《般若道行經》。僧叡傳述道安法師居襄陽十五年，每年宣講兩次《放光般若經》，並詳注《般若道行經》，「尋文比句，為起盡之義，及析疑甄解，凡二十二卷。」並贊曰：「序致淵富，妙盡深旨。條貫既敘，文理會通。經義克明，自安始

法，不論是否為外書，都可為之一用，更不用說是否為格義，不論先後，無分內外，此為道安論述「格義」的關鍵所在。

道安對「格義」方法的態度是開放的，他關心講述義理是否允切，而非拘泥於文字章句。道安在所著經序中，多有襲取老莊用語之處，語詞的使用不等於語意的沿用，道安並未將玄學引入佛學，只是藉用老莊術語說，仍是講述佛學，只是道安對運用外書說解佛經的態度是嚴謹的，必須精通外書與內經，不得隨意為之。可證其允許弟子慧遠引證莊子講道之事，《高僧傳》記慧遠云：

> （慧遠）年二十四，便就講說。嘗有客聽講，難實相義，往復移時，彌增疑昧。遠乃引《莊子》義為連類，於是惑者曉然，是後安公特聽慧遠不廢俗書。（《高僧傳》卷6，T50, no.2059, p.358）

慧遠博綜六經，善解老莊玄學，入道安門下，深獲器重。慧遠年二十四便登壇講經，他引《莊子》為客解說「實相」，運用類比的「連類」方式，解客之惑，安公特別聽任慧遠如此說法。「連類」如同「格義」，引外書類比佛經，並說解之。道安並非為慧遠開特例，實則道安並非反對格義，只是對格義的運用相對謹慎，若不通外書與內典，就會流於胡亂比附。慧遠已有能力進行內容義理的連類，故道安之「特」，不唯特許，更是對慧遠的特別加以讚揚，允其能特出於他人。這也是為何道安對「先舊格義」持保留態度，認為「於理多違」，但是只要能精通諸典籍，就可以使用外書說解，如慧遠能融貫內典外書，自然於使用格義無礙。另外，慧遠運用外書說解佛理，對象是不諳佛理者，這也是道安同意慧遠運用外書的理由，畢竟能讓學者理解，才是講經的真正目的。從竺法雅、康法朗以格義之法教授門徒，可推論道安以弘法為念，對僧眾應皆可以採用格義宣講。

道安博通群經，能做到內典與外書交遞講說，若「格義」指譯講時藉由外書說解佛經，就必須檢視其如何運用外書術語闡釋佛典，即是否能恰當地說出佛典意義，檢視之法不只是語詞的使用，還在於語詞概念如何轉移。此外，早期譯經受到玄學影響，[42] 譯經的用語，對於不諳外語的僧人，會造成以中文語意思考理解佛經。因此，譯文是否忠於原文，是否能恰當地傳達佛

也。」（《出三藏記集》卷十五，T55, no.2145, p.108）所以，道安不是不重先哲，而是論學非常嚴謹，就事論事，不以人廢言，但從學問的傳承而言，道安是非常尊敬前賢的。

[42] 楊惠南認為，東漢末譯經，以安世高禪學，以及支讖、支謙的般若學為主，在傳法時與黃老方術結合，而譯經則受老莊亦學影響，尤其是六家七宗的玄學化，喪失了印度般若學的精神。（楊惠南：〈中國早期般若學〉，《佛教思想新論》，臺北：東大，1986.9，頁117-128）

法，是佛教僧眾在意之事。就譯經而言，由於佛經譯為多人合作，[43] 從佛經
經義、胡漢文語法與漢文的文意，都影響經文文句形式，以及詮釋者的解
讀。不同譯者於「音譯」與「意譯」間衡量取捨，使譯文各有所重，復因佛
經常常重譯，一經多譯非常普遍，比較不同譯本，能了解譯文的形式與內容
的變化情形。以漢譯佛經之《小品般若經》為例，[44] 東漢末支婁迦讖所譯
《道行般若經》與三國吳支謙譯《大明度無極經》，屬於小品般若，是中土
學人最早接觸佛教般若思想的經典。《道行經》依原文翻譯，多音譯語詞，
《大明度經》則以意譯為主，相較於現今所見六種小品般若經，顯得獨樹一
幟。[45] 除了譯者風格，不同時期的譯經也反映對於佛教義理詮釋的變化，如

---

[43] 兩晉南北朝之譯經，常譯講同施，參與譯場有數百千人。僧叡在〈大品經序〉描述鳩摩
羅什應秦王姚興之請，於長安城北逍遙園譯講《大品般若經》，「法師手執胡本，口宣秦
言，兩釋異音，交辯文旨。秦王躬覽舊經，驗其得失，諮其通途，坦其宗致。」其後再
與修習般若學僧眾五百餘人，「詳其義旨，審其文中，然後書之。」（《出三藏記集》卷
8，T55, no.2145, p.53）鳩摩羅什法師精通胡漢文，可同時進行說解，否則主譯者先用胡
語宣讀經文，由「傳語」負責口譯，其間有譯場助手及與參與者詰問，經過問答論難，
再筆受書記。然而，不是所有譯經僧人都能像鳩摩羅什受到國君支持，譯場規模與人員
不盡相同，歷代迭有變化。關於六朝譯經宣講的方式，以及譯場制度，可參見曹仕邦：
〈論中國佛教譯場之譯經方式與程序〉，《中國佛教譯經史論集》，臺北：東初出版社，
1990.6，頁 1-93；王文顏：《佛典漢譯之研究》，臺北：天華出版事業，1984.12，頁 129-
201。

[44] 般若經典在東漢末便傳譯至中國，湯用彤先生認為《小品般若經》最早應是於東漢靈帝
時時，由竺朔佛口授，支讖傳譯，孟元士筆受，此譯本已亡佚。（湯用彤：《漢魏兩晉南
北朝佛教史》，臺北：臺灣商務印書館，1998.7，頁 68）至於現存最早《小品般若經》，
是支婁迦讖所譯《道行般若經》，屬於小品般若經系，其後三國支謙譯《大明度無極
經》，前秦曇摩蜱譯《摩訶般若波羅蜜鈔經》，以及後秦鳩摩羅什譯《摩訶般若波羅蜜
經》，鳩摩羅什譯有 27 卷本與 10 卷本，前者稱《大品般若經》，後者稱《小品般若經》，
目前尚存，《小品般若經》為唐玄奘所譯《大般若波羅蜜多經》第四會。關於般若經典
傳入中國與早期譯經的情形，可參考三枝充悳：〈《般若經》的成立〉，《般若思想》，梶
山雄一等著，許洋主譯，1989.1，頁 97-133。

[45] 梁啟超曾羅列尚存之《小品般若經》五種進行比較，評述《道行般若經》筆述者或不解
口譯之意，致使文意不明，另外《大明度經》則「驟讀似甚曉暢，實則純以老莊學說誣
佛說，此意譯家之大病。」（梁啟超：〈翻譯文學與佛典〉，《佛學研究十八篇》，天津：
天津古籍出版社，2005.7，頁 151）梁啟超並論云：「然直譯之失者，極其量不過晦澀詰
鞠，人不能讀，枉費譯者精力而已，猶不至於誤人。意譯而失者，則以譯者之思想，橫
指為著者之思想，而又以文從字順故，易引讀者入於迷途，是對於著者、讀者兩皆不
忠，可謂譯界之蟊賊也已。」（前引書，頁 154）梁啟超關注佛經意譯與直譯的爭論，甚
至以為直譯、意譯兩派為南北地域之別。這個論斷，尚有討論空間，然梁氏對佛典翻譯
以及佛教文學的討論，為學界之先聲。林敬國尋此法，再增列北宋施護譯本，比較《小
品般若經》翻譯風格的變化，指出支婁迦讖和曇摩蜱譯本大量使用音譯，異化明顯。鳩
摩羅什和施護譯本雖音譯比重大於意譯，異化明顯，但已增加歸化。玄奘譯本之意譯多
於音譯，歸化佔上風。至於支謙譯本則以意譯為主，歸化最深。（林敬國：《系統中的風
格——〈小品般若經〉六種漢譯本翻譯風格研究》，上海：上海交通大學，2011.8）

《小品般若經》其中一品，支婁迦讖、支謙以及曇摩蜱皆譯為「本無品」，鳩摩羅什譯為「大如品」，玄奘與施護則譯為「真如品」。列舉經文如下：

> 諸法無所從生，為隨怛薩阿竭教。隨怛薩阿竭教是為本無，本無亦無所從來，亦無所從去。怛薩阿竭本無，諸法亦本無；諸法亦本無，怛薩阿竭亦本無，無異本無如是。（《道行般若經》卷 5，〈本無品〉第 14，T08, no.224, p.453）

> 如來是隨如來教。何謂隨教？如法無所從生為隨教，是為本無，無來原亦無去迹。諸法本無，如來亦本無無異。隨本無，是為隨如來本無。如來本無立，為隨如來教。（《大明度經》卷4，〈本無品〉第 14，T08, no.225, pp.493）

> 隨如行故，須菩提隨如來生。如如來如，不來不去。須菩提！隨如從本已來，亦不來不去。是故，須菩提隨如來生。又如來如，即是一切法如。一切法如，即是如來如。如來如者，即非如。是故，須菩提隨如來生。（《小品般若波羅蜜經》卷 6，〈大如品〉第 15，T08, no.227, p.562）

> 如來真如，無來無去，本性不生。善現真如，亦無來去，本性不生，故說善現隨如來生。如來真如，即一切法真如，一切法真如，即如來真如，如是真如，無真如性，亦無不真如性，善現真如亦復如是，故說善現隨如來生。如來真如常住為相，善現真如亦復如是，故說善現隨如來生。（《大般若波羅蜜多經》卷 548，〈真如品〉第 16 之 1，T07, no.220, p.823）

「怛薩阿竭」是「如來」（Tathāgata）梵語音譯，亦譯為「多陀阿伽陀」，為佛的十大稱號之一。tathā 意為如同、如此，Tathāgata 可分解為 Tathā-gata（如去），Tathā-agata（如來）二種，意為好像來了或去了，可能來也可能去。如果以我為中心，便有來或去的對比，只有放下我執，捨棄自我中心，就沒有來與去的對比，也可說對世界萬物有所分別，皆源於自我意識。《道行經》直接音譯為「怛薩阿竭」，在於中文沒有對應於同時來去的語意詞彙，同時以「本無」一語釋之。《大明度經》則譯為「如來」，其後諸經翻譯皆延用之，而對於「如來」的解釋，亦使用「本無」，以無來亦無去說明之。鳩摩羅什的譯本則避用「本無」，譯文著重於「如」字，一切法皆如同「如來」之不來不去。玄奘則使用「真如」解釋「如來」，亦把握本性不生，亦無來去，而「真如」之「真」，強化「如」之純粹，為萬法之真理。

從「如來」一詞的使用，以及「本無」的譯文變化，顯示佛經翻譯的傳承與自我修改的過程。早期譯經與解說藉用中國學術用語，可視為「格義」時期，其後逐漸調整。鳩摩羅什法師精通胡漢文，其譯經質量均為上乘，開

創譯經的高峰,使學佛者更能直接透過佛經掌握佛法大義,格義之法遂漸消失。至於上文所舉《道行經》與《大明度經》使用「本無」這個玄學術語,就經文而言,說明如來與諸法皆「本無」,意指其自性為無,既無來便無去,欲闡釋空無的意思,雖然沒有玄學「本無」之創生與本體意義,然而使用相同的語詞,容易造成理解與詮釋的混淆,尤其對於中土學佛者,更可能望文生義。兩晉時興起的「六家七宗」,與譯經使用玄學術語有關,以下說明之。

二、六家七宗

佛教初傳中國,主要為禪法與般若學,其中般若學之「性空」,與魏晉玄學之「本無」似有相通之處,除了譯經時藉用之,於義理解說也多所闡發,故有「六家七宗」之派別。「六家七宗」之名始於南朝,據唐元康《肇論疏》釋南朝陳慧達法師〈肇論序〉之「或六家七宗,爰延十二」一語,其云:

> 梁朝釋寶唱作《續法論》一百六十卷云:宋莊嚴寺釋曇濟,作〈六家七宗論〉,論有六家,分成七宗。第一本無宗。第二本無異宗。第三即色宗。第四識含宗。第五幻化宗。第六心無宗。第七緣會宗。本有六家,第一家分為二宗,故成七宗也。(《肇論疏》卷1,T45, no.1859, p.163)

曇濟之〈六家七宗論〉雖已亡佚,然從唐代元康所引,可見得「六家七宗」原為六家,第一家之「本無」與「本無異」分為二宗,故得名。然元康並未明言六家之論所倡者何人,並於後文引釋僧鏡之〈實相六家論〉,列舉前後六家,合為「十二家」。[46] 據此可推測在兩晉之時,應有諸多解說般若學的論述,後人歸納為「六家七宗」。此六家之論,尤以「本無」、「即色」與「心無」為要,後秦僧肇曾於《不真空論》批評此三家,從真俗二諦之相即不二,破除執著於空有之論。

「本無」為玄學術語,佛經翻譯時藉用之,以「本無」釋「性空」,應是早期僧人宣講時廣為採用。至於以「本無」立宗者,隋吉藏法師言「釋道

---

[46] 由於文獻不足,「六家七宗」之代表與內容難見其詳,湯用彤先生曾考證並表列各家代表人物,「本無宗」為道安、竺法汰,「本無異宗」為竺法琛,「即色宗」為支道林,「心無宗」為竺法溫、支敏度,「識含宗」為「于法開」,「幻化宗」為釋道壹,「緣會宗」為于道邃。(湯用彤:《漢魏兩晉南北朝佛教史》,臺北:臺灣商務印書館,1998.7,頁233)

安明本無義」，[47] 以為「本無宗」的倡導者是釋道安，然此說仍待商榷。道安雖對玄學頗有造詣，但以「本無」宣講者應是竺法汰，而道安則舉「性空」為論。至於「本無宗」的論點，南朝梁寶唱於《名僧傳抄》引曇濟〈七宗論〉云：

> 第一本無立宗。曰如來興世，以本無弘教，故《方等》深經，皆備明五陰本無，本無之論由來尚矣。何者？夫冥造之前，廓然而已。至於元氣陶化，則群像稟形。形雖資化，權化之本，則出於自然。自然自爾，豈有造之者哉？由此而言，無在元化之先，空為眾形之始，故稱本無。非謂虛豁之中能生萬有也。夫人之所滯，滯在未有。苟宅心本無，則斯累豁矣。夫崇本可以息末者，蓋此之謂也。（X77, no.1523, p.354）

此文說解「本無宗」之論，起始數句明言佛陀所悟者為「本無」，佛經中的「五陰」（五蘊）皆為「本無」。其後借用兩漢「元氣」說明萬物生成，結合老子「有生於無」，在化生為有形的萬物之前，以「無」描述元氣之無狀，而「空」則是指沒有造物者，引進郭象莊學的自然獨化。再指明此創生萬物的源頭並非「虛豁」，因為空無不能生有，突顯「本無」的本體意義，最後直接援引王弼的「崇本息末」作結。這樣的解說，企圖融合玄學中王弼「貴

---

[47] 吉藏：《中觀論疏》卷 2，T42, no.1824, p.29。吉藏認為本無是道安所主張，緣自南朝陳慧達《肇論疏》所云：「彌天釋道安法師〈本無論〉云：『明本無者，稱如來興世以本無弘教，故方等深經皆云五陰本無，本無之論由來尚矣。』」（《肇論疏》卷 1，X54, no.866, p.59）此文句出於梁寶唱《名僧傳抄》引曇濟之〈七宗論〉，文字皆同，然並未言及道安作〈本無論〉，至於《出三藏記集》亦未著錄〈本無論〉，道安是否曾著〈本無論〉，甚至是否有此論，似皆未定。依目前所見道安著作經序，未見本無之語。再從慧達引述之文，若道安確有作〈本無論〉，實為對「本無」之說有所批評，詳下文。另外，唐代僧人元康於《肇論疏》疏解〈宗本義〉一文之「本無、實相、法性、性空、緣會，一義耳。」有云：「竺法汰作〈本無論〉，什法師作〈實相論〉，遠法師作〈法性論〉，安法師作〈性空論〉，于道邃作〈緣會二諦論〉。」（T45, no.1859, p.165）元康本為辨明此五個概念是佛教理論的基礎，並非會通五家為一義。唯其注疏提及道安作〈性空論〉，竺法汰作〈本無論〉，可從篇名得知竺法汰宣講「本無」。唐代日僧安澄於《中論疏記》採此說，認為僧肇〈不真空論〉批評之本無義乃竺法汰所主張。再證《高僧傳》記竺法汰「所著義疏，並與郄（都）超書論『本無』義，皆行於世。」（T50, no.2059, p.355）竺法汰與東晉名士郄超交遊，書信討論「本無」，世為所重。此外，東晉僧叡於〈毘摩羅詰提經義疏序〉云：「格義迂而乖本，六家偏而不即。性空之宗，以今驗之，最得其實。」僧叡讚揚其師，「性空之宗」指道安。順其文意，僧叡批評「六家偏而不即」，隨後又褒性空之宗，「最得其實」，顯然道安不屬「六家」。雖然道安與竺法汰皆擅「格義」之法，道安於引述外書時更為謹慎，且據其經序，對於般若性空已有領會，故「本無宗」之倡議者應非道安。呂澂認為「本無宗」的代表應是竺法汰，並另立「性空宗」，以道安為代表。（呂澂：《中國佛學源流略講》，臺北：大千出版社，2003.1，頁 70-101）

無」與郭象「獨化」之論，藉以說明佛教「性空」，然而，王弼與郭象之論
互有衝突，實與般若性空之意相距甚遠。至於南朝陳慧達法師於《肇論疏》
亦論及「本無宗」，其云：

> 彌天釋道安法師〈本無論〉云：「明本無者，稱如來興世以本無弘
> 教，故《方等》深經皆云五陰本無，本無之論由來尚矣。須得彼義為
> 是本無，明如來興世只以本無化物，若能苟解無本，即思異息矣，但
> 不能悟諸法本來是無，所以名本無為真，末有為俗耳。」（X54,
> no.866, p.59）

此段所說道安的〈本無論〉引述「本無宗」所重「本無」者，為佛陀弘教之
義理，但之後不同於曇濟〈七宗論〉所引述之全以玄學說解，而強調能理解
本無，可平息異說，但還不是真正的悟道，並以「本無／末有」對比，已突
顯真俗二諦之旨。道安對當時以「本無」為佛教性空之論，持謹慎的態度，
他在〈道行經序〉開頭云：

> 大哉智度，萬聖資通，咸宗以成也。地含日照，無法不周。不恃不
> 處，累彼有名。既外有名，亦病無形，兩忘玄漠，塊然無主，此智之
> 紀也。（《出三藏記集》卷 7，T55, no.2145, p.47）

這段文字採用了一些老莊的用語描述「智度」（般若），指出其超越性與普遍
性。「無名」、「無形」與「無主」，皆說明般若智慧非一般依於事物所生之
知，而「無法不周」則言此智慧周遍於萬物。這樣描述「智度」，近似於老
子的「道」，以及莊子言道的無所不在。然而，道安清楚佛道之別，用莊子
「兩忘」之語，只為強調不執有亦不執無，隱然契合中觀學，道安應非曇濟
〈七宗論〉所引述之「本無宗」。

至於「本無異宗」直接援引老子之「有生於無」，著重於宇宙生成論。
唐代日僧安澄於《中論疏記》轉引光泰〈二諦搜玄論〉和法朗《山門玄
義》，記云：

> 〈二諦搜玄論〉十三宗中本無異宗，其製論云：「夫無者何也？壑然
> 無形，而萬物由之而生者也。有雖可生，而無能生萬物。故佛答梵
> 志，四大從空生也。」《山門玄義》第五卷，〈二諦章〉下云：「復有
> 竺法深即云：『諸法本無，壑然無形，為第一義諦。所生萬物，名為
> 世諦。」[48]

---

[48] 安澄：《中論疏記》卷 3，《大正新修大藏經》第 65 冊，No.2255，臺北：新文豐，
1983.1，頁 93。隋代吉藏於《中觀論疏》將「本無」分為二宗，一為道安，一為琛法
師。安澄則認為「本無異宗」為晉僧人竺法深所主張，其人即《高僧傳》卷 4 所記之竺
潛深，至於吉藏稱琛法師者，有誤。安澄並指琛法師是三論宗的論師，另有其人。

從引文中可見「本無異宗」直接指明萬物由無而生，以「豁然」描述其深邃無形，此以無為第一義諦，由無所生之萬物為世俗諦。看似分明真俗二諦，但從生成立論，與二諦並不相應。由上述引文可知，「本無宗」著重於宇宙生成源頭之無狀無相，並以萬物自化解釋無造物主，近於魏晉玄學的綜合。而「本無異宗」更偏重於宇宙生成，強調有生於無。僧肇則從中觀學批判「本無宗」有所偏頗，其〈不真空論〉云：

> 本無者，情尚於無多，觸言以賓無。故非有，有即無；非無，無亦無。尋夫立文之本旨者，直以非有非真有，非無非真無耳，何必非有無此有，非無無彼無？此直好無之談，豈謂順通事實，即物之情哉？（T45, no.1858, p.152）

僧肇批評「本無」著重於無，真諦之「非有」說無，俗諦之「非無」亦說無，將真俗二諦皆歸於「無」，是本無宗的偏差之處。僧肇闡釋「般若」的本義，就真諦言諸法實相非真有，從俗諦說物象的假相非真無，並引《摩訶衍論》之「諸法亦非有相，亦非無相。」以及《中論》：「諸法不有不無者，第一真諦也。」說明不把空無本體化，也不將萬物虛無化，即不偏真諦而廢俗諦，從立俗諦而證真諦。「如此，則非無物也，物非真物。物非真物，故於何而可物？」[49] 萬物緣生，故非真實，因其假體而證其本不真，萬物假有不真，不真故空。

　　僧肇還批評了「即色宗」與「心無宗」。「即色宗」為東晉支遁所主張，他作〈即色遊玄論〉，闡釋「即色是空，非色滅空」之理。[50] 僧肇評論曰：

> 即色者，明色不自色，故雖色而非色也。夫言色者，但當色即色，豈待色色而後為色哉？此直語色不自色，未領色之非色也。」（T45, no.1858, p.152）

從「即色是空」、「色不自色」來看，即色宗能把握緣起性空，闡明一切法無自性，因無自性，故諸法皆空。然此說從緣起法說空，只強調「色不自色」，著力於觀空，而未明「色空不二」，因此僧肇評其不懂「色之非色」，

---

[49] 僧肇：〈不真空論〉，T45, no.1858, p.152。僧肇所引《摩訶衍論》（《大智度論》）與《中論》，皆傳為龍樹菩薩作，鳩摩羅什譯出。《大智度論》講述中道實相，以二諦釋中道，發揮般若思想。《中論》則破斥外道空無論、無因論與自然論等邪見，闡述一切法「不生、不滅、不斷、不常、不一、不異、不去、不來」之「八不中道」，為大乘中觀學之重要論著。

[50] 〈即色遊玄論〉已亡佚，引文據慧達《肇論疏》，文曰：「支道琳（林）法師〈即色論〉云：『吾以為即色是空，非色滅空，此斯言至矣。何者？夫色之性，色〔不自色〕，雖色而空。如知不自知，雖知恒寂也。彼明一切諸法無有自性，所以故空。不無空此不自之色，可以為有。只己色不自，所以空為真耳。」（X54, no.866, p.59）

應「當色即色」。至於「心無宗」以支愍度與竺法溫為代表，主張「內正其心，不空外色」，[51] 認為心中無物，便生清淨心，由於心神不對外物起執念，便不在意外物是否存在。僧肇評曰：「心無者，無心於萬物，萬物未嘗無。此得在於神靜，失在於物虛。」[52] 從心無論空，只是從主體之心神排除外物，雖可說心無物則萬物皆空無，但並沒有直接否定外物，甚至間接肯定物有非無。心無宗從「無心」論心與物的關係，萬物之空在於心神空無，而非物之自性，此說與般若學相距甚遠，故竺法汰曾斥為「邪說」。[53] 然心無宗仍有所傳，且其理論與郭象注莊標舉之「無心」可相參照，亦可見彼時佛教引藉玄學之情形。

僧肇批判以上三宗，認為其說均未得究竟，對空義有所偏執。概言之，「心無宗」為「心無色有」，空心不空色；「即色宗」為「色無心有」，空色不空心；「本無宗」則「心色俱無」，將心色皆歸諸於本體之無。諸家所論皆有偏，著重於真諦或俗諦論空，顧此失彼，僧肇則以相即與雙遣的方式，論證心物關係是即心即物，諸法非有非無，亦有亦無。[54] 從真諦言，諸法空

---

[51] 慧達於《肇論疏》云：「竺法溫法師〈心無論〉云：『夫有，有形者也。無，無像者也。有像不可言無，無形不可言有。而經稱色無者，但內正其心，不空外色。但內停其心，令不想外色，即色想廢矣。」（X54, no.866, p.59）依此文所釋，於內心下工夫，使心神無著於外物，心既無物，即言色無。

[52] 僧肇：〈不真空論〉，T45, no.1858, p.152。

[53] 《高僧傳》記竺法汰云：「時沙門道恒，頗有才力，常執『心無』義，大行荊土。汰曰：『此是邪說，應須破之。』乃大集名僧，令弟子曇一難之。」（《高僧傳》卷 5，T50, no.2059, p.354）可見彼時各派相互論難，各據其旨，復證「心無宗」有一定影響力。陳寅恪先生考訂心無義為竺法溫、支愍度與道恆所傳，並證其旨與王弼注老，以及韓康伯《易繫辭傳注》等意相似，認為「心無義者，實取外書之義，以釋內典之文。」且「心無義與『格義』同為一種比附內典外書之學說，又同為一時代之產物。」（陳寅恪：〈支愍度學說考〉，《金明館叢稿初編》，臺北：里仁，1981.3，頁 153、154）郭象注莊，於內七篇中三篇題旨皆標舉「無心」，〈人間世〉題解云：「唯無心而不自用者，為能隨變所適，而不荷其累也。」郭象發揮莊子「忘」之意，以為心無所用，不特於物，則不為物累。莊子從心物關係論超越「知」的限制，而達於逍遙無我之境界，與佛教從空性以我執的立論雖不同，但郭象言「無心」，佛教法師言「心無」，兩者所論皆著重於心物關係，應有可相參之處。湯一介亦論及佛教「心無宗」與郭象思想有相似之處，雖然「並不能肯定說『心無義』是直接由郭象發展而來，只是說在當時玄學風氣的影響下，玄學所討論和注意的問題，往往也為佛教討論和注意。」（湯一介：《郭象與魏晉玄學》，北京：北京大學出版社，2000.7，頁 82）

[54] 關於僧肇的論證方式，服部正明認為僧肇通過兩種方法得出「不真空」的論點，「一是對人對事物現象的認識具有相對性，說明一般經驗認識是不準確的，另一方面則是以存在自身並非與自己是同一性的存在，藉以反對概念的固定化。」（服部正明：〈肇論における中論の引用をめぐって〉，《肇論研究》，塚本善隆編，京都：法藏館，1955.9，頁 225）李潤生則提出僧肇能擅用因明學的「比量」與「聖言量」的論證方法，通過四重

相；從俗諦言，故說物有，然真俗二諦並非對立的截然二分，而是相即圓融，僧肇能掌握中觀學，於〈不真空論〉論證諸法不有不無，其云：

> 萬法果有其所以不有，不可得而有；有其所以不無，不可得而無。何則？欲言其有，有非真生；欲言其無；事象既形。象形，不即無；非真，非實有。然則不真空義，顯於茲矣！（T45, no.1858, p.152）

從緣起說一切法，有非真有；復因緣生而有形，無非真無。就有無而論，非有非真，亦有亦無。僧肇從「不真」彰顯「空」義，若將「空」視為真諦，易陷於以無說空，或歸於本末說空。此法同於以「不遷」論物之無常，就緣起說，萬物並無自性，故變遷無常，然而僧肇以「不遷」破斥執著於無常者。故於色空的關係，僧肇已能把握般若學之要，其於〈答劉遺民書〉引述《大品般若經》之「色不異空，空不異色。色即是空，空即是色。」論云：「若如來旨，觀色空時，應一心見色，一心見空。若一心見色，則唯色非空；若一心見空，則唯空非色。然則空色兩陳，莫定其本。」[55] 從般若觀色空，相即不異，色空不二，心物合一。

僧肇另著〈物不遷論〉討論「動／靜」，從時空與因果論證性空實相；並於〈般若無知論〉論述聖人（佛）能「虛心實照」，以「無知之般若，照彼無相之真諦」，就認識而言，無知而無所不知，於應化而論，則是無為而無所不為；作〈涅槃無名論〉論述涅槃並非於世俗世界另立一彼岸世界，而是解脫生死，又不離生死，不可執涅槃之體為實有，亦不可執涅槃之用為實無，非有非無，言語道斷。僧肇闡釋涅槃之境，為大乘教法，其注《維摩詰經‧文殊師利問疾品》之「在於生死，不為污行；住於涅槃，不永滅度，是菩薩行。」云：「欲言在生死，生死不能污；欲言住涅槃，而復不滅度。是以處中道而行者，非在生死，非住涅槃。」[56] 佛教修行為解脫生死，入於涅槃，然大乘教法之無住涅槃，為菩薩度眾生之願力，亦是中觀學生滅不二，生死與涅槃不二之旨。此四論寫成時已為世人所重，後世彙集為《肇論》，有許多注疏本，影響極大。[57] 隋代高僧吉藏作《百論疏》序有言：

論證，得出〈不真空論〉的結論，即宇宙萬象，本自真空，不真故空。此外，李潤生並以邏輯學的假言令式與三段推論檢視僧肇的論證，多為有效推論，顯見其思路明晰。（李潤生：《僧肇》，臺北：東大圖書，1989.6，頁 156-160）僧肇的論證嚴謹清晰，〈涅槃無名論〉以「九折十演」的問難答辨方式，層層深入，論述清楚，內容與形式合一，為完整的思想體系之作。

55 僧肇：《肇論》，T45, no.1858, p.156。

56 僧肇：《注維摩詰經》卷 5，T38, no.1775, pp.379。

57 《高僧傳》記僧肇之〈般若無知論〉得到鳩摩羅什的稱讚，以及劉遺民、慧遠等人的好評，而〈涅槃無名論〉完成後，上奏秦主姚興，傳中大篇幅引錄。直到南朝陳慧達編著

什歎曰:「秦人解空第一者,僧肇其人也。」若肇公名肇,可謂玄宗
之始。(T42, no.1827, p.232)

僧肇作論,鳩摩羅什讀之歎服,其後僧肇入羅什門下,協助譯經。而吉藏以
僧肇之名,贊其為「玄宗之始」,即僧肇之論,為三論宗與般若學的奠下基
礎。僧肇嫻熟老莊與玄學,又得般若中觀學之要,出入佛老,故其論述能切
中六家七宗之失,復能從中觀學闡明般若之旨,融會佛學與玄學,開啟佛學
中國化的新頁。

　　從思想史的發展衡量僧肇的學說,可視為魏晉玄學過度至隋唐佛學的關
鍵人物,具有承先啟後的歷史地位。[58] 僧肇學說的核心是「相即」,〈物不遷
論〉從「即動求靜」論「動而非靜,以其不來;靜而非動,以其不去。」
〈不真空論〉以「即偽即真」論物之非有非無,突顯空義。〈般若無知論〉
則以「知即無知,無知即知」闡釋「用即寂,寂即用,用寂一體。」與玄學
不同處,在於僧肇之「相即」是依中觀學的「不二」立論,相即是雙遣,於
根本處消弭有無與本末的對立。[59] 王弼從本末架構「道」(無)與「物」

　　《肇論疏》,最早將四篇與其他僧肇著作合編為《肇論》。至唐代元康作《肇論疏》,逐
句釋義,為後世所重,元康認為僧肇論著四篇有整體結構,其言:「四論四章,即明四
教。第一〈物不遷論〉,明有申俗諦教。第二〈不真空論〉,明空申真諦教。第三〈般若
論〉,明因申般若教。第四〈涅槃論〉,明果申涅槃教。明此四法,申彼四教,釋迦一化
理斯盡矣。」(《肇論疏》卷 1,T45, no.1859, p.166)就二諦學習,先俗後真;就修行次
第,先因後果,四篇彼此關聯,闡明佛法大義。關於《肇論》的集成、影響與注疏,可
參考孫炳哲:《肇論通解及研究》,《中國佛教學術論典》第 19 冊,高雄:佛光山文教基
金會,2001.3。

[58] 福永光司認為僧肇生於郭象之後,都關心社會的動盪造成人生困苦的煩惱,也同樣思索
理想的「聖人」(究竟者),僧肇繼承郭象的「冥物」而說「即物」,但在對物我關係的
理解,超越郭象以我為中心的「冥」,而以「即」之肯定,達成心物合一,進而落實大
乘佛學的修持。透過玄學,將印度思維轉化為中國式的思維,將印度智慧包容於中國智
慧,甚至將印度的佛教轉化為中國式的佛教。(福永光司:〈僧肇と老莊思想─郭象と僧
肇─〉,《肇論研究》,塚本善隆編,京都:法藏館,1955.9,頁 252-271)湯用彤認為
「肇公之學說,一言以蔽之,曰:即體即用。」(湯用彤:《漢魏兩晉南北朝佛教史》,臺
北:臺灣商務印書館,1998.7,頁 333)湯用彤認為玄學諸說繁雜,然所爭論皆為體用關
係,至於僧肇之論,會心於莊學,襲用玄學語言,使般若從真空入妙有,體用一如,為
玄學之高峰。湯一介亦認為郭象是魏晉玄學的集大成者,至僧肇的〈不真空論〉以「非
有非無」解決有無關係,是「魏晉玄學的終結,中國佛學的開始。」(湯一介:〈走出困
境的艱難歷程〉,《在有非有無之間》,臺北:正中書局,1995.9,頁 59)唐君毅先生亦認
為:「僧肇亦或先習老莊之書與王郭之注,而後會於佛義。故能言之透闢而無滯,大有
進於般若經論言有無之論者。」(唐君毅:《中國哲學原論(原道篇)》,臺北:臺灣學生
書局,1996.10,頁 22)唐先生視僧肇所論,吸收了中國傳統思想,取孔莊之言相證,亦
與玄學有相契之處,雖宣說般若,然其會心與立言,皆於中國哲學有所啟發。

[59] 唐秀蓮對僧肇與魏晉玄學的關係,從體用、本末、有無以及言意的思維方式進行比較,
認為「自王輔嗣到僧肇,自貴無崇有之論,次第過渡到佛家的性空之理,中國三百餘年

（有）的連結，雖然以崇本舉末論述本末一體，但本末仍是二分，以無為本。郭象則以「獨化」論物之自生，因無造物者，故萬物在消解主體意識中達到「玄同」之境。但是當郭象以各適其性取消有無對立，將事物之「跡」安於「冥」而能適性逍遙時，反倒突出萬物的差異性，使逍遙僅局限於自我的無意識中。從王弼到郭象，有無的辯證都為了調合自然與名教，玄學的論題與方法，對僧肇皆有啟發，但僧肇對玄學的突破，以及對六家七宗的批判，關鍵在於其二諦觀。僧肇依相即與雙遣論述真俗二諦，跳脫並消解了本末有無之二元架構，從而走出玄學，開啟佛學之路。

三、佛性論

僧肇融通內典外書，深化中土之佛教般若學，另一位鳩摩羅什門下高僧竺道生，申論涅槃佛性，使佛教涅槃學為時人所重，影響後世深遠。「涅槃」是佛教修行證悟的境界，然而得證涅槃為何種型態？佛陀滅度後，又如何傳法？相應於這些問題，小乘毗曇學已有「法身」（如來身）之說，「法身」相對於「生身」，意指佛陀死後已無「生身」，但「法身」常存，即佛陀所證悟的真理，以「法身」存在。[60] 大乘佛教發展為三身之說，如來「於三界中示三種身，有時初生，有時長大，有時涅槃，而如來身實非無常。」[61]

的思想史，其中一個開展方向，就是對形上、形下實體的次第解消。」而「僧肇以玄學思想為媒介，深入闡發般若學，可謂基本上帶著玄學的目光，處理佛學的問題。」（唐秀蓮：《僧肇的佛學理解與格義佛教》，臺北：文史哲，2008.4，頁 287、311）若將僧肇置於玄學的發展而論，確能得出一個體用辯證的脈絡，但僧肇之學並非玄學的餘緒或終結，而是從玄學走出一條新路，與其將僧肇置於玄學發展，毋寧說他擺脫了玄學對佛教的影響。此外，唐文認為僧肇的般若學可歸於廣義的格義佛教，從文化交涉而言，佛教傳入中國，必然要面對教義與戒律的異文化衝突，傳教者一方面得謹守佛教教義，一方面又必須有所調整，至僧肇時已走出格義。涂艷秋分析僧肇諸論中引用與化用老莊之語，認為僧肇頻繁使用老莊語彙，「但使用時均只是用其形而遺其神，純熟的駕馭了這些詞彙，以他們來解釋說明佛教的原理，在運用自如當中，早已遺蕩了道家的基本面貌，淳然是一副佛家樣態，因此不會產生雜道入佛的現象。」（涂艷秋：《僧肇思想探究》，臺北：東初出版社，1995.9，頁 263）不僅是僧肇，就連道安與慧遠使用老莊用語也都謹慎為之，並非以玄學釋佛學。

[60] 佛陀滅度前，告誡諸弟子應以戒為師，以法為師。而「法」意為「法身」，常在不滅。《增壹阿含經》經文有云：「佛告阿難曰：『我滅度之後，法當久存。……我釋迦文佛壽命極長。所以然者，肉身雖取滅度，法身存在，此是其義。當念奉行。』」（T02, no.125, p.787）肉身與法身的區別，見諸各佛經，法身是佛果位之最清淨法界，得證諸法實相，法性真如，故法身不生不滅，自在常住。

[61] 北涼曇無讖譯《大般涅槃經》卷 9，T12, no.374, p.421。《大般涅槃經》尚云：「我於經中說如來身，凡有二種：一者生身、二者法身。言生身者，即是方便應化之身。……法身即是常樂我淨，永離一切生老病死。」（T12, no.374, p.567）「生身」與「法身」的分別

此說之三種身為對應生命老死的變化，經來中反覆申述生身與如來身的分別，生身已有「應身」之意。而《金光明勝王經》明確指出三身之名，經云：「一切如來有三種身。云何為三？一者化身，二者應身，三者法身。」[62]法身照顯法性，為應身、化身的根本。應身是佛陀的肉身，如實相應，使眾生明瞭生死涅槃，化身則是佛菩薩為教化眾生而變化示現各種形相。三身之說，於不同經典尚有異名，甚至還有報身，而成四身。雖然名稱不同，基本皆以「法身」為佛陀證悟之佛法，為究竟涅槃。「法身」既是究竟涅槃，便是佛教修行的最終目的，然而除了佛陀，一般人是否也能得證涅槃？此問題便引發關於「佛性」的爭論，「佛性」是成佛的根據，佛的存在狀態，以及修行次第等問題的核心，為大乘佛教所關注。

印度大乘佛教思想有三大學派，中觀、唯識與如來藏，另有修行密續的金剛乘（密宗）。龍樹著《中論》宣說「八不中道」，以中道不二闡釋般若，空有不二，涅槃與世間不二，破除我執。唯識學則從識的分等，以及種子的染淨為成佛的條件，若是不具成佛無漏種子的無性眾生，不能成佛。如來藏學派則闡釋一切眾生皆有如來藏（佛性），[63]由於「如來藏自性清淨心」近於有我，似乎預設本體的我，與佛陀開示的無我有所衝突，中觀、瑜伽二派認為如來藏是真常論者，為不了義。[64]然而，如來藏學派宣說真實不空的法

已明，而「生身」尚有「應化身」之意，即為度化眾生，權現世間的色身，如釋迦牟尼佛之肉身。而法身即如來身，同經云：「如來身者，是常住身、不可壞身、金剛之身、非雜食身，即是法身。」（T12, no.374, p.382）這些名稱，分別說明法身與生身不同，是真常不壞的。

[62] 《金光明最勝王經》卷 2〈分別三身品〉，T16, no.665, p.408。本經最早譯本為北涼曇無讖所譯《金光明經》四卷本。引文為唐義淨譯十卷本，略稱《最勝王經》，與《妙法蓮華經》、《仁王護國經》並為法華宗崇敬之護國三經。

[63] 「佛性」（buddha-dhātu）意為佛的本質，或為與佛同類之界域；「如來藏」（tathāgata-garbha）意為含藏如來，如來之本源，「佛性」與「如來藏」於漢譯佛典常有互譯相通的情況。關於兩語詞的詞源與詞意，可參考小川一乘：《インド大乘仏教における如来藏・仏性の研究》，京都：文榮堂，1974.2；高崎直道：《如来藏思想の形成——インド大乘仏教思想研究》，東京：春秋社，1974.3。

[64] 如來藏學派從常樂我淨說「如來藏我」，已不同於原始部派佛教之緣起性空與諸法無法，雖然「佛性」之真常不同於世間之常，是無常相之常，但此「真實」與「如如」之性，已具有本體的意義。印順法師認為如來藏學派的出現，「為了適應印度神教文化，為了誘使主張有我的外道們，使他們漸入佛法，所以方便的宣說如來藏我。」（印順：《如來藏之研究》，臺北：正聞出版社，1992.5，頁 139）由於性空之說，大眾較難理解，佛陀為了執著於有我的眾生，宣說如來藏我。印順法師認為如來藏繼承初期大乘般若與華嚴經，而心性本淨之說有發展的脈絡與源流，如來藏法門並非憑空而起，如來藏學派是後期大乘佛教的重要思想。如來藏「以空性智融攝『空』義，以如來藏心融攝『唯識』義。印度的大乘論義，中觀與唯識，被融攝在如來藏說中，為印度大乘學的又一大系統。」（印順：《印度佛教思想史》，臺北：正聞出版社，1992.4，頁 176）印順法師對於

性，是方便權說，為了使外道信服，如來藏為真空妙有，是為「正因佛性」。《佛說不增不減經》云：「甚深義者即是第一義諦，第一義諦者即是眾生界，眾生界者即是如來藏，如來藏者即是法身。」[65] 如來藏是第一義諦，與眾生並無聖凡之別，因此眾生界就是法界，眾生即是法身，在凡不減，在聖不增。如來藏之佛性思想傳入中國，成為漢傳佛教主流，中國重要佛教宗派均受影響。南北朝時期，隨著《涅槃經》譯出，「佛性」受到重視，並成為佛教理論的重要議題。[66] 以下分述竺道生法師主張一闡提人皆得成佛，以及頓悟之說。

（一）一闡提人皆得成佛

《大般涅槃經》是大乘五大部的涅槃部之首，闡發如來常住，涅槃常樂我淨，以及眾生皆有佛性。東晉法顯西行求法，回中土後譯出《大般泥洹經》六卷，[67] 道生認為六卷本《涅槃經》之義理未諦，尤其是對經中「一闡

印度大乘佛教分別三系，即「性空唯名」、「虛妄唯識」與「真常唯心」，學界亦有反對者，如楊維中便認為印度大乘佛教只有中觀與唯識兩大學派，「如來藏思想只是印度佛教在中觀學與唯識學之間流傳的一些經典中宣講的理論，在實際流傳中，並未形成可以與中觀、唯識並立為三的『真常唯心論』。而印順法師所確定的『虛妄唯識論』，實際上僅僅概括了玄奘所傳唯識學，而將所謂『古唯識學』排除在外。」（楊維中：《如來藏經典與中國佛教》，南京：江蘇人民出版社，2012.1，頁46）此外，日本批判佛教思潮中，更有直指如來藏思想不是佛教，因為如來藏的主張為「發生性實在論」或「根源實在論」，「是佛教，即緣起論所批評的對象。」（松本史朗：《緣起與空——如來藏思想批判》，蕭平、楊金萍譯，香港：經要文化，2002.1，頁 9）學界觀點不一，然而可以確定的是，漢傳佛教中的如來藏經典，確實有別於中觀與唯識的論點，然其源自印度佛教，應無疑義，傳入中國後，對中國佛教造成深遠影響。

[65] 《不增不減經》，T16, no.668, p.467。本經和《如來藏經》、《勝鬘夫人經》、《寶性論》合稱為如來藏學派的三經一論。《大般涅槃經》亦是如來藏學的重要經典，將如來藏釋為「正因佛性」，以中道第一義空論佛性，能雙見空與不空，突顯真空妙有之真常佛性。本經的中心思想為：如來常住、涅槃常樂我淨與一切眾生皆有佛性。「其真常妙有的教旨，為天台宗、華嚴宗、禪宗等所遵循，也使佛性思想成為中國佛教的主流。」（釋德清：《佛性思想》第一章〈《大般涅槃經》的佛性論〉，臺北：東大圖書，1997.2，頁71）

[66] 《涅槃經》論說佛性，但不同章節經文陳義有別，雖主張眾生皆有佛性，但一闡提是否成佛，佛性是「因」或「果」，以及以「正因」名眾生佛性，亦引起異議，而佛性是「始有」或「本有」，也是爭論的議題。相關論述參見廖明活：《中國佛性思想的形成和開展》，臺北：文津，2008.5；林明莉：《南北朝佛性思想研究》，國立政治大學中國文學研究所博士論文，2008.7。

[67] 許多經錄和僧傳記載法顯曾譯《泥洹經》，然《出三藏記集》所錄六卷《泥洹經》為法顯攜回，由佛陀跋多羅執胡本，寶雲傳譯，故《泥洹經》六卷本的譯者仍有爭議。相關問題及《大般涅槃經》的譯本及傳譯情形，可參閱屈大成：《大乘〈大般涅槃經〉研究》，

提無佛性」有所懷疑，故倡「一闡提人皆得成佛」，舊學僧眾以為背經邪說，故擯而遣之，竺道生遂入廬山傳法。其後北涼曇無讖譯出《大般涅槃經》四十卷，傳入至南京，果見經中稱闡提悉有佛性，與道生之說相符。不久後道生入滅，「京邑諸僧內慚自疚，追而信服，其神鑑之至徵瑞如此。」[68]這個事件突顯道生的先見之明，若不從神通論此事，道生對於佛性的掌握，以及不固守經文的堅持，實是智慧與悟性所致。

「一闡提」（Icchantika）意為貪欲者，為斷滅善根，毀戒惡行之人。如來藏經典主張一切眾生皆有如來藏（佛性），然而是否包括一闡提，卻未明說。[69]《涅槃經》闡釋佛性，對「一闡提」是否有佛性，是能得以成佛，經文說解並不一致。「前分」多處表示一闡提沒有成佛的可能，一闡提不但罪障深重，無法修善發菩提心，經文有云：「善男子！除一闡提，其餘眾生聞是經已，悉皆能作菩提因緣。」[70]由於一闡提斷盡善根，已無作菩提因緣，

臺北：文津，2003.12。六卷本《佛說大般泥洹經》與曇無讖譯十卷本《大般涅槃經》相較，不僅譯文有別，涉及「一闡提」者亦有增刪，道生雖先見得六卷本，但能從中斷定一闡提亦有佛性，確實是孤明先發。

[68] 見《出三藏記集》卷 15 之〈道生法師傳〉，T55, no.2145, p.111。其後《高僧傳》與諸多傳記，皆傳述此事。

[69] 東晉佛陀跋陀羅譯《大方等如來藏經》是如來藏學派早期經典，舉九喻而說一切眾生皆有如來藏，經云：「一切眾生雖在諸趣，煩惱身中有如來藏，常無染污、德相備足，如我無異。」（T16, no.666, p.457）眾人與佛同，皆有如來藏（佛性），只是為貪欲嗔癡所蒙蔽，故佛陀為眾生宣說正法，除滅煩惱，顯現佛性。由於眾生皆有佛性，故佛陀開示與眾人修行，便是將本有之佛性顯現。然而，對於極惡之一闡提，佛陀仍為其開示宣說，梁真諦譯《佛說無上依經》，經中稱「一闡提」為「貪著三有、誹謗大乘」，與外道、聲聞、緣覺「不能證得如來法身無上菩提」，然而，「棄捨大乘是闡提障，為除此障，我說菩薩修行信樂大乘真法。」（T16, no.669, p.471）同經尚云：「一闡提人棄背正法，生死臭穢深心貪樂。為除此惑，我說修行願樂大乘，依因此法得最淨果。」（T16, no.669, p.472）佛陀並未放棄四惑障之人，仍依其障宣說不同教法，藉以協助其除障而得淨果，若一闡提最終亦能得道成佛，實已預設一闡提具有佛性。

[70] 北涼曇無讖譯《大般涅槃經》卷 9，〈如來性品〉第四之六，T12, no.374, p.417。關於一闡提的特徵與惡行，本經多有描述，也多次提到一闡提不能生菩提心。一闡提不能生菩提心的根本原因，乃在於斷盡善根，經云：「何等名為一闡提耶？一闡提者，斷滅一切諸善根，本心不攀緣一切善法，乃至不生一念之善。」（《大般涅槃經》卷 5，〈如來性品〉第四之二，T12, no.374, p.393）一闡提雖斷盡善根，但經文中卻未明確言其無佛性，僅於〈如來性品〉第四之四有云：「復有比丘說：『佛祕藏甚深經典，一切眾生皆有佛性，以是性故，斷無量億諸煩惱結，即得成於阿耨多羅三藐三菩提，除一闡提。』」（T12, no.374, p.404）此處是佛陀與迦葉說法，談及有比丘與國王大臣的對話，非佛陀直接宣說，且下文反覆說明守戒之重要，否則無法證得佛法，故「除一闡提」之語，也是告誡勿犯禁破戒。此外，經文也有肯定之說，〈如來性品〉第四之六有云：「彼一闡提雖有佛性，而為無量罪垢所纏，不能得出，如蠶處繭，以是業緣，不能生於菩提妙因，流轉生死無有窮已。」（T12, no.374, p.419）此處明言一闡提有佛性，只是為無量罪垢所

甚至如來為上根與中根之人說法，卻不為一闡提轉法輪，經云：「極下根者如來終不為轉法輪，極下根者即一闡提。」[71] 此說為突顯一闡提毫無轉變的可能，既然不能教化，便不為其說法，顯然過於極端，不符佛陀度化眾生之願。然而在《涅槃經》「後分」卻多處指出「一闡提」有佛性，且佛陀為之教化，因而終能成佛，如〈梵行品〉云：

> 善男子！譬如父母，所愛之子捨而終亡，父母愁惱，願與併命。菩薩亦爾，見一闡提墮於地獄，亦願與俱生地獄中。何以故？是一闡提若受苦時，或生一念改悔之心，我即當為說種種法，令彼得生一念善根。是故此地，復名一子。[72]

一闡提本是斷盡善根之人，故無教化可能，但是菩薩如父母疼愛子女，對一闡提仍不離不棄。然一闡提既斷盡善根，又如何生善根？〈梵行品〉續云：「一闡提輩分別有二：一者得現在善根，二者得後世善根。如來善知一闡提輩能於現在得善根者，則為說法；後世得者，亦為說法，今雖無益，作後世因。」以前後世之因分別善根亦有前後，一闡提雖斷善根，但於前後世聞如來說法，亦得生起善念。〈德王菩薩品〉從一闡提雖惡，但於未來仍「不決定」，其關鍵在於佛性與善根不同，一闡提雖斷善根，但未斷佛性，經云：

> 善男子！一闡提者亦不決定，若決定者，是一闡提終不能得阿耨多羅三藐三菩提；以不決定，是故能得。如汝所言，佛性不斷，云何一闡提斷善根者？善男子！善根有二種：一者內，二者外。佛性非內非外，以是義故，佛性不斷。復有二種：一者有漏，二者無漏。佛性非有漏，非無漏，是故不斷。復有二種：一者常，二者無常。佛性非常，非無常，是故不斷。[73]

善根與佛性不同，善根有「內／外」、「有漏／無漏」與「常／無常」之別，而佛性則是超越對立，無有分別，故一闡提雖斷善根，但不斷佛性。分別佛性與善根，使得一闡提具有佛性，仍有成善的可能，也化解了「前分」對一闡提不能成佛的說法。成佛是覺悟，是為果；佛性是根源，是為因，兩者並

纏，故不能生菩薩心。是以《涅槃經》的「前分」雖一再排除一闡提可以成佛，因其惡行罪障，斷盡善根，但是對於是否有佛性，並無明確論述。

[71] 《大般涅槃經》卷 14，〈聖行品〉第七之四，T12, no.374, p.447。

[72] 《大般涅槃經》卷 16，〈梵行品〉第八之二，T12, no.374, p.459。除了〈梵行品〉，其後的〈德王菩薩品〉、〈師子吼菩薩品〉與〈迦葉菩薩品〉均肯定一闡提有佛性，只因其未見，或從因果論佛性，或區分善根與佛性，使得一闡提仍有機會聞佛法而生悔意，從而轉惡成善。

[73] 《大般涅槃經》卷 22，〈光明遍照高貴德王菩薩品〉第十之二，T12, no.374, p. 493。

不相同，然而佛性與成佛之間的關係，為佛性論的根本問題，亦是如來藏思想的核心。

在全本未譯之前，當時僧人依經作解，認為一闡提無佛性，並且無法成佛。然而道生卻認為眾人皆有佛性，推論一闡提亦為眾生，其有佛性明矣，既有佛性，雖斷善根，但仍有成佛的可能，故其傳記載明其主張「一闡提人皆得成佛」。道生論曰：

> 稟氣二儀者，皆是涅槃正因。三界受生，蓋惟惑果。闡提是含生之類，何得獨無佛性？蓋此經度未盡耳。[74]

此推論清楚明瞭，受生者皆是稟氣者，一闡提不當例外，雖未及於經文為何前後不同，然已論斷一闡提有佛性。此說根植於道生對於一切眾生皆能成佛的信念，其於《法華經疏》一再申述此理，可見其立論之基礎。道生法師獨排眾異，從義理推論眾生皆有佛性，學界多認為這是受中國儒家良知理論，尤其是孟子所倡人人皆可為堯舜的影響。[75] 固然道生對於中國傳統學術義理有所把握，但是當時精通內典與外書的高僧不少，卻沒有對此議題有所表示，反而多從經說。[76] 就佛教傳法的角度言，遵從經典佛說是基本要求，然

---

[74] 道生著作已散佚，此語出自唐代日本宗法師所著《一乘佛性慧日抄》，收於《大正新修大藏經》第 70 冊，臺北：新文豐，1983.1，頁 173。另見於南朝梁寶唱之《名僧傳抄》，以及唐代澄觀法師之《大方廣佛華嚴經隨疏演義鈔》卷 8，文字有些許出入。

[75] 唐君毅先生認為道生主張眾生皆有佛性，「此即直本于孟子人皆可以為堯舜之旨。」（唐君毅：《中國哲學原論（原道篇）》卷三，臺北：臺灣學生書局，1986.10，頁 44）錢穆先生亦云：「從竺道生到慧能的佛學，主張人人皆具佛性，仍是中國傳統變相的性善論。」（錢穆：〈中國智識分子〉，《國史新論》，臺北：東大圖書，1989.3，頁 156）劉貴傑也認為道生「直承孟子『性善說』以奠定其『佛性觀』之理論」，遙契孟子而論眾生皆有佛性。（劉貴傑：《竺道生思想之研究——南北朝時代中國佛學思想之形成》，臺北：臺灣商務印書館，1984.5）陳沛然否定此說，以為儒佛之心靈固然相近，但竺道生據般若實相觀的法性而論眾生皆有佛性，是源自佛教教內理論系統，「絕不是以孟子性善論或儒家之學說作為理據」。（陳沛然：《竺道生》，臺北：東大出版，1988.6，頁 166）若以儒學為中國傳統學術主流，將道生佛性論比附孟子心性論，似有相近之處，然而佛性與心性兩者問題意識，以及理論架構皆有所不同，況且文獻中未見明顯證據，不應以形似論斷道生之學思受到孟子影響。

[76] 與竺道生論難，依經而論一闡提無佛性者，或有智勝、惠觀法師，然未有定論。而道生從《法華經》說一乘教法，謂：「既云三乘是一，一切眾生莫不是佛，亦皆泥洹。」（《法華經疏》卷 2，X27, no.577, p.13）《法華經》強調一切教法，同趣佛果，眾生皆有成佛可能，此說與《涅槃經》之眾生皆有佛性相合。與道生同時的僧叡在〈喻疑〉一文中也有相似主張，其云：「《法華》開佛知見，亦可皆有為佛性。若有佛性，復何為不得皆作佛耶？但此《法華》所明，明其唯有佛乘，無二無三，不明一切眾生皆當作佛。」（《出三藏記集》卷 5，T55, no.2145, p.42）故南北朝時佛性論者，將《法華經》一乘說與佛性連結，使《法華經》之地位相形重要。關於般若學與《法華經》思想，可參考平

而道生依義不依經，不滯於經文，近似於王弼於玄學之地位。[77] 此外，從思想史角度言，兩漢氣化論認為人之稟氣有陰陽清濁之異，以善惡相混論人性，王充將人性分為三等，已見分等之說。而玄學討論「聖人是否可學致」，從才性與能力論人的分別。是以受印度種姓影響的佛教，出現一闡提不能成佛，對於中國學術並非特殊的理論，道生的主張也只是佛教內部的爭議，隨著大本《涅槃經》的譯出，關於一闡提是否有佛性的爭論暫告一段落，中國佛教各宗基本上都認同眾生皆有佛性，但是關於佛性是「本有」或「始有」，仍是討論的議題。其後唐代玄奘法師宏揚大乘瑜伽行唯識學派，創立法相宗，與弟子窺基法師主張五類種性之說，其中「無種性」一類不能證入涅槃，引發關於理、行兩種佛性的爭論，此一爭論促成天台與華嚴宗的判教，深化了中國佛教的理論。

（二）頓悟與漸修

　　道生認為眾生皆有佛性，經過修行而體悟佛法，進而解脫成佛，所有人都能達到，也是修行的目標。然而對於成佛的過程，是一念得悟，還是積累而成，在當時有頓悟及漸悟兩種不同說法。佛經中說明菩薩修行，要歷經十地才能成佛，「十地」又譯「十住」，是修行成佛的十個階段。[78] 支道林倡頓悟之說，他認為菩薩至第七地頓悟，雖未成佛，但已具足道慧，其後三地再循序漸進。道生不同意此說，認為一念覺悟便是覺悟，不應於第七地頓悟後還要再精進，否則此悟便非真悟。[79] 慧達《肇論疏》論云：

> 而頓悟者，兩解不同。第一竺道生法師大頓悟云：夫稱頓者，明理不可分，悟語照極。以不二之悟，符不分之理。理智惠釋，謂之頓悟。見解名悟，聞解名信。信解非真，悟發信謝。理數自然，如果熟自

川彰：《初期大乘と法華思想》，東京：春秋社，1989.1。

[77] 湯用彤先生謂：「生公在佛學上之地位，蓋與王輔嗣在玄學上的地位，頗有相似。……其於蕭清佛徒依語帶文之紛紜，與王弼之菲薄象數家言，蓋相同也。」（湯用彤：《漢魏兩晉南北朝佛教史》下冊，臺北：臺灣商務印書館，1998.7，頁 630）《高僧傳》記道生引得意忘象，以及筌蹄之喻，顯見其能得佛性之深旨。

[78] 十地指修行菩薩道須經歷的十個階段，出自《十地經》，後來集入《華嚴經》而為〈十地品〉，在大乘以前的部派佛傳中，已出現菩薩修行分為十地之說。關於印度大乘佛教十地觀念的起源與發展，可參考水野弘元：《佛教的真髓》第十二章〈大乘初期至中後期菩薩思想的變遷〉，香光書鄉編譯組譯，嘉義：香光書鄉出版社，2002.11，頁 351-384。

[79] 現存竺道生論述頓漸的文字不多，多是後人闡釋，然而道生對於頓悟的觀點引發爭論，不唯修行之別，更引發隋唐佛教的判教思想。關於中國佛教頓漸議題的發展，可參考屈大成：《中國佛教思想中的頓漸觀念》，臺北：文津，2000.1。

零。悟不自生，必藉信漸。用信偽惑，悟以斷結。悟境停照，信成萬
品。故十地四果，蓋是聖人提理。……第二小頓悟者，支道琳師云：
七地始見無生。彌天釋道安師云：大乘初無漏慧，稱摩訶波若，即是
七地。遠師云：二乘未得無有，始於七地方能得也。瑤法師云：三界
諸結，七地初得無生，一時頓斷，為菩薩見諦也。肇法師亦同小頓悟
義。（X54, no.866, p.55）

兩晉時，諸多法師主張以第七地為頓悟之關鍵，第七地為遠行地，斷有漏，
始證無漏，然第七地雖見理，但功行未滿，仍須進修於後三地，至第十法雲
地，方得功德圓滿，得大法身。由於證入第七地之前，學有次第，但是入第
七地時，便悟無生之理，故以此立頓悟義。道生不同意此說，認為十住之
內，皆非悟道，必須於第十地始現金剛心，方可言悟。悟為果，漸是因。悟
即全悟，非有部分未明，而能得悟。道生認為「見解」與「聞解」不同，聞
解為信，是修行工夫，見解才是悟，為內心知見，若能悟解，則信解退謝，
此意同於莊子得意忘象之說。信與悟有層次與因果關係，即藉由信漸，方得
頓悟明理。後世區別兩者，將支道林等法師所言頓悟為「小頓悟」，道生所
論為「大頓悟」。

《法華經》言三乘歸一，無論聲聞、緣覺與菩薩乘，皆是方便教法，經
云：「諸佛方便力，分別說三乘，唯有一佛乘，息處故說二。」[80] 道生發揮
此理，論曰：

此經以大乘為宗。大乘者，謂平等大慧，始於一善，終乎極慧是也。
平等者，謂理無異趣，同歸一極也。大慧者，就終為稱耳。若統論始
末者，一毫之善。皆是也。（《法華經疏》卷 1，X27, no.577, p.1）

三乘無別，理無異趣，即是平等。而眾生皆有佛性，發一毫之善心，即是修
行向佛之始。道生倡頓悟，其意為理行無二，意欲促使眾生行善，但於修行
仍需有漸修工夫，頓悟與漸修並非對立。成佛是頓悟，漸修積累以明智。故
其云：

將說法華，故先導達其情，說無量義。其既滯迹日久，忽聞無三，頓
乖昔好。昔好若乖，則望岸而返。望岸而返者，則大道廢焉，故須漸
也。（《法華經疏》卷 1，X27, no.577, p.2）

《法華經》融會三乘為一佛乘，宣說「開權顯實」、「會三歸一」的一乘圓
教，道生指出佛陀以無量義之教法對治欲念，以顯菩薩清淨，然眾生初聞此
法，恐於修行產生誤解，以為能悟即可，便失其道，故仍須漸修。如來初說

---

80 《妙法蓮華經》卷 3，〈化城喻品〉第七，T09, no.262, p.27。

三乘教法，引導眾生，其後見一乘圓教，先三後一，道生論云：

> 四大聲聞，既悟於初，次自說信解以表悟。悟必是審，深領聖說先三後一之意。（《法華經疏》卷2，〈藥草喻品〉第五，X27, no.577, p.10）

如來說法，因緣施教，如法雨施於萬物，如草木各異，各以其性得益而悟，此《法華經・藥草喻品》之意，道生以如來教化無別，有教無類申述之，續論之：「樹者以蔭覆為義。大乘兼被，猶若此也。七住以下，謂之小樹。八住以上，謂之大樹也。」小樹、大樹是因應修行者根器不同，十住之分別也在於此，理雖無二，但眾生有別，也因此修行須循序漸進。道生云：「夫聖人設教，言必有漸。」[81] 又云：「何以漸漸變耶？所以爾者，欲表理不可頓階，必要研麤以至精。損之又損，以至於無損矣。」[82] 悟理必靠積累之功，即為漸修。然而漸修積累並不能成佛，道生引用老子「損之又損」，更意味修行的工夫為放下，必須頓悟，若以言意比擬漸頓，應可明兩者關係，是以「悟必是審」，一至十地才得大悟。

然而《大涅槃經》提到十住菩薩雖見佛性，但仍未明究竟了義，故「十住菩薩唯見其終不見其始」，[83] 道生對此經文疏解云：

> 十住幾見，彷彿其終也。始既無際，窮理乃賭也。[84]

十住菩薩見終不見始，得見其果而不見其本，唯如來能見始見終，道生以「窮理」方能見其始，窮盡而捨棄，意味修行之功須勤勉且依序，然不能侷限於修行之法，亦不能執著於空有一端，方能雙見終始。若從修行次第言，可謂功行日久，一念得悟。淨影慧遠承此意，故言：「要修聖道方成菩提。」修行與菩提為因果關係，「言不須修，違其緣因得果之義。」[85] 若以

---

81 《法華經疏》卷1，〈方便品〉第二，X27, no.577, p.4。

82 《法華經疏》卷2，〈見寶塔品〉第十一，X27, no.577, p.13。

83 《大般涅槃經》卷27，〈師子吼菩薩品〉第十一之一，T12, no.374, p.524。經文分別如來、菩薩、二乘（聲聞、緣覺）與凡夫，十住菩薩已見佛性，但仍不了了，經云：「一切眾生悉有佛性，煩惱覆故不能得見，十住菩薩雖見一乘，不知如來是常住法，以是故言十地菩薩雖見佛性而不明了。」（T12, no.374, p.525）十住菩薩尚未究竟，見終不見始。由於「十住菩薩，智慧力多，三昧力少，是故不得明見佛性。聲聞緣覺，三昧力多，智慧力少，以是因緣不見佛性。諸佛世尊，定慧等故，明見佛性，了了無礙，如觀掌中菴摩勒果。」（T12, no.374, p.547）以「智慧」與「三昧」分別菩薩與二乘所偏重，只有中道不二，才能達到定慧雙見的如來境界。

84 《大般涅槃經集解》引道生之言，T37, no.1763, p.548。本書係梁天監八年（509），奉武帝之敕命撰集，為現存涅槃經注疏中之最古者。

85 淨影慧遠：《大般涅槃經義記》卷9，T37, no.1764, p.854。道生以後，關於佛性的討論，

為道生言頓悟而廢修行，便違背其意。道生針對當時「小頓悟」之說，反對七住已悟，主張十住為頓，未覺之時，漸修而入，頓悟為佛性之覺，覺而一極，見性成佛，不滯於言象。

　　道生深契涅槃學之如來藏為第一義空，宣說眾生皆有佛性，又能以般若中道不二之學，說解悟理不二，融會般若與涅槃，發揚真空妙有。[86] 道生主張眾生皆有佛性，一闡提人皆得成佛，發揮佛教普度眾生的精神，推動佛教普及，由於頓悟之說立基於佛性本有，已啟後世禪宗明心見性，頓悟成佛之說。頓悟之不著於跡，理不可分，對於玄學儒道關係之議題，亦有啟發。謝靈運著〈辨宗論〉闡述道生頓悟義，調合折中孔釋，從佛教之「漸／頓」連結玄學之「有／無」與「言／意」理論，對聖人是否可學至的論題有所突破，以頓悟言聖人體無，漸修為權教。[87] 僅漸修為學不能體道，頓悟亦非積學所能明，然頓悟不廢漸修，頓悟時能除盡言筌，反本歸一。東晉之時，玄

　　有兩個主要問題，其一是「正因佛性」，即成佛是由於內在的佛性，亦或外在因緣而促成？其二為佛性是本有亦或始有？本有說強調先天便有佛性，故返本即可成佛，而始有說則以果推因，認為眾生將來必成佛，故有佛性之因。隋代淨影慧遠法師所著《大乘義章》，立〈佛性義〉一科，分類並論述南北朝時期佛性議題，認為如來藏心為佛性「正因」，兼有「本有」之因與「始有」之果，從地論學統闡釋如來藏思想。（廖明活：《淨影慧遠思想述要》，臺北：臺灣學生書局，1999.8）淨影慧遠從因果論佛性，「若就凡說，因性在現，果性在當；若就佛論，果性在現，因性過去。語其理性，旨通通現，體非當現。」（《大乘義章》卷1，T44, no.1851, p.47）從因而言，佛性於眾生為本有；從果而言，佛性於眾生為始有，然理無別異，分因果為權說。同樣的，以因果言頓漸，亦如是觀，不能只將漸修視為因，頓悟成佛為果。淨影慧遠從地論學統說佛性，吉藏從中觀學批判之，以三論學統說佛性，兩者之別，可參考廖明活：《中國佛性思想的形成和開展》，臺北：文津，2008.5。

[86] 道生將般若與涅槃學結合，為佛學於魏晉至南北朝的開展，可參考府建明：《「性空」至「妙有」：魏晉般若學的流變與轉向》，北京：宗教文化出版社，2012.1。湯用彤先生贊生公能悟得大乘空有兩宗之精義，「其於《涅槃》，能以《般若》之理融合其說，使真空妙有契合無間。」（湯用彤：《漢魏兩晉南北朝佛教史》下冊，臺北：臺灣商務印書館，1998.7，頁663）並謂：「道生言及工夫，有頓有漸。頓者真悟（極慧大悟），漸者教與信修。（教可漸，修可漸，而悟必頓）」（前引書，頁659）道生融合般若與涅槃學，然其頓漸之分，固然可為因應不同根器的工夫之別，然而兩者關係似因果，亦如真俗二諦，頓悟為佛性之覺醒，漸悟為佛性之修行。

[87] 湯用彤先生指宗謝靈作〈辨宗論〉，「其作用不啻在宣告聖人之可至，而為伊川謂『學』乃以至聖人學說之先河。則此論在歷上有重要之意義蓋可知矣。」（湯用彤：〈謝靈運辨宗論書後〉，《魏晉玄學論稿》，收於《魏晉思想》（乙編），臺北：里仁，1995.8，頁124）湯用彤認為謝靈運之文承竺道生之說，調合中印傳統，為宋學論聖人可學可至之先聲。紀志昌從主體與方法，析論謝靈運〈辨宗論〉以及與諸道人的論辨之文，認為謝靈運革新了玄學言聖人不可學不可至的傳統，轉化傳統才性論朝向心性論，融會儒、玄、佛而有創見。（紀志昌：《南朝清談：論辯文化與三教交涉在南朝的發展》第八章〈〈辨宗論〉頓悟義「折中孔釋」的玄學詮釋〉，臺北：國立臺灣大學出版中心，2020.4，頁399-442）

學清談仍盛行，佛學受玄學影響，而佛教教義又豐富玄學論題，佛學與玄學相互影響。就中國佛學發展而言，道生融合大乘般若學與涅槃學，是魏晉至南北朝佛學開展的關鍵；就中國思想史而言，道生將般若學與涅槃學連結中國傳統學術議題，使三教思想交流激盪，從論辯中深化論述，並逐漸發展出三教合一的思潮。

第三節 佛教傳法中國的挑戰

由於佛教以緣起性空釋萬物，沒有永恆不變的自性，又以出家的修行方式斷絕欲望，性空教義與出世精神，相對於儒家倫理與入世觀念，有著根本的差異。不論在理論或實踐層面，佛教在傳法時必然面對儒家以及傳統文化的質疑與挑戰，而在抗衡的同時，佛教也不斷地調整改變，一方面維持佛教精神，一方面吸收中國傳統觀念，進而促成了佛教中國化。以下分論孝道倫理，輪迴報應的善惡觀，以及形盡是否神滅的論辯。

一、孝道

佛教進入中國面臨最大的挑戰，在於出家須捨離人倫，與漢人至為重視的孝道產生極大衝突，也是佛教最受攻擊之處。此一爭論最早可見於東漢末年牟子《理惑論》，[88] 本書以問答體形式，藉由儒道經典回應對於佛教的質疑，一方面能將佛教帶入中國文化，化解異教的衝突感，一方面又能表現佛教的獨特性，甚至超越儒道。書中所記問難中，便有從儒家孝道非難佛教「不孝」，一是剃度為毀傷身體，二是出家不婚而無後，牟子從權變說明佛教也重視孝道，只是方法不同而已，其云：

> 孔子曰：「可與適道，未可與權。」所謂時宜施者也。且《孝經》曰：「先王有至德要道。」而泰伯短髮文身，自從吳越之俗，違於身體髮膚之義。然孔子稱之其可謂至德矣，仲尼不以其短髮毀之也。由是而觀，苟有大德，不拘於小。沙門捐家財，棄妻子，不聽音，不視色，可謂讓之至也，何違聖語不合孝乎？豫讓吞炭漆身，聶政皮面自

---

88 《理惑論》最初收於南朝劉宋陸澄《法論》，其後齊梁僧祐《弘明集》亦有全文。本書的作者和成書年代，學界多有質疑，相關討論可見《牟子理惑論》之〈題解〉，梁慶寅釋譯（高雄：佛光出版社，1996.8，頁 3-20），本書附錄福井康順：〈牟子的研究〉譯文，考辨牟子其人其事，可參看。多數學者認為《理惑論》成書於東漢末至三國時期，本文亦從之。

刑，伯姬蹈火，高行截容，君子以為勇而死義，不聞譏其自毀沒也。沙門剔除鬚髮，而比之於四人，不已遠乎？（《弘明集》卷 1，T52, no.2102, p.3）

牟子以孔子經權之說，解釋佛教剃髮為權，又以儒家所云之「謙讓」，釋沙門無欲更能體現至德要道。其意為佛教沙門守戒之行為，看似不合儒家之禮，但其精神實為一致，以「大德」含攝行孝方法之別。其這一基礎上，還更進一步將沙門之行歸於修德自律，其云：「沙門修道德以易遊世之樂，反淑賢以貿妻子之歡。是不為奇，孰與為奇？是不為異，孰與為異哉？」以「修道德」與「遊世樂」對比，指佛教修行更符合道德，從而迴避無後之指責。更重要的是德澤父母，以大孝論述沙門之布施為博愛，其云：

> 須大拏觀世之無常，財貨非己寶，故恣意布施，以成大道。父國受其祚，怨家不得入，至於成佛，父母兄弟皆得度世。是不為孝，是不為仁，孰為仁孝哉？（T52, no. 2102, p.4）

牟子以權變解釋佛教不同於儒家禮教的行為，又以大德將佛教安放在超越世俗的位置，還以禁絕財色對比縱欲之不當，復從度化眾人定義為大仁、大孝。這些回應，著重於語言論辯，近似清談，對於佛教義理並未有太多著墨，此與當時譯經仍少有關。

佛教因應漢人重視孝道，在佛典中儘量突出孝道的重要，於譯經時強調之，甚至將孝道的觀念混入譯文，其後又再引證這些漢譯佛典，形塑佛教重視孝道事情，藉以融入中國文化。如三國康僧會編譯《六度集經》，在經文中加入儒家孝道，以孝順為重要的功德，經云：

> 維藍前施及飯諸賢聖，不如孝事其親。孝者盡其心無外私。百世孝親，不如飯一辟支佛。辟支佛百，不如飯一佛。佛百，不如立一剎、守三自歸，歸佛歸法歸比丘僧。盡仁不殺，守清不盜，執貞不犯他妻，奉信不欺，孝順不醉，持五戒，月六齋，其福巍巍，勝維藍布施萬種名物及飯賢聖，甚為難算矣。[89]

佛陀曾有一世投身婆羅門，名為維藍，慈惠好善，天神告訴維藍布施不如供養三寶，甚至應該建立佛寺，皈依守誠，並進一步推廣佛法，方得無量功

---

[89] 《六度集經》卷 3，〈布施度無極章〉之《佛說四姓集》，T03, no.152, p.12。本經集錄佛陀本生故事，依六度（波羅蜜）編譯，宣講大乘菩薩行，康僧會將儒家的仁義忠孝比附佛教的五戒、十善與六度，有意將佛教與儒家結合，並對經文增補改寫，反映佛教初傳時的情形。如本段引文的維藍故事，李美煌比對其他經文，指出在供養羅漢和辟支佛之間，多了一段孝親的文字，其他段落亦有此現象。（李美煌（釋天常）：〈六度集研究〉，《中華佛學研究》第二期，1988.3，頁 75-104）

德。這個故事中，孝親雖不若禮佛，卻是重要的善行，甚至與五戒之不飲酒結合，雖然斧鑿甚明，實可見得佛教初傳時力求融入中國傳統文化。早期漢譯佛經的《四十二章經》中亦有相近之說，如：「飯善人福最深重，凡人事天地鬼神，不如孝其親矣，二親最神也。」[90] 漢魏兩晉之時，許多佛經譯出，多有重視孝道的內容，如《佛說無量清淨平等覺經》言及不作善的惡行，其中有云：「復不孝順供養父母，輕易師父知識，無信難得誠實。」[91]又有將孝順父母列為六度者，如《賢劫經》云：「以供養父母師友，尊敬其身究竟不懈，及其經典及知至佛無諸疑網，是曰持戒。」[92] 這些佛經的經文都強調孝親的重要，表現出佛教重視孝道。

除了個別佛經中提及孝道，兩晉之時還出現專門宣說孝道的佛經，如提為竺法護所譯的《佛說盂蘭盆經》，[93] 藉由目連救母的故事，提出應於每年農曆七月十五日舉行盂蘭盆法會，以供養三寶的功德迴向父母。此說結合中國民俗秋初祀神，以及道教中元地官寶誕，成為傳統節日中元普渡的重要祭典，其後於唐代出現多種有關目連的變文，宋代之後發展為戲劇的專門劇目，使得目連故事深入民間，影響深遠。另外，《增壹阿含經》中有段經文宣說父母之恩，經云：

> 爾時，世尊告諸比丘：「教二人作善不可得報恩。云何為二？所謂父母也。若復，比丘！有人以父著左肩上，以母著右肩上，至千萬歲，衣被、飯食、床蓐臥具、病瘦醫藥，即於肩上放於屎溺，猶不能得報恩。比丘當知，父母恩重，抱之、育之，隨時將護，不失時節，得見日月。以此方便，知此恩難報。是故，諸比丘！當供養父母，常當孝順，不失時節。如是，諸比丘！當作是學。」（T02, no.125, p.601）

本段申述父母之恩重難報，故當孝順父母。經文簡潔，並無複雜義理，然而在中國重視孝道的環境，本段經文敷衍為《佛說父母恩難報經》，經文強調

---

90 《四十二章經》，T17, no.784, p.722。關於本經的真偽與成書年代，學界多有爭議，本文依湯用彤之說，以為本經出於東漢桓帝之前。（湯用彤：《漢魏兩晉南北朝佛教史》上冊，第三章〈四十二章經考證〉，臺北：臺灣商務印書館，1998.7，頁31-46）

91 《佛說無量清淨平等覺經》卷四，後漢支婁迦讖譯，T12, no.361, p.29。

92 《賢劫經》卷5，〈寂然度無極品〉，西晉竺法護譯，T14, no.425, p.37。

93 《盂蘭盆經》一卷，收入《大正新脩大藏經》第十六冊，提為西晉竺法護譯。本經最早著錄於梁僧祐《出三藏記集》，註明「失譯」，隋費長房之《歷代三寶記》著錄此經，即署為竺法護譯。本經唐宋多有疏解，流傳甚廣。唐代另造有《淨土盂蘭盆經》，敷衍目連故事，推行孝道，深入民心。

父母恩情難報，尋常方式無以回報，「諸子當教父母行慈」，[94] 即引導父母信佛，供養三寶，方為孝順之道。

佛教致力於宣揚孝道，與僧眾交遊的名士亦有相關論述，如東晉名士孫綽〈喻道論〉辨明佛教不違孝道，一言「夫佛也者，體道者也。道也者，導物者也。應感順通，無為而無不為者也。」復言「周孔即佛，佛即周孔。蓋外內名之耳。」三言「孝之盡也，父隆則子貴，子貴則父尊。故孝之為貴，貴能立身行道，永光厥親。若匍匐懷袖，日御三牲，而不能令萬物尊己。舉世我賴以之養親，其榮近矣。」[95] 孫綽將佛視為體道者，復以郭象跡冥論為證，以佛為本，周孔立教為跡，又將孝道提升至獻身於世之大孝。此論證頗具層次，引用玄學理論，將佛教原本出世的精神，連結世俗社會，透過玄學中對於儒道關係的論述，佛教也得以在佛儒關係上接續其後，進入中國社會。

二、輪迴報應

佛教因應教團組織，於修行者立有戒規，其戒學嚴謹繁複，是佛教立教

---

94 《佛說父母恩難報經》，T16, no.684, p.779。本經應是佛教以「父母恩」為名之最早者，梁僧祐《出三藏記集》著錄之，其後注為「抄中阿含」，不著譯者。唐道宣《大唐內典錄》列入「歷代眾經傳譯所從錄」，至《大周刊定重經目錄》始署名此經為後漢安世高譯，收於《大正新脩大藏經》第 16 冊。南北朝時期另外出現一部經名近似的《佛說父母恩重經》，譯者不詳，《大唐內典錄》未收，《大周刊定重經目錄》著錄於「偽經目錄」。經文詳述父母養育子女之艱難，故「能為父母作福造經，燒香請佛，禮拜供養三寶，或飲食眾僧，當知是人能報父母其恩。」（T85, no.2887, p.1404）本經將禮佛抄經，供養三寶都視為是孝道。本經於敦煌發現不同寫本，《大正藏》收入第八十五卷古逸部，應是刪減本。關於本經由來與傳佈，可參考鄭阿財：〈《父母恩重經》傳佈的歷史考察──以敦煌本為中心〉，收入《新世紀敦煌學論集》，項楚、鄭阿財主編，成都：巴蜀書社，2003.3，頁 27-48；孫修身：〈《佛說報父母恩重經》版本研究〉，收入《段文傑敦煌研究五十年紀念文集》，北京：世界圖書出版公司，敦煌研究院編，1996.8，頁 239-249。此外，民間尚流傳一部《佛說父母恩重難報經》，題為姚秦三藏法師鳩摩羅什所譯，然其源流不明，應為偽經。佛教出現報父母恩情的佛經，本為調合儒佛，宣揚佛教亦重孝道，而道藏中也有一部《太上老君說報父母恩重經》，與佛經多有相符之處，可作為三教交涉的案例。相關研究可參考秋月觀暎：〈道教と佛教の父母恩重經──兩經の成立をめぐる諸問題〉，《宗教研究》，39：4，1966.3，頁 23-54；謝明玲：〈佛說父母恩重經と太上老君說報父母恩重經との關係について〉，《東洋大學大學院紀要》，21，1985.2，頁 219-232；平野顯照：〈仏‧道二教にみる父母恩重経〉，《文學部論集》，84，2000.3，頁 89-96。

95 《弘明集》卷 3，T52, no. 2102, p. 17。孫綽以玄學的「本／末」架構安排儒佛，以佛為本，將佛教救度眾生視為大仁大孝。

的基礎。戒律表面上是約束信眾的行為，但實際是從遵守戒規中淨化心靈，體查自我，進而覺悟成佛。對於在家眾而言，積功累德，勿作惡行，是親近佛法的修行實踐，如犯戒背律，造作惡業，便生因果報應。報應之論，中國文化本有，佛教所言，本應能為中土接受，然而報應連結輪迴，此與中國傳統鬼神觀並不相應，故亦引起爭論。

佛教論報應基於緣起觀，以「業」為作用力產生因果連結。「業」（karma）指行動與作為，其意有三：作用、持法式與分別果，作用即力；持法式為僧團應遵守之規範；分別果則是行為與意志的分判。[96]「業」包含意念、行為與結果，由於佛教否定外在絕對力量的神，故「業」是由個人意念所造，也由個人承受業果。由於人在生死輪迴中，不斷造業，這些行為造成的結果就一直持續影響，舊業之果又引發新業，輪迴不盡。《俱舍論》云：「世別由業生，思及思所作。思即是意業，所作謂身語。」[97]面對外界的各種刺激，由身、語、意產生反應與行為，身業指所有身體的動作，口業則是口語，意業為心思念頭。所造之業分為善、惡、無記三種，業之善惡，影響著三世。[98]佛教以緣起觀為基礎，以因果解釋人生各種禍福現象，復以輪迴連結三世，強化果報，得以化解人世間常見禍福與德行善惡不相應的情形。也由於善惡報應不限於一世，故此世行善積德，亦有果報業力，或影響後世，或於此世便生效應，如此得以使人行善，落實勸善教化的目的。

至於中國傳統的報應觀，於《易・文言・坤》已可見得，其云：「積善之家，必有餘慶；積不善之家，必有餘殃。」此義於兩漢流傳，意味善與不

---

[96]《阿毘達磨大毘婆沙論》云：「問：『何故名業？業有何義？』答：『由三義故，說名為業。一作用故，二持法式故，三分別果故。作用故者，謂即作用說名為業；持法式者，謂能任持七眾法式；分別果者，謂能分別愛非愛果。』」（T27, no.1545, p.587）

[97]《阿毘達磨俱舍論》卷 13，〈別業品〉第四之一，T29, no. 1558, p. 67。

[98] 在部派佛教中，大眾部將一切法分為善與惡，但是上座部則主張在善與惡之外還有無法被區分者，稱為無記。《阿毘達磨俱舍論》再分為五，論云：「且欲界中心品有五，謂善唯一。不善有二，謂不共無明相應及餘煩惱等相應。無記有二，謂有覆無記及無覆無記。」（T29, no.1558, p. 20）有覆無記其性染污，覆障聖道，又能蔽心，然其勢用弱，不能引生異熟果，故稱為有覆無記；無覆無記則指不覆障聖道的非善非惡之法，《俱舍論》再分無覆無記為有為與無為兩類，前者由因緣造作所生，後者即非由因緣造作所生的無記法。這些分別，為論述業之造作，其體性存在，以及所生業力相續諸問題。大乘佛教批判部派佛教一切有部與犢子部的實體思想，如《中論・觀業品》云：「業名為身、口、意業。今世、後世分別有善、不善、無記，苦報、樂、不苦不樂報，現報業、生報業、後報業，如是等無量。」（T30, no.1564, p.23）這些「諸煩惱及業，作者及果報，皆如幻與夢，如炎亦如嚮。」世間諸業從煩惱出，煩惱無自性，業亦無自性，《中論》破除對業之我執。印順法師云：「如幻等喻，譬喻自性空，又譬喻假名有。也就因此，一切法即有即空的無礙，開示佛陀的中道。」（印順：《中觀論頌講記》，臺北：正聞出版社，1992.1，頁 313）

善之行為，其報應將延及後世子孫，子孫承受先祖之德蔭，同時也得接受前人作惡之報應，漢末《太平經》多論「承負」，負者，前人過失，其責遺留後世子孫；承者，即為後代子孫承受前人過失之果，前人行為，有善有惡，造成子孫相應之禍福，承負的範圍包含先祖與後人。在兩漢天人感應的影響下，漢人多認為人之行為受到上天監管，由上天依行為之善惡施與禍福，並延及子孫。儘管兩漢流行氣化宇宙與天人感應論，亦有如王充的反對者，認為人的資質與貧富皆由天定，否定天人感應論，也否定善惡報應。魏晉士人有承此論者，如東晉名士戴逵對於佛教因果報應有所質疑，其〈釋疑論〉主氣論之說，論云：

> 夫人資二儀之性以生，稟五常之氣以育，性有脩短之期，故有彭殤之殊，氣有精粗之異，亦有賢愚之別，此自然之定理，不可移者也。……驗之聖賢既如彼，求之常人又如此，故知賢愚善惡，脩短窮達，各有分命，非積行之所致也。（《廣弘明集》卷 18，T52, no.2103, p.222）

人稟氣而生，初生時已確定賢愚才性以及禍福窮達，故與後天行為無關。戴逵不僅反對佛教的因果論，也質疑傳統的善惡報應觀，然而氣化命定論無法解釋後天的學習行善有何意義，於是將禮義之道歸於聖人為約束人性欲望，故制定禮樂以救其弊，「然則積善積惡之談，蓋施於勸教耳。」戴逵認為善惡報應論只是聖人「因神道以設教」，教化為真，報應為假。戴逵作書給慧遠法師，並與慧遠弟子周續之書信往返論議，慧遠作〈三報論〉與〈明報應論〉以釋疑。〈明報應論〉附題「答桓南郡」，為回答桓玄對報應論的質疑，本文為問答形式，其中三問可視為桓玄的論點，第一問針對殺生重罪，認為身體由四大構成，殺生只是消滅形體，並無害於神；第二問則以愛欲為自然，是生物的本能，不應有報應；第三問從前問而來，認為萬物重生，故有愛欲，對於迷失於其中者，僅需教化引導，不應以報應懲罰對待。這三問從情性自然立論，反對佛教以戒律約束，又以報應懲處，違反自然天性。同時延伸至形神議題，從形神二分，挑戰殺生不當，從而瓦解報應論。

慧遠法師針對這些質疑作論答辯，〈三報論〉闡明佛教三世之說，此「倚伏之契，定於在昔，冥符告命，潛相迴換。」此意為造業時已埋下果報的種子，潛伏至因緣俱足而萌發，善惡的報應並非立即顯現，藉以回應現世禍福不必然相應於善惡之行。文中明確指出佛教之果報為自作身受，有別於中國承負之論。至於報應之發動與承受者，慧遠指明為「心」，其論云：

> 受之無主，必由於心。心無定司，感事而應。應有遲速，故報有先後。先後雖異，咸隨所遇而為對。對有強弱，故輕重不同。斯乃自然之賞罰，三報之大略也。（〈三報論〉，《弘明集》卷 5，T52, no.2102, p.34）

會之有本，則理自冥對，兆之雖微，勢極則發。是故心以善惡為形聲，報以罪福為影響。本以情感而應自來，豈有幽司？由御失其道也。然則罪福之應，唯其所感。感之而然，故謂之自然。自然者，即我之影響耳。……夫事起必由於心，報應必由於事，是故自報以觀事。而事可變，舉事以責心，而心可反。推此而言，則知聖人因其迷滯以明報應之對，不就其迷滯以為報應之對也。（〈明報應論〉，《弘明集》卷 5，T52, no.2102, p.34）

事起於心，心感事而應，有所應故有所報。慧遠立「心」為感應與報應的主體，一方面對應情欲非僅是生物自然之性，一方面落實報應有其應受者，並且輪迴三世，善惡必有禍福報應。行為既由心生，果報亦應於心，故無天神行賞罰之事，是以聖人僅是闡明報應之理，而非行報應之事。至於「心可反」，指心為本，可由修行而掌握，使心不陷溺於物欲。慧遠所論不盡然依佛理而說，尤其是將「心」視為報應主體，強調心的主宰與感應，更近於中國傳統心學，然而這樣的解說更能為中國士人接受。由於因果報應關涉人生禍福，具有實存感受，是佛教傳入中國時最受注目之理論，[99] 兩晉士人多論因果報應，實因此論與中國傳統報應論相近，又得以顯示佛教理論的深刻，至於慧遠將報應論結合中國傳統心學，亦可視為藉外書詮釋內典的作法，方便時人理解。

佛教的因果報應畢竟不同於中國傳統報應觀，兩晉士人對此亦有討論，東晉名士郗超著〈奉法要〉一文，從佛教角度，明辨中國傳統果報觀之不當，申述佛教善惡自受，以及天堂地獄的輪迴理論。[100] 佛教因果報應論與道教承負報應論並不相同，佛教標舉「業」，結合輪迴因果，業力是自作自受，不能轉移，也不得代為受過，惡業造成的惡果，必須自己是承受，也得自己發心向善，持戒修行，以善行造善果，藉以取代之前惡果。佛教論果報自受，為其因緣觀與無自性的教義，復因萬物無自性，亦無永恆的天神，故

---

[99] 佛教傳入中國，因果報應論受到重視，袁宏《後漢記‧明帝記》提到佛教傳入時，「以為人死精神不滅，隨復受形，生時所行善惡，皆有報應。……世俗之人以為虛誕，然歸於玄微深遠，難得而測，故王公大人觀死生報應之際，莫不瞿然自失。」袁宏所記，不必然屬實，但反映出善惡報之說有其影響。《高僧傳》記東吳孫皓即位，欲毀佛，康僧會以才辯受詔，孫皓問：「佛教所明，善惡報應，何者是耶？」（T50, no.2059, p.325）康僧會引儒家經典作答，並輔以天堂地獄說解。從孫皓的提問，可見善惡報應已成為佛教教義的代表。

[100] 郗超與支遁交遊，兩人相互引為知己。郗超所作〈奉法要〉一文收於《弘明集》，文中申述佛教基本觀念，並徵引佛經為證。值得注意的是，文中依早期譯經中之「六度」，將「禪定」譯為「一心」，詳論「心」之重要，並言：「是以行道之人，每必慎獨於心，防微慮始。」（T52, no.2102, p.87）文中引人儒家「慎獨」之說，並以忠恕之道言佛教「四等」，類比儒佛，亦可為「格義」之法的例證。

業力自受。而道教之承負報應是後世代先人受過，今世的善惡行為，也將流傳至後代子孫，以禍福為之報應。道教以上天為審判者，有司命司過之神記錄人間活動，故上天因人的行為賞善罰惡，降疾病或疾疫以示懲處，其禍福報應緣自傳統宗教觀，復以家族宗法制度論禍福流傳，藉上天與家族的力量約束個人行為。佛道兩教都強調行善去惡，善惡皆有一定道德標準，也都關連戒律，佛教重視個人修養，對自我要求，道教則融入儒家倫理觀，強調忠孝，也吸收佛教戒儀，又有道家清靜簡樸，無私無欲，呈現多元包容的樣貌。兩教戒律內容不盡相同，一方面反應兩教教義之別，一方面也可看出兩者的衝突與調合之處。

三、形盡神不滅

　　「形／神」構成的生命形式，是中國哲學一個重要論題，不但與醫藥養生有關，還是宗教祭祀的關鍵。從「形／神」討論生命的由來、生成與歸往，先秦文獻多見，至兩漢時，在氣化生成的論述中，形神二分已是生命的基本認知。[101] 一般而言，形多指形體、形軀或形骸；神則指心神、精神或神明，[102] 而生命為「形」與「神」的綜合，幾乎是所有論者的共識，一般而言，當生命存活時，形神相依或形神合一，然而死亡後，形盡神滅與形盡神不滅，是爭議的焦點。西漢《淮南子》首先明確標舉出「形有摩而神未嘗化」，[103] 摩即滅，形與神雖然互相依存，但是神具有不變性，形則會摩滅，

---

[101] 關於「形／神」觀念從先秦至六朝時的起源與發展，可參考方立天：《中國古代哲學問題發展史》第六章〈中國古代形神觀〉，台北：洪業，1995.4，頁 313-388；張立文：《中國哲學範疇發展史（天道篇）》第十八章〈形神論〉，台北：五南，1996.7，頁 667-686；任繼愈主編：《中國哲學發展史（魏晉南北朝）》，北京：人民出版社，1988.4，頁 758-835。

[102] 「形」字泛指具體可見之樣貌，「神」字的解釋便複雜許多，或指一超自然的祭祀或崇拜對象，或為人的意識思想（精神、心神），又可為精妙難測之形容。關於「形」、「神」兩字的由來、含意與變化，可參考劉見成：《形、神、氣與對人的理解——中國哲學中形神論思想之研究》，東海大學哲學博士論文，1996.7；周靜佳：《六朝形神思想與審美觀念》，台北：花木蘭，2008.9。而以生命的「形／神」對比使用時，基本上指人的「形體」（外）與「精神」（內）之別，不同文本或有些許差異。

[103] 《淮南子・精神》：「人有戒於形而無損於心，有綴宅而無耗精；夫癲者趨不變，狂者形不虧，神將有所遠徙，孰暇知其所為。故形有摩而神未嘗化者，以不化應化，千變萬抮而未始有極。化者復歸於無形也，不化者與天地俱生。……故生生者未嘗死也，其所生則死矣；化物者未嘗化也，其所化則化矣。」這段敘述區別「形體」與「心神」（精神），形會死亡變化，但心神卻永恆不變，其論證以「神」為「化物者」，生化萬物自然不得與物同化，而此「神」受之於「道」，既與「道」通，即具不變之性，是以得出「形有摩而神未嘗化」。《淮南子》強調「神」具有永恆性應無問題，然或有學者仍有誤

此為「形盡神不滅」，形體終會消亡，而「神」卻能以獨立的形態存在。東漢時，王充主張形盡神滅，《論衡》中的〈死偽〉、〈紀妖〉和〈訂鬼〉等篇詳論「人死無知，不能為鬼」，破除鬼神之說。在面對生命的形神關係時，將「神」之義轉為「鬼」，直指人死後並沒有「神」的留存，所以也沒有「鬼」的存在。王充釋「氣」為生命來源，是無知無狀的型態，故人死後散而為氣，不會轉變為鬼，也就沒有永恆的精神延續。

中國傳統思想對於鬼神有兩種不同路線，其一，人死為鬼，形體死亡後將以另一種形式存在，或為鬼，或為神，可以影響活人的世界；其二，形體衰亡後即形神俱亡，不再以任何形式存在。人死為鬼的觀念在兩漢流行，與天人感應、讖緯方術皆有關聯，甚至神仙思想追求形神永存，也肯定精神不滅。至於形神俱滅之論，與反對鬼神、讖緯的思潮相關聯，可溯及荀子的天論，兩漢的揚雄、桓譚與王充，皆主張鬼神無據，人死不為鬼。佛教傳入之後，反佛士人與佛教反覆論難，於六朝時掀起關於形神議題的多次論辯。[104]

解，如牟鍾鑒引《淮南子‧詮言》：「自身以上至於荒芒爾遠矣，自死而天下無窮爾滔矣。」論述「這種生死觀否認人死為鬼，又較為豁達，具有無神論的價值。」（牟鍾鑒：《〈呂氏春秋〉與〈淮南子〉思想研究》，濟南：齊魯書社，1987.9，頁 215）事實上，〈詮言〉這兩句是為說明人之壽命有限，無法憂慮天下之亂，其意指名利欲望不足論，虛靜忘貧方得道，證諸上下文可知，並非「無神論」。況且牟書也注意到《淮南子‧詮言》同一段落所言「神貴於形」的說法，進而批判其「形神二元論的邏輯發展是走向有神論」。（前引書，頁 220）有神論是當時普通認知，也是《淮南子》的主張，只是「神」不一定指超自然的鬼神，尤其是「形／神」對舉時意為「心神」或「精神」，宜明辨之。

[104] 梁僧祐在《弘明集‧後序》中指出反佛者有「六疑」，分別為：「一疑經說迂誕，大而無徵；二疑人死神滅，無有三世；三疑莫見真佛，無益國治；四疑古無法教，近出漢世；五疑教在戎方，化非華俗；六疑漢魏法微，晉代始盛。」（T52, no.2102, p.95）其中第二疑尤為關鍵，因為人死而形神俱滅，便不存在果報輪迴，故僧祐引證中國傳統經典，論云：「若疑人死神滅，無有三世，是自誣其性靈，而蔑棄其祖禰也。然則周孔制典，昌言鬼神。《易》曰：『游魂為變，是以知鬼神之情狀。』既情且狀，其無形乎？《詩》云：『三后在天，王配于京』升靈上旻，豈曰滅乎？《禮》云：『夏尊命，事鬼敬神。』大禹所祇，寧虛誕乎？《書》稱周公代武，云能事鬼神。姬旦禱親，可虛罔乎？苟亡而有靈，則三世如鏡。變化輪迴，孰知其極？俗士執禮，而背叛五經，非直誣佛，亦侮聖也。若信鬼於五經，而疑神於佛說，斯固聾瞽之徒，非議所及，可為哀矜者二也。」（T52, no.2102, p.95）僧祐引五經，證明鬼神之說，古已有之，且為儒家經典，聖人之言，不當誣也。這是六朝佛教中人常用的論證方式，雖然五經所言之鬼、神，不必然是佛教欲申明之果報輪迴主體，但於形神議題，佛教當是主張神不滅。《弘明集》收有形神議題的論文，唐道宣《廣弘明集》亦收相關論文，從論辯中護法弘教。鄭基良整理相關論文，提出六朝時有五次爭論，分為：東晉的孫盛與羅含；東晉戴逵與慧遠、周續之；南朝劉宋何承天與宗炳、顏延之、劉少府；南朝齊梁范縝與蕭琛、曹思文、沈約，以及顏之推；北齊刑邵與杜弼。（鄭基良：《魏晉南北朝形盡神滅或形盡神不滅的思想論證》，台北：文史哲，2002.4）這些論證使用各種譬喻與邏輯，在論證形式有可觀之處，而論辯的主題不僅關涉佛教教義，還有行善、教化與人生的意義，是南北朝思想史中重

就佛教而言，從緣起觀論萬物，並沒有一個永恆不變的「神」，果報輪迴是業力的運作，而非一個不變的主體流轉三世，但此說難以為中國士人接受，若以傳統形神論中的精神不滅加以解釋，便易於理解，因此在面對形神議題時，佛教主張人死非斷滅，身死神不喪，不滅的「神」得以承擔輪迴與果報，因此在論辯時常引中國傳統中的人死為鬼觀念為證。至於反對者以為人死則形神俱滅，並沒有永恆不滅的「神」，在論證時援引傳統觀念裡反對神不滅的理論。由於儒道兩家對這個議題不必然二分，儒家肯定祭祀，本已隱含神不滅的思想，先秦時孔子雖重生，但對鬼神存而不論，荀子則直言反對鬼神，至於兩漢儒者各有理據，因此不宜將儒家歸為神滅論。至於老莊並未反對鬼神，若從養生與全生的角度，近於神不滅論，而道教主張神仙長生，屬於形神不滅。因此六朝時佛教在面對反佛者時，一方面為闡述佛教教義，一方面又需與中國傳統結合，與儒道保持競合關係。因此對於形神議題的爭論，可視為佛教進入中國本有的衝突，復因佛教教義有別於中國傳統，使得形神議題獲得高度重視。

佛教涉入形神議題的爭議，主要在於因果報應說強調自身造業受報，以及三世輪迴，此說引發士人關注討論，最重要的關鍵在於輪迴受報者為何？從中國傳統的形神觀而言，形體既會消亡，精神便是承受報應的對象。東晉慧遠法師面對桓玄對報應說的質疑，以及主張沙門應禮敬王者，作《沙門不敬王者論》五篇回應，各有標題，〈形盡神不滅〉論述佛教觀點。本文為問答形式，問者之詰難，基本上為元氣生成論，形神皆為氣化，氣聚而生，氣散則亡，故無來世，亦不存在果報。慧遠答辯主要有二個重點，其一為「神」不同於「形」，精妙難測，其二引莊子薪火之喻，證明「神」具獨立之主體性。其論「神」云：

> 夫神者何耶？精極而為靈者也。精極則非卦象之所圖，故聖人以妙物而為言。雖有上智，猶不能定其體狀，窮其幽致，而談者以常識生疑，多同自亂，其為誣也，亦已深矣。將欲言之，是乃言夫不可言。今於不可言之中，復相與而依俙。神也者，圓應無主，妙盡無名，感物而動，假數而行。感物而非物，故物化而不滅。假數而非數，故數盡而不窮。有情則可以物感，有識則可以數求。數有精麤，故其性各異。知有明闇，故其照不同。推此而論，則知化以情感，神以化傳。情為化之母，神為情之根。情有會物之道，神有冥移之功。但悟徹者反本，惑理者逐物耳。（《弘明集》卷 5，T52, no.2102, p.31）

「神」為精極而靈，無狀象，亦超越語言文字，此一定義式的描述，使

要的論題。另可參考謝如柏：《從神不滅論到佛性論——六朝佛教主體思想研究》（上、下），臺北：花木蘭文化出版社，2010.9。

「神」具有本體意味。而「神」能感物與假數，發而為情識，此從功能言。「神」不同於「情」與「識」，具有主宰性，此與其〈明報應論〉言「心」一致，「心可反」指藉由修行的工夫掌握心神，「悟徹者反本」則為通過修行覺悟，得證涅槃。慧遠在〈求宗不順化〉言：

> 是故反本求宗者，不以生累其神。超落塵封者，不以情累其生。不以情累其生，則生可滅。不以生累其神，則神可冥。冥神絕境，故謂之泥洹。（《弘明集》卷5，T52, no.2102, p.30）

「本」為涅槃，「冥神絕境」意指內外俱息，超越形神，故「神可冥」指情識止息，不為物所累，即解脫生死輪迴，得證涅槃，慧遠將「神」視為報應輪迴的主體，流轉受報，此為「神不滅」。但依佛教空性，「神」非永恆，故「神不滅」僅為對應「神滅」，在輪迴中承受果報。「神」為「心」或「識」，非究竟了義，修行最終目的並非使「神」永恆存在，而是止息心神，最終返「本」，「神」與「本」不同，慧遠雖儘可能避免落入「神」是實體，但「神不滅」的論述仍易引發誤解。[105] 就原始佛教的義理言，萬物由因緣假合而成，本無永恆不變的自性，慧遠為了反對神滅論而主張「神不滅」，不論如何說解，都陷入與「神滅」相對的困境，甚至以莊子薪火之喻，論證薪（形）盡火（神）傳，更使得「神」成為不滅的靈魂。此喻亦為神滅論者所用，[106] 同樣的類比，所採角度不同，使得類比呈現不穩定與多重性，無助於釐清爭議，反而治絲益棼。

　　兩漢思想史中的形神議題爭論，不僅是哲學思辨，更涉及政治以及學術

---

[105] 方立天採呂澂之論，認為慧遠神不滅論是承襲印度小乘佛教犢子部的有我論，其「神」為不滅的精神，是個實體性的靈魂。（方立天：《慧遠及其佛學》，北京：中國人民大學出版社，1987.6，頁52-74）賴永海認為慧遠所論之「神不滅」，採取中國傳統靈魂不滅的說法，「宣揚人的精神是永恆長存的。而此一永恆不變之神，既是報應之主體，又是成佛的根據。」（賴永海：《中國佛教文化論》，北京：中國青年出版社，1999.4，頁47）慧遠為因應神滅論者對佛教的詆毀，藉中國傳統思想中的形神議題，以神為報應輪迴主體，闡明神不滅，方便中國士人理解。區結成認為，「在慧遠的著作中，『神』主要擔任一種『主體』而非『本體』意義的角色。為了建立他『求宗不順化』的人生觀（價值觀），他必須強調輪迴的存在，這就需要有一輪迴的主體，以保證活動（業）與果報的合理性。」（區結成：《慧遠》，臺北：東大，1987.12，頁82）此說注意到慧遠「反本求宗」的修行目的，區別「神」與「本」（涅槃），在形神議題中強調「神不滅」，僅為解釋因果報應，而非涅槃境界。

[106] 桓譚〈新論形神〉最早明確地以「燭火」喻「形神」，本文見於《弘明集》卷五。文中藉時人論難，闡述「形盡神滅」，然從這些論難中，可看出以燭火喻形神的類比可同時指涉完全相反的論點。王充於《論衡‧論死》中亦使用「燭火之喻」，從「火滅光消」否認有獨存之精神。六朝神滅論者多襲用之。慧遠則以燭火之喻證形盡神不滅，亦為相同主張者延用。由於相同的類比用於不同論點，後來范縝〈神滅論〉另以「刃利之喻」取代「燭火之喻」，避免糾纏。

權力的競爭，佛教傳入後，六朝議論形神，亦有禮佛與反佛兩方的爭執，亦有政治勢力的干預，如南齊竟陵王蕭子良好佛，聚名士高僧講論佛法，范縝難之，並作〈神滅論〉，「此論出，朝野諠譁，子良集僧難之而不能屈。」[107]蕭子良甚至派王融遊說范縝放棄神滅之場，或可許以中書郎，遭范縝拒絕。其〈神滅論〉言：「神即形也，形即神也，形存則神存，形謝則神滅。形者神之質，神者形之用。是則形稱其質，神言其用。形之與神，不得相異。」[108] 形神相即，意指兩者為一體，缺一不可，之所以分為兩者，在於「質／用」之別。相較之前的形盡神滅論仍是形神二分，范縝之「形神相即」為形神一元論，並創利刃之喻，開展形神論的內容。至於范縝著〈神滅論〉的真正原因，在於「浮屠害政，桑門蠹俗。」本論最後一段直指佛教造成政治、社會與經濟的負面影響，這也是反對佛教的現實理由，史上數次大規模的毀佛，多與政治權力競爭有關。[109] 至於形神關係的論辯，從兩漢至六朝，並不只有在佛教教義的討論，從漢末的人物品鑒至六朝名士才性，俱圍繞形神關係，而六朝時的文學批評與書畫理論，亦皆廣泛論述，亦可藉此觀察佛教融入中國文化的過程。

---

[107] 《南史》卷五十七，〈列傳〉第四十七。蕭子良集僧眾文人撰文反駁范縝之〈神滅論〉，如蕭琛、曹思文撰〈難神滅論〉，范縝亦作書答難。其後沈約作〈難范縝神滅論〉、〈神不滅論〉與〈形神論〉諸文駁之，梁武帝亦作〈敕答臣下神滅論〉與〈立神明成佛義記〉反對神滅思想。此次爭論起於齊梁時佛教興盛，反佛力量的相抗衡，而論題則延續晉宋之際的形神爭論，此一爭論不僅只是義理之論難，更有著政治社會等諸多因素。

[108] 見《南史》本傳，亦載《梁書》及《弘明集》，文字稍有出入。

[109] 北魏太武帝崇道滅佛、北周武帝崇儒禁佛，連同唐武宗滅佛，其後五代時後周世宗毀佛，明朝世宗也有滅佛之舉。佛教界稱之為「三武滅僧」或「三武之禍」，近世出現「三武法難」或「三武一宗法難」之名。這些由皇帝主導的大規模滅佛事件，雖各有時空背景，也呈現文化、教義的衝突，但基本上都是政治力量介入宗教信仰，原因多與政治權力有關，可參考張箭：《三武一宗抑佛綜合研究》，北京：世界圖書出版公司，2015.5。日本學者春本秀雄整理中日學者說法，提出北魏太武帝廢佛的主要原因是禁絕圖讖，而佛道、胡漢對立等為次要。（[日]春本秀雄：〈北魏法難の実態解明について〉，《大正大學研究紀要・人間學部・文學部》第 94 輯，2009.3，頁 83-104）此說雖不同於中國學者，但太武帝毀佛仍是為了鞏固權力，一如說服太武帝廢佛的崔浩，其出身為世家大族，引薦天師道士寇謙之，實為從信仰與鮮卑貴族信佛抗衡，陳寅恪先生指出要理解崔浩，須從社會階級入手，這是北魏前期漢化面臨的問題。（陳寅恪：《陳寅恪魏晉南北朝史講演錄》，萬繩楠整理，合肥：黃山書社，2000.12，頁 240-253）北朝兩次大規模滅佛，其間亦有滅道之事，北齊高祖文宣帝高洋下詔禁絕道教，敕道士剃髮為沙門，對道教打擊甚大。以政治手段干預宗教興廢，在歷史中頻繁見得，反映出宗教對政治的影響力，宗教無法獨立於政治之外。

小結：佛教與儒道的交流與會通

　　佛教自印度發源，其教團組織與修行法門，對中國文化帶來衝擊，是歷史上自域外傳入，能成功融入並「征服」中國文化的宗教，[110] 佛教所傳不僅是宗教，更是生活。從思想史的角度，佛教於魏晉之後逐漸擴大其傳法與影響力，其思想義理逐漸為士人接受，並融入中國文化，魏晉玄學實有關鍵地位。[111] 玄學的核心論題在於會通儒道，調合自然與名教，有系統地建構儒道會通的理論，透過魏晉玄學，儒家入世與道家出世的根本差異得以調合，也進一步影響佛教與儒道關係。玄學以三玄為核心，老莊的認識論與佛教有相參之處，玄學清談的方式，也近似佛教辯經講論，而佛教高僧與名士交遊，亦促進佛教融合玄學和儒家思想。從東漢末開始的玄學思潮，為南北朝之後逐漸興起的「三教同源」與「三教合一」奠下基礎。

　　「名教／自然」的衝突與會通，不僅止於理論層面，還是許多士人在出處進退時所面臨的實際問題。[112] 換言之，玄學並非純粹為了理論建構而調合

---

[110] 「征服」（conquest）為荷蘭漢學家許理和（Erik Zürcher）用語，雖在學界引起爭議，但許理和本意為中國文化接受了來自印度的域外宗教，融合成為自身文化的一部份，此也意謂佛教經過複雜的「漢化」（Sinicization）過程，形成有別原始印度佛教的漢傳佛教。參見許理和：《佛教征服中國：佛教在中國中古早期的傳播與適應》（The Buddhist Conquest of China: The Spread and Adaptation of Buddhism in Early Medieval China），李四龍、裴勇等譯，南京：江蘇人民出版社，2017.3。本書從社會學與歷史學的角度，考察佛教於漢代傳入中國後引發的夷夏、政教與佛道的諸多爭議，如何與中國文化調合並被中國接受，書中區分「士大夫佛教」（gentry Buddhism）與「王室佛教」（court Buddhism），即佛教面對不同階層有相應方式，並得以深入民間而為大眾所接受。

[111] 陳弱水曾指出：「佛教在東晉十六國之後大盛，原因固然甚多，玄學絕對起了關鍵作用。玄學的流行導至許多士人對佛教教理發生興趣，玄學的本體思想和相關概念成為他們理解佛教的基礎。」（陳弱水：〈漢晉之際的名士思潮與玄學突破〉，收於《中國史新論——思想史分冊》，台北：聯經，2012.9，頁 244）陳弱水以「二元世界觀」的架構，論述玄學對「方外／方內」的討論，為佛教出世性格尋得一條入世之路，得以為中國接受。佛教修行的根本在於解脫，然而宗教必須傳播，就得宣教以度化眾生，調合出世與入世，與玄學討論仕與隱，安放名教與自然，實有相發明之處。是以佛教雖於東漢傳入，但隨著六朝玄學思潮，方使佛教大興。

[112] 余英時曾就「人倫秩序」的名教危機，論述兩晉時的「情／禮」衝突，並不因玄學理論已調和名教與自然而有所解決。（余英時：〈名教危機與魏晉士風的演變〉，《中古知識階層史論（古代篇）》，台北：聯經，1980.8，頁 329-372）余文從情禮關係提出魏晉士風的演變，引「嫂叔服」之喪禮論爭，說明「東晉以下的禮玄合流不是單純地出於談辯名理的興趣，而主要是為了解決當時門第社會中所存在的許多實際問題。」（前引書，頁 358）理論對應現實問題，玄學討論會通儒道，實為士人尋得安身立命之道。佛教進入中國，與儒道的調合，也為宣教度人。

儒道，而是為了最深切的安身立命，也因此在理論上或許可以調合儒道，但是在現實層面還是可能時時感到衝突困惑，這或許也是玄學的弔詭之處，為了解決儒道衝突，但最終只在理論上有所成效。不論如何，玄學會通儒道的嘗試，提出了會通方法，並建立論述，使得儒道關係不必然是截然二分，對於佛教進入中國所面臨的各種挑戰，有了可供借鑑的對象。佛教一方面對儒家，同時也得與道家競爭，同樣的，其他兩家亦如是。儒釋道構成一個三角鼎立的三邊關係，三個頂點相互對抗，也相互影響，更相互扶持，組成中國文化的重要思想內涵。

　　六朝時三教固然彼此競爭論辯，但也相互影響，於三教關係亦出現調合之論。東晉道安法師作〈二教論〉，論三教優劣，以佛為內教，儒為外教，道教與其他諸子皆是儒家附庸。雖此論為反駁抑佛之說，以佛儒相通，但於設問時，問者曰：「三教雖殊，勸善義一。塗迹誠異，理會則同。」[113] 此問已可見當時流傳從道德規範看待三教，皆為勸善教化之說。晉宋之際的隱士宗炳作〈明佛論〉，申述神不滅並論及三教關係，文云：

> 儒以弘仁，道在抑動，皆已撫教得崖，莫匪爾極矣。雖慈良無為，與佛說通流。而法身泥洹，無與盡言，故不明耳。凡稱無為而無不為者，與夫法身無形，普入一切，豈不同致哉。是以孔老如來，雖三訓殊路，而習善共轍也。[114]

此說從「習善」的角度，會合儒家的仁，道家的無以及佛教的法身，言三者殊路共轍，此說已有調合三教的意味。南梁武帝好佛，晚年多次出家還俗，其〈述三教詩〉記其自少而老，習儒修道與向佛的過程，詩中談到三教關係，詩云：

> 分別根難一，執著性易驚。窮源無二聖，測善非三英。大椿徑億尺，小草裁云萌。大雲降大雨，隨分各受榮。心相起異解，報應有殊形。差別豈作意，深淺固物情。[115]

雲雨之喻，典出《法華經・藥草喻品》，如來現世如大雲遍覆，雷雨潤澤，眾生各得生長。詩中指稱三教同源，儒家為善好生，道家密行積德，釋家則

---

[113] 《廣弘明集》卷 8，T52, no.2103, p.136。道安應北周武帝述三教先後，崇道抑佛，故作此論。

[114] 《弘明集》卷 2，T52, no.2102, p.12。宗炳是廬山慧遠法師的弟子，為駁慧琳的〈黑白論〉黜佛之說，故作〈明佛論〉，論中闡釋輪迴之神識不滅，乃常住之法身，若除去神識之情欲，還復本來清淨，即可返還法身而成佛。此論雖非般若學之旨，然可管窺南朝名士如何理解佛教，透過調合式的詮釋，將三教義理融合，有助於佛教為士人接受。

[115] 本詩收於唐《廣弘明集》卷 30（T52, no.2103, p.352），其他唐代集錄多作〈會三教詩〉。

為眾生平等，歸於無生。此說從道德立論，謂各家均講行善積德，有益社會和諧，是為帝王之言。這個論述雖僅為三教的一個面象，但確實為三教確立一個共同點。就思想史而言，玄學開啟了儒釋道三教會通與合一的可能，也使兩晉南北朝時期成了三教合一的理想時代。

　　唐代之後興起一則「虎溪三笑」的故事，相傳東晉高僧慧遠居於廬山西北山麓的東林寺，曾立下誓約：「影不出戶，跡不入俗，送客不過虎溪橋。」一日，慧遠與詩人陶淵明和道士陸修靜過訪，三人談得極為投機，不覺天色已晚，一路行走相送。最終，聽聞虎嘯，方意識早過虎溪。三人相視大笑，執禮作別。[116] 此事成了後世《虎溪三笑圖》的題材，畫作甚多，為儒釋道三教和睦相處的象徵，歷久不衰。但元末陶宗儀《南村輟耕錄》考證，陸修靜在元嘉末年至廬山，當時慧遠已過世三十年，陶淵明已過世二十年，三人會談之說恐怕只是偽託。[117] 即使是個虛構的故事，然其顯示的意義，遠超過故事的真實性。慧遠法師是東晉高僧，《高僧傳》記其少時「博綜六經，尤善莊老」，之後「聞安講般若經，豁然而悟。乃歎曰：儒道九流皆糠秕耳。」拜於釋道安門下。[118] 慧遠精通儒道經典，聞《般若經》而開悟，兼通三教。陸修靜幼習儒學，之後整理道經，多借鏡佛教。陶淵明亦善儒學，然其詩文多發揮老莊道家思想，並受佛學影響。因此，這個故事的三個主角，都兼具三教的背景，而「三笑」亦有三教合一的隱喻。唐代是三教競爭相對激烈的時代，之所以偽託虎溪三笑年代，設定在東晉，可說是唐人對於三教合一的理想投射，嚮往在玄學思潮下，三教和諧並存。

---

[116] 宋代陳舜俞云：「流泉臣寺下入虎溪。昔遠師送客過此，虎輒號鳴，故名焉。時陶元亮居慄里山南，陸修靜亦有道之士。遠師嘗送此二人，與語道合，不覺過之，因相與大笑。今世傳三笑圖，蓋起於此。」(《廬山記》卷一，〈敘山水〉)此事或從唐代開始流傳，此後多有以之為題的畫作，是儒釋道三教和諧的重要象徵。

[117] 見元代陶宗儀：《南村輟耕錄》卷三十，上海：上海古籍出版社，2012.11。

[118] 《高僧傳》卷6，T50, no.2059, p.358。

引用文獻

列舉凡例：

1. 所列書目文獻皆為本書引用，僅參考者未列出。

2. 「古典文獻」依四部分類，並以成書年代排序。

3. 引自《大藏經》與《正統道藏》之經名未列出。

4. 「史部」依史書內容之朝代先後排序。

5. 「古典文獻」另立「出土文獻」一類。

6. 「專著」依著者或編者姓名筆劃排序。

7. 外文專著依著者字母排序，並列譯本。

一、古典文獻

（一）經部

1. 《周易正義》，[魏]王弼，[晉]韓康伯注，[唐]孔穎達正義，臺北：藝文印書館，2001

2. 《周易鄭注》，[漢]鄭玄注，[宋]王應麟輯，丁杰等校訂，北京：中華書局，1985

3. 《尚書正義》，[漢]孔安國傳，[唐]孔穎達等正義，臺北：藝文印書館，2001

4. 《毛詩正義》，[漢]毛公傳，鄭元箋，[唐]孔穎達正義，臺北：藝文印書館，2001

5. 《周禮注疏》，[漢]鄭玄注，[唐]賈公彥疏，臺北：藝文印書館，2001

6. 《禮記正義》，[漢]鄭玄注，[唐[孔穎達正義，臺北：藝文印書館，2001

7. 《春秋左傳注疏》，[晉]杜預集解，[唐]孔穎達正義，臺北：藝文印書館，1993

8. 《孝經注疏》，[唐]玄宗御注、[宋]邢昺疏，臺北：藝文印書館，1997

9. 《論語義疏》，[梁]皇侃撰，高尚榘校點，北京：中華書局，2013.6

10. 《論語正義》，[魏]何晏集解，[宋]邢昺疏，臺北：藝文印書館，2001

11. 《論語集釋》，程樹德撰，程俊英、蔣見元點校，北京：中華書局，1990.8

12. 《孟子正義》，[漢]趙岐注，[宋]孫奭疏，臺北：藝文印書館，2001

13. 《四書章句集注》，[宋]朱熹，臺北：國立臺灣大學出版中心，2016.6

14. 《說文解字注》，[漢]許慎，[清]段玉裁注，臺北：黎明文化事業，1991.4

15. 《釋名疏證補》，[漢]劉熙，[清]王先謙疏證，上海：上海古籍出版社，1984.3

16. 《經典釋文》，[唐]陸德明，上海：上海古籍出版社，2012.12

17. 《經義考新校》，[清]朱彝尊撰，上海：上海古籍出版社，2011.1

18. 《緯書集成》（三冊），安居香山、中村璋八合編，石家莊：河北人民出版社，1994.12

（二）史部

1. 《國語》，[周]左丘明，[三國吳]韋昭注，胡文波校點，上海：上海古籍出版社，2015.8

2. 《戰國策箋證》，[漢]劉向集錄，範祥雍箋證，上海：上海古籍出版社，2006.12

3. 《史記》，[漢]司馬遷，[劉宋]裴駰集解，[唐]司馬貞索隱，臺北：鼎文書局，1981

4. 《漢書》，[漢]班固，[唐]顏師古注，臺北：鼎文書局，1986

5. 《後漢書》，[劉宋]范曄，[唐]李賢等注，臺北：鼎文書局，1987

6. 《後漢紀校注》，[晉]袁宏，周天游校注，天津：天津古籍出版社，1987.12

7. 《三國志集解》，[晉]陳壽，[宋]裴松之注，[民]盧弼集解，臺北：鼎文書局，1997

8. 《晉書》，[唐]房玄齡等撰，臺北：鼎文書局，1992

9. 《南齊書》，[梁]蕭子顯，臺北：鼎文書局，1980

10. 《梁書》，[隋]姚察、[隋]謝炅、[唐]魏徵、[唐]姚思廉合撰，臺北：鼎文書局，1986

11. 《北史》，[唐]李延壽，臺北：鼎文書局，1980

12. 《南史》，[唐]李延壽，臺北：鼎文書局，1981

13. 《隋書》，[唐]魏徵等撰，臺北：鼎文書局，1980

14. 《直齋書錄解題》，[宋]陳振孫，徐小蠻、顧美華點校，上海：上海古籍出版社，2015.5

15. 《明史》，[清]張廷玉等撰，臺北：鼎文書局，1975

（三）子部

1. 《孟子正義》，[清]焦循；沈文倬點校，北京：中華書局，1987.10

2. 《荀子集解》，[清]王先謙，沈嘯寰、王星賢點校，北京：中華書局，1992.2

3. 《荀子校釋》，王天海校釋，上海：上海古籍出版社，2009.10

4. 《老子道德經注校釋》，[魏]王弼注，樓宇烈校釋，北京：中華書局，2008.12

5. 《老子道德經河上公章句》，王卡點校，北京：中華書局，1993.8

6. 《老子想爾注校證》，饒宗頤校證，上海：上海古籍出版社，1991.11

7. 《新譯老子想爾注》，顧寶田、張忠利注譯，臺北：三民書局，1997.1

8. 《老子校釋》，朱謙之校釋，北京：中華書局，1984.11

9. 《老子今註今譯及評介》，陳鼓應，臺北：臺灣商務印書館，1997.1

10. 《莊子集釋》，[清]郭慶藩集釋，王孝魚點校，北京：中華書局，2012.2

11. 《南華真經注疏》，[晉]郭象注，[唐]成玄英疏，曹礎基、黃蘭發點校，北京：中華書局，1998.7

12. 《南華經薈解·南華經薈解說》（《無求備齋莊子集成初編》13 冊），[明]郭良翰，嚴靈峯編，臺北：藝文印書館，1972

13. 《莊子通》（《無求備齋莊子集成續編》第 9 冊），[明]沈一貫，嚴靈峯編，臺北：藝文印書館，1974

14. 《莊子內篇注》，[明]釋德清，黃曙輝點校，上海：華東師範大學出版社，2009.8

15. 《莊子今註今譯》，陳鼓應，北京：中華書局，2009.2

16. 《莊子補正》（《無求備齋莊子集成初編》28 冊），劉文典，嚴靈峯編，臺北：藝文印書館，1973

17. 《列子集釋》，楊伯峻集釋，北京：中華書局，1997.10

18. 《墨子閒詁》，[清]孫詒讓，孫啟治點校，北京：中華書局，2001.4

19. 《墨經校詮》，高亨，臺北：世界書局，1981.3

20. 《公孫龍子形名發微》，[周]公孫龍，譚戒甫撰，北京：中華書局，1963.8

21. 《新譯鄧析子》，徐忠良譯注，臺北：三民書局，2022.7

22. 《商君書錐指》，蔣禮鴻，北京：中華書局，2014.5

23. 《管子校注》，黎翔鳳，北京：中華書局，2004.6

24. 《管子四篇詮釋——稷下道家代表作》，陳鼓應著，臺北：三民書局，2003.2

25. 《慎子集校集注》，[周]慎到，許富宏集注，北京：中華書局，2013.8

26. 《鶡冠子校注》，黃懷信校注，北京：中華書局，2014.3

27. 《韓非子集解》，[周]韓非，[清]王先慎集解，鐘哲點校，北京：中華書局，2011.2

28. 《增訂韓非子校釋》，陳啟天，臺北：臺灣商務印書館，1992.6

29. 《韓非子全譯》，張覺，貴陽：貴州人民出版社，1992.3

30. 《韓非子校疏析論》，張覺，北京：知識產權出版社，2011.10

31. 《黃帝內經》，姚春鵬譯注，北京：中華書局，2009.9

32. 《黃帝內經素問集註》，張隱菴集註，上海：上海科學技術出版，1959.9

33. 《山海經箋疏補校》，[清]郝懿行箋疏，范祥雍補校，上海：上海古籍出版社，2013.8

34. 《山海經校注》，袁珂，成都：巴蜀書社，1993

35. 《孔子家語校注》，高尚舉等校注，北京：中華書局，2021.9

36. 《呂氏春秋集釋》，許維遹撰，北京：中華書局，2009.9

37. 《呂氏春秋新校釋》，陳奇猷校釋，上海：上海古籍出版社，2002.4

38. 《新語校注》，[漢]陸賈，王利器校釋，北京：中華書局，1997.10

39. 《新書校注》，[漢]賈誼，閻振益、鍾夏校注，北京：中華書局，2000.7

40. 《淮南子集釋》，[漢]劉安，何寧撰，北京：中華書局，1998.10

41. 《春秋繁露義證》，[漢]董仲舒，[清]蘇輿撰，鍾哲點校，北京：中華書局，1992.12

42. 《鹽鐵論校注》，[漢]桓寬，王利器校注，北京：中華書局，2015.7

43. 《太玄集注》，[漢]揚雄，[宋]司馬光集注，劉韶軍點校，北京：中華書局，1998.9

44. 《法言義疏》，[漢]揚雄，[清]汪寶榮義疏，陳仲天點校，北京：中華書局，1987.3

45. 《新輯本桓譚新論》，[漢]桓譚，朱謙之校輯，北京：中華書局，2009.9

46. 《白虎通疏證》，[漢]班固，[清]陳立疏證，吳則虞點校，北京：中華書局，2012.6

47. 《潛夫論箋校正》，[漢]王符，[清]汪繼培箋，彭鐸校正，北京：中華書局，2010.1

48. 《論衡校釋》，[漢]王充，黃暉校釋，北京：中華書局，1990.2

49. 《新譯論衡讀本》，[漢]王充，蔡鎮楚注釋，臺北：三民書局，1997.10

50. 《昌言校注》，[漢]仲長統，孫啟治校注，北京：中華書局，2012.6

51. 《人物志》，[魏]劉劭，上海：上海三聯書店，2007.6

52. 《神仙傳》，[晉]葛洪，北京：中華書局，1991

53. 《世說新語箋疏》，[劉宋]劉義慶，[梁]劉孝標注，余嘉錫箋疏，北京：中華書局，2016.8

54. 《世說新語校箋》，[劉宋]劉義慶，[梁]劉孝標注，楊勇校箋，北京：中華書局，2006.6

55. 《顏氏家訓》，[北齊]顏之推，檀作文譯注，北京：中華書局，2007.12

56. 《二程集》，[宋]程顥、程頤，王孝魚點校，北京：中華書局，2008.7

57. 《朱子語類》，鄭明等校點，上海：上海古籍出版社、合肥：安徽教育出版社，2002.12

58. 《陽明先生集要》，[明]王守仁，施邦曜輯評，王曉昕、趙平略點校，北京：中華書局，2011.6

59. 《陔餘叢考》，[清]趙翼，欒保群點校，北京：中華書局，2019.11

（四）集部

1. 《王弼集校釋》，[魏]王弼，樓宇烈校釋，北京：中華書局，1999.12

2. 《嵇康集校注》，[魏]嵇康，戴明揚校注，北京：中華書局，2014.4

3. 《阮籍集校注》，[魏]阮籍，陳伯君校注，北京：中華書局，1987.10

4. 《新譯阮籍詩文集》，[魏]阮籍，林家驪注釋，臺北：三民書局，2001.2

5. 《搜神記》，[晉]干寶、黃滌明譯注，臺北：台灣書房，2010.3

6. 《文心雕龍義證》，[南朝梁]劉勰，詹鍈義證，上海：上海古籍出版社，1989.8

7. 《五百家注韓昌黎集》，[唐]韓愈，[宋]魏仲舉集注，郝潤華、王東峰整理，北京：中華書局，2019.6

8. 《文選》，[梁]蕭統編，[唐]李善注，上海：上海古籍出版社，1986.6

9. 《藝文類聚》，[唐]歐陽詢等編，汪紹楹校，上海：上海古籍出版社，1986.2

10. 《太平廣記》，[宋]李昉等編，北京：中華書局，1961 初版、1995 年第 6 次印刷

11. 《太平御覽》，[宋]李昉等編，北京：中華書局，2006.6

12. 《二程集》，[宋]程顥、程頤著，王孝魚點校，北京：中華書局，2008.7

13. 《嵩山文集》，[宋]晁說之，臺北：臺灣商務印書館，1966.10

14. 《楚辭補注》，[宋]洪興祖，臺北：長安出版社，1991.8

15. 《重校精印漢魏六朝百三家集》（全六冊），[明]張溥輯，台中：松柏出版社，1964.8

16. 《南村輟耕錄》，[元]陶宗儀，上海：上海古籍出版社，2012.11

17. 《金聖歎全集》，[清]金聖歎，陸林輯校，南京：鳳凰出版社，2008.12

18. 《文津閣四庫全書》，任繼愈、傅璇琮總主編，北京：商務印書館，2005

19. 《四庫全書總目提要》（全四冊），[清]紀昀總纂，石家莊：河北人民出版社，2000

20. 《全上古三代秦漢三國六朝文》[清]嚴可均編，北京：中華書局，1999.6

21. 《東塾讀書記》，[清]陳澧，臺北：臺灣商務印書館，1997.6

22. 《先秦漢魏晉南北朝詩》，逯欽立輯校，北京：中華書局，1983.9

（五）佛教

1. 《大正新修大藏經》，高楠順次郎、渡邊海旭等編修，臺北：新文豐，1983.1

2. 《大正新脩大藏經》電子佛典，「中華電子佛典協會」（Chinese Buddhist Electronic Text Association）數位化，本論文引用《大正新脩大藏經》依冊數、經號、頁數之順序列舉。（https://cbetaonline.dila.edu.tw/zh/）

3. 《弘明集校箋》，[梁]僧祐，李小榮校箋，上海：上海古籍出版社，2013.11

4. 《出三藏記集》，[梁]僧祐，蘇晉仁、蕭鍊子點校，北京：中華書局，2008.7

5.　《高僧傳》，[梁]慧皎，富世平點校，北京：中華書局，2023.6

（六）道教

1.　《太平經合校》（全二冊），王明編，北京：中華書局，1960.2

2.　《抱朴子內篇校釋》（增訂本），王明，北京：中華書局，1985.3

3.　《抱朴子內篇今註今譯》，陳飛龍，臺北：臺灣商務印書館，2001.1

4.　《抱朴子外篇校箋》（全二冊），楊明照，北京：中華書局，1991.12

5.　《雲笈七籤》，[宋]張君房編，李永晟點校，北京：中華書局，2003.12

6.　《道藏》（全 36 冊），上海書店、天津古籍出版社、文物出版社，1988 年
　　影印本

7.　《道藏提要》，任繼愈主編，北京：中國社會科學出版社，1991.7

（七）出土文獻

1.　《長沙馬王堆漢墓簡帛集成》，裘錫圭主編，湖南省博物館，復旦大學
　　出土文獻與古文字研究中心編纂，北京：中華書局，2014.6

2.　《馬王堆漢墓帛書（壹）》，馬王堆漢墓帛書整理小組編，北京：文物出
　　版社，1974.9

3.　《導引圖：馬王堆漢墓帛書》，馬王堆漢墓整理小組編，北京：文物出
　　版社，1979.4

4.　《帛書老子校注》，高明校注，北京：中華書局，1996.5

5.　《黃帝四經今註今譯》，陳鼓應，臺北：臺灣商務印書館，2004.8

6.　《郭店楚墓竹簡》，荊門市博物館編，北京：文物出版社，1998.5

7.　《郭店楚墓竹簡‧緇衣》，簡帛書法選編輯組編，北京：文物出版社，
　　2002.12

8.　《睡虎地秦墓竹簡》，睡虎地秦墓竹簡整理小組編著，北京：文物出版
　　社，1990.9

9. 《張家山漢墓竹簡（二四七號墓）：釋文修訂版》，張家山二四七號漢墓竹簡整理小組編著，北京：文物出版社，2006.5

10. 《清華大學藏戰國竹簡（陸）》，清華大學出土文獻研究與保護中心編著，上海：中西書局，2016.4

11. 《殷周金文集成》（修訂增補本），中國社會科學院考古研究所編，北京：中華書局，2007.4

12. 《中國畫像石全集》，中國畫像石全集編輯委員會編，濟南：山東美術出版社、鄭州：河南美術出版社，2000.6

二、近人專著

1. 丁原明：《黃老學論綱》，濟南：山東大學出版社，1997.12

2. 于省吾：《甲骨文字詁林》，北京：中華書局，1996.5

3. 于省吾：《雙劍誃吉金文選》，北京：中華書局，2009.4

4. 方立天、余首奎等編著：《中國古代著名哲學家評傳》，濟南；齊魯書社，1980.11

5. 方立天：《中國古代哲學問題發展史》，台北：洪業，1995.4

6. 方立天：《慧遠及其佛學》，北京：中國人民大學出版社，1987.6

7. 方授楚：《墨學源流》，臺北：臺灣中華書局，1979.9

8. 王文顏：《佛典漢譯之研究》，臺北：天華出版事業，1984.12

9. 王平：《〈太平經〉研究》，臺北：文津出版社，1995.10

10. 王妙純：《魏晉士人的生死關懷——以〈世說新語〉為核心的考察》，臺北：文津出版社，2012.9

11. 王沛：《刑書與道術：大變局下的早期中國法》，北京：法律出版社，2018.6

12. 王秀江：《〈孔子家語〉考述》，北京：中國社會科學出版社，2016.6

13. 王邦雄、岑溢成、楊祖漢、高柏園：《中國哲學史》，臺北：里仁，2005.9

14. 王宗昱：《〈道教義樞〉研究》，上海：上海文化出版社，2001.1

15. 王承文：《敦煌古靈寶經與晉唐道教》，北京：中華書局，2002.11

16. 王保玹：《西漢經學源流》，臺北：東大圖書，2008.8

17. 王軍：《荀子思想研究：禮樂重構的視角》，北京：中國社會科學出版社，2010.6

18. 王健文：《奉天承運──古代中國的「國家」概念及其正當性基礎》，臺北：東大圖書，1995.6

19. 王國維：《古史新證》，北京：清華大學出版社，1994.12

20. 王國維：《定本觀堂集林》，臺北：世界書局，1961.3

21. 王葆玹：《正始玄學》，濟南：齊魯書社，1987.9

22. 王葆玹：《玄學通論》，臺北：五南圖書，1996.4

23. 王禕：《〈禮記‧樂記〉研究論稿》，上海：上海人民出版社，2011.7

24. 王曉波：《道與法：法家思想和黃老哲學解析》，臺北：臺灣大學出版中心，2007.5

25. 王曉毅：《儒釋道與魏晉玄學形成》，北京：中華書局，2003.9

26. 王璉等著：《中國古代金屬化學及金丹術》，上海：中國科學圖書儀器，1957.4

27. 王讚源：《墨子》，臺北：東大圖書，1996.9

28. 古正美：《從天王傳統到佛王傳統：中國中世佛教治國意識形態研究》，臺北：商周出版，2003.6

29. 古正美：《貴霜佛教政治傳統與大乘佛教》，臺北：允晨文化，1993.3

30. 史黨社：《〈墨子〉城守諸篇研究》，北京：中華書局，2011.1

31. 皮錫瑞：《經學歷史》，臺北：漢京文化，1983.9

32. 任繼愈主編，《中國道教史》，上海：上海人民出版社，1990.6

33. 任繼愈主編：《中國哲學發展史（魏晉南北朝）》，北京：人民出版社，1988.4

34. 伍成泉：《漢末魏晉南北朝道教戒律規範研究》，成都：巴蜀書社，2006.12

35. 印順：《中觀論頌講記》，臺北：正聞出版社，1992.1

36. 印順：《印度之佛教》，臺北，正聞出版社，1992.10

37. 印順：《印度佛教思想史》，臺北：正聞出版社，1992.4

38. 印順：《如來藏之研究》，臺北：正聞出版社，1992.5

39. 印順：《空之探究：阿含・部派・般若經・龍樹》，臺北：正聞出版社，1992.10

40. 印順：《原始佛教聖典之集成》，臺北：正聞出版社，1991.5

41. 朱伯崑：《易學哲學史》，北京：北京大學出版社，1986.11

42. 朱謙之：《中國哲學史史料學》，北京：中華書局，2012.11

43. 牟宗三：《才性與玄理》，臺北：臺灣學生書局，2002.8

44. 牟宗三：《中國哲學十九講》，臺北：臺灣學生書局，1983.10

45. 牟宗三：《中國哲學的特質》，臺北：臺灣學生書局，1998.5

46. 牟宗三：《心體與性體》，臺北：正中書局，1968.5

47. 牟宗三：《名家與荀子》，臺北：臺灣學生書局，1979.3

48. 牟宗三：《圓善論》，臺北：臺灣學生書局，1985.7

49. 牟宗鑒、胡孚琛、王葆玹編著：《道教通論——兼論道家學說》，濟南：齊魯書社，1991.11

50. 牟鍾鑒：《〈呂氏春秋〉與〈淮南子〉思想研究》，濟南：齊魯書社，1987.9

51. 牟鍾鑒：《呂氏春秋與淮南子思想研究》，北京：人民出版社，2013.3

52. 佐藤將之：《荀子禮治思想的淵源與戰國諸子之研究》，臺北：國立臺灣大學出版中心，2013.12

53. 佐藤將之：《荀學與荀子思想研究》，臺北：萬卷樓，2015.12

54. 佐藤將之：《參於天地之治：荀子禮治政治思想的起源與構造》，臺北：國立臺灣大學出版中心，2016.9

55. 余英時：《中國知識階層史論》，臺北：聯經出版社，1980.8，

56. 余英時：《中國思想傳統的現代詮釋》，臺北：聯經出版社，1987.3

57. 余英時：《紅樓夢的兩個世界》，臺北：聯經出版社，1978.1

58. 余英時：《重尋胡適歷程：胡適生平與思想再認識》（增訂版），臺北：中研院、聯經，2014.8

59. 余英時：《論天人之際：中國古代思想起源試探》，臺北：聯經出版社，2014.1

60. 余英時：《歷史與思想》，臺北：聯經出版社，1976.9

61. 余敦康：《何晏王弼玄學新探》，濟南：齊魯書社，1991.7

62. 余敦康：《魏晉玄學史》，北京：北京大學出版社，2004.12

63. 余嘉錫：《四庫提要辨證》，昆明：雲南人民出版社，2004.11

64. 吳汝鈞：《印度佛學的現代詮釋》，臺北：文津出版社，1994.6

65. 吳汝鈞：《老莊哲學的現代析論》，臺北：文津出版社，1998.6

66. 吳冠宏：《走向嵇康——從情之有無到氣通內外》，臺北：國立臺灣大學出版中心，2015.9

67. 吳冠宏：《魏晉玄義與聲論新探》，臺北：里仁書局，2006.3

68. 吳龍灿：《天命、正義與倫理——董仲舒政治哲學研究》（北京：人民出版社，2013.5

69. 呂世浩：《〈史記〉到〈漢書〉：轉折過程與歷史意義》，臺北：國立臺灣大學出版中心，2009.12

70. 呂凱：《鄭玄之讖緯學》，臺北：臺灣商務印書館，1982.5

71. 呂澂：《中國佛學源流略講》，臺北：大千出版社，2003.1

72. 呂澂：《印度佛學源流略講》，上海：上海人民出版社，2018.4

73. 宋定國：《國學縱橫》，北京：首都師範大學出版社，2013.1

74. 李立：《漢墓神畫研究——神話與神話藝術精神的考察與分析》，上海：上海古籍出版社，200.12

75. 李存山：《中國氣論探源與發微》，北京：中國社會科學出版社，1990.12

76. 李孝定：《甲骨文集釋》，臺北：中研院歷史語言研究所，1991.03

77. 李宗定：《老子道的詮釋與反思：從韓非、王弼注老之溯源考察》，新北

市：花木蘭文化，2008.9

78. 李宗定：《葛洪〈抱朴子內篇〉與魏晉玄學》，臺北：臺灣學生書局，2012.11

79. 李長之：《司馬遷之人格與風格》，臺北：里仁書局，1997.10

80. 李建民：《方術‧醫學‧歷史》，台北：南天書局，2000.6

81. 李建民：《生命史學──從醫療看中國歷史》，臺北：三民書局，2005.7

82. 李建民：《從醫療看中國史》，台北：聯經出版社，2008.10

83. 李建民：《發現古脈──中國古典醫學與術數身體觀》，北京：社會科學文獻出版社，2007.1

84. 李凇：《論漢代藝術中的西王母圖像》，長沙：湖南教育出版社，2000.4

85. 李剛：《勸善成仙──道教生命倫理》，成都：四川人民出版社，1994.7

86. 李哲賢：《荀子之核心思想──「禮義之統」及其時代意義，臺北：文津出版社，1994.8

87. 李清筠：《魏晉名士人格研究》，臺北：文津出版社，2000.10

88. 李零：《中國方術正考》，北京：中華書局，2006.5

89. 李零：《中國方術續考》，北京：中華書局，2006.5

90. 李漢三：《先秦兩漢之陰陽五行學說》，臺北：維新書局，1968.1

91. 李潤生：《僧肇》，臺北：東大圖書，1989.6

92. 李養正：《道教義理綜論》，北京：宗教文化出版社，2009.12

93. 李養正：《道教與諸子百家》，北京：燕山出版社，1993.2

94. 李學勤：《簡帛佚書與學術史》，臺北：時報文化，1994.12

95. 李澤厚：《中國古代思想史論》，臺北：三民書局，1996.9

96. 李豐楙：《不死的探求──抱朴子》，臺北：時報文化，1998.12

97. 李豐楙：《仙境與遊歷──神仙世界的想像》，北京：中華書局，2010.10

98. 李豐楙：《憂與遊：六朝隋唐遊仙詩論集》，臺北：臺灣學生書局，1996.3

99. 杜正勝：《從眉壽到長生——醫療文化與中國古代生命觀》，臺北：三民書局，2005.4

100. 杜保瑞：《基本哲學問題》，北京：華文出版社，2000.8

101. 汪中：《述學》，北京：中華書局，1991

102. 汪中：《新編汪中集》，揚州：廣陵書社，2005.3

103. 辛旗：《阮籍》，臺北：東大圖書，1996.6

104. 阮廷焯：《先秦諸子考佚》，臺北：鼎文書局，1980.3

105. 周法高：《中國古代語法：構詞編》，臺北：中央研究院歷史語言研究所，1962.8

106. 周桂鈿：《虛實之辨——王充哲學的宗旨》，北京：人民出版社，1994.10

107. 周貽謀：《馬王堆簡帛與古代房事養生》，長沙：岳麓書社，2006.2

108. 周靜佳：《六朝形神思想與審美觀念》，新北市：花木蘭出版社，2008.9

109. 季羨林：《季羨林佛教學術論文集》，臺北：東初出版社，1995.4

110. 尚永琪：《胡僧東來——漢唐時期的佛經翻譯家和傳播人》，蘭州：蘭州大學出版社，2012.12

111. 屈大成：《大乘〈大般涅槃經〉研究》，臺北：文津出版社，2003.12

112. 屈大成：《中國佛教思想中的頓漸觀念》，臺北：文津出版社，2000.1

113. 林安梧：《中國宗教與意義治療》，臺北：明文書局，1996.4

114. 林啟屏：《從古典到正典：中國古代儒學意識之形成》，臺北：臺大出版中心，2007.7，

115. 林啟彥：《中國學術思想史》，臺北：書林，1994.1

116. 林崇安：《佛法之源：阿含經的源流與核心思想》，臺北：大千，2007.7

117. 林富士：《中國中古時期的宗教與醫療》，臺北：聯經出版社，2008.6

118. 林富士：《巫者的世界》，廣州：廣東人民出版社，2016.11

119. 林富士：《疾病終結者——中國早期道教醫學》，臺北：三民書局，1993.6

120. 林富士：《漢代的巫者》，臺北：稻鄉出版社，1988.4

121. 林敬國：《系統中的風格——〈小品般若經〉六種漢譯本翻譯風格研究》，上海：上海交通大學出版社，2011.8

122. 林壽晉：《半坡遺址綜述》，香港：中文大學出版社，1981.1

123. 林緯毅：《法儒兼容：韓非子的歷史考察》，臺北：文津出版社，2004.11

124. 林聰舜：《向郭莊學之研究》，臺北：文史哲出版社，1981.12

125. 林聰舜：《漢代儒學別裁：帝國意識形態的形成與發展》，臺北：國立臺灣大學出版中心，2013.7

126. 陳蘇鎮：《〈春秋〉與「漢道」：兩漢政治與政治文化研究》，北京：中華書局，2011.9

127. 林麗真：《王弼》，臺北：東大圖書，1988.7

128. 林麗雪：《王充》，臺北：東大圖書，1991.1

129. 林麗雪：《抱朴子內外篇思想析論》，臺北：臺灣學生書局，1980.5

130. 果濱：《〈楞嚴經〉傳譯及其真偽辯證之研究》，臺北：萬卷樓，2009.8

131. 邱敏捷：《以佛解莊：以〈莊子〉註為線索之考察》，臺北：秀威資訊科技，2019.8

132. 邱鎮京：《阮籍詠懷詩研究》，臺北：文津出版社，1979.7

133. 邵毅平：《論衡研究》，上海：復旦大學出版社，2009.6

134. 金正耀：《道教與煉丹術論》，北京：宗教文化出版社，2001.2

135. 金春峰：《漢代思想史》，北京：中國社會科學出版社，2006.2

136. 侯外廬、趙紀彬、杜國庠、邱漢生著：《中國思想通史》，北京：人民出版社，1957.4

137. 姜生、郭武：《明清道教倫理及其歷史流變》，成都：四川人民出版社，1999.5

138. 姜生、湯偉俠編：《中國道教科學技術史（漢魏兩晉卷）》，北京：科學出版社，2002.4

139. 姜生：《漢帝國的遺產：漢鬼考》，北京：科學出版社，2017.7

140. 姜生：《漢魏兩晉南北朝道教倫理論稿》，成都：四川大學出版社，1995.12

141. 姜守誠：《〈太平經〉研究——以生命為中心的綜合考察》，北京：社會科學文獻出版社，2007.10

142. 洪丕謨：《道教長生術》，杭州：浙江古籍出版社，1992.2

143. 洪漢鼎：《語言學的轉向——當代分析哲學的發展》，臺北：遠流出版，1992.3

144. 洪謙：《維也納學派哲學》，臺北：唐山，1996.9

145. 紀志昌：《南朝清談：論辯文化與三教交涉在南朝的發展》，臺北：國立臺灣大學出版中心，2020.4

146. 胡孚琛：《魏晉神仙道教——抱朴子內篇研究》，北京：人民出版社，1989.6

147. 胡順萍：《〈阿含經〉解脫之道：增上戒、定、慧三無漏學》，臺北：萬卷樓，2009.6

148. 胡適：《中國哲學史大綱》，臺北：臺灣商務印書館，2008.12

149. 范文瀾：《中國通史簡編》，北京：人民文學出版社，1965

150. 韋政通：《董仲舒》，臺北：東大圖書，1986.7

151. 卿希泰：《道教文化新探》，成都：四川人民出版社，1988.10

152. 卿希泰：《道教與中國傳統文化》，福州：福建人民出版社，1990

153. 卿希泰主編，《中國道教史》（修訂本），成都：四川人民出版社，1996.12

154. 卿希泰主編：《道教與中國傳統文化》，福州：福建人民，1990.5

155. 唐大潮編著：《中國道教簡史》，北京：宗教文化出版社，2001.6

156. 唐君毅：《中國文化之精神價神》，臺北：正中書局，1975 台十版

157. 唐君毅：《中國哲學原論（原教篇）》，臺北：臺灣學生書局，1990.9

158. 唐君毅：《中國哲學原論（原道篇）》，臺北：臺灣學生書局，1996.10

159. 唐秀蓮：《僧肇的佛學理解與格義佛教》，臺北：文史哲，2008.4

160. 唐長孺：《魏晉南北朝史論拾遺》，北京：中華書局，2011.4

161. 唐長孺：《魏晉南北朝史論叢》，北京：三聯書店，1955.7

162. 孫中原：《墨子的智慧：墨子說粹》，北京：三聯，1995.9

163. 孫以楷主編，陸建華等著：《道家與中國哲學（魏晉南北朝卷）》，北京：人民出版社，2004.6

164. 孫炳哲：《肇論通解及研究》，高雄：佛光山文教基金會，2001.3

165. 孫廣德：《先秦兩漢陰陽五行說的政治思想》，臺北：商務印書館，1993.6

166. 容志毅：《中國煉丹術考略》，上海：三聯書店，1998.5

167. 徐文武：《楚國黃老學研究》，北京：人民出版社，2020.5

168. 徐旭生：《中國古史的傳說時代》，臺北：里仁書局，1999.1

169. 徐復觀：《中國人性論史・先秦篇》，臺北：臺灣商務印書館，1969.1

170. 徐復觀：《中國思想史論集》，臺北：臺灣學生書局，1993.9

171. 徐復觀：《中國經學史的基礎》，臺北：臺灣學生書局，1982.5

172. 徐復觀：《中國藝術精神》，臺北：臺灣學生書局，1979.9

173. 徐復觀：《兩漢思想史》，臺北：臺灣學生書局，1990.2

174. 徐興無：《讖緯文獻與漢代文化建構》，北京：中華書局，2003.2

175. 徐麗真：《嵇康的音樂美學》，臺北：華泰文化，1997.3

176. 涂艷秋：《鳩摩羅什般若思想在中國》，臺北：里仁書局，2006.2

177. 涂艷秋：《僧肇思想探究》，臺北：東初出版社，1995.9

178. 袁保新：《孟子三辨之學的歷史省察與現代詮釋》，臺北：文津出版社，1992.2

179. 高大倫：《張家山漢簡〈引書〉研究》，成都：巴蜀書社，1995.5

180. 高柏園：《韓非哲學研究》，臺北：文津出版社，1994.9

181. 高晨陽：《阮籍評傳》，南京：南京大學出版社，1994.5

182. 區結成：《慧遠》，臺北：東大圖書，1987.12

183. 崔大華：《莊學研究》，北京：人民出版社，1997.5

184. 康中乾：《從莊子到郭象──《莊子》與《莊子注》比較研究》，北京：

人民出版社，2013.6

185. 康中乾：《魏晉玄學》，北京：人民出版社，2008.9

186. 康有為：《新學偽經考》，香港：三聯書店，1998.7

187. 康廷山：《清代荀學史略》，北京：中華書局，2020.9

188. 張大可：《史記研究》，北京：華文出版社，2002.1

189. 張立文：《中國哲學範疇發展史（天道篇）》，臺北：五南圖書，1996.7

190. 張立文：《秦始皇評傳》，臺北：里仁書局，2000 .11

191. 張旭華：《九品中正制研究》，北京：中華書局，2015.1

192. 張亨：《思文之際論集：儒道思想的現代詮釋》，臺北：允晨文化，1997.11

193. 張純、王曉波：《韓非思想的歷史研究》，臺北：聯經出版社，1983.9

194. 張勛燎、白彬：《中國道教考古》，北京：線裝書局，2006.1

195. 張節末：《嵇康美學》，杭州：浙江人民出版社，1994.12

196. 張蓓蓓：《中古學術論略》，臺北：大安出版社，1991.5

197. 張增田：《黃老治道及其實踐》，廣州：中山大學出版社，2005.9

198. 張箭：《三武一宗抑佛綜合研究》，北京：世界圖書出版公司，2015.5

199. 張澤洪：《道教神仙信仰與祭祀儀式》，臺北：文津出版社，2003.1

200. 張蕙慧：《嵇康音樂美學思想探究》，臺北：文津出版社，1999.1

201. 張壓弓：《漢佛教與中古社會》，臺北：五南圖書，2005.4

202. 強昱：《從魏晉玄學到初唐重玄學》，上海：上海文化出版社，2002.5

203. 曹仕邦：《中國佛教譯經史論集》，臺北：東初出版社，1990.6

204. 曹峰：《近年出土黃老思想文獻研究》，北京：中國社會科學出版社，2015.4

205. 梁家榮：《仁禮之辨：孔子之道的再釋與重估》，北京：北京大學出版社，2010.4

206. 梁啟超：《中國學術思想變遷之大勢》，臺北：中華書局，2018.11

207. 梁啟超：《佛學研究十八篇》，天津：天津古籍出版社，2005.7

208. 梁慶寅釋譯：《牟子理惑論》，高雄：佛光出版社，1996.8

209. 梁濤：《郭店竹簡與思孟學派》，北京：中國人民大學出版社，2008.5

210. 章炳麟：《國故論衡》，上海：上海人民出版社，2017.4

211. 莊萬壽：《嵇康研究及年譜》，臺北：臺灣學生書局，1990.10

212. 莊耀郎：《郭象玄學》，臺北：里仁書局，1998.3

213. 許尤娜：《魏晉隱逸思想及其美學涵義》，臺北：文津出版社，2001.7

214. 許抗生、李中華、陳戰國、那薇合著：《魏晉玄學史》，西安：陝西師範
大學出版社，1989.7

215. 許抗生：《魏晉思想史》，臺北：桂冠圖書公司，1992.12

216. 許建良：《魏晉玄學倫理思想研究》，北京：人民出版社，2003.11

217. 郭廉夫：《王羲之評傳》，南京：南京大學出版社，1996.9

218. 陳沛然：《竺道生》，臺北：東大圖書，1988.6

219. 陳來：《古代宗教與倫理——儒家思想的根源》，北京：三聯書店，
2009.4

220. 陳來：《古代思想文化的世界——春秋時代的宗教、倫理與社會思想》，
北京：三聯書店，2009.4

221. 陳來：《竹帛〈五行〉與簡帛研究》，北京：三聯書店，2009.4

222. 陳拱：《王充思想評論》，臺北：臺灣商務印書館，1996.6

223. 陳昭瑛：《荀子的美學》，臺北：臺大出版中心，2016.8

224. 陳癸淼：《名家與名學》，臺北：臺灣學生書局，2010.4

225. 陳問梅：《墨學之省察》，臺北：臺灣學生書局，1988.5

226. 陳啟雲：《漢晉六朝文化‧社會‧制度——中華中古前史研究》，臺北：
新文豐出版公司，1997.1

227. 陳國符：《中國外丹黃白法考》，上海：上海古籍出版社，1997.12

228. 陳國符：《陳國符道藏研究論文集》，上海：上海古籍出版社，2004.4

229. 陳國符：《道藏源流考》，北京：中華書局，1992.4

230. 陳寅恪：《金明館叢稿初編》，北京：三聯書店，2001.6

231. 陳寅恪：《陳寅恪魏晉南北朝史講演錄》，萬繩楠整理，合肥：黃山書社，2000.12

232. 陳復：《申子的思想》，臺北：唐山出版社，1997.9

233. 陳鼓應：《老莊新論》，上海：上海古籍出版社，1997.9

234. 陳鼓應：《道家易學建構》，臺北：臺灣商務印書館，2003.7

235. 陳夢家：《殷虛卜辭綜述》，北京：中華書局，1988.1

236. 陳寧：《中國古代命運觀的現代詮釋》，沈陽：遼寧教育出版社，1999.1

237. 陳榮捷：《朱學論集》，臺北：臺灣學生書局，1988.4

238. 陳槃：《古讖緯研討及其書錄解題》，上海：上海古籍出版社，2010.7

239. 陳德興：《氣論釋物的身體哲學：陰陽、五行、精氣理論的身體形構》，臺北：五南圖書，2009.1

240. 陳壁生：《孝經學史》，上海：華東師範大學出版社，2015.6

241. 陳霞：《道教勸善書研究》，成都：巴蜀書社，1999.9

242. 陳麗桂：《老子異文與黃老要論》，臺北：五南圖書，2020.7

243. 陳麗桂：《秦漢時期的黃老思想》，臺北：五南圖書，2020.1

244. 陳麗桂：《漢代道家思想》，臺北：五南圖書，2013.11

245. 陳麗桂：《戰國時期的黃老思想》，臺北：聯經出版社，1991.4

246. 陳耀庭、李子微、劉仲宇編：《道家養生術》，上海：復旦大學，1992.8

247. 陳攖寧：《道教與養生》，北京：華文，2000.3

248. 陳鐵凡：《孝經學源流》，臺北：國立編譯館，1986

249. 傅偉勳：《從西方哲學到禪佛教》，臺北：東大圖書，1986.6

250. 傅斯年：《性命古訓辨證》，臺北：五南圖書，2013.6

251. 傅隸樸：《春秋三傳比義》，臺北：臺灣商務印書館，1983.5

252. 勞思光：《新編中國哲學史》，臺北：三民書局，1991.1 增訂六版

253. 曾春海：《兩漢魏晉哲學史》，臺北：五南圖書，2008.2

254. 曾春海：《嵇康》，臺北：輔仁大學出版社，1994.8

255. 湯一介：《在非有非無之間》，臺北：正中書局，1995.9

256. 湯一介：《早期道教史》，北京：昆侖出版社，2006.3

257. 湯一介：《郭象》，臺北：東大圖書，1999.1

258. 湯一介：《郭象與魏晉玄學》（增訂本），北京：北京大學出版社，2000.7

259. 湯用彤：《康復札記》，《湯用彤全集》第七卷，石家莊：河北人民出版社，2000.9

260. 湯用彤：《漢魏兩晉南北朝佛教史》，臺北：臺灣商務印書館，1998.7

261. 湯用彤：《魏晉玄學論稿》（增訂版），北京：三聯書店，2009.12

262. 湯志鈞：《經學史論集》，臺北：大安書局，1995.6

263. 湯其領：《漢魏兩晉南北朝道教史研究》，開封：河南大學出版社，1994.10

264. 程元敏：《漢經學史》，臺北：臺灣商務印書館，2018.3

265. 程樂松：《即神即心：真人之誥與陶弘景的信仰世界》，北京：中國人民大學出版社，2010.5

266. 程樂松：《身體、不死與神秘主義：道教信仰的觀念史視角》，北京：北京大學出版社，2017.3

267. 舒大剛：《中國孝經學史》，福州：福建人民出版社，2013.5

268. 馮友蘭：《三松堂自序》，北京：人民出版社，1998.11

269. 馮友蘭：《中國哲學史》，臺灣：臺灣商務印書館，1993.4

270. 馮友蘭：《中國哲學史新編》，臺北：藍燈文化，1991.12

271. 馮友蘭：《中國哲學簡史》，北京：北京大學出版社，1985.2

272. 馮成榮：《墨子行教事蹟考》，臺北：文史哲，1980.5

273. 馮承鈞：《歷代求法翻經錄》，臺北：臺灣商務印書館，1962.8

274. 馮樹勳：《陰陽五行的階位秩序──董仲舒的儒學思想》，新竹：清華大學，2011.7

275. 馮耀明：《公孫龍子》，臺北：東大圖書，2000.1

276. 黃克劍：《名家琦辭疏解——惠施公孫龍研究》，北京：中華書局，2010.3

277. 黃俊傑：《孟子》，臺北：東大圖書，1993.2

278. 黃俊傑：《孟子思想史論（卷一）》，臺北：東大圖書，1991.10

279. 黃俊傑：《孟學思想史論（卷三）》，臺北：中央研究院中國文哲研究所，2022.4

280. 黃俊傑編譯：《史學方法論叢》，臺北：臺灣學生書局，1981.10

281. 黃復山：《東漢讖緯學新探》，臺北：臺灣學生書局，2000.2

282. 黃節：《阮步兵詠懷詩注》，北京：中華書局，2008.1

283. 楊一凡主編：《歷代法制考》，北京：中國社會科學出版社，2003.9

284. 楊向奎：《中國古代社會與古代思想研究》，上海：上海人民出版社，1962.2

285. 楊俊光：《墨經研究》，南京：南京大學出版社，2002.5

286. 楊振紅：《出土簡牘與秦漢社會》，桂林：廣西師範大學出版社，2009.12

287. 楊惠南：《佛教思想新論》，臺北：東大圖書，1986.9

288. 楊維中：《如來藏經典與中國佛教》，南京：江蘇人民出版社，2012.1

289. 楊儒賓：《先秦道家道的觀念的發展》，臺北：國立臺灣大學出版，1987.6

290. 楊樹藩：《中國文官制度史》，臺北：黎明文化，1986.8

291. 楊穎詩：《老子思想詮釋的開展：從先秦到魏晉階段》，臺北：文史哲，2017.3

292. 楊聯陞：《中國語文札記》，北京：中國人民大學出版社，2006.5

293. 聖嚴法師：《印度佛教史》，臺北：法鼓文化，1997.11

294. 葉舒憲：《中國古代神秘數字》，西安：陝西師範大學出版社，2018.3

295. 葉嘉瑩：《阮籍詠懷詩講錄》，臺北：大塊文化，2012.12

296. 葛兆光：《屈服史及其他：六朝隋唐道教的思想史研究》，北京：三聯書

店，2003

297. 葛兆光：《思想史的寫法——中國思想史導論》，上海：復旦大學出版社，2004.7

298. 葛兆光：《道教與中國文化》，上海：上海人民出版社，1987.9

299. 董俊彥：《桓子新論研究》，臺北：文津出版社，1989.9

300. 寧稼雨：《魏晉名士風流》，北京：中華書局，2007.11

301. 寧鎮疆：《〈孔子家語〉新證》，上海：中西書局，2017.4

302. 廖平：《今古學考》，上海：上海書店，2012.7

303. 廖育群：《岐黃醫道》，臺北：洪葉文化，1994.4

304. 廖明活：《中國佛性思想的形成和開展》，臺北：文津出版社，2008.5

305. 熊鐵基：《秦漢新道家》，上海：上海人民出版社，2001.3

306. 熊鐵基：《道教文化十二講》，熊鐵基、劉固盛編，合肥：安徽教育，2004.11

307. 熊鐵基等著，《二十世紀中國老學》，福州：福建人民出版社，2002.1

308. 蒙文通：《古學甄微》，成都：巴蜀書社，1987

309. 蒙思明：《魏晉南北朝的社會》，上海：上海人民出版社，2007.4

310. 蒲慕州：《追尋一己之福——中國古代的信仰世界》，上海：上海古籍出版社，2007.3

311. 蒲慕州：《墓葬與生死：中國古代宗教之省思》，臺北：聯經出版公司，1993.6

312. 蒲慕州：《歷史與宗教之間》，香港：三聯書店，2016.1

313. 蓋建民：《道教醫學》，北京：宗教文化出版社，2001.4

314. 蓋建民：《道教醫學導論》，臺北：中華道統出版社，1999.2

315. 趙士林：《荀子》，臺北：東大圖書，1999.6

316. 趙益：《六朝南方神仙道教與文學》，上海：上海古籍出版社，2006.4

317. 劉小平：《中古佛教寺院經濟變遷研究》，北京：中央編譯出版社，2016.10

318. 劉全志：《先秦諸子文獻的形成》，北京：中華書局，2016.9

319. 劉屹：《六朝道教古靈寶經的歷史學研究》，上海：上海古籍出版社，2018.3

320. 劉屹：《神格與地域——漢唐間道教信仰世界研究》，上海：人民出版社，2011.3

321. 劉屹：《敬天與崇道——中古經教道教形成的思想史背景》，北京：中華書局，2005.4

322. 劉屹：《經典與歷史——敦煌道經研究論集》，北京：人民出版社，2011.9

323. 劉昭瑞：《考古發現與早期道教研究》，北京：文物出版社，2007.6

324. 劉笑敢：《老子：年代新考與思想新詮》，臺北：東大圖書，2005.2

325. 劉笑敢：《老子古今：五種對勘與析評引論》，北京：中國社會科學出版社，2006.5

326. 劉笑敢：《莊子哲學及其演變》，北京：中國社會科學出版社，1993.3

327. 劉笑敢：《詮釋與定向：中國哲學研究方法之探究》，北京：商務印書館，2009.3

328. 劉晗：《老子文本與道儒關係演變研究》，北京：人民出版社，2010.5

329. 劉貴傑：《竺道生思想之研究——南北朝時代中國佛學思想之形成》，臺北：臺灣商務印書館，1984.5

330. 劉熙：《釋名疏證補》，上海：上海古籍出版社，1984

331. 劉樂賢：《簡帛術數文獻探論》，武漢：湖北教育出版社，2003.2

332. 劉賢榮：《莊子外雜篇研究》，臺北：聯經出版，2004.4

333. 劉謹銘：《王充哲學的再發現》，臺北：文津出版社，2006.11

334. 蔡仁厚：《孔孟荀哲學》，臺北：臺灣學生書局，1984.12

335. 蔡忠道：《魏晉儒道互補之研究》，臺北：文津出版社，2000.6

336. 蔡英文：《韓非的法治思想及其歷史意義》，臺北：文史哲，1986.2

337. 蔡振豐：《魏晉名士與玄學清談》，臺北：黎明文化事業，1997.8

338. 蔡振豐：《魏晉佛學格義問題之考察——以道安為中心的研究》，臺北：花木蘭，2011.9

339. 蔡運章：《甲骨金文與古史研究》，鄭州：中州古籍出版社，1993.12

340. 蔡錦昌：《拿捏分寸的思考：荀子與古代思想新論》，臺北：唐山出版社，1996.9

341. 蔣波：《簡牘與秦漢民法研究》，北京：中國社會科學出版社，2015.11

342. 蔣祖怡編：《王充卷》，鄭州：中州書畫社，1983.10

343. 鄧佩玲：《天命、鬼神與祝禱——東周金文嘏辭探論》，臺北：藝文印書館，2011.12

344. 鄧紅：《董仲舒思想研究》，臺北：文津出版社，2008.6

345. 鄭世根：《莊子氣化論》，臺北：臺灣學生書局，1993

346. 鄭全：《葛洪研究》，北京：宗教文化出版社，2010.12

347. 鄭志明：《中國善書與宗教》，臺北：臺灣學生書局，1988.6

348. 鄭杰文：《中國墨學通史》，北京：人民出版社，2006.1

349. 鄭基良：《魏晉南北朝形盡神滅或形盡神不滅的思想論證》，臺北：文史哲出版社，2002.4

350. 盧文信：《王充批判方法運用分析》，臺北：萬卷樓，2000.9

351. 盧國龍：《中國重玄學》，北京：人民中國出版社，1993.8

352. 盧國龍：《郭象評傳——理性的薔薇》，南寧：廣西教育出版社，1996.8

353. 盧國龍：《道教哲學》，北京：華夏出版社，2007.1

354. 蕭公權：《中國政治思想史》，臺北：聯經，1982.6

355. 蕭登福：《六朝道教上清派研究》，臺北：文津出版社，2005.11

356. 蕭登福：《六朝道教靈寶派研究》，臺北：新文豐，2008.5

357. 蕭登福：《先秦兩漢冥界及神仙思想探源》，臺北：文津出版社，2001.1

358. 蕭登福：《道家道教影響下的佛教經典》，臺北：新文豐出版公司，2005.3

359. 蕭登福：《漢魏六朝佛道兩教之天堂地獄說》，臺北：臺灣學生書局，

1989.11

360. 蕭登福：《讖緯與道教》，臺北：文津出版社，2000.6

361. 蕭馳：《玄智與詩興》，臺北：聯經出版社，2011.8

362. 賴永海：《中國佛教文化論》，北京：中國青年出版社，1999.4

363. 錢穆：《中國思想史》，臺灣：臺灣學生書局，1988.2

364. 錢穆：《先秦諸子繫年》，臺北：東大圖書，1986.2

365. 錢穆：《兩漢經學今古文平議》，臺北：東大圖書，1989.11

366. 錢穆：《國史新論》，臺北：東大圖書，1989.3

367. 錢穆：《莊老通辨》，臺北：東大圖書，1991.12

368. 錢穆：《黃帝》，臺北：東大圖書，1978.4

369. 戴璉璋：《玄智、玄理與文化發展》，臺北：中研院文哲所，2003.6

370. 謝大寧：《歷史的嵇康與玄學的嵇康——從玄學史看嵇康思想的兩個側面》，臺北：文史哲出版社，1997.12

371. 謝世維：《大梵彌羅：中古時期道教經典當中的佛教》，臺北：臺灣商務印書館，2013.9

372. 謝如柏：《從神不滅論到佛性論——六朝佛教主體思想研究》（上、下），新臺市：花木蘭文化出版社，2010.9

373. 謝瑞東：《張家山漢簡法律文獻與漢初社會控制》，北京：社會科學文獻出版社，2015.5

374. 鍾宗憲：《先秦兩漢文化的側面研究》，臺北：知書房，2005.6

375. 鍾肇鵬：《王充年譜》，濟南：齊魯書社，1983.3

376. 鍾肇鵬：《讖緯略論》，臺北：洪葉文化，1994.9

377. 韓吉紹：《黃帝九鼎神丹經訣校釋》，北京：中華書局，2015.08，

378. 韓星：《儒法整合：秦漢政治文化論》，北京：中國社會科學出版社，2005.1

379. 顏進雄：《六朝服食風氣與詩歌》，臺北：文津出版社，1993.8

380. 羅宗強：《玄學與魏晉士人心態》，臺北：文史哲出版社，1992.11

381. 龐慧：《〈呂氏春秋〉對社會秩序的理解與構建》，北京：中國社會科學出版社，2009.5

382. 嚴文明：《仰韶文化研究》，北京：文物出版社，2009.9

383. 嚴耕望遺著：《魏晉南北朝佛教地理稿》，李啟文整理，臺北：中央研究院歷史語言研究所，2005.7

384. 嚴善炤：《古代房中術的形成與發展──中國固有「精神」史》，臺北：臺灣學生書局，2007.9

385. 嚴靈峰：《墨子簡編》，臺北：臺灣商務印書館，1995.2

386. 蘇德昌：《〈漢書‧五行志〉研究》，臺北：臺大出版中心，2013.12

387. 釋聖嚴：《西藏佛教史》，臺北：法鼓文化，1998.9

388. 釋德清：《佛性思想》，臺北：東大圖書，1997.2

389. 顧頡剛：《秦漢的方士與儒生》，臺北：里仁，1985.2

390. 龔韻蘅：《兩漢靈冥世界觀探究》，臺北：文津出版社，2006.4

391. 龔鵬程：《道教新論》，北京：北京大學出版社，2009.1

392. 龔鵬程：《漢代思潮》，北京：商務印書館，2008.6

393. 欒保群、呂宗力：《中國民間諸神》，臺北：臺灣學生書局，1991.10

三、外文

（一）日文（中譯）

1. 安居香山：《緯書》，東京都：明德出版社，1969.8

2. 貝塚茂樹：〈中國における古典の運命〉，《古代中國の精神》，東京：筑摩書房，1985.5

3. 鎌田茂雄：《中國佛教通史》，關世謙譯，高雄：佛光出版社，1986.4

4. 吉岡義豐：〈老子變化思想の展開〉，《道教と佛教‧第一》，東京都：国書刊行会，1983.9，頁 2-252

5. 吉岡義豐：《道教の研究》，《吉岡義豐著作集》，東京：五月書房，1988.10

6. 吉川忠夫：《六朝精神史研究》，京都：同朋舍，1984

7. 吉川忠夫編：《六朝道教の研究》，東京：春秋社，1998.2

8. 吉田光邦：〈中世の化学(練丹術)と仙術〉，《中國中世紀科學技術史の研究》，藪內清編，京都大學人文科學研究所研究報告，東京：角川書店，1963

9. 宮川尚志：《中國宗教史研究》，京都：同朋社，1983.3

10. 金文京：《漢文與東亞世界：從東亞視角重新認識漢字文化圈》，金文京譯，臺北：衛城出版，2022.5

11. 金兒默存：〈四禪說の形式とその構造──原始佛教に於ける實踐〉，《名古屋大學文學部研究論集》，Vol.6，No.18，1957.1，頁 123-144

12. 窪德忠：《道教史》，蕭坤華譯，上海：上海譯文出版社，1987.7

13. 原田二郎：〈養生說における「精」の概念の展開〉，收入《中國古代養生思想の總合的研究》，東京：平河出版社，1988.2

14. 高崎直道：《如来藏思想の形成──インド大乗仏教思想研究》，東京：春秋社，1974.3

15. 高瀨法輪：〈四禪說の一考察〉，《印度學佛教學研究》，Vol.13，No.1，1965，頁 202-205

16. 山崎宏：《支那中世佛教の展開》，京都：法藏館，1971.3

17. 山田慶兒：《古代東亞哲學與科技文化》，瀋陽：遼寧教育，1996.3

18. 山田慶兒：《中國古代醫學的形成》，廖育群、李建民編譯，臺北：東大圖書，2003.11

19. 山田俊：〈『太上大道玉清經』の成立について〉，《東方宗教》第 88 期，1996.11，頁 1-17

20. 謝明玲：〈佛說父母恩重經と太上老君說報父母恩重經との關係について〉，《東洋大學大學院紀要》，21，1985.2，頁 219-232

21. 秋月觀暎：〈道教と佛教の父母恩重經──兩經の成立をめぐる諸問題〉，《宗教研究》，39：4，1966.3，頁 23-54

22. 春本秀雄：〈北魏法難の實態解明について〉，《大正大學研究紀要・人間學部・文學部》第 94 輯，2009.3，頁 83-104

23. 小川一乘：《インド大乘仏教における如来藏・仏性の研究》，京都：文栄堂，1974.2

24. 小南一郎：《中國的神話傳說與古小說》，孫昌武譯，北京：中華書局，2006.11

25. 小野澤精一、福永光司、山井湧涌編：《氣的思想——中國自然觀與人的觀念的發展》，李慶譯，上海：上海人民，2007.3

26. 小林正美：《六朝道教研究史》，李慶譯，成都：四川人民出版社，2001.3

27. 小林正美：《六朝佛教思想研究》，王皓月譯，濟南：齊魯書社，2013.1

28. 松川健二編：《論語思想史》，林慶彰等合譯，臺北：萬卷樓，2006.2

29. 松本史朗：《緣起與空——如來藏思想批判》，蕭平、楊金萍譯，香港：經要文化，2002.1

30. 神塚淑子：《六朝道教思想の研究》，東京：創文社，1999.2，

31. 水野弘元：《佛教的真髓》，香光書鄉編譯組譯，嘉義：香光書鄉出版社，2002.11

32. 石田秀實：《氣・流動的身體》，楊宇譯，臺北：武陵，1996.2

33. 前田惠學：《原始佛教聖典の成立史研究》，東京：山喜房佛書林，1964.3

34. 村上嘉實：《六朝思想史研究》，東京：平樂寺書店，1974.3

35. 大久保隆郎：《王充思想の諸相》，東京：汲古書院，2010.1

36. 大淵忍爾：〈抱朴子における神仙思想の性格〉，《初期の道教：道教史の研究其の一》，東京：創文社，1991.11

37. 大淵忍爾：《敦煌道經・目錄編》，雋雪艷、趙蓉譯，濟南：齊魯書社，2016.10

38. 丹波康賴：《醫心方（日本醫學叢書活字本）》，大阪：オリエント出版社，1991.1；北京：人民衛生出版社，1996.5。

39. 池田知久：《馬王堆漢墓帛書五行研究》，王啟發譯，北京：中國社會科

學出版社，2005.4

40. 中村不折：《三代秦漢の遺品に識せる文字》，東京：岩波書店，1934.2

41. 津田左右吉：《津田左右吉全集》，東京：岩波書店，1987

42. 楠山春樹：《道家思想と道教》，東京：平河出版社，1992.10

43. 武內義雄：《神僊說》，東京都：岩波書店，1935

44. 服部正明：〈肇論における中論の引用をめぐって〉，《肇論研究》，塚本善隆編，京都：法藏館，1955.9，頁 220-237

45. 福井康順：《道教の基礎的研究》，東京：書籍文物流通会，1958.7，

46. 福井康順等監修：《道教》（全三冊），朱越利譯，上海：上海古籍，1990.6

47. 福永光司：〈僧肇と老莊思想-郭象と僧肇-〉，《肇論研究》，塚本善隆編，京都：法藏館，1955.9，頁 252-271

48. 平川彰：《印度佛教史》，莊崑木譯，臺北：商周出版，2002.10

49. 平川彰：《初期大乘と法華思想》，東京：春秋社，1989.1

50. 平野顯照：〈仏・道二教にみる父母恩重経〉，《文学部論集》，84，2000.3，頁 89-96

51. 林巳奈夫：《刻在石頭上的世界──畫像石述說的古代中國的生活和思想》，唐利國譯，北京：商務印書館，2010.9

52. 林巳奈夫：《中國古代の神がみ》，東京：吉川弘文館，2002.3

53. 廣瀨薰雄：《秦漢律令研究》，東京：汲古書院，2010.3

54. 淺野裕一：《孔子神話：宗教としての儒教の形成》，東京：岩波書店，1997.2

55. 增谷文雄：《阿含經典による佛教の根本聖典》，東京：大藏出版，1993.10

56. 橫超慧日：《中国仏教の研究》第二卷，京都：法藏館，1978.6

（二）英外文（中譯）

1. Arthur O. Lovejoy, The Great Chain of Being: A Study of the History of an Idea, Transaction Pub, 2009

2. 亞里士多德（Aristotle）：《物理學》，徐開來譯，北京：中國人民大學出版社，2003.11

3. 亞里斯多德（Aristotle）：《前分析篇》，余紀元譯，北京：中國人民大學出版社，1997.1

4. 史華慈（Benjamin I. Schwartz）：《思想的跨度與張力——中國思想史論集》，王中江編，鄭州：中州古籍出版社 2009.5

5. Bo Mou, On some methodological issues concerning Chinese philosophy: an introduction, History of Chinese philosophy, (Routledge History of World Philosophies VOLUME 3), editor, Bo Mou. Routledge, London and New York, 2009

6. Ching Kun Yang, Religion in Chinese Society: A Study of Contemporary Social Functions of Religion and Some of Their Historical Factors, Waveland Pr, Inc., 1991

7. Christine Mollier, "Karma and the Bonds of Kinship in Medieval Daoism: Reconciling the Irreconcilable", India in the Chinese Imagination: Myth, Religion, and Thought, Edited by John Kieschnick and Meir Shahar, Philadelphia: University of Pennsylvania Press, 2014.1, pp.171-181

8. Christine Mollier, Buddhism and Taoism Face to Face: Scripture, Ritual, and Iconographic Exchange in Medieval China, Honolulu: University of Hawaii Press, 2009.5

9. 張光直：《美術、神話與祭祀》，郭淨譯，北京：三聯書店，2013.1

10. 爾斯・埃利奧特（Charles Eliot）：《印度教與佛教史綱第一卷》，李榮熙譯，高雄：佛光，1990.12

11. 爾斯・埃利奧特（Charles Eliot）：《印度教與佛教史綱第二卷》，李榮熙譯，高雄：佛光，1991.2

12. 卡爾・雅斯貝斯（Karl Theodor Jaspers）：《歷史的起源與目標》（vom

Ursprung und Ziel der Geschichte），李夏菲譯，桂林：灕江出版社，2019.05

13. De Woskin, Kenneth J. Doctors, Diviners, Magicians of Ancient China: Biographies of Fung-shih, Columbia University Press, New York, 1983

14. Erik Zürcher, Buddhist Influence on Early Taoism: A Survey of Scriptural Evidence, T'oung Pao(通報) Second Series, Vol. 66, n.1-3, 1980, pp. 84-147

15. 卡西勒（Ernst Cassirer）：《人論：人類文化哲學導引》，甘陽譯，臺北：桂冠，2005.6

16. 許理和（Erik Zürcher）：《佛教征服中國：佛教在中國中古早期的傳播與適應》，李四龍等譯，南京：江蘇人民出版社，1998.3

17. 漢斯利克（Eduard Hanslick）：《論音樂美──音樂美學的修改芻議》，陳慧珊譯，臺北：世界文物出版社，1997.11

18. Franciscus Verellen, Imperiled Destinies: The Daoist Quest for Deliverance in Medieval China, Harvard Univ Council on East Asian, 2019.04

19. 索緒爾（Ferdinand de Saussure）：《普通語言學教程》，高名凱譯，岑麒祥‧葉蜚聲校注，北京：商務印書館，1980.11

20. 弗里德里希‧希爾（Friedrich Heer）：《歐洲思想史》（The intellectual history of Europe），趙復三譯，香港：香港中文大學，2003.3

21. Gustav Emil Mueller, "The Hegel Legend of 'Thesis-Antithesis-Synthesis'." The Hegel Myths and Legends, Jon Stewart (ed.). Evanston: Northwestern University Press, 1996.5, pp.301-305

22. 孔漢思（Hans Küng）、秦家懿（Julia Ching）：《中國宗教與西方神學》，吳華譯，臺北：聯經出版事業，1989.7

23. 舒特（Hans-Werner Schutt）：《尋求哲人石：煉金術文化史》，李文潮等譯，上海科技教育出版社，2006.10

24. Henri Maspero, "Methods of 'Nourishing the Vital Principle in the Ancient Taoist Religion," in Taoism and Chinese Religion, trsnslated by Frank A. Kierman, Jr. Amberst: The University of Massachusetts Press,1981

25. 馬伯樂（Henri Maspero）：《馬伯樂道教學術論著》，胡銳譯，北京：宗教文化出版社，2019.11

26. 弗雷澤（James George Fraze）：《金枝──巫術與宗教之研究》，汪培基譯，臺北：桂冠，1991.2

27. 盧凱西維茨（Jan Łukasiewicz）：亞里士多德的三段論（Aristotle's Syllogism），李真、李先焜譯，北京：商務印書館，1981.5

28. 芮夫（Jeffrey Raff）：《榮格與煉金術》，廖世德譯，台北：人本自然，2007.8

29. 高延（J.J.M.de Groot）：《中國的宗教系統及其古代形式、變遷、歷史及現狀》（全六卷），林艾岑等譯，廣州：花城出版社，2018.3

30. 李約瑟（Joseph Needham）：《中國科學技術史》（*Sience and Civilization in China*），北京：科學出版社，2005.8

31. 約翰・包威爾（John Powell）：《好音樂的科學 II》（Why You Love Music），柴婉玲譯，臺北：大寫出版社，2018.4

32. Katelyn Horn and David Huron, On the Changing Use of the Major and Minor Modes 1750–1900, Society for Music Theory, Volume 21, Number 1, 2015.3

33. Kristofer Schipper, Purity and Strangers Shifting Boundaries in Medieval Taoism, T'oung Pao, Second Series, Vol. 80, 1994

34. 列維・史特勞斯（L'evi-strauss）：《神話與意義》，王維蘭譯，時報文化，1982

35. 馬凌諾斯基（Malinowski）：《巫術、科學與宗教》，朱岑樓譯，臺北：協志工業叢書，1978

36. 馬克思・韋伯（Max Weber）：《中國的宗教：儒教與道教》，康樂、簡惠美譯，上海：上海三聯書店，2020.12

37. 魯惟一（Michael Loewe）：《漢代的信仰、神話和理性》，王浩譯，北京：北京大學出版社，2009.6

38. 米爾恰・伊利亞德（M. Eliade）：《宇宙與歷史：永恆回歸的神話》，臺北：聯經出版公司，楊儒賓譯，2000.6

39. Nathan Sivin, Medicine, Philosophy and Religion in Ancient China: Researches and Reflections. Aldershot, England: Variorum, Ashgate Publishing, 1995. pp.1-72.

40. Nathan Sivin, *Medicine, Philosophy and Religion in Ancient China:*

Researches and Reflections. Aldershot, England: Variorum, Ashgate Publishing, 1995. pp.1-72.

41. 馬歇爾（P. Marshell）：《哲人石：探尋金丹術的秘密》，趙萬里等譯，上海科技教育出版社，2007.06

42. Qu Yuan, The Nine Songs: A Study of Shamanism in Ancient China, Arthur Waley (Translator), City Lights Books; 2nd edition, 1973

43. 高羅佩（R.H. van Gulik）：《中國古代房內考：中國古代的性與社會》（Sexual Life in Ancient China），李零、郭曉惠等譯，台北：桂冠，1991.11

44. Robert Ford Campany, "On the Very Idea of Religions (In the Modern West and in Early Medieval China)", History of Religion, 42:4, 2003.5, pp.287-319

45. 柯靈烏（Robin George Collingwood）：《歷史的理念》（The Idea of History），黃宣範譯，臺北：聯經，1981.3

46. Saul Kassin, Steven Fein, Hazel Rose Markus，《社會心理學》（Social Psychology 11/E），洪光遠等譯，臺北：雙葉書廊，2022.9

47. 桂思卓（Sarah A. Queen）：《從編年史到經典：董仲舒的春秋詮釋學》，朱騰譯，北京：中國政法大學出版社，2010.1

48. Ursula-Angelika Cedzich（蔡霧溪）, Corpse Deliverance, Substitute Bodies, Name Change and Feigned Death: Aspects of Metamorphosis and Immortality in Early Medieval China, Journal of Chinese Religions 29 (2001), p.1-68.

49. 巫鴻：《武梁祠：中國古代畫像藝術的思想性》，楊柳、岑河譯，北京：三聯書店，2006.8

50. 巫鴻：《禮儀中的美術》，鄭岩等譯，北京：三聯書店，2005.7

51. 余英時（Yu, Yingshi）：《東漢生死觀》（*Views of Life and Death in Later Han China*），上海：上海古籍出版社，2005.9

四、單篇論文

1. 丁四新：〈近四十年「罷黜百家，獨尊儒術」問題研究的三個階段〉，《衡水學院學報》，2019 年第 3 期，頁 10-17

2. 子安宣邦：〈「東亞」概念與儒學〉，《東亞文化圈的形成與發展──儒家

思想篇》，童長義譯，臺北：國立臺灣大學出版中心，2008.12，頁 35-54

3. 王叔岷：〈司馬遷與黃老〉，《文史哲學報》第 30 期，臺灣大學，1981.12，頁 1-8

4. 王紀潮：〈中國古代薩滿昏迷中的藥物問題〉，《自然科學史研究》，24：1，2005，頁 13-28

5. 王博：〈關於郭店楚墓竹簡《老子》結構與性質——兼論其與通行本《老子》的關係，《道家文化研究》第 17 輯，北京：三聯書店，1999.8，頁 149-166

6. 王葆玹：〈「黃老易」和「莊老易」——道家經典的系統性及其流變〉，《道家文化研究》第十二輯，北京：三聯書店，1998.1，頁 31-51

7. 王維誠：〈魏王弼撰《老子指略》佚文之發現〉，《北京大學國學季刊》第七卷第三號，1952.12，頁 517-526，上海書店出版社影印版第 12 冊，2021.7

8. 王維誠：〈老子化胡說考證〉，《敦煌學研究》（3），孫彥、薩仁高娃、胡月平編選，北京：國家圖書館出版社，2009.4，頁 1400-1521

9. 王慶節：〈親親相隱，正義與儒家倫理中的道德兩難〉，《中國文哲研究集刊》，第 52 期，2017.9，頁 39-64

10. 王曉毅：〈竹林七賢考〉，《歷史研究》，第 5 期，2001，頁 90-99

11. 王曉毅：〈漢魏之際儒道關係與士人心態〉，《漢學研究》，第 15 卷第 1 期（總 29），1997.6，頁 45-71

12. 王璟：《正一法文天師教戒科經》成書年代考辨〉，《成大中文學報》，第 46 期，2014.9，頁 69-98

13. 伍振勳：〈《中庸》「誠」論的思想史意義——兼論《中庸》、孟、荀「誠」論系譜〉，《臺大中文學報》，第 66 期，2019.9，頁 1-42

14. 岑溢成：〈嵇康的思維方式與魏晉玄學〉，《鵝湖學誌》，第 9 期，1992.12，頁 27-54

15. 李宗定：〈《老子想爾注》詮釋老子方法析論〉，《臺北大學中文學報》，第 1 期，2006.7，頁 233-258

16. 李宗定：〈歷史、注疏與經典詮釋——以《老子》三十六章為例〉，《東吳哲學學報》，第 15 期，2007.2，頁 47-78

17. 李宗定：〈「中國思想史」課程源流考察——兼論中文系「中國思想史」的教材〉，《興大中文學報》，第 46 期，2019.12，頁 175-212

18. 李宗定：〈秦漢之際以「本／末」對比論述儒道關係之考察——兼論徐復觀先生《兩漢思想史》論點〉，《東吳中文學報》，第 43 期，2022.5，頁 23-58

19. 李宗定：〈自彼則不見，自知則知之——從「莊周夢蝶」的詮釋與翻譯析論莊子之「物化」觀〉，《成大中文學報》，第 80 期，2023.3，頁 1-40

20. 李宗定：〈從《佛說大安般守意經》論漢末佛教禪法之「守意」與道教「守一」修持法門關係〉，《法鼓佛學學報》，第 32 期，2023.6，頁 129-181

21. 李美煌（釋天常）：〈六度集研究〉，《中華佛學研究》，第 2 期，1988.3，頁 75-104

22. 李隆獻：〈先秦漢初文獻中的「孔子形象」〉，《文與哲》，第 25 期，2014.12，頁 21-76

23. 李豐楙：〈嵇康養生思想之研究〉，《靜宜文理學報》，第 2 期，1979.6，頁 37-66

24. 李豐楙：〈傳承與對應：六朝道經中「末世」說的提出與衍變〉，《中國文哲研究集刊》，第 9 期，1996.9，頁 91-130

25. 杜正勝：〈秦火與焚書〉，《歷史月刊》，第 8 期，1988.9，頁 6-11

26. 周大興：〈王弼「性其情」的人性遠近論〉，《中國文哲研究集刊》，第 16 期，2000.3，頁 339-374

27. 季羨林：〈「天人合一」新解〉，收入《禪和文化與文學》，臺北：臺灣商務印書館，2003.9，頁 148-197

28. 林永勝：〈六朝道教三一論的興起與轉折——以存思技法爲線索〉，《漢學研究》，26 卷 1 期，2008.3，頁 67-102

29. 林美茂、趙淼：〈爲什麼是"哲學"？——關于西周的選擇與追求探因〉，《中國人民大學學報》，2022 年第 1 期，2022.1，頁 55-66

30. 林富士：〈《太平經》的神仙觀念〉，《中央研究院歷史語言研究所集刊》，第 80 本第 2 分，2009.6，頁 217-263

31. 林富士：〈「祝由」釋義：以《黃帝內經・素問》爲核心文本的討論〉，

《中央研究院歷史語言研究所集刊》，第 83 卷第 4 期，2012.12，頁 671-738

32. 林傳芳：〈格義佛教思想之史的開展〉，《華岡佛學學報》，第 1 卷第 2 期，1972，頁 45-84

33. 林聰舜：〈王弼思想的一個面向：玄學式的體制合理化論述〉，《清華學報》，新 28 卷第 1 期，1998.3，頁 19-46

34. 胡百濤：〈上清經所見偶景與存思關係推考〉，《中國本土宗教研究》（第二輯），北京：社會科學文獻出版社，2019.1，頁 61-77

35. 韋政通、楊祖漢：〈勞思光《中國哲學史》的檢討〉，《中國文哲研究通訊》，1：2，1991.6，頁 103-131

36. 唐君毅：〈略論作中國哲學史應持之態度及其分期〉，收入《中國思想史方法論文選輯》，韋政通編，臺北：水牛出版社，2006.3，頁 109-121

37. 唐蘭：〈馬王堆出土《老子》乙本卷前古佚書的研究——兼論其與漢初儒法鬥爭的關係〉，《考古學報》，1975 年第 1 期，頁 8-10

38. 孫修身：〈《佛說報父母恩重經》版本研究〉，收入《段文傑敦煌研究五十年紀念文集》，北京：世界圖書出版公司，敦煌研究院編，1996.8，頁 239-249

39. 孫彬：〈論西周從"philosophy"到"哲學"一詞的翻譯過程〉，《清華大學學報》（哲學社會科學版），2010 年第 5 期，第 25 卷，2010.09，頁 122-131

40. 徐道鄰：〈王充論〉，收入《中國哲學思想論集》，臺北：水牛圖書，1988.2，頁 147-177

41. 高振宏：〈道成身化、末劫救度：敦煌本《老子變化經》研究〉，《出土文獻研究視野與方法·第七輯》，臺北：政大中文系，2020.8，頁 93-131

42. 張京華：〈古史研究的三條途徑——以現代學者對「絕地天通」一語的闡釋為中心〉，《漢學研究通訊》，26 卷 2 期，2007.5，頁 1-10

43. 梁啟超：〈漢書藝文志諸子略考釋〉，收入《飲冰室專集之八十四》，《飲冰室合集》，北京：中華書局，1936.9，頁 40-41

44. 莊耀郎：〈王弼儒道會通理論的省察〉，《國文學報》，第 23 期，1993.6，頁 41-62

45. 莊耀郎：〈魏晉玄學釋義及其分期之商榷〉，《鵝湖學誌》，第 6 期，

1991.6，頁 33-61

46. 郭沂：〈《論語》‧《論語》類文獻‧孔子史料——從郭店簡談起〉，收入《郭店竹簡與早期儒學》，龐樸等著，臺北：臺灣古籍，2002.5，頁 25-60

47. 陳來：〈荊門竹簡之《性自命出》篇初探〉，《中國哲學》第二十輯，瀋陽：遼寧教育出版社，2000.1，頁 293-314

48. 陳弱水：〈漢晉之際的名士思想與玄學突破〉，《中國史新論‧思想史分冊》，台北：中央研究院、聯經出版事業，2012.9，頁 171-249

49. 陳鼓應：〈先秦道家易學發微〉，《道家文化研究》第十二輯，北京：三聯書店，1998.1，頁 1-30

50. 陳瑋芬：〈「哲學」之創譯與演繹——兼論「哲學」與「理學」之辨〉，《臺灣東亞文明研究學刊》，第 9 卷第 2 期（總第 18 期），2012.12，頁 1-43

51. 勞思光：〈哲學史的主觀性與客觀性〉，《中國文哲研究通訊》，第 1 卷第 2 期，1991.6，頁 3-14

52. 黃耀明：〈《行氣玉銘》探微〉，《中國國家博物館館刊》，2012 第 10 期，頁 27-38

53. 裘錫圭：〈馬王堆帛書《老子》乙本卷前古佚書並非《黃帝四經》〉，收入《道家文化研究》第三輯，上海：上海古籍出版社，1993.8，頁 249-255

54. 劉屹：〈《玄妙內篇》考——六朝至唐初道典文本變化之一例〉，《敦煌文獻論集》，郝春文編，瀋陽：遼寧人民出版社，2001.5，頁 614-634

55. 劉青峰、金觀濤：〈觀念轉認與中國現代人文學科的建立〉，《二十一世紀》127 期，2011.10 頁 77-89

56. 劉紀曜：〈仕與隱——傳統中國政治文化的兩極〉，收於《中國文化新論‧思想篇一》，黃俊傑主編，臺北：聯經，1982.10，頁 289-343

57. 劉述先：〈孟子心性論的再反思〉，《中國文哲研究通訊》，第 4 卷第 2 期，1994.6，頁 1-14

58. 劉增貴：〈禁忌——秦漢信仰的一個側面〉，《新史學》，第 18 卷第 4 期，2007.12，頁 1-70

59. 鄭阿財：〈《父母恩重經》傳佈的歷史考察——以敦煌本為中心〉，收入《新世紀敦煌學論集》，項楚、鄭阿財主編，成都：巴蜀書社，2003.3，頁 27-48

60. 謝世維：〈融合與交涉：中古時期的佛道關係研究回顧〉，《清華中文學報》，第 8 期，2012.12，頁 263-299

61. 羅鈴沛：〈《太平經》與《老子想爾注》守一法的比較〉，《東吳中文學報》，第 30 期，2015.11，頁 P67-98

五、全集、合集、論文集、彙編

1. 《〈荀子〉與先秦兩漢典籍重見資料彙編》，何志華等編，香港：香港中文大學出版社，2005.4

2. 《〈新書〉與先秦兩漢典籍重見資料彙編》，何志華等編，香港：香港中文大學出版社，2007.9

3. 《中國古代思想中的氣論及身體觀》，楊儒賓主編，臺北：巨流圖書公司，1997.2

4. 《中國思想史方法論文選輯》，韋政通編，臺北：水牛出版社，2006.3

5. 《中華民國教育新法令》第四冊，上海：商務印書館，1913

6. 《中華百科全書》，張其均主編，臺北：中國文化大學出版社，1981

7. 《天津博物館》，白文源主編，天津：天津人民美術出版社，2012.3

8. 《古史辨》第四冊，羅根澤編著，上海：上海書店，1992（據 1933 年樸社版影印）

9. 《古史辨》第六冊，羅根澤編著，上海：上海書店，1992（據 1938 年樸社版影印）

10. 《岳麓秦簡與秦代法律制度研究》，陳松長等著，北京：經濟科學出版社，2019.9

11. 《東亞視域中孔子的形象與思想》，伍振勳等著，臺北：國立臺灣大學出版中心，2015.12

12. 《胡適文集》，歐陽哲生編，北京：北京大學出版社，1998.11

13. 《郭沫若全集‧考古編》，郭沫若著作編輯出版委員會編，北京：科學

出版社，2002.10

14. 《陳國符道藏研究論文集》，陳國符著，上海：上海古籍出版社，2004.1

15. 《傅孟真先生集》，傅孟真先生遺著編輯委員會，臺北：臺灣大學，1952.12

16. 《湯用彤學術論文集》，湯用彤著，北京：中華書局，1983.5

17. 《虛境與希望——論當代哲學與文化》，勞思光著，劉國英編，香港：中文大學出版社，2003.8

18. 《賈誼研究》，陳炳良等撰，香港：求精印務公司，1958

19. 《蒙文通全集》，蒙默編，成都：巴蜀書社，2015.5

20. 《蔡元培全集》，蔡元培著，臺南：王家出版社，1968.2

21. 《錢賓四先生全集》，錢賓四先生全集編輯委員會編，臺北：聯經出版社，1994.9

22. 《嚴復集》，嚴復譯著，北京：中華書局，1986.1

23. 《邏輯經驗主義論文集》，洪謙主編，北京：商務印書館，1989.2

六、博士論文

1. 林明莉：《南北朝佛性思想研究》，國立政治大學中國文學研究所博士論文，2008.7

2. 張超然：《系譜、教法及其整合：東晉南朝道教上清經派的基礎研究》，國立政治大學中國文學研究所博士論文，2008.7

3. 劉見成：《形、神、氣與對人的理解——中國哲學中形神論思想之研究》，東海大學哲學研究所博士論文，1996.7

國家圖書館出版品預行編目（CIP）資料

中國思想史精要：先秦至南北朝／李宗定著.
-- 初版. -- 臺北市：五南圖書出版股份有限
公司, 2023.09
面 ； 公分
ISBN 978-626-366-480-7（平裝）
1.CST：中國哲學史　2.CST：思想史
120.9　　　　　　　　112013232

4X34

中國思想史精要：先秦至南北朝

作　　者 ― 李宗定

發 行 人 ― 楊榮川

總 經 理 ― 楊士清

總 編 輯 ― 楊秀麗

副總編輯 ― 黃文瓊

編　　輯 ― 吳雨潔

封面設計 ― 姚孝慈

出 版 者 ― 五南圖書出版股份有限公司

地　　址：106 臺北市和平東路二段 339 號 4 樓

電　　話：(02)2705-5066

傳　　真：(02)2706-6100

網　　址：https://www.wunan.com.tw

電子郵件：wunan@wunan.com.tw

劃撥帳號：01068953

戶　　名：五南圖書出版股份有限公司

法律顧問　林勝安律師

出版日期　2023 年 9 月初版一刷

定　　價　新臺幣 900 元